KB070311

고독한 도전,
정의의 길을
열다

나남
nanam

고독한 도전,
정의의 길을 열다

2020년 12월 21일 발행
2021년 5월 15일 2쇄

지은이   宋相現
발행자   趙相浩
발행처   (주)나남

주소   10881 경기도 파주시 회동길 193
전화   031-955-4601(代)
팩스   031-955-4555
등록   제1-71호(1979.5.12)
홈페이지 www.nanam.net
전자우편 post@nanam.net

ISBN   978-89-300-4071-6
         978-89-300-8655-4(세트)

국제형사재판소장

송상현
회고록

고독한 도전,
정의의 길을
열다

나남
nanam

An Uncharted Journey
Towards Justice

by Song, Sang-Hyun

nanam

회고록 집필의 말씀

유명 인사들이 남긴 글 중에는 스스로의 부끄러운 모습까지도 드러낸 적나라한 기록이 없는 것은 아니나 회고록은 어차피 자기합리화나 자랑 또는 업적 과시가 앞서는 경우가 많다. 그래서 나는 처음에 회고록을 쓰는 데 무척 주저하였다. 그러나 평소의 일기와 국제형사재판소(ICC) 12년간의 근무 비망록을 중심으로 엮은 기록이 이 나라를 걱정하거나 특히 국제사회에 진출하려는 꿈을 가진 후학들에게 조금이나마 도움이 된다면 다행이라는 생각으로 마음을 바꾸게 되었다.

국제형사재판소의 탄생은 확실히 세상을 바꾸고 세계정의와 평화의 새로운 질서를 유도하는 인류의 큰 실험이었다. 12년간 헤이그에서 인류 역사의 한 획을 긋는 신설 국제형사재판소의 창립 재판관과 책임자인 재판소장으로서 일하던 시절의 작은 일부분을 회고록 형식으로 공개한 이유는 두 가지이다. 첫째, 국제사회 진출이 화려하고 대접받고 돈과 명예와 특혜를 손쉽게 얻을 수 있는 기회라는 허황된 생각을 가진 사람들을 깨우치는 데 도움이 되기를 바라기 때문이다. 그리하여 내 나라에서 내 마음대로 편히 살 수 있음에도 불구하고 이를 마다하고 국제사회로 진출하는 것은 나 자신의 스펙트럼을 넓히면서 인류의 공통된 소망인 정의, 평화, 인권, 법의 지배, 민주주의, 개발협력, 기후변화 대응 등의 확립을 통하여 더 나은 세상의 실현에 기여하고자 힘든 길을 택하는 뜻임을 알리고 싶었다. 둘째, 나 같은 사람이 어렵게 획득한 국제사회에서의 축적된 경험, 지식, 인맥 등 방대한 무형의 자산이 내

나라의 발전과 국격(國格) 향상에 도움이 되는 방향으로 널리 활용되기를 희망하기 때문이기도 하다.

또 하나의 소망은 법학분야가 국내외의 빠른 발전 동향에 발맞추어 좀더 진취적으로 앞서가는 데 자극이 될 수 있도록 지난 35년간 법학교수로서 겪은 경험과 느낌이 도움이 되었으면 하는 것이다. 교수로 지내던 시절을 돌아보면 일제강점기부터 무비판적으로 답습해온 구태의연한 법조행태 및 관례와 일본법 의존을 과감히 청산하고자 새로운 교과목을 개설하고 참신한 외국의 연구방법론과 교수방법론을 도입하는 실험을 해보았다. 그리고 학회의 모범적 운영과 낙후된 제도 개선을 통하여 침체된 법학계와 법조실무에 새로운 바람을 불어넣고자 노력을 기울였다. 그리하여 법률가의 다양한 역할을 새로이 조망하여 그들이 어떻게 세계화의 물결 속에서 어떤 창의적·선도적 역할을 할 수 있을 것인가를 깨우쳐 주고 싶었다. 이러한 노력이 척박하고 낙후된 학문환경을 극복하여 우리나라 법학계의 이론과 법조실무 발전에 작은 보탬이 되기를 희망한다.

이 회고록의 아주 작은 일부는 2018년 한 해 동안 "세계를 향한 열정과 도전"이라는 제목으로 월간 〈신동아〉(新東亞)에 게재된 바 있다. 이 기회에 이를 연재해준 동아일보사에 감사한다. 이 단행본은 주제 중심의 서술이 아니라 〈신동아〉의 연재 부분에 평소에 기록했던 일기를 보태어 시간 순으로 작성한 것이다. 따라서 주제 중심의 깊이 있는 체계적·집중적 서술이라기보다는 매일 일어난 일들을 시간 순으로 줄여서 정리한 기록이다.

나의 보잘것없는 기록에서 중요한 부분은 표면적 성취가 아니라 그것을 떠받친 기틀과 밑바탕이었다. 그동안 내가 수없이 받았던 지지와 격려, 어려운 판단을 할 때 올바로 자신감을 키우도록 도와준 분들이 핵심이었다. 나는 그들을 모두 기억한다. 우선 나를 낳아서 올곧게 길러주신 부모님과, 사회생활을 하면서부터 인생진로의 귀감이 되신 처부모님께 한없는 감사와 존경의 마음을 금할 길 없다. 아울러 원만하게 가정을 꾸려간 아내와 두 아이들 내외에게 깊은 고마움과 애정을 표하고 싶다. 학자로서의 인생을 선택하여 행복하게 서울대 캠퍼스에서 정년을 마칠 때까지 학교 당국과 동료, 특히 탁월한 제자들과의 아름다운 인연이 내 인생의 활력소가 되고 각종 국내외 활동에서 든든한 자부심의 원천으로 작용했음에 깊은 감사의 말씀을 드린다. 나아가 국제형사재판소의 초대 재판관으로 밀어주신 대법원, 외교부, 법무부, 산업자원부 등 우리 정부와 재판관 후보로 지명해주신 지명심의위원회의 박수길 의장과 위원들, 그리고 재판관 후보자를 위한 후원회의 한승주 회장과 김현 사무국장 외 여러 가지로 도와주신 선후배 동료 및 제자들께 무한한 감사의 헌사를 바치고 싶다. 마지막으로 나남의 조상호 회장의 판단과 지원에 감사드리고, 신윤섭 편집부장과 그 팀의 노고를 잊을 수 없다.

2020년 12월

송상현

차례

제6장

2010~2012

세계평화의
새로운 길
국제형사재판소장의
첫 임기 II

제8장

2013~2015

인류의
희망을 찾아
국제형사재판소장
두 번째 임기 II

1941~1963

청운의 뜻을 세운 청소년 시절

.

첫 기억 속의 집

나는 1941년 12월 21일 경기도 양주군 노해면 창동리 281번지(새 주소로는 서울 도봉구 창5동 219-5: 서울 도봉구 도봉로 136가길 69)에서 부친 원남(苑南) 송영수(宋英洙)와 모친 송원(松苑) 김현수(金賢洙)의 무녀독남으로 태어났다. 창동 생가는 1939년경 고하(古下) 송진우(宋鎭禹) 할아버지가 지어주신 한옥인데 일제말기의 경제사정을 반영하듯 건축자재가 귀하여 공사가 지지부진하고 자금이 모자라 대청마루의 분합문도 미처 달지 못한 채 신혼인 나의 부모님이 입주했다. 이 집 안채의 커다란 안방 뒤에 붙은 두 개의 작은 골방 중 하나에서 내가 태어났다. 위당(爲堂) 정인보(鄭寅普) 선생의 따님으로서 벽초(碧初) 홍명희(洪命熹)의 며느님 되시는 분이 나를 받았다고 한다.

　나의 생가는 부모님께서 입주하실 때에는 비록 제대로 완성도 못한 채였지만 300여 평의 대지에 뒤집은 'ㄱ자' 모양(Γ자형)의 안채와 '一자'로 지어진 바깥채를 아우른 번듯한 한옥 기와집이었다. 마당에 배치된 전체적인 가옥구조는 동쪽이 터진 'ㄷ자' 모양이었다. 솟을대문을 들어서면 오른편에 작은 문간방이, 그리고 왼편에는 넓고 긴 광이 대문과 함께 서로 연결되어 안채와 별도로 기다란 '一자' 모양의 바깥채를 이루고 있었다.

　문간방은 솟을대문을 들어서자마자 오른편에 바로 들어갈 수 있었으나, 왼편의 광은 중문을 넘어서 안마당에 있는 출입문을 통해야만 했다. 꽤 넓은 안마당의 오른편 구석에는 기와를 덮은 돌담장 가까이에 무성한 대추나무 한 그루가 항상 많은 열매를 자랑했고, 그 앞 문간방의 벽을 끼고 돌아선 구석에 화장실이 있었다.

　안마당에는 대추나무를 기준으로 아름다운 전통 한식 돌담장을 따라 나란히 분홍 겹꽃의 동백나무, 붉은 단풍나무, 늘 푸른 주목, 열매가 많이 열리는 앵두나무, 노란 꽃으로 봄을 알리는 산수유나무 등이 한 줄로 버티고 서 있었다. 담벼락을 가리는 큰 나무들 앞에는 키가 조금 작은 백합, 칸나 등의 화초류가 각색의 영산홍 등과 잘 어울려 계절마다 색채감을 더했으며 앞마당을 가로지르면 세벌대 화강암 댓돌 위에 굴도리식 안채가 우람했다.

완공 당시 기왓골에서 흘러내리는 물을 받는 함석 챙을 미처 달지 못하여 낙숫물이 떨어지는 곳은 마당에 늘 홈이 패여 있었다. 화강석 댓돌에 신을 벗어놓고 올라서면 상당히 넓은 대청마루가 시원한데 대청의 천장을 가로지르는 굵디굵은 대들보가 아주 인상적이었다. 그곳에는 먹으로 상량일자가 선명하게 기록되어 있었다. 여름에는 사방 한 자 크기의 나무 조각을 모양 있게 잇대어 깐 대청바닥에 그냥 벗고 드러누워도 아주 시원하기 짝이 없었다.

안채의 구조는 이 널찍한 대청에 올라서면 왼편에 안방, 그리고 오른편에 건넌방이 있었고, 안방의 뒤에는 골방이 두 개 있었다. 안방에서 다락으로 올라가는 앞 장지문에 이당(以堂) 김은호(金殷鎬) 화백이 그린 8폭의 화조그림이 아름다웠다. 안방의 앞으로는 길게 대청과 수직이 되게 달린 부엌과 그 너머 찬청(餐廳)이 있었다. 꽤 넓은 부엌은 안방과 직접 통하지는 않았으나 안마당과 뒷마당을 왕복할 수 있게 동서로 트여 있었다. 부엌 내에는 반질반질 길이 난 큰 가마솥이 여러 개 걸린 부뚜막이 있었다. 아궁이에 장작을 때서 안방을 덥히게 되어 있었고, 검게 그을린 부엌 천장은 바로 안방의 다락방 바닥이었다. 매년 1년 치를 마련하여 쌓아 놓은 통장작을 패서 땔감으로 사용하므로 부엌 속은 대체로 연기에 그을려 있었다.

'一자'형 바깥채의 대부분은 벼 가마니 등 추수한 1년 수확물을 저장하는 널찍한 곳간인데 그 끝부분은 찬청의 끝과 서로 마주보면서 안마당에서 부엌을 통과하지 않은 채 담을 끼고 뒤꼍으로 가는 통로가 된다. 이 통로를 지나거나 부엌을 통과하여 꽤나 넓은 뒷마당으로 나가면 시원하고 물맛이 좋은 우물이 있었다. 냉장고가 없던 시절 여름에 참외나 수박을 짚으로 묶어서 우물 속에 담가 놓았다가 먹으면 퍽 시원하였다.

나의 첫 기억은 고하 할아버지가 부모님에게 지어주신 창동의 한옥이다.
왼쪽은 돌 사진 (1942). 오른쪽은 창동초등학교 입학 후 어머니와 함께 (1948).

우물곁의 장독대에는 할머니와 어머니가 대물림하여 담가 놓으신 많은 간장과 된장 및 고추장 항아리들이 정렬되어 그 위용을 자랑했다. 우물 주변으로 손바닥만 한 텃밭이 있어서 상추나 파, 고추, 시금치, 아욱 등 간단한 채소는 자급이 되었다. 채마밭 너머로 몇 그루의 앵두나무가 성수네 집과 담을 이루고 있는데 단오절 무렵에는 많은 앵두를 따서 희부네, 아키코네, 최씨댁 성수네 등 이웃과 나누어 먹었다.

대문 밖에도 작은 면적이긴 하지만 우리집에 딸린 밭이 있어서 옥수수, 토마토, 오이, 호박, 감자, 가지 등을 심어 일제 말 어려운 시절에 식량의 대용이 되기도 했다. 서울 근교 농촌인 창동의 생가는 어린 시절의 추억이 많이 얽힌 애착이 가는 곳이다.

부친이 돌아가신 뒤에도 나는 경제적 능력 밖임에도 불구하고 이 집을 계속 보유하면서 몇 년 동안 공한지세(空閑地稅)라는 아주 불합리한 세금폭탄을 이겨내고 대물림을 하여 영구히 보존하고자 무척 노력했다. 그러나 6·25 전쟁으로 피란했던 동네사람들이 수복 후 그 부근 일대에 무질서하게 지었던 판잣집들을 모두 철거하고 우리집 한 채만 남겨둔 채 이를 둘러싼 고층아파트들이 들어서고 보니 감당할 방법이 없었다. 특히 주변의 고층아파트 주민들이 밤마다 아파트 고층에서 쓰레기를 관리인 가족이 엄연히 살고 있는 우리집 마당으로 던지는 일도 흔했다. 마침 일제강점기부터 우리집 뒤에 있던 군수 기업인 대아방직의 공장 터를 인수하여 삼풍제지회사를 성공적으로 경영하던 동창생에게 할 수 없이 매각했는데 얼마 후 헐려버리고 말았다.

나는 무녀독남인 데다가 6·25 전쟁으로 피란 다니는 동안 집안형편상 영남, 호남, 제주 등으로 자주 전학을 했기에 별로 마음을 붙일 만큼 오래 산 고장도 없고 친구도 많지 않은 편이다. 생가가 헐리고 흔적도 없어지자 출생지인 이곳에서 자라면서 창동초등학교 입학시절을 포함한 유년시절의 7, 8년간 산으로, 들로, 논으로 뛰어다니면서 즐겼던 그 시절의 귀한 농촌의 추억마저 송두리째 빼앗겨버린 셈이 되어 한동안 허전한 마음을 금할 수 없었다. 또한 출생지 창동과의 인연도 이것으로 끝나지 않나 생각되기도 하였다.

그런데 2013년경부터 도봉구청 관내의 향토역사를 복원하는 과정에서 창동에 기거하시던 고하(古下)와 위당 정인보 및 가인(街人) 김병로(金炳魯) 세 분이 일제 말기에 이곳에서 살았던 기록을 찾아내서 없어진 내 생가 앞에는 '고하 송진우선생 집터'라는 표지판을 건립하는 한편, 도봉구민회관 내에 창동역사문화공원을 조성하여 세 분을 기리는 "창동 3사자 동상"을 2017년 8월 15일 광복절을 맞이하여 제막하였다.

엄밀하게 말하면 고하는 창동에서 태어나시거나 이곳을 등록된 주소지로 삼아 계속 거주하신 것은 아니고, 본인은 1921년부터 서울 종로구 원서동 74번지에서 살고 계시다가 암살당하셨다. 그러나 일제 말 그가 심혈을 기울여 경영한 〈동아일보〉가 강제 폐간된 후 칩거하다가 마음이 답답하면 자주 당신이 지으신 창동 우리집으로 나와 며칠씩 묵으시면서 부근에 사시던 당대의 애국지사들과 시국을 논하면서 울적함을 달래신 것은 사실이다. 따라서 도봉구청이 '고하(古下) 집터'라는 안내판을 세운 것도 틀린 것은 아니다.

나는 취학 연령에 약간 미달한 상태로 창동초등학교에 입학해 약 2년간 다니다가 창동을 떠나 사대문 안으로 들어간 후에는 그곳에 돌아가지 못했다. 그러나 어릴 적 살던 명륜동 1가 전셋집이나 원서동 74번지 고하 할아버지 댁

창동역사문화공원에 조성된 창동 3사자 동상. 왼쪽부터 김병로, 송진우, 정인보.

에서 미아리 고개를 넘어 무네미('물넘어'라는 명칭이 와전된 동네 이름인데, 현재 수유동에 해당), 말미, 쌍감리(쌍문동), 벌리(번동)를 지나 창동까지 수없이 걸어 다닌 어린 시절이 그리워서 자주 회고하곤 했다.

태극당 제과점이 있던 돈암동 전차 종점에서 시작되는 미아리 고개가 높이를 낮추고 길을 넓혀 다니기가 좀 수월해진 것은 수십 년 뒤의 일이었고, 내가 어릴 적에는 꽤나 높고 좁은 미아리 고개를 힘들게 걸어 넘으면서 문안을 드나들었다. 그때마다 도봉산, 수락산, 불암산 등 아름다운 산이 원근으로 알맞게 병풍을 친 전형적 농촌 마을인 창동이 서울로 편입된 뒤 어쩌면 그렇게도 산자수명(山紫水明)하고 평화롭던 농촌의 흔적이 깡그리 없어져 버렸을까 하는 안타까움을 금할 수 없다.

내가 창동초등학교에 입학하고 보니 늘 논둑으로 뛰어다니고 시냇가에서 미역 감으면서 같이 놀던 동네 코흘리개들이 한 반 급우가 되었다. 내가 가장 어려서 그랬는지 나이 많은 애들은 내 이름을 창동 사투리 발음으로 "상현이" 대신 "새니"라고 부르면서 잘 거두어 주었다. 이 친구들은 참외서리를 할 때에도 꼬마인 나를 끼워주고, 보리서리를 해서 그슬린 보리를 먹는 바람에 입주위나 얼굴이 새까매지는 경우에는 나의 입을 씻겨주는 등 형제자매가 없는 나에게 참으로 다정하게 대해 주었다. 이외에도 나는 학교가 끝나고 할머니를 따라 우리 논에 가서 거머리에게 물리면서도 메뚜기를 잡는 즐거움을 누렸다. 이상하게도 우리 논은 물이 마르지 않아서 심한 가뭄에도 시원한 물에 발을 담그고는 우렁이를 잡던 기억도 난다.

창동이 서울로 편입되어 도시화 과정을 거치는 동안 가끔 가보면 상전벽해(桑田碧海)라는 말이 무색할 정도였다. 특히 동네 한가운데에 있던 물맛 좋은 우물도 메워진 채 흔적만 남았다. 세월이 한참 흐른 뒤에도 초등학교 한 반이던 친구들 몇몇이 머리가 하얗게 된 채 고향을 지키고 있어서 반가웠다. 어느 날 우연히 버스를 타고 지나가는 길에 아직도 '노해'라는 이름이 사용됨을 발견하고는 너무나 기뻤던 적도 있다. 노해(蘆海)는 갈대바다라는 낭만적인 뜻이 있는데, 내가 태어난 면(양주군 노해면)의 이름으로 이것이 도시화의 물결 속에서도 살아남았기 때문이다. 그래서 한동안 나의 아호는 부모님이 그러하셨듯이 창동(倉洞), 노해(蘆海), 원서(苑西) 등 나의 거주지 관련 지명에서 따다가 지으리라고 생각한 일도 있었다. 그러나 이 문제는 내가 회갑이 되자 나에게 박사학위 지도를 받은 첫 제자인 김문환 전 국민대 총장이 대구의 고명한 주역학자 박주병 선생께 청하여 심당(心堂)이라는 아호를 지어다 주심으로써 해결되었다. 나는 이 아호가 마음에 들어 계속 사용하고 있다.

어린 시절의 긴장과 공포

내가 태어날 무렵의 시국은 제2차 세계대전 중이어서 모든 사람이 물질적, 정신적으로 몹시 어렵고 힘든 시기였다. 된장을 찍은 풋고추 반찬 한 가지에 꽁보리밥으로 한 끼 해결하기도 어려운 시절이었다. 나도 역시 건강한 아이는 아니어서 자주 감기에 걸리는 등 약골이었다. 아프면 항상 원서동 할아버지 댁 근처에 있는 김승현(김영무 김앤장 대표변호사의 선친) 내과로 가서 진찰받고 약을 타오곤 했다.

그런데 일본의 단말마적 항전으로 인해 연합군이 서울을 폭격할지도 모른다는 판단하에 일제 말 서울 교외인 창동 마을로 소개(疏開) 해 자리 잡은 명사가 많았다. 창동에는 가인 김병로(초대 대법원장) 선생이 가장 먼저 널찍하게 터를 잡아 정착하신 후 동지들에게 권유한 바 있다. 위당 정인보(초대 감찰위원장), 지헌(止軒) 장현중(張鉉重), 호암(湖岩) 문일평(文一平), 일사(一簑) 방종현(方鍾鉉), 인기소설 〈임꺽정〉의 저자 벽초 홍명희와 그의 아들인 국문학자 홍기문, 홍기무 등이 이곳에서 제2차 세계대전 말기의 어려운 삶을 근근이 이어나갔다. 서울 문안 원서동에 살던 고하 할아버지도 자주 창동으로 나와 우리집에서 여러 날씩 기거하시면서 이분들과 어울리셨음은 잘 알려진 사실이다.

모두들 영양실조로 얼굴이 창백하고 일제의 발악으로 기가 죽어있었으나 고하(古下)만은 일본의 패망이 머지않았음을 유난히도 강조하면서 정신을 바짝 차리고 건국에 대비해야 한다는 뜻을 열정적으로 강조하곤 했다는 것이 전설처럼 내려오고 있다. 물론 한동네에 사는 한국인 밀정이 고하의 동향을 세세하게 파악하여 시시각각 일제 당국에 보고하는 것은 빠질 수 없는 일이었다. 이런 분위기에서 부모님은 어린 내가 집안에서 들은 말을 밖에 나가 함부로 지껄일까 두려워서 입단속을 가혹하리만치 철저히 했고, 가족이 체포되었을 때의 행동수칙을 주입시키는 데 온 신경을 기울였다. 따라서 늘 긴장과 공포 속에서 살았던 집안 분위기만 막연한 기억에 있을 뿐, 웃음이 가득하거나 포근하고 행복한 가정 또는 아기자기한 어린 시절은 생각하기 어려웠다.

후사가 없던 고하 할아버지는 나의 아버지를 일찍이 내심 양자로 점찍어 놓고 혹독한 일제강점기에 온갖 비밀스러운 임무를 다 시켰다. 당신이 언제 투옥되거나 무자비한 고문을 당할지 모르는 불안한 상황에서 사실상 아버지를 우리 전 가족의 유일한 생활책임자로 만들고 싶어 하셨다. 고하는 인문계 고등학교를 거쳐 번듯한 대학에 가고 싶어 하는 아버지의 욕망을 강제로 포기하게 한 다음, 남대문상업학교(현 동성고) 에 들어가서 주판과 부기 등을 배우게 했다. 고하의 장기 투옥 등 만일의 경우에 점원이나 서기로 취업해서라도 집안을 부양할 준비와 각오를 하라는 뜻이었다.

후일 아버지는 이 대목을 한탄조로 회고하신 일이 있다. 아버지는 고교시절 주경야독의 어려운 환경에서도 성적이 우수한 데다가 박준호 동성고 교장 선생님(박병래 전 성모병원장 선친) 및 담임인 장면 선생(제 2공화국 국무총리)의 각별한 사랑을 받았다고 한다. 후일 장면 총리가 집권하자 정부의 고위직을 제의받았으나 완강하게 사양했다. 이것은 정치인인 할아버지의 암살 비극을 거울삼아 절대로 정치에 참여하지 않겠다는 그분 나름대로의 의지의 표현이었다.

흰 얼굴과 짙은 눈썹에 키가 큰 아버지는 보성전문(고려대 전신) 상과에 진학한 후 머리를 빡빡 깎고 학교를 다녀 '각황사 주지'라는 별명을 얻었다고 한다. 학교를 어렵사리 졸업하자마자 1936년 암울한 현실에서도 당시 선망의 직장인 조선식산은행(현 한국산업은행) 입사시험에 합격해 90원이라는 거액의 월급을 받을 꿈에 부풀었다고 한다. 그러나 어떻게 국내 항일 독립운동의 구심점이요 대표적 민족지도자의 자손이 원수인 일제가 세운 금융기관에 근무할 수 있는가 하는 시비가 고하 주변에서 일어나 결국 출근 하루 전 이 직장을 포기하고 말았다. 그 대신 당시 유일한 민족자본으로 설립된 경성방직(현 경방)에 부랴부랴 취직하고 보니 월급이 40원이었다고 한다. 경성방직 오사카 지점에서 수년간 근무하다가 귀국해 창동 집에 정착한 뒤로 아버지는 매일 새벽 4시에 일어나 창동역에서 기차로 청량리역에 도착한 다음 전차로 갈아타고 노량진역을 지나 비가 오면 마누라 없이는 살아도 장화 없이는 못산다는 영등포 소재 경방의 공장까지 힘든 출퇴근을 여러 해 동안 계속했다.

어머니는 경제적으로 넉넉한 집안의 장녀로 태어나 귀여움을 독차지하면서 신교육을 받은 속이 깊은 여성이다. 어머니는 예술적 소질을 천부적으로 타고난 분이었으나 결혼 후 복잡한 집안사정상 생가 시모, 양가 시모 및 서시모 등 사실상 세 분의 시어머니를 모시는 어려움, 나를 낳으신 뒤 약과 식량이 부족하고 요양할 형편이 못돼 수년간 괴롭혀온 병마, 거의 날마다 창동에서 원서동으로 출근해 고하 할아버지의 수발을 들어야 하는 엄청난 가사업무량, 독립운동 지도자 집안에 가해지는 각종 위협과 공포 등을 감당하면서 한순간도 편하게 젊은 시절을 보내신 적이 없다.

더구나 해방의 기쁨도 잠깐이고, 1945년 12월 30일 새벽 원서동 74번지 고하댁의 사랑채에서 한현우 등 무뢰배에 의하여 시아버지가 암살당한 현장을 목격했다. 젊은 며느리로서 13발 중 6발의 총탄을 맞으신 시아버지의 낭자한 피를 말끔히 닦아내고 현장을 깔끔하게 정리한 일, 강추위 속에서 치러 낸 그 큰 초상을 포함하여 전통적 제례의식의 복잡한 예법을 한 치의 오차도 없이 준수하면서 3년상을 받드신 어머니의 초인적 상황관리는 나에게 한없는 외경의 마음을 지금도 갖게 한다. 그 당시 약과 의술이 부족하여 수년간 고름과 피를 짜내고 복대를 두른 채 이러한 엄청난 비극을 총지휘하고 감내하신 어머니는 하늘이 보내신 분이 아닌가 한다. 여러 해 고생하신 수술 후유증으로 말미암아 나 이후에는 출산을 못하신 것으로 알고 있다. 따라서 나는 언제나 형제자매가 여럿인 친구들을 부러워하면서 학교를 다녔다. 어머니는 90세를 사시고 2009년 여름에 별세하셨다. 아프리카 밀림 속을 출장 중이어서 임종을 못한 것이 평생의 한으로 남아 있으나, 내가 국제형사재판소장이 되어 활발한 국제활동을 하는 것을 보신 후 운명하셨다.

　　사실 고하(古下)는 해방공간에서 은인자중하는 중에 정당 시기상조론을 내세우며 비정치적인 국민대회준비회와 환국지사후원회를 결성하고 때를 기다리고 있었다. 이 조직은 우당(憂堂) 권동진(權東鎭), 위창(葦滄) 오세창(吳世昌), 심산(心山) 김창숙(金昌淑) 선생을 고문으로 추대하고, 창랑(滄浪) 장택상(張澤相), 낭산(朗山) 김준연(金俊淵), 명고(鳴皐) 송필만(宋必滿), 동암(東庵) 서상일(徐相日), 일천(一泉) 김지환(金智煥), 강병순(姜柄順) 변호사 등 지도자와 함께 임시정부 법통을 지지하고 환국지사 후원을 목적으로 하였다.

　　다만 우익 계통의 4당이 통합되어 한국민주당으로 발족하면서 동지들의 강력한 추대를 받자 고하는 여러 번 고사 끝에 1945년 9월 16일 한국민주당의 실질적 당수인 수석총무 자리에 추대되었다. 공산당의 갖은 모략중상과 오해에도 불구하고 한국민주당은 대한민국의 수립을 가능하게 한 당시 가장 강력한 국민정당이었다.

　　고하는 1945년 12월 1일 〈동아일보〉가 다시 발간됨에 따라 소오(小梧) 설

1945년 12월 30일 고하는 원서동 자택 사랑채에서
무뢰배의 총탄에 맞아 쓰러지셨다. 현장에서 목격한 어머니가
수습했지만, 병풍에는 핏자국이 고스란히 남았다. 현재 원서동
74번지에는 지번을 알리는 돌기둥만 그날의 비극을
증언하고 서 있다.

의식(薛義植)을 법정발행인 겸 편집인으로, 심강(心崗) 고재욱(高在旭)을 편집국장으로 하여 제8대 〈동아일보〉사장으로 3번째 사장직에 취임하였다. 따라서 고하는 해방정국에서 가장 강력한 한국민주당과 〈동아일보〉 두 기관의 총수로서 시종일관 상해임시정부의 법통을 지지하면서 풍찬노숙 끝에 환국하신 임정 애국지사들의 후원에 다방면으로 심혈을 기울였다. 그것은 해방정국의 가장 강력한 지도자로서 오로지 민족진영의 통합된 모습을 국민에게 보이고자 한 고하의 충정이었다. 다만 해외에서 귀국하신 많은 애국지사들은 국내사정에 어둡고 국내에 전혀 기반이 없는 데다가 일부는 과대망상증에 빠진 언행을 하기도 하여 고하는 실망 속에서도 동분서주하였다.

원서동의 좁고 긴 골목(현 창덕궁길)은 늘 고하를 만나려는 남녀노소로 꽉 메워져 있었다. 젊은 며느리인 나의 어머니는 서시모의 눈총 속에서도 나라 세우기에 바쁜 시아버지와 엄청난 수의 방문객을 뒷바라지해야 했다.

암살과 같은 엄청나고도 비극적인 사고로 집안의 중심인 어른이 갑자기 생을 마감하실지 누가 미리 알았겠는가. 아무런 준비도 없이 황망한 중에 유언집행인인 정처(正妻) 유차(柳次·본관 고흥) 할머니의 변호인으로서 가인 김병로 변호사의 지휘하에 결국 송씨 문중이 민법상의 친족회의를 개최하여, 내 아버지를 고하의 사후 양자로 입적해 정식으로 법적 가통을 잇게 하는 결의를 했다.

당시 민법에 규정된 대로 사후입양(死後入養) 조치로 인해 그동안 사실상 아들과 며느리 노릇을 한 나의 부모님이 고하의 사후에야 비로소 법적으로 그분의 호적상 정식 입양된 후계자가 됐다. 지금은 사후양자라는 제도가 폐지됐지만 그 당시에는 중요한 가계(家系) 계승방법의 하나였다.

나는 이처럼 고하(古下)의 피를 직접 받은 손자는 아니나 고하의 4남 4녀 형제분 중 손위 큰형님의 3남인 내 아버지가 아들로서 사후입양이 되셨으니 나는 법적으로 고하의 뒤를 잇는 유일한 장손이다. 이미 오래 전부터 실질적으로 아들 노릇을 하고 온갖 비밀스러운 심부름을 도맡아 하던 아버지의 법률적 입양이 고하의 생전에 이루어지지 못한 것은 고하와 원서동에서 동거하던 서(庶) 할머니인 평양기생 유보부(劉寶富: 기명 劉山紅)의 '베갯밑송사' 때문이라고 짐작하고 있다. 나는 고하가 어떻게 이 평양기생을 만나 동거하게 되었는지 경위는 잘 모른다. 그러나 그들이 만든 어느 자료를 보면 공교롭게도 정처인 유차(柳次) 할머니와 서할머니 유보부(劉寶富)의 성씨가 한글발음이 같은 것을 기화로 유보부의 다른 이름이 '유차'라고까지 거짓 주장하는 어리석음을 범하고 있다.

국내독립운동의 구심점,
고하(古下) 송진우(宋鎭禹) 할아버지

고하(古下)는 일본 유학 후 귀국해 27세에 중앙학교 학감으로 취임했는데, 곧 1917년 해외 유학생들의 집결체인 중앙학교 교장이 되어 조선역사를 가르치면서 학생들을 은밀하게 조직했다. 그는 중앙학교의 숙직실에 기거하면서 1918년부터 학감인 기당(幾堂) 현상윤(玄相允. 전 고려대 총장), 육당(六堂) 최남선(崔南善), 고우(古友) 최린(崔麟), 인촌(仁村) 김성수(金性洙) 등과 함께 3·1운동을 주도한 핵심인물이다. 매일 밤 모의를 거듭하면서 현상윤을 통해 평북 정주 동향선배인 남강(南岡) 이승훈(李昇薰)과 연락하여 기독교 세력을 끌어들이고, 최남선과 현상윤의 은사 최린을 통하여 천도교를 접촉하였다. 이승만의 밀사 여운홍(呂運弘)과 동경 2·8독립선언운동의 밀사 송계백(宋繼白) 등 경향각지 또는 해외 밀사들을 몰래 맞이하고 보내면서 거사를 도모하였다. 필요한 자금은 계동에 따로 살림을 차리고 있으면서 밤마다 숙직실 모의에 합류하던 인촌이 대부분 조달했다고 한다.

　한국에 대학이 없던 그 당시 이 젊은 중앙학교 교장은 국민에게 새로운 희망을 주는 선진적 지식인이었으나 독립만세운동에 필요한 명망 있는 원로들의 지지가 여의치 못하자 효과적인 3·1운동을 위해 전국적 조직과 지명도가 있는 손병희 천도교 교주와 이승훈, 함태영 등 영향력 있는 기독교 목사들을 앞에 모셨다. 물론 우여곡절은 있었으나 당시 의식 있는 조선인이라면 누구나 일제의 압제에서 벗어나려는 생각을 가지고 있었으므로 자연스러운 호응이 있었다. 또한 독립을 위한 저항운동을 여러 단계로 나누어 지속적으로 추

일본 유학 후 중앙학교 교장이 된
고하가 기거하셨던 중앙학교 숙직실.
고하는 이곳에서 각지에서 온 밀사를
은밀히 맞으며 거사를 도모하셨다.

진해야 한다는 원대한 계획 때문에 고하는 핵심적 주동인물이면서도 후일의
독립운동을 계속 책임지기로 하고 3·1 독립선언서에 33인으로서 서명하지
않았고, 같은 이유로 기미독립선언서를 작성한 육당 최남선도 서명하지 않았
던 것이다. 그러나 일제의 강압적인 수사와 구속된 어느 동지의 배신으로 전
모가 드러나자 고하도 '33인'이 체포된 얼마 후 다른 동지들과 함께 잡혀 들어
가 옥고를 치름으로서 '48인'의 한 사람으로 역사에 기록되어 있다. 이분들은
모든 희생을 마다 않고 독립을 위하여 함께 헌신한 분들이므로 33인과 48인
을 구분하는 것은 역사적 정당성이 없다고 본다.

　항일독립운동사를 논하는 경우에도 우리의 선열들께서 국내외를 막론하고
여러 갈래로 헌신하신 독립운동을 고르게 조명해야 한다. 만주벌판에서 무장
독립운동을 하신 장군들, 상해임시정부를 지키며 풍찬노숙하신 선열들, 노
령(露領)이나 연해주에서 나라를 위하여 몸 바치신 애국자들 모두 소중하다.
하와이나 미주를 무대로 우리의 억울한 입장을 세계에 알리거나 독립을 청원
하며 줄기차게 국권회복에 전력하신 지도자들, 애국하는 방식으로서 한 목숨
바쳐 왜적을 처단한 의사나 의병대장도 계시는가 하면, 꾸준히 계몽을 통하
여 자립과 자강의식을 심어주기에 노력하신 선각자도 많다.

　이와 같이 국내외 각지에서 독립투쟁을 하시던 수많은 갈래의 애국지사들
의 희생과 공로를 공정하고 균형감 있게 포용함이 마땅하다. 특히 험난한 국
내를 지키면서 국내외에 산발적이었던 독립운동의 구심점 노릇을 한 국내독
립투쟁의 지도자들도 잊으면 안 된다. 고하(古下)는 혹독한 일제의 탄압과

회유 속에서도 정부가 없던 시절 〈동아일보〉를 짊어지고 국내외 애국지사들의 활동을 열심히 보도하여 애국심을 고취하고 국문활자와 독립자금을 비밀리에 공급하면서 결속을 다진 국내독립운동의 구심점인 동시에 해외독립운동을 지지하는 핵심 연결점이었다.

종로경찰서 유치장에서 일본 형사 미와(三輪)가 자행한 악독한 고문 중에는 고하를 발가벗겨 기둥에 묶어놓고 칠흑 같은 어둠 속에서 훈련된 경찰견으로 하여금 무차별로 물게 하는 것도 있었다고 한다. 이 과정에서 고하는 생식능력을 잃어 자손을 가질 수 없게 됐다는 게 집안 내의 정설이다. 고하는 10대에 부모가 정해준 두 살 위의 처녀 유차(柳次)와 결혼해 딸을 낳았는데 고하가 일본 유학 중 천연두로 사망한 후 혈육이 없는 일생을 사셨다.

다른 한편 아버지도 후일 보성전문(현 고려대) 재학 중 독서회 사건으로 구속되어 옥고를 치르는 바람에 30살이 거의 다 되어서야 어머니와 결혼하셨다. 대개 15세 무렵에 부모가 정해준 연상의 처녀와 혼인하던 당시의 풍습에 비추어 이 같은 노총각의 결혼은 크게 화젯거리가 되었다고 한다. 아버지는 결혼 후 고하의 정처(正妻)이자 양어머니인 유차 할머니를 모시고 1939년 새로 지어준 창동 집에 신접살림을 차리셨다.

유차 할머니는 미모의 여성으로서 자애가 많으신 분이었으나 항상 걱정이 많으신 편이었다. 어머니는 양(養) 시모인 할머니를 참으로 극진히 모셨다. 환갑을 맞은 할머니에게 어머니가 진수성찬으로 잔칫상을 차려 바치신 기억이 난다. 할머니는 손아래 시누이로서 서울 이씨댁으로 출가하신 대고모와 함께 환갑상을 받으셨다. 할머니는 이 시누이의 권유로 말년에 천주교로 귀의하셨다.

창동에서 나를 낳아 기르시는 동안에도 어머니는 거의 날마다 새벽에 창동역에서 청량리역까지 기차를 타고 가서 전차로 갈아타고 종로2가에서 하차하여 창덕궁 담을 따라 원서동 꼭대기에 있는 고하 할아버지 댁까지 눈이 오나 비가 오나 줄곧 걸어 다니셨다. 따라서 나는 이 시절에 유차 할머니의 보살핌을 많이 받으면서 자랐다. 간혹 이른 점심을 들고 우리 논을 둘러보러 가시는 할머니를 따라 논둑길을 걷고 시냇물을 건너 뛰어다니던 기억도 남아 있다.

부모님 (송영수, 김현수) 결혼식. 가인 김병로 선생이 주례, 그 오른쪽 옆에 선 분이 고하 할아버지.

할머니 무릎을 베고 누우면 구전으로 내려오는 야담 또는 속담이나 시조, 야사 수준의 국사를 단편적으로나마 계속 전수해주셨다. 단군 할아버지부터 임경업 장군, 이순신 제독 그리고 명성황후에 이르기까지 많은 얘기를 들려주셨다. 때로는 〈장화홍련전〉, 〈임꺽정전〉, 〈구운몽〉 등 당신이 읽으신 여러 국문소설도 거의 암송하시다시피 내게 들려주셨다.

이렇게 할머니의 무릎을 베고 들었던 수많은 이야기들은 후일 나의 지성적 자양분을 풍부하게 만들었고 국사와 국어에 관심을 가지게 만들었다. 어릴 적 나는 고하의 후예로서 국가 지도자 가문의 명예에 걸맞은 삶을 이어가야 한다는 일종의 강박관념하에서 국사학자나 국어학자가 되어 조용히 연구에 몰두해야 한다고 생각해 본 경우가 여러 번 있었다.

고하는 서(庶)시어머니가 나의 아버지와 어머니에 대하여 온갖 나쁜 말을 속삭여도 날마다 출근하여 알뜰살뜰하게 시중을 드는 새 며느리에게 의존하는 바가 많았고 내 어머니를 아주 흡족하게 생각하셨다고 한다. 어머니는 원서동 집에서 서시어머니 및 그녀가 장악한 찬모, 침모 등의 트집, 모략, 연극을 감내하기 어렵고 억울한 경우를 많이 당하셨지만 시아버지 고하의 적극적

옹호와 사랑을 받아 버텨냈다고 회고하신 일이 있다.

그런 와중에도 어머니를 따라 원서동에 가면 할아버지와 겸상을 하는 특권이 주어졌다. 다만 나는 어린 손자를 어떻게 다루어야 할지 모르고 쩔쩔매는 고하 할아버지가 무섭기만 해서 많이 울기도 했다. 그러나 고하는 내가 4세가 되어 어느 정도 말귀를 알아듣자 곧바로 천자문 등 한문과 국사를 열심히 가르치셨다. 나는 총기가 있었는지 금방 암기해서 한문책을 떼는 수가 많았는데, 그럴 때마다 고하는 어머니에게 책거리 떡을 하라고 지시하시곤 했다. 물자가 귀하므로 떡은 주로 썰어 말린 호박을 많이 넣은 찰좁쌀 떡인 경우가 많았다. 이때에는 한문 경서(經書) 외에 한국과 중국의 역사도 겸하여 배우는 까닭에 원서동 할아버지 댁에 머무는 경우가 자주 있었다.

1945년 8월, 해방되기 수일 전부터 웬일인지 원서동 집 주변에 감시원이 돌연 증가하고 사랑채로 고하(古下)를 방문하는 이들이 늘었다. 8월 초 어느 날, 나는 날이 더워 옷을 거의 다 벗은 상태로 원서동 집 안채 마당에서 혼자 놀고 있었다. 제복을 입고 긴 칼을 찬 일본 고관을 따라 안마당으로 들어온 사람이 다짜고짜 나의 엉덩이를 걷어차면서 '불령선인(不逞鮮人)의 새끼'운운하는 욕을 큰 소리로 했다. 어린 나는 무방비 상태로 걷어 차여 턱을 토방의 댓돌에 부딪치는 바람에 크게 다쳤다. 재동 부근 김웅규 외과에 가서 여러 바늘을 꿰맨 후에도 여러 해 동안 크게 고생했다. 조금 큰 다음 부모님에게 이 일을 여쭈어 보았다.

부모님에 따르면 정계은퇴한 일본 거물 정객 이쿠다(生田) 경기도지사 등 일제의 고관들이 고하 할아버지에게 정권인수 교섭차 비밀리에 수차례 방문했는데, 고하가 시종일관 결연히 거절하자 화가 난 조선인 수행원 한 명이 안채로 내려와 내게 분풀이 했다는 것이다. 그가 일제 총독부에서 높은 관리를 했고 해방 후 변호사로 활동한 전봉덕(田奉德)이라는 것도 그때 들었다. 이 폭행사건으로 인하여 턱에 생긴 상처가 없어지기까지에는 여러 해가 걸렸다.

고하의 해방 전 정권인수 교섭 문제와 관련하여 후일 역사책을 쓴 일부 저자들이 그런 교섭 자체가 전혀 없었다고 주장하면서 고하를 깎아내리는 데 열을 올리는 경우가 있다. 물론 이 교섭이 일제가 고하에게 통째로 정권을 내주겠으니 어서 받으라는 식의 일방적 교섭은 아니었을지 모르나 해방되기 며칠 전부터 우리집 주위의 감시망이 이상한 움직임을 보인 것, 유난히 총독부 고위인사들이 고하를 면담하고자 자주 몰래 원서동 집에 드나든 것, 고하를 따르는 다른 분들, 예컨대 김준연(전 법무장관), 설의식(전 동아일보 발행인 겸 편집인) 등에게도 일본인들이 고하의 생각과 동향을 면밀하게 물어본 것 외에도 교섭차 고하의 원서동 댁에 찾아온 일본 고관의 조선인 수행원에게 내가 직접 엉덩이를 걷어차이는 봉변을 당한 것만은 사실이다.

그럼에도 불구하고 고하에게 일제가 그 같은 교섭을 한 일이 일체 없었는데 있었다고 주장하는 것은 우익인사들의 조작이라고 우겨대는 사람들이 있다. 또 당시 총독부에 근무하던 한국인 고위관리들의 증언을 토대로 정권인수 교섭과 같은 움직임의 낌새조차 눈치 채지 못했다고 기록하는 저술도 있다. 그러나 그처럼 중대한 일을 처리하는 일본측 최고위직 인사들이 겨우 총독부 과장급 식민지 백성들이 눈치 챌 수 있도록 교섭할 리가 만무한 것 아닌가.

해방 직전 일제가 조선의 지도자를 모두 죽이고 철수하리라는 정보를 입수한 고하(古下)는 미리부터 병이 깊어 운신을 못하는 시늉을 했다. 더운 삼복 중에도 원서동 집 사랑채에서 솜이불을 뒤집어쓰고 있는 고하의 머리맡에서 한약을 달이는 일은 어머니 차지였다. 어머니 치맛자락을 붙잡고 '할아버지 어디 아파?' 하면서 울었던 기억이 희미하게 남아 있다.

해방이 되자 그야말로 조선 천지의 모든 지도자들은 원서동의 협소한 고하 댁으로 몰려들었다. 창덕궁과 휘문학교(현 현대건설 자리) 사이로 좁고 길게 난 원서동 골목은 74번지 할아버지 댁에 이르기까지 사람들로 가득했다. 대문에서 곧게 뻗은 화강석 계단을 올라가 안채보다 높이 있는 사랑채가 손님을 맞이하는 장소였다. 댓돌에서 신발을 벗고 사랑채의 분합문을 연 다음 복도에 올라서면 다시 장지문으로 가린 커다란 사랑방 앞에 서게 된다. 단칸방이기는 하나 퍽 큰 규모의 방인데 고하가 거처하시면서 손님을 맞이하셨기 때문에 그 방에는 동서양의 각종 책 이외에 먹감나무 문갑, 지필묵과 연상, 서화

해방 후 조선의 많은 지도자들이
몰려들었던 원서동 자택 사랑채에서
고하 할아버지가 사용하던 유품.
위부터 시계 반대방향으로
벼루 및 벼루집, 먹감나무 문갑,
골패(옛 놀이기구), 바둑돌.

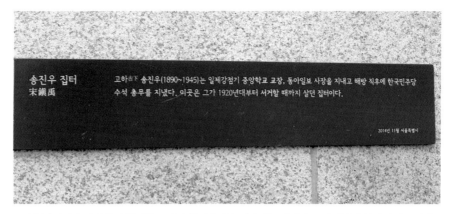

고하 할아버지의 집이 있던 원서동 74번지에는 '송진우 집터'라는 팻말이 그 자리를 쓸쓸히 지키고 있다.

를 그린 병풍, 골패와 바둑돌 등이 늘 있었다.

원서동 고하댁 한옥은 작은 동산의 비탈에 지은 집인데 길에서 보았을 때 왼쪽 편에 치우쳐 있는 큰 대문을 들어서면 곧게 뻗은 돌계단을 따라 사랑채를 향하여 쭉 올라가기 전 그 바로 오른편에 중문을 통하여 들어가는 야트막한 안채가 있고, 사랑채에 올라가면 창덕궁 담을 넘어 궁 안이 다 보였다. 현재는 다 헐려서 없어진 안채 자리에 높은 다세대주택이 들어서서 보이지 않게 된 뒤편에 역사적 의미가 담뿍 서린 고하의 사랑채가 남아있다. 이곳은 고하가 1921년 터를 구입하고 집을 지어 1945년까지 24년 이상을 사셨던 뜻 깊은 장소로서 해방 전후의 긴박하고 중요한 여러 가지 정치적 회합과 세기의 담판이 벌어진 곳인 데다가 최후에 암살을 당하신 현대사의 현장이다. 그러나 서울시 당국은 이 집의 상량문에 1921년에 건축하여 입주한 기록을 확인하고도 1966년에 큰 수리를 했다는 기록이 있다 하여 문화재로 지정함을 거부한 바 있다. 어느 목조 한옥이 수리 없이 오랜 기간 보존될 수 있는지 의문이고 그 이유는 전혀 수긍하기 어려웠다. 이제는 '송진우 집터'라는 작은 팻말만 쓸쓸히 걸려있고, 계동으로 넘어가서 중앙고 앞을 지나는 길이 '고하길'이라는 명예도로가 되어 있을 뿐이다.

오시는 손님들에 대한 모든 치다꺼리는 어머니 몫이었다. 암살당하시던 전날 밤 고하 할아버지는 백범 김구와 경교장에서 신탁통치 문제를 협의한 후 늦게 귀가하셨음에도 평상시와 마찬가지로 나와 함께 사랑채 거실에서 같이 자기로 돼 있었다. 그러나 마침 함께 주무실 손님이 따라오셨고, 내가 먼저 아래채에서 잠이 들어 버리는 바람에 나는 저격범의 총탄을 피해 살아남았다고 한다. 이것이 내가 다섯 살에 처음 겪은 생과 사의 갈림길이다. 고하와 함께 주무시던 손님은 할아버지의 친척 양중묵(梁仲黙) 선생인데 허벅다리에 총상을 입어 오래 고생하시다가 돌아가셨다.

할아버지가 그 추운 1945년 섣달그믐에 암살되자 1월 6일 강추위 속에서 여러 단체가 연합하여 고하를 영결하였지만, 그 후 3년상을 치르는 일은 참으로 힘든 과정이었다. 당시 미군정하의 유석(維石) 조병옥(趙炳玉) 경무부장이나 창랑 장택상 수도청장과 같은 높은 어른들이 지금의 광화문 정부종합청사 건너편 경기도청 사무실(지금은 헐리고 없음)에서 율곡로와 돈암동, 미아리 고개를 넘어 고하의 영위를 모신 창동집까지 연말의 강추위를 무릅쓰고 제사에 참석하러 꼭 오셨다. 이분들의 행차를 경호하기 위하여 섣달그믐의 혹한에도 수 킬로미터의 길 양편에 경찰이 도열했다. 경찰들은 추위를 달래기 위하여 우리집이 한 해 동안 사용하고자 확보해 놓은 장작을 모두 반출해다가 하룻밤 모닥불로 지폈고, 어머니의 지휘하에 한 섬 이상의 쌀로 주먹밥을 만들어 창동에서 문안까지 릴레이로 전달되면서 겨우 허기를 면할 수 있었다. 이 거창한 3년상을 치르는 동안 우리는 엄청난 고생과 출혈을 감내해야 했고, 세태의 차고 더움도 충분히 경험했다.

고하의 암살은 가족에게는 두고두고 커다란 트라우마였고 경제적으로도 큰 어려움을 주었다. 가족들은 앞으로 정치에 절대 관여하지 않겠다는 것을 재삼 맹세했으며, 부모님은 고하 할아버지의 3년상을 치른 다음 나의 창동 생가를 그대로 놓아둔 채 서울 문안으로 이사를 계획했다. 그 당시에는 이른바 적산가옥(일본인이 살다 떠난 부동산을 정부가 몰수하여 국유화한 귀속재산)이 즐비했으므로 웬만하면 각종 연고권을 주장해 이를 싸게 불하받아 집을 장만하는 것이 당시의 풍경이었고, 현재 큰 부자가 된 일부 재벌급 인사는 산업시설인 귀속재산을 싸게 불하받아 부의 기초를 마련했다. 아버지도 비슷한 방법을 모색하신 모양인데 어느 날 이것이 고하를 따르던 동지들의 귀에 들어가자 '어떻게 항일독립운동을 한 대표적 민족지도자 고하의 아들이 왜놈들이 남긴 적산가옥을 불하받아 살 수가 있는가'라고 엄하게들 꾸중해 아버지는 이를 포기해야만 했다. 암살 후 아무도 도와주는 이 없이 불호령만 이곳저곳에서 떨어졌다고 한다.

우리 식구가 셋집을 전전하다 겨우 내 집 한 칸을 장만한 것은 6·25 전쟁 피란살이 후 환도하고도 한참이 지난 1957년의 일이다. 안암동 1가에 작은 한옥을 힘겹게 매입했다.

피란살이와 늦은 환도

서울에 내 집이 없는 상태에서 청구동의 임시 거처를 잠시 거쳐 명륜동 1가의 번듯한 한옥에 전세로 입주한 후 내가 창동에서 전학한 곳이 혜화초등학교다. 혜화동과 명륜동에는 한옥이 즐비한 가운데 혜화초등학교는 혜화동 로터리 북쪽 보성중학교 못미처에 자리 잡고 있었다. 명륜동 1가 우리집의 바로 뒤 큰 저택에 사는 이풍한 대감댁의 손자 이영묵 군이 나와 혜화초동학교 한 반이 된 이래 지금껏 가깝게 지낸다. 전주 이씨 왕손이고 외가는 조대비 댁인 조선조 최고의 명문가 자제인데도 아주 소탈하고 꾸밈이 없다.

또한 성균관 쪽으로 명륜동 뒷길을 넘어가면 경북의 최고 갑부 영천 이씨 댁 이인석 옹의 셋째 아드님으로서 경북 영양으로 낙향하신 정암 조광조 선생의 후손과 결혼하여 사시는 아버님 친구분 이담(李潭) 회장이 계셨다. 이 회장의 큰아드님 이병붕 박사는 경기고가 낳은 최고의 천재로서 나보다 고등학교 2년 선배이지만 오랜 세교가 있는 댁의 자제라서 나와는 어려서부터 허물없이 가까운 친구 관계를 맺고 지냈다.

이 두 친구는 미국으로 이민 가서 각각 잘살고 있고, 내가 미국 동부, 특히 워싱턴에 가면 찾아보는 가장 오래되고도 친한 벗이다. 혜화초등학교 시절 우리 4학년 학급이 학교 옥상에서 담임 김숙자 선생님과 함께 찍은 사진 한 장이 지금도 남아 있는데 평생을 동창인 동시에 가까운 친구로 지내는 신홍

6·25 직전 혜화초등학교 4학년 1반 김숙자 담임선생님, 급우들과 함께 (1950).

순, 이영묵, 강원중, 고 윤원석 등의 얼굴이 보인다.

초등학교 4학년 때 난데없이 북한군이 남침해 6·25 전쟁이 발발했다. 처음에는 그 당시 38선 근방 개성전투에서 이름을 떨친 육탄 10용사의 무용담이 시사하듯 38선 근처에서 늘 있어온 국지적 충돌인 것으로 생각해 대수롭지 않게 여겼다. 우리는 자기는 피란가면서도 국민에게는 걱정 말고 안심하라고 한 이승만 대통령의 녹음방송을 믿고 대비가 없다가 당시 유일한 한강 다리마저 폭파되자 도강(渡江) 할 길이 없음을 알고 명륜동 한옥집 지하실에 숨어 적치(敵治) 3개월을 간신히 살아남았다.

명륜동 우리집의 널따란 대청 한구석에 있는 지하 방공호 입구에 돗자리를 깔고 그 위에 철제 침대를 놓아 은폐하는 연극을 했다. 어느 날 갑자기 뛰어든 무장 인민군에게 들킬 뻔한 경우도 있어서 항상 아슬아슬했다. 더운 여름인데 연세 많으신 할머니, 여전히 복대를 두른 채 쾌차하시지 못한 어머니, 꼭 인민군에게 붙들려가기에 적당한 연령의 아버지, 10살의 내가 습습한 지하실에 은거했다. 나중에는 삼각지 부근이 폭격으로 폐허가 된 뒤 모든 것을 잃고 우리집으로 합류한 고모님네 여덟 식구들과 같이 지냈다. 어머니는 인민군이 요구하는 대로 노력 동원에 주로 불려가고 나는 혜화초등학교나 효제초등학교에 출석해 북한의 노래를 배운 기억이 난다.

나는 날마다 배낭을 멘 채 집을 나와 식량을 구하러 연고지 농촌인 창동으로 갔다. 창동의 아는 집을 찾아가도 쌀이나 보리를 주는 사람은 없었지만, 여름이라서 밭에서 잘 자라고 있는 애호박, 가지, 오이, 토마토, 감자 등은 조금씩 얻을 수 있었다. 어린 나에게 상당히 무거웠지만 배낭에 지고 다시 창동에서 미아리 고개를 넘어서 명륜동 집까지 걸어왔다. 이렇게 적치(敵治) 석 달간 식량공급 책임을 맡았다. 여름 채소마저 날마다 얻을 수 있는 것도 아니고 돌아오는 길에 그나마 얻은 식량을 인민군에게 뺏기거나 폭격 또는 기총소사를 피하는 과정에서 어디로 갔는지도 모르게 흩어지는 경우도 있었다. 그런 날은 온 식구가 굶기도 했다.

이즈음 길에 널려 염천(炎天)에 썩어가며 악취를 풍기는 시체를 참으로 많이 보았다. 커가면서 인간은 왜 꼭 전쟁을 해야 하며 전쟁을 통해 달성하려는 궁극적 목적이 과연 무엇인지 골똘히 생각에 빠지는 경우가 더러 있었다.

어느 날 아버지는 나를 붙잡고 하염없이 기쁨의 눈물을 흘리면서 유엔 연합군이 한국에 파견돼 곧 공산군을 무찌르게 됐다고 말씀하셨다. 유엔 안전보장이사회의 파병결의를 몰래 뉴스로 들으신 것이다. 아버지는 파리한 얼굴로 지하실 벙커에서 이불을 뒤집어 쓴 채 항상 단파 라디오를 들으셨다. 영어를 한마디라도 이해하고 국내외 정세를 파악하는 식구는 아버지뿐이었다. 미국 국무장관 고문 존 포스터 덜레스(John Foster Dulles)가 1950년 6월 19일 제 2대 국회 개원식에서 행한 "한국은 혼자가 아니다"(Korea is not alone)로 시작하는 연설과 미국의 참전의사 표명 이래 가장 안도감을 준 뉴스였다. 당시 유엔의 5대 상임이사국 중 한 나라라도 거부권을 행사하면 파병결의는 통과될 수 없었으나 중국은 대만정부가 대표하고 있었으니 문제가 없고 소련은 마침 어떤 문제에 항의차 비신스키 외무장관이 결의에 불참하는 통에 한국 파병결의가 통과된 것이니, 참으로 하느님이 보우하신 것이 아닌가 싶다. 그 후 저 유명한 인천상륙작전으로 맥아더 장군이 서울을 탈환한 9월 28일까지 거의 인민군에게 발각될 뻔한 아슬아슬한 일도 많아서 우리는 숨도 크게 쉬지 못하고 살았다.

유엔군은 파죽지세로 압록강까지 진군했다. 그런데 북한을 도와 참전한 중

공군이 압록강을 넘어와 대거 인해전술을 쓰는 바람에 전황이 역전되어 국군과 유엔군은 후퇴했다. 이 당시 유엔안보리는 중공을 침략자로 낙인찍는 결의를 통과시켰지만, 중공 인민해방군의 서울 함락으로 이번에는 우리도 확실하게 피란을 가야 했다. 1951년 1월 4일 서울이 채 함락되기 직전 혹한(酷寒) 속에서 우리 식구는 고령인 할머니를 모시고 만원인 기차 칸에 짐짝처럼 실려 여러 날 만에 부산에 도착했다. 정처 없이 범일동에 있는 구(舊) 조선방직 창고에 볏짚을 깔고 피란살이의 자리를 잡았다. 아침에 일어나 보니 엄청난 수의 피란민이 머무는 임시수용소의 바로 옆에서는 말들이 한가히 짚을 먹고 있었다. 우리는 말똥 냄새가 나는 마구간에 수용된 것이다.

'자라 보고 놀란 가슴 솥뚜껑 보고도 놀란다'는 속담처럼, 부산도 적의 손에 함락되지 않는다는 보장이 없어, 우리는 얼마 후 제주도로 한 번 더 피란을 갔다. 소개받은 제주의 유지 박태훈 씨(박충훈 전 국무총리의 형님)의 덕택으로 제주시에서 유력 인물이신 서상경 씨 댁 문간방을 얻어 제주읍 삼도리에 정착했다. 많은 육지피란민들이 제주로 몰려 왔음에도 불구하고 서 씨 댁과 주변의 제주 인사들의 따뜻한 도움을 받으면서 피란살이의 고달픔을 이겨냈다. 나는 후일 경기고에 진학한 후 학교신문에 제주에서의 1년 생활을 회고하는 글을 게재한 일도 있다.

초등학교를 다니는 동안 자주 전학을 다니기도 하였고 어떤 때는 학업이 잠시 중단되어서 그런지 제주에서는 공부와 학교생활을 잘 따라갈 수가 없었다. 거의 날마다 바닷가에 나가서 보말을 잡고 물고기를 낚으면서 목적 없는 시간을 보낸 기억이 난다. 우리 가족은 할머니, 어머니와 나 세 식구뿐이므로 지역 유지들의 보살핌으로 잘 지내고 있었으나, 부산의 직장으로 가신 아버님에 대한 걱정이 항상 머리를 짓눌렀다. 나는 후일 이러한 애틋한 마음을 나타낸 동시(童詩)를 지어 학교에서 발표하기도 하였다.

전쟁이 소강상태로 접어들고 휴전교섭이 진행 중이므로 우리도 적당한 기회에 육지로 복귀할 준비를 해야 했다. 나는 우리 식구가 당연히 제주에서 서울로 바로 가거나 적어도 부산으로 복귀할 것으로 예상했다. 그러나 집안 형편이 여의치 못해 난데없이 아무런 연고가 없는 목포로 간다는 것이 아닌가.

전주 북중학교 졸업식에서
부모님과 함께 (1956. 2).

나는 지금도 그리로 간 이유를 잘 모르지만, 아버지는 직장 관계로 부산에 주로 계시고, 가족은 아름다운 유달산 밑에서 뜨내기 피란민의 고달픈 생활을 감내하지 않을 수 없었다.

몇 달이 지나지 않아 우리는 또 다시 연고가 없는 전주로 이사했다. 일제가 각 도청 소재지마다 세운 방직공장(鍾紡)이 해방 후 불하됐는데 전주에 있는 공장을 불하받은 측에서 공장의 복구와 경영을 아버지에게 부탁했기 때문이라고 한다. 사실 아버지만큼 방직기술이나 섬유업계를 알면서 경영능력을 가진 분도 흔치 않은데, 거절 못하는 곳에서 온 부탁인지라 승낙하셨으니 별안간 전주로 옮기게 되었다는 것이다. 가족으로서는 번번이 퍽 힘든 희생적 결정이었다. 당시 호남선은 기차가 겨우 다니긴 하는데 가다가 서는 일이 다반사요, 날이 조금만 어두워지면 지리산 등에서 무장공비들이 하산하여 차에 탄 사람을 살해 또는 납치하거나 물건을 약탈했다. 목숨을 걸고 기차를 타는 것이지만 다른 교통수단도 없었으니 어쩔 수 없는 선택이었다.

천신만고로 아는 사람 하나도 없는 전주에 도착하여 관선동에 정착하는 데 시간이 많이 걸렸다. 나중에 서인동으로 이사했다. 학교에 가보니 "서울내기 다마네기(양파의 일본어) 맛좋은 고기내기 … " 하면서 연신 놀려대는 급우들이 많아 이들과 사귀는 데에는 한동안 시간이 걸렸다. 나는 전주에서 중학교 입학 국가고사를 치렀는데 도내 석차에서 수석은 외우 최일섭 군이 차지했다. 다만 500점 만점에 450점이 넘는 수준이어서 커트라인이 가장 높은 416점의 경기중학에 들어가고도 남는 성적이었다. 부모님이 나를 경기중학에 보내주실 것으로 굳게 믿었으나 어린 나를 서울로 혼자 유학 보낼 것인지를 두고 많은 고민을 하셨다. 또한 가정 형편상 무리가 돼 전주에서 중학교에 입학했다. 전쟁 후 파괴되고 흩어진 건물과 어수선한 분위기에도 불구하고 강택수 교장 선생님의 열성과 배려로 전통 있는 명문 전주 북중학교에서 그런 대로 정상적인 교육을 받을 수 있었다. 3년 후 전교 1등으로 졸업했고 경기고 입학시험에 합격해 1956년 초 비로소 서울로 돌아올 수 있었다. 남들과 달리 환도가 약 3년 지연된 것이다.

이때도 내가 고하의 손자로서 중앙고에 진학해야지, 어떻게 관립학교인 경기고를 가느냐고 고하를 흠모하고 따르는 분들이 시비를 하셔서 아버지가 퍽 곤란하셨는데, 일단 경기고에 입학한 후에는 제도상 전학할 수도 없는지라 결국 유야무야 넘어갔다. 나는 경기고에 입학하자마자 서울에서 같이 공부하던 혜화초등학교 동창들을 다수 다시 만나게 돼 기뻤다.

고등학교 시절과 서울대 법대 진학

이 무렵에는 서울 안암동에 처음으로 마련한 작은 한옥에 살면서 근처의 돈암동 버스정거장에서 날마다 새벽 만원버스를 타고 안국동에 내려서 풍문여고와 덕성여고가 있는 긴 골목을 걸어 학교에 등교하곤 했다. 서울 화동의 경기고 교사(현 정독도서관)는 미군으로부터 반환받은 후 우리가 처음으로 사용하고 있었다. 우리는 고등학교 3년 동안 처음에는 동경고등사범학교 출신의 조재호(曺在浩) 선생님 등 훌륭한 교장 선생님을 모셨으나 특히 두 번이나 우리 학교에 교장으로 부임하신 김원규(金元圭) 교장 선생님을 잊을 수 없다. 사실 그분의 열성이 아니었으면 우리 학년이 서울대학교에 그처럼 많이 합격할 수가 없었으리라고 단언한다.

　나는 아주 어려서 한문을 배우고 중국사와 국사를 집안에서 열심히 배웠지만, 천하의 영재가 다 모인 경기고에는 참으로 뛰어난 친구들이 많았다. 특히 수학과 영어 실력이 모자라는 것을 느꼈다. 늦게나마 환도하여 경기고를 다니는 동안 영어공부를 할 좋은 방법을 발견했다. 아버님의 공장 복구를 위하여 원조자금을 지원한 당시 ECA(현 USAID의 전신)의 심사담당관인 미국인 로버트 도널드슨(Robert Donaldson, 1897~?)으로부터 영어를 배울 기회를 가지게 되었다.

　영국 스코틀랜드에서 19세에 미국으로 이민 와서 뉴욕주 용커즈(Yonkers)에 사는 분으로서 혼자 조선호텔에 장기투숙했는데 내가 주말마다 찾아가서 회화를 주로 배웠다. 그분도 혼자 호텔에 체류 중이라 심심하기도 한데 잘되었다고 했단다. 나는 1957년 초부터 당시 조선호텔 내 그의 숙소를 토요일과 일요일마다 방문했다. 그분은 꼭 호텔 식당에 데려가서 아이스크림을 사주었다. 나무통에 담아 짊어지고 '아이스케키'를 길에서 외치면서 행상하던 시절, 기가 막히게 맛있는 각종 아이스크림 위에 설탕에 절인 딸기나 초콜릿을 얹어서 먹어보기는 처음이었다. 어린 나에게는 프랭크 로이드 라이트(Frank Lloyd Wright)가 설계한 조선호텔에서 경험하는 서양식 인테리어나 음식 등 모든 것이 미국에 대한 일종의 문화적 충격이기도 했다. 후일 조선호텔을 헐어버린 정부의 조치는 문화적 폭거라고 생각한다.

　처음에는 도무지 그분의 말을 한 마디도 알아들을 수가 없어서 얼마간 아주 난감했다. 하루는 그의 부인으로부터 온 편지를 보여주면서 스코틀랜드 사투리가 심한 당신이 누구의 영어를 망치려고 주말교사를 자원했느냐고 놀리는 내용이 있다고 깔깔 웃었다. 그분 덕택에 나도 뒤떨어진 영어를 어느 정도 회복하고 취미와 자신도 붙게 되었다. 그분이 한국을 떠나면서 1958년 1월 1일자 서명을 넣어 준 영어사전(*Webster's New Collegiate Dictionary*, G. &C. Merriam Co., 1956)은 지금도 간직하고 있다.

　내가 다니던 경기고는 분위기가 좋았다. 원래 수재들이 모이면 경쟁이 심하거나 자기 잘난 것만 내세워 이기적으로 행동하는 수가 많은데, 우리 학년 605명은 끼리끼리 클럽도 만들고 토론도 많이 하면서 대체로 좋은 관계를 유지했다. 나중에는 결국 1년 위인 안치순 선배에 이어 변론반장을 맡아 1년 후배 이종운 군과 함께 다른 고등학교나 여성고등학교 동급생들과 교류하고 토론도 했다. 크고 작은 각종 웅변대회에 쫓아다니던 기억도 난다.

그러나 일제의 지독한 감시하에 살다가 할아버지의 암살이라는 엄청난 비극을 겪고, 전쟁이 나면서 전국 각지로 하도 자주 피란과 전학을 다니는 통에 어린 시절에 겨우 책 몇 권 읽은 외에는 제대로 문학이나 음악을 감상하거나 기타 예술적 감각이나 정서를 함양할 기회가 전혀 없었다. 내 나름대로의 노력으로 시를 습작하고 그림을 그려보는 외에는 비싼 악기를 다루고 음악 레슨을 받을 기회는 집안 형편상 사치였다. 스스로의 노력으로 고등학교 시절 제법 자주 시를 써서 학교의 교지에 발표하곤 했다.

가규(家規)가 엄하고 훈육이 철저한 가정에서 자랐으므로 나름대로의 자유와 넓은 행동반경은 내게 허용되지 않았다. 또한 외동아들이라고 하더라도 생떼나 어리광을 받아줄 가능성이란 생각하기 어려웠다. 가정훈련이 아주 엄하였다. 아버지가 아무리 늦게 귀가하시더라도 반드시 내 손으로 대문을 열어드리는 것은 물론, 늦게 귀가 후 저녁식사를 하실 때에는 반드시 옆에서 대기하면서 심부름을 해야 했다. 넓은 집의 위아래 층으로 19공탄을 집게로 들고 다니면서 연탄불을 갈고 재를 치우는 일은 일꾼이 있어도 반드시 내 차지였다. 가루석탄을 물에 개서 난로 속에 삽으로 퍼 넣거나 그 후에 나온 조개탄을 때는 치다꺼리를 하다가 19공탄이 보급되어 나의 난방임무가 좀 간편하고 수월해지자 한동안 나는 19공탄을 발명한 사람에게 노벨상을 주어야 한다고 떠들기도 했다.

이처럼 부모님을 받드는 가정훈련을 여러 해 동안 했지만 한 번도 잘했다는 칭찬을 받아본 기억은 없는 것 같다. 시간이 절대적으로 부족하여 친구와 놀러 다니거나 과외활동 또는 다양한 스포츠를 하는 것은 고려대상 밖이었다. 몹시 검소한 집안 분위기 속에서 어쩌다가 아버지를 따라가서 당시 다동(茶洞)의 '미장그릴'의 양식이나 '우래옥'의 소금구이와 냉면을 먹을 수 있을

경기고 졸업식(1959). 뒷줄부터 시계방향으로
고 박병무 검사, 부친, 나, 사촌형 송상완, 조모, 고모, 모친.

때에는 온 세상이 내 것이 된 듯한 기분이었다. 그러나 나는 일단 필요를 느끼거나 목표를 세우면 따라잡고자 몰두하는 성격이어서 학교 공부 외에 입시학원을 따로 다닌 일은 없으나 나름대로 계획을 세워 열심히 공부했다.

경기고에서는 본교생과 타교생을 구분하고 차별하는 말이 더러 있기도 했고, 경기고 입학시험에 원래 정식으로 합격한 370여 명 외에 나중에 모두 동일계 진입이라는 편법으로 입학한 본교생들에 대한 차별적 말도 간혹 있었다. 그러나 나는 원래 서울에서 6·25 전쟁 전부터 혜화초등학교 등을 다니면서 알게 된 많은 동창들을 고등학교에서 다시 만났기에 낯선 타교생의 기분은 느끼지 못했다. 전교 일등을 하지는 못했지만 나의 성적은 항상 상위권이었다. 그런데 고등학교 1학년을 마치자 2년을 월반하여 서울대로 진학한 동기생들이 있어서 자극을 주더니 2학년을 마치자 서울대로 월반하여 진학한 동기생들이 또한 여럿 배출되었다. 나는 물론 그럴 실력도 못 되었지만 그동안 하도 여러 번 전학하면서 기초가 부실해졌고 동창 관계가 망가졌다고 생각하여 월반보다는 경기고의 좋은 분위기를 만끽하고 싶었다.

3학년이 되면서 학교에는 월 1회 모의고사를 치른 다음 이를 평가한 것을 토대로 대학진학을 지도하는 제도가 생겼다. 그런데 나는 배운 것을 토대로 치르는 중간고사나 학기말 고사에서는 전체 일등을 한 일이 없으나, 사전에 시험범위를 알려주지 아니한 채 치르는 매월 모의고사의 경우에는 자주 최고점을 받았다. 우리가 3학년이 되자 9반으로 나뉘었는데 1반에서 4반까지는 인문사회계, 그리고 나머지 5반에서 9반까지는 이공계 진학예정자로 편성되었다. 특히 3학년 1반과 2반은 법대 진학반이었다. 나는 법대를 가기 위하여 3학년 2반으로 배치되었고 학기 초에 70명의 학급에서 40표를 받아 반장으로 선출되었고 학도호국단의 학예부장까지 맡았다.

3학년 때에는 김원규 교장선생님의 명령으로 바지주머니를 꿰매 없애서 아무리 추워도 손을 바지춤에 집어넣고 다닐 수 없었는데, 나는 거기에 더하여 맨발로 학교를 다녔다. 당시에는 신발이 운동화 아니면 고무신이었고 양말도 여러 번 떨어진 것을 기워서 신는 시절이었는데, 발에 땀이 많이 나서 벗기 시작한 것이 1년 내내 맨발로 학교를 다닌 계기가 되었다. 지금도 이를 회고하면서 놀리는 동창생이 있다.

오랜 피란생활 중에도 어디에서나 꼭 때가 되면 제사를 정성으로 모셨던 기억이 난다. 원래 우리 집안은 일찍부터 개화하여 일제강점기부터 한복을 흰옷 대신 물들여 입고 양력을 따랐으므로 호적의 생일이나 중요한 날들이 모두 양력으로 표기되어 있다. 제사 등 집안 내외의 경조사 문제도 아무쪼록 근대화하는 노력을 줄기차게 해왔다. 고루한 집안 어른들의 반대가 완강했지만 아버지가 강경한 개혁파여서 일찍부터 우리집의 제사 모시는 형식과 내용이 많이 간소화되었는데, 그 주된 목적은 여성들을 부엌에서 해방시키고자 하는 것이었다. 예를 들면 여러 조상들의 제사나 차례를 합친다든가, 첫닭이 우는 새벽시간이 아니라 모든 가족들이 퇴근하는 저녁시간에 같이 제사를 모시고 음식을 나누어 먹은 다음 일찍 귀가하게 한다든가, 신위를 모셔오고 지방을 쓰는 대신 영정사진을 놓고 제사를 지낸다든가, 많은 제례의식의 절차를 일부 생략한다든가, 성묘갈 때에도 주과포(酒果脯)를 챙겨서 가는 대신 각자 준비한 흰 국화 꽃묶음만을 산소에 올린다든가 하는 식으로 간소화했다.

1983년 각계각층의 성금으로 서울 어린이대공원에 건립한 고하 송진우 선생 동상.

　개인 산소를 관리하는 것도 집집마다 보통 큰 문제가 아닌데, 특히 고하(古
下) 할아버지의 산소는 그분을 따르는 후학들이나 기념사업회의 의견도 만만
치 않아서 우리 가족이 마음대로 관리하기 어려웠다. 그러다 보니 조금만 비
가 많이 와도 아버지는 잠을 못 주무시고 고하의 망우리 공동묘지 산소가 비
피해를 입지 않았을까 새벽부터 뛰어가서 현장을 챙기는 일이 습관처럼 되었
다. 퍽 바쁜 월급쟁이임에도 불구하고 1년에 여러 차례 눈이 오나 비가 오나
고하의 유택을 방문하셨다.

　당시 산소의 규모가 크고 석물이 웅장할수록 조상의 위업이 드러나는 것으
로 이해하던 시절이었다. 고하를 창황 중에 모신 망우리 공동묘지 터는 정상
부근에 있어 햇볕이 잘 들고 워커힐 부근의 한강이 아름답게 내려다보이는 명
당자리였다. 이곳에는 재래식 봉분 앞에 장명등과 문관석 등이 세워졌고, 고
하의 평생친구 위당 정인보 선생께서 한문으로 글을 짓고 글씨 쓰고 각자(刻
字) 한 6척 높이 비석이 건립되어 있었다.

　나는 자주 아버지를 따라 험한 망우리 묘소를 참배하면서 장묘 예절을 자

세히 익혔다. 망우리 산소에 갈 때마다 근처에 묻히신 도산(島山) 안창호(安昌浩), 설산(雪山) 장덕수(張德秀) 두 분의 묘소에 반드시 성묘하고 주변을 정리해 드리곤 했다. 두 분의 망우리 묘소를 참배할 때마다 돌보는 사람 없이 봉분이 퇴락하고 관리가 안 되고 있는 것이 민망하였다.

고하(古下) 묘소의 경우에는 공동묘지에 계속 모시는 것은 도리가 아니므로 적당한 위치를 잡아서 천묘해야 한다는 논의가 고하를 따르는 후배인사들 사이에서 일어났다. 그 결과 1966년 서울 양천구 신정동 지향산 자락 고하의 제자인 의당(衣堂) 유홍(柳鴻) 전 국회의원 소유의 산지를 구입하여 천묘하였다. 그러나 그 지역이 급속히 아파트 단지로 변모하자, 마침내 1988년 동작동 국립서울현충원 애국지사 묘역에 이장하여 모신 후에는 한결 가족의 관리책임이 덜어졌다. 나는 동작동 현충원의 묘소와 어린이대공원에 건립된 고하의 동상을 자주 참배한다. 고하의 동상은 해위(海葦) 윤보선(尹潽善) 전 대통령과 현민(玄民) 유진오(兪鎭午) 전 고려대 총장께서 총괄해주시고 각계각층의 성금을 모아 서울 광진구 능동 어린이대공원 내에 우호(又湖) 김영중(金泳仲) 조각가의 작품으로 커다랗게 건립하여 1983년 제막하였다. 이를 서울시에 기부채납하였지만 지금까지 본 중에 가장 크고 잘 제작된 동상이 아닌가 한다.

그 외에도 우리는 사설 가족묘지 대신 공원묘지에 소규모의 묘소를 쓰는 데 앞장섰다. 묘소에도 커다란 봉분과 둘레석 및 병풍석이나 별도의 비석 등을 설치하지 아니하고 묘역에 설치할 석물을 대폭 간소화하였다. 현재 부모님을 모신 산소가 그 좋은 예이다. 우선 해마다 장마철에 보수하거나 잔디를 깎고 보토를 해야 하는 봉분을 없앴다. 그 대신 지하에 콘크리트 구조물을 설치하여 내외분의 관 두 개를 나란히 모신 후 지상에는 묘소 둘레에 정사각형으로 작은 경계석을 이중으로 두르고 그 위에 오석으로 만든 얇은 삼각형판 4장을 약 50센티미터의 높이로 작은 피라미드처럼 서로 기대 세워서 잔디봉분을 대신하였다. 그리고는 별개의 비석 대신에 봉분에 해당하는 삼각형 오석판(烏石板)에 고인의 일대기를 돌아가면서 새겨 넣고, 네모로 설치된 경계석의 정면에는 아주 작은 상석을 물려서 그 위에 꽃다발을 진열할 수 있도록 하는 동시에 상석의 앞면과 옆면에는 자손의 이름을 각인하였다.

공원묘지에 자그마한 규모로
조성한 부모님 묘소.

동숭동 서울대 법대 캠퍼스에서 입학시험을 치르고, 1959년 3월 서울대 법대에 무난히 입학했다. 경기고 졸업생이 재수생을 포함하여 서울대 법대 300명 정원의 4분의 1을 차지하였고 이들은 후일 대부분 훌륭한 법조인이 되었다. 동급생 진성규 판사와 함께 공동차석으로 합격했다.

왜 하필 법대를 선택했는가. 당시의 어른들은 일제 식민지 시대의 관행으로 관존민비 사상이 강하여 막연하나마 자제가 서울대 법대에 들어가 국가고시를 합격해 입신출세하는 희망을 압도적으로 갖고 있었다. 나의 유차 할머니가 전형적으로 그러한 분이셨으나, 부모님은 적성과 관계없이 무조건 법대로 진학해야 한다고 강요한 일이 없었다. 나는 처음에는 그러한 생각보다는 법학이 인문사회과학 중에서 가장 팔방미인적으로 응용될 수 있는 분야라는 점에 착안해 무녀독남으로서 가족의 생활책임을 져야 하는 내가 법대에 가야 하지 않을까를 생각해 보았을 뿐 명확하게 생각이 정리된 것은 아니었다. 또

한 어려서 6·25전쟁의 참혹한 결과를 목격하고는 점차 커가면서 이 같은 천
인공노할 범죄를 법으로 다스릴 수 있고 법으로 재발방지가 가능한 것인지 늘
물음표를 가지고 심각하게 생각하면서 그러려면 법학 공부를 해야 하는 것이
아닌가 생각해본 것도 사실이었다.

격동하는 시대와 대학 시절

1959년 대학에 입학하고 보니 자유당 말기의 부패와 권력 남용이 대단하고
특히 3·15 부정선거를 감행하는 바람에 전 국민의 분노를 사 학생들이 거리
로 뛰쳐나갔다. 내가 2학년 때인 1960년 4·19 혁명이 일어났다. 동숭동 캠
퍼스에서 청헌(晴軒) 김증한(金曾漢) 교수님의 민법 강의를 듣다 말고 뛰쳐
나와 다른 학우들과 함께 종로를 거쳐 국회의사당 쪽으로 행진해갔다. 아마
이때 대학생들이 처음으로 시국에 관한 데모를 시작한 것이 아닌가 싶다.

　우리는 당시에 정치적 야심도 없고 우리가 하는 데모의 정치적 결과에 대
한 확신도 없었다. 여러 날 동안 격렬한 데모 중 경무대(현 청와대) 방면으로
행진한 학생 중 사상자가 많이 생겼다. 나는 날마다 데모대에 합류하지는 않
았으나 4월 26일 이승만 대통령의 하야 이후에는 학우들과 함께 도심에서 가
장 번화한 당시 미도파백화점(현 롯데)과 신세계백화점 로터리를 관할하는
경찰파출소를 접수하여 치안과 질서를 유지하는 데 미력이나마 힘을 보탠 일
이 있다.

　계엄령이 선포되면서 대학은 무기한 휴교가 되어 강의가 전혀 이루어지지
아니하였다. 여러 가지 과외활동 중 국립국악원에 가서 이주환 명인에게서
대금 부는 법을 배운 기억이 난다. 결국 '먹고 대학생'으로서 대학 2학년 한 해
를 거의 허송세월했다. 강의를 받은 일도 없고 출석한 일이 없는데도 아무도
유급하지 않고 전원 3학년으로 올라갔다. 참으로 희한한 학사관리였으나 국
가사회적으로 문제가 안 되었다. 그해 여름 자유로운 선거를 통해 민주적인
장면(張勉) 정부가 들어섰으나 무능해 기본질서조차 유지하지 못했다. 혼란

과 무질서가 극에 달했다. 장면 총리가 아끼는 제자이던 아버지에게도 이런 저런 정치적 접촉이 있었으나 아버지는 명확하게 거리를 두었다. 사실 자유당 정권 때도 이승만 대통령의 부인 프란체스카 여사가 유차 할머니를 경무대로 초청한 것을 우리가 거절했을 뿐만 아니라 시종일관 아버지는 미동도 않았기에 그리 새삼스러운 일은 아니었다.

그해 여름 민주적 헌법을 만들기 위한 공청회가 당시 국회의사당(현 서울시의회 건물)에서 진행되었다. 확성기를 긴 막대기에 묶어서 시청 부근 곳곳에 세워 중계하는 관계로 법대 학생인 나는 중계되는 토론 경과를 거리에서 유심히 듣기도 했다. 해를 넘겨도 무질서한 정치상황이 개선되지 않은 채 1961년 5월 군사정변이 터지고 말았다. 강의를 충실하게 들을 수 없는 시국이어서 학교에 등교하는 날이 많지 않았다. 당시 법대 학생의 출석은 등교해서 출석부에 각자 양심적으로 도장을 찍도록 되어 있었지만, 학생 하나가 여러 명의 도장을 들고 와서 모두 찍고 가는 것이 상례였다. 대학 3학년 때에도 또다시 계엄령이 선포된 상황 속에서 학교의 수업이란 거의 없었다.

학교 상황이 이 지경이다 보니 일찍 고시준비를 시작할 생각으로 입학하자마자 절로 들어간 수많은 동기생들이 선견지명이 있는 사람처럼 부럽기도 했다. 나도 차라리 1학년 때부터 세상이야 어찌 되든지 간에 고시준비나 시작했더라면 하고 후회가 되기도 했다. 처음에는 등교조차 금지되어 공부는커녕 학우들의 소식조차 못 듣는 경우도 많았고, 등교가 허용된 이후에도 강의가 이루어지지 않았으므로 결국 명륜극장 조조할인 영화를 보는 친구, 학교 앞 대학다방이나 학림다방에 죽치고 앉아서 공연히 서빙하는 여성을 귀찮게 하거나 목적 없이 시간을 보내는 학생, 당구장에서 세월을 보내는 동급생들, 아예 얼굴을 안 보이는 친구 등 각양각색이었다. 별 생각 없이 시간을 보내는 중에 돈이 없으면 시계나 학생증을 잡히고 학교 앞의 중국식당인 공락춘이나 진아춘에서 짜장면을 사먹는 것이 고작이었으니 한없이 답답한 마음은 달랠 길이 없었다.

마음이 잡히지 아니한 나는 여름에 동창생 김유후, 강원중 군과 함께 근처에 여행을 다니거나 도봉산의 망월사 부근 조그마한 암자인 원효사에 놀러 가기도 하는 등 별 구심점이 없는 시간을 보내고 있었다. 5·16 직후 발족한 국가재건최고회의라는 현역군인들로 구성된 국회대체 의결기구에서는 수많은 법률을 의결하여 공포했는데, 그야말로 1분에 한 건씩 통과시키고 있는 것을 보고 법률공부를 하겠다는 학도로서 무력감에 어쩔 줄을 몰랐다. 우리는 당시에 피해를 주고 있던 가뭄과 더위를 해결하려면 최고회의에서 '강우(降雨) 촉진임시 특례법'을 제정하면 될 것이라고 냉소적 농담을 하는 등 절차를 무시한 결과지상, 능률지상주의에 정신이 혼란스러웠다.

나는 고민에 빠졌다. 스스로 중심을 잡고 원하는 법학 공부를 열심히 하겠다는 생각은 변함이 없으나 독학을 통해서라도 혼자 머릿속에 많은 지식을 담고 졸업한들 누가 이를 알아주겠나. 그러니 나도 공인된 증표를 확보하고자 고등고시를 쳐보겠다는 생각을 하기 시작했다. 합격하여 꼭 판검사가 되겠다는 생각보다는 내가 공부하여 습득한 지식의 척도를 한번 시험해보고 싶었다. 드디어 고시를 초개같이 여기던 내가 3학년 때 마음을 잡고 국가시험 준비를 시작했다.

마침 동숭동의 낡고 좁은 법대 캠퍼스에 안당(安堂) 신태환(申泰煥) 학장님의 노력으로 새로 지은 도서관이 문을 열었다. 그전까지는 미대와 같이 쓰던 낡은 건물의 2층 일부를 할애하여 법대생의 공부 공간으로 썼는데, 좌석수가 터무니없이 적다보니 매번 자리다툼이 치열하였다. 나는 신축 도서관에서 공부하기로 하고 평생의 친우 김유후 군과 몇 가지를 약조하였다. 나는 일찍 일어나 아침식사를 하고 새벽 4시에 통금해제 사이렌이 울리자마자 어머니가 싸주신 도시락 2개를 짊어지고 집을 나서서 삼선교 고개를 넘고 혜화동 로터리를 돌아 동숭동 법대 캠퍼스까지 걸어갔다. 사실 어머니가 허구한 날 나보다 더 일찍 일어나셔서 불씨를 보존해놓은 19공탄 불에 미리 지어놓은 밥과 국을 데워주시기 때문에 이 모든 것이 가능했다.

시험 준비기간 동안 운동이 없으므로 학교까지는 항상 걷기로 했다. 새벽 4시 반이 채 안 되어 학교 정문에 도착하면 철문이 잠겨 있어서 숙직실에서 자는 수위 아저씨를 깨워야만 했다. 그는 전쟁 중 함경도에서 피란 내려와서 혼자 숙직실에서 기거하는 권씨 영감이었다. 처음 며칠간 실랑이를 하다가 마침내 그는 내게 학교 정문의 육중한 열쇠를 통째로 맡기고 자기는 잠을 자기로 결정했다. 그 후 고시준비를 하는 동안 여러 번 학교 정문을 내 손으로 열곤 했다.

항상 내가 새벽 4시 반경 제 1착으로 도착하여 도서관 열람실의 가장 구석 자리에 착석했다. 이윽고 약 10분 후쯤이면 김유후 군이 장충체육관 부근의 자택에서 을지로 6가를 지나 걸어서 등교했다. 자리를 마주 보고 앉아서 우리 둘이는 그렇게 1년 남짓 시험준비에 몰두했다. 공부하는 내용을 묻기보다는 서로 의지하고 기분이 침체하여 회의심이 들 때마다 서로를 격려하면서 우리는 공부가 진척되고 우정이 쌓여 감을 느낄 수 있었다.

우리 둘이서 이른 아침부터 조용한 시간에 집중해서 공부를 좀 하고 나면 대개 7시가 넘어서야 학교 구내에 있는 낡은 창고 같은 시설에 싸게 세 들어 사는 지방 출신 학우들이 파자마 바람에 칫솔을 입에 문 채 도서관에 등장하여 아침 시작의 기지개를 펴는 것을 보았다. 우리는 새벽 5시 전부터 조용한 시간에 이미 공부를 상당히 집중해서 했기 때문에 9시부터는 강의에 꼭 출석하여 경청했다. 저녁에는 집에서 싸온 두 번째 도시락을 먹는데 식은 밥이라 당시 구내식당에서 500환(화폐개혁 전)에 파는 따뜻한 멸치국물을 사서 말아 먹는 경우도 있었다. 모든 강의가 다 끝나면 다시 도서관의 같은 자리에 와서 서로를 격려하면서 밤늦게까지 공부하고 귀가했다.

학교의 정규 강의를 제대로 들으면서 조금 더 공부하여 고시에 합격한 우리의 경우는 그 당시 무조건 고시공부하러 절간으로 들어가야만 한다는 당시의 풍조에 비추어 보면 퍽 예외적인 사례일 듯싶다.

4학년이 되면서 고등고시 사법과 15회 시험공고가 발표되었다. 나는 기계적으로 원서를 접수하고 1차 시험장에 들어갔으나 시험장에 앉자마자 코피가 주체할 수 없이 쏟아지는 바람에 시험을 포기하고 돌아와 휴식을 취했다. 며칠간 쉬고 보니 괜찮은 것 같아서 어머니의 만류를 뿌리치고 다시 등교하여 도서관에서 시험준비를 계속했다.

고등고시 행정, 사법 양과 합격

곧이어 고등고시 행정과 14회 시험 시행공고가 발표되었다. 이 시험은 자격시험으로는 이번이 마지막이고 내년부터는 3급(지금의 5급) 채용시험으로 바뀐다는 것이었다. 애당초 행정과 응시를 목표한 바는 없으나 당시에는 고등고시 사법과와 행정과의 시험과목이 대부분 중복돼 두세 과목만 더 준비하면 양과를 치를 수 있는 데다 마지막 시험이라고 하니 용기를 내 행정고시를 먼저 쳐보기로 마음먹었다. 행정과 시험은 항상 경제학이 가장 어렵고 당락을 좌우하는 과목이라고 해서 시간을 많이 할애하였다. 제15회 사법과에 이미 합격한 몇 동기생들도 행정과 고시 준비를 하고 있었다.

그런데 시험장소인 중앙대가 너무 멀어서 나는 삼선동 집을 떠나 흑석동 응시장소 앞에 임시 하숙을 구하였다. 문제의 경제학 시험에서는 '교도(敎導) 자본주의를 설명하라'는 이상한 문제가 나왔다. 사실 배운 일은 물론 없고 어느 시사적인 신문기사에서 읽은 희미한 기억밖에 없는 문제였다. 순간 아찔한 기분이 들었으나 다른 모든 수험생도 당황하기는 마찬가지였으리라고 생각하고 마음을 가다듬었다. 시험장에서는 교도자본주의가 마치 수정자본주의와 동일 개념이라는 수군거림이 감지되었다. 그러나 교도자본주의를 모르기는 하지만 며칠 전 수정자본주의를 확실하게 공부한 나로서는 교도자본주의가 수정자본주의와 동의어가 아니라는 것만은 분명히 확신할 수 있었다.

나는 한참 답안을 구상하다가 수정자본주의와 반대 개념으로 써내려갔다. 즉, 수정자본주의는 자본주의가 난숙하게 발달하여 발생한 폐단에 대한 대비책으로 등장한 것이지만 교도자본주의는 마침 그 당시 인도네시아의 수카르노 대통령이 주장하는 '교도민주주의'에서 개념적 아이디어를 얻을 수 있듯이 이제 막 자본주의가 뿌리를 내리는 단계에서 정부가 실시하는 보호육성적 정책이 아닐까 싶었다.

나는 이 답안으로 좋은 점수를 받아서 전체 평균이 올라 쉽게 합격할 수 있었다. 발표에 앞서 시험위원이고 은사이신 김증한 당시 행정대학원장께 여쭈어보니 과히 나쁜 성적도 아니었다. 당시 고등고시 행정과는 1부(일반행정),

고등고시 행정과 14회 동기들과 함께 (1962.11). 앞줄 맨 왼쪽이 나.

고등고시 사법과 16회
합격증서를 들고 (1963. 2).

2부(재경), 3부(외교) 그리고 4부(사회교육)로 구성되었고, 제3부 외교직에 합격자가 가장 많았다. 법대 재학생 합격자는 동기생 오유방 전 국회의원과 나 둘뿐이었다.

1962년 10월 27일 행정과 합격자 발표하기 하루 전날 할머니 혼자 집을 보고 계시는 삼선동 집에 갑자기 처들어온 신문사 기자들이 내 책상서랍을 마구 뒤져 응시표를 가지고 갔다. 무슨 수를 쓰든지 내 사진을 입수해야 했던 것이다. 이튿날 한국일보는 수석에는 권병현 씨(전 주중대사, 사단법인 한국청소년 미래숲 이사장), 최고령 합격자는 총무처에 근무하는 김창식 씨(전 교통부 장관), 최연소 합격자는 진념(전 경제부총리) 군과 송상현 군이라고 보도하면서 응시표에서 떼어낸 내 사진을 실었다.

제14회 고등고시 행정과 합격 기사
(《한국일보》, 1962. 10. 28).

행정과 합격으로 다소 자신감을 얻은 채 1962년 말 시행되는 고등고시 사법과 16회를 응시하기 위해 가을과 겨울을 꼬박 시험준비에 보냈다. 고등고시 사법과도 이번이 마지막이고 그다음부터는 사법시험으로 대체된다고 해서 꼭 합격할 요량으로 열심히 준비했다. 함께 시험준비를 하던 동기생 김유후 군은 이미 제 15회 고등고시 사법과에 대뜸 합격하여 ROTC 훈련을 받고 있었으므로 힘들게 혼자 공부했다. 김 군은 처음으로 도입된 학군단에 지원하여 고된 훈련을 감내하면서도 사법과에 가장 먼저 합격한 신화적 존재였다.

나는 1962년 후반부를 꼬박 시험준비에 보내고 고등고시 사법과 제 16회에 응시했다. 별로 시험을 잘 본 것 같지 않아 크게 기대하지 않았는데 서울대 졸업식 하루 전날인 1963년 2월 25일 합격자 발표에서 내 이름을 보았다. 다음 날에 기쁘고 편안한 마음으로 서울대 졸업식장에 참석하여 대학 졸업장을 받았다.

색다른 인생경험

시국상황 때문에 등교하는 날이 많지 않고 부실했던 대학생활 중에 나는 두 가지 새로운 인생경험을 하게 된다. 첫째는 사는 집을 헐고 새로 지어본 경험이고, 둘째는 운수업을 경영해본 일이다. 첫째는 안암동 1가에서 삼선동 5가로 이사하고 보니 새로 산 집이 낡은 이른바 일본식 목조가옥이어서 아예 헐고 새 집을 짓기로 하였다. 따라서 1959년 대학에 입학하자마자 내가 현장감독의 임무를 맡아 이른바 건축 '노가다판' 인생의 새로운 경험을 하게 된 것이다. 우선 그들이 쓰던 독특한 건축업계의 용어는 모두 영어단어를 잘라서 일본식으로 발음하거나 일본말에서 온 것들이어서 이해하는 데에 상당한 시간이 걸렸다.

각종 시공업자들의 속임수에 무던히도 속이 썩었으나 이때의 고생과 현장 경험은 후일 두 번 더 내가 살 집을 짓는 데 큰 도움이 되었다. 이때의 목수나 미장들은 어릴 적에 일본인 십장을 따라다니면서 매 맞고 배운 바가 있어서 그런지 집을 제대로 지을 줄 알았다. 두 번째로 집을 지은 것은 함부르크에 살 때 알게 되어 친하게 지낸 이제일 사장의 토지를 일부 매입하여 논현동에 집을 지어 1981년 이사했다. 세 번째로는 현재의 서초동 주택을 내 손으로 지어서 1997년부터 살고 있다. 세 번의 귀중한 건축경험은 인간관계의 중요함을 익히고 안목과 궁량을 넓혀주는 데 큰 역할을 했다.

그리고 나는 매번 건축을 할 때마다 새로운 선진기법을 과감하게 도입하였다. 1959년 돈암동 집을 지을 때에는 철근 콘크리트 기초 위에 벽돌을 쌓은 후 콘크리트 슬래브를 치고 이층을 올렸는데 이층 방들을 어떻게 난방할지가 당시 기술적 숙제였다. 그때까지 2층 이상의 난방은 별도로 설치된 석탄 난로를 피워 온기를 유지하다가 끄고 자거나 더운 물을 담은 고무주머니를 안고 자는 것이 고작이었다. 나는 과감하게 2층 슬래브 바닥에 레일식 미닫이 19공탄 아궁이를 설치하고 그 위에 구들장을 놓아 온돌을 만든 다음 연탄불로 직접 난방하는 방식을 도입하였다. 19공탄을 2층으로 운반하고 연탄재를 치는 일은 번거로웠으나 2층에 온돌방을 만든 최초의 시도였고 수많은 견학자가 방문했다.

또한 이 집은 건축업자와 큰 논쟁을 한 끝에 벽돌 한 장 반의 두께로 벽을 쌓았더니 보온도 잘되었을 뿐만 아니라 다음 해 4·19 학생데모 때 성북경찰서에 진입하는 고려대 학생들을 상대로 경찰이 쏜 총알의 대부분이 우리집 벽에 맞았으나 전혀 벽돌 벽을 관통하지 못했다.

두 번째로 강남구 논현동에 집을 지을 때에는 최초로 태양열주택을 지었다. 마침 태양열 집열판 판매영업을 하는 독일주재 이제일 사장과 연결되어 과감한 시도를 해본 것이다. 그러나 정부의 변덕스러운 정책과 기술적 문제점 등으로 크게 성공한 경우는 못 되었지만, 당시 독일대사를 비롯한 수많은 관람자가 다녀갔다. 그때까지의 기술로는 아주 덩치가 큰 집열판 및 강제 열순환장치가 필요해서 이것이 지하실에 큰 공간을 차지하는 데 비하여 난방의 효율이 떨어졌다. 다만 온수급탕은 충분하였다. 이 당시에는 박정희 정부가 부자들에게 100평 이상의 호화주택을 건축하지 못하게 금지하면서 태양열 주택을 짓는 경우에만 예외를 인정하는 바람에 이것이 에너지 절약보다는 큰 집을 짓는 수단으로 악용되었다.

세 번째로 서초동 주택을 지을 때에는 이종사촌 고 이종호(李鍾昊) 건축가

(전 한예종 교수)가 독특하게 설계해 준 도면을 바탕으로 과감하게 목조주택을 지었다. 그런데 수십 년 동안 콘크리트와 벽돌로만 집을 지었고 목조가옥을 지어본 경험이 없어서 그런지 한국의 목수들은 나무기둥과 서까래 등을 제대로 짜 맞춰 집의 기본 틀을 세우지 못하여 자꾸 옆으로 쓰러지는 통에 특단의 방법이 필요하였다. 목재를 산 미국회사에서 보내준 목수 한 사람이 우리 현장에 파견되어 대부분의 나무 골조를 세웠다. 이 사람은 부근의 삼류호텔에 묵으면서 날마다 아침 일찍 나와서 밤늦게까지 쉬지 않고 일했으므로 항공료와 체재비를 포함하고도 한국 목수들의 임금보다 훨씬 싸고 생산성이 높았다. 나와의 의사소통도 아주 잘되었다. 일본 건축업자들이 물러간 후 그동안 제대로 된 직업훈련을 못 받은 한국의 건축 '노가다판'에는 엉터리 목수와 기본적 윤리의식조차 없는 일꾼들이 많았다. 콘크리트 박스 같은 아파트에서 살지 않고 목조주택에서 기거하는 까닭인지 아침에 일어날 때 몸이 매우 가벼운 느낌이 있다.

대학시절 또 하나의 경험은 운수업 경영이었다. 하루는 난데없이 아버지가 내게 얼마간의 돈을 주시면서 나의 자유로운 아이디어에 따라 사업을 경영해 보고 이익을 남겨오라고 하셨다. 너무 뜻밖이었으나 어머니와 상의한 끝에 당시 용두동에서 원효로까지의 정규노선을 운행하는 9인승 '합승차'를 사서 운행하였다. 당시 합승차는 택시와 입석버스의 중간적 운행수단으로서 오늘날 좌석버스의 원조인데, 제법 인기가 있었다. 정규노선을 운행하므로 통행금지시간에 임박하여 차고에 들어올 때까지 안심할 수 없는 택시에 비하여 걱정을 덜해도 되었다. 이로 인하여 수년간 나는 기름밥을 먹어보는 경험을 하면서 당시 가장 후진적인 운수업계의 부패와 경찰유착, 부실한 보험제도, 엉터리 부속품과 주먹구구식 수리정비, 운전사와 정비사 및 여성 차장의 노무관리, 이른바 '삥땅'이라는 종업원의 요금횡령 관행 등을 잘 알게 되었다. 나를 의도적으로 훈련시킨 아버지 덕택에 당시 우리나라에서 가장 후진적이고도 힘든 건축업과 운수업 등 두 업계의 사정을 들여다 볼 기회를 갖게 되어 인간 관리와 리더십의 중요성을 배웠다.

돌이켜 보면 아버지와 나는 고하 할아버지를 받들면서 대물림을 통해 일제 강점기의 혹독한 탄압, 6·25전쟁 중의 엄청난 고생을 극복하고 고하의 명성에 먹칠하지 않으면서 집안을 유지하고 굶지 않도록 온갖 노력을 기울였다고 할 수 있을 것 같다. 사실 아버지도 마음만 먹었으면 해방 직후 큰 무리 없이 귀속재산 불하 등을 통해 큰 재산을 모을 수 있었을 것이다. 나도 35년간 서울대 교수를 하면서 만약 외부의 각종 유혹 등을 물리치지 못했다면 뜬구름 같은 일시적 정치적 기회에 놀아나면서 정체성을 지키지 못했을 것이다.

가훈(家訓)을 묻는 경우가 더러 있는데 우리집은 가훈이라고 똑 떨어지게 내세울 만한 것이 없다. 다만 고하(古下) 할아버지께서 평소에 주변을 깨끗하게 유지하라고 강조했고, 남에게 면박을 주지 말라고 말씀한 것을 지키고자 노력할 뿐이다. 주변을 깨끗이 하라는 말씀은 대인관계에서 돈이나 여자 문제에 투명하고 담백하라는 뜻으로 받아들였으며, 면박을 주지 말라는 의미는 대화할 때 같은 값이면 부드럽고 좋은 말로 상대방을 대하라는 말씀으로 해석해 실천하고자 할 뿐이다. 남을 칭찬하고 투명하고도 공정한 언행을 하고자 노력하지만 잘 안 될 경우가 많음은 수양이 부족한 탓이리라.

제 2 장

1963~1972

젊은 법률가의 초상

정부의 사무관이 되다

대학 4학년이던 1962년에는 고등고시 사법과 15회, 16회를 반년 간격으로 실시하는 바람에 1년에 2차례 사법시험 합격자가 배출됐는데 이들이 한꺼번에 1963년 3월 서울대 사법대학원에 진학했다. 사법대학원은 현재 사법연수원의 전신이다. 그전까지는 사법고시 합격자들이 판사, 검사 및 변호사에게 순차 배속되어 '사법관 시보'라는 이름으로 개별적 훈련을 받고 마지막에 시보시험만 공통으로 치렀던 것이다. 이처럼 분산된 법조인 양성프로그램인 사법관 시보제도를 당시 서울대 법대 학장이던 월송(月松) 유기천(劉基天) 교수께서 국방부, 법무부, 총무처 등 관계기관과 끈질기게 협상하여 통합된 실무 법조인 양성기관을 만들고, '사법대학원'이라고 이름을 붙여 내가 입학하기 1년 전에 서울대 산하에 설치했다. 명색이 대학원이므로 종합적으로 판사, 검사 및 변호사 실무수습을 시키면서도 석사과정을 설치하여 논문을 내어 통과되면 법학석사 학위를 주었다.

큰 기대를 가지고 얼마간 출석해 강의를 들어보니 교수진 대부분이 서울대 법대에서 가르쳐주신 은사여서 마음이 편안했으나 초창기라서 그런지 강의 내용은 법대 2~3학년 때 배운 내용과 별반 차이가 없는 반복이어서 고장 난 축음기판을 트는 것 같았다. 사법대학원의 준비부족과 무책임함에 크게 실망하여 이곳에서 열심히 공부할 생각을 접었다. 법조 실무가가 되면 일본 판례를 잘 알아야 한다는 명분으로 '일본 판례연구'라는 강의가 개설되어 있었다. 그러나 나는 일본 판례에 치우치는 현실도 불만이었다.

대학졸업 후 다른 장소로 이동함이 없이 곧바로 같은 동숭동 서울대 법대 구내 미술대학 건물에 새로 간판을 단 사법대학원에 진학하다보니 같은 대학을 6년간 다니는 듯한 기분에 진력도 나고, 모든 면에서 엉성한 초기 사법대학원의 운영에 크게 실망하여 거의 출석하지 아니하였다. 다만 그전의 사법관 시보제도와 같이 개별적으로 지도해주는 판사, 검사, 변호사 개인에게 일방적으로 좌우되지 않고 모두들 공동생활을 통하여 우정을 기르고 공통기준에 따른 교육을 받게 된 점은 평가할 만했다.

나는 한참 생각하다가 행정부 관료로 진출하는 것도 괜찮겠다고 여기고는 내각사무처(후일 '총무처'로 명칭을 변경하였다가 현재 행정안전부에 흡수되었음)에 임관 신청을 했다. 나이가 어리더라도 고등고시 행정과 제1부 합격자는 내무부 지방국에서 수습을 마치면 곧바로 군수(사무관)로 나가고, 치안국에서 수습 딱지를 떼면 경찰서장(총경)으로 임명하던 시절이었다. 이것이 일제시대부터 내려온 관계 진출의 정석이었다.

나는 행정과 2부(재경)에 합격한 동창생 오유방 군과 함께 임관 신청을 하고 기다렸다. 아무 배경이나 힘이 없는 우리는 한참 후 1964년 나는 내각사무처 조건부 사무관으로, 오 군은 교통부 영주철도국 분임 재무관으로 발령이 났다. 미리 '빽'을 좀 쓰지 그랬느냐는 말도 있었으나 우리 둘은 동숭동 학교 근처의 싸구려 선술집에서 배경 없음을 한탄하면서 마지막 이별주를 참으로 많이 마셨다. 그다음 날 정신이 없는 중에 새벽열차로 떠나는 오 군을 배웅하고 돌아온 기억이 난다.

나는 사법대학원은 시험 때만 나가고, 큰 대리석 건물인 중앙청으로 출근했다. 경복궁 터에 있다가 지금은 헐리고 없는 일제 총독부 건물이다. 지금 같으면 법적으로 불가능한 겸직이다. 단기간의 조건부 임용을 마치고 1964년 초 총무처 직위분류과 제5계장의 보직을 받았다. 제5계에는 직원이 10명 넘게 있었는데 계장을 보좌하는 두 명의 주사(6급)는 나보다 나이가 한참 많은 보통고시 출신과 서울대 행정대학원을 졸업해서 주사로 공직생활을 시작한 분이 각각 받쳐주고 있었다. 계원으로는 경무대(현 청와대)에서 보초 서던 경력자, 보통고시 합격자, 다른 부처에서 넘어온 분 등 실로 출신과 경력이 다양한 사람들과 타자원 미스 오가 있었는데 나이가 나보다 많았다. 5·16 군사정변 이후 얼마 안 됐을 때여서인지 이른바 '혁명주체'라고 할 수 있는 현역 육사 8기생이 군복을 입은 채 직속 국장으로 부임하는 등 긴장된 분위기에서 근무했다.

　우리는 대민업무가 없는 관계로 급행료 등 창구부정과 같은 사고는 없었으나, 새로운 조직관리기법을 도입하여 전국 공무원들의 직렬, 직급, 직위를 모두 새로 분류하는 전문업무를 수행했으므로 가끔 다른 대상관청에 출장 가는 일이 생겼고 직원들은 출장비가 나온다는 이유로 대환영하였다.

　같은 과장님을 모시는 다른 계장들은 나이도 나보다 훨씬 위인 데다가 가족이 있고 경력이 오랜 분들인 데 비하여 나는 부모님 밑에서 출퇴근하고 총무처 월급 외에 월 3,300원의 사법대학원 수당도 있었으므로 용돈이 넉넉한 편인 새파란 계장이었다. 우리는 군사정부가 도입한 직위분류제(*position classification system*)를 정착시키기 위해 전국의 정부기관을 방문해서 면담하면서 각개 직급과 직위의 직무상 난이도 및 보수의 적정성 등을 조사하고 동일노동 동일임금의 원칙을 적용하기 위한 기준을 마련하는 작업을 했다.

　하루는 아버지가 나를 불러놓고 공무원은 박봉 탓에 자제하려고 해도 유혹에 넘어가기 쉬운 데다 부정부패에 빠져 신세를 망치는 수가 있으므로, 매월 내 월급액과 동일한 액수를 용돈으로 줄 테니 절대로 유혹에 빠지지 말고 가급적이면 부하직원에게 베풀면서 살라고 단단히 말씀하셨다. 당시 월급이 6,900원쯤 되었던 것 같은데 나는 아버님이 준 돈과 합쳐 당시 거의 유일한 대중용 술인 카바이드로 발효된 막걸리를 직원들에게 자주 샀고, 비싸서 자주 못 찾는 무교동 보신탕집에도 갔다.

　월급날 풍경을 보면 적은 월급이나마 이미 가불을 많이 해서 돈을 손에 쥐는 직원이 거의 없었는데 외상값을 받으러 오는 부근 음식점의 아주머니들이 사무실에 들어와서 시끄러웠다. 부양가족이 있는 다른 분들은 어떻게 생활을 꾸려 가는지 신기했다. 짧은 기간이었지만 많은 새로운 경험을 했을 뿐만 아니라 같은 과의 다른 계장님들은 물론 계원들과도 인간적으로 잘 지냈다고 생각한다.

인제 가면 언제 오나 원통해서 어이할꼬

사법대학원은 원래 2년 과정인데 3기생인 우리는 1년 반 만에 수료했다. 1964년 9월 수료 직후 광주 상무대에 있던 전투교육사령부 산하 육군보병학교에 군법무관 훈련을 위해 입대했다. 2대 독자에 해당되므로 사병으로 입대하면 6개월로 병역을 마칠 수 있는데도 법무관 요원이 극도로 부족하던 시절이기에 법무관으로 징집돼 3년간 복무했다.

상무대에서는 원래 법무장교 후보들끼리만 훈련받는 경우에 군사훈련을 대강 넘어가는 것이 관례라고 하던데, 우리는 하필 전국에서 군기가 가장 세다는 전투병과교육사령부에 준사관 후보생과 동시에 입소하여 같이 훈련받는 불운을 만났다. 그들은 하사관으로 군복무를 오래 하다가 준위가 되고자 다시 입소한 그룹이므로 군사훈련에는 이골이 난 사람들이라 우리가 같은 훈련을 따라가기 어려웠다. 거기에다가 같은 날 입소한 간부후보생들이 휴식 군기불량, 야간 동초근무 군기불량 등을 트집 잡아 우리를 기합 주고 못살게 굴기 시작했다. 같은 날 함께 입소했지만 입소시간이 우리보다 약간 먼저이므로 선배로 대접하라는 것이었다. 더구나 우리는 2개월의 훈련을 마치면 중위 계급장을 다는 데 비해 그들은 1년간의 고된 훈련을 받은 뒤 소위 계급장을 다는데도 아주 힘들게 우리를 들볶아댔다.

이 기간에는 훈련교관에게 대들다가 구타당하고는 분해서 대법원 판례를 들이대면서 항의하던 나이 많은 동기생이나, 집에서 보내온 여러 가지 간식을 내무반에 감추어놓고 혼자만 먹다가 들킨 동기생이 생각난다. 또 완전군장을 한 채 상무대를 출발하여 얼어붙은 극락강을 물속으로 건너 송정리역까지 왕복으로 구보하여 선착순 집합을 하던 일, 첫 면회일에 부모님이 준비해 오신 불고기를 우리 몇몇이 1인당 8인분씩 먹어치운 일, 식어서 비리기 짝이 없는 꽁칫국이나마 보리밥을 말아 마파람에 게 눈 감추듯 해치우던 일 등 군대 다녀온 여느 대한민국 사나이처럼 군대 이야기라고 하면 밤을 새우고도 모자란다.

나는 고 현홍주 전 유엔대사, 이용훈 전 대법원장 등과 함께 키가 가장 큰

군법무관 시절, 동고동락하며 끝없는 무용담을 남긴 동기생들 (1965)

축이므로, 선착순 집합을 하는 경우에는 대체로 가장 먼저 도착하여 향도 노릇을 하곤 했다. 또 고 현홍주 대사, 고 김수연 변호사와 함께 매끼 가장 많이 먹는 3인방으로 지목되기도 하였다. 군부대에서 동기생들과 함께 훈련을 받으면서 끝없는 일화가 만들어졌고, 이것은 후일 두고두고 술자리에서의 무용담 소재가 되었다.

　　훈련이 끝나서 부대배치를 받아야 하는데 국방부나 육군본부에 아는 장성이 있어서 좋은 곳으로 갈 것처럼 말하는 동료가 많았다. 나나 아버지는 별로 군에 아는 사람이나 '빽'이 없어서 풀이 많이 죽은 채 가만히 있었다. 그런데 의외로 육군본부에 배치되는 것이 아닌가. 이때 참으로 다양한 군법무 업무에 참여하였지만 주로 매일 법원에 출근하여 국가소송을 수행하라는 명을 받았다. 당시 선배인 최종영(후일 대법원장), 박준서(후일 대법관), 강인애(조세 전문 변호사) 법무관과 함께 용산 육군본부에서 아침마다 서소문법원으로 출근하였다.
　　아침에 서울지방법원 구내에 있는 변호사 휴게실에 많은 사건의 서류를 잔뜩 내려놓으면 하루 종일 여러 법정을 뛰어다니면서 군을 대리하여 법률상 피고인인 국가의 소송수행자가 되는 것이다. 당시 군에서 교통사고가 자주 일어났고 그로 인하여 병사나 민간인이 사상하면 피해자가 국가를 상대로 손해배상 소송을 제기하는 것이 다반사였다. 그 이유는 특별전형을 통하여 법무장교로 임관된 보병장교들이 제대하면서 부여받은 변호사 자격을 이용하여 개업하면 주로 군대에서 발생한 차량사고를 중심으로 피해자들을 대리한 국가상대 손해배상 청구소송을 전문으로 하기 때문이었다. 이 같은 국가소송업무를 주로 취급하는 당시 군법무관 출신 변호사들은 종종 한정된 법률지식 때문에 군대 내의 인맥을 통하여 군 관련 교통사고를 발굴하여 국가 상대 손해배상 청구소송만을 전문으로 하는 경향이 있었고, 이렇게 하여 돈을 많이 벌었다는 변호사도 몇 명이 있었다.

이 시기에 나는 각종 민사 및 행정소송절차와 보전소송의 실무를 현장에서 경험하면서 실제 감각을 키워갔다. 변호사 휴게실에서 바둑을 두다가도 나 같은 애송이에게 친절하게 가르쳐주시는 변호사 선배들도 계셨다. 당시 군사독재에 저항하면서 꼿꼿하게 흔들리지 않으신 심당(心堂) 이병린(李丙璘) 대한변호사협회장이 특히 기억에 남는다. 원래 아는 분은 아니나 호랑이 인상인데 참으로 강직하고 깨끗한 데다가 군사독재를 무서워하지 않는 법조인의 귀감이었다.

육군본부에서 1년 반 근무한 후 너무 멀어서 모두 부임을 꺼린다는 강원도 인제군 원통리 11사단으로 전근 배치됐다. 서울에서 가장 먼 38선 이북인 데다 '인제 가면 언제 오나 원통해서 어이할꼬'라는 말을 듣는 오지(奧地) 중 오지다. 원통리는 지금은 상상하기조차 어려운 험한 길을 서울에서 춘천, 양구를 거쳐 버스를 세 번 갈아타고 12시간가량 가야만 도달하는 마을이었다. 서울에서 시외버스를 타고 춘천에 도착하는 것도, 춘천에서 한참 기다리다가 양구까지 가는 것도, 그리고 양구에서 원통리까지 들어가는 험로를 무사히 가는 것도 모두 쉬운 일이 아니었다. 비포장도로인 데다가 군용으로 공병대가 임시로 닦은 길이라서 추락사하기 딱 좋은 아슬아슬한 절벽길이었다.

선임하사가 얻어준 하숙방은 초가지붕 이엉 밑에 감추어진 서까래의 끝이 내 턱쯤에 와 닿는 납작한 집이었다. 문화생활이란 일체 없는 데다 밤에 자리에 누우면 심한 욕설이 담긴 북한의 대남방송이 밤새도록 들려와 숙면을 취하기 어려웠다. 당시 아직 TV 도입 이전이라서 주로 라디오에 의존해야 하는데 그곳에서는 거의 들리지가 않았다. 야당지라고 낙인찍힌 〈동아일보〉를 제외한 신문은 며칠 지난 것이 뭉치로 배달되면 계급순에 따라 열독했다. 법무참모부 사무실에 나가면 커다란 원통 조개탄 난로의 화력이 세어 따뜻했고 나보다 나이 많은 선임하사들이 잘 대해주어서 불편 없이 근무했다. 선임하사가 구해온 송치를 쪄서 독한 소주 한 잔에 영양보충을 한 기억도 있다.

나의 업무는 군 형사재판 업무를 주관하는 법무사(현재 용어로는 '군판사')였다. 비록 짧은 기간이지만 나는 형사재판에 필요한 형법과 형사소송법에 관한 실무적 응용지식을 많이 체득하였고, 집에서 가져간 형사소송법 및 형법문헌을 다양하게 읽고 열심히 연구하였다. 계절적으로 일찍 추위가 다가오므로 따뜻한 숙소의 아랫목이나 법무참모부 사무실에서 석사논문도 틈틈이 준비하였다. 병영생활 중 작성한 논문을 제출하여 1966년 8월 사법대학원으로부터 법학석사 학위를 받았다. 이즈음 서울에 나와서 당시 법률에서 변호사에게 허용한 대로 간단한 절차를 거쳐 세무사와 변리사 자격을 취득해 두었다.

어느 날 서울에 나왔다가 법무참모부에 오래 근무한 보병장교들을 일정한 조건하에서 법무관으로 임명하는 법안이 국회에서 발의돼 논란이 되고 있음을 알았다. 고등고시 사법과 합격자가 매우 적어 군미필 합격자가 모두 법무관으로 입대해도 군의 법률수요를 충당할 수 없으므로 만성적 결원을 충원한다는 명분하에 일단의 보병장교를 전형을 거쳐 법무장교로 임명한 후 10년을 복무하면 변호사 자격을 준다는 내용이었던 것으로 기억한다. 이 같은 계획은 법조계 인사들의 심한 저항을 받았다. 몇몇 동기생을 만나 소상한 전말을 들었는데 약국에서 10년간 심부름했다고 일정조건을 갖추면 약사 자격을 줄 수 있느냐는 식으로 성토하는 분위기였다. 우리는 의견서를 작성하고 이를 등사판으로 긁어서 등사한 여러 부의 문서를 연락이 닿는 대로 동기생들의 서명날인을 받아 국회 야당 총무 등에게 직접 건네주었다.

나의 반대 입장은 확고한 것이었지만, 우리는 집회를 연 것도 아니고 연락되는 대로 우리의 의사를 취합하여 관계기관에 문서로 전달한 것뿐이므로 이

서울대 사법대학원 법학석사 졸업 (1966. 8).

같은 의사표시가 나중에 큰 문제로 비화할 것으로는 예상하지 못했다. 그리고 이 갈등은 몇 년 전에 고등고시 사법과 13회 합격자들이 군에서 무슨 시험을 칠 때 백지동맹을 했다는 이유로 모두 처벌된 일 때문에 군부에서 가지고 있는 법조인이나 법무관에 대한 인상이 좋지 아니할 때 발생하였다.

군 당국은 60명이 넘는 사법대학원 3기 동기생 전원이 허가 없이 집단행동에 나섰다고 문제를 삼으면서 강경하게 대응했다. 주동자급으로 분류된 나를 포함한 현홍주, 김찬진 등 3명의 군법무관은 서울에서 헌병대의 조사를 받았다. 조사하는 헌병 준위는 우리에게 정중하게 대하면서 하루 조사 후에 귀가 조치하였다. 나는 이러한 법무관 특별전형 임명안은 이해관계자의 의견을 수렴하지도 아니한 채 소수의 육군 보병장교들이 그럴듯한 명분을 세워 자기네의 사적인 목적을 달성하려는 부당한 획책이고 아무리 군인세상이라고 한들 이는 지나친 조치라고 주장했다.

군 당국에서도 처음에는 얼마 전 법무관 백지동맹 사건도 있었기 때문에 사건을 확대함에 소극적이었다. 그러나 박 모 육군 법무감은 이 사건이 자기의 출세와 진급에 지장을 줄까 우려해서인지 엄단을 주장하면서 필요 이상으로 일을 키웠다. 하지만 이 사건은 아무리 물고 늘어져도 형사사건화할 명분이 없으므로 결국 동기생 전부를 징계하는 것으로 의견을 모았다고 한다.

나를 포함한 이른바 주동자 3인은 이 일과 전혀 관계없는 김유후, 장기욱 등 소위 선배 법무관의 사주를 받아 일을 벌였다는 수사각본에 따라 파면됐다. 다른 동기생들은 강등, 감봉, 견책처분을 하는 등 각종 징계가 모두 동원되었다. 난데없이 김유후, 장기욱 등 고등학교 때부터 아주 친한 동기생 친구 두 사람을 배후라고 허황되게 지목하는 등 전혀 승복할 수 없는 엉터리 수사결과에 따라 '원님재판' 수준의 징계가 이뤄진 것이다. 형사사건의 수사와 사건처리의 수준, 징계조사와 그 절차 등이 아주 후진적인 시절이었다.

열대 기화요초 가득한 뉴올리언스의 풀브라이트 유학생

파면의 법적 효과를 꼼꼼하게 알아봤다. 파면당하면 즉시 불명예제대가 이뤄지고 3년간 공직취임이 제한되는 불이익이 있었으나, 3년이 경과하면 징계에 따른 불이익이 모두 실효된다는 것이 법 규정이었다. 나는 파면을 감수한 채 즉각 제대한 후 미국 유학을 마음먹었다. 마침 은사 김기두 선생님의 권고로 절차를 밟아 풀브라이트 전액장학금을 받아둔 것이 있었다. 결연한 마음으로 1967년 7월 미국 남부 루이지애나주 뉴올리언스에 있는 튤레인대학(Tulane University) 법과대학원으로 유학을 떠났다.

돌이켜보면 무녀독남인 나를 미지의 세계로 가도록 허락하신 부모님과 할머니의 용단에 감사한다. 그 당시에는 아무도 해외유학을 가는 세상이 아니었고, 우리 집안에서도 아버지만 일본과 중국을 자주 여행 또는 체재하셨을 뿐 서양에 가본 사람이 없었다. 그러나 부모님은 서양 유학이 무녀독남인 내가 잘되기 위해 반드시 거쳐야 하는 과정이라고 여기고 김포공항에서 이별의 아픔을 흔연히 감내하셨던 것이다.

이 당시에는 미국 유학 준비과정에 대한 정보가 전혀 없었다. 내 주변에 미국 유학생이 전혀 없었고, 더구나 법을 공부하고 온 분은 모교의 교수들 두어 분이 50년대에 방문학자로 다녀오신 것이 전부였으니 그분들은 효과적인 상담역이 못 되었다. 따라서 나는 당시 하버드대학 등 웬만한 미국 법과대학원의 이름조차 들은 일도 없었고, 우연히 할아버지의 정치적 동지인 유석(維石) 조병옥(趙炳玉), 상산(常山) 김도연(金度演) 등 옛 어른들이 컬럼비아대학을 졸업했다는 것을 그분들의 자서전에서 읽은 바 있어 기껏해야 컬럼비아대학의 이름만 희미하게 기억할 뿐이었다.

나는 근대 민법전의 효시는 나폴레옹 법전이므로 막연히 프랑스법에 기초한 대륙법의 공부에 흥미가 있었다. 따라서 미국으로 유학가면서도 영미법과 프랑스 대륙법을 모두 배울 수 있는 곳을 찾는다고 한껏 머리를 쓴 결과가 튤레인대학이었다. 당시 순진한 내 생각으로는 뉴올리언스가 오랫동안 프랑스의 식민지였으므로 나폴레옹 법전이 아직도 통용되는 것은 물론 사람들이 일상생활에서 불어를 말하는 줄 알았다. 이처럼 엉성한 지식과 준비를 가지고 미국 유학의 장도에 오른 것이다. 나는 유학생이 거쳐야만 하는 영어시험(TOEFL)에서 가장 좋은 성적을 받고 목적에 맞는 학교를 탐색한 결과 튤레인대학으로 갔는데, 나와 비슷하게 좋은 점수를 받은 동기생은 예일대학(Yale University)에서 온 입학허가를 하버드대학(Harvard University)이 아니라고 성에 안차서 거절하였다고 한다.

뉴욕의 아이들와일드공항(Idle Wild Airport, 현 케네디공항)에 내리자 비가 왔다. 여름 소낙비를 맞으면서 '미국은 빗방울조차 크네'라고 중얼거린 생각이 난다. 외국에서 온 풀브라이트 유학생을 위한 오리엔테이션 프로그램을 운영하는 프린스턴대학 기숙사에 입주했다. 이곳에는 마침 평소에 존경하는 한배호 고려대 정치학과 교수님께서 마지막 박사학위 논문을 가다듬고 계셨다. 혼자 계시는 선생님을 모시고 손수 양배추로 담으신 김치를 즐기면서 여러 가지 좋은 말씀을 들을 기회가 있어서 위로와 도움이 되었다.

그곳에서는 시간이 날 때마다 이승만 초대 대통령의 유학생활의 흔적을 찾아보기도 하고, 한국이 그리우면 주머니 사정 탓에 한참을 망설이다가 대학 앞 큰길가에 있는 유일한 중국 음식점에서 두부찌개 비슷한 얼큰한 음식을 사 먹곤 했다. 당시 뉴욕 시내에 나가도 한국 음식점 수가 열 손가락으로 꼽을 정도였다. 서울에 전화를 걸려면 신청하고도 여러 시간을 기다려야 통화가 될지 말지 하던 시절이다. 나는 풀브라이트재단으로부터 전액장학금을 받아 등록금과 책값 외에 매달 270달러씩 생활비를 받았는데 독신이므로 견딜 만 했다. 학생식당에서 한 끼 사먹으면 70센트 정도였다.

처음 보거나 신기한 음식이 매우 많았다. 한국에서는 미8군에서 유출된 분유를 끓는 물에 타 먹는 게 고작이었는데 프린스턴대학 구내식당에서 종이팩에 든 신선한 우유를 처음 보았다. 욕심내어 여러 팩을 한꺼번에 마시고 탈이 난 한국인 학생도 있었다. 비닐봉지도 처음 사용해 보았다. 아이스크림 종류가 그처럼 많은 것도 미국에 도착해 알았는데 원하는 종류를 정확히 말할 줄 몰라 사먹지 못한 기억도 있다. 약 2개월 동안 미국생활과 법학공부의 기본을 익히면서 같이 간 한국 유학생은 물론 외국 유학생들과 난생 처음 사귀고 토론하는 집단생활을 해보았다. 양식은 그런 대로 잘 먹어서 음식이 문제가 된 일은 없었다.

튤레인대학이 터 잡은 뉴올리언스에 도착하니 웅장한 학교건물은 물론 처음 접해보는 열대지방의 기화요초가 나를 반기고, 식민지 시대부터 여러 나라의 영향을 받아 뒤섞인 독특한 문화적 특색을 금방 느낄 수 있었다. 공부에 대한 부담과 두려움이 아주 컸지만 풍광이 기막히게 아름다운 이 도시에서 소설가 테네시 윌리엄스(Tennessee Williams)가 말한 '욕망이라는 이름의 전차'(A Streetcar named Desire)를 타고 매그놀리아 나뭇가지에 걸려 휘날리는 스패니시 모스(Spanish moss)를 어루만지면서 재즈 발상지인 프렌치쿼터(French Quarter)의 프리저베이션홀(Preservation Hall)에 도착하여 독특한 분위기에 취해보는 것도 좋았다.

그러나 당시 내려진 미국 연방대법원의 획기적 흑백통합 판결을 완벽하게 집행하지 않고 미적거리는 남부였기에 흑인도 백인도 아닌 나는 곤혹스러운 경우가 간혹 있었다. 버스나 전차에 인종별 좌석배치 표시의 흔적이 남아 있었으며, 공용건물의 인종별 출입구 표시 앞에서 어찌할 바를 몰랐다.

서양에서는 대화주제로 인종, 종교 및 섹스는 금기라고 했지만, 하루는 기숙사에 같이 사는 미국 친구들에게 솔직하게 물어보았다. 왜 흑인을 니그로라고 하면서 차별하느냐, 잘못된 것 아니냐, 동양인에 대한 입장은 어떠냐고. 그들은 인종차별이 잘못된 것임을 부정하지는 아니하나 자기의 아버지나 할아버지가 물건으로 취급하여 재산목록에 올려놓았던 흑인, 그리고 아프리카에서 잡혀와 일체의 교육과 문화적 요소를 접해보지 못한 흑인에게 동등한 대우를 하는 일은 감정적으로나 현실적으로 받아들이기 쉽지 않다고 했다. 다만 한국인과 같은 동양인은 유구한 역사와 문화와 전통이 있으므로 자기네가 상대하는 데에 심정적으로 큰 문제가 없다는 것이었다.

미국의 흑백 인종차별 문제는 기본적으로 유럽 기원의 백인 정복자와 팔려온 노예 후손인 흑인 간의 갈등이어서 때에 따라서는 백인도 흑인도 아닌 우리는 차별의 직접적 당사자가 안 될 때도 있었다. 그런데 후일 영국에서 경험한 인종차별은 영국인의 강한 우월감을 전제로 유럽 기원의 백인이 그들이 지배하던 나머지 유색인들을 차별하는 것이므로 미국의 인종차별과 초점을 달리하는 것처럼 느꼈고, 아시아인은 비백인이요 비유럽인이므로 나도 여러 번 런던의 길에서 큰 소리로 멸시하는 말을 들은 적이 있다.

나는 튤레인대학의 소규모 법학석사(LL. M.) 프로그램에서 몇 안 되는 동급생끼리 서로 사귀면서 돈독한 관계를 발전시켰다. 벨기에서 결혼하여 온 베버르나지(Carl and Monique Bevernage) 변호사 부부, 에콰도르의 장관 아들이라는 이주리에타(Raúl Izurieta), 남아공에서 온 유대인 밥 레빈(Bob Levin), 프랑스에서 온 시끄러운 미샬롱(Thierry Michalon), 조용한 브라질의 베티올(Laercio Betiol), 독일에서 온 공무원 밥니츠(Werner Wabnitz)와 에른스트 슈뢰더(Ernst Schröder) 등이 있었다. 직접적 연락은 없지만 각자 어디서 무엇을 하는지는 알고 있다.

시내에서 아직도 불어를 사용하는 줄 알고 영어 외에 불어도 잘 배우려고 계획을 세웠던 것이 수포로 돌아가서 무척 아쉬웠다. 막상 샹젤리제(Champs Elysée)를 'Elysian Field'라고 번역하여 거리이름을 표시하거나 프랑스, 스페인 및 영국의 영향을 받아 수백 년간 독특하게 발전된 '비외 카레'(Vieux Carré)를 단순히 영어로 '프렌치쿼터'(French Quarter)라고 불러야 할 때의 실망감이란 대단한 것이었다.

1968년에는 뉴올리언스시 창립 250주년 기념으로 천주교가 강한 이 도시에서 마르디 그라(Mardi Gras)를 대대적으로 기념하는 경연행사가 열렸다. 각 가문이나 기업 또는 단체가 출연하여 각종 꽃으로 호화롭게 장식한 꽃차가 꼬리를 물고 경쟁적으로 시내를 행진하는데 그 위에 탄 사람들이 길거리 관객에게 모조 기념동전(doubloon)이나 플라스틱 묵주 등을 던진다. 나도 길에서 구경하다가 여러 개 주운 것을 지금까지 보관하고 있다. 프랑스 밖에서 가장 성대하게 이 행사를 축하하는 곳이 이곳이라고 하는데 이 해에는 전 세계에서 50만 명 이상의 관광객이 모여들었다고 한다.

남부의 뉴올리언스는 뉴욕 및 샌프란시스코와 함께 미국의 3대 미항(美港)이지만 전형적인 미국이 아니라고들 한다. 이 지역은 스페인, 프랑스 및 영국의 지배를 받는 동안 흑인 노예들의 문화와 뒤섞여 독특한 분위기와 건축, 음식, 음악, 생활양식이 탄생한 곳이다. 나는 친구들과 어울려 가능한 한 많은 경험을 하고자 여러 가지 행사와 여행에도 적극적으로 참여했다. 그 근방 출신의 미국인 학생 랄프 힐만(Ralph Hillman) 등이 친절하게 도와주었고, 미시시피강이나 폰차트레인 호수에서의 배타기, 바다낚시 여행, 건초 피크닉(Hayride), 영화에서 본 근처의 유명한 농장저택(Plantation house) 방문, 습지나 조류탐사 등에 끼워준 미국 친구들도 여러 명 있었다. 바다낚시는 재미있었지만 세일보트를 준비 없이 타면서 멀미를 하여 웃음거리가 된 일도 있었다. 이 모든 경험 하나하나가 하루 세 끼 챙겨먹기도 벅찬 나라에서 온 유일한 동양인인 나에게 대단한 자극과 충격을 주었고 모든 것이 여유롭고 풍부함에 입이 다물어지지 않았다.

미국 유학의 귀인, 헌트 교수

사람은 가끔 귀인을 만나는 행운을 누릴 때가 있다. 미국 유학과 관련하여 내게 그러한 귀인은 플로리다대학(University of Florida) 법대교수인 로이 헌트(E. L. Roy Hunt, 1933~)이다. 내가 튤레인대학으로 유학을 떠나기에 앞서 한국에서 예일대 출신인 그를 만났다. 그는 풀브라이트 교환교수로 한국에 6개월간 체재하는 동안 서울대 법대에서 영미법을 가르치고 여가시간에는 학생들과 어울렸다. 그와 나는 왕립아시아협회의 주선으로 이구(李玖) 마지막 황태자와 함께 북한산성에 야유회를 간 일도 있다. 혼자 이태원에서 사는 동안 여러 가지 미국 유학에 도움이 되는 정보를 주었다. 한국에 체재하면서 나와 내왕을 자주하다가 내가 도미할 때 하루 먼저 출국하여 동경에서 기다려주었고 그 후 미국 유학생활을 계속 도와준 평생의 지기이다.

미국의 대학은 방학 동안 학생들을 모두 기숙사에서 내보내므로 나 같은 외국 유학생은 오갈 데가 없었다. 이때 그는 자기의 계부와 모친이 경영하는 미시시피주 옥스퍼드시에 있는 할리데이인으로 나를 초대하여 그들의 살림집인 펜트하우스에서 같이 지내도록 배려해 주었다. 이때부터 나는 미국 어머니(States mother)라고 부르는 그의 어머니의 온갖 사랑을 다 받았다. 그 외에도 테네시, 미시시피, 조지아, 텍사스, 앨라배마, 플로리다 등 부근 남부 여러 주를 구경시켜 주었고, 남부의 문화와 역사에 대한 체계적이고 전문적인 설명을 해주어서 나는 개인적으로 특별한 호강과 혜택을 누렸다. 또한 막막한 미지의 세계에서 힘들어 하는 나에게 커다란 정신적 지주가 되어 주었다.

나는 실수 연발의 초기 미국생활에서 헌트 교수와 그의 온 가족에게서 받은 절대적 도움과 후원을 잊을 수 없다. 그는 미시시피주에서 미인으로 자타가 공인하던 존슨(Johnson) 가문의 규수 제인(Jane)과 테네시에서 사업을 하는 건장한 청년 헌트(Elmer Hunt) 사이에서 태어난 장남이다. 키가 무척 크고 인물이 아주 준수한데 누이동생 제인도 엄마를 닮아서 아주 미인이다. 그의 어머니는 이혼 후 남매를 데리고 미시시피주 옥스퍼드에서 호텔사업을 하는 스미스(Smith)라는 분과 재혼했다.

유학생활을 도와준 평생의 지기, 로이 헌트와 북한산에서 (1967. 5).

내가 방학 중에 이 가족과 함께 기거하는 동안 남부의 전형적 음식인 허시 퍼피(hush puppies), 캣 피시(cat fish) 등을 즐겨 먹은 기억이 있다. 옥스퍼드시는 '오울 미스'(Ole Miss)라고 부르는 미시시피대학이 있고, 노벨문학상을 받은 윌리엄 포크너(William Faulkner)의 고향인 도시이다. 헌트 교수의 안내로 포크너의 유적을 샅샅이 구경했고 아름다운 내치스 오솔길(Natchez Trail)을 종주하기도 했다. 헌트는 미시시피대학을 마치고 ROTC 장학금을 받아 예일대학에 진학하여 법학공부를 한 다음 일찍 플로리다주 게인스빌에 있는 플로리다대학의 법학교수가 되었다.

그는 법학자이지만 환경과 역사유적 보호에 관심이 많고, 골동품 감식안목이 뛰어난 사람이며, 미국 남부의 대부분의 문화재와 유적보존 사업에는 항상 참여하곤 했다. 여행을 자주 하여 세계적 문화예술에 관한 식견이 대단하다. 그는 제니퍼(Jennifer)라는 딸을 얻은 후 이혼하고는 일생동안 재혼을 안하고 혼자 지낸다. 그는 얼마 전에 옆집에 사시다가 95세에 돌아가신 자기 어머님 장례를 치르고는 게인스빌에서 은퇴하였다. 플로리다대학이 아시아 예술품을 중심으로 박물관을 개설할 때 한국에서 수집한 연적 등 상당수의 수집품을 모두 기증했다고 했다.

나는 이 모범적인 가정에서 생활하면서 여러 가지 예법이나 지식, 사교 및 행동원칙을 많이 배우면서 서양식 세련미를 갈고 닦았다고나 할까. 남부 부자가정의 생활도 엿볼 수 있었고, 영화 〈바람과 함께 사라지다〉가 보여주는 식민지 시대 남부에 형성된 낭만과 분위기를 은근히 즐겼다. 2018년 봄 우리 부부는 플로리다에 살고 있는 헌트 남매를 방문한 일이 있다.

내가 튤레인대학에서 법학석사 과정을 공부하는 동안 서울에서 사단이 났다. 62명의 동기생 법무관을 한꺼번에 징계 처분한 법무감은 일이 커져 부담스럽다고 생각했는지 당사자 모두에게 불복항고를 하라고 엄명을 내렸다. 전원이 항고한 결과 나의 경우는 파면이 강등으로 한 단계 경감됐다. 그 결과 중위로 군에 복귀해 3개월 미만의 잔여기간을 복무해야 했는데 나는 미국에서 공부하고 있었다. 그 당시에는 국제전화가 비싼 것은 물론 신청하고도 어떤 때는 여러 시간을 기다려야 통화가 되기도 하였고, 편지는 비교적 안정적으로 왕래되었지만 철저한 검열을 거쳐야 했다. 따라서 나는 그 당시의 상세한 사정을 알지 못했지만 뉴올리언스를 관할하는 로스앤젤레스 한국총영사관의 영사가 전화를 걸어 이런 사실을 나중에 통보해 주었다.

그러나 나는 파면처분을 감수한다는 의사를 애당초부터 표명했으므로 항고를 한 일이 없는데 나의 부재중에 누군가가 대신 항고한 것이 아닌가 싶었다. 알고 보니 박 모 법무감이 신경질을 내면서 모두 빠짐없이 항고해야 한다고 강요하는 통에 나의 선임하사가 겁을 먹고 책상서랍 속에 굴러다니는 나의 군번도장을 임의로 찍어서 항고서류를 제출한 것이었다.

예상치 못한 징계 감경처분에 따라 병영에 복귀해야 했다. 그러나 제대가 두세 달 남은 경우에는 집에서 제대준비를 하는 게 당시의 관례였다. 미국에 있는 나의 경우에는 귀국 후 잔여기간을 복무하도록 처리해도 문제가 없는 것이었으나 법무감의 생각은 달랐다. 그는 국방부에 법무관리관이라는 자리를 새로 만들어 소장으로 보하게 하고는 자기가 그 자리로 승진하여 가려는 순간 법무관들이 사고를 쳐서 혹시라도 자기의 진급 및 승진에 악영향을 줄까 봐 온갖 비합리적이고도 감정적인 언행과 조치를 계속하는 것이었다.

툴레인대학에서 법학석사 과정에 입학한 8명의 동기생 (1968. 5).

　내가 처음 부대배치 후 집단으로 법무감에게 인사를 갔더니 그는 초면에 부인이 형편이 좀더 나은 가정출신이라고 건방을 떨기에 신혼인데도 처가에서 해준 살림살이를 모두 처갓집 안마당에 쌓아놓고 불을 질렀다는 이야기를 자랑삼아 했다. 그는 길길이 뛰면서 나를 당장 귀국시켜 영창에 처넣으라고 소리를 질러대고, 외무부를 통해 미국 정부에 송환요청을 하라고 못살게 굴었다고 한다. 풀브라이트 장학금을 받은 자는 미국 국무부가 자기네 정부가 초청한 손님으로 취급하기 때문에 미국 국내법을 위반한 경우가 아니면 귀국 조치를 하지 않는다는 공식대답을 받았다고 한다.

　사람의 일은 알 수 없는 것이 수년 후 귀국해 서울대 법대 교수가 된 후 이 성품이 별난 법무감을 여러 번 만났다. 박정희 정권 시절에는 예편한 장성들에게 여기저기 자리를 만들어 감투를 나눠줬다. 이 사람도 아무런 전문성도 없이 한국제당협회라는 민간단체의 상근 부회장 자리를 얻었는데, 업계에서 선출된 협회 회장이 나의 처삼촌이었다. 그런 연고로 가끔 처가 쪽 대소사에서 그를 만나는 일이 있었다.

　툴레인대학에서 잘 들리지도 않는 영어로 악전고투하면서 법학석사 학위를 취득했다. 스톤(Ferdinand F. Stone), 오펜하이머(Leonard Oppenheimer) 교수의 가르침을 받았고, 젊은 지도교수 웨인 우디(Wayne Woody)가 여러 가지로 친절하게 지도해 주었다. 누구에게도 도움을 받을 수 없는 상황에서 힘들게 공부했다. 오랫동안 한국 뉴스를 접하거나 음식을 먹거나 우리말을 해본 일이 없어서 학교 기숙사인 제머리 홀(Zemurray Hall)의 내 방에서 혼자 한국어로 중얼거리고 있는 자신을 발견하고 실소한 일도 있다.

동베를린 사건으로 뒤숭숭하던 파리

법무부에서 파견하여 1년간 연수차 파리에 있던 동기생 김유후 검사와 연락이 되어 졸업 후 1968년 5월 일단 파리로 갔다. 그 이유는 튤레인대학에서 같이 지내면서 자주 조언해주던 영국 케임브리지대학의 네빌 브라운(Neville Brown) 교수가 미국에서 공부한 다음에는 반드시 유럽을 체험하면서 다양한 공부와 문견을 쌓는 것이 좋다고 권했기 때문이었다. 그래야만 미국 일변도의 사고방식을 지양하고 서구문명을 골고루 접하여 균형 잡힌 사고방식을 갖게 된다고 강조하였다. 그는 내가 케임브리지대학에 들어가서 공부를 계속할 수 있도록 중간에 여러 가지로 도움을 주었다. 케임브리지대학의 입학허가서를 받았으니 여름방학을 보내는 일이 당면문제여서, 김 검사에게 연락한 것이다. 우선 학생증을 확보해야 학생할인이 다양해서 생활비가 적게 든다는 그의 말에 필요한 절차를 취하고 소르본대학의 학생증을 받았다.

브장송(Besançon)에서 집중적인 불어 어학훈련을 받고 돌아오니 파리는 학생시위가 최고조에 달해 거리에 최루탄이 터지고 돌이 날아다니는 험악한 상황이었다. 교육개혁을 외치면서 드골 정권의 퇴진을 요구하는 좌파학생들의 시위였는데 프랑스 경찰은 참으로 무자비한 데다 시위 학생을 진압하고 잡아가는 방법이 아주 폭력적이었다. 나는 그런 대로 학생으로서 정착하는 데 필요한 모든 절차와 서류 등을 확보한 다음에 케임브리지 대신 소르본에서 유학생활을 계속해도 좋다는 생각으로 유서 깊은 소르본의 법대 강의실에 들어가 보았다. 금방 데모하는 이유를 알 것 같았다. 강의실은 동대문시장보다 더 복잡하고 수용인원의 수배가 넘는 학생들이 교수의 발끝 밑이나 창문틀에 올라앉고도 자리가 없어서 복도에서 서서 강의를 듣는데 공기는 텁텁하고 알아들을 수도 없는 데다가 강의가 끝나면 교수도 연구실이 없어서 그냥 집으로 가는 통에 학생과 대화하기란 불가능한 사치라고 했다. 그러므로 학생들이 교육개혁을 부르짖으면서 실력 행사를 할 만하다고 판단했다.

당시 대학은 사실상 학비가 무료였고 학생들은 단돈 1프랑(당시 1달러는 5프랑)만 있으면 대학식당에서 하루 한 끼를 포식할 수 있었다. 따라서 프랑스에서는 자취하는 것보다 대학식당에서 사먹는 것이 싸기 때문에 자취하지 않고 편하게 지냈고, 각종 할인이 많아서 대중교통, 영화, 각종 입장료 등이 무료이거나 대폭 할인되어 학생천국이었다. 그러나 세상에 공짜란 없다. 이 모든 것이 국민의 세금으로 엄청난 보조를 하기 때문에 가능한 것이므로 정부는 나름대로 고민이 있었고, 이 같은 막대한 학생복지 보조금 지출 때문에 교육시설 개선에 전혀 예산을 투입할 수가 없었던 것이다.

불만에 가득 찬 학생들은 마로니에 가로수 둘레에 설치한 보호철판을 모두 뜯어다가 방패로 삼아 거리를 포장한 네모진 화강암 돌을 파내어 경찰에게 던지고, 이에 맞서 경찰은 최루탄을 무차별적으로 쏘아대는 초유의 사태 때문에 위험해서 밖에 나다니기도 힘들었다. 이 학생혁명의 지도자는 독일계 유대인 학생인 콘방디(Daniel Cohn-Bendit, 당시 23세)인데 현재 유럽의회 의원인 그를 브뤼셀에서 만난 일이 있다. 유럽은 미국식 개인주의적 자유주의가 아니라 공권력이 강하고 정부가 통제하는 사회적 민주주의요 규제된 자본주의 사회라고 해야 할 것 같다.

아시아 유학생들이 주로 공동 투숙하는 싼 시설에 나도 하숙을 정했다. 하숙집의 단 한 군데 있는 공동샤워장 문에 붙어있는 일람표에 입주자마다 정직하게 자기가 샤워한 횟수를 기재하였다가 월말에 일괄 결제하도록 표가 붙어있었다. 그런데 자세히 보니 나만 정직하게 표시를 했을 뿐 다른 동유럽 또는 서유럽의 학생들은 전혀 표시가 없었다. 거짓말로 속이거나 그만큼 씻지 않는다는 뜻일 것이다.

프랑스인들은 물의 질이 나쁘니까 목욕이나 샤워를 잘 안 하고 냄새가 나면 향수로 속임수를 쓴다는 소문이 맞는 것 같다는 생각도 들었다. 나도 유럽

각지의 물이 얼마나 센물인지 비누가 안 풀어지는 것은 물론이고 머리카락이 부러지고 살갗이 거칠어지는 경험을 했다. 물을 여러 번 끓이면 주전자의 안 벽에 석회질이 두껍게 앉아 열전도율이 떨어지는 것은 유럽생활을 해본 사람들이 모두 경험해본 바이다.

당시 파리 한인사회 분위기는 동베를린 사건으로 뒤숭숭했다. 중앙정보부 비밀요원들이 파리에도 잠입해 북한 쪽과 왕래했거나 도움을 받은 유학생들을 한밤중에 납치해 한국으로 송환했다는 것이다. 독일에서는 더 많은 유학생이 유사한 방법으로 강제 송환된 모양이었다. 사정이 이렇다보니 소규모이면서 가난한 파리 한인학생 사회는 서로를 의심해 내왕이 끊어지는 등 험악한 분위기였다.

오랜 역사와 전통을 배경으로 꽉 짜인 유럽사회는 미국 등 신세계와 달리 외국인 유학생이 학비가 떨어졌다고 해서 금방 허드렛일로 용돈을 벌 수 있는 사회구조가 아니다. 접시라도 닦아 가면서 학업을 마친다는 말을 쉽게 하지만 이는 미국 등 신세계에서나 가능한 일이다. 프랑스로 예술 공부하러 온 한국 유학생이 돈이 떨어졌다고 도로 공사판의 삽질하는 일자리라도 금방 얻는 것은 사실상 어렵다. 따라서 가난에 시달린 일부 유학생이 북한 공작원의 유혹에 넘어가는 경우가 더러 있었던 것 같다. 또 사회민주주의가 우세한 유럽은 일반적으로 북한 정권의 본질을 잘 몰랐으므로 북한 공작원이 유럽국가에 침투해 가난한 한국 유학생을 유혹하는 것은 생각보다 쉬웠을 것이다. 당시 공산권인 동유럽 국가에서 발신한 북한의 선전물이 서유럽에서 공부하는 유학생들에게 배달되는 경우도 흔했다. 공산국가를 방문하는 것은 물론 공산국가의 책이나 우표 등을 사도 '국가보안법' 위반 시비가 일어나던 시절이었지만 유학생들의 북한왕래 소문은 한인사회에 조금씩 퍼져가고 있었다.

이렇듯 우려스러운 사태를 발본색원한다고 중앙정보부가 전광석화 같은 방법으로 한밤중에 자는 혐의자를 납치해 와버렸으니 남의 나라 주권을 무시해도 분수가 있지 이런 국제법상 무지막지한 일을 저지르고도 무사할 수 있겠는가. 한국과 여러 유럽국가와의 관계가 수년간 냉각되고 한국의 국제적 이미지가 몹시 훼손된 일은 모두가 아는 바다.

총파업으로 도시 기능 마비 … 걷고 또 걸어 파리 탈출

나 나름대로 파리생활에 익숙해 갔다. 대학생에게 주는 정부지원은 상상을 초월하여 대폭적이고 다양했다. 학생증을 보이고 들어간 학교식당의 메뉴는 천주교의 영향 탓인지 금요일에는 육류 대신 생선을 주고 화요일에는 말고기 스튜를 제공했다. 김유후 군과 나는 할인된 교통요금을 이용하여 프랑스 남부해안이나 북유럽을 여행하면서 험악한 분위기를 다소나마 피하고자 하였다. 그러나 어느 누구에게도 여행 다녀온 이야기조차 할 수 없는 어려운 분위기였다. 정부가 해외여행을 사실상 엄격하게 제한하는 시절인데도 파리를 방문하는 한국인들은 꽤 많았다. 그 바람에 나도 당시 교통연결도 불편한 베르사유 궁전에 수없이 안내차 다녀왔다.

내가 파리를 포기하고 영국을 거쳐 미국으로 돌아간 1969년 11월에는 아버지께서 한국무역협회가 파견하는 최초의 유럽 및 아프리카 민간통상사절단장으로서 여러 무역회사의 수출 첨병(尖兵) 15인을 인솔하고 파리에 오셨다. 사절단은 아프리카 방문국들의 비자를 모두 파리에서 받고자 하였으므로 당시 미국에 유학 중이던 내가 잠시 파리에까지 와서 아버지를 도와드린 일이 있다. 마침 단원으로 삼성물산을 대표하여 따라온 정철 동문과 협조하여 며칠 내에 쉽게 처리해 드렸다.

그러나 사람 수가 많고 외국여행이 처음인 분들이라 크고 작은 실수가 자주 일어났다. 처음 본 비데를 변기인 줄 알고 실례하고는 막혔다고 새벽 2시에 나를 불러대는 사람, 싸구려 보졸레 포도주를 물 마시듯 마시고 취해서 호텔에서 소리를 지르는 사람, 파자마 바람으로 호텔의 이 방 저 방 돌아다니면서 큰 소리로 웃고 말하는 사람 등 민망하기 짝이 없었다. 들어보니 이미 비행기 속에서도 바지를 벗어서 걸어놓고 내복바람으로 책상다리하고 앉은 사람, 한식 반찬이 흘러서 기내에서 냄새를 피운 사람 등이 있어서 아버지는 단원통제에 엄청나게 신경을 쓰고 계셨다. 단장인 아버지는 당신이 창립한 무역회사의 대표이사 사장으로서 매년 수출액 신장이나 신시장 개척 등의 이유로 훈장이나 표창을 받으셨다.

이래저래 파리생활에 적응해 가는데 프랑스의 정세는 더욱 악화돼 강력한 전국노조가 총파업(general strike)을 결의했다. 총파업의 위력은 경험해 본 사람이 아니면 상상하기 어렵다. 총파업에 돌입하면 경제·공공활동이 정지된다. 비행기·지하철·버스·전차가 멈춰서고, 통신업무, 즉 편지배달·소포배달·전화통화가 중단되며 식료품점, 주유소, 약국, 신문·잡지 판매소, 청소작업 등 일상생활에 긴요한 서비스가 모조리 중단된다. 상점이 문을 닫으며 은행거래가 모두 정지된다. 나처럼 외국에서 유학 온 한계상황의 인간은 총파업 때 굶어죽기 딱 좋은 처지에 빠진다. 총파업은 파리 시내만을 표적으로 한 것이므로 걷고 걸어서 시내를 벗어나자마자 상점마다 채소와 과일은 물론 신선한 빵이 풍성하게 진열돼 있었다. 평소에 딱딱해서 잇몸을 다치게 한다고 불평하던 바게트 빵이 얼마나 맛있었는지 모른다.

영국 케임브리지대학 대학원

나는 이 미증유의 상황에서 고민을 거듭했다. 영국 케임브리지대학 입학허가를 받아둔 것이 있었으므로 결국 파리에서 프랑스법을 공부하는 것을 포기한 채 런던을 거쳐 케임브리지로 이동할 수밖에 없었다.

말로만 듣던 대영제국에 온 것이다. 1968년 9월 말 모처럼 하늘이 맑은 날 입학식을 했다. 케임브리지 시장과 여러 귀빈이 임석해 성대한 환영식을 거행했다. 시장의 말씀이 잊히지 않는다. 신입생 여러분은 두 가지 문제로 고통당할지 모르는데 하나는 나쁜 기후, 다른 하나는 임석하신 귀부인들 앞에서 말씀드리기 뭣하나 그들이 요리하는 형편없는 음식이라고 하는 것이 아닌가. 그 이후로 나는 이 말이 얼마나 진실인지 뼈저리게 느끼면서 지냈다.

살면서 보니 해가 뜨는 날이 별로 없는 데다 기후가 변화무쌍했다. 영국인의 식사는 삶은 감자, 완두콩, 당근, 미니양배추, 브로콜리에 익힌 고기 한 점을 곁들여 소금을 뿌린 후 맛없는 빵과 함께 먹는다. 파리의 대학식당과 자연히 비교되었다. 파리에서 식사할 때에는 요일마다 다른 음식이 주어지는데 무제한 제공되는 바게트라는 빵이 맛있고 음식에 쳐주는 소스가 그런 대로 입맛을 돋우어 먹을 만했다. 지금은 영국 음식이 다양화되었고 맛도 있지만, 당시의 영국 대학식당의 음식은 참 먹기 힘들었다.

주거환경도 수준 미달이었다. 처음 입주한 하숙방은 난방시설이 없었다. 손바닥만 한 전기난로가 있는데 가느다란 열선 한 개가 내는 열을 반사경을 통해 받는 구형이었다. 문제는 전열기 뒤에 달린 동전통에 10펜스를 넣으면 10분간 전열선이 빨갛게 열을 내다가 꺼지는 것이었다. 밤새도록 10분마다 동전을 투입할 수는 없는 노릇 아닌가. 늘 온돌방에서 마음대로 지지던 나에게는 추위가 뼛속까지 스며드는 느낌이었다. 나중에는 고무주머니를 사다가 끓는 물을 넣어 안고 자기도 했는데 일본인들이 이른바 '유담뽀'라고 하는 것이 이것인가 싶었다. 도대체 난방이 없는 데다가 음습한 겨울날씨란 사람을 참 우울하게 만들고 의욕을 떨어뜨렸다.

학기 초 학교가 소개한 집주인에 관한 불쾌한 경험이 있어서 주거문제를 해결하는 것이 화급했다. 소속된 유니버시티 칼리지(당시 University College. 현 Wolfson College)를 찾아갔다. 설립된 지 2년밖에 안 되어 기숙사가 없으므로 학교가 확보한 교외 주거시설 중에 가프웨이(Gough Way) 62번지에 있는 주택의 문간방이 나의 숙소로 배정되었다며 그리로 데려다주었다. 음식을 해 먹지 않는다는 조건으로 그곳에 짐을 풀었다. 주인은 중년의 영국인인데 그날은 늦어서 그대로 자고, 그다음 날인 일요일에는 주인의 초대로 안채에서 점심을 같이 먹고 주인이 자기 차로 케임브리지 시내를 구경시켜 주었다. 친절한 집주인 같았다.

약속된 대로 그의 자상한 안내를 받아 시내구경을 잘하고 돌아왔는데, 생활지도 교수가 급히 찾는다고 한다. 학교로 가보니 네가 주인에게 무슨 말을 잘못한 모양인데 주인이 너를 당장 나가라고 한다는 것이다. 나는 영어가 유창하지 못하므로 말을 많이 해서 실언하거나 무슨 나쁜 말을 할 형편도 못 되고 아무리 생각해보아도 어떤 말 때문인지 모르겠지만 교회에 가는지를 물은 일은 있다고 했다. 교수는 아무튼 나에게 장미 한 송이를 사가지고 가서 무조건 미안하다고 하면서 계속 살게 해달라고 비는 것이 좋겠다고 한다. 그러나 주인은 장미꽃도 거절한 채 얼굴색도 안 변하고 이유도 말하지 않으면서 그냥 나가라고만 했다. 나는 아직도 쫓겨난 이유를 모른다.

기가 막혀서 학교의 학생 휴게실에 앉아서 이런 사정을 서툰 영어로 불평했더니 나를 유심히 보던 영국 학생 하나가 접근하면서 몇 명이 그룹으로 한 가옥 전체를 빌려 살면서 월세를 분담하기로 했는데, 방이 하나 남으니 합류하라고 했다. 사실 마셜 로드(Marshall Road) 15번지는 학교에서 다소 멀었지만 당장 갈 곳도 없는 입장이므로 그 집으로 입주했다. 비를 철철 맞고 가보니 피터 브롬리(Peter Bromley)라는, 어머니가 몰타(Malta) 출신인 영국학생, 피터 스틸(Peter Steele)이라는 좀더 나이가 든 것 같은 영국학생, 그리고 이름은 잊었으나 사투리가 심한 스코틀랜드학생 등이 방을 한 개씩 차지하였으므로 나는 이층집의 아래층 오른쪽 문간방에 여장을 풀었다. 미국 남부에서 공부하는 동안 그 사투리를 알아들을 때까지 힘들었는데, 이번에는 이층에 사는 스코틀랜드학생의 심한 사투리를 못 알아들어서 상당기간 고생한 기억이 있다.

늘 내리는 비를 무릅쓰고 학교규칙에 따라 대학의 계급 및 학위에 걸맞은 가운을 입은 채 새로 산 중고자전거를 타고 집에서 상당한 거리의 학교까지 통학하는 것은 퍽 불편한 일이었다. 간혹 나와 똑같은 복장에 비를 맞으며 자전거를 타고 트리니티 칼리지로 가는 찰스 황태자를 마주치기도 했다.

한집에 사는 우리들은 늘 사이좋게 지냈다. 한번은 세무서에 같이 가서 개인소비 목적의 맥주 양조허가를 받았다. 물론 매년 개인소비량의 한도가 있지만 우리는 주둥이가 좁은 커다란 유리병을 사고 거기에 호프맥과 설탕, 물 등을 대충 배합하여 밀봉한 채 어두운 구석에 보름 이상 저장했다. 발효된 것 같아 꺼내서 마셔보니 좀 이상한 맛이었지만 제법 발효되어 알코올 성분도 있었고 다른 친구들이 좋다는 바람에 그 자리에서 모두 비웠다. 이후 우리는 틈만 나면 이러한 사제맥주 담가먹기에 재미를 붙였다. 원시적인 수제맥주의 원조라고나 할까.

나는 유니버시티 칼리지에 속한 대학원생으로서 정기적으로 칼리지 단위의 공식 만찬, 간단한 리셉션, 댄스파티 기타 각종 행사에 열심히 참가하여 영국인들의 생활방식과 사고방식을 알고자 노력했다. 우선 복장규범이 복잡하고 엄했다. 강의실에 들어갈 때에는 물론 소속 칼리지에서 열리는 리셉션이나 만찬에도 꼭 가운을 걸쳐야만 입장이 가능했다. 칼리지의 정기만찬을 하기 전에 치즈와 셰리(sherry)를 잠깐 맛보는 리셉션과 만찬장의 하이 테이블(high table)에 착석할 때에는 여자는 치마 대신 바지를 입으면 안 되고 남자는 진바지를 못 입으며 가운은 항상 착용하도록 되어 있었다.

식탁에서 마스터가 라틴어로 기도를 암송하면 아멘을 말한 후 좌정하여 음식을 먹는다. 이런 리셉션과 만찬 그리고 댄싱파티는 칼리지마다 전공과 관계없이 소속학생들의 자연스러운 사교와 인격함양을 위하여 비교적 자주 개최된다. 이 행사를 준비하는 책임자인 버틀러에게 상당한 권한이 부여되어 있는 것 같다. 원래 영국의 칼리지제도란 미국처럼 전공별 단과대학이 아니고 각기 수백 년 전부터 독립적으로 창설되어 그 나름대로의 전통과 재정기반을 갖추고 여러 분야의 학생과 교수, 조교, 사무원 등을 망라한 생활공동체이다. 따라서 옥스퍼드나 케임브리지대학에는 각각 30여 개의 칼리지가 있지만 각자의 전통을 뽐내고 독특한 분위기를 풍기는데 학문분야가 다른 노장청이 모여 교실에서는 습득하기 어려운 학제적 지식함양, 인격도야, 인생상담, 협동과 공동윤리, 예의, 인간관계 발전 등을 배워서 장차 지도층으로 성장하게 하는 생활교육 현장이기도 하다. 물론 칼리지의 특성과 재정상태 등에 따라 선호하는 곳이 있기는 하나 원하는 대로 배정되는 것은 아니다.

내가 배정된 유니버시티 칼리지는 1965년에 출발한 아무 전통이 없는 신설 대학원생 칼리지였다. 다만 40년 후 내가 국제형사재판소 재판관으로서 홈커밍에 초청받아 만찬에 참석했을 때에는 영국의 하워드 휴즈(Howard Hughes)라고 불리는 거부 울프슨(Isaac Wolfson)이 기부한 2백만 파운드의 돈으로 아주 근사한 현대식 건물을 지어서 가슴이 뿌듯했다. 그곳에 투숙해보니 너무 편리하고 편안하며 난방이 잘되어 고급호텔과 비교해도 손색이 없었다.

가운을 입고 교실에 앉아 수업을 듣는 것은 불편했지만, 엘라이후 라우터파하트(Elihu Lauterpacht), 클라이브 페리(Clive Perry), 로버트 제닝스(Robert Jennings), 커트 립스틴(Kurt Lipstein) 등 세계 최고석학들인 국제법 교수들의 강의는 항상 인기 만점이었고, 도서관에 가서 말로만 듣던 수백 년 된 역사적 고문서의 진귀본을 직접 접할 때의 흥분은 지금도 가슴을 뛰게 한다. 내가 받은 케임브리지대학의 인상은 각 분야별로 현실참여자보다는 세상을 바꾸는 세계적 학자가 더 많이 배출되었고, 교육은 지식의 전수 외에 모든 생활을 칼리지라는 생활공동체에서 같이함으로써 전인격적 인품을 길러내는 데 중점을 두는 것 같았다. 케임브리지대학에서의 1년은 나 자신에게도 지적 만족과 인격 함양에 크게 도움이 된 아주 중요한 인생의 시기였다.

다양한 견문을 넓힌 영국생활

케임브리지대학에서는 나 같은 무녀독남에게 부과된 엄격한 울타리 속의 가정분위기에서 벗어나서 자유롭게 하고 싶은 운동이나 과목, 취미 등에 몰입할 수 있어서 좋았다. 생전 처음 본 것도 많았고 서울에서 하고 싶었으나 허락이 안 나거나 여건이 안 되어 못하던 것을 만끽했다. 우선 한국에서 연식정구만 알던 나로서는 푸른 잔디밭에서 치는 론테니스(lawn tennis)가 그렇게 신기할 수 없었다. 한동안 처음 접해본 론테니스를 즐겼고 윔블던시합에도 마음먹고 구경 가 보았다. 학교에 시설이 다양하게 있으므로 처음 본 배드민턴을 가끔 익혔고, 칼리지의 조정(漕艇) 팀에 가입하여 열심히 노를 젓기도 했다. 조정은 한 배에 8명이 타고 몸무게가 가벼운 향도(cox)의 구령에 맞추어 동일보조로 강물 위에서 노를 저어 나아가는 운동으로서 많은 연습과 꾸준한 체력강화가 중요하다. 나는 항상 8명 중 6번으로 노를 저었으나 체력도 달리고 공부에 밀려서 어느 날 팀에서 탈퇴하고 말았다.

케임브리지 시내를 가로지르는 켐강에서 조정 외에 펀팅(punting, 삿대로 강바닥을 밀어 평평한 소형 목선을 움직이는 놀이)을 배웠고, 골프 연습장에서 빌린 채로 공을 가끔 쳐보기도 했다. 이 모든 운동은 나로서는 처음 본 것이거나 해본 일이 없는 신기한 운동이었다. 그러나 당시 인기가 있던 승마와 스키는 절대로 하지 않았다. 이역만리에서 부모님이 보내주신 돈이 달랑거리는 상황에서 만일 낙마나 골절로 입원한다면 돈도 돈이고 누가 나를 보살펴준단 말인가. 그러나 이 모든 운동이 다 영국에서 기원된 것임을 알고는 영국인에 대한 존경의 마음을 금할 수 없었다. 오늘날 내가 이해하거나 취미를 붙인 운동은 후일 미국에서 배운 스쿼시와 관람을 즐기는 미식축구를 제외하고는 모두 이때 접해본 것이다.

볼룸댄스 교습시간도 있었다. 나도 왈츠, 트로트, 탱고, 지터버그 등 여러 가지 춤의 기본 스텝을 열심히 배우고 턱시도를 샀다. 칼리지 만찬 후 흥이 날 때 무조건 몸을 기분 나는 대로 흔드는 것이 아니라 원칙대로 정식 스텝을 밟는 것인데, 이는 영국인들의 전통인 듯했다. 케임브리지대학과 옥스퍼드대학은 적어도 전 영연방제국 사람들이 으뜸으로 치는 선망의 대학이므로 세계 각지 영연방의 젊은 남녀들은 두 학교의 메이볼(May Ball)에 참석하는 것을 필생의 목표로 삼는 경우가 많다고 한다. 따라서 가을학기가 시작하면 수많은 영연방 선남선녀들이 그 다음해 메이볼(사실 무도회는 6월 초에 개최된다)에 참석하고자 자기 나라에서 티켓을 신청해 놓고는 돈도 모으고 휴가기간도 미리 맞추어 잡는 등 들뜬 마음으로 참석준비를 1년 동안 열심히 한다고 한다. 그렇다고 모두에게 입장권이 배정되는 것도 아니지만 운 좋게 이를 거머쥔 자는 본국을 미리 출발하여 중간에 구경도 하면서 영국에 당도하자마자 혹시 평생의 배우자가 아니더라도 데이트 상대를 만날까 싶어 여러 가지 꾀를 쓰기도 한단다.

그러므로 메이볼 시즌에 대학의 학생회관에서 저녁을 먹고 앉아서 느긋하게 구경을 할라치면 각기 다른 영어 악센트를 쓰는 일단의 젊은이들이 계속 도착하여 왁자지껄하는 것을 볼 수 있다. 무도회는 각 칼리지별로 오랫동안 준비한 행사내용을 당일에 공개하면서 경쟁한다. 밤새 왈츠 등 춤을 추고 먹고 마시고 다음 약속을 하는 등 화제가 끝이 없다. 우리 칼리지는 밤새도록 젊음을 분출한 다음 날 파리에서 직접 공수한 크루아상과 푸아그라, 프랑스 치즈와 향기 짙은 프랑스 커피로 조찬을 하면서 기세를 올린 기억이 난다. 지금은 어디를 가나 음식도 많이 발전했고 좋은 맛을 쉽게 공유할 수 있지만 그 당시에는 이런 프랑스 치즈와 커피조차 구하기 어려운 때였기 때문이다.

또한 이들이 최근 몇 세기동안 세계를 지배했기 때문에 인류문명이나 가치관 및 생활표준이 온통 서구 중심으로 형성되어 국제사회에서도 서양의 역사발전만이 중요시되고 있고, 심지어는 미인의 기준까지도 서양식으로 되어버린 것 아닌가 하는 생각을 떨쳐버릴 수가 없었다. 만일 한국이나 중국이 세계를 지배했다면 상황은 반대로 되었을 것 아닌가. 중국은 아주 활발하게 해양진출을 하여 세계적 영향력을 넓혀가다가 1421년 명나라 황제가 해양진출을 억제한 이후로는 정화(鄭和, 1371~1433) 등이 구축한 해양기반을 상실하고 급속하게 세계문명의 발전대열에서 낙오하고 말았다. 한국은 원래 은둔의 나라라는 별명이 붙을 정도로 국제사회에 진출하고자 노력한 기록이나 인식도 없으니 할 말조차 없다.

어려서부터 듣고 배웠던 서양의 대표적인 문학, 미술, 그리고 유적 등을 본고장에서 사는 동안 둘러보고 싶었다. 시인 윌리엄 워즈워스(William Wordsworth, 1770~1850)로 대표되는 호수지역(Lake District)이나 윌리엄 셰익스피어(William Shakespeare)의 생가, 스코틀랜드 국민시인 로버트 번즈(Robert Burns, 1759~1796)의 에든버러 유적지, 웨일스(Wales)의 많은 지역 등을 여행하였다. 주머니 사정이 넉넉지 못하여 극도의 긴축예산으로 돌아다녔다.

영국은 한 민족으로 구성된 나라라고 막연히 생각했는데 조그마한 섬나라가 잉글랜드 외에 웨일스, 아일랜드와 스코틀랜드로 나뉘어 민족과 언어와 전통과 관습이 다른 데에 흥미를 느꼈다. 나는 3학기제의 방학기간을 이용하여 잉글랜드 본토를 여행했고, 웨일스와 스코틀랜드를 샅샅이 살펴보면서 이들이 어떻게 차이를 극복하고 대영제국을 건설하여 한 세기 이상 전 세계를 지배하였는가를 알고자 노력했다. 시장에 나가보면 영국산은 희귀하고 계란은 스웨덴, 오렌지는 이스라엘, 체리는 스페인, 미니양배추는 벨기에에서 수입하는 이 나라가 어떻게 부강하고 거대한 제국을 이룩했을까. 하루는 우리나라 공중파방송사업자가 천연색 TV를 방영하고자 케임브리지 소재 파이라는 전자업체로부터 시설과 기자재 일체를 구입한다고 하면서 영국에 있는 한국 유학생에게 리셉션을 베푼 일이 있었다. 이를 계기로 영국의 산업현황을 알아보고는 이 나라의 산업경제적 기반의 탄탄함에 놀랐다.

문명, 산업과 경제, 사상 및 학문과 예술의 축적, 전통과 예절, 그리고 질서의식 등 영국의 엄청난 온축(蘊蓄)을 부러워하면서도 일상생활의 경험에서는 큰 실망을 느꼈다. 학생회관에서 식사할 때 음식을 많이 퍼가는 아일랜드 학생을 향해 온갖 경멸의 말을 공공연히 내뱉는 영국학생들을 보곤 했다. 또한 내가 모처럼 음악회나 공연을 관람하고자 영국 여성과 함께 기차를 타고 런던 헤이마켓(Haymarket)에 갔다가 돌아올 때면 행인들이 큰 소리로 어떻게 유색인종이 영국 여성과 데이트를 하느냐며 시비를 걸었다.

영국인들의 우월감은 참으로 못 말리는 수준이다. 영국이 세계표준이 되는 것은 당연한 일이고, 야만적이긴 하나 무시할 수 없는 미국을 제외하면 자기네가 세계 제일이라는 태도를 서슴없이 보인다. 강한 우월감, 이중인격적 태도, 인종차별적 언행이 상당히 불편했다. 그럴수록 나는 교실에 앉아서 일방적으로 지식의 전수를 받기보다는 능동적으로 돌아다니고 부딪히면서 영국을 알고자 노력했다. 각종 사회활동을 하는 국제적 자선단체에서 한국을 알리는 연설을 하기도 하고 자주 런던에 나가서 구경하고 물었다. 영국에서의 1년간 경험은 퍽 한정된 것이었으나 다양한 경험을 비판적으로 내 머릿속에 수용했다고나 할까.

이 시절은 동서냉전이 최고조에 달하고 한국도 군사정권이 인권을 탄압하고 민주주의를 후퇴시키고 있던 시절이었다. 우편검열이 철저하고 여권통제와 외환통제는 상상을 초월하는 상황인 데다가 외국에 사는 한국인들도 본국의 압제적 통치의 영향을 직간접으로 받는 실정이었다. 이러한 판국에 나는 1968년 전반에는 파리에서 동베를린 사건의 일부를 직접 경험했고, 1968년 후반에는 영국에서 간첩단을 일망타진하는 현장에 있었다.

내가 케임브리지에 도착한 얼마 뒤 '곤빌 앤 키이스 칼리지'(Gonville & Caius College)의 클라이브 페리(Clive Perry)라는 국제법 교수의 지도하에 연구원으로 있다는 한국인 박 모 박사를 만났다. 이분은 자기가 서울대 법대 출신이라고 소개하다가 곧 동경대 법대 출신이라고 둘러대더니 나중에는 하버드 법대 출신이라고 말을 바꾸는 등 이상한 점이 너무 많았다. 그러나 부인이 당시 여

당인 공화당의 3선 의원이고 국회 농림수산 상임위원장의 친누이동생이라서 크게 의심하지는 않았다. 얼마 후 그가 한국에 들어간 뒤에 당국에 의하여 김 모 당시 공화당 의원과 함께 간첩혐의로 체포되었다는 신문보도를 보았다. 사실 유학생이나 교민의 수도 적은 영국에서 이것은 커다란 충격이었다.

미국 코넬대학 법학박사

해를 넘기고 케임브리지 생활을 마감했다. 미국 코넬대 법학박사 과정에 바로 입학한 것이다. 다른 일류대학에서는 자기네 학교에 와서 다시 석사과정을 이수하여야만 그다음 해에 박사과정에 받아주겠다고 했으나, 코넬대학(Cornell University)에서는 케임브리지대학과 튤레인대학에서 공부한 것을 모두 포함하여 바로 박사과정에 받아준다고 하기에 학비를 절약할 필요도 있어서 다른 대학의 입학허가를 팽개치고 곧바로 코넬대학으로 진학하였다.

코넬대학은 뉴욕 시내에서 북쪽으로 자동차로 5시간 반가량 걸리는 자그마한 도시 이타카(Ithaca)에 있다. 코넬대는 뉴욕주 북부의 아름다운 '핑거 레이크스'(Finger Lakes) 지역의 초입에 자리한 이른바 아이비리그(Ivy League) 대학인데, 미국은 물론 전 세계에서도 가장 아름다운 캠퍼스를 자랑한다. 캠퍼스 내에는 기암괴석으로 이루어진 계곡과 절벽이 있고 넓은 호수가 있으며 폭포의 낙수소리가 요란하기도 하다. 정문에서 들어서자마자 잘 지어진 법대 건물이 전면 왼편으로 가장 먼저 눈에 들어온다. 대공황기에 대기업(US Steel)의 경영자인 테일러(Myron Taylor) 동문이 100만 달러를 기부해 지었다는 참 예쁜 석조건물이다.

나는 학교 앞 캐서린 스트리트(Catherine Street)에 작은 자취방을 구해놓고 참으로 열심히 공부했다. 자취를 하므로 식사 준비시간을 절약하여 뚝딱 식사를 때우고는 도서관으로 줄달음을 치곤 했다. 장학금 신청이 거절된 다음에는 특히 학위과정을 빨리 마쳐 학비를 절약해야 한다는 생각으로 불철주야 논문자료를 정리했다. 주중에는 도서관에 가장 먼저 도착하고 저녁에는 자정이 지나서 귀가하곤 했다. 도서관이 닫는 주말에는 여러 명의 한국인 유학생과 어울려 테니스를 치거나 배구시합을 하고는 그곳에서 살림을 하시는 교직원이나 결혼한 유학생의 집으로 우르르 몰려가서 폐를 끼치고 스트레스를 푸는 시간을 보냈다. 당시 이 학교에는 이재명, 김명환 등 자연계의 석학교수들이 계셨고, 학교 신문사, 농대 실험실, 재료공학 실험실 등에 두각을 나타내시는 한국분들이 골고루 분포되어 있었다. 나는 어떻게든지 논문을 조기에 완성하려는 목표에서 한 치도 흔들림이 없었다.

내가 처음에 도착하여 대학원 프로그램 총괄교수에게 신고를 하니 왠지 그리 반가운 기색이 아니었다. 그러면서 아무 주제에 관해서든지 약 3천 단어 정도의 글을 써가지고 오라는 의아스러운 지시를 했다. 나중에 안 사실이지만 내 앞에 왔던 어느 검사가 영어가 안 되는 데다가 공부를 따라갈 수 없게 되자 야반도주한 일이 있어서 나를 처음부터 테스트 해보자는 취지였다고 한다. 아무튼 낙오한 선배의 후유증을 한동안 톡톡히 감수하고서야 나는 모든 교수들의 눈에 흡족한 존재가 되었다. 장학금 신청이 거부된 것도 이런 사태와 관련이 있지 않나 생각된다.

나의 지도교수는 윌리엄 터커 딘(William Tucker Dean) 원로교수님이었고, 다른 두 분의 심사위원도 중진이신 데이비드 커티스(David Curtiss)와 에른스트 워렌(Ernst Warren) 교수였다. 해상법에 관한 박사학위 논문을 쓰느라고 매일 새벽부터 머리를 쥐어짜고 있을 때 이 분야의 세계적 권위자이고 10권이 넘는 주석서를 저술한 구스타브 로빈슨(Gustav Robinson) 교수가 높은 연세에도 불구하고 매일 도서관에 나와서 나의 공부를 격려하고 많은 아이디어를 주셨다. 이미 정년퇴임하시고 연로한 분이 날마다 출근하셔서 아무 인연도 없는 내가 공부하는지 챙기시고 격려와 지도를 해주셔서 참으로 큰 은혜를 받은 셈이었다. 사실상 이분의 '자발적 과외지도'로 나는 문자 그대로 일취월장하는 성과를 거두고 논문을 믿기 어려울 정도로 신속하게 완성할 수 있었다. 참으로 귀인을 만났으니 무엇을 더 바라랴.

나의 정식 지도교수는 해상법 전문가가 아니었으나 법학의 각 분야를 통섭하시는 훌륭한 학자였다. 그는 자기 동네의 교통법원 판사도 겸임했다. 하루는 미시간대학에서 코넬대로 전학온 박 모 학생이 교통법규 위반으로 법정에 선 일이 있었다. 그는 당시 가족과 함께 경제적으로 퍽 어려운 상황에서 운전면허와 자동차번호판 등록 및 보험 처리를 제때에 못한 채 엄격하기로 이름난 터커 딘 판사에게 회부되었다. 그는 무일푼인 채로 고액의 벌금을 어떻게 납부할까 걱정이 태산 같은데 난데없이 판사가 "당신 혹시 송상현을 아는가?"라고 묻기에 잘 안다고 대답하자, 선고유예 판결을 내렸다고 한다. 이미 내가 그의 신임을 얻은 뒤였기에 코넬대에 온 지 얼마 안 되는 그 학생은 내 덕을 다소 본 것 같기도 하다. 이 일화는 한국 유학생 간에 한동안 회자되었고, 코넬 법대 교수님들이 나를 통하여 얼마나 한국 학생들을 믿었는가 하는 징표로 받아들여지기도 했다. 학교에 가면 나는 해상법 외에 회사법과 저작권법, 법과 과학기술, 소송절차의 디지털화, 프랑스어 강독, 소송에 갈음하는 분쟁해결방법 등 한국에서는 여간해서 듣기 어려운 과목을 골라 부지런히 수강했다.

드디어 논문을 제출하고 심사를 기다리는 동안 보통의 경우에는 박사과정에서 요구되지도 아니하는 두 가지 절차를 추가로 거치도록 지도교수가 난데없이 요구하였다. 한 가지는 내가 비교법적으로 논문을 쓰는 만큼 불어 실력을 테스트하는 시험을 보겠다는 것이었다. 이것은 내게 그리 문제가 되지 아니하였고 오히려 자신이 있었다. 그러나 두 번째로 공개된 구술시험(*oral defense*)을 보라는 것은 참 어려운 문제였다. 이것은 영어도 짧은 내가 예상할 수도 없는 질문에 대비하여 따로 준비해야 한다는 뜻이었다. 불어 테스트를 무난히 통과하기가 무섭게 구술방어를 하는 시간이 다가왔다.

심사위원들은 물론 다른 관심 있는 대학원생이나 교수도 참석이 허용된 만큼 질문은 사방에서 비수같이 날아왔다. 지금은 아무런 상세한 기억도 나지 않으나 교수의 무슨 어려운 질문에 낙담하고 있는 순간 어찌 된 일인지 갑자기 순발력이 생겨서 다른 판례와 비교하여 요령 있게 설명함으로써 의기양양하게 나를 노려보던 교수에게 조금도 오차 없는 대답을 드렸다. 순간 청중 속에서 탄성이 터지면서 고개를 끄덕이는 모습들을 볼 수 있었다. 오후 2시에 시작한 질의응답은 5시 반경 끝났는데 지도교수의 축하를 받고도 제정신이 아니었고 내의가 흠뻑 젖은 기억만 난다. 이런 날은 나가서 외식도 하고 술도 마시면서 축하를 한다는데 나는 혼자이기도 하고 기진맥진하여 저녁도 안 먹은 채 그냥 혼자 늘어져 잠만 잤다. 구술방어를 이처럼 오랜 시간 해낸 선례도 없다는데 왜 나를 그렇게 혼을 냈는지 지도교수가 원망스러웠다. 아무튼 박사학위 논문은 일단 통과된 것이고, 논문을 최종적으로 정리하여 여름방학 후에 제출하면 학위증이 전달될 것이라는 말을 들었다.

잠시지만 영국과 프랑스의 대학을 경험해본 바로는 대학이 유럽에서 처음 생겨났을 때는 귀족 자제를 위한 소수 엘리트 고등교육 기관이었던 것 같다. 또한 단순한 지식의 전수만이 아니라 인격함양도 동시에 강조한 전(全)인격적 인재 양성기관이었다. 따라서 교수와 학생들은 희소가치 외에도 그 나라와 사회에서 상당한 대우와 인정을 받았던 것 같았다. 대학이 소수정예를 위한 교육을 제공했으므로 국립임이 당연시됐다. 그러나 다수의 유럽인이 미국으로 이민 온 후 교육열이 남다른 이민자 부모의 요구를 소화하고자 미국에는 사립대학이 우후죽순처럼 설립됐고, 각 대학은 많은 수의 학생을 받아 소수정예가 아닌 대규모 교육을 실시했다. 이 과정에서 교육의 질이 저하되는 것을 막고자 정기적 시험제, 학점제, 필수과목 지정, 기타 여러 가지 학사제한 및 감독제도를 도입한 것이다. 소수정예의 자유로운 전인격적 교육의 전통을 가진 유럽 대학의 안목으로 미국 대학의 운영을 보면 수긍하기 어려운 면이 참으로 많을 것이다. 한국 대학은 일제강점기에는 독일, 프랑스 등 유럽의 영향을 간접적으로 받은 셈이나 해방 후에는 미국의 압도적 영향하에 있다고 봐도 큰 무리는 없을 것이다.

나는 구체적이거나 직접적 목표를 가지고 유학을 떠난 것은 아니나 점점 선진국 법학의 상세한 기술적 지식을 모두 고지식하게 흡수하려고 노력하기보다 한국 법학의 발전에 필요한 주요 테마를 중점적으로 비교하여 연구하고 이 나라의 실무를 다소 경험할 필요가 있음을 절감하였다.

미국 해상법전문 세계최대 로펌의 실무 경험

학위 공부를 마친 후 이타카의 자취방을 떠나 뉴저지주의 유니언시티에 있는 고층아파트로 이사하고, 맨해튼 최남단 월스트리트의 해상법전문 로펌(Haight, Gardner, Poor and Havens)에 수습변호사로 취직했다. 역사가 오래됐으며 해상관계의 피고, 즉 화주(貨主)에 대항해서 해운회사만 전문적으로 대리하는 해상실무계의 세계최대 로펌이었다. 1969년 여름방학에도 일한 적이 있는 로펌에서 다시 오라는 제의를 받은 것이다.

1970년만 해도 미국에서는 한국을 잘 몰랐다. 한국법 관련 수요나 한국과의 거래를 위해 한국인을 고용하는 사례가 전무했다. 나는 운 좋게도 박사학위 논문의 전문성 때문에 어렵사리 채용된 경우이다. 귀국하면 미국식 로펌을 개업해 볼까 하는 생각도 있어서 사건관리와 로펌운영에 관하여도 자주 묻고 각종 서식도 수집했다. 우수한 젊은 법률가를 중심으로 법조직역을 다변화하면서 미국식 로펌을 도입하여 운영할 수 있을 것으로 생각했다.

뉴욕 남부 연방지방법원도 자주 드나들면서 법관이나 법정 변호사들이 사건과 당사자를 다루는 법을 눈여겨보았다. 당시에는 사건당 얼마로 보수금을 약정하는 대신 사건처리에 투입된 시간에 따라 보수를 청구하는 제도(*billable hours*)가 퍽 이채로웠다. 나 같은 신출내기는 1시간당 법률수가가 낮게 책정되어 있으므로 더 많은 시간을 일해야만 회사의 수입창출에 기여할 수 있었다. 이른 아침부터 늦은 밤까지, 그리고 종종 집에 가지 않고 사무실에서 주말도 없이 일할 수밖에 없었던 노예생활이었다.

이 당시 한국에서 도착한 수출의류를 하역하는 브루클린(Brooklyn)의 하역노조는 지미 호파(Jimmy Hoffa)를 우두머리로 하는 마피아조직이 장악하고 있었다. 그들은 수입업자가 보는 앞에서도 공공연하게 일정비율로 수입 와이셔츠를 빼낸 다음 자기들의 세포조직을 통해 점심시간에 뉴욕증권거래소 앞에서 노점행상으로 싸게 팔았다. 나는 비서를 시켜 3벌에 5달러 하는 한국산 와이셔츠를 여러 벌 사서 날마다 갈아입고 시간절약을 위해 헌옷은 세탁하는 대신 버렸다.

당시 컨 에디슨(Con Edison) 발전소에서 뿜어내는 분진 때문에 뉴욕 대기가 극도로 나빠서 아침에 입고 나온 새 와이셔츠가 손님에게 오찬을 대접하러 나갈 때는 깃과 소매가 새카매지고 손톱, 콧구멍, 양복이 더러워지는 형편이었다. 지금처럼 뉴욕의 대기가 맑아지고 이스트강과 허드슨강의 수질이 회복될 때까지 30년이 걸린 것이다. 사실 런던의 경우도 마찬가지이다. 내가 케임브리지대학에서 공부할 때 옥스퍼드대학과의 조정시합을 응원하러 런던에 가보면 템스강도 냄새나고 수질이 아주 나빴으나 역시 한 세대의 시간과 막대한 투자로 오늘날의 수질이 회복되었다.

로펌에서 일을 배우는 동안에는 해상법 실무계의 최고권위자인 워튼 푸어(Wharton Poor) 변호사의 지도를 많이 받는 행운이 따랐다. 이분은 하버드 법대를 졸업한 이래 60년을 한 로펌에서 실무를 했는데 90이 가까운 고령에도 아침 일찍 퀸즈에서 지하철을 타고 출근하셔서 내게 알뜰하게 여러 조언을 해주신 어른이다.

나는 바쁜 틈에도 로펌동료와 가끔 어울리는 경우가 있었다. 1969년 여름에는 미국 우주인 닐 암스트롱이 최초로 달나라에 착륙하는 것을 맥주를 마시면서 TV를 통하여 보기도 했고, 부근의 스쿼시코트에 가서 한 게임 치고 땀을 쭉 빼는 때도 있었다.

로펌에 들어가기 한 해 전 장래의 처부모님이 코넬대까지 오셔서 나를 보고 다녀가신 뒤 집안 간 공론이 성사되고 뉴욕에 사는 처이모 내외분의 중간 역할로 인해 이화여대 졸업 후 학사 편입해 코네티컷 칼리지를 마친 아내와 약혼했다. 당시에는 해외여행이 어려운 시절이었으나 간신히 양가의 어머님들만 뉴욕에 약혼식 참석차 오셨다. 57가에 있는 아리랑식당의 방을 빌려 간단한 약혼모임을 가졌다. 나는 미국에 친척이나 친구가 없었으므로 윤주태 형을 비롯하여 코넬대에서 같이 공부하는 유학생 몇 분을 초청했다.

나는 늦깎이 유학생이므로 영어발음이 원어민처럼 되지 않았으며 정서적으로도 그들의 사회에 쉽게 동화되지 않은 셈이나 가정을 이룬 후 가족과 함께 유학을 온 분들보다는 훨씬 다양하게 서구문화를 익혔다. 나에게도 몇 차례 미국에 정착하라는 권유가 없었던 것은 아니었으나 애국지사 가문의 무녀 독남으로서 한국을 버려두고 타국에 정착한다는 생각은 해본 일조차 없었고, 여러 해의 외국생활에 지치기도 했었다. 우리는 한국으로 돌아가기로 합의하고 약혼식을 치른 후 장모님과 함께 귀국 비행기에 올랐다. 이로써 나의 공식적인 국내외 학창생활은 모두 종료되었다.

귀국 후 결혼 그리고 새로운 진로 고민

1971년 하반기 귀국하자마자 병역문제 해결에 착수했다. 자진 신고하여 군의 경위조사를 거친 후 석 달이 채 안 되는 잔여기간을 복무한 다음 제대하는 것으로 결정되어 그대로 시행했다. 제대수첩을 받은 뒤에도 한국에서의 나의 진로에 관해 무척 고심했다. 로펌을 창립하여 변호사의 길을 갈 것인가, 아니면 판검사로 임관하여 공무원의 길을 택할 것인가. 나는 여러 어른들을 찾아뵙고 조언을 구했다.

먼저 서울대 법대 은사님들을 찾아갔다. 대부분의 선생님들은 당신들이 교수로서 처한 여러 가지 경제적 어려움을 지적하면서 나처럼 선택의 여지가 많은 사람이 구태여 고달픈 학자생활을 할 필요가 있느냐는 식의 말씀을 이구동성으로 해주셨다. 그러나 인산(仁山) 정희철(鄭熙喆) 교수 한 분만은 나와 같이 집안의 경제적 뒷받침이 가능한 사람은 오히려 교수를 하는 것이 더 좋을 수도 있다는 의견을 주셨다. 나는 다른 어른들도 더 찾아뵙고 좋은 격려말씀을 많이 들었다. 집안에서는 법조계나 정부에 출사하는 것에 대해 찬반 의견이 팽팽했다.

유학 후 귀국하고 보니 고등고시 행정과 합격 동기생들이 이미 군수를 지냈는가 하면 큰 도시의 경찰서장으로 부임해 중요한 역할을 하고 있었다. 대학을 갓 졸업한 상태에서 군수로 발령받으면 대학생 교복을 입은 채 부임하기도 해서 그런 사람을 일본어로 이른바 '쓰메에리 군수'라고 부르기도 했다. 쓰메에리란 대학생 교복 목둘레 안쪽에 달린 흰 플라스틱 칼라를 뜻하는 말이다.

유학을 마치고 귀국하자마자 올린 결혼식.
주례는 이희승 선생(1971).

당시에는 사법시험 합격자도 아주 어린 나이에 판·검사로 발령받는 일이 대부분이었고 그런 경우 아무리 어린 판검사라도 '영감'이라고 존칭을 쓰면서 모시는 시대였다. 당시 90세가 다 되신 할머니께서는 옛날 생각으로 내가 어느 고을의 군수나 아니면 검사로 진출하는 것을 역설하셨다. 부모님은 나의 결정에 따르겠다는 융통성 있는 태도를 보이셨다.

함께 귀국한 약혼녀와 1971년 11월 4일 타워호텔에서 결혼식을 올렸다. 무직자 둘이 결혼부터 한 셈이었다. 결혼식과 관련하여 처가에 팔 함을 진 사람은 평생의 친구 김유후 군이었고, 김두희 등 고교친구 몇이 마부로서 처가댁에 이르는 기다란 혜화동 골목에서 떠들썩하게 흥을 돋우었다. 처가 쪽의 방어책임을 지고 나온 처외삼촌, 사법대학원 동기인 고대 졸업생 고 문호철 군 등과 오랜 시간 실랑이했다. 통행금지가 있던 시절이라 함이 빨리 들어와야 음식과 술을 잘 대접할 텐데 많은 실랑이 때문에 아주 늦어져 음식을 많이 차린 처가댁 안식구들의 원망을 크게 샀을 것 같다. 함을 판 친구들도 결국 자기 집에 못 가고 혜화동 근처의 여관에서 잤다고 들었다.

신혼여행을 제주도로 가기로 준비했다. 그러나 우리가 유학하느라 고국에 없었던 몇 년 동안 주민등록증, 예비군 등 듣도 보도 못한 여러 새로운 제도가 처음 도입되었는데, 이를 알지 못한 우리는 주민등록증이 없어서 김포공항에서 비행기를 못 타게 저지당했다. 결국 장인께서 내주신 차로 그때 막 개통된 경부고속도로를 달려 부산 해운대에서 가장 고급이라는 극동호텔에 투숙했다. 지금처럼 해외로 신혼여행 가는 것은 꿈도 꾸기 어렵고 제주도 가는 것이 최고였던 시절이었는데 그나마 포기한 것이다.

"공·사법을 아우르는 해법체계를 구축해보라"

전쟁이 끝나서 서울에 환도한 이후 나중에 내 장인이 되는 그 당시 고려대 남재(南齋) 김상협(金相浹) 교수께 거의 매년 세배를 갔었다. 아무리 바빠도 남재 선생은 나를 별도로 응접실에 안내해 짧은 시간이나마 격려의 말씀을 꼭 해주셨다. 나는 그때 이분이 동경제국대학에서 정식으로 법학을 전공했음에도 그 당시 대부분의 한국 유학생이 고등문관시험에 합격해 관계로 진출했던 것과 달리 흔들림 없이 학문의 길을 택한 분이라는 것을 발견하고 깜짝 놀랐다. 남재 선생은 몇 차례에 걸쳐 나에게 법대에 갈 것을 권했다. 판검사의 길을 걸어도 좋지만 한국은 반도이고 해안선이 긴 데다 해양진출과 수출로 먹고 살아야 하는 나라이니 법대에 가서 거대한 바다에 관한 법체계를 세우도록 연구하면 어떤가 하는 말씀을 하셨다. 물론 고등학생 시절의 나로서는 이런 심오한 말씀을 제대로 이해할 수 없었다. 좌우간 내가 존경하는 선생님께서 법과대학으로 진학함을 찬성하시는구나 하는 뜻을 읽을 수는 있었다. 그리하여 구체적 동기야 어디에 있든지 간에 법대를 지망하는 것으로 마음이 굳어진 것이다.

법대를 졸업한 후에는 고려대 총장으로 막 부임해 몹시 바쁘신 장인어른을 뵙고 오랜 시간 진로를 상담했다. 그분은 당신의 의견을 먼저 명확하고 강하게 개진하는 편이 아니다. 내가 스스로 결정하는 것을 권장하면서 당신의 학자생활에 비춰 교수로 출발하는 것도 좋겠다는 점과 일단 법학교수가 되면 현재 사법(私法) 분야에 속하는 상법전 제5편 해상법(海商法)과 공법(公法) 분야에 속하는 해양국제법(海洋國際法)을 아울러 이를 모두 포섭하는 거대한 해법체계를 구축하는 것을 필생의 과제로 삼아 학문에 도전해 보는 것도 의미 있는 일이라고 말씀하셨다. 한국이 유라시아대륙 동쪽 끝에 위치한 반도이므로 바다로 나아가야 하며 해운의 중요성을 간과하면 안 된다는 뜻이 담긴 조언이었다. 장인께서는 어느 분야를 전공하더라도 국제적 동향을 면밀히 주시해 분석 및 비교해야 한다는 말씀도 곁들이셨다.

6·25전쟁을 경험한 내가 어떻게 하면 전쟁 없는 평화로운 세상을 만드는 데 이바지할 수 있을까 하는 평소의 생각이 웅대한 해법체계의 건설로 서서히 바뀌어가는 과정이었다. 검찰과 법원에서는 조심스럽게 임관의향을 타진했지만 확신이 서지 않아 막연한 대답으로 일관했다. 뉴욕에서 귀국할 때에는 미국의 로펌들처럼 외국 고객들을 상대하는 새로운 로펌을 시작해볼 생각으로 근무했던 월스트리트 로펌에서 많은 참고자료를 얻어 왔다. 그 당시 한국에서는 판검사에서 물러난 변호사들이 개인으로 단독 법률사무소를 운영할 뿐 미국식 로펌이란 운영형태는 너무나 신기한 제도여서 나도 한국에 로펌을 창설하여 운영하고 싶은 생각이 없지 않았던 것이다.

숙고한 끝에 1971년 9월 서울대에 임용신청서를 제출했다. 나는 1966년 8월 서울대 사법대학원에서 석사학위를 받은 직후 청주대학의 시간강사로 교단에 섰던 경험도 있으므로, 속으로는 채용을 낙관적으로 생각하였다. 당시 서울대 법대 서 모 학장은 금방 거절통보를 했다. 소문으로는 일부 법대 교수님들이 고시 양과를 합격해 법조인 자격이 있으므로 금방 법조계나 관계로 달아날 사람이 아닌지 의심했다고 한다. 학장은 다른 사립대학 교수를 하면서 대기하고 있는 의중 인물을 채용하고 싶어 한다고 했다. 당시에는 교수 공개 채용 제도가 존재하지 않았다. 마음만 먹으면 학장이 의중 인물을 임용하는 게 불가능하지 않던 시절이다.

당시 서울대 총장이었던 한심석 선생님은 내 선친과 오랜 낚시친구였다. 민병구 부총장님은 나의 장인과 동경대 동문이었으며, 문교부장관이던 민관식 박사는 집안 간 상당한 인연이 있는 분이다. 시쳇말로 든든한 '빽'이 있으므로 이분들이 힘을 쓰면 나를 밀어 넣지 못할 바도 아니었다. 이분들은 서울대 법대 학장의 결정을 듣고 한결같이 분개했다. 한 분의 말씀을 그대로 옮기면 이렇다.

"아니, 단군 할아버지 이래 처음으로 고시 양과 합격 후 미국에서 공부해 박사학위를 받아온 젊은이가 모교 교단에 서겠다는데, 그런 졸업생을 뽑지 않는다면 도대체 누구를 임용하겠다는 말인가."

1972년 9월 5일 서울대 법대 강단에 서다

한심석 총장은 나를 따로 불러 실망하지 말라고 말씀하면서 학장에게 압력을 가해 임용하도록 못 할 바도 아니지만 참고 기다리면서 순리대로 일을 처리하는 게 말 많은 학계에서 앞길에 도움이 될 것이라고 조언했다. 감사하고 사려 깊은 말씀이지만 얼마나 더 빈둥빈둥 놀아야 하는지 참으로 막연했다. 신혼인 우리 부부는 경제적으로 무능력자나 다름없어서 삼선동 부모님 댁을 급히 수리하여 2층에 살림을 차렸다. 식구 수는 단출하나 이를테면 할머니까지 3대가 한집에서 살고 있었다.

우리는 당시로는 아주 흔치 않은 미국 유학생 부부였고 세교가 있다고 알려진 집안의 자녀끼리 결혼했기 때문인지, 쑥스럽게 신문에도 보도가 되었으며 동창들이 자주 모임에 불러내기도 하였다. 나는 무직상태를 대범하게 넘기고자 애썼지만, 아내는 친구모임에 나가서 받는 공통된 질문에 제대로 된 대답을 할 수 없었으니 아마도 자존심이 많이 상했을 것으로 짐작된다. 호기심 많은 친구들이 신랑의 직업이 무엇인가 하는 질문에는 무직이라고, 그리고 시댁은 무엇 하는 집이냐고 물으면 아마 비즈니스를 하시는 것 같은데 이제 막 귀국하여 잘 모른다는 대답을 많이 반복해야 했을 것이다.

그동안 나는 고려대 법대에 '상법' 전반을 가르치는 시간강사로 출강했다. 나의 시간강사 출강은 거의 1년 후 서울대 법대 교수로 부임한 후에도 몇 해 더 계속되었다. 이 시기에 당시 고대 법대에 계시는 여러 교수들의 사랑을 받았고, 학생들의 호응도 좋아서 비록 시간강사 생활을 했지만 지금도 정계나 재계 등 각 방면으로 진출한 당시의 고려대 학생들이 길에서 인사하는 경우에는 그렇게 반가울 수가 없다. 나중에는 고려대 법대에 전임교수로 취직하라는 강력한 권유를 하시는 등 고마운 말씀도 있었지만, 하필 장인이 총장이신 대학에 부임하면 남이 보기에 이상하고 내 실력으로 임용된 경우에도 특혜를 받은 것처럼 오해를 받을 소지가 있어 아쉽지만 생각 끝에 거절하고 말았다.

민관식 문교부장관은 박정희 대통령의 신임이 두터워 이따금 반주를 곁들여 박 대통령과 저녁식사를 함께 할 기회가 있었다고 듣고 있었다. 박 대통령은 민 장관의 농담을 즐기고 그분을 통해 청와대 밖 세상 돌아가는 사정을 듣곤 했다고 한다. 어느 날 화제가 궁한 나머지 민 장관이 박 대통령에게 내가 서울대 법대에 제출한 임용신청이 거절된 사례를 말했더니, 박 대통령은 서울대의 편협하고 고루한 분위기를 비난하는 반응을 보였다고 한다. 나의 임용신청 거부와 관련한 일화가 박 대통령 기억에 남아 이후에도 내 사례를 언급했다고 한다.

1972년 5월 갑자기 기회가 왔다. 나의 임용을 적극 반대하던 학장이 동국대 총장으로 가게 되어 서울대 법대를 떠난 것이다. 그 후 나의 임용절차는 일사천리로 진행됐으며 후임학장인 김증한 교수는 상법 교수로 채용하겠으나 당장은 민사소송법 교수가 필요하니 민사소송법도 함께 가르쳐주길 바란다고 특별히 부탁하셨다. 고시공부를 할 때 민사소송법을 공부했고 남들과 달리 이 과목을 선택하여 합격했다는 이유에서였다.

방대한 상법과 어려운 절차법인 민사소송법, 즉 중요한 기본법 두 가지를 함께 가르치라는 학장의 부탁말씀은 나를 과대평가하신 나머지 호의로 하신 것이지만, 나는 한동안 고민하면서 생각을 해보았다. 물론 평소에 절차법에 아주 관심이 많았고 약간의 실무경험도 있었던 것은 사실인 데다가 특히 박정희 정권의 통치방식은 수단방법을 불문하고 결과만 달성하면 된다는 결과지상주의여서 이에 맞서 절차의 중요성을 학생들에게 가르치고 싶은 욕망도 늘 있었다. 또한 그 당시 우리를 가르치신 방순원 교수께서 대법관으로 영전하신 다음에는 소수의 실무가 외에는 어느 법학자도 절차법에 관한 관심을 표시한 일이 없기도 했다.

한참 생각한 끝에 김 학장께 자신이 없지만 부탁하신 대로 상법과 민사소송법을 같이 가르쳐보겠다고 말씀드렸다. 이런 경위를 거쳐서 결국 당시의 법학 분류에 따르면 기본 6법 중 2법을 가르치게 되었으니 기본법 분야의 3분의 1을 혼자 담당하는 셈이 되었다.

지금과 달리 그때는 전국의 법대 교수 중 사법고시 합격자가 전혀 없었다. 예외 없이 합격자는 법조계로 나갔기 때문이다. 고등고시 합격자로서 유일하게 모교학계로 합류한 내가 첫 사례가 된 것이다. 동숭동의 서울대 법대 교수진은 20명 수준이었는데 내가 학생 때부터 변함이 없는 숫자였다. 이는 당시 서울대 법대의 무변화, 무기력, 무대응을 보여주는 예가 아닌가 싶었다.

천하제일이라는 서울대 법대는 국내외 최고의 인재를 배짱을 튀기면서 발굴하여 교수로 임용할 수 있는 가장 좋은 여건에 있었건만, 교수채용의 현실은 너무나 괴리가 있어 실망스럽기 그지없었다. 현재 서울대 법학전문대학원이 다양한 배경을 가진 분들을 채용하면서 교수의 정원도 60명 수준으로 늘었고, 전공의 다양성은 물론 재조(在曹)나 재야(在野) 실무경험을 가진 분들을 다수 채용하여 활발하게 움직이는 것을 보면 격세지감이 있다.

나는 동숭동 캠퍼스에 신축된 도서관 내에 연구실을 배정받고 설레는 마음으로 학자 생활의 첫출발을 했다. 사실 그전까지는 자신의 연구실이 없는 교수도 계셨고, 연구실이 법대 캠퍼스에서 구름다리를 건너 문리대 구내나 중앙도서관의 한 귀퉁이에 있는 분도 계셨기에 나의 연구실 배정과 전화소통은 그야말로 산뜻한 새 출발이었다.

1972년 9월 5일 자로 대통령이 나를 '조교수'로 임명하는 사령장을 받았다. 이것도 다소 예외적 대접이었다. 왜냐하면 그때까지는 박사학위 소지자도 아주 귀하고, 외국박사는 더욱 귀한 상태라 그랬던지 신규임용자는 무조건 '전임강사'로 임용하는 관례를 깨고 단번에 조교수 발령을 대통령으로부터 받은 것이기 때문이다. 1년간 낭인생활을 하다가 내가 원하는 바를 성취하였으므로 아주 기쁜 일이 아닐 수 없었다. 그러나 그동안 하도 선배 교수님들의 실망스러운 조언과 재조(在曹) 임관을 하면 세상의 권력이 다 내 손아귀로 들어올 것처럼 말해주는 분들이 있었을 뿐만 아니라, 임용과정에서 너무 오랫동안 쓰고 신 맛을 보아서 기쁜 감정보다 오히려 얼떨떨하였다.

아무튼 9월 신학기에 대비하여 더운 여름 내내 강의 준비를 철저히 하였다. 강의노트를 꼼꼼히 작성함은 물론 심지어는 나의 강의를 녹음하여 다시 들으면서 다른 분들의 평가도 받고 발음의 명료성을 확인하며 시간도 재보는 등 신경을 많이 썼다. 그해 9월 5일 첫 강의를 성공적으로 마치기는 했으나 학생 수백 명 앞에서 2시간 동안 강의하고 집에 돌아오니 피곤함이 몰려왔다. 그러나 미리 연습해본 대로 강의를 열심히 한 것 같았다.

바로 그다음 날 우리의 첫아기인 아들이 태어났다. 동숭동에서 강의를 마치자마자 명륜동에 있던 고려대 병원으로 순산한 아내와 아기를 보러 갔다. 첫 아이의 탄생을 보는 느낌은 전율 그 자체였다. 시간이 조금씩 지나면서 신기하기도 하고 기쁘기도 하고 무거운 책임감이 다가오기도 하는 등 형언하기 어려웠으나 아무튼 산모와 아들이 건강하여 퍽 다행이었다. 아내가 시집살이를 하면서 며느리와 엄마 실습을 힘들게 하는 동안 나는 새로운 도전에 맞서 열심히 공부하였다.

학생들도 열렬히 호응하고 잘 따라주었다. 무엇보다도 생전 처음으로 만나보는 외국유학을 한 젊은 교수에게 호기심이 있었을 테고, 당시만 해도 예컨대 흰색 대신에 색깔 있는 와이셔츠를 입는 내가 신기하게 보였던 때였다. 젊은 총각교수인 줄 알고 중매를 하겠다는 학생도 있었고, 나이 많은 학생이나 복학생 중에는 내가 대학원생인 줄 알고 경어도 안 쓴 채 같이 놀겠다고 하다가 당황하기도 하였다. 나는 이러한 학생들의 반응이나 태도를 열린 마음으로 대했다. 그러나 교수사회의 분위기는 철저하게 연령별 및 학교 졸업순에 따른 서열사회였다. 가장 서열이 낮은 나는 온갖 행정 기타 잡무를 처리해야 했고, 여러 해 동안 1년에 상법과 민사소송법 외에 원서강독이나 연습과목을 포함하여 무려 7개 과목을 가르친 학기도 허다했다. 어려운 시국에 비추어 학생학장보의 힘든 보직을 가지고 있었는데도 책임시간의 감면을 허용해 주지도 않았다.

제 3 장

1972~2007

선생님, 우리 선생님
서울대 법대 교수 35년

미국 유학생 제1호 교수의 초년 경험

1972년 9월 5일 조교수로 임용되자마자 철저한 강의준비는 물론 학생상담 등에 모든 정열을 쏟았다. 학생들에게 미리 한 학기에 사용할 필독서와 권장도서를 지정해서 예습하게 하였다. 가끔 내준 과제를 완성해서 제출한 학생들의 리포트는 일일이 읽고 세밀하게 평을 해주었다. 빨간 펜으로 고쳐서 개별적으로 돌려주기도 했으나 수강생이 많으므로 모두 내 연구실에 소집하여 한꺼번에 말로 지적하고 특히 남의 글을 인용하는 방법과 각주를 다는 법 등을 가르치면서 표절(剽竊)의 심각성을 강조했다.

문헌을 찾고 이를 인용하고 각주를 붙이는 방법 등은 학문연구의 기본이기 때문에 미국의 법과대학에서는 개학 후 첫 2주간 공통으로 가르치고 넘어가는데 한국의 대학에서는 그런 기초 준비교육을 체계적으로 받은 일이 없었다. 한심한 현실을 조금이라도 타개해 보고자 나름대로 내 강의를 수강하는 학생들을 열심히 훈련시켰다. 이제는 '법률문장론'이라는 과목이 따로 개설되어 있어 이를 매년 가르치고 있다.

교수가 한 학기 동안의 강의계획서(*syllabus*)를 작성하여 미리 공표하고 그에 따른 기본 교과서 및 참고서의 목록을 나열하면서 예습을 하도록 하는 경우란 생각지도 못하던 시절이었다. 그럼에도 미국에서 배운 대로 한국에서 처음으로 실시해 보았다. 대부분의 학생들은 처음에는 나의 그러한 새로운 요구에 비교적 잘 따라주었으나 시간이 흐르면서 점차 한국 현실의 벽에 부딪히기 시작했다. 우선 읽을 책을 미리 지정하고자 하나 국내에 그리고 학교 도서관에 너무 책이 없는 것이었다. 학생들이 접하는 문헌이란 오직 〈고시계〉 등 수험용 월간지가 대부분이었는데, 그나마 못된 학생들이 필요한 논문만

면도칼로 베어가기 일쑤였다.

학생들은 강의계획서에 입각한 교수법을 잘 이해하지 못한 데다가 접해본 일이 없어 따라오기 힘들어하는 경우가 늘어갔다. 더구나 그들의 머릿속에는 오로지 사법시험에 빨리 합격하여 해방되고자 스스로 고시공부에 몰입하느라 숙제를 내주는 내 과목을 점점 회피하기 시작했다. 어학실력도 다른 학부의 학생들보다 훨씬 못하여 독어나 영어 원서를 읽으면서 공부하는 것은 어려운 실정이었다. 그러나 나는 장래의 꿈을 너무 좁고 근시안적으로 설정하는 학생들에게 자극을 주기 위하여 선진국의 예를 많이 들어주면서 기를 북돋아 주었고, 미국유학생 제1호 교수로서 스스로 모범을 보이고자 엄청나게 노력하였다.

조교수로 임용된 이래 가을학기가 약 한 달 반 정도 그런 대로 무난하게 진행되고 있었는데, 난데없이 1972년 10월 17일 악명 높은 이른바 '10월 유신'이 선포됐다. 그날따라 학생데모도 없이 조용한 천고마비(天高馬肥)의 청명한 날이었는데 오후에 느닷없이 사이렌이 울리면서 "조기 통행금지가 실시되니 시민들은 오후 5시까지 귀가하라"는 방송이 나왔다. 버스에서 이 방송을 들은 나는 영문도 모른 채 서둘러 귀가했다.

10월 유신이 선포된 후 학교는 무기한 휴교에 들어갔다. 다만 교수는 학교에서 밤새울 준비를 해서 매일 학교에 나와 자리를 지키라는 지시를 받았다. 나는 날마다 세면도구와 방한복을 지참하고 출근하여 다른 교수님들과 함께 학장실에 모여 소문과 시국담을 교환하면서 나라와 학교의 장래를 걱정했다. 동숭동 교사의 2층 학장실은 햇볕이 안 들어서 벌써부터 으스스했다. 정식으로 난방이 가능한 11월 중순이 되기 전까지는 학장실에 커다랗고 시커먼 연통난로를 설치하고 장작으로 불을 붙인 다음 조개탄이나 물에 갠 분탄을 때면서 옹기종기 모여앉아 걱정만 했다. 교수들은 강의실을 잃은 채 방향 없는 삶을 이어갔다.

여론 주도층인 교수들을 달래고자 시작한 일인지는 모르겠으나 김종필 국무총리와 민관식 문교부장관이 보급한 교수 테니스가 시작된 게 이즈음이다. 당시 나온 교수사회의 유행어 중 하나가 '주테야테'(낮에는 테니스, 밤에는 텔레

비전 시청 외에는 교수들이 할 일이 없다는 자조적인 말)다. 좁은 동숭동 법대 운동장에는 금방 클레이코트가 건설되었다. 나도 서투르지만 동료교수들과 가끔 테니스를 쳤다. 강의실을 잃은 교수들은 학교 앞 학림다방에서 차 한 잔으로 시름을 달래거나 종로5가에 있는 선술집에서 막걸리 한잔 걸치면서 지식인의 고뇌를 토로하곤 했다. 10월 유신 선포 이후 계속 발령되는 긴급조치를 들으면서 도대체 시국이 어디로 갈 것인지 종잡을 수가 없었다. 일련의 긴급조치하에서 대학교는 학생데모의 본산지라고 하여 꼼짝없이 재갈을 물린 형국으로 개교는 아득한 일이 되었다.

대학본부와 각 단과대학에는 중앙정보부(현 국가정보원), 서울시경, 보안사(현 안보지원사), 관할경찰서 등 온갖 사복 정보원이 교수와 학생의 동태를 감시하고자 무시로 드나들며 날마다 정보보고를 올렸다. 또한 이들에게 매수된 내부나 외부 끄나풀도 많았으므로 교수들은 상호간에도 항상 말을 조심해야 했다. 교수회의에서 나온 발언이 10분 뒤 정보기관에 들어갈 정도였다.

10월 유신이라는 억지 정치놀음이 먹혀들지 않는 듯하자 정부는 교수들을 조직적으로 동원해 유신의 정당성을 홍보하게 했다. 특히 법대 교수는 이용가치가 컸다. 언론 인터뷰는 물론 공개강연에 참여해 유신의 당위성을 설명하라는 게 정권의 요구였다. 나도 무척 시달렸으나 헌법은 전공분야도 아니어서 TV 인터뷰에는 응할 수 없다고 완강하게 버티었다.

이상과 꿈을 품고 시작한 학자생활은 이렇듯 험난했다. 학생시절에도 국가재건최고회의라는 군인집단이 국회를 대신해 1분마다 법률안을 한 개씩 통과시키는 코미디를 보면서 자학하지 않을 수 없었다. 분노에 찬 고민도 많이 했다. 법이 권력에 눌리거나 아첨해 곡학아세(曲學阿世)하는 세상을 한탄하면서 법학을 괜히 전공하지 않았나 하는 회의심이 강하게 들 때가 많았다. 갈수록 목적이 수단을 정당화하고 절차의 중요성은 무시되었다. 처참한 민주주의 형해화(形骸化)의 현장에서 나는 어찌할 바를 몰랐다.

1972년 9월 17일 서울대에서 첫 월급을 받고 보니 액수가 너무 적어서 우리 3식구가 먹을 식량을 확보하고 남은 돈으로는 일주일에 한 번 정도 서너 명의 좋아하는 동료끼리 두부찌개에 카바이드로 발효한 막걸리를 몇 잔 마실 정도가 되었다. 이렇게 적은 월급으로 묵묵히 생활을 유지해온 선배교수들에게 존경하는 마음마저 생겨났다. 그런데 그다음 해부터 교수연구비 항목을 인상하기도 하고 새로운 수당을 비과세로 신설하기도 하여 국립대 교수들의 처우가 괄목할 만큼 개선되었다. 민관식 당시 문교부장관이 많이 노력하여 그렇게 되었다고 한다. 나는 남들이 모두 그렇게 부러워하는 모교인 서울대 법대의 교수로 어렵사리 부임하였건만 쥐꼬리만 한 월급과 10월 유신의 선포로 인한 폭거에 적지 않게 실망하였다.

강의와 연구는 뒷전이고, 학생들의 데모를 앞장서서 적극적으로 막으라는 정부의 지시에 일반적인 회의심과 반감 속에서 우왕좌왕하는 등 무기력한 모습을 보일 뿐이었다. 특히 비밀사찰과 감시가 일반화되어 사기가 땅에 떨어진 교수들에게 몇 가지 사탕발림을 주면서 학생들을 지도반을 통해서 자주 만나고 학생과 부모를 설득하여 데모를 방지하라는 지시가 거듭 시달되었다.

원래 '지도반'이라는 것은 학생이 많은 서울대 법대 같은 곳에서는 교수와 학생 간의 가까운 인간적 접촉이 힘들기 때문에 교실 밖에서 사제 간의 관계를 돈독히 하고자 전체 학생을 몇 개로 분반하여 지도교수를 한 명씩 배치하는 좋은 제도였다. 그래서 나는 데모방지 설득 임무와는 관계없이 나에게 배정된 40명의 지도반 학생들의 기를 살려주기 위하여 자주 학교 앞 싼 음식점에서 식사하기도 했고 수학여행을 따라가기도 했으며, 봄가을로 장흥, 송추, 일영 등 근교에 집단으로 야유회를 가기도 했다. 40년이 지난 지금까지도 그때 만난 지도반 학생들은 옛날의 추억을 회상하면서 나와 좋은 관계를 유지하고 있다.

1980년 김치선 학장시절 학생학장보(현 학생부학장)의 자격으로 전국의 이른바 문제학생의 집을 순방한 일도 있었다. 농어촌에서 극히 어려운 환경을 헤쳐 나가시는 학부모를 방문할 때마다 민망하기만 했다. 가난 속에서도 삶은 달걀 두어 개와 병뚜껑이 녹슨 맥주 한 병을 한사코 대접하시는 학부모께 너무 폐가 되기도 하고 차마 입이 안 떨어져서 무어라 말씀드리기조차 어려웠다. 정부는 교수들에게 자기자식은 무슨 수단을 쓰든지 간에 데모를 못하게

왼쪽은 서울대 법대 지도반 학생들과 함께 행주산성 야유회 (1973.10).
오른쪽은 서울대 법대 제자들의 수학여행, 낙산사 의상대 (1977. 5). 사진은 이진성 전 헌법재판소장 제공.

하겠다는 서약서를 학부모로부터 받아오라는 것이었다. 서약서를 학부모에게 내밀면 도장이 없어서 지장을 찍겠다고 내민 손이 하도 일을 많이 해서 지문이 닳아 없어진 경우가 수두룩하였다.

박정희 정권은 서울대를 학생시위의 온상으로 여기고는 온갖 불이익을 주었다. 시위의 중심이 되는 서울대 문리대, 법대, 상대의 이른바 '문제학과' 정원을 갑자기 대폭 줄이는 바람에 법대는 하루아침에 정원이 학년당 300명에서 160명으로 줄었다. 또한 학교를 시외로 내보낸다는 계획에 따라 관악산 자락의 관악 컨트리클럽 부지에 새로운 캠퍼스를 건설해 1975년 초 이사하게 했다. 관악캠퍼스에서 학생들이 아무리 떠들어 보았자 시내에서는 알 수도 없고 최루탄을 발사해도 매운 연기는 관악산 언저리에 머무를 뿐이라는 계산이었다.

강남 개발이 본격화되기 이전이고 시내도로나 교통망이 원활한 때가 아니므로 서울의 중심인 강북에 사는 교수들의 관악캠퍼스 출퇴근은 보통 문제가 아니었다. 나도 성북경찰서 앞 부모님 댁에서 관악산까지 출근하는 것은 참으로 힘든 일이었다. 많은 논의 끝에 채택된 대책 중 하나로 교수들에게 구반포에 지은 32평 아파트를 학교 당국의 알선으로 융자받아 분양받을 수 있도록 하는 방안이 마련되었다. 아파트 분양이 인기가 있던 시절도 아니고, 아파트생활에 익숙한 사람도 없었던 때였다.

구반포 32평 아파트의 분양가격이 750만 원 전후였던 것으로 기억되는데, 교수들은 원하면 정부에서 50만 원의 보조금을 받고 300만 원 한도로 융자를 알선받았으며 나머지는 본인 부담으로 처리했다. 나는 나머지 400만 원이라는 거액을 마련할 방법이 전혀 없었다. 결국 양가의 어른들이 보조해 주셨다. 삼선동에서 어른들을 모시고 4대가 함께 사는 신혼생활을 마치고 우리 부부는 이 아파트로 이사해 분가했다. 비슷한 경로를 거쳐 구반포 32평 아파트에 입주한 교수들이 많았다. 이것이 구반포 아파트단지 101동 이하를 교수아파트라고 부르게 된 연유다. 나는 이곳에서 여러 해를 사는 동안 학교 통근버스를 이용하면서 다른 학과의 교수들을 많이 알게 되었고, 아내는 몇 분 교수들의 사모님과 정기적으로 만나는 모임을 갖게 되었다.

나는 신참교수라서 그런지 잡무도 많았고 본부의 기획이나 프로젝트에 자주 불려가서 참여하게 되었다. 한번은 임명 후 얼마 안 되어 엄격하신 사회학과 이해영 선생님을 총감독으로 모시고 수유리에 있는 아카데미하우스에서 근 한 달간 합숙하면서 학교의 중요한 프로젝트를 비밀리에 추진한 일이 있었다. 이 사업은 포드재단이 당시로는 생각하기 어려운 거액인 백만 달러를 지원할 의사를 표시하였으므로 서울대로서는 이 자금으로 무엇을 할 것인가를 검토하여 그럴듯한 계획을 세우는 것이었다. 아무래도 내가 나이가 제일 어린 관계로 잔심부름을 하면서 후일 정부의 고위각료로 진출한 선배 교수님들을 모시고 일하는 동안에 그들의 인품 등을 일찍부터 잘 알 수 있게 되었다. 어떤 분은 내게 귀감이 되었고, 어떤 분들은 반면교사로서 나는 적어도 저렇게 하지는 말아야지 하는 마음이 저절로 드는 경우도 있었다. 공사를 엄격하게 구별하는 동시에 추상같이 엄하신 이해영 교수님의 불호령에도 불구하고 무슨 외부약속이 그리도 많은지 분담한 숙제도 안 하고 구실을 대어 시내로 나가시는 선배 교수들, 자기의 숙제를 수행하지 않으면서도 꼭 무슨 탓을 하면서 말만 많은 분들도 있었다.

독일 함부르크대학 방문학자

아무튼 교수를 하는 동안 수년간 서울대 기획위원, 연구위원, 발전기금 조성 추진위원 등 아이디어를 짜내야 하는 본부 보직은 물론 법대 학장, 인사위원, 학생학장보, 학과장, BK사업단장 등의 보직을 수행하느라 연구 외에 시간을 많이 빼앗긴 셈이다. 강의와 연구 외에 학교 일로 불려 다니는 경우가 매우 많아 이를 면해 보고자 1974년 10월 독일 훔볼트재단의 연구비를 받아 함부르크대학에 가서 1년간 방문학자로 체재한 일이 있다.

이 무렵 유신반대 성명을 내고 망명하는 해외주재 공무원이 자꾸 생겨나자 정부는 '인질정책'을 도입했다. 그때부터 외국에 나가는 공무원이 배우자를 동반하려면 자녀를 국내에 둬야 하고, 자녀를 동반하려면 배우자가 국내에 남아 있어야 했다. 서울대 교수도 공무원이므로 할 수 없이 세 살이던 어린 아들은 부모님께 맡기고, 아내와 6개월 된 딸만 데리고 독일로 가게 되었다.

독일에서 생활하면서 어린 자식을 그리워하는 아내의 심정은 말로 표현하기 어려울 정도였다. 전화 등 통신비가 비싸고 통화가 여의치 못하여 우리는 정기적으로 봉함엽서로 우리의 근황을 부모님께 알렸고, 나중에는 육성을 카세트테이프에 녹음하여 열심히 보내드렸으나 어디 직접 만난 것과 같겠는가. 그러나 이 모든 통신수단이 중앙정보부의 검열을 거쳐야 하므로 속내 있는 말을 담을 수 없었고 배달기간도 꽤 오래 걸렸다.

아들을 한국에 인질로 둔 채 어린 딸과 함께 셋이 살면서 내내 마음이 편치 않았지만, 깨끗한 도시 함부르크의 아름다운 알스터제(Alstersee) 부근에 딸을 유모차에 태우고 산보하던 추억이 남아 있다. 그리고 같은 시기에 LG그룹에서 함부르크의 주재원으로 홀로 파견된 죽마고우 신홍순(전 LG패션 사장)군과 서로 각별히 의지하면서 지냈다. 가족을 한국에 둔 채 홀로 주재하는 신군은 결혼 후 아직 음식솜씨가 완전하지 못한 아내의 각종 요리실험의 대상노릇을 가끔 하였다.

함부르크에 거주하는 동안 특기할 일은 정부가 1974년 12월 1일부터 동독을 가로질러서 베를린까지 여행하는 것을 허가한 일이다. 이를 기념하기 위하여 나는 이날 내 자동차로 동독을 관통하여 서베를린까지 주파하였다. 그동안 한국인이 공산국가를 허가 없이 방문하면 국가보안법에 위반되므로 아무도 엄두를 못 냈는데 이제 정부가 정식으로 허가한 것이다. 아내와 딸은 만일을 대비하여 집에 둔 채 마침 방문하신 아버님을 모시고 함부르크에서 출발하여 동독을 찬찬히 관찰하면서 고속도로 주변의 식당에서 일부러 점심도 사먹고 서베를린에 도착할 때까지 긴장 속에서 천천히 운전해 갔다.

당시는 냉전이 절정에 달한 시점이고 베트남전이 계속 중이어서 그런지 동독에서는 우리를 베트남사람 정도로 취급하였다. 그 당시 공산권에서 경제와 과학기술이 가장 발달했다는 선진 동독의 고속도로가 갈라지고 누더기인 점과 도로연변에 수많은 선전용 붉은 깃발들이 줄줄이 게양되어 있는 것이 상당한 충격으로 다가왔다. 공산당들은 조직과 선전의 명수라고 하더니 사람들의 정신을 쏙 빼놓을 만큼 많은 깃발이 각종 자극적 선동문구를 담은 채 도로를 따라 펄럭이고 있어서 가슴이 섬뜩했었다. 누가 그 당시 독일의 통일을 예상하기나 했을까. 이때 감행한 모험과 경험은 1985년 '법을 통한 세계평화회의'(World Peace Through Law Conference)를 유치하고자 당시 정해창 법무부차관, 이종원 변호사, 배재식 교수 등과 함께 서베를린을 방문했을 때 도움이 되었다.

함부르크에 살 때 내가 가진 작은 독일제 폭스바겐 중고차를 운전하여 마침 같은 건물의 위층에 사시는 서울대 동양사학과 민두기 교수님의 가족과 함께 유럽전역을 여행하였다. 내가 딱정벌레 모양의 소형차 운전대를 잡으면 아내가 어린 아기인 딸을 안은 채 조수석에 탔고 체구가 작으신 민 교수님 내외분과 두 자녀가 뒷자리에 끼어 앉은 채로 알프스를 넘고 웬만한 아름다운 유럽의 도시들을 두루 구경하였다. 무엇보다도 아기의 우유와 기저귀 때문에 중간에 자주 쉬었다. 비용을 최대한 절약하면서 두 가족이 많은 곳을 구경했던 이 여행의 추억이 아련하다.

1975년 5월에는 훔볼트재단 장학금을 받는 교수들을 모두 초청하여 3주간 아름다운 독일 남부의 여러 곳을 버스로 여행하면서 구경시켜 주고, 마지막에는 발터 셸(Walter Scheel) 대통령을 만나는 것으로 종료되는 훔볼트 여행

1980년대 초 독일 훔볼트재단 하인리히 파이퍼(Heinrich Pfeiffer) 사무총장 방한 시 장학생 모임

프로그램(Humboldt Reise)에 참가하였다. 나는 이 모처럼의 기회에 참가할 수 있었지만 어린 아기는 제외되므로 딸아이를 돌보아야 하는 아내는 동행할 수가 없었다. 이런 사정을 알게 된 함부르크의 후원 교수 페터 울머(Peter Ulmer)의 부인이 딸아이를 3주간 돌봐줄 테니 이 좋은 기회를 같이 즐기라고 격려하는 것이 아닌가. 이분은 동독에서 피란 나와서 엄격하고 공부밖에 모르는 울머 교수를 만나 어린 자녀를 4명이나 기르느라고 바쁘기 그지없는데 아직 돌도 안 된 남의 아기를 3주간이나 돌봐준다는 것이 아닌가. 제시간에 우유를 먹이고 기저귀를 갈고 목욕을 시키는 등 보통 힘든 일이 아닌데 천사가 따로 없었다. 우리 내외는 이들의 후의를 입어 독일의 아름다운 구석구석을 잘 구경하였다. 이러한 특별한 인연으로 딸은 독일에 수양엄마가 생겼는데, 커서 그 은혜를 갚기도 전에 그만 타계하고 말았다.

 함부르크생활은 미국, 영국 외의 또 다른 서양사회, 즉 유럽대륙에 눈뜨게 해준 아주 소중한 기회였다. 미국에서 수년간 유학했고 영국에서 1년을 수학했지만, 막연히 생각하는 유럽대륙이란 미국과는 아주 다르며 상당히 다양하고 나라마다 독자적 역사와 전통과 문화를 유지하는 선진 문명사회였다. 특히 독일은 나름대로 독특한 면이 있음을 많이 배우고 생각할 수 있었다. 그들은 정확하고, 빈틈없고, 규율을 준수하면서도, 부지런해 저절로 존경심을 자아내게 했다. 한국은 근대의 법제를 일본을 통해 독일로부터 계수(繼受)한 나라이므로 법률가로서의 관심도 깊었다.

미국이라는 자유와 창의의 신세계, 그리고 이중적 잣대와 우월의식에도 불구하고 인류사회의 표준이 되는 찬란한 역사 및 문화와 몸에 밴 공정의식(fairness)을 자랑하는 영국을 겨우 이해할까 말까 한 나에게 독일은 또 다른 거대한 발견이었다.

독일인들의 질서의식과 능률지향 및 정확성을 반복적으로 경험하면서 자주 감탄했다. 유럽 각국이 수천 년간 독자적으로 유지한 역사와 문화를 자랑함에 비하여 독일은 19세기 비스마르크가 나오기까지 통일조차 안 된 후진국이라고 멸시당하였고, 2차 세계대전을 일으킨 나치의 전범국가라고 싫어하는 사람들도 많았다. 그러나 북쪽의 프러시아와 남쪽의 바이에른이 합쳐 이룩한 강한 나라가 엄청난 제도, 문물, 법제, 예술 등 모든 분야에서 직간접적으로 우리나라에 심대한 영향을 주었음을 알게 되었다. 라인강의 기적이 결코 그냥 사용되는 표현이 아님을 절감했다. 또한 어려서 무심코 불렀던 상당수의 노래가 한국의 동요가 아니고 독일 노래임을 알았을 때의 충격이 지금도 남아 있다.

독일인들은 나치가 저지른 만행을 그대로 인정하고 늘 겸손하게 사죄하면서 지금까지도 꾸준히 피해자에게 배상하고 나치시대 악행을 저지른 자를 시효 없이 체포해 처벌함으로써 정의가 살아있고 진정한 속죄가 무엇인지 세계 만방에 보여주고 있다. 자연히 식민지시대에 온갖 악행을 저지르고도 오리발을 내미는 일본과 비교가 된다. 그동안 우리나라는 모든 면에서 미국의 흉내를 내왔고 미국의 영향이 일방적이고 압도적이지만 작은 나라 한국이 자원이 풍부하고 자유와 개인적 창의를 무제한 허용하는 큰 나라 미국을 수십 년 동안 무조건 모방한 것은 뱁새가 황새를 흉내 내는 무리를 한 것이라고 생각하게 만들었다. 독일도 우리보다는 너무 큰 강국이어서 독일을 모방하는 것조차도 때로는 버거우므로, 네덜란드와 같은 강소국이 아마도 우리에게 더 잘 맞는 선진국 모델일 수도 있겠다는 생각을 가끔 하게 된다.

서울대 법대 학장 시절, 근대법학교육 100주년 기념관 완공

1975년 여름 독일에서 귀국해보니 학교는 이미 그해 2월 관악산에 새로 지은 캠퍼스로 이사하였다. 시공회사가 이제 막 손을 뗀 직후라 아직도 시멘트냄새가 나고 주변이 황량한 학교 터에 정을 붙이는 데는 상당한 시간이 걸렸다. 나는 1977년 10월 부교수로 승진했다. 정교수가 된 것은 1982년 11월이었고 1989년과 1995년 교수 재임용을 받아 2007년 정년퇴직 때까지 무사히 학자의 일생을 마감했다. 1996년에는 서울대 법대 학장 선거에 출마하여 당선되었다. 2년이라는 짧은 임기 동안 큰 업적을 남길 수는 없었으나 선우중호 총장을 모시고 대과 없이 임기를 마쳤다. 학장 임기 중 1996년 서울대 50주년 기념행사에 관여한 것과 법대 100주년 기념관을 준공한 게 특히 기억에 남는다.

서울대 창립 50주년 기념행사를 다양하게 전개한 가운데 서울대의 발자취를 더듬어보는 추억거리 물품의 전시회도 있었다. 옛날의 출석부, 성적표, 교과서, 학적부, 배지(badge), 학생들이 동숭동 캠퍼스 앞에 있는 중국음식점 공락춘에 외상값 대신 잡혀놓았던 시계나 학생증 등 흥미진진한 품목이 많았다. 중국식당 주인이 30년 이상 보관했다가 학교에 기증한 학생증과 시계 등도 일부 전시되었다. 단과대학 학장단이 총장을 모시고 일반에 공개하기 하루 전 먼저 관람하던 중에, 당시 대통령이던 김영삼 학생의 학적부가 보였다.

김영삼 학생의 본적(거제)과 주소(중구 회현동)가 기재돼 있고, 서울대 철학과 '청강생'이라는 기록이 보였다. 청강생을 한자로 썼는데 '들을 청'(聽)자 대신 '관청 청'(廳)이라고 잘못 기재했다. 서울대 동문임을 자랑하면서 서울대 학장단을 청와대로 초청해 칼국수로 오찬을 베풀던 김영삼 대통령에 관해 정식학생이 아니었다는 소문이 파다하던 시절이고 이는 당시 정부의 예민한 금기사항 중 하나였는데, 그만 현실적 증거를 목격한 것이다. 당황한 교무처장이 이를 곧 치워버린 후로 그 문서의 행방은 알 수 없다.

서울대는 많은 논의 끝에 일제강점기인 1924년 개교한 경성제국대학의 역사를 무시하고 1946년 발족한 국립종합대학 때부터 역사를 계산하는 데 비해, 법대는 1895년 설치된 한성법관양성소를 서울대 법대의 효시로 삼으면서 100주년의 역사를 주장했다. 같은 대학교 내에서 다른 역사인식에 따라 단과대학의 역사가 차이가 나는 것이 우습다. 한성법관양성소는 구한말 고종황제 시절에 설립돼 식민지 역사의 일부가 아니라는 점에서 그 효시로 삼으면서 그 후 일제시대에 존속하던 경성법학전문학교나 경성제국대학 법문학부도 포함해 서울대 법대의 전신으로 삼아 이어가기로 한 것이다.

이런 연유로 나는 오래전에 착공했으나 자금 고갈로 수년간 중단상태에 있던 '근대법학교육 100주년 기념관'을 고 이석희 동창회장과 함께 서울대 법대와 별 인연이 없는 김우중 대우그룹 회장을 설득해 23억 원이 넘는 그의 기부로 이를 완공하고 그 개막식을 성대하게 주최했다. 100주년 기념관이 완공됨으로써 비로소 법대는 300명 이상 수용할 수 있는 대형강의실인 '주산홀'을 확보하게 되었고, 학생이 많은 나의 민사소송법과 상법 강의는 주로 이곳에서 이루어졌다. '주산홀'은 기부자인 김우중 회장의 아호를 알아내어 학교가 일방적으로 붙인 것이다.

학장 임기 초에 불행하게도 채용한 지 얼마 안 되는 신진기예(新進氣銳) 모교수의 속칭 박사논문 표절사건, 그리고 얼마 후에는 모 교수에 의한 동료교수의 저서 표절사건으로 인하여 신임 학장인 내가 평소에 품고 있던 행정개혁의 꿈이나 리더십을 발휘할 기회가 없었다. 학위논문 표절사건은 어느 서울대 법대 졸업생이 문제를 삼자 이것이 결국 교수들의 의견대립으로까지 번져서 날마다 학장실은 일부 교수들의 항의방문을 받아 북새통이 되고, 고성의 항의를 들어주는 데에 시간이 다 소비되었다. 언제나 자기만이 정의감과 우국충정의 화신인 양하는 일부 비타협적 교수들은 새 동료교수를 당장 파면하라고 요구했다. 그러나 그 교수를 옹호해서가 아니라 사실관계도 모르고 있고 징계권한도 없는 학장이 어떻게 당장 파면할 수 있겠는가.

얼마 후에는 법철학을 가르치는 한 교수의 필생의 역작을 모 동료교수가 사실상 베껴서 책을 출간한 일이 일어났다. 이는 과작(寡作)인 법철학 교수가 평생의 생각을 정리하여 낸 종합적 업적인데, 모 교수가 활발한 저술활동

서울대 법대 학장 시절, 근대법학교육백주년기념관 준공 및
개관식에서 현승종 총리와 함께 정의의 종 타종 (1996.12).

을 하는 과정에서 생긴 실수인 데다가 인용기준과 저작권법의 이해가 부족한
당시의 현실에서 빚어진 일이었다. 결국 출판사는 이렇게 출판된 모 교수의
책을 모두 회수했으나 계속 문제의 여진은 남아서 학내 분위기를 악화시켰
다. 마침내 나는 급히 교섭하여 이 교수를 하와이대학에 단기간의 방문학자
로 보냄으로써 이 문제의 불을 껐다. 이 두 사건은 오랫동안 법대의 학내 분
위기를 침잠시키고 교수 간의 관계를 불편하게 만드는 계기가 되었다.

개인 소신으로는 총장직선제에 반대하지만, 나는 서울대 개혁에 일조할 수
있을 것으로 생각하여 총장선거에 두 번 출마해 낙선한 경험이 있다. 처음 출
마했을 때 투표결과는 3등이었는데, 공대의 이기준 교수가 총장으로 당선됐
다. 점차 나에 대한 기대와 신임을 표시하는 교수가 증가함에 힘입어 다음번
의 출마를 생각했는데 거의 대부분이 내가 틀림없이 당선된다는 것이었다.
그리하여 이 총장의 임기가 거의 만료되었을 무렵 나의 제자로서 동료가 된
젊은 교수들을 중심으로 선거팀을 구성하고 대내외의 협조를 받아 선거운동

을 하였다. 그러나 교수가 30명밖에 안 되는 법대에서 모 교수가 동시에 총장으로 출마하는 바람에 표도 분산되었을 뿐만 아니라 법대의 일반적 인상조차 크게 구기게 되었다. 나는 이 선거에서 2등으로 득표해 낙선했지만, 헌신적으로 참여해 도와준 선거팀 교수들과 외부의 졸업생 및 기타 후원자들께 지금도 참으로 감사하는 마음을 잊지 못한다.

2000년에는 교육부가 이른바 'BK 21'이라는 획기적 연구진흥 프로그램을 도입하고 상당한 예산을 선택된 분야에 집중 지원하는 계획을 발표하였다. 법학분야에서도 이에 빠질 수 없어서 안경환, 김건식, 한인섭 교수 등이 불철주야 준비하여 경쟁에 참여한 결과 법학분야에서 서울대 법대가 선정되었다.

그런데 이들은 나에게 '서울대 21세기 세계 속의 한국법의 발전 교육연구단장'(BK 21 사업단장)을 맡아달라고 집으로 찾아왔다. 나는 여러 가지 이유를 들어 거절하다가 할 수 없이 4월부터 이 프로그램의 단장을 맡았다. 3년 동안 정규예산 이외의 연구비를 지급받아 여러 젊은 사람을 길러내고 연구교수를 채용하여 몇 가지 업적을 낼 수 있었고, 특히 영문저널을 창간하기도 했다. 연구비가 대폭 증액되면서 학교의 연구 분위기가 대폭 개선되었다.

서울대 법대는 학생은 천하제일의 수재들이 입학했음에 틀림없으나 교수진은 반드시 그렇다고 장담하기 어려운 면이 있었다. 해방 후 혼란기에는 일본에 유학하거나 고등교육을 받으신 은사님들이 학교를 지키면서 6·25전쟁을 거쳐 오랜 세월 동안 학문 1세대의 어려운 임무를 수행하셨다. 나는 그 어려운 시절 학맥과 전통을 이어주신 선배님들께 진심으로 감사의 마음을 가지고 있다. 그 뒤를 이은 교수진에는 학생 때부터 학문의 길로 매진한 분도 있었지만, 사법시험에 실패한 후 오갈 데가 마땅치 않은 중에 학문적 업적보다는 여러 인간관계를 정치적으로 잘 이용해 들어온 교수도 있었다.

법대의 분위기는 교수 간의 공동연구를 통해 활발하게 토론하고 공동업적을 내거나 동료 간의 학문적 인간적 유대의식이 보편화된 분위기는 아니었다. 직장에 대한 자부심과 동료 간의 믿음이 공고하면 그것도 흔치 않은 축복이라고 생각한다. 또한 서로 불신을 조장하는 어려운 시국이므로 교수들의 협동연구 작업은 거의 하기 힘들어져서 결국 어느 교수 개인의 우연적인 독자적 노력으로 일정한 수준의 학문적 성과를 거두면 그것이 곧 학교의 업적으로 인정되기도 하였다. 독창적 연구는 어디로 가버리고, 월간 수험잡지에 200자 원고지 30매 정도의 원고를 게재하는 것을 학문활동으로 여기는 풍조마저 있었다. 심지어는 승진심사를 위한 업적으로 교과서를 제출하거나 연구논문 목록에 수험잡지에 실린 글을 포함하는 교수도 있었다.

내가 선배교수와 다투면서도 강하게 이를 지적하여 시정하는 등 낙후된 학문풍토를 바로잡고자 노력했으나 물론 첫술에 배부를 수 없었다. 교과서는 필기의 수고를 덜기 위하여 상재(上梓)한 강의노트일 뿐 연구업적이 아닌데도 이를 지적한 나를 이해조차 하지 못한 채 비난하는 동료가 있었다.

우려할 수준이던 법학계의 일본 의존

당시 우리 법학계의 학문풍토나 교수들의 분위기가 연구를 열심히 하는 것도 아니어서 처음에는 남들이 다 하는 연구비 신청조차도 드물었다. 학술지마다 원고가 부족해 허덕이는 통에 한 곳에 게재한 논문을 다른 곳에서 가져다가 또 발간하는 이른바 '자기 표절'도 자주 있었다. 교수가 고의적으로 한 논문을 이중으로 써먹는 경우라면 지탄받을 일이지만, 그 당시에는 게재할 원고가 부족하다 보니 집필자보다 출판사가 떼를 쓰고 사정해 이중으로 게재되는 일이 더 많았다. 나는 논문을 쓰면 이를 반드시 서울대 법대의 〈법학〉이라는 전문잡지에만 기고했다. 1959년에 창간된 〈법학〉지는 어려운 학문환경에서도 짭짤한 법학논문을 게재해 온 한국의 대표적 학술지였다.

나는 학생 때부터 법학계의 일본 의존도가 중독의 수준을 넘었음을 걱정했다. 장래에 교수가 된다면 일본 법학을 모방하는 수준을 극복하는 것이 나 같은 신세대 교수의 첫 번째 임무라고 굳게 믿었다. 솔직하게 말해서 법학이 한국 고유의 것이 아니고 서양으로부터 계수한 학문이므로 서양의 원전을 직접 접하여 이를 천착하고 한국에서의 응용 가능성을 연구한다면 그것은 연구업적이 되겠지만, 일본인들이 서양의 원전을 일본에 맞게 맞춤 연구한 것을 한국의 법현실을 고려하지 않은 채 그대로 베껴 소개하면서 자기 업적으로 삼는 풍조는 지양해야 한다고 생각했다. 이제는 우리도 학문에 필요한 외국어 실력을 갖춘 교수들이 적지 않으므로 일본에 의존하지 않고 원전을 탐구하면서 한국적 맞춤연구를 할 수 있다고 믿었기 때문이다.

신세대 교수의 두 번째 임무는 일본 중독을 단절함에 그치지 않고 한 발짝 더 나아가서 한국의 독자적 법체계를 구축하는 것이라고 확신했다. 그러지 않으면 학문분야에서도 한국은 주도자 역할(prime mover)은 언감생심이고, 잘해봐야 빠른 추격자(fast follower)를 면치 못할 것이었다. 그동안에는 일본인의 저서를 번역하여 출간하다가 이것이 편역(編譯)으로 둔갑하고 얼마 후에는 독자적 편(編)을 거쳐 저(著)로 탈바꿈하는 교과서의 진화론적 발전을 수없이 보아왔다.

그런데 연구를 통한 한국의 독자적 법체계 구축이라는 나의 야심은 금방 한계에 부딪혔다. 막상 교수가 되니 심부름이나 행정적 잡일을 계속해야 했다. 소장학자가 고심해 발표한 논문에는 적막강산으로 아무 반응도 없을 뿐만 아니라 일본의 논문이나 교과서를 매끄럽게 베껴 자기 논문인 양 소개한 것보다 잘 받아들여지지 않았다. 토론이나 비판의 문화도 거의 존재하지 아니하였다.

나의 세대부터는 외국 유학을 한 교수도 적지 않아서 어학실력 등에서 일본에 뒤지지 않으므로 서양과 대등한 학문적 교류나 협력을 하면서 일본에의 의존도를 줄일 수는 있다. 그러나 이를 뛰어넘어서 우리의 독자적 학문체계를 이룩하는 것은 지금보다 훨씬 더 두툼한 학문적 협동기초가 축적되고 배양되어야만 가능한 것인데 우리 학계의 척박하고 얄삽한 실정으로는 더 많은 세월을 필요로 한다고 느꼈다.

더구나 감시와 탄압이 무서운 세태에서 정치적으로 시비가 걸리지 아니할 사법(私法)을 전공하려는 학생은 많고, 집권 당국이 정치적으로 트집 잡거나 의사에 반해 협력을 강요할 수 있는 공법(公法) 분야, 즉 헌법, 형법, 행정법, 노동법, 환경법 등을 전공하려는 자의 수는 상대적으로 적었다. 존경받는 헌법학자 금랑(琴浪) 김철수(金哲洙) 교수가 유신시절 당한 탄압이 대표적 사례다. 그야말로 분야별 전공 편향이 극심했으며, 학생들이 무작정 고시준비에 매달리는 통에 황폐해진 법학분야의 학문풍토는 우려스럽기도 하고 외국에 내놓기가 창피하기도 했다.

연구는 어디로 가고 교실에서의 강의만 남았는데, 그나마 교수들은 이 핑계 저 핑계로 강의시간을 단축하거나 휴강을 자주 했다. 학생들도 이런 잘못된 풍토에 익숙해서 내가 첫 시간부터 꽉 찬 강의를 하면 구시렁거리는 소리가 들리곤 했다. 나는 강의시간을 한 번도 빼먹거나 줄여서 한 일이 없다. 심지어 뉴욕에서 귀국하여 새벽에 내리더라도 공항에서 강의실로 직행하여 연속 두 시간짜리 강의를 차질 없이 채우곤 했다. 필수과목인 내 시간에는 항상 한 반에 학생이 수백 명씩 들어오므로 나는 주로 100주년 기념관의 '주산홀'(宙山 Hall)을 강의실로 사용하였고, 시간 첫머리에 꼭 출석을 불렀다. 이것은 학생들이 학교에 와서 강의를 듣는 대신 절이나 고시원으로 가서 스스로 공부하는 것이 더 효율적이라는 잘못된 생각을 깨우쳐 주기 위하여 출석을 독려하는 의미였다.

학생 수가 수백 명이더라도 학기 초에 몇 번만 출석을 불러보면 대부분 이름과 얼굴을 기억할 수 있었다. 따라서 대리 대답하다가 적발되어 혼난 학생도 상당수 있다. 아무튼 나는 혼신의 힘을 다하여 강의했고, 몸이 아프거나 심란한 일이 있어도 일단 강의실에 들어가면 저절로 힘이 나고 신들린 듯 강의할 수 있었다.

실정법을 강의하면서도 동일한 문제를 외국에서는 어떻게 다루고 있는지 늘 국제적 안목에 터 잡은 비교법적 접근방법을 권장하였다. 가끔 짤막하게 새로운 국제동향을 소개하거나 장래 법조인으로서의 자세에 관해 충고하는 경우도 있었다. 물론 대다수의 학생들이 고시합격이라는 압박감 속에서 생활하므로 나의 충고가 귀에 잘 들어올 리는 없으나, 소수의 학생이라도 자극을 받았다면 나의 바람은 충족되었다고 본다.

또한 강의내용과 무관하지만 기회가 될 때마다 공무원이나 판검사가 변호사나 기업인을 소위 스폰서로 잡아 술을 얻어먹고 골프를 대접받는 관례와 선물 및 용돈을 받는 부패관행을 강하게 질타하곤 하였다. 수백 명 수강생 중에는 그런 고위층의 자제들이 많이 있었을 텐데, 그들은 내 말에 어떤 반응을 했을지 궁금하다.

나는 우리 법학계가 외국의 선진적 발전동향과 동떨어져 있음을 걱정했다. 그나마 일제강점기에 교육받아 일본 문헌에 자유롭게 의존하는 소수의 선배학자 외에는 해외동향에 관심도 없었다. 나는 교수로 부임한 후 초청자의 비용부담으로 국제회의에 참석하기 위해 자주 해외에 나갔다. 출장 때마다 한국 법학계를 소개하는 일이 우리의 낙후된 현실에 비추어 쉽지 아니하였다.

지성적 자극을 준 학제간 연구모임과 법경제학적 접근

학제간 연구를 위한 '한국 법과 사회 모임'

나는 내가 가르치는 실정법인 상법총칙과 상행위법, 회사법, 유가증권법, 해상법 및 보험법과 민사소송법 등 법학분야에서 법률조문을 문리적으로 해석하여 기계적으로 적용하는 학문풍토가 법학의 발전에 도움이 되지 못하므로 이를 극복하기 위한 방법론을 여러 가지로 생각해보게 되었다. 성문법 국가이므로 법조문의 뜻을 명확하게 해석하는 일이 불가피하기는 하나 형식적으로 그 문리적 해석에만 매달려있는 동안 그 법의 지배를 받는 사회현상은 이미 발전하여 저만치 앞서 나가있게 마련이다. 따라서 그러한 기계적이고 정태적(靜態的)인 해석법학적 접근방법 대신 몇 가지 새로운 외국의 연구방법을 도입하였다. 우선 고식적인 해석법학의 폐단에 경종을 울리는 뜻으로 법과 사회(law and society) 식 접근방법을 소개하였다.

초기에 나의 법학적 사고형성에 지성적 자극을 준 '한국 법과 사회 모임'(Law and Society Group of Korea)을 잊을 수 없다. 귀국하니 먼저 귀국한 유학생들의 일부가 전공을 불문하고 모여서 법학과 다른 학문분야 간의 학제적 내지 통섭적 연구를 하거나, 법이 여러 가지 정치, 경제, 사회발전에 어떤 영향을 미치는가를 토론하는 데 나도 매월 참여하게 된 것이다. 기계적 해석법학의 틀에 매달려 있던 당시에 법학과 인접 학문분야 간에 학제간 공동연구(interdisciplinary research)를 시도하는 접근방법도 신선했고, 경제발전이나 사회변화, 또는 민주화 등의 정치 경제 사회변동과정에서 법의 역할이 장애요소인지 촉진요소인지를 토론하는 것도 초유의 시도였다. 이 그룹은 나보다 먼저 귀국하여 서울대 교수가 되신 이홍구 전 총리, 권태준 전 서울대 환경대학원장 등이 1970년부터 선도한 의미 깊은 학문적 대화의 장이었다.

한국에는 그 당시까지 법학자들이 자기분야에 관한 철옹성을 구축하여 남과 횡적으로 협동하거나 학문적 교류를 하는 일이 전혀 없던 실정이었기에 이러한 모임은 아주 신선하고도 충격적인 시도였다. 나도 귀국하여 참여한 뒤에는 국립의료원 구내식당에 붙은 작은 방에서 약 20명 내지 30명 정도 각 분야의 신진 소장학자들이 거의 매월 법학과 인접 학문분야의 관계에 관하여 발표와 토론을 하였다.

이 모임에서 많은 것을 배우고 기계적인 해석법학에 매달리기보다 사회변동과정에서 법의 역할이 무엇인지, 법을 통하여 세상을 바꾸는 것이 가능한지, 법의 지배(rule of law)란 무엇인지 탐구하는 자세를 한층 더 가다듬게 되었다.

이 모임은 나중에 아시아재단의 재정지원도 받는 등 한국 유일의 선진적이고 참신한 학제간 연구모임이었다. 1975년부터 내가 간사로서 6, 7년간 심부름하다가 어렵사리 서울대 법대 교수가 된 하버드 출신 1년 후배인 고 강구진 박사에게 간사의 임무를 넘겼는데, 1984년 그가 자동차사고로 별세하고 그의 차가 전손상태로 파괴되는 바람에 차 안에 있던 회의기록과 은행통장이 멸실되고 모임 자체가 중단되고 말았다.

법경제학적 접근방법에 대한 학문적 관심

또 다른 학문적 관심사는 법경제학이었다. 우연한 기회에 정상조 교수와 함께 미첼 폴린스키(Mitchell Polinsky) 교수의 저서를 공역하여 1984년 〈법경제학 입문〉이라는 책으로 출간하면서 우리나라에 이 분야를 최초로 소개했다.

세상의 모든 법과 제도를 경제학적으로 비용과 효과의 면에서 분석한다니 참으로 지적 호기심이 안 생길 수가 없었다. 분석결과 투입되는 비용보다 거두어들이는 편익이 더 크면 그 법이나 제도는 타당하다는 취지이다. 그러나 인간 사회의 모든 법과 제도를 계량적으로만 분석하는 것이 가능한가에 대하여 근본적 의문이 있으므로 이 학파에서도 불가피하게 어느 정도 추측과 가정에 기반을 두고 계량분석을 하고 있다. 그리고 인간의 주관적 판단이나 행태가 모두 배제되어 있는 것이 마음에 걸렸다. 이 같은 법경제학적 접근방법은 순수한 객관주의 입장으로서 마침 당시 풍미하던 레이건-부시의 보수적 정치적 입장과 잘 맞아 들어가는 듯했다.

어느 학문분야를 막론하고 수백 년간의 발전을 통관해보면 시간 간격을 두고 한때 풍미하던 객관주의적 입장이 퇴조하면서 주관주의로 대체되었다가 시대사조의 영향을 받아 다시 객관주의로 돌아가곤 하는 큰 역사적 흐름을 발견할 수 있다. 그런데 하버드 법대에서 가르치는 동안 이 대학 교수들이 회사법, 독점금지법, 통상법 기타 중요한 분야에서 법경제학적 분석방법에 심취되어 있는 것을 발견하고 퍽 의아하였다. 속으로는 세계 일류 법대라고 자처하는 하버드 교수들이 어찌하여 스스로 새로운 학문적 접근방법을 창안하여 학계를 선도하지 아니하고 밀턴 프리드먼(Milton Friedman), 로널드 코스(Ronald Coase) 교수 등 시카고학파가 입론한 방법을 도입해다가 이처럼 열심히 연구하는지 이해하기 어렵다는 느낌을 지울 수 없었다.

나 나름대로 앞으로 서서히 법경제학(law and economics, 객관적 접근방법)이 인간의 내면적 심리요소를 고려하는 법심리학(law and psychology, 주관적 접근방법)으로 점차 넘어갈 시점이 오지 않았나 하는 판단도 있었다. 그런데 이 분야가 아직 한국에 제대로 소개되고 이해가 형성되기도 전에 서울대 법대에서 난데없이 이 분야에 대한 교수 공채광고를 냈다. 서울대 내에서 정치적 고려가 작용하지 아니했다면 이해하기 어려운 조치다. 이 같은 위인설관식(爲人設官式)의 공채과정을 거쳐서 들어온 동료가 나중에 출간한 저서를 보니 법경제학보다는 역시 법정책학적 냄새가 짙은 감이 있었다.

30년간 해상법 전문가를 키워내다

교수가 되자마자 일제시대부터 계속된 고시과목 중심의 천편일률적인 강의개설과 운영을 뜯어고치기로 마음먹었다. 강의 개설과목으로 공고되어 있으면서도 해방 후 한 번도 실제로 강의를 개설하지 아니한 과목들(예컨대 해상법, 보험법, 지적 재산권법, 도산법)이나, 한국 법학계에 알려지지 않은 새로운 분야(예컨대 법과 사회, 법경제학, 국제상사중재, 대안적 분쟁해결 제도(Alternative Dispute Resolution: ADR), 법률구조, 법과 과학기술, 국제거래)를 강의하기 시작했다. 기존의 정형적인 이른바 기본 6법 분야 중 2대 기본법인상법 분야와 민사소송법을 가르치는 외에 새로운 과목도 강의를 개설하여가르치다 보니 그 부담이 항상 과중하였다.

커리큘럼에 포함되어 있으면서도 한 번도 실제로 강의를 개설해보지 아니한 과목 중 해상법(海商法) 강의를 처음으로 개설해 30년 넘게 가르침으로써많은 전문가를 길러냈다. 그들이 현재 실무계와 학계에서 활발하게 활동하는것은 나의 보람이요, 기쁨이다. 해상법은 보험법과 함께 고시과목이 아니라는 이유로 오랫동안 천대받았고, 이를 가르칠 만한 교수도 없었는데 나로 인해 다시 햇볕을 쪼이게 됐다고나 할까. 뉴욕 월가의 로펌에서 해사 실무에 종사했던 것도 크게 도움이 되었다.

처음 강의해 보니 호응은 엄청나게 좋은데 우선특권(優先特權)을 고려하지않은 채 일반 민상법식의 평면적, 채권적, 대인적 이해와 접근방법으로 해상법을 이해하고 적용하여 틀린 결론을 내는 경우가 잦았다. 그리고 이 분야는전 세계에 두루 적용되는 해사(海事) 관습이나 조약의 지배를 받으므로 해당국제규범을 알아야 하고 국내 규범도 국제적으로 통일된 기준에 맞추어 해석과 적용을 해야 함을 이해시켜야 했으며, 모든 해상활동이 영국의 로이드 등 국제보험에 의하여 커버되고 있으므로 국내에서만 적당히 통용되는 법해석이 불가능한 분야라는 점을 강조하였다. 그러나 우리 법조계에 이러한 해상법의 특수성을 이해시키는 일은 그리 쉽지 아니하였다.

1960년대에는 조선기술의 발달로 20만 톤 이상 거대한 유조선에 의한 기름 유출 사고로 바다를 엄청나게 오염시키는 일이 자주 발생하는 바람에 6천 년 이상 관습기원성(慣習起源性)과 자족성(自足性)이 강한 해상법은 큰 도전에 직면하고 있었다. 이 문제는 당시 아주 중요한 국제적 이슈 중의 하나였으므로 나는 이를 정리하여 1972년 12월 학술지〈저스티스〉에 "해수유탁(海水油濁)에 관한 선진국의 동향"이라는 계몽적 논문을 발표했다. 또한 컨테이너에 의한 화물운송이 막 도입되어 해상물건운송법 체계가 일대 변혁을 강요받고 있었으므로, 1982년에는〈법학〉지에 이에 관한 첨단 연구논문을 발표했다.

오늘날에는 법학계와 실무계에서 해상법을 전공하는 졸업생도 많이 배출되었고, 3면이 바다인 나라에서 이 분야의 중요성이 인식되어 기쁜 마음이다. 김현, 장한각, 정병석, 최종현, 김창준, 유기준, 이진홍, 이철원 등 활발한 변호사 활동을 하는 제자들이 많았다. 나는 해상법을 단순히 상법전(商法典) 제5편의 실정법 조문에 따라 선주와 화주 간의 상거래적 관계로 가르치는 데 그치지 않고, 이 같은 해상화물 운송계약과 동시에 병렬적으로 이루어지는 다른 연관 거래관계, 즉 물품매매 계약, 신용장 개설, 선하증권 문제, 대금지급방법 문제, 외환관리 문제, 환어음지급 관계, 보험 관계, 분쟁해결 관계 등을 종합적으로 다룸으로써 사실상 관련문제가 모두 망라된 복잡한 국제거래를 입체적으로 가르쳤다. 나의 해상법 시간은 사실상 생생한 국제거래법 강의라고 할 수 있었다.

자본주의 발달에 따른 회사법의 새 이론을 소개하다

회사법(會社法)을 가르치기 시작한 지 얼마 안 되어 서울고법이 아주 획기적 판결(보증채무금등, 서울고법72나2582, 1974. 5. 8. 선고)을 선고하였다. 사안은 자기의 재산에 대한 강제집행을 면하고자 개인이 주식회사를 설립하여 모든 개인채무를 회사의 것으로 돌려놓고, 주식회사의 유한책임제를 악용하여 강제집행을 회피하고자 하는 경우였다. 법원은 이 경우 법인의 장막을 뚫어 (piercing corporate veil) 법인의 존재를 부정하고 개인의 재산까지 추급함을 허용하는 파격적 판결을 내린 것이다. 아무도 이 판결의 깊은 뜻을 파악하지 못하면서 엉뚱한 코멘트만 남발하고 있었다. 나는 〈법률신문〉 제1061호에 기고한 대로 이것이 이른바 미국의 판례회사법에서 발달된 이른바 법인격부인론(法人格否認論)이 한국에서 최초로 적용된 사례임을 지적하면서, 한국에서 이 이론을 최초로 회사법 강의에서 소개했다.

수많은 상법 교수가 경쟁적으로 강의하는 회사법의 경우에도 상법전에 나열된 법조문만 해설하는 강의로는 자본주의 선진국들의 빠르게 발전하는 회사법 동향을 커버하지 못한다. 그럼에도 고시를 핑계로 그런 상투적 강의를 계속한다는 것은 학생이라는 교육소비자를 우롱하는 것이라는 생각이 강하게 들었다. 회사법이 자본주의 활동의 기본적 틀이라고 본다면 자본주의 경제가 발전해나가는 선진국의 동향을 신속하게 학생들에게 소개라도 해주어야만 할 것 같았다.

나는 고도로 발달된 미국 회사법과 비교하여 가르치면서 해당되는 대로 상법조문에 연관시켜 학생들의 이해를 도모하고 비교법적 안목을 길러주고자 노력했다. 미국 판례의 독특한 법인격부인론, 회사 영업기회의 가로채기, 회사 영업활동의 공정거래법적 제한, 내부정보를 이용한 주식거래 규제, 다양한 주식과 사채 등 일제시대의 법을 기초로 하여 1960년대 초에 제정된 상법에는 없는 문제들을 가르쳤다. 국내에 마땅한 책도 없기에 나는 김건식 교수와 함께 아이젠버그(Melvin. A. Eisenberg) 교수의 회사법 책을 《주식회사 법리의 새로운 경향》(1983)이라는 제목으로 번역하여 임시 수요에 충당하였다.

민사소송 선진화를 위한 중점 주제

상법 중 특히 회사법과 해상법의 강의를 선진국의 동향에 맞추어 나가는 동시에, 민사소송법을 가르치면서도 점차로 몇 가지 개별적 주제에 대해 학문적 관심을 갖게 됐다. 첫째는 법률구조(法律救助), 둘째는 재판절차와 재판문서의 전산화, 셋째는 대안적 분쟁해결 제도(Alternative Dispute Resolution: ADR), 넷째는 국제상사 중재에 관한 문제였다.

첫 번째 학문적 관심사인 법률구조에 관한 연구는 기술적이고 형식적인 소송절차에서 상대방보다 경제적으로나 기타 실질적으로 평등하지 못한 당사자의 소송수행을 어떻게 효과적으로 도와서 기울어진 운동장의 균형을 맞출 수 있을까 하는 생각에서 출발했다. 당시 한국에는 이태영 변호사가 창립한 한국가정법률상담소가 있었을 뿐 법률구조에 관한 인식이 없었다. 민사소송법에 조문도 있건만 웬일인지 관심을 촉발하는 주제가 아니었다.

나는 1976년 여름방학 동안 미국 오클랜드의 공익변호인(*public defender*) 사무소에서 소송구조를 넘어 광범위한 법률구조에 관한 이론과 실무를 익혔다. 그때까지 법해석 기술자에 불과했던 나는 법률구조에 관한 연구와 실습으로 인하여 법률가로서 사상적 전환점을 맞게 되었다. 그리하여 법이 사회를 바꾸고 심지어는 빈곤을 타파하는 효과적 수단이 될 수 있다는 생각에 이르렀다. 따라서 법을 문리적, 형식적으로 해석하여 기계적으로 적용하는 학문풍토와 법은 무시해도 좋거나 떼를 써서 모면할 수 있는 것으로 이해하는 한국의 법의식하에서 나의 생각은 혁명적 사고의 전환이라고 아니할 수 없다. 법률구조와 관련하여 이와 같은 생각을 정리한 논문이 서울대 〈법학〉지에 실린 "법률구조의 사상적 배경과 현대적 의의"(1976)이다.

두 번째 학문적 관심사인 재판절차와 재판문서의 전산화 문제는 코넬대학에서 로버트 페이슬리(Robert Paisley) 교수의 특별코스를 택한 후 계속 연구하던 주제였다. 당시에는 누구도 예상하기 어려운 실무상의 문제로서 컴퓨터의 등장이 법학 각 분야에 미치는 영향에 대한 실증적 연구를 계속했다. 법원서기에 의하여 부실하게 작성되는 변론조서의 개선방안, 디지털화하는 각종 재판문서의 법률상 평가와 처리, 그 외에도 컴퓨터를 이용한 대폭적인 법원 사무개선 등도 그중의 일부였다. 이 문제에 내가 관심을 가진 이유는 과학기술의 발전이 보수적인 법학분야에도 여러 가지로 심대한 영향을 미치리라는 데에 생각이 미쳤기 때문이다. 이제는 전자기술의 획기적 발전으로 인하여 인공지능(AI)이 법조인의 기능을 대부분 담당할 것이므로 사람이 할 일과 AI가 수행해 낼 일을 구분하여 대처해야 할 것이다. 예컨대 판례나 다양하고 방대한 자료분석과 평가는 AI에게 맡기고 법조인은 새로운 창의적 임무를 적극적으로 찾아야 한다.

1970년대 초 컴퓨터기술은 아직 유치한 단계에 있었으므로 장래를 예측하거나 검증하기 어려운 점이 많았다. 그럼에도 나로서는 문서의 작성, 보관, 처리가 전산화 내지 자동화가 되면 막연하게나마 민사소송에서 중요하게 다루어지는 서증(書證)의 증거능력이나 증명력에 큰 변화가 있을 것이라는 생각이 들었다. 공판정 내에서 조서작성, 통번역, 속기 등에 필요한 기술이 획기적으로 발전하리라는 것은 불을 보듯 뻔한 일임을 예상했다. 당시 법원공판 중 조서작성은 아무리 치밀한 증인신문을 해도 법원서기가 대충 요지를 정리하여 몇 줄로 표기하는 실정이었으므로 이 문제가 어떤 형태로든지 획기적 개선이 요구되리라는 것은 분명했다. 전산분야에 전문지식이 별로 없음에도 불구하고 오랜 시간 생각한 끝에 도달한 내 나름대로의 생각을 정리하여 "컴퓨터기술이 법학 각 분야에 미치는 영향에 관한 소고(1972)"라는 논문을 서울대 〈법학〉지에 발표하였다. 이처럼 법과 과학기술, 좀더 특정해서 말하면 법과 컴퓨터와의 관계에 관심을 가진 것이 후일 1980년대에 지적 재산권 문제를 다루게 되었을 때에도 큰 도움이 되었다. 정부 요청으로 성안하여 입법된 '컴퓨터프로그램 보호법'과 '반도체회로배치설계 보호법'은 나의 독자적 작품이었다.

이 같은 경험을 토대로 2003년 초 국제형사재판소 재판관으로 당선되어 취임하자 나는 재판소의 법정 내 IT시스템 구축과 통역, 기록, 문서관리 등에 관한 컴퓨터 기술도입은 물론 이를 반영한 소송규칙의 문안기초 등을 모두 책임지고 완수한 일이 있다.

세 번째 학문적 관심사는 대안적 분쟁해결 제도(ADR)였다. 민사소송법을 가르치고 교과서를 출간했으면서도 소송과 같은 공식적 기술적 재판절차보다 좀더 융통성 있고 사람의 얼굴을 가진 대안적 분쟁해결 제도에 관한 연구를 우리나라에서 활성화할 수 없을까 하는 것이었다. 인류의 역사가 있은 이래 어떤 형태로든지 비공식적 분쟁해결제도가 존재했을 것이다. 중세 암흑기에 신탁(神託) 등 자의적 재판제도의 폐단을 절감한 인류가 오늘날 근대사회의 합리주의의 영향을 받아 도입한 당사자 대립주의(adversarialism) 하에서 대립당사자로 하여금 일정한 기술적 규칙과 절차에 따라 변론과 증거활동을 하게 하여 실체적 진실을 발견하도록 운영하고 있다.

그러나 공식적 소송절차는 기술적으로 경직하게 발전되어 난해해지면서 변호사독점주의와 결합하여 엄청난 비용이 소요되는 대신 점차 일반 국민으로부터 멀어져갔다. 이에 대한 반성으로 미국을 중심으로 1960년대부터 공식적 재판절차에 갈음하는 대안적 분쟁해결 제도(ADR)를 왕성하게 연구하여 활용하고 있다. 미국의 법대에서 인기 있는 주제인데 나는 유학생 시절에도 강의를 열심히 들었을 뿐 아니라 나중에 방문학자로 1년씩 외국에 체재하는 경우에도 연구를 계속했다.

그리하여 중재, 조정, 알선, 화해, 협의와 협상 등 대안적 분쟁해결 제도의 이론적 배경의 연구와 실무적 프로그램의 참여에 많은 시간을 들여 관찰하고 실험했다. 일본의 연구결과를 베끼기를 거부하고, 소송절차를 갈음하는 분쟁해결방식을 내가 미국에서 한국에 처음 도입하여 강의를 하고 민사, 가사, 지적 재산권 분야에 이를 널리 보급하였다.

또한 나의 지식과 경험을 가지고 우리나라는 물론 일본, 필리핀, 미국 등에서 개최된 국제회의와 실무에도 열심히 참석하였다. 나는 분쟁의 규모가 수억 달러에 이르는 국제상사 중재사건의 중재인으로서 한국 또는 잘츠부르크나 파리에서 국제상사 중재를 해본 일도 있다. 정부 각 부처에 있는 많은 각양각색의 조정위원회에는 두루 위원으로 위촉을 받아 3년, 또는 6년씩 실무분쟁의 조정과정에서 중요한 역할을 해냈다. 손해보험분쟁 심의위원, 컴퓨터프로그램 심의조정위원, 저작권 심의조정위원, 소비자분쟁 조정위원,

하버드 법대 로저 피셔 교수의 방한 기념 (1986. 5. 하얏트호텔).

전자거래분쟁 조정위원 등의 자격으로 서민들이 봉착하는 다양한 분쟁의 조정에 노력하고 많은 경험을 쌓았다. 이 모든 조정 및 중재에 관한 개인적 경험을 토대로 하여 나의 민사소송법 교과서를 수정 증보한 것은 물론 따로 논문도 발표했다.

하버드 법대에서 가르칠 때 동료인 샌더(Frank Sander) 교수나 피셔(Roger Fisher) 교수 등과 이 문제에 관하여 많은 일을 같이하여 축적한 나의 연구결과와 경험을 국내에서 전혀 활용하지 못하였다. 정부나 기관들이 나같이 외국 이론과 국내외 경험이 풍부한 국내학자를 배제하고, 거액을 들여 해외 일류대학 교수를 초청하여 사진 찍고 즐거워하는 풍토에서 내 경험이나 연구가 활용될 여지는 별로 없었다. 다만 내가 대학원에서 꾸준히 상사중재와 조정 등을 지도하여 길러낸 윤병철(尹炳哲), 김갑유(金甲猷), 박은영(朴恩瑛), 김범수(金範洙), 백윤재(白允才), 이철원(李喆遠) 변호사 등 많은 인재들이 이제는 중진 법조인이 되어 국제상사 중재 등 이 분야에서 국내외적으로 이름을 날리고 있어서 마음이 흐뭇하다.

각 법원에서 조정위원이 상근하여 상당 부분의 분쟁을 재판절차를 거치지 않고 해결하고 있으며, 법학 이외의 분야에서도 협상학을 가르치는 등 이 분야가 널리 보급되고 있음은 반가운 일이다.

IMF 금융위기로 기업도산법제 정비

나는 평소에 아무도 관심을 갖지 않던 파산법, 화의법(和議法), 회사정리법 등 기업도산법제(企業倒産法制)의 중요성을 강조했다. 나라가 막상 필요로 할 때에 내가 이 분야에 뛰어들어 적극적으로 활동한 일도 있다. 한국이 1997년 외환위기 때문에 국제통화기금(IMF)으로부터 무려 195억 달러 이상의 구제금융을 받는 비극적 일이 있었다. 채권자인 국제통화기금이 기업정리 관련 법제를 신속하게 개혁하라고 강요하자 법무부는 발 빠르게 이에 대한 법제적 대응을 준비하고 있었다. 그러나 당시 대마불사(大馬不死)의 인식 속에서 대기업이 파산할 수도 있다는 가능성을 염두에 두고 구체적으로 그 법률적 뒤처리를 연구한 법률가는 단 한 명도 없었다. 이때 법무부가 기업정리 관계법령 정비위원회를 조직하고 나를 위원장으로 위촉하였다.

마침 재무부에서 이 국제금융위기를 국익의 면에서 올바르게 대응하고자 사투를 벌이고 있던 제자 최상목 군(전 기획재정부 차관)이 법대의 민법 교수로 합류한 지 얼마 안 되는 김재형 교수(현 대법관)와 연락하여 이 문제를 상의하면서 내게 도움을 청했다. 재정경제학적 측면에서는 한국개발원(KDI)이 뒷받침하기로 하고 법적 측면에서는 내가 나서서 대학의 김재형 교수, 법원의 박해성 판사 등을 급히 초빙하여 팀을 짠 다음 전체 작업의 지휘를 위원장으로서 내가 감당하기로 하였다.

당시 과천 정부청사에 가보면 30대의 젊은 국제통화기금 파견관이 서릿발 같은 기세로 무리한 요구를 하건만, 누구 하나 빚진 죄에 입을 열 수 없었다. 이 과제에 참여한 나는 당분간 다른 학문활동을 밀쳐놓고 이 어려운 법 분야에 맹렬하게 매달렸다. 1998년 1월은 추운 겨울이었으나 우리는 겨울방학 동안 꼬박 밤샘을 하면서 기업정리 관련 법률의 전면 개정작업에 매달려야 했다. 그 당시 자기를 희생하고 이 국가적 대사에 열심히 힘을 모아준 법조계 제자들과 한국개발원의 경제학자들에게 지금도 감사한 마음이 가득하다.

나는 주로 미국의 도산법 관계문헌 및 판례와 씨름하면서 열심히 공부했고, 필요하면 미국에 전화를 걸어 친구에게 질문하기도 했다. 우리는 자주

위원회를 소집하여 정부가 필요로 하는 기업정리법, 파산법, 화의법 등을 새로 성안하여 주었다. 이것은 일본이 먼저 제정한 법을 늘 모방해온 지금까지의 입법행태를 따르지 아니하고, 20세기 초 독일의 고전적이고 융통성 없는 파산법 체계에 터 잡은 한국법을 일본보다 앞서 고도의 자본주의 체계에 맞게 좀더 융통성 있고 선진적인 틀로 완전히 패러다임을 바꾸는 혁신적 입법작업이었다. 정부 당국자들이나 국회의원들이 이 같은 대담한 발상 전환의 의미나 우리 기업활동에 미칠 커다란 파장을 제대로 이해하였는지는 모르나 우리가 초안한 법률안들은 모두 국회를 통과했다.

그해 여름에는 한국에 돈을 꾸어준 전 세계 채권자 집단이 뉴욕의 미국외교협회(Council on Foreign Relations: CFR)에서 개최한 모임에 내가 나가서 새 개혁입법을 요약하여 발표하고 질문에 답하는 힘든 일도 해냈다. 미국외교협회(CFR)는 1921년에 창설된 미국 외교정책 및 국제문제를 전문으로 하는 비영리 정책연구소(*think tank*)로서 전·현직 고위공직자, 정치인, 은행가, 교수, 법률가 및 언론인 등의 모임인데 미국 각지에 지부가 있다. 한국이 외환위기에 법률적, 제도적으로 어떻게 대처하는지를 뉴욕에 와서 설명해줄 사람을 찾는데, 정치외교 및 경제학 분야의 한국 전문가들이 어떻게 복잡하고 기술적으로 어려운 한국의 기업도산 및 정리에 관한 새 법제를 영어로 그들의 입맛에 맞게 설명할 수 있겠는가. 아마 이 같은 이유로 원래 접촉했던 분들이 모두 이를 사양하고 아무도 할 사람이 없다고 빙글빙글 돌리다가 몇 다리를 거쳐 막판에 내게 연설 요청이 온 것 같았다.

뉴욕에 가보니 입추의 여지없이 자리를 채운 미국의 재계지도자, 불원천리하고 온 시카고대학, 컬럼비아대학, 하버드대학 등 유명한 법대 학장들, 존 리드(John Reid) 시티은행 부회장 등 한국에 돈을 꾸어준 금융기관의 대표, 기타 월스트리트의 법률가 및 금융인 그리고 학문적 관심 내지 한국 등 아시아 국가의 경제에 관심이 많은 전문가 등 실로 인산인해였다. 그들에게 우리의 기업도산법제를 차근차근 설명하고 질의 응답하는 일을 여러 시간 동안 무난히 감당해냈다. 이때 내가 강연하고 질의에 답하는 모습을 당시 유엔주재 박수길 대사와 대표부의 몇 직원도 지켜보았다.

그 후 나는 이렇게 정부를 돕는 과정에서 얻은 자료, 그리고 나 자신의 공부결과를 모아서 '기업도산관계법 연구'(企業倒産關係法研究)라는 대학원 강좌를 개설했다. 비록 체계화된 강의는 아니었으나 관심 있는 연구생들이 많이 모였다. 재조의 법관과 교수를 비롯하여 학자들이 귀를 쫑긋하면서 청강했다. 김건식 교수의 후일담 중 내가 대학원 강좌를 위하여 만든 강의노트를 출간하지 아니한 것이 참으로 유감이라고 술회하는 것을 들은 일이 있다.

지적 재산권 보호에 관한 연구와 홍보

1980년대 초 미국은 별안간 통상법 제301조를 내세우면서 한국산 컬러TV에 대한 반덤핑관세를 부과하는 조치를 단행했다. 그 당시 한국경제에 크나큰 충격이었다. 가장 뼈아픈 것은 한국은 외국의 특허, 상표 및 저작권을 무단 침해하는 불법복제의 천국으로 국제적 지적을 당하면서 이러한 침해가 국제통상의 공정성을 해치는 가장 중요한 쟁점이라고 몰아세우는 것이었다. 당시 각종 과학기술을 베끼고 온갖 영화, 음악, 상표, 디자인 등을 불법복제하여 유통시키고 교과서나 외국의 각종 저작물을 공짜로 복제 활용하면서도 국내에서는 이를 당연시하였고 왜 이 같은 침해가 국제무역의 공정성을 해치는지 이해하지 못했다.

사실 한국은 그때까지 악명 높은 해적(海賊) 국가의 오명을 뒤집어쓰고 있어서 선진국들의 끊임없는 비난을 받는 사면초가의 상태에 있었다. 이것은 지적 재산권(Intellectual Property) 보호의 문제인데 미국과 유럽 등 선진국은 정부 대표나 민간통상사절단을 계속 보내 우리나라의 표절과 무단침해를 강하게 항의하고 재발방지를 촉구하였다. 이들에게 대응해야 하는 정부관계자도 지적 재산권이라는 말을 들어본 일조차 없던 것이 현실이었다. 이 분야의 전문가가 희귀한 데다가 당시 상공부 등에서 이 분야의 업무를 담당하다가 퇴임 후 개업한 변리사들은 겨우 외국의 특허나 상표의 한국 등록대리 업무를 해내는 실정이었다. 대학에서도 무체재산권(Intangible Property), 공업소유권(Industrial Property) 등 용어와 그 번역이 혼재하였고, 해방 이후 이 과목에 대한 강의가 개설되었거나 연구를 해온 일이 없었다.

선진국이 한국의 침범을 강하게 공격하던 'Intellectual Property'라는 단어를 처음 몇 년간은 지적 소유권으로 번역하여 사용하다가 여러 해 후에야 정부의 공식적 번역이 지적 재산권으로 일원화되었다. 내가 미국 유학 중 저작권에 관한 강의를 이수한 사실을 우연히 안 정부의 담당공무원이 정부와 힘을 합쳐서 방한하는 선진국 통상사절단의 항의에 대응하는 논리를 같이 개발하자고 접촉해왔다. 용어의 뜻조차 아무도 모르는 현실에서 나는 핵심 전공분야가 아니지만 국익을 위하여 정부를 도와 한국을 항의 방문하는 선진국의 사절단과 담판이나 교섭을 열심히 하기도 했으며 정부의 장단기 대책을 세우는 데 부지런히 협조했다.

우선 선진국들의 요구대로 우리의 낙후한 법체계 — 특허법, 상표법, 저작권법 등을 선진국 수준으로 개정하는 일이 시급했다. 장기적으로는 모든 국민이 지적 재산권에 대한 이해가 전혀 없으므로 꾸준한 교육과 홍보가 필요하고, 전문적 연구인력을 양성해야 하며, 학회 등을 창립하여 한정된 역량을 결집해 나가야 한다고 역설했다. 나는 비상대책을 강구하는 업무에 시달리고 강의부담도 많아서 학교에 이 분야의 강의를 개설하지 못하였다. 대신 뒤에 언급하는 한국지적소유권학회(Korean Intellectual Property Research Society: KIPS)를 창립하여 이를 중심으로 교육과 홍보활동을 체계화하고 정부와 함께 정책개발에 역량을 집중할 수 있었다.

자기 전공분야 수호의 배타적 분위기가 확고하게 지배하고 있는 법학계에서 광범위하게 법학의 여러 분야를 연관지어 통합적으로 연구하면서 내 분야를 뛰어넘는 논의를 펴 가도 나는 동료로부터 직접 불평을 듣거나 도전받은 경험은 없었다. 따라서 법학의 여러 분야를 섭렵하고 비교하며 연결해보는 행운을 가졌다고 하겠다. 오히려 따르는 후학 중에서 이런 이유로 나를 학계의 '만능의 법학자'(Aller Kohler: 독일의 Josef Kohler 교수의 별칭), 또는 '지나간 길에 표적을 세워두는 선구자'(trailblazer)라고 부르는 분들도 있다.

나는 일본 법학에의 의존을 탈피하고 한국 법학의 독자적 체계를 수립하는 원대하고도 야심찬 꿈을 가지고 있었다. 법학과 같은 사회과학은 그 사회의 토양을 반영하는 영역이기 때문이다. 그런데 반대로 미국에 유학했던 한국의 인문사회학자들은 이 땅에서 우리 것이 아닌 미국의 자료와 접근방법 또는 동향 등을 그대로 사용하거나 전달하는 경향이 강하다. 법학분야에서도 일본 법학을 탈피하고자 내 것이 아닌 독일학문이나 미국학문을 기계적으로 소개하면서 자신이 학문적으로 첨단이나 선구에 있는 양 자부하는 일부의 태도가 늘 못마땅했다. 경기고 동창생인 안병영 전 교육부총리는 이를 '자아준거성(自我準據性)의 미흡'이라는 표현을 쓰면서, 우리 사회가 필요로 하는 분야와 과제를 발굴하는 데 힘써야 함을 강조했다. 나도 전적으로 동감인데 교수를 하는 동안 일본 중독을 극복하는 데 힘을 쏟다보니 그런 면에서는 미흡했음을 고백하지 아니할 수 없다.

교과서 출판의 아쉬움

나는 지금도 왕성하게 가르친 모든 분야에 모범적인 교과서나 주석서를 반듯하게 출간하지 못하고 학자생활을 마감한 것이 아쉽다. 1976년 민사소송법 교과서 초판을 출간한 이래 여러 번 개정했는데, 내가 은퇴한 후 이를 애제자인 경희대 박익환 교수가 이어받아 수정하면서 그 명맥을 이어가고 있어 감사한 마음이 그지없었으나 그는 얼마 전 타계하고 말았다. 또한 전 대한변협회장 김현 변호사와 함께 1993년 〈해상법 원론〉을 출간해 여러 번 수정 출판한 바 있다.

그동안 해외의 각 대학, 즉 하버드 법대, 컬럼비아 법대, 뉴욕대 법대, 플로리다 법대, 워싱턴대 법대, 하와이대 법대, 멜버른대 법대, 웰링턴대 법대에서 가르치는 동안 해외에서의 한국법 수요에 부응하기 위해 1983년에 영문으로 *Introduction to the Law and Legal System of Korea*를 출판했다가 1996년 내용과 체제를 바꾸어 *Korean Law in the Global Economy*를 간행한 바 있다. 최초로 한국법을 영어로 출간한 저작인데 우리나라의 후진적 출판 및 유통과정과 언어장벽 때문에 크게 빛을 보지 못했다. 여러 해 뒤에야 간혹 외국에서 주문도 하고 이 책을 찾는 경우가 많이 있다. 이는 지금까지도 한국법을 종합적으로 영어나 다른 외국어로 소개하는 책이 출간되지 못했다는 증거가 아닐까.

그러나 결국 내가 강의와 연구를 선도했던 지적 재산권법, 국제경제법, 국제상사중재, 회사법 및 상법 총론, 기업도산법, 법률구조 등에 대한 다양한 아이디어가 있음에도 불구하고 해당분야의 참고서를 출간하지 못한 채 나의 학문생활을 마감하여 유감이다.

설사 교과서가 출간된 경우에도 현실적으로는 문제가 적지 않았다. 첫째, 책의 내용이나 연구결과보다는 저자들이 소속된 서울대라는 이름값 때문에 팔리는 수도 없지 않았다. 우리 사회는 학자들이 자신의 상품을 과대포장할 수 있도록 간판에 정당성을 부여하고, 출판사들은 일류대 교수들의 간판을 선호하는 것 같았다. 둘째, 학계가 갖는 다른 문제점으로는 지식의 장(場)에서의 낮은 자율성이다. 한 학자의 영향력은 그의 학문적 업적보다도 그가 언론계, 재계, 정계 등 학계 밖 활동에서 얻은 명성과 사회자본에 더 의존한다.

따라서 각종 정부위원회와 자문기구, 대학과 학회의 보직, 미디어 장이나 정치행정의 장과의 결탁을 통해 사회자본을 축적하고 이를 바탕으로 학계에서 지배적 지위를 점유하려고 한다. 누구나 주류학계의 집단적 움직임에서 이탈하면 학계에서 살아남기 힘들다.

보통 서울대 출신으로 미국 등에 유학하여 박사학위를 받고 그곳에서 교수생활을 하다가 귀국하여 모교 교수가 되어, 중요 저서를 발표하고 신문에 칼럼을 쓰고 많은 연구비를 받아 다양한 연구프로젝트를 수행하면서 형성된 그의 사회적 지위와 영향력은 한국학계의 성격과 방향을 규정함에 일정한 방식으로 작용해왔다. 다만 법학계의 경우에는 매해 국가고시에 붙은 합격자들은 사법부와 행정부로 진출하고 그 나머지 중에서 교수를 하겠다는 사람들이 학계를 점령하고 있으므로 동기부여나, 외국의 동향파악이나 학문적 기본자세에 문제가 많다.

1976년 초판 출간 후 여러 차례 개정한《민사소송법》(2014, 신정 7판, 박영사), 김현 변호사와 함께 쓰고 여러 번 수정한《해상법원론》(2015, 제 5판, 박영사), 해외에서의 한국법 수요에 부응하려고 쓴 *Korean Law in the Global Economy*(1996, 박영사), *Introduction to the Law and Legal System of Korea*(1983, 경문사).

　법학교과서를 출간하는 경우에 개정판을 낼수록 책은 계속 두꺼워져서 나중에는 학생이 짊어지고 다니기가 버거울 만큼 무거워진다. 조문해석에 관한 각종 학설과 판례를 요약하여 삽입하고 외국동향을 양념으로 추가하다 보니 책의 부피는 그 한계를 모른다. 1천여 페이지가 넘는 고시과목의 기본서가 수두룩한데, 이것을 수험준비 학생으로 하여금 모두 암기하라는 뜻이 아닌가. 그러다 보니 학생은 격의 없는 토론을 통하여 실제 문제에 관한 분석과 해결능력을 배양할 길이 없다. 디지털 세상이 되어 교과서에 없더라도 클릭 몇 번으로 필요한 조문이나 판례는 쉽게 찾아볼 수 있는 요즈음 문제제기와 토론을 통한 살아있는 법학교육은 정녕 아직도 멀었는가.

학자와 법관의 산학협동, 민사판례연구회

내가 관여한 학회에 관한 얘기를 해보자. 첫째, 법학계의 학문풍토가 하도 척박하고 인화마저도 부족한 현실을 극복하기 위하여 법학연구의 근간인 판례연구부터 시작해 보자는 뜻으로 후암(厚巖) 곽윤직(郭潤直) 교수를 중심으로 약 30명 정도의 교수와 신진판사들이 모여 1977년 초 '민사판례연구회'를 창립하였다. 한 달에 한 번씩 학자와 법관이 모여서 판례연구를 하고 발표한 연구결과를 모아서 1년에 1회 한 권의 책으로 출간하기로 하였다. 마치 법학계의 산학협동이라고나 할까. 여름 휴가철에는 가족과 함께 대한민국 명산대찰을 찾아다니면서 가족 간의 정을 돈독히 하는 동시에 그해에 가장 중요하다고 생각되는 중점주제에 관한 종합적 발표와 토론을 하는 심포지엄을 개최하였다. 그리고 연말에는 비법학 분야의 권위자를 연사로 초청하여 좋은 말씀을 들으면서 배우자와 함께 만찬을 즐겼다.

처음에는 실무계의 소장 법관인 박영식, 이용훈, 가재환 등 수 명이 나와 함께 간사로서 심부름하였다. 나는 대학에서의 학문활동의 결핍을 보충하고자 열심히 이 연구회의 일에 관여하였다. 초창기에는 발표할 장소도 찾기 어려웠다. 내가 주로 교섭하여 서소문에 있던 풀브라이트재단 사무실, 종근당 회의실 또는 서울대 교수회관 등을 방과 후에 얻어 쓰기도 하였고, 국립의료원 내에 있는 스칸디나비아클럽에서 미리 뷔페식사를 하고 식당의 뒷방에서 발표회를 하기도 했다. 월례 판례 연구발표와 하계 중점주제 연구발표를 묶어 1년에 한 권씩 논문집을 출간하는 일은 당시 우리 법학계에서는 전대미문의 보람찬 일이었다. 40여 년이 지난 지금도 법학계에서는 이 연구회가 출간하는 〈민사판례연구〉가 가장 자주 인용되는 권위 있는 문헌이다.

이처럼 민사판례연구회의 축적된 학문적 업적과 성공적인 운영은 다른 법학분야의 학회운영에 커다란 영향을 끼쳤다. 민사판례연구회가 시작할 때에 채택한 운영방식은 물론 심지어는 학술발표 장소까지도 우리를 흉내 내는 것이 일반적 풍조였으니 이 판례모임의 시작이 얼마나 우리나라 법학계의 활동에 영향을 미쳤는가를 짐작할 수 있다.

내가 민사판례연구회 일에 적극적으로 참여한 것은 법학분야에서 판례연구의 중요성을 알리기 위함이었다. 기본적 판례연구 모임이라도 정기적으로 개최하여 학문적 분위기를 쇄신할 필요가 있는 점, '고시에 떨어진 사람이 교수를 한다'는 재조 실무계에 팽배한 편견과 냉소를 극복하려는 나의 의지, 공동연구가 절실한데도 법조계와 학계의 교류가 없었던 현실을 타개하고자 당시 사법고시 합격자로서 유일한 법학교수인 내가 앞장서서 다리를 놓을 필요가 있다는 점도 작용하였다. 이를 주도하신 곽윤직 교수님은 명교과서 집필로 인세 수입도 많으시지만 아주 깨끗하신 인품의 귀감이므로 부족하신 현실감각을 다소 보완하겠디는 짐 등을 생각하여 20여 년간 참으로 열심히 참여했다.

민사판례연구회는 일체의 형식에 얽매이거나 관료적 냄새가 나지 않도록 신경을 쓴 나머지 심지어 정관은 물론 내부규정조차 없고 회장 이외의 감투도 없었다. 다만 매달 1회씩 역대 간사들의 모임인 간사회의를 소집하여 1년간 또는 그달의 운영계획과 발표 프로그램 등을 확정하였으므로 이 연구회의 운영주체는 어느 한 개인이 아니고 학계와 실무계의 우수한 인사로 구성된 간사회의였다. 초창기에는 내가 간사회의를 주도하여 법관들과 연구회의 일을 해보니 법관인 간사들의 우수성과 책임감 그리고 준비성에 탄복한 일이 한두 번이 아니었다.

곽 선생님이 1991년 정년을 계기로 회장직을 사임하시자 그다음에는 내가 2대 회장으로 14년간 일을 맡았다. 그 당시 나는 호주 멜버른대학에서 가르치느라고 그해의 월례회는 물론 경주의 여름 심포지엄에도 참석조차 못했는데, 간사회의를 열고 내게 통보도 없이 다음 회장으로 결정해버린 것이었다.

이 연구회는 매년 신진 법관과 교수를 신입회원으로 받아들여 조직에 활력을 불어넣었고 이들은 참으로 우수한 분들이어서 판례연구발표가 주옥같았음은 물론 자기 분야에서 두각을 나타내는 탁월한 재조법조인이 많았으므로 자연히 법원의 중요한 직책에도 발탁되는 경향이 있었다. 모두들 이 연구회의 회원이라는 사실이 자랑스럽기도 하고 누구나 가입을 원하였다. 그런데 나의 뒤를 이은 양창수 회장을 거쳐 윤진수 교수가 4대 회장을 맡게 된 최근 몇 년간에는 뜻하지 아니한 어려움이 발생하였다. 사법부 내에서 판사들의 단체구성이나 학회가입이 문제가 되기 시작했기 때문이다. 회원이 서울대 법대 출신 일색이라거나 법원의 요직을 민사판례연구회원이 거의 독점한다는 비난을 받고 나니 참 어처구니가 없었다.

민사판례연구회는 창립 당시부터 법관이 재야변호사와 유착된다는 오해를 피하기 위하여 아무리 우수하고 경험이 많아도 변호사 회원을 배제한 채 교수와 판사만으로 구성하였고, 형사문제를 전문으로 하는 검사는 자연히 고려대

民事判例研究會 夏季 심포
主題: 相續法의 諸問題
● 日字: 2002. 8. 8 ~ 　0　　● 場所: 현대성우리조트

2대 회장으로서 14년간 일을 맡았던 민사판례연구회의 심포지엄 (2002).

상 밖이었다. 또한 쓸데없는 출신학교별 파벌이 생기거나 공연히 공부분위기를 해칠까 염려하여 당분간 서울대 법대 졸업자만을 회원으로 초빙하기로 했으나 나중에 이런 제한도 폐지되었다. 그리고 퇴근 후 귀가시간을 늦추고 저녁에 모여서 공부할 수 있다는 것은 배우자의 이해가 있기 때문이니 이들에게 감사하기 위하여 온가족이 여름에는 공부도 하면서 같이 휴가를 즐기고 연말에는 연사를 모시고 좋은 말씀을 들으면서 가족만찬을 갖기로 한 소박한 가족봉사 모임이기도 하였다.

여름과 겨울의 가족행사를 위하여 일체 외부찬조 없이 인세를 엄격하게 관리하면서 공용으로만 지출하는 것은 물론 월례발표회와 여름과 연말의 가족행사의 경우에도 각자 자기비용으로 참가하는 깨끗하고 순수한 학술모임인 것이다. 한국에서 외부단체의 재정지원을 전혀 받지 아니한 채 자력으로 활발하게 운영되는 민간학회는 당시 이것이 유일했다. 법원의 요직에 임명되는 것은 민사판례연구회와 무관한 일이었고 아무도 일부러 밀어주거나 뽑아준 일이 없다. 전혀 이념적인 성향을 표시하는 경우도 없고 오로지 우수한 회원을 받아들여 같이 공부를 열심히 한 죄밖에 없는데 정치권과 언론 그리고 일부 법조인들은 사실관계를 정확히 파악하거나 취지를 이해하지 못한 채 자극적 비난만을 퍼부어댔다.

세상이 바뀌는 데 발맞추어 민사판례연구회도 여러 내부기준이나 운영방식을 변경해야 할 필요는 있겠지만, 언론의 부당한 공격으로 우리나라에서 법학과 법조계의 발전에 가장 많이 기여한 최고의 법학 학술연구단체가 근거 없는 비난과 의심을 받았음은 안타까운 일이다. 그러나 민사판례연구회는 내가 관여하던 여러 학회 중 법학분야의 학문풍토를 혁신하고 특히 판례연구 발전을 위하여 가장 크게 공헌했으며 지금도 값진 학문적 결과를 생산하고 있는 아주 귀중한 학회라는 생각에는 변함이 없다.

나는 우리나라가 인문사회자연 분야를 막론하고 왜 학문적 발전이 잘 안되는지에 대하여 곰곰 생각해볼 기회가 있었고, 막연히 자금지원 부족과 제도적 미비 외에 이와 같은 아주 부당한 매카시즘적, 자학적 분위기가 40년 이상 이 나라 법학계와 법조계의 발전을 위하여 커다란 족적을 남긴 학문공동체를 한순간에 해칠 수 있음을 똑똑히 보았다. 다행히도 회장인 윤진수 교수의 헌신적 노력으로 연구회는 그 명맥을 잘 이어가고 있어서 참 다행이다.

교수생활의 초기에 관여한 민사판례연구회 이외에도 여러 분야의 학회를 창설하거나 이어받으면서 특히 학회장 등 임원진의 단임과 임기준수, 사업계획의 확실한 집행과 회계처리의 엄정을 기하여 후학들에게 학회운영의 모범을 보이고자 노력했다. 이 당시 학계의 현실은 한 분이 어느 학회의 회장이 되면 그 자리는 대부분 그가 돌아가실 때까지 계속 붙들고 있는 것이 관례처럼 되어 있었다. 따라서 나는 잘못 운영되고 있는 전통적 학회에 가입하기보다 우리에게 폭발적으로 다가오는 국제적 변화에 발맞추어 새로운 학회를 창립하였다. 항상 선진국에서 도입한 새로운 분야의 학회를 만들어 한동안 국내적 기초를 닦은 후에는 후배에게 물려주고 다른 새 분야로 옮겨가는 등 남보다 늘 한발 앞서가고 있었기 때문에 학회 내에서 선후배와 밥그릇 싸움을 하거나 장기집권을 할 일도 없었다. 내가 창설 또는 관여한 여러 학회는 한국의 첨단기술 보호 및 이용과 국제통상의 발전에 관한 선구적 역할을 계속할 것이다.

한국지적소유권학회 창립

1980년대 초 한국이 수출한 컬러TV가 미국 통상법 제 301조의 적용을 받아 반덤핑관세라는 벼락을 맞은 일이 있었다. 더 나아가서 미국과 서구선진국들이 한국의 표절과 모방 및 불법복제를 항의하면서 이런 행위가 국제통상질서를 불공정하게 만든다고 주장했다. 정부를 도와 이 문제에 대한 대응책을 강구하던 나는 중지 (衆智) 를 모으기 위하여 관련학회를 창립하고자 했다.

1986년 1월 31일 사단법인 한국지적소유권학회 (Korean Intellectual Property Research Society: KIPS) 를 창립하여 초대회장으로서 이 학회를 중심으로 정부를 도우면서 적극적 활동을 펴나갔다. 이 단체는 한 푼의 정부지원을 받은 바 없이 순전히 학자와 실무가들이 나를 중심으로 자발적으로 모인 민간학회임에도 불구하고 정부를 열심히 돕는 것을 보고 미국의 여러 공식 또는 비공식 보고서에서 우리 학회를 정부조직의 일부라고 기술한 것을 발견하고 실소를 금치 못했다. 한국지적소유권학회는 저작권, 특허권, 상표권 등의 침해가 중요한 국제통상 분규의 쟁점이 되고 있지만, 국내에 아무런 인식이 없을 때 창립되어 정기적으로 매월 6천 부 이상의 뉴스레터를 주로 학계와 실무계에 배포하면서 지식인들의 인식을 바꾸는 데 크게 기여하였다.

이 학회를 중심으로 나는 연구, 강연, 자문 및 홍보를 계속하는 동시에, 정부 관계기관의 요청으로 관계부처의 자문위원으로서 '특허법', '상표법', '저작권법' 등 관련법률의 개정과 '컴퓨터프로그램보호법', '반도체회로배치설계의 보호에 관한 법률' 등의 제정에 주도적 역할을 하였다. 국내 역량강화를 위하여 특허청의 '국제특허 연수센터'를 개설하여 개소식에서 차수명 특허청장과 함께 테이프 커팅을 하기도 했다. 이 센터는 우리 자신의 역량강화는 물론 동남아 여러 나라의 공무원들을 훈련시키는 교육장의 역할도 담당하였다. 이렇게 바쁘게 활동하는 기간 동안 많은 훌륭한 변리사 및 기타 문화 및 과학기술 계통의 인물들을 알게 되는 행운을 얻었고, 가급적 그분들에게 학회를 통하여 변호사들과 교류하면서 전문지식을 활용할 기회를 드리기에 노력하였다.

후일 대한변리사회 회장과 한국라이온스클럽 총재를 역임하신 김명신 변

한국지적소유권학회 창립 총회에서 (1986. 1).

리사의 아이디어와 리더십에 의존한 바 크며, 장수길 김앤장 변호사, 이정훈 법무법인 태평양 대표변호사, 김문환 전 국민대 총장, 정진승 전 한국개발원 교수, 이기수 전 고려대 총장 등의 아이디어와 헌신에 감사드린다. 그 당시 우리들은 나라를 위하여 참으로 열심히 일했다. 그러나 인식의 변화는 참으로 느리게 진행되었다.

그러다가 수년 후 한국인의 각종 지적 또는 산업적 창작물이 우리보다 후진 국인 여러 나라의 침해로 인하여 경제적 손실이 발생하기 시작하자 기업에서 부터 지적 재산권의 보호에 관한 인식이 빠르게 변하기 시작했다. 이 어려운 연간에 외국 정부나 다국적 유관단체가 찾아와서 표절을 통한 부당이득과 국제교역질서의 왜곡을 항의할 때마다 나는 꼭 우리의 인식부족과 고의성 없는 위반을 내세우면서 이 방면의 전문가를 양성할 테니 돈을 좀 내라고 맞받아쳐서 도리어 상당한 장학금을 얻어내기도 하였다. 실제로 이 장학금으로 제자들을 외국에 유학 보내 공부시켰고 양성된 많은 인재 중에서 서울대 법대 학장의 중책을 역임한 정상조(丁相朝) 교수는 자랑스러운 성공사례라고 할 수 있다. 다만 이 학회는 그 후 리더십의 부재와 후일 우후죽순처럼 생겨난 다른 유사학회와의 경쟁으로 유명무실하게 되어 참으로 안타깝다.

국제거래법학회와 디지털재산법학회 활동

국제거래법학회(Korea International Trade Law Association: KITLA)도 역시 국제통상과 무역의 법제와 현실에 관한 우리의 후진성을 극복하기 위하여 학자와 실무가들이 모여 창설한 모임이다. 물론 매월 수출진흥확대회의를 통한 무역규모의 확대가 오늘날 경제발전의 터전을 만들어낸 것은 사실이지만 정부주도의 무역이란 어느 수준에 가면 한계에 부딪히고 만다. 더구나 우리의 무역거래란 일방적인 수출만 있고 수입은 극도로 제한되며 그나마 오랜 세월 동안 정부의 강한 통제하에 있다 보니 한국이 어느 정도의 경제적 성장을 달성한 이후에는 원래의 아동복이 성인이 되어버린 한국 통상경제 규모에 맞지도 않을 뿐만 아니라 덩치가 커진 한국이 국제사회의 공정한 룰에 따라 교역을 하지 않는다는 비난도 빗발쳤다.

이러한 현실을 직시하고 한국 무역체계의 전향적 발전을 위하여 창설된 국제거래법학회는 회장인 나를 중심으로 교수, 변호사, 관련 정부기관, 로펌 등과 손잡고 우리의 국제거래에서 국익의 손실을 최소화하는 논리를 개발하면서 새로운 국제거래 환경에 맞는 개선작업에 노력하였다. 원래 이 학회는 나의 역량을 넘어서는 임무를 수행해야 할 것 같아 고사하였으나 집에까지 찾아오셔서 간청하던 김용환 변호사, 서헌제 교수, 손경한 변호사, 김문환 전 국민대 총장 등 여러분이 억지로 강권하는 바람에 1990년 11월 17일 국립의료원 구내식당에서 창립대회를 열고 초대회장을 떠맡게 되었다. 그에 더하여 신국환 전 국회의원, 최공웅 전 판사, 이승웅 전 삼성물산 사장, 조대연 변호사, 조태연 변호사, 석광현 교수, 이호원 교수 등 경험 많고 능력이 출중한 인물들의 절대적 지원을 받았으니 나는 역시 행운아임에는 틀림없다.

우선 정부의 요청으로 엄격한 국가관리 무역체제를 새롭고 자유로운 국제통상 환경에 맞추고자 '대외무역법'을 전면 개정하는 작업을 박병무 김앤장 변호사 등의 도움을 받아 완수하는 등 한국의 무역과 외환관리의 법적 제도적 틀을 근본적으로 바꾸는 일을 해낸 것에 커다란 보람을 느낀다. 이 학회는 해를 거듭할수록 활발한 활동을 하면서 학계의 선도적 역할을 하고 있다. 그런데 2008년 3월, 난데없이 나의 아호를 부쳐 '심당(心堂) 국제거래학술상'을 제정하고 매년 국제거래법이나 무역학 또는 통상 분야에서 가장 우수한 논문을 쓴 분을 선정하여 시상하는 계획을 발표하였다. 나는 분수에 넘치는 일이고 내가 그만큼의 업적을 낸 바 없으니 이를 거두어 달라고 요청하였으나 기어이 제1회에 제자인 이화여대의 최원목 교수를 선정하여 학회를 창립한 장소에서 시상을 한 이래 이를 계속하고 있다.

마지막으로는 한국디지털재산법학회의 창립이다. 이 학회는 2001년 4월 온라인 디지털 콘텐츠산업이라는 새로운 산업분야의 발전과 촉진을 위한 입법을 함에 있어서 이러한 입법의 중요성을 미리 간파한 경희대 법대학장 이상정 교수를 비롯하여 유대종 엠파스 법무팀장 등 학계와 실무계의 여러 인사들이 뭉쳐서 이를 관철하고자 주도적 역할을 하여 설립되었다.

나는 이분들의 성의와 노력에 감동하여 미력이나마 돕는다는 뜻으로 초대 회장의 취임을 승낙하였으나 2년 후 국제형사재판소 재판관으로 선임되면서 이상정 경희대 학장께 뒷일을 부탁드리게 되었다. 그럼에도 불구하고 송구스럽게도 2007년 초 내가 정년퇴직함에 즈음하여 학회지인 〈디지털재산법연구〉 제6권 1호를 나의 정년기념호로 제작하여 주셨으니 이 또한 실로 분에 넘치는 영광이라고 아니할 수 없다.

한국법학교수회 회장으로 법학자대회 개최

순수한 학회는 아니나 사단법인 한국법학교수회를 위하여 1999년부터 6년간 회장으로서 봉사한 일이 있다. 나는 원래 이 단체가 최태영 서울대 법대 학장님부터 김철수 교수님에 이르기까지 존경하는 선배 교수님들이 묵묵히 이끌어 오신 유서 깊은 단체임은 알고 있었다. 하루는 이 단체를 수년간 이끌어 오신 한양대 현병철 교수와 부산외대의 정용상 교수의 접촉을 받았다. 나는 일반적으로 어느 조직이든지간에 이를 유지해온 기간 멤버들이 있는 법이므로 처음에는 이러한 제의를 강력하게 고사하였다. 두 교수님을 비롯한 여러 선배교수님들의 전폭적 지원을 받아 걱정하는 마음을 억누른 채 이 단체의 회장으로 선임되었을 때, 나는 이 단체의 정체성부터 의문을 가지기 시작하였다. 내가 맡기 이전에는 한국법학교수회가 종종 어떤 특정 법학분야의 학문적 주제에 관한 학술연구 발표를 개최하여 왔기 때문이다. 나의 생각으로는 그런 학술활동은 그 분야 학회들의 영역이고, 한국법학교수회는 적어도 법학교육 현장의 지킴이 노릇을 하면서 법학이나 법학교육계의 공통된 관심사에 관하여 연구하고 토론하여 정부에 건의하는 등의 활동을 하는 것이 본연의 임무라는 생각이 들었기 때문이다.

그러기 위해서는 우선 법학교수들이 법학교육의 공통 관심사를 토론하는 축제의 장이 필요하다고 생각하였다. 예컨대 독일에서는 법학자와 법조실무가들이 매년 모두 모여 종합적인 학문적 집회(Juristentagung)를 개최하면서 이를 실속 있는 학문적, 인간적 축제의 장으로 운영하고 있음에 착안하여 한국 법학계에서는 한 번도 시도해 본 일이 없는 계획을 세웠다.

그리하여 헌법제정 시점으로부터 50년이 되는 1998년 "한국법학 50년: 과거, 현재, 미래"라는 주제로 제1회 한국법학자대회를 개최하였다. 나는 이 대회의 조직위원장으로서 여러 가지 준비작업을 진행하였다. 경비는 물론 교수들의 호응도의 관점에서 참으로 어려운 사업이었으나, 건국 이래 처음 시도하는 것이므로 첫술에 배부를 수는 없다고 자위하면서 밀어붙였다. 적어도 법학교수들을 한자리에 모으는 첫 기획은 성공적이었다. 욕심 같아서는 이런 전국적 모임은 매년 개최함이 교수들의 이익에 부합하지만 하도 일의 추진이 힘들어서 격년제로 추진하기로 결정했다. 냉담하던 재조 및 재야 법조계로부터 다음부터는 자기들과 같이 개최하자는 제의가 있어서 그 이후에는 법학자대회 대신 법률가대회로 확대 개편되었다.

제2회 한국법률가대회는 "뉴밀레니엄(New Millennium) 법 — 법환경의 변화와 그 대응책"을 주제로 개최되었다. 제4회 한국법률가대회는 현병철 한양대 교수가 조직위원장이 되어 2004년 10월 22일 성대한 축제를 가졌다. 많은 교수들이 발표한 논문들은 《한국법학교육과 법조실무의 국제대응력》이라는 제목으로 묶어 출간되었다. 세월이 갈수록 대회를 좀더 활성화하면서

한국법학교수회 회장으로 제1회 한국법학자대회 주최 (1998.10).

교수들이 단결하여 한목소리를 내야 자신들의 권익 증진에도 도움이 되건만 개인주의적 성향이 강한 탓인지 이처럼 중요한 모임에 관심을 기울일 만한 동기부여가 없기 때문인지 지금은 겨우 명맥만 유지하고 있는 실정이다.

그나마 행사의 주관도 사단법인 한국법학원으로 이관되어 버린 후에는 주도권을 빼앗긴 한국법학교수회가 어떤 기여를 하는지조차 불분명하게 되어 버렸다. 한국법학원이 개최한 2014년 10월 24일 국제형사재판소장으로서 제9회 법률가대회에 기조연설을 부탁받았을 때에는 내가 탄생시킨 이 대회의 기구한 운명에 마음이 착잡했으나 이를 수락하였다. 첫날의 기조연설에서 중요한 국제적 최신동향을 소개하면서 우리 법조인의 각성과 분발을 촉구하는 경고를 심혈을 기울여 외쳤건만, 그 큰 성균관대 강당은 약 50명 정도의 교수와 변호사들이 표정 없이 듣고 있을 뿐 썰렁하기 그지없었다.

나와 함께 한국법학교수회를 이끌어간 현병철 한양대 법대 교수는 후일 국가인권위원장이 되어 국제형사재판소로 소장인 나를 예방했다. 현 교수는 장관급인 이 막중한 자리를 임기 3년간 무사히 완수하고 연임발령을 받아 6년간 봉사했다. 그는 인권개념이 제대로 인식되지 못한 한국에 인권의 보편적 적용성을 강조하면서 심지어 기업도 인권개념에 맞추어 경영해야 됨을 인식시켰고, 특히 북한의 인권에 관한 우리 정부의 불투명한 태도를 개선하는 데 지대한 공헌을 했다. 야당의 무리한 비판에도 굴하지 아니하고 합리적 응대를 함으로써 대폭 삭감된 예산사정에도 불구하고 그가 이룩한 업적은 인권발전의 토대가 될 것으로 믿는다.

나는 한국 법학계에 세계적으로 내세울 만한 법학 잡지가 하나도 없는 현실에 절망하였다. 서울대 법학연구소의 이름으로 연 1회 출간하는 〈법학〉은 내용의 빈약함에도 불구하고 그나마 한국에서는 정기적으로 1950년대부터 명맥을 이어온 유일한 우리말 법학전문지였다. 연구여건이 안 되어 있으니 연구결과가 나올 리 없고 예산상의 어려움도 있지만 교수가 연구논문을 안 쓰니 게재할 원고가 부족한 것이 항상 문제였다. 나는 법학연구소의 일을 하게 되면서 아시아재단 등의 원조를 어렵사리 얻어서 국제회의를 기획하고 기조연설을 할 학자를 외국에서 초청하곤 했다. 국제회의에서 발표하고 토론한 내용은 〈법학〉지에 게재할 수 있었다. 국제학계의 동향을 알고 저명한 외국학자들과 교류하려면 우리도 영어 등으로 된 학술지를 출간해야 하지만 이런 것은 꿈에도 생각하기 어려웠다. 2000년 이후에 BK21이라는 정부지원 연구프로젝트가 여러 해 계속되자 훨씬 내용이 풍부하고 출간횟수도 빈번하게 〈법학〉을 간행할 수 있었고, 마침내 김건식 교수를 중심으로 영어로 된 저널 *Korean Journal of Business Law*를 시작하는 기쁨을 맛볼 수 있었다.

법대 교수 본업으로서 사회봉사

교수의 본업은 강의와 연구 외에 사회봉사라고 한다. 따라서 나도 교내에서의 봉사도 웬만큼 수행했고 노인과 어린이를 위한 교외의 각종 자선 및 봉사활동에도 교수로 임용되면서부터 조용히 참여했다. 또한 서울대 법대에서 교수생활을 하면 정부의 각 부처에서 자문위원으로 위촉하거나 기타 조력을 구하는 경우가 많이 있다. 이는 상아탑 속에서 얻은 지식과 이론을 실무에 접목시켜 보는 귀중한 기회가 되기도 하지만, 반면에 자칫하면 교수들이 관청이나 권력에 기대거나 심지어는 유착되는 부작용을 만들어내는 경우도 있다. 나는 해외로부터 많은 학문적 협력요청을 받아 시간을 내기도 어려웠기 때문에 정부의 자문위원 등은 관심이 없었고, 자문하는 경우에도 내 나름대로 지키는 기준과 선이 있었다. 고사한 경우도 적지 않지만 결과적으로 여러 부처로부터 자문위원 등에 위촉을 받았다. 나는 자문위원에게 기대되는 전문적 조언을 준비하는 시간이 많이 들어 힘든 경우가 종종 있었다.

내가 위촉받아 관여했던 몇 부처의 자문위원회에 관하여 약간의 언급이 필요할 것 같다. 나는 1979년 이래 대법원의 송무제도개선위원회, 1981년 이래 법무부의 정책자문위원회 및 1984년 법제처의 자문위원회에 각각 위촉된 이래 이 세 기본적 법률전문 부처의 자문에 오래 깊이 관여하였다. 각 기관의 자문위원회마다 운영스타일에 특색이 있었다. 1년에 필요할 때 한두 차례 소집하여 오찬을 하면서 내놓은 안건을 뒷받침해주는 요식행위적 모임을 갖고는 소식이 없는 부처도 있는가 하면, 정기적으로 소집하여 구체적 안건을 실무적으로 세밀하게 심의하는 기관도 있었다.

대법원의 송무제도개선위원은 1979년 위촉되어 2004년 그만둘 때까지 실로 4반세기 동안 사법부의 각종 제도개선에 진심으로 노력했다. 자주 모여서 민형사나 가사, 행정, 비송, 등기, 교정 등 모든 소송제도에 관한 현실적 구체적 문제를 논의하기도 하고, 장기적 정책방향을 토론하기도 했으나 누가 송무국장을 맡느냐에 따라 위원회의 운영방식에 다소 차이가 있었다. 나는 공정한 소송제도가 사법부의 신뢰성에 미치는 영향을 고려하여 진지하게 논의에 임했다. 자문위원회에의 참여는 각종 소송제도를 종횡으로 살펴볼 기회도 있어 내 공부에도 적지 않게 도움이 되었다. 법원 측도 내게 항상 여러 가지 자문 기회를 주었다. 1993년에는 윤관 대법원장이 현승종 전 총리를 위원장으로 하는 대법원 사법제도발전위원회를 발족하면서 나를 위원으로 지명하는 동시에 제3분과위원장(송무제도)으로 위촉하였다. 이때 나는 이 위원회의 중요성을 직감하고 당시 법원행정처와 긴밀히 협력하면서 마침 뉴욕대에서 강의 중이었지만 회의가 있는 날은 뉴욕에서 당일치기로 새벽에 서울에 도착하여 하루 종일 회의에 참석하고 그날 저녁에 다시 뉴욕으로 돌아가는 강행군을 여러 차례 감행하였다.

그 외에도 1996년에는 사법연수원발전위원회 위원으로 위촉되어 연수원과 인연을 맺은 이래 2007년부터 10년간 사법연수원 운영위원장을 역임했다.

대법원 사법제도발전위원회 제1차 전체회의 기념 (1993.11).

운영위원장은 연 1회 각계의 전문가로 구성된 운영위원회를 개최하는데 젊은 사법시험 합격자들에 대한 교육의 중요성을 감안하여 헤이그에서 반드시 날아와서 이 회의를 주재하였다.

　법무부의 경우, 1981년 일반적인 정책자문위원으로 위촉된 이래 항상 민법, 상법 및 민사소송법 등 기본법의 개정을 위한 특별분과위원으로서 많은 시간을 함께 보냈다. 기본법 개정위원은 많은 준비와 공부가 필요하므로 손쉬운 일은 아니었으나 나 자신의 연구와 교육활동을 보강하고 나의 학문적 입장을 다시 한 번 생각해보는 좋은 기회가 되기도 하는 등 공부를 하게 만드는 촉진제의 역할을 했다.

　상법의 경우도 회사법 개정에 한숨 돌리고 나면, 해상법 및 보험법의 개정 작업이 기다리고 있고, 민사소송법의 경우에는 판결절차편의 개정 외에 강제 집행편의 개정이나 그에 따른 관련 부수법의 개정안 심의에 참으로 바빴다.

이 같은 기본법의 개정작업은 법현실이 변화함에 따라 늘 개정하겠다는 열린 자세를 가진 법무부의 주도로 상시 자문위원회를 개최하였다고 보면 된다. 그런데 갑작스러운 사회경제 여건의 변화에 대응하는 법 개정은 빠듯한 시간 내에 전력투구하여 법 개정 또는 제정작업을 마쳐야 했다.

법제처의 경우에는 자문활동이 대법원이나 법무부처럼 자주 긴밀하게 이어지지는 않았으나, 현홍주 법제처장의 요청으로 한국법제연구원의 설립에 관여하게 되었고, 연구원의 이사자리도 3연임을 하고 물러났다. 한ㆍ중 수교 이전에 양국 간의 교류에 관한 국제회의를 성공적으로 개최하는 등 여러 가지로 관련을 맺게 되었다.

나는 1980년 처음으로 제22회 사법시험 제2차 시험위원으로 위촉된 이래 1980년대에는 거의 매번 위촉을 받았는데, 한때는 사법시험위원의 위촉이 너무 서울대에 편중되어 이것이 수도권 인구과밀억제 방침과 어긋난다는 해괴한 이유로 지방대학 교수 중심으로 위촉하는 경우도 있어서 내가 빠진 적이 있었다. 위촉되는 경우에는 주로 민사소송법을 출제 및 채점하도록 요청을 받았다. 후일 사법시험의 관리제도가 바뀌어 '사법시험법'을 제정할 때에는 법무부(장관 최경원)의 사법시험관리위원회 부위원장(위원장 신광옥 차관)으로 봉사한 경우도 있다. 그 외에도 국가시험 중 1990년대에 와서 변리사 시험 위원, 입법고등고시 시험위원으로서 여러 차례 출제와 채점을 담당한 일이 있었다. 우리나라의 국가고시제도는 여태껏 누설이나 부정 등 스캔들 없이 잘 관리되고 있어서 다행이나 출제와 채점의 비밀을 유지하면서 공정한 평가를 하는 것은 각 위원의 입장에서는 쉬운 일이 아니다. 나는 어느 시험의 경우에나 내가 학생 때 응시자로서 겪었던 경험에 비추어 최대한 공정한 마음으로 열심히 답안을 읽어가며 꼼꼼하게 채점했다고 생각한다.

1981년 들어 재무부(장관 이승윤) 정책자문위원으로 위촉되어 세제심의에 2년간 관여한 일이 있었다. 이것이 재무부와의 인연이 되었던지 아니면 보험법을 가르치는 현역교수라서 그랬는지 1983년에는 보험산업발전 연구위원과 손해보험분쟁심의위원을 계속 위촉받아 현실적 분쟁사건의 조정에 임하면서 자동차보험의 다양한 분쟁현실을 파악하고 조정기술 등 여러 가지 면에서 배운 바가 많았다. 훌륭한 실무전문가 위원들과 같이 일하는 과정이 즐겁기도 했다. 나는 교단에서 보험법도 가르치고 있었으므로 이 같은 기회가 나에게 새로운 학문적 눈을 뜨게 해주었다. 1993년에는 한국소비자원의 소비자분쟁 심의조정위원으로 위촉되어 서민들의 다양한 소비자분쟁을 조정하면서 내가 학문적으로 우리나라에서 처음 주창한 조정 등 대안적 분쟁해결 제도(ADR) 의 기술적인 면을 보완할 수 있어서 학문적으로 커다란 도움이 되었다.

이처럼 교수생활의 전반부 동안에는 아무래도 법을 전문으로 하는 부처인 대법원, 법무부 및 법제처에 자문을 하는 일이 중심이 되었다. 그런데 새로운 국제환경 변화로 말미암아 법률관계 부처 외에도 다른 여러 부처가 내게 도움을 요청하는 일이 생겼다. 지적 재산권의 침해를 중심으로 한 통상문제는 1980년대 이후 우리나라를 끈질기게 뒤흔든 몹시 곤란한 국제경제적 이슈였고, 이를 기회로 나는 지적 재산권을 다루는 여러 부처의 자문위원으로 위촉받아 관계법의 제정과 개정에 광범위하게 참여하게 되었다.

과학기술처의 프로그램 심의위원회 위원으로 '컴퓨터프로그램보호법'을 성안하여 이를 국회에서 통과시켰다. 엄청난 영어문헌을 소화하면서 스스로 공부하여 이 작업을 해내는 데에는 많은 시간과 노력이 들었다. 당시의 논점은 컴퓨터프로그램을 특허법에 따라 보호할 것인가, 아니면 저작권 법리로 보호할 것인가가 기본쟁점이었고, 선진국처럼 저작권으로 보호하는 경우에도 이를 완전히 어문저작물로 볼 것인가 아니면 프로그램의 기술적 특성을 어느 정도 인정할 것인가가 문제였다. 나의 강력한 주장으로 저작권으로 보호하되 저작권법의 일부로 편입해 버리기보다 그 기술적 특성을 살려서 별개의 프로그램 보호법을 제정하는 방향을 택하였다. 늘 미국의 선례를 잘 따르는 한국이 미국처럼 프로그램을 순수저작물의 하나로 저작권법에 포함하지 않고 독자적 입법을 했다는 것이 미국 등 전 세계에 큰 놀라움을 주었던 모양이다. 이것은 세계에 유례가 없는 새로운 입법으로서 최대의 이해관계자 중의 하나인 IBM의 고문변호사가 당장 국제전화로 입안자인 내게 꼬치꼬치 묻는가 하면 다른 서유럽 대사관에서도 많은 질문을 퍼부어댔다. 나는 흔들림 없이 이들에게 한국 정부의 입장을 논리정연하게 설명함으로써 그들을 설득했다. 이처럼 어려운 기간이 지나가자 나는 지적 재산권 업무를 담당하는 각 부처의 자문위원으로 위촉되었다. 현재 컴퓨터프로그램보호법은 내가 헤이그에서 12년간 봉사하는 동안 원래의 입법의도와 다르게 저작권법으로 흡수되어 버렸다. 이렇게 되면 애써 개발한 컴퓨터프로그램의 법적 보호가 다소 약화될 가능성이 상존한다.

우선 문화공보부의 저작권심의조정위원으로 관련을 맺은 이래, 상공부의 반도체배치설계심의 조정위원장으로 위촉되었으나 이 분야에서는 분쟁이 드물어 실제로 조정을 해본 일은 없었다. 상공부가 나를 위촉한 것은 1988년 2월 말에 내가 김건식 교수와 공동으로 관련 연구보고서를 집필하여 한국과학재단에 제출했기 때문인 것 같다. 이 보고서는 반도체 집적회로의 회로배치설계의 법적 보호에 관한 우리나라 최초의 연구업적이다. 이로 인하여 후일 상공부의 '집적회로의 회로배치설계의 보호에 관한 법률안'을 초안하여 국회에서 통과시키는 보람도 있었다. 나는 과학기술처 산하의 '컴퓨터프로그램보호법'과 특허청 산하의 '반도체 회로배치설계의 보호에 관한 법률'을 나의 구상대로 법제화한 것과 상공부 산하의 '대외무역법'을 무역규모가 커짐에 따라 관리통제 무역에서 자유무역으로 무역의 틀을 근본적으로 바꾸는 일에 참여하여 입법적으로 관철시킨 것을 보람있는 법률제정 작업으로 생각한다.

그 외에도 전자거래분쟁 조정위원장으로서 어려운 전자조정을 해보기도 했고, 특허행정정책 자문위원장 등의 자리에 위촉되기도 하였다. 가끔 이런 자격으로 청와대 리셉션에 초청된 일도 있다. 예컨대 1998년 6월 22일 오전 11시 청와대에서 열린 98년도 우수발명인 초청 다과회에 참석하였다. 이날 김대중 대통령을 가까운 거리에서 뵙는 기회가 있었는데 보좌관들이 준비한 자료를 무시하고 수첩에 깨알같이 써온 내용에 따라 길게 말씀하셨다.

교육부의 경우 로스쿨 도입의 논란에 앞서 1996년 법학교육위원회 위원장과 1998년 학술진흥위원회 위원, 1999년 제23대 유네스코 한국위원회 사회과학분과 위원으로 각각 위촉되어 임기 동안 봉사한 일이 있다.

1989년 국무총리실 (총리 강영훈) 에서 새로 발족한 사정정책자문단의 자문위원으로 위촉했다. 부지런한 총리실 이충길 제2정책조정관의 실무감각과 헌신에 발맞추어 우리는 공직사회의 정화를 위하여 많은 아이디어를 건의했다. 국무총리실과의 인연은 한 번 더 있었는데 현재 여성가족부로 흡수된 청소년보호위원회 위원으로 위촉되고 보니 바로 총리실 직속이었다. 이 두 총리직속위원회에 관여하는 동안 여러 분야의 훌륭한 위원들을 많이 만났고 그들의 사명감과 헌신에 감동한 일도 많았다.

나는 세 번 대통령의 위촉을 받은 일이 있다. 2003년 대통령직속 민주평화통일자문회의의 위원과 2005년 초 사법개혁추진대통령위원회 위원으로 법조인 양성의 패러다임을 바꾸는 일에 참여했었고, 2005년 말에는 산업자원부의 무역위원장으로 위촉된 바 있었다. 민주평통자문위원은 어떻게 임명되었는지도 모르는 경우로서 거주지역을 중심으로 모인다고 하여 서초구에서 회의에 한 번 참석한 것으로 임기가 지나간 것 같다.

국제적 무역분쟁을 해결하는 합의체 의장인 제 9대 무역위원장의 경우에도 위촉경위를 모를 뿐만 아니라 이미 헤이그에 근무 중이어서 사양했음에도 불구하고 임명장이 전수되었다. 나는 이 자리가 무보수 비상근이고 아직 헤이그에서 본격적으로 사건이 접수되기 전인 데다가 이해관계의 충돌을 예방한다는 뜻에서 국제형사재판소의 승인을 얻어 임명을 수락하였다.

이 직책은 무역상대국의 기업이 국제무역규범의 위반을 이유로 우리나라의 기업을 제소하는 일종의 무역분쟁 사건을 해결해주는 일이었다. 무역규범에 관하여 가진 전문성과 평소에 민사소송법 등 분쟁해결에 관한 법을 오래 강의한 경험 등을 토대로 계속 밀려들어오는 분쟁사건을 원만하게 해결하기에 노력했다. 합의체 위원들도 식견과 경험이 풍부하였고 뒷받침해주는 산자부 공무원들도 상당한 전문성이 있을 뿐만 아니라 인간적으로 나를 잘 보좌해 주었다. 한 달에 한 번씩 분쟁해결 기일에 맞추어 귀국하여 산적한 사건을 다른 위원들과 합의하여 결정하는 일을 1년 남짓 수행하였다. 나는 매달 한국을 왕래하는 것이 피로하기도 하고 그때쯤부터는 국제형사재판소에 사건이 들어오기 시작한 터인지라 사표를 제출했으나 웬일인지 수리에 반년 이상 걸렸다. 그동안 신동식, 정준석 위원 등 여러 명의 무역위원회 상임위원과 살림을 책임지던 방순자 당시 사무관(전 전략물자관리원장)과 모두 좋은 인간관계를 발전시킨 나머지 지금까지도 정기적으로 연락하고 지낸다. 망외의 기쁨이다.

정부부처나 관계기관의 각종 자문위원으로 위촉된 경우가 많았으나 누가 추천하였고 왜 나를 임명했는지 알지 못한다. 교수들이 이런 자문위원을 하고 싶어서 로비를 한다는 소문도 들은 바 있으나 이를 믿지 아니하였다. 그런데 교수 출신인 장인이 국무총리로 재임하시는 동안 상당수의 교수들이 장인에게 정부부처의 자문위원으로 위촉해줄 것을 청탁하는 것을 알게 되었다. 부탁의 수가 증가하자 국무총리실의 담당자는 곤란한 표정으로 이 문제를 모두 내게 넘기려고 하면서 해결을 미루었기 때문이다. 심지어 어느 교수는 현재 위촉된 부처보다 더 좋은(?) 부처로 옮겨달라는 부탁도 했다.

이 같은 자문위원 외에도 1988년 난데없이 한국증권거래소의 비상임이사로 임명되었다. 이때에는 오늘날의 이른바 사외이사제도가 도입되기 10년 전인데 누가 나를 추천하여 비상임이사로 임명했는지 알 수 없었다. 물론 상법 중 회사법을 가르치는 교수이므로 전문성을 고려하여 임명했을 것으로 보지만 항상 이사회에 출석하여 발언하고 의결하는 일은 법적 책임이 뒤따르는 것이어서 얼마간의 수당을 받으면서도 마음이 무거웠다. 사실 나는 1998년 상법 개정시 사외이사제도의 도입에 반대하였다. 물러난 고위공직자를 사외이사에 임명하여 거수기인 동시에 보호막으로 이용하면서 '관(官)피아'와의 유착관계를 형성하는 현재의 폐단을 미리 예측했기 때문이다.

이 제도의 통과 후 몇 곳에서 사외이사로 위촉하겠다는 요청이 왔을 때에는 나름대로 대재벌 산하의 회사와는 관련을 맺지 않는다는 원칙을 세웠다. 그리하여 그들의 제의는 모두 거절했으며 특정 재벌의 소유가 아닌 기업에만 사외이사로서 얼마간 몸을 담았다.

164

'소크라틱 메소드'가 부족한 한국 로스쿨

내가 한국법학교수회 회장을 하는 동안 로스쿨의 도입을 통한 법조개혁이 큰 화두가 되었다. 1996년 초 김영삼 정부의 정책기획수석인 고 박세일 교수가 불쑥 터뜨린 것이 효시인 것 같다. 정부의 구체적 방침이나 실천방안도 없이 화두만 던져놓은 셈이다. 마침 내가 하버드 법대에서 한 학기 동안 강의하던 기간이었다. 박 수석의 언급 후 갑자기 수많은 한국의 인사들이 미국 법학교육의 실태를 시찰한다면서 하버드 법대의 나를 방문하였다. 특히 박 수석의 알선으로 대우그룹의 여비협찬을 받아 여행길에 올랐다는 교육부 관리들은 나로부터 간단히 답을 들을 수 있는 문제에도 큰 소란을 떨면서 아무 성과도 없이 미국의 많은 로스쿨을 주마간산(走馬看山)으로 돌아다니고 있었다. 지리멸렬하던 로스쿨 도입문제는 2002년 법조인인 노무현 대통령이 이를 선거공약으로 삼아 당선되었으므로 무시할 수 없는 정책과제가 되어버렸다.

나는 한국인으로서 미국에서 변호사 실무는 물론 미국 법대의 학생과 교수 생활을 모두 경험해 보았고 미국 법대의 경영과 모금 등 다양하게 관여해본 유일한 존재였으므로 자연히 나의 견해를 묻는 일이 많아졌다. 나는 우선 우리나라가 일제시대 이후 사법시험을 통한 법조인 양성에서 수준 높은 법학교육을 통한 법조인 양성으로 패러다임을 전환하는 데에는 일단 찬의를 표했다. 고시낭인(考試浪人)의 대량생산은 국가적 인력의 효율적 활용이라는 면에서 큰 낭비이기 때문이다. 다만 미국식 로스쿨을 도입하여 성공적으로 운영하기 위해서는 두 가지 대전제가 충족되어야 함을 역설했다.

첫째, 법학교육에 엄청난 투자가 필요하고, 둘째, 법학교수들이 의식이 바뀌고 법전의 조문순서에 따른 주관적, 일방적 전달강의가 아니라 자신의 연구성과를 중심으로 한 튼튼한 학문적 바탕 위에서 소크라틱 메소드(*Socratic method*, 의문이 없어질 때까지 끊임없이 질문하고 답변하는 토론 중심의 수업방식)에 의한 문답식 강의를 해야 한다는 점이다.

이 같은 문답식 강의는 토론을 통한 문제점 식별과 그 해별방법과 능력을 배양하는 미국식 교육방법이다. 이런 강의방식이 잘되려면 교수가 강의준비에 많은 시간을 투입해야 가능하다. 나는 정부가 엄청난 법학교육 재정투자를 감당할 수 있는 정책의지가 있고 모든 법학교수들이 의식이나 교수방법에서 지금까지의 해석법학식 훑어주기의 주입식 교육에서 미국식 소크라틱 메소드로 코페르니쿠스적 전환을 할 수 있을지 큰 의문이 들었다. 요컨대 로스쿨의 도입이 이와 같은 두 가지 대전제가 충족되지 않는 한 실패할 것은 명약관화했다. 간판만 바꾸어 달 뿐 실질적 변화가 없기 때문이다.

나는 당시 대통령직속 사법제도개혁추진위원회(사개추) 위원인 문재인 당시 대통령 비서실장을 통하여 노무현 대통령을 따로 뵙고 이러한 두 가지 대전제를 충족할 자신이 있느냐고 물은 일이 있다. 로스쿨의 도입은 여간 잘하지 않으면 결국 소기의 목적을 달성하지 못하면서 공연히 비싼 등록금과 함께 참여정부가 줄기차게 추구해온 특혜방지와 평등달성에 역행할 가능성이 있음을 경고하였다. 노 대통령은 교육투자는 정부가 알아서 할 일이지만 교수의 의식개혁이나 교수방법의 변환은 교수들의 책임이라고 답변했다. 그러므로 나는 이러한 대전제를 충족하기 위하여서는 법학교육의 지킴이인 한국법학교수회가 수행할 기초작업이 많이 있다고 판단하였다.

우선 주입식 교육방식을 지양함은 물론 교수들의 법학교육에 대한 목적의식과 강단에서의 교수방법의 대전환이 필요하다고 생각했다. 학생들이나 학부모들도 새로운 법학교육의 현장에서 그들이 거두고자 하는 기대효과를 다시 냉정하게 검토해야 할 필요가 있어 보였다. 그러나 로스쿨을 도입함으로써 법조인 양성방법을 획기적으로 변혁시킨다는데 정부는 물론 어느 법학교수도 로스쿨의 도입과 함께 새롭게 등장하는 문제점을 제기하거나 관심을 표명하는 분이 없었다. 답답한 나머지 나는 1999년부터 한국법학교수회장의 자격으로 현병철, 정용상 교수 등과 함께 새로운 법학교육 환경에 대비하기 위하여 로스쿨이 도입될 경우 법학의 각 분야별로 "무엇을 어떻게 가르칠 것인가"라는 주제로 교수세미나를 연속적으로 열었다. 그렇지만 문제의 심각성과 준비의 필요성을 깨달아 이러한 세미나에 진지하게 호응하는 교수가 적었다. 참석률은 말하기조차 창피할 정도였다. 그럼에도 불구하고 우리는 계속 세미나를 한 뒤에 그 결과를 책으로 인쇄하여 각 법과대학에 송부하고 반응을 기대하였으나 결과는 철저한 외면이었다.

또한 법학교수로 신규 임명된 후에도 2, 3일간 형식적으로 학교오리엔테이션을 거치고 나면 재교육이나 훈련을 받는 일이 전혀 없으므로, 과연 부임하면 신임교수로서 학교에서 무엇을 어떻게 해야 하는지 막연한 실정이었다. 재조의 판검사와 재야의 변호사에게는 일정한 형식의 재교육프로그램이 실시되고 있으나 법학교수의 경우에는 일단 임명되면 아무런 교육훈련과정도 없는 현실을 어떻게 보아야 할 것인가. 법학교수로서 급변하는 세상에서 어떤 경우에 어떻게 대응하고 행동을 해야 하는지 깨우쳐 주기 위하여 '교수매뉴얼'을 제작하여 배포했다.

2004년 12월에 간행하여 배포한 《한국대학교수편람》이라는 매뉴얼에는 일반적 주제로서 학사규칙, 교수의 책무, 강의 및 연구지원, 교수의 혜택, 전임교원의 외부활동 지침, 도서관 이용, 행정운영 등을 다루고, 특별주제로서 현재 빈발하는 성희롱 대처법, 프라이버시 문제, 남의 저작물을 인용할 때의 저작권적 문제점 또는 로열티 공정 배분, 그리고 통일된 논문 인용 및 각주 붙이는 방법 등 교수가 매일 봉착할 수 있는 중요한 현실적 이슈들을 상세히 해설하여 담았다. 이는 하버드 법대의 매뉴얼은 물론 여러 나라의 것을 참고하여 오랜 시간과 노력을 들여 제작한 것이다. 또한 학자적 윤리에 대한 교육훈련을 받아본 일이 없는 법대교수들의 편의를 위하여 같은 시기에 《논문작성 및 문헌인용에 관한 표준》이라는 별도의 책자를 간행하여 전국의 법학교수들에게 우송하였다. 전국의 대학과 교수들에게 배포한 이 두 가지 책자에 대해서도 아무런 반응이 없었고 세월이 흐른 지금에는 이러한 책자가 제작되었다는 사실조차 기억을 못하는 실정이다.

더구나 후임자들은 다른 사업에 중점을 두어서 그런지 내가 힘을 기울였던 신설 로스쿨을 위한 인프라 구축작업들이 흐지부지되었다. 몇 명 안 되는 법학교수가 모두 일치단결해도 부족한데 후일 따로 발족된 상당수의 곁가지 단체들이 노력을 분산시키는 결과마저 초래하여 마음이 씁쓸하기도 하다. 정상적으로 돌아가는 법학계라고 하면 한국법학교수회가 배포한 각종 매뉴얼을 세월이 흐름에 따라 변화하는 환경에 맞추어 수정 보완하는 작업이 뒤따라야 할 것인데 망각의 늪으로 사라진 것 같아 유감이다.

노무현 대통령은 로스쿨 도입 등 중요한 사법개혁을 위해 2005년 대통령직속 사법제도개혁추진위원회(사개추)를 발족하면서 나를 위원으로 임명했다. 네덜란드 헤이그에서 국제형사재판소 재판관으로 근무 중이었으므로 국제형사재판소의 사전승인을 받아 임명을 수락하고 매달 회의가 열릴 때마다 자비로 귀국해 거의 당일치기로 회의에 참석했다 되돌아가곤 했다. 이처럼 나의 모든 관심과 노력을 쏟아 부은 것은 법조인 양성방법의 중요성과 사법부의 건전성이야말로 법치를 토대로 한 국가의 근본이고 심지어 외국투자 유치의 가장 확실한 유인이라고 믿었기 때문이다.

미국 법학교육의 실상을 잘 아는 유일한 경우가 나였기에 노무현 대통령의 개혁의지를 받들어 진지하게 나의 의견을 개진했으나 10명의 국무위원 등 당연직은 침묵으로 일관하고, 민간위원들도 로스쿨에 관한 이해가 없으므로 알맹이 있는 발언을 하는 이가 없었다. 나는 당시 예상되는 문제점과 그 나름대로의 해결책을 제시했으나 대개는 교수들의 무관심과 이해관계의 대립으로 논의가 진척되지 못했다. 지금도 내가 걱정한 바와 같이 정부의 과감한 투자와 교수들의 의식 및 교수방법의 전환이라는 두 가지 전제요건이 충족되지 아니한 채 준비 없이 도입된 로스쿨이 삐걱거리는 소리가 들리면 마음이 무겁기만 하다.

수많은 국제학술회의 참가

나는 교수로 임명받은 후 처음으로 1974년 독일 함부르크대학에 1년간 다녀온 뒤 1978년 여름방학 후부터 다시 1년간 하버드 법대에서 방문학자로서 연구생활을 하였다. 이때에도 여전히 외국여행이 통제되고 인질정책이 유효하여 일곱 살 아들을 친가의 조부모에게, 다섯 살 딸을 외가의 조부모에게 또다시 맡긴 채 아내와 함께 미국 매사추세츠 케임브리지에서 1년을 보내야 했다. 이 기간은 외부 연구비도 받았고, 1973년에 서울대 법학연구소 주최로 내가 주도한 법과 사회 세미나에 기조연사로 초청하여 이미 알게 된 하버드 법대의 제롬 코헨(Jerome Cohen) 교수의 도움으로 많은 것을 배웠던 알찬 시기였다. 1960년대 미국 유학시절에는 학위취득에 바빠서 정신이 없었지만 이제는 서울대 법대 교수로서 평소 생각한 주제에 관한 연구를 자유롭게 하면서 다방면으로 배울 것이 많았던 지적 풍요를 즐긴 시기였다.

1년간씩 장기 출장하는 기회는 흔치 아니하였으나, 정부의 지독한 여행통제에도 불구하고 며칠씩 혼자 국제학술회의에 참가하는 기회는 자주 있었다. 아마 당시에는 해외에 이름이 알려지고 영어로 학술발표를 할 수 있는 한국 학자가 적어서인지 전공을 불문하고 내가 초청장을 빈번히 받았던 것 같다. 지금까지도 내가 다녀온 수많은 해외여행은 초청자의 비용부담으로 이루어졌으므로 주로 외화획득을 해가면서 해외출장을 했다는 농담을 한다. 나의 국제적 활동은 주로 선진국의 법과대학들과의 교류 내지 강의를 한 것이지만 몇 가지 기억에 남은 경우가 있다.

1987년 8월 27일에는 'State of the World Forum'(회장 James Garrison)의 샌프란시스코 회의를 주재하는 고르바초프(Mikhail S. Gorbachev 소련 대통령) 공동의장으로부터 회의참가 초청장을 받았다.

1989년 5월 8일부터 26일까지 워싱턴의 '반도체칩 회로배치설계의 보호에 관한 조약성립을 위한 외교회의'(Diplomatic Conference for the Conclusion of a Treaty on the Protection of Intellectual Property in respect of Integrated Circuits)에 참석한 경우가 생각난다. 80여 개 국가와 50개 국제기구가 참석한 외교회

하버드 로스쿨 방문학자 시절 (1978~1979). 뒷줄 가장 오른쪽이 나.

의에 한국은 박홍식 특허청장 등 7인의 정부대표를 파견하고 한국지적소유권학회 회장인 나는 자문관 자격으로 참석하였다. 회의에 참석했으나 학기 중이라서 전체 일정을 모두 소화하지 못하고 중간에 귀국하였다.

1992년 8월 말 스웨덴의 스톡홀름에서 열린 '상법 및 소비자법에 관한 국제학회'(International Academy of Commercial and Consumer Law) 총회에 참석했다. 물가가 비싸서 스웨덴 멤버들이 무척 공을 들여 알뜰하게 주최한 회의이다. 이 학회는 전 세계 사법(私法) 분야의 권위 있는 교수들이 참여하는 영향력 있는 모임인데, 나는 여러 해 동안 이 단체에 한국을 대표하여 참여했다. 이 회의에서 흥미 있게 논의한 현대적 '렉스 메르카토리아'(Lex Mercatoria, 국경을 초월한 상거래를 고유의 규율대상으로 하는 범세계적 상사규범의 총칭)의 등장가능성이 상법전의 국제화라든가 국제거래법의 발전방향에 관한 나의 안목을 키워주고 논문을 작성하는 데에 큰 영감을 주었다. 다만 지금까지 계속 활발하게 움직이는 이 학회와는 국제형사재판소 재판관이 된 후 그 연결의 끈을 놓쳤다고 하겠다.

1998년 6월 11일부터 14일까지 하버드 법대 세계총동창회(Harvard Law School Worldwide Alumni Congress)의 창립총회와 하버드 법대협회(Harvard

Law School Association) 회의가 로마에서 개최되었다. 내가 하버드 법대의 방문교수로서 가르치던 학기였는데, 로버트 클라크(Robert C. Clark) 학장과 윌리엄 알포드(William Alford) 부학장의 권유로 아내와 함께 참석했다. 학교에서도 앤-마리 슬로터(Anne-Marie Slaughter), 프랭크 보겔(Frank Vogel), 유키오 야나기다(Yukio Yanagida), 할 스콧(Hal Scott), 메리 앤 글렌던(Mary Ann Glendon), 로버트 므누킨(Robert Mnookin), 조 와일러(Joe Weiler) 교수 등이 참가하였다. 우리는 로마에 도착하자마자 11일에는 퀴리날레궁(Palazzo del Quirinale)으로 오스카 스칼파로(Oscar Scalfaro) 이탈리아 대통령을 예방했다. 나는 12일 이 동창회의 동아시아법률연구소(East Asian Legal Studies) 분과모임에서 법대 교수로서 영미법과 대륙법을 비교하는 간단한 강연을 하였다.

13일 토요일 오전, 교황 요한 바오로 2세(John Paul II)를 알현했다. 우리는 약간 뒤에 자리를 잡아 교황을 멀리서 뵈었으나 알포드 교수의 아들을 교황이 어루만지며 축복한 것이 퍽 인상적이었다. 오후에는 바티칸의 내부 박물관을 관람하는 안내투어에도 참가하였다. 14일 일요일 아침, 버스가 우리를 캄피돌리오광장(Piazza del Campidoglio)에 내려놓았다. 이곳에서부터 3시간 동안 걸어다니면서 카피톨(Capitol), 포럼(Forum), 콜로세움(Colosseum)을 한가롭게 구경했다. 다리가 아파서 우리는 콜로세움에서 베네치아광장에 있는 제네랄리(Generali) 궁전으로 이동하여 옥상에서 아름다운 로마시내 전경을 보면서 송별 브런치를 즐겼다.

2000년 5월 24일부터 3일간 미국 로스쿨협회(AALS)가 피렌체에서 개최한 국제법학교육자회의에 참석하였다. 칼 몽크(Carl Monk) 사무총장 및 하버드의 토드 레이코프(Todd Rakoff) 교수와 함께 법학교육의 문제점에 관하여 많은 토론을 주도했다. 이곳은 수년 전에도 뉴욕대 석좌교수 자격으로 방문하여 액튼 경(Sir Acton)이 이 학교에 기부했다는 '작은 베르사유'라고 할 만한 큰 장원(莊園)에서 숙박한 일이 있다. 이때 리셉션을 베풀어준 이 도시 주재 미국 총영사는 내 친구 로이 헌트(Roy Hunt)의 제자인데 여름이면 미국학생만도 7만여 명이 방문하여 바쁘고 사고도 적지 않은 곳이라고 귀띔해 주었다.

유례없는 대영박물관의 한국인 개인소장품 특별전시

나는 교수로서 관련 학술회의 발표나 의례적 역할을 부탁받아 참석한 국제회의가 대부분이었으나 그렇지 아니한 문화행사에도 참석한 경우가 있다. 2000년 8월 중순에는 애제자 이충범 변호사의 주선으로 우리 내외가 단체로 연변을 방문했다. 백두산을 등반하고 조선족인 공산당 연길시 당 제1서기를 예방했다. 그리고 제6회 한·중 친선 우리말 웅변대회 및 연길 조선족 민속관광 박람회에서 축사를 하였다. 자동차편으로 백두산을 향하여 올라가는 길은 꼬불꼬불한 상태로 여러 마을을 지나갔다. 때로는 밀림이 무성하기도 하나 백두산에 당도하고 보니 기본적으로 화산이어서 그런지 잿빛의 돌산이었다. 여름이지만 센 강풍과 척박한 토양 속에 이름 모를 야생꽃들이 형형색색으로 그 자태를 뽐내고 있었다. 식물분포를 설명해주는 분이 옆에 있었으나 백두산에 당도한 흥분 때문일까. 별로 귀에 들어오지 않았다. 백두산에 오르는 동안에 구름이 잔뜩 끼었던 하늘이 정상에 올라가서도 마찬가지이더니 약 30분 정도 기다리자 천지가 그 웅자를 나타내어 기쁨과 함께 얼른 사진을 찍었다. 인내심을 가지고 기다린 사람이 결국 목적을 달성한 것이다. 보고 싶었던 백두산을 보고 오니 마치 오랜 숙제를 마친 듯한 기분이다.

2001년 1월 19일에는 미국 부시 대통령 취임 축하파티에 초청받아 워싱턴을 방문했다. 앨 고어(Al Gore) 민주당 후보와 플로리다주의 검표문제로 오래 대치해온 조지 부시(George W. Bush)가 대법원 판결로 승리하여 열리는 대통령 당선 축하파티에 부부가 초청받았다. 워싱턴행 비행기를 타고 보니 당시 집권당 국회의원들이 많이 타고 있었다. 워싱턴 시내 호텔에는 이미 방이 없어서 시내 외곽에 호텔을 잡았는데, 하필 이때 유난히도 음산하고 지척이 안 보이는 안개비로 뒤덮여서 이동하는 동안 불편이 막심하였다.

미국에서는 대통령 선거에서 승리하면 취임식 전날 여러 군데에서 각종 지지자 그룹을 위한 축하 댄스파티가 열린다고 한다. 우리는 로널드 레이건 빌딩에서 열리는 파티로 안내되었다. 이곳에는 대통령 당선자의 어머니 바버라 부시(Barbara Bush) 여사와 조카이고 유일한 장손인 젭 부시(Jeb Bush)의 외

티베트 불교미술품 탕카 전시를 관람하러
방문한 일본 후쿠오카에서 (2001. 5).

아들 피터(Peter, 당시 텍사스 법대 학생)가 참석했고 콜린 파월(Colin Powell)
등 선거유공자들이 서서 우리 부부와 같은 손님을 맞이하였다. 당선자 내외
는 이날 밤 여러 군데에서 열리는 축하파티에 들러 잠깐씩 인사하고 돌아다니
느라고 바빴다. 우리 파티에도 들러 약 30분 정도 머무르면서 간단한 인사말
을 하고 자리를 떴다. 우리로서는 워싱턴 정가의 한 단면을 보는 것 같은 색
다른 경험을 한 셈이다. 20일에는 백악관 앞 거리에서 취임축하 퍼레이드도
참관하였다.

2001년 5월 9일에는 고 한광호 한국삼공 회장이 평생 수집한 티베트 불교
미술품을 전시한다는 후쿠오카의 아시아미술관을 방문하였다. 한빛문화재
단(The Hahn Cultural Foundation, 화정(和庭) 박물관)의 초청으로 우리 부부는
한광호 회장 내외와 함께 후쿠오카에 도착하여 시내 아시아미술관(관장 安永
幸一)에서의 개막전에 참석했다. 미술관 앞에는 "탕카의 세계: 티베트 불교
미술전"이라는 커다란 현수막이 걸려 있었다. 한국과 비슷한 인상의 도시이
지만 얼마나 질서 있고 깨끗한지 인상이 깊었다.

2003년 9월 8일, 한광호 회장은 대영박물관이 개관 250주년 기념으로 한
회장의 티베트 불교미술품을 특별 전시하는 행사에 우리 부부를 초대했다.
아침 3시간 동안 법대에서 연속으로 강의한 후 공항으로 직행하여 강영훈 전

총리 등과 같이 런던으로 출발했다. 대영박물관의 특별전시의 제목은 '티베트 유산 특별전'(Tibetan Legacy, a Special Exhibition at British Museum)이었다. 이 특별전은 한 회장이 평생 수집한 수천 점의 티베트 불교미술품(*thanka arts*) 중에서 50여 점을 골라 오랜 기획과 준비 끝에 대영박물관에서 2달 반 동안(9월 10일부터 11월 23일까지) 계속되었다. 이전 해에 일본 5대 도시에서의 순회전시가 모두 성공한 것에 자신을 얻어 기획했다고 한다. 대영박물관은 개인소장품을 가지고 특별전시를 한 전례가 없으므로 이는 극히 이례적이고 대단한 영광이라고 보아야 할 것이다. 이 특별전은 그동안 한 회장 내외분이 열정적으로 평생 투자한 많은 개인적 외교와 미술에의 큰 기여를 집대성하는 행사이기도 하였다.

우리 부부는 런던에 머무는 일주일 동안 지도급 인사를 만나고, 내가 공부했던 케임브리지를 30여 년 만에 다시 방문하는 소중한 기회를 가졌다. 내내 날씨도 좋았고, 퍽 감격스러운 재방문이라고 하겠다.

우리가 영국으로 출발하기 전에 이임하는 주한 영국대사 찰스 험프리(Charles Humphrey)를 헬렌 클라크(Helen Clark) 뉴질랜드 총리를 위한 청와대 오찬에서 만났다. 이때 영국대사는 나의 런던행 계획을 듣고는 애송이 국제형사재판관인 나에게 영국에서 만날 사람을 주선해주겠다고 하면서 그 주선 책임자 두 명을 소개했다. 이들의 주선으로 전시회 후 런던에서 만난 사람은 마이클 우드(Michael Wood, 영국 외교부 수석법률고문)와 그의 보좌관 가빈 후드(Gavin Hood), 그리고 프랭클린 버먼(Sir Franklin Berman, 전 수석법률고문, Essex Chamber House, Lincoln Inn's Field)이었다.

9일 오후에는 존 스탠리(Sir John Stanley) 하원의원(보수당, 한영의원친선연맹회장, 하원 국방위원장)의 안내로 우리 일행 모두가 웨스트민스터 국회의사당을 샅샅이 구경했다. 그가 친히 안내하는 덕택에 못 들어가는 곳도 들어가 보고 하원 본회의도 방청했다. 본회의장에는 의원별 개별좌석이 없어서 전원 출석하는 경우에는 600여 명의 국회의원 중에 400여 명밖에 앉을 수 없고 그 외의 국회의원은 의장석 주변에 둘러선다고 한다. 그러나 대개는 부근의 자기 사무실에서 모두 보고 듣고 있다가 투표 시에는 일제히 참석한다고 한다.

대단히 인상적인 정치견학이었다. 우리나라 같으면 시설타령부터 했을 텐데, 의회정치의 본산인 영국에서 충분한 크기의 본회의장조차 제대로 못 갖추고도 아무 문제가 없다니 이곳이 한국의 국회의원들에게는 어떻게 비칠까.

2003년 9월 10일 오후에는 대영박물관을 방문하여 국제교류재단의 지원으로 마련된 한국실로 올라갔다. 들어서자마자 이곳에서는 한광호 회장의 기부로 건축된 한옥 '사랑채'가 눈길을 사로잡았다. 여초(如初) 김응현(金膺顯)의 현판글씨도 눈에 띈다. 내부에는 조선시대 사대부의 사랑채와 같이 문방사우가 단정하게 정리되어 있었다. 그러나 한국실의 전시는 한 회장이 대여한 달항아리, 범종, 이조백자 등이 없으면 내용이 너무 빈약할 뻔했다. 그런데 국내법상 해외에 대여한 문화재는 2년 한도로 해외에 전시할 수 있을 뿐 다시 귀국해야 하므로 그나마 전시된 소장품이 한국으로 돌아가면 전시장이 너무 허전할 것 같아 걱정이다. 한 회장이 경매에서 낙찰받았다는 달항아리는 크고 시원한 자태가 일품이다. 지금도 대영박물관은 한 회장이 기부한 기금으로 경매에서 좋은 한국문화예술품을 구입코자 노력한다고 한다. 일단 구경을 마친 후 개관기념 만찬에 참석했다. 대영박물관 이사회장 존 보이드(Sir John Boyd, 전 주일대사, 처칠 칼리지 총장)와 직전 이사회장 그레이엄 그린(Graham Greene) 등이 참석하여 성황을 이루었다.

9월 12일에는 모두들 한국으로 떠나고 한광호 회장의 가족과 우리 부부가 킹스크로스(King's Cross) 역에서 케임브리지행 기차를 탔다. 서로 기차 칸에 둘러앉아 행사가 잘되었음을 치하하는 동시에 행사에 동참한 분들 중 일부 아쉬웠던 점도 짚었다. 나의 학생시절인 1960년대에는 1시간 반쯤 걸렸던 철도가 이제는 전철화, 직선화되어 50분 만에 도착했다. 이곳 출신 로버트 앤더슨(Robert Anderson) 대영박물관 관장과 제인 포털(Jane Portal) 학예관의 마중으로 처칠 칼리지(Churchill College) 숙소에 투숙했다.

이번 여행은 한광호 회장이 이 대학의 한국학 연구의 발족을 위하여 100만 파운드를 기부한 것을 기념한 방문이다. 오찬은 세인트존스칼리지(St. John's College)의 중국학 교수인 맥멀렌(McMullen)이 주최하였는데, 1996년에 노벨 경제학상을 받은 제임스 멀리스(James A. Mirrlees) 교수와 이 대학의 중국 및 한국 연락책임자인 부인 패트리시아 멀리스(Patricia Mirrlees), 그리고 로더미어 자작 미망인(dowager Viscountess Rothermere) 등이 참석했다. 로더미어 부인(1949~)은 재일교포로서 이름이 마이코(Maiko, 후일 '정선'으로 개명)라고 소개한다. 노동당계 신문(*The Daily Mail*)의 주인과는 파리에서 패션모델을 할 때에 만나서 결혼했다고 하니 신데렐라 스토리라고나 할까. 남편의 사망 후 화장한 유골을 일부는 런던에, 일부는 무주 구천동 백련사에 부도(浮屠)를 세워 보관하고 해마다 제삿날 방한한다는 것이 한국 언론에도 보도된 것 같다.

점심 후 피츠윌리엄 박물관(Fitzwilliam Museum)으로 안내되어 한국 수집품을 구경했으나 수리 중이라서 체계적으로 전시를 보지 못했지만 역시 빈약하다. 그리고 처칠 칼리지 문서창고에 가서 처칠의 문서와 전 총리 마가렛 대처(Margaret Thatcher)가 기증한 귀중문서를 보고 그 몇 장의 사본을 선물로 받아왔다. 루스벨트와 처칠 사이, 레이건과 대처 사이에 교환된 편지, 처칠의 막내딸 메리(Mary)의 편지 등은 참으로 역사의 현장에 서있는 듯한 착각과 감동을 주었다.

나는 한국에서 일생에 두 번 다른 나라의 왕과 황태자를 알현한 일이 있다. 첫째는 영국의 찰스 황태자 부처가 1992년 11월 2일부터 약 1주일간 방문했을 때이다. 그들의 방한이 악화된 부부 사이를 화해시켜 보려는 마지막 시도였다는 영국대사의 술회가 기억난다. 우리 부부가 서울 영국대사 관저에서 알현한 황태자 부부는 얼음장같이 찬 표정으로 부부간에 서로 눈길을 주지 않으면서도 나란히 리셉션 라인에 서서 능숙하게 한국의 선택된 각계각층의 인사를 한 분씩 악수하면서 간단히 한 마디씩 교환하고는 다음 사람으로 넘어간다. 나도 두 분과 악수하면서 케임브리지대학 시절 자전거를 탄 채 우중에 마주쳤던 간단한 추억담을 말한 다음 짧은 알현을 끝냈다. 이것이 그 두 부부가 같이 공식행사에 참석한 마지막이었다. 한국 일정 후 황태자는 영국으로, 황태자비는 홍콩으로 따로 떠났고 얼마 후 이혼하였다. 나는 국제형사재판소 소장으로서 양위한 네덜란드의 베아트릭스(Beatrix) 여왕의 아들 빌럼-알렉산더(Willem-Alexander) 왕자가 2013년 즉위할 때 암스테르담의 교회에서 열린 즉위식에 한복을 입고 참석한 일이 있다. 그때 찰스 황태자는 자기가 33년 전 베아트릭스 여왕의 대관식 때도 영국을 대표하여 참석한 바 있었다고 한숨 섞인 어조로 내게 술회하는 것을 들은 일이 있다.

두 번째는 스웨덴의 칼 구스타프 16세(Carl Gustaf XVI)가 방한 시 하얏트 호텔에서 알현했다. 주한 스웨덴대사 존 빙스트롬(John Wingstrom)의 알선으로 알현의 영광을 누렸다. 그는 일제 때 경주 서봉총을 발굴한 스웨덴 황태자(후일 구스타프 6세)의 손자로서 1973년 즉위했는데 키가 크고 몸이 다부진 스포츠맨 같은 인상을 주었다. 혼자 방한했는데 무슨 말을 했는지 생각나지 않으나 검은 양복을 입었고 악수할 때 손을 힘 있게 쥐었다. 강렬하고 위엄이 있었다. 이분은 후일 내가 국제형사재판소 소장으로서 2009년 6월경 헤이그의 평화궁에서 오와다 국제사법재판소장 및 구(舊) 유고전범재판소 권오곤 부소장과 함께 다시 알현한 일이 있다. 그때 그분이 한참 창궐하는 소말리아 해적을 국제형사재판소의 관할에 포함시켜야 한다고 주장한 것이 기억에 남아 있다.

지성과 야성의 조화를 이룬 김상협 고대 총장

1961년 5월 군사쿠데타 이후에는 곧 김종필을 중심으로 중앙정보부라는 비밀정보조직이 생기더니 세상이 점점 비밀정보요원을 중심으로 한 감시 및 공포통치방식으로 변해갔는데, 1972년 10월 유신 이후에는 상황이 최고조로 악화되었다. 모두들 말조심이 첫째이고 각종 도청장치, 우편검열, 정보원 끄나풀의 추적 등이 일상화되는 세상이 되었다. 외국손님이 한국을 방문하는 경우에는 경찰이 미행하면서 외국인의 동태를 감시하고 국내 상대역인 나에게도 매번 꼬치꼬치 방문목적을 묻곤 했다. 한국교수가 해외출장을 하는 경우에는 사전에 중앙정보부의 안보교육을 받아야 하고, 다녀온 다음에는 결과를 보고하도록 제도화되어 있어 해외여행이 잦은 나는 참으로 많은 시간을 낭비할 수밖에 없었다.

가족들과 함께한 김상협 총장(1985).

　신중하신 장인은 갓 결혼한 큰사위인 나를 무척 귀여워 하시면서도 이 험한 세상에서 내가 얼마나 입이 무거운지를 확실하게 파악하실 때까지 결혼 후 얼마간 속에 품은 중요한 말씀을 거의 하지 않으셨다. 고려대 총장인 그분을 모시고 식사하거나 담소를 나누어도 생전 남을 칭찬하실지언정 누구 하나 나쁘게 말씀하시는 일이 없는 것이 인상적이었다.

　나는 처절하게 독립운동을 하던 애국지사의 후손으로 어려서부터 말조심은 물론 체포되었을 때의 행동수칙 등을 늘 훈련받은 사람이다. 따라서 학교 연구실에서 방문자와 긴한 얘기를 해야 할 때면 도청을 방해하기 위하여 라디오 볼륨을 높이거나 아예 밖으로 나가서 길을 걸으면서 얘기하는 일이 자주 있었다. 또한 미행을 당하는 경우에는 자가용 대신 택시를 타면서도 도중에 한두 번 택시를 바꾸어 탐으로써 그들을 완전히 따돌리기도 하였다. 얼마 후 장인이 나의 입조심을 완전하게 믿게 되자 당신이 총장으로서 이끌어가는 고려대를 위하여 여러 가지 중요한 심부름을 시키셨다.

당시 고려대 총장과 같은 중요 인사는 그 일거수일투족이 정보기관의 치밀한 감시하에 있어 일일정보보고의 대상이므로 본인은 잘 움직이기 어려웠다. 그러므로 나를 대신 파견하여 중요한 심부름을 막후에서 시키시곤 했다. 또한 박정희 정권 이후의 이른바 '김상협 대망론'이라는 것이 일부 언론을 통하여 제기된 일이 있어서 더욱 더 감시하는지도 몰랐다.

장인은 당신이 한평생 몸담은 고려대의 중흥을 위하여 신명을 다 바치신 분이다. 당시 우석대를 합병하는 문제, 모종의 안건으로 김수환 추기경을 뵙는 문제, 농과대학을 위한 독일차관 교섭문제, 해외 한국학자를 구미 각국에서 교수로 모셔오는 문제, 고려대 부지의 확장을 위하여 애기능 터의 개발제한을 푸는 문제 등 여러 해를 두고 조심스럽게 비밀리에 정부를 접촉하는 심부름을 한 일이 생각난다. 어느 한 건도 세간에 알려진 일이 없이 감쪽같이 심부름을 완수했다. 그리고 언제나 많은 연설기회에 대비하여 손수 작성하신 연설문을 들고 예행연습을 하셨는데, 나는 때로는 연설문 작성과정에서, 때로는 남이 작성한 연설문의 검토과정에서, 때로는 예행연습의 과정에서 이를테면 권투경기의 연습상대와 같은 역할을 했다.

장인은 항상 젊은 사람들의 생각을 들어보고 이를 연설문에 반영해야 한다고 강조하셨는데 이러한 스파링 파트너의 역할은 나에게 엄청난 훈련과 도움이 되었다. 그분의 연설들은 하나하나가 모두 당시 지식인들에게 큰 반향을 일으킨 명연설이어서 주요 일간지들은 이를 앞다투어 게재했고, 후일 《지성과 야성》이라는 연설집 모음이 출간되기도 하였다. 나도 후일 국제형사재판소장으로서 때로는 하루에 대여섯 번씩 영어나 불어 연설을 해야만 했으므로 연설의 중요성을 인식하여 예행연습을 거르지 않았다.

1982년 중반에는 무리하게 정권을 잡은 전두환 정부에서 갑자기 장인을 국무총리로 임명하겠다는 연락이 왔다. 이때 고려대 총장의 임기를 두 번 마치신 장인은 장모님과 함께 홀가분한 마음으로 그다음 날 막 외국여행을 떠나실 예정이었다. 당시 제5공화국 정부는 광주학살 등에 대한 책임 그리고 12·12 쿠데타 등 정권을 잡는 과정의 불법성으로 인하여 국민의 만만치 않은 저항을 받았다. 제5공화국 정부는 그 대신 국민의 염원인 평화적 정권교체를 거듭 약속하였지만 아무도 이를 믿는 사람이 없는 등 정통성 시비와 함께 퍽 힘든 상황에 있었다. 장인은 국민에게 부드럽고 무난한 이미지를 주고 높은 기대를 갖게 한 분이었는데 이를 알고 정치적 필요상 끌어들이는 것 같았다. 또 박정희 정권이 1974년 고려대를 상대로 긴급조치 7호를 선포하고 학교에 군인이 진주했을 때 총장은 장인이었고, 주둔한 부대장은 전두환 대령이어서 두 분은 그때 잠시 만난 인연이 있었다고 한다.

그러나 전두환 정부의 이러한 제의는 전혀 예측하지 못한 것이어서 처음에 장인은 혜화동 댁을 떠나 논현동 우리집에 잠시 피신 아닌 피신을 하셨다. 장인은 원래 이 제의를 수락할 의사가 눈곱만큼도 없었으나 묘수가 떠오르지도 않았고 그럴 시간적 여유도 없었다. 그것은 제의가 아닌 강요였다. 결국 어쩔 수 없이 취임을 승낙한 후 기자들의 추적을 따돌리지 못하고 혜화동 자택에서 가진 회견에서 "막힌 것은 뚫고 구부러진 것은 펴서 원활한 국정을 도모하겠다"는 유명한 첫마디를 남겼다.

그러나 장인은 취임 첫날 나를 가만히 따로 불러 '너는 오늘부터 나의 Graceful exit의 방법을 연구해다오'라고 밀명을 내리셨다. 가능한 한 빨리 마음에 없이 취임한 그 자리를 무리 없이 마무리 짓고 떠날 방법을 생각해보라는 의미심장한 지시였다. 보통의 경우 겉치레로 하는 겸손과 사양의 말과는 달리 대부분의 정치인이 감투를 얻고자 또는 얻은 자리를 연명하고자 온갖 노력을 하는 것을 익히 보아온 터에 장인의 지시는 특별한 말씀이었다. 장인이 총리직에 계시는 1년 반 남짓 동안 나는 여러 가지 극비지시를 막후에서 감쪽같이 수행하면서 어깨너머로 한국정치 현실과 권력의 생리에 대한 많은 것을 이면에서 보고 깨달음을 얻게 되었다.

우리 가족은 장인이 총리직을 맡으신 지 2차년도인 1983년 공휴일인 한글날 구파발 농장에서 모처럼 망중한을 즐기면서 가족끼리 점심을 먹고자 불고기를 굽고 있다가 오후 1시경 노신영 당시 안기부장의 다급한 전화로 천인공노할 아웅산 테러사건의 비극적 뉴스를 들었다. 장인은 점심도 거르신 채 총리실로 즉각 복귀하여 이 사태를 여러 날 밤낮없이 진두지휘하셨다. 우선 남북대결 상황에서 국가원수가 무사하신 것이 천만다행이라고 했다. 이 사태를 신속하게 수습한 후 도의적 책임을 지고 물러나실 때 우리 식구는 참으로 홀가분한 기분을 느꼈다. 집권핵심세력은 아웅산 사태는 총리가 책임질 성질의 사유가 아니라고 간곡히 붙들었다. 장인은 '이번 일에 누구라도 책임지는 사람이 없으면 조만간 집권세력 전체가 비난의 표적이 되어 위태로우니 외부에서 들어온 내가 사퇴하는 것이 간단하고 제5공화국 집권세력에게도 도움이 된다'고 설득하여 간신히 물러나실 수 있었다.

별도로 나도 그 당시 막 창당작업을 시작한 민주정의당에 입당하라는 끈질긴 권유를 여러 번 받고 이를 거절하느라고 무척 애를 먹었다. 1985년 초에는 다가오는 국회의원 선거에서 전두환 대통령이 장인에게 비례대표 1번을 제의하는 일이 있었다. 그리고 다음번 국회의장직을 넌지시 암시하였다. 그러나 이것은 아마추어인 내가 볼 때에도 우선 당내에 튼튼한 기반을 가진 이재형 대표 등의 강한 저항을 받을 것이 뻔했다. 그보다도 정치에 전혀 뜻이 없는 장인은 내게 청와대의 요로에 연락하여 거절의사를 확실하게 전달하도록 분부하셨다. 이 일로 생전 가보지도 아니한 청와대를 몇 번 출입한 일이 있었다. 이때 청와대 문간에서 방문수속을 취하는 동안 내 앞의 방문자들이 써놓은 낯익은 이름을 보거나 마침 방문을 마치고 나오는 사람들과 마주치는 일이 종종 있었다. 금방 느낄 수 있는 것은 이 모든 사람들이 자기의 출세와 영달을 위한 부탁을 하고자 청와대 내의 실세를 만나고 나오는 것이었고 나만 반대로 장인의 거절의사를 통보하고자 찾아간 드문 경우였다. 그러나 나를 마주친 방문자들은 자기네들처럼 나도 엽관(獵官) 운동을 위하여 드나드는 것으로 오해하였을 것임에 틀림없다.

처가댁에서는 자주 외국귀빈들을 위한 만찬을 베풀었는데, 우리 내외는 대부분 이에 참석하여 이들과 교분을 나누는 기회가 주어졌다. 이런 만찬의 경우 당시에는 우리처럼 사실상 의미 있는 대화를 영어로 이끌어갈 부부가 많지 아니한 점, 그리고 아버지께서 담가서 사돈에게 선물하신 수십 년 묵은 가양주가 만찬용으로 외국대사들의 환영을 받은 점, 그리고 장인과 장모께서 우리 내외를 특히 귀여워해 주신 점 등이 복합적으로 작용했을 것이다. 따라서 우리 내외도 경우에 따라서는 대사들을 우리집에 초청하는 경우도 있었고,

우리가 초청을 받는 경우도 자주 있었다. 1998년 12월 26일 미국대사 스티븐 보즈워스(Stephen Bosworth)가 우리를 만찬에 초대하는 등 공식초대도 있지만 성탄절이나 연말을 대사들의 관저에서 허물없이 그네들과 같이 보내는 경우도 더러 있었다. 아무튼 나는 대사들이나 방한하는 해외 유명인사들을 접대하는 활동에도 상당한 시간을 할애해야 했다.

1995년 2월 뉴욕대학에서 강의 후 제자들과 함께 학교 근처에서 저녁을 먹고 밤 9시경 혼자 사는 아파트로 가는 대신 연구실로 복귀하였는데 전화기의 빨간불이 번쩍이고 있었다. 서울대 법대의 내 연구실을 지키던 이제원 박사가 급히 보낸 메시지는 장인이 아마도 급서하신 것 같다는 것이었다. 나는 충격으로 앞뒤를 가리지도 못한 채 바로 케네디공항으로 내달려서 자정에 떠나는 비행기를 타고 귀국하였다. 사사로이는 장인이지만 내가 가장 존경하는 인생의 귀감이요 지도스승을 잃은 허전함은 오랜 시간이 흐른 지금까지도 남아 있다. 건강하신 75세에 너무 일찍 가신 아쉬움과 함께.

한국인 최초 하버드 법대의 방문교수:
다양한 외국대학에서 강의하다

1989년 가을 미국 플로리다대학(University of Florida/Gainesville)에서 갑자기 한국법을 가르쳐달라는 초청이 왔다. 당시에는 한국의 급속한 경제발전이 세계의 주목을 끌면서 한국을 아시아의 네 마리 용(龍) 중 하나라고 치켜세우던 때였다. 따라서 주로 경제발전의 견인차 역할을 한 한국의 법제와 시스템에 관해 강의하라는 것이었다. 가르칠 한국법의 강의안 내용을 구성하는 것도 어렵고 어학상의 부담이 여간 무겁지 않을 것임을 인식했지만 용기를 내어 초청을 수락하고 강의안 준비에 정성을 쏟았다. 이때에는 초보적 단계였지만 이메일과 문서작성 프로그램이 막 보급되고 있던 시절이라 논현동 집 서재에 있는 나의 AT컴퓨터는 밤낮으로 강의노트 인쇄에 불이 났다.

나는 부임 후 친구인 헌트 교수의 도움으로 편안한 생활을 하면서 30여 명의 수강학생들을 매일 열심히 가르쳤다. 그리고 거의 매일 강의 후에는 마침 동시에 그 대학의 방문학자로 와 계신 고려대 박영민 교수의 인도로 골프장을 찾아 그에게 한 수를 배우곤 했다. 나는 지금도 골프는 아주 못 치지만 박 교수의 분석적이고 요령 있는 레슨으로 인하여 큰 덕을 입었음을 감사하게 생각하고 있다. 박 교수도 내가 만난 귀인 중의 한 분이다.

당시 미국에는 한국법 강의에 관한 수요가 꽤 있었는데 이를 해낼 만한 교수가 없었던지 플로리다대학의 초청을 효시로 하여 미국의 여러 대학에서 내게 초청이 밀려들었다. 1990년 겨울방학을 시작하자마자 시애틀(Seattle)에 있는 워싱턴대학(University of Washington)의 요청으로 1월부터 그곳에서 강의를 하였다. 이곳에는 댄 헨더슨(Dan Henderson), 존 헤일리(John Haley), 도널드 치섬(Donald Chisum) 등 오래 교류가 있던 교수들이 친절하게 도와주기도 하고 학생들의 한국법에 대한 관심도 아주 높았다. 그해에 한국을 방문한 헤일리 교수의 일가족 중 어린 딸이 당시 유행하던 양배추 인형(*cabbage patch doll*)을 이태원에서 싼값에 사들고 좋아하던 모습이 기억난다. 70여 명의 학생이 수강한 학기도 있었지만 이 대학에서는 1994년까지 두 학기를 더 가르치고는 나 혼자 감당할 수가 없어서 포기하였다. 가르치는 동안에는 시내에서 떨어진 학교 부근 유니버시티 타워(University Tower)에 감금되다시피 묵었던 나에게 그곳에서 박사학위를 획득하고자 공부하고 있던 제자 조인호 군이 자신의 건강도 여의치 못한데 고맙게도 늘 정성스러운 도움을 주었다.

미국 대학들의 이러한 반응과는 별도로 1990년 7월 호주의 멜버른대학(University of Melbourne)에서 먼저, 그리고 4년 후 여름에는 뉴질랜드의 웰링턴대학(Victoria University of Wellington)에서도 한국법 강좌를 개설하여 가르쳐줄 것을 요청해왔다. 원래 이에 앞서 호주 정부가 건국 200년을 기념하는 행사에 나와 중국 푸단대(復旦大) 둥시중(董時仲) 교수를 초청하였는데 이를 알게 된 당시 한국주재 뉴질랜드대사 데이비드 홀보로(David Holborow)가 호주에 가는 여정에 뉴질랜드를 포함시켜 주어서 한 번 여행에 2주일간 남반구의 두 나라를 시찰할 기회가 있었다. 그때 만난 멜버른대학의 말콤 스미스(Malcolm Smith) 교수가 주동하여 나를 멜버른으로 초청한 것이다.

내가 시간이 없으므로 그들의 겨울방학(한국의 여름방학) 중 특별코스를 만들어서 학생과 모든 법조인에게 개방하는 한국법 특강을 하는 형식으로 1990, 1992, 1994년에 진행하였다. 집중해서 하루에 5, 6시간씩 한 달간 강의하고 월말에 시험을 치렀다. 뉴질랜드의 경우에도 1994년 여름 호주에서 하는 방법을 그대로 시행하였다. 이 기회에 가르친 상당한 수의 호주학생 및 뉴질랜드학생들과 후일 다시 반가운 해후를 한 경우도 여러 번 있었다. 몇몇 호주학생은 후일 한국으로 법학공부를 하러 유학와서 서울대에서 다시 만나기도 했고, 한국에 직장을 잡은 제자도 있다.

미국 플로리다대학 및 호주 멜버른대학에서 가르친 경험과 함께 1978~1979년 내가 하버드 법대에서 방문학자로 있는 동안 발표한 것들이 제롬 코헨 교수의 후임으로 부임한 윌리엄 알포드 교수의 주목을 끌었는지 하버드 법대로부터도 1991년 봄에 한 학기를 가르치라는 요청을 받았다. 이것은 하버드 법대가 한국인 학자를 정식 방문교수(visiting professor)로서 임명한 역사상 최초의 경우이다. 한 학기를 가르쳐야 할 강의안을 구성하는 것이 바쁜 중에 엄청난 부담이었으나 열심히 준비하여 가르치고 수강생들을 개별적으로 따뜻하게 상담 지도하였다. 다른 곳에서 가르쳐본 경험이 크게 도움이 되었다. 이때에는 서울대에 합격한 아들도 잠깐 하버드에 와서 나와 함께 머물렀다.

나는 파운드홀(Pound Hall) 4층에 있는 코헨 교수가 전에 쓰던 방을 연구실로 배정받았다. 그는 학장선거에서 제임스 보렌버그(James Vorenberg) 교수에게 패배하고서는 뉴욕대로 옮긴 뒤였다. 그가 건설한 제국이던 동아시아법률연구소의 관할구역의 한복판에 둥지를 튼 셈인데 이곳에서 많은 국제적 인물들을 만난 것은 나의 행운이라고 하겠다. 하버드 법대에는 정기적으로 연구차 아시아 각국에서 방문학자로 오는 분들도 다양하고, 잠시 방문하는 길에 귀중한 강연을 하는 분들도 많아 지적으로 흥미를 돋우었으며, 수전 루스벨트 웰드(Susan Roosevelt Weld)를 비롯하여 많은 아시아법을 전공한 다양한 학자들과도 교류하였다.

수전은 20세기 초 미국 대통령인 시어도어 루스벨트(Theodore Roosevelt)

의 손녀로서 하버드 법대를 졸업한 후 고대 중국 법제사 연구에 독보적 존재가 되었고 7개국의 말을 자유롭게 구사하는 인물인데, 보스턴의 부자이고 상류층이라고 할 수 있는 동창생 윌리엄 웰드(William Weld) 매사추세츠 주지사와 결혼하여 다섯 자녀를 기르면서 연구하는 학자였다. 한번은 그녀의 초청으로 주말에 케임브리지(Fayweather Street)에 있는 개인집을 방문한 일이 있다. 공화당 대통령 후보로 거론되는 거물 주지사인데도 집을 방문하니 금요일 오후에는 일체의 전화선을 단절하고 진바지를 입은 채 정원에서 아이들과 놀아주는 자상한 아빠여서 깊은 인상을 받았다.

강의는 일주일에 두 번 했는데 학생들의 질문이 참 다양하였다. 한국계 교포 외에 서양학생들이 대부분이었으나 같이 설치된 일본법이나 중국법의 강의와는 비교가 안 되게 세가 초라하였다. 우선 일본법은 미쓰비시재단이 이미 1960년대에 백만 달러를 내서 석좌교수 자리를 창설하여 운영한 지 오래고, 중국 연구는 미국인의 다양한 관심으로 오랜 기간 기부금을 많이 끌어와서 재정적 기초가 튼튼하고 연구자의 층이 두터우며 대개 일본어나 중국어를 잘 구사하는 학생들이 필생의 전공의 일부로서 그 나라의 법을 수강한다. 그러나 한국법 강의에는 기부하는 독지가도 없고 수강생 중에 한국어를 잘 구사하는 외국학생은 한 명도 없을 뿐만 아니라 일본이나 중국을 연구하는 데 필요한 범위 내에서 연구영역을 넓히고자 그저 들어두는 경우이거나, 한국교포들이 고국에 가서 법학강의를 듣는 대신 머리를 내미는 정도였다.

한국인 최초로 하버드 법대의 방문교수가 되었다는 것은 개인적 영예일지는 모르나, 하버드 법대에서 가르치면서 혼자의 힘으로 세계무대에서 한국법의 중추 노릇을 해야 하는 나로서는 참으로 답답하고 힘들며 좌절감을 느끼던 시절이었다. 나의 하버드 법대에서의 가르침은 미국 내 우리 교포사회에도 알려졌는지 나를 만나러 미국 각지에서 자식을 데리고 오는 부모들도 적지 않았다. 나는 이분들에게 내가 할 수 있는 한 자상한 상담의 말씀을 드렸다.

그런데 한국에서는 이 같은 나의 개척적 노력을 말로나마 격려하는 분은 드물고 모르는 사람이 여러 인연으로 줄을 대어 생면부지의 자기자식이 하버드에 입학하도록 영향력을 행사해달라는 부탁만 수없이 받은 기억이 난다.

하버드 법대 클라크 학장 환영 상공장관 초청만찬 (1991. 6).

　만난 일도 없는 한국 지도층 인사가 본 일도 없는 자기자녀를 위하여 추천서를 써달라는 강요와 부탁을 받은 일은 셀 수도 없었다. 추천서란 예컨대 본인을 가르치거나 고용하는 과정에서 평소의 관찰을 통하여 얻은 솔직한 평가를 적는 것이므로 그런 이유를 설명하면서 만난 일조차 없으니 못 써주겠다고 하면 모두 받아들이기 어려운 반응을 하고 화를 내기가 일쑤였다. 추천서의 의미와 기능에 관한 내 설명을 알아듣는 사람은 거의 없었다. 자식 일이라면 모두들 이성을 잃고 체면도 없어지는 것일까.

　아무튼 한 학기를 처음으로 열심히 가르치면서 잘 마무리하였다. 마침 하버드 옌칭도서관에 한국관계 장서도 많이 있는 데다가 특히 한국인으로서 나와 오래 잘 아는 윤충남 선생이 관리책임을 맡고 있었기에 나나 학생들이나 도움을 많이 받았다.

　나와 하버드 법대와의 관계는 이후 잘 발전하였다. 당시 로버트 클라크 (Robert Clark) 학장은 뉴올리언스 출생으로서 성년이 될 때까지 바깥세상을 모른 채 천주교 수도원에서 자란 후 비교종교학으로 박사학위를 얻었으나 직장을 얻기 어려워서 하버드 법대에 늦깎이 학생으로 입학했다. 졸업 후 예일대 법대에서 회사법 교수로서 수년간 가르치다가 하버드로 옮겨서 학장이 된 분이다.

서울대 법대 시절 초청한 하버드 법대 클라크 학장과 함께 (1996.10).

　내가 서울대 법대 학장을 하는 동안 1996년 한국을 방문했는데 나는 그가 한국을 먼저 들른 후 중국과 일본을 방문하도록 일정을 짰다. 클라크 학장처럼 동아시아 지역을 처음 방문하는 경우에는 반드시 그렇게 방문순서를 정하는 것이 한국에 대한 인식에 도움이 된다. 먼저 중국과 일본을 보고 나서 한국에 오면 웬만해서는 중국과 일본에 압도되어 한국의 인상이 희미해지지만 한국을 먼저 보고 다른 옆 나라들을 방문하면 동아시아를 보는 안목의 표준이 한국을 중심으로 형성되어 우리에게 아주 도움이 된다. 예컨대 경복궁을 감상하고 나서 자금성을 보면 자금성은 너무 크고 색채가 강렬하여 기가 질리지만 경복궁은 아담한 사이즈로서 인간적 매력이 있다고 한다든가 하는 반응이 그것이다.

　그가 학장을 하는 동안 나에게 매년 1학기씩 가르치라고 요청했다. 그러나 그것은 서울대의 내규상 제도적으로 불가능했다. 원래 안식년이란 교수가 6년을 가르치고 1년을 쉬는 제도인데, 서울대는 당시 이에 관한 내부규정조차 없이 이를 사실상으로 실시하고 있었다. 그러나 나는 6년 가르치고 1년을 쉬나 3년을 가르치고 1학기를 쉬나 마찬가지이니 후자를 택하겠다고 하였다. 그렇게 하여 나는 겨우 3년에 한 학기씩을 정기적으로 하버드에 가서 가르칠 수 있는 길을 스스로 개척한 것이다. 이리하여 2003년 초 내가 신설 국제형사재판소의 재판관으로 선출되어 그해 봄학기의 강의를 마칠 때까지 매 3년마다 한 학기씩을 하버드에서 가르쳤다.

1970년대 후반 나에게 전임교수직을 제안한 바 있었던 컬럼비아 법대가 1980년대에 와서는 한국타이어의 기부로 한국법센터를 설립하자 마이클 영(Michael Young) 교수를 중심으로 계속 나를 교수로 영입하고자 하였다. 그런데 그러한 제의는 연락상의 문제 등이 발생하여 없는 것으로 되고 말았다. 내가 플로리다대학을 시작으로 하버드 법대에 이르기까지 여러 곳의 미국 법대에서 한국법 강좌를 개설하여 착실하게 가르치자 국제적 반응은 컸다.

한국인 최초 뉴욕대 법대의 석좌교수

다른 한편 뉴욕대 법대는 다소 늦게 당시 학장인 존 섹스턴(John Sexton, 총장 역임) 교수가 세계법 프로그램(Global Law Program)을 시작하면서 많은 경쟁과 심사 끝에 1994년 초 나를 세계에서 첫 번째 세계법 교수(Global Law Professor)로 임명하였다. 얼마 후에 마련해준 내 교수 석좌(professorial chair, 碩座)의 명칭은 *Inge Rennert Distinguished Professor of Law*였다. 석좌의 기금을 기부한 사람은 브루클린 출신의 유대인으로서 전자부품을 취급하여 부자가 된 레너트(Rennert) 사장인데, 그가 독일인 부인의 이름을 따서 나의 교수 석좌를 명칭을 만든 것이다.

나의 임명이 '석좌교수'라는 미국 대학의 제도와 명칭이 한국에 처음 소개된 계기가 되었다. 그러나 지금 우리가 한국에서 널리 쓰는 석좌교수의 의미는 아주 왜곡되고 변질되어서 퇴직고관을 자기 대학에 단기간 사실상의 시간강사로 초빙할 때 예우상 붙여주는 듣기 좋은 명칭이 되어버렸다. 뉴욕대에서는 여러 가지 조건과 예우가 극진하여 나로서도 그에 상응한 의무와 책임을 이행해야 했다. 나는 1994년부터 뉴욕대에서 매년 우리의 겨울방학을 이용하여 한국법을 가르쳤을 뿐만 아니라 학장의 요청으로 각종 행정적 기타 학사

문제에도 다방면으로 관여하였다. 미국 법대의 순위를 매기는 언론기사에 대응하여 학교를 변호하는 경우도 있었으며, 입학하는 신입생을 위한 학교 오리엔테이션 비디오에는 항상 내가 주인공으로 등장하였다. 또한 학교가 열심히 기금을 모금하는 일에 협력한 경우도 있었다.

그리고 하우저 부부(Gus and Rita Hauser)가 기부한 돈으로 하우저 글로벌 스칼러 프로그램(Hauser Global Scholars Program)을 창설하는 일뿐만 아니라 뛰어난 하우저 스칼러(Hauser Scholar)를 선정하는 데에도 매년 깊이 관여하였다. 거스 하우저(Gus Hauser)는 하버드 법대 재학 중 2년 연하의 동창인 리타(Rita)를 만나 결혼했는데 남편이 졸업 후 케임브리지에서 뉴욕으로 직장을 구해 떠나자 신부인 리타가 하버드에서 뉴욕대로 전학을 하면서까지 남편을

〈동아일보〉가 나의 석좌교수
임명 소식을 보도했다.
1994년 3월 23일자. 31면.

뉴욕대 법대 종강 후 한국인 제자들과 함께 (1996. 2).

따라갔다. 따라서 하버드의 졸업장을 가진 남편과 하버드에 입학했지만 뉴욕대의 졸업장을 가진 아내가 상의하여 거액을 하버드와 뉴욕대에 각각 기부했다. 그 기금으로 하버드는 하우저홀(Hauser Hall)이라는 아름다운 교수연구동을 지었고, 뉴욕대는 세계 최초의 하우저 글로벌 스칼러 프로그램을 시작했다. 세계에서 신청한 천 명 이상의 지원자 중에서 13명을 선정하여 두툼한 전액장학금을 주면서 1년간 마음대로 연구하고 원하면 학위도 취득할 수 있는 프로그램이다.

한국에서는 김영삼 정부의 청와대에서 5년간 대과 없이 비서관 임무를 마친 제자 박진 군을 추천했더니 마침 그가 선발되어, 동시대에 뉴욕생활을 같이 보냈다. 뉴욕대 법대는 다른 일류법대에 널리 퍼져있는 동료 간 경쟁의식이나 우월의식과는 달리 교수 간 및 교수와 학생 간의 관계에 있어서 참으로 따뜻하고 인간적인 분위기가 물씬하여 외국인 교수인 나는 이를 잊을 수 없다. 이것은 아마 인간적으로 따뜻한 존 섹스턴 당시 학장의 리더십 때문이라고 생각한다.

한국법 강의와 관련해서는 한국의 긴 겨울방학을 이용하기로 했다. 이들은 봄학기를 1월 중순에 시작하므로 내가 이때 바로 강의를 시작하여 3월 초 서울대가 개강할 때까지 짧은 기간이지만 달포간 두 배로 강의하면 한 학기에 가르쳐야 할 14주간의 책임시간 수를 채울 수 있었다. 나는 이러한 일정과 방

뉴욕대에서 유학 중인 한국인 제자들과 선상파티.

식으로 매년 겨울방학을 뉴욕대에서 가르치는 데 보냈다.

맨해튼의 그리니치빌리지(Greenwich Village)에 있는 학교에서 제공하는 좋은 아파트에 무료로 사는 특전을 누리면서 나의 추천으로 이곳에 유학 온 많은 한국 유학생들과 매년 바쁘고 보람찬 관계를 유지했다. 주말에는 누가 연락할 것도 없이 내 아파트의 로비에 삼삼오오 모이면 같이 차이나타운의 딤섬식당에 가서 '아점'을 먹으면서 스트레스를 풀던 기억이 아련하다. 지금도 그 시절에 뉴욕대에서 공부하고 같이 지내던 박진, 제강호, 최정환, 이호인, 이규진 등 많은 제자들과 가끔 만나는 즐거움이 있다. 그러나 일찍 요절한 변호사 김형진 박사가 늘 생각난다. 그 외에도 우수하고도 젊은 우리 동포 법조인을 여러 사람 알게 된 것도 나의 소득이다.

1996년 1월에는 컬럼비아 법대에서 한 학기를 가르쳤다. 학생들은 참으로 우수하고 좋으나 마이클 영 교수도 떠난 뒤라서 그런지 학교 당국의 기본적 배려가 크게 소홀하였다.

2001년 8월, 하와이 법대에서 한 학기 강의할 때에는 마침 갓 입학한 벤저민 와그너(Benjamin Wagner) 군에게 아주 많은 도움을 받았다. 와그너 군은 이미 한국에서 알던 오하이오 출신의 미국학생이었는데, 경희대 교수를 거쳐 현재 미얀마에서 인권문제를 중심으로 어려운 이들을 돕는 일을 하고 있다. 하와이에서 강의할 때에는 어머니와 장모님을 하와이로 모셔서 구경시켜 드렸다.

미국의 여러 학교에서 배운 제자들은 후일 여러 가지로 내게 도움을 주기도 하였다. 내가 2003년 초 유엔을 중심으로 국제형사재판소 초대 재판관 선거에 정신없이 뛰고 있을 때 하버드에서 내게 배운 스위스와 덴마크 출신의 제자들이 뉴욕주재 외교관이 되어 나의 득표활동에 많은 도움을 주기도 하였다. 또 재판관으로 헤이그에서 근무하는 초기에는 마침 이곳 주재 호주대사관의 외교관으로 부임한 제자를 반갑게 만난 일이 있다.

2003년 9월 21일 국제교류재단(이사장 이인호)의 초청으로 초대 한국주재 폴란드대사 크라코프스키(J. J. Krakowski)가 귀국 후 처음 방한했다. 그를 홍익대 건축학과 교수였던 김성국 건축가의 평창동 댁에서 만나 오래 밀린 회포를 풀었다. 나는 김 교수가 지은 그의 집에서 좋은 음식을 대접받고 그 자리에서 새로이 한양대 임지현 교수 같은 훌륭한 분도 알게 되어 소득이 컸다. 임 교수는 서양사를 전공하는 분인데, 혼자 독학으로 폴란드어를 익혔다고 하니 굉장한 분이다. 정신사와 문명사에 관하여 전문적 연구를 하시는 분으로서 자주 만나지 못하여 유감이다.

크라코프스키 대사는 자유노조연대(Solidarity)의 대표였던 레흐 바웬사(Lech Walensa) 대통령에 의하여 주한 대사로 기용되었는데, 그는 그전에 이미 한국개발원에 와서 어떻게 한국이 경이적인 경제발전을 했는지 경제학자로서 공부를 하고 간 인연이 있는 분이어서 이때부터 서로 알고 지냈다. 후일 우리 부부가 국제형사재판관 시절 그의 고향인 크라쿠프(Kracow)를 방문하여 과분한 대접을 받기도 했고, 그때 폴란드의 천 년 이상 학문적, 예술적 축적이 어마어마한 것을 보고 놀랐으며 코페르니쿠스 같은 걸출한 학자는 물론 기초가 단단한 대학교육에 압도된 기억이 난다.

송진우 선생 추모 및 기념재단 설립 (1994.12). 왼쪽부터 김창식 이사장, 홍일식 감사, 권이혁 전 이사장, 김상협 전 이사, 김병관 전 이사, 황창평 국가보훈처장, 김유후 감사, 송상현 이사.

1995년 방문한 필라델피아 서재필기념관의 한 사진. 1925년 하와이에서 개최된 범태평양 민족회의에 참석한 한국대표단 속에서 고하 할아버지를 발견했다. 사진 속 오른쪽 첫 번째가 고하.

'이인표 어린이도서관', '한국사회과학도서관'

우리는 마침 안암동 한옥을 팔고 1959년 성북경찰서 앞길 건너편 뒤쪽에 오래된 일본식 가옥을 샀는데 곧 이를 헐고 1960년 벽돌로 된 양옥 2층집을 지어 입주했다. 이 집에서 재학 중 고시 양과 합격 후 대학을 마치고, 유학과 취직 등 16년간 잘 살다가 구반포 교수 아파트로 분가해 나갔다.

아이들이 성장하여 한남대교 건너 논현동 초입의 대지를 매입해 1979년 벽돌 양옥집을 지었는데, 당시 강남의 풍경은 부자들이 좋은 집을 지으면 자기네는 위층에 살면서 지하 또는 반지하층을 어려운 사람에게 세를 주어 서로 집을 지킨다든가, 일을 품앗이 한다든가 하는 상호의존의 살림형태가 주류를 이뤘다. 골목 안에서 관찰해보니 당시 강남에 집을 짓고 살 수 있는 세대는 나이 먹고 재산이 있는 분들이므로 초등학생 자녀가 없는 데 비해 지하층에 세 들어 사는 젊은 세대의 자녀들은 초등학교를 다니면서도 책을 읽을 기회가 없고 특히 학교에서 독후감을 써오라고 하는데도 매주 책을 사서 읽고 독후감을 써갈 경제적 형편이 못되는 것이었다. 당시 책 한 권에 2천 원 정도인데 이는 부모들에게 적지 않은 부담이었다. 우리 부부는 우리집 차고를 개조해 골목 안 동네 어린이들의 도서실을 열어 이러한 수요에 부응하기로 했다. 근처 초등학교의 책읽기 프로그램을 미리 입수하여 어린이들이 필요한 책을 많이 구입한 다음 무료대출을 해주고 기록장을 만들어 한 명 한 명의 개인적 독서 이력들을 기록했다가 책을 열심히 많이 읽은 어린이에게는 상으로 연필과 공책을 줬다.

에스콰이아제화의 이인표 회장께서 우리 차고 속 도서실을 방문해 설명을 듣더니 영감을 얻었는지 기업이윤의 사회환원 사업으로 어린이도서관을 선택했다. 이분은 참으로 진실하고 정직한 자수성가형 기업인인데, 이 사업을 널리 펼쳐 전국 각지의 어려운 달동네마다 도서관을 개관해 많은 어린이들에게 큰 혜택을 베풀었다. 나아가서는 만주, 러시아, 사할린 및 중앙아시아의 한국인 거주지에까지 20여 개의 '이인표 어린이도서관'을 건립하고 자율적 운영을 할 수 있도록 프로그램과 시청각 교재를 제공하고 재정적 기초를 마련해

주었다. 나는 이 사업을 열심히 도왔다.

이분은 처음에는 사직터널 위에 위치한 여자상업학교 건물을 인수하자마자 그곳에 사법고시 준비생들을 위한 고시반을 운영하려는 계획을 가지고 있었다. 이와 관련하여 이 회장의 자문교수들이 고시반 운영의 타당성은 고등고시를 합격한 송 교수와 상의함이 좋겠다고 건의하였단다. 이 회장과 처음 인사를 나눈 자리에서 나는 국가시험 준비 때문에 부실화하고 왜곡되는 법학교육의 현실을 설명하고 현재 서울대 근처의 고시촌의 밀집현상을 지적하면서 고시반 운영에 반대하였다. 그분은 고향에서 같이 자란 많은 분들이 일본 유학을 하여 이른바 고등고시를 패스한 다음 번듯하게 판검사로 금의환향하는 것을 보면서 학업의 기회를 잃고 기업을 일으키느라고 고생한 자기의 감추었던 희망을 고시반 운영을 통하여 대신 만족해 보려는 의도가 있어 보였다. 그러나 나는 이 기회에 이 회장을 설득하여 척박한 사회과학분야의 학문풍토를 지적하면서 이 건물을 사회과학 6개 분야의 전문종합 도서관으로 만들자고 건의했다. 이것이 서울 사직동 '한국사회과학도서관'이 출범하게 된 경위이다. 이 도서관은 서적을 구입하여 비치하는 전통적 도서관이 아니라 당시 한국에서 사보기 어려운 외국저널들의 정기구독과 동시에 각종 정보와 자료를 디지털화한 세계적 데이터베이스에 연결하여 학자들에게 실비로 국제적 자료접근의 기회를 마음껏 보장하는 최신형의 정보센터였다.

개관식 날 이인표 회장이 참석하신 내외 귀빈 앞에서 내가 미국에서 쓴 박사논문을 전화선을 이용한 모뎀을 통하여 출력하여 프린트해 보임으로서 모든 이의 탄성을 자아낸 기억이 새롭다. 한국사회과학도서관은 또한 지방에서 서울의 대학으로 일정기간 교류연구차 오신 교수들에게 연구실을 제공하는가 하면, 학회의 장소로도 이용되었다. 현재는 안타깝게도 모기업의 부진으로 이 도서관은 서울대에 이관되고 말았다.

그 외에도 1992년부터 양촌(良村) 이동건(李東建) 총재의 권유로 서울한강 로타리클럽에 가입하여 아주 작은 범위에서나마 활동하고 있고, 1993년부터는 제자인 이충범 변호사가 주도적으로 이끄는 정해복지재단에 참여하여 고

아원에서 퇴소한 18세 청소년들의 자립을 돕는 '중간의 집' 사업을 후원하거나, 베트남 어머니와 한국인 아버지 사이에서 태어나 베트남에서 차별받는 '라이따이한'을 돕는 일에 기여한 바 있다. 그리고 1999년 3월에는 서울대 소아과 안효섭, 신희영 교수 등의 요청으로 한국백혈병어린이재단에 참여하게 되었고, 이를 법인으로 전환하여 이사장으로서만 10년을 봉사하였다. 나는 미력이나마 남을 돕는 일을 하는 동안 한국 정부의 아픈 어린이와 굶는 어린이에 대한 지원정책의 문제점을 깊이 파악하게 되었고 이 분야에서 일하는 인물이나 단체의 문제점도 알 수 있었다.

그 외에도 1999년 양정자 박사가 대한가정법률복지상담원을 창립할 때부터 이사로서 함께 참여하고 있고, 2000년부터 아름다운재단 등 몇 개의 민간 자선단체의 설립에 관여한 후 이사 또는 고문으로서 이름을 걸고 있다. 그러고 보면 30세에 서울대 교수로 부임하면서부터 조금씩 남을 돕기 시작한 각종 활동이 반세기를 넘어선다.

'세계 1위' 자랑하는 유니세프한국위원회

우리 부부는 여성의 지위향상과 어린이를 돕는 것이 아주 중요한 일임을 조그마한 자선활동 경험을 통해 깊이 자각했다. 나는 1992년부터 유니세프(UNICEF)에 몸을 담았고, 아내는 친정의 전통에 따라 장인과 장모님의 뒤를 이어 적십자인으로서 30년 이상 묵묵히 봉사하고 있다. 특히 2003년 국제형사재판소 재판관으로 당선된 이래 소년병 문제, 전쟁으로 가장 고통받는 어린이와 부녀자의 보호문제에 새롭게 국제적 안목을 갖게 되었다. 2012년부터 현재까지 유니세프한국위원회장으로서 어린이와 여성의 교육, 보호, 보육, 건강, 위생, 질병 및 권리문제에 국내외적으로 전력투구하고 있다. 세계 190여 개 국가에 유니세프의 사무소가 있으나 한국을 포함한 33개 선진국은 유니세프국가위원회를 조직해 독자적으로 운영한다. 선진국으로 분류되는 기준은 경제발전 외에 민주주의 성취도를 고려하여 결정되므로 아시아에서는 일본과 한국만이 독자적 유니세프 국가위원회를 운영한다.

　1994년 1월 1일 문을 연 유니세프한국위원회는 1년 모금총액에서 세계 3위를 점하지만 정기후원자의 수, 개인후원자의 평균기부액, 본부에의 송금액, 모금액에 대한 경비의 비율 등의 기준에서 단연 세계 1위를 자랑한다. 개인후원자들이 유니세프한국위원회의 정직성 및 신뢰성을 믿고 후원금을 계속 보내준 덕택이라고 생각한다. 일부 친구들은 국내 어린이도 도움이 필요한 경우가 많은데 왜 기부금의 대부분을 본부에 송금하느냐고 묻는다.

　나는 6·25전쟁으로 피란지에서 어렵게 공부할 때 유니세프가 보낸 학용품을 받고 기뻐했고, 분유 등을 얻어먹으면서 굶주림을 극복한 기억을 가지고 있다. 그로부터 70년이 지났지만 우리가 이제 살 만하게 됐으니 옛날의 도움을 잊지 않고 이를 갚는 의미가 있음을 역설하곤 한다. 설사 그러한 과거의 도움이 없었더라도 이제는 일반적으로 좀 먹고 살 만하게 됐으니 세계적 안목으로 빈곤과 질병에 더 고통받는 나라들을 돕는 것은 인간의 기본자세(noblesse oblige)가 아닌가 싶다.

　물론 유니세프본부에 보내는 송금액은 사전에 합의된 비율에 따라 보내는데, 그중 상당히 많은 부분은 우리가 목적을 지정해 보내므로 결국 대부분의 금액이 우리가 원하는 대로 사용되고 있다. 또한 국내사업을 안 하는 것도 아니다. 유니세프는 다문화가정 어린이들의 놀이터 설치사업을 지원하며, 아동친화도시 인증을 통한 어린이 중점사업, '마음껏 놀이터' 설치 등은 물론 세월호의 피해자를 부분적으로 돕는 일에 참여하고 있다.

교수가 휴직하고 출사하는 관례 종식해야

나는 교수생활 중 정부 또는 외국기관으로부터 이런저런 자리에 대한 제의가 여러 번 있었으나 이를 모두 거절하였다. 법학과 같은 실용학문의 전공자가 학교를 잠시 떠나 정부 등에 봉사하는 것을 변절 또는 나쁜 유혹에 넘어간 것으로 보거나 무조건 거절하는 것만이 학자의 지조를 지키는 것이라고는 생각하지 않는다. 적절한 기회가 오면 전문지식을 국가를 위해 활용할 수는 있겠으나, 그런 경우에는 처신을 분명하게 해 최소한 학교나 다른 동료 및 학생들에게 폐가 돼서는 안 된다고 생각한다.

특히 국회의원이나 정부의 높은 자리에 출사하는 동안 자기 자리를 휴직으로 처리해 수년간 공석으로 두었다가 벼슬이 떨어지면 다시 돌아오는 것은 학계발전의 장애요인이며 무책임하고 양심 없는 짓이라고 생각한다. 빈자리에 훌륭한 다른 소장학자를 채용하지도 못한 채 시간강사를 고용해 그 과목의 강의를 땜질해야 하므로 결국 학교와 학생 모두에게 눈에 보이지 않는 손해가 발생하기 때문이다. 이처럼 양다리 걸치는 관례는 종식해야 한다.

대법원이나 헌법재판소에 결원이 생길 때마다 구성의 다양성을 위해 직업법관이 아닌 학계인사 중에서도 대법관이나 헌법재판관을 임명해야 한다는 논의가 제기됐다. 당시 전국 법학계에서는 나밖에 법관 자격자가 없었기 때문인지 내 이름이 항상 지상에 오르내렸다. 5공화국 때부터 장관이나 청와대 사정수석과 같은 책임이 무거운 자리를 구체적으로 제시하면서 접촉도 여러 번 있었으나 나는 한 번도 망설이지 않고 즉각 딱 잘라 거절하고, 서울대 법대 교수로서 후진을 양성하면서 보람 있고 행복한 학자의 길을 걸었다. 정부가 어느 고위직에 나를 후보로 고려할 때에는 우선 법대 행정실에 와서 살그머니 평판이나 인간성을 물어가곤 했다. 주로 내가 얼마나 주위 사람들과 잘 어울리고 신망을 얻고 있는지를 탐문했다고 한다. 그런 경우가 자주 발생하다 보니 행정실 직원들은 웃으면서 여러 차례 그런 사실을 슬쩍 알려주곤 했다.

어느 정부 때는 내가 국무총리에 강력하게 천거된 일도 있었다. 또한 국제형사재판소장의 자리에서 물러나 귀국한 지 얼마 안 된 무렵에는 또 한 번 갑자기 국무총리 자리를 강력하게 제의하기에 이를 완곡하게 거절했다. 이미 분수를 알면서 안분지족(安分知足) 할 나이에 도달했기 때문이다. 어느 해에는 큰 국제기관의 제의도 있었고, 파격적 조건과 함께 미국 일류대학 법대의 교수직 제의도 있었으나 모두 거절했다. 만일 이 같은 제의를 받아들일 뜻이 있었다면 미국에서 공부를 마치고 뉴욕 월스트리트에서 잠시 변호사 실무를 할 때에 영주권을 얻어주고 직장을 준다는 제의를 받아들였을 것이다.

각국 정부가 훈장 준다더니 퇴임 후엔 연락 없어

고하(古下) 할아버지가 1962년 건국훈장을 추서받은 일이 있고, 아버지가 1960년대 수출시장 개척의 공로로 산업훈장을 받았지만, 나는 그 흔한 명예박사 학위를 받아본 일도 없고, 표창이나 수훈의 기록이 별로 없었다. 후일 국제형사재판소장을 하는 동안 나에게 훈장을 준다는 나라도 꽤 있었고 명예박사를 준다는 제의도 상당수 있었다. 그때마다 국제형사재판소장은 불편부당성, 공정성, 중립성의 기본윤리를 엄수해야 하므로 현직에서는 받을 수 없다고 완곡하게 물리쳤다. 그들은 나의 태도를 수긍하며 퇴임하면 수여를 고려하겠다더니 막상 퇴임 후에는 다시 접촉한 일이 없었다. 다만 2012년 5월 국제변호사협회(International Bar Association: IBA)가 마드리드에서 연례총회를 할 때 수여한 '법의 지배상'(Rule of Law Award)을 받았다. 그리고 국제형사재판소장을 퇴임하던 날 네덜란드 정부가 내게 그 나라에서 외국인에게 줄 수 있는 최고의 기사대십자훈장(Ridder Grootkruis in de van Oranje-Nassau)을 주었다.

　1997년 5월 1일 제 34회 '법의 날'을 맞이하여 행사장인 서초동 사법연수원 강당에서 정부가 주는 2등급 훈장인 국민훈장 모란장을 받았다. 며칠 후 청와대 오찬에 초청돼 김대중 대통령을 모시고 김창국 대한변협 회장 등 여러 법조수뇌들과 함께 헤드테이블에 앉아 환담했다. 대통령이 법의 날 수훈자를 청와대 오찬에 초대한 것은 이때가 마지막이었다.

왼쪽은 국민훈장 모란장을 받고 가족들과 (1997. 5).
오른쪽은 대한민국 인권대상 국민훈장 무궁화장 수여 (2011.12).

　1998년 8월에는 대한변협 (회장 함정호) 으로부터 제 30회 한국법률문화상을 수상했다. 나는 수상 후 준비된 답사에서 파격적으로 한국 법조계에 경종을 울리는 말을 여러 번 강조했으나 별 반응이 없이 선후배들의 의례적인 축하를 받고 끝냈다. 2009년 10월에는 부구욱 영산대 총장이 이끄는 재단으로부터 영산법률문화상을 받았는데 분에 넘치게 수상축하연도 베풀어주어서 오래 못 보던 제자와 친지를 초청한 바 있다. 그리고는 국가인권위원회 추천으로 정부가 2011년 12월 9일 세계인권선언일을 기념하여 내게 국민훈장 무궁화장을 수여했다.

　2015년 11월에는 율곡법률문화상을, 그리고 2016년 3월에는 제 8회 영산외교인상을 수상하였다. 영산외교인상은 서울국제포럼을 이끌고 있는 이홍구 전 총리가 사재를 털어 외교현장에서 고생하는 우리 외교관을 격려하고자 제정한 상인데, 나의 국제형사재판관으로서의 활동을 평가하여 외교관이 아님에도 불구하고 수상자로 선정한 것 같다. 가족과 몇 분의 친지를 모신 축하만찬에서 윤병세 외교부장관의 축사 다음에 간단한 답사를 한 바 있다.

관악대상 시상식 (2008. 3)
사위, 딸, 나, 호문혁 교수.

모교인 경기고(2003), 서울대 법대(2006), 코넬대(2007) 및 서울대(2018)
로부터 자랑스러운 동문으로 선정되었다. 내가 다닌 모교로부터 모두 기념패
를 받은 것은 분에 넘치는 영광이다. '자랑스러운 경기인 표창패'는 내가 부재
중 동창회(회장 오명)로부터 전수받았는데, 모교에서 주는 표창이라서 퍽 감
사하고 마음에 와 닿는 느낌이 있다. 다른 한편 2014년 5월 14일에는 경기고
55회 동기동창회로부터 세계평화를 위하여 헌신한 국제형사재판소 재판관에
게 헌정하는 '평화인 패'를 받았다. 경기고의 교훈이 자유인, 문화인, 평화인
이므로 여기에서 따서 평화인으로 선정한 것 같다. 1994년 1월 8일 미국 코넬
대 프랭크 로우즈(Frank H. T. Rhodes) 총장으로부터 최우수동문 표창 및 메
달을 받았다. 2007년에도 나는 다시 제 1회 자랑스러운 코넬대 동문으로 선
정돼 코넬동문회로부터 표창을 받았다. 2008년에는 서울대 총동창회가 주는
'관악대상' 영광부문을 수상했다. 서울대와 코넬대의 경우에는 학교와 동창
회 양쪽으로부터 모두 자랑스러운 동문상을 받았다. 2012년 11월에는 한국
풀브라이트동문회로부터 자랑스러운 동문상을 받기도 하였다. 2019년에는
사단법인 한국언론인연합회로부터 제 19회 자랑스러운 한국인 대상을 받았
다. 2007년 2월 28일 〈문화일보〉는 3·1절 88돌 특집으로 나를 '21세기의 33
인'으로 선정하였다. 이제는 극일(克日)을 넘어 세계인류로서 글로벌 강국을
이끄는 33인의 리더라는 뜻이 담겨 있다고 했다.

2009년 10월 22일 서울대 법대 15동 6층 모의법정을 '송상현홀'로 헌정하는 기념식이 성대하게 거행되었다. 이 헌정행사는 참으로 가슴 뭉클하고 분에 넘치는 영광이었다. 사실 나는 항상 모교인 서울대 법대에 기부하고자 마음먹고 있었다. 그런데 내가 전액을 출연하는 것보다 평소에 나를 따르는 가까운 제자들에게도 참여의 기회를 주어 협동기부를 하면 그 의미도 더 클 것 같다는 의견들이 있었다. 김건식 학장이 조심스럽게 그러한 아이디어를 평소에 나와 가까운 제자들에게 알리자 반응이 뜨거웠다고 한다. 나는 제자들에게 부담이 안 되도록 참여에 의미를 둔다는 뜻에서 소액을 기부하도록 유도했으나 오히려 점점 더 많은 제자들이 참여하였다. 결국 내가 대부분을 현금으로 일시불 기부를 하고 수많은 제자들의 정성을 보태어 10억 원이 약간 넘는 기부금을 서울대에 전달할 수 있었다. 송상현홀 헌정식에는 국제사법재판소장 오와다 히사시(小和田恒) 부부를 초청하여 기념강연을 하게 하는 동시에 제자 최영훈 〈동아일보〉 논설위원의 사회로 오와다 국제사법재판소장, 국제형사재판소장이었던 나, 그리고 김건식 서울대 법대 학장이 국제법 발전에 관하여 대담하는 일정을 가졌다. '송상현홀'에 들어가면 입구 전면에 새로 세운 중간벽에 나의 상반신을 놋쇠 양각 부조로 설치하고 나의 약력, 건립경위, 기부자명단 등을 새긴 판이 앞뒤로 부착되어 있다. 이 홀은 평소에는 학생들의 공부방으로 사용되다가 모의재판을 할 때에는 모의법정으로 사용된다고 한다. 2015년에는 나의 국제형사재판소 소장으로서의 활동도 포함한 서울대 법대 120주년 기념행사와 전시회를 송상현홀에서 거행했다고 한다. 또한 2016년 3월에는 내가 출연한 tvN의 〈고성국의 빨간의자〉라는 1시간짜리 TV프로그램을 이곳에서 녹화하기도 했다.

　세상사에는 기쁜 일만 있는 것이 아닌 것 같다. 아무리 복이 있는 사람이라도 힘든 일이 찾아오게 마련인가 보다. 아들의 건강상 문제가 발견되었다. 서울대에 입학하고부터 건강이 호전되지 못하더니 특히 하버드 케네디스쿨을 다니던 중에는 어려운 건강상태와 씨름하고 있었다. 그런데 아산병원 홍창기 원장의 지속적인 관심, 미국에서 귀국하여 삼성병원 외과부장으로 근무하던 평생의 외우 이병봉 박사의 측면 지원, 고교 후배인 박수길 내과 교수의 도움으로 마침내 아들의 병을 근본적으로 대처할 수 있게 되었다. 모두들 나의 모교인 경기고의 선후배들로서 당대의 명의로 명성을 날리던 분들의 전방위적 도움으로 하버드의 학업을 잠시 중단하고 귀국한 아들은 건강을 되찾게 되었다.

그 외에 우리집에는 경사도 있었다. 우선 어머님께서 본인의 예술적 정열을 불태워 제작하신 각종 작품을 가지고 3차례 작품전을 개최하신 일이다. 1992년 6월 11일 제1회 송원 김현수(松苑 金賢洙) 작품전(연희조형관 1주일간), 1995년 11월 16일 제2회 송원 김현수 희수전(松苑 金賢洙 喜壽展: 연희조형관 1주일간), 2000년 3월 29일 제3회 송원 김현수 새천년작품전(백상기념관 1주일간)이 그것이다.

어머니는 일생 미술공예교육을 받아보신 일이 없는 분이지만 서예, 도예, 지승공예, 바가지공예, 색종이공예, 보릿대공예, 매듭공예, 자수, 목각, 초상화 등 다방면으로 모방과 창작을 계속하여 많은 작품을 창조하셨다. 아마 천부적 끼가 있으셨던 것 같은데 별로 협조적이지 아니한 아버님이 돌아가신 후 혼자 사시면서 밤에 잠이 안 오는 시간에는 창작에 몰두하셨던 것이다. 작품의 숫자가 엄청나게 늘어나자 이를 우연히 본 조각가 김영중 전 한국미술협회 이사장의 권유로 3차례 작품전을 개최하셔서 언론의 주목을 받았다. 잘 만들어진 국·영문 도록은 지금도 보는 사람의 감탄을 자아낸다.

수많은 제자들과의 아름다운 인연

10월 유신 후 어느 날 학생들이 스크럼을 짜고 좁은 동숭동 캠퍼스의 앞마당을 돌면서 반정부구호를 외치고 있었다. 이전까지는 사복 경찰들 외에 제복을 입은 경찰이 데모 진압차 교내로 진입하는 것은 삼가고 있었는데, 바로 이날부터 경찰은 학교 측의 요구가 없었는데도 갑자기 무단 진입하여 데모학생들을 마구 연행하는 일이 벌어지고 말았다. 점잖으신 이한기 학장의 강력한 항의에도 불구하고 그때까지 전례가 없는 일이 발생한 것이다.

쫓긴 몇 학생이 내 연구실이 있는 새 도서관 건물로 황급히 들어와서 숨을 곳을 찾고 있었는데, 맨 앞에 보이는 학생이 마침 내 지도반 학생인 이병기 군이었다. 나는 거의 본능적으로 그를 내 연구실로 들여서 책상 밑에 숨긴 다음 쫓아 들어오는 경찰을 향하여 앞을 가로막고 큰 소리로 "어떻게 신성한 교수연구실을 무단 침입하는가!"라고 꾸짖어 내쫓으면서 간신히 위기를 모면했다.

만일 이병기 군이 체포되었더라면 그가 당할 형사상, 학사행정상 불이익과 개인적 고통은 물론 지도교수인 나도 가장 가벼워야 시말서를 쓰든가 경찰에 좀 불려 다니면서 곤욕을 당하였을 것이다. 무엇보다도 당시 공무원인 이 군의 부친은 정권안보 목적의 연좌제에 걸려들어 공무원직을 그만두어야 하는 판이었다. 고인이 된 지금도 우리 모두가 추억하는 대로, 그는 활달하고도 강직한 성품이었고, 그 후 사법시험에 합격하여 검찰에 투신한 큰 인재였는데 가인박명(佳人薄命)이라 할까 청주지검장 재직 중 타계하고 말았다. 나는 참으로 비통하였지만 현숙한 부인이 남매를 잘 키워내고 꿋꿋하게 사시는 것이 그나마 위안이 된다. 또한 그를 중심으로 구성된 '삼수회'는 아끼는 제자모임으로서 자기들끼리 자주 만나고, 나와도 가끔 연락이 있는 부러운 모임이다. 이들은 내가 교수로서 가르친 첫 제자들이어서 '첫정'이 담뿍 가는 그룹이다. 가끔 자기네 모임에 관한 소식과 사진을 이메일을 통하여 내게도 보내주어 헤이그의 타향살이에 크게 버팀목이 되었다.

사실 지금까지 40여 년간 나를 따르면서 매년 세배는 물론 1년에 한두 번 부부동반으로 식사를 하면서 즐거운 한때를 보내는 제자들은 이들 외에도 몇 그룹이 더 있다. 끈끈한 인연을 계속하는 이상중 변호사를 중심으로 한 또 하나의 제자그룹은 지도반 차원에서 1970년대 서울 근교 장흥으로 야유회를 간 데에서 시작된 것이었다. 이들은 모임의 이름을 '동심회'라고 짓고 나와 정기적 모임을 계속하고 있다. 2019년 봄에는 비용을 들여 우리 부부를 일본 하코네 여행에 초대해주어 행복한 사제간의 정을 돈독하게 했다.

또한 내 연구조교이었다가 영국으로 유학 가서 학위를 받은 홍익대의 이중기 교수가 소집책이 되어 매년 정기적으로 만나는 제자그룹은 그 구성이 다양하고 비교적 개방적 모임인데, 수십 년간 상호간에 곰삭은 정이 참으로 은근

교수로서 가르친 첫 제자들의 모임인 삼수회와 칠순 기념 (2010.10). 뒷줄 왼쪽부터 박윤규, 심재돈, 서희석, 조왕하, 임낙규, 김경호, 처, 나, 조남돈, 김홍우, 조대룡, 홍용식, 박병구, 이승우, 송연수.

하고도 각별하다. 내가 주례해준 외국인 제자도 가끔 얼굴을 보인다. 벤저민 휴스(Benjamin Hughes)나 데이비드 워터스(David Waters) 외에도 벤저민 와그너(Benjamin Wagner)는 경희대 교수를 할 때에는 가끔 만났으나 이제 미얀마로 이주한 다음에는 연락이 뜸하다. 또한 중국의 공청 출신 엘리트인 제자 라란(羅蘭) 사장도 내가 서울대 법대 법학 석사학위를 준 학생인데 가까운 외국인 제자이다. 민소연(민사소송법연구회)도 꼭 1년에 1번 씩 스승의 날을 기념하여 나와 호문혁 교수를 초청하여 아름다운 인연을 이어가는 공부모임인데, 교수와 판사 및 변호사 등 구성이 다양하다. 또 학부는 타교를 졸업한 후 대학원에 와서 비로소 나와 인연을 맺은 제자들도 여러 명이 있다. 그들은 고하 추모식에 빠짐없이 참석하여 일을 도와주기도 하는 감사한 분들이다. 이 모든 모임도 역시 내게는 참으로 소중한 제자와의 연결고리이다. 나는 이 제자들을 항상 누구에게나 자랑하며 감사하고 있다. 그 외에도 개별적으로 지금까지 30년 내지 40년 이상 꾸준히 연락하고 만나는 고마운 제자들이 참 많이 있다.

나는 내 교수연구실에서 여러 가지 연구를 보조하는 대학원생을 받아 같이 생활하였다. 물론 7평 정도의 연구실에 나와 나의 개인비서인 조정희 씨가 자리하고 있는데 조교가 한 명이 더 들어와서 좁은 방을 같이 쓰는 것은 서로 불편하였을 것이다. 그럼에도 불구하고 내 방을 거쳐 간 조교가 참으로 많은데 이 이른바 '방돌이'의 대부분이 이제 교수 및 국회의원이나 행정부 장관, 고위관료 또는 기업이나 법조계에서 두각을 나타내는 인물이 되어 많은 활약을 하는 것에 큰 자부심을 느낀다.

그런데 어느 날 내 방에서 연구하던 유기준 군(전 해양수산부 장관, 국회의원)을 통하여 상당히 많은 수의 학생들이 사법시험 2차에 합격했더라도 데모기록이 있는 자는 국가관이 부족하다는 이유로 3차 면접시험에서 해마다 낙방시키고 있다는 것을 알게 되었다. 이러한 입장에 있던 유 군과 다른 학생이 2차 시험에 합격한 후 이 문제를 해결하기 위하여 언론사를 방문하거나 탄원서를 만들어 돌리는 등 백방으로 노력해도 소용이 없게 되자 다 늦게야 내게 슬그머니 도움을 청하였다.

나는 사법시험 위원을 수차례 했으나 항상 2차 주관식 시험의 출제와 채점만을 했으므로 이런 숨은 사정을 몰랐다. 2차 시험 합격자발표 후에는 항상 3차 면접시험에 대비하여 각 지도교수가 지도반 학생 중 2차에 합격한 자의 신상을 면밀히 검토하여 그의 국가관, 시국관 등을 평가하여 제출하도록 되어 있었다. 어찌된 영문인지 매년 내 지도반 학생들이 가장 많이 합격하는 바람에 나는 항상 제자들에게 불이익이 가지 아니하도록 고심하면서 많은 신상명세서와 평가서를 작성하여 제출하곤 했었다. 구체적으로 해당학생들의 이 같은 불만을 주의 깊게 듣고는 이런 부당하고 불공정한 일을 시정하는 데 작은 힘이나마 보태기로 결심하였다. 나는 즉각 당시에 권력을 가졌다고 생각되는 거의 모든 관련기관이나 아는 고위인사들을 부지런히 방문하였다.

시험을 관리하는 총무처, 법무부, 안기부, 민정당, 총리실, 청와대의 민정비서실 등을 방문하여 온갖 의심 내지 무관심과 냉대를 참아가면서 만나주는 고위직마다 붙잡고 이의 부당성을 역설하였다. 평소에 친하다가도 이런 민감한 용건을 가지고 부탁하면 딴소리를 하든가 책임을 회피하는 사람을 많이 접하게 되어 세상의 차고 더움을 금방 느낄 수 있었다. 그러나 명분이 있기도 하고 사랑하는 제자들을 위한 일이어서 피곤하거나 창피한 줄도 모르고 열심히 뛰어다녔다. 당시 이학봉 청와대 민정수석 비서관을 생전 처음 만난 자리에서 내 자식이나 개인적 부탁을 하는 것이 아니고, 예산조치가 필요한 것도 아닌데 우수한 인재를 부당하게 핍박하여 매년 필요 없이 정권의 부담을 누적할 필요가 없으며, 정의를 내세우며 새로 들어선 전두환 대통령의 제5공화국은 이 같은 비겁하고도 부당한 꼼수를 일거에 폐지할 용기가 있어야 하지 않겠는가 하는 점을 강조했다. 그는 나의 논리를 듣더니 "제가 목이 뎅강 잘리는 일이 있더라도 각하께 말씀을 드려보겠습니다"라고 시원스럽게 대답했다. 초면인데도 선이 굵어 보이는 그는 정권안보의 측면 등 정치적으로 통이 큰 생각을 하는 것 같았다.

한동안 속이 탔지만 학생들이 3차 면접시험을 보는 당일 아침 6시 반경에야 청와대의 긍정적 연락을 받았다. 아무튼 내가 살펴보니 이처럼 2차에서 합격했지만 데모기록으로 인하여 3차 면접시험에서 반드시 낙방하게 되어 있는 학생의 수가 25명이었다. 그런데 문제는 아예 지레 포기하여 3차 시험에 응하지 아니하는 사람은 구제해줄 방법이 없으니 모두 연락하여 꼭 3차에 응하라고 통지해야만 했다. 아침 7시부터 그들 모두를 접촉하여 9시 반까지 3차 시험장으로 가도록 연락하는 일은 쉽지 않았다. 결과적으로 이들이 전원 출석하여 합격한 것은 물론 그 후 데모기록을 이유로 낙방시키는 제도는 곧 폐지되었다. 나는 이처럼 구제된 제자들이 현재 각 분야에서 크게 활약하는 데 보람을 느끼지만 이를 떠들고 다니지 아니하였다. 후일 서울변협회장과 대한변협회장을 역임한 김현 변호사는 이 당시 내가 기여한 바를 글로 써 알리기도 했다.

각종 기념논문집

2001년 11월이 되자 나의 회갑기념논문집을 간행하기 위하여 몇몇 제자들이 움직이는 것을 우연히 알게 되었다. 출간준비의 주동적 역할을 하는 몇 분 제자들이 교환한 이메일 통신을 본 것이다. 이기수, 김문환, 양창수, 호문혁, 한상호, 신희택, 김현, 김건식, 목영준, 한승, 정상조 등 여러 분이 모여서 원

2002년 1월 제자들의 후원으로 증정받은 회갑기념논문집.

고수집과 출판, 증정식 행사의 일시와 장소, 식순, 비용 등 여러 가지 문제를 협의하고 있었다. 평균 면수가 26페이지 정도 분량의 논문이 62편이나 제출되었는데 약 70편의 논문이 들어올 경우 약 1,800면이 되므로 기념논문집을 민사법과 상사법의 두 권으로 출간하기로 했다고 한다. 출판비용은 제자들이 부담하고 행사비용은 내가 부담하도록 요청하기로 정했다고도 했다. 원로교수님들을 모시는 외에 내가 관여한 민사판례연구회, 지적 재산권법학회, 디지털재산법학회, 국제거래법학회의 4개 학회 회원을 모두 초청하기로 결정했다고 했다.

마침내 2002년 1월 8일 열린 나의 회갑기념논문집 《21세기 한국민사법학의 과제와 전망》 및 《21세기 한국상사법학의 과제와 전망》 두 권의 증정행사는 제자들의 분에 넘치는 후원으로 신라호텔에서 성대하게 마쳤다. 행사를 준비하고 기획한 제자들이 우선 사진으로 본 나의 일생을 배경으로 비추었다. 나의 학교생활, 가족소개, 사회봉사, 해외활동 등의 4가지 정도 주제로 분류된 사진을 파워포인트로 벽면 스크린에 전시하도록 하고, 행사가 시작되면 식순에 따라 제목과 등장인물 및 그 소속 등을 보여주도록 했다. 나의 뜻은 제자들에게 부담을 주지 않는 조촐한 행사를 원했고, 마침 서울대 총장 선거의 전초전이 진행되고 있기도 해서 회갑논문집 증정행사가 시빗거리가 되지 않도록 소박하게 치르고자 하였다. 행사는 품위 있게 잘 진행되었고 나는

내가 평생 저술한 논문을 분야별로 집대성한
정년퇴임 기념문집 《심당법학논집》.

전체의 행사를 기획하고 추진하고 출연까지 해준 제자 여러분들에게 깊은 감사의 마음을 가지고 있다.

2007년 2월 말, 나는 서울대 법대에서 정년퇴직하였다. 그리하여 헤이그에서 국제형사재판소 재판관으로서 본연의 업무에 집중할 수 있게 되었다. 마침 2002년에 문을 연 국제형사재판소에서는 그동안 사실심 공판은 진행되고 있었으나 상고심에는 사건이 없다가 이때 막 첫 상고사건이 올라왔으므로 정년퇴직 후 국제형사재판소의 상고사건에 집중할 수 있도록 시기적으로 절묘하게 맞아 떨어졌다.

1972년 9월부터 정년으로 퇴임한 2007년 2월까지 35년간 모교에서 교수로서 후진 양성을 하면서 나름대로 한눈팔지 않고 학자의 한길을 대과 없이 걸었다. 서울대에 입학한 1959년 3월부터 사법대학원을 수료한 1964년 9월까지의 기간을 포함하면 40년 넘게 서울대에 몸담았는데 이는 군대와 유학시절을 제외한 나의 전 생애를 서울대와 함께 보낸 셈이다. 이 기간은 후회 없고 행복하고 보람 있는 내 생애의 중요한 황금기이다. 우수한 제자들을 가르친 보람과 자부심은 무엇과도 비교할 수 없는 행복의 원천이다.

학교를 물러나기에 앞서 학내외에 계신 많은 동문과 후학 및 제자들이 여러 차례 성대한 행사를 마련해주어 그 고마움을 길이 잊을 수 없다. 이장무 서울대 총장도 일부러 시간을 내어 참석해주신 퇴임기념 강연, 〈법학〉지에 실린 장시간의 인터뷰, 퇴임기념 논문집 증정식과 만찬 및 퇴임식 등 여러 가지 면에서 실로 과분한 대접을 받았다.

회갑기념논문집을 증정받은 것과 서울대 법대 모의법정을 '송상현홀'로 헌정해 준 것도 분에 넘치는데 정년퇴임 시에 제자들이 편집하여 출간한 《심당법학논집》(心堂法學論集) 3권은 내가 평생 저술한 논문을 분야별로 나누어 집대성한 문집이어서 아주 감사하기도 하고 큰 애착이 가기도 한다. 나의 칠순을 맞아 또다시 기념논문집을 낸다든가 하는 계획은 미리부터 내가 원하는 바가 아님을 확실하게 일러두었다. 내가 그만큼 학문적 업적이 훌륭한 학자도 아닌 데다가 모두 수명이 연장되는 마당에 무슨 때마다 이를 챙기는 것도 모두에게 부담이기 때문이다.

제 4 장

2003~2008

인류의 위대한 실험

국제형사재판소의 초대 재판관

이준 열사 넋 서린 헤이그 국제형사재판소 초대 재판관

2002년 11월 30일 정부가 신설 국제형사재판소(International Criminal Court / Cour Pénal Internationale: ICC / CPI) 초대 재판관 후보로 나를 지명하여 등록했다. 국제형사재판소 창설 움직임은 이미 알고 있었으나 아내와 함께 정년 퇴직하면 무엇을 할 것인지 논의하고 있었는데 갑자기 출마 제의를 받으니 얼떨떨하기만 했다. 신설되는 국제형사재판소에 한국도 재판관 후보 1명을 지명해서 입후보해 달라는 요청이 있자, 외교부는 심사위원회를 구성하고 지원서를 받았다. 후보 지명은 외교부장관(당시 최성홍)의 위임을 받은 국제상설중재재판소(Permanent Court of Arbitration: PCA)의 국가전문가그룹(National Expert Group)이 후보자를 심의해서 결정한다고 들었다.

당시 박수길 전 유엔대사가 의장을 맡고 백충현(서울대 법대 교수), 유병화〔국제법률경영대학원(TLBU) 대학 총장〕, 한부환(법무연수원장), 김용담(법원행정처 차장) 등 여러 분이 이 그룹의 위원으로서 제출된 후보지원서를 심사했다고 한다. 7~8명이 신청했다고 들었으나 나는 처음부터 신청서조차 제출한 일이 없다. 당시의 외교부 내외에서는 외교부와 가까운 모 교수를 후보로 추천할 의도여서, 다른 신청자들은 처음부터 들러리라는 소문이 파다했었다.

그런데 법조계를 대표하는 한부환, 김용담 위원과 외무고시를 합격한 유병화 위원이 국제형사재판소 재판관 후보자격 규정의 해석상 문제점을 제기했다. 즉, 우리나라 사법시험에 합격하고 충분한 법조경력이 있어서 한국 대법원의 대법관이 될 수 있는 자격을 갖춘 사람을 추천해야지, 법조인 자격이 없는 인물을 추천하는 것은 합당치 않다고 주장하였다고 한다. 다른 위원은 그러한 자격요건을 요구하고 있음은 사실이지만 일본의 경우에는 사법시험을 합격하지 아니한 자도 일정한 경우 최고재판소 판사가 될 수 있는 것을 보면 우리도 일본처럼 후보자가 국내법조인 자격이 없는 것은 결격사유가 아니라는 주장을 강하게 했다고 한다. 이 같은 논란으로 쉽게 결말이 나지 않은 채 후보선정에 시일을 끌고 있었던 것 같다.

법조인 중에서 후보자를 지명하자니 어학의 문제가 있고, 외교관이나 국제법학자 중에서 지명하자니 법관자격이 없다는 딜레마에 빠진 박수길 심사위원장은 11월 하순 난데없이 나를 접촉했다. 전화로 국제형사재판소 및 재판관 선거절차 등에 관하여 친절하게 설명한 다음 자기가 아무리 생각해도 법조인 자격이 있으면서 영어소통이 원활한 나밖에 적절한 후보감이 없으니 지명되면 후보 수락을 고려해보라고 말씀하는 것이 아닌가. 내가 완강히 거절하자 박 대사는 끈질기게 여러 날 전화를 하면서 설득했다.

이분이 왜 나를 강력하게 추천하는지 의도를 모르는 데다가 선거는 마지막 순간까지 안심할 수 없는 일이어서 승낙하기 어려웠다. 나를 설득하는 작업이 교착상태(?)에 빠지자 마지막으로 박 대사는 나중에 위원회의 결정이 어떻게 내려질지 자기도 확신할 수 없으나 만일 나를 지명한다는 결정을 하더라도 가부간에 너무 크게 떠들고 다니지만 말아달라고 부탁하였다. 그사이에 박 위원장이 교섭하고 있다는 소문이 났는지 몇 지원자들은 내가 지명이 안되도록 외교부, 국회, 비정부기구 등 각 방면으로 접촉하면서 나의 험담을 강하게 했다고 한다.

11월 30일은 일요일임에도 불구하고 국제형사재판소 재판관 후보등록 마감일이어서 외교부는 부랴부랴 유엔대표부와 연락하여 자정 전에 간신히 내 등록을 마쳤다고 했다. 그러나 나는 갑작스러운 지명에 처음에는 어찌할 바를 몰랐다. 12월 초가 되어서야 평소 존경하는 한승주 고려대 교수(전 외교장관)를 후원회장으로, 애제자 김현 변호사를 사무국장으로 모셔서 엉성하나마 후원회를 조직하고, 우선 서울주재 국제형사재판소 회원국 대사들을 반복적으로 오찬에 초대하여 지지를 부탁하기 시작했다. 대성에너지그룹의 김영훈 회장 등 제자들과 일부 고마운 분들이 선거비용을 조금씩 도와주었다. 그래도 너무나 막연했다. 국제무대의 선거에 출마해본 일도 없고 어떻게 선거운동을 해야 하는지도 모르는데 영양가 없는 말만 무성했다.

외교부는 의중인물이 아닌 내가 추천되었으나 김항경 차관과 신각수 조약 국장이 예산을 풀어 선거를 지원하기로 결정하고, 뉴욕 유엔대표부의 선준영 대사와 이호진 차석대사에게 훈령을 보내주었다. 그런데 당시 한국은 노무현 이냐, 이회창이냐의 대통령 선거를 며칠 앞두고 온 나라의 관심이 그리 집중 되어 있었으므로 아무도 나의 선거를 도와주거나 관심을 갖는 분위기가 아니 었다. 국제기구를 잘 아는 박수길 대사가 나를 강력하게 추천하신 이유는 아 마도 그분이 유엔대표부 대사로 재임 중인 1998년 외환위기 중 뉴욕의 미국 외교협회(CFR)에서 내가 한국의 기업도산법제 개혁에 관한 설명을 하고 질 의응답을 하는 모습을 기억하고 있다가 전문성과 어학의 면에서 나를 후보로 적극 밀었을 것 같다. 또한 박 대사의 재임 중인 그 전해에는 국제해양재판소 재판관 후보로서 선거운동을 하던 박춘호 고려대 교수를 몹시 모함하는 투서 가 접수되어 서로 긴밀하게 상의한 일도 있었다.

피 말리는 재판관 선거와 지미 카터의 당선 축하 편지

2003년 새해가 밝았다. 매년 양력 설날이면 정초 3일간 제자들을 맞이해 세 배하고 집에서 만든 조랭이떡국을 먹으면서 덕담하는 관례가 수십 년간 계속 됐다. 수많은 제자들을 맞이하는 등 들뜬 분위기가 이어졌다. 나는 정초의 이런 축하 분위기를 뒤로 하고 1월 8일 뉴욕으로 이동했다. 유엔건물 앞에 있 는 밀레니엄플라자호텔(Millennium Plaza Hotel)에 묵으면서 춥디추운 1월 내 내 유엔 한국대표부의 외교관들과 함께 부지런히 선거운동을 했다. 유엔건물 내 인도네시안 라운지에 자리를 잡고 비로소 현장 선거운동에 돌입하였다. 그 당시 유엔 한국대표부에 계신 모든 외교관들은 여러 가지로 선거운동을 적 극적으로 해주시어 지금도 감사한 마음뿐이다.

뉴욕에서 근 1개월간 선거운동을 하면서 여러 가지로 정부의 지원을 받았 다. 나와 우리 선거팀은 15분 단위로 회원국 대표나 외교관을 만나 얼굴을 알리기에 바빴다. 요컨대 한명재 유엔대표부 참사관과 황철규 법무협력관(고등검사장, 현재 세계검사협회장) 등의 헌신적 선거운동과 한평생 국제학계에서 축적된 나의 경험과 평판이 재판관 당선의 자양분이 됐다고 생각한다. 한 참사관은 타국 외교관들을 평소에 감싸 안아 많은 친구를 확보하고 있었는데 비록 비회원국의 외교관이더라도 그들을 통하여 다각도로 효과적인 선거운동을 해주었다. 황 검사는 태도가 불투명한 외교관의 집 앞에서 밤늦게까지 끈기 있게 기다려서 우리가 내심 포기한 동유럽 등 몇 나라의 지지표를 확보하기도 하였다. 유엔 한국대표부는 오찬이나 만찬을 베풀어 초청된 회원국에게 후보자를 알리는 기회를 만들어주기도 했다.

다른 한편 그전에 여러 해 동안 하버드에서 가르친 외국인 제자가 대사나 공사, 또는 참사관으로서 마침 자기 나라 유엔대표부에 근무하고 있어서 긴요한 도움을 받기도 했다. 그들은 내가 어떤 사람이고 어떻게 재판관 자리에 적합한 인물인지 부지런히 입소문을 내주었다. 중이 제 머리 못 깎는 상황에서 도움이 많이 되었다.

그런데 공교롭게도 수년 전에 이미 약속한 대로 하버드 법대에서 2003년 2월 초부터 봄학기 강의를 주 1회 시작하면서부터 케임브리지의 하버드대 강의와 뉴욕의 선거운동을 병행하는 이중부담을 지게 되었다. 매주 하버드대 강의가 있는 날이면 아침 8시에 하버드에서 1시간을 가르치고 나서는 보스턴 공항으로 달려가서 셔틀 편을 타고 뉴욕 라과디아(La Guardia) 공항에 내리자마자 유엔건물 내의 인도네시안 라운지로 직행하여 각국 대표들을 끊임없이 만났다. 한명재 참사관, 황철규 검사 및 대표부의 외교관들과 함께 하루 종일 부지런히 사람을 만나고 저녁에 모여서 나라별 일람표를 만들어 하루의 성과를 종합하여 분석해 봄으로써 다음 날을 대비하였다.

선거운동 초기의 어느 몹시 추운 날, 대표부 2층 넓은 회의실에 각 회원국 대표부 실무자와 비정부기구 사람들을 잔뜩 초청하였다. 호기심을 가지고 입추의 여지없이 참석한 분들에게 점심으로 샌드위치를 대접하면서 나의 일반적 인권관과 특히 전쟁의 가장 취약한 피해자인 여성, 어린이에 대한 나의 실증적 업적을 개진한 다음 그들의 까다로운 질문에 답변했다. 그때까지 각국

216

에서 출마한 45명의 후보들이 서로 눈치를 보고 있을 뿐 아무도 나처럼 과감하게 관계자를 한자리에 모아놓고 자신을 공개하여 직접 부딪혀본 사람이 없었다. 나의 정면돌파식 상견례는 모험이었지만 선방한 나의 답변과 함께 각국의 외교관과 비정부기구 대표들에게 강력한 인상을 주었던 것 같다.

주로 그 나라 대법원장이 후보로 출마한 경우가 많았는데, 피지의 대법원장은 민주헌정을 파괴하고 인권을 유린한 쿠데타 상황을 방관만 했다고 해서 많은 비정부기구들의 항의를 받고 사퇴하지 않을 수 없었다. 인도네시안 라운지에서 우연히 만난 남미 회원국의 여성외교관 중에는 도전적 태도로 불쑥 여성과 어린이 보호를 위하여 무엇을 실제로 했는가를 단도직입적으로 꼬치꼬치 묻는 경우도 있었다. 마침 한국백혈병어린이재단 이사장, 유니세프한국위원회 부회장, 대한가정법률복지상담원 창립 이사 등 관련기관에 몸담고 평소에 적극적으로 어린이와 여성 보호에 참여한 것을 내세울 수 있어서 많은 점수를 딴 듯도 하다.

선거책임자인 한명재 참사관은 나의 상품성이 좋고 국제적으로 많이 알려져서 선거에 자신이 있다는 농담을 자주하였다. 회원국들의 구두나 문서 지지 등을 세어볼 때 나는 당선에 필요한 수보다 훨씬 더 많은 지지표를 확보하고 있었다. 그러나 국제사회에서는 말과 행동이 다른 나라도 많고, 특히 가난한 나라들은 물질적 원조를 지지의 대가로 요구하는 경우가 없지 않았다. 예컨대 앰뷸런스를 5대만 무상 지원하라는 요구 등이었다. 우리는 이런 어처구니없는 상황을 요령 있게 피했다. 지지를 표명한 나라의 수를 약 20% 할인하더라도 턱걸이는 할 수 있는 것 아닌가 싶은 판단이 들었다. 그러나 선거경험이 많은 우리 외교관들은 기상천외의 돌발사태를 대비하여 물샐틈없이 준비해야 했다.

선거일 아침에 투표장에 나가보니 우리를 지지하기로 한 중앙아프리카공화국 대표가 안 보였다. 뉴저지 집에서 빙판도로를 운전하여 유엔까지 가지는 못하겠다는 그를 부리나케 차를 보내서 모셔왔다. 드디어 매섭게 추운 2월 4일, 1차 투표에서 63표를 얻어 다른 6인의 여성후보와 함께 최고 득표로 당선되었다. 1차 투표에서 당선된 7인의 후보자 중 남자는 나 혼자였다. 그러나

뉴욕 유엔총회 회의장에서 국제형사재판소 재판관 선거팀과 함께 (2003.2).
왼쪽부터 당시 황철규 법무협력관, 한명재 유엔대표부 참사관, 신각수 외교부 조약국장.

이 선거는 투표방식이 복잡하고 새로 생긴 국제기구의 선거이므로 2월 7일 자정까지 4일간 무려 33차의 투표를 거듭해서 간신히 18명의 재판관을 모두 선출하는 피 말리는 과정이었다. 재판관 선거는 그냥 희망하는 후보에게 단순 투표하는 것이 아니라 로마규정(Rome Statute)의 조문대로 45명의 후보자 이름이 인쇄된 투표용지를 놓고 지역, 성별, 전공(국제법 전공과 형사법 전공) 안배를 고려하여 여러 명을 동시에 연기명으로 투표하도록 되어 있다. 그러면서도 여성이 3분의 1은 당선되도록 투표해야 한다. 하도 복잡하여 투표 전에 이틀 동안이나 예행연습까지 거쳤다.

로마회의의 조약 심의 및 성립을 위한 위원회 의장으로서 명성을 확립한 캐나다의 필립 키르쉬(Philippe Kirsch) 대사는 자기가 제일 먼저 당선될 것을 장담하고 기대했으나 계속 득표수가 미달하자 부근의 비정부기구인 국제형사재판소연합(CICC) 사무실에 가서 실망과 분노를 강하게 피력했는데, 다음 날 5차 투표에서 당선되자 겨우 얼굴을 폈다. 또한 이미 구유고전범재판소

(ICTY) 소장으로서 무난한 당선을 기대하면서 초대 국제형사재판소 소장까지 꿈꾸던 프랑스의 클로드 조르다(Claude Jorda) 후보도 마지막 33차 투표에 가서야 겨우 턱걸이로 당선되었다. 나는 긴장의 4일 동안 현장을 지키면서 표정을 관리해야 했다.

초대 국제형사재판소 재판관 선거가 완료되자 현지에서 여러 번의 축하만찬과 국내 언론 인터뷰 등 시끌벅적한 통과의례가 있었다. 나는 하버드 법대의 밀린 강의를 해치우고는 곧 귀국하여 요로(要路)에 인사를 드리느라 분주하게 돌아다녔다. 특히 청와대로 나의 예방을 받은 김대중 대통령은 임기가 며칠 남지 않았는데도 나를 반갑게 맞이하면서 격려말씀을 주셨다. 그는 한평생 정치를 해온 한국의 수많은 정치지도자 중에서 세계평화와 안전, 인권 등의 가장 중요한 보편적 가치에 관심이 많은 정통한 분이었다. 그래서인지 국제형사재판소의 중요성에 대하여도 이미 해박한 지식이 있었고, 인권보호, 정의를 통한 평화의 확보를 강조하면서 많은 역할을 기대한다고 격려해 주었다.

2003년 2월 18일 지미 카터 전 미국 대통령으로부터 축하편지를 받고는 비로소 당선된 실감이 났다. 카터 전 대통령은 세계평화와 인권에 관한 챔피언으로서 퇴임 후에도 계속 인권과 평화에 관심을 갖는 차원에서 신설된 국제형사재판소의 설립과정을 주시하다가 나의 당선에 축하서한을 보낸 것 같다. 나도 곧 감사하다는 답장을 썼다. 나는 과연 초대 재판관의 임무가 무엇이고 이를 어떻게 수행할 것인지를 골똘히 생각하기 시작하였다.

인류는 정의를 통한 평화와 안전의 달성이라는 어려운 과제를 위해 오랫동안 지혜를 모아왔다. 막연한 희망이 구체화한 계기는 제2차 세계대전 이후 뉘른베르크와 도쿄에 전범재판소를 설치해 전범자들을 단죄한 것이다. 민간인을 살상한 책임자 개인을 붙잡아 국제법정에서 처벌할 수 있는 국제법적 선례를 만듦으로써 천인공노할 만행을 억지(抑止)하고 세계평화를 유지할 수 있으리라는 기대가 형성됐다.

1990년대 발칸반도에서 엄청난 대학살이 자행된 후 유엔 안전보장이사회 결의에 따라 1993년 임시로 구유고전범재판소(International Criminal Tribunal for the Former Yugoslavia: ICTY), 1994년 르완다학살재판소(International Criminal Tribunal for Rwanda: ICTR) 등이 설립돼 발칸반도의 학살자 등을 성공적으로 응징했다. 그 외에도 동티모르, 시에라리온, 캄보디아, 레바논 등 여러 임시재판소가 명멸(明滅)했다. 임시재판소들은 괄목할 만한 업적을 거뒀으나 대량학살의 비극이 발생할 때마다 임시로 국제재판소를 설치해 대응하는 방법은 협상시간과 비용이 엄청나게 들 뿐만 아니라 대증요법에 불과하므로 영구적인 상설 국제형사재판소를 설치해 살상책임자들을 일벌백계하자는 움직임이 일어났다. 드디어 책임자 개인을 국제법정에 세워서 처벌함으로써 응보적 정의를 구현하기 위하여 상설 국제형사재판소가 필요하다는 논의가 시작되었다. 반세기 동안 냉전의 격화로 소외되었던 이 아이디어는 마침내 냉전체제 붕괴 후 1989년 트리니다드토바고의 아서 로빈슨(Arthur Robinson) 대통령의 제창으로 부활되어 유엔총회에서의 논의가 급속도로 진전되었다.

1995년 로마회의가 소집돼 1998년 로마규정(Rome Statute)이라는 기본조약이 성립됐으며 예상보다 빨리 4년 만에 60개국의 비준이 이뤄져 2002년 7월 1일 발효됐다. 로마회의에서는 애제자 신각수 한국대표가 유명한 '한국의 제안'(Korea Proposal)을 냄으로써 수년간의 논의에도 불구하고 결렬되기 직전의 마지막 순간에 로마규정의 성립이 극적으로 타결되도록 큰 공로를 세웠다. 지금도 국제무대에서 많은 사람이 그의 이름을 기억하고 있다.

기사(騎士)의 전당에서 열린 재판관 취임식

18인의 당선자들은 취임식을 갖고 직무선서를 하기 위하여 2003년 3월 초 헤이그에 속속 도착하여 스헤브닝언(Schweningen) 해변의 왕궁같이 큰 건물인 쿠어하우스(Kurhaus)라는 호텔에 묵었다. 신설기구라서 직원들도 실수 연발이었고 재판관들을 위하여 무엇을 어떻게 도와야 할지 잘 모르는 것 같았다. 날씨도 날마다 구름이 끼거나 비가 자주 내려서 기분이 가라앉는 편이었다. 2002년 7월 1일 국제형사재판소는 삼 물러(Sam Muller), 클라우디아 페르도모(Claudia Perdomo), 파키소 모초초코(Phakiso Mochochoco) 등 5인의 선발대가 하얀 15층 임차건물의 문을 열고 들어감으로써 개원하였다.

나를 포함한 18인의 초대 재판관(founding judges)들의 취임선서는 2003년 3월 10일 네덜란드 헤이그 시내 기사(騎士)의 전당(Ridderzaal / The Hall of Knights)에서 이뤄졌다. 아직 우리 자신의 법복이 제정되기 전이었으므로 검은 색에 흰 턱받이를 단 네덜란드 법관의 법복을 빌려 입었다.

첫 취임식에는 베아트릭스(Beatrix) 네덜란드 여왕, 코피 아난(Kofi Annan) 유엔 사무총장, 아서 로빈슨 트리니다드토바고 대통령, 한국정부 대표인 박재윤 대법관 등 수많은 귀빈이 참석한 가운데 재판관이 한 분씩 선서했다. 그런데 800년가량 된 목조건물의 방화규칙이 엄격하여 입장객 수를 550명으로 제한하자 아내만 입장하고 같이 온 딸은 취임식장의 건너편 코로나호텔(Corona Hotel)에 설치한 대형스크린을 통해서 취임선서식을 관람하였다.

우리의 선서식 장소는 1907년 이준 열사 등이 고종의 밀지를 가지고 제2차 만국평화회의에 참석하고자 왔다가 입장을 거절당한 통한(痛恨)의 장소 바로 그곳이다. 이곳에서 내가 당당하게 선서함으로써 96년 만에 역사적 망국의 한을 간접적으로나마 풀었다는 생각이 들었다. 한편 나는 선거 당시 남성유일의 최고득표자이므로 취임선서 및 축하 오·만찬에서 의전상 헤드 테이블에 배치되는 등 상응한 대접을 받았다.

우리는 최연장자(1933년생)인 트리니다드토바고의 칼 허드슨-필립스(Karl Hudson-Phillips) 재판관의 임시사회로 캐나다 출신 필립 키르쉬 재판관을

국제형사재판소 초대 재판관 취임식에서 네덜란드 여왕과 함께 (2003. 3).

초대소장으로 선출했다. 취임식 후 2주일간 전원재판관회의(Plenary)에 참석하면서 관찰해보니, 조약성립을 위한 로마회의에 참여한 상당수의 외교관이 재판관으로 당선되자 끼리끼리 어울리고 자기네 중심으로 긴밀하게 왕래하는 것이 보였다. 나는 외교관 출신이 아니었고 국제형사법 계통에 아는 사람이 없었으므로 처음부터 소외감을 느꼈다.

소장단 선거 후 나는 곧 귀국하여 비상임재판관으로서 정년까지 4년 남은 서울대 법대 강의에 복귀하여 교수로서의 마지막 정열을 불태우고 있었다. 그런데 국제형사재판소 소장단의 결정으로 2003년 11월 1일부터 풀타임으로 근무하라는 통지를 받았다. 그러나 수십 년간 해마다 내려오는 수많은 제자들과의 정초 세배를 통한 즐거운 만남을 희생할 수 없어 부임을 다소 연기하여 2004년 1월 4일에 완전 부임하기로 하였다.

바로 상고심 재판관으로 배치되어 다른 4인의 상고심 동료인 키프로스 전 대법원장 요르기오스 피키스(Georghios Pikis), 핀란드의 외교관 에르키 쿠룰라(Erkki Kourula), 캐나다대사로서 초대 소장인 필립 키르쉬, 남아공의 여성 재판관 나비 필레이(Navi Pillay)와 함께 업무에 들어갔다. 사건이 없는데 당장 18인의 재판관 전원이 헤이그에 와서 상근할 필요는 없으므로 누구를 헤이그로 불러 풀타임 근무를 시킬 것인가는 소장단의 재량판단이었다.

모든 재판관들이 하루라도 빨리 상근 발령을 고대하고 있음에도 불구하고 소장이 나를 남보다 먼저 상근으로 임명하는 동시에 모든 재판관이 원하는 상고심에 발령한 것은 이례적인 호의라고도 볼 수 있다. 취임선서를 마치자마자 각 상근재판들은 아직 구체적 사건이 없던 때라서 날마다 소집된 회의에서 소송규칙이나 윤리규정 등 다른 중요한 내부규정 등을 심의 제정하느라고 바빴다. 선서 후 첫 전원재판관회의를 마치고 일단 귀국한 후에는 전원재판관회의에서 결정해야 할 의사일정이 있을 때마다 헤이그와 서울을 비행기로 왕복하면서 비상임재판관의 임무를 수행하고 있었다.

상임재판관 발령으로 헤이그에 정착

상임발령을 받고 나서 한국에서는 이삿짐을 로테르담 항구로 부치는 등 아내와 함께 바빠지기 시작했다. 막상 헤이그에 도착하고 보니 우선 매일 비가 오고 바람 불고 춥고 음습한 날씨에 익숙해져야 했다. 국제형사재판소는 신설 국제기관이므로 처음 도착한 재판관의 정착을 도와줄 아무런 선례나 보조인력이 없었다. 나 역시 교포도 드물고 말도 잘 안 통하는 타향에서 혼자 집을 구하고 차를 사고 은행구좌를 개설하고 며칠씩 걸려서 전화와 컴퓨터를 연결하는 모든 일을 일일이 손수 처리할 수밖에 없었다. 아는 사람도 사전지식도 없는 상태에서 정착하느라고 바쁘게 뛰어다니면서 시행착오를 많이 겪었다. 2월 중에 우리를 따라와서 머물며 많은 도움을 주던 딸도 유난히 나쁜 헤이그 기후에 혀를 내두르고 떠났다.

재판관들의 총괄비서로 임명된 영국인 캐럴린 디블(Carolyn Dibble)도 별로 소용이 없었고, 그녀가 소개한 복덕방 아주머니도 크게 도움이 안 되어서 막막했다. 한국의 분위기와는 너무 달리 칼뱅주의의 엄격한 전통에 터 잡은 평등주의국가(egalitarian state)인 네덜란드에서 누구를 특별히 배려하여 대접하거나 모시는 분위기는 존재하지 않는다. 게다가 신설기관으로서 행정적으로도 재판관의 이주와 정착을 어떻게 도와야 할지 전혀 준비가 안 된 상태에서 우리는 여기에 익숙하게 맞추느라고 무한한 인내심을 발휘했다.

우리 내외가 헤이그에 도착한 이후 재판소가 소개하는 임시숙소에서 트렁크 두 개를 들고 피난민처럼 전전하는 많은 날을 보내면서 숙고한 끝에 우선 2004년 2월 재판소 부근 포르부르흐(Voorburg)에 방 2개의 아파트를 샀다. 이곳은 헤이그의 교외도시로서 아파트는 재판소까지 걸어서 13분 거리였다. 또한 아파트 건물 뒤에 쇼핑센터, 은행, 우체국, 헬스클럽과 극장이 있는가 하면 고속도로에 금방 올라 암스테르담공항으로 가는 운전길이 아주 편리했다. 이런 모든 생활의 편리한 점을 고려하여 아내가 결단한 셈이다. 당시 재판관들은 헤이그 시내 한복판이나 외국인 선호지역에 집을 구하는 경향이 강했으나 내가 포르부르흐에 정착하자 다른 재판관 6명이 금방 나를 따라 근처에 집을 구했다.

네덜란드의 주거형태는 2, 3층의 집을 연이어 붙여 짓는 이른바 일본의 나가야방식(長屋)인데, 내 아파트 건물만은 18층짜리 단독 고층빌딩이었다. 한 층에 두 집의 아파트가 있고 맨 위층에는 펜트하우스(penthouse)가 있으므로 모두 35세대가 있는 건물인데 우리 아파트는 11층이어서 전망이 좋았다. 얼른 집 앞에 있는 은행에 구좌를 개설하면서 아파트를 담보로 가계대출을 받아 매매계약을 체결했다. 우리의 정착을 도와주려고 방학을 이용하여 온 딸과 같이 조립가구를 싸게 사다가 이리저리 맞추어 아쉬운 대로 꼴을 갖추었다. 그러나 많은 한국 친지들은 속도 모르고 내가 관사도 있고 '슈퍼 갑'으로서 온갖 대접을 받으면서 호강하는 줄 알고 있었다.

그 외에도 심심한 천국인 네덜란드에서 시간을 보내려면 골프장, 사교클럽(de Witte Club) 등에 회원가입을 해야 한다고 해서 모두 가입해 두었다. 우리보다 약 1년 먼저 정착한 권오곤 구유고전범재판소(ICTY) 재판관 내외의 조언과 도움이 아주 컸다. 비상임재판관으로서 안건이 있을 때만 와서 참석하고 귀국하던 때와는 달리, 이제부터 헤이그에서 상근하므로 남다른 각오와 긴장이 엄습했다. 재판관들끼리 날마다 재판소의 각종 내규를 심의하여 완결하고는 한국으로 3주간 여행을 가기로 했다. 상임재판관으로서 불편한 임시 숙소를 탈출하여 쉬기도 하고 부족한 물건을 한국에서 더 가지고 올 필요도 있었다.

헤이그에서는 무슨 서비스를 요구해도 금방 와서 일을 해주는 경우가 없었다. 전화연결에 1주일, 인터넷을 연결하는 데도 한 달이 걸렸다. 한국처럼 전화로 요청하면 금방 출장 나와서 즉각 처리해주는 방식에 익숙한 우리로서는 이런 나라가 어찌 이렇게 잘살고 선진국인지 이해가 안 되었다.

2004년 5월 새로 산 아파트에 입주하니 매도인이 이사 가면서 일체의 커튼과 전구를 떼어갔다. 이것은 이들의 관습이란다. 아파트나 집의 창문크기 등이 표준화되어서 떼어간 것들을 그대로 쓸 수가 있다나. 당장 집에 커튼이 없으니 여름에 해가 긴 북유럽 나라에서 강한 햇살 때문에 제대로 잠을 잘 수가 없었다. 그런데 커튼은 몇 주일 후에야 달아줄 수 있다고 한다. 전등을 달아달라고 동네 전기상에 들르니 하는 말이 걸작이다. 자기네가 고용한 전기공이 현재 휴가를 가서 여름에야 돌아오지만 이미 우리 앞에 그의 서비스를 신청한 사람이 여럿이 있어 우리는 그가 돌아와도 열 번째 정도 된다나. 그리고 보니 허구한 날 캄캄한 밤이 되면 촛불이나 플래시로 잠깐 비추어 보는 외에는 더듬거리면서 지낼 수밖에 없다. 또한 식탁을 두 달 전에 맞추었는데 자꾸 인도를 지연하기에 거의 석 달이 될 무렵 홧김에 당장 계약을 취소해 버렸지만 다른 방법이 없었다. 헤이그 시내의 골동품상을 뒤져 식탁을 사려고 했으나 오직 작은 것밖에 없었다. 망연자실한 채 지나가다가 우연히 중국인 가구점에 식탁이 있기에 물어보니 즉시 배달하여 맞추어 준다. 이리하여 몇 달만에 우선 식탁 없이 방바닥에서 쪼그리고 식사하던 고역에서 벗어났다.

지금은 바뀌었지만 은행도 월요일에는 오후 1시에야 개점했다. 음식점마다 영업시간과 요일이 각각인데 주말에는 대부분 문을 닫으므로 주말에 오신 귀빈은 모시고 갈 식당조차 마땅치 않다. 심지어 호텔 구내식당마저 주말에 문을 닫는 경우가 많았다. 물론 상점과 백화점도 전시나 차림새가 한국과 비교도 안 되고 고급물건도 없고, 주말이면 어김없이 문을 닫아버린다.

　이 나라는 정부가 강한 규제를 하는 시장경제라고나 할까. 오랜 세월 동안 칼뱅주의 같은 종교적 영향도 있고 세력이 강한 노조의 영향도 무시하지 못하는 데다가 정부도 주로 중도좌파의 정당들이 오래 집권한 결과 이렇게 된 것 같다고 한다. 정부수립 이후부터 흉내 내기도 버거운 거대한 미국과 일본을 주로 모방해 온 한국의 방만한 자본주의와 무제한적 경쟁, 그리고 잘못된 개인주의 내지 자유방임주의적 분위기를 당연하게 여기며 살아서인지, 서구에 와서 느끼는 여러 가지 사회적, 경제적 제약요소와 정부통제를 불편하게 받아들이며 불평하게 되었다. 은행구좌에 2만 유로 이상의 잔고가 있으면 초과분에 대하여 세금을 물리고 신용카드로 결제하는 금액이 다소 많으면 거래도중에 지급정지하기가 일쑤이다. 한국이나 미국에서는 신용카드 사용 시에 본인의 서명에만 의존하면서도 이를 꼼꼼히 대조하지 않는데 이곳에서는 칩카드에 저장된 비밀번호를 바르게 입력하지 않으면 안 되므로 이 번호를 꼭 기억해야 한다. 참으로 많은 것을 비싼 수업료를 내면서 익혀야 했다.

　조직구성상 초기에 필요한 것 중의 하나는 각 재판관들이 자기의 재판연구관을 채용하는 문제였다. 재판관들은 서로 품앗이로 남의 선발위원회에도 참여하여 많은 지원서류를 검토하고 선발 인터뷰에도 참가하는 등 선발과정에서 서로 도왔다. 나는 독일 출신의 젊은 법률가인 폴커 네를리히(Volker Nerlich, 1972년생)를 선임했다. 실력 있고 겸손하며 인품이 점잖은 베를린 청년이다. 나는 행정경험이 풍부하다고 알려져서 후일 실로 많은 고위직 선발과정에도 참가하였다. 나중에는 소장의 명에 따라서 재판관들이 뽑는 2대 행정처장의 선거 준비작업을 전담하기도 했다.

　법원행정처장이라고 할 수 있는 'Registrar'를 2003년 처음 재판관들이 선출할 때, 네덜란드에서는 전직 법관인 만(Maan) 판사를 내세우고, 프랑스에서는 초창기부터 구유고전범재판소에서 파견되어 사실상 살림을 담당하던 브루노 카탈라(Bruno Cathala)라는 후보를 내세워 투표를 해보니 역시 늘 보아서 익숙해진 카탈라가 당선되었다. 나는 네덜란드 후보를 찍었으나 네덜란드 정부의 국제형사재판소 담당팀장 에드먼드 발렌슈타인(Edmond Wallenstein)

국제형사재판소 상임재판관으로 발령이 난 후
헤이그에 정착했다. 재판관 법복 차림 (2004.11).

이 재판관들에게 화분을 돌리는 바람에 역효과가 났다. 카탈라는 착한 인간
성에도 불구하고 그 후 주로 여행만을 하면서 국제형사재판소의 첫 5년간 중
요한 시기를 낭비했다고 해야 할 것이다. 후일 그는 프랑스 정부의 추천으로
재판관 선거에 출마하였으나 행정처장 재임 중의 행태와 업적이 문제되어 낙
선하고 말았다.

두 번째 행정처장은 분위기로 보아 검찰부의 고위직인 독일인 클라우스 라
크비츠(Klaus Rackwitz)가 가장 유력하였다. 그런데 난데없이 엘리자베스 오
디오 베니토(Elizabeth Odio Benito) 코스타리카 여성재판관이 여성을 뽑아야
된다고 떠드는 바람에 의외로 무명의 이탈리아 출신 실바나 아르비아(Silvana
Arbia)가 당선되어 그 후 5년간 그녀는 재판소를 아주 망쳐 놓았다. 조직에서

행정관리책임자의 선택이란 이처럼 중요한 것이다.

그녀는 부하들을 통솔하고 조직을 운영할 줄 몰랐다. 또한 그녀의 영어나 불어는 알아들을 수가 없고 의사소통능력과 대인관계가 제로였다. 더구나 로마규정 제43조 2항에 행정처장은 그 기능을 재판소장의 권한하에서 행사하게 명시되어 있음에도 불구하고 자기가 소장과 동급이라는 태도를 견지하면서 항상 조직 내 불협화음과 운영마비를 초래하였다. 유엔 산하의 임시재판소에서는 행정처장을 재판관이 선출하지 않고 유엔 사무총장이 직접 임명한다는 이유로 항상 재판관과 동등하게 대우받으려는 분위기가 있었는데 그런 조직에서 근무하다가 규정과 조직체계가 전혀 다른 국제형사재판소로 와서도 구태의연한 사고방식을 가진 채 거만하게 행동했기 때문이었다. 재판업무지원에 불만이 있으면 행정처장에게 오지 말고 그의 임명권자인 유엔 사무총장에게 가서 직접 불평을 하라는 식의 태도를 보이곤 하던 버릇 그대로였다.

루이스 모레노 오캄포(Luis Moreno Ocampo) 검사는 젊은 시절 아르헨티나 군부독재의 협력자를 용감하게 처단하여 이름을 날린 덕에 쉽게 검사로 당선되었다. 그러나 점차 그의 형사법 실력과 경험이 미숙하고, 언론을 동원하여 자신을 과대선전하는 데에만 관심이 있으며, 몹시 감정적이고 즉흥적이어서 많은 일을 그르치는 사람임이 드러났다. 임기응변이나 대외적 쇼에 능하여 당사국들이 눈치를 채지 못할 뿐이었다. 그리고 검찰부 운영을 극히 독재적이고 독선적 방식으로 밀고 나가 내부적으로 원성이 자자했고 실력 있는 직원들이 다수 떠났다. 항상 여배우 앤젤리나 졸리(Angelina Jolie)나 유엔 사무총장 코피 아난을 내세우지만 재판소에 실질적으로 도움이 되는 일이 별로 없었다. 초창기 그에게 성희롱을 당한 남아공의 여기자가 국제노동기구(ILO)에 제소하여 재판소가 거액을 배상하는 일도 있었다. 이처럼 치기어린 자가 초대 검사가 된 것은 국제형사재판소의 큰 불행이었다. 검사와 행정처장은 인사, 예산, 행정, 당사국관계 등 모든 면에서 초창기에 국제형사재판소의 발전을 크게 후퇴시킨 쌍두마차였다.

나는 2004년 1월 첫 주부터 상근하면서 주거를 정착하는 것 못지않게 직장에서의 근무여건도 신속하게 완비할 필요가 있었다. 2004년 5월 17일은 내가 뽑은 재판연구관인 독일의 폴커 네를리히 박사가 첫 출근한 날이다. 다른 동료들은 보통 자기 나라의 젊은 법률가들을 뽑거나 영어가 모국어인 영국, 호주, 캐나다, 아일랜드 등 출신의 젊은이들을 재판연구관으로 선임하였다.

선발과정에서 마침 옥스퍼드와 하버드 법대를 졸업한 한국인 이모 군이 내 눈에 번쩍 뜨였다. 전화인터뷰에서 대답하는 것으로 보아 인품도 좋을 것 같은 인상이었다. 그래서 내가 바짝 관심을 표현하면서 재판소의 보수가 너무 적을까 걱정된다고 했더니 그는 젊은 사람이 국제형사재판소의 첫 직원이 되어 그 숭고한 임무를 수행하는데 월급의 많고 적음은 문제가 아니라고 대답한다. 답변도 마음에 들어서 나는 즉석에서 그에게 내 연구관 자리를 주기로 결정하고 인터뷰를 마쳤다. 이 군을 채용하면 일단 나도 한국인을 고용했다는 명분을 내세우기도 좋을 것 같았기 때문이다.

그러나 2주일 후에 우리 인사팀에서 그가 결국 국제형사재판소보다 조금 더 월급을 주는 미국 연방법원 판사의 법률서기(*law clerk*)로 간다고 보고했다. 실망스러웠지만 내가 한국인 재판관으로서 한국인 연구관을 고용하지 않았다는 도덕적 비난은 면했다는 생각도 들었다.

그런 우여곡절 끝에 두 번째로 선택되어 나에게 오기로 한 연구관이 바로 독일인 폴커이다. 나는 처음부터 각종 배경이 너무 다른 사람과 만나서 어떻게 조화를 이루면서 일을 잘할 수 있을까 하는 점에 신경을 썼다. 그러나 이 모든 것은 기우였다. 그는 베를린 훔볼트대학(Humboldt University)을 졸업하고 남아공의 웨스턴케이프대학(University of the Western Cape)에서 국제형사법으로 석사학위를 취득한 청년으로서 정확한 영어를 구사하고 성품이 겸손하며 차분한 데다가 뛰어난 능력의 소유자였다. 처음에 몇 가지 메모를 작성해왔는데 몇 군데 고쳐주기는 했지만 논리가 정연하고 영어가 고급이며 각주를 세밀히 단 것이 마음에 들었다. 나는 제대로 된 재판연구관을 발견하게 되어 나의 국제형사재판소에서의 앞날이 크게 순탄하리라고 믿었고 마음속으로 너무 기뻤다. 그는 프로방스 출신 프랑스인 오드리 마테오(Audrey Mateo)

와 동거하다가 나중에 결혼하여 1남 1녀를 낳고 잘사는 중이다. 나는 인복이 있는가 보다.

설립 초기의 국제형사재판소 풍경

고하(古下) 할아버지의 추모식으로 서울을 다녀온 뒤로 날마다 재판관 전원이 모여서 실무자들이 기초해온 각종 소송규칙 등을 심의하기에 바빴다. 회의는 재판관 전원이 둘러앉고 검사와 행정처장이 참석한 가운데 각 부서의 실무자들이 옆에 붙어 앉아서 보조역할을 한다. 생각보다는 조문마다 이해관계가 대립하는 경우가 많다. 규칙의 초안팀(draft board)에 참여한 젊은 법률실무자들은 이번 심의기간에 무슨 수를 쓰든지 재판소의 정식직원으로 취직하는 막차를 타고자 재판관들에게 아양과 공세를 취한다. 재판연구관으로 채용되는 것이 경력관리상 가장 바람직하기 때문이다.

동료 재판관들은 서로 자기 자신을 알리기에 바빴지만 한 명씩 접촉하면서 조심스레 말을 걸어보니 참으로 생각이 다양하고 특이한 사람들이 많았다. 우선 남성 동성애자인 애드리언 풀포드(Adrian Fulford) 영국 재판관과 여성 동성애자인 엘리자베스 오디오 베니토 코스타리카 재판관이 색다르게 보였다. 풀포드는 마치 자기 외에 다른 동료는 형사재판 절차에 관하여 아무것도 모른다는 태도로 일관했는데 초대 재판관에 당선되자마자 작위를 받아 나는 꼭 애드리언 경(Sir Adrian)이라고 깍듯이 불렀다. 오디오 베니토는 영어나 불어가 잘 안 되는데 세계에서 자기가 인권옹호와 피해자의 입장을 가장 잘 대변하는 전문가라는 태도로 거드름을 피웠다. 그녀는 처음부터 준비도 안 하지만 영어는 물론 법률지식의 바탕도 수준 이하였다.

나는 첫인상이 중요하다는 생각으로 조용히 눈치를 살피고 있었다. 시간이 가면서 자세히 보니 대부분 실력으로 무장되어 있다고 보기 어려웠다. 네로니 슬레이드(Neroni Slade) 사모아 재판관은 뉴질랜드 유대계 여인과 결혼한 어느 부족의 추장이라는데, 아주 자신만만한 태도로 매사에 자주 참견했다.

프랑스의 클로드 조르다, 남아공의 나비 필레이 재판관 등 이미 유엔이 1990년대 설치한 임시 형사재판소에서 소장까지 역임한 동료는 강한 자존심을 그대로 드러내면서 국제형사재판소에서 소장을 하겠다는 생각만을 보일 뿐, 검토할 안건에 대한 예습이 전혀 없는 것 같다. 이 두 사람은 너무 거물인 체하면서 평등제일주의인 네덜란드에서 특별한 대접을 기대하는 등 불평이 많았다. 그들은 회의 때마다 자료도 안 보고 준비 없이 참석해서는 자기가 임시형사재판소 소장 때에 경험한 특이한 에피소드를 인용하면서 자기 차례를 넘기고 다른 사람의 기를 죽이는 것이었다.

점차 재판관 사이에 친소관계가 드러나는데 볼리비아의 법무장관을 역임한 르네 블라트만(René Blattmann) 재판관은 나와 가까워지면서 모든 것을 내가 하는 대로 졸졸 따라 하는 경향을 보였다. 나는 1995년 로마회의 때부터 로마규정 성립까지 3년간 외교관으로 관여하다가 재판관으로 당선된 독일의 한스-페터 카울(Hans-Peter Kaul), 이탈리아의 마우로 폴리티(Mauro Politi), 그리고 캐나다의 필립 키르쉬, 핀란드의 에르키 쿠룰라 등과 처음부터 로마규정에 관한 세부지식의 면에서 경쟁이 되지 않으므로 별로 발언을 안 하고 있었다.

로마회의에 참석한 경력을 내세우는 외교관 그룹은 기득권과 우월감을 은연중에 표시하면서 자연히 자기들끼리 언행이 일치되는 모습이 관찰되었다. 회의를 해보면, 역시 언어가 모든 것을 좌우하게 되므로 영어가 모국어인 사람은 별것 아닌 말을 해도 훨씬 중요한 내용을 똑똑하고 요령 있게 잘 말한 것처럼 인상 깊게 보이게 마련이었다. 이것이 언어를 통한 우월적 지위의 부당한 원천적 선점이라고나 할까. 풀포드가 오랫동안 불공정하게도 이런 우월적 지위를 아주 잘 이용하였다. 나는 그들과 필적하기에는 역부족이었다. 우선 그들은 말하는 투가 전혀 다르다. 외교관 출신들은 국제회의에서 발언해본 경험이 풍부하므로 반복할 필요가 없는 말도 자기의 견해임을 기록상 남겨두어야 한다고 하면서 첫머리에 정중한 외교적 예의를 갖춘 언사를 길게 앞세운 다음에는 지루하게 장광설을 늘어놓는 데 익숙했다.

과연 언변으로 먹고 사는 외교관의 특징이 그대로 노출되는 것이다. 나는 논점의 핵심으로 바로 들어가는 데 비하여 외교관 출신들은 우선 모든 관계자에게 감사의 표시를 하고 앞의 발언자의 말을 (심지어 관계가 없는 경우까지) 인용하고 동의하면서 길게 말했다. 시간상 무리이지만 듣고 보면 아주 품위 있고 예의바른 사람이라는 인상을 주기에 충분하였다. 번번이 이러다 보니 현실적이고 단도직입적인 나는 시쳇말로 '양코'가 죽어갔다. 그러나 이곳이 재판소이지 국제회의장이나 외교전쟁터가 아니지 않은가!

게다가 필요 이상으로 영미법계 출신 재판관들이 프랑스 재판관의 저항을 무릅쓰고 자기네 법제의 우월성과 보편성을 강조하곤 했다. 이 점에서는 영국 식민지 국가 출신이 한술 더 뜨는 경우가 있었다. 마침 미국이 회원국이 아니어서 그들의 독특한 법률문화적 제도나 영향력(예컨대 *witness proofing*, *plea bargaining* 또는 LexisNexis 등)이 없는 것이 차라리 다행이 아닌가 싶기도 했다. 특히 일반적으로 미국을 경원하는 분위기, 네덜란드인들의 영국에 대한 존경심, 독일에 대한 일반적 반감을 느낄 수 있었고, 영어의 지배력 때문에 특히 영국인이라면 불공평하게 더 대접하는 분위기가 완연하여 인품과 실력에서 문제가 많은 영국 재판관이 대단한 권위자로 대접받는 일이 자주 생겼다.

또 영어가 모국어라는 이유로 호주인과 캐나다인이 직원으로 가장 많이 진출하는 것은 그냥 어쩔 수 없다고 바라만 볼 일인가. 영어를 모국어로 하는 사람 중에도 신천지에서 온 사람들은 그런 대로 꾸밈이 없고 소박하지만, 일부 영국인이나 영국 식민지 출신들은 이중적 성격을 가지고 있어서 늘 경계하는 편이 살아남는 데 도움이 되었다.

처음에 구체적 사건이 없던 때에는 외교관 출신 재판관들이 주도하는 분위기가 약 3년간 계속되었으나 구체적 형사사건들이 회부되기 시작하자 나처럼 법원실무를 경험했거나 절차법을 가르쳐본 재판관들의 목소리가 커지기 시작했다. 국제형사재판소는 법원이므로 분위기가 정상화되고 있다는 의미이기도 하다. 원래 재판관 선거규정을 보면 국제법 전문가 그룹과 형사법 전문가 그룹의 균형을 맞추어 재판관을 선출하도록 되어 있으므로 일정한 수의 외교관 출신이 꼭 선출되게 마련이다. 상고심에서 합의할 때 토론해보면 전직 외교관 그룹 중에서 국제법적 관점에서 좋은 의견을 내어 판결작성에 도움이 되는 키르쉬 소장의 경우도 있지만, 대부분은 형사재판을 평생 구경한 일도 없는 데다가 형사절차법과 실체법을 잘 모르므로 재판진행과 판결작성에 문제가 많았다. 내가 보아도 그런데 하물며 백전노장의 피고 변호인들이 보면 더 말할 필요도 없었을 것이다.

초창기에는 키프로스의 대법원장으로 재직 중 당선된 피키스 재판관이 잘하는 영어로 법률이론의 태두임을 자임하면서 사사건건 물고 늘어져서 상고심에서 재판관 간의 내부의사결정을 아주 어렵게 만들었다. 이 사람은 깊은 경험과 학식 그리고 공정하고 윤리적으로 자신에게 엄격한 훌륭한 법조인으로서 존경받을 만하지만 아주 사귀기 힘들고 눈치가 없는 사람이었다. 그러나 우리는 두 부부 간에 서로 친하게 되어 지금도 연락하고 지내는 것은 물론 휴가 시 그의 고국을 방문한 일도 있다.

나는 재판관 동료 간의 관계를 친근하게 만들고자 우선 호칭을 'Brother' 또는 'Sister'라고 부르기 시작했다. 처음에는 어색해하던 재판관들이 내가 꾸준히 이들을 이름(first name) 대신에 형, 동생으로 부르자 자연히 따라왔고, 분위기도 매우 부드러워졌다.

재판소 내의 서양직원들은 아시아인을 처음 만나면 별로 관심을 안 보이다가 차츰 말이 통하면 그제야 조금씩 마음을 여는 것 같았다. 재판관이건 직원이건 처음부터 내게 살갑게 접근하는 자는 없었다. 그런데 어느 날 소송규칙 심의 중 한 동료가 갑자기 '삼성의 나라'(Samsung's country)에서 온 재판관이 국제형사재판소의 ICT 시스템을 모두 맡아서 설치할 책임을 지라는 엉뚱한 제의를 했다. 모두 박수를 쳐서 나는 엉겁결에 우선 법원의 전산화(e-court)에 관한 근거조문을 기술발전을 감안한 새로운 문안으로 제안하여 통과시키는 역할을 했다. 법원 소송규칙(Regulations of the Court) 제26조가 그것이다.

그 후로 오랜 기간 나는 재판소의 ICT 문제에 관한 모든 회의를 주재하였다. 법정의 전산화 등 현재 국제형사재판소의 ICT 시스템의 설치와 가동은 나의 아이디어와 노력이 많이 들어간 결과이다. 특히 전자법정(電子法廷)을 설치하는 문제는 아주 힘들고 어려운 과제였다. 당시 미국과 독일의 일부 법원이 전자법정을 운영했는데, 셋 이상의 언어를 동시통역해야 하는 국제법정의 특성에 비추어 이에 맞는 통번역 프로그램이 별로 없는 데다가 예상 밖의 오류가 발견되곤 해서 한동안 애를 먹었다.

국제형사재판소의 공식언어는 영어와 불어지만, 피고와 증인이 문자가 없는 아프리카 소수부족 언어만 이해하는 경우에는 모국어 진술을 영어와 불어로 왕복 동시통역해야 한다. 피고들은 대개 대통령 등 고위직이므로 교육을 받아 불어나 영어를 잘하지만 법정에서 모른다고 잡아뗄 수도 있다. 아프리카 대륙에 수천 개의 알기 어려운 부족언어가 있는데 피고인과 증인의 언어가 생소하면 재판절차를 중단한 후 국제형사재판소가 그들의 부족사회에 가서 영어나 불어를 할 수 있는 사람을 데려와서 6개월 내지 1년간 동시통역 훈련을 시킨 다음 법정에 투입한다. 이렇듯 국내법원이나 유엔 산하 다른 국제법정이 경험해보지 못한 언어장벽이 우리를 괴롭혔다. 그러나 내가 힘들여 설치하고 선정한 전자장비를 중심으로 국제형사재판소의 재판과정과 행정이 지금은 잘 돌아간다고 하니 다행이다.

국제형사재판소의 출범이 전 세계 모든 사람의 축복을 받은 것만은 아니었다. 우선 미국은 부시 대통령과 텍사스 출신 딜레이니(Delaney) 하원의원을 중심으로 재판소를 세차게 공격하면서 여러 방면으로 타격을 주고자 노력하였다. 존 볼턴(John Bolton) 당시 유엔대사마저 배심원도 없는 법원이 어디 있느냐고 코웃음을 치면서 미국 법률문화의 우월성과 예외성을 강조하였다. 부시 정부는 세계 80여 개국에 주둔하는 미군 병사가 현지에서 저지른 살인사건 등이 모두 국제형사재판소로 회부되어 재판받게 되는 경우 미국 정부로서는 하루도 편한 날이 없다는 이유로 결사적으로 반대하고 나섰다. 이를 확실하게 하기 위하여 세계 각국으로 하여금 자기네 나라에 주둔하는 미군의 현지범죄를 국제형사재판소에 회부하지 않고 면책하겠다는 양자면책협정(이른바 로마규정 제98조 협정)을 강요하고 나섰다.

이것은 너무 무례한 요구이고 과도한 반응일 뿐만 아니라 미국의 정부법률가들이 로마규정을 오해하였거나 일부러 억지해석을 한 데서 기인한다. 그들이 우려하는 주둔미군의 현지범죄는 주둔군 지위에 관한 행정협정(SOFA)

에서 다룰 일이고, 오로지 전쟁범죄, 침략범죄, 집단학살범죄 및 인도에 반하는 범죄 등 4가지 중대한 평화위협범죄만을 다루는 국제형사재판소와는 범죄관할이 원천적으로 다르고 직접 관계가 없다는 것은 처음부터 명약관화한 일이었다. 따라서 양자면책협정도 불필요한 것인데 하도 강요를 하니까 약 100개 국가가 이에 서명했다.

한국의 경우에는 노무현 대통령이 내게 개인적으로 서명 불응의사를 확인해 주었다. 노 대통령이 이처럼 확고하게 버텨 주는 바람에 초창기 국제무대에서 활약하기가 수월했다. 노무현 대통령이 가진 반미(反美) 사상이 그런 방향의 결론을 내리도록 한 것 같았다. 그럼에도 불구하고 이 문제에 관해서 도널드 럼스펠드(Donald Rumsfeld) 당시 미국 국방장관이 정례 한미 국방장관회의차 한국에 오거나 아니면 워싱턴에서 전화로 우리 정부의 관계각료를 다그치는 무례를 여러 번 범했다고 했다. 거기다가 인도를 비롯한 개발도상국은 식민주의의 쓴 기억이 있고 서방의 간섭에 대한 본능적 증오와 의문이 있다. 중국과 러시아처럼 주권절대사상으로 복귀하는 나라도 나타난다. 창립 수년 후부터 아프리카 국가들은 국제형사재판소에 기소된 사람은 오직 아프리카인뿐이라고 불평한다.

반대로 인권변호사들은 조지 W. 부시, 토니 블레어 등 강대국 지도자들이 유엔안보리의 승인을 받지 않은 채 감행한 이라크 침공에 대하여 전쟁범죄로 기소되지 않는 것에 의문을 제기한다. 유엔안보리 상임이사국인 중국과 러시아는 물론 인도 등 대국이 유보 내지 반대적 태도를 보인 것은 초창기의 국제형사재판소에게 커다란 우려를 안겨주었다. 국제사회의 일반적 반응은 이 재판소의 탄생에 대하여 대체로 호의적이었지만, 몇몇 강대국들의 태도 때문에 안심하기 어려운 상황이었다.

제2차 세계대전 이후 유엔은 국제사법재판소와 안전보장이사회라는 2개의 수단을 통하여 세계평화를 유지했으나 그것만으로는 미진했다. 따라서 로마규정에 따라 2002년 유엔과 별도로 국제형사재판소가 신설되면서 형사정의의 실현(수괴범죄자 개인의 처벌)을 통하여 세계평화를 확립할 수 있는 독자적 국제사법시스템이 구축된 것이다. 인류가 수십 년에 걸친 노력 끝에 성립시킨 로마규정은 각국의 지도자들이 평소에는 면책특권을 향유하더라도 집단학살 등의 범죄를 조장했거나 묵인한 경우에는 현역 여부와 관계없이 반드시 단죄해야 한다는 뉘른베르크 원칙에 터 잡고 있다. 실제로 국제형사재판소의 억지력으로 인하여 현재 아프리카 등 세계 곳곳에서 대량살육과 내전이 현저하게 감소하였다.

지도자가 권력을 잡거나 유지하고자 무고한 사람을 죽이고도 벌을 안 받는다는 부당면책의 생각(*impunity*)은 도덕적으로 잘못된 것이고, 정치적으로도 위험하다. 따라서 국제사회의 공동노력으로 전쟁, 침략, 집단학살, 반인도적 범죄 등 최소한 4가지 중범죄를 범한 자만은 어떤 경우에도 반드시 처벌하도록 새로운 국제적 형사정의 시스템이 합의됐는데 그 정상에 국제형사재판소가 자리 잡고 있다.

집단학살(*genocide*)은 라파엘 렘킨(Raphael Lemkin, 1900~1959)이 명명한 이래 유엔이 국제법적 범죄로 인정했고 1951년에 발효된 집단학살협약을 한국이 그해에 비준한 바 있다. 반인도적 범죄(*crimes against humanity*)는 국제인권법의 창시자라고 할 수 있는 허쉬 라우터파하트(Hersch Lauterpacht, 1897~1960)가 정립한 개념이다. 두 사람은 모두 폴란드에서 태어나서 유대인 학살을 경험한 유대계 학자이다. 이들의 험난한 일생을 나의 친구요 뉴욕대의 동료였던 영국 유니버시티 칼리지 런던(UCL)의 교수 필립 샌즈(Philippe Sands)가 뉘른베르크 전범재판을 한 이른바 600호 법정(Courtroom 600)을 무대로 삼아 일인극으로 공연하여 나를 비롯한 뉘른베르크 아카데미(International Nuremberg Principle Academy) 임원들을 감동하게 만들었다. 그는 그 후 이 스토리를 정리하여 책(*East West Street: on the Origins of Genocide and Crimes Against Humanity*, 2016)으로 출간하였다. 한국에서는 정철승과 황문주가 번역하여 〈인간의 정의는 어떻게 탄생했는가〉라는 제목으로 펴냈다.

그런데 전쟁범죄 등 반(反)평화범죄를 저지른 자를 반드시 처벌함으로써 응보적 정의(*retributive justice*)를 실현해야 한다는 인류의 인식과 열망에 따라 창설된 국제형사재판소는 한걸음 더 나아가 관할범죄로 발생한 수많은 피해

자에게 체계적 구조를 제공해 인간의 존엄성을 다시 회복해주고 생계를 이어
갈 수 있도록 회복적 정의(*Restorative Justice*)와 치유적 정의(*Reparative Justice*)
의 실현을 위해 '피해자신탁기금'(Trust Fund for Victims) 프로그램을 아울러
운영한다. 국제형사재판소는 단순한 처벌 위주의 형사법원이 아니라 앞으로
유엔과 쌍벽을 이뤄 지속가능한 세계평화와 발전을 선도할 국제기구인 것이
다. 국제형사재판소가 실시하는 피해자의 보호와 구제를 위한 각종 프로그램
은 인류역사상 최초의 위대한 실험이므로 결코 실패하면 안 된다. 따라서 국
제사회의 전폭적 지원이 이뤄져야 한다.

재판관의 또 다른 임무: 해외출장과 강연

2004년 초부터 국제형사재판소에 상근하자마자 9월에 요르단에서 열리는 국
제적십자사 주최 국제회의에 연사로 초청되었다. 국제형사재판소 재판관으
로 상근 후 처음 받은 초청이다. 물론 당선된 후 상근발령 전에 코넬대, 하버
드대, 플로리다주 탬파변호사협회(Tampa Bar Association) 등의 초청을 받아
신설 국제형사재판소에 관하여 연설한 경우는 있었다. 강연차 한국을 다녀오
기도 했다.

    그런데 이번 초청은 소장단도 참석을 종용하는 데다가 현실적으로 재판소
의 홍보를 위하여 꼭 참석해야 할 성격의 회의였다. 9월 요르단에서 개최되
는 국제회의에는 아시아 출신 재판관이라는 이유로 내가 참석해야 된다고 권
한 것이었다. 국제회의 참석에까지 이렇게 지역 안배를 하는가. 국제적십자
위원회(International Committee of the Red Cross: ICRC)는 국제인도법(國際人
道法, International Humanitarian Law)의 전파와 인식제고를 위하여 각국에서
세미나를 열거나 또는 전달교육을 할 법학교수 등을 위한 교육훈련 프로그램
을 운영한다. 이 회의는 아랍지역의 법학교수들을 모아서 국제형사재판소에
대한 기본강의를 하고, 이들이 이 내용을 본국에 돌아가서 전달교육을 하게
하려는 의도로 소집되었다.

첫 번째 공식 해외출장, 요르단

나는 첫 요르단 여행이라 호기심과 기대가 많았다. 공항의 상륙허가는 신속했고 비자수수료도 면제란다. 도착 당일 모든 참석자들이 밤에 어느 야산 정상에 있는 음식점으로 초청되어 전통 아랍음식을 즐겼다. 나의 강의를 듣게 될 참가자들은 전달교육을 할 교수들인 만큼 회의주제 이외에도 내게 교수로서의 경험이나 입장을 묻는 분도 많았다.

예컨대 한 쿠웨이트 교수는 새로 발전하는 국제형사법을 누가 가르칠 것인가를 둘러싸고 형법 교수와 국제법 교수가 영역다툼을 하다가 결국 공동강의로 결말이 났는데 어떻게 생각하는가를 묻기도 했다. 나는 자기가 담당하는 법학의 각 분야별로 철옹성을 구축한 채 횡적 협동을 안 하면 학문수준이 낙후된다고 강조하면서 학제간 공동연구의 방향으로 노력할 것을 촉구하였다. 그러나 속으로는 마치 우리나라 법학계의 현실을 보는 듯해서 민망했다. 어떻게 협동연구의 방향으로 이끌어갈 수 있느냐고 다시 묻기에 국제적 동향이 하도 급변하여 협동연구를 안 할 수 없도록 외부압력이 점점 증가하므로 결국 못 배길 것이고 안 그러면 경쟁에서 낙후할 것이라고 전망해 주었다.

다음 날 오후 회의는 라니아(Rania) 왕비가 사회할 예정이었으나 왕자의 혼사준비로 분주한 데다가 네 번째 아기를 임신 중인데 건강에 문제가 생겼다고 하여 정부대변인 겸 정무장관인 아스마 카데르(Asma Khader) 가 대신 사회를 보았다. 왕비는 국제형사재판소 피해자신탁기금의 초대이사로서 이사회에 참석하러 헤이그에 왔을 때 만난 일이 있다. 나의 발표는 국제형사재판소 소개와 보충성 원칙(complementarity) 에 집중하여 약 30분간 진행되었다. 아랍권 23개국 중 16개국의 중진 국제법 교수들 40명이 2주간의 훈련 프로그램에 참가했고 내 발표가 절정을 이루었다.

회의의 마지막 날에도 밤 8시경 일행은 버스로 요르단 전통음식점으로 안내되어 아랍음식을 대접받았다. 이 자리에서는 국제적십자사의 스위스 출신 지역책임자 기 멜레(Guy Mellet) 와 인사를 나누었다. 그는 국제적십자사 비행기를 보내서 4명의 이라크 참가자를 전쟁이 치열한 바그다드에서 극적으로 특별 공수했는데, 옆에 앉아 목이 메어 음식을 못 먹는 한 명의 여성학자가 그렇게 공수되어 온 이라크의 참가자라고 소개했다. 그녀가 매우 안쓰러웠고 아무쪼록 나라가 안정되고 부강해야 한다는 교훈을 다시금 되새겼다.

공식일정이 종료되자 김경근 대사가 아랍지역 공관장회의 참석차 카이로에 간 틈에 대사관의 호의로 첫날은 암만 시내와 제라시(Jerash), 느보산(Mount Nebo), 마다바(Madaba), 사해(死海), 예수님이 세례받으신 곳(Baptism site for Jesus Christ) 등을, 둘째 날은 하루 종일 300여 km 떨어진 페트라(Petra)를 방문했다. 종합적 인상은 이 나라는 구약에 나오는 거의 모든 인물, 행사, 기적 등이 일어난 현장이고, 지난 6천 년 동안 인류가 건설한 세계의 주요 문명이 서로 공존하고 있는 어마어마한 역사, 종교와 예술의 집합 현장이라는 점이다.

첫날은 이잠이라는 46세의 기사가 유창한 영어로 안내를 잘했다. 우선 암만 북쪽 30여 km 떨어진 제라시로 갔다. 로마 밖에 있는 가장 큰 로마문명의 유적이 그곳에 있었다. 청동기, 철기문명부터 그리스문명, 로마문명, 나바테안(Nabataean) 문명, 비잔틴문명 그리고 무슬림문명 등이 모두 평화 공존하는 독특한 장관이 펼쳐져 입을 다물 수 없었다.

물론 알렉산더대왕, 몽골, 터키 등의 지배흔적도 뚜렷하고 광대한 터에 펼쳐진 수많은 원주기둥과 지하수도 시설, 마차가 마음 놓고 달렸을 법하게 돌로 포장된 널찍한 도로, 교회, 왕궁, 사원, 방어성채 등이 인상적이었다. 서기 129년 로마제국 하드리아누스 황제가 이곳을 방문했을 때가 전성시대였다고 한다. 그리하여 제라시는 가장 활발한 그리스-로마의 상법도시 10개(Decapolis)의 동맹 중 하나가 되었다.

느보산은 기독교 성지로 지정된 곳 중에서 이 지역의 백미이다. 이곳에서 사해를 비롯하여 예루살렘, 베들레헴, 나사렛, 제리코 등이 한눈에 잘 보인다. 모세가 죽어서 묻힌 곳으로 추정되는 이곳의 산상에 작은 기념교회가 건립되었는데 교황 요한 바오로 2세도 2000년 이곳을 방문한 성지이다. 마다바는 로마시대의 대표적인 모자이크 예술의 도시이다. 그리고 이 도시는 이슬람 사원과 기독교 교회(그리스정교의 a church of St. George)가 나란히 건설되어 신도들이 평화롭게 각자의 신앙을 믿으면서 공존하는 곳인데, 기독교도가 50% 정도라고 한다.

종교로 인한 살육이 오랜 세월 계속된 역사적 현실에 비추어 믿을 수 없을 정도로 평화로운 공존이 유지되고 있었다. 어느 기독교 교회의 내부 바닥에 6세기에 만들어진 비잔틴 모자이크 지도를 보니 이집트에서 모세가 탈출하여 지나갔던 길을 중심으로 전 중동지역을 상당히 정확하게 그려놓고 있어서 감탄했다. 이 지도를 근거로 예수가 세례받은 장소를 정확히 집어낼 수 있었다고 한다. 1997년에 발견된 이 세례장소는 원래 비잔틴 교회의 유적이 있던 곳이나 모두 파괴되었고 이스라엘에 가까운 요르단 강가의 지점이라 그런지 임시로 지붕을 덮어 표시만 해둬 실망스러운 상태였다. 예수님의 세례장소가 최근에 발견된 이유는 그동안 전쟁을 했고 군부대가 주둔하는 지역이어서 접근이 안 되었기 때문이란다. 이곳은 로마교황이 지정한 필수 참배코스로 되어 있다.

요르단 강가에 도달해서 보니 이스라엘이 상류에 댐을 건설해서 이제는 이 강이 조그마한 도랑같이 되어 버렸지만 아직도 생선(catfish)이 잡힌다고 했다. 물의 색깔은 베이지색으로 탁한데 가끔 옅은 옥색을 띠기도 했다. 옛날에 사람이 살 수 있도록 물길을 내고 저수지를 만들어 사용한 유적은 있으나, 현재 더위에 물도 귀하고 나무나 풀도 억지로 사는 이 지역이 인류문명의 발상지였다고 하니 5천 년 전쯤에는 지금과 달리 산천초목이 잘 자라고 살기에 아주 알맞은 기후였을까.

이곳에서 가까운 사해는 소돔, 고모라, 아드마, 제보임 그리고 조아르(벨라) 등 구약 창세기에 나오는 5개의 도시가 있던 곳이라고 한다. 해변의 호텔에서 점심식사를 하고 사해에 발을 담가 보았다. 수면 밑으로 수심이 400m 이상이어서 지구상 가장 깊은 곳이고 호수를 반으로 나누어 이스라엘과 요르단이 국경을 공유한다. 사해의 물은 푸르고 깨끗하며 염분이 33%라고 한다. 보통 바닷물의 염분은 3%인 데 비하여 굉장히 짠 것이다. 손가락으로 살짝 찍어서 맛본 물은 너무 짜서 정신이 없을 정도였다. 아무리 물에 빠지고 싶어도 둥둥 뜨기만 하는 거대한 호수였다.

소금이 덕지덕지 오른 주변의 바위들이 인상적이고 진흙목욕도 가능하단다. 강렬한 태양에 살이 데일까 걱정되었으나 비가 안 오는 이곳에서는 강한 염분이 담긴 수증기가 항상 증발하므로 자외선을 막아 지나치게 타지 않는다고 한다.

수도 암만은 로마와 마찬가지로 7개의 언덕에 건설된 도시라고 했다. 그 정상마다 2천 년 이상 된 유적이 야외에 산재해 있고, 파괴된 유적이 널려 있다. 뿐만 아니라 시내의 민속박물관, 고고학박물관 등을 방문하면 그 속에도 엄청난 유물이 전시되어 있다. 시내에서 가장 높은 곳인 성채(Citadel)에는 헤르쿨레스 사원(Hercules Temple), 우마이야드 궁전(Umayyad Palace) 등이 건설되어 있고, 선사시대부터 로마, 비잔틴 그리고 초기 이슬람문명의 유적을 포함하여 로마식 원형극장(Roman Theater)과 소극장(Odeon) 등 볼 것이 많다. 구시가에는 금시장(gold market)이 성업 중이나 가난하고 할 일 없는 젊은이들이 길거리에서 배회하는 모습을 보니 안쓰러웠다. 일반적으로 동 암만(East Amman)은 가난하고 서 암만(West Amman)은 서양의 내로라하는 일류 도시를 방불케 한다.

강의를 마친 다음 날 유네스코 세계문화유산인 대망의 페트라(Petra)를 향하여 새벽에 출발했다. 영화 〈인디아나 존스〉(Indiana Jones and the Last Crusade)에서 마지막으로 파괴되는 산악 동굴지역이 페트라가 아닌가. 사막 고속도로를 달려 약 2시간 반 만에 도착한 와디 무사(Wadi Musa) 시에서 페트라에 입장했다. 입장료가 외국인과 요르단인 간에 큰 차이가 있다. 페트라는 2000년 전에 남부 요르단에 살던 근면한 나바테아인들이 건설한 장대한 산속 동굴의 도시제국이다. 그들은 고대 아라비아의 상권을 쥐고 인도의 향료와 견직, 아프리카의 상아와 가죽 등을 거래하여 부를 축적하고 수세기 동안 대형건축, 토목, 댐, 문화를 이룩했으나 로마황제 트라야누스(Trajan)에게 합병당했다. 그 후 수백 년간 인류의 기억에서 망실되었다가 1812년 스위스 여행가가 이 지역을 페트라로 추정한 바 있다.

입장 후 낙타 타기를 사양하고 평평한 계곡을 따라 걸어서 1km 이상 들어가면 갑자기 여러 개의 커다란 바위덩어리로 만들어진 높은 산이 가로막는다.

십자군전쟁 당시 건설한 최대의 사막성채 카라크 요새. 어마어마한
고대문명의 유적들을 품고 있기 때문에 요르단은 전국이 고고학의 보고이다.

태곳적에 형성되면서 억지로 갈라진 바위 틈새를 계속 비집고 걸어가는데 입구에서부터 바위 양쪽으로 물길을 잡아 용수를 대고 바위 상단에는 음료수 물길을 따로 냈을 뿐만 아니라 고대의 문자가 새겨진 바위가 양옆에 자꾸 나타난다. 또 동굴이나 자연석에 새겨진 로마식 건물의 표면이 자주 보인다. 한참 더 걸어 들어가니 웬만큼 큰 광장이 나오고 그 앞에 엄청나게 큰 사원이 우뚝 나타난다. 이곳이 〈인디아나 존스〉의 촬영장이란다.

이 광장의 오른쪽 반대편 바위 위에는 높은 부분을 평평하게 파내서 지은 궁전이 있다. 궁전 내부가 넓어서 돌아다닐 수도 있는데 동굴묘소라고 추정한다. 사원의 표면에 양각된 작품들을 보면 어떻게 2천 년 전에 단단한 사암(sandstone)을 파내서 이렇게 웅장하게 궁전이나 사원들을 건설했을까 하는 생각이 든다.

부근의 원형극장은 바위 한 덩어리에 새긴 3천 석의 대규모였다. 그리고 외적의 침입에 이를 숨기고자 입구에서부터 철저하게 감추었기 때문에 최근까지도 이런 어마어마한 고대문명이 있는 것을 모르고 있었다고 한다. 약 30년 전 유타대학 교수가 전자공명음이 이상하게 들리는 것에 주목하여 세밀하게 조사한 결과 산 너머에 거대한 문명의 유적이 있음을 알아낸 것이다.

이 나라는 전국이 고고학의 보고로서 저 너머 큰 산의 거대한 바위를 넘어 가면 많은 유적이 있고 수도원 등이 있다고 하나, 이미 2시간가량 걸어 들어 와서 구경했으니 순리대로 반환점을 돌아 나가는 것이 좋겠다. 산악의 계곡 안 동네 광장을 한번 돌고 나오니 3시간 이상 걸린다. 오는 길에 슈박 (Shoubak) 시 길가의 사막성채(*desert castle*) 카라크(Al-Karak) 요새를 구경했 다. 십자군전쟁 당시에 방어를 위하여 건설한 최대의 요새인데 어쩌면 그렇 게 견고하게 큰 돌로 지었는지 상상이 안 된다. 나로서는 인간의 대표적 고대 문명 앞에서 겸손해지면서 느낀 바가 많았고, 첫 공식 출장은 성공적이었다 고 할 수 있겠다.

첫 주말관광, 뮌헨의 옥토버페스트

2004년 10월 2일 주말을 이용해서 개인용무로 뮌헨을 방문했다. 오전에 관련 회사의 회장과 법률고문을 함께 만났다. 이들과 2시간 남짓 협상하고 오찬은 한 호텔에서 야생버섯요리(*linuine pfifferinge*)를 주문했다.

오찬 후 연락된 도미니크 야콥(Dominique Jakob) 취리히대학 법대 교수의 안내로 바로 옥토버페스트(Oktoberfest) 마지막 날의 현장(Wiesn)으로 달려 갔다. 시내 외곽에 제공된 일정한 장소에 십수 개의 거대한 텐트가 가설되어 있고 길거리에는 음식점, 기념품점, 놀이시설, 전기야광시설 등 주야로 불야 성이다. 하나의 텐트에는 보통 1만 명 정도가 들어가는데 내가 들어간 히포 드롬(Hippodrom) 텐트는 약 3천 명 정도 입장 가능한 작은 것이다.

전 세계적으로 유명한 옥토버페스트는 9월 말부터 10월 첫 주말까지 2주일 행사인데 어느 하루 3백만 명이 모였다던가. 이 행사는 1년 전부터 텐트 입장 을 예약하는데 예약을 못한 사람은 당일 새벽부터 줄섰다가 11시에 개점하면 얼른 들어가 자리를 차지해야 한다고 한다. 도미니크는 이 지역 출신이고 아 는 사람이 많은 탓인지 텐트마다 엄중하게 입장통제를 하는데도 경비원에게 말하고 나를 당당히 입장시켰다. 안에 들어가 보니 이미 그의 여자친구인 율 리아(Julia)가 자기 엄마 마리안느(Marianne)와 함께 우리 자리를 지키고 있 었다. 이들은 지난 2주간 매 주말마다 이곳에 와서 즐겼고 도미니크만 내 전화를 받고 중간에 나를 데리러 온 것이었다. 우선 엄마가 딸 및 그녀의 남자친구랑 같이 와서 가족같이 스스럼없이 즐긴다는 것이 부럽고 놀라왔다.

이 축제는 젊은이들만의 행사가 아니고 남녀노소 동락의 장소인데 최근에는 전통적 바바리아 의상을 입는 사람이 늘어나 복고풍을 느낄 수 있었다. 환기는 완벽하고 밴드는 군대행진곡 같은 음악이나마 자못 흥을 돋우고 있다. 주문한 맥주는 반드시 1리터짜리이고 음식은 소시지와 치즈를 중심으로 그들의 전통적인 자우어크라우트(Sauerkraut, 삶아서 절인 양배추)와 감자샐러드는 빠짐없이 등장한다. 주말에는 입장하면 하루를 꼬박 텐트 속에서 마시고 먹고 노래하고 춤추면서 세상을 잊는단다. 밤 11시에 문을 닫는데 저녁 8시가 지나면 식탁 위에 올라서서 춤추고 노래해도 좋으나 그전에 올라가면 경비원이 제지한다.

율리아와 도미니크는 만일 분위기가 너무 무질서하고 혼란스럽거나 마음에 들지 않으면 주저 없이 나가자고 말하라고 여러 번 내게 충고했다. 흠뻑 즐기고 나오니 길거리 상점에서 율리아가 초콜릿으로 된 하트모양의 축제과자를 사서 아내에게 선사하라고 주었다.

튀니지, 사하라 사막의 해돋이

2004년 11월 12일부터 3일간 튀니지를 방문하기로 했다. 김경임 대사의 초청이 있는 데다가 11월 15일이 이슬람교의 전통명절이라 긴 연휴주말이어서 안성맞춤이다. 평소 역사적으로 유명한 옛 카르타고를 방문하여 그 시대의 로마유적과 페니키아문명, 그리고 여러 문명의 흥망성쇠를 보겠다는 기대가 마음을 들뜨게 한다. 튀니지는 카르타고 역사의 주무대이지만 포에니전쟁(Punic Wars)을 거쳐 북아프리카왕국(Numidian) 시대, 로마제국(Hadrian) 지배시대, 야만 침략(Vandal) 시대, 비잔틴시대, 아랍시대, 스페인 지배시대, 오토만 지배시대, 그리고 근대의 프랑스 지배시대를 거친 모든 문명의 혼융점인 곳이다.

그날 저녁 호텔 지하식당에서 먹은 아랍음식을 보면 쿠스쿠스는 기본인 듯하고 모든 음식을 올리브기름으로 요리하는 것 같다. 마치 막 담가서 아직 익지 아니한 우리네 고추장 같은 소스(haris)가 항상 따라나와서 느끼한 맛을 제거했다.

아랍인들은 라마단 기간 동안 금식하면서 절제하다가 이 기간이 끝나면 음식을 잔뜩 만들어서 모두 한나절 떠들썩하게 먹고 마시고 춤추는 향연을 갖는다. 바로 그날이 이른바 이드 알 피트르(Eid al-Fitr) 축제일이다. 라마단이 끝나는 시점은 종교사제가 달의 모양을 보아서 정하는데 하루 정도 차이가 있을 수 있다고 한다. 우리가 도착했을 때에도 축제날이 확정되면 모두 철시하고 집에서 지내므로 박물관 구경이나 초대를 할 수 없는데, 다행히 그다음 날이 명절로 결정이 되는 바람에 첫날 저녁 푹 자고 나서 바로 시내관광을 할 수 있었다.

우선 시디 부 사이드(Sidi bou Said)라는 풍광 좋은 바닷가 언덕으로 이동하여 앙드레 지드, 폴 클레, 미셸 푸코 등이 산책했다는 길을 걷고, 절경인 바다경치를 감상하면서 앙드레 지드가 글을 썼다는 카페에서 차 한 잔을 마셨다. 집은 흰색, 창문들은 밝은 청색인데 빨간 부겐빌레아와 잘 어울려 아름다운 곳이다. 중세식 조약돌로 포장한 옛길 양쪽으로 카페와 선물가게가 빽빽하게 늘어서 있다.

그다음에 방문한 카르타고(Carthage)는 기원전 9세기 페니키아인들이 건설한 국가로서 북아프리카를 통합 지배하였다. 대통령궁 옆 비르사(Byrsa) 언덕에 카르타고 유적이 있고 그 옆에 작은 규모의 카르타고 박물관이 서 있다. 로마가 한니발을 깨지 못해서 복수심에 불탄 나머지 후일 이곳을 점령한 후 카르타고문명을 깡그리 파괴했기 때문에 남은 유적이 없다고 한다. 불을 질러도 석조건물이 타지 않자 석조건물이나 기념탑 등에 밧줄을 맨 다음 말을 동원하여 잡아당겨서 붕괴시키고 흙으로 단단히 파묻었다고 한다. 그러나 1979년 유네스코 문화유산으로 지정되었고, 지금 한창 발굴하고 있지만 정부가 관심이 없고 나라가 가난해서 지지부진하다고 한다.

그리고 로마시대의 모자이크 벽화 수집으로는 세계 최대인 바르도국립박물관(Bardo National Museum)을 방문했다. 요르단에 있는 모자이크 작품들은 비교가 안 되었다. 어디서 그처럼 다양하고도 정교한 모자이크를 수집했는지 입이 벌어질 뿐이다. 모두 당시의 생활상이나 유명인물의 초상, 전쟁, 문화생활 등을 사실적으로 묘사하고 있다. 약 10만 년 전 선사시대로부터

3세기 시인 버질의 모자이크 초상화.
바르도박물관의 보석 같은 소장품이다.

3번이나 싸운 포에니전쟁을 거쳐 초기 크리스천 시기와 로마황제들인 아우구
스투스와 세베루스(유일한 아프리카 출생 로마황제)가 그려져 있다. 모두 파묻
힌 지하유적을 발굴한 것인데, 아폴로 석상과 그 주변의 미네르바, 땅의 여
신 세레스, 율리시스(Ulysses) 등이 대단하다. 모자이크 벽화 중에는 그 크기
가 40평이 넘는 것으로서 말을 기르는 부자의 뽐내는 모습도 있었다. 이 나라
제 3의 도시 수스(Sousse)에서 발견한 3세기의 시인 버질(Virgil)의 초상화(현
존하는 유일본)가 귀중하다. 발견된 도시 이름을 붙여 진열했다.

오후에는 정부청사 앞 오래된 재래시장을 포함하여 구시가지 중심지역을 구
경했다. 이 지역은 아랍이 정복한 7세기 말경 형성되었는데, 프랑스가 침입하
여 신시가를 건설할 때까지 천여 년 동안 수도의 중심이었다. 미로 같은 옛길과
시장 속을 오후 내내 돌아다녔다. 지저분하고 왁자지껄하며 신기하기도 하고
사람 사는 맛을 느꼈다. 특히 자이투나 모스크(Al-Zaytuna Mosque)를 중심으
로 재미있는 상점이 많고, 오래된 역사 유적(이 지역 전체가 유네스코 지정 세계문
화유산임), 모스크, 무덤, 특이한 건축구조 등 볼 것이 많았다. 일반적으로 아
프리카에서는 남아공 다음으로 소득이 높다하나 가난한 인상이다. 저녁에는
양고기구이를 주식으로 양배추김치, 된장국 등으로 만찬을 즐겼다. 후식으로
대추야자, 차, 아랍과자, 그리고 선인장 열매 등의 시식은 특이한 경험이었다.

다음 날 8시 비행기로 남부의 휴양지 지중해 제르바(Jerba) 섬에 갔다. 이곳은 2,700년 전 베르베르족(Berber)이 세운 도시로서 종교적 인종적 혼합으로 독특한 분위기를 자아내는 해변 휴양지이다. 이슬람 시장이 유명한데 명절이라고 문을 닫아 아쉬웠다. 세계에서 두 번째로 오래된 유대인 교회(El Ghriba Synagogue)가 시장과 쌍벽을 이룬 채 버티고 있다. 이 교회는 하늘에서 돌 한 개가 떨어지고 신비한 여인이 나타나서 성전을 지었는데, 마지막 유대인이 이곳을 떠날 때 그 성전의 열쇠는 하늘로 반환된다고 한다. 내부는 짙은 남색 타일로 장식되었고 가장 오래된 유대인 성서가 보관되어 있다.

무슬림 국가 한복판에 유대인 지역이 있어서 신기했는데, 역사는 기원전 6세기로 소급한다고 한다. 그때 예루살렘이 정복되자 피난 온 유대인들이 건설했다고 하는데 그 후 이탈리아, 팔레스타인 등에서 유대인 박해가 일어날 때마다 이곳으로 피난 와서 이스라엘 밖에서는 가장 큰 유대인촌을 형성했다. 그러나 2차 세계대전 당시 독일군이 쳐들어와서 약탈하자 대부분 이스라엘로 이민 가는 바람에 쇠락하여 지금은 수백 명만 살고 있단다. 유대인들은 역사적으로 박해받다가 이곳에 일부 정착하여 양쪽에 손잡이가 달린 독특한 옹기(amphora)를 생산하고 특이한 생활습관을 유지하면서 살고 있다. 시장 근처에는 동굴을 파고 거주하는 마을이 있는데, '알리바바와 40인의 도적'은 베르베르족의 알리(Ali)가 살았다는 데에서 유래했다는 설도 있다.

유대인 성전을 구경한 뒤 자동차로 남부 튀니지로 향했다. 로마 정복의 남방한계선인 셈이다. 그리고 베르베르족의 문화중심지이다. 가베스(Gabes) 남쪽 마트마타(Matmata) 마을 부근의 1977년판 〈스타워즈〉(Star Wars) 영화 촬영현장을 구경했다. 동네시장, 극장, 공회당, 모스크 외에 흙벽에 이층으로 굴을 파서 사는 혈거인(穴居人) 마을이 바로 그것이다. 습기가 없으므로 더위를 피하기 위하여 토굴에서 사는 방법이 개발되었으나 역시 신경통이 많다고 한다. 잦은 침략에 숨기 위한 목적도 있었다고 한다. 이 지역의 호텔도 이런 토굴이다.

약속된 대로 주정부 문화부 공무원의 집으로 올리브기름 짜는 것을 보러 갔다. 이분이 친절하게도 우리에게 성찬을 대접한다. 그들 특유의 둥글고 큰 빵과 쿠스쿠스가 나왔고, 빈약한 대로 귀한 샐러드가 나왔다. 집 뒤에 텃밭이 넓은데 석류나무, 무화과, 올리브, 대추야자, 레몬나무 등이 널려 있고, 보리와 채소도 심었다. 닭과 양, 염소가 방사되어 지저분하다. 이런 마을은 오아시스 주변에 건설되는데, 오아시스는 바다 옆 오아시스와 광야 오아시스 등으로 구분된다고 한다.

아무튼 우리를 맞이한 집주인처럼 오아시스에 큰 우물을 파고 식수, 관개수, 기타 용도의 물을 확보한다. 위생관념이 없어 보이는 것은 물 부족 때문이리라. 뜻밖에 점심을 너무 잘 대접받은 것 같다. 〈스타워즈〉(*Star Wars*: *Episode I - The Phantom Menace*)를 찍은 메데닌(Medenine)으로 갔다. 이곳의 토굴호텔을 영화배경으로 촬영한 후 이곳이 유명한 관광지가 되었고 이 지역에 큰 수입을 가져다준다고 한다. 다음에는 마트마타 남쪽으로 이동하여 원주민인 베르베르족 마을을 둘러보았다. 원래 이들은 쫓기고 쫓겨 북아프리카 사방에 흩어져 사는데, 용모가 날카롭고 재주가 있으며 자기네 정체성을 지키고자 노력한다고 한다.

그곳에서 서쪽으로 더 달려 또 다른 오아시스 마을 두즈(Douz)에 도착했다. 사하라 사막으로 들어가는 관문도시이다. 두즈의 시장을 역임하다가 그즈음 국회의원에 당선된 의사와 공보담당자가 대사를 하루 종일 기다렸다가 반갑게 마중한다. 그는 그곳의 국제축제 준비위원장인데 작년보다 더 크게 한국의 참여와 대사의 참석, 그리고 우리 언론에 소개되기를 바란다는 부탁이었다. 두즈에서 더 운전해 사막으로 들어가서 파우아르(Faouar)라는 작은 오아시스 마을의 호텔에 여장을 풀고 1박하게 되었다.

우리는 미리 약속한 베두인(Bedouin) 가족의 이동천막에 초대받아 양젖과 빵을 간식으로 대접받았다. 독특한 문화생활 체험이었다. 역시 대가족으로 3대가 같이 사는데 시멘트로 집을 지어 살면서도 봄이 되면 가족 중 일부가 가축을 몰고 사막으로 계속 이동하면서 한 계절을 나고, 나머지는 직장이나 학교에 다닌다고 한다. 이 집의 큰아들은 교리공부를 해서 이맘(Imam, 이슬람 성직자)이 되었는데, 국가에서 나오는 월급이 월 15만 원이라 부족하다고 한다. 역시 생활이 어렵다. 물이 귀한 지역이라 호텔에서도 물을 아껴 썼다.

다음 날 새벽에 해돋이를 보고자 6시에 기상하여 간단히 아침을 먹고 차로 사하라 사막 한가운데로 운전해 나갔다. 고운 모래언덕에서 사진도 찍고 해돋이를 보았다. 이곳의 사막에서는 그런 대로 간혹 풀포기도 자라고 열심히 대추야자 나무와 올리브 나무를 심어 사막화 방지사업을 열심히 한 것이 요르단이나 이라크 지역과 다르다. 여건이 더 좋다.

두즈와 파우아르 지역의 바로 옆에는 소금호수가 있다. 고운 모래사막 저편의 수평선에서 붉은 해가 금방 뜨고 진다. 참 이상하리만큼 빠르다. 이렇게 아름다운 지구의 표면이 또 있을까. 우주만물 속에서 나 자신이 너무 작은 느낌을 받는다. 감격스러운 사하라 사막의 해돋이를 본 다음 가베스로 향했다. 이곳은 이 나라의 세 번째 큰 도시로서 14세기부터 낙타 대상(隊商)들이 노예와 금을 교역하면서 발전했다. 프랑스 지배 후 침체했으나 최근 유전이 발견되어 활기가 넘친단다. 가베스에서 제일 좋다는 호텔에서 만난 주인아들은 한국을 잘 알고 현대건설 및 대동기계와 거래하고 있었다. 돌아가는 비행기 표를 못 구해서 그곳에서 대사 차로 바꾸어 타고 튀니스로 향했다. 개인적으로는 엄두도 못 낼 여행인데 김경임 대사의 자상한 배려로 즐겁고 무사하게 마쳤다.

* * *

재판관 재선 운동으로 번거로운 시간들

2005년 정초에도 실로 많은 제자들이 세배를 와서 덕담을 나누었다. 1월 2일 저녁에 몇 분의 제자 부부와 함께 먹은 조랭이떡국이 세배손님에게 마지막 식사대접이 될 것 같다. 마음은 그렇지 않으나 갈수록 일손이 없어서 감당하기가 어렵다.

1월 7일 9시 20분부터 노무현 대통령을 30분간 면담했다. 대통령 예방 시에는 문재인 비서실장, 정우성 외교보좌관, 박정규 민정수석, 이용철(판사), 이종원, 장락원(판사, 제자) 등 10여 명이 배석하였다. 대통령은 미국이 압력을 가하는 양자면책협정은 서명하지 않겠다고 확실하게 말하고, 2006년도 나의 재선을 챙겨주겠다고 약속했다. 나로서는 참으로 감사하고 든든한 마음을 금할 수 없었다. 노무현 대통령을 예방한 후 8일 헤이그에 귀임했다가 다시 열흘 만에 청와대에 와서 대통령으로부터 사법개혁추진위원 위촉장을 받았다.

미국 최고의 중국법 대가 제롬 코헨(Jerome Cohen) 뉴욕대 교수가 뉴욕에서 2월 10일부터 중국 형사사법제도개혁 심포지엄을 한다고 초청했다. 2월 4일 미리 도착하여 이 기회에 2월 7~9일을 우리 유엔대표부의 신각수 차석 대사와 상의하여 내년 초에 있을 재선 선거운동에 시동을 걸었다. 2003년 2월 국제형사재판소 재판관 18인이 모두 선출된 후 재판부의 계속성을 위하여 당사국총회 의장이 심지를 뽑아 9년 단임인 재판관의 임기를 6인의 재판관 임기는 3년, 그다음 6인의 임기는 6년 그리고 마지막 6인의 임기는 9년으로 조정하였다.

그런데 나는 추첨결과 임기 3년의 재판관으로 뽑혔다고 통보하는 것이 아닌가. 그 대신 임기 3년을 받은 재판관은 3년 후 다시 출마하여 당선되면 그때부터 9년 임기를 봉사할 수 있다고 한다. 재선만 되면 도합 12년을 봉사할 수 있으나 3년 후 다시 한 번 그 지긋지긋한 선거과정을 거쳐야 한다. 첫 3년 간은 재선에 신경이 쓰이지 않을 수 없었다.

그리하여 조금 이른 듯했지만 뉴욕에 간 김에 2월 7일 월요일에는 신각수 대사 주최의 오찬에 다른 회원국 대표와 함께 참석하고 초대 당사국총회 의장이었던 요르단 왕자(Prince Zeid Ra'ad Al-Hussein)를 예방했다. 8일 화요일에는 대표부 2층 회의실에 회원국 외교관 45인을 초청하여 샌드위치로 점심을 대접한 후 연설을 하고 질문에 응대하였다. 한 번 선거를 경험한 뒤라서 그런지 이들의 질문이 3년 전보다 아주 날카롭다. 저녁에는 주요회원국 외교관들을 위한 신 대사의 관저 만찬에 참석함으로써 하루를 마감하였다. 9일 수요일에는 요르단 왕자를 이어받은 코스타리카대사 브루노 우가르테(Bruno Stagno Ugarte) 제 2대 당사국총회 의장을 예방하고, 대표부 주최 다른 오찬에 참석하여 회원국 대표들과 인사하는 등 만족한 선거운동을 했다. 신각수 대사가 아주 치밀하게 계획하고 챙겨준 덕택에 회원국 대표들과 이야기할 유익한 기회가 여러 번 마련된 것이다.

10일에는 중국 형사사법제도개혁 심포지엄 참석자들과 함께 버스로 행사장(Tarrytown Rockefeller Brothers Estate)으로 이동하였다. 사흘간 어마어마한 옛날 부잣집에 묵으면서 주제에 관한 집중토론을 벌였다. 중국의 사법개혁에 대하여 그들의 벤치마크 대상이 된 한국의 경험을 토대로 많은 발언을 했다. 참석한 미국, 중국, 대만, 러시아의 법률가들이 내가 개진한 의견에 깊은 인상을 받았다고 했다. 2월 14일 이른 아침 암스테르담공항에 도착하자마자 바로 사무실로 출근했다.

2005년 3월 5일, 존 섹스턴(John Sexton) 뉴욕대 총장의 초청으로 하우저 글로벌 스칼러 프로그램(Hauser Global Scholars Program) 10주년 기념 만찬에 참석차 다시 뉴욕에 왔다. 암스테르담공항은 그 무렵 내린 눈으로 거의 모든 비행기가 연발착과 일정취소 등 야단이라 공항에서 무려 6시간을 기다리다가 뉴욕에는 밤 9시 25분 대신 그다음 날인 5일 새벽 2시경 도착했다. 다행히 아들이 렌트한 차를 가지고 공항에서 기다려주어서 고마웠다.

뉴욕의 기념만찬 장소(Metropolitan Club)로 갔다. 아일랜드인이라는 이유로 상류클럽 가입을 거절당한 자산가 존 모건(John. Morgan)이 1891년 자기 돈으로 지었다는 회관건물이다. 만찬은 섹스턴 총장, 리처드 러베즈(Richard L. Revesz) 학장, 리타와 거스 하우저 부부(Rita and Gus Hauser), 코피 아난(Kofi Annan) 유엔사무총장 내외, 조 와일러(Joe Weiler) 교수 등이 헤드테이블에 앉고, 나는 바로 옆 테이블에 헌법학계의 거물 노먼 도슨(Norman Dorsen) 교수, 하우저 글로벌 스칼러 프로그램의 실무책임을 맡았던 이크발 이샤(Iqbal Ishar) 변호사, 테오도르 메론(Theodor Meron) 구유고전범재판소 소장, 토마스 버겐설(Thomas Buergenthal) 국제사법재판소 판사 내외 등과 합석하여 인사를 나누었다. 무난하고 사교적인 러베즈 학장과 무뚝뚝하고 유대인의 전통적 종교의식을 모두 지키는 와일러 교수의 태도가 대조적이었다. 7일 월요일 이른 아침에 암스테르담공항에서 바로 전원재판관회의에 참석하였다.

스탠퍼드의 '세계사법콜로키움'에
국제형사재판소 대표로 참석

3월 10일 세계사법콜로키움(Global Judicial Colloquium)에 국제형사재판소 대표로 참석하고자 스탠퍼드 로스쿨에 가는 길에 재선 선거운동을 계속하고자 뉴욕에 다시 들렀다. 선거운동차 14일 월요일에는 오찬, 그리고 화요일에는 오찬과 만찬을 주최해준 신각수 대사에게 참으로 고맙다. 안은주 서기관이 음식점 일 니도(Il Nido)에서 주최한 월요일 오찬에는 6개 회원국이 참석했다. 15일 화요일은 신각수 대사가 오찬은 르 페리고르(Le Périgord)에서, 만찬은 새로 이사 간 대사관저에서 주최했는데, 특히 이사한 지 3일 만에 나 때문에 선거용 만찬을 준비하느라고 신 대사 부인이 많이 고생하셨을 것이다. 선거운동의 일환으로 식사라도 대접하는 것은, 특히 한중일 3국의 접근방법일 뿐 서양 국가들은 이 같은 식사대접 예산조차 없다. 같은 사고방식을 가진 동양의 다른 국가들은 예산이 넉넉지 못하여 식사대접을 못한다고 한다.

3월 16일 이른 아침, 뉴욕을 이륙했다. 샌프란시스코공항에는 고맙게 서정 판사 내외가 마중하였다. 17일 하루 종일 스탠퍼드 아태연구센터(Stanford Asia-Pacific Research Center) 3층에서 비공개 토론을 시작했다. 참석자 중 각종 국제재판소 재판관으로는 국제형사재판소(ICC)의 필레이와 나, 국제사법재판소(ICJ)의 히긴스(Higgins)와 오와다(Owada), 구유고전범재판소(ICTY)의 메론(Meron)과 로빈슨(Robinson), 르완다학살재판소(ICTR)의 뭄바(Mumba), 시에라리온특별재판소(Sierra Leone Special Court)에서 로버트슨(Robertson), 그 외에 이란-미국청구권재판소(Iran-US Claims Tribunal), 유럽사법재판소(ECJ), 그리고 유럽인권재판소(ECHR)의 재판관들이 참석했다. 스탠퍼드 로스쿨(Stanford Law School)에서는 젊은 교수들인 앨런 와이너(Allen Weiner), 마리아노 꾸에야르(Mariano-Florentino Cuéllar, 하버드 법학박사), 그리고 산타클라라 로스쿨(Santa Clara Law School)에서는 베스 반 샤아크(Beth van Schaack) 교수, 예일 로스쿨에서 초빙교수로 온 우나 해더웨이(Oona Hathaway)가 참석했다.

아무튼 나도 근래 드물게 활발하게 토론에 참여했고 국제형사재판소는 이제 막 시작한 재판소이므로 희망 섞인 장래의 전망을 말하는 것이 전부여서 발표가 오히려 다소 평이했다고나 할까.

3월 18일에도 하루 종일 스탠퍼드 로스쿨에서 공개발표와 토론이 있었는데 역시 많이 배웠다. 나는 설립한 지 고작 2년 된 국제형사재판소의 신참 재판관이므로 과거의 경험을 토대로 말할 것이 없어서 국내 법원들과 원만한 협조를 통하여 국제법의 준수와 집행(compliance and enforcement)이 잘될 것이라는 국제형사재판소에 대한 아주 낙관적 전망을 발표했다. 이 회의에서도 역시 미국인들의 사법부 판사에 대한 존경심은 대단한 것을 느꼈고 항상 예의를 갖추었다. 하루 종일 자유토론을 한 후 만찬에서 옆자리에 앉은 금발 여인 엘리자베스 휠러(Elizabeth Wheeler)를 만났는데, 산타클라라 로스쿨 2005년 졸업예정으로 국제형사재판소에서 인턴하기를 희망하기에 지원을 권유하였다. 이 학생은 후일 내 밑에서 인턴을 했고 다시 얼마 후 아니타 우샤스카 (Anita Ušacka) 재판관의 연구관으로 정식 채용되었다.

국제형사정의에 관한 베이징 국제회의

6월 10일 중국사회과학원 법학연구소 초청으로 국제형사정의에 관한 국제회의에 참석하기 위해서 아내와 함께 베이징에 도착했다. 중국은 신설 국제형사재판소에 관심이 많으나 회원국이 아니므로 아시아 재판관인 나를 초청한 것 같다. 그러나 서울대 법대교수라고 소개하고 국제형사재판소 재판관임을 애써 감추려 하는 것이 눈에 보였다. 국가의 체계적 지원을 받아 일사불란하게 운영하는 국책연구기관 인사들과 언어장벽 때문에 많은 애기를 못 나누는 것이 아쉬웠다. 사회과학원장은 전국인민대표자대회 상임위원인 모양인데, 우리의 회의에는 전임자 왕자푸(王家福)가 참석하였다. 온화하고 따뜻한 인상이다.

마침 이번 베이징 방문 중에는 서울대 법대 석사인 중국인 제자 라란(羅蘭)이 영국인 신랑(Carl Ranns)과의 사이에 딸을 낳았다고 하여 그들 식구와 하버드 및 서울대 법대 제자인 정우성 군을 한꺼번에 베이징오리집(全聚德)으로 초대하여 저녁을 대접했다. 저녁식사 후 자금성 북서쪽의 호숫가 술집거리(後海)에서 차를 마시며 야경을 보았다. 사람이 많아 복잡한데 나이 먹은 중국인들이 밤에 거리에서 집단으로 춤을 즐기는 것이 이채롭다. 이번의 4일간의 베이징 체재는 아내가 나와 함께 한·중 수교 전 1987년에 고생스럽고 불편한 방문을 한 이후 처음이라 유익하고 의미가 있었다. 그동안 베이징의 변화는 상전벽해(桑田碧海)라고 할 만했다.

6월 17일 상하이지아오통대학(上海交通大學)에서 개최된 "국제형사재판소: 중국의 선택"(International Criminal Court (ICC) : China's Choice)이라는 회의에서 기조연설을 하도록 초청받았다. 소수의 선각적인 중국법률가들이 모여 중국의 국제형사재판소 가입을 촉진하기 위한 첫 회의를 개최한 것이다.

상하이지아오통대학은 장소 제공, 인민대는 이론 연구, 홍콩의 아시아법률지원센터(Asian Legal Resource Centre)는 재정 후원을 각각 담당했다고 한다. 인민대 형사법 교수팀이 그들의 최고 스승인 77세의 가오밍쉬안(高銘暄) 교수를 모시고 추진하는데 구유고전범재판소(ICTY)의 보조검사를 7년간 역임한 주원치(朱文奇) 인민대 교수, 저우웨이(周偉) 상하이지아오통대학 법대 부학장, 그리고 왕슈메이(王秀梅) 인민대 교수 등이 주동적으로 참여하는 것 같았다.

중국과 같은 정치체제하에서 이들처럼 용감하게 국제형사정의를 다루는 것은 결코 쉬운 일이 아님을 잘 안다. 이곳에서는 이틀간 나를 국제형사재판소 재판관으로 제대로 예우했다.

시칠리아에서의 국제형사재판관 재교육 프로그램 참가

우리 부부는 중국에서 귀임하자마자 다른 재판관들과 조를 나누어 6월 23일 이른 아침에 시칠리아로 향발했다. 우리 재판관들의 제1차 재교육 프로그램(Judicial Capacity Strengthening Program)에 참가하는 출장이었다. 우리는 첫 팀으로 아침 5시 35분 암스테르담공항에서 밀라노를 경유하여 카타니아(Catania) 공항에 도착했고 약 1시간 거리의 시라쿠사(Siracusa)로 이동했다. 무척 맑고 더운 지중해 기온이지만 습기가 없어서 살랑거리는 바람과 함께 쾌적한 분위기인데, 거리에는 유도화(Oleander)와 유칼립투스가 많은 반면 농장들은 대부분 레몬과 올리브나무로 가득했다.

주최자인 연구소가 완벽한 준비를 한 결과 국제형법학의 대가를 모두 초청하여 수준 높은 강의를 들었다. 강연의 연사는 언변 좋은 세리프 바시우니(Cherif Bassiouni) 교수 외에 베를린의 훔볼트대학 게르하르트 베를레(Gerhard Werle) 교수, 아일랜드의 윌리엄 샤바스(William Schabas) 교수, 국제적십자위원회(ICRC)의 크누트 도어만(Knut Doermann) 박사 등 당대 최고 수준의 전문가이면서 국제형사법 관련 저서의 저자를 모두 초청한 셈이다.

자존심이 강하여 재교육을 받으라면 적대감을 나타내는 재판관들도 이번 법관연수 프로그램은 바시우니 교수 덕택에 아주 만족스러워 했다.

배우자들을 위한 관광프로그램도 빈틈없었다. 첫날 저녁에는 오르티지아 (Ortigia) 성채에서 밤하늘의 야경을 보면서 실내악과 함께 시라쿠사 시장이 베푸는 만찬을 즐겼다. 시칠리아는 지중해의 전략적 요충으로서 기원전부터 그리스인이 지배한 후 튀니지의 한니발 장군의 점령 그리고 로마의 통치, 그 후 비잔틴의 정복, 노르만의 정복, 아랍의 정복, 이탈리아의 침략 등 수천 년 동안 여러 지배세력들의 침략과 정복으로 아주 독특하게 혼융된 문화적 환경을 창출하였고 이것이 그대로 관광자원이 되어 방문자를 열광하게 만든다. 섬 전체가 기원 전후 여러 문명의 충돌과 융합으로 이루어진 거대한 고고학적 보고인데 체계적 발굴을 하여 아주 볼 만한 박물관들을 운영하고 있다.

호텔에서 멀지 아니한 곳에 그리스인들이 건설한 야외 원형극장이 있는데, 이곳에서 초연한 소포클레스(Sophocles)의 비극 〈안티고네〉(Antigone)를 모두 감상했다. 미리 영어로 번역된 대사를 읽고 갔기 때문에 이해가 빠른데 나는 생전 처음 야외극장에서 햇불을 들고 장엄하게 공연하는 것을 보았다.

우리는 원래 이틀을 더 있기로 했으므로 첫날인 26일에는 필레이, 우샤스카, 카울 부부, 슬레이드 부부와 함께 모두 8인이 타오르미나(Taormina) 시내관광에 나섰다. 이는 시라쿠사에서 북쪽으로 차로 1시간 반 정도 걸리는 도시인데 깎아지른 절벽에 건설되어 해변의 풍광과 함께 아주 아름다운 곳이다. 도심의 중심거리를 걸어서 산 높이 있는 그리스 극장의 폐허지를 구경하고 그 밑에 있는 호텔에 들어가 쉬면서 최고의 바다풍경과 근사한 시칠리아식 점심에 폭 빠졌다. 바다가 눈이 부시게 코발트색으로 푸르디푸르다. 27일에는 반대방향인 노토(Noto)로 가서 시장의 환영을 받았다. 1683년의 지진에 모두 부서지고 그 후에 바로크양식의 건물로 꽉 차게 재건된 시가지 전체를 구경했다. 28일에는 오전에 박물관과 일부 유적지를 안내받아 마지막 관광을 하고 1시에 연구소에서 보내준 차로 카타니아공항으로 와서 귀임하였다. 재교육 기회에 가진 참으로 기분 좋은 관광과 휴식이었다.

내가 다녔던 영국 케임브리지대학의 울프슨칼리지(Wolfson College)가 창립 40주년 만찬에 초대했다. 런던 스탠스테드(Stansted) 공항에 도착하니 마침 귀국을 3주도 안 남긴 애제자 윤영신 교수가 공항에 나와 주어 25마일 거리의 케임브리지에 무사히 도착했다. 울프슨칼리지는 현대식 새 건물에 참으로 숙박시설이 좋았다. 6월 30일 저녁 설립 40주년 기념만찬은 인상적이었다. 총 180명을 초대하여 본관 2층 홀에서 여러 가지 메뉴를 잘 준비했다.

내가 A 테이블의 중심에 자리 잡고 왼쪽에는 커트 립스틴(Kurt Lipstein) 국제법 교수(96세), 오른쪽에는 로렌스 콜린스(Sir Lawrence Collins) 판사(Judge of Chancery Division in London)가 앉았다. 영국 사법부 운영에 관하여 유익한 얘기를 많이 들었다. 울프슨칼리지 총장인 고든 존슨(Gordon Johnson)의 회고를 들으니 내가 있던 당시의 관계자들은 거의 별세하고 지금은 존 모리슨(John Morrison), 데이비드 윌리엄스(David Williams) 그리고 현재의 총장만 남은 듯하다. 내가 60년대에 경험한 바와는 차원이 다르게 음식도 맛있고 샴페인, 와인, 포트와 후식 와인 등 모두가 풍부하고 고급이었다. 1965년 작은 개인집 건물을 빌려 시작한 유니버시티칼리지(University College)가 아이작 울프슨(Issac Wolfson)이 70년대 초 기부한 2백만 파운드로 새 건물을 지어 1977년 엘리자베스 여왕의 개막으로 새 출발을 했다. 모교는 건물의 배치나 건축공법, 정원 배치 등 모든 것이 깔끔하고 편리하게 되어 기분이 뿌듯했다.

중국인민대학 초청, 형사법학 국제회의

베이징에서 8월 25일부터 "제1회 현대형사법 국제포럼"(The First Session of International Forum on Contemporary Criminal Law)이라는 국제회의가 열렸다. 주제는 "세계화시대의 형사법 개혁 – 국제사회의 경험과 중국에 주는 시사점"(Criminal Law Reform in the Era of Globalisation - International Community's Experience and its Inspiration to China)이고, 주최는 중국인민대학 형사법학 연구중심이다. 나는 그들의 초청으로 참석하여 베이징 유이빈관(友誼賓館, Friendship Hotel)에 투숙했다. 이 호텔은 중국 공산당 정부가 초기에 외국자문관이나 전문가들만을 집단 투숙시키기 위하여 지은 곳인데, 이들을 감시하는 내각 내 기구까지 있었다고 한다. 지금은 냄새나고 모기가 극성을 부리는 4성급 호텔인데 전반적 건물구조나 분위기는 러시아식을 모방한 듯하다.

도착 당일 환영만찬에서는 헤드테이블에 앉아 북가오남마[北高南馬, 북쪽에는 가오밍쉬안(高銘瑄) 교수, 남쪽에는 마젠창(馬建昌) 교수가 있다는 뜻]의 가오 교수와 마 교수를 인사하고 마오타이를 연거푸 마셨다. 가오 교수는 상하이 이후 두 번째 만나서 다소 가까워졌고 80세의 마 교수는 술이 세다.

8월 26일 오전 첫 분과에서 한국 형사법개혁에 관한 발표를 하였다. 참석자 중 피터 번스(Peter Burns)는 수년 전에 방문했던 밴쿠버의 브리티시 컬럼비아대학 로스쿨(The University of British Columbia Law School) 학장으로서 반갑게 다시 해후한 셈이다. 그런데 놀라운 일은 자오빙즈(趙秉志), 왕슈메이(王秀梅) 등 베이징 인민대학 형사법 주축 교수 5인이 일주일 전에 한꺼번에 베이징사범대학으로 이적하였다는 사실이다. 충격적 망명이지만 회의는 차질 없이 진행되었다.

또한 한국 형법교수 몇 분이 충칭의 다른 회의를 거쳐 참석하였다. 허일태(동아대 법대 학장), 강동범(이대), 문채규(부산대), 변종필(동국대), 오경식(강릉대), 천진호(경북대), 김상연(류큐대) 교수와 장준오 한국형사정책연구원 실장(사회학 박사), 그리고 중국에 와서 학부를 마치고 대학원에 들어왔다는 여학생까지 대부대가 참석하여 든든하였다. 그러나 회의 진행은 엉망이었다.

베이징 국자감 내 공자상 앞에서
제자 라란과 함께 (2015. 9).

동시통역은 완전히 가동하지 아니하여서 한국인의 발표는 중국어로 통역한 다음 다시 영어로 재통역하는 과정에서 그 의미가 모두 사라졌다. 다만 피터 번스 학장의 고문(拷問)에 관한 발표는 들을 만했다.

내가 사회를 보는 8월 27일 오후 회의에서는 한국인 법학교수 6인이 모두 한국어로 발표하면 한상돈 연변대 교수가 중국어로 순차통역을 하고 이를 영어로 동시통역을 하는 방법으로 진행했는데, 중국어 통역은 알 길이 없으나 영어 통역은 엉터리였다. 그러나 허일태 학장 등이 모두 발표시간을 잘 지켜주어서 무사히 끝냈다.

저녁에는 중국 제자 라란(羅蘭)이 만찬에 초대하였다. 음식점은 강희 황제의 24번째 공주가 살던 집에서 그들이 먹던 음식을 재현하고 공연을 하는 거거후(格格府)라는 곳이다. 라란 사장은 내가 중국을 방문할 때마다 한국 사업을 제쳐 놓고 하루 먼저 중국에 와서 나를 기다렸다가 빈틈없이 도움을 주는 애제자이다. 늘 감사하다.

독일 사법부와의 교류

국제형사재판소가 가동된 2003년부터 서유럽의 주요회원국이 우리 재판관들을 모두 매년 차례로 자기 나라에 초대하여 대법원 관계자들과 토론을 주선했다. 2003년에는 프랑스의 최고법원인 파기원(Cour de Cassation, 破棄院)이, 2004년에는 이탈리아의 최고법원이 초청했고, 2005년에는 독일 사법부가 세 번째로 우리를 초대하였다.

2005년 9월 11일 독일 정부가 보낸 버스로 헤이그를 떠나서 9시간 만에 프라이부르크의 오래된 호텔에 도착하여 여장을 풀고 산상식당에서 독일 외교부가 주최한 만찬에 참석했다. 1970년대 훔볼트재단이 주선한 여행 중 들렀던 이곳을 다시 찾아온 것이다.

3일간 독일순방 여정의 첫 번째로 방문한 프라이부르크 막스 플랑크 연구소(Max Planck Institute for Foreign and International Criminal Law)의 알브레흐트(Hans-Jörg Albrecht) 교수가 자기네 연구소의 다양한 프로그램을 소개했다. 모든 법학연구소가 미국처럼 재정지원이 풍부하든지 연구비를 신청할 기회가 많으면 더 활발하게 연구를 할 수 있겠는데, 독일은 정부가 일정한 조직적, 재정적 틀을 마련하고 그 범위 내에서 활동해야 하므로 각 지역마다 설치되어 있는 막스 플랑크 연구소의 한계가 있어 보였다. 도서관의 장서를 일별해보니 비교법을 연구한다는데 한국 도서는 오래된 수험잡지 몇 권이 빛바랜 채 서가에 꽂혀 있었다.

두 번째로는 카를스루에(Karlsruhe)로 이동하여 연방헌법재판소〔소장 한스-위르겐 파피어(Dr. Hans-Jürgen Papier)〕를 방문했다. 이곳에서 디 파비오(Udo Di Fabio) 대법관이 "헌법재판소 업무를 위한 국제법의 중요성"(Importance of International Law for the Work of Constitutional Court)이라는 제목으로 발표했다. 발표와 토론 후 이곳의 법률기자들과 회견을 가졌다.

세 번째로는 같은 곳에 있는 독일 연방검찰청을 방문했다. 슈나르(Dr. Schnarr) 검사가 주최측 대표였고, 키르쉬 소장이 먼저 귀임한 후에는 내가 국제형사재판소를 대표하여 같이 간 동료 재판관들을 소개하였다. 그다음에는 히르쉬(Hirsch) 연방대법원장을 예방했다. 독일 사법부 방문 후 재판관들이 함께 아름다운 고도 하이델베르크로 이동하여 구시가의 중심가에 위치한 고색창연한 호텔에 투숙했다.

아내와 나는 일행과 떨어져서 작년에 상처한 페터 울머(Peter Ulmer) 전 하이델베르크대학 총장을 방문했다. 마음씨 고운 부인이 뇌종양에 걸려 돌아가신 후 처음 만나는 경우였다. 대단히 감정적으로 슬프고 딱한 경우라서 위로차 만났는데 그가 고집을 세워 저녁값을 냈다. 우리가 훔볼트장학금으로 1974~1975년 함부르크에서 연구할 때 미처 돌이 안 된 딸을 3주간 보살펴준 소중한 인연이 있는 분이다. 당시 울머 함부르크대학 교수의 부인이 선뜻 우리 딸을 보살펴주겠다고 하여 우리 부부가 모두 훔볼트여행에 마음 놓고 참가할 수 있었다.

9월 15일 우리 일행은 하이델베르크에 있는 막스 플랑크 연구소(Max-Planck Institute for Comparative Public Law and International Law)를 방문했다. 연구소에서 35년 근무했다는 카린 욀러스-프람(Karin Öllers-Frahm)과 안야 자이베르트-푸르(Anja Seibert-Fuhr) 등의 영접을 받았다. 그런데 이곳의 알렉산드라 구르(Alexandra Guhr), 마티아스 골드만(Mathias Goldmann), 마르쿠스 벤징(Markus Benzing)과 같은 젊은 연구생들이 영어를 잘하고 열심인데다가 똑똑한 것이 너무 인상적이고 부러웠다.

귀로에 버스 안에서 카울 재판관은 온갖 고생을 다한 동독 탈출경위를 눈물을 흘리며 말해주었고, 하이델베르크에서 뤼데스하임(Rüdesheim)에 가는 길에 자기가 초·중·고교를 다닌 바인하임(Weinheim)이라는 중세마을을 가리켰다. 우리는 뤼데스하임에서 배를 타고 라인강의 경치를 즐기다가 보파르트(Boppard)에서 내려서 전세버스로 갈아타고 밤 11시에 헤이그에 귀환했다. 몹시 피곤한 여행이었으나 독일의 사법제도를 잘 이해하게 되었고 같이 간 재판관들의 인품을 좀더 잘 알게 되었다.

말레이시아의 인권강좌 기조연설

2005년 9월 하순 주말을 끼고 말레이시아 수도 쿠알라룸푸르(Kuala Lumpur)에 강의차 출장 가는 길에 서울에 하룻밤 들르기로 하였다. 이곳에서 영국 노팅엄대학(University of Nottingham)이 주최하는 1주간의 인권강좌에 기조연설자로 초청받았는데, 9월 18일 추석에 내가 없으면 차례도 못 올리는 우리 집의 가족구성상 무리해서 헤이그에서 17일 서울에 도착했다. 추석날 오전 7시에 차례를 모신 후 인천공항에서 비행기를 탔다.

근 30년 만에 다시 오는 말레이시아는 역시 덥고 푸르며 개발열기가 대단한 듯싶다. 주최자인 데이비드 해리스(David Harris), 올림피아 베쿠(Olympia Bekou) 교수 등이 친절하게 맞아 주어 늦은 저녁을 같이하였다. 19일에는 9시 반부터 파워포인트를 쓰면서 1시간 20분간 국제형사재판소 역사와 로마규정의 개요를 강의했다. 질문시간이 약 30분간 있었는데 잘 선방했다.

북한에서 참가한 두 명이 강의 후 내게 와서 인사했다. 필리핀의 에벌린 세라노(Evelyn Serrano), 노르웨이의 모튼 베르그스모(Morten Bergsmo), 배종인 서기관, 권정훈 검사 등 아는 얼굴이 있어 반가웠다. 해리스 교수가 요청한 대로 내 원고를 인쇄하여 참가자에게 배부했다.

제1차 '국제형사재판소에 관한 동남아언론인컨퍼런스'(Southeast Asian Journalists' Conference on the ICC)가 2005년 11월 16일부터 3일간 마닐라에서 열렸다. 국제형사재판소를 강력히 지지하는 가난한 아시아의 비정부기구를 격려하기 위해서 참석했다. 세라노와 협조하여 기조연설을 하고 TV 프로그램에 생방송으로 그 나라 변호사인 바이런(Byron)과 함께 출연하여 앵커 핑키 웹(Pinky Webb)의 사회로 20분간 인터뷰한 것은 국제형사재판소를 위한 좋은 홍보였다고 생각한다.

제4차 당사국총회(ASP 4)가 2005년 11월 28일부터 헤이그에서 열렸다. 이 기회를 이용하여 재선 선거운동을 했는데 뉴욕처럼 활발하지 못했다. 헤이그에서는 일일이 회원국 대사관에 전화하여 약속하고 방문해야 하는데, 보통 선거운동차 만날 약속을 하자고 하면 아예 그런 일이라면 만날 필요가 없다고 해서 접촉이 쉽지 않았다. 법무부에서는 제자들인 정병두 검찰1과장 및 황철규, 권정훈 검사 등 한 팀이 나를 돕고자 방문했다. 신경이 쓰이는 당사국총회가 끝났으므로 예정보다 일찍 귀국하여 연말을 푹 쉬고 새해에 뉴욕으로 가서 재선운동에 임할 계획이다.

* * *

힘겹게 승리한 국제형사재판소 재판관 재선

2006년 1월 9일에 뉴욕에 도착하여 26일 선거일까지 신각수 대사, 신유철 검사, 안은주 서기관, 나중에 본부에서 합류한 박희권 조약국장, 김인철 조약과장, 배종인 서기관, 그리고 본부 내근 연락관으로 김광재 서기관 등이 합심하여 선거에 전력투구했다. 그 외에 고맙게도 제자인 천정배 법무장관이 임채진 검찰국장, 이영렬 검찰4과장, 권정훈 검사를 파견하여 크게 힘을 보태주었다. 그리고 무역위 상임위원 정준석 박사의 친절한 알선으로 뉴욕주재 박일준 상무관, 한전, 한반도에너지개발기구(KEDO) 등이 빈틈없이 측면지원을 해주었다.

지난번보다 다소 어려운 선거라는 예측이 지배적이었다. 경쟁률은 높지 않았으나 모두들 이미 선거를 치러 보아서 강력하고도 효과적인 캠페인을 하기 때문이다. 더구나 이번에는 아시아의 1석을 놓고 사모아 재판관과 제로섬 게임을 해야 했다. 우리 정부는 지난번에도 당선되었는데 설마 소국 사모아를 못 이기겠느냐는 막연한 낙관론이 지배적인 것 같아서 걱정이었다.

당사국총회 사무국과 비정부기구 대표들이 주최한 후보 공동발표회에서 나는 본전 이상을 했다고 생각했으나 네로니 슬레이드(Neroni Slade) 사모아 재판관도 만만치 않고 새로 출마한 불가리아 여성 후보가 주목을 끌었다. 외교부 선거팀은 상당수의 국가들이 나를 지지한다고 하여 아주 넉넉한 표차로 당선될 것으로 확신하는 말을 하지만 배반율도 그만큼 증가하므로 전혀 안심할 수 없는 것이다.

역시 선거는 개표해보아야 안다. 접촉결과를 분석한 결과 86표를 확보했다고 판단했는데 나는 막상 70표를 득표하여 최소득표인 67표를 넘는 후보로서 4등으로 당선되었다. 아주 높은 배반율이 나에게는 충격으로 다가왔다. 재선에 출마한 6인 중 5인이 재선되고 장담하던 사모아의 네로니 슬레이드만 패배하였는데 불가리아의 에카테리나 트렌다필로바(Ekaterina Trendafilova)

가 새롭게 당선되었다. 독일의 카울은 67표로 겨우 턱걸이를 했다.

나와 경쟁을 벌이던 사모아가 탈락했으나 그처럼 작은 섬나라 후보가 50표나 받은 것은 참으로 인상적인 결과였다. 그는 원래 뉴욕주재 사모아 유엔대표부 대사로 부임하기 전에 영연방기구의 사무총장을 오래 하면서 영연방 50여 개국의 대표들과 친분관계를 공고하게 만들었다. 그리고 뉴욕으로 부임한 후에는 14년간 대사로 근무하면서 전 세계 유엔회원국들과 좋은 관계를 힘써 개발했다. 그는 이를 자산으로 감히 작은 나라가 넘볼 수 없는 국제형사재판소의 초대재판관 자리를 지원했고 3년 전에는 막판에 당선의 영예를 누렸다. 그러나 재선에서는 원래 3석이 배정되었던 아시아지역이 동유럽에 회원국 수를 추월당해서 재판관 정원이 한 자리 줄어버린 것이다. 따라서 같은 아시아지역을 대표하는 키프로스(키프로스는 아시아로 분류된다) 재판관은 계속 근무하므로 이제는 같은 아시아지역의 출마자인 그와 내가 한 자리를 놓고 경쟁한 것이다.

이제 간신히 이겼으니 한시름 놓았지만, 앞으로 객지생활 9년이 더 기다리고 있다. 마지막에 힘써준 외교부 박희권 조약국장 등 외교부 팀과 천정배 장관 등 법무부 팀 그리고 측면 지원을 해준 정준석 위원 등 산자부 팀에 깊이 감사한다.

서울에 들러 재선인사 등을 하느라고 여러 날 체류하다가 헤이그에 상대적으로 늦게 귀임하니 벌써 다음 소장 선거분위기가 시작되고 있었다. 그동안 내 이름이 소장이나 부소장 후보로 많이 떠돌아 다녔다고 한다. 오후에 조르다 프랑스 재판관과 상의해보니 자기는 출마에 관심이 없으므로 객관적으로 두 가지를 솔직히 말하겠다고 한다. 우선 연임불가 원칙과 지역적 순환을 주장한다. 그런데 현 소장 필립 키르쉬를 비판하는 자는 없지만 연임, 서구 출신, 남자 등이 불리한 요소라 어렵고, 나비 필레이는 아프리카 출신, 여성이라는 점이 유리하다고 분석하면서도 그녀의 인간성을 문제 삼아 그녀의 승리를 점치는 데 인색하였다. 나의 당선 가능성을 언급하지 않으면서도 소장에 출마할 만하고 안 되는 경우 부소장 당선 가능성은 아주 많다는 식으로 전망했다.

퇴근하자마자 디아라 말리 재판관의 생일축하로 장미 꽃다발을 전달하고 동문들이 광동주가에서 개최한다는 재선 축하회에 참석했다. 나중에 디아라 재판관에게 들어보니 키르쉬와 대립하는 필레이와 그의 팀은 자신만만한 나머지 내주에 모두 해외여행을 간다고 한다. 결국 동료들을 모두 만나보고 나니 내가 소장에 당선될 가능성은 없으나 부소장은 내 면전에서 찍어준다는 사람이 상당수 되었다. 나는 결국 소장 출마는 포기하되 변화를 위해 소장에 필레이를 찍고, 친한 피키스 재판관의 반대에도 불구하고 부소장에 출마하는 것으로 생각을 일단 정리했다.

3월이 되자 우선 키르쉬가 부근 호텔에서 점심을 사면서 설득한다. 나는 진심으로 필레이보다 그를 인간적으로 더 좋아했다. 그 후 열흘에 걸쳐 키르쉬는 나를 다섯 번 찾아와서 사정했다. 사실 필레이 측은 아무도 접촉이나 선거운동이 없는데 이 사람의 집요한 점에 감탄했다. 갑자기 소장단 3인의 남녀 성비문제가 대두되었다. 만일 여성인 필레이가 당선되면 무방하지만 키르쉬가 당선되는 경우 나와 블라트만이 부소장으로 당선된다면 여성이 없다는 것이다. 그럴 경우 여성재판관들이 회의를 해서 자기네 후보를 즉석 옹립한단다. 나에게 불리한 말이다. 그리고 재판관 회의를 열어서 소장 선거와 부소장 선거를 각각 하기로 하면서 제1부소장에 출마했다가 안 되는 경우 당연히 제2부소장 선거에 나갈 수 있도록 선거규칙을 정했다.

키르쉬가 끝까지 같이 일하자고 권하면서 자기를 찍으면 자기는 물론 자기 지지자들에게 나를 부소장으로 선출하도록 운동해주겠다고 접근했다. 그는 회원국의 태도에 비추어 아직도 자기와 같은 능숙한 외교관이 한 번 더 맡아 초기의 여러 가지 어려움을 극복해야 한다는 취지이다. 나는 키르쉬에게 별 나쁜 감정도 없고 그가 지난 3년간 그런 대로 잘했다고 생각했다. 그러나 한번 소장을 했으면 변화를 주는 것이 좋다는 생각을 했고, 로마회의에 참가했던 외교관 중 재판관으로 당선된 동료들이 뭉쳐서 패거리를 형성하는 듯한 인상이 별로 보기 좋다고 생각되지 않아 결국 키르쉬 소장의 반대파인 남아공의 필레이를 지지했다.

그러나 필레이는 10 대 8로 패배했다. 키르쉬는 내게 자기를 안 찍은 이유에 대한 설명을 요구할 정도로 기분 나빠했다. 승리했으니 모든 것을 잊고 너 그렇게 생각할 수도 있는데 그는 이때 이후로 내게 소가 닭 보듯 냉담하게 대했다. 나는 마지막 순간에 제 2부소장 선거에 출마하여 볼리비아의 블라트만 재판관에게 패배하였다. 초창기부터 무엇이든지 내가 하는 대로 졸졸 따라 하던 그는 내가 그에게 패배한 것을 기분 나쁘게 생각하는 것으로 알고 친한 사이가 소원해졌다. 그러나 나는 선거에 졌다고 마음속에 꽁한 생각을 간직할 사람이 아니므로 그의 추측은 틀린 것이다.

사실 소장 선거에서 그와 내가 같이 지지한 필레이가 8표밖에 못 얻어서 패하자, 필레이 지지자들의 뒤풀이 모임에서 블라트만이 특히 나를 지목하여 배반했을 것이라고 말한 것 때문에 몹시 기분 나빴다. 이 말은 그 모임에 참석하여 필레이가 진 것을 안타까워하던 우샤스카와 카울 재판관의 입으로 각각 확인되어 내게 전해졌으니 거의 틀림없는 사실인 것 같다. 왜 그가 사실이 아닌 추측을 토대로 그러한 발설을 했는지 알 수 없으나 나는 그 후로 그를 상대하지 않았다. 관찰결과, 일반화하기는 어렵지만 아프리카나 동유럽 출신 재판관의 말을 믿기가 아주 어려웠다. 물론 서구 출신도 면전에서 하는 말과 속셈이 다르지만 일단 약속을 하면 지킨다는 인식을 얻었다.

매 3년마다 새로 선출되는 국제형사재판소 소장단의 첫 작업은 재판관들의 소속 재판부를 재배치하는 것이다. 대부분의 재판관이 웬일인지 상고심에 소속되기를 열망하므로 이는 아주 골치 아픈 문제인데 이날 오후 논의가 시작되었다. 특히 조르다 재판관이 나를 상고심에서 다른 심판부로 밀어내고 자기가 들어오고 싶어서 여러 가지 이유를 대면서 강력한 주장을 폈다. 대다수의 동료들은 내 편을 들면서 나를 옹호하고 조르다, 오디오 베니토, 모린 클라크(Maureen H. Clark) 재판관의 반대를 제압했다.

선거 다음 날 아침에 독일의 카울 재판관이 찾아와서 선거에 진 것을 아쉬워하고 특히 필레이 측의 미숙하고 무성의한 선거운동에 실망했으며 함께 다음을 기약하자고 제안했다. 나는 그사이에 중국에 다녀와서 3월 20일 디아라 재판관을 찾았다. 그녀도 나를 만나 자기가 충동적으로 부소장에 입후보하여 내게 피해를 준 것을 사과했다. 그녀도 함께 다음을 기약하자고 했다. 2009

년 소장단 선거에서는 실제로 내가 소장, 그리고 이 두 분이 부소장으로 당선되어 같이 3년간 봉사하는 기적적 결과가 이루어졌다.

상고사건 협의차 쿠룰라 재판관 방에 들렀더니 그도 그동안 고민했던지 지난번 선거에 자기가 바보짓을 해서 내게 피해를 주어 미안하다는 말을 어렵게 꺼내며 다음 소장 선거에 돕겠다고 한다. 나는 선거를 치르고 나서 여운이 오래가면 좋지 않으므로 이를 빨리 잊자는 뜻의 대꾸를 했다. 이날 소장 선거가 진행되는 도중 구유고전범재판소(ICTY)의 권오곤 재판관이 재판장으로서 오래 심리하던 피고인인 밀로셰비치 세르비아 전 대통령이 교도소에서 죽었다는 소식이 우리를 놀라게 했다. 세기의 재판을 담당하던 재판장인 권 재판관도 아마 심리적 충격이 컸을 것이다.

역사적인 첫 상고심 판결 선고

2006년 7월 13일 목요일은 국제형사재판소의 역사상 그리고 재판관인 나 자신의 임무수행과 관련하여 가장 의미 있는 날이다. 처음으로 상고부 5인 재판관(키르쉬, 피키스, 필레이, 쿠룰라와 나)이 법복을 입고 새 법정에 임석하여 3건의 상고사건을 직접 선고한 것이다. 나중에는 재판장만 법정에서 판결선고를 하도록 개정되었지만 당시 규칙으로는 원래 상고심에서 선고할 때에는 5인의 재판관이 모두 참석해야만 했다. 그러나 실제로는 5인의 재판관이 모두 헤이그에 있는 날을 골라서 재판 선고일을 지정하는 것이 쉽지 아니함을 곧 깨달았다.

한번은 판결선고는 급한데 필레이 재판관이 빈번하게 여행을 다녀서 5인에게 맞는 선고일을 합의할 수 없는 경우가 발생하였다. 할 수 없이 내가 재판장으로서 선고할 때 다른 재판관 3인이 법정에 착석하고, 휴가를 간 필레이 재판관의 법정 내 좌석은 공석으로 비워둔 채 전화기로 남아공에 있는 그녀를 연결한 상태에서 판결을 선고하였다. 이 전무후무한 방식으로 판결을 선고하는 도중에 갑자기 그녀의 남아공 집에서 키우는 개가 짖는 소리가 책상 위의 전화기를 통해서 법정에 울려 퍼져 모두 깜짝 놀랐다. 아마도 국제형사재판소 역사에 남을 일화가 아닌가 싶다.

나는 항상 판결선고 요지를 영어로 작성하여 불어 통역사에게 미리 주고 법정에서 이를 읽어 나갔으므로 선고도 명쾌했고 통역도 완벽했으나, 어떤 재판장은 영어를 잘한다는 생각에 준비 없이 그냥 들어와서 자기의견을 중언부언해서 대조가 되었다. 따라서 피고인이나 변호인들의 평으로는 나의 심리나 선고를 명확하다는 이유로 가장 좋아한다고 들었다.

상고심에 올라온 첫 사건은 예심부(실비아 스타이너 재판관 등)가 검사의 구속영장 발부신청에 대한 결정을 상고한 것이다. 하급심은 로마규정 제58조의 요건에 따라 영장발부 사유, 즉 도주나 증거인멸 등 구속사유가 있는지의 여부만 살펴보고 간단히 결정하면 되는 것을 난데없이 제58조에서 전혀 요구하지 않은 사건의 심리허용성(admissibility)을 엉뚱하게 구속영장 발부요건으로 추가하여 판단하였으므로 이러한 원심 결정을 검사가 상소하였다. 이것은 국제형사재판소에 접수된 첫 사건이라는 부담 때문에 우왕좌왕하던 브라질의 실비아 스타이너(Sylvia Steiner) 재판관이 고집 세고 말 잘하는 그녀의 재판연구관 엑토르 올라솔로(Hector Olasolo)에게 휘둘린 결과 간단한 구속영장 발부신청에 관하여 무려 200여 쪽의 이유를 달아 이해하기 어려운 결정을 한 것이다.

연초에 이 사건이 상소되었을 때 이것이 역사상 첫 상고사건이므로 상고심 5인 재판관 중 언론의 스포트라이트를 감안하여 서로 재판장을 하려는 경쟁이 있었는데 피키스 재판관이 여성인 필레이에게 신사답게 양보하였다. 그러나 재판장인 남아공의 필레이가 외국여행을 너무 자주 하고 심리도 꼼꼼히 안 할 뿐만 아니라 주심으로서의 자기의견이나 일반적 해결방안도 제시하지 못하므로 상고부 동료 재판관들도 해결방향을 못 잡고 시간을 낭비하면서 서로 눈치만 보고 있었던 건이었다.

5인의 상고심 재판관 중 외교관 출신인 키르쉬와 쿠룰라는 아마 형사재판을 본 일조차 없을 것이고, 키프로스의 대법원장을 하던 피키스와 나는 형사재판을 해본 사람이지만 재판장인 필레이의 자존심을 건드리지 않기 위하여 잠자코 있었던 것이다. 지금까지 사건이 없다고 불평하던 상고심 재판관들이 막상 상고사건이 접수되니까 모두 첫 사건에서 조금이라도 엉뚱한 의견을 내어 이상한 사람이 되거나 웃음거리가 될까 봐 무척이나 조심하는 것 같았다. 로마규정이 하도 복잡하니까 원심대로 도주나 증거인멸의 우려 외에 과연 심리허용성 요건까지도 고려하여 영장발부를 결정해야 하는지 상고심 재판관들 모두가 자신이 없었던 것이다.

따라서 어느 상고심 재판관도 의견을 개진하지 아니하고 침묵을 지킨 채 오래 끈 사건이다. 나는 구속영장 신청은 형사사건의 개시와 함께 항상 따라오는 첫 절차적 문제이니 피의자의 도주나 증거인멸의 여부를 심의하여 영장발부의 적부를 판단하면 된다는 지극히 상식적인 의견을 가지고 최초로 장기간의 침묵을 깼다. 사건의 핵심쟁점이 도주나 증거인멸의 우려가 구속영장 발부의 요건임을 강조하면서 앞장서서 상고심의 해결방향을 제시하자 주저하던 다른 동료들도 마침내 내 주장에 동조하여 이 사건의 판결은 결국 내 의견대로 선고되었다.

이 첫 판결문을 보면 재판장인 필레이가 서명하고 선고한 것으로 되어 있으나 그녀는 여행만 다니고 사실은 내 연구관인 폴커 네를리히가 나의 상세한 지시에 따라 기초한 것을 내가 수정을 거듭하여 완성함으로써 특히 애착이 가는 판결인데 다른 동료들이 좋다고 하여 그대로 선고했다. 심리허용성이 구속영장 발부요건이 아니라는 검찰부의 입장에서는 자기네가 승리한 판결이기도 하지만 국제형사재판소 장래를 좌우할 중요한 판결이라고 검찰부 직원들이 모두 돌려가면서 읽었다는 것이 검찰부 김상걸 박사의 전언이다.

아무튼 이 역사적 첫 사건은 겉으로는 필레이의 판결이지만 사실 나의 작품이고 검찰 측은 재판소의 앞날을 올바르게 인도하는 중요하고도 결정적 판결을 했다고 평하였다. 폴커와 나는 판결선고 후 점심을 먹으면서 후일담을 나누고 서로 수고를 위로했다.

그리고 피키스가 재판장을 맡은 다른 2건은 비상상고(*extraordinary review*)와 판결효력정지(*suspensive effect*)를 요구한 사건으로서 로마규정에 근거가 없는 무리한 검찰 측 상소였다. 피키스는 이를 열심히 심리하였고 나도 적극적으로 협조했다. 우리 둘은 활발한 토론 끝에 검사의 상고를 기각하는 판결을 선고하기로 하였다. 다만 토론 중 그의 노인성 난청 때문에 내가 소리를 질러야 하는 것이 부담이었고 토론에서 그가 너무 일방적으로 자기주장만 펴는 것이 힘들었지만, 우리는 풍성하고 유익한 토론을 많이 가졌고 나의 연구관 폴커와 그의 연구관 프란치스카(Franziska)는 배운 바가 많았다고 술회했다.

이렇게 최초의 3건을 상고심에서 선고하고 보니 시원하기도 하고 중요한 판례를 생산했다는 점에 자부심도 느꼈다. 이제 상고심에는 내가 재판장을 담당한 증거법상의 증거개시(disclosure: 證據開示) 사건만 남았다. 선고시한이 급하기는 한데 영미법제와 대륙법제 간에 차이가 많은 절차법적 문제여서 만만한 사건은 아니었다. 기술적으로 어려운 사건이라서 그런지 이 건은 모두 안 맡겠다고 하여 내가 자진해서 맡은 상고사건이다. 이번의 상고사건들의 처리를 위한 협조 및 합의과정을 관찰한 결과 각 재판관들의 실력과 인품이 모두 드러났다.

필레이 재판관은 구체적 사건에 임해서 쟁점을 세밀하게 토론해 보니, 우선 사건에 임하는 자세가 너무 불성실하고, 법률실력이 없으며, 스스로 응분의 노력은 안 하면서 남이 도와준 것에 대해서도 고마운 줄 모르고 비판만 하는 경향이 있었다. 그의 담당인 첫 상고사건의 경우에도 내가 하도 답답하여 따로 폴커를 시켜 나의 아이디어를 정리한 판결초안을 미리 만들어본 것이 있었는데, 그녀가 이 초안의 존재를 어떻게 알고는 이를 달라고 계속 조르기에 동료 간에 거절하기 어려워서 조금 주었더니 그것을 그대로 베껴서는 자기가 쓴 듯 행세하곤 했다. 재판관이 이러다 보니 남아공의 같은 인도계 동향인물인 그녀의 연구관도 게으르고 일을 안 하는 품이 쌍벽을 이루었다.

피키스 재판관은 비사교적이고 융통성이 없으나 실력 있고 법조윤리상 엄격한 모범적인 법관이라서 동료의 존경을 받으며 일처리도 부지런했다. 키르쉬 소장은 신중한 최소주의자(cautious minimalist)로서 정책논리를 가끔 주장할 뿐 법논리는 부족한 듯하다. 가끔 일반적 국제법 논리를 개진할 때에는 들을 만한 것도 있었다. 쿠룰라 재판관은 외교관 출신인데, 마음이 따뜻하고 유머 감각이 있으나 자기 말을 경우에 따라서는 뒤집기도 하므로 항상 의존하기는 어려웠다. 표현이 불분명하여 발언의 진의를 알아듣기 어려운 경우도 간혹 있었다.

아무튼 나의 판결에 대하여 검찰 측은 국제형사재판소 앞날을 올바르게 인도하는 중요하고도 결정적 판결을 했다고 만족해했다.

증거개시 제한과 피고인의 방어권 보호

7월 31일 하루 근무한 후 키르쉬 소장을 대신하여 전 세계 가톨릭 대학연합(International Federation of Catholic Universities: IFCU, 본부 파리)의 연례총회 참석차 방콕으로 갔다. 방콕은 여러 차례 방문했지만 교외에 새로 개설한 어섬션대학(Assumption University)의 방나캠퍼스(Bang Na Campus)는 처음 가 보았다. 모두 영어로 가르치는 대학으로서 널찍한 대지에 웅장한 스케일은 물론 건물 하나하나의 규모와 배치가 입을 다물 수 없게 만든다. 수백 명의 참석자를 모두 한 건물에 투숙시켰고, 성당의 규모도 어마어마하다. 너무 넓어서 캠퍼스 내에 전차가 운행되고 있다. 약 15년 전에 이곳으로 이사 왔다고 한다.

이 단체는 연례총회를 개최하면서 주제를 국제정의(International Justice)로 잡고 키르쉬 소장에게 참석을 요청했던 모양이다. 그러나 그는 여름휴가를 가고 아시아인인 나에게 대리참석을 요구해서 가게 된 것인데, 거기다가 한국 경유비용을 내가 추가 부담하여 서울을 거치게 되었다. 원래 천주교 보수주의자들이 국제형사재판소를 반대한다는 정보에 대비하여 폴커와 스리랑카 인턴인 수네트라(Sunethra)의 보조를 받아 만반의 준비를 했다.

둘째 날 반대발표를 하기로 했다는 로널드 라이츨락(Ronald Rychlak) 미시시피 법대 교수를 만났다. 그는 내가 미국 남부의 튤레인대학을 나왔다는 점에 이미 친근감을 가지고 있었다. 내가 미시시피주 옥스퍼드(Oxford) 시의 헌트(Hunt) 가문을 말하고 방학 때마다 머물면서 미국 남부지역을 자세히 섭렵

했던 실력으로 알은체를 하면서 친근감을 표했더니 그야말로 감동한 것 같았다. '홀리데이인'(Holiday Inn), '오울 미스'(Ole Miss, 미시시피대학의 애칭), '내치스 오솔길'(Natchez Trail), '윌리엄 포크너'(William Faulker), '제시 포드'(Jessie Ford, 미시시피 출신 소설가), '맥두걸 마이어스'(McDougal Myers, 미시시피 출신 전 예일대 국제법 교수) 등 나도 향수어린 키워드를 많이 말했던 것 같다. 그다음 날 이 대학 총장신부의 사회로 내가 파워포인트로 국제형사재판소 개요를 설명하고 나서 그가 재판소의 부정적 측면을 발표했다. 서로 논쟁이 진행될 만하였지만 청중이 그를 반박하는 경우도 있었고 순수한 질문은 별 문제없이 대답했다.

다음 날에는 방콕에서 동쪽으로 33km 떨어진 무앙보란(Mueang Boran, 고대도시라는 뜻)이라는 테마공원을 구경했다. 우리 민속촌은 서민생활을 보존한 것이지만 이곳은 사원과 고산족의 농가 외에 시대별 왕궁을 복원하여 모아놓은 곳이다. 널찍하게 터를 잡은 후 방문객이 편안히 쉴 수 있게 만들어졌고, 주최 측에서 구경 후 찬 물수건을 제공하여 칭찬을 받았다. 다만 가는 길이 너무 협소하고 제대로 포장이 안 되어서 특별경호가 선도해도 시간이 많이 걸렸다.

8월 6일 귀임하여 딸의 혼인 때문에 너무 많이 자리를 비웠던 내가 모두 휴가를 가서 텅 빈 재판소를 소장 대리로 지켰다. 서울은 열대야로 2주일 이상 고생한다고 한다.

여름휴가 동안 내가 최초로 재판장을 맡은 사건을 폴커와 함께 검토했다. 이 사건은 예심재판관 실비아 스타이너가 토마스 루방가(Thomas Lubanga) 사건의 기소혐의 확인절차(*confirmation hearing*)를 심리하면서 난데없이 앞으로 사건에 사용될 증거를 개시하지 않아도 되는 경우와 꼭 개시해야 되는 경우를 일반원칙으로 선언한 판결이다.

재판이란 구체적 분쟁이 있을 때 이것을 해결해주는 절차이지 미리 일반원칙을 선언하는 입법기능을 하지 않는다. 그런데 원심은 구체적 분쟁이 없음에도 불구하고 언제 검사가 유죄입증에 사용할 증거를 개시해야 하고 만일 이에 대한 제한을 하려면 어떤 기준에서 어떻게 해야 하는지 일반원칙을 제시한 것이다. 매우 기술적이고 어려운 증거법상의 문제이다. 그래서인지 내가 작성한 판결문 초안을 미리 다른 재판관에게 회람했음에도 불구하고 아무도 감히 코멘트를 못하고 세월만 가고 있었다. 이번에는 재판관 간의 분담이 아니라 아예 내가 판결문 전부를 초안해서 돌렸는데도 반응이 없는 것이다. 이는 재판관들과 연구관들도 증거법의 기술적 측면에 밝지 못한 결과라고 본다.

우여곡절 끝에 10월 13일 내가 재판장으로서 첫 사건을 선고했다. 법복을 입고 동료와 함께 법정에 들어서서 정리(廷吏)의 구령으로 예를 받았다. 나는 요지를 미리 준비하여 또박또박 읽었다. 내 인턴인 수네트라가 아주 좋아했다. 증거개시 제한과 피고인의 방어권 보호라는 두 가지 충돌하는 이해관계를 비교 교량하여 결론을 얻기가 힘들었던 사건이다. 이 사건을 성공적으로 처리한 결과 앞으로 증거개시에 관한 다툼이 있는 사건은 모두 내게 배당한단다. 졸지에 공판중심주의상 증거개시 전문가가 된 것이다.

국제형사재판관 10인의 한국 공식방문

2006년 10월 13일 오전에 내린 역사적 판결선고를 뒤로 하고, 이날 밤에는 국제형사재판관 10인(나를 포함 키르쉬, 카울, 클라크, 우샤스카, 디아라, 피키스, 트렌다필로바, 폴리티, 쿠룰라)과 카울 및 디아라의 배우자 그리고 내 재판연구관 폴커가 한국방문의 장도에 올랐다. 이용훈 대법원장의 친절한 배려로 오랜 교섭이 결실을 맺어 드디어 저녁비행기를 탄 것이다. 모두 흥분상태이나 한국에 대한 인식은 전무한 상태에서 10시간의 비행을 감내하였다.

인천공항에 내리는 순간부터 이들은 충격에 입을 다물지 못한다. 한국은 함부로 침 뱉고, 개고기를 먹는 나라라는 막연한 인상 대신에 너무 깨끗하고 질서 있고 활력이 넘치며 남녀 간에 사람들이 잘 생기고 옷을 잘 입는다는 것이 재판관들의 첫인상이다. 인천공항 건물과 숙소인 롯데호텔의 규모와 청결함 및 편리함에 모두 놀랐다.

대법원이 마련한 일정도 아주 잘 소화하여 모두들 대만족이었다. 한애라 판사(현 성균관대 로스쿨 교수)가 영어하는 직원들을 데리고 공항출영을 한 것부터 호텔투숙 후 남는 오후 시간에 실시한 창덕궁 관광도 큰 호응이 있었다. 그날 만찬은 장윤기 법원행정처장이 재경 원장들과 함께 사법연수원 재학 중의 통역요원을 배석시킨 채 호텔에서 주재하였다. 영어를 잘하는 이호원 원장과 유원규 원장, 독일어를 잘하는 이주흥 원장, 그리고 아리스토텔레스 등을 언급하면서 피키스와 논쟁을 벌인 장윤기 처장 등 유감없이 우리 사법부측의 실력과 후의를 과시한 기회였다.

다음 날 일요일에는 국립박물관, 경복궁, 민속박물관, 인사동을 종종걸음으로 구경하였는데, 역시 반응이 좋았다. 이날 저녁만 유일하게 자유일정인지라 내가 개인적으로 조선호텔 중국식당에서 전원에게 만찬을 대접했다. 외부인이 없어 긴장할 필요도 없이 우리끼리 떠들고 즐거운 한때를 가졌다. 하루 늦게 도착한 키르쉬 소장은 캐나다 대사의 초청으로 그리 가는 바람에 합류하지 못하였다.

월요일은 대법원의 날이었다. 오전에 대법원 방문, 간단한 비디오를 통한 사법운영의 실태, 대법원장의 오찬 등 모두 빈틈없이 잘 진행되었다. 오후에는 역사상 처음으로 한국 대법원과 국제형사재판소가 기관 간 업무협의를 한 매우 뜻 깊은 일정이 있었다. 한국의 형사사법제도를 그들에게 소개하고 로마규정의 이행입법안을 진지하게 검토하는 전문적 심포지엄이었다. 피키스 재판관이 국제형사재판소에 관한 소개를 하여 우리 대법관들의 이해를 넓혔고, 우리 측의 잘 준비된 발표, 박수길 대사의 능숙한 사회, 원만한 통역 등 걱정했던 핵심일정이 성공적으로 소화되었다. 심포지엄 후 '한국의 집'으로 이동하여 전형적 한식만찬을 즐긴 후 한 시간짜리 전통공연을 관람하였다. 공연 마지막에 흥이 난 카울과 피키스 재판관이 농악대의 권유로 단상에 올라가 그들과 함께 북을 치면서 춤을 추었다. 헤이그에 이미 널리 알려진 조는 재판관(sleeping judge)과 웃는 재판관(laughing judge) 다음으로 춤추는 재판관(dancing judge)이 탄생하는 순간이었다.

17일은 법무부의 날이었다. 오전에 법무부 청사에서 형사사법 및 교정제도에 관한 브리핑을 받고 필경재에서 전통오찬을 즐겼다. 그 후에는 이태원 리움미술관으로 이동하여 도자기와 회화를 감상하였다. 모두 찬탄일색이다. 저녁에는 외교부 이규형 차관의 만찬이 롯데호텔에서 개최되었다. 외교관들의 매너와 박희권 국제법률국장의 영어 조크도 일품이었다.

18일은 재판관들이 떠나는 날이다. 오전 10시부터 40분간 청와대를 방문하여 노무현 대통령으로부터 이행입법을 금년 내에 통과시키겠다는 약속도 들었고, 의전이나 대화내용이 완벽하게 진행되었다. 다만 막 일어서려는 순간에 노 대통령이 갑자기 북핵문제에 관해 한마디 하겠다면서 11시 반까지 일방적으로 반미성향의 이야기를 계속하는 통에 출발시간이 급해졌다.

간신히 호텔로 돌아와 급히 체크아웃하고 공항을 향하여 출발하니 12시를 넘고 있었다. 또 버스이동 중에 대통령의 말씀이 언론에 새나가면 큰일 난다고 청와대 비서관의 전화는 빗발치듯 오고, 비행기 시간은 늦겠고 진땀이 부쩍 났다. 2시 출발인데 1시 지나서 공항에 도착하니 이미 체크인 카운터가 폐쇄되어 있었다. 시간의 여유를 가지고 공항 면세점에서 선물을 사다던 재판관들의 계획은 무산되고 출발 10분 전에 비행기를 탔다.

나는 제 1진을 전송하고 뒤에 남은 카울 부부와 클라크 및 우샤스카 재판관을 돌보았다. 금요일에는 양평 용문사에 소풍갔다가 연밥을 먹고 귀환하여 우리집에서 저녁을 대접했다. 두 분의 여성재판관은 토요일에 떠났고, 카울 재판관 내외는 일요일에 출국함으로써 국제형사재판소 재판관들의 역사적 한국 방문은 대단원의 막을 내렸다. 방문자들은 대법원이 만들어 준 개별 속성앨범에 또 한 번 놀랐고 내가 가져간 사진에 감사했다. 그리고 처음부터 끝까지 아내가 혁혁한 공을 세웠다. 아이디어와 그 실천은 물론 효율적인 안내원 노릇도 하고 다방면으로 활약했다. 나는 23일 월요일 이용훈 대법원장을 만나 고맙다는 인사를 했다.

35년의 서울대 법대 교수 정년퇴임

서울로 돌아와서는 사법개혁추진대통령위원회가 작년 1년간 그 임무를 마치고 해산한 후, 민간위원이었던 박삼구 금호아시아나 회장이 주최한 뒤풀이 만찬에 참석했다.

2007년에 내가 서울대 정년을 맞이하는데 우선 국제거래법학회가 〈국제거래법연구〉 15권 2호(2006년 말 발행)를 "심당 송상현 교수 정년기념호"로 간행했다. 책에는 서헌제 회장의 발간사 이외에 박길준, 최공웅 두 분의 하서(賀書)가 있었다. 2007년 2월 26일 이 정년기념호의 증정식을 스칸디나비아클럽에서 학회 회원만을 초청한 가운데 조촐하게 거행했다. 전임 서헌제 회장과 신임 손경한 회장이 많이 애쓴 것 같다. 그들은 이 학회를 내가 1991년에 창립할 때 창립식을 한 장소라고 의미를 부여하여 이곳을 행사장소로 정했다고 한다. 두 분 회장께 깊이 감사한다.

2007년 2월 28일 정년퇴직을 앞두고 호문혁 학장, 김건식, 정상조, 조홍식 등 교수와 교보빌딩에서 정년기념 대담을 했다. 원체 광범위한 주제로 대담한 탓인지 4시간을 넘겼지만 질문들에 대한 만족할 만한 대답을 다 못 드린 듯하다. 호 학장이 곽윤직 교수의 저녁초대에 가고 내가 나머지 세 분을 모시고 저녁을 대접했다. 그러고도 밤 10시경 호 학장의 합류로 네 분을 우리집으로 모셔서 아쉬움을 달래고자 새벽 2시까지 술을 마셨다.

2007년 2월 28일 이날을 끝으로 나는 정든 서울대 법대 교수의 자리를 정년퇴임하였다. 1959년 입학한 때로부터는 군대와 유학기간을 제외하고 40년이 넘도록 모교 캠퍼스에서 인생을 보냈고, 1972년 교수로 임명받은 해부터는 35년 만에 서울대를 떠난 것이다. 나는 그동안 다른 사람을 기쁘고 행복하게 해주었는지는 자신이 없으나 내 분야에서 35여 년간 학자로서 교수로서 열심히 후회 없는 삶을 살았으므로 감사하고 뿌듯한 마음으로 교단을 떠날 수 있다고 생각했다. 얼마 후 명예교수로 추대되었다. 감개가 무량하다.

3월 12일 오후에는 법학연구소 주최로 학술회의를 한 다음 저녁만찬에서는 〈법학〉(정년기념호)과 내 평생논문을 망라한 저작문집 3권을 기증한다고 하니 퇴임과 관련된 3월의 행사가 다 끝날 때까지 한국에 있어야 할 듯했다.

　일본의 로마규정 가입을 독려하기 위하여 국제형사재판소를 대표하여 2007년 5월 17일 일본을 방문했다. 브루노 카탈라 행정처장 대신 참석한 행정처 차장 디디에 프레이라(Didier Preira) 등 다른 직원들은 일본이 처음인지 흥분하는 분위기이다. 유럽인들의 일본사랑은 맹목적인 것 같고 교류역사도 깊으므로 말로 표현하기 어렵다. 나는 일본의 상하원 의원 및 몇 각료 등 약 40명을 만났다. 중심인물은 PGA(Parliamentarians for Global Action)라는 국제적 비정부기구의 일본 대표인 이누즈카 참의원 의원이다. 그들의 공통관심사는 일본의 과다한 연분담금, 일본인 재판관의 선임 가능성, 일본 직원의 재판소 진출 가능성 및 그들의 2차 세계대전 당시의 범죄를 재추급할 가능성 등이었으나 나는 그들의 의구심 해소에 적극 앞장섰다.

　막상 만나보니 일본은 이미 국내적 준비가 다 되어 곧 로마규정을 비준할 단계에 있었으므로 기쁘기도 하고 안심되기도 하였다. 일본 관료가 준비를 철저히 하고 국익의 관점에서 충분히 검토한 다음에 결정하는 것이 부럽기도 하다. 담당공무원 자신이 개인적 공명심으로 일하지 아니하고 정치적 풍랑에 의하여 결정이 좌우되지 아니한다. 그러나 그들은 한국이 먼저 로마규정을 비준하고 재판관을 당선시킨 것을 부러워하면서 많은 관심을 표하였다. 나는 하나하나의 질문에 성의껏 답변하였다.

　잠시 오랜 지기인 사와다(澤田) 교수를 따로 만나서 즐거운 한때를 가졌다. 그는 진보적 친한파 인사인데 그 형님은 가톨릭 신부로서 한국에 와서 서대문형무소 및 국립서울현충원과 현충원 내 고하 할아버지 묘소를 참배하여 무릎 꿇고 일본의 만행을 사죄한 분이다.

　6월 10일에는 윌리엄 샤바스(William Schabas) 교수의 초청으로 아일랜드 골웨이(Galway)라는 도시에서 그가 운영하는 국제형사법 연구과정 학생들에게 2시간 강연하고 질문을 받았다. 골웨이 강의는 매년 나를 초청하는 유명한 국제형사재판소에 관한 프로그램이다.

스펜서하우스와 로열앨버트홀의 꿈같은 연주

몇 달 전부터 로더미어 자작 미망인(Lady Rothermere)으로부터 7월에 자기가 주최하는 두 행사에 꼭 오라는 초청이 왔다. 7월 17일 자기가 빌린 스펜서 하우스(Spencer House)에서 약 100명쯤 영국 귀족들을 초청하여 독일 지휘자 쿠르트 마주어(Maestro Kurt Masur, 1927~2015) 선생의 80세 생일 축하연을 개최하는데 참석하라는 것이다. 그리고 7월 18일에는 역시 마주어가 로열앨버트홀(Royal Albert Hall)에서 지휘하는 BBC 프롬스(Proms)에도 초대한다는 것이다.

쿠르트 마주어는 라이프치히를 무대로 동독에서 지휘자로 시작하여 독일 통일 후에는 뉴욕필(12년), 런던필(7년)의 지휘자를 역임한 거장이다. 다만 동독의 민주화를 요구한 경력과 함께 동독에서 공산당 서기 에리히 호네커(Erich Honecker)를 지지한 정치적 기록이 따라다니고 있고, 루마니아 등 동유럽권에서 탈출한 사람들을 주로 악단의 행정과 사무관리에 고용하는 통에 원래 실력보다 덜 인정받는 감이 있다. 부인은 토모코(Tomoko)라는 일본 여인인데 아들이 하나 있단다. 사실 그 전 주일에 이탈리아 시라쿠사에 갈 예정이 있고 런던을 다녀와서는 바로 서울로 가야 하는 만큼 피곤할까 봐 조금 망설여졌다. 그러나 두 경우가 모두 참으로 귀한 기회가 아닌가? 나는 마침 상고심 사건을 모두 처리한 후라 바쁘지도 않아서 가벼운 마음과 큰 기대에 설레면서 부부가 함께 가기로 합의했다.

7월 17일 아침 예정대로 런던의 호텔에 도착하여 2박하기로 여장을 풀었다. 나는 턱시도, 아내는 긴 검정드레스를 입고 스펜서 하우스에 도착했다. 이 집은 다이애나 황태자비의 친정이 소유한 약 250년쯤 된 건물이라는데 마침 최근에 잘 고쳤고, 옛날 유화그림도 많이 걸린 크고 아름다운 3층 저택이다. 두 방에 약 100명 정도의 영국 귀족들과 이 음악회를 후원한 삼성전자 간부 등이 참석했다. 가장 높은 귀족은 엘리자베스 여왕의 사촌인 켄트 공 내외(Prince and Princess Michael of Kent)이고 그 외에 흥미롭고도 내로라하는 귀족이 많이 모였다.

간단한 칵테일 후 한방에 모두 모여 앉은 채 8인의 실내현악 앙상블이 1시간 동안 꿈같은 연주를 했다. 연주자들은 런던필과 프랑스 국립교향악단의 각 수석과 차석 바이올린 연주자, 그리고 첼로 2인, 비올라 2인으로 구성된 즉석 앙상블로서 특별연주를 했는데, 우리는 맨 앞줄에 앉아서 켄트 공 내외분과 함께 감상했다. 마치 하늘에서 내려온 듯 완벽하고도 열정적인 연주에 완전히 압도되었다. 이날은 유서 깊은 만찬장소, 앙상블의 환상적 연주, 맛있는 음식, 품위 있는 대화, 유명한 참석자들의 집합이어서 우리 부부는 유쾌한 경험을 했다. 영국 귀족들의 사교생활을 엿볼 수 있었다.

만찬 중 같은 식탁의 왼쪽에 앉은 에그리몬트(Lady Egremont)라는 디자이너와 주로 국제형사재판소에 관한 얘기를 많이 했는데, 그녀는 수단의 다르푸르(Darfur) 사태도 잘 알고 있었다. 자녀가 4명인데 28세의 첫 번째 딸이 3주 후에 자기 집에서 350명의 손님을 초대하여 결혼식을 올린다고 한다.

나의 우측에는 마농 윌리엄스(Manon Williams)와 그녀의 남편인 오페라 가수 제러미 윌리엄스(Jeremy Williams)가 착석했다. 둘이 케임브리지대학의 세인트존스칼리지(St. John's College)에서 만나 결혼했고 현재 반항하는 13세짜리 사춘기 딸이 있다고 한다. 그녀는 찰스 황태자의 최측근 심복으로서 언제나 황태자를 수행하는 사람이다. 따라서 황태자궁 바로 옆에 아파트를 구해주어서 시도 때도 없이 밀착 근무한다고 한다. 에그리몬트의 집요한 여러 가지 질문 때문에 오른쪽에 있는 마농과는 깊은 대화는 못 나눈 셈이다.

한 명씩 건너서 왼쪽에는 존 너팅(John Nutting)이라는 영국 최고의 민완검사가 앉아 있는데 법률에 관한 한 말이 잘 통하고 풀포드 재판관과 친하다고 한다. 현재 영국 역사상 최대의 현금 강도사건을 수사하고 있다고 한다. 한 사람 건너 오른쪽에는 에그리몬트의 남편이 착석했는데 소설가로서 요즘 작품발표가 뜸하다고 한다.

그리고 별도로 다른 테이블에 착석한 존 보이드(John Boyd) 하원의원 내외를 반갑게 만났다. 다리를 절어 지팡이에 의지하지만 일본말을 잘하고 동양에 대한 이해가 깊다. 대영박물관 특별전시회 후 한빛문화재단 한광호 회장이 거금을 처칠 칼리지에 기부하는 기증식에 같이 가자고 해서 한 회장 부부와 우리 부부가 기차로 같이 케임브리지를 방문한 일이 있었다. 그때 한 회장이 기금을 처칠 칼리지 총장인 그에게 기증하였고 그는 노벨상을 받은 케임브리지대학 교수들을 불러 우리에게 오찬을 베풀었다. 그렇게 알게 된 보이드 대사를 그 이후 이번 만찬에서 다시 해후한 것이다.

아내 옆에 앉은 콥(Cobbe)이라는 아일랜드 태생의 부자는 피아노 수집에 관심이 있어 지금까지 56대를 수집했더니 집이 스펜서하우스만큼 큰데도 더 둘 곳이 없다고 자랑한다. 모두 쇼팽, 말러, 리스트 등이 애용하던 피아노라고 한다.

또 다른 테이블의 기품 있는 할머니들은 러시아의 왕족이라는데 한 분은 러시아의 캐서린 대제(Catherine the Great)의 고손녀로서 1917년 레닌이 주도한 혁명이 나자 집안이 모두 영국으로 망명했다고 한다.

7월 18일 저녁 BBC 프롬스 연주를 감상하고자 정장을 하고 로열앨버트홀에 가보니 더위에 턱시도 입고 온 사람은 나 하나이고 모두 남방셔츠 바람에 왔다. 쿠르트 마주어는 런던필과 프랑스 국립교향악단의 두 세계적 교향악단을 한꺼번에 지휘하는 거대한 실험을 완벽하게 수행하였다. 부채꼴의 무대에는 두 교향악단의 약 250명의 연주자가 빽빽하게 자리 잡고 있고 맨 뒤의 제일 높은 줄에는 콘트라베이스 12명이 만리장성처럼 도열하고 있다. 원형인 연주홀은 벽 둘레를 따라 로열박스를 만들었고 그 밑에 여러 줄의 일반석을 배치해, 한가운데의 동그란 시멘트 바닥에는 의자를 가설하는 대신 아무나 5파운드의 돈을 내면 예약 없이 표를 사서 들어갈 수 있게 만들었다. 로열앨버트홀은 약 6천 명을 수용할 수 있는 음악당인데 오늘밤에는 이 원형의 시멘트 바닥도 청중으로 만원이다.

빅토리아 여왕시대에 고전음악의 대중화를 위해 헨리 우드(Henry Wood, 1869~1944)라는 지휘자가 시작한 이 음악회는 여름 한철 약 2달간 매일 연주 일정을 갖는다고 한다. 1927년 BBC가 이를 인수하여 대중에게 다가가는 문화적 행사를 목표로 지금껏 꾸준히 이어져 오고 있다. 이제는 옛날과 달리 레코딩을 따로 할 수도 있고, 디지털기술의 도입은 물론 TV와 라디오가 중계를

BBC 프롬스의 꿈같은 연주가 펼쳐진 로열앨버트홀.

하므로 이 유서 깊은 행사는 전환점을 맞았지만 세계에서 가장 큰 연주회로 자리 잡았다. 로열앨버트홀에서 BBC 프롬스(별칭은 Henry Wood Promenade Concert)를 연주하는 것은 1941년부터였다고 한다.

연주장 내의 벽을 따라 마련된 로열박스마다 8인이 들어갈 수 있는데, 로더미어의 박스에 들어가니 보이드 대사 내외와 노벨경제학상을 받은 케임브리지대학의 제임스 멀리스(James Mirrlees) 교수가 와 있었다. 우리는 샴페인을 마시면서 쿠르트 마주어의 연주지휘를 감상했다. 그 웅장하고도 오묘한 소리는 하느님이 보낸 것이 아닌가 싶었다. 차이콥스키를 연주하고 약간 중간휴식을 한 다음 브루크너를 연주했고 앵콜곡은 바그너인데, 오후 7시 반에서 10시까지 이 로맨틱한 음악 연주에 너무 몰입하고 즐기고 압도되는 등 음악감상의 즐거움을 재발견한 감이 있다. 80세의 지휘자가 어떻게 그렇게 역동적으로 지휘할 수 있는지 감탄을 금치 못했다.

영국에 배낭여행이나 어학연수를 오는 한국인들에게 표 사기가 어렵다고 미리 포기하지 말고 이 홀에 와서 지하철 한 구간 값에 불과한 5파운드를 내고 표를 사서 순서대로 입장하면 무한히 즐길 수 있으니 이를 강력하게 권하고 싶다. 매년 이 연주회에 다시 돌아오는 음악애호가의 수가 증가하고 있다고 한다.

연주가 끝난 늦은 밤인데도 불구하고 우리는 프랑스 대사관저로 초청되었다. 지휘자에게 프랑스 정부가 훈장을 주는데 예의상 참석해야 한다는 것이다. 프랑스대사 제라르 에레라(Gérard Errera)는 양대 악단의 연주자들도 모두 참석한 가운데 쿠르트 마주어의 공산당 부역의 과거를 씻어주는 내용의 연설을 한 뒤에 훈장을 수여하였다. 우리는 이 지휘자와 사진을 한 장 찍었다.

로더미어 자작 미망인도 이틀간의 초청행사가 잘 치러지자 기분이 좋아서 그랬는지 심야에 자기 집에 가잔다. 거절하기도 어려운 데다가 호기심에 잠깐 들르기로 했다. 어제 만찬에 초청되어 실내앙상블의 일원으로서 감동적 연주를 한 바이올린 연주자들도 왔다. 한 사람은 코르시카 출신이고 다른 사람은 프랑스 본토 출신이다. 그리고 루마니아 출신의 행정요원이 따라왔는데 수년간 뉴욕에서 지휘자를 계속 사무적으로 보조한 모양이다. 감격과 흥분, 새로운 발견이 교차된 길고 긴 하루였다.

7월 19일에는 헤이그로 귀임해야 하는데, 떠날 시간이 늦은 오후이다. 아침에 우선 한국실을 보기 위해서 대영박물관으로 갔다. 지난 4년간 어떻게 변했을까? 한국실은 과연 빈약 그 자체였다. 한광호 회장이 대여한 범종과 사대부 초상, 달항아리 등 도자기 몇 점이 빠진 빈자리는 물론 진열 자체가 창피하다. 한 회장의 물건을 거두어간 빈자리가 너무 크다. 꿈같은 런던의 이틀이 이렇게 종료되었고 우리는 자는 둥 마는 둥 날을 새고 바로 짐을 싼 채 서울로 향하는 비행기에 몸을 실었다.

2007년 9월 29일 난데없이 반기문 유엔 사무총장을 만나러 뉴욕으로 출장을 갔다. 이번 면담은 갑자기 키르쉬 소장이 공금으로 여행비용을 전담하여 나를 뉴욕에 파견함으로써 이루어진 것이다. 코피 아난 총장 시절에는 키르쉬 소장이 주로 스위스인 니콜라 미셸(Nicolas Michel) 법률고문을 통하여 총장면담 약속을 잡는 등 연락이 원활했으나 반 총장 취임 이후에는 법률고문실을 통하여 전과 같이 총장면담을 신청해도 아무 회답이 없는 등 접촉채널이 완전히 두절되어 버렸기 때문이다. 다가오는 뉴욕에서의 당사국총회에 반 총장의 출석 여부조차도 알 수 없게 되자 당황한 나머지 소장이 나를 특사로 파견하여 접촉채널을 열어달라고 특청한 것이다. 얼마나 급했으면 나에게 뉴욕을 다녀오라고 부탁했을까. 유엔에 도착해보니 니콜라 미셸은 퇴임할 날만 기다리는 형편이었고, 총장과의 연락은 새로 부임한 김원수 비서실 차장 등 한국인 보좌관들이 담당하고 있었으므로, 법률고문은 총장에게 접근조차 안 되는 상황이어서 키르쉬 소장의 거듭되는 면담 요청에 가부간의 답을 줄 수가 없었던 것이다.

내가 반 총장을 만난 자리에는 김원수 비서실 차장과 유엔대표부의 한명재 공사 및 유홍근 2등서기관이 배석하였다. 먼저 반 총장과 함께 사진을 찍은 후 대담한 내용은 한 공사가 기록했다.

왕슈메이(王秀梅) 교수가 다시 베이징에서 개최하는 유엔 인권규범에 관한 국제회의에 초청했다. 10월 8일에 시작한 회의가 끝나면 11일에는 시안(西安)으로 이동하여 세계형사법학회(Association Internationale de Droit Pénal)의 중국 분회(分會)에 참석하는 기회를 제공한다고 했다. 그녀는 2004년 초 국제형사재판소에 와서 카울 독일 재판관의 인턴을 했을 때 알게 된 후 나를 단골손님으로 중국의 각종 형사법 회의에 초청해주어서 중국을 수차례 방문하고 있다. 그녀의 초청을 수락하고 보니 이에 더하여 10월 17일에 쑤저우대학(蘇州大學) 왕젠법학원(王健法學院)에서 열리는 법학교육에 관한 회의에까지 부부가 초청을 받았다.

마지막 날 저녁에는 베이징 사범대학의 안내로 그 학교에 가서 약 70여 명의 대학원생들을 상대로 특강을 했다. 이날 특강은 즉흥연설로 국제형사재판소의 운영과 재판관의 활동을 중심으로 다루었다. 자오빙즈(趙秉志) 학장, 루젠핑(盧健平) 부학장 등의 임석하에 가오밍쉬안(高銘瑄) 교수가 '특강 교수'라는 증서 외에 강연료와 기념품을 수여한다. 이것은 그들이 나를 극진히 대접한다는 의사표시이다. 강연 후 모든 학생들이 내게 와서 자기들의 책에 서명을 해달라고 줄을 섰다. 나는 일부러 격려하는 사자성어를 한 마디씩 쓰고 내 이름을 간체(簡體)가 아니라 정자 한문으로 서명했더니 학생들로부터 감탄사가 터져 나왔다. "와, 글씨 참 잘 쓴다."

"아! 여기가 거기", 중국의 모태인 시안(西安)에서

10월 11일 베이징에서 시안에 도착해서야 시안이 중국 역사에서 13개 왕조가 저마다 항상 도읍으로 정했던 장안(長安)임을 발견하고는 고대중국의 역대왕조의 문물을 한곳에서 구경할 마음에 가슴이 설레었다. 고대 중국에는 하(夏), 상(商), 은(殷), 주(周) 등의 나라들이 있었으나 기록이 별로 없어서 풍부한 역사적 기록은 춘추전국시대로부터 활기를 띠는 것 같다. 이처럼 분열된 중국대륙을 기원전에 최초로 통일한 인물이 진시황이다. 그가 건국하고 도읍을 셴양(咸陽)에 정하였으니 이곳이 오늘날 시안 비행장이 있는 곳이다.

진시황(BC 246~210)의 무덤은 관을 배치한 커다란 정방형 터의 가장자리에 깊이 고랑을 파고 수은을 채워 아무도 도굴하거나 침입하지 못하도록 만들었다고 한다. 이 황제릉에서 동쪽으로 1.5km 지점에 위치한 병마용(兵馬俑)은 어느 농부가 우물을 파기 위하여 무덤에서 상당히 떨어진 곳을 굴착하다가 1974년 우연히 발견한 것이다. 커다란 발굴 터를 전부 커버하는 대형 지붕을 씌웠는데, 관광객은 발굴 터 주위에 쳐놓은 울타리를 따라 돌면서 그 안쪽 발굴현장에 대다수 남아있는 실물 크기의 병사, 무관, 문관, 말, 마차 등을 구경하는 것이다.

박물관 내부는 1호 갱(가장 큼), 2호 갱, 3호 갱 및 진동차마(秦銅車馬) 전람관으로 구성되어 있으며 7천 개의 병마용과 100대의 전차 및 400개의 도자기로 구운 말(陶馬) 등이 있다.

유네스코 세계유산의 하나로서 영국 여왕 등 귀빈이 다녀간 기록이 붙어있다. 기념품점에는 이를 최초로 발견했다는 80세쯤 된 영감이 장죽을 문 채 앉아서 돈을 받고 구입한 도록에 서명해주고 있다. 무지막지한 문화혁명 시절이었는데도 탈레반이 아프가니스탄의 바미안 마애불을 파괴한 것과 같은 야만적인 짓거리를 하지 않고 잘 보존되어 있어 천만다행이다.

시안 시내 중심가를 둘러쌓았다는 명나라 시대의 성곽에 올라갔다. 당의 장안성을 기초로 하여 1370년대에 명나라가 검은 벽돌로 축성한 것이다. 문루를 보고 올라가서 주위의 길이가 14km, 폭이 15~18m나 되게 넓은 성곽 위를 이리저리 거닐었는데, 동서남북 4개의 문에는 망루인 성루(城樓)와 화살을 쏘는 전루(箭樓) 등이 있고 성벽 주위에는 공원도 있다. 서문(안정문)은 실크로드의 출발점인데 최대의 성문이다. 중심가의 주택들을 성벽 위에서 내려다보니 한국과는 달리 검은 기와지붕의 용마루 끝에 12간지(干支)의 짐승 모양을 올려놓은 것이 없다.

그다음 날부터 세계형사법학회 중국분회가 시베이정파대학(西北政法大學)에서 개최되었다. 첫날 개회식에 참석한 후 통역이 여의치 못하여 나는 화산(華山) 구경을 나섰다. 케이블카를 타고 올려다보고 내려다보는 산의 거대한 암석의 기괴한 구조, 멀리 보이는 오묘한 계곡의 모습 등은 과연 천하명산임에 손색이 없다.

다음 날에는 서쪽 방향으로 법문사(法門寺)에 갔다. 시안에서 약 120km 떨어져 있으므로 역시 하루 일정이다. 이 절은 후한의 환제(桓帝, 132~168) 시대에 창건된 절이다. 석가모니의 사후 인도의 아소카왕이 중국과 교역하는 중 부처님의 진신사리를 보내면서 이를 봉안하고자 거대한 탑을 세운 것이 이 절의 유래라고 한다. 최초에는 그래서 아육왕사(阿育王寺)라고 했단다.

진신보탑(眞身寶塔)은 동아시아에서 보기 어려운 팔각형 아니면 16각형 축석식의 높은 탑으로서 독특한 모양이다. 중년에 지진으로 일부 무너져서 복구공사도 했고, 1987년에는 명대에 세워진 이 탑을 수리하고자 1100년 남짓 밀폐되어 있던 지하궁전을 조사하던 중 지하에서 부처님의 손가락 사리와 사리함은 물론 당시 선진 서양의 교역물건, 즉 견직물, 자기, 금은공물, 바릿대 등이 많이 발견되었으므로 이를 절과 탑의 경내에 거대하게 지은 박물관에 진열하고 있다. 부처님의 사리는 물론 이를 담은 팔중보함(八重寶函) 등 참으로 엄청난 불교유품들이다. 일부 진열품은 한국에도 2005년 말 한 달간 전시된 바 있고, 조계종 스님들과 이미 교류하고 있어 반가웠다.

시안에서 서쪽 방향으로 90km 떨어져 있는 당고종(唐高宗, 628~683)의 건릉(乾陵)을 찾았다. 이 능은 고종과 중국 유일의 여황제인 측천무후(624~705)의 합장묘이다. 무측천(武測天)은 14세에 궁궐에 들어와서 고종의 총애를 받다가 고종이 서거하자 실권을 잡고 황제의 자리에 올랐다. 오르막 산세에 거대하게 건설된 당고종의 건릉 입구의 신도(神道)는 넓고 길게 돌을 깔아서 526계단을 걸어 올라가게 건설되었다. 양편에는 나무를 심었을 뿐만 아니라 각종 동물의 석상과 문무백관의 석상 그리고 돌기둥 등이 길을 따라 진열되어 있다.

한참 걸어 올라가면 오른쪽에는 무측천의 무자비(無字碑)가 거대하게 서 있고, 왼쪽에는 술성기비(述聖記碑)가 있다. 무자비는 자신의 공적을 모두 문자로 표현하기 어려워서, 또는 후대의 해석에 맡기기 위하여서 아무 글자도 새기지 않았다는 설이 교차한다. 그리고 61보왕(寶王) 석인상(石人像)은 모두 머리가 없이 서 있으나 복색이나 장식으로 보아 변방 소수민족을 나타내는 것이라고 한다.

다음 날 호텔에서 멀지 않은 시내 남쪽의 산시(陝西) 역사박물관에 갔다. 당대(唐代)에 세운 소안탑(小雁塔)에 가까이 있고 화강암과 대리석을 사용하여 규모가 엄청나게 크면서도 옛 멋을 살린 디자인에 따라 참 잘 지은 박물관으로 2007년 5월에 개관했다. 전시물은 소장한 13만 점 중 엄선한 2천 점만을 전시했다는데도 너무 많아 끝도 없다. 선사시대부터 진, 한, 위진 남북조, 수, 당, 송, 명, 청대의 문물이 시대별로 진열되어 있다.

압도된 마음을 진정시키면서 주의 깊게 관람하고 근처의 대안사(大雁寺)에 갔다. 이 절은 당고종의 모후인 문덕황후를 공양하기 위해 건립한 불교사원이다. 어머니를 추모한다는 뜻에서 자은사(慈恩寺)라고도 하는데, 원래 지금의 7배가 넘는 부지에 대전(大殿), 대불전(大佛殿), 탑북전(塔北殿), 번경원(翻經院), 원과원(元果院), 태진원(太眞院), 동원, 서원, 욕실원 등으로 이루어져 있었다. 사원 내에 건립된 대안탑은 4각 7층의 탑으로서 꼭대기에 오르면 시내가 한눈에 들어온다. 이 탑은 삼장법사 현장(三藏法師 玄奘, 602~664) 스님이 18년간 천축국을 비롯한 서역 일대, 즉 오늘날의 인도대륙, 이란, 아프가니스탄, 중앙아시아, 러시아, 네팔 등을 돌면서 가져온 많은 산스크리트어 경전과 불상을 보존하기 위하여 652년 건립되었다.

우리가 중국 고대사를 배우면서 외우느라고 고생한 불교문화의 현장이 바

왼쪽은 삼장법사 현장스님이 서역에서 가져온 수많은 경전과 불상을 보존하기 위해 건립한 대안탑.
오른쪽은 대안탑에서 바라본 시안 시내. 당대에 가장 번성했던 불교문화의 현장이다.

로 여기이다. 이 절에는 현장 스님의 여로(旅路)와 역정(歷程)을 대리석으로 새겨서 벽에 부조를 설치한 현장문화원이 있고, 그 건물 속에 그분이 가져온 불경과 그 번역본들을 전시하고 있다. 그 옛날에 장구한 세월 동안 건강하게 여행하면서 온갖 경전을 수집하여 짊어지고 온 고승의 정열이 열매를 맺어 당나라에 불교가 흥륭하게 되는 계기를 만들었다. 경내에는 이 집념의 스님을 위한 동상도 있고 절과 탑, 전시관과 현장문화원이 거대한 부지에 넓게 배치되어 있다.

　이날 저녁에는 유명한 산시양광리두대극장(陝西陽光麗都大劇院)에 가서 대당악무(大唐樂舞)를 관람했다. 역사에서 배운 아악, 향악, 당악 중 당악이 바로 이것인데 한 시간 동안 공연하면서 당나라 시대의 생활, 문화, 공연, 음악, 무술, 의상 등을 옛날과 똑같이 재현한다. 이곳의 중국인은 성당국풍(盛唐國風)이라고 하여 당나라(618~907)가 역사상 가장 번성하여 경제, 문화, 정치 및 군사적으로 당시 세계의 최강국이었음을 일깨우고자 한다.

　한나라가 강대국이었음에도 불구하고 유독 당나라를 내세우는 것은 시간적으로 더 가깝기 때문일까. 전날 위대한 통치자인 당고종의 건릉을 다녀왔지만 그 시대의 문화적, 종교적 꽃은 대안사(大雁寺)를 중심으로 가장 화려하게 핀 것 같다.

여러 가지 만두로 점심을 든 후 시안비림박물관으로 이동했다. 이 박물관은 원래 공묘(孔廟)였으나 오늘날 8만 점의 소장품을 보관하는데, 일반진열실, 석각예술(石刻藝術) 진열실 및 비림(碑林)으로 구성되어 있다. 일반진열실에는 주로 10~11세기에 서북지방에서 출토된 도기, 청동기, 철기, 옥기, 금은 장식품, 목제구 등이 진열되어 당시의 찬란한 문화를 말해주고 있다. 특히 수당(隨唐) 진열실의 당삼채(唐三彩), 묘실벽화, 로마화폐 등은 이채롭다.

그다음에는 박물관 안쪽에 있는 '비림'에 안내를 받았다. 이곳에는 한대에서 근대에 이르기까지 약 1천 개 이상의 각종 비석과 묘비 비문들이 수집되어 세워져 있다. 우선 당 현종(685~756)이 스스로 효경(孝經)에 주해를 붙여 예서로 쓴 석대효(石臺孝)와 114개의 돌 양면에 65만 자의 유가경전을 조각한 개성석(開成石)이 가장 유명하다. 안진경(顏眞卿)의 서체를 보니 갑골문자에서 진화한 한자가 그에 의하여 비로소 정식 서체로서 정립되어 제대로 기록하는 글자 모습을 갖춘 것 같다. 오늘날 해서체 한자의 원형이 바로 이것이다 싶었다. 이에 비하여 왕희지(王羲之) 체는 아주 여성적이고 벌레가 기어가는 듯한 인상을 주는 가느다란 서체이다. 구양순(歐陽詢)과 구양통(歐陽通) 등 부자의 아름답고도 자유로운 서체, 청대의 조맹부(趙孟頫)의 서체 등 지금까지 들어본 천하명필들의 서체와 작품을 한눈에 볼 수 있었다.

그리고 기독교 네스토리우스파(派)의 포교대표단과의 교류를 기술한 '대진경교유행중국비'(大秦景敎流行中國碑), 인도스님 불공 화상의 일생을 그린 '불공화상비'(不空和尙碑) 등이 특이하다. 그런데 이곳에서 각종 글씨체의 진수를 일목요연하게 비교하고 나니 청나라에 가서 공부한 후 추사체를 고안했다는 김정희 선생이 왜 그렇게 높이 평가되는지, 추사체의 독특함이 비로소 저절로 터득되는 것 같다. 내 일생에 여유시간이 있었으면 서예를 익혀 늘그막에 유유자적하고자 했으나, 그리 못한 진한 아쉬움과 함께 한참 동안 명필들을 보고 또 보았다.

시안은 실크로드의 시발점이므로 이슬람이나 서양문명의 영향을 일찍부터 받은 특이한 분위기를 쉽게 느낄 수 있다. 시내 중심에서 고루(鼓樓) 서쪽에는 이슬람들이 모여 사는 지역이 있는데, 그들은 이슬람 사원을 짓고 날마다 서편을 향해 종교적 요배를 하면서 몰려 산다. 그들의 재래시장이 볼 만한 데 그 중심에 742년에 건립된 청진대사(清眞大寺)라는 절이랄까 모스크라고 할까 웅장하고 독특한 건물이 있다.

작년에 발간된 관광안내서에도 없는 새로운 볼거리가 자꾸 생긴다. 대당부용원(大唐芙蓉園)도 그중의 하나이다. 이 거대한 당나라식 정원은 부지가 너무 넓어서 손오공 등이 나오는 삼국지를 토대로 건설한 부분, 넓은 호수와 운하, 각종 놀이시설 그리고 이곳에서 가장 비싸다는 경내 호텔 등을 거쳐 극히 일부분만 걸어서 돌아보고 나왔다. 규모의 방대함이 반드시 좋은 것은 아니지만 당나라 시대에 이 같은 규모의 정원이 있었다니 중국 사람들의 스케일에 압도되고 만다.

마지막 날 저녁에는 시베이정파대학(西北政法大學)의 학생들에게 국제형사재판소에 관한 특강을 했다. 한국말로 하고 박종근 교수가 통역했다. 질문도 예리하고 똑똑한 학생들이 많아 인상적이다. 강연 후 학생들의 요청으로 100번 정도 개별적으로 격려의 말과 함께 사인을 해주었다.

떠나는 날에는 한나라 경제(景帝, BC 157~141)의 무덤인 양릉(陽陵)에 갔다. 최근에 발굴하여 지난 5월에 거대한 지하박물관의 완공과 함께 공개했다고 한다. 첫째 전시기법이 최신 IT기술에 의하여 아주 생생하게 보인다. 컴퓨터 애니메이션에 의하여 한나라 시대의 조정과 일반 백성의 생활상을 여러 가지로 현실감 있게 보여주므로 그 시대에 사는 듯한 착각을 준다. 둘째 발굴 터위를 투명한 유리로 덮고 그 위를 관광객이 마음대로 걸어다니면서 발밑에 있는 발굴현장에 좀더 가까이 가서 볼 수 있도록 한 것이 진일보한 전시기법이다.

우선 두 가지 면에서 진시황의 토용(土俑)과 비교된다. 어떤 의미에서는 진시황의 토용보다 더 기막힌 인류의 보배일지도 모르겠다. 이곳의 토용은 우선 크기가 실물보다 아주 작게 빚어서 구워냈다. 모든 남녀 토용의 양 팔은 나무로 만들어 붙였고 모두들 비단옷을 입혔는데 천여 년이 지나는 동안 썩어 없어진 결과 모든 토용이 팔이 없는 나체인 점이 특징이다. 그 수는 진시황 토용보다 훨씬 많고 다른 서역과의 교역품들과 함께 잘 정리되어 있다.

너무나도 엄청난 구경을 하면서 거대한 중국의 힘과 지혜를 보았다. 시안여행기의 제목은 "아! 여기가 거기"이어야 하지 않을까. 중·고교시절 암기했던 중국고대사의 현장이 눈앞에 펼쳐져 있으니 저절로 그러한 감탄사가 나오더라.

2007년 10월 17일 시안에서의 흥분을 안은 채 상하이로 갔다. 한창 솟아오르는 중국 경제력과 근대화의 표상이라고 볼 수 있는 곳이 상하이이다. 푸둥(浦東) 공항에서 택시를 타고 화물차로 꽉 찬 고속도로의 혼잡을 감내하면서 쑤저우(蘇州) 호텔에 도착하는 데 두 시간도 더 걸렸다. 몇 해 전에 하버드와 뉴욕대에서 가르치면서 관련했던 미국로스쿨협회(AALS)의 칼 몽크(Carl Monk) 회장, 토드 레이코프(Todd Rakoff) 하버드 법대 부학장, 제인 라 바버라(Jane La Barbara) 등과 다시 반갑게 만났다.

예수의 행적을 따라간 이스라엘, 세계평화를 기원하다

이스라엘에 있는 신각수 대사와 협의하여 주말을 끼어 잠시 이스라엘을 방문하기로 했다. 텔아비브의 벤구리온공항에서 신 대사의 마중을 받고 시원하게 지은 그의 관저로 이동하여 여장을 풀었다.

다음 날은 토요일이므로 이자형 군이 안내의 수고를 맡기로 했다. 이 군은 미국 유타대학에서 법학석사(LL. M.)를 한 후 지도교수의 추천으로 2000년 하버드에 와서 2차년도를 보낸 제자이다. 이 군은 하버드에서도 법대보다 신학대학에 더 자주 가서 청강할 만큼 신구약의 해석, 종교역사, 문화적 및 고고학적 발굴 등에 관심이 많은 아주 특이한 법대 출신이지만, 자기가 기독교 신자임을 절대로 내세우지 않는 사려 깊고 점잖은 인물이다.

텔아비브에서 특별히 서안(West Bank)을 가로질러서 유대인 정착촌도 보고 팔레스타인 사람들이 사는 것도 보기 위하여 여행객들이 가지 않는 도로를 통해서 예루살렘으로 갔다. 가는 도중 곳곳에 중무장한 군인들이 지키는 검문소가 있는데, 지역별로 아랍인과 유대인들이 분리해서 살거나 공존하면서 살아가고 있다. 그렇게 살아가는 데에는 지역적, 정치적, 역사적 이유가 각각 있다. 대체로 유대인이 사는 지역은 깨끗하고 풍요로운 인상이고, 아랍인이나 팔레스타인 사람들의 거주지는 상대적으로 가난하고 지저분해 보였다.

예루살렘을 이스라엘이 통치하게 된 이후로는 출입에 통제를 받는다. 자동차 번호판이 노란색이면 유대인이고 초록색이면 팔레스타인 사람이라는데, 원래는 다니는 도로나 출입구까지도 별개였다고 한다. 예루살렘의 동쪽은 구시가, 서쪽은 신시가인데 구시가에 붙은 곳에 팔레스타인 자치정부의 수도 라말라(Ramallah)가 있다.

우선 제일 먼저 예수가 탄생하신 베들레헴으로 향했다. 베들레헴은 생각보다 큰 마을이었고, 이스라엘에서 본 모든 마을처럼 산 위에 있었다. 예수님이 탄생하신 곳에는 커다란 그리스정교 교회가 서 있었는데, 입구는 보통의 교회건물과 달리 넓은 벽에 머리를 숙여야만 들어갈 수 있을 정도의 작은 문만 있었다. 모든 참배객들에게 겸손한 마음을 가지라고 일부러 그렇게 만들었다고 한다. 넓은 교회 안을 지나 지하로 내려가니, 예수님이 탄생하셨다는 말 구유간이 나오는데, 조그만 공간에 세계 각국에서 온 순례자들로 발 디딜 틈이 없었다. 나중에는 한국의 성지순례단이 한국말로 부르는 '고요한 밤'도 들을 수 있어서 감명 깊었다.

베들레헴에서 열리는 성탄축하 자정미사는 바로 예수탄생 교회 바로 옆에 1881년 성 프란시스코 수도사들이 건설한 성 캐서린 성당에서 집전되어 세계에 중계되는 것이란다. 양치는 목동들이 별을 보았다는 들판에 가보았다. 예수님이 태어난 곳에서 멀지 않은 들판은 평지가 아니라 산 위에 있었다. 아담한 교회와 목동들이 쉬었을 것 같은 조그만 동굴이 있었다.

예루살렘은 성벽 안의 도시로서 생각보다 규모가 크고, 여러 언덕 위에 건설되어 있다. 구 예루살렘은 네 구획으로 나뉘어져서 유대인, 아르메니아인, 기독교인, 무슬림인 이렇게 4가지 다른 종교인들이 살고 있었다. 평화공존이 신기하기만 하다.

먼저 간 곳은 언덕 꼭대기에 있는 마가의 다락방이었다. 예수님이 돌아가신 후 처음으로 성령이 강림하셔서 모든 사람들이 각기 자기 나라 방언으로 말했다는 그 다락방은 생각보다 규모가 컸으며, 지금은 성 안에 있지만, 예전에는 성 밖에 있었다고 한다.

예루살렘. 이 도시의 가장 좋은 자리를 무슬림 성전이 차지하고 있다.
이곳에서 평화로운 공존의 길을 찾기는 쉽지 않아 보였다.

예루살렘 구시가에는 가장 전망 좋은 산 위에 황금 돔을 받쳐 든 성전이 있고 좀 떨어져서 검은 회색 돔의 성전이 보인다. 예루살렘이 현재 이스라엘의 영토이지만 이들 성전은 아랍인들의 소유인지라 무슬림들만 출입한다나. 이 돔이 건설되기 이전에는 같은 자리에 구약에서 말하는 솔로몬의 성전이 있었으나 유대인들이 봉기하자 서기 70년 로마 군인들이 쳐들어와서 깡그리 부수었고, 여러 번의 역사적 반전을 거친 끝에 예루살렘에서 가장 좋은 그 자리에 후일 무슬림 성전이 지어졌다고 한다.

회색 돔을 이은 성전의 비탈 밑으로 내려오면 통곡의 벽 (wailing wall) 에 이르게 된다. 성전이 파괴되었을 때 유일하게 남은 벽이라고 한다. 이는 마치 높은 성곽의 담벼락 같은데 얼마나 많은 사람이 소원을 빌면서 벽의 돌 틈새에 소원을 적은 종이를 꼬깃꼬깃 접어 꽂아놓았는지 마치 입시 때 한국 부모들이 절에 가서 빌거나 일본인들이 신사 (神社) 에서 소원을 쓴 종이를 나무에 매달아두는 모양과 흡사하다고나 할까. 모세 5경 율법 (Torah) 은 12인 이상 모여야 펴놓고 같이 읽을 수 있는 것인데, 마침 통곡의 벽 박물관 입구에서 그러한 모습을 볼 수 있었다.

점심 후 베데스다계곡에 있는 성 안나 교회 (Church of St. Anne) 에 갔다. 이는 원래 예수의 기적과 함께 마리아의 탄생장소임을 기념하는 교회였다. 교회 밖에는 이미 기원전에 빗물을 받아 저수조(cistern)를 건설한 유적이 있다. 이곳에서 성전에 들어가는 것을 금지당한 환자들이 기다렸고 예수께서 이들을 치료했다고 한다. 음향이 좋아서 성가를 부르든지 성서를 큰 소리로 낭독하면 참으로 듣기 좋다.

이날 마지막으로 누구나 아는 예수님의 처형지인 골고다(Golgotha) 언덕까지 가는 관광길에 나섰다. 예루살렘에 있는 골고다의 언덕은 사방에서 잘 보이는 곳이다. 우리도 예수께서 십자가에 못 박힌 후 끌려갔던 행로를 따라 걸어갔다. 끌려가시면서 중간에 잠깐씩 무슨 일이 생겼던 14곳의 유적지를 모두 살펴보면서 골고다의 언덕까지 올라갔다. 짧은 거리였으나 꼬불꼬불한데, 아랍인 지역이나 아르메니아인 지역 또는 기독교 지역 등을 지나야 하는 것이 신기했고, 통과하는 길목에 형성된 시장에 점포가 양쪽에 빼곡히 배치되어 기념품을 사라고 호객하는 것도 시끄럽다.

여러 종교와 종족이 섞여 살기는 하나 원래 예루살렘을 이스라엘이 지배하는 현실을 보면 아무리 국제적으로 중동평화 협상을 교묘하게 시도한다고 해도 어느 편도 예루살렘의 구시가를 양보할 것 같지는 않다는 생각이 들었다.

골고다의 언덕에는 커다란 교회가 들어서 있다. 교회 내에 예수님의 시신을 모신 무덤이라고 하나 믿기 어렵고 위아래 층을 다니면서 각 종파별로 미사를 드리는 현장을 목격했다. 로마시대에 건축한 교회는 벽이나 바닥에 모자이크가 있지만 이곳의 모자이크는 튀니지나 요르단의 것에 비하면 대개 작고 훼손이 심한 모습이었다. 웬만한 교회들의 현재 배치를 보면 대부분 중앙에 가장 크게 자리 잡은 건물은 그리스정교회이고, 가톨릭은 그 옆에 붙여서 작은 성당을 지어놓은 구조이다.

일찍 어두워지니까 5시 반경 이자형 군이 우리를 킹데이비드호텔(King David Hotel)에 데려다주고 갔다. 이 호텔은 수십 년간 세계적 인물들이 투숙했다는 것을 내세워서 뽐내는 곳인 듯하다. 위치는 구시가와 신시가의 경계선상에 있고 우리 방에서 구시가가 큰 야자수 사이로 잘 보였다.

토요일은 유대교의 안식일(Sabbath)이므로 식당에서도 음식을 주문하기가

2천 년 전, 유대인들이 로마군을 상대로 최후의 항전을 펼친 마사다요새.

어렵다. 도시 전체의 분위기도 종교 율법 때문에 규범적 분위기를 느낄 수 있는데, 자기네가 자랑하는 국제적 호텔임에도 음식의 제약이 많았다.

제2일인 일요일에는 신각수 대사 부부가 호텔로 왔다. 먼저 마사다(Masada) 요새로 향했다. 사해(死海)의 동쪽 이스라엘 영토의 해변도로를 따라 남으로 약 1시간 반쯤 내려가다가 꺾어지는 산 위에 보인다. 대략 엔게디(En Gedi)와 소돔(Sodom) 사이 산상에 요새가 있는 것이다. 유네스코 인류문화유산인데 케이블카를 타고 올라갔다.

하스모니안(Hasmonean) 왕조의 대제사장인 요나탄(BC 161~142)이 처음으로 요새화했는데, 기원전 40년 헤롯대왕이 이곳에 잠시 피신했다가 기원전 36~30년에 왕궁(North Palace)과 곡식창고, 저수조와 목욕탕, 전망대, 성벽 등을 쌓아 완전한 요새로 만들었다. 약 1,300m의 둘레에 이중성벽을 쌓고 뛰어난 건축기술로서 견고한 피난처를 만들었다.

헤롯대왕은 유대인이었으나 정통성이 없었고 클레오파트라의 위협 때문에 마사다 외에 베들레헴 남쪽에도 헤로디움 요새를 건설했다고 한다. 무거운 세금과 종교적 박해에 대항해서 갈릴리 지역에서 반란을 일으킨 유대인들은 예루살렘이 함락되자 마사다로 쫓겨 간다. 이들 960여 명의 유대인은

1만여 명의 로마군과 3년간 싸우다가 서쪽 벽에 토담을 쌓고 성벽을 깨면서 진입한 로마군에게 함락된다. 어두워지자 로마군이 다음 날 해 뜰 때에 다시 진입하기로 하고 퇴각한 사이 반군 대장 엘리아자르 벤 야이르(Eleazar ben Ya'ir)의 비장한 연설에 따라 전원이 자결한다. 다음 날 진입한 로마군이 수색 중 두 명의 여자와 다섯 명의 아이들을 발견하여 이들로부터 밤사이에 벌어진 일을 알게 되었고, 이 이야기는 갈릴리에서 봉기한 그룹의 대장이었다가 로마군에 투항하여 후일 《유대전쟁사》를 쓴 플라비우스 요세푸스(Flavius Josephus)에 의하여 기록되었다. 이 요새는 그 후 잊혔다가 1965년 발굴되었다. 이제는 자유를 위하여 최후까지 항전한 장소로서 유대인의 정신무장을 위한 교육장으로 쓰인다.

쿰란(Qumran)으로 재촉하여 갔다. 기원전 8세기부터 사람이 거주한 이곳은 베두인 목동이 동굴 속에서 발견한 물건으로 유명하다. 이곳에는 두 차례 공동체가 형성되어 사람이 살았다. 2차 쿰란공동체는 로마군에게 멸망되기 전 그들의 생필품과 문서를 근처의 동굴 속에 감추어 두었는데 이것이 습기가 적은 기후에서 근 2천 년간 보존되어 오다가 양치는 목동에 의하여 발견되었다. 부근의 동굴에서 발견된 성서사본들의 4분의 1은 구약사본이며 에스더서(書)를 제외한 모든 구약의 내용들이 다 포함되어 있다. 그 외에도 구약주석, 신학사상, 생활문서, 공동체 규약 등이 발견되었다.

이 쿰란사본〔또는 사해사본(The Dead Sea Scrolls)〕은 지금까지 발견된 성서의 필사본 중 가장 오래된 것이다. 현재 사본은 예루살렘의 록펠러박물관에 보관되어 있는데 일부만 공개되어 있다.

사해(死海)는 남북 78km, 동서 18km, 둘레 200km이다. 매일 요단강에서 많은 물이 유입되고 많은 수분이 증발하는데 사해의 수량이 점차 줄어들어 바닥을 드러내는 곳도 있다 보니 대책수립에 부심한다고 한다. 이곳에서는 요르단에서와는 달리 스파에 들어가서 옷을 갈아입고 나와서 저 멀리 떨어져 있는 해변으로 걸어 나가야 했다. 스파의 바로 바깥에는 진흙목욕을 하는 곳이 있었다. 한국의 보령 머드팩을 연상시킨다. 이곳의 역청으로 여러 가지 화장

예수가 활동했던 갈릴리 호수를 바라보는 팔복교회 주변 풍경.

품을 만들어 수출하는데 클레오파트라가 좋아했단다. 사해에 몸을 담그니 춥지는 아니한데 센 바람이 파도를 일으켜 별로 재미가 없다. 스파시설 내로 들어가니 사해의 물을 끌어들여 데운 욕탕이 있기에 그곳에 들어가서 편안히 물에 뜬 채로 잠깐 쉬었다.

땅거미가 지자 부지런히 북으로 예리코(Jericho)로 향했다. 아랍인 거주지 속에 있었는데, 막상 가보니 아무것도 없고 파헤쳐놓은 발굴장소만 현지 안내인의 말에 따라 구경했다.

갈릴리지역은 신 대사 부인과 함께 보기로 했다. 우선 요셉과 마리아의 고향이고 예수께서 유년시절을 보냈다는 나사렛으로 갔다. 나사렛 역시 산 위에 위치해 있었으며 예루살렘과 달리 조용하고 평온한 곳이었다. 성모 마리아 교회부터 갔는데, 그곳 정원에는 세계 각국에서 보낸 성모 마리아와 예수님상 모자이크가 걸려 있었다. 우리나라에서 보낸 한국적인 마리아상과 예수님도 있어서 반가웠다. 바로 위에는 요셉이 목공 일을 했다는 터가 있고, 그 위에 조그만 교회가 지어져 있었다.

그 후에는 예수님이 처음으로 기적을 행하신 가나로 향했다. 가나는 평지의 조그만 마을인데, 기적을 행하셨다는 결혼식장에는 아주 예쁜 교회가 세

위져 있었고, 그 안의 장식도 지금 결혼식을 해도 될 정도로 꽃장식이 예쁘게 되어 있었다. 이스라엘에서 본 가장 아름답고 앙증스러운 교회였다.

갈릴리지역은 남쪽의 타보르산과 북쪽의 헤르몬산 사이의 지역인데 중심에 자리 잡은 갈릴리 호수(게네사렛 호수)가 양쪽의 산과 조화를 이루어 아름다운 풍경을 만들어낸다. 처음 간 곳은 팔복교회(Church of Beatitude)였는데, 갈릴리 호수를 바라보는 가장 아름다운 장소에 위치하면서 여러 지중해성 열대 식물들과 함께 어울려 기가 막히다. 교회 자체는 자그마했는데, 그 속의 색채유리창에는 예수님의 산상수훈(山上垂訓)인 8가지 축복의 말씀이 새겨있었다. 그 후 벳새다에 가서 예수께서 5병(餠) 2어(魚)로 5천 명을 배불리 먹인 기적을 행했다는 교회(Church of Multiplication)를 보았다.

점심 후 예수님이 기적을 많이 행하신 가버나움으로 향했다. 이곳은 베드로의 장인이 거주하던 곳인데, 예수님이 가버나움에 계실 때는 항상 이곳에서 머무셨다 한다. 현대식으로 지어진 교회가 나지막하게 있었고, 예전의 유적들이 발굴되어 보전되어 있었다.

예수님의 행적들을 거의 돌아본 후, 현재 이스라엘의 정치상황에서 뉴스가 되고 있는 골란고원을 가 보았다. 시리아로부터 뺏은 골란고원은 황량했으며, 전쟁의 피해를 생생하게 느끼게끔 버려진 탱크와 허물어진 집들이 그대로 방치되어 있었다. 언덕을 가로질러 시리아와 이스라엘의 국경선에 설치된 유엔휴전감시사무소(UN Disengagement Observer Force: UNDOF)를 지나쳤는데, 사방에 무선안테나와 접시안테나가 많이 설치되어 있어 그곳을 지나는 모든 사람과 차량의 움직임이 세밀하게 포착된다고 한다.

저녁에는 텔아비브 해변식당으로 안내되어 대사 내외와 만찬을 같이했다. 이곳은 예루살렘과는 달리 먹고 마시는 것에 제약이 없어서 이 나라의 고유한 생선과 샐러드 등을 든 후 관저에서 마지막 밤을 지냈다. 오랜 역사와 불굴의 항쟁을 통한 이스라엘의 종교와 정치와 복잡한 과거를 알았고, 신구약상의 모든 기념장소를 참배했으며 자연과 물을 보존하려는 그들의 힘들지만 줄기찬 노력에 경의를 표하면서 중동지역에 평화가 조속히 오기를 기원했다.

* * *

아내 환갑여행에 찾은 프랑스 남쪽 해안

또다시 새로운 해가 왔다. 2008년 3월 6일 세월이 흘러 아내도 드디어 환갑을
맞이하였다. 우리가 결혼한 지 37년 만이다. 내 환갑은 통상 자식들이 자기
엄마와 상의하여 자연스럽게 마련하게 되고 또한 아무리 사양해도 제자들이
나서니까 자연히 성대하게 치러졌다. 그러나 아내의 회갑은 내가 준비해야
하는데, 결국 아이들이 돈을 조금씩 출연하고 우리 내외와 어머니를 모셔 저
녁을 먹으면서 선물을 기증하는 것으로 간단히 막을 내렸다.

어머니는 따로 구한 귀한 괴목(槐木)에 매화그림과 함께 좋은 칭송의 글귀
를 각자(刻字)한 현판을 만들어 며느리에게 내리셨다. 어머니는 어떻게 이런
뛰어난 재주와 솜씨가 있으셔서, 괴목을 손질하시고 글을 짓고 단단한 나무
에 그림과 글을 새기실까. 내 회갑 때 주신 것과 비슷한 것이다. 볼수록 마음
에 드는 작품이고 영구적으로 보관해야 할 하사품이므로 집에 걸어놓았다.

가족잔치를 뒤로 하고 우리 내외는 3월 5일 서울을 동반 출발하여 헤이그
로 귀임했다. 다음 날 내가 계획한 대로 아내가 가고 싶어 했던 프랑스 남쪽
해안으로 3일간 여행을 떠났다. 프로방스 출신인 폴커의 여자친구 오드리는
생-폴드방스(Saint-Paul de Vence)와 로크브륀-캅-마르텡(Roquebrune-cap-
Martin)을 추천했는데, 아내는 바다경치가 절경인 후자를 선택했다. 이곳에
가려면 비행기로 니스에 내려서 모나코를 거쳐 망통으로 가는 해안도로 중간
의 높은 절벽에 세워진 호텔에 묵어야 한다고 한다. 웹사이트를 찾아보니 과
연 바다경치가 아름다워 당장 이곳에 예약했다.

나는 1960년대 후반에 마르세유에서 망통까지 남프랑스 해안을 죽마고우
김유후 군과 같이 유학생 신분으로 여행한 일이 있다. 그러나 아내는 이 아름
다운 코타쥐르(Cote d'Azure)가 초행이었다. 니스공항에서 대기한 호텔택시
를 타고 우중이지만 기분 좋고 편안하게 30km 좀 넘는 거리의 호텔로 이동했

다. 아내는 방에 들어서자마자 푸르른 지중해와 절벽 아래 빨간 지붕의 마을 풍경 및 한눈에 들어오는 몬테카를로에 반해서 눈을 떼지 못한다.

3월 8일 오전에는 우리끼리 몬테카를로로 내려가서 시내를 구경했다. 광장에서 카지노를 들어가 보고, 유명한 호텔(Hotel de Paris)을 구경했다. 구경하는 도중 축하만찬을 예약한 식당이 이 호텔 구내에 있는 것을 발견했다.

이날 오후 단체관광에 합류하여 모두 5인이 함께 근처의 몇 군데를 관광했다. 먼저 에즈 빌리지(Èze Village)라는 중세도시를 방문했다. 다음 행선지는 라 튀흐비(La Turbie)인데 마침 안개가 너무 깊어 포기했다. 나중에 날이 개니 기원전 7세기경 건립된 거대한 로마의 승전기념탑을 잘 볼 수 있었다. 그리고는 오전에 못 가본 모나코 구시가로 갔다. 이 지역은 '더 락'(The Rock)이라는데 왕궁, 성당, 그레이스왕비 기념관(Princess Grace Memorial) 등을 구경했다. 성당 속에 그레이스 켈리(Grace Kelly)가 묻힌 곳을 보니 관 표면에 그녀의 본명인 'Patricia'라고 각인되어 있다.

모나코는 약 480여 에이커에 인구 3만 5천의 소공국인데 본래의 모나코 시민 5천 명은 조세와 병역 의무가 없다고 한다. 남프랑스 해안지역 전부가 애초에 그리스인들의 진출 후 로마인들이 점령한 곳이라 그리스와 로마의 관련 유적이 풍부하다. 모나코는 제노아(Genoa)에서 축출된 프랑수아 그리말디(François Grimaldi)가 1297년에 점령하고 매입한 이후 여러 세기 동안 격동의 역사를 겪었다.

1861년 모나코를 마지막으로 지배하던 사르디니아(Sardinia) 왕국이 망한 후 나폴레옹 3세가 니스를 합병하고 망통과 로크브륀을 매입하여 프랑스로 귀속시킨 뒤 남은 영토가 오늘날의 모나코라고 한다. 그 후 카지노는 돈이 궁한 왕자가 개설했으나 처음에는 잘 안되었고 1862년 바드 홈부르크(Bad Homburg) 출신 프랑수아 블랑(François Blanc)이 경영하면서 오늘날의 번영을 누리게 되었다고 한다.

3월 9일 오전에는 단체관광을 신청하였지만 관광객이 우리 내외밖에 없어서 마음대로 돌아다닐 수 있었다. 칸 해변의 인공도로인 크로와제트 불르바르(Croisette Blvd)를 산책하고 바다 앞의 커피숍에서 차 한 잔을 즐겼다.

바닷가를 따라 운전하여 가면서 또 다른 해안마을인 앙티브(Antibes)를 경유하여 산속에 높이 자리 잡은 '생폴드방스'라는 중세도시에 도착했다. 아무데나 해묵은 올리브나무, 오렌지나무, 레몬나무가 다른 열대식물과 함께 잘 자라는 것을 보면 사철 내내 기후가 아주 좋은 모양이다. 바흐(Var) 강 앞을 막은 요새가 남아있는데 프랑스인들이 사랑하는 휴양지 중의 하나이다. 그런데 이곳은 칸 등에 밀려 쇠퇴하다가 1920년경부터 시냑크, 모딜리아니, 보나르, 수틴 등 유명한 화가, 조각가, 작가들이 이곳의 카페에 모이기 시작하고, 가수 이브 몽탕(Yves Montand)과 시몬 시뇨레(Simone Signoret) 등이 거주하면서 일약 유명해졌다. 중세의 돌집들 사이로 난 좁디좁은 골목길 연변에는 수많은 화랑과 상점이 장관을 이루고 있다.

방스(Vence)는 원래 리구리아(Liguria) 사람들이 건설한 도시로서 후일 로마제국의 중요 도시로 성장했다. 4세기에서 18세기까지 이곳 출신의 주교 중에서 교황이 된 분도 있는 등 아주 중요한 곳이어서 16세기 종교전쟁 때 포위를 당했어도 끝까지 이겨낸 곳이란다. 오후에는 이 지역에서 유명하고도 큰 도시 그라스(Grasse)를 방문했다. 나폴레옹 길(Route Napoléon)을 따라 들어오면서 산상에 정착한 도시이다. 이곳에서 조금 떨어진 향수공장 프라고나르(Fragonard)를 방문하여 각종 향수 제조과정을 신기하게 청취했다. 폴커와 비서 헬렌에게 줄 선물을 샀다.

그다음에는 꼬불꼬불한 산허리를 돌아 오래된 깊은 산속 계곡마을 구흐동(Gourdon)에 도착했다. 9세기에 건설된 요새가 아직 보존되어 있고 계곡을 따라 흐르는 루(Loup) 강이 변화가 심하다. 한참 내려가면 폭포도 있다. 이 마을에는 이곳에서만 생산하여 파는 각종 캔디공장이 있다. 그냥 갈 수 없어서 여러 가지 캔디를 사서 선물했다. 그중에 바이올렛 꽃으로 만든 잼이 신기했다. 오는 길에 투레트-쉬르-루(Tourrettes-sur-Loup)를 둘러보았다. 얼마전까지만 해도 여우와 늑대가 살았던 곳이라고 한다.

밤에는 호텔드파리(Hôtel de Paris)에 있는 식당(Le Louis XV)에서 다시금 아내의 환갑축하 만찬을 즐겼다. 음식, 서비스, 분위기, 와인 등 모든 면에서 잘 구색을 갖춘 것 같다. 성수기에는 3개월도 기다린다지만 우리가 착석하고 보니 만원은 아니었다.

3월 10일 오전에는 단체관광 버스 편으로 니스 시내관광을 떠났다. 주로 박물관을 구경하였다. 샤갈박물관(Musée National Marc Chagall)은 위치, 박물관 건물의 구조, 전시한 그림의 종류 등 아주 인상적이었으나 마티스박물관(Musée Matisse)은 구조와 전시작품이 이상하고 다른 미술관에 비하여 매우 대조적으로 보였다,

서울 집에 와서 산더미처럼 쌓여있는 우편물을 살피다 보니 서울대 총동창회에서 보낸 편지가 있다. 내가 서울대 총동창회 '관악대상 영광부문' 수상자로 결정되었으니 다음 금요일(2008년 3월 21일) 저녁 시상식에 참석하라는 내용이다. 시상식에 동반할 가족도 없어서 이제 막 대학교수로 임명되어 강의를 시작한 임신 중인 딸과 사위에게 꽃다발을 가지고 잠깐 시상식에 참석하라고 부탁했다. 막상 가보니 헤드테이블에 권이혁, 조완규, 이현재, 박봉식, 이장무 전·현직 총장, 임광수 총동창회장, 그리고 관악대상 참여부문 수상자 윤세영 SBS 회장이 착석했고, 이기수 고려대 총장이 잠깐 들렀다. 그가 총장이 된 후 처음 만나는 것인데 고마웠다. 어떤 경위로 내가 선정되었는지 모르지만 이 기회에 총동창회 임광수 회장을 비롯한 동창회 임직원들과 가까이 인사할 수 있는 기회가 되어서 좋았다.

카탈루냐의 중심 바르셀로나의 안토니오 가우디, 호안 미로

헤이그에 귀임하여 월요일 3월 24일에 출근하니 그동안 비서가 바르셀로나(Barcelona) 일정을 한 주일 뒤로 미루어 조정해 놓았다. 27일 목요일 바르셀로나로 날아가서 시내의 중심가의 편리한 위치에 자리 잡은 호텔에 들었다. 스페인과는 결코 어울리지 못하는 카탈루냐(Catalunya)의 수도였다. 과연 언어부터가 다르고 국기가 스페인 국기와 다르다. 사마란치(Juan Antonio Samaranch) 국제올림픽위원회 위원장이 이곳 귀족 출신이라던가.

서울 다음으로 1992년 올림픽 개최를 계기로 본격적으로 개발된 도시이긴 하지만 역시 수천 년의 역사와 문화가 보존되어 있고 생활수준도 높은 듯하다. 여장을 풀고 해변으로 걸어나가 높다란 콜럼버스 동상을 지나서 새로 조성된 큰 쇼핑센터를 돌아보았다. 중심가는 굉장히 넓은 길인데 특이하게 길의 중앙에 숲을 조성하여 널찍한 인도 및 휴식처로 만들고 양쪽 가장자리로 차가 다니도록 설계되어 있다. 관광철이 아닌데도 손님은 무척 많다.

제일 먼저 가우디(Antoni Gaudi, 1852~1926)가 설계한 카사밀라(Casa Milà. La Pedrera로도 불림) 건물에 입장했다. 안팎으로 꾸불꾸불하게 설계하고 지은 건물인데, 직선이나 네모난 모서리와는 절대적으로 원수진 사람인 듯하다. 표면처리는 주로 깨진 사금파리를 주워 붙인 것 같은데 이것도 고대 아랍이나 로마인들의 모자이크 기술을 전수받아서인가. 특이하지만 이러한 설계와 시공이 편리하거나 실용적이라고는 볼 수 없겠다. 아무튼 기술적으로 잘도 비틀어서 지은 건물이었다. 이 지역 저축은행(La Caixa)의 소유로서 현재 유네스코 인류문화유산으로 지정되어 있다고 한다.

두 번째 목표인 사그라다 파밀리아(La Sagrada Familia)라는 유명한 성당으로 갔다. 이 성당은 1883년 가우디가 프로젝트를 인수하여 예수님의 12제자를 상징하는 4개의 높다란 첨탑을 건설하고 건물을 확장하다가 작고하고, 지금도 공사가 진행 중이지만 언제 완성될지 모르는 굉장한 성당이다.

가우디의 평생 후원자였던 은행가 구엘(Güell)의 재정지원으로 설계된 구엘공원으로 이동했다. 건물은 물론 가우디의 작품이므로 예의 비튼 건물과 정원설계는 동일하고 다만 밑에서 올라오는 옆길을 따라 기둥을 세워 회랑을 건설해 가면서도 이것을 타원형의 풍동(風洞)처럼 약 30도 정도 기울여 축조한 것이 독특했다.

황영조 선수가 올림픽 마라톤에서 우승한 몬주익(Montjuic) 언덕의 가장 높은 곳에 있는 국립 카탈루냐 예술박물관을 입장했다. 1929년 만국박람회를 위하여 지은 건물이라는데 지금도 규모가 크고 어울린다. 전체 시내를 넉넉하게 조감하면서 그곳에서 조금 쉬었다. 올림픽촌을 넘어서 호안 미로(Joan Miró)의 박물관에 들렀다. 사실 지난 3월 초 아내와 함께 환갑여행차

가우디가 설계한 바로셀로나 구엘공원에서 (2008. 3).

생–폴드방스에 갔을 때 본 미로의 작품들이 눈에 들어오지 아니하여 별것 아닌가 했는데 이 박물관의 전시규모는 엄청나다. 피카소 등의 화가보다도 미로가 이 고장 사람들의 기질을 더 잘 대표하는 듯하다. 여러 가지 밝은색을 적극적으로 사용하여 강렬한 인상을 준다. 이 화가의 화풍은 시대별로 변하였지만 그가 공통 모티프로 삼은 새와 여인, 그리고 해와 달, 밤 등을 원색으로 그리는데 묘하게 조화가 잘된다.

문화적으로는 주로 가우디와 안토니 타피에스(Antoni Tàpies) 및 호안 미로로 대표되는 미술과 조각, 파블로 카잘스(Pablo Casals)로 대표되는 음악예술 등이 카탈루냐인들의 자존심을 지켜주는 듯하다. 저녁에 따로 가본 카탈라냐 음악당(Palau de la Música Catalana)은 20세기 초에 지어진 아주 기묘한 음악 연주장이다.

신비로운 새 생명, 손자를 보다

재작년에 좋은 배필을 만나 결혼한 딸이 2008년 8월 24일 아들을 낳았다. 시댁에도 효도를 했지만, 드디어 나에게도 외손자를 안겨준 것이다. 나의 개인적 환희는 차치하고도 신비로운 새 생명을 맞이한 기분은 이렇게 오묘한 것인가. 기쁨, 외경, 안도, 감사, 기대, 희망, 충만 그리고 무한대의 동경이 뒤섞인 이 감정을 어떻게 표현할 수 있을까. 사실 2006년 7월 8일에 결혼 후 딸네 부부가 가끔 해외여행도 같이 다니는 등 보기에 참 아름다운 커플이었다. 그런데 성급한 사람은 주책없는 부모들인지라, 우리는 그들이 결혼 후 해를 넘기자 좋은 소식이 없느냐고 살짝 묻는 것이 일과가 되었다. 아내는 그저 건강한 아이를 낳아주기를 빌면서 낳기만 하면 자신이 제백사하고 다 길러줄 듯이 강조하면서 눈이 빠지게 기다리는 것이었다.

2008년 초에는 딸이 한 대학교의 조교수로 취직하는 경사가 생겼다. 지난 3월 25일에는 첫 월급을 받았다고 효도를 하기도 했다. 그러나 무거운 몸으로 객지에서 근무할 일, 출산예정일은 여름방학 중이어서 다행이지만 산후조리도 아니하고 9월 학기에 바로 강단에 설 수도 없는 사정, 신참교수가 산후휴가부터 찾아먹다가 첫인상부터 미운털이 박힐 가능성 등 한국의 학교 근로분위기에서 합리적으로 해결하기 어려운 과제들이 또 다른 걱정거리로 기다리고 있었다. 더구나 첫 임신을 한 새댁은 으레 친정에 의지하는 법인데, 우리 내외는 머나먼 헤이그에 거주하고 있으니 참으로 난감하였다. 딸아이는 특히 허전하였을 것이다.

결국 아내가 가장 걱정이 많고 바쁜 사람이 될 수밖에 없었다. 딸의 정기검진과 해산준비는 물론 모든 것이 아내 차지였다. 병원은 정성으로 임산부를 돌보아주었고 아들을 순산했다는 아내의 전화목소리를 듣고서야 헤이그에 있는 나도 비로소 안도의 한숨을 쉴 수 있었다. 나도 '조부모클럽'의 당당한 멤버가 되었다고 뻐기면서 다른 재판관 동료들에게 앞으로 이 클럽에 가입하려거든 나에게 입회비를 톡톡히 내야 된다고 한동안 너스레를 떨었다.

딸 내외는 실로 수십 년 만에 적막하고 고단한 우리집에 가장 큰 경사를 가져다주었으니 이 이상의 효도가 어디 더 있으랴. 사돈댁에는 이미 큰아들과 따님으로부터 손자녀를 다 보신 뒤라 우리 내외만큼 온 세상이 내 것인 양 기쁠 수가 있었겠는가. 특히 90이 되신 노모께서 좋아하시고 건강이 고르지 못한 장모님의 행복한 얼굴이 잊히지 않는다.

　딸아이가 아들을 안고 친정으로 개선해오자 아내는 실로 자신의 모든 성의와 정력을 다 쏟아부어 우리집에서 반년 이상 모자를 헌신적으로 돌보았다. 엄마의 위대함과 자애는 인간사회에서 보편타당한 진리이고 대물림을 하면서 계속된다. 신출내기 산모인 딸도 모유수유를 하는 등 만고불변의 사랑을 아기에게 베풀고 있었다. 나야 마음뿐이지 구체적으로 무엇을 어떻게 해야 하는지 알지 못한 채 실감이 안 나는 얼떨떨한 상태에서 손자를 안아보다가 야단을 맞는 일이 잦았다. 새 생명의 탄생에 대한 감격은 필설로 형용하기 어렵게 벅차오르고 생명의 외경은 강보에 쌓인 외손자를 볼수록 메마른 법률가를 어쩔 수 없이 한동안 인생의 의미를 곱씹어보는 철학자로 만들게 하는 것 같았다. 외손자가 약 50여 년 후에 국제형사재판소 소장을 하면 어떨까.

제 5 장

2009~2010

국제정의 구현이라는 소명

국제형사재판소장의 첫 임기 Ⅰ

국제형사재판소장으로 당선되다

2009년 3월 11일은 내 일생에 운명적으로 가장 기쁘고도 무거운 책임감을 느낀 날이었다. 국제형사재판소에서 전원재판관회의를 열어 캐나다의 필립 키르쉬(Philippe Kirsch) 초대 소장의 후임으로 나를 선출한 것이다. 나를 지지하겠다고 약속한 신임 가이아나 재판관 샤하부딘(Shahabudeen)이 사퇴한 관계로 17인이 모여 나에게 12표, 실비아 스타이너 브라질 재판관에게 5표를 주어 압도적으로 나를 뽑아준 것이다. 사실 재판소 내외에는 작년부터 한국에서도 정부는 물론 법조계 등 소문이 너무 많이 퍼졌다고 한다.

나는 지난 2003년 초대 재판관으로 당선된 순간부터 6년을 동료들과 잘 어울렸고, 사건을 진지하게 다루면서 재판을 열심히 하였다. 그동안 평소대로 나 자신의 감정을 억제하고 무던히도 인내하면서 동료들에게 늘 진실하고 성의껏 대했고, 형사재판을 본 일조차 없는 외교관 출신 동료 재판관들에게 재판업무에 관한 지식과 요령도 그들의 자존심을 상하지 않게 조금씩 가르쳐주기도 했다.

재판소에 부임한 첫 달부터 국제형사재판소 법정의 전자화 사업의 책임을 성공적으로 완수하였고, 각종 직원 공채과정에 참가하여 좋은 사람을 뽑는 기준을 제시하고 인터뷰의 질문사항을 미리 작성하는 한편 인사관계 내규를 만드는 데에도 기여하는 등 여러 가지로 활약하였다. 특히 재판관들이 뽑는 행정처장(Registrar)과 부행정처장(Deputy Registrar)의 선거준비 작업을 맡아서 빈틈없는 행정능력을 과시하는 동시에 이 기회에 각 재판관을 자주 재판관실로 방문하여 긴밀한 협의를 하고 개인적 인상을 좋게 심는 데 노력하였다.

우리 외교부와 법무부 그리고 유엔대표부와 주 네덜란드 한국대사관이 열심히 지원해주었다. 대법원도 역시 많은 도움을 주었다. 선거가 임박한 2009년 초부터는 특히 대법원이 2월 18일 서울에서 국제형사재판소 관계 국제회의를 개최했는데, 우간다의 다니엘 은세레코(Daniel Nsereko) 재판관이 나와 함께 방한했다. 이분은 한국과 나의 팬이 되었고 상대 후보가 아무리 그를 자기편으로 만들고자 여러 가지로 시도했음에도 시종 아프리카 재판관들과 함께 나를 든든하게 지켜 주었다.

그동안 6년 임기가 끝난 마우로 폴리티(Mauro Politi)와 르네 블라트만 (René Blattmann) 재판관이 사건계속을 이유로 잔류하는 경우 투표권이 있는 지가 문제되었는데, 재판관들이 모두 투표권이 없는 것으로 의결해 이들을 선거에서 제외했다.

키르쉬가 퇴임하자 여러 명의 동료들이 소장직에 관심을 나타내는 것은 자연스러운 일이었다. 그러나 대부분의 재판관들은 아직도 신설 국제재판소의 재판관이 되었다는 사실조차 제대로 소화하지 못한 것 같았다. 그런데도 해가 바뀌기 전부터 브라질의 스타이너 여성재판관이 소장 선거에 출마한다고 떠들고 풀포드 영국 재판관이 부소장 선거에 출마한다고 각 재판관의 방을 순례하고 있었다. 그들은 국제사회에서 반기문 등 한국인끼리 요직을 다 해먹는다는 둥, 일본인 오와다가 국제사법재판소장이 되었는데 또 아시아인이 국제형사재판소장을 노리느냐는 둥, 왜 작년에 수단의 알-바시르 대통령을 한국에 초대했느냐는 둥 별별 험담을 다 했다.

특히 2008년 5월 26일 국제형사재판소가 구속영장을 발부한 수단의 알-바시르 대통령을 한국으로 초청한 기사가 국내 영자지에 보도되어 내가 두고두고 몹시 곤혹스러웠다. 그가 한국 땅을 밟으면 로마규정상 회원국인 한국 정부는 즉시 그를 체포하여 재판소에 넘겨야 하는 조약상 의무가 있다. 그런데 자원외교를 한답시고 하필 이 사람을 초청하여 융숭한 대접을 했으니 우리 정부는 국제사회의 조약상 기본의무에 무지한 것인지, 아니면 경제적 이해관계가 앞서서 알고도 조약위반을 하는 것인지 참으로 통탄할 일이다.

이는 회원국의 비협조 문제로 되어 유엔안보리와 국제형사재판소 당사국총회에 회부되어 규탄당할 가능성이 있는 중대한 외교문제였다. 특히 비회원국인 수단은 유엔안보리가 국제형사재판소에 회부했으므로 안보리에서 회원국인 한국의 비협조 문제(불체포)가 안보리에서 본격적으로 거론되면 국제적으로 한국의 입장이 크게 망신스러울 수가 있는 것이다. 우리 정부는 국제사회의 분위기와 규범이 어떻게 돌아가는지도 모른 채 이런 짓을 저지른 것 같다. 수단 대통령을 초청해서 실제로 얼마나 무슨 혜택을 보았는지 모르지만 참으로 민망하다. 아랍과의 관계개선을 해야 함은 백번 지당하나 자원외교를 한답시고, 하필 아랍사회에서도 왕따를 당하고 있고 국제형사재판소의 구속영장이 발부된 수단 대통령을 초청해야 했을까.

국제형사재판소 재판관으로 당선되기 전부터 구유고전범재판소의 소장을 역임한 프랑스의 클로드 조르다(Claude Jorda) 재판관이나 르완다 학살재판소의 소장을 역임한 남아공의 나비 필레이(Navi Pillay) 재판관은 애당초 국제형사재판소 재판관 선거에서 당선되면 바로 소장을 출마하겠다는 야심을 공공연히 보여 왔다. 그러나 조르다 재판관은 화려한 경력과 명성에도 불구하고 재판관 선거에서 33번째 마지막 투표에서 간신히 턱걸이로 당선된 후에는 소장 출마의 야심을 접었다.

2006년 소장 선거에 출마하여 나의 지지에도 불구하고 낙선한 필레이는 유엔 인권최고대표로 임명되어 재판소를 떠나는 바람에 강적이 한 사람 없어진 것도 내게 유리한 일이었다. 이탈리아의 마우로 폴리티 재판관이 퇴임하자 이 자리를 노리던 구유고전범재판소의 파우스트 포카르(Faust Pocar) 이탈리아 재판관은 당선되기만 하면 바로 소장 선거에 출마하겠다고 공언하고 다녔으나, 죽마고우(竹馬故友)라던 실비오 베를루스코니(Silvio Berlusconi) 이탈리아 총리가 지명조차 안 했기 때문에 출마하지 못하고 말았다.

나의 경쟁자로 출마하려는 야심을 가진 가나의 아쿠아 쿠에니에히아(Akua Kuenyehia) 부소장은 새롭게 6인의 차기 재판관을 뽑는 선거운동이 진행되는 동안 재판소의 여비예산으로 비밀리에 뉴욕을 방문하여 주로 아프리카 출신 후보들을 접촉하면서 당선되면 자기를 찍어달라고 소장 선거운동을 미리 하고 왔단다. 또한 선거관리위원장인 코스타리카의 엘리자베스 오디오 베니토(Elizabeth Odio Benito) 재판관이 최연장자로서 공평무사하게 소장 선거를 관리해야 하는데 '아프리카 여성을 소장으로!'라는 슬로건을 내세워 노골적으로 쿠에니에히아 재판관의 선거운동을 했다. 선거관리위원장이 특정 후보의 편을 들다니!

그러나 나는 오래 전부터 폴커의 적극적 협력을 얻어 선거와 관련하여 예상되는 법률적 쟁점들에 관한 연구를 해두었다. 가장 결정적인 것이 로마규정 제39조 1항 마지막 문장의 3연임 제한규정의 해석이었다. 이미 부소장을 두 번 연임한 쿠에니에히아가 소장에 출마하는 경우 3연임 금지규정에 저촉되는지, 아니면 부소장은 소장과 다른 직위이므로 이 규정에 저촉되지 않는지가 쟁점이었다. 나는 부소장도 3연임 제한규정에 저촉되므로 출마할 수 없다는 강력한 메모를 동료들에게 돌리고 여론을 형성했다. 논리의 명확성은 폴커가 칭찬받아야 할 일이지만 쿠에니에히아가 평소에 너무 말이 없고 소극적이어서 동료들 간에 그녀를 밀어내고 싶은 분위기도 감지되었다. 이 문제를 전원재판관회의에 붙여 결정하기도 전에 간이 작은 그녀가 세가 불리함을 눈치 채고 불출마를 선언해버렸다. 가장 강력한 경쟁자가 없어진 것이다.

유심히 관찰해 보면 내가 출마하여 당선될 수 있도록 환경이 정리되어 가는 셈이었다. 그동안 나를 여러 번 관찰 내지 경험해본 동료들이 항상 조용하게 인내심을 가지고 끈기 있게 설득하여 합리적 결론을 도출하는 나의 일처리 방식이 마음에 들었다면서 출마를 적극적으로 권유하기도 하였다. 특히 작고 한 일본인 사이가(齋賀) 재판관은 법률공부를 한 일이 없고 평생 독신으로 노르웨이대사를 마지막으로 2006년에 당선된 분이므로 형사재판에 대한 이해가 전무한지라, 늘 자존심을 접고 내게 솔직하게 묻는 등 잘 따르더니 내가 소장에 출마하면 도와주겠다고 나섰다. 그 외에도 몇몇 동료 재판관들이 평소에 들어본 일조차도 없는 한국을 방문하고는 첫인상에 깜짝 놀라서 한국에 대한 지대한 관심과 호감을 갖고 출마를 강력하게 권고하기도 했다.

나는 우선 그전 해 12월의 선거에서 당선되어 금년 2월 중에 헤이그에 온 6인의 신임 재판관들과 한 분씩 얘기를 나누어보고 신설재판소의 장래를 토론하던 중에 그들의 생각과 희망을 깊이 파악하게 되었다. 6인의 신임 재판관은 재판소의 내부를 전혀 모르면서도 취임하자마자 소장을 뽑아야 하므로 행정과 재판운영에 관심이 지대하던 참이었다. 그들은 국제형사재판소의 장래를 보는 안목이 나와 비슷했고, 나와 마찬가지로 열정과 기대를 가지고 이 재판소의 성공을 위하여 진력할 용의가 있음을 발견하고 고무되었다.

예컨대 그들도 유엔의 타성적이고도 낭비적인 조직관리와 정치적 인사 및 예산집행 관행을 비난하면서 신생기관인 우리는 그러한 전철을 답습하면 안 된다는 점을 강조했다. 형사재판 실무에서도 절차의 공정성과 효율성을 높이는 데에 지대한 관심을 표하면서 재판부 운영에 관해 많은 토론을 했다. 이 과정에서 특히 2009년 아프리카 지역에서 당선된 재판관들은 과거의 영연방 커넥션이 강하므로 정서적으로 나와 반대 입장인 영국인 풀포드 재판관에게 쏠릴 것으로 전망되었으나, 우간다의 다니엘 은세레코 재판관이 처음부터 호의를 보였다. 그는 자기의 제자였던 보츠와나의 산지 모나헹(Sanji Monageng) 여성재판관 그리고 그녀의 절친한 단짝 친구인 케냐의 조이스 알루오치(Joyce Aluoch) 여성재판관까지 자진해서 포섭했다.

사실 이들 아프리카 출신 재판관들은 다음 소장이 누가 되어야 하는가에 대하여 특별히 주견이 강한 분들도 아니었고, 한국에 대한 지식이 전무한 분들이었으나 재판소의 건전한 장래에 대한 신념만은 확고했다. 이 중에서 모나헹 재판관과는 그가 당선된 지 얼마 후에 남부 아프리카에 출장 중 이틀간 함께 여행하면서 여러 가지 견해를 교환했으므로 그녀는 누구보다 나를 잘 이해하는 편이었다. 그러나 선거란 아무리 약속을 철석같이 한다 해도 순간적으로 마음을 바꿀 수 있는 것이므로 나는 약속해준 동료를 거듭 방문하고 다짐을 받아 배반이 없도록 만전을 기하였다.

한편 상대편인 스타이너와 풀포드는 말이 앞설 뿐이고 선거를 불과 며칠 앞두고 아무런 정리된 입장도 없이 각 재판관을 사무실로 방문하여 지지를 호소하고 있었다. 그러나 이런 행동은 재판관들을 괴롭힐 뿐이었다. 특히 개성이 강한 스타이너는 라틴 특유의 낙관성과 엉성함에도 불구하고 개인적 매력으로 표를 다잡을 수 있다고 생각을 하는 것 같았으나, 소장이 되면 무엇을 어떻게 할 것인지를 명확하게 제시하지 못했다. 영국의 풀포드 재판관은 영국인의 특유한 우월감을 과시하면서 가만히 있어도 최소한 영연방제국 출신 재판관의 표는 저절로 모두 자기에게 올 것을 기대하는 듯했다.

재판소 내부에서 모두 자기가 잘났다고 소리치는 재판관은 많지만 동료들의 말을 잘 들어주고 무리 없이 협조를 모색하는 동료는 별로 없다가, 내가 인간적으로 대해준 것이 대부분 재판관들의 마음을 사로잡은 효과가 있었던 것 아닌가 싶다. 예상대로 서유럽 지역 재판관(키르쉬 소장은 캐나다 출신이지만 유엔의 지역분류법에 의하면 서유럽과 캐나다, 미국, 호주 및 뉴질랜드를 묶어서 동일한 서유럽지역으로 취급함)이 소장을 두 번씩이나 역임했으므로, 이제는 다른 지역에서 소장을 배출할 순서가 되었다는 분위기도 약간 감지되었다. 나는 이 점을 넌지시 부각시키면서 이번에는 아시아의 차례라는 식으로 분위기를 이끌려고 노력했다.

유엔은 세계를 아시아, 아프리카, 중남미, 동유럽 및 서유럽 등 5지역으로 나누어 감투를 지역별 안분비례, 할당 또는 순환을 시도한다. 그러나 서유럽 외에 동유럽이나 중남미, 심지어는 아프리카도 식민지 관계 등을 이유로 사실상 문화적으로나 정서적으로 유럽에 가깝다. 한국 같은 아시아 국가는 역사와 전통, 문화와 종교, 말과 사고방식 등이 너무 달라서 호기심의 대상은 될지언정 마음을 열고 아시아를 이해하고자 하는 사람은 드문 편이라고 봐야 하므로, 지역을 기본으로 하는 국제적 경쟁의 경우에는 남보다 몇 배의 노력을 경주해야만 한다. 그런 관점에서 보면 내가 얻은 12표는 참 의미 있는 숫자라고 생각된다.

더구나 애당초 2003년 첫 재판관 당선 후 추첨으로 6년짜리 임기를 받은 동료, 즉 키르쉬, 피키스, 폴리티, 블라트만, 조르다 등이 퇴임하고 그 뒤를 이어 당선된 재판소 내부를 잘 모르는 6인의 새 재판관들이 합류하여 새롭게 구성된 국제형사재판소 재판부에서 치른 선거였다.

회의실에 모인 재판관 전원이 문을 걸어 잠그고 출마하고자 하는 재판관들에게 특별한 공식 절차 없이 자기 소견을 15분 정도 자유롭게 발표하도록 주문했다. 개표 및 감표위원으로서 행정처 법무팀장 모초초코 등이 배석하고

국제형사재판소 소장 첫 임기의 소장단과 함께 (2009. 3). 왼쪽이 말리 출신
파투마타 디아라 부소장, 오른쪽이 독일 출신 한스-페터 카울 부소장.

있는 것 외에는 일체 외부인사의 참여는 없었다.

소장 선거와 별개인 부소장 선거도 말리의 파투마타 디아라(Fatoumata Diarra)와 독일의 한스-페터 카울(Hans-Peter Kaul)의 압도적 승리로 끝나서 원래 나를 지지하던 이 두 분과 함께 소장단(Presidency)을 구성하게 되었으니 망외의 기쁨이었다. 두 분은 3년 전 나에게 같이 소장단을 구성하여 봉사하고 싶다는 희망을 피력한 바 있는데 그대로 실현된 기적이 일어났다.

점점 분위기가 나의 편으로 기우는 것을 감지하고는 입장발표문과 당선 인사 문안을 미리 작성했다가 당선되자 그대로 발표했다. 드디어 원유가 욕심나서 서유럽의 식민주의를 옹호하는 전위단체라고 비난을 받던 국제형사재판소가 예상을 깨고 아시아인을 소장으로 선출한 것이다. 나의 당선은 한동안 국제형사재판소가 서유럽 식민주의자들의 앞잡이라고 공격하는 아프리카인들에게 할 말을 잃게 만들어 버렸다. 또한 국제기구가 160여 개나 상주하는 헤이그의 국제사회에서 동양인이, 그것도 무명의 한국인이 중요한 신설 국제형사재판소의 소장으로 선출되었다는 사실은 상당 기간 유럽 전체에 큰 충격이었는가 보다.

더구나 경제발전만 강조하고 인류의 보편적 가치에 대해서는 무관심한 신흥국인 한국에서 나온 무명 재판관이 압도적 표차로 브라질인과 영국인을 물리치고 당선된 것은 이해가 안 되는 모양이었다. 심지어 각종 국제기구에 근무하는 사람들은 그들 나름대로 관료적인 배타적 풀을 구성하여 서로 권력을 순환 독점하므로 대체로 그 밥에 그 나물인 경우가 대부분인데, 전혀 알려지지 아니한 새 인물이 새로운 국제기구의 수장으로 등장한 것에 대한 놀라움 외에 불안감마저 있었던 것 같았다. 대체로 큰 국제기구에서는 암묵적으로 5대륙이 돌아가면서 우두머리의 자리를 선출하는 관행이 있으나 국제형사재판소는 신설기관이라서 아직 전혀 그 같은 관례나 합의가 없어 누가 될지 예측하기가 어려웠다. 헤이그의 국제사회는 18인 재판관의 지역분포를 보면 중남미와 아프리카에서 각 5인을 배출하였으므로 이 두 지역 중 어느 한 지역에서 소장이 배출되리라는 막연한 추측 속에서 결과를 예의주시하고 있었던 것이다. 미국 국무부에서조차 놀라움을 표시하고 있다는 소문도 내 귀에 들어왔다.

나는 곧바로 키르쉬 소장과 업무의 인수인계를 하였다. 신설기관으로서 그동안 문서, 경호, 조달, 보급, 회계, 인사 등 주로 행정적인 내부 기초다지기에 주력한 전임 소장으로서 별로 내게 전해줄 특별한 메시지가 없는 듯했다. 왜냐하면 국제형사재판소는 사법기관으로서 이제야 그 주된 재판기능을 시작할 단계에 왔기 때문이다. 다만 그는 내게 말 안 듣고 까다로운 동료 재판관들을 될 수 있는 대로 멀리 하는 것이 자연수명을 연장하는 데 도움이 될 것이라고 강조하면서 앞으로 재판관들을 다루는 것이 아마 가장 어려운 일이 될 것이라고 거듭 말하였다. 얼마나 혼이 났으면 이 내성적이고 얌전한 분이 그런 말을 거듭 강조할까 싶었다.

나는 이미 선거 전부터 6년 임기를 마치고 퇴임하는 동료들을 위한 환송만찬을 자체적으로 준비하고 감사패도 만들어 드리는 작업에 관여했기 때문에 내가 소장에 취임하여 그 문제를 따로 신경 쓸 필요는 없었다. 다만 재판소 예산에는 그와 같은 경우에 쓸 수 있는 접대비, 품위유지비, 업무추진비, 특별활동비 등의 항목이 없으므로 물러나는 재판관의 환송연에 우리 재판관끼리 추렴하여 비용을 충당했다.

당선된 지 3일 후 나는 우리 3인의 소장단이 합심하여 신설기관을 잘 이끌어 가자고 다짐하면서 부근의 최고급 식당에서 사비로 오찬을 베풀었다. 회의 때 졸기만 하고 영어가 부족한 말리 출신 수석 부소장이 마음에 걸렸으나 부소장이 되고 나더니 상당히 눈치 빠르고 영리한 사람으로 변신해서 안심했다. 차석부소장으로 당선된 독일 외교관 출신 재판관은 연령이나 위계질서로 보아 내게 매우 근엄하면서도 예의를 갖추는 편이었다.

하루는 독일 부소장이 재판소 소장단의 업무를 분장하자고 주장하면서 소장은 전체를 통합하지만 수석 부소장은 재판업무를, 자기는 사법행정업무를 담당하자는 제안을 했다. 나는 속으로 말이 안 된다고 생각했지만 즉각적 대응을 피하고 있었다. 그러던 어느 날 그는 이런 그의 주장을 명문화하여 사법행정업무 담당의 최종적 책임자는 자기라는 식으로 소장과 자기 간의 업무분담 계약서를 자세하게 초안하여 가지고 와서 나에게 서명하라고 요구했다. 매우 희한한 요구였다. 또한 새 소장단이 취임한 지 며칠 안 되어서부터 엄격하고 준법정신이 강한 이 독일인 부소장은 직원들의 모든 근무태도나 행동이 못마땅하다고 판단하였는지 자주 행정처에 내려가서 눈에 보이는 대로 야단치고 계속적으로 새로운 지시를 하곤 했다. 또한 신청사 건축심의위원회에 재판관 대표로 스스로 참석하여 절차의 엄격성 등을 강조하다가 다른 당사국 대표들과 많은 마찰을 일으키기도 했다.

그가 만들어온 문서에 내가 서명하여 그의 권한을 명문화하면 직원들을 심하게 닦달하는 등 무소불위의 권한을 행사하려는 결의가 보였다. 나는 웃으면서 내게 놓고 가면 잘 검토하여 대답하겠다고 돌려보냈다. 그러나 이것이 비록 어불성설이라고 하더라도 그 사람의 자존심과 체면을 손상하는 직접적

대응을 하는 것은 하책이라고 생각되어 이를 소장실의 법률고문인 동시에 비서실 차장인 이란 출신의 캐나다 국적 법률가 히라드 압타히(Hirad Abtahi)에게 검토를 지시했다. 그가 로마규정의 조문은 물론 재판소 내규 등 관계법령에 비추어 이 문서가 전대미문의 것인 데다가 얼마나 월권이고 상위규범 위반인지를 조목조목 지적하여 보내왔다.

나는 이를 히라드가 검토한 것임을 비밀로 한 채 부소장을 불러 단호하게 거부하는 의사를 표명하면서 그 이유는 순전히 법률적인 것인데 문서로 자세히 전문적 코멘트를 했으니 집에 가서 읽어보라고 돌려보냈다. 자기가 권리와 법의식을 강조하면 나도 똑같이 법적 논리와 해석으로 대응하여 그로 하여금 법을 지키고 수긍하도록 만들 수 있다고 생각했기 때문이다.

새 소장단이 가동한 직후 이 같은 우여곡절과 시련을 거친 다음 나는 긴급한 경우가 아니면 매주 1회 소장단 회의를 소집하고, 행정처장의 주례보고를 정례화하였으며 검찰부와의 협의체인 최고월례업무조정회의(Coordination Council: CoCo)를 매달 개최하도록 문서로 통보하여 체계를 잡아갔다.

4인방의 비난과 아시아인의 인내

대다수 재판관은 나를 찍었지만 풀포드, 스타이너, 오디오 베니토, 트렌다필로바 등이 반대표를 던졌다. 동료들에 의하여 4인방(gang of four)이라는 별명을 얻은 이들 4인 재판관은 결국 나의 첫 임기 3년 동안 말도 안 되는 이유로 계속 트집을 잡았다. 전원재판관회의를 소집하면 거의 발언권을 독점하다시피 한다든가, 회의 의제도 아닌 문제를 별안간 내세우면서 나를 공격하는 경우도 있었다. 또한 전혀 사실이 아닌 비난을 계속 퍼부었다.

예컨대 예산이나 회계의 기본도 모르면서 소장이 예산투쟁을 열심히 하지 않는다는 둥, 어느 나라가 국제형사재판소를 비난하는데 소장은 왜 침묵을 지키느냐는 둥 이유도 가지가지였다. 조금만 상식적으로 생각하면 국제형사재판소가 다른 국제기구와는 달리 법원인데 우리를 비난하는 자를 쫓아다니면서 맞대응을 해야 하는지, 국제법원이 당사국의 압력이나 언론의 비판에 매번 정치적으로 대응해야 하는지를 이해 못할 바 아니었을 것이다.

재판업무와 관련된 토론 중에도 즉흥적이고 감정적인 제안을 하고는 스스로 뒷감당조차 못하는 등 새롭게 재판소의 기틀을 잡고자 노력하는 소장단의 업무추진을 끈질기게 방해하였다. 예를 들면 내부조직규정을 축조심의하면서 풀포드 재판관의 즉흥적 제안으로 갑자기 창설된 OPCD(Office of Public Counsel for Defense)와 OPCV(Office of Public Counsel for Victims)라는 조직단위가 있다. 이 두 부서는 수년간 지금까지도 예산만 낭비하고 자기의 임무가 무엇인지도 모른 채 헤매고 있는데, 심각한 문제점을 노출하자 풀포드가 갑자기 이를 폐지하자고 즉흥적으로 주장해서 해당 직원들의 반발을 사고 엄청난 내부 소란의 원인만 제공한 일이 있다. 마치 자기 혼자만이 피고인이나 피해자의 권리를 옹호하는 재판관인 것처럼 창설하자고 떠들 때는 언제이고 폐지하자는 것은 웬일인가. 폐지하고 싶으면 이를 심사숙고하여 합리적 절차와 방안을 내놓아야 될 것이 아닌가. 아무튼 전원재판관 회의를 할 때마다 사안의 본질을 모르면서도 신랄한 표현으로 즉흥적 공격을 하는 그들을 나는 늘 참고 미소를 유지하면서 대하였다. 불공정한 비판임을 느낀 일부 동료들은 어떻게 참으면서 미소를 잃지 않느냐고 묻는다. 그럴 때마다 나는 또 빙그레 웃으면서 이것이 바로 '아시아인의 인내'(Asian Patience)라고 대꾸하곤 했다.

소장 취임인사차 관계기관 순방

취임 후 다소 정신을 차리자 루스비스 판데어란(Lousewies van der Laan) 비서실장에게 업무상 중요한 몇 관련기관 수뇌를 예방하자고 제의했다. 그리하여 그녀와 함께 먼저 네덜란드 법무장관 히르시 발린(Ernst Hirsch Ballin)을 예방했고, 국제사법재판소(ICJ)의 오와다 소장, 레바논 임시재판소의 안토니오 카세세(Antonio Cassese) 소장, 그리고 헤이르트 코르스텐스(Geert Corstens) 네덜란드 대법원장을 방문했다.

스웨덴 구스타프 국왕의 헤이그 평화궁 방문 기념 (2009. 4.22). 앞줄 왼쪽부터 국제사법재판소
오와다 소장, 국왕, 나. 뒷줄 왼쪽부터 국제사법재판소 쿠브뢰르 행정처장, 구유고전범재판소
권오곤 부소장, 국제상사중재재판소 크뢰너 사무총장.

헤이그의 요지아스 판아르천(Jozias van Aartsen) 시장은 자신이 1차 약속을
지키지 못한 다음 직접 나를 예방했다. 시장은 농림장관과 외무장관을 역임한
신망 있는 정치원로인데 인품과 식견이 뛰어난 분 같았다. 우리는 그 후 늘 서
로 경의를 표하면서 공적인 일에 긴밀하게 협조했다. 외무장관 막심 페어하헌
(Maxime Verhagen)은 약속이 되었지만, 어머니가 돌아가셔서 내가 한국에 가
느라고 실현되지 못했다. 바하마 출신 패트릭 로빈슨(Patrick Robinson) 구유
고전범재판소(ICTY) 소장은 스웨덴 국왕을 알현하는 자리 및 반기문 총장과
조찬미팅을 하는 자리에서 이미 만났기에 예방은 생략하였다.

취임인사차 예방하는 것은 이들에게 익숙한 관례는 아닌 듯하다. 만나보니
발린 법무장관은 대단히 박식하고 사명감 있는 훌륭한 법률가였다. 오와다 소
장은 이미 잘 알고 있었으나 소장 보좌관으로 일본 정부가 파견했다는 여성이
옆에 있어서 마치 일본관청을 방문하는 기분이 들었다. 이것이 결국 현지사회
에서 호의적으로 받아들여지지 않는 분위기를 눈치 챌 수 있었다. 카세세 소
장은 막 오픈한 사무실에서 어설프게 보였고 훌륭한 형사법 학자임은 틀림없

으나 조직을 이끌어갈 업무능력은 없는 할아버지 같은 인상이었다.

코르스텐스 네덜란드 대법원장은 잘 준비된 상태에서 아주 따뜻하게 맞아주었다. 루스비스 비서실장이 국제형사재판소와 네덜란드 국내 법원과의 협력을 말하자 그는 법정이 하나밖에 없는 우리가 여러 개의 재판을 동시에 진행해야 할 경우에는 네덜란드 대법원의 법정을 사용해도 좋다고 했고, 네덜란드 대법원도 현재 프랑스대사관 자리에 새 건물을 지어 이사할 예정으로 많은 건축 사무에 관여하고 있으니 국제형사재판소 신청사 건축에 도움이 필요하면 지원하겠다고도 했다. 특히 그는 우선 9월 18일 아른험(Arnhem)에서 독일군에게 패퇴한 연합군의 전투(Market Garden 작전)를 기념하는 세미나가 열리니 자기와 함께 참석하자는 제안을 했다. 나는 그의 초청을 수락한 다음 국제형사재판소의 임무도 설명하면서 나의 소년시절의 6·25전쟁에 관한 경험담도 했던 기억이 있다.

헤이그에서의 주요인사 예방 일정을 마친 나는 귀국하여 정부 요로에 당선인사를 하였다. 유엔 시스템의 총수로 반기문 총장을 배출하였고, 유엔과 달리 이와 쌍벽을 이루는 새 국제형사정의 시스템의 총수로서 나를 선출한 것이니 대한민국은 국제사회의 가장 중요한 이 두 국제시스템의 총수를 동시에 배출한 세계적 기록을 가지게 된 것이다. 당선 후 귀국하여 이명박 대통령, 한승수 국무총리, 김형오 국회의장, 이용훈 대법원장, 이강국 헌법재판소장등 최고위층을 모두 예방하고 난 후, 나의 선거를 음양으로 지원해준 외교부 장관과 법무부 장관을 방문하여 감사의 뜻을 표했다. 그리고는 추가하여 김평우 대한변협회장과 내가 몸담고 있던 서울대의 이장무 총장을 찾아 인사를 드렸다.

그러나 내가 받은 인상으로는 국제형사재판소가 무엇인지 이해하는 사람은 없는 것 같았으며 잘 모르긴 하지만 반기문 총장의 다음쯤 가는 무슨 국제기구의 수장 중의 하나가 아닌가 하는 정도의 희미한 인식만 있는 것 같았다. 신설 국제형사재판소(ICC)에 관하여 다소 들어본 일이 있는 사람도 조약에 의한 영구상설기관인 이 재판소를 유엔안보리 결의에 의하여 한시적으로 설치된 구유고전범재판소(ICTY)와 혼동하기 일쑤였다. 정확하게 국제형사재판소의 신설 이유와 기능 및 역할에 대하여 알고 있는 고위관료, 언론인, 법조인, 학자나 전문가를 만나기 어려웠다.

먼저 이명박 대통령을 11시부터 30분의 시간을 허락받아 예방했다. 이례적으로 많은 수의 비서진이 배석했다. 처음 30분 동안 의례적 인사말과 덕담이 교환되었고 나의 감사 표시 후에는 국제형사재판소의 기능이 무엇인지 묻는 질문도 있었다. 그러나 이런 통과의례를 마치자 대통령은 별도로 나의 애제자이고 검사로 근무한 자기 사위가 검찰을 떠날 수밖에 없었던 일에 관하여 말씀을 시작하였다.

해외유학생으로 선발되어 국비로 1년간 미국 유학을 떠났는데 법무부에 휴직 후 1년 더 공부를 계속하게 해달라는 특별청원을 제출하였으나 거절된 일에 관한 것이었다. 이 건은 제자인 본인이 전부터 나에게 오랫동안 상담했으므로 나도 잘 알고 있던 사안이다. 나는 당시 그런 식으로 청을 들어주면 검사가 모두 외국에 나갈 궁리만 하므로 조직의 통솔이 어려워진다고 막무가내로 거부하던 법무부의 태도에 답답함을 느끼고 직간접적으로 융통성 있게 처리할 것을 장관에게 조언한 일도 있었다. 그러나 대통령은 이를 자기가 야당의 지도자였기 때문에 사위가 정치적으로 부당한 대우를 받은 것으로 이해하는 듯한 인상을 받았다. 아무튼 대통령의 말씀이 이어져서 결국 나의 면담이 12시 반에야 끝났다.

청와대와 같은 권력기관에 근무하는 사람들에게 연줄을 대고 싶어서 식사를 사겠다는 사람들이 평소에 긴 줄을 서있다는데 그날은 대통령 면담이 예상밖으로 늦게 끝나서 배석자 대부분의 점심약속이 펑크가 나고 부근 음식점들이 허탕을 쳤다는 말을 들은 적이 있다. 참으로 희한한 한국적 현상이다. 왜 높은 자리에 있는 관리들에게 대접하겠다는 사람이 많이 생기는지 이해하기 어려웠다.

귀국하여 요인들을 예방하는 동안 언론들도 나를 인터뷰하는 일이 여러 번 있었다. 모두들 질문이 천편일률적이었다. 첫 질문은 소감이 어떤가로 시작

국제형사재판소장 당선 축하연 (2009. 3).

하지만 정작 국제형사재판소의 중요성, 역할, 또는 그 탄생의 의미를 묻는 경우는 전무하고 곧바로 개인의 사적인 질문으로 넘어갔다. '월급이 얼마냐, 관사가 얼마나 좋으냐, 경호를 어느 정도 해주느냐' 등을 묻다가 마지막으로 '한국의 젊은이들이 국제기구에 진출하려면 어떻게 해야 하는가'라는 질문으로 끝을 맺는다.

초기부터 천편일률적이었던 한국 언론의 질문은 소장이 된 뒤에도 동일했으나 천안함 폭침과 연평도 포격사건이 일어난 후에는 개인적 질문에서 김정일을 국제형사재판소 법정에 세울 가능성에 대한 질문으로 바뀌었다.

회원국이 납입하는 연분담금을 재원으로 활동하는 국제기구에게 어느 회원국이 자진해서 할당된 분담금보다 돈을 더 낼 테니 관사도 구입하고 좋은 차도 사라고 권하겠는가. 깎지나 않으면 다행인 것이다. 관사는커녕 한국에서는 물처럼 쓰는 판공비, 접대비, 품위유지비, 회식비, 체력단련비, 교통비, 법인카드 등은 국제기구에서는 전혀 상상 밖이고 유례가 없는 일이다. 이런 사정은 유엔의 경우에도 유사하다. 다만 드물게 반기문 총장을 포함하여 몇 국제기구의 수장은 관사가 있으나 그것은 각각 독자적인 경위와 스토리가 있는 것이지 국제기구가 자진해서 최고책임자의 관사를 구입한 경우는 전무하다.

사실 국내에서는 평소에 나의 집안배경이나, 전공, 교수로서의 명성 등 여러 가지로 보아 언젠가 정부로 진출하여 고위직을 맡을 것으로 기대하는 사람이 많았지만, 나는 한 번도 흔들림 없이 사양하고 교수로서 정년퇴직을 한 것을 감사하게 생각하고 있었다. 그런데 정년을 조금 남겨놓고 갑자기 국제형사재판소 재판관으로 당선되었다가 6년 후 이 국제사법기구의 수장 자리에 오른 것이다. 내 나이 이제 60대 후반이니 이 자리야말로 내가 혼신의 힘과 지혜를 기울여 비전을 제시하고 물러날 생애의 마지막 자리라고 생각되었다.

국내외로 인사를 닦은 후에는 헤이그에 있는 한인들, 즉 대사관 직원들, 국제기구에 근무하는 한국인 직원들을 모두 중국식당으로 초청하여 위로와 감사의 시간을 가졌다. 또한 소장 비서실 참모와 상고부 직원 24명을 모두 한 식당으로 초청하여 만찬을 베풀었다. 보스가 직원들에게 회식을 시켜주는 문화가 없는 만큼 이들이 매우 좋아하였고 나도 역시 즐거웠다.

재판소 직원의 기강 확립을 위한 리더십

4월 1일 오후에는 헤이그에 있는 직원을 모두 구내식당으로 모이게 하고 내가 취임 겸 당부하는 연설을 한 다음 질의응답을 하는 일종의 통과의례를 가졌다. 네덜란드 정부가 임차하여 국제형사재판소로 하여금 10년간 무료 사용하도록 주선해준 현재의 빌딩에는 다수가 모일 만한 공간이 없으므로 점심식사 후 구내식당을 치우게 하여 그곳에 소집하는 수밖에 없었다. 아프리카 현장사무소에 있는 직원들은 통신수단을 통하여 연결했다. 일시에 다 모일 수는 없으나 약 400여 명이 빽빽하게 선 채로 참석했다.

나는 이미 전 직원에게 보내는 이메일 통신으로 취임인사와 업무방침의 대강을 알렸으나 면전에서 영어로 취임연설을 통하여 그들을 한껏 격려하면서 그들의 헌신과 노력이 없었더라면 오늘날의 국제형사재판소란 없었을 것이라고 고맙다는 말을 여러 번 했다. 그들 중에는 엄한 독일 출신 부소장에게 이미 혼난 직원도 있어서 몹시 긴장하다가 안심하는 표정이 역력했다. 눈치를 보니 영어가 서툴러서 내 말을 완전히 이해하지 못하는 직원들이 있는 듯하여 양해를 구하고 같은 연설을 불어로 되풀이했다. 그들은 박수를 치면서 좋아했고, 나중에는 아프리카 불어권 나라에서 일하는 현지사무소 직원들의 불어 질문이 많이 쏟아지기도 했다.

소장 비서실에는 임시직과 인턴을 포함해서 법률, 예산, 인사, 회계, 대외 관계, 홍보 등을 맡은 18명 전후의 소규모 직원이 근무한다. 물론 행정처 (Registry)는 이런 업무를 소장의 지시를 받아 실제로 집행하는 방대한 조직이지만, 소장실의 참모들은 이런 업무집행에 관한 소장의 방침과 지시를 전달하고 감독하거나 연락하는 일을 비서실장의 관리하에 수행한다. 소장실 직원은 아무래도 가장 높은 곳에서 대내외적 문제를 관찰하고 분석하기 때문에 행정처 직원들보다 좀더 다각도로 장기적 안목에서 대처하는 편이고 개개인이 아주 똑똑하다. 아무래도 날마다 만나고 지시하고 상의하는 지근거리의 사람들인 만큼 이들을 잘 다루는 것이 중요하다.

당선 직후 소장실에 들어서니 직원들은 각자 그림이나 유머러스한 글귀를 써서 여러 색깔의 피켓을 들고 나를 환영했다. 그러나 출퇴근 등 근무기강이 바로 서 있다고 말하기는 어려운 실정이었다. 내 전임자는 출퇴근을 체크하는 타이머를 건물 정문에 설치하고 이에 출입상황을 찍어서 기록하도록 했으나 반발만 산 채 실패하였다.

나는 소장으로서 근무하는 동안 스스로 모범을 보임으로써 이들의 습관과 의식을 점차 고쳐주고자 마음먹었다. 직원들에게 왜 늦게 출근하느냐고 직접 추궁하는 것은 소장이 할 일이 아닌 데다가 내가 스스로 모범을 보이면서 점진적으로 해결하는 것이 낫다고 생각했다.

재판관들은 아주 자존심이 강하고 자기가 세계에서 제일이라는 생각이 마음속에 꽉 찬 법률가들이어서 좀처럼 소장의 말을 듣지 아니한다. 전임 소장의 지적이 모두 옳았다. 심지어 11시경 출근하는 재판관, 또는 오후 3시경 퇴근하는 재판관 등 가관이었다. 재판관 동료들은 자기를 보좌하는 비서나 운전사 등이 항상 그들의 언행과 일거수일투족을 관찰하여 좋으나 나쁘나 간에 말을 퍼뜨린다는 것을 잘 모르는 것 같았다.

나는 조직원들의 심리상태와 자세를 연구하여 항상 동료 재판관을 대할 때에는 좋은 말로 시작하여 칭찬으로 끝내곤 하였다. 직원들도 상사의 칭찬을 듣고 싫어하는 자는 없다. 국제기구에 근무하는 자들은 대체로 한 기구에서 다른 기구로 옮겨 다니고 새로운 피의 수혈은 거의 없이 동일한 인물들이 뱅뱅 돌아다니는 실정이라, 관료적이고 상투적인 데다가 온갖 잔재주나 권리주장을 하는 경우에는 당할 수가 없었다. 주로 유엔 시스템에서 왔거나 다른 임시국제법정에서 근무하다가 넘어온 일부가 그러하였다.

재판관들은 초창기부터 유엔의 나쁜 관례를 따르지 말고 공정하고 투명한 인사를 하자고 했는데 뽑고 보니 결과적으로 국제형사재판소 직원의 거의 3할이 임시법원에서 근무하다가 넘어온 유엔 직원들이었다. 그들은 임시법원의 한시적 성격 때문에 참고 있다가 일단 우리 재판소와 같이 안정된 직장에 취직하면 곧바로 아기를 갖기 시작했다. 대부분 산전, 산후휴가를 사용하게 되고 빈자리를 메우는 일을 남은 직원들이 수행하게 되자 유엔 임시법원에서 온 직원에 대한 반감이 슬며시 생겨나기도 했다. 각자 생각과 성분이 다르고 제멋대로 구는 것이 통제 불능인 경우가 많았다. 어느 그리스 출신 직원은 한국 국민들이 외환위기 때 금반지까지 기부하면서 나라경제 살리기에 총력을 기울여 협조했다고 하니까, 한국인들은 정신이 나갔다고 대답한 것이 지금도 잊히지 않는다.

나는 직원들을 만날 때마다 애써 칭찬으로 일관하고 그들에게 동기부여를 하면서 새 기관의 창설요원으로서의 사명감을 고취하느라고 힘썼다. 서구사회에서는 필요 없이 남을 비난하는 일이 드물고 마음에 안 들면 피해버리는 대신 칭찬도 제때에 맞추어 자주 잘해준다고 보기는 어려우므로 나는 늘 칭찬해주기에 바빴다. 처음에는 무슨 빈말을 하나 싶었나본데 나의 칭찬이 자기네 업무와 직결되는 구체적인 모습으로 반복해서 계속되자 점점 마음을 열기 시작했고 얼마 후에는 개인적 인생 상담을 해달라는 사람도 늘어갔다.

문제는 또 있었다. 새로 뽑은 이탈리아 여성 행정처장이야말로 5년 임기 내내 온갖 불협화음과 재판소 기능부전(機能不全)의 원천이었다. 행정처장은 소장의 권한 하에서 기능을 수행하도록 로마규정 제43조 2항에 명문으로 규정된 것을 깡그리 부정하고 소장, 검사, 행정처장이 모두 동등한 지위의 고위직이라는 태도를 보였다. 그는 내게 매주 정례보고를 하지만 검사에게는 비협조적이어서 허구한 날 검사와 행정처장 사이에서는 마찰음이 생기고, 그런 경우 모두 내게 와서 하소연을 했다. 소장이 마치 유치원 선생님 같았다.

소장의 직무훈련

당선 후 급한 내부 조치가 거의 마무리되자 비서실장과 행정처 홍보실 책임자가 곧바로 내게 와서 언론을 상대하는 요령을 쌓기 위해 훈련받도록 권고한다. 국제형사재판소와 같은 전문조직을 이끌어가는 지혜를 배우는 것이 필요하다고도 했다. 나는 수소문 결과 브뤼셀에 있는 언론을 잘 다루는 홍보전문가를 초청하여 1주일간 강의와 실습을 받았다. 나로서는 처음이기도 하고 매우 흥미로운 기회였다. 내가 기자의 질문에 대답하는 표정, 말투, 유머, 언어선택 등을 동영상으로 만들어 다시 틀어 보면서 함께 분석과 비판을 반복하곤 했다.

　나를 가르치는 강사가 아프리카의 대통령 역할을 하면서 나의 대응을 관찰하거나 아니면 기자회견에서 비난조로 질문하는 언론에 능란하게 대답하는 훈련을 반복하였다. 기자회견에서는 기자가 무슨 질문을 하든지 그의 자유이듯이 무슨 대답을 하든지 나의 자유이다. 너무 동문서답을 하는 것도 곤란하지만 기자의 질문의 핵심단어를 중심으로 강력하게 나의 메시지를 던지는 기회로 삼는 적극적 자세도 배웠다. 기자가 부정적 표현을 잔뜩 써가면서 질문을 할 때에는 그와 같은 부정적 표현을 반복하면서 대답을 하지 말라는 조언도 기억에 남아있다.

　국제형사재판소와 같은 특이한 조직의 관리에 관하여서는 여러 달 동안 암스테르담대학의 경영학 교수와 여러 가지 사례를 놓고 토의를 하면서 조직의 특이성에 응용할 수 있도록 현대적 조직관리 기법을 배웠다. 아침 일찍 출근시 재판소 건물 입구에서 보안검사를 하는 경호원으로부터 시작하여 구내식당의 직원과 청소원, 그리고 비서, 재판 연구관 등에게 늘 개인적으로 조크를 하면서 매일 유쾌한 하루를 시작하고자 노력했다.

나는 한국에서는 불어를 독학하다시피 하였으나 미국 튤레인대학에 다닐 때 방과 후 과외수업을 열심히 들었다. 그리고 파리에서 공부할 때 브장송(Besançon)에 있는 알리앙스 프랑세즈(Alliance Française)에서 집중적으로 어학을 공부한 일이 있다. 불어권의 피고인이나 변호인, 또는 증인이 법정에서 불어로 말을 하거나 서면을 작성하여 제출하는 경우에는 이를 지장 없이 이해해야만 했다. 특히 상고심 재판부에는 불어를 충분히 말하는 재판관이 없어서 재판연구관에게 의존하는 경우가 대부분이었다. 나는 제출된 불어 문서를 해독할 능력이 있으므로 상고사건을 다루는 데에는 지장이 없었으나 그래도 불어실력을 강화하기 위하여 불어 선생을 초빙하여 정기적으로 공부했다.

취임식도 따로 못한 채 바로 전원재판관회의를 소집하여 재판관들의 재판부 재배치 결의를 얻어내야 하는 등 숨 돌릴 틈도 없다. 모든 재판관을 만족시키는 재배치는 없지만 신속한 결단이 필요했다.

소장실에는 비서실장을 비롯하여 열심히 일하는 정규직 참모들에게 인사이동이 없음을 약속하면서 계속 같이 일해 줄 것을 부탁하니 곧 안정이 되었다. 루스비스(1966년생) 비서실장은 전임자가 임기 말에 6개월 예정으로 채용한 네덜란드 여성인데 일처리가 신속하여 그냥 계속 일해도 될 것 같았다. 레이던대학(Universiteit Leiden)에서 법학을 전공한 후 정치에 투신하여 네덜란드 국회의원과 유럽의회 의원을 네 차례 역임하고 'D66'라는 진보적 소수정당의 당수로도 선임되었던 인물이다. 당수의 연임을 노리고 재선에 도전하여 패배하자 우리에게로 옮긴 셈이다.

루스비스는 네덜란드에서 누구나 알아보는 유명인사이고 TV나 잡지 표지를 자주 장식하는 인물이다. 조부는 수마트라 정부의 검찰총장이었는데 침략한 일본군에 의하여 감금되었고, 부친은 의사로서 WHO에서 근무하다가 일찍 은퇴했는데 덕택에 그녀는 주로 미국에서 자라고 고등학교까지 교육을 받았다. 불어와 영어를 참 잘한다 했더니 역시 그럴만한 이유가 있다. 브뤼셀에서 유럽연합을 위해 일하다가 공정거래위원회에 다니는 4살 연하의 남편 데니스 헤셀링(Dennis Hesseling, 수학·경제학 전공)을 만나 남매를 두었다.

아무튼 소장실 직원 모두가 헌신적이고 충성심이 강하며 유능한 것 같아 안심이다. 점차 정신을 차려 업무파악을 해보니 재판업무, 행정업무 외에 대외업무가 만만치 않다. 재판업무는 그런 대로 잘했는데, 행정업무는 역대의 행정처장이 소장의 지시를 안 듣고 외국여행만 하다 보니 업무를 장악하지 못하여 그야말로 엉망진창이다. 대외관계는 알-바시르(Omar Al-Bashir) 수단 대통령에게 구속영장을 발부한 것에 대한 아프리카 및 아랍 국가들의 반발이 세계를 시끄럽게 하고 있어 국제형사재판소가 참 어려운 지경에 빠져 있다.

첫 동남아 순방에서 거둔 성과와 한계

취임하자마자 아시아, 뉴욕 및 아프리카 순방 계획을 세웠다. 이 세 차례의 출장은 일종의 데뷔이고 상호간에 맞선을 보는 기회인 셈이다. 우선 회원국의 수가 가장 적은 아시아 지역을 그 지역 출신 소장이 가장 먼저 방문하여 지역 국가들의 로마규정 비준을 독려하고자 수행원을 대동하고 2009년 4월 25일 동남아시아 순방에 나섰다. 이번 출장을 준비하느라고 미국인 대외담당 보좌관 에릭 위티(Eric Witte)가 애를 많이 썼다. 당시 회원국 108개국 중 아시아는 14개 회원국을 차지하고 있다. 우선 아시아의 큰 나라 태국과 인도네시아를 방문하여 로마규정 비준을 권고하기로 했다.

태국에서는 이용일 참사관의 영접을 받아 방콕공항에서 호텔로 가는 도중 잠깐 에메랄드사원에 들렀다. 아시아에 와본 일이 없는 비서실장은 너무 좋아하고 그날 저녁 네덜란드대사가 주최한 관저만찬에서는 후일 가족과 함께 재방문하여 대사관저에서 머무를 것을 약속하였다. 방콕주재 네덜란드대사

티야코 판덴하우트(Tjaco van den Hout)는 국제상설중재재판소(PCA)의 사무총장 자격으로 나와 외교 리셉션에서 수년간 자주 만난 사람이다. 그가 당시 헤이그주재 라트비아대사인 바이바 브라제(Baiba Braže)와 결혼하여 딸을 낳고 감투도 얻어 작년 8월 방콕으로 부임한 것이다. 우리는 이들 내외와 구면이어서 반가웠고 특히 방콕 중심가에 넓은 면적을 차지한 관저는 아주 크고 좋았다.

태국에서는 책임 있는 정부 고위관리나 비준을 지지하는 국회의원 면담, 언론매체 인터뷰, 대학 강연, 현지 유력인사 면담 또는 비정부기구 격려 등으로 분주했다. 4월 27일 바시우니 교수의 연구소(The International Institute of Higher Studies in Criminal Sciences: ISISC)가 주최한 "부당면책과 싸워 국제정의를 촉진하자"(Fighting Impunity and Promoting International Justice)라는 주제의 국제회의에 참석했다. 바시우니 교수와 수잔나 린튼(Suzannah Linton) 교수가 발표하고, 태국 측에서는 나중에 네덜란드대사로 부임하는 비라차이 플라사이(Virachai Plasai) 국제법률국장이 태국 입장을 발표했다.

다음 날 나는 방콕 외신기자클럽에서 많은 내외신 기자들과 재계 리더들에게 비준의 필요성을 역설하였다. 태국은 동남아시아 국가 중 로마규정을 제일 먼저 서명한 나라임에도 불구하고, 신성불가침인 국왕의 면책이 보장되지 않는 한 비준은 어렵다는 입장이다. 그래서인지 장관들이 면담을 슬슬 피하는 것 같기도 하다. 대개 차관급이나 그 이하 실무자를 배치하면서 책임 있는 말을 하는 관리가 없다.

그러나 현재 비준국 중에는 일본, 영국, 스칸디나비아, 네덜란드 등 25개의 왕국이 있는데 이들은 모두 국왕의 면책특권에 관한 법률적 난점을 잘 극복하고 회원국이 되었다. 이들의 선례를 연구하여 자기네의 비준 준비에 참고로 할 수도 있건만 아무리 말을 해도 무성의하기 짝이 없다.

이 나라의 전반적인 인상은 우선 관리들이 준비와 자세가 안 되어 있고 영어가 잘 통하지 않는다. 행정부는 군부가 통제하는지 그들의 눈치를 보는 것 같았다. 우리의 방문이 PGA(Parliamentarians for Global Action)라는 영향력 있는 비정부기구의 주선으로 이루어진 것인 만큼 의회 지도자들을 다각도로 접촉했다. 4월 30일에는 국회 외교위원회 위원장인 테오 삼부아가(Theo Sambuaga) 의원 및 여러 명의 국회의원들과 함께 토론회를 가졌다. 대체로 외교 분야의 국회의원들은 의사소통이 되고 이해정도가 높았으며 호응이 있었다. *Bangkok Post*와 *Nation* 신문, *TV Thai*(일반 대중용) 등 기자들이 아주 열심히 취재했다.

태국에서 자카르타에 도착한 날 오후부터 비정부기구 라운드테이블을 개최하고 외무차관을 만났다. 만찬은 인도네시아주재 네덜란드대사 코스 판담(Nicolas(Koos) van Dam)이 주재했다.

다음 날 오전 인권협력국장을 잠깐 접견하고 파라마디나대학(Paramadina University)에서 강연했는데, 젊은 학생들이 그야말로 정열적으로 호응했다. 이후의 모든 현지언론 인터뷰는 자카르타 유엔개발계획(UNDP)의 공보관 올렌카 프리야다르사니(Olenka Priyadarsani)의 주선으로 원만하게 잘되었다. 일간지 *Kompas*, *Jakarta Globe*(영자지), *Republika*(진보적 이슬람 일간지), *Jakarta Post*(영자지), *VIVA News*(online TV) 그리고 *Tempo*와 인터뷰했다.

인도네시아의 경우에는 주로 군부의 반대를 극복하지 못했다는 이유를 대면서 비협조적이었다. 군부는 그들이 과거에 아체나 동티모르 등 주변국가나 소수민족을 무자비하게 제압한 원죄가 있어서 행여나 국제형사재판소에 가입하면 정부의 실권을 쥐고 있는 군부가 국제형사재판소에 제소당하지 않을까를 걱정하는 것이다. 이에 대하여 나는 국제형사재판소는 로마규정에 규정된 대로 불소급의 원칙과 보충성의 원칙에 의하여 운영하므로 그러한 염려는 필요가 없다고 강조했다. 설사 2002년 7월 1일 이후에 범한 관할 범죄를 소추하여도 인도네시아 국내 검찰과 법원이 정상적으로 가동하여 이 문제를 자체적으로 다룰 수 있는 한 국제형사재판소는 개입할 수 없다고 여러 번 반복했다. 그러나 그들은 소장의 말조차도 반신반의했다. 각 부처가 모두 모인 회의에서 우리를 대하는 태도를 보면 산만하고 준비가 없는 동시에 말도 안 통하는 등 한심한 생각마저 들었다.

왜 일부 아시아 정부 공무원들은 회의준비를 위하여 문제점을 정리할 줄도 모르고 수준미달일까. 사실 인도네시아와 같이 인구가 많고 복잡한 대국을 골라 로마규정의 비준을 협의한다는 것은 처음부터 벅찬 일일 수도 있다. 그러나 그 나라 국가인권위원회의 국가인권행동계획에 의하면 2008년 말까지 로마규정을 비준한다고 명시되어 있다. 이에 용기를 얻어 우리는 인도네시아의 유도요노(Susilo Bambang Yudhoyono) 대통령에게 비준을 요청하고, 심지어 반기문 총장까지 동원하여 그를 설득했음에도 불구하고 염려 말라는 말만 반복할 뿐 진전이 없다.

두 나라를 접촉한 느낌은 공통적으로 관심은 있으되 호기심 수준이고, 언어소통이 잘 안되며, 담당 공무원들이 준비가 전혀 없는 데다가, 각각의 비준 장애사유(태국은 왕의 면책특권 문제, 인도네시아의 경우에는 군부의 반대 등)가 있으나 이를 해결하려는 의지가 전혀 없어 보인다는 것이다. 자꾸만 지나친 선물을 주고, 다음번에 초청하겠다는 지키지 못할 약속을 공연히 남발한다. 이들 정부는 말과 행동이 다를 때 국제적으로 어떤 인상을 주고 어떤 대접을 받는지 거짓말이나 허례허식의 부작용을 잘 모르는 것 같았다.

방콕과 자카르타를 여행하는 기간 중에 루스비스 비서실장과 나는 서로를 잘 관찰할 기회가 있었다. 그녀는 똑똑하고 분명한 데다가 아시아에 호기심이 많았다. 성질은 좀 급해서 신속한 판단을 하다가 실수하는 일이 간혹 발생하는 편이다. 자카르타에서는 시간이 나기에 그녀에게 앞으로 적어도 3년간 나와 같이 일할 것을 제의하자 뛸듯이 기뻐했다. 그녀는 그 후 약 2년간(산전, 산후휴가 6개월 포함) 나의 비서실장을 하다가 2011년 3월에 사직했다. 주재국인 네덜란드 출신 유력인사인 그녀가 소장실에서 일함으로써 주재국과의 관계를 정립하는 데에 크게 기여했다.

태국과 인도네시아 방문을 마치고 5월 1일 귀임할 계획이었는데, 갑자기 이날 고 사이가(齋賀) 재판관의 장례식이 그녀의 고향인 시코쿠(四國)에서 거행된다는 연락을 받고, 아시아에 온 김에 급히 일정을 변경하여 홍콩과 동경을 경유하여 장례식에 참석하기로 하였다.

사이가 재판관은 노르웨이대사를 하다가 일본의 비준 후 재판관으로 당선된 분인데, 취임하자마자 법학을 공부한 일이 없어서 자격이 없다는 대내외

지적에 시달렸다. 나에게 처음부터 아주 잘하고 의지하고자 하는 태도를 보여서 나도 매우 마음을 쓰던 동료였다. 형사재판을 본 일도 없는 분이 국제형사재판관이 되었으니 속으로는 무던히 긴장하고 걱정을 많이 했으리라. 나는 그의 자존심이 상하지 않는 범위 내에서 형사소송의 기본원리를 설명하고 기술적 세부사항도 가르쳐주는 등 몰래 그에게 여러 도움을 주었다. 그는 이러한 나를 무척 고맙게 생각하였다. 그리하여 내게 가장 먼저 소장 출마를 강력하게 권고한 재판관 중의 한 분이었고 상당한 선전부장 역할을 해주었다.

그런데 3월 하순 어느 일요일 그가 당시 시부야 일본대사와 함께 골프를 치다가 9번 홀에서 갑자기 쓰러졌다. 구급 헬리콥터로 로테르담의 심장전문 에라스무스 병원에 입원하여 바로 개심수술을 받았다. 병원에서 회복 중에는 내가 날마다 문병을 갔는데 늘 자기가 건강해져서 복귀하면 무조건 나를 돕겠다는 말을 반복하면서 감사함을 표했다. 나는 매일 그의 용태가 호전됨에 안심하였는데 어느 날 갑자기 운명하였다. 소장직에 취임한 후 첫 동료재판관 장례식을 치러야 하는 나의 심정은 참으로 비통하였고, 아무 선례도 없는 마당에 어떻게 고인을 예우해야 하는지 난감하였다.

우선 우리는 재판소의 구내식당에 빈소를 마련하여 방문객들의 서명을 받고 그를 추모하는 모임을 간단히 거행했다. 미혼이라 남동생 내외가 와서 나의 협조를 얻어 시체반출 허가부터 모든 행정적 절차를 마치고 고향으로 갔는데, 이제 5월 1일 장례식을 한다는 것이다. 도쿄발 다카마쓰(高松) 행 기내에서 역시 장례식에 가는 주일 네덜란드대사 필립 드헤어(Philip de Heer)를 만났는데, 공항에 내려 보니 시골이라 그런지 택시도 없고 공항에 사람이 하나도 없었다.

두 시간 이상 더 들어가는 산골이라는데 교통편이 없어 망연자실하고 있던 중 난데없이 일본 외무관리가 나타나서 나를 모시러 따로 신칸센으로 왔다고 하는 것이 아닌가. 그들의 협조를 얻어 택시로 한 시간 만에 장례식장에 도착했다. 국제형사재판소 소장의 직접 참석에 모두 감사의 표시를 했다.

고인의 고향은 메밀국수가 유명하다는 가가와(香川) 현의 작은 마을인데,

영업용 장례식장을 빌려서 식을 거행한다고 한다. 가보니 장례식의 개시 전임에도 불구하고 천황부터 총리 등 관계각료의 화환과 공물이 질서정연하게 진열되어 있다. 장례식장 단상 정면에 천황의 공물이 진열되어 있고, 국제형사재판소 명의의 화환, 재판소에 근무하는 일본인 직원 일동의 화환, 네덜란드주재 시부야 일본대사의 화환 외에 아소 다로 총리, 나카소네 외상 등 많은 분들의 조화가 놓여있다.

동네사람 약 200명 정도의 조객들이 참석했는데 한 사람도 늦게 오거나 일찍 자리를 뜨는 사람 없이 검정예복을 입은 채 시종일관 단정하고 정중하게 참석했다. 5월 1일 11시 반에 스님들 5명의 집전으로 시작한 의식은 2시간이 걸렸다. 모두 경건하고도 조용하게 고인의 마지막 길을 애도했다. 아주 벽촌인 시골이지만 모두 예외 없이 검정색 옷을 단정하게 입고 영결식이 끝나자 고인의 얼굴을 내놓은 관이 모두 덮일 때까지 열린 관 속에 흰 국화꽃을 던져넣고 장례차가 떠나는 순간까지 모두 그 방향으로 도열하여 엄숙하게 경례하는 것이 아닌가.

일본의 아주 벽촌인 이곳 장례식에 참석한 사람들의 시종일관 엄숙하고 경건한 태도는 한국에서 가장 수준이 높다는 서울사람의 장례식 참석 행태를 아주 부끄럽게 만들었다. 나의 머릿속에는 일본인들의 정중한 태도가 오랫동안 남았다. 우리가 배워야 할 기본예절이다. 나는 그들의 관례에 따라 공물을 헌정했고, 영어로 조사(弔辭)를 했는데 이를 가와이 국장이 통역했다.

예정보다 일찍 도쿄로 돌아와서 나리타 근처 호텔에서 하룻밤을 쉬고 다시 룩셈부르크로 직행했다. 5월 3일부터 이곳에서 유니세프 세계총회가 열리는데 박동은 유니세프한국위원회 사무총장의 요청으로 참석하는 것이다. 이를 안 우리 비서실에서는 떡 본 김에 제사 지낸다고 룩셈부르크 정부와 협의하여 최고의 의전을 갖추고 나의 공식방문을 준비했다.

유니세프 룩셈부르크 국가위원회 회장을 맡은 대공비(Grand Duchess, 大公妃)가 총회를 개막했다. 국제형사재판소주재 룩셈부르크대사 장-마르크 호샤이트(Jean-Marc Hoscheit)는 나를 수행하기 위하여 이미 귀국하여 대기

중이었다. 우선 부총리 겸 외무장관 장 아셀보른(Jean Asselborn)을 만나 수
단 건 때문에 우리를 비난하고 협박하는 아프리카를 설득하는 노력을 유럽연
합 전 회원국이 공동으로 전개해줄 것을 부탁했다. 외무부 사무차관을 만나
서도 동일한 부탁을 하고 또한 증인보호와 판결집행 문제를 논의했다.

그리고는 앙리 대공(Grand Duke Henri)을 알현했다. 이분은 50대 중반으
로 제네바에서 공부하는 도중 쿠바 피난민인 현부인을 만나 결혼하여 5명의
자녀를 두었다. 상당히 박식하고 준비를 많이 하는 분이라는 인상을 받았다.
국제형사재판소에 관하여 많은 질문을 했으며 그 외에도 여러 주제에 관하여
이야기했다. 나는 이 나라가 6·25 전쟁 시에 군대를 파병해준 은혜에 감사
를 표했다. 그는 의외라는 듯 아주 좋아했다. 이로써 소장으로서의 첫 데뷔
는 정부요인 면담이나 대중강연 또는 언론사의 기자회견 등의 모든 면에서 합
격점을 받은 것 같다.

국제사법기구의 수장이자, 1천 명 직원을 가진 독립국가의 원수

국제형사재판소 주위에서는 나 같은 아시아의 촌놈이 어떻게 이 모든 경우
를 잘 헤쳐 나갈지 의문이었던 모양이다. 내가 근 30년간 서울대, 하버드대,
뉴욕대를 위시하여 호주와 뉴질랜드 등 수많은 대학에서 강의하고 국제회의
를 해본 경험과 배짱으로 고비마다 잘 넘기자, 비서실장마저도 무척 안심한
듯하다. 수행원들은 시차가 아무리 괴롭혀도 가장 먼저 일어나서 일행의 준
비에 차질이 없도록 독려하는 나의 체력을 우선 경이로운 눈으로 보곤 했다.

곧 다시 뉴욕에 가서 108개 회원국 대사 및 국제형사재판소연합(Coalition
for the International Criminal Court: CICC) 앞에 데뷔해야 했고, 남부 아프리
카를 순방해서 수단 대통령 알-바시르에게 구속영장을 발부하여 신경이 날카
로워진 일부 아프리카 국가원수들을 진정시키고 그들의 지지를 얻어야 했다.
계속되는 공식방문은 물론 국왕, 대통령, 총리 등과 면담 일정이 숨 가쁘게
잡혀 있었다.

내가 소장에 취임한 직후 국제형사재판소를 방문한 미첼 바첼레트 칠레 대통령과 함께 (2009. 5).
재판소장은 각국 외교사절 접견, 국가원수와의 회담 일정 등을 숨 가쁘게 수행해야 했다.

하비에르 솔라나(Javier Solana) 유럽연합 대표 예방 (2009. 5).

그동안 언론매체 인터뷰, 각국 대사 또는 회원국 정부 고위관리 접견, 공개연설 등을 수없이 하면서 상당히 익숙해지고 빨리 적응한 셈이다. 그리고 보니 국제형사재판소 소장은 단순히 국제사법기구의 수장일 뿐만 아니라 직원이 1천 명이니 그만큼의 인구를 가진 독립국가의 원수임을 깨달았다. 각국 외교사절을 끊임없이 접견하거나 재판소주재 대사의 신임장을 제정받는다. 유엔 산하가 아니므로 유엔이나 아프리카연합(African Union)에 연락사무소나 대표부를 설치하고 매년 유엔총회에 참석해 연설하는 등 국가원수의 업무와 동일하다. 더구나 신생기관이다 보니 모든 일이 새로운 것이고 선례가 없으므로 소장인 나의 적극적, 창의적 노력이 끊임없이 요구되었다.

그런데 내부적으로 들여다보니 재판관 중에 점차 개인적 이해관계를 우선시하는 경향도 생겨나고 있고, 인사와 예산이 난맥상이어서 어디서부터 손을 대야 할지 막막했다. 검사는 독립적이니 그렇다 치고, 행정처장은 늘 여행만 다니고 소장의 지시를 잘 받들지 아니한다. 이미 6년간 길이 잘못 들은 것이다. 당사국과 비정부기구 등 외부의 눈이 있으니 걱정이 앞선다. 원래 행정처장이 행정의 고삐를 제대로 잡아주면 소장은 장기적 안목에서 재판소의 운영방향과 장기전략 수립을 고민할 텐데 날마다 사소한 일에 소방수 노릇을 하고 있다.

취임 후 두 번째 출장으로 뉴욕의 유엔본부에 가서 통과의례를 치러야 하므로 귀임하자마자 준비에 들어갔다. 2009년 5월 16일 데이비드 콜러(David Koller) 보좌관을 대동하고 소장 당선 후 처음으로 유엔본부에 출장을 갔다. 유엔안보리 회원국이나 비회원국 또는 말썽 많은 회원국의 대사를 만나 국제형사재판소를 설명하는 양자회담이 내 업무의 대부분이었다. 4일간 19회의 양자회담, 9회의 오·만찬 및 세미나 연설, 국제형사재판소 연락사무소 직원면담 등으로 눈코 뜰 새 없는 초인적 일정을 소화했다. 그리고 많은 국가의 대사들을 사무적으로 대하기보다 조금 시간을 더 들이더라도 인간적으로 대해주면서 그들의 마음을 얻기에 내심 노력하였다.

특별한 일정은 슬로베니아가 주최한 국제형사재판소에 관한 세미나에서 연설한 것이다. 이는 내가 뉴욕의 유엔커뮤니티에 공식적으로 새로 데뷔하는 셈이어서 조심하면서도 알맹이 있는 말을 많이 했다. 어느 경우에나 첫인상이 중요하기 때문이다. 이 세미나에는 거의 대부분의 유엔대사와 외교관들은 물론 많은 수의 비정부기구들이 자리를 채웠다. 질문도 예리하고 다양했으나 나는 아프리카 대표들의 불평을 잠재우기에 노력하였고, 국제형사재판소에 대한 과잉기대를 낮추며 여러 가지 오해를 불식시키기에 노력했다. 그러면서도 모든 쟁점이 정치화됨을 막고 순전히 사법적 입장으로 일관되도록 용의주도하게 대처했다.

그리고 소장이 된 후 처음으로 국제형사재판소의 예산회계위원(CBF)인 한명재 참사관을 대동하고 반기문 유엔사무총장의 집무실로 예방하였다. 나는 힘써 국제형사정의를 통한 지속가능한 평화의 확보가 이제부터는 국제형사재판소의 손에 달려있음을 강조하고 반 총장의 협조와 이해를 구했다.

루스비스 비서실장은 소장 취임 후 바로 나의 태국과 인도네시아 방문을 수행한 다음에는 뉴욕출장에는 그녀 못지않게 똑똑한 소장실 직원인 데이비드 콜러가 수행하도록 양보하고 소장실을 지키기로 결정했다. 소장 부재중에 얼토당토아니한 불평을 퍼뜨려서 곤경에 빠뜨리려는 4인방이 있고, 나의 부재를 이용하여 자의적으로 법령근거 없는 지시를 할 수 있는 독일 부소장이 있기 때문이다.

남부 아프리카 나라들 공식순방

드디어 남부 아프리카 몇 나라를 공무로 출장하는 일정이 확정되었다. 2009년 5월 31일부터 6월 7일까지이다. 대외담당보좌관인 미국인 에릭이 남아공의 한국대사관에 근무하는 박성수 1등서기관과 연락하여 일정을 잘 마련했다. 이제 정말 '검은 아프리카'를 방문하는 것이다. 아프리카 방문에는 아프리카 출신 행정처 직원을 수행시키는 것이 옳을 듯해, 사려 깊은 레소토 출신 모초초코를 대동했다.

네덜란드항공(KLM)을 탔는데 만석이다. 왜 이리 붐비는지 물으니 이제 겨울이 되어 기온이 적당하므로 탄자니아의 수도 다르에스살람(Dar es Salaam)으로 가는 도중에 킬리만자로산을 보고자 '킬리'에서 내리는 사람이 많기 때문이라고 한다. 이 중간공항이 바로 르완다학살재판소(ICTR)가 있는 아루샤(Arusha)이다. 이제 이 재판소가 문을 닫으면 '아프리카 인권법원'이 이곳에 들어설지도 모르므로 이래저래 이곳은 발전하지 않을까 싶다.

9시간을 남쪽으로 날아서 적도를 넘은 뒤 캄캄한 밤에 킬리에 착륙했는데 역시 많은 사람이 내린다. 헤밍웨이(Ernest Hemingway)가 그렇게 찬탄하던 킬리만자로산이 어두워서 보이지 않으니 유감이다. 45분 정도 더 가면 목적지인 다르에스살람이다. 그동안 아시아(방콕과 자카르타 및 일본 시코쿠), 룩셈부르크 그리고 뉴욕 등 3번 공식여행을 한 경우와 비교하면 이번의 아프리카 여행은 일정이 한가롭다. 저녁 9시 45분에 도착해야 하는 비행기가 특별한 이유도 없이 10시 반경 도착했는데, 늦은 밤인데도 탄자니아 외교부 법률국장 카시안주(Irene F. Mkwawa-Kasyanju)가 직원과 함께 기다리고 있다. 내가 탄 외빈용 벤츠차량을 경찰차량 여러 대가 에워싸고 요란하게 선도하면서 호텔로 안내한다. 늦은 밤인데도 경호차량이 교통을 통제하지 않았더라면 호텔까지 아마 한 시간도 더 걸렸을 것이다. 주무장관들을 만나서 할 말의 요점을 정리하고 나서, 탄자니아 안내서를 읽느라고 늦게 잠이 들었다.

탄자니아

새벽부터 찬송가 소리가 들리기에 깨어 창문으로 내려다보니 호텔방에서 아름다운 인도양 바다가 지척이다. 호텔과 해변 사이에 식민지 시대의 양식으로 지은 흰색의 루터교 교회가 있고 그곳에서 아침부터 찬송가 소리가 들려온 것이다. 80%가 무슬림이라는 나라에서 웬 찬송가인가. 잠을 설치고 해변을 따라 여유롭게 걸어 올라가 보니 생선시장이 나온다. 새벽부터 길에 사람이 많고 도로는 사람과 중고차로 뒤범벅인 데다가 쓰레기가 널려 있다. 위생관리가 안된 생선시장에 이름 모를 생선이 많으나 분류조차 잘되어 있지 못했다. 어디서 오는지 마침 페리가 부두에 도착하자마자 엄청난 수의 사람들이 내려서 한 방향으로 몰려왔다. 새벽의 역동성을 보았다고나 할까. 사람들이 골격이 크고 육덕이 좋다는 인상을 받았다.

땀을 많이 흘리면서 걸어서 안내책자에 나온 토산품점에 갔다. 물건도 빈약하지만 우선 그 나라의 현금만 받는다고 말하는 종업원도 맥이 없다. 점원이 물건을 하나라도 더 팔려는 의욕이 없이 생기 없는 눈초리와 말투로 알아서 하라는 식이다. 부근의 은행에 가서 돈을 바꾸어 오란다. 은행에 가보니 1유로에 1,825 탄자니아실링이라고 공시되어 있으나 줄이 삼천리다. 할 수 없이 부근에 있는 호텔 안의 환전상에게 가니 1유로에 1,770실링이란다. 돈으로 시간을 사는 격이다. 간신히 현지 화폐로 바꾼 다음 다시 상점으로 갔다. 신문지에 둘둘 말아서 포장해주는 대로 목각과 날염한 보자기 그리고 이곳의 특유한 팅가팅가 그림(Tingatinga art)을 각 한 점씩 샀다.

하도 땀을 많이 흘려서 우선 호텔로 돌아와서 샤워하고는 수행원이 알아낸 시내 식당에 점심을 먹으러 갔다. 역시 현금만 받는데 이곳은 환율이 1,600실링이란다. 그런데 닭고기 카레가 40분 만에 나오고 커피가 20분 걸리고 계산서가 15분이 걸렸다. 옆에 앉은 수행원 파키소가 같은 아프리카 사람이라 아무 내색도 안 했으나 이렇게 답답하고 시간 가는 줄 모르니 언제 국민들이 잘살게 될까. 일을 열심히 할 아무런 인센티브가 없는 것이다.

탄자니아는 소련을 답습한 철저한 사회주의를 벗어난 지 불과 20여 년밖에 안 되어서 공산주의식 훈련에서 탈피하지 못한 채 아직 기본서비스를 제대로 할 줄 모르는 것 같다. 물론 자본주의의 돈맛도 모른다. 아직도 수도 한복판에 김일성 거리, 스탈린 거리, 모택동 거리가 존재하는 나라이다. 또 하루에 1건 이상의 약속을 안 한다고 하며, 생활의 리듬은 무척 느리다. 길에는 일본 토요타의 중고차로 가득하지만 차가 움직이지 않은 채 매연만 뿜어낸다.

첫 공식일정으로 멤베(Bernard Membe) 외무장관을 예방해서 상호간에 하고 싶은 얘기는 다했다. 지난 1년 동안 수단의 알-바시르 대통령 구속영장 발부와 관련하여 국제형사재판소를 계속 비난한 인물이라고 해서 긴장했더니 지원과 협력을 약속하면서 이상스럽게도 케냐사태를 국제형사재판소가 다룰 것을 슬쩍 요청한다. 아니 아프리카만 때려잡는다고 소리 높여 욕할 때는 언제고 국제형사재판소로 하여금 또 다른 아프리카 국가, 그것도 자기네 바로 옆 나라에 개입하라고 요청하다니. 이는 케냐의 지도자를 국제형사재판소 법정에 세워서 처벌하라는 뜻이 아닌가. 내가 그의 속셈을 꿰뚫어 본 바로는 케냐 대통령을 법정에 세워서 2008년 대통령 선거 때 약 1,100명의 민간인이 살해된 책임을 추궁해야만 케냐의 피해자들이 난민이 되어 옆 나라인 탄자니아로 넘어오지 않으리라는 계산인 것 같다.

아무튼 국내 이행입법 문제, 증인의 보호문제, 그리고 판결의 집행문제 등에 관하여 신속하게 처리하자고 합의했다. 어찌 그의 말을 모두 다 믿으랴만 외무장관은 보통내기는 아닌 듯했다.

두 번째 일정으로 같은 정부청사의 위층에 있는 치카웨(Mathias Chikawe) 법무장관과의 면담에서도 검찰총책임자를 배석시킨 채 동일한 협의를 했다. 법무장관은 풍신이 근사한데 소관업무를 제대로 파악하고 있는지 의심스러웠다. 펠레시(Eliezer Mbuki Feleshi) 검찰총장과 두 명의 차석이 배석했는데, 총장은 장관과 달리 굉장히 똑똑해 보였다. 다만 법무장관과의 면담에도 외교부 법률국장이 배석하는 것이 좀 이상했다. 관계장관을 만나고 나니 호텔에서 기다리면 대통령 면담이 가능한지 통보해준다.

김영준 한국대사가 그곳 호텔에서 저녁을 초대했다. 자기네 외교관 직원과 주재원 등을 모두 초청해서 일부러 가져온 귀한 김치와 함께 중국식 저녁을 하면서 많은 얘기를 나누었다. 오지에 근무하니까 외로운 듯하지만, 그래도 손님이 많을 텐데 크게 후의를 베풀어주어 대단히 감사하다.

저녁을 먹는 중 탄자니아 대통령실에서 다음 날 11시에 만나자고 연락이 왔단다. 우리는 다음 날 이른 아침 남아공으로 향발할 예정이었는데 야단났다. 가만히 생각하니 회원국의 대통령을 만나 지지를 확약받는 것이 남아공의 다른 일정보다 중요한 것 같아서 일정을 바꾸는 전제하에 내일 대통령을 만나겠다는 답을 보냈다.

대통령이 지방에 갔다가 1일 오후 1시까지 돌아온다기에 행여나 늦은 오후에라도 면담이 가능할까 생각했는데, 이번에는 삼촌이 죽어서 장례식에 참석해야 한단다. 나중에 대사관 측의 말을 들으니 이곳에서는 약속을 회피하거나

탄자니아 자카야 키퀘테 대통령과의 면담 (2009. 6).

취소할 경우 삼촌이 죽었다고 하는 것이 일반적이라고 했다. 물론 표준화된 이 지방의 거짓말이지만, 아프리카의 가족개념은 수백 명이 넘는 대가족을 뜻하므로 아무 삼촌이나 조카가 실제로 죽을 가능성도 있단다.

내 수행원이 여러 번 전화해서 탄자니아 대통령 면담은 성사되었는데 이른 아침 남아공으로 직행하는 비행기편을 놓치면 그날에는 다시 없다고 했다. 그러나 우리는 무슨 일이 있어도 다음 날 남아공의 수도 프리토리아(Pretoria) 에 도착해야 했다. 결국 다르에스살람에서 나이로비(Nairobi)로 거꾸로 올라 가서 비행기를 갈아타고 남아공으로 내려가는 것이 유일한 선택인데 그렇게 하면 2일 밤 11시 반에야 조하네스버그(Johannesburg) 공항에 도착할 수 있었 다. 거기서 프리토리아(Pretoria)까지 한 시간 거리이므로 밤늦게까지 기다려 야 하는 남아공의 우리 공관 박성수 1등서기관에게 얼마나 미안한가.

6월 2일 아침 9시 45분 정부의 외빈용 차량으로 자카야 키퀘테(Jakaya M. Kikwete) 대통령을 만나러 약 30km 떨어진 쿤두치비치호텔(Kunduchi Beach Hotel)로 이동했다. 참으로 풍광이 좋은 곳에 흰색으로 잘 지어진 열대식 개 방형 호텔이다. 기가 막힌 해변의 경치 속에 바람이 잘 통하도록 시원하게 흰색으로 지은 호텔이 마음에 들었다. 10시 지나 도착하여 기다린 끝에 드디어 그를 만났다. 노타이 차림의 대통령은 대단히 똑똑한 인상을 주며 문제의 핵심을 잘 파악하고 있었다. 그가 수단 대통령에게 구속영장을 발부한 것을 트집 잡아 국제형사재판소를 비난할지도 모른다고 하면서 힘든 면담이 될지도 모른다는 내 수행원의 경고와는 달리, 그는 지금까지 우리가 이룩한 업적과 사법적 활동을 높이 평가하고 칭찬을 마다하지 않았다. 아무리 입에 발린 소리라고 하더라도 듣기에 싫지는 않았다.

일반적으로 아프리카의 국제형사재판소 비난은 세계를 진동할 만큼 높으나 막상 아프리카 지도자들을 개인적으로 면담해보면 알-바시르 수단 대통령에 대한 구속영장 발부는 적법절차를 거쳐 이루어졌으므로 다툴 수 없고 누구도 법보다 상위에 군림할 수 없으므로 알-바시르도 마찬가지라고 선수를 치면서 청산유수같이 말했다. 그런데 키퀘테는 수단 대통령을 언급하면서 우리의 구속영장 발부가 틀린 것이 아니라 시간과 우선순위에서 다소 아쉽다는 뜻을 표명했다. 즉, 수단의 다르푸르(Darfur)에는 보호, 인도적 지원 및 정의가 동시에 베풀어져야 하는데, 때 이른 구속영장 발부로 이것들에 차질이 생겼다고 한다. 물론 그렇게 볼 수 있는 면이 없지 않고 이것은 천방지축인 우리 검사의 경솔한 판단 때문이지만 잠자코 있었다. 아주 영리한 대통령이다.

나는 국제형사재판소가 국제사법기관으로서 잘 정착하고 있음을 강조하면서 특히 아프리카 출신 직원들의 헌신과 노력으로 인하여 잘 굴러간다고 치하하고 1995년 로마회의 때부터 탄자니아가 크게 공헌한 것을 감사한다고 말했다. 그러나 얼마 후 열린 아프리카연합 정상회의에서 안면을 바꾸어 국제형사재판소를 비난하는 것을 보면 과연 이 대통령이 믿을 만한 내 편인지에는 심각한 의문이 들었다. 물론 영원한 친구나 영원한 적도 없다. 아프리카 지도자들이 장소와 상대방에 따라 말을 바꾸는 것을 아주 자연스럽게 생각하는 것을 깨닫는 데 시간이 오래 걸리지 않았다.

키퀘테 대통령은 계산이 빨라서 전날 법무장관이 말한 것처럼 국제형사재판소가 아프리카에 연락사무소를 개설하려는 경우에는 아루샤의 르완다학살재판소(ICTR) 시설이 비는 경우를 생각하여 그곳에 설치하라고 강력히 권고

했다. 이것이 이분의 숙원사업이라 아프리카연합의 본부가 있는 아디스아바바에 우리의 연락사무소를 설치하는 계획에 대한 지지요청은 꺼내지 못했다.

남아프리카공화국

다르에스살렘에서 케냐항공을 타고 나이로비를 경유하여 조하네스버그로 가는 데 시간이 많이 걸렸다. 나이로비는 아프리카에서 가장 선진적인 공항이라는데도 비행기의 시간변경에 대한 안내방송이 없다. 나는 이후로는 모든 비행기의 환승은 가급적 아프리카 밖의 유럽공항에서 이루어지도록 예약하라고 지시하였다. 5시간 이상 기다리다가 나이로비에서 탄 비행기는 조하네스버그에 새벽 1시경 지연 도착했다. 남아공대사관의 박성수 서기관이 그때까지 기다리다가 우리를 호텔에 데려다 주었다. 박 서기관에게 너무 미안함은 물론 나도 잠을 몇 시간 못 자고 새벽에 일어나서 다시 체크아웃할 것을 생각하면 들어간 호텔의 숙박료가 아까웠다. 그러나 ISS(Institute for Security Studies)라는 남아공의 권위 있는 연구소 주최 세미나에서 발표하기 위해서는 잠깐 눈을 붙이는 것이 좋을 것 같았다.

이 연구소(ISS)는 조지 소로스의 '열린사회재단의 정의우선조직'(Open Society Justice Initiative: OSJI)으로부터 재정지원을 받는다는데, 청중이 많이 모였고 기자들도 많았다. 프리토리아에서는 제이콥 주마(Jacob Zuma) 대통령이 6월 5일 케이프타운(Cape Town) 소재 국회에서 시정연설을 하고자 신행정부 지도자들과 함께 이동하는 바람에 대통령 면담 시도를 포기했다. 세미나에는 100명 이상의 관계자가 모였고 열기 찬 질의응답이 있었다. 다만 수단의 알-바시르 대통령에 대한 구속영장 발부 직후여서인지 일류기자라는 사람도 국제형사재판소는 서구의 앞잡이로서 수단의 석유가 필요하여 그런 짓을 한 것이 아닌가, 남아공 정부 지도자를 안 만나는 것은 그런 이유로 면담을 거절당한 것이 아닌가 등 어이없는 수준의 질문을 한다.

이날의 세미나 기조연설과 질의응답이 남아공의 TV에 방영되었는지 1967년 툴레인 법대에서 동문수학한 남아공의 밥 레빈(Bob Levin) 변호사가 실로

43년 만에 이메일로 연락이 왔다. 그는 조하네스버그에서 성공적인 개업변호사가 되어 있었다. 업무상 네덜란드에 가끔 오니 한번 만나자고 했다. 오래 살고 보면 이런 반가운 소식도 있나 보다.

부쩍 목소리가 커진 아프리카의 비판 요지는 '서구 식민세력의 앞잡이인 국제형사재판소가 왜 힘없는 아프리카만 겨냥하여 형사소추를 하는가'로 집약된다. 이것은 이중 잣대이고 자의적, 선택적 정의라는 것이다. 나는 국제형사재판소가 일부러 아프리카만 겨냥한 일도 없고 국내 무력충돌 사태가 발생한 아프리카 국가의 대표들이 직접 국제형사재판소를 방문하여 자기네 국가 분쟁을 자진 회부하였기에 절차가 개시된 것뿐임을 명백하게 했다. 나아가 로마회의 때부터 아프리카의 선도적 역할이 없었으면 오늘날 국제형사재판소는 탄생하지도 못했을 것이고 현재 재판소 직원의 25%가 아프리카 출신임을 강조하면서 그들을 달래기도 했다.

보츠와나

남아프리카의 허브공항은 조하네스버그공항이므로 작은 옆 나라들을 방문하려면 꼭 이곳을 거쳐야 한다. 여러 번 이 공항을 들락날락했는데 남아공의 공항 의전팀이 그때마다 한결같이 정중하게 대접한다. 보츠와나의 수도 하보로니(Gaborone)에 도착하고 보니 조그만 공항인데, 내리자마자 공항건물을 짓고 있는 중국 건설회사의 대형 간판이 앞을 떡어 막아선다. 커다란 붉은색 한자로 쓴 안내간판이 압도하여 중국의 아프리카 진출을 금방 느끼게 한다.

새로 당선된 산지 모나헹 재판관이 마중 나왔고, 이 나라 정부에서도 내게 성의껏 귀빈대우를 한다. 가장 좋은 호텔의 가장 큰 스위트룸을 주는데 너무 커서 오히려 불편했다. 조그마한 운동장만 한데 무엇을 어디에 두었는지 찾기가 어렵다. 이 나라는 아프리카 대륙에서는 유일하게 부패가 적고 정부가 제대로 기능을 발휘하는 나라라고 한다. 아닌 게 아니라 차는 많으나 거리도 깨끗하고 정리가 잘되어 있다. 생활수준도 높아 보인다. 이곳에서 십수 년간 법률교수를 하다가 재판관으로 당선되어서 같이 상고심에서 일하는 다니엘 은세레코는 이곳을 사랑한다.

이 나라 대부분의 장관들과 국회의장을 만나고 세미나에서 연설한 뒤 기자
회견을 가졌다. 그리고 이언 카마(Ian Khama, 1953년생) 대통령을 예방했다.
이 자리에는 관계장관들과 모나헹 재판관도 배석했다. 이분은 대통령을 배출
한 집안 출신으로서 영국에서 교육받은 장군인데, 권위가 있고 태도가 분명
하다. 내 앞에서 곧 아디스아바바에서 개최될 아프리카연합 장관회의와 정상
회의에 파견될 정부대표를 지명하면서 회의에 가서 분명하게 국제형사재판
소 지지태도를 표명하도록 엄하게 지시한다. 아프리카 지도자들의 이중성에
많이 당한 내가 이분의 단호한 태도에 감명을 받았다.

　사실 아프리카연합 전체가 리비아와 수단의 석유 돈으로 흐느적거리고 있
는데, 작은 나라이지만 똑 부러지는 발언을 하여 많은 엉거주춤한 나라들을
붙들어 놓았으니 이 얼마나 고마운가. 물론 소장이 되자마자 먼저 방문해주
었음을 특히 감사하던 대통령의 모습을 보면 나의 방문이 어느 정도 영향을
미친 것도 사실일 것이다. 스켈레마니(Phandu Skelemani) 외무장관, 몰로콤
베(Athalia Molokomme) 법무장관, 그리고 국방장관이 한결같이 수준이 높아
서 다른 아프리카 나라의 장관들과는 비교가 안 된다. 발로피(Patrick Balopi)
국회의장과 국회의원들로부터는 그들의 전통무기를 미니어처로 만들어 붙인
액자를 선물로 받았다.

레소토

수행원 모초초코의 조국인 레소토(Lesotho) 방문을 위해 조하네스버그에서
쌍발 프로펠러 비행기를 타고 수도 마세루(Maseru)로 갔다. 하늘에서 내려
다보는 지면은 나무나 물이 없이 붉은색 황토의 구릉지대이다. 걸리버 여행
국에 온 듯 모든 것이 작다. 들어가는 길에 보니 연도에 중국과 대만이 나란
히 투자하여 섬유 및 봉제공장을 운영하는 것이 보인다.

　채소가 귀한 듯 음식이 주로 육류이고, 수량이 풍부한 강과 호수에서 잡거
나 양식한 송어가 있다. 산 정상에 위치한 호텔이라 다소 춥다. 모초초코가
부모를 만나러 간 사이에 잠깐 둘러보니 척박하고 가난하고 힘들게 사는 것
같다. 다만 영국 식민지 영향인지 영어를 하고 교육수준이 높은 듯하다.

모하투 3세(David Mohato Ⅲ) 왕을 알현하니 모초초코와 법대 동기라고 한다. 명목상의 원수이지만, 존경을 많이 받는다고 한다. 모초초코와도 스스럼없이 포옹하면서 반긴다. 모시실리(Pakalitha Mosisili) 총리와 체코아(Mohlabi Kenneth Tsekoa) 외무장관, 마하세-모일로아(Mpeo Mahase-Moiloa) 법무장관 등을 만나보니 이들도 분명한 국제형사재판소 지지자여서 반가웠다. 나중에 총리가 그 나라의 귀한 나무로 묘하게 조각한 지팡이를 선물하기에 이를 수하물로 그대로 들고 오느라 혼났다. 목소리는 작지만 역시 한 입으로 두말하지 않고 자기네 소신을 막힘없이 표명하여 국제형사재판소를 지지해주어 고마웠다.

귀로에는 남아공의 우리 대사관이 만찬을 베풀어주어 고마웠다. 관저는 좋은 위치에 자리 잡은 좋은 건물인데, 점점 도둑이 늘고 치안이 나빠지는 중에 그곳도 이제는 우범지대로 변하게 되어 일상생활이 조심스럽다고 했다. 남아공은 아프리카에서는 가장 강대국이고 지도적 위치에 있는데 2010년 월드컵대회를 준비한다고 공항에서 수도로 가는 길은 공사 중이라 아주 복잡했다. 중간에 정전이 되기도 하는데 세계대회는 어떻게 치를 것인지. 이 대회에 대비하여 한국은 대한항공의 직항편을 취항한다고 하니 아마 수많은 한국인들이 곧 이곳을 방문할 것 같았다.

모나행 재판관과 같이 헤이그로 돌아오게 되어 공항에서 기다리는 동안 많은 얘기를 나누었다. 소장 선거에서는 나를 찍어주었지만 돌아오는 6월 8일에 열리는 전원재판관회의에서 지난번 결의에 따라 상고심에 배치된 아쿠아쿠에니에히아 재판관과 아니타 우샤스카 재판관의 배치취소를 '이해관계 충돌'(contamination)을 이유로 결의하고자 하는데 지지해줄는지 궁금하다.

어머니! 파란만장한 90 평생을 사신 여장부

뉴욕에서 성공적으로 데뷔하고 헤이그로 귀임한 후 7월 초 서울에 잠깐 다녀왔다. 지난 5월 8일 고하 할아버지 추모식에서도 건강하시던 어머니가 갑자기 폐렴으로 5월 14일부터 계속 병원 중환자실에서 깨어나지 못하고 계셨기 때문이다. 아내의 손에 이끌려 병원에 도착하시자마자 어머님은 중환자실로 직행하였단다. 의사가 급성폐렴인데 일주일 이상 못 버티신다고 했단다. 침착한 아내는 내가 놀라지 않게 전화와 이메일로 자초지종을 설명했다. 사실 일주일이 고비라고 해서 너무 충격이었고, 아시아와 뉴욕 및 아프리카 여행 등 국제형사재판소장이 되어 첫 외교순방을 하는데 중간에 돌아가시기라도 하면 정말 큰일이어서 무슨 수를 써서든지 한 달만 버티어 달라고 의사에게 사정하다가 겨우 시간을 내어 잠깐 문병한 것이다. 호흡이 곤란하여 사람을 알아보지도 못하시는 어머니! 파란만장한 90 평생을 사신 여장부가 이제 당신이 믿으시는 천주님의 품으로 가시려는지 참으로 만감이 교차한다. 사람은 누구나 한 번 가지만, 고통 없이 오래 끌지 않고 편안히 가는 것이 말년의 복 중의 하나인데 참으로 보기에 괴롭고 속수무책이었다.

위중하시다는 소식에 6월 14일에 귀국하여 2~3일 용태를 살피니 나를 알아보지도 못하시는 형편이라 단단한 각오를 한 채 귀임할 수밖에 없었다. 결국 중환자실에서 50일을 버티다가 7월 4일 새벽 3시 15분 영면하셨다. 아내와 나는 아무쪼록 어머니가 한 달만이라도 그대로 부지해주시면 좋겠다고 빌고 또 빌었다. 어머니는 아들의 국제적 사명을 인식하셨는지 나의 바쁜 국제일정에 지장을 안 주시고 50일을 버티다가 별 고통 없이 7월 4일 영면하셨다는 것이다. 임종도 못한 채 7월 5일 새벽에 다시 귀국할 수밖에 없었다.

귀국하자마자 3일장으로 하되 일체 외부에 알리지 않기로 하였다. 그런데 동기생 친구 김유후 군이 고등학교 동창회에 알리는 통에 많은 조문객이 오셨는데 조위금 등은 사절했다. 장례행사는 가족끼리 조촐하게 모시는 것이 맞고 조문해주시는 것만으로도 감사한데 무슨 돈까지 받아야 하는가.

7월 7일, 아버님 유택에 합장하는 날 아침까지 퍼붓던 장맛비가 신통하게 잠시 그쳐서 참으로 고인은 나를 끝까지 도와주셨다. 9일 삼우제 날에도 비가 왔으나 성당의 미사를 마치고 우리가 산에 갔을 때에는 무사히 의식을 마치도록 날씨도 협조하였다.

네덜란드의 주류와 접촉한 첫 경험

2009년 3월 소장 당선 후 나의 예방을 받은 네덜란드 코르스텐스 대법원장은 고향 아른험에서 매년 9월 18일 주최하는 네덜란드, 영국, 폴란드 등 연합군이 독일군에게 형편없이 패배한 아른험 전투 65주년 기념행사에 초대하였다. 사실 나는 2차 세계대전 중 유럽 쪽에서 벌어진 전쟁역사에 관하여 아무런 지식이 없었으나 아른험과 이 도시의 어느 다리를 소재로 하여 제작된 오래전 영화 〈머나먼 다리〉(*A Bridge Too Far*, 1977)로 인하여 이 도시가 아주 유명해진 곳이라는 것을 알게 되었다. 작년에 애제자 조영진 이대 교수와 그녀의 남편이자 친구의 아들인 이근욱 서강대 교수가 내게 저녁을 대접하면서 들려준 이야기가 생각났다. 그때 그는 오직 그 다리를 보러 교통이 불편한 현장까지 방문했다고 말했다.

1944년 9월 17일에서 25일 사이에 전개되었던 연합군의 이른바 '마켓 가든'(Market Garden) 작전이 이 영화의 배경이다. 이 작전은 노르망디 상륙작전인 'D-Day' 이래 가장 대규모의 연합군의 공격이었다고 한다. 이 작전은 몽고메리 원수의 지휘하에 네덜란드의 이곳과 독일의 루르지방을 포위한 다음 공수작전으로 공격하여 그해 크리스마스까지 점령한다는 계획이었다. 그러나 투입된 약 4만 명의 연합군 병사 중 거의 절반가량이 죽고 독일의 승리로 끝났는데 이상하게도 이들은 해마다 패배한 전쟁을 기념한다.

아른험은 헬더란트(Gelderland)라는 네덜란드 동부 주의 주청 소재지로서 제법 큰 도시다. 2차 세계대전 때 모두 파괴되었으나 재건했다고 한다. 매년 기념행사를 하는 9일간 전투의 주인공은 오스터베이크(Oosterbeek)에 살던 케이트 터 호르스트(Kate ter Horst)라는 부인이다. 자신의 어린 다섯 아이들을 돌보는 것만도 버거움에도 불구하고 부상한 영국병사들을 자기 집에 받아 먹이고 군의관과 함께 치료하며 죽으면 자기 집 앞마당에 임시로 매장하는 등 진심으로 부상병들을 도왔던 진한 감동의 이야기이다. 비록 전쟁에서는 졌지만 종전 후 이를 기념하여 재단을 설립하고 매년 행사를 개최하여 그 지역의 가장 크고 의미 있는 기념식으로 키운 그분은 1992년 교통사고로 별세했고,

2차 세계대전 아른험 전투 65주년
기념 세미나의 기조연설 (2009. 9).

이제 그녀의 73세 된 딸 소피 람브레흐첸 터 호르스트(Sophie Lambrechtsen ter Horst)가 계승하여 주된 역할을 하고 있다.

그녀가 설립한 재단(Bridge to the Future Foundation)은 딕 판데어메이르(Dick van der Meer)와 함께 매년 연합국 대표를 초청하여 학술토론회, 참전용사 위로회, 조화헌화 의식, 공수부대의 낙하 재연, 묘지 추모식(여왕과 영국의 필립공이 참석), 생존자 표창, 9일간 전투의 역사를 기록한 책(General Sir John Hackett 저 *I was a Stranger*; Kate ter Horst 저 *Cloud over Arnhem* 등) 출판 등 여러 가지 행사를 매년 계속하고 있다.

우리 부부가 비서실장을 대동하고 2시간쯤 걸려 도착하자 주정부 간부들이 우리를 맞아 아른험의 신축 주청건물에서 간단한 오찬을 베풀었다. 대법원장 부부, 세미나 사회자, 소피, 딕 등과 환담하였다.

이곳에서 점심 전에 잠깐 두 분의 한국 참전용사를 만났다. 82세로 해병대에 참전한 분, 87세로 미군 보병으로 참전하여 철원, 평강, 김화의 이른바 철의 삼각지대에서 전투 중 부상당한 분이 오셨다. 먼저 오신 분은 우리 보훈처에서 받은 것 같은, 21개 참전국 국기를 넣은 금속배지를 단 줄 넥타이를 내게 선물로 주었다. 네덜란드의 한국전 참전용사들은 장학금을 마련하여 불우한 한국 청소년에게 지급하고 있는데 마침 나에게 수원의 실업계 고등학생 3명의 지원서와 추천서를 보여 주면서 선발을 도와달라고 했다.

점심 후 주정부 회의장으로 갔다. 2009년 모든 행사의 첫 부분인 세미나를 나의 기조연설로부터 시작하기로 했으므로 13시 50분경 연설을 시작했다. 제목은 "The Bridge to Peace rests on Pillars of Justice"이다. 국제형사재판소의 탄생배경과 의미, 일반적 책무와 전쟁방지 역할 그리고 나의 6·25전쟁 경험을 적절하게 섞어서 천천히 약 20분간 연설하였다. 약 200명 정도의 청중들 중에서는 자기 생전에 가장 감동적인 연설이었다고 일일이 찾아와서 인사하는 분들이 줄을 섰다. 나는 질문을 꼼꼼히 메모했고 나중에 일괄하여 대답했다. 영국대사와 독일대사도 참석했다. 나중에 보니 이곳의 신문에도 한국 태생의 국제형사재판소장이 행사를 개막한다는 취지로 커다란 기사가 이미 나갔다.

이 세미나 후에 우리 모두는 다른 귀빈들과 함께 헌화하는 곳으로 줄을 서서 대로를 걸어갔다. 내 옆에는 코르스텐스 네덜란드 대법원장, 네이메헌 (Nijmegen) 시장, 아른험 고등법원장, 독일 및 영국대사 등 많은 사람이 대오를 맞추어 어느 다리 앞에까지 이동했는데, 그곳에서 1시간 이상 막혔다. 2차 세계대전 참전용사들이 각각의 부대기를 들고 백파이프의 소리에 맞추어 행진하는데 이들이 늦어져서 전체 행사가 몹시 지연되었다. 마침내 행사장인 에어본플레인 (Airborneplein) 이라는 곳에 둘러서서 차례차례 기념탑에 헌화하는 순서가 왔다. 헌화하는 노병들은 늙어 몸이 움직이기 어려우나 감개가 무량하리라.

특히 65년간의 논란 끝에 독일대사가 헌화할 수 있도록 이날 처음으로 허용되어서 껄끄러운 역사의 한 페이지를 원만하게 마감한 것 같다. 내 옆에 서서 엄청나게 불안에 떨던 독일대사(Thomas Läufer)는 그의 헌화가 아무 욕설 없이 조용히 끝나자 그만의 독특한 긴장해소 방법으로 즉각 맥도날드로 달려가서 햄버거를 정신없이 씹었다고 내 운전사가 귀띔했다.

한국 국경일 리셉션에 늘 참석한 네덜란드 대법원장 코르스텐스의 집에서 (2011. 7).
일본의 오와다 국제사법재판소(ICJ) 재판관과 판아흐트(van Agt) 전 총리도 함께 했다.

저녁 7시 반에 종료예정이던 헌화식이 8시 반경 끝났다. 대법원장 내외의 차를 타고 교외에 떨어진 숲속의 식당으로 초대되어 좋은 만찬을 대접받았다. 그들이 호텔에 내려준 시각은 자정이었다. 우리가 묵은 곳은 교외의 중세성채를 고친 듯한 고급호텔이었다. 사실 나로서는 이것이 최초의 네덜란드인의 초청에 의한 외부식사였다. 따뜻한 인간미가 물씬한 63세의 대법원장은 다비즈(Willibrord Davids) 전 대법원장의 후임으로서 원하면 연임도 가능한가 보다. 그 후 우리는 한국 국경일 리셉션에 늘 참석하는 대법원장 내외를 볼 수 있었고, 부인의 동생이 4년간 서울에서 네덜란드 은행에 근무한 이야기도 들었다.

9월 19일 토요일에는 내가 참석할 공식행사는 없으나 그날 저녁 전쟁진혼곡(영국인 벤저민 브리튼 작곡, The Gelder Orchestra 연주)의 연주에 참석해야 하므로 하루 동안 시내구경을 하기로 했다. 이날 온 시내가 번잡하고 택시도 여의치 않아서 겨우 오픈에어박물관(Open Air Museum)을 구경하는 데 만족해야 했다. 용인 민속촌과 같은 곳인데 구내에 전차가 다녀서 편리했다. 전시된 것들은 그리 신기하지는 않으나 네덜란드의 옛날 생활상을 보여주는 교육적 효과는 있을 것 같다.

이곳에 와서 망외의 소득은 오케스트라 감독인 조지 비헬(George Wiegel)

부부를 만난 것이다. 부인은 이대에서 바순을 전공하고 15년 전에 네덜란드로 온 분이고, 네덜란드인 남편은 로테르담 음대에서 트럼본을 가르치는 교수를 하다가 음악감독이 되었다고 한다. 아주 침착하고 지성적 모습인데 이들은 나의 연설을 듣고 감격했다며 저녁을 샀다. 부인은 발랄하고 적극적인 분인데, 화가인 언니가 서울에서 개최한 개인전에 참석한 아내 친구를 통하여 이미 우리에 관하여 들은 바가 있다고 한다.

이들의 초청으로 연주장소 내 식당에서 만찬중인데, 파울리너 크리커(Pauline Krikker; 후일 헤이그 시장) 아른험 시장 외에 소피와 그 남동생(Michael), 딕, 기타 많은 행사 관계자들이 다시 찾아와서 한 번 더 어제의 연설이 감동적이었음을 전했다. 딕은 밤새 손수 만든 사진첩을 선물로 주었다. 크게 기념될 만한 선물이다. 공연장에서는 우리가 가장 귀한 손님이어서 2층 중앙 첫 번째 줄의 좌석을 받아 독일대사 및 음악감독 내외와 같이 감상했다.

사실 나는 네덜란드 생활 6년 동안 국제형사 재판관으로서의 중립적 도덕성을 지키기 위하여 적극적 사교도 안 하고 그저 시간 나는 주말에 혼자 골프나 치고 지냈으므로 이 나라의 주류인사들과 교류할 기회가 없었다. 이곳 방문은 처음으로 이 나라의 역사와 문화와 사회생활에 접근하게 만들었고 국제형사재판소장으로서 국가원수 대우를 받으면서 네덜란드의 주류와 접촉한 첫 사례가 될 것이다.

사무실에서 복잡하고 바쁜 소장의 일정을 뒤로 하고 가끔 출장을 떠나면 해방감을 느끼곤 했다. 출장일정이 소장실에서 날마다 집무하는 것보다도 더욱 빡빡하고 힘든 경우도 많은데 말이다. 아마 이해관계가 충돌되는 수많은 일을 조심스럽게 처리하는 것보다 신경을 덜 쓰고 재판소가 계획한 일만 수행하면 되기 때문일까? 이번 출장은 헤이그에서 한국을 거쳐 뉴욕으로 가서 뉴욕과 워싱턴을 왕래하면서 일을 보고 헤이그로 돌아오는 것이었다. 말하자면 10일 만에 세계일주를 하는 일정이어서 처음부터 단단히 각오를 했다. 그러나 이 기간 중 나는 한국에서 일생에 다시 경험하지 못할 감사와 감격과 영광의 순간들을 경험했다.

서울대 법대의 "송상현홀" 탄생, 순수함이 빛나는 순간

2009년 10월 22일 목요일에는 서울대 법대 새 모의법정을 '송상현홀'로 명명하는 뜻깊은 기념식에 참석했다. 새로 증축한 서울대 법대 15동 6층 전부를 모의법정으로 만들었는데, 김건식 학장의 발의로 기금을 모으고 이 공간을 내 이름으로 헌정하게 결정한 것이다. 나는 이것이 분에 넘치는 영광이라 참으로 얼떨떨하였다. 우선 김 학장에게 특히 교수, 판검사 등 월급쟁이 제자들은 접촉을 아예 안 하거나 기부를 요청하지 말도록 수차례 당부하였다. 만일 모금목표액에 미달하면 부족액은 얼마가 되었든 내가 사재로 채워서 기부하겠다는 약속도 했다.

마침 나라가 경제적으로 아주 어려운 시기이므로 행사의 취지만 알렸음에도 불구하고 반응이 뜨거워서 무려 153명의 제자들이 십시일반으로 출연하여 아주 단기간에 제자들의 성금이 많이 모였다. 더구나 모의법정을 신축하여 누구의 이름으로 헌정하는 것은 서울대 역사상 처음 있는 일이다. 물론 이 헌정식은 나 혼자만의 영광이 아니라, 이 행사에 기부한 수많은 졸업생들 모두에게 함께 돌아가야 한다고 생각한다. 김건식 학장은 서울대 법대 역사상 초유의 행사를 뜻깊게 만들기 위하여 국제사법재판소 오와다 재판소장(천황의 장인)에게 기념강연을 부탁했는데 이분이 그 바쁜 중에도 선선히 승낙했다. 노령에 장거리를 마다않고 기념강연차 부부가 내한하였다. 모의법정은 약 300명쯤 수용할 수 있는 공간인데, 헌정식에는 중간시험 기간이라 재학생은 한 명도 없고 모두 관심 있는 법조인과 교수 등 외부에서 일부러 참석하신 분들로 성황을 이뤘다. 진지한 분위기 속에 오와다 소장의 통찰력 있는 강연을 뜻깊게 경청했다. 그의 기념강연과 언론 인터뷰는 전체 행사의 무게를 더해주었다.

강연 후 〈동아일보〉와 사전 약속대로 편집부국장인 제자 최영훈 기자가 사회를 보고, 나와 오와다 소장 그리고 김건식 학장이 서울대 법대 회의실에 둘러앉아 국제법의 장래와 국제형사재판소의 장래에 관하여 밀도 있는 지성적 토론을 하였다. 이번의 기획기사는 참으로 지식인들이 장기적으로 심사숙고

할 논점을 여러 가지로 알차게 다룬 인상이다. 이 강연과 인터뷰 내용은 후일 서울대 〈법학〉지에 게재되었다.

모의법정인 '송상현홀' 입구 안쪽에 별도로 세운 아담한 석회암 벽 앞면에는 법복을 입은 나의 상반신 양각 부조(relief)를 붙이고 그 밑에 나의 직책 등을 간단히 국·영문으로 삽입하였으며, 뒷면에는 헌정기(獻呈記)와 기부한 제자명단을 빼곡히 기록한 동판을 부착했다. 이 작업은 오랫동안 이종호 한국예술종합학교 교수의 감독 하에 같은 학교의 안규철 교수에게 의뢰하여 부조를 제작하였고, 벽면 자체의 설치는 고 이종호 교수의 아이디어이다. 나의 부조를 제막하자마자 나를 닮지 않았다는 반응이 나왔다. 역시 살아있는 사람의 모습을 재현하는 것은 항상 어려운 일임에 틀림없다. 나는 헌정식에서 인사말도 했지만 인사를 받느라고 바빠서 꼼꼼히 살필 시간이 없었다. 오와다 소장 내외분은 아주 감동한 눈치이다.

헌정식 및 제막식과 기념강연을 모두 마친 후 모의법정에서 장소를 국산법학도서관 앞을 유리로 막아 건설한 서암관으로 옮겨 오와다 소장 부부, 대법원장, 헌재소장 등이 참석한 가운데 칵테일과 만찬을 성대하게 가졌다. 이용훈 대법원장과 이강국 헌법재판소 소장이 바쁜 일정 중에도 먼 관악캠퍼스까지 왕림해주어 참으로 고마웠다. 대학동기인 이용훈 대법원장이 서울대 및 군대시절을 유머를 섞어가면서 회고하는 입담에 모두들 한참 웃었다. 특히 김건식 학장의 부인이신 윤현숙 교수가 헤드테이블에서 오와다 내외를 위하여 세심하게 신경을 써주시어 감사하고 크게 돋보였다.

모교와 제자들이 보여준 이 귀한 대접과 사랑은 내가 앞으로도 그에 걸맞게 학문적으로나 도덕적으로 더욱 정진해서 갚아야 함을 주문하는 것 같았다. 이처럼 순수하게 빛나는 순간이 있을 수 있을까? 나의 일생에 가장 감격스럽고 영광스러워서 영원히 기억되는 행사였다. 부모님과 처부모님이 모두 보셨으면 참 좋았을 텐데 가족으로는 겨우 딸 내외, 사돈 내외, 처남 내외 그리고 동서 이양팔 고려대 교수가 참석했다. 이 같은 감격과 영광과 흥분 속에서 김건식 학장의 기획으로 서울대 법대의 "송상현홀"이 드디어 탄생한 것이다.

사실 수많은 제자들이 이 행사를 위하여 그처럼 뜨겁게 호응해줄 것으로는

송상현홀 입구에 설치한
양각 부조

송상현홀 헌정 기념식에서 제자들과 함께 (2009.10). 왼쪽부터 윤진수, 박준, 강용현,
홍석조, 이호원, 최우석, 나, 신희택, 정진영, 백창훈, 김기정, 김재형.

예상하지 못했다. 자기에게는 기부기회를 안 주어서 섭섭하다는 제자도 있었지만 나는 모두들의 성의에 지극한 감동을 받았다. 참으로 눈물겨운 감동이 회오리바람처럼 다가왔다. 내게는 이것이 평생의 영광인 동시에 빚으로 남겠지만 그해처럼 경제적으로 어려운 환경 속에서 성금을 쾌척하였다는 것은 제자들이 참으로 어려운 결단을 내린 것이다. 나도 성의를 표할 의무를 느껴 훨씬 더 많은 액수를 보냈지만 오래도록 참으로 표현하기 어려운 벅찬 감사와 감격의 마음을 억제하기 어려웠다.

10월 23일 오전에는 새로 임명된 제자 김준규 검찰총장이 대검에 와서 국제형사재판소에 관한 강연을 해달라고 초청하였다. 기쁜 마음으로 대검 강당을 메운 검사들에게 한 시간 남짓 강의하고 질의 응답했다. 이 강연은 검찰의 내부시설을 통하여 전국 검찰에게 중계되었던 모양이다. 강연의 주선과 실무적 준비는 황철규 검사가 세심하게 챙겨서 잘 마무리되었다. 평소에도 예의와 정성을 다하는 황 검사에게 이번에도 감사한 마음이다.

저녁에는 잠실 롯데호텔에서 '영산법률문화상'을 수상하였다. 만찬을 베풀면서 시상식을 하는 형식이다. 사실 이 상을 받기가 주저되었지만 윤관 전 대법원장 및 양삼승 변호사가 책임을 맡고 있는 부구욱 총장 가문의 영산재단이 모처럼 준다는 상을 거절하기 어려워 그냥 받기로 했다. 항상 예의바르고 사려 깊은 부구욱 총장은 나의 애제자인데, 올곧은 법관으로 봉직하다가 집안의 가업을 이어받아 어려운 환경 속에서도 부산에서 대학을 잘 경영하고 있는 모범적 인물이다. 양삼승 변호사는 내가 수상을 거절하지 아니하였음을 감사하고 나의 수상으로 상의 권위가 엄청나게 제고되었다고 말했다. 원래 수상자에게 약 130명 한도로 손님을 만찬에 초대할 수 있도록 배려한다는데, 내가 180명가량 초대했음에도 불구하고 부구욱 총장은 고맙게도 이를 모두 선선히 부담해주었다.

나는 전현직 거물 누구누구를 초대하여 위상을 과시하는 것보다 내가 평소에 사랑하는 제자들을 중심으로 자주 만날 기회를 만드는 것이 중요하다고 생각했다. 그 결과 특수 인연을 가진 권이혁, 김창식 두 선배 외에는 근친 가족과 사돈 내외분, 그리고 이목회 중심의 동창친구들을 몇 사람 초대했을 뿐이고, 그 외에는 모두 '송상현홀'에 기부한 제자들을 초청하였다. 홍용식 회장 중심의 삼수회, 이상중 변호사 중심의 동심회, 이중기 교수가 소집하는 제자 그룹 등 오랜만에 많은 제자들이 자리를 빛내주었다. 아마 많은 분들은 22일과 23일 연이틀간 주말의 혼잡한 교통난에도 불구하고 나의 행사에 개근하신 것으로 안다. 많은 시간을 빼앗겼을 것이니 송구한 마음이 든다. 늘 고마운 김문환 전 국민대 총장의 귀한 축사말씀도 보석처럼 빛났다.

유엔총회 연설과 숨 가쁜 외교전

2009년 10월 28일 저녁 8시경에 뉴욕에 도착하여 별도로 출발한 내 대외담당 보좌관인 미국인 에릭과 합류하였다. 이번에 뉴욕에 온 것은 29일 유엔총회에서의 연설이 주목적이지만, 온 김에 충분히 본전을 뽑아야 하므로 재판소가 마련한 일정이 숨도 못 쉬게 빡빡하다. 결국 5일간 10개의 연설과 25개의 회의 또는 면담일정을 소화했다.

그중에서 특히 유엔총회에서의 첫 연설은 나를 다소 긴장시키고도 남음이 있었다. 보통 한 연설자에게 15분가량 시간이 주어지지만 지난 9월 리비아의 카다피는 90분 이상 서방세계와 유엔을 비난했고, 오래전에 소련의 흐루시초프는 연설 중 구두를 벗어들어 연단을 쳤으며, 쿠바의 카스트로의 최장시간 필리버스터는 아직도 기록을 보유하고 있다.

10월 29일 오전 10시 내가 첫 연설자로 결정되었는데, 내 뒤에 27명의 연설 신청자가 더 있다고 했다. 등단하니 아직 각 대표부에서 도착하지 아니한 경우가 많아 자리가 다소 빈 감이 있었다. 유엔총회의 오전회의는 이렇게 느지막하게 시작한다고 한다. 나는 각국의 대표가 모두 도착하기를 무작정 기다릴 수 없으므로 유엔총회 직원의 안내를 받아 등단했다. 연사가 대기하는 특별석에 앉아서 경청하는 아내와 화숙 이모 그리고 에릭, 카렌 모소티(Karen

유엔총회 첫 연설 (2009.10).

Mosoti), 로만 라미레즈(Roman Ramirez) 등 우리 직원들이 보는 앞에서 입을 열었다. 천천히 그리고 발음을 정확하게 하려고 노력했는데, 연설문을 전부 읽는 데 17분가량 소비한 것 같았다. 내 뒤로 발언하는 분들은 모두 나에게 감사하거나 또는 내 연설을 칭찬하거나 국제형사재판소에게 감사한다는 인사말을 하고 난 다음에 세계의 폭력을 규탄하는 자기의 발언을 이어갔다. 오로지 수단과 이집트만 예외로 비난 일변도였다.

이날 모든 발언 신청자가 다 발언을 마칠 수 없어서 그다음 날까지 연장되었다. 간결하면서도 강력한 박인국 한국대사의 지지발언은 군계일학(群鷄一鶴)으로서 참 고마웠다. 나의 현장 응원부대가 우선 잘했다고 해서 안심이 되었다. 나는 그들에게 부근의 음식점에서 오찬을 대접했다. 헤이그에 귀임하니 연설문을 쓴 데이비드 콜러가 인터넷을 통하여 보았는데, 연설 전달이 참 좋았다고 해서 고마웠다.

뉴욕에서는 유엔총회 연설 이외에도 우리의 지지자인 국제형사재판소연합(CICC)을 비롯한 비정부기구 등에게도 보고 겸 연설을 하고 질문을 받았다.

특히 이번에 또 하나의 중요한 연설은 각국 유엔대표부에 근무하는 유엔회원국의 법률 담당관회의에서 한 것이다. 이 법률가 집단은 사실상 모든 것이 법에 의하여 진행되는 국제사회에서 영향력이 큰 전문가 그룹이고, 소장의 임기 중 내내 상대해야 하므로 아주 중요한 사람들이다. 이를테면 새 국제형사재판소장이 그들에게 시험을 보는 셈이다. 연설 후 일본 대표는 소장이 재판관들의 결정에 얼마나 영향력을 행사할 수 있는가 등 사법권 독립의 기초도 모르는 질문을 하여 빈축을 샀다. 내가 2004년 6개월간 인턴으로 데리고 있던 무라이 노부유키(村井伸行)가 외무사무관이 되어 일본대표단의 일원으로 참석해서 반가웠다.

그리고는 뉴욕과 워싱턴을 왕래하면서 미국 정부와 의회의 중요한 실무자들을 만났다. 중요한 면담 겸 회의로는 국무부의 최고법률고문으로서 힐러리 클린턴 국무장관의 귀를 꽉 잡고 있는 해럴드 고(Harold Koh)와 하버드 법대에서 잠시 같이 가르친 국가안전보장회의(NSC)의 앤-마리 슬로터(Anne-Marie Slaughter) 교수를 만나서 일반적인 국제정세와 신설 ICC 중심의 새 질서의 등장 가능성을 논하였다. 해럴드는 매일 아침 8시 40분 힐러리와 20분간 의견과 정보를 교환하는 중요한 인물로서, 미국 민주당 정부의 국제법적 입장을 정리하여 대변하는 출중한 한국계 인물이다.

앤-마리는 벨기에계 후손으로서 하버드 법대에서 같이 가르치면서 의기투합이 되어 나는 한때 이 사람을 로버트 클라크(Robert Clark)의 후임 하버드 법대 학장을 만들려고 그녀의 한국방문을 계획하기도 했었다. 남편 앤디(Andy)가 정치학자로서 젊은 시절 한국에서 약 6개월간 부총리 연설문 작성의 직책을 수행한 일도 있었다고 한다. 그러나 그 후 그녀는 하버드를 떠나 프린스턴대학의 우드로윌슨스쿨(Woodrow Wilson School)의 학장으로 옮긴 후 연락이 끊겼는데 오바마 행정부의 고위관리가 되어 다시 만난 것이다.

다음으로는 연방의회에서 영향력 있는 의원 보좌관 10여 명을 만나 국제형사재판소에 관한 열띤 토론을 벌였다. 그들의 개인적 관심이 아주 높다는 것을 알았고 나는 열심히 이들을 교육하는 입장이었다. 이들이 내게 피력하는 바를 종합하면 자기들이 모시는 의원들은 각자 이유는 다르나 기본적으로 국제형사재판소를 지지하지만 막상 로마규정의 비준은 찬성하지 않는 쪽이라고 한다. 인류의 평화를 확보하기 위하여 국제형사재판소와 같은 국제형사정의기구가 필요하다는 점은 동의하지만, 미국의 예외주의 및 우월의식 때문에 자기 나라가 예속되는 국제조약은 웬만하면 비준하지 않으려는 강한 경향이 있다는 것이다.

그리고는 미국 의회의 양원에서 의원을 한 분씩 만났다. 프랭크 울프 하원의원(Frank Wolf, 공화당 소속으로 1981년 이래 노던버지니아에서 내리 당선, 조지타운 로스쿨 졸업)과 샘 브라운백 상원의원(Sam Brownback, 공화당, 캔자스 출신, 2010년 주지사 당선)이 그들이다. 모두 로마규정 비준에 반대하는 편이지만 국제형사재판소가 수단 대통령에 대한 구속영장을 발부한 것을 높이 평가했다.

미국 연방의회를 방문한 결과 연방 상원의원 67명의 동의를 얻어내는 일은 정치적으로 불가능하다고 판단했다. 특히 부시 정부와 공화당 의회가 초창기에 펼쳤던 터무니없는 아주 강력한 비난이 많은 정부와 의회 지도자들의 머리에 남아있는 것 같았다. 그들의 질문에서 이런 냄새를 맡을 수 있었다.

뉴욕에서는 신임 유엔주재 미국대사 수전 라이스(Susan Rice)를 만났는데 국제형사재판소 지지자로 분류되는 사람이지만, 오로지 가자(Gaza)지구 만행을 응징하기 위하여 이스라엘을 국제형사재판소에 회부하라는 〈골드스톤 보고서〉(Goldstone Report)에만 관심이 있어서 실망스러웠다.

그 외에는 우리가 필요한 회원국의 대사들과 현재 및 다음 해 안보리 회원국인 나라의 대사들을 만나서 지지 강화를 모색했다. 이번에도 크리스티안 베나베저(Christian Wenaweser) 당사국총회 의장이 40층 펜트하우스 관저에서 만찬을 베풀었다. 이 기회에 나는 참석한 대사들에게 자세한 현황을 설명했다.

내가 뉴욕을 방문할 때마다 박인국 대사는 꼭 시간을 내어 식사를 대접하면서 격려해준다. 박 대사는 유연하게 대인관계를 잘 유지하면서도 자기가 할 일에 아주 충실한 탁월한 외교관이다. 이번에는 우리 일행 모두를 한식 오찬에 초대했다. 바쁜 중에 쉽지 않은 일인데 꼭 김형준 검사를 통하여 챙긴다. 김 검사도 둘째아기가 막 태어나서 힘든데 일요일 저녁에 마중을 나오더니 일주일 내내 뒷바라지를 성의껏 잘해주어서 고마웠다. 그리고 신부남 차석대사가 모처럼 관저에서 김경근 총영사 내외와 김 검사 등을 초청하여 저녁을 베풀어주어 즐거운 한때를 가졌다.

워싱턴 방문 중에는 대사관의 정상환 검사가 빈틈없이 배려해주었고 특히 비가 오는 날 저녁에 워싱턴 주재 졸업생 10여 명을 모아 한식당에서 만찬을 베풀었다. 나는 어디가나 졸업생들이 극진한 대접을 해주니 행복한 교수임에 틀림없다. 10월 말일 저녁 비행기를 타고 11월 1일 새벽 네덜란드에 돌아오니 얼마나 피곤한지 일요일 하루 내내 잠만 잤다. 뉴욕에서 일하는 동안 법대 졸업생 성웅규 군이 매우 돋보여서 가능하면 국제형사재판소에서 일하게 만들어주고 싶은 소망이 있어 비서실 히라드 압타히에게 상의한 바 있었다.

네덜란드 대법원장 주최의 첫 공식만찬

뉴욕의 유엔총회에서 연설을 성공적으로 마치고 귀임한 후 11월 6일에는 네덜란드 대법원장이 이 나라 법조계와 외교계의 거물들을 위하여 베푼 공식만찬에 우리 부부를 초대하였다. 이는 그들이 자랑하는 후고 그로티우스(Hugo Grotius)의 중요한 저서 《자유해양론》(*Mare Liberum*) 출판 400주년 기념만찬이어서, 연회복으로 격식을 갖춰야 하는 자리(*black tie dinner*)였다. 우선 대법원의 몇 간부와 대법관들, 3개국 대사, 변호사협회 회장, 몇몇 국제재판소 재판관들 등 20 커플을 헤이그 클럽에 초청했다. 헤이그 클럽은 지금도 귀족이 아니면 가입할 수도 사용할 수도 없는 남자만의 클럽인데, 초청된 분 중의 한 분이 귀족이라 그를 통하여 장소사용이 가능했다고 했다. 21세기에도 이런 곳이 있는가 싶은데, 내부는 고전적으로 참 잘 꾸며져 있고 수백 년 된 인상 깊은 장중한 건물이다.

네덜란드의 건물들은 모두 입구가 좁고 겉으로 보기에는 별것이 없어 보이는데 일단 들어가면 입이 딱 벌어지게 호화롭거나 장엄한 경우가 많다. 이 건물도 역시 그러한 예이다. 건물 표면의 크기에 따라 세금을 부과하였기 때문에 그처럼 되었다는 말도 있다. 호스트는 우리 내외를 가장 먼저 거론하며 자신과의 아른험 인연을 말하고 순차로 참석자들을 일일이 소개했다. 만찬 메뉴인 꿩요리는 별로 인상적이지 않았지만 와인은 모두 최고급 프랑스 와인이었다. 만찬이 거의 끝날 즈음, 발린 법무장관이 살짝 내게 답사를 하라고 권하기에 나는 그가 호스트인 대법원장과 대학동창이니 그가 하는 것이 적절하다고 하면서 기회를 양보했다. 이 만찬은 나에게는 왕실 외에 네덜란드 고위인사가 주최한 첫 공식만찬이다. 우리 부부는 중요인사를 여럿 만나고 즐거운 시간을 가졌다.

11월 9일 대법원장은 또다시 우리를 연극에 초청했다. 이는 후고 그로티우스가 1609년에 출간한 《자유해양론》이라는 책의 400주년 기념 창작연극이다. 특기할 만한 일은 그가 이 연극의 첫 시연(World Premiere)에 나를 포함한 헤이그의 국제재판관들을 초대했고, 대법원의 대법정이 공연장소로도 사용된다는 파격적 사실이었다.

공연제목은 'Mare Liberum New Crusoe'인데 무대장치를 최소화하여 비용을 줄이고, 남자배우 3인과 여자배우 1인이 무인도에 표류해서 일으키는 한 시간짜리 이야기다. 한 사람은 법철학자 후고 로빈슨(Hugo Robinson), 한 사람은 소말리아 해적 오스만(Osman), 한 사람은 함무라비법전의 전통을 잇는 쿠르드인 라지(Rhazi), 그리고 여자배우이다. 간결한 연극이지만 자기네 법의 전통을 무리 없이 자랑하고 현세를 풍자하는 내용이어서 좋았다. 역시 대법원장 내외는 능숙하고도 따뜻한 호스트이다. 우리 부부는 매우 즐기고 감동받은 채 돌아왔다.

부러운 것은 훌륭한 조상이고, 유명한 학자인 후고 그로티우스를 항상 내세우는 것은 물론 그가 지은 저서 한 권의 출간을 기념하는 학문적 내지 지성적 전통이었다. 한국에서는 어디까지나 사람 중심으로 끼리끼리의 행사를 할 뿐 수백 년 전 학자가 지은 저서나 발명을 기념하는 지성적 전통은 아직 꽃피기 전이다. 예컨대 혜초 스님이 지었다는 《왕오천축국전》이나 율곡이나 충무공이 지은 저서를 따로 기념하는 행사를 우리나라에서는 상상이나 할 수 있을 것인가.

네팔과 방글라데시를 방문하는 아시아 출장길

네팔과 방글라데시를 방문하는 아시아 출장길에 다시 올랐다. 그동안 정신없이 바빴던 일정을 보면 지난 주 겨우 당사국총회가 종료되었고 그동안 밀린 일이 산적해 있다. 특히 상고심재판관으로서 처리할 상고사건 3건의 판결문 초안을 주말에 부지런히 검토하였다. 11월 30일 월요일 아침 8시 반에 브뤼셀주재 네팔대사 프라메시 쿠마르 하말(Pramesh Kumar Hamal)을 접견했다. 국제형사재판소장이 그 나라를 방문하는 것에 사의를 표하고자 아침 일찍 대사관이 있는 브뤼셀에서 1등서기관을 대동하고 예방한 것이다. 이 방문은 내가 그 나라를 공식방문하면 대사가 미리 귀국하여 대비하는 것이 원칙인데 그렇지 못한 사정이 있어 대신 예방하는 것이다. 뒷일은 루스비스 비서실장에게 부탁하고 나머지 행정현안들을 처리한 다음 간신히 소장실을 빠져나와 나의 대외담당 보좌관 에릭과 함께 공항으로 향했다.

네팔
먼저 바레인으로 가서 새벽 3시 반에 카트만두(Kathmandu)행 비행기를 갈아타야 했다. 그나마 가는 길에 밤늦게 쿠웨이트에서 잠깐 내리는데 만원인 비행기가 쿠웨이트에서 거의 텅텅 비었다. 밤이어서 밖을 볼 수 없으나 사막에 건설한 도시가 불빛이 휘황찬란하다. 아내는 신기한 듯 자꾸만 밖을 내다보지만 이것이 모두 석유의 힘이리라. 쿠웨이트에서 약 40여 분 더 비행하니 바레인이다. 공항 귀빈실로 올라가는 복도에 세계첨단 유행품목이나 명품을 진열한 상점들이 즐비하다. 자기네의 독특한 내리닫이 아랍옷을 입는 사람들에게도 각종 비싸디 비싼 패션명품이 많이 필요한가 보다.

넓은 바레인공항 귀빈실에 커튼을 친 코너는 아마 여성 여행객들을 위하여 배려하는 곳인지도 모르겠다. 자정에 내렸는데 새벽 3시까지는 이곳에서 버텨야 한다. 아내는 귀빈실에서 눈을 붙이고 나는 여러 가지 상념에 잠겼다.

이번 3년간의 국제형사재판소장의 직책은 아마 내가 70 평생 마지막으로 인류에게 봉사하는 막중한 직책일 텐데 어떻게 하면 이를 좀더 잘 수행할 수 있을까 골똘히 생각하는 것이다.

걸프항공(Gulf Air)을 타고 12월 1일 오전 11시 카트만두공항에 도착하니 제자인 홍승목 대사와 전종윤 2등서기관이 마중 나왔다. 참 고마웠다. 콜린 파월(Colin Powell) 전 미국 국무장관이 묵었던 호텔에 투숙한 다음 바로 PGA(Parliamentarians for Global Action) 뉴욕 본부에서 온 피터 바크로프트(Peter Barcroft)를 만나 셋이 호텔 내에 있는 중국관에서 점심을 먹으면서 정보를 교환하고, 어떻게 이 나라를 설득하여 로마규정을 비준하게 만들 것인가를 다각도로 검토했다. 점심은 내가 개인적으로 대접했다. 그다음 미국대사관의 랜디 베리(Landy Berry) 대리대사를 만나 유용한 정보를 많이 들었다. 지금 뉴질랜드에 근무 중인데 전에 이 나라에 근무한 일이 있다고 해서 형편상 다시 불러 와서 임시로 대리대사 노릇을 하고 있다고 한다.

저녁에는 홍승목 대사가 이 나라의 큰 전통음식점으로 초청하여 대사관 직원 5명과 함께 각종 전통 춤과 음식을 음미했다.

12월 2일 8시 반에 유네스코 세계유산으로 지정된 문화재를 보러 출발했다. 경찰이 앞에 경호차 1대, 뒤에 경찰 5인이 탄 지프차 한 대가 경호하면서 그 유명한 박타푸르(Bhaktapur, *city of devotees*) 유적지로 이동했다. 카트만두 시내에서 불과 12km 떨어져 있어서 평소에 40분 걸리는 곳이지만 경찰 호송하에 이동하므로 시간이 덜 걸리리라고 생각했는데, 길이 공사 중인 데다가 주유소 파업 때문에 휘발유를 배급받고자 줄지어 서 있는 차들의 행렬로, 좁은 길에 왕복으로 차가 꼭 끼어서 오도가도 못 했다. 난생처음 그런 교통체증을 경험했다. 경찰이 사력을 다하여 차의 행렬을 토막토막 끊어서 길을 뚫고 길에 놓인 차선 역할을 하는 돌을 손수 치워주어서 간신히 1시간 20분 만에 현지에 도착했다.

이곳은 원래 이 나라의 3개 왕국 중 가장 번영했던 한 왕국의 궁전과 힌두 사원 및 수도원이 위용을 뽐내는 6.8㎢ 넓이의 마을이다. 이 왕국은 12세기에 아난드 데브 말라(Anand Dev Malla) 왕이 창건한 나라인데 우리가 보는 엄청난 유적은 15세기에 야크사 말라(Yaksha Malla) 왕이 주로 건축한 것이라고 한다. 신의 가호를 받고자 8각형 모양의 터에 각 구석마다 8개의 엄마수호신 (Ashtamatrikas)을 세웠는데 그 경내에 궁전과 사원, 수도원과 탑과 기념비와 비하라(Bihara)가 묘하게 잘 배치되어 있다. 마침 무슨 종교적 축제일이어서 그런지 모든 사람들이 신에게 바칠 음식을 만들어 계속 들여온다. 신에게 바친다고 놓아둔 음식과 꽃 그리고 쓰레기 등 때문에 주변이 불결하다.

궁전 앞마당에서 양과 같은 짐승을 산 채로 잡아서 바치는 장면도 보았다. 사찰 경내 한복판에 이처럼 붉은색 벽돌이나 목재로 높이 지어서 대규모 위용을 자랑하는 궁궐과 파고다는 하나하나가 모두 웅장함과 정교함을 동시에 조화롭게 갖추었다. 불교와 힌두교가 공존하면서 아름다운 탕카(Thanka) 미술품, 정교한 목각, 보석세공, 도자기, 섬세한 돌조각, 청동 내지 놋쇠 창문틀 등 이들의 예술감각이 참으로 다양하고도 기가 막히다. 좁은 옛길과 길 연변에 늘어선 오래된 집들은 그들의 중세시대의 삶을 엿볼 수 있게 한다. 집집마다 출입문과 창문이 아주 작은 것은 난방이 없으므로 온기를 보존하기 위한 방편이었다고 한다.

박타푸르의 더르바르광장에는 55개의 창문이 있는 더르바르(Durbar, 궁정 알현실)가 있고, 이곳의 많은 유적들〔Golden gate, Golden spout, Big bell, Taleju Bell(Dog Barking Bell)〕과 사원들(Vatsala Devi 사원, Chyasilin Mandap, Siddhi Lakshmi 사원, Yakscheswor 사원, Char Dham 사원, Terracotta 사원)이 유네스코 세계문화유산으로 등재되어 있다. 물론 이 지역에 광장은 이것뿐이 아니고 바로 옆의 타우마디(Taumadhi) 광장으로 연결되어 있다.

이 광장의 압권은 5층탑 모양의 사원이다. 사원의 5층탑에는 계단을 타고 올라가면서 수문장, 코끼리, 사자, 독수리 및 신의 석상이 양옆으로 줄지어 서 있다. 원래 힌두교의 세 주신(主神)은 브라흐마(Brahma, 창조신), 비슈누 (Vishnu, 보호신), 시바(Shiva, 파괴와 생식의 신)인데, 이곳은 힌두교의 또 다른 두 신(Siddhi Laxmi 여신과 Bhairabanath 신)까지 모신 곳이라고 한다.

이곳에서 남쪽으로 2km 떨어진 곳에 있는 수리아비나야크(Suryavinayak) 신전(Ganesh라는 좋은 출발과 성공적 마침을 상징하는 신의 신전)이 있다는데

유네스코 세계문화유산인 박타푸르광장의 압권인 5층탑.

시간상 가지 못했다. 북쪽으로 4km 더 가면 세계문화유산 중 샹구나라얀 (Changu Narayan)이 있는데, 관람은 역시 나중으로 미루었다. 하리 다타 베르마(Hari Datta Verma) 왕이 323년에 건축한 이 사원은 464년에 새긴 가장 오래된 문자가 있어서 유명하다고 한다. 주변은 지저분하고 무질서하여 보존상 아쉬움은 컸지만 참으로 장엄한 예술과 종교의 큰 유적이다.

이 엄청난 유적을 방문하고 11시 반경 호텔로 돌아오니 이 나라 코이랄라 (Sujata Koirala) 외무장관이 30분 내에 보자고 한다. 후진국일수록 미리 면담 일정을 잡자고 하면 끝까지 안 알려주다가 이처럼 마지막 순간에 시간을 주는 것이 오랜 관행이라고 한다. 이 나라도 미리 면담신청을 했지만 가부간에 대답이 없다가 마지막 순간에 만나자고 하니 다른 일정을 잡을 수도 없이 무작정 기다려야만 한다. 한심한 관행이지만 후진국일수록 절대로 미리 일정이 확정되지 아니한다. 현지에 도착하여 끈질기게 교섭해야 겨우 약속이 성사된다. 결국 만나주기는 하는데 고약하기 짝이 없다.

경찰의 공식경호를 받으며 방문하니 외무장관 사무실은 전에 왕궁으로 쓰던 좋은 건물이다. 뉴욕에서 온 피터, 뉴질랜드에서 온 국회의원 케네디 그레이엄(Kennedy Graham), 네팔의 국제앰네스티(Amnesty International)를 14년간 이끌어온 네팔 청년 등이 합류하여 같이 갔는데, 장관실에서 다시 한 번 오

네팔 카트만두에서 열린 PGA 회의 (2009.12).

래 기다리게 했다. 네팔 같은 후진국은 이처럼 귀빈을 쓸데없이 기다리게 만
드는 것을 자기네 위신을 올리는 방법으로 여긴다고 한다. 외무장관이라는 여
성은 네팔의 유명한 정치인 가문의 딸로서 별 영향력이나 실력이 없이 그 자리
에 임명되었다는 평이다. 정작 만나보니 선선히 자기는 로마규정 비준을 찬성
하니 걱정 말고 총리와 내무장관을 만나보라고 미룬다.

　그녀의 면담일정이 우리를 너무 오래 기다리게 해서 정작 PGA가 주최한 토
론행사(roundtable) 장소에는 좀 늦게 도착했다. 약 40여 명 참석했으나 현직 장
관이 4명 그리고 대부분 국회의원이다. 에너지장관, 문화 및 의회담당장관,
무임소장관 그리고 나중에 법무장관이 참석해서 각자가 비준을 찬성하는 발언
을 했다. 이 나라 PGA 대표로서 사회를 능숙하게 본 프라티바 라나(Prativa
Rana, 집권당 RRP 중앙위원회 여성멤버)는 50대 여성이고, 회의 종료 후 마감발
언을 한 아르주 라나(Arzu Rana Deuba)는 경영학 박사에 국회의원이며 전 총리
의 부인이라고 한다. 러키 셰파(Lucky Shepa) 여성 의원, 에크 나스 다칼(Ek
Nath Dhakal) 의원, 나빈드라 라즈 조시(Nabindra Raj Joshi) 네팔국민의회당
(Nepali Congress Parliamentary Party) 대변인, 디팍 라즈 기미레(Deepak Raj
Ghimire) 네팔가족당 당수, 프라딥 자왈리(Pradeep Gyawali) 공산당 의원도 내
게 인사한다. 나의 발표 후 많은 질문이 이어지고 유용한 토론이 전개되었다.

특히 이 나라의 지도적 비정부기구인 국제형사재판소 네팔연합(NICC) 대표 수부드 라즈 피아쿠렐(Subudh Raj Pyakurel)은 참 일을 많이 한 사람인지 경험에 기초한 그의 발표가 묵직하다. 3시에는 회의 도중 휴식시간을 가졌는데 이를 '하이 티'(high tea)라고 하여 상당히 많이 장만한 음식을 차와 함께 먹는다. 영국의 '애프터눈 티'(afternoon tea)보다는 실질적으로 더 많이 먹는데 이날 꽉 찬 일정상 아침과 점심을 못 먹은 나로서는 아주 잘되었다.

회의 도중 이 나라의 지배권력인 공산당 당수가 다음 날 아침 8시 자기 집에서 만나자는 전갈이 왔다. 네팔 방문의 주목적인 토론행사 참석은 여러 명의 정부 각료와 많은 국회의원들의 참석하에 잘 마쳤다.

저녁에는 홍승목 대사가 관저에서 우리 부부에게 만찬을 성대하게 베풀었다. 호텔에서 2분 거리에 있는 아주 좋은 집이다. 공주의 사저를 임차한 것이라는데, 혹시 수도를 옮길까 보아 정부에 이 건물의 매입을 건의하기가 주저된다고 한다. 카트만두에서 7시간가량 떨어진 히말라야 등반 때문에 한국 손님이 많이 온다고 한다.

일요일인데도 밤새 목수들이 호텔 앞 정원에 천막을 치고 기둥을 세우는 등 시끄러웠다. 인도 거부의 혼인식 장소를 준비하는 공사소음 때문에 잠을 설친 채 일찍 일어났다. 호화사치가 극에 달한 부자의 혼인인가 보다. 호텔 입구에서부터 설치한 각종 장식과 꽃과 양초, 의자와 테이블만 해도 엄청난 규모이다. 2,500명의 손님을 초대해서 3일간 먹고 마시는 잔치를 한다고 한다. 어느 나라에서든지 볼 수 있는 졸부들의 한심한 행태가 아닌가 싶다.

다음 날 일찍 아침을 거른 채 경찰의 경호를 받으면서 네팔공산당(Unified Communist Party of Nepal) 당수 푸시파 카말 다할(Pushpa Kamal Dahal, 1954년생)의 집을 찾아갔다. 다할은 지하 게릴라 전투원 출신인데 별명이 프라찬다(Prachanda)라고 한다. 가옥은 네팔 수준으로는 꽤 큰 양옥 2층으로 높이 세워진 사방의 망루 위에 총을 든 경비원들이 지키고 있다. 한국의 1960년대에 지은 콘크리트 벽돌 양옥 2층집과 비슷하다. 기자들이 이미 그 집 앞에 진을 치고 있는데, 집안에도 많은 사람이 서성대고 있다. 응접실로 안내되었는데 벽면에 걸린 네팔의 지도가 눈에 들어온다. 그 지도에 자기의 사진과 공산당의 상징인 망치와 낫이 그려져 있다. 21세기 대명천지에 아직도 낫과 망치를 그린 마오주의(Maoist) 정당이 제 1당이라고 하니 믿기 어렵다. 나는 인사를 마치고 10여 명의 일행을 그에게 소개하였다. 국제형사재판소 수행원 외에도 로마규정 비준을 위한 네팔 비정부기구 간부들과 PGA 회장인 뉴질랜드 국회의원 등이다.

주인인 공산당 당수는 유창한 영어로 지하에서 총질하던 게릴라답지 않게 현재 정치정세의 미묘함을 강조하면서 헌법제정 과정이 진행 중이라고 약간 발을 빼는 듯한 말을 한다. 나는 로마규정 가입의 중요성을 말하고 그가 총리로서 유엔총회에서 언급한 인권 및 법의 지배의 중요성을 상기시키면서 불소급원칙과 보충성원칙을 강조했다. 그는 내 말을 듣고는 그동안의 의구심, 즉 가입하면 국제형사재판소가 과거를 들추어 자기네를 소추하지 않을까 하는 의심을 떨쳤다고 하면서 공산당은 물론 다른 당과도 협의해서 전진적 방향으로 성사시키겠다고 공언했다. 너무 쉽게 공언하는 분위기여서 다소 맥이 풀리기도 했다. 약 30분간의 면담을 마치고 나오니 많은 기자들이 밖에서 기다리다가 회담결과를 물어보기에 사실대로 답변했다. 어제 미국 대리대사가 이 사람은 무엇이든 시원하게 긍정적 약속을 하지만 과연 말대로 실행하는지 여부는 좀 지켜봐야 한다며 주의하라고 했다. 얼마나 약속을 지킬지는 미지수였다.

아침 회동이 일찍 긍정적으로 끝나서 돌아오는 길에 카트만두 시내에 있는 바산타푸르(Basantapur)로 차를 몰았다. 규모나 보존상태는 어제 본 박타푸르보다 못한데 시내 한복판에 있다 보니 사람과 차량이 정신을 빼놓을 정도로 복잡하다. 카트만두라는 이름의 유래가 된 목조건물을 포함하여 약 30여 분간 구경하고 호텔에 돌아왔다. 네팔에는 옛날에 24개의 왕국이 있었으므로 조금만 이동해도 여기저기 궁전이 있다고 한다. 이제 총리실에서 연락이 오기를 기다리는 수밖에 없다. 국제앰네스티가 열심히 면담을 주선하는데 잘 안 되는 것 같다. 총리는 원래 금요일 오후 5시를 주었는데 우리가 떠날 시간이라 불가능하고 대통령은 내일 오전을 주더니 결국 면담이 불가능하다고 오리발을 내민다. 12월 7일부터 시작하는 코펜하겐의 기후변화회의에 대비하여 히말라야 산속의 별장으로 전 각료가 이동하기 때문이라고 한다. 이러한 이색적인 각료회의는 각 신문에도 보도되었다.

네팔의 총리가 코펜하겐의 기후변화회의에 참석하면 반기문 총장과 별도의 회담을 하면서 이 나라의 평화달성을 위하여 협의할 예정이라고 귀띔한다. 우선 탁월한 제자로서 유엔에서 반 총장의 오른팔 역할을 하는 김원수 대사에게 바로 전화를 걸어 반 총장이 네팔 총리와 양자회담을 할 때 로마규정 비준을 의제에 포함시켜 논의해달라고 단단히 부탁했다. 김 대사는 아직 양자회담이 확정된 것은 아니나 기필코 양자회담을 성사시켜 이 문제를 제기하겠다고 약속했다. 오후에 네팔의 신문과 인터뷰하고 바로 유엔기관인 유엔네팔임무단(UNMIN)의 유엔사무총장 자문역인 카린 랜드그렌(Karin Landgren)을 방문하여 일반적 의견교환만 하고 회동을 마쳤다.

호텔 내의 중국식당에서 에릭과 함께 만찬을 하는데 홍승목 대사가 들렀다. 홍 대사가 저녁에 리셉션에 갔다가 우리의 만찬장소로 찾아온 까닭은 전 각료가 히말라야 산속으로 옮겨갔으니 4일 하루 일정이 비면 카트만두 교외에 경치 좋은 곳에 가서 점심을 하자고 제안한다. 그러나 1시에 국회의장과 만나는 일정이 있다.

네팔 사람들은 온순하고 친절하며 영어를 잘하여 의사소통에 지장이 없다. 왜 이처럼 착한 사람들이 못살까. 히말라야가 있어도 관광수입은 2% 정도에 불과하고, 해외근로자들이 송금하는 돈이 경제를 지탱한다고 한다. 마치 1960년대 한국을 연상시키는 경제형편이다. 네팔인들은 중동에서는 수입이 월 300달러인데 한국에 가면 월 1천 달러에 숙식이 제공되니 그야말로 '코리안 드림'이 있다고 한다. 우리가 KOICA 등 여러 가지로 조금씩 도와주는데 고마워한다고 한다. 중국보다 인도의 영향이 압도적인 듯하다.

12월 4일 오전 에릭과 둘이서 의사당에 갔다. 전날 라운드테이블에서 만난 여성 국회의원 둘이 따로 와서 배석한다고 했는데 이들이 도착하기 전에 국회의장이 혼자 입실하여 우리를 맞이했다. 회담을 성공적으로 마치고 바로 호텔로 와서 아내와 함께 오후 5시 50분에 출발하는 방글라데시의 수도 다카(Dhaka)행 비행기를 타러 공항으로 향했다. 홍승목 대사 일행의 환송을 받으면서 비행기에 오르니 피로가 한꺼번에 몰려왔다. 그러나 방콕으로 가서 하룻밤을 편안하게 보낼 기대감은 있었다.

방글라데시

12월 5일 토요일 점심 무렵, 다카공항에 도착했다. 거리의 인상만 보아도 네팔보다 선진국처럼 보인다. 길이 넓고 중앙분리대와 차선이 그려져 있다. 길에 자동차와 인력거는 많지만 카트만두처럼 움직이지 않는 것은 아니다. 그러나 이 나라도 대부분 수입한 중고 일본차들이나 수십 년 된 낡은 차가 길을 메우면서 매연을 뿜어내고 길에 사람이 많은 것은 네팔과 비슷하다.

이슬람 국가라 일요일이 근무 첫날이어서 바로 일정을 시작했다. 사실 이나라도 네팔과 비슷하게 이곳에 도착하는 순간까지 확정된 일정이라고 해야수년 전에 개교한 브락대학(Brac University)에서의 특강과 1971년 이 나라가파키스탄으로부터 독립하기 위하여 투쟁하는 과정에서 억울하게 피살된 사람들을 기념하는 박물관을 방문하는 것이 고작이었다. 정부 고위층과의 약속은 확정된 것이 없는 형편이다. 독립전쟁박물관을 잠깐 방문했는데 이 나라 건국(파키스탄으로부터의 독립전쟁) 과정에서 국부 무지브르 라만(Sheikh Mujibur Rahman)의 독립운동, 그리고 무수히 학살된 양민들의 흔적을 거칠지만 전시해 놓았다. 박물관의 이사인 아쿠 초두리(Akku Chowdhury)의 안내와 간단한 점심대접을 받았다.

시간이 없으므로 플라스틱 통에 담은 카레라이스를 주문했는데 그나마 시간상 사무실에서 그들과 함께 못 먹고, 달리는 차 속에서 우물우물 요기를 했다. 나는 이런 경우에 훈련이 되어 있지만 대외담당보좌관인 미국인 에릭은 다소 힘들어 하는 것 같고 숟가락질이 아주 느리다.

네팔이나 이 나라나 모두 정부 관리들과 사전에 연락해 약속하려 해도 확실한 대답을 안 해주고 수도 없이 전화해야 겨우 약속이 성사되는 풍토는 꼭 닮았다. 우리가 헤이그 출발 이전부터 걱정했더니 PGA의 다비드 가틴(David Gattin) 사무총장의 말이 걸작이다. 그런 나라들은 항상 그 모양이니 걱정 말고 일단 입국하여 연락하면서 기다리면 결국은 목적을 달성한다는 것이다.

이곳의 박석범 대사는 이제 3년 임무를 채우고 귀국 발령이 나있는 상태에서 초면인데도 내외분이 참으로 헌신적으로 우리 일행을 보살펴 주었다. 그리고 영어와 불어를 참 잘한다. 도착하자마자 서울에서 2주일 전에 도착했다는 대사전용 신형 에쿠스 차를 내주었고, 하루도 거르지 않고 식사를 챙긴다. 박 대사가 마음먹고 베풀어준 호의의 백미는 관저에서 다카주재 모든 대사와 법조계 인사들을 초청하여 나를 위한 리셉션을 베푼 것이다.

대사관저는 아주 널찍하여 그런 행사에 적당한데 짧은 시간 내의 통보에도 불구하고 참석한 많은 정부 고위관료, 외교사절과 지도적 법조인들을 한꺼번에 만나면서 국제형사재판소를 알릴 좋은 기회를 만들어 주었다. 파티에서 개별적으로도 얘기하고 또 전체를 위해 즉흥연설도 했다. 음식도 꼭 한국에서처럼 맛있게 만들어 인기가 좋아서 참석자들이 싹싹 비웠다. 그다음 날은 박 대사, 박두순 참사관 모두 내가 기조연설을 하는 외부행사에 참석하는 예의를 보였고 한식당에서 맛깔스런 오찬을 대접한다. 이처럼 열심히 보살펴주는 공관장 내외분께 충분한 감사의 표시를 못한 것 같아 송구하다.

어디를 가든 유럽연합 회원국 대사들이 참으로 헌신적으로 나서서 국제형사재판소를 도왔다. 그들의 외교정책은 인권외교와 법치외교가 핵심인데 그 중심에 국제형사재판소가 있기 때문이라는 것이다. 다카도 예외가 아닌데 중요일정을 시작하기 전에 2009년 7월부터 반년간 유럽연합 의장직(Presidency)을 맡고 있는 스웨덴대사를 중심으로 먼저 브리핑을 해준다. 이날 아침 일찍 스웨덴대사관을 방문하니 해그스트룀(Britt Hagström) 여성대사가 무릎을 다쳐서 깁스를 하고 목발을 짚는 불편함에도 불구하고 독일 등 몇몇 유럽연합 회원국 대사를 초청하여 이 나라의 국제형사재판소에 대한 태도를 일목요연하게 정리해준다. 얼마나 그들이 국제형사재판소를 최우선으로 삼는지를 보여주는 예이다.

우리를 지원하겠다고 벨기에에서 날아온 방글라데시 법률가 아흐메드 지

아우딘(Ahmed Ziauddin)과 필리핀에서 날아온 베키 로자다(Becky Lozada)는 구면이고, 인도 및 네팔에서 온 비정부기구대표들은 어려운 환경에서도 참으로 헌신적으로 아시아 나라들의 로마규정 비준이라는 한 가지 목표를 위하여 일하는 것이 존경스러웠다. 이 나라에서는 법무장관, 검찰총장, 외무장관, 대법원장 등을 만났으나 세이크 하시나(Sheikh Hasina) 총리는 박 대사가 무척 노력했음에도 못 만났다. 법무장관은 아흐메드의 은사로서 말이 통하는 분인데 비준에 찬성이었고, 외무장관도 의사 출신으로서 총리와 교감이 있었는지 몇 가지 질문을 하더니 총리와 함께 가입에 노력하겠다고 한다.

그런데 이 나라에 오니 비준에 앞서 1971년 독립전쟁에서 일어난 학살사건을 국제형사재판소가 처리해줄 것이라는 지나친 기대가 문제라는 생각이 든다. 많은 미디어를 인터뷰했는데도 질문이 그리로 집중되고 불소급원칙상 불가능하다고 해도 국제형사재판소에 의지하려는 생각이 강하다. 마지막 날 호텔 수영장 옆에서 이 나라의 대표적 TV Desh와 30분 단독인터뷰를 했을 때도 역시 질문이 그리 집중된다. 얼토당토 아니한 과잉기대를 진정시킬 필요가 있었다.

목숨을 건 콩고(DRC) 전쟁피해자들의 위로

콩고민주공화국 도착
3일간의 방문을 마치고 바레인을 거쳐 8일 새벽 헤이그에 도착했다. 무척 피곤하지만 12월 9일 새벽 또다시 콩고민주공화국을 방문해야 하는데, 사무실의 업무상황은 내가 단 일분일초도 쉽게 허용하지 않는다. 8일에는 시부야 일본대사가 전화로 12월 21, 22일에 일본 총리, 외무장관 및 법무장관을 만나는 일정을 통보해주어서 기쁜 마음으로 히라드를 데리고 일본을 방문하기로 했다.

오후에는 반기문 총장으로부터 전화가 왔다. 인도적 이유로 알-바시르 수단 대통령에게 전화한 것을 두고 수단 신문에서 유엔 사무총장이 자기 정부를 지지한다는 가짜뉴스를 톱기사로 뽑아 전 세계적으로 돌리는 바람에 이를 해명하고자 내게 우선 전화하면서 전혀 사실이 아니니 재판관 등 동료들에게 진심을 전해달라고 했다. 통화하는 김에 직접 반기문 총장에게 코펜하겐의 기후변화회의에서 네팔과 방글라데시 양국의 총리를 만나 로마규정 비준을 설득해줄 것을 부탁했고 그는 이를 쾌히 승낙했다. 내가 그날 저녁에 참석한 해럴드 고의 생일파티와 우리 재판소의 송년모임에서 기회가 되는 대로 반 총장의 해명을 전했다.

마침 국제사법재판소(ICJ) 법정에서 코소보(Kosovo) 독립을 위한 변론차 헤이그에 온 해럴드 고의 생일이라고 미국대사 레빈(Fay Hartog Levin)이 자기 관저에서 여는 파티에 초청했다. 그다음 '머피스로'(Murphy's Law)라는 선술집에서 작년처럼 소장실과 재판부 전부를 초청하여 송년파티를 하는 곳에 들렀다. 내가 출장 중이므로 비서실장이 자기명의로 재판관들에게 송년파티 초청의 이메일을 돌렸던 모양인데 소장이 직접 통보하지 않았다고 재판관 상당수가 불참했다. 오직 코트와 쿠룰라 재판관만 왕림했다. 아일랜드 출신의 재판연구관인 바버라 로시(Barbara Roche)에게 비용이 얼마든 내가 모두 계산한다고 하고 집에 오니 여독에, 시차에, 밀린 업무처리에, 두 번의 파티참석에 그대로 녹초가 되었다.

지난밤에 아주 늦었지만 12월 9일 새벽 5시에 집을 나와 보좌관 에릭 및 나의 카메룬 통역 클레투스 아와숨(Cletus Awasum)과 함께 처음으로 콩고민주공화국을 방문하는 일정에 돌입했다. 참으로 강행군이고 몹시 피로하고 힘들지만 어쩌겠는가. 속도 모르고 재판관 4인방은 나를 여행만 다닌다고 비난한단다. 브뤼셀공항까지 가서 3시간을 기다린 다음 오전 10시경 카메룬 두알라(Douala)를 경유하여 콩고민주공화국의 수도 킨샤사(Kinshasa)로 가는 브뤼셀항공 편에 몸을 실었다. 그러나 벨기에 비행기도 연발에 연착을 하더니 원래 오후 8시 반에 도착할 것이 밤 10시경 도착했다. 아무리 선진국 항공사라도 고객이 후진국 사람들이면 비행기의 승무원들도 닮아 가는가 보다. 기내 청결상태, 음식서비스, 접객태도 등 개선할 점이 많다.

콩고에서 기자회견과 정부요인 접견 시에 할 말을 준비하고 예습을 좀 해야 하는데 만사가 귀찮고 열이 나는 것도 같고 피곤해서 내내 비행기 좌석에 누워 있었다. 킨샤사에 도착하니 비가 내리는데 밤이라 그런지 생각보다 덥지는 않아서 다행이다. 미리 파견된 우리 경호원들이 기다리다가 안내하는데 엄청나고 빈틈없는 경호에 깜짝 놀랐다. 헤이그에서 만났던 레사(Luzolo Bambi Lessa) 법무장관이 환영했고 여직원이 꽃다발을 증정한다. 귀빈실에서 장관과 잠시 만나고 기자들과 간단히 인터뷰했다. 그러나 피로와 감기몸살에 컨디션이 아주 엉망이다. 간신히 시내 호텔로 이동하여 체크인도 안 하고 바로 경호원에게 둘러싸여 방으로 직행했다.

비싼 방이라는데 썰렁하게 기본적 가구만 겨우 배치되어 있고 냄새가 난다. 참다가 입실하자마자 먹은 것을 토해버리고 침대에 누웠다. 경호원들에게 둘러싸여 자니 도난은 없겠지만 외출 시에는 꼭 소지품을 들고 다니란다. 실내 전등은 희미하고 수도꼭지의 물은 마시기는커녕 양칫물로도 부적합하다. 호텔방의 TV는 일제 고물인데 영상이 너무 흐릿하여 안 보인다. 모두들 걱정하는 중에 나는 약을 먹고 깊이 잠을 잤다. 역시 말라리아 약 등 의약 준비는 전혀 안 되어 두 번째로 먹는 모기약 말라론 한 알을 에릭에게 빌려서 먹고 잤는데 다음 날 일어나니 조금 낫다.

내가 아프다는 소식은 모든 사람에게 알려져서 걱정을 끼쳤다. 자고 났더니 조금 나아져서 일정을 시작할 만하게 되었으니 다행이다. 모두들 걱정할까 봐 호텔 식당에서 아침이라고 빵만 지근지근 씹다가 말았다. 많은 음식이 뷔페형식으로 진열되어 있건만 경호원들은 몇 가지 음식을 시식해보고는 일정한 범위의 것만 먹으라고 하고 계란프라이도 안 된다고 한다. 이곳의 식자재는 거의 불결하거나 병든 고기이므로 오로지 벨기에서 직수입하여 만든 음식 몇 가지만 먹으라는 것이 경호원들의 요청이었다. 더군다나 방글라데시에서 걸린 설사 때문에 조심하는 것도 있다. 빵 같지 아니한 빵을 씹은 후 약을 잔뜩 먹었다. 약기운인지 우선 조금 나아졌고 오늘의 연설과 격한 질의응답을 감당할 것도 같다.

삼엄한 밀착경호 속에서 지도자 접촉

아침식사 후 외무장관을 만나러 출발하는데 경호가 굉장하다. 이 나라의 경찰 경호차 한 대가 100m 전방에 서고 그로부터 50m쯤 뒤에 다시 경찰차 한 대가 따르는데 그 뒤에는 이 나라 경찰의 무개차가 완전무장한 경찰 5인을 태우고 앞장선다. 바로 그 뒤에 따라가는 내 차는 토요타 지프차인데 우리 경호원이 밀착경호로 나의 앞좌석에 타고 가면서 끊임없이 자기들끼리 무선 연락을 한다. 내 차 뒤에 따라오는 동일한 모양의 차에는 에릭과 클레투스 등 수행원이 타며, 그 뒤에는 다시 완전무장한 경찰 5인이 탄 차가 따라온다. 그 외에 달리는 동안 도로에서 나를 저격하거나 차가 고장날 것에 대비하여 내 차의 오른편에서 뒤따르는 예비차가 한 대 더 있다.

그리고 보면 헤이그에서 선발대로서 특파된 밀착경호원 3인 그리고 이곳의 국제형사재판소 현장사무소에서 차출된 경호원 2명 그리고 30여 명의 현지경찰이 동원되는 큰 행차이다. 나의 직책이 이러한 경호를 받을 만큼 중요하다고 하더라도 너무 번거롭고 자유가 전혀 없는 데다가 미안하기 짝이 없다. 밤에도 현지 경찰이 내 호텔방 문 앞에서 교대로 불침번을 선다. 좋다는 현지식당을 추천받아서 식사하러 가고자 해도 경호원들이 사전답사를 해보고 승인하지 않으면 갈 수 없다. 내 차 앞좌석에 타는 국제형사재판소 밀착 경호원 드니스(Denise)는 프랑스 리옹 출신인데 이번에 헤이그로 돌아가면 국제관계 석사학위를 받을 예정이고 곧 박사과정에 진학한다고 한다.

외무부 청사에서 알렉시스 탐보웨-음밤바(Alexis Thambwe-Mwamba) 외무장관을 30분간 만나 증인의 여권발급 문제, 국내 이행입법 문제 그리고 가장 흉악하다고 알려진 반군 지도자 보스코 은타간다(Bosco Ntaganda)의 체포문제를 토의하고 일어섰다. 귀로에 현지 유엔평화유지군(MONUC)의 의료실에 들러서 의사 디알로(Diallo)의 진찰을 받고 드디어 말라리아약과 표준 구급낭을 받았다. 국제형사재판소 사내의사가 약과 구급낭을 안 챙겨주어 말라리아 걱정을 많이 했는데 이제는 안심이다. 내가 비서실장에게 사무실에 살아서 돌아가면 당장 사내의사를 파면하겠다고 으름장을 놓았더니 재판소 내에서는 아마 자기네들끼리 난리가 났었나 보다.

점심 후 국회의장을 예방했다. 국회건물(Palais du Peuple)은 높은 천장에 널찍하고 시원하게 지었다. 우리 현장사무소에서 지원 나온 일행 중에서 다프네(Daphne)를 반갑게 만났다. 그녀는 키프로스 출신의 미국 변호사로서 피키스 재판관의 재판연구관 프란치스카 에켈만스의 산후휴가 동안 상고부에서 인턴으로 일했었는데, 이제 이곳의 현장사무소에서 홍보담당으로 일한다고 한다. 보샤브(Évariste Boshab) 국회의장을 만난 후 PGA가 주최한 '평화와 정의'를 주제로 한 국제회의에서 기조연설을 했다. 국회 내의 커다란 회의실이라 빈자리가 많을 것 같았으나 대호수지역(Great Lakes Region)의 각 국가 — 우간다, 차드, 르완다, 브룬디 등지에서 300여 명의 국회의원이 참석하였고, 콩고민주공화국 내에서도 지방대표들이 골고루 올라와서 자리를 메웠다.

질의응답 시간이 되자 이 나라 상원의원이라는 한 여성과 남성이 등단하여 재판 중인 피고인 벰바(Bemba)의 편을 들면서 국제형사재판소가 편파적이고 정치적이라는 비난을 큰 소리로 퍼붓는다. 이 나라의 부잣집 아들로 태어난 벰바는 현 조지프 카빌라(Joseph Kabila) 대통령과 겨룬 선거에서 40%의 득표를 한 정치인인데 그를 잡아간 것은 국제형사재판소가 현 정부와 유착하여 부당한 정치적 재판을 하는 것 아니냐고 소리를 고래고래 지르는 것이다. 나는 아직도 수도지역에 벰바 추종자들이 상당히 많이 있는 것에 놀랐다. 물론 에릭과 상의하여 약 두 시간 동안 질의응답에서 선방했다고 생각했다. 날이 어두워졌고 호텔로 돌아왔는데 컨디션은 그냥 버틸 만했다.

저녁을 먹으러 미국인 부치안티(Roberto Buccianti) 현장사무소장이 추천하는 곳으로 나가고자 하니 경호원들이 반대하여 결국 그들이 안전하다고 추천하는 다른 식당으로 갔다. 로베르토는 식사 후 합류하여 술만 한잔 했다. 셋이 먹은 음식값이 330달러라고 한다. 말이 안 되는데 청구서를 보니 엉뚱한 항목을 포함하여 액수를 잔뜩 늘려왔다. 로베르토가 나서서 유창한 불어로 세 번을 반려한 다음에도 계산이 정확하지 못했지만 그냥 지불하기로 했다. 계산서 분쟁에 한 시간이 걸렸다. 호텔에 와서는 설사약과 말라리아약(말라론)을 먹고 잘 잤다.

다음 날은 이른 아침부터 힘든 일정이 시작된다. 우선 7시 반에 이곳 주재 가벨링크(William Garvelink) 미국대사가 넬슨(Philip Nelson) 정무참사관과 함께 조찬에 초대했다. 가보니 관저가 좋은데 마침 순회대사 스티븐 랩 (Stephen Rapp)이 와있어 같이 식사하면서 정세분석을 들었다. 흉악범 은타간다를 체포하는 것은 정치적으로 민감한 문제이고 정부도 큰 희생 없이 체포함이 불가능하므로 체포 후의 국내 정치정세의 악화를 걱정하여 직답을 안 한다고 한다. 조찬 후 동북 변방에서 소요가 일어나서 면담예정인 카빌라 대통령이 급히 현장에 가는 바람에 대통령 대신 무지토(Adolphe Muzito) 총리를 만났다. 대통령과 소속 당이 다르단다.

금년 말까지 유럽연합의 의장직을 맡아 수행하는 스웨덴의 이곳 주재 대사 요한 보그스탐(Johan Borgstam)이 벨기에대사, 스위스대사, 이 나라 출신 교수, 알제리 출신으로 유엔평화유지군 고문으로 일하는 여성 레일라 제루귀(Leila Zerrougui) 등을 친절하게도 오찬에 초대하여 현지인들의 국제형사재판소에 관한 인식 등 서로 정보교환을 하면서 드물게 마음이 맞는 한순간을 보냈다. 세계 어디를 가나 유럽연합의 한결같고도 강력한 지지태도에 깊은 인상을 받았다. 고군분투하는 나에게 실질적으로 도움이 되는 강력한 지지자이다.

오후 3시에 페이든하우스(Faden House)에서 홍보활동의 일환으로 지역의 지식인들을 모아놓고 보고 및 토론을 가졌다. 교수, 법조인, 판사 등 40여 명이 우리 현장사무소 공보관의 주선으로 모였다. 이들은 주로 정치적이고 편파적인 재판소가 아닌지와 재판관의 독립성을 어떻게 보장하는가를 집중적으로 묻는다. 별도로 한 시간 이상 걸린 기자회견에서도 국제형사재판소를 올바르게 알리고자 노력했다. 나의 동정은 날마다 이 나라의 TV의 첫머리 뉴스로 나온다.

그리고 늦은 오후이지만 현지 유엔평화유지군(MONUC)의 이곳 책임자 알란 도스(Alan Doss)를 그의 사무실로 방문하여 협조에 감사한 다음 정세와 정보를 교환하고 환담을 나누었다. 그의 사무실은 강을 배경으로 한 경치가 좋은 곳에 위치하고 있는데, 강의 반대편은 브라자빌 콩고(Brazzaville Congo)라고 한다.

한국 대사관저의 만찬에 가고자 막 출발하려는데 대통령궁 부근에 군인들이 포진하고 있어서 이를 통과할 방법을 찾고자 우리 선발대 경호원들이 그들과 교섭 중이니 기다리라고 한다. 그런 사유로 약 30분이나 늦어서 관저에 도착하니 이 나라 상원 외교위원장이 먼저 와있다. 내란이 잦은 오리엔탈주(이 주는 프랑스만큼 크고 광물자원이 많다고 함) 출신으로 영어도 꽤 잘하는데 벰바 피고인 지지자는 아닌 듯하다.

김성철 대사는 홍승목 대사와 외무부 입사 동기라는데, 무척 영민하고 자상한 분이다. 임상우 서기관은 내 사위보다 공군 입대 1년 후배로서 부친과 부인이 모두 외교관이므로 김 대사처럼 단독 부임하여 근무 중이라고 한다. 조금 있으니 전에 외무장관을 했다는 사람이 와서 결국 우리 일행 3인과 본토 손님 두 분 등이 순 한식으로 만찬을 했다. 전 외무장관이라는 분은 영어를 못하는데 외무장관 시절 런던 방문 시 벰바 추종자들이 그를 발가벗겨서 린치를 하는 봉변을 당한 일이 있다고 한다. 호박죽과 은대구 된장구이를 내고 비빔밥을 신선로와 함께 낸다. 일생 자유롭게 살면서 요리를 취미로 하는 62세의 한국총각 셰프가 음식을 준비했다는데 아주 한국식으로 맛있게 요리했다. 관저도 널찍하고, 그릇 및 은수저 등도 잘 관리되어 있다. 벨기에 출신 젊은 남자가 식음료 서빙을 하기에 물어보니 한국대사관 직원인데 국제형사재판소 소장인 나를 만나보고자 비번인 데도 일부러 오늘 만찬의 서빙을 자원했다고 한다.

12월 12일은 토요일이라 오전에 공식일정이 없어서 긴장을 풀고 다소 푹 쉬었다. 오후에는 국제형사재판소의 킨샤사 현장사무소 공보관 폴 마디디(Paul Madidi)가 주선한 대로 미디어와 비정부기구에게 브리핑과 질의응답을 했다. 나는 기회가 있을 때마다 신생 국제형사재판소를 알리는 데 온 힘을 다하는데 기자들의 관심은 혹시 내가 보스코 은타간다의 체포를 재촉하고자 방문한 것이 아닌가 궁금해 한다. 지금 그 문제는 현지의 분위기상 정치적으로 민감한 쟁점이어서 말을 잘못하면 파장이 예상되는데 적당하게 잘 얼버무린 것 같다.

아프리카 현지 언론과의 미팅 (2009.12).

콩고민주공화국 국제형사재판소 현지 사무실 앞에서 가진 각국 언론기자와의 인터뷰 (2009.12).

PGA 사무총장 다비드 가틴 박사를 호텔에서 잠깐 만났더니 나의 기자회견에 대한 현지 미디어나 비정부기구들의 전반적인 반응이 극히 좋다고 큰 미소를 지으며 윙크를 하여 안심이 되었다. 그도 새로 소장이 된 이 아시아인이 도대체 어떤 사람인지 같이 일할 파트너로서 적합한지가 늘 궁금했는데 나를 따라다니면서 자세히 보니 이제 안심이 된다는 뜻일 것이다.

그런데 아프리카 지역에서는 기자회견을 할 때마다 보도되는 기사의 소스는 대부분 '중국 신화사'라고 표시되지만, 나는 신화사 기자가 회견에 참석하는 것을 본 일이 없다. 그럼에도 불구하고 그들이 공급하는 기사는 마치 직접 면담한 것처럼 부정확하게 쓰기도 한다. 세계각지에 그들의 비상근 특약통신원(stringer)이 그처럼 많다는 뜻인가?

일행 모두가 애를 쓰니 내가 이날 근사한 식당에 가서 한턱을 내겠다고 했다. 경호팀과도 상의하여 안전한 고급식당을 예약하고 같이 저녁을 먹자고 했다. 물론 이번에는 로베르토가 추천한 식당을 경호팀이 미리 안전조사를 했다. 프랑스식 식당의 벨기에인 주인부터 도열하여 우리를 맞이한다. 그런데 ICC 경호원들은 자기네의 임무상 나의 경호를 소홀히 할 수 없어 겸상을 할 수가 없다고 끝내 거절한다. 결국 나는 그들의 철저한 의무감에 탄복하고 나중에 그들이 밖에서 먹은 저녁값을 개인적으로 대신 내주었다. 이곳에는 청구서 분쟁도 없었고 음식값도 전전날 간 식당보다 다소 쌌다.

50년 넘은 유엔 고물비행기로 밀림 속으로

12월 13일 일요일 아침 일찍 체크아웃을 하고 킨샤사 시내의 유엔평화유지군 관할 공항으로 이동했다. 6시 반에 호텔에서 아침식사를 하면서 오늘은 일정상 하루 종일 굶다가 저녁을 먹게 될 테니 아침을 든든히 먹으라고 서로 독려했다. 아니나 다를까 우리가 전세 낸 유엔 고물비행기 내에 식음료 서비스가 있을 수 없으므로 우리 일행은 들고 다닌 물만 마시고 굶었다. 우리가 유엔으로부터 임차한 이 비행기에는 우리 일행 외에 첫날부터 나를 수행한 기자들이 모두 같이 탔다. 많은 현지기자 외에 〈로이터〉(Reuters)의 이브 부상(Yves Boussen) 기자(이 나라에 3년 근무한 벨기에 남성)와 라디오 네덜란드(*Radio Netherlands*)의 헬렌 미쇼(Hélène Michaud) 기자(캐나다 이중국적의 네덜란드 여성), AFP의 데이비드 유란트(David Yourant) 기자, RTNC의 카밀 조케(Camille Djoke) 및 오스카 카밤바(Oscar Kabamba) 등 기자가 동승했다. 현지 사무소의 로베르토 부치안티(Roberto Buccianti)가 미리 나와서 대기했다.

고물 에어컨이 시끄러운 귀빈실에서 대기하다가 금방 비행기에 올랐다. 50인석의 제트기에 우리 일행 9인, 기자들과 경호원들이 탔다. 비행기가 활주로까지 이륙하러 갔다가 도로 돌아오면서 내리라고 한다. 그러나 금방 고치지 못하고 결국 같은 기종의 다른 비행기로 바꾸어 타고 떠나는 바람에 무려 2시간 반이나 출발이 지연되었다. 목적지인 밀림 속 부니아(Bunia)에 도착 직후 시작하는 일정이 없어서 망정이지 2시간 이상 지연된 비행일정 때문에 큰 혼란이 생길 뻔했다.

유엔 비행기는 약 50년 이상 된 고물 중의 고물로서 평소에 정비도 철저히 하지 않아 언제 추락할지 모르는 상태이다. 더구나 조종사와 기내 승무원은 모두 우크라이나 또는 벨라루스 남자인데 러시아어밖에 못하여 의사소통이 안 된다. 너무 소음이 많아 탑승 시 아예 귀마개를 나누어 준다. 고물비행기에서 내려다보는 아프리카의 밀림은 참으로 푸르고 아름답지만 나의 생명은 운명에 맡기기로 했다. 다른 일행들은 창공을 가르는 고물비행기 속에서 안전을 걱정하는 모습이 역력하지만 걱정한다고 될 일이 아니었다. 내 옆으로 바짝 붙어 앉은 밀착경호원 3인과 의사도 잔뜩 얼어서 불안한지 일체 말이 없고 다른 사람들은 얼굴을 돌리면서 애써 창밖만 바라본다. 겁에 질린 얼굴을 안 보이려는 것이다.

다행히 비행기가 순항하여 1시간 40분 만에 키상가니(Kisangani)의 국제공항에 도착했다. 이 도시는 오리엔탈주(옛날 촘베라는 사람이 수상을 하던 카탕가 주)의 수도로서 다이아몬드 거래의 중심지였다고 한다. 과거의 번영은 어디로 가고 참으로 황폐한 데다가 활주로조차 제대로 포장이 안 된 위험한 공항인데, 오른쪽 건물은 일반 공항시설이고, 거기에 붙여 지은 왼쪽 녹슨 양철건물은 유엔평화유지군이 사용하는 유엔 공항시설이다. 불가리아 출신 책

유엔 비행기를 탈 때 밀착경호하는 국제형사재판소 경호원들 (2009.12).

부니아의 국제형사재판소 현장사무소에서 경호팀과 함께 (2009.12).

임자의 영접을 받아 초라한 귀빈실에 들어가니 귀퉁이에 반기문 총장의 빛바랜 사진이 외롭게 걸려 있다.

이곳에서 더욱 안전도가 떨어지는 쌍발 프로펠러 비행기로 갈아타고 인구 15만의 부니아로 향했다. 이제는 산과 구릉도 있어서 더 푸르고 아름답게 보이는 강산이다.

부니아에서 경호해 준 유엔평화유지군

부니아공항에 내리니 역시 현지 공항출입기자들이 예민한 질문을 던지면서 통과의례를 요구한다. 유엔평화유지군 부책임자(책임자는 휴가 중)의 영접을 받고, 유엔 병력의 호위를 받으면서 우리의 기다란 차량행렬이 국제형사재판소 현장사무소에 드디어 도착했다. 아프리카에서는 안전상 국제형사재판소 현장사무소가 유엔평화유지군의 진지 내에 있다. 도착하자마자 이곳에 있는 우리 현장사무소의 경호담당인 벨기에 직원으로부터 경호와 안전에 관한 브리핑을 받았다. 지도와 함께 재판소장의 방문을 위하여 준비한 안전브리핑은 잘 만들어졌고 일목요연하다. 요컨대 한순간도 방심하면 안 되는 고도의 위험지대라는 점이 수차례 반복되었다.

현장사무소 내에 누구의 사무실인지 모르는 퇴락한 공간에 임시로 침대를 가설하고 모기장을 쳐놓았는데 그것이 내가 이곳에서 체재하는 동안 묵을 숙소라고 한다. 현지직원들이 근처에서 대나무를 베어다가 네 귀퉁이에 기둥을 세우고 이들을 가로지르는 대나무와 함께 묶어서 뼈대를 세운 다음, 중간을 가로지르는 대나무들을 새끼줄로 얼기설기 얽은 위에 쥐가 오줌 싼 자국이 있고 귀퉁이가 터진 스펀지 매트리스를 올려놓고는 그것이 나의 침대라고 한다. 그리고 보니 나의 침대는 지상에서 약 1m 50cm 이상 높이의 공중에 떠 있어서 뱀이나 다른 짐승 또는 곤충의 직접적 공격은 안 받는다나. 나의 침대 위에 씌운 모기장은 군데군데 너무 많이 구멍이 뚫려서 무용지물일 것 같은데 그나마 내 모기장이 가장 좋은 것이라고 하니 할 말이 없다. 귀임 후 새 모기장을 일괄 구입하여 보내주어야겠다.

일행들에게 배정된 숙소는 컨테이너 또는 내 방 옆에 비슷하게 가설된 임시침대 등 각각인데 별 차이가 없다. 마을에 호텔이 없고 식당도 꼭 한 개 있는데, 그나마 일요일 저녁은 너무 붐비므로 경호책임자인 벨기에인이 자기 집에서 일요일 6시에 우리 모두를 초대했다. 우리 외에 이곳에서 근무하는 유엔관계자, 비정부기구 관계자 등 20여 명도 함께 했다. 이곳의 호수에서 잡힌다는 '카피텐'(capitaine)이라는 생선을 튀기고 소고기 카레, 신선한 샐러드 등 이곳에서는 평소에 접하기 어려운 진수성찬을 차렸다.

이곳에서 지도를 그려서 유엔평화유지군과 경찰 등에게 공급하는 유엔의 자원봉사자로 반년째 일하고 있는 이민아 양(26세)을 반갑게 만났다. 한국 젊은이의 개척정신과 열정을 무한히 칭찬했다. 이곳에서 고생하는 동안 여가에 외국어를 하나 배우고 경력을 충분히 쌓으면서 계속 다음 직장을 잡기 위한 노력의 일환으로 지원서와 이력서를 항상 준비해서 대비하라고 했다. 그녀에 의하면 이 지역 유엔평화유지군(MONUC)은 1만 7천 명 규모인데 주로 방글라데시 군인들이 경비를 맡고 있다고 한다. 유엔 컴파운드에 가면 여러 가지 운동 및 오락시설이 있어서 주말에도 지낼 만하다고 한다. 한식은 전혀 불가능한데 토지가 비옥하므로 서울에서 상추, 아욱 등 씨앗을 가져다가 심을 계획이라고 한다.

일반 주민은 옛날 한국 농가처럼 흙벽에 초가나 양철지붕 집에서 생활한다. 주거환경은 몹시 열악한 데다가 주변이나 도로에 쓰레기가 널려있고 악취가 난다. 상하수도의 구분이 없고 전기공급도 제한되므로 동네 어느 한 장소에 모여 국제형사재판소가 보낸 홍보물 DVD를 겨우 구경한다고 한다. 물과 자연자원이 풍부하지만 외세를 등에 업은 무의미한 살육이 20년 이상 지속되다 보니 국가가 발전할 수 없다고 한다.

원래 콩고민주공화국은 벨기에의 식민지였는데, 벨기에의 왕 레오폴드 2세(Leopold Ⅱ)가 이 나라를 잔혹하게 수탈했다고 한다. 예컨대 지역별로 할당된 목표량을 달성하지 못하면 일손을 충분히 놀리지 아니한 것으로 해석해서 그처럼 필요 없는 손을 잘라 바쳤다고 한다. 다른 기회에 우연히 하버드대학의 역사를 보니 그들의 3백 수십 년 역사에 명예학위를 받은 자가 극소수인데, 이처럼 잔혹한 벨기에의 바로 그 왕에게 20세기 초 명예박사학위를 수여한 기록이 있어 실망했다. 이 나라는 1960년 독립하여 패트리스 루뭄바(Patrice Lumumba)가 초대 실권 총리로 집권하는 동안 너무 소련과 밀착하자 미국 CIA가 그를 축출하여 살해했다는 것이 정설이다. 모스크바에서는 패트리스루뭄바대학을 설립하여 그를 추모하고 있다. 수년 전에 내가 러시아를 방문하니 그런 이름의 대학이 그때에도 있었다.

그다음으로 모부투(Mobutu Sese Seko) 장군이 집권하여 처음에는 잘하는 것 같더니 무리하게 30년 이상 장기집권을 하는 동안 부패하여 나라가 엉망으로 되었다고 한다. 그러자 자원수탈에 관심이 있는 외세의 부추김과 정권욕이 있는 자들이 오래 내전을 하는 동안 로랑-데지레 카빌라(Laurent-Désiré Kabila)가 집권했다가 암살당하고 그의 아들 조지프 카빌라(Joseph Kabila)가 현 대통령인데 이 사람도 벌써 장기집권욕을 내비친다고 한다. 지도자를 잘 만나는 것도 중요하다는 생각이 들었다. 다만 언론은 상당히 자유롭다고 한다.

부니아 시내를 질주하는 새 모터사이클

부니아에 도착해보니 무엇보다도 자동차가 거의 없는 대신 새 모터사이클이 길거리에 많이 돌아다니는 것이 이상했다. 〈로이터〉 기자가 말하기를 이 나라의 소년병(child soldier)들이 반군에서 탈출하여 돌아올 때마다 유엔이 이들을 일정한 프로그램에 집어넣어 교육훈련을 시킨 다음에 오토바이를 한 대씩 주면서 제2의 인생계획을 세우고 생업에 종사하도록 배려한 탓이라고 한다. 그러나 이들은 소년병 시절 자기 부모부터 죽인 자들이기에 고향이나 동네에서 잘 받아주지 않으려 하는 데다가 새 오토바이를 타고 돌아다니면 소년병이었던 전력이 확연히 드러나서 더욱 멀리하고자 하는 강한 사회적 편견이 있다고 한다. 너무 슬픈 역사를 보는 것 같다.

다른 한편 나를 수행한 네덜란드 여기자는 전에 반군에게 납치되어 성적 노예 노릇을 하다가 탈출하여 천주교 계통 비정부기구가 지원하는 수용소에 기거하는 한 소녀를 찾아내어 인터뷰했다고 한다. 대개 12, 13세의 어린 여자아이들인데 수없이 강간당한 끝에 아이를 낳아 같이 산다고 한다.

콩고민주공화국 전쟁범죄심판법정 앞에서 (2009.12).

　이날 현지직원이 차린 저녁은 그들 수준에서 성찬이었고 모두들 이를 즐겼다. 9시쯤 돌아와서 모기장 속의 간이침대에서 잤으나 중간에 종종 깨게 마련이었다. 아무리 나같이 일생 소탈하고 음식과 잠자리를 투정하지 않는 사람에게도 상당히 힘든 경험임에는 틀림없다.

　다음 날 아침에 일어나서 어물어물 고양이 세수를 하고 아침을 먹을 준비를 했다. 수돗물을 절대 마시면 안 되고 양칫물로도 안 된다는데, 그나마 다른 이들이 길게 기다리므로 세수를 얼른 마치고 화장실도 번개같이 사용했다. 재판소장이라고 따로 침실까지 가져다주는 특식 아침식사로 빈대떡처럼 큼지막하게 부친 계란, 크고 두껍고 네모난 흰 토스트 빵 한 뭉치 그리고 삶은 국수 한 사발에다가 커피를 가져왔다. 굽지도 아니한 흰 빵 한 조각에다가 계란 부침을 다 먹고 커피를 마셨다. 이것은 아주 특식이라고 한다. 동네가게에서 파는 식음료는 일체 먹을 수가 없으므로 그나마 우리 일행을 위하여 부근에 주둔하는 유엔평화유지군 컴파운드에 가서 계란, 토스트 빵, 국수, 커피를 특별공급 받아왔다는 것이다.

　하루 일정이 어떻게 전개될지 잘 모르고 점심을 거를 수도 있으므로 맛이 있건 없건 음식이 있을 때 많이 먹어두는 것이 상책이다. 현장사무실에 가정부가 있으나 보고 배운 것이 없고 가난해서 먹어본 일도 없고 재료가 없어 요리해본 일이 없으니, 이 아침식사를 그녀가 최선을 다하여 마련한 성찬으로 받아들여야 할 것이다. 오늘도 일정이 빡빡하여 단단히 각오하고 나섰다.

미꾸라지 같은 현지 지역책임자들

현지 유엔평화유지군과 우리 경호원의 호위를 받으면서 행차하는데, 국경 넘어 저쪽 우간다의 국제형사재판소 현장사무소에서 파견 나온 간호사가 바짝 나를 수행한다. 그런데 오늘은 면담일정에 관한 한 재수가 별로 없는 날인 듯하다. 첫 번째 만난 지역주재 지사(District Commissioner) 프레디 보솜바(Freddy Bosomba)는 중앙정부의 내무장관이 임명하는 요직이라고 하여 기대했더니 본인은 안 나오고 그의 대리가 나타나서 재판소의 활동, 현지인들의 반응, 개선할 점 등 아무리 물어도 미꾸라지같이 답을 피한다. 헛수고다.

두 번째로 유엔평화유지군 대표와 만날 것으로 예정된 회의실에 들어서니 이번에는 예상 밖으로 이곳에 주재하는 각종 유엔기구 대표들을 잔뜩 소집하여 사전예고도 없이 내게 질문을 퍼붓는 것이 아닌가. 하도 여러 번 예상 밖의 사람들로부터 기습질문을 받으니까 이를 선방하는 데에는 이골이 났지만, 의외로 참석자들이 많은 데 놀랐다. 그런데 질문이나 토론이 핵심을 찌르는 경우는 거의 없고 신세타령이나 불평의 토로가 많았다. 물론 그들의 국제형사재판소에 대한 인식은 아주 미약했다.

그다음에는 지방법원장을 예방했다. 현지 분위기를 알고자 질문을 던졌더니 자기는 부임한 지 3개월밖에 안 된다면서 답을 피한다. 그 대신 지법판사 4인 전원이 법복을 착용한 모습으로 갑자기 나타나서 사진부터 찍자고 한다. 역시 실속이 없었다. 그나마 법원장의 이름도 검사와 혼동하는 등 우리 측 현장사무소의 준비마저 잘못되었다. 가장 많이 배웠다는 우리 현지직원들도 사법제도가 무엇인지 판사가 무슨 일을 하고 검사가 무엇을 하는지 알지 못하고, 그냥 식민지 종주국이 설치해준 법원이라는 제도가 옛날부터 있어왔다는 수준이다. 그런데 현지 법조인 중 검사 은데스(Ndes)는 적극적으로 호의를 표하기에 웬일인가 했더니 인적, 물적 자원의 부족을 호소한다. 아마 국제형사재판소를 원조공여기구로 오해하는 듯하다.

다음으로 이 지역 군사법원장 상갈라(Innocent Mayembe Sangala)를 접견했는데 마침 킨샤사에서 출장 온 킨샤사 군사법원장을 나의 사전 양해 없이 갑자기 동석시켰다. 이 두 지역 군사법원장은 청산유수로 말이 많아서 나는 별로 질문을 못한 채 시간이 낭비되었다. 이 영양가 없는 면담 중에 난데없이 나를 수행한 네덜란드의 여기자가 끼어들었다. 속빈 강정 같은 인터뷰를 마치고는 이 마을에 하나밖에 없다는 식당으로 가서 일행 모두가 식사했다. 모든 음식이 먹기 힘들지만 내가 나서서 맛있게 먹고 나니 일인당 10달러라고 한다.

기이하게 운영되는 현장사무소

어찌된 영문인지 오후에 참석할 예정인 각종 모임은 모두 주체와 시간이 바뀌면서 성사가 잘 안 된다. 그래서 사태회부국가(situation country)에 설치된 우리 현장사무소의 조직과 운영을 직접 점검했다. 현장사무소에는 재판소 본부의 각 부서가 저마다 파견하거나 고용한 사람들이 모여 비록 같은 사무실을 공유하고 있지만 현지에서 이들을 장악하여 관리하는 총괄책임자가 없다. 이른바 총무 매니저라는 사람은 공무용 자동차의 사용일정이나 결정할 뿐 이곳 직원들은 그의 지시를 전혀 받지 않고 모두 각자 헤이그에 있는 자기의 상관에게 직접 보고하고 지시받기 때문에 같은 사무실에 앉아서도 자기들끼리 의견을 교환하거나 협조하는 일이 없는 이상한 조직이었다.

대변인실의 지시를 받는 홍보처(Public Information and Documentation Service: PIDS)의 직원도 마찬가지인데, 이런 직원들을 데리고 현지 교섭을 하니 일이 성사되는 것이 이상할 정도이다. 예컨대 홍보문제는 본부 홍보처의 총책인 소니아 로블라(Sonia Robla)가 헤이그에서 매시간 전화로 확인해주어야 가능한데 그렇지 못하고 나를 수행한 대외담당보좌관 에릭이 현지에서 몸이 달아서 수배하고 확인해야만 하니 시스템이 한참 잘못되었다. 우여곡절 끝에 지역 성직자, 학생, 기자, 지식인들을 어린이 도서관에 모아서 오후에 약 1시간 이상 질의응답을 했다. 열정적으로 국제형사재판소를 선전하면서 선방을 하고 나니 좀 피로하다.

바로 우리 현장사무소로 돌아와서는 현지직원들을 모아놓고 감사의 말을 하고 격려의 표시로 한 명씩 껴안아 주면서 개별사진을 찍자는 요구에도 모두 응했다. 그들은 생전 처음 색채가 화려한 최고의 성장을 하고 나와 면담하러 왔는데 나름대로 요구사항들이 많이 있었다. 저녁식사를 위해서는 동일한 식당에 가는 수밖에 없으므로 내가 현지의 벨기에 출신 경호책임자에게 아침에 300유로를 쥐여 주면서 양을 한 마리 잡아서 일행 전부가 포식하게 저녁을 준비하라고 부탁했다.

벨기에 경호원은 우리 현장사무소 가정부에게 요리를 부탁한 모양이다. 양한 마리에 300유로를 주었다는 것부터 말이 안 되게 비싼 것이지만 이 아프리카 가정부는 생전 그처럼 큰 양 한 마리를 통째로 잡아 요리해 본 적이 없어서 결국 아무렇게나 토막을 내서 큰 솥에 넣고 푹푹 삶고 있었다.

사무실에서 나를 만나고자 하는 현지직원들을 한 사람씩 면담하면서 격려하고 애로사항도 들어주면서 기념사진도 찍어주느라고 시간이 엄청나게 많이 걸리고 말았다. 어두워진 다음 면담을 마치고 나와 보니 평소에 굶주리던 현지 직원과 그 가족들까지 달려들어 아직 덜 삶아서 핏자국이 그대로 있는 양고기 토막을 다 먹어버렸다는 것이다. 어이가 없었지만 내색을 안 하고 있다가 한참 만에 어찌어찌하여 주문해서 시켜온 이름 모를 생선튀김, 양배추 샐러드, 감자튀김 등을 먹는 둥 마는 둥 하고 잠자리에 들었다.

아침식사는 항상 커다란 계란 빈대떡에 토스트 빵이고, 커피는 인스턴트다. 4일을 머무는 동안 식사는 매 끼니 동일했다. 시내는 길이 포장이 안 되어 진흙길이고 낡은 가판대들이 무질서하게 눈에 띈다. 킨샤사, 부니아, 파타키(Fataki) 등 어디나 쓰레기가 널려있고 주변이 더럽다. 한국의 새마을운동이 꼭 필요한 곳이 이곳이 아닌가 싶다.

보통 흙벽에 초가집인데 길을 따라가면서 빛바랜 약국, 우체국, 웨스턴유니온전신국(Western Union), 비디오 대여점, 이동전화 서비스점 그리고 무슨 가게인지도 알기 어려운 곳들이 즐비하다. 부근에 날마다 장이 서는데 와 글거리는 속에서 과일 몇 개, 채소 한 줌을 놓고 하루 종일 팔면 수입이 얼마 나 될까.

위험을 무릅쓴 현지 마을 주민회의

아침 일찍 출발하여 부니아의 유엔평화유지군 정류장으로 낡은 헬리콥터를 타러 이동했다. 임시로 지은 귀빈실에서 잠시 기다리니 준비되었다고 한다. 우리 일행은 기본으로 6인 외에 현지직원 간호사, 기자 3인 등 10여 명이나 된다. 부니아 북쪽 100km 거리에 있는 밀림 속 마을 파타키에 약 30분을 날 아 오전 9시 반경 도착했다.

이곳은 98%의 주민이 국제형사재판소에서 재판받는 피고 토마스 루방가 와 같은 헤마(Hema)족이라고 한다. 그러한 이유로 우리 경호원과 현지직원 들이 나의 신변안전을 보장하지 못하니 방문하지 말라고 말리던 초위험지역 이다. 내 나이 70이면 살 만큼 살았고 이제 국제평화를 위하여 나름대로 마지 막 봉사를 하는데, 생명의 위협이 두려워서 간다고 약속했던 곳을 안 가고 취 소할 것인가. 내려다보니 성당 옆에 흙벽돌에 초가지붕이지만 높은 천장으로 시원하게 지어 수백 명을 수용할 만한 마을의 공회당이 있다.

처음에 이 마을 사람들을 이곳에 모이라고 했더니 국제형사재판소가 자기 들을 체포하러 왔다는 소문이 돌아서 모두 밀림 속으로 도망갔다고 했다. 과 연 백주에 온 마을이 교교하고 사람의 기척이 전무하다. 하루 종일 별 방법을 동원해도 효과가 없어 망연자실하고 있는데 저녁이 되자 우연히 이곳에서 평 생 선교하신 벨기에 출신 노신부님을 길에서 마주쳤다. 그분을 붙잡고 우리 가 누구를 체포하러 온 것이 아니라 이곳 주민들에게 국제형사재판소를 설명 하고 현재 재판받고 있는 이 마을 출신 루방가의 재판절차를 보여줌으로써 이 들을 안심시키고자 온 것이라고 했다. 나의 설명이 끝난 다음에는 아무런 제 약 없이 무슨 질문도 모두 성의껏 답변하겠다는 약속도 했다.

이 80세가 넘은 신부님의 노력이 큰 효과를 발휘하여 다음 날 아침 주민 약 300명 이상이 공회당에 모였다. 다만 나의 신변안전이 크게 우려되어 부근에 주둔하던 방글라데시 군인으로 구성된 유엔평화유지군 병력을 약 200명가량을 배치하여 나를 경호하는 일방, 참석하러 공회당으로 들어오는 동네 주민들의 몸 수색임무를 수행하였다. 공회당 무대에서 내가 영어로 말하면 나를 수행한 재판소의 카메룬 직원 클레투스가 불어로 통역하고 현지인 존이 스와힐리어(Swahili), 링갈라어(Lingala) 또는 킬렌두어(Kilendu) 등 현지 부족언어로 3중 통역을 했다. 나의 2시간가량의 설명이 끝난 다음 루방가를 재판하는 모습이 담긴 동영상을 그 자리에서 10여 분간 상영했다.

자기 나라의 열악한 교도소 상황과 가혹한 피의자 대우만을 알던 안목으로 보니 루방가는 얼굴색도 좋고 양복도 잘 입고, 자신 있는 표정으로 웃으면서 변호인과 농담도 하고 검사를 상대로 맹렬하게 논쟁하는 것을 본 지역주민들은 탄성을 지르는 동시에 안심하는 표정이었다. 국제형사재판소 형사절차의 공정성과 투명성에 수긍하면서 나중에는 우리 재판소에 감사한다는 말까지 나왔다. 앞줄에 앉아서 아기에게 젖을 먹이면서 나의 설명을 경청하던 젊은 부인은 루방가의 세 번째 부인이라는 미확인 소문이 있었는데, 동영상을 보고는 그녀도 활짝 웃는 모습이었다. 아프리카에는 일부다처제가 일반화되어 있으므로 자기 부인이라고 해도 확인하기도 어렵고 몇 번째 부인인지 알기는 더욱 불가능하다.

기본적이지만 상당히 진지한 질문들도 많이 나왔다. 아프리카 지역에서는 국제형사재판소에 관하여 수없이 들어보았고 관심도 많은 것을 알 수 있었다. 질문이 대개 핵심을 찌르고 있었기 때문이다. 아무리 바깥세상과 상당히 떨어져 있는 벽지라고 하더라도 세계의 돌아가는 소식도 잘 알고 있었다. 왜 국제형사재판소는 이스라엘이 가자지구에서 저지른 만행에 대해서는 수사도 안 하느냐고 묻는 사람도 있었다. 내가 모든 질문에 한 시간 이상 성의껏 대답했더니 경계태세를 늦추고 마음이 조금씩 풀리는 인상이었다.

문맹도 많고 왜 자기네 부족 지도자인 루방가가 잡혀가서 국제형사재판소에서 재판을 받는지조차 모르는 사람도 많지만 내 설명에 만족하고 이해한다고 했다. 동영상의 상영이 효과를 본 것 같다. 나야 청중의 반응을 모두 알아챌 수 없지만 수행한 기자들이 청중들을 여러모로 인터뷰해 본 결과 그렇다는

콩고민주공화국 밀림 속에 있는 파타키 마을 주민들과의 대화 (2009.12).

것이다. 그래서 그런지 내가 약 3시간 후 그곳을 떠날 때는 그렇게도 적대적이던 청중들이 모두 일어서서 박수로 환송했다. 그렇게 우리 직원들과 모든 경호책임자들이 생명의 위험을 강조하면서 완강하게 말리던 파타키의 방문 행사는 이처럼 대성공을 거둔 것이다.

소년병의 우연한 행운!

루방가 재판과정을 보여주는 비디오를 상영하는 동안 반정부군 사령관 루방가가 어느 소년병을 사열하는 장면이 나왔다. 이때 〈로이터〉 기자가 갑자기 기쁨의 소리를 질렀다. 그리고 영상 속에서 루방가 옆에 서 있는 소년병이 자기가 소년병의 문제점을 취재하기 위하여 면담을 계속하던 바로 그 녀석인데, 9세에 납치되어 소년병으로 있다가 탈영했다고 말했단다. 기자는 지금 그 소년병이 17세라면서 유엔이 벌이는 교육훈련 프로그램에 들어가서 이를 성공적으로 이수하고 오토바이라도 한 대 받았으면 한다고 누차 말했다고 한다. 그러나 이 소년은 반군 부대를 도망 나오는 도중 일체의 신원확인증명 등 서류를 분실하였고 팬티만 입은 채 구사일생으로 살아왔기 때문에 자기가 누구이고 몇 살이며 소년병이었다는 사실조차 입증할 수 없어 유엔 프로그램에 못 들어간다고 늘 한탄했다는 것이다. 그런데 지금 상영한 비디오에 그 소년이 나오는 것이 아닌가! 이 같은 직접증거가 또 어디 있을까. 우연치고는 너무 우연이고 행운(?)치고는 기막힌 행운이다. 이를 복사하여 증거로 제출하도록 도와주기로 기자에게 약속했다. 나중에 유엔 프로그램을 마치고 모터사이클 한 대라도 받아서 새로운 인생을 살겠지.

목숨을 걸다시피 했던 주민과의 대화를 성공적으로 마치고 귀로에 그 부근에 주둔하는 방글라데시의 유엔평화유지군 진지에 잠깐 들러 인사했다. 사령관이 상당히 세련된 분인데 귀한 사과 등 몇 가지 과일도 차렸다. 척박한 곳에서 차 한 잔 대접은 참 고맙다. 며칠 전에 내가 방글라데시를 방문했던 것을 화제로 잠시 환담하다가 그들의 따뜻한 후의를 뒤로 하고 헬리콥터로 부니아로 돌아왔다.

부니아에서 현지직원들의 작별을 받은 후 다시 유엔 소속 쌍발 프로펠러 비행기를 타고 1시간 만에 아름답고 커다란 호수를 건너 우간다의 엔테베(Entebbe) 공항에 도착했다. 상공에서 내려다보는 대호수지역(Great Lakes Region)의 알버트(Albert) 호수 등은 참 아름답다. 이 공항은 우간다 수도 캄팔라(Kampala)에서 30분 떨어진 외곽공항인데, 1976년 이스라엘이 납치된 비행기 승객인 자기네 국민을 구한답시고 무모하게 공격한 '엔테베 작전'으로 잘 알려진 공항이다. 이 사건을 소재로 영화도 만들어진 것으로 안다.

이곳까지만 나와도 지옥에서 천국에 도착한 기분이다. 공항이 아주 크고 깨끗하게 정리가 잘되어 있는 인상이다. 공항 건물에 '아프리카의 진주에 오신 것을 환영합니다'(Welcome to the Pearl of Africa)라고 쓰여 있다. 공항에 이 나라 법무부 관리와 우리 현장사무소장인 숀 테일러(Shaun Taylor)가 마중 나왔다. 공항 대기시간 중 3인의 국제형사재판소 경호원이 밀착경호하느라고 공항 대합실의 창가 구석자리에 나를 몰아넣고는 둘러싼 채 앉아 있다. 나를 밀착경호하는 임무 외에도 아프리카 지역을 이동할 때마다 우리 자체의 무기인 장전된 기관총 50문과 1.5리터짜리 물병 1천 병을 비행기로 차질 없이 운반하는 일이 경호원들에게 여간 힘든 것이 아니다. 콩고에 비하니 우간다는 모든 수준이 한 단계 위인 듯하다. 내년에 이곳에서 예정된 '리뷰 컨퍼런스'(Review Conference, 로마규정상 7년마다 국제형사재판소의 업적과 활동을 재검토하는 회의) 도 잘될 것 같다.

비행기를 타자마자 긴장이 풀리면서 피곤이 몰려와서 그냥 내리 자고는 12월 16일 새벽에 암스테르담공항에 무사히 내렸다. 몹시 피곤하여 집에서 오전에 좀 자고 신종플루 독감주사를 맞은 다음 당일 오후에 바로 출근했다. 일단 상상을 초월하게 힘든 개도국 여행은 네팔에서 방글라데시를 거쳐 콩고민주공화국까지 무사히 성공적으로 마친 셈이다.

하토야마가 실험하는 정치 혁명

해를 넘기기 전에 아시아의 이웃이고 주요회원국인 일본을 1차 예방하여 협조를 당부할 필요가 있어 보였다. 여러 달 전에 헤이그주재 일본대사관에 일본방문 의사를 전달했다. 오랫동안 아무 대답도 없더니 갑자기 일본대사관의 아주 젊은 외교관이 비서실장에게 내가 소장으로서 그동안 누구누구 높은 사람을 만났는지 열거하여 보내라는 요구를 이메일로 통보했다. 일본은 2007년에야 비로소 로마규정을 비준하여 회원국이 되었으므로 신설 국제형사재판소장의 국제사회에서의 지위와 위상이 어떤지 전혀 모르는 상태에서 자기네 총리나 장관이 혹시라도 지위가 낮은 국제기구 총수와 면담함으로써 체면을 구기는 것을 예방하려는 의도 같으나 몹시 무례하고도 어색한 요구이다. 만일 나의 지위가 수많은 유엔 산하기관의 장과 같이 흔한 것이라면 자기네 총리나 장관과의 면담이 부적절한지 알아본다는 셈인데, 그 탐색방법이 참으로 서투르다. 국제형사재판소 예산을 심의하는 예산회계위원회(CBF)의 일본인 멤버는 국제형사재판소의 최대이익이 되는 방향으로 일하기보다 무조건 예산을 깎자고 주장하는 결과 국제형사정의를 실현하는 비용을 싸게만 지불하려 한다는 나쁜 인상을 주는 것이 안타깝기도 했다.

일본 외교를 면밀히 들여다보니 일은 진지하게 열심히 하지만 어학실력의 부족은 차치하고라도 기본자세가 국수주의적, 관료적이어서 의식구조나 국제감각 면에서 뒤떨어진 외교관이 많은데, 다만 일본의 국력이 원체 강하여 대접을 받고 있다는 인상이었다. 나는 이 같은 일본대사관의 태도는 물론이고 오랫동안 회답이 없기에 속으로 거의 일본방문을 포기하고 있었다. 그런데 네팔과 방글라데시를 방문한 후 하루 남짓 헤이그에 머무는 동안 일본대사가 전화로 면담성사를 통보한 것이다. 일본사람들의 서양에 대한 뿌리 깊은 열등의식과 사대주의적 태도에 비추어 네덜란드의 여성정치인인 비서실장을 대동하고 싶었으나 임신 중 장거리 비행은 의사가 안 된다고 하여 비서실 차장인 히라드(이란계 캐나다인)가 운 좋게 나를 수행했다. 히라드는 뛰어난 법률가이지만 해외여행 준비가 전혀 안된 대책 없는 순진한 수행원이었다. 챙겨보니 카메라도 망가졌고, 컴퓨터도 고장났으며, 우리 직원에게 주는 원격접속카드(Remote Access Card)도 작동 불능인 데다가 휴대전화기도 일본에서는 불통인 것을 지급받아 가지고 있었다. 그는 난데없이 일본을 방문하게 되자 몹시 흥분했으나 준비는 전혀 안 되어 있었으므로 결국 일본에서는 내가 그를 안내하고 다니는 형국이 되었다.

12월 18일 나로서는 사무실의 그해 마지막 날인데, 점심 때 갑자기 카울 부소장, 루스비스 비서실장, 그리고 한국계 인턴인 제니퍼 전, 재판연구관 데이비드 콜러, 대외담당보좌관 에릭 위티, 법률고문 히라드 압타히, 연설기록관 페타르 쥬리치(Petar Djurić), 비서 소피 시어도어(Sophie Theodore) 등 소장실 직원 10여 명이 초콜릿 케이크와 애플파이에 촛불 한 개를 켜 들고 내 방으로 같이 행진해 들어와서 생일축하 노래를 불러주었다.

그런데 모두 그 노래를 정확한 한국어로 부르는 것이 아닌가! 나중에 한국계 제니퍼에게서 들으니 모두 모여서 나 몰래 3일간 한국어로 노래연습을 했다고 한다. 생일이 12월 하순이다 보니 모두 성탄휴가로 집에 가고 아무도 없는 때에 늘 나 혼자 생일을 지냈는데 생전 처음 사무실에서 직원들의 생일축하 파티를 받아보았다. 참 감사하다. 그들은 나중에 이 축하파티를 동영상과 사진에 담아 내게 주었다. 참으로 소장실 직원들과 마음이 맞아 잘 지내는 것이 나의 복인가 한다.

19일 저녁에 헤이그를 떠나서 다음 날 낮에 나리타에 도착했다. 가장 요지에 있는 한 호텔에 투숙했는데 저녁에는 긴자로 히라드를 데리고 나가서 간단하게 저녁을 사주었다. 그는 구유고전범재판소(ICTY)에 법률담당관으로 근무하다가 국제형사재판소 발족 시 일찍 합류한 고참 중의 하나이다. 나를 자기 친아버지처럼 따르고 상의한다.

12월 21일에는 권철현 대사가 서정인 참사관을 데리고 호텔에 와서 조찬을 베푼다. 쓰쿠바대학에서 사회학 박사를 했고 동아대에 있다가 정치에 입문했다고 하기에, 같은 대학에서 교수로 있는 딸을 소개했다. 대사가 원래 내게 오찬을 대접하고자 했으나 이미 노구치(野口元郎)라는 캄보디아 비상재판부 재판관과 선약이 있어 불가능했다.

첫날에는 첫 일정이 외무장관 오카다를 만나는 일이다. 유명한 슈퍼마켓 체인의 아들이고, 하버드 법학석사(LL. M.)라는데 영어가 서투르다. 자기네 외무부 전속 통역이 있는데도 일부러 국제형사재판소의 고위직에 지원한 하세베를 통역으로 세워 나에게 간접적으로 그의 취직 캠페인을 하는 것이다. 하세베는 전에 행정처장과 부행정처장을 공채하는 과정에도 모두 지원하였다가 낙방한 바로 그 사람이다. 30분의 면담시간에 순차통역을 개입시키니 결국 외무장관과 내가 15분을 공동으로 나누어 발언하게 되고 하고 싶은 말을 다 하기 어려워서 빠르게 말했다.

그날 오후에는 요미우리신문과 교도통신과의 기자회견이 내 호텔방에서 진행되었다. 그다음 날 요미우리는 30분 인터뷰 중 내가 잠깐 언급하고 지나간 수단 대통령에 대한 구속영장 문제만 내 사진과 함께 다루면서 국제형사재판소 소장이 영장발부의 당위성과 시효불적용을 언급했다고 보도했다. 그러나 교도통신은 장시간 인터뷰를 했는데 보도가 안 되기에 알아보니 이 기사는 1월 초 각 신문에 공급된다고 했다.

이날 저녁에는 필립 드헤어(Philip de Heer) 주일 네덜란드대사가 만찬을 베풀었다. 재작년 네덜란드의 한국 대사관저의 만찬에서 만났고 사이가 재판관의 장례식에 참석하러 가는 길에 다시 다카마쓰행 비행기에서 만난 일이 있는 분이다. 그의 관저는 역사를 담은 오래된 집이지만 보존이 잘되어서 아주 인상적인데 그곳에서 스웨덴대사와 방글라데시대사를 같이 초대하여 아주 성대한 만찬을 베풀었다. 방글라데시대사는 아마도 파키스탄과의 독립전쟁에서 한쪽 다리를 잃은 분인 것 같은데, 이 나라의 비준을 촉진하는 의미에서 초대한 듯하고, 마침 스웨덴이 연말까지 유럽연합의 순회의장 국가여서 스웨덴대사도 초청한 것 같다. 네덜란드대사는 이 자리에서 나의 생일을 축하하면서 네덜란드와 일본의 통상 400년을 기념하는 5유로짜리 순은 주화를 기념으로 주었다. 나는 내 생일인지도 모르고 하루가 갔는데 이분의 세심한 배려에 감사했다. 그의 일본말 실력은 기가 막히다.

12월 22일에는 지바 법무장관을 만나고 그다음 하토야마(鳩山) 총리를 면담했다. 지바 법무장관은 주오대 법과를 졸업한 여성으로서 배석자도 없는 상태에서 혼자 나를 접견했다. 통역은 자기네 여성이 했는데 주로 내가 말하고 그녀가 화답하는 형식이었다. 내 말에 자기의 의견을 개진하는 법이 없고 대개 나의 말에 동조하는 것으로 회담이 싱겁게 끝났다. 총리는 20분간 만났는데 스탠퍼드대학에서 공학박사를 취득한 사람이 다시 하세베를 통역으로 세웠다. 내가 일본의 지지에 사의를 표하자 그는 내가 사이가 재판관 장례식에 참석한 것을 감사하고 자기는 4년 전부터 국회의원으로서 로마규정의 비준을 주장했던 사람이라고 강조했다.

세 사람의 새 정부 지도자를 만난 일반적 인상은 이들이 아직 정치적으로 안정되거나 세련된 단계에 미치지 못했다는 인상을 받았다. 그리고 관료를 장악하여 국정을 확고하게 꾸려가는 인상도 주지 못한다. 일본은 50여 년 만에 자민당이 패배하고 진정한 정권교체가 이루어진 결과 이들이 각료가 되었지만 아직은 아마추어라고 하겠다.

그동안 잦은 내각교체에도 불구하고 정국의 안정이 가능했던 것은 강력한 관료체제의 덕택이라는 평가에도 불구하고, 집권당은 관료를 몹시 불신 내지 배제하고자 한다. 정치인들이 선거를 통하여 국민의 위임을 받았으므로 자신들이 직접 정책을 수립하여 집행해야 한다고 주장하면서 관료 배제를 줄거리로 한 일본 정치운영 행태의 혁명을 실험하는 중이었다. 그러나 이는 우리나라에서도 수차례 정권교체 시마다 철밥통 공무원의 배제를 시도했다가 결국

하토야마(鳩山) 일본 총리와 회담 (2009.12).

실패한 실험인데, 과연 하토야마와 오자와가 성공할지 두고 볼 일이다. 따라서 보좌하는 관료들이 준비를 안 해주는 바람에 총리나 장관들이 맨손으로 나와의 회동에 임하여 요령부득의 말만 하는 이유이다.

저녁에는 아카사카의 어느 일식집에서 일본 외교부의 주최로 오자키 재판관 등과 함께 일본 북서부 다이묘의 전통요리에 터 잡은 일식을 먹었다. 나중에 들으니 만찬에 참석한 츠루오카 국장은 아버지도 외교관이어서 외국에서 학교를 다니고 자란 사람이었다. 능숙하고 눈치 빠른데 약간 취하여 말이 길어지더니 이런 저런 인사청탁을 한다. 사실 국제형사재판소 초대 재판관들은 이미 수년 전에 국제형사재판소가 모범적 국제사법기관으로서 존경받고 생명력을 유지하기 위해서는 유엔에 널리 퍼진 정치적 흥정을 통한 인재채용을 과감히 거부하고 공정한 공채과정을 시행해야 한다고 다짐한 바 있다. 식사 중 아무 말도 안 하고 앉아 있는 오자키 재판관은 외교관이고 외무부 추천으로 당선되었는데 국제형사재판소 재판관으로서 필요한 형법과 형사소송법의 지식과 경험이 있는지 모르겠다. 그리고 우리 외교부의 황승현 국제법률국장을 높이 평가하는 것은 듣기 좋았다. 자기들의 상대역이기도 하고 나의 제자인 것을 안 것도 같다.

12월 23일 이혁 공사 및 서정인 참사관과 함께 일찍 조찬을 같이하고, 나만 먼저 한국으로 출발했다. 히라드는 따로 귀임하는데 한파로 닫은 유럽공항이 열려서 비행기 운항이 되는지 모르겠다. 드디어 오랜만에 김포에 도착하여 피곤한 3주일간의 아시아 아프리카 여정에 종지부를 찍었다. 연말연시를 쉬고 1월 5일 귀임해야만 6일 여왕의 신년하례에 참석할 수 있겠다. 2010년 10월 경 하토야마 총리가 물러나고 간 나오토 총리가 집권하면서 그 당시 내가 만났던 외무장관인 오카다가 퇴임했다. 그는 내게 세로로 쓴 일본어 퇴임인사장과 영어번역본을 내게 보내왔다.

*　*　*

태국에 빼앗긴 라오스의 '에메랄드 붓다'

2010년 2월 9일 라오스를 비공식 방문하고자 암스테르담을 출발해 방콕을 거쳐 80인승 프로펠러 비행기로 라오스 수도 비엔티안에 도착했다. 중국이 지어준 숙소인 돈찬펠리스호텔(Don Chan Palace Hotel) 9층에서 시내를 내려다보니 이 지역 여러 나라가 젖줄로 삼고 있는 메콩강이 유유히 흘러간다.

2월 11일 아침 나를 초청한 주최자 퐁사왓(Phongsavath Boupha) 외무차관을 호텔 귀빈실에서 접견했다. 얼굴이 희고 내 나이 정도 된 것 같은데, 베트남 유학을 거쳐 모스크바와 파리에서 공부한 인텔리다. 어떻게 30년간 공산국 주도의 내전에서 살아남아 정부 고위직을 계속하고 있을까.

이 호텔에서 각 정부 기관별로 차출된 약 100명의 청중과 인근 국가에서 온 대표들이 참석한 국제형사재판소 관계회의가 개최되었다. 여기에서 나는 기조연설을 하고 질문을 받았다. 질문들은 상당히 예리했다. 보통 후진국에서는 공무원이 가장 깨우친 지도그룹인데 이 나라의 경우도 예외는 아닌 듯 질문과 토론이 핵심을 찌른다. 참석한 공무원들에 대한 신뢰를 갖게 되었지만 최후의 결정은 공산당이 내리는 것이므로 로마규정 비준에 대하여 자신하기 어려웠다.

외무차관이 주재하는 만찬에 참석해보니 이분이 공산당 원로간부이고 정부에서 가장 영향력이 있는 사람이라는 것이다. 시내의 전통음식점인 듯한데 옛 악기를 타고 민속춤을 춘다. 아리랑도 흉내 내어 연주했다.

다음 날 이 나라 정부요인과 국제기구 인사들을 예방하여 내 의사를 전달하고 분위기를 파악했다. 제일 먼저 몽(Hmong)족인 법무장관을 만났다. 국제형사재판소가 원조기관인 줄 아는지 자꾸 원조를 요청한다. 예습이나 준비도 없는 법무장관은 국제형사재판소에 대한 인식이 전무한 데다가 완전히 통역에 의존했다.

그 다음에 만난 통룬(Thongloun Sisoulith) 부총리 겸 외무장관은 영어를 다소 해독하는 것 같다. 그는 내 영어는 통역을 안 시키고 자기의 현지 말은 통역을 시키는데 내가 일부러 영어를 천천히 또박또박 말했지만 얼마나 알아들었는지는 의문이다. 잘 알아듣지도 못했는데 체면상 이해한다고 강변하면서 엉뚱한 소리를 하기 때문이다. 공식적인 회담에서는 모국어로 발언하고 공식 통역을 붙이는 것이 합당할 것이다. 공산당 정치국 서열 8번이란다.

국회로 찾아가서 만난 다봉 방비칫(Davone Vangvichith) 교수는 공산당원이고 국회 법사위원회 부위원장인데, 민법 교수 출신이라고 한다. 헌법이 1990년대 초에 제정되었고 민법은 아직 없다고 한다. 연말쯤 형법을 개정하여 국제형사재판소 범죄를 포함시킬 예정이라는데 믿어도 될까.

라오스는 1975년 좌파 파테트 라오(Pathet Lao)가 정권을 잡았다. 오랜 내전에서 승리해 왕정을 폐지하고 35년가량 통치했는데 2010년의 1인당 GDP는 800달러 수준이다. 네팔이나 방글라데시보다는 길거리가 깨끗하고 잘 정돈되어 있는 데다가 평화롭고 안전한 나라라는 인상을 받았다. 이상스러우리만큼 긴장감 없이 편안하고 경쟁 없이 느슨하며 욕심낼 일이 별로 없다. 매사를 운명으로 받아들이고 하루하루 의식을 해결하면서 평화롭게 지낸다.

이 나라 정부의 운영과 실상을 좀더 알아보기 위해 유엔개발계획(UNDP) 대표와 유럽연합 대표인 스테판 로크(Dr. Stefan Lock), 마리안 푸제(Marianne Pouget) 프랑스 1등서기관, 그리고 볼프강 토란(Wolfgang Thoran) 독일 1등서기관을 함께 만났다. 이들은 이 나라 정부의 관료주의와 무책임성 등으로 인하여 여러 해가 걸려야 로마규정을 비준할 것이라고 전망한다. 정부와 의회 지도자들을 만나 보아도 당장 무엇을 어떻게 해보겠다는 계획이나 의지가 보이지 아니한다.

박재현(朴宰鉉) 대사 부부와 강수연 참사관이 같은 호텔 중국관에서 베푼 오찬에 한국에서 온 정동은 조약국 심의관과 표지은 조약과 서기관이 동석했는데, 박 대사와 정 심의관이 동기라고 한다. 대사 부부는 임기를 마치고 귀국하기 2주 전이라고 한다.

2월 13일 아침에 호텔에서 식사를 하는데 캄보디아 대표인 시드라(Prom Sidhra) 법무장관이 자꾸 다가와서 알은체를 한다. '웬 친한 척?' 하는 생각이

들었다. 아니나 다를까 자기 아들(Rodolphe Sidhra Gaude)의 취직 부탁이다.
부모는 다 마찬가지인가.

  다음 날이 라오스 체류 마지막 날인데 저녁에서야 내일 자기들이 나를 위
한 관광계획을 준비했다고 알려준다. 외무부가 제공한 차에 우리 내외와 에
릭 보좌관이 타고 다른 차에 조약국 여성부국장 비엔본느 키타웡(Viengvone
Kittavong) 및 3인이 수행한다. 별도로 현지 안내원을 대동했다. 여성부국장
은 아들만 셋인데 큰아들은 대학생으로 수도에 있고 나머지 둘은 할머니와 시
골에 있다고 한다. 필리핀주재 공관에 근무하는 남편과 떨어져 산다고 한다.

  우선 우리 호텔 옆에 있는 노란 색깔의 아담한 대통령궁에서 시작하여 시
원스레 펼쳐진 깨끗한 중심도로 란상(Lane Sang) 거리를 따라가다가 빠뚜싸
이(Patuxay)라는 1960년에 지어진 독립기념탑과 놋쇠로 만든 평화의 징을 구
경했다. 여기서 한참 지나 올라가니 옛날의 습지를 메워 건설했다는 광장 뒤
에 원래 1566년 세타티랏(Setthathirath) 왕이 건설한 거대한 황금색으로 도금
된 스투파가 웅장한 자태를 드러냈다. 탓 루앙(That Luang; The Great Sacred
Stupa)이 그것이다. 부처님의 사리가 봉안되어 있다고 하여 이 나라에서 가장
소중하게 여기는 불탑이다. 라오스의 가장 큰 연례불교 축제는 이곳 광장에
서 불기(佛紀)로 12월 보름(滿月日)에 거행된다고 한다.

  그다음 1818년 짜오 아누웡(Chao Anouvong) 왕이 건설한 시사켓(Sisaket)
사원을 관람했다. 태국의 공격에도 파괴되지 않아서 비엔티안 시내에 현존하
는 가장 오래된 사원인 동시에 수도원이라고 한다. 벽면에 독립적으로 안치
된 부처님이 684기(基)이지만 벽에 홈을 파고 봉안된 작은 부처를 합하면 일
만 개가 넘는다고 한다. 부처님 얼굴을 보면 가늘게 고수머리이고 이마를 가
로지르는 일자(一字) 줄이 그어져 있는 동시에 눈과 눈 사이가 넓은 부처는 라
오스의 부처이고, 머리가 굵게 고수머리이고 이마에 두 개의 초생달이 그려
진 얼굴은 태국이나 캄보디아의 부처라고 한다.

  그다음에는 원래 1565년에 지어진 세타티랏 왕의 개인적 참배장소라는 호
파케오(Hor Pha Keo)라는 절로 안내되었다. 이 사찰은 19세기에 침공한 태국
군이 태국으로 반출하기 전까지는 그 유명한 에메랄드 붓다(Emerald Buddha;

왼쪽은 라오스 국왕의 개인적 참배장소인 호파케오 절. 이곳에 모셨던 에메랄드 붓다를 태국에 빼앗긴 가슴 아픈 역사의 현장. 오른쪽은 태국에 반출된 에메랄드 붓다

Pha Keo)를 모시던 곳이란다. 태국에서 본 유명한 에메랄드 붓다가 원래 라오스의 것인데 태국이 가져가버렸다니! 나라마다 문화재 반환의 가슴 아픈 역사적 문제가 있는 것 같다. 이들은 내게 자기 나라의 자랑스러운 문화재를 보여주고자 온갖 노력을 다한다.

라오스 외무부에서 계획한 시내관광을 마치고, 비엔티안 시내에서 남쪽으로 24km 정도 떨어진 곳에 있는 시엥쿠안(Xieng Khuan, 부처님 형상을 모아놓은 공원)으로 차를 몬다. 가난한 주택이나 상점이 많이 보이고 라오스 국기와 나란히 망치와 낫을 그린 붉은 공산당기가 많이 펄럭인다. 가난해도 길이 포장되어 있고 깨끗하다. 태국과의 우정의 다리를 지나 바로 강 건너로 태국이 보이는 풍광 좋은 강변 터에 불상공원을 건설했다. 이곳에는 1958년에 라오스 스님인 루앙(Luang Pu Bunleua Sulilat)의 감독하에 수집한 거대한 불상들을 잔뜩 전시한 야외공원이다. 불교와 힌두교의 두 종교를 아우르는 공원이라고 하겠으니 종교적 관용이 돋보인다. 불상마다 검정 때와 이끼가 묻어 있지만 돌로 만든 거대한 와불(reclining buddha)은 물론 각종 힌두교의 상징물들은 설화와 함께 들으며 보면 참 재미있고 느끼는 바가 있다.

불상공원을 떠나 1시간 이상 운전하여 메콩강 상류의 어느 유원지로 가서 보트 위에서 늦은 점심을 먹었다. 신선로처럼 생긴 그릇에서 국을 뜨는 모습, 해초부각을 먹는 것, 쌀밥과 쇠고기 육포 등 우리와 흡사한 음식이 있으나 일반적으로 맵다. 다소 시간적 여유가 있으므로 개인적 이야기도 나누고 토속음식과 라오스 맥주(Beer Lao)를 즐긴 후 비행기 시간에 맞추어 공항으로 갔다. 신속히 로마규정을 비준하기를 기원할 뿐이다.

살인적인 런던 일정:
언론 인터뷰, 공개강연, 공식면담과 협의

2010년 3월 3일 저녁 대외담당 보좌관 에릭과 함께 로테르담공항에서 1시간 만에 런던 시티공항에 도착했다. 버킹엄 궁전 바로 뒤편에 위치한 편리한 호텔에 투숙했다.

세계 각국을 자주 출장하는데 우리 공관이 있는 경우에 알리지도 않고 다녀갔다고 할까 봐 예의상 미리 통보해드리는 경우가 있다. 현지 우리 공관에게 알리지 아니한 채 방문하면 나중에 서운하다는 말이 들릴 때도 있기 때문이다. 공식출장의 경우 방문국의 의전팀과 경호팀의 도움을 받을 뿐만 아니라 나는 국제형사재판소를 대표하므로 현지 한국 공관의 호의나 도움을 전혀 기대하지도 않는다. 그러나 현지 공관의 입장에서는 모른 체할 수도 없으므로 대부분 겉으로는 호의적 반응을 보이면서 공항 출영송과 관저 만찬을 제의한다. 경우에 따라서는 나의 현지 오·만찬 일정이 겹치거나 공관이 바빠서 편의를 제공하지 못하는 경우도 있다. 그런 것은 아무 문제가 안 되는데, 간혹 현지 공관에서 나의 방문에 과민반응을 보이는 경우가 있다.

3월 4일에는 날이 밝자마자 BBC Radio 4의 벤 크라이튼(Ben Crighton) 기자와 클라이브 콜먼(Clive Coleman) 기자 두 명이 녹음기를 들고 인터뷰하러 내 호텔방으로 들이닥쳤다. 질문이 미리 내게 통보되었으나 이들은 천성이 공격적인지 질문을 무시하기도 할 뿐만 아니라 지독하게도 물고 늘어졌다. 겨우 선방을 했다고 입회한 에릭이나 나나 가슴을 쓸어내렸다.

그리고는 부리나케 택시로 영국 외교부(Foreign and Commonwealth Office)를 방문하여 최고법률고문인 대니얼 베들레헴 경(Sir Daniel Bethlehem)을 2003년 선거 때 만났던 라코트(LaCourt) 1등서기관 배석하에 처음으로 대면했다. 거만한 인상을 주던 전임자에 비하여 이분은 아주 인간적으로 매력이 넘치고 살랑살랑 인상이 좋은 데다가, 어떻게든지 국제형사재판소를 도와주려는 말을 한다. 잘만 하면 영연방기구(The Commonwealth)와 협력하여 좀더 많은 그들의 회원국이 로마규정을 비준하도록 끌어들일 수 있고 아프리카 전략에 도움을 받을 수 있겠다고 판단했는데, 김칫국부터 마신 것은 아닐까. 참 유익한 회담이었다. 그는 고위공무원 공채를 거쳐 그 자리에 낙점이 된 전문가라고 한다. 그러면 그렇지. 어째 관료 냄새가 전혀 안 나더라니!

헨리 잭슨 소사이어티 초청 강연

그리고는 그곳에서 걸어서 5분 거리에 있는 웨스트민스터 국회의사당으로 이동했다. 보수당 의원인 토니 볼드리(Tony Baldry)의 사회로 국회의사당 건물 내 하원의 6호실에서 헨리 잭슨 소사이어티(Henry Jackson Society) 회원들에게 "21세기의 국제법"이라는 주제 하에 새로운 국제형사법의 발전을 중심으로 20분간 연설하고 질의응답을 했다. 이 초청은 개인적으로는 상당한 영예이다. 청중들은 다양하게 보수당과 노동당 의원, 교수, 군 장성, 외교관, 기자를 포함하여 약 100명가량 모였다. 질문은 몹시 예리했으나 내가 자주 취급한 질문들이어서 잘 방어했다. 얼마 후 큰 글자로 "ICC Chief: Al-Bashir will face Justice"(국제형사재판소장, '알-바시르는 법의 심판 받을 것')이라는 런던 석간신문들의 톱기사 제목이 눈에 들어왔다.

케임브리지대학 피터하우스칼리지(Peterhouse College)에 본부를 둔 헨리 잭슨 소사이어티는 2005년 영국의사당에서 창립식을 가진 싱크탱크이다. 헨리 잭슨(Henry Scoop Jackson, 1912~1983)은 미국 워싱턴주 출신의 연방 상원의원으로서 국내 사회경제문제에는 진보적이지만 외교안보 정책에 관하여는 의원직을 버리고 2차 세계대전에 참전했을 만큼 보수적인 정치가였다. 영국의 지적 전통과 분위기가 미국 정치인의 이름이 붙은 싱크탱크가 영국에서 탄생함을 가능하게 했다.

영국의 지적 전통으로는 우선 영국 보수주의 전통에 녹아있는 자유주의적 개입주의를 들 수 있다. 즉, 민주주의, 인권, 법치주의 등의 가치를 옹호하고 확산시키기 위하여 필요하면 군사력 사용도 불사한다는 입장이다. 또한 영국식 진보주의라고 할 수 있는 페이비어니즘(Fabianism)의 전통을 답습하여 사회보장 등 진보적 목표를 설정하되 이를 달성함에는 점진적 방법을 택하는 입장이다. 헨리 잭슨 소사이어티는 이처럼 상반되는 영국의 두 가지 지적 전통을 조화롭게 계승하여 좌우이념 대립을 극복하고 군사력과 가치동맹을 바탕으로 인권과 자유민주주의의 확산을 주창했던 미국의 진보적 정치인 헨리 잭슨의 유지를 계승한 영국의 연구단체이다. 알튼 경(Lord Alton of Liverpool, 영국 리버풀 출신 상원의원)을 매개로 북한의 자유화에도 관심을 갖고 있다. 차세대 브레인을 키우기 위하여 현직 정치인과 외교관을 대상으로 활동한다.

런던중앙법원장 예방과 BBC TV 회견

오전에 지성적으로 중량급인 이 연구단체에서의 강연을 성공적으로 마친 후 급히 런던중앙법원(Royal Court of Justice at Strand)으로 이동했다. 1시에 법원장(Lord Chief Justice of England and Wales)과 오찬 미팅을 갖기로 되어 있다. 고풍스러운 건물에 도착하여 안내를 받았는데 재판정에서 나온 그를 맞아보니 연미복 옷차림에 가발을 쓰고 그 위에 법복을 입었다. 그의 이름도 이고르 저지(Igor Judge)라서 판사로서는 천생연분인가 본데 인자한 할아버지 같은 인상이다. 정갈하게 준비된 샌드위치를 그의 집무실에서 먹으면서 격의 없는 이야기를 교환했다. 그도 130명의 판사들을 통솔하는 원장으로서의 어려움을 토로한다. "추장들만 너무 많고 정작 인디언들은 적습니다(There are too many chiefs, but not enough Indians)." 나의 현재의 입장과 어쩌면 그렇게도 닮았을까.

나보다 한 살 위인데 은퇴할 생각은 없고, 런던의 작은 아파트에서 두 내외가 지내다가 수요일이 되면 부인이 근교의 집으로 가고 자기는 금요일마다 합류하여 집에서 주말을 지낸다고 한다. 업무상 직접 관련은 없으나 나의 어려움과 스트레스를 풀 수 있는 인간적으로 호인이고 동병상련이어서 만나기를 잘했다. 풀포드 영국 재판관의 후원자라고 한다.

호텔로 돌아와서는 쉴 틈도 없이 바로 BBC에서 보낸 차에 몸을 싣고 런던 서부 우드레인(Wood Lane)에 있는 BBC TV 스튜디오로 갔다. 대기실에서 기다리면서 공정보도로 명성이 있는 영국의 BBC TV 방송국의 내부를 관심 있고 재미있게 구경했다. 나의 임무는 오후 4시에 시작하는 세계뉴스의 "닉 가우잉과 함께 하는 뉴스 중심"(The Hub with Nik Gowing)이라는 프로그램에 약 5분 생방송으로 출연하는 것이다. TV 화면에는 국제형사재판소의 깃발이 배경으로 보이는데 사회자 닉 가우잉이 미국의 협력 없이 국제형사재판소의 장래가 어둡지 않느냐는 취지의 공격적 질문으로 시작한다. 늘 제기된 질문이라서 미소로 답하면서 잘 응대하였다.

호텔에 돌아오자 어떻게 알았는지 대만의 영국 대표부 대사 캐서린 장(Katharine Chang)이 찾아왔다. 이분은 헤이그 시절 알게 된 후 친해진 외교관으로 인상이 좋고 신의가 있다. 거의 모든 외교관계가 단절되어 외로운 입장을 내가 늘 격려해준 일을 고맙게 생각하던 분인데 반갑게 만났다. 대만과 단교하고 중국과 수교하는 과정에서 한국 정부가 시치미를 딱 떼고 마지막 순간까지 내 친구인 당시의 주한 대만대사 뎅무시(丁撫時)에게 거짓말을 한 것이 못내 미안했던 기억이 떠올랐다. 나중에 들은 바로는 헨리 잭슨 소사이어티가 홍보한 나의 강연일정을 보았다고 한다.

Lincoln's Inn 법학원 초청강연

BBC가 제공한 자동차로 호텔에 돌아온 것도 잠깐이고 곧 링컨스 인(Lincoln's Inn)에서의 강연을 위하여 다시 신발끈을 고쳐 매었다. 나는 1968년 영국 유학시절 유명한 영국의 4개 법학원(Middle Temple, Inner Temple, Gray's Inn and Lincoln's Inn) 중의 하나에서 법조실무훈련을 받아 영국변호사 자격을 취득하고 싶었으나 기회가 없었다. 43년 만에 공식초청을 받아 750명의 생도와 수십 명의 평의원 및 교수(Bencher)들이 모인 링컨스 인에서 연설할 기회가 주어졌으니 감개가 무량하다.

'링컨스 인'이라는 법학원은 영국에서 가장 오래된 역사를 가졌지만 건물은 19세기에 지어진 것이라고 한다. 고유한 격식과 자존심이 대단한 나머지 마침 런던에 와있던 국제형사재판소의 재판연구관인 앤서니 잭슨(Anthony Jackson) 영국 변호사가 참석하여 내 강연을 듣고자 신청하였으나 같은 법학원 출신이 아니라고 거절당하였다고 한다. 융숭한 예우를 받으며 들어가 보니 이 법학원의 가장 유명한 선배는 윌리엄 피트 주니어(William Pitt Jr.), 토머스 모어(Thomas More) 등이라고 벽에 걸린 그들의 초상을 가리키면서 이곳의 회계책임자인 워커 경(Lord Walker of Gestingthorpe)이 설명했다. 이곳에서 많은 평의원들을 만났으나 특히 아덴 판사(Lady Justice Arden)와 많은 이야기를 나누었다. 그녀의 남편은 헨리 잭슨 소사이어티 연설에서 만났었고 그녀는 국제형사재판소에 관해서 호기심이 많은 듯 질문이 끝이 없다.

청중의 열광적인 박수 속에 밤 10시가 넘어서 나오니 앤서니가 밖에서 기다리고 있다. 그도 매일 런던 변호사 사무실에서 바쁘게 일하고 늦게 귀가하는데, 오늘은 나를 만나기 위하여 일부러 이곳까지 와서 기다린 것이다. 그가 나를 어느 전형적 영국의 펍(*pub*)으로 안내했으나 너무 시끄러워 결국 우리 호텔로 가기로 했다. 그러나 런던에서 태어나서 자랐다는 앤서니가 버킹엄 궁전을 찾지 못하여 밤새껏 근 두 시간을 그의 차로 런던 시내를 헤맸다고 하면 누가 믿을까. 늦게야 우리 호텔에서 간단히 맥주를 마시고 그간의 밀린 얘기를 한 다음 새벽 1시 반경 헤어졌다.

런던정경대학 강연

3월 5일의 일정도 만만치 않다. 연설일정이 있어서 오전 10시 반에 런던정경대학(London School of Economics and Political Science)에 도착했다. 학교는 새 건물로 산뜻한 인상이었다. 1990년대 정상조 서울대 법대 학장의 유학을 위하여 당시 윌리엄 코니시(William Cornish) 교수와 많은 연락을 한 일이 기억난다. 니콜라 레이시(Nicola Lacey) 교수의 안내로 자기 사무실에서 유명한 크리스틴 친킨(Christine Chinkin) 국제법 교수와 함께 잠시 차를 마셨다. 지하실에 마련한 쾌적한 강당에는 주말인데도 약 300여 명의 청중이 들어찼다. 질의응답 시간이 많이 부족했지만 강연은 대성공이었다.

강연 후 한국학생이 여러 명 찾아와서 인사한다. 애제자인 박광빈 변호사의 딸, 그리고 가까운 제자 부부인 박병무 변호사와 윤영신 교수의 아들 준규가 반가웠다. 그리고는 학교 바로 앞에 있는 식당(Cooper's Restaurant)에서 레이시 교수의 주최로 마틴 로플린(Martin Loughlin) 학장, 미국에서 온 제프리 골든(Jeffrey Golden) 방문교수, 호주 출신의 젊은 앤시아 로버츠(Anthea Roberts) 교수 등과 함께 오찬을 하면서 유익한 시간을 가졌다.

전날과 이날의 일정은 무척 바빴지만 영국을 방문하는 김에 국제형사재판소를 최대한 홍보하기 위하여 각 언론기관과 대학 및 법률가 단체나 의회 또는 비정부기구 등을 상대로 소장인 내가 젖 먹던 힘까지 다했던 시간이라고 하겠다. 영국은 국제형사재판소 설립에 처음부터 우호적이었고 그동안 많은 협조를 마다하지 않았으나 영향력 있는 일반 민간단체를 좀더 공략할 필요가 있어 빡빡한 일정을 소화한 것이다.

영연방기구와의 업무 협의

그러나 이것은 전주곡에 불과하고 영국 방문의 본 목적은 영연방기구를 방문하여 업무협의를 하는 것이었다. 말버러하우스로 이 기구의 사무총장인 인도 출신 카말레시 샤르마(Kamalesh Sharma)와 보츠와나 출신 부총장인 마시레-음왐바(Masire-Mwamba)를 각각 예방했다. 이 모든 방문은 헤이그에서 영국 대사관 법률자문관을 하던 아크바르 칸(Akbar Khan)이 영연방 사무국 법률고문으로 자리를 옮기면서 성사시킨 것이다. 54개 영국 식민지국가들로 구성되어 자기네끼리 연결고리가 끈끈한 것 같다. 우선 이 기구와 국제형사재판소가 업무협조협약을 체결하자는 제안을 성사시켰다. 또한 새로 아프리카연합의 의장이 된 말라위(Malawi)의 대통령 면담을 주선해 준다니 앞으로 우리의 아프리카 전략을 위하여 요긴하게 협력할 만하겠다.

일련의 공식회담 후 그들의 지하실 스튜디오로 내려가서 간단치 아니한

TV 인터뷰를 했다. 질문도 까다로웠지만 알아듣기 어려운 영국 사투리로 빠른 질문을 퍼부어대는 것이다. 이날 저녁에는 로열 코먼웰스 소사이어티(Royal Commonwealth Society)에서 칸이 주최한 만찬에서 호주대사관 외교관 줄리 드윈들(Julie Dwindle), 국제변호사협회(IBA) 사무총장 마크 엘리스(Mark Ellis) 변호사 등을 만나 지지약속을 받았다.

돌아보니 3일간 3번의 언론 인터뷰, 3번의 공개강연과 질의응답, 꽉 찬 공식 오·만찬, 많은 공식면담과 협의일정으로 녹초가 되었다. 다음 날 에릭 보좌관이 먼저 헤이그로 돌아가는 것도 모르고 늦게까지 정신없이 잤다.

3월 7일 일요일에는 미리 체크아웃을 하고 기다리니 서울에서 잘 알고 지내던 딕비 머피(Digby Murphy) 내외가 차를 가지고 호텔로 왔다. 나를 자기네가 속한 교외의 헐링엄클럽(Hurlingham Club)으로 데리고 갔다. 이 클럽은 골프장만 없지 테니스, 스쿼시, 크로케, 브리지, 수영 등 모든 운동시설이 아주 잘되어 있는 150년쯤 된 종합적인 운동 및 휴양클럽으로서 아주 훌륭했다. 한국인 여성을 며느리로 둔 자기네 사촌을 초청하여 요크셔 푸딩(Yorkshire pudding) 등 전통적 영국 오찬을 정성껏 대접한다. 친정은 서울이지만 곧 사천비행장 부근 한국항공우주산업의 공장으로 발령받아 떠난다고 했다. 프랑스에서 전수받은 기술을 토대로 유로콥터(Eurocopter)를 제작하여 한국군에 납품할 계획이라고 한다. 마침 좋은 날씨와 함께 점심을 즐기고 딕비의 호의로 시티공항까지 데려다 주었다.

제네바의 유엔 인권이사회 연설

지난주 런던 일정이 하도 살인적이어서 이번에 제네바 출장은 다소 여유 있게 일정을 꾸리라고 했다. 런던에서 귀임한 것이 3월 7일인데 3월 10일 다시 에릭과 함께 제네바로 떠났다. 이것이 그와의 마지막 해외여행이 될 것 같다. 전날 소장실 직원 16명을 내 아파트 부근 식당(Thai Fresh)으로 초청하여 저녁을 잘 대접한 결과 이날 아침 출근들이 늦다. 사무실에서 급히 샌드위치 점심을 든 후 에릭과 함께 출발했다.

제네바공항에는 한국대표부 주재 강남일 검사와 유엔최고인권사무소에서 근무하는 우종길 군이 친절하게도 출영했다. 강남일 검사는 내가 추천서를 써주어서 뉴욕대학에서 공부한 제자인데 2년 전에 이곳 대표부에 발령을 받았다고 했다. 우종길 군은 고대 법대를 졸업하고 하버드 법학석사(LL. M.)를 취득한 수재이다. 강 군과 우 군을 데리고 투숙한 호텔 옆 한식당에 가서 늦은 저녁을 들었다. 에릭은 아직도 내가 할 두 개의 연설문을 작성하지 못하여 저녁식사에서는 빠졌다. 그가 없으니 한국말로 회포를 풀 수 있게 되어 오히려 다행이었다.

3월 11일은 한가하고 호강스러운 날이 되었다. 우선 제네바주재 네덜란드 대사가 오찬을 관저에서 베푼단다. 한국대사가 보내준 차량에 강 검사가 안내를 맡고 제네바에서 17km 떨어진 코페(Copait)라는 교외 마을에 있는 네덜란드대사 판에네만(van Eannemaan)의 관저로 갔다. 제네바에서 로잔(Lausanne) 방향으로 레만 호수를 따라 운전하면서 보는 주변의 경치가 기가 막히다. 네덜란드 대사관저도 코페 시내 레만 호숫가에 위치하고 있는데 집 앞의 호수와 집 뒷길 건너편의 포도밭 언덕의 아름다운 풍광이 대비되어 스위스의 아름다운 자연을 자랑한다. 이 도시는 강 검사와 우종길 군 등 한국인들이 모여 사는 곳이라고 한다.

네덜란드대사관의 오찬에서 유엔난민기구(Office of High Commissioner for Refugees)의 대표 안토니우 구테흐스(António Guterres) 전 포르투갈 총리, 국제적십자사(ICRC) 총재인 야콥 켈렌베르거(Jakob Kellenberger)와 함께하며 박식한 그들의 국제정세 분석을 듣는 것도 망외의 즐거움이었다. 구테흐스는 명성과 같이 무척 예리하고 정치적으로 머리가 잘 돌아가는 사회주의자이고, 반기문을 승계한 유엔 사무총장이다. 국제적십자사 총재는 국제형사재판소가 구속영장을 발부한 수단 대통령 알-바시르를 2주 전 만났다고 했다.

이날 저녁 8시에는 죽마고우인 세계지적재산권기구(WIPO) 사무총장 프란시스 거리(Francis Gurry)와 부인 실비(Silvie)가 주최하는 만찬에 참석했다. 나를 중심으로 이성주 대사 부부, 위르그 라우버(Jürg Lauber) 스위스 군축담당 대사(현 스위스 유엔대표부 대사)를 초청하여 화기애애한 만찬을 했다. 프란시스는 세계지적재산권기구에서 아태지역을 담당할 때 한국을 방문했던 1985년에 알게 된 전직 멜버른대학 법학교수이다. 그는 계속 신뢰를 쌓아가면서 회원국 전부를 상대로 선거운동을 하여 이 자리에 당선된 것이다. 북한도 한 표를 주었단다. 그는 누구에게나 성심성의껏 대하는 인물이다. 나는 그가 마침내 이 기구의 수장으로 선거를 통해 당선될 때까지 4반세기 동안 흐뭇한 마음으로 그의 성장을 지켜보았다. 오랜만의 회포를 풀면서 그와 내가 서로 걸어온 길을 회고하고 현재 우리 두 사람의 성취를 서로 축하하는 의미 있는 자리를 가졌다. 사귄 지 30여 년 만에 한 사람은 세계지적재산권기구의 사무총장으로 선출되었고, 다른 한 사람은 국제형사재판소 소장이 되어 다시 만났으니 감격적인 순간이다. 동석한 스위스대사는 국제형사재판소 소장의 제2대 비서실장으로 근무한 젊은 외교관인데 학생시절, 한국을 방문하여 중립국 정전감시위원단의 스위스 장교를 위하여 잠시 일한 적이 있는 친한파이다.

3월 12일 정오까지 유엔의 유럽본부 팔레데나시옹(Palais des Nations)에 가야 한다. 유엔이 종전의 인권위원회를 대체하여 2년 전에 새로 조직한 인권이사회(Human Rights Council)에 참석해서 처음으로 연설했다. 유엔인권이사회는 47개국을 선거로 뽑는데 처음에 리비아 등 인권보호가 미흡한 나라가 선출된 데 불만을 품고 미국이 불참하는 등 우여곡절이 있었으나 이제 자리를 잡은 것 같았다. 원형으로 된 회의장에 47개국 회원이 앉고 유엔총회의 좌석배치와 마찬가지로 뒤편에 다른 국제기구와 함께 옵서버 자리에 국제형사재판소 팻말이 있다. 인권이사회에 배정되어 있는 국제형사재판소 좌석에 앉아서 연설했다. 유엔 인권이사회가 생긴 이래 국제형사재판소 소장으로서는 처음 연설한 기록을 남긴 것이다. 2010년의 의장은 벨기에 판메이우언(Van Meeuwen) 대사인데 그가 내게 발언권을 주었다. 15분간 침착하게 준비된 원고를 읽었다. 나는 국제형사재판소가 그 자체 인권법원은 아니지만 결과적으로 어린이와 여성의 인권보호에 중점을 두고 있음을 강조하였다. 에릭이 내 뒤에 앉고 강검사와 인권담당 한국대표부 김 참사관이 자기네 자리에서 경청했다. 유럽연합의 적극적 주선으로 연설기회가 주어진 것이다.

발언을 마친 다음에는 부가행사(side event) 장소로 이동했다. 간단히 샌드위치 한 쪽을 먹는 둥 마는 둥 하고 앉자마자 바로 비정부기구의 행사에서 연설하고 질의응답하는 시간을 가졌다. 보통 국제기구가 어떤 행사를 개최하면 거기에 붙여서 관련 비정부기구들이 조직한 부가행사가 많이 열린다. 본 행사에 참석한 지도자들을 초청하여 발언을 시키고 질의응답을 한다. 이는 그들의 방식이지만 여기서 대체로 그 지도자에 대한 품평이 다 이루어지므로 상당히 신경을 써야 한다.

이 행사는 룩셈부르크대사 장 페데(Jean Feyder)가 사회를 보고 유엔 인권이사회 의장인 판메이우언 벨기에대사가 인사말을 했다. 그리고 내가 20분간 연설했다. 금요일 오후라서 청중을 걱정했는데 큰 방이 꽉 찼다. 역시 국제형사재판소에 대한 관심이 큰 것 아닌가 싶다. 질의응답은 비교적 활발했으나 중국의 인권상황과 스리랑카의 대학살에 관한 질문 외에 이스라엘의 가자지구 학살 등을 묻기에 적절하게 대응했다. 잔뜩 대비했는데 약간 싱겁게 끝난 감이 있으나 이번 제네바 방문의 목적을 성공리에 수행한 것이다.

그다음에는 다른 유엔건물인 팔레 드 윌슨(Palais de Wilson)으로 이동하여 유엔 인권이사회의 사무처 역할을 하는 필레이 유엔최고인권대표와 함께 30분간 회담했다. 그녀는 적극적으로 우리 재판소를 도와줄 의향이 있는 것으로 보아 우리가 유엔에 파견한 국제형사재판소의 선전책임자에 비유할 수 있겠다. 그녀의 주도로 작성된 인권행동계획이나 전략적 운영계획은 국제형사재판소와의 협조를 강조하고 있다.

떠나는 날인데 공항에 너무 차가 많아서 물어보니 공항 부근의 전시장에서 모터쇼가 열리고 있어 사람이 많이 몰렸단다. 지난주 영국의 일정이 힘들었던 것에 비하면 아주 쉬운 출장이어서 다행이었다. 그날 저녁에 디아라 부소장이 내는 만찬이 있어 그 집에 가느라고 빨리 귀임한 것이다. 코트 부부, 트렌다필로바 부부, 그녀의 비서인 파비올라(Fabiola) 부부, 모나헹 재판관 등을 초대했다. 아마 우리 소장단 취임 1주년을 기념하여 마음먹고 초대한 듯하다.

뉴욕 무대에 선 외교관 세일즈맨

소장이 된 지 1년밖에 안되는데 뉴욕을 제집 드나들 듯 오간다. 2010년 3월 19일부터 1주간 출장인데 이번에도 김형준 검사가 전적으로 공항영접 등을 전담하고 박인국 대사가 토요일 저녁 관저에서 만찬을 베풀었다. 특이하게도 이번 뉴욕출장에는 비서실장 대행인 히라드가 처음부터 설치면서 자기가 수행한다고 야단이었다. 의아했으나 곧 의문이 풀렸다. 그의 모든 가족이 이란을 망명하여 캐나다에 살기 때문에 뉴욕에 있는 동안 전 가족이 뉴욕으로 와서 만난단다.

뉴욕에서 정기 당사국총회의 추가회의가 열려 '리뷰 컨퍼런스'를 준비하기 위한 마지막 구체적 결정을 내리는 시기가 왔다. 사실 이는 회원국들의 회의이므로 나는 직접 관련은 없으나 일단 새로 구성되는 피해자신탁기금(Trust Fund for Victims)의 이사진을 만나는 외에 반기문 총장 이하 유엔 담당자들을 만나 '리뷰 컨퍼런스'를 위한 경호 및 항공편 지원 등 필요한 협의를 해야 하므로 다시 뉴욕을 방문했다. 에릭 보좌관과 카렌 모소티(Karen Mosoti) 뉴욕 연락사무소장은 내가 간 김에 비판적인 아프리카 회원국의 대사들 및 안보리 비상임이사국 대사들을 만나 지지를 호소하고 다독거리는 일정을 엄청나게 많이 약속해 놓았다. 전과 달리 유엔건물의 대대적 수리로 인해 사무실이 이곳저곳으로 분산되었고 임시 가건물들을 사용하고 있어서 어수선했다. 약 4년 쯤 걸려야 완공된다고 한다. 이번 출장에는 히라드와 데이비드가 수행했는데 각자 도착했고 나는 줄곧 면담 시 히라드와 카렌을 대동했다. 나중에 보니 외교부 본부에서는 이기철 신임조약국장, 김영석 교수, 최태현 교수, 표지은 서기관 등이 모두 참석했다.

22일 월요일부터의 공식일정은 안보리 비상임이사국인 이반 바발리치 (Ivan Barbalić) 보스니아대사와의 면담으로부터 시작되었다. 다른 동유럽의 대사들과 마찬가지로 젊은 30대인데 똑똑한 인상이다. 저녁에는 크리스티안 베나베저(Christian Wenaweser) 당사국총회 의장과 면담 후 함께 핀란드 리셉션에 잠시 들렀다가 그의 관저로 다시 이동했다. 나를 주빈으로 그가 주재한 만찬에 참석했다. 상임이사국인 프랑스의 아로(Gérard Araud) 대사가 참석해서 고마웠다. 지난여름 새로 부임했다는데 영어도 잘한다. 주인의 만찬사에 이어 주빈인 나도 준비한 대로 인사말씀을 했다.

3월 23일 3월의 유엔안보리 의장인 가봉의 은공데(Emmanuel Issoze-Ngondet) 대사를 방문해서 우호적 회담을 했다. 이번에 주로 아프리카 대사들을 만나는 목적은 아디스아바바에 설치예정인 국제형사재판소 연락사무소에 대한 아프리카연합의 거절에 대한 대책과 리뷰 컨퍼런스에의 협조를 구하는 것이다.

반기문 총장을 면담하는 자리에는 유엔법률고문 패트리시아 오브라이언, 김원수 비서실 차장, 윤여철 국장 등이 배석했고 우리 쪽에서는 히라드와 카렌이 배석했다. 화기애애한 분위기에서 유엔의 국제형사재판소에 대한 전폭적 지지, 반 총장의 평화와 정의에 대한 확고한 소견, '리뷰 컨퍼런스'에 대한 구체적 지원 등을 확약 받고 회담을 마쳤다. 생전 처음 뉴욕의 이러한 회담에 참석해본 히라드는 너무나 좋아서 표정관리를 못한다. 데이비드는 당사국총회에 참석하여 히라드에게 계속 보고한다. 유능한 두 젊은이들은 나의 수족이기도 하고 나를 롤 모델로 생각하면서 진심으로 잘 따르고 있다.

그다음에는 가나대사 레슬리 코조 크리스티안(Leslie Kojo Christian)을 만났다. 서아프리카의 가나, 세네갈, 코트디부아르 등은 대체로 국제형사재판소 지지 성향이 강하다. 뉴욕에서 바삐 돌아다니다 보면 점심은 거르는 수가 많은데 이날도 마찬가지이다. 오후에 패트리시아 오브라이언을 접견했는데 눈치가 빠르고 똑똑한 데다가 한국에 우호적이어서 대화분위기가 좋다. 인품도 부드럽고 반기문 총장을 진심으로 보좌할 뿐만 아니라 나와 반 총장의 가까운 관계를 눈치 채고 아주 잘하는 면도 있다.

저녁에는 뉴욕대의 제롬 코헨(Jerome Cohen) 교수가 동료인 짐 제이콥스(Jim Jacobs) 교수를 설득하여 개최한 '국제형사재판소와 아시아에 관한 원탁회의'(Round Table on the ICC and Asia)에 참석했다. 해럴드 프라트 하우스(The Harold Pratt House)에서 열린 미국외교협회(CFR) 행사의 일환이었는데, 지명 초청된 저명인사들에게 강연하고 질의응답을 했다. 회의에 참석한 분 중에는 오랜만에 예일 로스쿨의 국제법 대가 마이클 리즈먼(Michael Reisman) 교수 내외를 만나서 반가웠고 80세가 된 코헨 교수가 여전히 활동적이어서 안심이다. 나는 이 으뜸가는 미국 법대교수들의 국제형사재판소에 대한 관심을 충분히 환기시켰다고 본다.

3월 24일에는 뉴욕의 그랜드하얏트호텔에서 개최된 피해자신탁기금의 첫 신임 이사회에 나가서 연설했다. 예상대로 핀란드 국방장관을 역임했고 대통령 후보로도 출마했던 엘리자베스 렌(Elisabeth Rehn)이 의장으로 선출되었다. 캐나다에 망명해서 살다가 철의 장막이 무너진 후 환국하여 라트비아의 대통령을 했다는 여성은 생각보다 카리스마가 없어서 별로 득표하지 못했다.

이 중요한 오전 일정 다음에는 바로 호주 대표부로 이동하여 호주와 슬로바키아 대표부가 공동주최하는 태평양섬나라그룹(Pacific Islands Group)의 회의에 참석하여 로마규정의 비준을 호소하는 연설을 했다. 이 그룹은 14개의 작은 도서국가로 구성되어 있는데 사모아는 이미 회원국이고 비회원국인 솔로몬제도 등은 당장 비준할 것 같지 아니하다. 팔라우대사는 이제 막 당선된 그 나라 대통령이 내가 방문교수로서 가르쳤던 시애틀의 워싱턴대학에서 공부했으니 편지를 보내라고 한다.

어째서 슬로바키아 대표부(Slovak Mission)가 국제형사재판소에 이처럼 열성인지 물었더니 자기 나라 외무부의 시정정책 목표의 첫 번째 우선순위는 인권인데, 그 핵심에 국제형사재판소가 자리 잡고 있기 때문이라는 것이다. 이날 오후에는 마텐지(Steve Dick Tennyson Matenje) 말라위대사를 만났다. 점잖고 따뜻한 인상이다. 원래 아프리카연합의 새로운 의장이 리비아의 카다피에서 말라위 대통령으로 바뀌었으므로 국제형사재판소의 현안문제를 해결하고 관계를 개선하고자 대통령 면담신청을 한 지 오래건만 대답이 신통치 않으니, 뉴욕의 대표를 만나서 교섭할 수밖에 없었다. 그로부터 우호적인 말을 많이 듣고 사진도 찍어주었다. 얼마나 믿어도 될까?

3월 25일에는 체크아웃하고 떠나는 날인데도 일정이 빡빡하다. 아침 일찍부터 케냐의 무부리 무이타(Muburi Muita) 대사와의 면담을 시작으로 아프리카 대사들을 초청하여 나의 연설을 듣는 자리를 마련했다. 제시간에 시작하지 못한 문제는 있었으나 대사들이 많이 참석해서 고마웠다. 아프리카 회원국 중 뉴욕에 대표부가 있어도 정상적으로 활동하는 국가가 그리 많지 아니한데 12명 이상 참석했으면 나쁜 성적은 아니다. 케냐 출신 카렌이 같은 아프리카인으로서 애를 쓴 것 같았다. 케냐대사는 당사국총회의 부의장임에도 현란한 말에 비하여 매사에 미온적이다. 나의 열정적인 연설이 끝나고 질문을 받아보니 역시 아프리카의 협조와 아프리카연합에 설치할 연락사무소가 문제였다. 또한 그들이 항상 가지고 있는 오해를 풀기 위한 질의응답도 잠깐 있었다.

급히 체크아웃을 하고 오니, 세네갈의 바지(Badji) 대사가 이미 기다리고 있어서 구면이라 그 나라 대통령 면담을 요청해 두었다. 그리고 안보리 비상임이사국인 브라질의 비오티(Maria Luiza Ribeiro Viotti) 대사를 만나는 것으로 오전 일정을 마쳤다. 이 아주머니 대사는 늘 호의적이어서 대하기가 참 푸근하다.

항상 뉴욕에 오기만 하면 성대한 만찬을 베풀어주기에 이번에는 크리스티안 베나베저 대사를 내가 오찬에 초청했다. 오찬 후 '리뷰 컨퍼런스'에 관한 마지막 점검성 토의가 있었다. 점심 후 만난 나이지리아의 조이 오구(U. Joy

Ogwu) 대사는 말이 분명하고 그 자리에서 당장 명확한 지시를 부하들에게 내린다. 처음 만났지만 인상적이고 역시 푸근한 분위기이다.

떠나기 전 마지막으로 유엔의 평화유지군 담당 알랭 르 루아(Alain Le Roy) 유엔사무차장과 회담을 했다. 알랭은 세 번째 만나는데 아주 호의적이고 한국말로 '감사합니다', '걱정 마세요', '안녕히 가세요' 등을 연발한다. 특히 '리뷰 컨퍼런스' 기간 중 유엔의 비행기와 헬리콥터로 엔테베공항에서 부니아까지 일정한 국제형사재판소 회원국 대표들을 운송하여 현장을 보여주는 일을 무조건 지원해 준단다.

저녁에는 피해자신탁기금의 리셉션에 참석했다. 호텔의 가장 큰 방을 빌려 고급음식을 많이 준비하는 등 크게 신경을 썼으나 내가 참석했다가 비행장으로 떠난 7시까지 손님이 아무도 참석하지 아니하여 텅 빈 것이 민망하다. 당사국총회에서 논의가 길어져서 대표단이 참석하지 못하고 있다는 것이다. 밤 늦게 비행기를 타면서 데이비드도 만났다. 아일랜드는 재정난으로 예산을 삭감한 결과 메리 웰런(Mary Whelan) 대사도 이코노미를 같이 타고 헤이그로 귀임했다는 것이 데이비드의 전언이다.

연초부터 계속 해외출장을 다녀서 다소 피곤한데 또 한 번 뉴욕을 다녀와야 한다. 지난 3월 하순 뉴욕을 방문했을 때 4월 28일로 예정된 슬로바키아 대표부 주최 국제형사재판소 '리뷰 컨퍼런스'의 준비회의를 유엔총회 회의장에서 개최하는데, 반기문 총장이 이 회의를 개막하기로 했으니 소장인 나더러 꼭 와서 기조연설을 해달라는 부탁이었다. 바쁜 중에 이 한 가지 일정을 위하여 뉴욕을 다녀오는 것이 무리이지만 반 총장이 개막을 한다니 내가 맞장구를 쳐줄 필요가 있겠다 싶어 승낙했다.

이번 출장은 수행원 없이 처음으로 혼자 떠났다. 히라드는 내가 없을 때 산후휴가를 간 비서실장을 대신하여 소장실을 지키는 일이 중요하기 때문이다. 데이비드는 재판연구관으로서의 자기책임과 에릭의 사임으로 공석인 대외담당보좌관 자리를 커버하는 등 소장실에서 이중으로 할 일이 많아 함부로 자리를 뜨기도 어려웠다.

4월 29일에는 하루 종일 미리 약속된 대사들과 면담하는 중에 '리뷰 컨퍼런스'의 성공을 위하여 당사국들의 구체적 약속(concrete pledges)을 받는 행사가 필요함을 역설했다. 이번 일정에서는 오랜만에 전 뉴질랜드 총리였던 헬렌 클라크(Helen Clark) 유엔개발계획(UNDP) 총재를 만났다. '리뷰 컨퍼런스'를 설명하니 금방 알아듣고 자기네도 참석하여 '보충성 원리에 관한 패널'(panel on complementarity)에서 일정한 역할을 하겠다고 약속했다. 그는 면담 말미에 나를 따로 만나 뉴질랜드가 국제형사재판소에 재판관을 진출시킬 방안을 같이 연구하자고 한다. 정치적 감각과 야심이 있는 인물이다.

국제형사재판소 운영의 기본인 '보충성의 원리'란 원래 국제형사재판소 관할 범죄는 회원국의 국내 사법기관이 수사 및 처벌을 하는 것이 원칙이므로, 재판소는 오직 어느 회원국의 국내 사법제도가 기능을 못하거나 수사 및 처벌할 의사가 없는 경우에 한하여 최후적으로 보충적으로 개입한다는 원칙이다. 그러므로 관할 범죄가 발생했다고 해서 국제형사재판소가 자동개입하거나 이를 아무나 무조건 재판소에 직접 제소할 수 있는 것이 아니라 어디까지나 해당국의 사법기관이 제대로 수사하고 처벌해야 하는 1차적 책임을 진다. 따라서 국제형사재판소는 해당국이 그렇게 하지 못할 경우에만 개입하는 최후의 보루이다. 국제형사재판소의 그러한 형사소추 구조를 정확하게 이해하지 못하고 사법주권의 침해라고 항의하는 나라도 있었다.

만일 국제형사재판소 관할 범죄를 수사하고 처벌하는 책무를 제대로 수행하지 못하는 회원국의 사법기관이 있다면 그 기관의 능력배양을 위한 각종 지원 프로그램이 필요한데 이를 지원하는 기관은 국제형사재판소가 아니라 유럽연합이나 유엔개발계획과 같은 국제지원기구가 되어야 할 것이다. 왜냐하면 국제형사재판소는 법원이지 회원국의 원조기관이나 훈련기구가 아니기 때문이다. 따라서 헬렌 클라크는 이러한 의미에서 자기네 기관과 같은 국제개발원조기구의 지원 및 관여 필요성을 즉각 간파한 것이다. 우간다에서 5월 말에 개최되는 이 회의는 로마규정상 매 7년마다 국제형사재판소의 활동과 업적을 돌아보고 개선점을 모색하기 위하여 개최해야 하는 모임이다.

점심에는 열심히 나를 돕는 뉴욕 연락사무소의 직원 카렌과 로만을 컨비비오(Convivio) 식당으로 초청하여 개인비용으로 점심을 사주고 격려했다. 베닌(Benin) 대사가 면담 약속을 취소하여 약간 남은 시간을 합하여 두 시간 이상 크리스티안 베나베저 의장과 그의 사무실에서 '리뷰 컨퍼런스' 준비에 관한 세부사항과 기타 문제점을 짚고 넘어갔다. 그는 국제형사재판소를 키워보고자 하는 순수한 정열이 있지만, 너무 적극적으로 관여하여 자기의 존재감을 한껏 고양시키고자 하는 야심이 있는 사람임에는 틀림없다. 저녁시간에 아로(Gérard Araud) 프랑스대사를 만나 우간다의 '리뷰 컨퍼런스'에서 회원국들이 서약하는 구체적 약속을 결의안에 포함하고자 하는 노력을 지지하도록 넌지시 부탁했다.

세계평화를 위해 두각을 나타내는 한국 출신 트리오

저녁에는 크리스티안 베나베저의 40층 펜트하우스에서 주최한 만찬에 참석하였다. 뜻밖에 그곳에서 반갑게 만난 해럴드 고(Harold Koh) 외에 애제자 김원수 대사, 방글라데시의 모멘(Momen) 대사, 엘살바도르의 여성 대사, 네덜란드 부대사, 호주의 퀸란(Quinlan) 대사, 슬로바키아의 코테렉(Miloš Koterec) 대사, 우리를 지지하는 비정부기구인 국제형사재판소연합(CICC)의 빌 페이스(Bill Pace) 대표 등 여러 인사들도 초대되었다.

이때에도 역시 내가 만찬의 주빈이라 한마디 해야 할 것 같아 간단히 할 말을 생각해보았다. 답사를 하면서 "오늘 만찬에 한국인 대표가 너무 많이 참석했지만 여러분이 신경 쓰지 않길 바랍니다"(Koreans are overrepresented at the dinner tonight, but I hope you do not mind) 라고 했더니 모두 폭소한다. 그리고 나는 참석자별로 한 건씩 구체적 예를 들어가면서 감사의 뜻을 표했다.

해럴드 고(한국명 고홍주)에게는 지난 3월 말 미국국제법학회(American Society of International Law: ASIL)에서 오바마 행정부의 국제외교정책 방향을 개진하면서 국제형사재판소에 대한 확고한 지지를 표명한 바를 지적하고 감사를 표했다. 사실 나는 그의 그런 연설이 있었는지도 몰랐는데, 제자 성웅규 변호사가 마침 이를 복사해 주어서 미리 읽고 간 실력이었다. 예상대로 그 효과가 나타난다.

우선 해럴드가 감격해서 답변한다. 그는 참석자들에게 자기 부친(고광림)이 유엔주재 한국대사였으나 5·16 군사쿠데타가 발생하자 이를 항의하여 사임한 후 미국에 주저앉은 경위를 밝혔다. 또한 나와의 관계에서는 그가 어린 중학생 시절에 이미 서울대 법대 교수인 나를 알게 되었고, 자기 부친과 내 장인이 서로 친해서 자주 내왕했음을 언급했다. 내가 그에게 '장래 무엇이 될래?' 하고 물었더니 그가 물리학자가 되고 싶다고 했을 때, 내가 시큰둥한 반응을 보였으며 그래서 결국 법학으로 방향을 바꾸었다고 회고했다.

그러면서 오늘날 3인의 한국인(송상현, 반기문, 고홍주)이 국적과 무관하게 저마다의 길에서 두각을 나타내다가 이제 우리가 모두 국제사회에 나와서 세계평화라는 한 목표를 위하여 같이 만나고 협조하고 상의하는 관계가 되었으니 감개무량하다고 소감을 피력했다.

그는 미국에서 잘 자라고 좋은 교육을 받은 후 예일대학 로스쿨 학장까지 역임했다. 클린턴 정부 시절에는 노동부 인권담당 차관보를 지냈고, 이번 미국 정부에서 오바마 대통령과 힐러리 클린턴 국무장관의 최고법률고문이 되었다. 반기문 총장은 한국인으로서 유엔 사무총장이 되어 세계를 주름잡는 지도자가 되었으며, 나는 서울대 법대 교수로 부임하여 35년간 제자를 가르치는 한편 열심히 공부하고 국제관계에 관심을 가지고 노력한 결과, 마침내 신설 국제형사재판소의 초대 재판관에 당선된 후 이제 그 소장으로 선출되어 세계정의와 평화를 실현하고자 불철주야 노력하는 입장이 되었다.

따라서 우리 세 사람은 누가 보더라도 세계무대에 우뚝 서서 세계평화를 위하여 헌신하는 한국 출신 트리오로서 인정을 받고 있다고 하겠다. 해럴드는 이 점을 지적하면서 감개무량한 표정을 숨기지 않았다. 그는 우리 세 사람의 각 인생 스토리는 한국 역사는 물론 세계 역사에서도 충분히 분석해볼 만한 가치가 있는 사례연구감이 아니겠느냐고 말했다. 뉴욕에서는 세 사람의 성공스토리가 여러 사람의 입을 통하여 한동안 널리 퍼진 것은 사실이다.

하버드법대에서 해럴드 고와 함께 (1991. 4).

이 자리에서 김원수 대사도 나의 제자임을 밝히고 한국사회에서 서울대 법대와 서울대 출신의 영향력을 언급하면서 한국의 국위가 높아짐에 따라 이들이 지도자로서 국제사회에서까지 두각을 나타내고 세계를 리드하게 된 원동력이 무엇인지 부연 설명하여 참석한 대사들의 부러움을 샀다.

그다음 날, 유엔빌딩의 대대적 수리로 인하여 임시로 마련된 회의장에서 각국의 대표들이 만원인 가운데 반기문 총장, 나, 그리고 슬로바키아의 외무장관과 유엔주재 대사 등이 단상에 나란히 앉아서 각자 개막연설을 했다. 나로서는 그동안 반기문 총장과 긴밀한 협조를 했지만 서로 나란히 앉아서 회의를 주재하는 것은 처음이다. 바로 옆에 나란히 앉아있으니 서로 덕담을 하고 웃으면서 노트를 비교하기도 하였다.

국제형사재판소 소장으로서의 첫 방한

소장이 되어 바쁘다보니 2010년에는 5월 초 소장으로서의 한국 방문이 처음이다. 5월 7일 저녁에는 동심회(이상중 변호사그룹)가 예년과 마찬가지로 우리 부부를 위하여 만찬을 베풀었다. 이는 해마다 진행하는 사제간의 행사로서 이미 40년 가까이 되는데 이 모임이 나에게는 아주 소중하다. 마침 국제형사재판소장의 일대기를 촬영한다고 아리랑 TV의 제작진이 들이닥쳐서 음식점의 식사광경을 찍어 갔다. 2010년에 G20 정상회의를 한국 서울에서 개최함을 기념하여 '세계를 움직이는 한국인'을 특집으로 만든다는 취지하에 나의 한국에서의 공사간 활동을 찍고 후일 헤이그에 와서 재판소 업무에 관한 일상을 필름에 담는다고 한다. 사실 카메라 팀은 5월 8일 고하(古下) 추모식을 커버하기 위하여 국립서울현충원에서 하루를 보냈고, 동심회와 만찬을 즐기는 모습, 서초동 집에서 가진 아내의 인터뷰 등 여러 가지 광경을 담았는데 이날 TV 방송국 팀의 고생이 막심했다.

주말이 되어서야 부산에서 상경한 외손자를 보았는데 참 많이 컸다. 딸네 식구가 어버이날이라고 좋은 이탈리아식 점심을 샀는데, 여기에도 아리랑 TV가 따라왔다. 돌아가신 어머님을 그리는 생각이 스쳐갔다. 그러나 내가 재판소장으로 당선된 것을 보고 가셨으니 그나마 다행이라는 생각으로 스스로를 위로했다.

5월 10일 아침에 두 가지 행사가 겹쳤다. 우선 스위스그랜드호텔에 가서 유니세프 연차 세계총회를 개막하는 식전에 정운찬 총리와 함께 참석했다. 그리고는 바로 일산 사법연수원으로 달려가서 운영위를 주재하였다. 다시 유니세프로 가서 미리 준비된 모든 오후 일정에 참석했다. 현승종 회장이 연로하시니 부회장인 내가 연설할 경우가 많이 있었다.

11일에도 역시 유니세프 회의에 참석했다가 저녁에 신라호텔에서 서울시 부시장 주최의 만찬에 참석했다. 마침 클린턴 행정부에서 국가안보 보좌관을 지낸 앤서니 레이크(Anthony Lake)가 유니세프의 총재 자격으로 참석해서 그와 함께 많은 얘기를 나누었다. 그는 보스턴 상류층 출신이고 하버드를 졸업

제 55차 유니세프국가위원회 연차총회 환영 리셉션 (2010. 5).
왼쪽부터 베로니크 뢴너블라드 스탠딩그룹 회장, 앤서니 레이크 총재, 나.

한 인재인데, 지금 71세에 돈 많은 유대인 과부와 결혼하고자 난데없이 유대교로 개종했다는 점이 흥미롭다. 그는 온건하고 세련된 인물로서 클린턴 정부에서 성장배경이 너무 다른 리처드 홀브룩(Richard Holbrooke)과 번번이 충돌한 것은 모두가 아는 사실이다. 국제기구의 장을 누가 하느냐는 대체로 불문율이 있는데 유니세프 총재는 항상 미국인이 하게 되어 있다. 이분도 오바마 대통령이 요청하여 반기문 총장이 임명하는 형식을 취한 케이스이다.

5월 12일 개막한 세계여성법관회의의 개회식 참석은 국제형사재판소의 공식일정인데 여기서 개막 겸 기조연설 요청을 받았다. 나의 제자인 조경란 부장판사가 준비위원장을 맡아 수고를 많이 한 듯하다. 그랜드인터컨티넨탈호텔 개막식장에 가니 깔끔하게 준비가 된 것 같아서 기분이 좋았다. 정운찬 총리는 축사 후 금방 가버렸으나 이용훈 대법원장 등 다른 귀빈 모두가 임석한 자리에서 내가 약 20분간 기조연설을 했다. 연설 도중 박수가 여러 번 터졌고 6·25전쟁 경험을 말하자 눈물을 흘리는 여성법관도 있었다. 국제형사재판소에서는 조이스 알루오치 케냐 출신 재판관만 참석했다. 공식오찬에서는 전 김영란 대법관 외에 2009년 10월 새로 개원한 영국 대법원의 유일한 여성 대법관인 브렌다 헤일(Lady Brenda Hale), 그리고 브라질 전 대법원장과 함께 합석했다. 우리나라 법관들이 국내에서 개최된 국제회의에서 발군의 실력을 보인 듯하여 기분이 좋다.

5월 13일에는 전남대 로스쿨 강연을 위해 비행기로 광주에 갔다. 정종휴, 성승현 교수 등의 건의가 채택되어 초청한 것이라고 한다. 공항에서 송진한 전남대 교수의 영접을 받아 우선 둘이 담양을 방문하여 고하(古下)기념관 건물과 진열상태를 점검했다. 송 교수와 함께 앞으로의 관리 및 운영에 관한 논의를 많이 했다. 광주로 돌아가서 전남대 김윤수 총장을 예방하고 로스쿨 선생님들과 함께 굴비를 물에 만 밥과 함께 먹는 이색적인 점심식사 경험을 했다. 강연에는 많은 사람이 모여서 성황이었고 여러 가지 질문이 활발하게 개진되었다. 그날 저녁 이메일과 SNS를 보니 많은 학생들이 호의적인 소감을 적은 댓글을 달아놓았다. 역시 컴퓨터세대답다.

광주에 다녀온 다음 날에는 정서용 교수의 초청으로 고려대 국제학부에서 영어로 강연했다. 학생들은 국제형사재판소에 관하여 처음으로 생생한 강의를 직접 소장으로부터 들은 것을 고마워했다. 강의 전 이기수 총장실에 들러 간단히 기념사진을 촬영하였다.

오전 강연 후에는 정용상 동국대 법대학장이 '법학교수회'에 관여하신 원로 교수들을 모시고 프레지던트호텔에 마련한 오찬에 참석하였다. 정용상 교수가 원로교수를 이처럼 모시는 것은 참으로 잘하는 일이고 감사하기 짝이 없다. 특히 이 자리에서는 김철수 교수가 '김철수 세미나실'을 서울대 법대에 설치하는 사업을 위하여 모금하는 데 내가 기부해준 것을 감사했다. 나는 평소에 김철수 교수 같은 헌법학 원로학자는 의당 정당한 대접을 받으셔야 한다고 생각하였기 때문에 조금 성의를 보인 것뿐이다.

이날 저녁에는 이중기 교수가 주도하는 제자그룹이 대려도에서 스승의 날을 위한 만찬을 준비했다. 해마다 이 고마운 모임이 계속되는데 무엇보다도 구심점으로서 이중기 교수의 노력이 절대적이다. 이날은 연락받은 졸업생이 부부동반으로 모두 참석했다. 반가운 얼굴이 모여서 참으로 행복한 한때를 즐겼다. 감사하고 또 감사한 일이다.

이중기 그룹 제자 모임 (2018.12.26). 우측부터 허범, 이중기, 이수희, 이제원,
정재훈, 김갑유, 우리 내외, 김현, 이호인, 박훈, 그리고 부인들.

　이번에 일주일 남짓 한국에 있는 동안 강연일정 등이 너무 빡빡하여 몹시
피로했다.　따라서 토요일은 완전히 집에서 쉬었다.　우리는 일요일 저녁 헤이
그에 무사히 도착했으나, 나를 인터뷰할 목적으로 같은 날 떠난 아리랑 TV팀
은 공교롭게도 아이슬란드에서 분출한 화산재에 막혀서 독일에서 네덜란드
로 오는 비행기가 결항하는 바람에 꼼짝 못하다가 항공회사가 주선한 버스를
타고 화요일에야 헤이그에 도착했다.　암스텔벤에 체재하는 모양인데 내가 너
무 바빠서 식사대접 한 번도 못한 것이 못내 미안하다.

　아리랑TV는 행정처장의 정기보고, 소장단 회의, 로버트 그린(Robert
Green)과의 불어공부 모습 등을 촬영하고 헤이그 시청에서 전시하는 콜롬비
아 원주민 사진전을 개막하는 나를 헤이그 시청과 그 부근에서 오랜 동안 찍
었다.　특히 촬영팀은 콜롬비아 요레다(Lloreda) 대사 부부 및 대사관 직원들
과 함께 사진을 찍고 대화를 나누는 모습을 담았다.　나는 이 자리에서 6・25
전쟁에 파병해준 콜롬비아의 은혜를 잊을 수 없다고 강조했다.

우간다의 국제형사재판소 '리뷰 컨퍼런스' 개막 전의 일정

2010년 5월 말부터 개막되는 '리뷰 컨퍼런스' 참가 일정을 비서실에서 확정했다. 이들은 될 수 있는 대로 내가 많은 사람을 만나고 많은 행사에 참석하여 국제형사재판소를 소개하며 비판자나 언론에 적극적으로 접근하여 오해와 터무니없는 비난을 방어하도록 온갖 일정을 빼곡히 담는다. 얌전한 전번 소장과 달리 내가 개인 입장보다 무한대의 봉사를 약속하고 실행에 옮기는 것을 보고 직원들은 신이 나서 사실상 상당히 무리한 일정을 마련한다. 나는 그야말로 자나 깨나 열심히 그리고 적극적으로 각 핵심인물을 만나 그들의 마음을 열도록 만드는 데에 온 힘을 다하였다. 독일 출신 카울 부소장이 재판소를 지키고 디아라 부소장, 모초초코 법률고문, 데이비드 소장 보좌관, 뉴욕 연락사무소 책임자 카렌이 나를 수행한다.

5월 26일 밤 8시간 이상 걸려서 우간다에 도착했다. 풍토, 기후, 질병, 음식과 물, 기타 시설 등의 면에서 단단한 각오와 준비를 하였다. 비서실에서 주로 데이비드가 잔뜩 준비한 자료들을 검토하면서 일부러 '리뷰 컨퍼런스'가 개최되기 4일 전에 이 나라에 온 것이다. 특히 27일에는 각국 국회의원 중심의 대표적 비정부기구인 PGA(Parliamentarians for Global Action)에서, 28일에는 아프리카법률구조(African Legal Aid)에서 기조연설을 해야 하는 일정이 있어서 26일 늦게 이 나라의 관문 엔테베공항에 도착했다. 기조연설을 해야 하는 이 두 조직은 국제형사재판소의 대외활동에 중요한 기구이고 이제 막 그들의 신임을 얻어놓았기 때문에 계속 잘해내야만 한다.

그런데 이번에는 비행기도 연착하고 짐을 찾는 데도 시간이 걸렸지만 나에 대한 경호체계가 복잡하다. 국제형사재판소의 경호처 총책임자 라시(Lassi)가 와서 인사하고, 지난번 콩고민주공화국 방문 시 나의 밀착경호원으로 같이 고생한 페터 드용(Peter de Jong), 그리고 이곳의 현장사무소에서 나온 마르쿠스와 로버트 비젤(Robert Bisel)이 경호체계를 설명한다. 그리고 이 나라에서 붙여준 현지 경호원 리키(Rickie)도 소개받았는데 건장한 28세의 우간다 청년이다. 귀빈실에서 느낀 전반적 인상은 의전은 빵점이고, 경호는 다소 지나친 것 같다.

빠른 속도로 캄캄한 밤에 수도 캄팔라로 달리는데 보름달이 떴으나 길거리가 대체로 어둡다. 약 30분 걸린다고 했지만 어느 지점부터는 한밤중인데 양편의 차들이 서로 뒤엉켜서 꼼짝 안한다. 네팔에서의 경험처럼 경찰이 내려서 차들을 밀어내고 간신히 길을 트면서 중앙선을 이용하여 시내로 접근하느라고 무척 시간이 걸렸다. 한밤중에 이미 이 나라의 무질서한 교통체증을 경험하는 것이다.

수도 캄팔라는 로마처럼 7개의 산상에 건설된 도시라는데 과연 평평하지는 않다. 따라서 밋밋한 네덜란드보다는 훨씬 아름다운 것 같다. 호텔은 그런 대로 쓸 만하고 외국인 관광객인지 사업가들인지 상당히 북적거린다. 우리는 꼭대기 특실로 안내되었는데 별도의 거실이 붙어있어서 우리 팀이 회의할 정도는 되었다. 이곳의 회의일정이 자주 바뀌는 데다가 우리가 원하는 양자회담이 계속 미루어진다. 내가 27일 PGA 회의 연설, 28일 아프리카법률구조회의 연설, 29일과 30일에 굴루(Gulu) 및 루코디(Lukodi)에 피해자위문 출장을 하는 동안 아내가 어떻게 시간을 때우느냐가 중요하다.

원래 의전관과 경호원이 아내에게도 별도로 배치된 모양인데, 아무 설명이 없다가 다음 날 오후에야 어떤 젊은 여성이 갑자기 나타나더니 자기가 아내에게 배당된 경호원이라고 소개한다. 우선 그녀는 아내 마음대로 관광하는 것은 절대로 안 된다고 펄쩍 뛴다. 그 대신 오후 2시에 와서 자기들이 아내를 모시고 시내관광을 하겠다고 한다. 의전장 사라(Sarah)에 의하면 우리 내외의 관광프로그램은 정부가 별도로 준비한 것이 있으므로 담당자인 외교부 루시(Lucy)에게 연락하여 언제나 경호원과 함께 관광을 할 수 있다고 한다.

겉으로 보기에는 모든 것을 완벽하게 준비한 것 같다. 그러나 연락해보니 정작 루시는 관광에 대하여 아무 준비나 아이디어가 없고, 2시에 온다는 차는 2시 40분에야 도착하여 경호원이 아내를 안내해서 나갔는데 그녀는 전문적 안내원도 아니고 가는 곳마다 이런저런 핑계가 많아서 아내는 모두 포기한 채 5시 전에 이미 호텔에 돌아와 있었다. 아내 관광을 위하여 이 나라에 온 사람처럼 오해할까 싶어 잠자코 있었지만 참으로 엉성하다. 그러면서 아내와 반기문 총장 부인은 이 나라 영부인을 만나는 일정 등이 잡혀 있어서 함부로 어디 멀리 갈 수도 없다는 것이다.

나는 27일 각 나라의 많은 국회의원이 성황을 이룬 PGA에서 로마규정시스템의 효과와 비준촉진에 대하여 연설했다. 공통된 관심사는 국제형사재판소 검사의 재량권 범위와 행사였다. 특히 회부된 사태에서 사건을 선택하는 과정에서의 재량이 문제였다. 한 말라위 국회의원은 신병구속을 푼 채 루방가를 재판하라고 요구하기도 했다. 나의 연설과 질의응답을 선방한 후 데이비드 보좌관은 다비드 가틴(David Gattin) PGA 사무총장과 다음 행사계획을 논의했다.

호텔에 와서 점심을 하고 3시 반에 오도키(Benjamin Odoki) 대법원장을 예방했다. 집무실은 작고 초라한데 오래된 영국 식민지시대의 건물 속에 자리잡고 있다. 자기네 부원장(여성)과 고등법원 전쟁범죄재판부장(WCD) 및 사무직원을 불러놓았다. 우간다의 평화와 정의의 네 기둥은 국제형사재판소, 국내 법원, 전통적 분쟁해결방식 그리고 '진실화해위원회'라고 했다. 대법원장은 국제형사재판소의 좀더 적극적인 홍보와 국내 법원의 역량강화 그리고 우간다의 교도소 시스템의 개선이 필요하다고 주장했다. 그러나 대법원장은 출입기자를 불러놓고 내 앞에서 자기선전을 하는 의도가 완연하고 아무 준비가 없이 나의 질문에 대한 대답도 슬슬 회피하는 등 참 영양가 없는 모임을 가졌다. 그는 나와 사진 찍는 데에만 관심이 있었다. 자기와 국회의장과 은세레코 재판관은 탄자니아의 다르에스살람대학 법대 동기라고 한다.

아프리카 대륙에서는 법학은 어느 나라의 어느 대학, 경제학은 어느 나라의 어느 대학, 공학은 어디, 의학은 어디 등으로 전 대륙적으로 분담하여 중점육성했으나, 독립 후에야 각 나라마다 독자적으로 각 분야를 망라한 종합대학을 신설하게 되었다고 했다. 따라서 이들이 탄자니아의 수도에 설치되었던 법대의 동기라는 말은 그런 뜻이다.

정부가 가진 외빈용 차량 한 대를 내게 전속 배치하고 그에 따른 전속 경호차를 붙였음에도 불구하고 그 사이에 이를 또다시 쪼개서 다른 사람에게 잠시 배치하고자 약은 꾀를 쓴다. 또한 나를 밀착 수행하는 현지 경호원도 제대로 훈련을 받은 자인지 경호의 경험이 있는지조차 모르겠다. 이들은 우두커니 밖에서 기다리다가 내가 움직이면 내 가방을 받아들고 엘리베이터 문이나 열어주는 정도인데 식사 때만은 재빠르게 식당에 따라와서 문전에 서 있으니 내가 꼭 점심과 저녁식사를 사서 먹여야 했다. 세상에 이런 경호원이 어디 있는가. 그나마 내게 배치된 경호원 리키가 가장 빠릿빠릿하다.

아내에게 배치된 의전관 메리(Mary)와 여성경호원 몰리(Molly)도 마찬가지로 가관이다. 이들은 우선 지정된 시간과 장소에 잘 나타나지도 아니한다. 아내의 경호원은 그래서인지 밤사이에 또 다른 메리(Mary)로 바뀌었는데 그녀는 북한사람들에게서 무술을 배웠다고 한다.

저녁 7시에는 크리스티안 베나베저 당사국총회 의장이 무뇨뇨(Munyonyo) 회의장 호텔에서 협의차 자기네 외교관 샌드라(Sandra)와 함께 내게 호텔로 찾아왔다. 당면한 여러 가지 문제에 관한 정보 및 의견 교환과 확인을 했다. 필요하고도 유익한 면담이었다. 그는 10월에 국제형사재판소 우두머리가 모두 참가하는 연찬회를 헤이그 근처에서 갖자고 제의했다.

예정대로 데이비드 보좌관과 함께 아프리카법률구조(African Legal Aid)가 주최하는 회의에 참석했다. 이는 아프리카의 선각적인 법률가들이 결성하여 앞으로 국제형사재판소 절차에서 아프리카 피고인들을 변호하고자 하는 모임이므로 우리에게는 중요하다. 프로그램에는 무세베니 대통령이 개막한다고 인쇄되어 있으나, 대통령은커녕 법무장관도 나타나지 않았다. 한 시간을 기다려서 40여 명 정도 참석했다. 내 연설은 유럽의 과거 식민지지배 동안 아프리카인들이 얼마나 착취당했는지를 상기시키면서 나의 일제시대 및 6·25 전쟁의 경험과 연결시켜 일체감을 형성하고자 했다. 강도 높게 식민주의를 비난하는 내용이 담겨 있었는데 다행히 반응이 좋았다.

이날은 오전 회의 참석 외에는 일정이 없어서 데이비드와 함께 관광을 나서기로 했다. 의전관 사라와 경호원이 따라붙고 일행이 경찰의 호위하에 시내를 누볐다. 우선 호텔 내의 동일한 아프리카 음식에 질려서 부근의 시내 중국음식점에서 점심을 들었다. 사천식이라고 주장하나 순전히 엉터리이고 수준 이하이지만 오랜만에 맛보는 별미여서 맛있게 중국음식을 먹었다. 일행을 모두 내 개인비용으로 대접했다.

그리고는 예약한 캄팔라 시내의 우간다 국립박물관에 들렀다. 엉성하기 짝이 없지만 이는 역사문화박물관 겸 자연사박물관 등 모든 기능을 종합한 곳이다. 안내원의 설명을 듣고 나서 아내가 그에게 몰래 수고비를 쥐여주었다.

그리고는 바로 경호차가 전속력으로 엔테베동물원으로 갔다. 이 동물원은 유기된 각종 동물을 거두어 기르면서 생생한 교육현장으로 이용한다고 한다. 고릴라, 사자, 기린, 하마, 물소, 악어, 뱀, 각종 새, 원숭이, 산양, 얼룩말, 낙타, 물개, 타조 등을 거의 야생상태에서 볼 수 있어서 흥미로웠고 아주 요령 있는 설명도 좋아서 잘 왔다 싶었다. 경내가 넓어서 골프 카트를 타고 이동했는데 내가 운전하고 아내가 옆에 앉았으며 경호원이 뒤에 선 채 탑승했다. 관람 후 음료를 공짜로 대접해주는 구내식당은 바로 아름다운 빅토리아 호숫가에 자리 잡고 있는데 푸르디푸른 호수가 그 앞 호반의 녹색 잔디 피크닉 장소와 함께 어울려 기가 막히게 아름다웠다.

무료로 입장했고, 좋은 구경을 했기에 수고비를 주고자 아내가 예의상 의전관에게 상의하니 엉뚱하게도 100달러를 주라는 것이 아닌가. 우간다 돈이 있다고 하니 그러면 10만 우간다 실링(약 40달러 정도)을 주라고 한다. 부패현상인지 뻔뻔한 몰염치인지 모르겠다. 대개 나 같은 직위의 사람은 공금을 마음대로 쓴다고 생각한다고 한다. 아내는 3만 실링 운운하는 것을 내가 5만 실링을 주라는 등 한국어로 상의 중이었는데 거침없이 그처럼 거액을 달라고 제의하는 것은 의외였다. 아내가 섭섭지 않게 주었는데 결국 공식 입장료를 안 받는 대신 그보다 훨씬 많은 액수를 개인적으로 받아 분배 착복하는 셈이 되었다.

해가 지기 전에 호텔에 돌아왔다. 따라다니는 경호원도 무용지물이고 귀찮은 데다가 신경이 쓰여서 저녁은 호텔에서 먹겠다고 하여 일단 경호원을 보내고는 피곤해서 그냥 씻지도 않은 채 자고 말았다.

굴루와 루코디 현장방문:
전쟁 피해자들에게 희망의 메시지를 전하다

반군에게 짓밟힌 굴루

29일에는 호텔에서 일찍 체크아웃을 했다. 일행 모두가 일단 엔테베공항으로 가서 나와 데이비드 및 경호원은 현지 시찰차 굴루로 비행하고, 아내는 그녀의 의전관 및 경호원과 함께 공항 근처 회의장인 무뇨뇨리조트호텔로 옮겼다. 우간다가 자랑하는 국제회의시설이란다. 원래 유엔의 비행기를 전세 내타려고 하다가 더 염가인 이 나라 국내선 비행기를 이용했다. 약 20석 정도의 경비행기 비치크래프트(Beechcraft)를 타고 캄팔라주재 BBC 기자 등과 함께 한 시간을 비행하여 굴루에 도착했다. 기온이 항상 19도 내지 28도 정도여서 아주 상쾌하고 윤택하고도 풍부한 푸르름과 함께 경치가 좋은 나라이다.

굴루를 중심으로 한 북부 우간다 지역은 조지프 코니(Joseph Kony) 등 반군 LRA(Lord's Resistance Army)가 현 정권과 20년간 전쟁을 하면서 수많은 사람을 죽이고 강간과 약탈을 해서 후유증이 큰 지역이다. 지역은 넓고 대학도 있다고 하니 아마 큰 도시로서 옛날에는 번성했던 것 같은데, 오랜 내전 끝에 아주 피폐해진 인상이다. 콩고민주공화국의 부니아보다 더 나을 것도 없다. 이곳도 꼭 새마을운동을 통하여 사람들이 좀더 의식을 개혁하고 주변을 깨끗이 정리하는 동시에 매사에 정확하고 철저하게 일하면 밝은 장래가 보장될 것 같은데 안타깝다.

내전 중 현 집권자 무세베니 대통령이 승리하여 정부를 장악했으나 반군지도자 코니 등을 체포하지 않는 한 늘 불안요소가 있다. 코니는 어린 아기도 울음을 그칠 정도로 무서운 존재로서 국제형사재판소가 구속영장을 발부하고 추적 중인데 오리무중이다. 그와의 전쟁에서 승리하여 집권한 무세베니는 처음에는 장기집권의 배제 및 경제부흥 등 슬로건을 걸고 만인의 기대 속에 집권했지만 이제 25년이나 권좌에 앉아 부패의 극에 달한 상태이다.

우리가 전세기로 도착하니 이 지역의 대통령 임명직 책임자 월터 오초라 (Walter Ochora) 대령이 마중 나와 있다. 이미 카탈라 행정처장 시절부터 헤이그를 4차례나 방문했단다. 그는 국제형사재판소의 구속영장 발부가 이 지역의 평화를 유지하고 있다고 운을 뗀다. 지난 23년간의 내전기간 중 완전히 버려진 지역으로 치부했던 이곳 사람들이 국제형사재판소 덕분에 새로운 희망을 품게 되었는데, 이를 널리 알리는 일이 급선무라고 한다.

지난번 국제형사재판소가 헤이그에 데려다가 3개월간 훈련시킨 이 지역 변호사가 라디오 프로그램에 출연하여 우리 재판소 알리기에 힘쓰고 있다고 한다. 지금 이 지역 법원은 또 다른 반군인 우간다인민방어군(Uganda People's Defence Force: UPDF)을 붙잡아 재판하여 사형선고를 내리기도 한다고 한다. 그를 사무실에서 잠시 만난 다음 그 지역 선출직 책임자를 예방했다. 미국 출장을 간 책임자 대신 부책임자 키타라 막모트(Kithara Makmot)가 영접한다. 그도 역시 우리 재판소가 발부한 구속영장 때문에 LRA 반군이 북 우간다의 숲속으로 도망가서 이 지역의 평화가 유지된다고 한다. 그러면서 이 지역의 피해자들이 보상을 받아야 하고 대량학살된 분들을 위한 진혼비라도 세워달라고 주장했다. 내가 만난 정부의 현지 책임자 중 전쟁피해자들에 대한 일말의 관심을 보인 유일한 사람이었다.

곧바로 굴루의 전쟁피해자 2백여 명이 모인 마을회관으로 갔다. 지역주민들은 이구동성으로 소장의 방문을 환영하고 좀더 많은 관심과 지원이 필요함을 강조했다. 또한 LRA 외에 또 다른 반군인 UPDF에 대한 수사를 강하게 요구했다.

많은 주민이 모인 자리에서 그곳에 있는 성심여자고등학교(Sacred Heart Girls High School)의 학생 약 30명이 들어와 나를 환영하는 합창을 했다. 얼마나 강제로 연습을 했을까. 1950년대 자유당 시절 걸핏하면 강제로 동원되던 중학생 생활이 상기되어 속으로 쓴웃음을 지었다. 그들은 여러 곡을 성의껏 불렀다. 마지막 곡(We Shall Overcome)이 끝난 다음에 내가 높은 단상에서 뛰어 내려가 그 여학생들을 하나씩 악수하고 등을 두드려 주면서 "여러분은 이 위대한 나라의 장래이니 절대로 희망을 포기하지 말라(You are the future of this great country! Do not give up hope)" 하고 수없이 말했다.

나의 간단한 인사말에 이어 피해주민들의 질의응답이 예정시간을 지나도록 계속되었다. 질문은 대단히 어렵고 닳아빠진 것들이 많았다. 이 나라에서는 국제형사재판소를 모르는 사람이 없기 때문이다. 주민들은 언제 코니 일당을 체포하여 발 뻗고 잘 수 있는지 인내심도 거의 소진되었고 현 정부에 협조적이었다가 어느 날 갑자기 반군이 쳐들어와서 모두 학살하면 어찌하나 하는 불안과 좌절감이 팽배하다. 불안에 떠는 주민들과 배가 잔뜩 나온 행정책임자와 눈이 맑은 여학생들의 모습이 오버랩되면서 주민과의 간담 및 위로회를 마쳤다.

오찬을 하고는 바로 지역병원을 방문했다. 이곳은 정부가 운영하지만 우리 피해자신탁기금의 지원도 받는 곳인데 피해자들이 모두 손발을 강제로 잘리거나 지뢰에 의해 상실한 자들이다. 귀나 코나 입술이 잘린 많은 사람들은 한결같이 반군만 그런 잔인한 짓을 한 것이 아니고 정부군도 똑같이 나쁜 짓을 했는데 왜 한쪽 편만 드는지를 자주 질문했다. 사지를 강제절단 당했거나 코, 귀, 입술 등을 강제로 잘린 20여 명의 피해자를 만나 위문하고 그들의 의견도 청취했으며 의수족을 장착하고는 내가 부축하고 걸음을 걸어보는 연습도 수없이 했다. 약 두 시간의 현장 의료봉사에 나는 엄청나게 땀을 흘렸다.

그리고는 굴루 시내에서 가장 좋다는 호텔아촐리인(Acholi Inn)에 투숙했다. 너무 원시적 시설인데 호텔방의 문짝이나 화장실 전등, 거울 하나 제대로 붙어있는 것이 없고, 바닥은 모두 타일이라 미끄러운데 모두 조금씩 쪽이 떨어져 있다. 이것이 이 나라 일류호텔의 현주소이다. 호텔의 정원 내 큰 고목나무 밑에다가 피해자신탁기금의 새로 이사가 된 케냐의 베티 무룽기(Betty Murungi)가 주최하여 차린 야외식당에서 뷔페 오찬을 들었다. 무룽기 여사는 아프리카에서 잘 알려진 인권투사이다. 그녀와 나는 독일 뉘른베르크에 있는 '뉘른베르크 원칙'을 전파하는 연구단체(The International Nuremberg Principles Academy)의 자문위원으로 같이 봉사하고 있다. 우리 홍보부 직원들이 나의 거동을 녹화하느라고 자리를 지키고 있다.

다음으로 바로 이곳에서 생명의 위험을 무릅쓰고 국제형사재판소를 돕는 현지 홍보요원들 15명을 모아서 그들의 의견을 유심히 듣고 한껏 격려했다. 대개 이 나라 변호사이거나 기자이거나 교사이므로 모두 지식인이고 지역의 여론을 선도하는 중요한 사람들이다. 그들과 호텔 정원에서 야외모임을 갖는 중에 비가 와서 그 옆에 있는 둥그런 초가지붕의 흙벽돌집으로 옮겨서 토론을 계속했다. 역시 예정시간을 초과해서 깜깜해질 때까지 의견교환을 했다. 그들은 진정한 평화를 위해서는 정의가 먼저임을 유독 강조하면서 쌓이고 쌓인 한과 불평과 소망을 폭포수처럼 내뱉는다. 인내심을 가지고 들어주는 것이 절대적으로 필요하였다.

저녁을 먹고 있는데 두 군데의 현지 TV(NTV와 WBC)와 BBC 방송국이 기자회견을 요청하면서 기다리고 있단다. 식당에서 보는 TV의 9시 뉴스에는 나의 방문이 톱뉴스인데, 화면이 아주 흐린 데다가 시작하자마자 비가 와서인지 방영이 순조롭지 못하다가 중단되고 만다. 식당이 너무 시끄러워서 저녁을 먹는 둥 마는 둥 하고 데이비드 보좌관의 방으로 옮겨서 세 회견을 마치고 나니 밤 10시였다.

너무 과중한 일정으로 피곤한데 오늘은 국제형사재판소 소장을 처음 만나는 '영광'을 간직하기 위하여 같이 사진을 찍자는 요청이 쇄도하고 사인요청도 엄청나게 많이 있었다. 그들은 이전에 오직 북한과 교류하다가 남한사람을 처음 보는 것이고 내가 얼굴이 희다 보니 심지어 '남한인들은 아시아의 백인인가 보다'라는 소문이 돈다고 한다.

피해자 마을 루코디 방문

30일 아침에는 어제 저녁에 온 비가 말끔히 개서 상쾌하다. 호텔 식당에 가보니 아침으로는 파파야, 파인애플, 바나나가 있고 빵 외에 콩 수프와 달걀흰자 그리고 소시지가 전부이다. 커피와 함께 어름어름 배를 채우고는 일찍 우리 차를 타고 경호차량의 호위를 받으면서 전쟁피해가 가장 커서 우리가 일찍부터 도움을 준 루코디(Lukodi) 마을 안 구석으로 들어갔다. 비포장도로이므로 30분 걸린다고 했는데, 근 한 시간이 걸려서 간신히 마을 어귀에 당도했다. 차가 못가고 서행하기에 보니 마을 부녀자들이 울긋불긋 차려입고 소리를 지르면서 춤을 추는데 환영의 의사표시라고 한다.

동네 어귀 당산나무 밑에 널찍한 야외장소를 잡아 동네사람들 300여 명을 소집해놓았다. 아이들과 부녀자가 유난히 많다. 그들은 대부분 국제형사재판소 덕택에 평화가 회복되었으나 LRA 반군이 쳐들어와서 모두 죽일까 봐 공포에 질려 있었다. 아울러 가해자들이 죽기 전에 처벌해야 하고 현재 체포된 혐의자들이 무죄로 석방되지 않도록 해달라고 간청했다. 또한 2002년 7월 1일 이전의 범죄도 처벌해 달라는 것과 UPDF 반군도 처벌하라는 요구도 했다. 피해자들을 구조해야 하므로 소장 방문기념으로 어린이들을 위한 직업훈련학교를 세워줄 것을 요청했다.

우선 남편을 잃은 약 40명의 여성들이 돌아가면서 가무를 한다. 그리고는 반군이 쳐들어와서 어떻게 주민을 죽이고 강간하고 방화하고 납치했는지, 지뢰가 어떻게 폭발했는지, 그리고 어떻게 평화가 회복되었고 정부가 무엇을 했는지를 보여주는 연극을 마당에서 무언극으로 실감 있게 보여주었다. 나는 준비된 연설을 낭독하기 전에 당신들이 당한 고통에 가슴이 아픈데 이것은 바로 내가 일제강점기와 6·25전쟁 등에서 겪은 아픔과 같은 것이라고 연대감을 강조했다. 동네의 늙수그레한 지도자, 정부관계자 그리고 성공회의 신부가 좌정한 자리에서 수백 명의 주민들을 정성껏 위로하였다.

이곳에서도 주민들이 불안과 공포와 좌절감을 표시한다. 내가 해줄 말은 별로 없었지만 이 나라 정부가 하루빨리 악독한 반군지도자 코니를 잡아서 헤이그로 인도하는 길을 같이 찾자고 호소했다. 약삭빠른 무세베니 정부가 일부러 안 잡는 것인지 때로는 인접국가 간의 협조를 강조했다가 때로는 미군의 도움이 필요하다고 하는 등 종잡기 어려운 태도를 취하고 있다.

동네 피해자들과의 충분한 의견교환이 시간을 넘겨 끝나자 나이에 관계없이 아녀자들 수십 명이 통일된 의상에 각종 무기와 장신구들을 가지고 나와서 괴성을 지르면서 춤을 추기 시작한다. 여성들은 모두 녹색 블라우스에 얼룩 스커트를 입고 그 위에 흰색 앞치마를 둘렀다. 맨발도 많이 있지만 가죽슬리퍼를 신은 채 방울띠를 발목에 두른 사람도 있다. 그리고 창과 방패 또는 도끼를 들고 빙빙 돌면서 춤을 추기 시작한다. 원래는 장례식을 위한 가무인데 하도 장례를 많이 치르다 보니 이제는 축하의 가무가 되었단다.

우간다에서 전쟁피해가 가장 컸던 루코디 마을에서 주민들과의 대화 (2010. 5).
데이비드 콜러 보좌관, 성공회 신부가 함께했다.

마을 주민들의 무언극 공연.
반군의 전쟁범죄와 주민들의
피해를 극적으로 표현했다.

참 역설적이고 슬프다. 고생의 연륜이 누적되어 있고 영양불량으로 보이지만 계속 열심히 추어대는 춤이 정말 기쁨과 행복과 바람의 표시인지, 관청의 압력으로 억지로 마지못해 추는 것인지 알 길이 없다. 가슴이 먹먹하다. 국제형사재판소 관계자가 이미 수차 방문한 곳을 왜 내가 또 방문해야 하느냐고 물으니 "주교들이 와서 백 번 말하는 것보다 교황이 한 번 와서 말하는 것을 듣고 싶어 한다"는 대답이 돌아왔다.

호텔아촐리인에서 주문한 점심을 먹는 둥 마는 둥 하고 일어났다. 그러면서 신용카드도 안 받고 현금만 고집하는데 그나마 2,300 : 1인 환율을 1,800 : 1로 계산했다. 그래도 콩고민주공화국보다 일반적으로 조금 낫다고 위안하여야 할까. 아무튼 루코디에서 전쟁피해 주민들의 상처를 어루만져주고 성공적으로 선무활동을 마친 다음 캄팔라로 돌아왔다.

공항에는 아내와 사라(Sarah) 의전장 그리고 경호원들이 모두 나왔기에 공항에서 같이 무뇨뇨리조트로 직행했다. 크리스티안 베나베저가 국제형사재판소장인 줄 알고 나를 위해 예약된 귀빈실(Presidential suite)을 그에게 이미 배정했다고 아내가 전했다. 우리에게 준 방도 나쁘지는 아니하나 우리 경호원들의 경호계획에 혼선을 주고 국제형사재판소의 체면 문제가 있어서 항의할까 하다가 우간다 공무원들의 한심한 행태를 익히 경험한지라 단념했다. 아내의 의전관으로는 법무부 직원(Mary)이 배치되었다.

의전관 메리는 이 나라 최고 대학인 마케레레대학(Makerere University) 법대를 수석으로 졸업한 엘리트인데도, 기독교에 푹 빠져 자기가 별도로 설교도 하고 다닌다고 한다. 아내에게 자기가 쓴 책을 두 권 증정하는 등 마음을 사로잡는 바람에 아내는 그녀에게 기부를 했단다. 임무수행은 빵점인데도 복이 있는 사람은 따로 있다. 나중에는 아내를 엄마라고 부르며 따라붙는다.

90개국에서 2천 명 이상 참석하는 큰 국제회의이므로 리조트의 경호와 규모가 대단하지만 참석자가 모두 이곳에 예약투숙이 가능한 것은 아니다. 리조트에 도착하자마자 우선 문간에서 로세트 카퉁게(Rosette Katungye) 우간다대사를 만나 인사했다. 그녀는 내가 재판관 선거에 출마하여 뉴욕에서 선거 운동할 때 한명재 참사관과 친하여 나를 밀어준 여성이므로 구면이다. 곧 일본대표단도 마주쳤는데 수석대표가 스위스 주재 고마츠 대사라고 한다.

저녁 6시경 김재우 서기관의 전화를 받아보니 한국대표단은 이제 도착하여 시내 호텔에 투숙했다고 연락이 왔다. 무질서한 교통지옥 때문에 그들이 매일 회의장까지 이동하는 데 지장이 많이 생길 것 같다. 사실상 나와 반기문 총장이 주도하는 회의라고 할 수 있으니 민첩하게 대응하여 회의장에 투숙했으면 힘 안 들고 한국 위상을 제고할 수 있었을 텐데 안타깝다.

내가 귀환하기 전 오늘 오후 반기문 총장과 무세베니 대통령이 전야제로서 전쟁피해자를 돕기 위한 축구시합을 했다는 뉴스가 TV에 나온다. 나는 굴루에 가서 현황파악 및 피해자 위문차 다녀오느라고 축구시합에는 참석하지 못했다.

호텔 식당에서 우리 대표단끼리 저녁을 먹고 있는데 많은 각국 대표들이 난데없이 영화시사회에 초청되어 이를 구경하러 특설 만찬장으로 8시 반경 들어가는 것이 보였다. 이 만찬은 원래 오캄포 검사가 자신을 선전할 목적으로 배우까지 초청하여 아프리카의 전쟁의 참상을 그린 영화(Reckoning 등)를 상영하면서 국제형사재판소 활동의 중심이 자기임을 크게 부각시키고자 계획한 행사이다. 그러나 준비작업이 진전되지 아니하여 고민하던 차에 새로 취임하여 전후 사정을 모르는 피해자신탁기금의 의장인 핀란드의 엘리자베스 렌이 이를 덥석 물었고, 그녀도 역시 추진에 힘이 들자 당사국총회 의장인 베나베저의 도움을 얻어 간신히 성사시킨 영화관람 만찬이다. 비용은 독일에 본부가 있는 정체불명의 기관(Cinema for Peace Foundation)이 부담한다고 하여 나는 법관의 윤리상 불참하였다. 자기선전에 혈안이 되어 있는 오캄포 검사의 인품에 비추어 소장실 전 직원이 나에게 불참을 건의했고, 일부 재판관들도 검사에 대한 반감과 불신 때문에 참석거부를 종용하길래 나는 불참한 채 수행원들에게 저녁을 사주면서 따로 행동한 것이다.

잘 꾸며놓은 정원에 앉아 쉬는 동안 많은 사람들이 인사하는 바람에 방으로 철수하지 않을 수 없었다. 그러나 각국에서 다양한 단체의 대표들과 심지어 젊은 학생들도 자비로 이 역사적 현장을 보러 불원천리하고 온 것에 감동을 받았다. 우리의 지도자나 학생들이 세계적 관심사를 현장에서 보고 체험하기 위하여 스스로 여장을 꾸려 자비로 자진 참가하는 날은 언제일까. 후일담으로는 검사가 배우 니컬러스 케이지(Nicolas Cage)와 앤젤리나 졸리(Angelina Jolie)를 초청했는데 불참하여 검사의 의도는 퇴색해 버렸고, 영화만찬은 자기선전 목적을 별로 달성하지 못했다고 한다.

'리뷰 컨퍼런스'의 개막과 의전상의 실수

드디어 대망의 '리뷰 컨퍼런스' 개막일인 2010년 5월 31일이다. 우선 7시 반에 반기문 총장 내외와 같은 리조트 내 그의 방에서 조찬모임을 했다. 같은 층에 그의 방은 저쪽 끝이고 나의 방은 반대쪽 끝이었다. 김원수 대사 및 이상환 국장이 배석한 채 우리끼리 사진도 찍고 한국어로 자유롭게 몇 가지 이야기를 했다. 반 총장의 국제형사재판소에 대한 확고한 지지와 국제형사정의에 대한 신념은 높이 살 만하다.

우리 내외가 리조트에서 회의장으로 이동하는데 아내에 대한 의전상 큰 실수가 일어났다. 아내는 법무부에서 나온 새 의전관과 경호원의 안내로 먼저 출발하여 반기문 총장 부인과 함께 무세베니 영부인을 만나고 같이 회의장에 입장하기로 예정되어 있었다. 잠시 후에 내가 따로 회의장으로 입장하고자 카트를 타고 가다가 보니 아내가 도중에 길가에 혼자 서 있는 것이 아닌가. 의전상 잘못되었음을 직감하였으나 별 방법이 없었다. 나는 그런 대로 안내받아 입장하고 보니 내가 가장 먼저 입장했고 다른 단상 참석자들은 보이지도 않는다.

점차 요인들이 입장하는데 무세베니 대통령에게 알은 체를 하니 곧 만나자고 하는데 건성 같다. 유일한 국가원수 참석자인 자카야 키퀘테(Jakaya Kikwete) 탄자니아 대통령도 작년 5월에 만난 이래 구면이다. 그 외에 반기문, 코피 아난, 베나베저, 오캄포와 내가 단상에 자리를 잡았다. 베나베저 당사국총회 의장의 개식사 다음에 반기문 총장, 그리고 내가 연설하였다. 나는 앞의 반기문과

2010년 5월 31일에 우간다에서 리뷰 컨퍼런스를 개막하는 귀빈들. 나, 반기문 유엔사무총장, 베나베저.

베나베저가 하듯이 높은 단상의 내 자리에서 앉은 채로 연설했다. 그런데 내 뒤로 연설한 검사, 코피 아난, 무세베니 대통령 그리고 탄자니아의 키퀘테 대통령은 모두 연단으로 나가서 서서 연설했다. 대부분 말이나마 국제형사재 판소에 도움이 되는 영양가가 많은 연설이었다. 그런 대로 이분들의 연설은 아주 근사하게 나의 연설과 조화가 맞았다.

그런데 무세베니 대통령과 우리 검사가 갑자기 재판절차 없이도 피해자에게 보상이 즉각 주어져야 된다고 발언하면서 국제형사재판소의 활동은 국제 원조기관의 활동과 결합되어 운영되어야 한다고 주장했다. 모두들 그 실언에 경악했다. 아마 자기 자신을 언론에서 돋보이게 하고 싶어서 이런 월권적이고 무책임한 말을 일부러 했을 것 같다. 그러한 그들의 목적은 달성된 듯 현지 언론은 이 말만 대서특필하였다. 더군다나 무세베니 주최국 원수의 연설은 가장 실망스러운 저질 쇼와 같았다. 생각이 대개 비슷한지 청중들은 오캄포 검사와 무세베니 대통령의 연설에 크게 실망을 표시했다.

모두가 연설을 마치자 12시 20분쯤 잠시 오전 회의를 정회하였다. 그때까지 나는 단상에 앉아서 아내를 찾으니 안 보이고 반기문 총장 부인과 대통령 영부인만 앞줄에 나란히 앉아있는 것이 아닌가. 나중에야 거의 맨 뒷줄의 룩

우간다 캄팔라에서 개최된 국제형사재판소 리뷰 컨퍼런스에서. 나, 코피 아난, 반기문 (2010. 6).

셈부르크대사 옆에 앉아있는 아내를 발견하고 참 당황했다. 나중에 들으니 영부인과의 면담 등은 잘되었으나 아내는 의전관의 잘못으로 입장조차 거부당하였다가 늦게 들어오니 자리가 없어서 그렇게 되었다는 것이다. 우간다 의전팀의 책임인지 당사국총회의 실수인지 모르겠다. 이미 상처는 다 입은 것이고 사후에 항의해보았자 별 도리가 없다. 아내는 기분이 매우 상했지만 국제회의의 분위기 및 현장성 있는 '다이내믹'을 경험한 것 같다.

이날의 하이라이트는 오전 총회 직후 모든 대표들이 지켜보는 가운데 국제형사재판소와 벨기에, 덴마크, 핀란드 간에 형사판결의 집행에 관한 3건의 합의서에 서명하는 행사를 가진 것이었다. 이제까지 오직 오스트리아와 영국 두 회원국과 그러한 협정을 체결했을 뿐인데, 이 같은 공개서명식을 통하여 좀더 많은 나라가 참여하기를 희망하는 것이다. 국제형사재판소 로고가 들어간 볼펜으로 서명하게 하고는 그들에게 펜을 증정하였다.

오전 회의를 이렇게 마치고 나와 반기문 총장과 베나베저 의장 등 3인이 1시에 따로 기자회견을 하는 순서가 있었다. 그런데 이날 새벽에 이스라엘이 팔레스타인을 공격하는 불상사가 발생하여 관심이 다분히 그리로 쏠리자 유엔팀이 기자회견에서 이를 질문하는 경우에 대비하여 준비하느라고 시간이 걸렸다. 그러나 기자회견은 잘 마무리되었다. 나와 베나베저 의장은 모두 아프리카가 국제형사재판소에 관하여 갖는 관심을 잘 인식하면서 성의껏 응답했다. 반 총장이 중동에서 터진 분쟁에 대해 시의적절하게 대응해서 나도 기분이 좋았다. 그리고 베나베저 총회의장이 주최하는 오찬장(Commonwealth Banquet Hall)으로 이동했다. 오찬장에서는 아내의 자리배치 등이 오전의 총회 개막 시와는 달리 의전상 제대로 된 것 같다.

아침부터 단상에 앉아있던 나는 디아라 부소장과 교대하고 싶었는데 그녀를 찾을 수 없어서 거의 오후 5시까지 회의장에 꼬박 앉아 있다가 아내와 함께 퇴장하여 바로 객실로 왔다. 아내의 경호원과 의전관은 필요한 때에는 그나마 보이지도 않고 우리 부부는 내 경호원 리키의 안내를 받아 호텔방으로 돌아오다가 데이비드를 만났다. 같이 내 방에 들어온 김에 아침에 당한 의전상 실수를 그에게 자세히 설명했다. 나중에 그가 충분히 이를 사라에게 전달해 담당 의전관들을 소집하여 단단히 꾸지람을 했다고 한다. 그러나 무슨 소용이 있겠는가.

오늘 저녁에는 무세베니 대통령이 대통령관저(State House)에서 만찬을 주최한다는데, 당일 오후까지도 초청장이 전달되지 않는 것을 보니 다시 의전상 문제가 발생하지 않을지 모르겠다. 한참 후 우리 내외는 거창한 경호차량 행렬과 함께 엔테베에 있는 대통령관저로 이동했다. 그리 높지 않은 거대한 흰색 건물인데 2007년 영연방 54개국 정상회담 시 완공했다고 한다. 가난한 나라의 국력에 비추어 다소 크고 호사스러운 인상이다.

역시 의전팀이 또 실수해서 우리 부부가 탄 차는 건물을 세 바퀴나 돌다가 엉뚱한 옆문에 내려주었다. 그러다 보니 정문에서 기다리던 외무담당 국무장관이 나를 안내하여 만찬장에 들어섰을 때에는 이미 다른 사람들이 다 들어와서 칵테일을 하고 있었다.

탄자니아 키퀘테 대통령과의 회담

6월 1일은 전체토론을 하는 날이다. 아침 회의장에 들어가기에 앞서 키퀘테 대통령이 만나자고 하여 9시에 데이비드와 모초초코를 대동하고 면담했다. 역시 곧 문을 닫는 르완다학살재판소의 아루샤 시설을 우리가 사용하라는 요청을 한다. 그리고 자기 나라의 국제형사재판소 지지를 강조한다. 그런데 이 사람은 정치적 계산으로 검사와 더 가까워서 둘 사이에 무슨 말을 했는지 알기가 어려워서 조심스러웠다. 내가 확답을 안 하고 웃자, 눈치는 빨라서 아프리카연합과 국제형사재판소 간의 관계개선에 자기가 적극적으로 노력하겠다고 자진 다짐했다. 그는 계속 아루샤 시설 사용을 요청하면서 현재 아프리카 정상회담에서 국제형사재판소와 협조하지 말기로 결의를 했으므로 지금은 시기적으로 연락사무소 문제를 제기하는 것이 적절치 못하다고 했다. 내년 1월 아프리카 정상회의에 나를 초청하도록 노력하겠다고 했다.

총회장에 들어가니 베나베저 의장이 사회를 보는데 각국 대표마다 준비한 연설문을 들고 나와서 읽고 들어간다. 한국 대표도 마찬가지이다. 오후 총회를 포함하여 하루 종일 단상에 앉아있는 경우에도 사이사이에 양자회담이 주선되는 대로 부지런히 각국 대표들을 만났다. 주로 아프리카 대표단이다. 그리고 저녁 5시에 유엔수석법률고문 패트리시아 오브라이언을 그녀의 차석인 마커스 팔렉(Markus Pallek)과 함께 만났다. 우리는 심금을 털어놓고 얘기했으며 모든 장단기적 현안과 나와 반기문 총장 간의 의사소통문제 및 유엔과 국제형사재판소의 협조문제에 이견이 없음을 재차 확인했다.

내가 그녀에게 탄자니아 대통령이 아루샤 시설을 우리가 사용하도록 요청했음을 알리자 그녀는 그 시설에 대한 소유권이 누구에게 있는지 알아본다고 했다. 반 총장이 세이셸(Seychelles), 투발루(Tuvalu), 말레이시아, 카메룬, 필리핀의 수반을 만날 때 로마규정의 비준문제를 제기하여 달라고 내가 요청했고 그녀는 이를 흔쾌히 수락했다. 그리고 그녀가 전날 오캄포 검사가 주재한 자기선전용 영화관람 만찬을 잘못되었다고 지적하자, 내가 왜 그 만찬에 불참하였는지를 설명해주었다.

이 면담에서 나는 검사가 수단의 알-바시르 대통령 취임식에 가지 못하도록 여기서 아프리카 정상들에게 전화건 사실을 알았다. 그는 담당 재판부가 알-바시르 구속영장에 집단학살 혐의를 추가할지 여부가 그의 취임식 전후로 결정될 예정인데, 그렇게 되면 취임식 참석자는 정치적으로 곤경에 처할 것이므로 안 가는 것이 현명하다고 말했다는 것이다. 담당 재판관들조차 언제 이러한 결정을 내릴지 모르는 상황에서 검사가 멋대로 그런 결정이 곧 내려진다고 미리 거짓말한 것이 드러났다. 이것은 내가 표명한 국제형사재판소의 입장과도 배치되는 말이다. 검사의 이 같은 거짓말 때문에 앞으로 유엔과 나 사이에서는 검사를 배제하고 직접 접촉함이 불가피하게 되었으니 참 안타깝다. 따라서 소장실의 히라드 및 데이비드와 마커스 팔렉 간에 실무라인을 구축하여 나와 유엔 사무총장 간의 대화채널을 별도로 유지하자고 합의하였다. 그녀도 검사의 전화를 받은 많은 아프리카 국가대표로부터 어떻게 하면 좋으냐는 전화문의를 많이 받았다고 한다.

이날 저녁에는 행정처가 준비한 사진전이 캄팔라 현장사무소에서 개막되었다. 방문해보니 이곳의 현장사무소가 부니아나 킨샤사의 사무소보다 크고 좋은 것 같다. 원래 정부 소유의 건물에 세 들었던 캄팔라 사무소는 우리 재판소가 아무것도 모른 채 정부로부터 건물을 임차한 자로부터 전차(轉借)한 것이었고, 임차인이 중간에서 우리가 지불한 월세를 떼먹는 바람에 우간다 정부로부터 민사소송을 당하여 3년 반을 끌어간 일이 있었다. 우간다 정부의 각료나 대사에게 해결을 부탁하면 모두들 한순간에 해결해준다고 장담했지만 다 실패로 끝나서 결국 내가 무세베니 대통령에게 전화하고 직접 편지를 써서 어렵게 해결된 사연이 있다. 나는 우간다 대통령에게 소를 취하하지 아니하면 '리뷰 컨퍼런스'를 우간다에서 개최할 생각을 말라고 강하게 협박하여 겨우 소 취하로 종결한 일이 있다.

새로 이사한 현장사무소로 안내를 받아 위아래 층과 별채를 간단히 구경했다. 사진전은 작은 규모이지만 '로마로 가는 길'(The Road to Rome)과 '헤이그로 가는 길'(The Road to The Hague)로 나누어 시청각 장치와 사진들을 많이 전시했다. 이곳에서 내가 개막연설을 하고 그 후에 베나베저와 전 당사국총회 의장 자이드 왕자(Prince Zeid Ra'ad Al-Hussein)가 각각 연설했다. 우리 일행은 전시장에서 일찍 빠져나와 한국식당 '아리랑'으로 이동했다. 서투른 우리말을 하는 젊은 중국 여인이 주문받고 경영하는 얼치기 한국식당이었다. 디아라 부소장부터 호위경찰관까지 18명이 따라와서 그들 모두에게 내 개인 비용으로 엉터리 한식을 대접했다. 나중에 들으니 국제형사재판소장이 친히 자기의 경호원과 경찰관에게 저녁을 사주고 같이 먹었다는 것이 현지 경호팀으로서는 일생의 자랑이라고 한다.

줄을 잇는 양자회담과 침략범죄에 관한 전원일치의 기적

6월 2일에는 소장이 참석할 공식일정이 없었다. 회원국들끼리 모여서 열심히 침략범죄 정의 및 재판권 행사요건 등을 명시하는 로마규정 개정안을 다루는 곳에는 재판소장이 참석할 입장이 아니기 때문이다. 나는 나대로 15개의 양자회담을 부지런히 소화하면서 하루가 갔다.

그중에서 특기할 사항은 나와 예산회계위원회(CBF) 의장인 산티아고 윈스(Santiago Wins)와의 회담이다. 우선 그는 내가 선포한 국제형사재판소 지배구조보고서(Governance report)의 적절성을 높이 평가하였다. 그리고 행정처장 아르비아가 현지사무소 관리책임자를 재평가하려는 시도를 반대하면서 유엔임시재판소 등 다른 법원의 예를 검토해보겠다고 한다. 윈스도 말썽만 일으키는 아르비아의 문제를 잘 알고 있다. 그는 그의 연설에서 임시보충재판관(*ad litem judge*)을 임명하는 문제를 제기했으면서도 이 문제는 필요하면 소장이 제안하는 것이 더 적절하므로 자기는 언급하지 않겠다고 한다. 이런 제안을 하는 것은 예산회계위원회의 수임사항이 아니라고 반대의견을 표하였더니 사안의 민감성에 비추어 소장이 알아서 하라고 한발 물러선 것이다.

그런데 7년을 끌어온 침략범죄의 정의와 소추절차 그리고 안보리의 관여 등 많은 쟁점에 관하여 미국 등 비회원국인 강대국을 포함하여 모든 국가가 열심히 협상한 결과 전원일치로 합의에 도달한 기적이 일어났다. 강대국들은 침략범죄의 정의(定義) 등에 예민하므로 미국은 이번 회의에 40명의 대표단을 보냈고 중국도 비슷하게 많은 대표단이 참가했다. 이것은 국제회의의 교섭역사상 대단한 성과이고 이제는 각국이 비준할 일만 남았다.

6월 3일 오전에는 윌리엄 샤바스 교수가 사회한 '보충성 원리에 관한 실적 평가 패널'(Stocktaking Panel on Complementarity)에 참석하고, 오후에는 필립 키르쉬가 주재하는 '회원국 협력에 관한 실적 평가 패널'(Stocktaking Panel on Cooperation)에 참석했다. 실무팀이 보도자료와 토의내용을 재빠르게 준비해 주었다. 여기서도 아내와 함께 입장했으나 예우에 맞는 자리배치가 없어서 부행정처장 디디에 프레이라(Didier Preira)를 당사국총회에 보내 항의하게 했더니 좌석을 마련해준다. 샤바스 교수나 키르쉬 전 소장은 능숙한 솜씨로 각각 회의를 잘 마친 후 결론을 무리 없이 유도하여 큰 성공을 거두었다. 아내도 경호로 말미암아 행동에 제약을 받아 할 일이 없으니 오전, 오후로 이 토론에 참석하여 강제로 국제형사법 공부를 많이 한 것 같다. 사라에게서 내일은 무세베니 대통령을 만날 예정인데, 오후 1시경 호텔을 출발하는 것으로 준비하라는 통보를 받았다.

6월 4일 나는 많은 아프리카 국가 대표들과 양자회담을 했다. '리뷰 컨퍼런스'에 참석한 남아공의 법무차관과의 회담에서는 아프리카연합 연락사무소 개설은 아주 적절하므로 전적으로 지지한다고 했다. 다만 검사의 거친 말이 불필요하게 아프리카를 자극하므로 이것은 문제라고 하면서 검사를 만나서 이런 문제를 강하게 제기했음을 말했다. 그리고 독립적인 감사기구의 설치를 주장했다. 그는 늘 합리적 태도를 보여온 모범공무원이다.

케냐의 법무장관을 접견했다. 그는 연락사무소 설치문제를 7월 아니면 내년 1월 정상회담에서 제기하겠다고 약속했다. 그리고 케냐에 설치할 현장사무소의 특전과 면책에 관한 문서가 검토되고 있음을 알려주었다. 말라위 검찰총장과의 회담에서는 연락사무소 문제와 나의 면담요청을 아프리카연합 정상회의의 의장인 자기 나라 대통령에게 제기하겠다고 약속했다.

보츠와나와 레소토는 항상 연락사무소 문제를 전적으로 지지한다고 했다. 회원국이 아닌 이집트대사를 만났다. 그는 헤이그주재 이집트대사인데 대표단을 이끌고 왔다. 그는 연락사무소 문제를 자기네 대통령과 아디스아바바주재 자기 나라 대사에게 알려 도움을 요청하기로 했다고 한다. 가나는 아디스아바바주재 대사가 리뷰 컨퍼런스의 수석대표이므로 그를 접견했다. 그는 국제형사재판소를 전적으로 지지한다고 하면서 아프리카 회원국들이 공동으로 서한을 작성하여 아프리카연합에 보낸 사실을 말하면서 앞으로 검사가 아니라 소장이 국제형사재판소의 얼굴임을 알리기 위한 노력을 더 기울이도록 조언했다. 검사가 하도 강하게 여러 말을 해왔으므로 아프리카에서는 검사가 국제형사재판소의 얼굴인 것으로 오해하고 있으니 이를 바로잡으라는 것이었다.

나이지리아는 나를 초청하는 문제를 자기네 대통령에게 건의하겠다고 했다. 잠비아의 법무차관은 아프리카의 국제형사재판소 지지를 확보하도록 노력하겠고, 아프리카연합의 국제형사재판소에 대한 비협조결의는 법률고문들의 견해에 의하면 일반적인 협조거부가 아니라 수단의 알-바시르 건에 한정되는 결의라고 한정적으로 해석한다는 점을 명백히 했다. 우간다 법무장관에게는 LRA 반군 혐의자의 체포에 좀더 노력해줄 것을 요구했다. 그 외에도 덴마크, 인도네시아, 필리핀 및 방글라데시와 양자회담을 했다. 필리핀은 새 정부가 들어서면 비준을 할 것 같다는 정보를 주었다. 방글라데시는 자기네 1971년 범죄처리를 위한 진전을 알려왔다. 인도네시아는 자기네 인권행동계획에 로마규정 비준이 하나의 목표로 되어 있으므로 언제 이것이 가능한가를 물었으나 구체적 시행계획이 없다는 막연한 대답이 돌아왔다.

에콰도르 법무장관과 헤이그주재 볼리비아대사는 나를 두 나라에 공동으로 초청하여 국제형사재판소에 대한 일반적 인식의 제고와 국내 이행입법의 촉진을 위한 계획을 세우겠다고 약속했다. 물론 말뿐이지 내게 초청장이 온 일이 없다.

중요한 회합으로는 아프리카연합의 법률고문인 벤 키오코(Ben Kioko)를 접견한 일이다. 청산유수로 우선 국제형사재판소에 대한 아프리카연합의 전폭적 지지를 천명한다. 그리고는 연락사무소 설치나 국제형사재판소와 아프리카연합 간의 업무협조협정을 맺는 것은 현재 정치적으로 현명한 시점이 아니라고 한다. 원래 양자 간에 문제가 생긴 것은 안보리 때문이고, 국제형사재판소의 얼굴은 소장인데 노력을 하지 않으므로 검사가 국제형사재판소의 얼굴이라고 잘못 알고 모두 비협조하는 것이니 그것도 내 책임이라는 투이다. 내가 아프리카연합 정상회의에 참석하여 연설하는 문제는 아프리카연합 의장이 결정할 문제라고 남의 말 하듯이 한다.

그 외에도 중요한 비정부기구 대표들을 만났다. 데이비드 크레인(David Crane) 미국 교수를 만나 국제형사재판소와 미국 간의 관계를 논의했다. 미국 내 국제형사재판소 지지 운동단체인 '국제형사재판소를 위한 미국 내 비정부기구연합(American NGO Coalition for the International Criminal Court: AMICC)의 대표인 존 워시번(John Washburn)은 마음씨 좋은 할아버지인데 자기가 미 의회와 교섭할 테니 곧 워싱턴을 방문하여 의회와 접촉할 것을 제안했다. 다비드 가틴 PGA 사무총장은 말레이시아와 엘살바도르 및 필리핀은 비준 가능성이 있으나 인도네시아는 점점 가능성이 줄어든다고 걱정한다. 그러면서 차드와 지부티를 방문하여 국내 이행입법을 촉구하는 방법을 논의했다고 했다. 아흐메드 지아우딘(Ahmed Ziauddin) 변호사는 방글라데시에서 1971년 독립전쟁과 관련된 재판이 문제가 많음을 말한다. 모두 소장이 방문해서 문제해결에 관여하라니 몸이 열 개라도 모자라겠다.

무세베니 우간다 대통령 면담

원래 우간다 대통령을 만나기 위하여 호텔을 출발하는 시간을 1시 내지 1시 반으로 고지하더니 이것이 3시로 되고 다시 오후 6시로 변한다. 이런 것이 이 나라의 수준이다. 많은 양자회담을 계속하면서 기다렸기 때문에 내가 크게 시간낭비를 한 것은 아니었지만 결국 하루를 기다리게 만든 셈이라 은근히 부아가 치밀기도 한다. 이런 무례하고 막돼먹은 정부를 회원국이랍시고 인내와 칭찬으로 상대해야만 한다. 결국 오후 6시 반에야 호텔을 떠나 요란한 경호 행렬이 엔테베에 있는 대통령관저로 가니 7시 10분경에 도착했다. 대기실에는 아침에 만난 법무장관도 대기하고 있고, 로세트 카퉁게 대사가 들어왔다. 얼마 후 안보장관 음바바지(Mbabazi)가 대통령실에서 나온다. 이 사람은 몇 달 전 헤이그에 왔을 때 내가 접견한 사람인데 은세레코 재판관의 제자란다. 정보 책임자라서 권한이 막강하단다. 내가 알은체를 하면서 곧 헤이그를 다시 방문할 예정이 있느냐고 묻자 내년 선거에 대비해야 하므로 그럴 가능성은 거의 없다고 한다.

마침내 밤 8시 반이 넘어서야 무례한 무세베니 대통령과 내가 정상회담을 시작했다. 나는 데이비드와 모초초코를 대동했고 대통령 측에서는 외무, 법무장관 외에 카퉁게 대사가 배석했다. 그는 나와 악수하면서 우선 북한의 김일성과 그 아들 김정일에 관하여 물었다. 그리고 '감사합니다'라는 한국말을 기억한다. 나중에 우간다에 있는 한국 선교사에게서 들으니 무세베니는 북한을 3번 방문했다는데, 그래도 그렇지 김일성이 죽은 지 16년이 지난 지금도 나에게 김일성을 계속 언급하면 어찌하겠다는 말인가. 나중에는 '안녕하십니까'라고 말하고는 그 말이 무슨 뜻이냐고까지 묻는다. 아무튼 한참 남북한의 비교에 시간을 할애하고는 본론에 들어갔다.

무세베니는 나보다 한 살쯤 연하 같은데 나를 가지고 쥐락펴락하고자 한다. 그러나 이는 어림도 없는 일이다. 내가 이 사람에 대한 철저한 사전연구를 통하여 준비를 단단히 했기 때문이다. 나는 이 오만방자한 독재자에게 반군지도자 조지프 코니와 보스코 은타간다의 조속한 체포, 우간다에서 7월에 개최되는 아프리카 정상회담에 수단 대통령을 초청하지 않는 일, 아프리카연합본부에 우리 연락사무소 설치 등 현안을 제기했다. 그는 코니 일당은 북부 우간다에 다시 돌아올 수 없다고 단언하면서 정부군이 열심히 추격하고 있으나 정글 속에서 전투하는 것이 여의치 않은데, 미국과 유엔이 길을 내거나 장비를 주는 등 도와주면 좀더 능률적인 작전을 펼 수 있겠다며 핑계를 댄다. 그러면서 그동안 정부군의 반군토벌 성과를 적은 쪽지를 보여준다. 이것은 핑계이고 선전이다.

그는 보스코 은타간다의 체포는 대호수지역(Great Lakes Region) 인접국과의 공조가 필요한데 그동안 이를 반대하던 나라들이 더 이상 이의를 제기하지 않으므로 앞으로 진전이 있을 것 같다고 한다. 내가 말을 돌려서 했는데도 그는 금방 알-바시르 수단 대통령 초청 문제를 제기하는 줄 파악하고는 그에게 이미 7월 아프리카연합 정상회담에 불참하도록 권고했다고 명쾌하게 말했다. 이 말에 배석자들도 다소 놀란 듯하다. 다음 날 아침신문에는 대통령관저에서 준 정보를 토대로 알-바시르 불참권고를 불초청 또는 초청철회 등으로 둔갑하여 톱기사를 쓴 것이 보인다. 통제된 언론을 이용하여 자기로서도 골치 아픈 수단 대통령을 초청하지 아니할 의도를 넌지시 비치면서 나의 강력한 요청이 있었다는 등의 이유를 댄 기사를 내보내서 애드벌룬을 띄워본 것이었다. 영자신문이 있으므로 기사가 나올 때마다 우리 홍보팀이 능숙하게 대처하는 것이 기특하다.

아프리카연합 본부가 있는 아디스아바바에 연락사무소를 내는 문제는 적극적으로 도와주겠다고 한다. 거짓말인 줄 알면서도 도와준다고 한 말을 꼬투리 잡아 내친 김에 한 걸음 더 나아가서 7월 아프리카 정상회담에 호스트로서 나를 연사로 초청할 수 있는지 물었다. 나의 기습에 순간 충격을 받은 것 같았으나 그도 노회한지라 참 좋은 생각이라면서 적극 찬성했다. 나는 아예 호랑이 굴에 들어가서 결판을 낼 각오로 그렇게 제안한 것이다. 약 50분간의 회담은 내가 제기한 현안 모두에 관해서 적극적인 답을 듣고 종료되었는데, 많은 아프리카 지도자들은 말과 행동이 다르므로 좀 지켜보아야 한다.

참석자들은 나의 보좌관들이든 배석한 우간다 정부 고위각료들이든 회담 과정에서 보여준 나의 인내와 끈기 및 임기응변 그리고 상대방을 몰고 가는 협상력에 며칠 동안 두고두고 되뇌었다고 한다. 현지 외교가에서도 그처럼 방약무인한 대통령의 새로운 킬러가 등장해서 고소하다는 말이 돌았다고 했다. 철저한 사전준비와 연구가 주효한 것이다.

국제형사재판소 리뷰 컨퍼런스를 유치한 정부가 그 수장을 만나주지도 않고 보낸다면 예의가 아니라고 우리가 그 나라 담당관료들에게 말을 퍼뜨리면서 첫날부터 강하게 압박했기에 마지못해 만나주었는지 모르지만, 이 정상회담을 끝으로 나의 캄팔라에서의 공식일정은 끝났다. 그동안 적대적인 다른 아프리카 정상들은 곧 있을 아프리카 정상회담에서 비난받을까 봐 나와 면담하는 것을 요리조리 회피하고 의전상 일부러 실수하는 등 나를 골탕 먹였지만, 결국 나는 주최국 대통령 무세베니를 만나 아프리카 정상회담에서의 내 연설과 수단 대통령 불초청, 반군지도자 체포 및 아프리카연합에 연락사무소 설치 등 중요한 세 가지 사안에 관하여 긍정적 약속을 얻어낸 것이다. 만일 그가 아무것도 실행을 안 하면 거짓말쟁이라는 것을 스스로 입증하는 결과가 될 것이다.

진자 - 나일강의 발원지

주말인 6월 5일과 6일은 공식일정이 없으므로 관광에 나서기로 하고 사라와 카통게 대사에게 부탁했다. 5일 아침 10시에 온다고 약속한 차가 11시 15분에 호텔로 왔다. 늦게 출발한 거창한 행렬이 진자(Jinja)를 향해 출발했다. 카통게는 나의 재판관 선거에서 도움을 주었으니 박대할 수는 없지만, 왜 갑자기 아무 관계도 없는 그녀의 동생 친구라는 로즈마리(Rosemary)가 안내원이라고 따라붙어야 하는지는 알 수 없었다. 약 70km 거리인데 경찰이 혼잡한 교통을 정리하면서 전속력으로 달렸는데도 거의 1시간 반쯤 걸렸다. 길은 최고의 관광지라고 해서 그런지 간신히 포장이 되어 있다. 주변의 경치는 구릉과 야산이 적당하게 펼쳐져 있고 차밭(tea plantation)과 사탕수수농원(sugar cane plantation)이 널리 분포되어 있어 전반적으로 아름답다.

길가의 학교 건물들은 모두 잘 지어져 있고 열대우림을 가로질러 낸 도로를 지날 때에는 울창한 우림이 더 이상 파괴되지 않기를 바랄 뿐이었다. 왜 이렇게 지하자원도 많고 자연조건이 환상적인 나라가 못살고 고생하는가. 어느 만큼은 지도자를 잘못 만난 때문인 것 같다.

진자는 나일강의 발원지가 있어서 유명하다. 조그만 쪽배를 타고 강물을 역류하여 강의 한복판에 있는 섬의 뒤로 따라 돌아가면 지하에서 용출되는 샘을 볼 수 있는데 이것이 나일강의 시발점이라는 주장이다. 인접국들도 그들 대로 똑같은 주장을 하면서 관광객을 유치한다고 한다. 나는 경호원이 안전 상 쪽배를 못 타게 하는 통에 강가에 서서 멀리 관망만 하다가 돌아섰는데 그 곳에서 만난 콜롬비아 요레다(Lloreda) 대사 부부는 다리를 절룩거리면서도 섬 뒤의 나일강 시발점에까지 다녀왔다고 한다. 부근을 거닐다가 난데없이 간디의 흉상이 있기에 물어보니 그를 화장한 재를 이곳에서 한줌 날려 보내고 그 기념으로 건설했다는 것이다. 왜 간디를 화장한 유골의 일부를 이곳에까 지 와서 강에 뿌렸는지는 설명이 없다.

강물은 깨끗하고 주변환경은 비교적 청결하게 유지되고 있다. 우리는 곧 부자갈리(Bujagali) 폭포로 이동했다. 가보니 폭포도 아니고 래프팅(rafting) 이나 카야킹(kayaking)을 할 정도의 급류가 평평한 계곡을 따라 흐를 뿐이다. 난데없이 나를 위하여 배치된 사람들이 폭포에서 각종 시범을 보였으니 돈을 내란다. 물론 나에게 귀띔한 적은 전혀 없다. 도처에서 이런 식으로 돈을 뜯 는 자들이 있으나 나를 수행한 정부관리들은 모른 체하였다가 내가 돈을 주는 경우에는 이를 나누어 먹는다고 한다. 캄팔라 '리뷰 컨퍼런스'에 온 많은 사람 들이 자기들 나름대로 차를 빌려 이곳을 보러 왔는데 나를 보고 사진을 찍자 는 요청이 쇄도하여 모델을 해주었다.

부근 호텔에서 점심을 먹었다. 무뇨뇨호텔과 동일한 인도인 주인의 것이라 고 한다. 호텔의 정원 중 나일강이 가장 잘 보이는 야외지점의 아보카도 나무 밑에서 좋은 경치를 감상하면서 오찬을 즐겼다. 물론 일행 모두에게 내가 점 심을 대접한 것이다. 이 도시는 남부 인도식이나 서구식 건축양식으로 재건 한 것 같고 웬만한 서구인들은 이곳에 주말 별장을 가지고 있다고 한다.

더 이상 볼 데가 없다고 하여 바로 호텔로 돌아왔다. 불필요한 돈도 뜯기고 관광으로는 싱거웠지만 모처럼 한 외출이 기분을 전환시켰다. 내일은 아무 일정도 없는데, 아프리카 가무를 공연하는 시간이 낮이면 관람할 수 있지만, 저녁이면 비행기시간 때문에 안 되니 그리 알라고 한다. 무슨 공연이 일정조 차도 불확실한지 모르나 나는 '내일은 아무 관광일정이 없으니 알아서 하시 오'라는 말로 해석했다. 결국 내 해석이 맞았다.

일요일에는 아침나절 조용한 가운데 우리 부부는 넓디넓은 무뇨뇨리조트 경내를 경호원 리키를 데리고 한 시간 이상 걸었다. 빅토리아 호숫가의 갖가지 시설과 화초 및 수목이 참 아름답다. 구아바, 망고, 아보카도, 잭프루트, 야자, 대추나무 등 신기한 과일나무들을 많이 구경했다. 아내는 사진도 많이 찍었다. 모처럼 짧은 망중한이다. 이곳에서 7월에는 아프리카연합 54개국 정상회담을 한다고 한다. 주말을 이용하여 이곳에 와서 쉬는 사람도 많고 어린이들을 데려와서 수영하는 가족도 있다. 이곳의 식당에서 점심을 하다가 한국인 선교사와 그 가족을 인사했다. 이런 곳에서 가족과 함께 식사하고 휴식을 취할 수 있는 선교사는 흔치 아니하다고 하는데 아무튼 고생스러운 환경에서 수고하니 이런 주말휴식도 필요하겠다 싶었다.

이 나라는 85%가 천주교, 기독교, 영국 성공회를 믿는다고 한다. 아내는 하도 내전과 살육이 잦아서 사람들이 모두 종교에 기대는 것이 아닌가 하는 분석을 한다. 무슬림도 있으나 그리 교세가 두드러지는 것 같지 아니하다. 종교는 큰 분쟁의 원인이 아니나 부족들 간의 갈등은 심각하고, 왕국이 몇 개 있다가 폐지되어 왕정파들이 가끔 데모를 한다고 한다.

6월 6일 일요일을 꼬박 호텔에서 보내고 밤비행기로 떠나기에 앞서 저녁 6시부터 망고가든(Mango Garden)에서 개최하는 아프리카의 가무공연을 보다가 7시경 공항으로 가면 알맞다고 한다. 6시에 나가보니 넓고 푸른 잔디밭에 텐트를 친 가설무대에서 연주를 하고 있고 음료가 제공되고 있다. 예약된 자리에 앉자마자 사람들이 계속 접근하여 사진을 같이 찍자고 한다. 모두 들어주다 보니 우리 내외는 공연을 보는 둥 마는 둥 시간만 낭비했다. 무엇보다도 하도 사람이 많이 몰려들어서 공연 자체에 지장을 줄까 봐 걱정이 되었다. 뉘른베르크 전범재판소의 검사였던 하버드 출신의 고령 단구인 벤저민 페렌츠(Benjamin Ferencz)도 와서 내 옆에 앉더니 자꾸 말을 걸어서 공연관람은 결국 불가능했다.

12일간 계속 한 곳에 머무는 출장은 이번이 소장으로서는 처음이다. 아내는 많은 실수와 불편에도 불구하고 경호와 의전 등 모든 면에서 처음으로 국제형사재판소 수장에게 부여되는 예우와 대접을 직접 보고 경험한 셈이다.

긴 신혼여행 같은 국제형사재판소 수장으로서의 1년

'리뷰 컨퍼런스'에서 돌아오니 6월 10일 유럽연합의 법무장관에 해당하는 비비안 레딩(Viviane Reding)이 예방해서 그녀를 접견했다. 아주 무섭고 입바른 소리를 잘할 것 같은 인상을 주는 칼날 같은 여성이다. 현안에 대한 이견은 없어서 다행이었다. 앞으로 협조가 긴요하므로 잘 구슬려 두었다.

여러 회원국이나 각종 비정부기구로부터 수많은 방문 내지 강연요청이 늘 쇄도한다. 할 수 없이 비서실장을 비롯한 소장실 대외담당 참모진과 내가 1주일에 한 번씩 정기적으로 만나 협의한 끝에 수많은 초청을 선별하여 수락 여부를 통보하게 된다. 비서실장이 항상 접견대상이나 방문지역을 선정할 때 국제형사재판소 홍보나 조약 비준가능성의 관점에서 나의 출장효과가 극대화될 수 있는 곳을 선정하고 일정을 조정한다.

주례회의 참가자들에게 항상 문제가 되는 것은 한국기관의 초청이다. 한국 초청자들은 주로 한국어로 이메일을 격식 없이 내게 직접 보내면서 참석을 강하게 요청하는데, 대개 아주 짧은 기간 내에 갑작스럽게 방문을 요청한다. 그러나 내 직책상 함부로 움직이기도, 답하기도 어렵다. 한국인 직원이 없는 상황에서 한글을 이해하지 못하는 참모진이 이런 초청들까지 주례회의에 상정하여 검토하기 어려운데, 내 마음대로 직접 결정해서 답하기가 미묘한 경우도 있다. 직원에게 영문으로 답을 작성해 보내게 하면 의사소통이 동문서답이 되는 경우도 있다. 특히 책임자도 아니고 아무 결정권도 없는 사람이 불쑥 참석을 요청하는 이메일을 계속 보내왔을 때 특히 난처하다.

한국의 초청자 중에서는 대답을 못하고 있을 때 무작정 떼를 쓰는 경우가 참 흔하다. 소장실에서는 면담요청이나 방문초청을 선별할 때에는 공식적 관점에서 판단하여 결정하는데 한국에서 오는 일부 초청은 나와의 사적 인연을 통하여 비공식적으로 접근하기 때문에 발생하는 문제이기도 하다.

취임 1년이 되자 산전휴가를 떠난 루스비스 비서실장 대신 차석 히라드가 1주년 운운하면서 떠벌이기 시작했다. 4월 9일 내가 선수를 쳐서 나의 개인

비용으로 시내 한식당으로 소장실 직원을 만찬에 초대했다. 이 기회에 17명의 직원들을 하나하나 크게 칭찬해서 사기를 올려주었다. 유대인 직원 한 명만 갑각류를 피했을 뿐, 모두 잘 먹고 유쾌하게 놀았다. 인턴을 포함하여 소장실에 근무하는 직원들은 모두 유능하고 화합하며 나를 잘 따른다. 막 취임했을 때에는 동양에서 온 새 보스가 어떤 사람일까 의구심도 가졌겠지만 이제는 분위기가 아주 좋다. 전임 소장 때의 사람을 모두 그대로 물려받으면서 인내심을 가지고 웃음으로 대하고 칭찬하면서 점진적으로 개선한 것이 그들의 마음을 샀다고나 할까.

1년이 지나자 국제형사재판소 소장으로서의 임무에 제법 익숙해졌고 초기에 권한분장을 요구하면서 합의문에 서명하라고 덤비던 카울 부소장도 나의 열렬한 지지자가 되었다. 어쩔 수 없이 짜증스러운 순간들이 있기는 했지만 소장으로서 일한 첫 해는 긴 신혼여행처럼 느껴졌다. 사안은 늘 새롭고 신선했으며 수많은 도전은 언제나 극복 가능한 것처럼 보였다. 비정부기구나 언론에 대해서는 나도 특별한 관심을 기울이면서 잘 관리했지만 오히려 우호적이었고, 일은 한없이 다양하고 재미있었다. 나는 상상할 수 있는 최고의 직업을 가진 기분이었고 매순간마다 최선을 다하리라고 마음먹었다.

나는 일찍 출근해서 늦게 퇴근했다. 아내가 서울에서 아이들을 건사하고 있었으므로 한국에 있는 가족에 대한 신경을 거의 쓰지 않아도 되었으니 다른 사람들보다 행운아인 동시에 수월했다고 할까. 아내에게 무한히 고맙기만 하다. 나는 소장의 권위와 정위치를 확립하기 위해 필요한 일련의 조치를 취했고 검찰부나 행정처와 협동하여 이른바 단일법원의 원칙(one court principle)을 구현하기 위해 노력했으며 당사국들과의 관계개선에 부지런히 신경을 썼다.

또한 로마규정 비준을 권장하기 위하여 그 나라의 국가원수나 관계장관을 방문하고, 수단의 대통령 알-바시르에게 구속영장을 발부한 후부터 격렬해지는 일부 아프리카 나라들의 비판을 잠재우기 위하여 기회가 되는 대로 방문하여 대통령, 총리 또는 외무 및 법무장관과 직접 회담하고 기자회견과 공개강연을 한 다음 질문을 받는 등 정면돌파식으로 밀고 나갔다.

지난 1년 동안 여행도 많이 했지만 대사들을 연 100명 이상 내 집무실에서 접견하거나 찾아가서 만난 것 같다. 그리고 국가원수도 대통령이건 총리이건 왕이건 상당수 만나지 않았나 싶다. 그중 탄자니아의 키퀘테 대통령과 보츠와나의 이언 카마 대통령이 기억에 남는다. 일본의 하토야마 유키오 총리도 특이한 분인 것 같다.

베를린 훔볼트대학 강연과 반제회의 기념관

2010년 초부터 재판연구관 폴커의 지도교수인 베를린 훔볼트대학의 게르하르트 베를레(Gerhard Werle) 교수의 초청장을 받았다. 이 대학은 역사적으로 독일분단 전 유명한 원래의 베를린대학이다. 사실 바쁜 소장의 일정에 비추어 어느 한 대학의 초청으로 그곳에 가서 강연만 한 번 하고 오기란 참으로 힘들다. 모두들 자기 대학에 오라고 초청하는 경우 교통정리를 할 수 없고 업무를 제대로 수행하기가 어렵기 때문이다. 그러나 나는 기꺼이 승낙했다. 왜냐하면 이 대학은 나의 충실하고 듬직한 재판연구관인 폴커가 졸업한 곳이고, 나를 초청한 이 대학의 프로그램은 그가 유학한 남아공의 웨스턴케이프대학(University of the Western Cape)과 협력하여 창설된, 아프리카의 젊은 지도자를 양성하기 위한 것이기 때문이다.

더구나 이 대학의 초청자인 베를레 교수는 우리 재판관들이 시라쿠사에 가서 재교육을 받을 때 강사로 초청되어 처음 만난 분이다. 그때 그는 부인 슈테피(Steffi)와 함께 왔는데 좋은 인상을 남겼다. 이제 그도 나를 알아보고 국제형사재판소 소장을 초청하는 것이다. 나 개인으로도 통독 전인 1985년에 '법을 통한 세계평화회의'(World Peace Through Law Conference)를 한국에 유치하고자 정해창 법무차관 등과 함께 서베를린을 방문한 이래 한 번도 베를린을 재방문한 적이 없었다. 따라서 한 번 통독 후의 변화를 눈으로 직접 보고도 싶었다. 강연은 6월 28일 월요일에 개최되지만 미리 주말을 그곳에서 보내고자 일찍 나섰다.

6월 25일 금요일 오후 비행기로 베를린의 테겔(Tegel) 공항에 도착하였다. 통일 후 첫 방문이어서 감개가 무량했다. 마침 2010년 남아공월드컵 기간 중이어서 온 나라가 시끄럽다. 공항에는 모리츠 포름바움(Moritz Vormbaum) 박사가 나와서 영접한다. 우리가 탄 비행기에는 마침 폴커도 5살짜리 아들과 함께 동승했다. 물론 자기의 고향이고 부모가 사시는 곳이지만 그도 자기의 돈을 써가면서 온 식구가 나를 예의상 수행하고자 일부러 시간을 내 동행하는 것이다. 모리츠는 뮌스터 출생으로 그곳에서 박사학위를 하고 이 대학에서 교수자격논문(Habilitation)을 쓰러 5년 전에 왔단다. 인물이 매우 준수하고 인상이 선량하다. 그의 여자친구가 한국인으로서 현재 이 대학의 수의학과에서 공부하고 있다고 한다. 몇 마디 우리말을 제법 한다.

우리는 외무부 바로 옆에 있는 호텔에 묵었다. 구(舊) 동베를린 지역에 이처럼 널찍한 도로와 깨끗하고 단정한 현대식 건물이 질서 있게 자리 잡고 있는 것이 인상적이다. 내가 1985년 찰리검문소(Checkpoint Charlie)를 통하여 동베를린에 들어가서 싼 값으로 중국식 저녁을 먹고 휘발유를 가득 채워서 돌아왔던 때에는 인상이 아주 허름하고 생기가 없었던 기억이 있다.

이날 저녁은 베를레 교수 내외가 우리를 새로운 식당으로 초청하여 즐거운 한때를 가졌다. 그들 부부는 베를레 교수가 하이델베르크대학에서 공부할 때 서로 만났고 딸만 둘인데, 큰딸은 23세로서 자기 앞을 가리고 있고, 작은딸이 19세로서 그날 졸업식을 하는 바람에 만찬시간을 늦게 잡았다.

6월 26일 아침, 폴커 및 오드리와 함께 관광객이 가장 많이 모이는 브란덴부르크 문(Brandenburg Gate) 앞으로 가서 전체적 풍경을 관망하면서 걸었다. 베를린 장벽은 없어졌지만 도로면에 장벽의 자취를 따라 동판으로 표지를 설치했고 서독으로 탈출하려다가 사살된 사람들을 기념하는 십자가 표시가 있다. 원래 서베를린 쪽에서 볼 때 흉물 같은 제국의회 건물이 있었을 뿐 부근은 삭막하고 버려진 장소였는데, 이제는 연방의회가 이 건물을 수리하여 입주하였고, 부근에 각 주의 신설사무소들이 밀집한 데다가 저만치 독일 총리의 사무실과 관저가 새로 지어졌다.

조금 떨어진 포츠담광장(Potsdamer Platz) 부근에는 거대한 유리건물로 지어진 소니센터(Sony Center)가 관광객을 빨아들인다. 2개의 수도를 합쳐서 통독의 단일수도로 삼고 보니 무엇이든지 두 개씩 있는 기관이나 건물 등을 합쳐야 할지 그대로 두고 모두 육성하거나 운영할지 항상 고민이라고 한다. 그런 덕택에 길도 넓게 건설하고 나무를 많이 심어 시원한데, 아직도 공터가 많이 남아 있다. 지역면적은 파리의 8배가량 되는데 인구는 3, 4백만밖에 안 되니 집값이나 다른 물가가 매우 싸다고 한다.

우리는 폴커 내외와 점심 후 일찍 호텔에 귀환하여 한국과 우루과이 간의 월드컵 8강 진출을 놓고 벌이는 축구경기를 시청했으나 한국 대표팀은 예상 대로 2 대 1로 지고 말았다. 저녁에는 카울 부소장 내외가 자기 집에서 베푸는 만찬에 참석하러 택시로 한참 떨어진 교외의 잘사는 동네로 이동했다. 여러 집이 붙은 한 건물 중 가운데 부분의 집에 살고 있다. 들어서자마자 부모에게서 받은 골동품 피아노가 있고 몇몇 대물림한 옛 가구들이 진열되어 있다. 뒷마당으로 안내되었는데 상당히 넓은 정원에 갖은 화초와 사과나무가 우리를 반긴다. 잔디를 깎았고 꽃들을 잘 가꾸어 놓았다.

곧 독일 외무부의 사무차관(State Secretary)인 불프 내외(Wulff, 부인은 이탈리아인)와 비스마르크 이래 첫 여성 조약국장이라는 주잔느 바숨-라이너(Susanne Wasum-Rainer)가 왔다. 이 여성 국장은 '리뷰 컨퍼런스'에도 참석했다는 분인데, 참 이지적이고 단정하며 호감이 가는 사람이다. 사무차관은 카울과 같이 동독 피난민인 듯한데 외교부 시험 및 입사동기라고 한다. 우리 모두는 아주 즐겁고 유익한 만찬을 가졌다. 귀로에는 주인 내외가 운전하여 우리를 데려다 주었다. 베를린에는 바나 나이트클럽이 많은데, 젊은이들은 보통 밤 12시에 만나서 하루를 시작한다고 한다. 젊은이들의 야행성은 어느 나라나 공통인가.

6월 27일은 일요일이다. 폴커 내외가 데리러 와서 아직도 우리의 기억 속에 서베를린의 명소로 남아있는 몇 곳, 즉 찰리검문소, 쿠담(Kudam), 크란츨러 카페(Café Kranzler) 등을 주마간산으로 보고는 서쪽으로 반제회의 기념관(Gedenkstätte Haus der Wannsee Konferenz)을 향하여 달렸다. 베를레 교수가 특별방문을 예약해놓았다고 한다. 이곳은 나치 일당이 1941년 12월 어느날 유대인을 모두 절멸시키는 결정에 도달하는 과정과 결정의 순간을 모든 기록과 사진을 토대로 박진감 있게 진열해놓은 곳이다.

  1시간 반 동안 관장인 캄페(Kampe) 박사가 요령 있게 설명을 해주어 기원 전부터 있어온 유대인 차별정책과 거짓정보에 의한 수천 년간의 차별과 박해의 역사를 알 수 있었다. 예수를 살해한 자는 로마 군인이지 유대인이 아니라든가, 유대인은 모든 제조업 등 산업에 참여할 수 없었고 오직 금융업만 하도록 허용한 결과 고리대금업자로 잘못 인식되는 결과를 초래했다든가 하는 것은 새롭게 듣는 주장이었다. 인간이 이처럼 잔인할 수가 있을까. 집단학살을 관할범죄로 삼아 창설된 국제형사재판소는 다시는 이런 끔찍한 일이 반복되지 않도록 할 의무가 있다고 마음속으로 다짐했다.

  기념관을 꼼꼼히 구경한 후에는 무거운 마음으로 부근의 호수 앞에 있는 식당으로 가서 점심을 했다. 폴커의 부모를 이곳에서 처음 만나 인사했다. 넉넉한 노신사 부부는 인상이 좋아 보인다. 부친은 함부르크로 통근하면서 주말만 베를린 집에서 쉰다고 한다. 부인은 다리 수술 후 걷기가 힘들어서 조심한다. 그런데 나이든 부모 두 분이 모두 영어를 잘하기에 물어보니 폴커가 태어나자마자 그들은 리우데자네이루에서 3년간 살았다고 했다. 부친은 기술자가 아니고 경제학 전공자이나 브라질의 국제회사에서 근무했고, 이제는 조그마한 함부르크의 회사에서 일한다고 한다. 오찬은 아주 근사한 생선요리였고, 모처럼 좋은 날씨를 즐기려는 많은 사람들이 호숫가에서 놀거나 수영하거나 배를 타거나 아이들을 뛰놀게 하는 부모들이 많았다. 더 놀고 싶었지만 우리는 호텔로 돌아와서 독일과 영국의 월드컵 경기를 시청했다. 독일의 일방적 승리가 결정되자, 브란덴부르크 문에 설치한 커다란 TV를 통하여 시청한 독일인들이 승리를 축하하고자 자동차에 국기를 달고 경적을 울리면서 도로가 터질듯이 질주한다.

  저녁에는 시간에 맞추어 폴커의 차를 타고 멀리 떨어진 야외공연장으로 갔다. 베를린 교향악단의 시즌 마지막 공연이 있는데 베를린 외곽 숲속의 대형 야외공연장에서 약 2만 명의 청중을 상대로 공연하는 것이 오래된 관례라고 한다. 발트뷔네콘체르트(Waldbühnenkonzert)가 그것이다. 사실 카울도 이 야외공연에 우리를 초청했고, 폴커 부모도 똑같은 초청을 해서 잠시 곤란했지만 폴커 부모의 초청을 받아들였다. 이날은 청명하고 상쾌한 날씨여서 아주 즐거웠다.

야외공연장은 1936년 손기정이 마라톤 우승을 한 유명한 베를린올림픽 경기장 바로 옆 숲속에 마련되어 있다. 이미 사람들이 빈틈없이 차를 주차하여 우리는 먼 곳에 세우고 걸어 들어갔다. 폴커의 부모를 만나 그들이 잡아놓은 자리에 앉았더니 미리 준비한 샌드위치와 와인을 준다. 우리는 상당히 높은 좌석에 앉아 있지만 무대는 텐트로 크게 가설되어 있고 아름답게 조명이 변하면서 서서히 해가 진다. 자연경관 그 자체만으로도 아름답다.

처음에 초청을 받았을 때 미국 매사추세츠주 탱클우드(Tanglewood) 야외 연주를 연상하면서 넓은 잔디밭에 자유로이 앉아서 연주를 감상하는 것으로 알았다. 이곳도 물론 공연무대의 바로 앞자리는 잔디밭에 앉을 수도 있게 되어 있으나 숲속에 지은 계단식 원형극장의 좌석배치가 멋있었다. 일본인들이 단체관광의 일부로 여기에 들어오는 것을 보았다.

나는 옛날에 카라얀(Herbert von Karajan)이 지휘하고 디스카우(Fischer Dieskau)가 노래하던 시절의 '베를린 필'을 기억할 뿐인데 이들은 이미 고인이 되었고, 오늘은 루마니아 출신 이온 마린(Ion Marin)이 지휘한다. 악단은 무소르그스키(Mussorgsky), 드보르자크, 스메타나(Smetana), 바그너, 엘가(Elgar), 하차투리안(Chatschaturjan), 슈트라우스, 코른골트(Korngold), 푸치니, 레온카발로(Leoncavallo), 차이콥스키 등을 물 흐르듯 아름답게 연주했고, 미국의 소프라노 르네 플레밍(Renée Fleming)이 여러 곡을 선사했다.

어제 카울의 만찬에서 독일 손님들이 베를린에는 음악 공부하는 한국학생 인구가 많다고 여러 번 강조했는데, 오늘 교향악단의 구성을 보니 한국인은 한 사람도 없어서 실망했다. 아무튼 참으로 귀중하고도 유쾌한 경험을 했다. 앵콜도 몇 번 응해주고 11시경 끝났는데 폴커가 태워다 주어서 호텔에 늦게 돌아왔지만 스트레스가 확 날아간 멋진 하루였다.

6월 28일 월요일에는 방문 목적대로 훔볼트대학에 모리츠 박사의 안내를 받아 들어섰다. 200년 전 프리드리히 빌헬름 3세가 세운 유서 깊은 대학에서 강연하는 것이다. 부총장 나겔(Nagel, 사회학)과 베를레 교수가 나를 소개하고 독일학술교류처(DAAD) 대표가 연설한 다음 내가 강연했다. 청중은 약 150명쯤 되는데 웨스턴케이프대학과 공동으로 시작한 프로그램으로서 대부분 아프리카 각국에서 온 법학석사(LL. M.) 후보들이지만 자기 나라에서는 판검사이거나 교수인 사람도 있다. 45분간 열정적 강연 후 질문이 10여 개 쏟아졌는데 대부분 문제없이 대답할 만했다. 독일 학생보다 아프리카에서 유학 온 학생들이 더 많은 질문을 했다.

아프리카연합과 역사적인 아디스아바바 담판

'리뷰 컨퍼런스'를 마친 후 헤이그에 돌아오자마자, 에티오피아를 방문하는 출장이 생길지 모른다고 비서진이 귀띔했다. 국제형사재판소를 대표해 에티오피아 수도 아디스아바바에 임시로 주재 중인 레소토 출신 직원 파키소 모초초코가 교섭 중인 일이 잘된 모양이다. 아프리카연합 집행위원회(African Union Commission) 의장인 가봉 출신의 장 핑(Jean Ping)과 면담이 성사되면 내가 가서 우리 연락사무소 개설을 최종적으로 타결해야 한다는 것이다.

사실 재판관들을 소집하여 새 재판소 건물 설계자들의 브리핑과 의견교환을 듣도록 회의일정을 잡아 놓았는데, 내가 없으면 부소장 디아라가 회의를 진행할 수도 있겠다 싶긴 했다. 아프리카 대륙에서는 가장 큰 외교단이 아디스아바바에 형성되어 있어서 아주 중요한 도시이고, 아프리카연합의 부당한 국제형사재판소 비난을 시정하고 방어하려면 꼭 연락사무소라도 내야만 일이 제대로 될 것 같다.

아프리카 대륙에서 가장 큰 남아공이 수십 년 동안 인종차별정책 때문에 전 세계의 제재를 받게 되자 아프리카 대륙의 이해관계를 대표하는 각종 국제기구가 에티오피아 수도에 설치되기 시작했다. 그 결과 아디스아바바는 아프리카에서 가장 큰 외교의 중심지가 되어 있었고, 아프리카연합의 본부도 이곳에 있다. 그동안 국제형사재판소에 대한 반감 때문에 일체 만나주지 않았던 아프리카연합의 집행위원회 의장이 처음으로 나를 만나주겠다는 것이다.

에티오피아의 아디스아바바는 아프리카의 외교 중심지가 되었다.
이 도시에 위치한 아프리카연합의 본부.

현지에서는 신중한 파키소가 교섭 중이니 좀더 구체적이고 긍정적 보고를 받을 것 같다. 드디어 7월 7일 오후에 프랑크푸르트를 거쳐 아디스아바바로 가는 비행기에 몸을 실었다.

아프리카연합의 의전관과 한국대사관의 유창호 참사관이 출영했다. 파키소가 유엔 사무실인 ECA의 지원을 받아 벤츠차량 한 대를 가지고 나왔다. 원래 일정은 도착하자마자 바로 문제의 아프리카연합의 핑 의장과 만나게 정해졌으나, 그가 기니(Guinea)에서 귀환이 늦어 다음 날 만나기로 변경되어 한숨 돌렸다.

그 나라 주재 일본대사의 오찬 초대가 첫 일정이라 좀 수월했다. 그는 이토 요시아키(伊藤嘉藏) 공사를 배석시키고 나는 파키소를 배석시켜 관저에서 4인이 조촐한 일본식 오찬을 했다. 고마노 긴이치(駒野欽一) 대사는 동경외국어대학을 졸업하고 이란에서 유학한 아랍통이다. 주로 경제개발과 투자에 중심을 두는 경제외교를 펼치지만 문제의 장 핑을 정기적으로 만난다고 했다. 이 일본 외교관의 국제형사재판소에 관한 지식수준에 속으로 놀랐고, 일본이 우호의 뜻으로 우리 일행에게 오찬을 베푸는 것도 고마웠다. 고마노 대사에 의하면 핑은 말이 장황해서 옆길로 빠지는 일이 많으니 주의하고 아버지가 중국인임을 언급하는 것이 좋은지는 모르겠다고 했다.

오찬 후 호텔에 와서 휴식하는 동안 호텔 꼭대기에서 시내를 바라보니 우기라고 해도 비는 하루에 한두 번 약 반시간 정도 소나기처럼 내리고 나면 화창하게 개어 기온이 20도 전후로 아주 쾌적하다. 이곳에는 별로 관광 프로그램이나 자원이 없는 듯하다. 오후에는 파키소가 아디스아바바에 주재하는 회원국 대사들을 모두 호텔로 초청했다. 대개가 무성의하고, 무지하고, 무관심하다. 나의 업데이트 연설에 이어 질의응답을 했는데 대개 빗나간 질문이고, 연락사무소 개설에 크게 도움이 되지 않을 것 같다는 인상이다.

저녁에는 한국 대사관저에서 만찬이 있다. 초면인 정순석 대사와 유창호 참사관 그리고 서기관 한 분이 배석하고 파키소와 내가 손님이다. 한국식 불고기와 김치를 중심으로 조촐한 만찬이었고 많은 유익한 얘기를 나누었다. 관저는 옛날 왕정시절에 공주가 살던 집이라는데 넓고 좋다. 다만 진입로가 지저분하고 포장이 안 되어 있다. 파키소는 한국을 방문한 일도 있고 김치를 포함하여 한국음식을 잘 먹는다. 다음 날 건곤일척(乾坤一擲) 장 핑과 일합을 겨루어야 하니 충분히 잠을 자두기로 했다.

7월 8일에는 아침 9시에 이집트대사를 접견했다. 굉장히 반서방적이고 반미적인 노인이지만 ICC를 도와주겠다고 한다. 사실 아프리카연합 54개 회원국 중 이집트, 알제리, 리비아 그리고 수단이 각 15%씩 연회비를 부담하므로 발언권이 크다고 하는데, 그중에서는 그나마 이집트가 가장 협조적이어서 만나본 것이다. 나이 먹은 신사가 아주 호감이 가는데 나의 옛날 친구인 초대 주한 이집트대사 촐카미(Mohamed Amin Cholkamy)를 안다.

아프리카연합으로 차를 몰았다. 아주 커다란 건물로서 아프리카 대륙의 모든 국가를 집합한 큰 구심점이다. 장 핑은 부친이 중국인, 모친이 가봉인이고, 작고한 가봉 대통령의 사위로서 정부에서 외무장관 등 요직을 역임한 후 부인과 이혼했는데, 대통령인 장인이 죽어서 다행인 경우이다. 아프리카연합 집행위원회 의장으로 선출되었는데 금년 말이 임기인데 재선 여부는 아직 시기상조라고 한다. 반기문 총장과 좋은 관계를 유지하고 있는지 그를 언급하고는 나를 '형'(*brother*) 이라고 부르며 껴안기까지 한다. 나의 수행원인 아프리카인 파키소에 의하면 '형'(*brother*) 은 아프리카 동료 중 정말 마음을 트고 받아들이는 친구에게만 한정적으로 쓰는 말인데, 나에게 그렇게 말하는 것에 놀랐다고 한다. 일본대사가 경고한 대로 이 사람은 처음 30분가량 약 500년 간의 식민지 시대의 피해를 힘주어 거론한다. 아하! 이 사람도 서구 식민지 피해의식을 극복하지 못한 경우이구나. 기회를 보아 나의 일제강점기, 6·25 전쟁 시절의 경험을 얘기하면서 우리 모두 같은 피해자이고 내 마음도 너와 같다고 말하면서 회담의 기선을 잡았다.

그가 국제형사재판소를 반대하는 이유는 현직 대통령을 기소한 것이 부당하고, 특히 오캄포 검사의 일련의 경솔한 언행이 자기로 하여금 국제형사재판소를 증오하게 만들었다고 솔직히 말한다. 아프리카에서는 국제형사재판소라고 하면 곧 검사를 연상할 뿐 정작 소장인 나는 존재감도 없고, 기본적으로 법원인 국제형사재판소가 어떻게 돌아가는지 이해가 없다고 한다.

나는 국제형사재판소 전체의 대표자요 보스는 바로 나인데도 불구하고 오로지 검사의 말 한 마디에 일희일비하였지 정작 기관의 대표인 나에게는 아프리카연합 측에서 아무도 접촉하거나 상의한 일이 없었음을 날카롭게 지적하면서 그를 축으로 몰아갔다. 그는 그 부분에 대해서는 정중히 사과한다. 그리고 나는 검사나 각 법관의 독립성으로 인하여 소장이 수사와 재판에 개인적 영향력을 행사할 수 없는 제도를 한참 만에 이해시켰다. 나와의 회담을 위한 준비도 전혀 없는 것이 분명한데 식민지 피해경험 공유와 국제형사재판소에 대한 무지로 인하여 대표성 없는 검사를 증오해 온 실수 등으로 인하여 그는 꼼짝없이 나를 껴안고 '형'이라고 부르기 시작한 것이다. 나는 한국 같은 동방 예의지국에서는 내가 한 살 더 먹었으니 그냥 '형'(*brother*) 이라고 부르면 실례이고 반드시 '형님'(*elder brother*, 또는 *big brother*) 이라고 불러야 한다고 일침을 가하며 웃었다. 사진까지 찍어 가면서 30분 예정이었던 면담이 2시간을 넘겼다. 마침내 장 핑은 국제형사재판소야말로 자기가 증오하는 옛날 서구 식민주의를 방지하는 새로운 국제적 수단이라고까지 선언했다.

그는 연락사무소 개설문제가 집행위 안건으로 이미 상정되었으니 그곳에서 충분한 의견을 들어 결정하겠다고 한다. 다만 54개국 중 국제형사재판소 회원국 30개국의 지지와 비회원국의 엇갈린 태도 그리고 아프리카연합 연분담금을 많이 내는 나라의 영향력 등으로 그가 단독으로 결정하기 쉽지 않을 것임을 강조한다. 이 사람과 무려 두 시간 넘게 그의 보좌관 3인(법률보좌관 케냐인 벤 키오코 포함)의 배석하에 대체로 하고 싶은 말을 다 해서 그의 그릇된 인상을 어느 정도 시정한 것 같기도 하다. 첫술에 배부를 수는 없지만, 당장 연락사무소 개설 약속을 한 것은 아니나 인간적으로 그리고 기관 간의 오해는 많이 풀렸다고 생각된다.

일어나는 자리에서 그를 따로 불러 귓속말로 내주에 선고할 수단 대통령에 대한 추가구속영장발부 가능성을 넌지시 언급했더니, 겁을 먹으면서도 미리 알려주어서 감사하다고 했다. 그래서인지 7월 12일 저녁에 막상 추가영장발부 결정이 선고되었는데도 아프리카연합의 반응은 비교적 조용했다. 아무튼 나는 장 핑을 만난 첫 국제형사재판소 고위인사로 기록되었고, 그는 내게 어느 정도 말이 통한다는 인상을 갖게 되었다고 하더란다.

이 회담 이후 바로 유럽연합대사들이 모이는 오찬장소로 갔다. 유럽연합에서 아프리카연합에 파견된 대사가 벨기에 사람인데 그가 그곳에 주재하는 모든 유럽연합 회원국들의 대사를 소집하였다. 내가 업데이트 해주고 질의에 답했다. 아주 유익하고 협조적인 모임이었다. 책임감 있게 모든 대사가 다 참석했으니 감사할 뿐이다. 주최자인 벨기에 출신 대사는 걱정이 돼서인지 며칠 후 수단 대통령에 대한 추가구속영장 때문에 촉발된 현지의 분노한 반응을 7월 13일 내게 이메일로 전달했으나 현지에서 파키소가 잘 수습했을 뿐만 아니라 장 핑에게도 미리 귀띔한 사실을 밝혔다고 한다.

파키소가 저녁을 먹으러 한국식당에 가자고 한다. 일본대사관으로 가는 길에 '레인보우'(Rainbow)라는 한국식당의 간판을 보았다는 것이다. 찾아가보니 약 50세쯤 된 주인아주머니가 이미 유 참사관의 전화를 받아서 내가 누구인지 다 알고 있다. 그녀는 서울에서 음식점을 하다가 한국을 떠나 2002년 이곳으로 왔다고 한다. 아들이 뚱뚱하다고 학교에서 왕따를 당해 아이에게 새로운 기회를 줄 겸, 영어 광풍이 불고 있는 현실에서 부모로서 해결책을 마련해야 할 필요도 있어서 동남아 등을 살피고 다니다가 에티오피아를 선택했다는 것이다.

　7월 10일 아침 10시 공항에 나갔다. 짧은 이틀간의 체재에 그냥 공항, 호텔 그리고 다시 공항으로 이어지는 공무에 매달리다 가는 것이다. 시차가 헤이그와는 1시간뿐이므로 불편이 없다. 선선하고 쾌적한 아디스아바바 기후에서 프랑크푸르트의 35도는 참기 어려웠다. 헤이그에 도착하니 역시 31도여서 에어컨도 없는데 열기는 마찬가지였다.

　이날 저녁에는 네덜란드와 스페인 간의 월드컵 결승전이 있어서 8시 반 전에 저녁을 먹고 귀가해야 중계를 본다. 네덜란드가 이겼으면 말이 많아졌겠는데, 패배했으므로 미안하게 되었다. 12일에는 거의 반년 동안 산후휴가를 간 비서실장이 복귀한다니 기대해볼까. 그동안 비서실장 대행을 한 히라드가 수고를 많이 했다. 화요일에는 새 대외담당 보좌관인 핀란드 사람 마티아스 헬먼(Matias Hellman)이 첫 출근을 한다고 한다. 내가 인위적 인사를 하지 않고 자연히 이루어진 변동이다.

　에티오피아에 다녀온 출장결과보고서는 파키소가 작성하고 데이비드가 이를 정리하여 전체 재판관들에게 보냈다. 처음으로 동료인 아쿠아 쿠에니에히아 가나 재판관으로부터 크게 칭찬을 들었다. 장 펑이란 사람은 여태껏 형사재판소 사람을 만나준 일이 없는데 내가 처음 만나서 크게 물꼬를 텄다고 모두들 대성공이라는 것이 중론이다. 이틀간 긴장되고 힘들었던 여행과 담판이었지만 결과에 대하여 높은 평가를 받으니 그나마 힘이 난다.

판 롬파위 유럽연합 정상 예방과 기자회견

국제형사재판소는 2년마다 한 번씩 재판소 비용으로 고국방문 휴가(*home leave*)를 준다. 이번에 내 차례가 왔는데 아무리 소장으로서 바빠도 이를 찾아 쓰기로 했다. 도착하는 즉시 7월 2일 조카 결혼식에 참석할 수 있고, 7월 4일 어머니 소상(小祥)을 모실 수 있기 때문이다.

유럽연합 판 롬파위 상임의장과 기자회견 후 (2010. 9).

한국에서 여름휴가를 보낸 후 9월 10일에는 국제형사재판소를 가장 강력하게 지원하는 유럽연합의 수뇌부를 방문하고자 브뤼셀로 이동했다. 약속대로 헤르만 판 롬파위(Herman van Rompuy) 유럽연합 정상회의 상임의장을 만나러 갔다. 유럽연합과 국제형사재판소 간에는 큰 현안이 없으므로 긴밀한 협조를 약속하고 기자실로 내려가서 기자회견을 했다. 기자실에는 한국의 연합통신 기자를 포함하여 10명 미만이 나와서 의아했으나 통신장비를 통하여 약 2,500명의 기자가 동시에 보고 있다는 것이다. 나중에 보니 이곳에서는 대부분의 신문이 우리의 정상회담을 크게 다루었는데, 한국에서는 일부 신문에만 아주 작게 사진이 실렸다. 기자회견 후에는 세실리아 말스트룀(Cecilia Malmström, 스웨덴 여성)이라는 유럽연합 정부의 내무장관을 접견했는데 내 비서실장의 오랜 정치적 동지라고 한다.

9월 12일 일요일에는 네덜란드항공(KLM)의 우수고객이라고 대망의 유럽 투어인 'KLM 오픈'에 초대받았다. 이번에는 아내와 함께 내가 차를 운전하여 힐베르섬골프클럽(Hilversum Golf Club)으로 향했다. 집에서 약 한 시간 정도 운전하고 가니 일단 11km나 떨어진 공터 주차장으로 안내한다. 그곳에서 금방 셔틀버스를 타고 경기장으로 들어섰다. 각종 상점을 지나 KLM 라운지로 들어서자마자 알맞게 냉장한 포도주를 두 잔이나 거푸 마셨다. 그리고 부근을 구경하고 코스를 따라 선수들의 경기를 관전하면서 따라다녔다.

선두를 달리는 독일의 마르틴 카이마르(Martin Kaymar) 외에 스웨덴의 닐센(Nielssen), 그리고 파라과이의 자노티(Zanoti) 선수 등의 경기를 보다가 마지막 18번 홀의 관람대에 앉아서 홀아웃하는 10여 개 팀을 관전하였다. 전반적 인상으로는 유럽 선수들이 미국 선수들보다 기량이 좀 못하다는 인상이다. 그러나 26세의 독일선수 카이마르가 14 언더파를 쳐서 2위와 무려 4타 차로 우승하고 보니 다소 싱거운 느낌이다. 기자회견 시에 대답하는 유창한 영어를 보고는 다시 한 번 감탄하면서 언제쯤 우리 운동선수들도 국제무대에 진출하여 좋은 성적을 올릴 때마다 유창한 영어로 당당하게 회견할 수 있을까 생각했다.

아내는 생전 처음 보는 프로골프 경기의 관전을 참으로 즐기고 있다. 시상식도 18번 홀 관객석에 앉아서 끝까지 다 구경했다. 관전 후 다시 KLM 라운지에 가서 커피까지 마신 다음 버스정류장에 와보니 줄이 긴 대신 여러 대의 버스가 연속으로 대기하고 있어서 기다리지 않고 곧장 탈 수 있었다. 모두 질서 있고 점잖게 버스에 승차했다. 속으로 감탄했다. 주차장에 도착해서 보니 이곳도 역시 한꺼번에 몰려서 혼잡을 이루는 기색은 전혀 없고 모두들 질서 있고 조용하게 차를 운전해서 빠져나가는 것이 아닌가. 군중이 한꺼번에 몰리리라는 나의 한국식 추측은 완전히 빗나간 것이다. 귀가하는 길은 혼잡하지도 않아서 기분 좋게 운전했다.

네덜란드에서 운전이나 여행을 하면서 항상 느끼는 것이지만 어느 시골을 가든지 깨끗하고 모두 골고루 잘사는 모습이 부럽기만 하다. 물론 힐베르섬은 네덜란드 언론들의 총본부가 집결된 도시이지만 잘도 산다. 오래된 좋은 집들이 널찍한 정원의 숲 속에서 위용을 뽐낸다. 잘 다듬은 볏짚 지붕과 넓은 정원에 고급스러운 대저택들은 바세나르의 집들보다도 더 탐이 난다. 초가집은 서양에서는 가장 사치스러운 주거이다. 유지관리에 엄청난 돈이 드는데 이제는 짚 이엉을 씌울 줄 아는 전문가가 모두 없어졌기 때문이다.

헤이그에 상주해도 한국 기자와 회견할 일은 거의 없다. 그들은 파리나 프랑크푸르트, 런던 또는 브뤼셀에 주재하기는 해도 이곳에 특파원을 상주시키는 일은 없기 때문이다. 가끔 브뤼셀에 주재하는 연합통신 기자가 전화로 연락하는 경우는 있다. 한국 기자의 접촉을 받으면 얼마 전 중국 신화통신의 인터뷰 생각이 절로 난다. 여러 사람의 기자와 카메라 팀이 와서 내 방에서 여러 시간을 같이 보낸 일이 있다. 나의 질문에 중국 신화사는 브뤼셀에 160명가량, 헤이그에는 35명의 기자가 상주한다고 하길래 과연 인해전술을 쓰는 중국답다고 생각되어 놀란 일이 있다. 아프리카 등지에서 나나 국제형사재판소에 관하여 보도되는 언론기사가 자주 신화사로부터 받은 기사를 전재하는 것을 보고 이상하게 생각했는데 과연 그들의 인해전술을 알 만하다.

한국대사관의 리틀엔젤스 공연과 헤이그시장 초청 음악회

9월 15일 수요일 공교롭게 저녁에 참석하지 않을 수 없는 두 가지 행사가 있었다. 한국대사관이 오랜만에 네덜란드의 6·25전쟁 참전 60주년을 기념하여 초청하는 리틀엔젤스의 공연관람과 멕시코 독립 200주년 기념공연이다. 멕시코는 큰 나라이고 회원국인 데다가 그 대사인 로모나코(Lomonaco)가 당사국총회의 부의장이니 꼭 참석해야 하는데 한국대사관의 초청도 거절할 수 없는 처지여서 참 난감했다. 다행히도 멕시코 행사는 시청의 아트리움(Atrium)에서 개최하고 한국 공연은 바로 그 옆의 루센트 단스 극장(Lucent Dans Theatre)에서 하게 되었으므로 멕시코 행사에 가서 잠시 축하인사를 하고 살짝 빠져나와 한국 행사로 이동할 수 있었다.

멕시코 행사는 주로 기타연주 중심의 음악공연이었다. 그러나 한국행사는 커다란 극장이 거의 만석인 채 6·25전쟁 발발 60주년을 기념하여 참전 16개국의 희생을 감사하는 취지의 행사였다. 물론 통일교의 행사이고, 80세인 박보희 씨가 다니면서 극장 등 모두 계약을 다한 다음 마지막에 대사관에 관중이나 모아달라는 부탁을 한다는 불평이 다소 있다. 우리 대사관은 이 행사를 성대하게 치름으로써 10월 3일 개천절 행사를 대체하기로 결정했단다.

지난번에 조선시대 귀화한 네덜란드인 '박연'(J. J. Weltevree)의 고향 추모식에서 만난 드레이프(de Rijp) 시장도 헤이그에 사는 아들을 데리고 모자가 참석해서 반갑게 재회했다. 리틀엔젤스의 공연은 여러 해 만에 관람하니 옛날보다 훨씬 더 세련되고 9세부터 15세까지의 어린이들이 어쩌면 그렇게 잘하는지 감탄했다. 모두 경탄을 금치 못했지만, 나중에 리디아 모턴(Lydia Morton) 호주대사 같은 분은 통일교에 대한 석연치 못했던 소회를 약간 털어놓기도 하고, 어린아이들을 마치 북한에서나 하듯이 혹독한 훈련을 통하여 획일적으로 조직한 듯한 냄새가 난다는 사람도 있었다. 나도 동감이었지만 그나마 정부 대신 민간단체가 사은행사를 해주니 할 말이 없었다. 다만 나는 항상 참전국 대사들을 만나면 따로 개인적으로 나의 6·25전쟁 경험을 말하면서 깊은 감사의 마음을 표하는 것이 입에 습관처럼 붙어버렸다.

9월 16일 목요일에는 헤이그 시장의 초청으로 흐로테 케르크(Grote Kerk) 교회에서 열리는 음악회에 부부가 함께 참석했다. 2년 전에 시장이 된 요지아스 판아르천(Josiaz van Aartsen)은 외무장관을 하는 동안에 로마규정을 서명한 분이라서 국제형사재판소를 잘 알고 있었다. 또한 아주 호의적이어서 나도 그가 초청하는 행사에는 꼭 참석하려고 한다. 이번 행사는 보스니아 헤르체고비나의 유명한 가수 고란 브레고비치(Goran Bregovich, 1950년생)와 그의 악단이 공연하는 것이다. 먼저 인도네시아의 리셉션을 잠깐 들렀다가 부랴부랴 공연장에 도착했다. 공연하는 악단은 주인공 가수와 드럼을 치는 남자 외에 현악기 4개, 관악기 5개, 남성성악가 5인, 불가리아 의상을 입고 그지역 고유의 소리(마치 요들송의 특이한 목소리처럼)를 내는 젊은 여성가수 2인 등 특이한 구성이었다.

끊임없이 노래를 부르고 연주를 하여 분위기가 무르익자 대부분의 젊은 관객들이 무대 앞, 그러니까 우리 자리의 앞에 있는 작은 틈새공간으로 몰려나와 춤을 추기 시작하는 것이 아닌가. 아름답고 엄숙한 서양 교회도 가끔 옛날의 영광을 잃고 이제는 젊은이들이 춤을 추는 장소가 되기도 한다.

9월 17일 금요일은 유대인들의 욤 키푸르(Yom Kippur, 일종의 속죄일)라서 예상외의 공휴일을 하나 더 얻었다. 얼마 전 이슬람의 휴일을 놀았으니 공평하게 유대인 명절을 쉬어야 한다. 하기야 가톨릭의 종교적 행사에 기원을 둔

휴일을 모두 지키고 보니 종교 간의 균형이 필요하기도 할 것이다. 모처럼 얻은 공휴일이고 긴 주말(long weekend)이라서 어디에 잠깐 여행을 다녀와도 될 좋은 기회인데 참석해야 할 공식행사가 많아서 겨우 골프 한 번 칠 시간을 빼고는 주말 내내 각종 행사에 얼굴을 내밀어야 했다.

금요일은 휴일이지만 회원국인 칠레가 독립 200주년이라고 관저에서 큰 파티를 한다는데 이 중요한 회원국의 행사에 안 갈 도리가 없다. 마르타비트(Martabit) 대사 부부는 파리에서 공부하고 근무도 했다는데 아주 세련되었고 품위와 격이 있는 외교관 부부이다. 칠레는 내가 소장이 되자 곧 로마규정을 비준하고는 금방 그 나라 대통령 미첼 바첼레트(Michelle Bachelet, 현 유엔최고인권대표)가 국제형사재판소를 방문해서 접견했다. 대사가 리셉션에서 축사할 때 특히 나의 참석을 언급하면서 고마워했다. 네덜란드의 외교부 사무차관 크로넨베르흐(Ed Kronenberg)의 축사도 간결하고 좋았다.

국제기구와 대사관이 많은 헤이그에서 외교가를 잘 살펴보니 모두 국경일 리셉션이나 기념공연을 할 때 어떻게 주재국의 고위관료를 모실 수 있는가가 공통된 과제이다. 약소국의 리셉션일수록 거물은 잘 참석하지 아니한다. 나는 나라의 대소와 친소를 막론하고 모든 나라의 리셉션에 꼭 참석했으므로 주최국 대사는 모두 나를 좋아한다. 나는 일구월심 국제형사재판소를 알리고자 참석하는 것이고 그들에게는 국제기구의 최고위직이 참석하여 자리를 빛내주어 누이 좋고 매부 좋은 일이 된다. 내 전임자 시절에는 소장이 거의 리셉션에 참석하지 아니하고는 다른 재판관에게 자기의 초청장을 주면서 대신 참석하라고 했기 때문에 별로 고맙게 생각하지 않았었다. 동료 재판관들은 이런 소장의 심부름을 싫어해서 거절하는 경우가 많았다. 그러나 나는 거절하지 아니하고 대신 참석했더니 계속 초청장을 내게 내밀었다. 나는 이 기회를 십분 이용하여 수십 년간 학자였던 내가 국제무대에서 외교관들을 사귀고 다루는 법을 관찰하고 분석하는 노력을 끊임없이 경주하였다.

작은 나라 네덜란드가 포용하는 큰 가치

9월 19일 일요일에는 헤이그 시장이 주최하는 '국제정의의 날'(International Justice Day) 행사에 참석하였다. 작년에는 광장에 친 천막 속에 10명 미만의 대사가 서성거릴 뿐 썰렁한 가운데 마틴 루터 킹(Martin Luther King)의 조카를 초청하여 연설을 들었다. 그런데 금년에는 행사주제를 확대하여 '국제평화, 정의 및 안전의 날'(International Peace, Justice and Security Day)로 확대 선포하고, 장소를 시청 건물로 옮겨서 위층으로 올라가면 평화의 다리를 건너 시청의 커다란 홀이 평화, 정의 및 안전의 광장으로 연결되고 이곳에서 커피와 쿠키를 먹을 수도 있게 준비한 동시에 그 광장 내에는 각 국제기구가 자기네를 선전하는 홍보부스를 만들어 방문객에게 자료를 주면서 설명하도록 고안되어 있었다. 헤이그에 자리 잡은 수많은 국제기구들의 절호의 홍보기회라고 하겠다.

평화의 다리 앞에서 시장이 간단한 연설을 한 다음 다리를 붙잡아맨 줄을 풀자 끊어진 보행로가 연결되었다. 평화, 정의와 안전의 광장에 도착하여 보니 입구에 국제형사재판소 부스가 가장 눈에 잘 띄는 위치에 있어서 아주 기분이 좋았다. 광장 안에 자리 잡은 화학무기금지기구(OPCW), 북대서양조약기구(NATO), 유럽사법협력기구(Eurojust), 시에라리온특별재판소(SCSL) 등 각종 국제기구가 일반시민과의 소통 및 이해를 증진시키고자 현장에서 홍보자료를 나누어주고 있었다.

국제형사재판소는 부스를 찾는 분들에게 홍보자료를 나누어줄 뿐만 아니라 참가신청을 받아 재판소로 모셔 가면 비서실장 루스비스와 그녀의 비서 네 자가 안내하기로 되어 있다. 작년과 마찬가지로 대중에게 개방하여 시민들에게 다가가는 재판소라는 인상을 심어주자는 취지이다. 행사 전에 시장 내외와 잠시 환담을 나누다가 물어보니 국제사법재판소(ICJ)는 시장 자신이 여러 번 소장에게 편지를 쓰면서 참가를 종용했으나 답을 준 일이 없고, 구유고전범재판소(ICTY)는 참가한다고 했다가 일요일에 일하겠다는 직원이 없어서 취소한다는 답을 들었다는 것이다. 국제형사재판소 직원들은 작년과 마찬가지로 신설기관의 홍보의 중요성을 알아서 열심히 하는 것 같아 감사하다.

시장의 연설 이후 자리를 시의회의 회의실로 옮겨서 수단 출신으로서 소년병을 했다가 탈출한 청년의 경험담에 이어 알루오치 재판관이 코멘트를 하고 질의응답을 한 후에 행사를 끝냈다. 이 행사는 계속 잘 기획하고 추진하면 조만간 아주 의미 있고 헤이그를 세계인들에게 각인시키는 좋은 행사로 발전할 것 같았다. 그들은 별도로 아프리카의 전쟁피해자인 어린이들을 돕는 구호단체를 위하여 하루 행사에서 모금한 57만 유로를 전달하기도 했다. 시청 의전장에게 내가 이 행사의 잠재적 성공가능성을 말하자 그도 동의한다. 그는 항상 콘서트만 하고 불꽃이나 쏘아 올려서는 곤란하고 모든 사람이 한번쯤 생각해봐야 하는 인류공통의 주제를 가지고 진지한 행사를 병행해야 더욱 성공 가능성이 있다고 대꾸한다.

네덜란드인들의 기부행위는 세계의 으뜸이다. 지난번 아이티 지진 때 네덜란드 정부가 국민에게 호소하기를 민간에서 일주일간 자발적으로 4천만 유로를 모금하면 정부는 동액의 매칭 펀드를 출연하여 아이티를 돕겠다고 하자, 금방 국민들이 8천만 유로 이상을 기부했다. 네덜란드 정부는 결국 총 2억 유로를 만들어서 아이티에 보냈다고 한다. 이번에 파키스탄에서 홍수로 많은 피해가 나자 네덜란드 국민들이 모금에 앞서 대토론을 벌였다. '기부를 하면 우리의 돈으로 목숨을 연명한 아이들이 후일 탈레반이 되어 우리에게 총을 겨누지 않을까' 등 충분한 토론을 벌인 끝에 1,300만 유로를 모금하여 송금했다고 한다.

인구 50만 명 미만의 작은 도시 헤이그에서 아프리카의 전쟁피해 어린이를 구호하자는 행사를 하여 이날 하루에 57만 유로를 모금했다니 이를 받는 구호단체도 깜짝 놀랐다고 고백한다. 내가 재난에 처한 다른 나라 어린이를 위하여 유니세프 모금활동을 할 때 우리나라 어린이들도 굶주리고 아픈 경우가 많은데 왜 하필 외국 어린이에게 퍼주어야 하느냐고 따지던 분들이 떠오르곤 한다. 또 마음이 괜히 아프다.

아무튼 제3회 '국제 평화 및 정의와 안전의 날' 행사에는 내가 참석하여 시장도 신이 났고, 나로서도 참 잘한 것 같았다. 적은 참석자 중에서 나만이 국제기구의 수장이어서 시장이 고마워하는 것은 형용하기도 어려울 정도이다.

새로 시작한 행사가 나 같은 사람의 참석으로 기초가 공고해지면서 기획단계에서 가지고 있었던 의문을 확실하게 떨치게 해준 셈이다. 나는 누구에게든지 네덜란드 정부나 헤이그 시청의 행사 그리고 회원국들의 리셉션에 소장인 내가 참석하는 것은 나의 최소한 예의인 동시에 길게 보면 국제형사재판소를 위하여 투자하는 것이라고 생각한다. 이 행사와 같은 경우에는 일요일이어서 움직이기 싫었지만, 마음을 고쳐먹고 참석했더니 주최 측에서 감사하게 생각하여 나의 인상을 강하게 각인시켰다고 하겠다.

이날 하루 행사를 관찰한 나의 인상은 깍쟁이 네덜란드인들이 참 일을 잘 기획하고 쓸데없이 형식에 흐르지 않으면서 격조 높게 치러 낸다는 것이다.

런던 출장, 영연방 53개국 연례회의 참석

2010년 10월 1일 금요일 오랜만에 런던에 출장 갔다. 헤이그 주재 영국대사관 법률자문관이었던 아크바르 칸이 영연방 사무국의 수석 법률고문으로 자리를 옮기더니 아주 열심히 국제형사재판소를 돕기 위하여 노력한다. 참 고맙다. 그가 영연방 53개국 대표가 참석하는 연례회의에 나를 초청한 것이다. 나는 이 좋은 기회를 놓치지 않고 빨리 로마규정을 비준하라고 권유하는 기조연설을 하기로 했다. 금년 3월에 에릭 보좌관과 함께 방문한 후 이어 두 번째인데 주말을 런던에서 보내기 위하여 아내와 함께 미리 떠나기로 했다.

이번에는 회의장인 말버러하우스(Marlborough House)에서 가깝고도 시내 중심가에 있는 호텔에 여장을 풀었다. 저녁도 못 먹은 채 8시 반경 체크인을 하니 국제앰네스티(Amnesty International)의 새로운 대표자인 살릴 셰티(Salil Shetty)가 크리스토퍼 홀(Christopher Hall)과 함께 이미 호텔에서 기다리고 있었다. 조용한 방으로 옮겨 한 시간 이상 의견교환을 했는데 상견례를 하면서 상대방을 탐색해보는 자리였다고 하겠다. 셰티는 아주 젊은 인상인데 인도계 후손으로 케냐에서 태어났다고 한다.

10월 4일 월요일 아크바르 칸을 오찬에 초대하여 여러 가지 전략적 이야기를 나누었다. 저녁에는 비서실장 루스비스의 주선으로 그녀의 진보적 정치적 동지인 앨더다이스 경(Lord Alderdice, 북아일랜드 출신)을 시나몬 클럽(Cinnamon Club)으로 초청하여 만찬을 베풀면서 의견교환을 했다. 영국 귀족원에서 연설할 기회를 마련하겠다고 했다.

화요일에는 말버러하우스에서 개최된 영연방회의에서 기조연설을 하고 질의응답을 했다. 물론 로마규정 비준의 당위성을 강조하는 내용이었다. 사실 자기네 연례회의에 나를 초청하여 연설할 기회를 주는 것은 굉장한 호의이다. 그 전 주일에 영연방기구의 사무총장이 국제형사재판소에 불리한 발언을 해서 재판소 내외에서 다소 문제제기가 있었고 심지어 내게 항의의 뜻으로 불참함이 좋겠다는 의견도 제시되었지만, 나는 그럴수록 직접 나서서 따지고 해명하는 등 적극적으로 대처하겠다고 말했다. 지난 3월 런던에서 만났던 문제의 사무총장은 케냐가 자기네 제헌절에 수단의 알-바시르 대통령을 참석시키고도 체포하여 인도하지 아니한 로마규정 의무 위반을 다소 변명하는 듯한 기자회견을 한 것이다. 기조연설 후 각종 언론매체(Financial Times TV, 〈로이터〉, Commonwealth TV)와의 인터뷰와 여러 기자회견 등 점심을 못 먹은 채 중요한 언론의 집중조명을 받았다.

귀임하자마자 여전히 바쁜 일정에 빠져 많은 방문객을 접견하고 연설을 하며 전원 재판관 회의에 당사국총회 의장 및 부의장을 출석시킨 가운데 대화모임을 주선하는 등 눈코 뜰 새 없었다. 일정상 몹시 무리함에도 불구하고 로아시아(Lawasia) 서울총회에 초청을 받아 10월 9일 아침 그랜드인터컨티넨탈호텔에서 "아시아 법률가들은 어디에 있고 어디로 향하고 있는가?"라는 대주제 하에 기조연설을 했다. 회의장은 물론 삼청각 만찬장에서도 한국 재야법조 리더들은 물론 수많은 아시아의 법조인을 만나는 성과가 있었다.

10월 13일 수요일에는 리히텐슈타인(Liechtenstein)의 외무, 법무 및 문화 장관을 겸하는 젊은 여성 아우렐리아 프릭(Aurelia Frick)이 예방했다. 이분은 이미 우간다에서 만난 일이 있어 구면이었고 이달 말 리히텐슈타인 연찬회에서 다시 만날 약속이 있었다. 작은 나라이므로 한 장관이 여러 직무분야의 장관을 담당한다.

제6장

2010~2012

세계평화의 새로운 길

국제형사재판소장의 첫 임기 Ⅱ

재판관들의 연금 삭감을 둘러싼 불협화음

예년과 마찬가지로 10월 말(28일)에 뉴욕에서 유엔총회 연설을 마치고 귀임한 후 11월 3일 풀포드와 트렌다필로바 재판관이 난데없이 소장실로 불쑥 찾아와서 내달 열리는 뉴욕 당사국총회(ASP)에 참가하려는 카울 부소장의 출장신청을 결재하지 말라고 한참 역설하고 갔다. 2007년 이후에 선출된 재판관들의 경우에 당사국총회의 결의에 의하여 연금액이 다소 줄어들게 된 문제를 해결하기 위하여 카울 자신이 대표로 당사국총회를 접촉하러 가겠다고 출장이유를 밝힌 것을 이 두 동료가 문제 삼은 것이다. 재판관들은 연금감액 문제를 모르고 있다가 벨기에 출신 재판관 크리스틴 판덴바인게르트(Christine van den Wyngaert)가 발견하여 문제를 제기하자 갑자기 재판소 내부가 시끄러워진 것이다.

이 문제는 소장인 내가 결정한 문제도 아니고 재판관들이 영향력을 행사하여 바꿀 수 있는 사안도 아니지만, 당사국들과 협의하여 불리함이 없도록 최선의 노력을 다해보겠다는 약속을 하고 작년에 소장에 당선된 바 있다. 그런데 이 문제에 접근하는 재판관들의 태도가 제각각이어서 소장의 임무를 수행하는 데에 막대한 지장만 줄 뿐 전혀 도움이 안 되는 형편이었다. 자기와 상관없으므로 조용히 있는 재판관, 풀포드와 같이 자기는 상관없지만 불리한 영향을 받는 다른 동료를 위해서 팔 걷어붙이고 나서겠다고 의인(義人)을 자처하며 소란을 떠는 재판관, 영향을 받는 재판관들끼리 대책위원회를 구성하여 소장을 제외하고 당사국 대표들을 직접 접촉하여 협의하겠다는 그룹 등 혼란이 극심하다.

이들 모두의 공통점은 이런 문제에 접근하는 행정적 센스나 경험이 전무하다보니 그저 큰소리치기 경쟁으로 치닫는 것이다. 현실적 접근방법을 취하는 소장은 미온적이라서 못 믿겠다는 것이다. 이런 경우에는 총체적으로 지혜와 힘을 보태도 될까 말까 한데, 최종책임자인 나를 배제하고 자기들끼리 직접 나서서 대외적으로 떠들고 다니겠다는 것이다. 당사국총회가 열리는 뉴욕에 가고 싶은 명분을 세우기 위하여 연금이 삭감되지 않는 카울 부소장이 직접 뉴욕에 가서 로비하겠다고 출장신청서를 제출하면서 결재해달라고 한 것이 일부 재판관들에게 미리 누설되어 두 재판관이 내게 찾아와 못 가게 하라고 압력을 가한 것이다.

풀포드 재판관은 내게 오기 전에 비서실장 루스비스 방에 들러서 약 30분간 실컷 입에 담지 못할 내 욕을 했단다. 그 후 바로 내 방으로 건너와서는 상냥한 미소와 함께 마치 아무 일도 없었던 듯이 아첨을 하면서 이번에는 카울 부소장을 강력하게 비난하는 것이다. 30분 전 비서실장 앞에서 그녀의 직접 보스인 나에 관한 심한 욕을 하던 입으로 이제는 내 앞에서 부소장을 욕하는 인품이 이른바 영국신사인지 영국인의 전형적 이중인격인지 참 혼란스럽다. 그는 소장은 당연히 자기가 했어야 했는데, 내가 재판관들을 한국에 초청하는 등 뇌물공세로 소장에 당선되었다는 취지로 비서실장에게 말한 것이다.

한국 대법원이 2006년 국제형사재판소 재판관 모두를 초대한 것은 프랑스, 이탈리아, 독일 등 주요회원국의 대법원이 첫 해부터 매년 순차로 국제형사재판소 재판관들을 자기 나라에 초청하여 유익한 법조교류를 가졌는데, 그다음 해에는 아무 회원국도 초청의사를 안 보였기 때문이다. 주요회원국인 한국이 초청할 차례라는 압력이 커지자 내가 오랜 교섭 끝에 어렵사리 이용훈 대법원장의 결단으로 마침내 키르쉬 소장 이하 10명의 재판관이 한국을 다녀올 수 있었던 일을 그렇게 말하는 것이다. 이들의 한국 방문으로 대법관들과의 교류와 토론이 알차게 진행되었고, 한국의 국내 이행입법의 국회통과를 촉진하는 계기도 되었다.

이런 전문적 법조교류 공무여행을 뇌물공세라고 비난하면 한국 여행을 한 지 3년 후 2009년 소장 선거에서 나를 찍었건 안 찍었건 한국을 다녀온 재판관은 모두 뇌물을 받아먹은 범죄자란 소리인가. 더구나 한국을 방문한 재판관 10인 중 4인은 선거 전에 퇴임했을 뿐만 아니라, 남은 분들도 2009년 소장 선거 때 트렌다필로바나 우샤스카 재판관처럼 오히려 나를 안 찍은 동료가 많은데 무슨 소리를 하고 있는 것인지 이해가 안 된다. 소장이 아니었더라면 정식으로 문제 삼고 싶었으나 한 번 더 꾹 참았다. 참는 것이 보약이다.

영국인의 이중적 태도와 위선을 그대로 보여주는 전형적 모습은 또 있다. 풀포드는 나에게 카울 부소장을 격렬하게 비난한 이후에도 계속 내 방에 남아 그가 마음대로 초안한 내년도 재판일정을 보여주면서 이를 토대로 당사국총회에 보내고자 그가 작성한 서한내용에 관하여 상의했다. 내년도 국제형사재판소 재판일정은 일개 사실심 재판관인 그가 단독으로 결정할 사항이 아니고 전원재판관 회의에서 행정처장의 보고를 들은 뒤 의견이 모아지면 소장단에서 최종 확정하는 것이다. 더구나 나는 그에게 현재 예산회계위원회(CBF)가 확정하여 총회에 제출한 2011년도 예산안은 두 개의 재판이 1년 중 6개월간 동시에 진행된다는 전제하에 편성되었는데, 그나마 4개월 치의 예산을 가지고 6개월간의 재판절차를 감당하다가 예산이 고갈되면 비상금(contingency fund)을 인출하여 이를 충당하는 방식으로 편성되어 있음을 상기시켰다.

그는 예산안이 어떻게 편성되었는지 알아보지도 않고 설명해도 이해를 못하면서 영어가 모국어라는 이점을 십분 이용하여 유창한 영어로 억지주장만 계속 늘어놓는다. 나는 만일 그가 작성한 서한처럼 두 개의 재판이 1년 내내 병행하여 계속된다는 전제로 예산을 요구하는 것은 회원국들의 긴축분위기에 비추어 자살적 행동이라고 강하게 말했다. 이미 예산회계위원회의 사전심사를 거쳐 총회에서 심의통과 되어야 할 예산안이 확정·제출되었으므로, 나는 재판관 혼자 임의로 만든 재판일정을 사후에 주장하며 불과 총회 수일 전에 예산을 더 달라는 등 새롭게 문제를 일으키는 서신은 당사국총회에 보낼 생각이 없다고 잘라 말했다.

그는 예상외로 선선히 나의 의견에 동조하면서 다만 확정된 예산이 전액 집행되어서 비상금을 청구해야만 하는 경우에 대한 좋은 아이디어가 생기면 다시 오겠다고 했다. 그러나 풀포드는 그다음 날 나에게 다시 오는 대신에 재판관 전원에게 이메일을 돌리면서 나와 비서실장이 당사국총회 의장 등 회원국 관계자에게 자기가 초안한 예산증액 요청서한을 보내는 것을 반대하는 등 더 많은 예산확보를 위한 자기의 노력을 방해한다는 취지로 선동하는 것이 아닌가.

풀포드 재판관은 내년도 긴축예산으로는 예정된 재판을 제대로 할 수 없는데, 소장이 문제의 심각성을 모르고 예산투쟁을 안 한다고 며칠을 두고 목청을 높였다. 그러자 예산회계의 기본이나 절차도 모르고 전후사정을 모르는 재판관 일부가 그에게 동조하여 날마다 나를 덩달아 비난하는 것이 아닌가. 법조경력이 일천한 풀포드보다 다양한 세상 경험이 많고 예산을 오래 다루어 본 내가 국제형사재판소를 대표하여 회원국과의 예산씨름에서 훨씬 더 능숙할 텐데도 무자비하게 인신공격을 해대니 일단 소나기를 피하면서 대처할 수밖에 없었다. 나를 위한 소장실 직원들의 단결과 자발적인 방어 및 대처가 참으로 눈물겨웠다. 그들은 너무나 터무니없고 불공정한 비난에 의분심(義奮心)이 일어나서 스스로 나를 돕기로 한 것이기도 했다.

풀포드의 주장은 사실관계에서 허위임은 물론이고, 그 전날 그가 나와 협의하는 동안 보여준 태도와 약속과도 정면으로 배치되는 것이다. 이 영국인의 기막힌 위선과 이중적 태도! 거기에다가 우리 내부의 재판관 중에는 항상 이 같은 악의적이거나 근거 없는 비판을 이메일로 돌리면 서투른 영어로 의례히 따라서 북 치고 장구 치는 3, 4인의 단골동료가 있다.

내용과 사실을 정확하게 파악하고 끼어들면 해명하기도 쉬운데 침소봉대하거나 허위 또는 부정확한 정보를 토대로 무조건 악의적으로 비난하기로 나오니 이들이 정말 양 당사자의 말을 듣고 공정하게 재판하도록 훈련받은 법관인가 의심될 때가 자주 있다. 예산회계위원회나 당사국총회의 분위기가 나쁘고 중요한 회원국들이 예산을 깎자고 강력하게 주장하는 주된 이유는 재판관들 자신이 매년 재판일정과 기간 등을 터무니없이 부정확하게 추정하여 제출하므로 믿을 수가 없다는 점과, 재판관들의 무책임한 잦은 해외여행으로 재판일정에 차질을 주는 바람에 상당수 재판관들이 회원국들의 신뢰를 상실하였기 때문임을 왜 모르는가.

재판관들이 제출한 서류를 보면 그들이 작년에 400일로 예정했던 법정사용일수가 실제로는 겨우 그 반을 조금 넘을 정도만 사용되었으니 이는 재판관들이 공판일정을 제대로 안 지킨 것으로 볼 수밖에 없는 유력한 증거자료가 된다는 것이 당사국들의 주장이다. 따라서 재판일정 예측의 어려움을 감안하더라도 재판관들 자신의 애매한 추정 등 그들의 잘못이 많이 있는데 이런 점은 전혀 인정하지 아니한다. 그리고 아직도 소장선거에서 패배한 4인방이 앙갚음을 하려는 분위기도 조금은 남아있다. 한 조직 내의 동료관계가 이처럼 서로 뒤에서 비난하는 분위기는 처음 본다.

이들이 자기 나라에서는 특혜적 대접을 받다가 이곳에 오면 알아주는 사람도 없어서 자존심이 상하는 데다가 향수에 빠지거나 아프거나 신경질이 나는 것은 이해가 간다. 그러나 소장에게 여행허가를 받는 것은 그만두고 여행계획을 아예 신고하지 않고 사라지는 재판관도 있다. 물론 대부분의 재판관들은 기본적 양식과 상식이 있어 문제가 없으나, 소수의 재판관들이 온갖 부당한 공무출장을 신청하면 내가 번번이 거절하곤 했다. 일부 당사국이나 예산회계위원회조차 재판관들이 너무 자주 여행을 다니고 재판업무에 소홀하다는 불신이 강하게 깔려있기 때문에 통제가 다소 필요하다고 내게 여러 번 강력하게 주장한다.

풀포드는 국제형사재판소의 첫 사건인 루방가 사건의 사실심 재판장이므로 매주 월요일부터 금요일까지 날마다 정해진 일정에 따라 공판업무를 성실히 수행해야 할 의무가 있다. 그러나 그는 헤이그에 집조차 구하지 않고 호텔에 묵으면서 매주 재판 후 금요일 저녁이 아니라 목요일 저녁에 런던으로 갔다가 월요일 아침이 아니라 화요일 아침에 돌아오는 짓을 반복했다. 결국 일주일에 3일만 재판을 하고 나머지 날을 런던의 자기 집에서 보내는 것은 공공연한 비밀이었다. 이것이 국제형사재판소 첫 사건인 루방가 사건이 그처럼 오래 시간을 끈 이유 중의 하나이다.

이 사람이야말로 수년간 재판관의 복무태도에 근본적 문제점을 야기한 사람이다. 이 같은 못된 근무태도를 직원은 물론 당사국 대표들도 모르지 않기 때문에 예산편성과 승인 시마다 재판관들에게 비우호적인 태도를 취하는 것이다. 자기 잘난 것만 아는 재판관들은 상당수의 당사국들이 이러한 불성실한 근무태도를 파악하고 자기들에게 불신과 적대적 태도를 갖고 있음을 잘 모르고 있다.

2009년 당선된 이탈리아 재판관 쿠노 타르푸서(Cuno Tarfusser)는 취임선서 직후 내게 오더니 공식적으로 자기는 한 달 중 2주일간 국제형사재판소 사무실에서 일하고, 그 나머지 2주일은 북부 이탈리아 볼차노(Bolzano) 집에 가서 일하겠다고 통보했다. 뻔뻔함의 극치임은 말할 것도 없고 회원국 대표들도 일부 재판관의 이러한 근무태도를 다 알고 비밀이란 없다는 것을 왜 모르는가. 나는 웃으면서 재판관 복무규정과 윤리규정을 주면서 읽어본 후 다시 이야기하자고 했더니 다시 소장실에 나타나지 아니한다. 복무규정을 모르는 것도 아닌데 재판관을 하늘처럼 우러러보는 많은 직원들이 알까 무섭다. 이런 일부 재판관들의 부적절한 행위가 모범적이고 열심히 근무하는 대부분의 재판관을 욕보이고 회원국들에게 비난과 불신의 원인을 제공한다. 그러나 내 속이 썩고 타 들어가도 참으면서 당사국 대표나 비정부기구에게 좋은 말로 해명하고 재판관을 감싸려니 죽을 맛이다.

또한 일부 재판관들이 외부에 나가서 회원국 대표들에게 함부로 내뱉고 무심코 해대는 무책임한 언사는 참으로 재판소의 운영을 어렵게 만든다. 어느 재판관이 허무맹랑한 도청도설(道聽塗說)을 토대로 무책임하게 이메일을 돌리면 몇 명의 동료가 떼 지어 반응하고 이에 소장실이 가만히 있을 수 없어서 대응하려면 애꿎은 소장실 직원 여러 명이 풀타임으로 몇날 며칠 매달려 절묘한 답을 준비해야 한다. 그 대신 생산적인 다른 업무를 못하고 만다. 결국 영어의 미묘한 차이를 아는 원어민 직원을 불러 최종 손질을 하고 답을 보내는데 그러려니 얼마나 많은 시간의 낭비인가!

내년도 재판예산을 가지고 풀포드가 자기가 담당한 재판조차 소홀히 하면서 약 2주간 소란을 피웠지만 결국 재판관들 간의 논의가 돌고 돌아서 결국 원래 내가 처음부터 취했던 입장으로 되돌아왔다. 전후맥락을 모르고 그에게 동조하던 다수의 재판관들도 마침내 눈치를 챈 것 같다.

풀포드는 그런 예산안 사정을 숙지하고 있으면서도 수그러들지 않고 재판관들끼리 내년도 재판일정을 논의하는 자리에서부터 내년에 2개 재판이 1년간 계속되어야 하는데 만일 중간에 예산이 고갈되어 재판 중단사태가 발생하면 소장은 어떻게 하겠느냐고 계속 난리를 친다. 그러나 이제는 어느 정도 예산안과 그 심의절차를 이해하고 당사국 대표들의 불신을 눈치 챈 재판관들이 나의 꿋꿋한 입장을 지지하는 방향으로 돌아서는 바람에 그의 반복된 엉터리 주장이 별로 호응을 얻지 못했다. 그러자 그는 그다음 단계로 '비상금 인출의 기준인 예측불가능성(*unforeseeability*) 요건이 강화되어 비상금을 인출하지 못하면 어떻게 할 것인가'라면서 재판관들의 신경을 자극하고 선동을 계속했다. 그가 이런 식으로 주장하면 기다렸다는 듯이 항상 선거에서 진 4인방이 온갖 비난조로 사실관계도 틀린 채 동조하고 나선다. 그러면 우수하고도 충성스러운 소장실 직원들은 또다시 하던 업무를 멈추고 나를 방어하기에 시간이 가고 날이 샌다.

매번 이런 쓸데없는 소란을 일으켜 놓고도 잘못을 인정할 재판관들이 아니므로 두 번에 걸쳐 예의 갖춘 장문의 해명 답변으로 터무니없는 예산소동을 막았다. 그러나 한 가지 불평을 달래놓고 나면 금방 또 다른 주제를 가지고 이메일을 돌리면서 문제를 제기하는 재판관들이 생겨난다. 결국 사건심리에 바쁘면 일에 정신이 팔려 아무 말이 없을 텐데, 일이 없다보니 별별 트집을 다 잡는 것이다. 이때 가장 만만한 표적은 내 비서실장 루스비스이다. 소통부족일 수도 있으니 1년에 정기적으로 몇 번 전원 재판관회의를 갖자는 제안이 나오기에 나는 냉큼 받아들였다.

그러나 일부 재판관들은 또다시 재판부는 규모가 작은데 행정처는 직급 높은 사람이나 예산이 너무 많으니 이를 재판관들이 나서서 직접 행정처의 예산을 삭감하고 직급을 강등시켜야 한다는 둥 사사건건 말도 안 되는 시비의 연속이다. 총회의 승인을 받은 인사와 예산을 일부 재판관들이 마음대로 나중에 바꾸겠다는 뜻이 아닌가. 재판을 담당하라고 선출된 재판관들이 행정처를 장악하고 행정에 관여하겠다는 뜻인데 이것이 옳은지도 문제이고 당사국총회가 이미 승인한 예산과 인력을 재판관들이 사후에 달려들어 마음대로 칼질하겠다는 것은 행정의 초보도 모르는 자들이 하는 말이거나 악의로 내게 곤욕을 주려는 의도일 뿐이다. 만일 예산심의 직전에 이런 재판관들의 움직임을 알았으면 당사국총회가 얼씨구나 하고 행정처 예산을 대폭 삭감해버렸을 것이다.

실비아 스타이너 브라질 재판관은 '로마규정에 근거도 없는 소장단이 계속 팽창하는 것이 불만'이라고 엉뚱하게도 집요하게 물고 늘어진다. 참으로 가관이다. 재판관이 설마 로마규정 제38조에 있는 소장단(Presidency)에 관한 근거규정조차 잊어버려서 하는 말은 아니겠지. 그리고 나는 전임소장으로부터 인수인계를 받은 후 단 한 명의 인원이나 예산의 증감 없이 2007년 체제와 규모를 그대로 유지하고 있는데 팽창이라니! 이런 얼토당토않은 말은 소장단을 공연히 비난하는 것밖에 안 된다.

12월 6일부터 예산심의 등 뉴욕에서 열리는 당사국총회에 대한 준비가 급함에도 불구하고 재판관들의 근거 없는 악의적 비난을 달래느라고 시간을 낭비하는 것이 안타깝다. 나는 이런 비난에 늘 배짱을 가지고 대범하게 대하므로 내 마음은 속상하다거나 걱정스럽기보다는 오히려 떳떳한데, 너무 근거 없는 비난만 늘어놓은 재판관들에 대응해서 대책을 꾸리느라고 늦게까지 일하는 소장실 직원들이 고맙기도 하고 안쓰럽기도 하다.

신임 콜롬비아 대통령의 당사국총회 연설

나는 다른 때와 마찬가지로 미리 한 주일 전 금요일인 12월 3일에 일과를 마치고 뉴욕으로 출장하기 위하여 공항으로 향했다. 그런데 마침 닥친 한파로 공항이 얼어붙고 비행기 출발과 도착이 3시간 지연되었다. 뉴욕의 호텔에서 시내까지 천천히 걸으면서 구경하니 성탄분위기가 무르익은 가운데 중심가에 웬 사람이 그리도 많은지 길을 헤쳐 나가기가 어렵고 차도까지 사람이 넘쳐난다. 역시 뉴욕은 뉴욕인가.

12월 5일 일요일에는 당사국총회 준비차 마련해준 각종 서류를 오전 내내 신중하게 검토하고 나의 총회 개막연설 연습도 좀 했다. 그리고는 다음 주에 방문해야 할 장소들을 확인했다. 일요일은 정말 조용하게 잘 보냈다.

뉴욕에서 열린 당사국총회 현장 (2010.12).

12월 6일 당사국총회 첫날이다. 임시로 가설한 유엔 내의 한 회의장에서 당사국총회가 열렸다. 회의장이 아주 좁지만 단상에는 의장 크리스티안 베나베저 리히텐슈타인 대사, 반기문 총장, 콜롬비아의 후안 마누엘 산토스(Juan Manuel Santos, 1951년생) 신임대통령, 그리고 나와 검사가 착석했다. 나의 개막연설은 연습한 만큼 잘된 것 같다. 유엔총회에 매년 각국 정상들이 참석하여 연설하듯 이번 당사국총회에서도 콜롬비아 대통령이 콜롬비아가 정의와 평화 프로세스를 어떻게 달성했는가를 줄거리로 연설했다.

패트리시아 오브라이언의 후임 유엔 수석법률고문인 스티븐 마티아스(Stephen Mathias)는 유엔의 '법치지원그룹'(Rule of Law Coordination and Resource Group)이 회원국의 사법부가 스스로 국제형사재판소 관할 범죄를 소추할 수 있도록 그 역량을 강화하는 데 필요한 지원과 구체적 조치를 취하기로 했다고 아주 중요한 발표를 했다. 유엔과 국제형사재판소 간의 실질적 협력이 구체화되는 첫 사례가 된다.

남아공 법무차관 안드리에스 넬(Andries Nel)과 양자회담을 했다. 그는 국제형사재판소에 대한 지지를 거듭 표명하고 재판소의 독립성을 강조하면서 예산증액을 반대하는 것은 말이 안 된다고 목청을 높였다. 그리고는 대표부가 제공한 차편으로 부리나케 콜롬비아 대사관저로 갔다. 그곳에서 산토스 대통령이 주최하는 오찬에 참석했다. 오찬에는 국제형사재판소에서 나, 오캄포 검사와 베나베저 당사국총회 의장 등 3인, 그리고 영국, 프랑스, 네덜란드, 브라질의 대사, 그리고 반기문 총장과 김원수 대사 등이 초대되었다. 콜롬비아측은 대법원장 등 일행이 참석했다. 대통령은 국방장관을 2년간 하다가 출마해서 당선되었다는데 취임 100일이 되었단다. 좌석은 대통령이 중앙에 앉고 내가 그의 왼쪽에, 그리고 반기문 총장이 오른쪽에 앉았다.

오찬 후 따로 회담일정이 있으므로 대통령이 주로 반기문 총장과 얘기하도록 놔두었지만 6·25전쟁 때 군대를 보내준 데 대하여 감사하는 인사를 내 전쟁경험과 함께 섞어서 전했더니 무척 좋아한다. 또한 내 장인이 총리시절 그 나라를 공식방문하신 기록도 전해주었다.

오찬 후 나와 콜롬비아 대통령과의 단독회담에서는 그의 확고한 국제형사재판소 지지를 재차 확인한 다음에 형집행협정 등에 서로 서명하기로 합의하고, 적당한 시기에 내가 그 나라를 방문하여 서명식을 갖기로 했다. 비유럽 회원국으로는 최초이다. 현 헤이그주재 요레다(Lloreda) 콜롬비아대사가 큰 역할을 한 것 같다. 그는 연말에 귀국하여 대통령의 안보보좌관으로 일한다고 하니 그와 같은 지지자가 바로 대통령 측근에 있어 든든하다.

오후에는 베나베저 당사국총회 의장과 단독회담을 했다. 새로 부임한 청사건축 감독위원회 스트럽(Strub) 의장을 접견했더니 그는 총회의결을 얻어 내가 주재국과 임시청사의 연장 사용문제를 협상하라고 요청했다. 나는 총회의장이 소집한 기자회견에서 간단한 성명을 내고는 바로 피해자신탁기금의 가을 프로그램 및 업적보고대회에 참석했다. 그리고 저녁에는 브리지드 인데르(Brigid Inder)의 '젠더정의를 위해 일하는 비정부기구'(Women's Initiatives for Gender Justice)가 주최하는 행사(2010 Gender Report Card on the ICC)의 개막에 참석해서 격려했다. 저녁에는 PGA 만찬에 참석했다. 참으로 바쁘고 피곤하지만 일을 성공적으로 완수한 만족감은 있다.

북한사태 예비조사 발표

12월 7일은 총회의 이틀째인데 예산안을 상정하고 설명하는 중요한 날이다. 풀포드가 심술을 부린 바로 그 문제의 예산이다. 행정처장의 설명을 들은 후 나가려고 하자, 〈동아일보〉 신치영 특파원이 전화로 국제형사재판소 검사가 북한사태에 관하여 예비조사에 착수한다고 난데없이 발표한 것에 관하여 몇 가지 묻는 바람에 시간이 좀 지체되었다.

7일 아침 9시에 대표적 비정부기구 PGA의 회의에 마티아스 보좌관과 같이 참석하여 간단한 연설 후 질문을 받았다. 나는 총회 중간에 8개국 국회의원으로 구성된 PGA팀을 접견하고 회원국의 협조와 비회원국의 비준에 같이 노력하기로 했다. 오늘은 당사국총회의 오전회의를 마친 후 1시에 나와 오캄포 검사 및 총회 의장이 공동기자회견을 하기로 예정되어 있다. 다그 함마슐드 도서관 지하강당에서 기자회견을 하는데 한국 기자도 모두 그리로 오시라고 했다. 〈뉴욕타임스〉 등 모두 약 50명 정도 각 매체 기자가 모였다. 우리 3인은 각자 준비된 성명을 낭독하고는 질문을 받았다. 그러나 역시 회견의 초점은 검사이고, 나와 총회 의장에게는 질문이 거의 없었다.

검사의 난데없는 북한사태 예비조사 발표에 대한 질문이 많았다. 한국 기자들도 거침없이 질문하고 기자회견에 적극적으로 참가해주어 고마웠다. 검사는 한국사태는 천안함 폭침과 연평도 포격을 모두 포함시켜서 다룬다고 하면서, 한국 정부가 요청한 것이 아니라 한국의 국내외 시민들이 많은 정보를 보내주고 탄원을 해서 회원국인 한국의 영토에서 일어난 사태가 과연 국제형사재판소 관할 범죄에 해당하는지 검토하고자 직권으로 예비분석을 개시했다고 했다. 이에 대하여 〈오마이뉴스〉의 스트링어(Stringer)라는 인도 계 여기자가 질문하기를 연평도 해역은 북한과 경계선 다툼이 있는 곳인데, 어떻게 회원국인 한국 영토에서 사태가 발생했다고 확정적으로 말하는가, 그리고 남북한은 휴전협정을 체결하여 현재 정전상태에 있는데 무슨 전쟁범죄가 저질러졌다고 주장하는가 등의 질문을 한다. 검사는 그런 문제점을 모두 포함하여 분석과 검토를 한다고 능숙하게 받으면서도 연평도 포격으로 민간인이 살해된 경우는 분명 전쟁범죄에 해당되지만, 천안함 폭침으로 46명의 해병이 살해된 것은 전쟁범죄가 아닐 수도 있다는 논리를 잠깐 폈다.

나는 최고심의 재판장으로서 예단할 수 있는 말을 삼가야 하므로 이 문제에 대하여 입을 닫았다. 검사는 자기선전에만 몰두하고 기본적 지식과 준비가 없어서 항상 걱정된다. 약 40분간의 기자회견이 종료되자 한국의 〈동아일보〉, 〈조선일보〉, 〈중앙일보〉, 〈연합뉴스〉, 〈매일경제〉 특파원 등 기자 5명이 나를 따로 만나서 추가로 회견을 했다. 조심스럽게 충분한 설명을 해준 듯한데 신경이 많이 쓰인 것도 사실이다. 대사관 만찬 후 거의 11시경이 되었는데 마침 카메라를 들고 들어온 KBS TV 임장원 특파원과 회견을 마치고 숙소에 가니 자정이다. 한국사태와 관련하여 북새통을 친 하루였다.

8일에는 내가 뉴욕 연락사무소에 출근하여 대기하고, 루스비스 비서실장과 마티아스 보좌관이 당사국총회의 진행상황을 면밀히 관찰하고 있다. 예산 등 안건을 모니터하면서 수시로 보고한다. 낮에는 독일과 남아공이 주최하는 피해자보호사업 보고회에 참석하였다. 주최자는 물론 참석자들이 바쁜 소장의 참석을 감사해한다. 이곳에서 현재 르완다국제형사재판소(ICTR) 재판관을 하는 로베르트 프레머(Robert Fremr)가 체코의 후보로 지명되어 일찍 선거운동을 한다. 잠깐 만나서 격려했다. 스탈린 시대를 살아남은 사람이라 그런지 속내를 말하지 아니하고 얼굴에 표정이 없다. 발언을 하면 양비론에 서는 경우가 많고, 무슨 말을 하는지 파악하기 어려운 사람이다.

저녁에는 베나베저 당사국총회 의장이 주최하는 실무만찬에 참석했다. 그 사이에 서울 MBN TV에서 전화로 회견을 요청해 5분간 응해주었다. 베나베저의 40층 펜트하우스는 항상 보아도 기막힌 경관과 함께 욕심나는 아파트이다. 물론 나를 주빈으로 했지만 우리 검사는 저녁식사 후 합류했고, 김원수 대사, 멕시코 로모나코(Lomonaco) 대사, 뉴질랜드 맥케이(McKay) 대사, 우간다, 코스타리카, 과테말라의 대사, 남아공 차석대사, 비정부기구인 국제형사재판소연합의 빌 페이스 대표, 미국 인권단체인 전환기 정의에 관한 국제센터(ICTJ)의 데이비드 톨버트 등이 참석하여 역시 국제형사재판소에 관한 토론을 했다. 나는 주로 예산을 깎지 말 것을 호소했고, 실무적 어려움을 구체적으로 토로하기도 했다.

성과가 많은 당사국 총회

12월 9일 목요일에는 예산을 상정하여 심의하는 날인데, 헤이그에서 재판을 팽개치고 달려온 풀포드 영국 재판관이 자기 나름대로 설명한다는 날이다. 나는 반기문 총장과 10시 반 면담이 있어서 루스비스, 카렌, 그리고 마티아스를 대동한 채 임시건물 3층에 있는 그의 집무실로 예방했다. 내 보좌관들은 반 총장과 각자 사진을 찍어서 개인적으로 보관할 기회를 주기 위하여 데리고 간 것이고, 반 총장과 내가 단독회담을 했다. 한국말로 의견을 교환하니 아주 빠르다. 두 사람은 국제형사재판소 관할 범죄를 엄정하게 처벌함이 바로 세계평화, 정의 및 법의 지배를 달성하기 위한 국제적 노력의 핵심임을 상기하면서 유엔과 국제형사재판소와의 관계를 더욱 공고히 하자고 합의했다. 나는 유엔이 초창기부터 여러 가지로 도와준 데 대하여 감사하고 특히 캄팔라의 '리뷰 컨퍼런스'에 반 총장이 개인적으로 참석하고 도와준 데 대하여 감사의 뜻을 표했다. 로마규정 비준확대(universality), 회원국의 국내 사법기관 역량 강화(complementarity), 그리고 회원국의 협력(cooperation)에 관하여 '리뷰 컨퍼런스'에서 채택된 결론을 십분 이용하여 같이 추진할 방법을 토론했다. 그리고 국제형사재판소에 관하여 널리 알리는 노력이 필요하고 많은 국가의 비준을 촉진하기로 합의하였다. 특히 유엔의 법의 지배 프로그램과 개발원조 프로그램을 운영상 로마규정에 좀더 초점을 맞춤으로서 각 회원국의 사법시스템을 강화할 수 있는 유엔의 중심역할을 연구하기로 합의하였다.

일사천리로 회담을 마친 후 내 비서진과 함께 나와서 그들은 바로 당사국총회 회의장으로 직행하고, 나는 연락사무소로 복귀했다. 당사국총회에서 예산심의를 할 때 소장이 나타나는 것은 여러 가지로 바람직한 일이 아니므로 직원들만 보내 세밀하게 관찰하면서 내게 보고하라고 했다. 직원들의 보고에 의하면 풀포드는 당사국총회의 한 분과위원회에서 발언기회를 얻었는데 대부분의 회원국들이 첫머리부터 그의 말을 듣지도 아니하고 재판에 바쁠 텐데 왜 뉴욕까지 왔느냐는 반응을 보였다고 한다. 일부 재판관들의 연금감축문제는 왜 해당자도 아닌 재판관이 와서 대변하는지 모르겠다는 반응이 나와서 참담한 실패로 끝나고 말았다고 한다. 다만 체면수습은 필요하므로 어느 비정부기구가 주최하는 부가행사에 끼어들어 자기가 사실심 재판장으로서 느낀점을 요약하여 발표했다고 한다. 헤이그에서 뉴욕에 가는 풀포드의 여비가 문제되자 연금이 감축되는 재판관들이 비용을 갹출한다고 하기에 내가 공무출장으로 만들어서 비행기표를 사주기도 했다.

오찬은 제정 러시아의 왕족인 로마노프(Romanov) 공주와 약속이 되어 춥지만 걸어서 니커보커클럽(Knickerbocker Club)으로 찾아갔다. 러시아 황제의 고손녀라던가. 귀티가 나는 나이든 부인들과 오찬을 하면서 많은 역사대화를 했다. 깊이 묻지는 않았지만 러시아 혁명으로 처형된 니콜라이 2세의 손녀쯤 되는가 싶다.

12월 10일 방글라데시 등 4개국이 새로 가입하였다는 낭보가 왔다. 열심히 아시아지역을 순방하여 열정적으로 설득한 것이 조금씩 효과를 발휘하는가 보다. 방글라데시는 인구가 1억을 넘는 대국이다. 따라서 낚시로 말하면 월척을 한 셈이니 어찌 기쁘지 아니하겠는가.

2010년 12월 뉴욕의 바쁜 모습을 보자. 연말이면 누구나 어디나 바쁘다. 국제형사재판소도 예외가 아니다. 특히 뉴욕에서 열린 당사국총회 제9차 회의에서 이번에도 내년도 예산안이 초미의 관심사이다. 세계 경제의 부진 때문에 많은 회원국이 분담금을 못 내겠다고 하고, 이른바 제로명목성장(*Zero Nominal Growth*)을 주장하고 있는 큰 회원국들도 있어서 작년과 동일한 예산규모로 동결될지 아니면 원래 요구한 대로 조금 증액해줄지가 불분명한 것이다. 그동안 나는 예산이 없어서 재판이 중단되는 일이 없도록 해달라는 캠페인을 줄기차고도 강력하게 전개했다.

그 결과 마침내 뉴욕회의에서는 영국, 독일, 일본, 이탈리아, 프랑스 등 이른바 'G5'가 삭감을 주장했으나 동조를 받지 못하고 실패하는 바람에 우리는 원하는 만큼 예산을 확보할 수 있었다. 나는 귀임하자마자 14일 부소장들과 각 심급의 책임자(Division President)들에게 구두로 보고했고, 메모를 작성하여 재판관들에게 보냈다.

당사국총회의 성과는 아주 고무적이었다. 우선 어려운 세계 경제여건에도 불구하고 재판소 예산이 1.3% 증액되었고, 만일 정규예산이 부족하여 비상금을 사용하는 경우에도 총회의 승인을 받을 필요가 없다고 결의한 것이다. 다만 비상금 사용통지 시 그 내역을 좀더 상세히 기록하라는 요구가 덧붙었을 뿐이다. 원래 160만 유로를 삭감하라는 예산회계위원회의 권고는 6만 2천 유로의 자체 흡수로 끝났다. 이것은 국제형사정의는 싼 것이 아니므로 돈 몇 푼 삭감으로 재판 못 한다는 말이 안 나오게 해달라고 강력하게 캠페인을 한 소장의 커다란 승리이다.

풀포드가 주장한 일부 재판관의 연금문제는 다시 제기하지 않기로 하고, 그 대신 예산회계위원회에 의견을 구하는 것으로 결의했다. 결국 주장한 자의 체면은 살려주되 다시 거론하지 않는다는 당사국의 의지 표현이다. 아프리카연합에 연락사무소를 내는 문제는 만일 아프리카연합이 허락하는 경우에는 비상금에서 그 예산을 충당하기로 하고, 내년도에 필요한 인력과 예산은 충분히 승인받았다.

다만 총회는 재판소와 당사국들 간의 대화를 촉진하기 위하여 '지배구조연구그룹'(study group on governance)을 만들자는 결의안을 통과시켰다. 이것은 회원국 대사들이 재판소에 합법적으로 간섭하는 길을 튼 것으로서 재판소 직원의 시간을 엄청나게 뺏는 결과를 가져올 것이다. 명분은 재판소 절차의 능률 제고방법을 연구하기 위하여 만든다는 것이지만 어느 대사가 이런 일을 전담해서 연구할 것인가. 결국은 재판소 직원들에게 떠넘길 것이 뻔하다. 더구나 당사국총회의 사무국은 헤이그와 뉴욕으로 나뉘어 서로 불협화음을 내고 있는데, 새로 창설되는 연구그룹이 누구의 지시를 받아 무엇을 할 수 있는지 암담하다.

총회에서는 '독립적인 감독 메커니즘'(Independent Oversight Mechanism; IOM)의 창설을 논의했으나 검사의 완강한 반대에 부딪혔다. 총회는 내가 주장한 대로 로마규정상의 의무를 위반함으로써 협조하지 않는 회원국에게 구체적으로 어떤 조치를 취할 것인가에 관하여 총회사무국으로 하여금 보고서를 준비하여 다음 총회에 제출하도록 했다.

재판관의 제명을 심리하는 전원재판관회의

뉴욕에서 귀임하고 보니 하루도 조용한 날이 없었다. 그동안 우리 내부에서 불협화음의 중요한 원천이었던 카울 독일 재판관에 대한 고소 고발사건이 2010년 12월 10일 드디어 전원재판관 회의에서 공론화되었다. 나의 지원을 받은 디아라 부소장의 희생적인 무마작업과 방어에도 불구하고 오디오 베니토 재판관의 사악하고도 음흉한 의도 및 쿠에니에히아 재판관의 줏대 없는 태도, 그리고 모나헹 재판관의 전후사정을 모른 채 초를 치는 부화뇌동으로 카울 재판관을 상대로 제기한 네덜란드대사 파울 빌케(Paul Wilke)의 1년 전 고소사건이 드디어 전원재판관회의에 상정되고 만 것이다.

내가 평소에 꾸준히 말렸음에도 불구하고 카울 재판관은 내부의 각 부서 대표자들이 참석하여 구성된 신청사 설계 및 건축에 관한 위원회에 스스로 재판관을 대표하여 참석해왔다. 업무성격상 또는 직책상 행정처장이 재판소를 대표하여 참석했는데 그녀를 못 믿겠다고 하면서 자기가 간섭하지 않으면 잘못될 것이라는 확신하에 스스로 참석한 것이다. 나는 말리고 말리다가 이를 묵인하는 정도로 방치했다. 그는 순진한 사람이라 일단 그렇게 참석한 후에는 열심히 일하면서도 성격상 매사를 흑백논리로 자르고 정면대결을 불사하는 편이어서 항상 필요 없이 적을 만든다. 말을 들어보면 일리가 없는 것도 아니나 의견을 개진하고 대응하는 방법이 너무 직선적이어서 쓸데없이 동료의 미움을 자초하는 편이다.

그는 신청사의 설계공모과정과 심사에 개입하면서 필요 없이 네덜란드 대표와 자주 다투었다. 전 세계적으로 공모했지만 법원청사 설계를 전문으로 하는 건축설계 분야는 호주 등이 강세를 띠고 있다는 것도 알게 되었다. 그런데 공교롭게도 현상설계 응모작의 심사결과 독일이 1등, 덴마크가 2등 그리고 네덜란드가 3등으로 추천된 것이다. 이 결과를 둘러싸고 네덜란드 외무부가 임명한 주재국 대표인 빌케 대사가 절차상 이의를 제기하면서 1등을 한 독일의 재판관인 카울과 다투게 된 것이다. 이것이 해당 위원회 내에서 수습되지 못하고 시간이 흘러 곪아터진 결과 빌케 대사는 소장인 내게 탄원서를 제출하면서 독일 재판관의 징계를 요구하였다. 이 같은 불협화음을 보고받은 네덜란드 외교부 사무차관 크로넨베르흐가 나를 찾아와서 사과하고 빌케 대사를 징계하겠다는 약속을 했다.

최초에는 내가 이를 소장단 내에서 움켜쥐고 소문이 새나가지 않도록 하면서 처리방안을 고심하였다. 나는 우선 비밀리에 재판관 3인을 조사위원으로 위촉하여 사실관계 전모와 진정사실의 진위를 파악하고 처리방안을 건의해 달라고 부탁했다. 조사를 담당한 재판관들은 내부조사 결과를 전원재판관회의에 비공개로 상정하여 처리할 것을 건의했다. 나는 가급적 전원재판관회의에 상정을 회피한 채 합당한 처리방안을 고심했으나 로마규정의 규정상 재판관의 탄핵사유에 해당하니 이를 전원재판관회의에서 처리하는 외에 다른 길이 없다는 의견이 제시되었다.

동·서유럽, 아시아, 남미 출신 동료들은 객관적 태도를 보이거나 큰 죄를 지은 일이 아닌 것으로 생각하는 듯했으나 문제의 4인방이 아프리카 출신 여성재판관들을 부추겨 결국 일을 키워나갔다. 이 기회를 이용하여 독일 재판관 타도의 선봉에 선 사람은 실력이 없고 감정적인 데다가 성격이 고약한 코스타리카의 오디오 베니토 재판관이었다. 나는 처음부터 독일 재판관이 다소 지나친 행위를 한 것이 있으나 당사국총회에서 선출한 재판관을 실제로 재판관들의 결의로 제명함은 지나치다는 생각이었다. 더구나 재판관으로 구성된 조사팀이 가동하자 나는 소장으로서 어떻게 독일 재판관을 설계공모위원회에 파견했는지 소명을 요구받았을 뿐만 아니라, 실무적 세부사항에 관하여 나의 진술서면을 제출하라는 요구를 받고 있었다. 따라서 나는 전원재판관회의에 출석하여 직접 증언을 해야 할지도 모르는 입장이 되었으므로 회피한 결과 전원재판관회의의 사회를 볼 책임을 면했지만, 나를 대신해 사회자가 되어 고생한 수석부소장 디아라에게 무척 미안했다.

동료 재판관의 신상문제로 공연히 한동안 시끄러워지면서 재판관들의 시간을 엄청나게 낭비했다. 나는 우선 비밀을 유지하여 독일 동료의 명예를 보호하고 순진하기 그지없는 그를 구하고자 막후에서 여러 가지 역할을 했으나 본인은 나중에 도리어 내가 안 도와준 것으로 알고 무척이나 서운하게 생각한다고 했다. 결국 이 사안은 나의 백방의 노력에도 불구하고 전원재판관회의에서 표결해야 하는 미증유의 불행한 사태로까지 번지고 말았다.

운명의 표결을 하는 날에 내가 판세를 분석해보니 독일 재판관의 뻣뻣한 태도에다가 그가 하필 국제형사재판소 판결의 단골 비판자인 윌리엄 샤바스 교수를 변호인으로 위촉하여 대항하는데, 조사보고 자료마다 본인에게 불리하기 짝이 없었다. 아마도 1표 차이로 그가 제명당하는 불상사가 일어날 것 같은 예감이 들었다.

이렇게 되면 역사가 일천한 이 신설 재판소의 운명은 곤란하게 될 것이 명약관화하다. 4인방은 독일 재판관을 제명하고 나서 나에게 화살을 겨누어 사임하도록 전략을 짰다고 한다. 그런데 그날 아침 독일 재판관의 제명을 열렬히 주장하는 우샤스카 라트비아 재판관이 이 회의에 참석차 출근하려다가 넘어져서 팔이 부러지는 바람에 출석하지 못하였다. 그녀의 불참으로 표결결과는 가부동수였고 로마규정의 규정에 따라 캐스팅보트를 쥔 디아라 부소장이 제명불가 쪽으로 투표하여 사안을 부결시켜 버렸다.

그러나 후유증은 좀처럼 사라지지 않았다. 내가 우선 소장단의 분위기 반전과 화합을 위하여 카울, 디아라 두 부소장을 식당으로 초청하여 오찬을 대접하면서 이를 극복하고 새롭게 전진하자고 샴페인 잔을 들었다. 내 돈으로 사는 비싼 최고급 오찬을 대접받고도 카울은 내가 안 도와주었다는 생각만 머릿속에 가득한 것 같았다. 다음 날 그는 다른 동료에게 그 오찬이 만일 내가 소장 재선 출마를 위한 포석으로 주최한 것이었다면 내게 면박을 주려는 계획을 가지고 있었다고 술회하더란다. 아무튼 다행스럽게 이 사건은 그렇게 막을 내렸다.

＊　＊　＊

네덜란드 왕궁 신년하례식

한국에서 연말 휴가를 보낸 후 2011년 1월 9일 헤이그로 돌아왔다. 회원국들이 헤이그주재 대사를 통해 보낸 카드나 자그마한 선물이 사무실에 쌓여있었다. 특이한 것은 회원국이 아닌 러시아, 이란, 중국, 사우디, 대만 등 비회원국의 대사들도 보낸 점이다. 개인적으로 친분을 쌓은 이들이 보낸 것이다.

러시아는 회원국이 아니나 헤이그주재 로만 콜로드킨(Roman Kolodkin) 대사는 내가 1980년대 모스크바를 방문하여 세계해법회 회의에 참석했을 때 알게 된 아나톨리 콜로드킨(Anatoly Kolodkin) 러시아 해법회 회장의 아들이다. 법률지식이 해박하고 겸손한 데다가 은근히 사람을 끄는 매력이 있어서 가까워졌다.

이란은 미국과 유엔의 혹독한 제재를 받고 있어서 헤이그주재 대사들은 누구도 이란의 국경일 리셉션이나 화학무기금지기구(OPCW)의 이란 행사에 참석하지 않는다. 나는 그럴 필요가 없으므로 그들의 행사에도 늘 얼굴을 내밀었더니 아주 감격해서 항상 정중하게 대한다.

중국은 대사 내외가 만주 연변 출신의 한족으로서 조선족들에 대한 이해가 많아서인지 내게 처음부터 가깝게 굴었다. 중국의 국경일에는 리셉션의 줄이 길기로 타의 추종을 불허하는데 나에게는 늘 직원이 대기하다가 따로 안내하는 등 예의를 다한다.

사우디는 세계 최대의 산유국에 걸맞게 국경일 리셉션 때마다 거창한 파티를 한다. 나는 꼭 참석하여 다른 아랍 대사들과도 열심히 소통하면서 그들의 환심을 샀다. 사우디가 아랍국가의 리더이므로 잘해둘 필요가 있다.

대만은 우리 내외가 타이베이를 방문할 때 마잉주(馬英九) 총통의 환대에 대한 감사의 마음과, 한국이 대만과 단교할 때 너무 비신사적으로 한 내용을 잘 알고 있어서 늘 미안한 마음 때문에 진심으로 잘 대해주고 있다. 그들의 국경일 리셉션에는 아무 대사도 안 오지만 나는 꼭 참석하여 축하한다.

　1월 12일 오전 네덜란드 여왕의 신년하례식에 우리 내외가 한복에 두루마기를 입고 참석했다. 매년 내가 이렇게 하자 한국대사나 권오곤 구유고전범재판소(ICTY) 재판관도 한복을 입기 시작하여 어느 해에는 한복 입은 귀빈이 세 부부인 경우도 있었다. 금년에는 예년과 달리 외교단 서열이 가장 오래된 국제사법재판소(ICJ) 소장 다음으로 내가 2번째가 되고 외교단장이 3번이 되는 순위변동이 일어났다. 속으로 깜짝 놀랐으나 주재국이 점점 국제형사재판소를 인정하는 뜻이어서 기분이 나쁘지 않았다. 다만 금년에는 하례식 일자를 앞당긴 탓인지 참석자 수가 적었다.

　베아트릭스 여왕은 항상 기품이 있고 지적 호기심이 강하여 자주 질문도 하고 자기의 박식도 과시하는 분이다. 대개 사전에 여왕이나 여왕의 동생인 마르흐리트(Margriet) 공주가 이야기를 나누고 싶다고 사람을 지정하면 하례식장에서 말씀 순서를 기다려야 한다. 그러나 무슨 말씀을 물을지 몰라서 긴장되지만 내게 던지는 질문은 국제형사재판소에 관한 것이므로 받아넘기기가 어렵지는 아니하다. 그리고 의전상 아무리 바빠도 여왕이 퇴실하기 전에 그 자리를 떠날 수 없게 되어 있으므로 대개 점심시간을 넘겨서까지 서서 기다리는 경우도 있다.

　스위스에서 밤새 운전해 와서 이 행사에 참석하고 바로 귀임해야 하는 북한 대표는 여왕과의 대화가 사전에 계획된 것인 줄 모르고 무작정 줄을 서서 차례를 기다리다가 떠나는 모습도 가끔 보인다.

다시 이어진 케임브리지대학과의 인연

내 비서실에서 대외업무를 담당하던 세르비아의 페타르 쥬리치(Petar Djurić) 군이 휴직하고 영국 케임브리지대학에 석사학위를 받고자 잠시 공부하러 갔는데, 그가 학교당국을 움직여서 나를 초청하였다. 1월 28일 아침 7시에 로테르담공항에서 런던 시티공항에 내렸다. 비행기가 맑은 날씨임에도 불구하고 몹시 흔들려서 큰 곤욕을 치렀다. 좋지 않은 몸 상태로 기차를 탔는데 이기차는 40여 년 전 내가 타던 기차보다 30분 이상 빨라서 45분 만에 케임브리지역에 내렸다.

나를 초청한 라우터파하트국제법센터(Lauterpacht Centre for International Law)에 당도하니 소장인 마크 웰러(Marc Weller) 교수가 샌드위치와 음료를 준비해 놓고 기다리고 있었다. 전반적으로 케임브리지는 영화 〈해리포터〉(Harry Potter)에 나오는 중세도시와 같은 분위기이지만 최근에 현대식 건물도 상당히 들어서는 등 많은 가시적 변화가 눈에 띈다. 그리고 케임브리지대학의 국제법 전통을 이어 훌륭한 선배 교수의 이름이 붙은 연구소도 발족되어 있어 기쁘다. 내가 공부하던 1968~1969년에는 국제법 분야에 허쉬 라우터파하트(Hersch Lauterpacht, 1897~1960) 경의 아들인 엘라이후 라우터파하트(Elihu Lauterpacht, 1928~2017) 교수 등 대가들이 계셨다. 그 전통을 이어받아 이제는 호주 애들레이드(Adelaide) 출신 제임스 크로포드(James Crawford, 1948년생) 교수가 중심인 듯했다. 소장인 웰러 교수는 원래 독일 함부르크 태생으로 보스니아 여성과 결혼한 학자인데 영국에서 공부한 후 옥스퍼드에 정착한 분을 모셔온 것이라고 한다.

구유고전범재판소(ICTY) 수사관을 휴직하고 이곳에서 1년간 방문교수로 국제형사법을 가르치는 댄 색슨(Dan Saxon)이 친절하게 대해 준다. 나중에 그가 내게 《그녀의 생명을 구하다》(To Save Her Life)라는 책을 한 권 준다. 겉장에는 마리짜(Maritza)와 페르난도(Fernando)의 이름까지 넣은 서명본이다. 이 책은 나중에 읽어 보니 현재 이 사람의 부인이 된 마리짜가 전 남편의 아들 페르난도(Fernando)를 유치원에 내려주고 돌아오는 길에 납치되었다가 풀려나서 미국으로 떠나기까지 숨막히는 과테말라의 비극적 인권유린 사건을 기록한 저서이다. 비록 2주일간의 기록이지만 이 나라의 40여 년에 걸친 내란과 살육, 분열과 빈곤 등이 한국전쟁을 경험한 나에게 아주 가슴 아프게 다가온다.

1시가 되자 금요강좌를 시작했다. 학생은 물론 많은 사람들이 입추의 여지가 없이 내 발밑에도 앉고 복도는 물론 밖에까지 모여들어서 결국 휴대용 마이크를 착용하고 약 40분간 국제형사재판소의 보충성 원리(complementarity)를 중심으로 나의 6·25전쟁 경험도 섞어 가면서 국제형사재판소 관할 범죄에 관한 상세한 강연을 했다. 소장의 입에서 나오는 듣기 어려운 정보들에 매료된 청중들은 여러 가지 좋은 질문을 계속했다. 영양가 있는 정보를 들었다고 입이 함박만큼 벌어졌다. 잠깐 쉬고는 석·박사 학생들과 함께 대학원 세미나를 한 시간 남짓 주재했다. 똑똑한 학생들이다.

이 대학의 법대 학장으로 민법과 법제사를 가르치는 데이비드 이베슨(David Ibbetson) 교수는 친절하게도 나를 새로 지은 법대 도서관으로 손수 안내했다. 이 기회에 학교 현황을 이것저것 물어보았다. 학부의 학생 수는 변함이 없는데 대학원의 경우 법학석사(LL. M.) 과정 학생이 200명이 넘고 박사(Ph. D) 과정 학생 또한 상당수가 있다고 한다. 옛날에 비하여 격세지감이 있다. 마치 내가 가르친 하버드 법대와 마찬가지로 큰 수입원인 석·박사 과정을 확장하여 외국인 중심으로 200명 이상을 매년 입학시키는데, 그 많은 석사학위 후보자를 받아서 어떻게 제대로 논문지도하겠는가. 과연 내가 예측했다시피 강의를 좀더 듣게 하는 대신 논문제출 의무는 없앤 지 오래라고 한다. 미국 법학교육의 나쁜 점을 닮아간다. 미국과 마찬가지로 명문대학의 법학석사 프로그램에 기를 쓰고 입학하는 한국과 중국 학생들이 짊어지고 오는 현금이 이 프로그램의 돈벌이 원천인 것이다.

일본은 그렇지 아니한데 한국과 중국만은 아직도 일류병이 골수에 사무쳐서 아무리 큰 거금이라도 내고 무슨 희생을 무릅쓰더라도 미국과 영국의 일류 법대에 입학하여 석·박사 학위를 취득하고자 기를 쓴다. 남의 나라 대학의 등급을 매기기 좋아하고 자기 자녀가 상등급 외국대학에 입학해야 좋아하는 한국의 풍토는 잘못된 사대주의가 아닌가.

기부금 모금(*fundraising*)은 아무래도 미국 전통의 일부라서 영국 등에서는 생소하여 여의치 못하다고 한다. 물론 가끔 로펌이나 기업인이 기부하기도 하지만 그것은 대개 시설투자에 집중되고 운영상으로 어렵기는 마찬가지라고 한다.

호텔에서 좀 쉬다가 아내와 함께 내가 몸담았던 울프슨칼리지(Wolfson College)에 도착하여 총장 내외의 관저영접을 받았다. 리처드 에반스(Richard J. Evans) 총장이 초대하는 만찬에 참석했다. 2005년 이 대학 창립 40주년 기념만찬에 초대된 후 다시 찾은 것이다. 이번의 만찬장소는 이 대학의 정규 만찬장이다.

케임브리지나 옥스퍼드의 칼리지에서는 가운을 입고 각 분야의 선후배가 어울려서 자주 만찬을 하면서 의견교환을 하고 토론하는 동안에 점차 학제간(學際間)의 관심을 제고하고 식사예법, 화술, 예의, 사교 등 인품이 형성된다고 믿기 때문에 정기적 만찬은 아주 중요한 대학생활의 일부이다. 그래서 이런 정기적 만찬을 하이테이블(High Table)이라고 하며 가운입고 착석한 참석자들 앞에서 총장이 라틴어로 기도하고 식사를 시작한다. 그 전통은 변함없이 계속되는 것 같으나 신생 칼리지인 울프슨은 만찬을 포멀홀(Formal Hall)이라고 부른단다. 울프슨 사람들은 가운을 걸친 채 착석하고 외부 초청인사는 가운 없이 앉는다.

도착하여 보니 에반스 총장이 우리 부부와 페타르, 웰러 교수 내외, 댄 색슨 등 내 관계자를 10명쯤 초대하여 총장 주위에 자리를 배치하였다. 총장은 나와 같이 앉아서 여러 가지 화제를 가지고 토론했다. 그는 독일의 현대사가 전공인 역사교수라고 한다. 부인은 50이 넘었을 나이에 지금 영문학으로 박사논문을 쓰는 중이라고 한다.

식후에는 만찬장소 앞에 있는 중국인 남성 리(Lee)가 기부한 건물로 옮겨서 하프시코드 연주를 감상하는 순서가 기다리고 있었다. 후식인 과일과 식후주를 마시면서 앤드루 아서(Andrew Arthur)의 연주를 들었다. 이 악기는 이 학교의 은퇴교수가 기증한 것이라는데, 소리가 참 곱다. 총장이 연주자를 내게 소개했다. 11시가 되어 지친 몸을 이끌고 호텔로 돌아왔다. 서양의 만찬은 대개 음악연주가 곁들여져 분위기를 돋우는 경우가 많은데, 특이한 하프시코드 연주를 듣는 귀한 기회가 주어져서 기쁨이 두 배였다고 할까.

　다음 날인 29일은 토요일이어서 다소 늦게 일어나 아내와 둘이서 시내를 거닐었다. 킹스칼리지(King's College)와 그 부속 교회가 보여주는 섬세한 영국 고딕건물의 백미를 감상했다. 이 대학 출신의 유명한 졸업생들의 대리석 상이 진열된 곳에 가서는 아내에게 시인 알프레드 테니슨(Alfred Tennyson)이 담배를 피우고는 파이프를 발밑에 감춘 석상을 보여주었다. 그리고 가장 큰 트리니티칼리지(Trinity College)에 가서는 그 내정(內庭)과 렌 도서관(Wren Library)을 들어가 보았다. 아주 오래된 고서를 모아 놓은 곳인데, 그 뒤에는 캠(Cam)강이 유유히 흐른다. 그리고 세인트존스칼리지(St. John's College)에 가서 이제 막 500살이 된 이 대학의 역사를 음미했다. 현존건물 중 가장 오래된 코퍼스크리스티칼리지(Corpus Christi College)의 내정을 구경하고 예전과 다름없이 활기찬 시장통을 거쳐 탄식의 다리(Bridge of Sigh)에 서서 강물 위에서 펀팅(납작하고 네모난 쪽배 젓기)하는 사람들을 구경했다.

　페타르의 안내로 몇 개 대학은 입장료를 내지 않고 구경했다. 신규 기부자금으로 새로 지은 법대 도서관 및 기타 편의시설이 중세도시의 불편하고 낙후된 인상을 다소 면하게 해준다. 이곳에서 가장 맛있는 식당을 찾아보라고 부탁했더니 페타르는 세계적으로 유명한 셰프 제이미 올리버(Jamie Oliver)가 경영하는 식당에 용케도 점심예약을 했다. 우리는 이곳에서 전쟁으로 얼룩진 페타르의 가족사를 듣고 여러 가지 음식을 먹었다. 당뇨가 심하여 스스로 인슐린 주사를 맞고 있는 이 청년의 앞날에 희망과 결실이 가득하기를 빈다.

　점심식사 후 런던의 리버풀스트리트(Liverpool Street)역으로 가는 기차를 타고 케임브리지를 떠났다. 우리가 묵은 호텔로 찾아온 애제자 허범 변호사 내외와 함께 바비칸(Barbican)건물 속의 음식점에서 저녁 한때를 즐겼다. 옛날이야기도 많이 나누었는데 그는 이제 한국에 돌아갈 때가 아닌가를 문의하

올프슨칼리지 에반스 총장 주최 만찬에 참석한 외부 초청인사 (2011. 1).
국제형사재판소의 페타르, 나, 마크 웰러 교수, 댄 색슨 전 ICTY 수사관.

고 있었다. 허 군은 우리 제자 중에서 신심이 두터운 유능한 법조인이다. 이
제 외동딸인 윤이가 옥스퍼드대학에 입학하고 보니 한국에 귀국할 시기가 왔
고, 그는 운 좋게 공부하고 실무를 해본 신용파생상품에 관하여는 드문 존재
이므로 이를 전파하기 위해서라도 귀국은 필요할 것 같았다. 나는 우선 논문
을 한 편 써서 발표하고 귀국할 것을 권고하였다.

30일 아침에 일어나서 아내와 둘이 호텔 부근의 시장을 둘러본 다음 포스
터 경(Lord Foster)이 설계한 '거킨'(The Gherkin) 등 부근의 특이한 건물을 구
경하고 점심을 거른 채 예약된 택시로 공항으로 이동했다. 바로 우리 검찰부
직원 김상우 군의 집으로 가서 권오곤 재판관 내외, 이성훈(우리 검찰부 직
원), 스티브 고(해럴드 고의 장조카)와 함께 김 군의 부인이 정성으로 차린 각
종 음식을 맛이 좋아서 과식한 것 같다.

짧은 주말여행이었지만 아주 성과가 크고 가슴 벅찬 여행이었다. 42년 전
에 27세의 한국 촌놈이 유학 와서 1년간 연구하다가 떠난 케임브리지대학을
이제 나이 70세에 세계 법조계의 정상이 되어 이곳을 다시 찾아 상응한 의전
을 받고 후학들에게 인상 깊은 강연을 하고 돌아왔으니 이 어찌 감개가 무량
하지 않을 수 있겠는가.

아프리카연합이 있는 아디스아바바

2011년 2월 12일 토요일 저녁 프랑크푸르트를 거쳐 아디스아바바로 가는 비행기에 몸을 실었다. 아프리카 전역에서 유엔이 선발한 가장 우수한 초임 외교관에게 강의하기 위해서 유엔의 특청으로 시간을 냈다. 지연 출발한 비행기에서 제공하는 서비스는 아주 '만만디'여서 새벽 1시가 넘어서야 식사 서비스를 받고는 서너 시간 자고 나니 다음 날 이른 아침에 아디스아바바에 도착했다. 유엔 의전관의 영접을 받았다. 지난번보다 훨씬 더 좋은 호텔에 투숙했으나 나중에 인터넷이 연결되지 않아 고생했다. 카렌 모소티도 뉴욕 연락사무소에서 이미 와 있다. 도착하자마자 일정이 빡빡하다. 보츠와나 부대사 베네티아(Benetia), 가나대사 토마스(Thomas) 그리고 유엔의 행사책임자 버지니아 모리스(Virginia Morris)를 연달아 접견했다.

그리고는 한국 대사관저의 만찬에 우리 내외가 카렌과 함께 참석했다. 지난번에 신세졌던 정순석 대사 내외와 김 서기관 내외 그리고 우리 셋인데 손수 담았다는 막걸리를 부추전과 함께 식전코스로 낸다. 정 대사는 한국의 토속적인 정취를 적절하게 곁들이는 멋진 배려를 했다. 그리고는 한식으로 저녁을 먹으면서 우리끼리 한국말로 애국심 가득한 토론을 하는데도 카렌 모소티는 인내심 있게 앉아 있다가 밤 11시 넘어 헤어졌다.

다음 날은 하루 종일 유엔 수강생에게 국제형사재판소와 로마규정에 관한 강의를 했다. 반응은 참으로 좋았다. 이들은 모두 자기 나라에서 엘리트인데다가 현재에도 외무부나 법무부에서 국제형사재판소에 관한 법률 자문을 하는 분들이므로, 우리에게는 소중한 인적 자산이고, 장차 네트워킹이 되면 우리의 지지자가 될 그룹이었다. 몇 사람은 자기 나라의 국제형사법 전공의 학자 내지 교수들이므로 역시 영향력 있고 중요한 인물이다.

그리고는 곧바로 문제의 장 핑(Jean Ping) 의장을 다시 만나러 아프리카연합으로 차를 몰았다. 우리 둘은 지난번에 만나 인간적으로 호감을 표시하는 관계로 발전하였으므로 우선 긴장이 덜 된다. 그는 이른바 '아랍의 봄'에서 유발된 이집트 사태가 걱정이 되는지 우리의 의제와는 상관없음에도 불구하고 첫머리에 장황하게 이집트 문제를 분석한다. 우리의 화제에 임해서도 국제형사재판소 검사를 증오하는 말로 시작한다. 코피 아난 유엔 사무총장이 아프리카연합의 위임을 받아 케냐사태를 조사해놓고도 위임한 아프리카연합에는 아무 보고도 없이 국제형사재판소 검사와 직접 연락하여 함께 잘못된 행동을 하고 있다는 취지로 두 사람을 싸잡아 비난한다. 이것은 상당히 중요한 정보로서 내가 평소 미심쩍었던 부분이었다. 그리고 그는 나의 인간적이고도 바른 접근방법으로 인하여 아프리카연합과 국제형사재판소 수뇌부 간의 관계가 좀 좋아졌다는 말도 반복한다.

나는 장광설을 듣다가 중간에 자르고는 당신 같은 국제적 거물이 검사만 상대할 필요는 없고, 소장인 나와 직접 접촉하자고 역공을 했더니 그동안 소원했음을 오히려 사과까지 한다. 그리고 우리 양대 기구는 부당면책의 종식 등 공동의 가치를 공유하는 점을 확인하고 앞으로는 나만 상대하겠다고 했다. 그 자리에서 내가 연락사무소 설치, 업무협조협정(MOU) 서명, 신임장 제정 등 안건을 재차 제기하였다. 그는 일단 아프리카연합 법률고문 벤 키오코(Ben Kioko)의 검토가 필요하다는 반응을 보인다. 금방 긍정적 대답이 안 나오는 것이다. 그런데 벤은 자기 나라 케냐사태의 조사 때문에 태도가 이중적인 데다가 국제형사재판소에 적대적인 것이 확연히 드러나는데 이 사람에게 검토시킨다고 하는 것이 다소 실망스럽다. 그래도 이 정도까지 접근된 것도 중요한 진전이라고 볼 수 있다. 어떻게 첫술에 배부를 수 있겠는가.

하루 종일 강의해서 다소 피로하지만 유능한 젊은이들을 상대해서인지 기분이 썩 좋다. 이날 저녁에는 기시노 신임 일본대사의 만찬에 부부가 같이 참석했다. 원래 헤이그에 있는 고에즈카 신임 일본대사에게 미리 부탁하여 아프리카에서 말발이 서는 회원국들을 초청하여 자리를 만들어달라고 했던 것이다. 에티오피아가 바다가 없는 나라이므로 생선, 해조류 등 일본 음식 식자재를 정기적으로 방콕에서 부쳐온다고 한다.

2월 15일 화요일은 무함마드의 탄신일이라 공휴일이라고 한다. 따라서 아프리카 국가의 대사들과 양자회담을 마련하기도 어렵다. 오전에는 모처럼 한가하게 호텔에서 쉬었다. 유럽연합대사가 회원국 대사들을 소집해 나에게 브

에티오피아 아디스아바바에서 UN이 주최한 각국 중견외교관 대상 국제법 교육 (2011.2).

리핑해 주는 오찬에 참석했다. 작년에도 같은 벨기에 출신의 인상 좋은 페어베크(Vervaeke) 대사가 오찬과 브리핑 기회를 마련했는데, 이번에도 휴일임에도 불구하고 27개 회원국 중 21개국의 대사가 참석했다. 그들의 지지의사는 확고하기만 하여 든든하다. 그들은 나에게 아프리카의 분위기와 말썽 많은 아프리카 회원국을 다루는 방법을 일러주고, 나는 그들에게 국제형사재판소에 관한 따끈따끈한 정보를 업데이트해 주었다.

유엔에서 내준 자동차를 타고 우리 내외가 오후 한나절 시내를 둘러보았다. 정식 안내원을 붙여 설명을 들으니 얻는 지식이 많다. 먼저 시내 정상인 엔토토(Entoto) 산에 올랐다. 길은 잘 포장되었으나 가파르다. 해발 3,100미터 정상에 와서 시내를 관망했다. 이곳은 1년 내내 기후가 좋지만 고물차들이 내뿜는 매연문제가 심각하여 굴뚝산업이 하나도 없는 나라인데도 시야가 뿌옇다. 그러나 아디스아바바는 널리 산개되어 있는 도시라서 그런지 풍광이 아름답다. 산에는 이들의 자생 원산나무인 주피터(jupiter, 성서에 나오는 나무인데 우리나라 측백나무를 닮은 듯함)가 많지만, 호주에서 수입한 유칼립투스(eucalyptus)가 무성하여 원산목을 압도한다. 아낙네들이 마른 나뭇가지를 모아 옆으로 길게 나뭇짐을 만들어서 짊어지고 내려온다. 사진 찍는 것을 극력 싫어한다고 해서 삼갔다.

아디스아바바의 북쪽 엔토토산 정상 부근이 방어상 용이하여 원래의 수도 였다고 한다. 이곳에는 이 나라 왕인 메넬리크(Menelik)와 그 부인인 타이투 (Taitu) 왕비가 약 130여 년 전에 지었다는 팔각형 내지 원형인 교회가 있고, 교회 뒤에 왕궁이 있다. 왕궁은 초가집이고 아주 소박하다. 그러나 계급에 따른 출입구가 분명하고 음식 저장하는 곳, 왕의 접견실, 침실, 회의실 등 기 능별로 오밀조밀하게 구분되어 있다. 마루는 원산목을 일일이 손으로 깎아서 깔았다. 이 산정상은 불모지여서 타이투 왕비의 명령으로 신수도 아디스아바 바(Addis Ababa, 새로운 꽃이라는 뜻)가 건설되었다. 6·25전쟁 참전국이라서 우리나라와의 교류도 많고, 한국인 방문객도 많다고 한다.

아프리카에서 가장 크고 영향력이 있는 나라가 이집트이지만 이 나라는 북 아프리카와 중동국가를 포함하여 메나(Middle East and North Africa: MENA) 지역에 속하므로 사하라 이남의 '검은아프리카'와 정서가 아주 다르다. 원래 남아공이 검은아프리카에서 가장 크고 강력한 나라여서 대륙을 이끌어야 하 지만 만델라가 인종차별 정책을 폐지하고 국제사회에 동참하기 전까지는 아 파르트헤이트(apartheid) 정책으로 인하여 철저히 격리되고 봉쇄되었다. 차선 책으로 오랫동안 독립을 유지했을 뿐만 아니라 인구가 8천 5백만이나 되는 대국이고 정치가 안정된 에티오피아에 국제기구들이 1950년대 말부터 밀집 하기 시작했다. 오늘날 유엔의 아프리카경제위원회(Economic Commission for Africa: ECA)는 물론 아프리카연합 등 아프리카 대륙에서 가장 큰 외교단 지 내지 국제사회가 이곳에 형성되어 있다.

이곳에서 정상을 내려오다가 전날 아내가 미사를 드리는 신도가 많아서 구 경을 못했다는 트리니티 대성당(The Holy Trinity Cathedral)에 들렀다. 구리 덮개를 씌운 에티오피아정교회(Ethiopian Orthodox Tewahedo Church)의 원형 교회는 의사당 근처의 아라트 킬로(Arat Kilo)에 위치하며 1931년 하일레 셀 라시에(Haile Selassie) 황제가 건설했다. 그 당시 독립을 위하여 싸운 전사들 에게 봉헌된 교회라서 그런지 성서의 장면을 그린 색채유리는 물론 후일 이탈 리아에 대항하여 싸운 독립전쟁의 여러 장면도 벽화로 그려져 있는 것이 특

에티오피아 엔토토산의 성 마리암 교회 (2011. 2).

이하다. 교회의 경내에는 이 황제의 묘소도 있고 황비 메넨(Menen)과 그 자녀들의 무덤이 있다. 화강암을 써서 봉헌한 악숨(Axum) 스타일의 가장 큰 묘소라고 한다.

경내에 있는 박물관은 초라한데 2개의 왕관(특히 이 나라에서 존경하는 메넬리크 2세 및 그 왕비인 타이투의 왕관), 십자가, 시계, 양피지에 쓴 고서, 우산 등이 다양하게 전시되어 있다. 이 나라는 볼 만한 유적이 거의 없고, 종교가 기원전부터 일상생활을 지배하여 가톨릭, 동방정교, 이슬람교 등이 평화공존을 하면서 종교의 차이에 따른 문제가 없다. 우리 운전사도 교회 앞을 운전하여 지날 때마다 성호를 긋는 것이 인상적이다. 그리고 사방의 교회 앞에는 많은 사람들이 모여서 땅에 엎드려 절하는가 하면 교회 문에 키스하는 사람도 있다.

다음에는 성 조지 성당(St. George Cathedral)으로 차를 몰았다. 이 8각형 교회는 메넬리크 황제가 1896년 이탈리아를 격파한 기념으로 그리스, 아르메니아 및 인도 예술가들의 도움을 받아 이 나라의 후견성인인 조지(St. George)에게 1911년 봉헌한 교회이다. 1916년 제우디투(Zewditu) 여제, 1930년 하일레 셀라시에 황제가 대관식을 한 곳이다. 교회 북쪽의 박물관은 작지만 전시물이 다양하고 알차다. 아름다운 아디스아바바대학 캠퍼스 속에 자리 잡은 황궁을 민족문화박물관으로 개조하여 공개하고 있다.

국립박물관에는 그들이 자랑하는 루시(Lucy)가 있다. 1974년에 발견된 320만 년 전 인류의 조상이 화석형태로 전시된 곳이다. 아내는 6·25전쟁 참전용사 기념비에도 다녀왔다고 한다. 유엔에서 내준 차를 타고 아프리카에서 가장 크다는 시장(Addis Mercato)도 돌아보았고, 지나는 길에 극장 앞에 길게 늘어선 관람객의 줄도 보았다.

저녁에는 쉐라톤호텔의 이탈리아 음식점에서 카렌과 무이타 대사를 초청하여 저녁을 대접했다. 그는 유엔주재 케냐대사 시절 당사국총회의 부의장으로 수년간 봉사하다가 이곳 아프리카연합주재 케냐대사로 전근되었다. 케냐를 수사하는 검사의 결정에 입장이 곤란하여 아무 말도 안 하고 물어도 요리조리 빠진다.

교도소 감방을 비싸게 세놓아 먹는 네덜란드

유엔 의전관의 도움을 받아 아디스아바바를 떠나서 다음 날 새벽 5시에 프랑크푸르트공항에 내렸다. 그런데 8시가 좀 지나서 출발하는 암스테르담 연결 비행기가 고장 때문에 못 간다고 한다. 10시에 네덜란드 외무장관 로젠탈과 담판을 할 일정이 있는데 그만 본의 아니게 위약을 하고 말았다.

네덜란드는 처음에 국제형사재판소를 자기 나라에 유치하고자 온갖 감언이설을 다 하더니 이제는 그때 일은 모른 체하며 입을 씻는다. 원래 그들은 국제형사재판소의 자체 건물이 완공되어 입주할 때까지 적당한 건물을 네덜란드 정부의 예산으로 임차하여 우리에게 2012년 6월 말까지 10년간 무료로 사용하도록 조치했다. 그러나 그때까지 우리의 자체 건물을 완성하여 입주하는 계획이 차질이 생겼으므로 누가 2012년 6월 말 이후의 임대료를 부담하는가의 문제가 대두되었다. 자기들은 1년에 우리 재판소를 위하여 지출하는 임대료가 7, 8백만 유로뿐이지만, 우리가 이 나라에 주는 경제적 기여는 5천만 유로가 넘는 데도 불구하고 무료사용 기간을 조금만 더 연장하자는 우리의 요청에 펄쩍 띈다.

그뿐인가. 국제형사재판소와 네덜란드 간의 기본관계협정에서 네덜란드를 왕복하는 피의자와 증인 및 그 가족의 왕복항공료, 숙식비, 경호비용 등 일체의 비용은 네덜란드 정부가 부담하기로 되어 있다. 그런데 네덜란드 정부는 나름대로 해석을 통하여 이 협정이 적용되는 경우란 오직 구속된 자들의 경우일 뿐, 자발적으로 법정에 출석하는 자에게는 적용되지 아니하므로 그런 경우 우리더러 모든 비용을 부담하라고 청구서를 계속 보내고 있다. 우리는 완강하게 이를 거부하고 있으나 이것도 해결해야 할 문제이다.

이보다도 나는 교도소의 감방을 비싸게 세놓는 사람들은 네덜란드인 이외에는 알지 못한다. 국제형사재판소는 자체 교도소가 없으므로 네덜란드 교도소에 구속피의자를 하나씩 수감해야 하는데, 그 작은 공간에 대하여 네덜란드 정부는 1년에 식대 등 엄청난 금액을 청구한다. 나는 그러려면 차라리 혐의자를 일류호텔에 투숙시키고 비용을 절약하겠다고 볼멘소리를 한 일도 있다.

각종 유엔 기구를 유치한 오스트리아는 건물을 지어서 무한정 사용하게 하고는 임대료로 1년에 1유로를 받는다. 함부르크에 있는 국제해양재판소의 아름다운 건물은 독일 정부가 지어서 기증한 것이다. 자기들이 헤이그를 세계의 법적 수도라고 강조하면서 이래저래 돈을 많이 요구하는 것은 참으로 안타깝다.

2월 18일 금요일에는 이곳에 부임한 제자인 이자형 참사관이 자기 집에 만찬을 초대했다. 김상우, 이성훈, 스티브 고와 함께 부인이 정성을 다하여 준비한 음식을 즐겼다. 그다음 날에는 내가 2004년 채용한 나의 재판연구관 폴커 네를리히가 자기 집에 저녁을 초대한다. 동거인 오드리가 약 3주일 후에 아이를 낳을 것이므로 그전에 우리를 초대한 것 같다. 배가 남산만큼 부른데도 우리 부부와 그들 내외는 조촐한 저녁을 함께 즐겼다. 살림과 요리는 독일인 폴커가 하는데, 요리는 물론 육아 등 모든 것을 참 잘한다. 참으로 한결같고 헌신적인 젊은이들이다.

3월 3일 네덜란드 외무장관 우리 로젠탈과 다시 만났다. 현재 사용하는 빌딩의 임대료 면제기간을 새 건물을 지어서 이사갈 때까지 연장해달라고 담판을 짓기 위하여 방문했다. 2002년 7월 국제형사재판소가 처음 헤이그에 둥지를 틀 때 네덜란드 정부가 10년간 사무실을 자기네 비용으로 임차하여 이를 무상으로 사용하게 했다. 그동안에 우리가 자체 건물을 지어서 나가지 못했으므로 추가 임대료의 문제는 재판소의 고유 업무라기보다 재정을 부담하는 회원국들이 챙길 문제인데 당장 세 들어 사는 재판소에 직접 영향을 미치므로 모른 체할 수 없었기 때문에 소장인 내가 나선 것이다.

드디어 3월 3일 루스비스 비서실장, 필립 암바흐(Philipp Ambach) 특별보좌관, 그리고 행정처의 건물담당 숀 월시(Sean Walsh)를 대동하고 장관을 만났다. 그는 여성 사무차장과 함께 회담에 임석했다. 이 여성은 나와 악수하면서 우리말로 "안녕하십니까?" 하고 인사한다. 회담 첫머리에서부터 무장해제를 시키려고 하나? 분위기를 부드럽게 만드는 호의적 제스처인가? 그들의 태도는 처음 10년을 봐주었으면 됐지, 이제는 모든 회원국이 추가 임대료를 분담할 차례가 됐다면서 완강하다. 그러면서 같은 건물에 조금 더 있으려면 오히려 2012년 6월 말 임대차 계약이 종료하기 전에 건물주와 어서 좋은 조건으로 협상하라고 권한다.

나는 국제형사재판소와 주재국의 관계는 한 가족과 같은 입장이니 공통분모를 찾자고 했으나 그동안 총 1억 유로 이상을 지출했으면 족하고 그 이상 돈도 없다고 강하게 잡아뗀다. 나는 헤이그에게 세계의 국제법 중심도시라는 명성을 안겨준 것은 국제형사재판소가 정착한 때문이고 방문객 증가 등 연관 경제효과는 고사하고라도 매년 예산에서의 직접지출만도 5천만 유로가 넘는다고 강조했다. 그리고는 임대차 계약의 당사자도 아닌 국제형사재판소가 어떻게 건물주와 협상할 수 있는가 하면서 허를 찌르는 응수를 했다.

아무튼 협상은 결렬되었고, 공은 당사국총회 의장인 크리스티안 베나베저에게 넘어갔다. 오스트리아의 빈이나 독일의 본 또는 베를린으로 이사하자는 논의도 상당히 나온다. 다만 로마규정에 재판소 소재지를 헤이그라고 못 박았기 때문에 이를 개정하기 전에는 법적으로 불가능하다는 반론도 있었다. 그러나 전반적으로 네덜란드 사람들이 돈에 너무 지독하다는 인상은 사적 거래에서도 느끼는 바이고, 이 점은 재판소 관계자들의 공통된 불평이다.

동남아 국가들(필리핀, 말레이시아, 브루나이)의 속사정

작년부터 아시아 각국의 회원가입을 독려하기 위하여 동남아를 순방해야 한다는 강력한 건의가 있었지만, 좀처럼 시간을 내기 어려운 가운데 최대의 효과를 올릴 수 있는 방문시점과 계기를 찾고 있었다. 최초의 아시아 출신 국제형사재판소장이 아시아를 효과적으로 공략하지 못하면 다른 사람은 하기도 어렵고 관심조차 갖지 않을 것이기 때문이다. 마침 협조적이고 효율적인 PGA(Parliamentarians for Global Action)가 아시아 몇 나라를 설득하기 위한 준비작업을 성사시켰다. 마침내 동남아시아 출장이 잡혔다.

출장일정이 나온 후 비서실의 대외관계팀이 바빠졌다. 새로 부임한 책임자 마티아스 헬먼과 유능한 임시직원 다냐 샤이켈(Danya Chaikel)이 밤낮으로 준비에 몰두한다. 비준 가능성이 가장 높다는 필리핀과 말레이시아를 방문하기로 결정하고 이 기회에 한 나라쯤 더 들르자고 한다. 내가 예전에 브루나이에 근무한 적이 있는 한명재 공사에게 부탁해 이 나라를 추가했다. 루스비스는 이달 말 사임하기 전에 마지막 해외출장을 나와 함께 하겠다고 마음이 들떠 있다. 2011년 3월 5~8일 필리핀, 8~11일 말레이시아, 11~13일 브루나이를 방문하는 것으로 협의가 완료됐다.

필리핀의 로마규정 비준

필리핀주재 이혜민 대사는 서울에서 공관장 회의를 마치고 귀임하자마자 마닐라에서 친히 내게 전화를 걸었다. 내가 사랑하는 제자 중의 한 사람인 이혜광 판사의 형이라고 자기소개를 한다. 공관장 회의 때 이기철 국제법률국장이 현지 공관장들에게 특히 부탁했고, 헤이그 현지에서는 이자형 서기관이 중간역할을 맡아 자상하고도 효과적으로 일했기 때문이다. 이 두 제자들의 관심과 성의가 고맙다.

출장길에 오르기 전 유엔 안전보장이사회가 만장일치로 국제형사재판소에 회부한 리비아 사태를 어느 예심 재판부에 배정할지 나로서는 매우 고민이었다. 신속하게 결정해야 하는데 휴가 중인 카울 부소장이 스키장에서 장거리 전화를 걸어와 순서대로라면 예심 1부로 당연히 가야 할 사건을 그렇게 해서는 안 된다며 자기주장을 한참 늘어놓는다. 자기가 속한 예심 2부가 세계 언론의 초점을 받는 사건을 맡겠다는 욕심에서 비롯된 것이다. 다른 부소장과 함께 그를 설득해 예심 1부에 사건을 배당했다. 운전사가 급히 서명할 결정문을 가지고 허겁지겁 공항으로 달려왔다.

가급적 주말에 일찍 도착하여 시차를 극복하고자 마닐라공항에 3월 5일 오전 9시 반에 도착했다. 생면부지인 이혜민 대사가 친절하게도 대사관 이기성 서기관과 함께 공항에 출영했다. 이혜광 판사와 똑같이 생겨서 금방 알아보았다. 필리핀 상원 외교위원장 로렌 레가르다(Loren Legarda) 의원의 초청도 있으므로 상원에서 의전장 일행이 출영하여 나의 필리핀 체재 중 뒷바라지를 잘할 것이라고 통보한다. 그 나라 외교부 의전실에서도 직원이 나와서 영접한다.

공항에서 그리 멀지 아니한 상원 바로 옆 호텔에 들었다. 마닐라 중심부에서 많이 떨어져 있어서 이동할 때마다 경호가 거추장스러워 미안하기 짝이 없다. 토요일이라서 우리가 일정이 없는 것을 안 이혜민 대사 부부가 오찬과 만찬을 모두 대접한다고 한다. 그러면서 마침 관저를 수리중이라 밖에서 식사를 대접함을 사과까지 한다. 내가 움직일 때마다 앞에서 복잡한 시내교통을 헤치면서 일행을 선도하는 경호팀은 도합 10명이나 된다. 주말이라 교통이 조금 덜 복잡하다는데도 상당히 혼잡스럽다. 앞장선 필리핀 경찰관의 선도가 다른 나라의 경호원들보다도 아주 능하다.

금년 초 마침 이혜광 변호사 부부가 이곳의 형님 댁에 며칠간 들렀을 때 우리 내외에 관한 얘기를 많이 했다고 한다. 겸손하고 유능한 이 대사는 커리어의 대부분을 무역과 통상 쪽에서 보내면서 여러 나라나 지역기구와 자유무역협정을 체결하기 위하여 고생했던 이야기를 했다. 이분은 단순히 에피소드를 털어놓는 수준이 아니고 드물게도 경험을 통하여 확실한 자기의 판단기준과 구체적 견해가 정리되어 있어서 인상이 깊었다.

생전 처음 대사로서 부임한 지 이제 8개월밖에 안 되었고, 서울의 재외공관장 회의에 막 다녀온 뒤인데도 모든 것을 잘 장악하고 세심하게 신경을 쓴다. 아직 루스비스 비서실장이 도착하지 않아 우리끼리 한국어로 담소하면서 만찬을 즐기고 돌아와서 첫날밤을 기분 좋게 잤다. 일요일 3월 6일은 아내의 생일이다. 그런데 하필 공무여행 중 일정상 내가 아무것도 해줄 수가 없고 더구나 유럽연합 대표의 주재로 12개 서유럽 국가 대사들이 참석하는 실무만찬 일정이 잡혀서 아내는 저녁식사마저 혼자 해야 하는 경우가 되었다. 대사들과의 일요만찬에서 나는 아시아 여러 나라의 비준을 강조했다.

실무만찬에 앞서 모처럼 일요일의 자유시간에 마닐라 시내관광을 하기로 했다. 그리하여 일정을 짜고 행선지도 이미 정했는데 이 나라의 가장 큰 TV 채널인 ABS가 점심시간에 20분간 생방송 인터뷰를 하자고 갑자기 제안한다. 결국 개인적 관광일정은 불가능해졌지만 나의 임무는 이 지역에 국제형사재판소의 존재를 알리는 세일즈맨 내지 전도사이므로, 이 좋은 언론홍보 기회를 놓칠 수 없었다. 방송국은 시내에서 반시간 이상 이동해야 하는 케손시티 (Quezon City)에 있다.

내가 2005년 이 나라를 방문했을 때 같은 채널의 핑키 웹 (Pinky Webb)이라는 앵커의 진행으로 바이런 (Byron)이라는 인권변호사와 함께 약 30분간 인터뷰한 기억도 난다. 이번 인터뷰는 시간도 불확실하지만 사전에 귀띔해 준 예상질문들은 마침 리비아 사태를 유엔안보리가 국제형사재판소에 회부하기로 만장일치로 역사적 결정을 한 직후인지라, 질문의 중심이 리비아에서 일하는 수많은 필리핀 노동자의 안전을 중심으로 국제형사재판소가 그들을 피해자로 법적 취급을 할 수 없는가 하는 것이었다. 그런 구체적인 법적 문제는 내가 상고심 재판장으로서 나중에 판단해야 할지도 모르는 사항이므로 미리 견해를 표명하기도 어려워서 질문을 다소 변경한 채, 남녀 앵커의 진행으로 20분간 생방송을 했다.

스튜디오에서 촬영하는 내내 좌석의 코앞에는 아내와 필리핀 비정부기구의 베키 로자다(Becky Rosada), 인터뷰 교섭에 중간역할을 한 메이(Mei)라는 국제앰네스티의 젊은 직원, 이기성 서기관, 그리고 경호원들이 자리 잡고 앉아서 인터뷰를 지켜보았다. 앵커의 질문이 날카롭고 다양한데 나의 방어가 모두 잘되었다니 안심이다.

마닐라는 아주 거대한 복합도시여서 서울처럼 신시가지가 개발되고 있으므로 인터뷰를 마치고 점심 전에 한국으로 치면 분당, 청담동, 홍대에 해당하는 지역 등을 자동차로 주마간산처럼 둘러보았다. 외국인은 아직도 부동산 소유가 금지되어 있다고 하나 아주 깔끔한 아파트 건물이 많이 들어서 있고 신시가지는 잘 정리되어 있다. 시간이 1시를 지나고 있기에 내가 모든 수행원을 한국식당으로 오찬에 초대하였다. 그들에게 어느 식당에서 점심을 사줄까 하고 이 서기관에게 물어보라고 하자 이구동성으로 한국식당에 가자고 해서 그리된 것이다. 필리핀의 소득 수준에 비추어 한국식당은 아주 비싼 편에 속하므로 이 기회에 한번 먹고 싶었던 한식을 포식하고 싶은 것이 필리핀 경호원들의 소망이란다. 식당에 좌정하고 보니 일행이 경호 및 수행원을 합하여 모두 16명이다. 이기성 서기관을 시켜 주문하라고 했더니 이들은 압도적으로 김치와 갈비를 원한다. 김치를 여러 접시 시켜다 먹는가 하면 전채로도 갈비구이를 시키고 주식으로도 갈비찜을 시킨다. 아마 근래에 드물게 포식했을 것이다. 들은 바로는 체격이 우람한 경호원들이 음식점의 김치 한 독을 통째로 비웠다고 한다.

점심식사 후에는 우리 호텔에서 보이는 마닐라만(bay)의 반대편에 있는 시내 주요 간선도로를 통과하면서 유서 깊은 마닐라호텔을 지나쳤다. 아무리 신시가지가 여기저기 생겼다 하나, 역시 맥아더 장군이 묵었던 마닐라호텔에 투숙하는 것이 위치상 정답인 듯하다. 내 차의 앞자리에 타서 밀착방어를 하는 경호원은 군인인데, 미국 조지아의 포트 베닝(Fort Benning)에 있는 4년제 군사훈련대학을 졸업한 엘리트이다.

이 나라에서 독립운동을 하다가 순국한 호세 리살(José Rizal)의 동상과 박물관, 그리고 옛 스페인 식민지 시대에 성을 쌓아서 요새로 만들었던 인트라무로스(Intramuros)를 보러 갔다. 강을 따라 축조한 성벽과 그 안쪽에 있었던 지하감옥을 볼 수 있었는데 좁은 공간에 600명의 죄수를 가두어둔 경우도 있었다고 한다. 리살을 구금했던 감옥에서 그가 처형장으로 걸어간 족적을 길 바닥에 동판으로 만들어 놓은 것은 참으로 새로운 감격과 충격을 주었다. 그의 기념관은 국가가 건립하여 관리를 하는데, 마룻바닥에 적절한 그의 어록이나 글이 새겨있는 것을 보고 고하(古下) 기념관이 성사되는 경우에도 마룻바닥에 고하를 그리워하고 기리는 정인보 선생의 시조를 새겨놓아도 좋겠다고 생각이 미쳤다.

홍콩에서 온 비서실장 루스비스가 일요일 오후에 합류해서 함께 유럽연합의 만찬장소인 마카티(Makati)의 만다린 오리엔탈호텔(Mandarin Oriental Manila)로 갔다. 이혜민 대사도 바쁜 중에 고맙게도 12명의 유럽연합 회원국 대사들을 상대로 하는 만찬 겸 브리핑에 참석했다. 첫 공식일정인데 출발이 좋은 것 같다. 많은 질문에 내가 상세히 설명했고, 그들도 만족한 반응을 보였다. 일요일임에도 불구하고 참석한 대사들이 고맙다. 벨기에, 그리스를 제외한 14명의 대사들—체코(Josef Rychtar), 이탈리아(Luca Fornari), 네덜란드(Robert Brinks), 오스트리아(Wilhelm Donko), 루마니아(Valeriu Gheorghe), 핀란드(Heikki Hannikainen), 영국(Stephen Lillie), 스페인(Maria Molina), 프랑스(Hugues-Antoine Suin), 독일(Christian-Ludwig Weber-Lortsch), 유럽연합(Guy Ledoux) 대사 등이 참석하여 나와 루스비스의 설명을 들었다.

3월 7일 월요일부터 이 나라를 방문한 목적에 따라 정부 요인들을 만나는 일정이 빡빡하다. 이곳을 지나가던 호주 외무부의 최고법률고문인 리처드 로우(Richard Rowe)와 조찬모임을 가졌다. 헤이그나 뉴욕에서는 물론 우간다 캄팔라의 '리뷰 컨퍼런스'에서도 만난 외교관인데, 유익한 면담을 했다.

스페인 식민지시대에 만든 마닐라 시내의 인트라무로스 요새 (2011. 3).

우선 내년 2월 시드니에서 개최되는 국제형사재판소 10주년 기념 세미나에 초청한다. 나는 이 세미나에 태평양 섬나라들도 참석시켜 파급효과를 확대하라고 했더니 전적으로 동의한다.

10시에 상원의장인 후안 폰세 엔릴레(Juan Ponce Enrile)를 만나는 일정부터 시작되었다. 이분은 87세로 1986년 마르코스를 축출하는 국민혁명을 성공시키는 데 결정적 역할을 한 당시 국방장관이다. 연세에 비해 아주 건강하고 내게 정확하게 의문점을 짚어서 질문을 예리하게 날린다. 국제형사재판소에 관하여 많이 공부한 인상이 역력하다. 상원의장을 만난 후 바로 레가르다 상원의원이 주재하는 상원 외교위 주최 공청회에 참석하여 국제형사재판소 현황을 설명하고 가입을 역설했다. 상원은 24명 정원인데 현재는 22명이다. 전국구로 선출하는 관계로 전국적 지명도가 있는 후보가 당선된단다. 따라서 대부분 얼굴 예쁜 TV 앵커나 연예인 또는 이름 있는 전통가문의 자제가 당선된다고 한다. 나를 초청한 레가르다 위원장도 역시 TV 앵커였다고 한다.

펙슨룸(Pecson Room)에서 개최된 공청회에서는 나의 연설을 여야당 총무가 참석하여 끝까지 들었고, 수많은 비정부기구 대표, 대사들, 학자, 법률가 등이 자리를 메웠다. 이혜민 대사도 나의 연설과 질의응답을 경청하고 레가르다가 초청한 오찬에도 참석하였다. 오찬은 레가르다의 사무실에서 나와 비서실장, 이 대사, 그리고 서너 명의 유럽연합 관계 대사를 위하여 조촐하게 전통음식으로 베풀어졌다. 이분은 자기선전에 능한 사람이고 아들이 하버드를 간다는 둥 자랑도 많은데 로마규정을 조속히 비준하겠다고 다짐을 하니 감사할 뿐이다. 오후 1시 반에 말라카냥(Malacañang) 궁으로 대통령을 만나러 이동해야 함을 감안하여 오찬은 일찍 시작하여 일찍 끝났다.

필리핀의 베니뇨 아키노 3세(Benigno C. Aquino III) 대통령과 만나기 위하여 궁으로 급히 차를 몰았다. 시내 중심가에 넓게 자리 잡은 대통령궁은 야자수를 비롯한 각종 수목으로 아름답게 꾸며져 있고 경호가 엄하다. 신문들은 50세의 총각인 대통령이 밤에 몰래 궁을 빠져나가 여자친구와 밤을 보내고 오는 일이 잦은데 이것이 파파라치의 눈에 잡혀 항상 시끄럽단다. 열심히 일하는 이혜민 대사의 눈으로 보면 대통령은 국사에 전념하는 인상은 아닌 것 같다고 한다.

궁 내 영빈관(Premier Guest House)의 옐로룸(Yellow Room)으로 안내되었다. 비서실장은 80세가 넘은 분인데 어머니 대통령 때 봉직하다가 퇴직한 분을 다시 불러들였다고 한다. 어머니가 대통령일 때 비서로서 어린이인 현 대통령을 잘 보살펴주었고 아저씨라고 따랐기 때문이라고 한다. 대통령이 시내에서 오찬 후 나를 만나러 돌아오고 있다는데 1시 반 약속이 2시 15분쯤이나 되어 회담을 시작했다. 회담장 배치를 보니 그분 주위에는 국방장관, 법무차관, 외무부 고위관리 등 정부요인과 함께 비정부기구 인사들도 배석한다. 그는 내게 자기는 비준동의안을 2월 28일에 서명했고 절차에 따라 상원에 도달하면 그들의 손에 달렸다고 확인한다. 나는 열심히 국제형사재판소의 현황을 설명하여 충분히 그들의 머릿속에 국제 형사정의의 중요성을 입력시켰다고 생각한다. 좋은 인상의 사람인데 부모도 안 계시고 결혼도 안 한 사람이라 아무리 대통령이라 해도 측은한 생각이 든다.

다시 상원 본회의장으로 차를 몰아가서 여러 명의 상원의원들과 일일이 인사했다. 이혜민 대사도 나를 많은 상원의원들에게 소개했다. 상원 본회의에서는 나를 일으켜 세워서 인사를 시킨다. 그런데 이 나라는 어느 가문 출신이라는 것이 중요하고 약 30가문 정도가 거의 세습으로 정부요직을 돌아가면서 차지한다고 한다. 혁명으로 물러난 마르코스 대통령의 아들이 상원의원이고 구두를 수천 켤레 수집하여 악명 높은 그의 모친 이멜다는 하원의원이라고 하니 기가 찰 노릇이다. 다만 상원에서 로마규정 비준안 통과 전망에 대해서는 반반이라는 상원 의전장의 관측이 있는가 하면 문제없다는 주장이 있어서 분간하기 어려웠다. 만일 16명의 상원의원을 확보하기 어려운 기미가 보이는 경우에는 한국대사와 유럽연합 대사들에게 친분에 따라 개별설득을 해달라고 간곡히 부탁하니 모두 적극적으로 나서기로 약속했다.

상원에서의 일정을 마치고 상당히 오랜 시간 기자회견을 가졌다. 그리고는 부랴부랴 필리핀대학 법학연구소(UP Law Center), 필리핀사법아카데미(Philippine Judicial Academy) 그리고 국제형사재판소를 위한 필리핀연합(The Philippine Coalition for the International Criminal Court: PCICC)이 공동주최하는 리셉션에 참석하고자 유서 깊은 클럽 필리피노(Club Filipino)로 향했다. 이 클럽은 1986년 마르코스를 무너뜨린 후 민중의 힘으로 당시 상원의원이었던 코라손 아키노(Corazon Aquino)를 대통령으로 추대한 역사적 장소라고 한다. 벽에는 그러한 취임식을 그려놓은 그림이 마치 서양의 종교화처럼 걸려있다.

나는 이곳에서 다시 로마규정 비준의 중요성을 강조하는 연설을 하고 참석자들과 간단한 저녁을 했다. 미리 보낸 나의 연설원고가 〈마닐라타임스〉의 기명논평(op-ed) 난에 게재되었다. 이날의 중요한 일정은 참으로 빡빡하고 힘들었지만, 대통령과 상원의원들의 적극적 의사표명 등으로 일이 잘 풀렸다.

3월 8일 화요일 아침 다시 필리핀대학 법학연구소가 있는 케손시티까지 이동했다. 이 대학은 필리핀 최고 명문으로서 마닐라 교외에 널찍하게 자리 잡았는데, 건물배치가 복잡하지 않고 열대수목과 함께 잘 어우러졌다. 곳곳에 나의 강연을 알리는 포스터가 붙어있고, 총장이 나와서 영접한다. 환영사도 내용이 아주 알차다. 법대에서는 현 학장 마빅 레오넨(Marvic F. Leonen)과 전 학장 라울 팡갈랑간(Raul C. Pangalangan, 현 국제형사재판소 재판관)이 모두 나서서 참석하였고, 해리 로케(Harry Roque) 교수가 농담을 섞어가면서 사회를 보았다. 학생들은 반응이 뜨겁고 질문도 많았다. 연설 후 법대가 준비한 대로 간단히 점심을 때우고 12시 반쯤 공항으로 향했다.

말레이시아에서 개최된 아시아태평양 의원 회의

15시 5분에 탑승한 말레이시아항공 비행기(MH705 편)가 수도 쿠알라룸푸르에 19시에 도착했다. 이곳에도 이 나라 외무부의 의전팀과 나를 초청한 국회팀이 모두 공항에서 영접했다. 이자형 참사관이 귀띔해 준 대로 제자인 윤성수 공사참사관이 개인적으로 황유경 2등서기관과 함께 공항에 나왔다. 모두 같이 시내로 이동하여 인터컨티넨탈호텔(구 니코호텔)에 여장을 풀었다.

그러고 나니 거의 밤 9시가 되었는데 수년간 헤이그주재 말레이시아대사를 하다 귀국한 파리다 아리핀(Farida Ariffin)이 기다리다가 호텔 내 일식당에서 만찬을 주재했다. 이미 그녀와 전화로 두어 번 통화하여 그 나라의 비준절차가 마무리되고 있음을 통보받고 가는 것이다. 다만 이 나라에 부임한 지 1주일밖에 안 되어 아직도 호텔에 묵고 있던 제자인 윤성수 군은 옛 은사를 개인적으로 마중하러 나오면서 초행길이고 보니 황 서기관의 차를 얻어 타고 온 듯하다. 아리핀이 나를 위한 만찬에 두 한국 외교관을 초대하였다.

말레이시아 공식일정의 첫날인 3월 9일에는 PGA가 조직한 '로마규정의 비준에 대한 아시아태평양 의원 회의'(Asia-Pacific Parliamentary Consultation on the Universality of the Rome Statute)라는 거창한 행사가 이 나라 국회의사당에서 개최되었다. 나는 말레이시아 국회의원은 물론 부근 10개국에서 참석한 국회의원들을 상대로 개막 기조연설을 했다. 이 나라는 영국식 의원내각제이지만, 왕은 9개주의 족장들이 모여 선거하는데 5년씩 돌아가면서 한다고 한다.

말레이시아 의회 연설 후 참석한 동남아 각국 국회의원과 기념 촬영 (2011. 3)

국회의사당은 아주 시원하고 넓게 자리 잡은 근사한 건물로 벽에 걸린 역대 의장들의 초상화가 위엄을 더한다. 나의 개막연설에 앞서 야당 의원인 쿨라 세가란(Kula Segaran)의 사회로 하원의장, 법무장관 등이 먼저 의례적인 인사를 했다. 나의 연설 후 토론이 무르익는 과정에서 난데없이 몰디브 대표가 일어나서 선언한다. 몰디브에서는 법무장관과 야당 국회의원 1인 등 2명이 이 회의에 대표로 참석했다. 발언자인 젊은 야당의원이 말하기를 자기정부가 비준안을 6개월 전에 국회에 상정했으나 자기당인 야당의 저지로 심의를 못하고 있는데 나의 연설을 통해 충분히 납득했으니, 이제 귀국하면 자기가 솔선하여 반대를 철회하겠다고 공개선언을 한다. 망외의 소득이라고나 할까. 나의 연설을 유심히 듣고 보니 로마규정에의 가입이 자기네 나라에 꼭 필요하다고 생각되어 마음을 바꾸었다는 것이다.

국회의사당에서의 회의가 끝나자 11시 반부터 로마규정 비준에 적극적인 법무장관 모하메드 나즈리 압둘 아지즈(Mohamed Nazri Abdul Aziz)와 함께 기자회견을 했다. 그는 내가 작년 5월 우간다 캄팔라에서 개최된 '리뷰 컨퍼런스' 하루 전 아프리카법률구조회의에서 연설했을 때 만난 분인데, 국회의원이고 현 총리의 비서실장을 겸하고 있다. 공동기자회견도 아주 잘 진행되었다.

국회의사당의 식당에서 약속한 대로 몰디브 및 키리바시(Kiribati) 대표 그리고 현지 주재 유엔개발계획(UNDP) 대표 카말 말호트라(Kamal Malhotra) 및 그의 중국인 여성 보좌관 린(Lin Mui Kiang) 등과 오찬을 했다. 지금까지 가는 곳마다 현지의 유럽연합대사나 네덜란드대사 또는 한국대사를 통하여 자리를 마련하고 현지에서 필요한 정보를 얻거나 교환을 했는데, 이번 모임을 하고 보니 세계 135국에 주재하는 유엔개발계획 대표들로부터도 필요에 따라서는 정보를 듣고 판단을 구하는 것이 필요하다는 생각이 들었다. 특히 이 유엔개발계획 대표는 아주 똑똑하고 문제점을 잘 정리하여 제시하는 사람이라 인상 깊었다. 키리바시 대표는 자기 나라 전체가 조만간 지구온난화로 인하여 해수면 밑으로 가라앉을 가능성을 강조하면서 지구온난화를 초래하는 행위를 국제형사재판소 관할 범죄에 포함하자는 주장을 폈다. 이것은 후

손에 대한 범죄(*crime to the posterity*)라는 것이다.

오후에는 다시 경호원과 수행원들을 대동하고 정부청사들이 있는 신도시 푸트라자야(Putrajaya)로 이동했다. 먼저 3시에 문제의 검찰총장 가니 파타일(Ghani Patail)을 그의 집무실에서 만났다. 일본의 오자키 재판관이 경고한 대로 이 사람은 몇 가지 헌법적 문제점을 제시하면서 비준에 난색을 표한다. 내게서 이런 회담의 결말을 들은 벨기에대사는 자기가 초급 외교관으로 9년 전에 이곳에서 근무할 때 한 말을 지금까지 한 마디도 바꾸지 않고 똑같이 우려먹는 관리는 처음 본다면서 '고장 난 축음기' 같다고 신랄하게 비난한다. 내가 만나본 그의 인상은 일단 명쾌한 결정을 못 하면서 끈적끈적하고 자기 자신을 고달프게 만드는 사람 같다.

나는 그와의 논쟁이 무익함을 금세 깨닫고 얼른 그가 한 나라의 최고 법집행 관리로서 모든 법적 문제에 대해 정치적 결정을 하는 지도자들에게 전문적으로 조언하는 임무를 잘 수행하고 있다고 칭찬했다. 그리고 다만 결정권자들이 당신의 권고의견을 무시하거나 뒤집을 때에 이를 수용할 준비가 되어 있는지를 날카롭게 물었다. 그는 처음에는 내 질문에 무척 당황한 빛이더니, 이윽고 "저는 반대하는 데에 동의하는 방법을 로스쿨에서 배웠습니다." (*I guess that I learned how to agree to disagree at the law school*) 라고 대답했다. 그렇다면 정치적 결정을 하는 법무장관 바로 밑에 있는 이 사람과는 더 이상 협상할 필요가 없고 비준에 찬성하는 관계각료들의 다짐을 받는 수밖에 없다고 생각했다.

외무장관이 마침 해외출장 중이라고 해서 선임 외무차관 리처드 리오트(Richard Riot)를 만났다. 참 호인으로 생겼고 말을 잘 경청한다. 아리핀 대사가 배석한 가운데 비준에 관한 다짐을 받았다.

정부청사를 순회하면서 관계각료들을 대부분 만나고 나서는 네덜란드대사 파울 베커스(Paul Bekkers)가 주최하는 만찬에 참석하기 위하여 그의 관저에 저녁 7시 반에 도착했다. 여러 나라의 대사와 변호사협회 사람들, 비정부기구 사람들 50여 명 정도의 손님이 모두 착석한 가운데 젊은 대사가 아주 능숙하게 현장을 주도한다. 날이 몹시 더워 모두들 윗옷은 긴소매 남방셔츠를 입었는데, 장관들과의 회담에서 직행했으므로 나만 양복에 넥타이다. 착석한 대로 그룹별로 돌아가면서 인사했다. 내가 인사차 순회를 하다가 어느 그룹에 끼어들어 인사를 하니 어느 동양인이 "한국대사입니다" 라고 자기를 소개하고는 무표정하게 서 있다. 그가 겨우 보탠 한 마디는 "한국대사가 만찬을 초대하면 모두 장사꾼들만 오는데 오늘 손님은 참 다양합니다"였다.

3월 10일 목요일 아침 10시에는 말라야대학(University of Malaya)에 강연하러 이동했다. 이것은 대학과 변호사협회가 공동으로 주관한 공개강좌이다. 비서실장은 의회에서 열리는 다른 토론그룹에 참가하러 가고 나만 대학을 방문했다. 대학은 역시 넓게 자리 잡았고, 건물도 좋다. 4백 명쯤 꽉 찬 강의실에서 국제형사재판소의 기능과 중요성에 관한 강연 후 학생들과 유쾌한 토론을 했다. 역시 젊은이들과 소통하면 기분이 좋다.

강연 후에는 기다리던 알자지라(Al Jazeera) TV와 인터뷰했다. 질문하는 기자는 곧 지국을 개설하고자 서울로 간다면서 일방적인 호감을 표시했다. 다만 마닐라에 오기 전 먼저 서울에 가서 정부관계자와 종합적 인터뷰를 신청했더니 여러 날 후에 통고하기를 '알자지라는 친북한적 아랍미디어이니 회견 요청을 거부한다'고 하여 허탕 쳤다는 말을 덧붙였다.

알자지라는 풍부한 카타르의 자금력을 바탕으로 믿을 만한 세계적 언론매체로 성장하기 위하여 공정보도를 내세우고 유능한 BBC, *New York Times*, 기타 일류 중견 언론인을 많이 스카우트하여 아주 수준 높은 매체로 쑥쑥 성장하는데, 그 기자의 말에 한 대 얻어맞은 기분이었다. 유럽에서는 *New York Times*, CNN보다 유로뉴스, *The Financial Times*, BBC가 영향력이 더 크다고 볼 수도 있다. 알자지라도 심층탐사 보도와 다면분석을 통해 시청자가 급속히 늘었으며 영향력도 크게 증대했음을 피부로 느낄 수 있다.

한국 관료나 여론주도층은 미국의 *New York Times*와 CNN에 크게 의존하는 경향이 몹시 강하다. 우리나라의 서양문물 수입은 주로 미국을 통하여 이루어지고 있고, 정책결정자나 여론주도층이 미국에서 공부한 경우가 많아 미국 언론의 심대한 영향을 받는 경우가 많은 것 같다.

알자지라와의 회견에 뒤이어서 기다리던 이 나라의 신문인 *The Sun*의 자키아 코야(Zakhia Koya)라는 여기자와 길고도 세심한 인터뷰를 했다. 기자는 유엔과 국제형사재판소의 관계, 재판소의 독립성, 재판절차, 아랍 여러 나라와의 관계, 비준의 장단점과 절차, 이라크전쟁을 감행한 부시 대통령을 국제형사재판소에 고발할 가능성, 소장의 중립성 등 광범위하고 세부적 문제에 관하여 질의응답을 했다.

이제 정부요인들을 만나서 마지막 담판을 벌일 일만 남았다. 이어서 정부의 귀빈용 차량으로 정부청사로 이동하여 나즈리 법무장관을 예방하였다. 이분은 국제형사재판소의 절대 지지자이므로 새삼스럽게 비준 지지여부를 논할 필요가 없고, 그가 과연 자기휘하의 검찰총장을 설득할 수 있는가의 문제만을 재확인했다. 이것은 그 나라의 정치적 역학관계에 달린 문제이므로 내가 거기까지 언급할 수는 없었다.

오후 5시에 나집 라작(Najib Razak) 총리를 만났다. 케임브리지대학에서 공부했다던가. 아리핀 대사가 배석하여 보충설명을 했는데 다음 수요일 각의에 상정하여 비준안을 통과시킨다는 말을 한다. 의회의 승인은 불필요하다. 각국 정부 최고책임자들의 말과 행동이 다른 것을 하도 많이 경험했기에 백 퍼센트 안심한 것은 아니지만, 그래도 총리의 인품과 약속을 믿었다. 다소 안심한 채 시간이 촉박하여 곧바로 말레이시아 변호사협회가 준비한 모임에서 연설하고 만찬에 참석하는 일정에 돌입했다.

말레이시아 변호사협회는 앤드루 쿠(Andrew Khoo)라는 젊고 활기찬 중국계 변호사가 주관하였는데 전·현직 변호사협회장과 협회 간부들 35명이 둘러앉아 내 연설을 신중하게 경청했다. 만찬은 연설장소 바로 옆에 있는 100년이 넘었다는 로열 셀랑고르 클럽(Royal Selangor Club)으로 함께 이동하여 이루어졌다. 중국식의 음식이 풍부하게 나온다. 잘 보니 이 나라에서는 말레이인 다음으로 2등 인간 대접을 받는 중국계나 인도계들이 주로 법을 공부하여 일정한 수입을 확보하면서 인권변호사가 되어 구속되지 않을 정도로 목소리를 높이는 것 같다.

경제적으로는 국민소득이 필리핀의 1인당 2천 달러에 비하여 말레이시아는 7천 달러라는데 국민소득이 어느 정도 그 나라의 수준, 특히 관료의 수준을 반영하는 것 같다. 필리핀보다는 질서가 잡혀 있고, 하는 말의 의미를 지키는 것 같은 데다가 생활수준도 아주 적빈(赤貧)의 경우는 없는 것 같다.

말레이시아의 전체적 인상을 정리하면 정치적으로는 민주화의 확신이 없으나 열심히 하여 기필 경제적으로 성공할 것 같은 기대감이 들었다. 정치적으로는 말레이인, 중국인 및 인도인 간에 차별이 있는 데다가 마하티르 전 총리에 대한 존경과 그의 영향력이 너무 커서 민주적 의사결정에 장애가 되는 수도 있다고 한다. 라작 현 총리는 이번 총선에서 패배를 면치 못할 지경이었는데 사라와크에서 몰표가 나와서 겨우 승리했기 때문에 각료는 그곳 출신을 주로 임명한다고 한다. 만나본 관리나 시민들은 다른 동남아 국가의 국민들보다 자부심을 가지고 더 열심히 노력하는 것 같다.

말레이시아의 영향을 받는 브루나이

브루나이를 방문하기 위해 바로 공항으로 향했는데, 고맙게도 아리핀 대사가 송별차 공항에 나왔다. 한명재 대사는 바쁜 중에도 옛날 인연을 동원하여 브루나이 정부와 연락을 많이 취했고, 고맙게도 세심하게 중간역할을 해주었다.

3월 11일 금요일 오후 1시 반경 쿠알라룸푸르를 출발하여 오후 3시 50분에 브루나이의 수도인 반다르스리브가완(Bandar Seri Begawan: BSB)에 도착했다. 공항에는 이 나라 외교부 차관과 의전관 외에도 김대식 대사가 출영해 주었다. 내가 말레이시아에 있는 동안에도 그는 헤이그나 마닐라에 연락을 계속 취하여 나의 취미나 일정 등을 물어보면서 나를 위한 완벽한 일정을 마련하고자 노력했다고 한다. 김 대사의 애쓰는 마음이 참 고마웠다.

금요일은 무슬림 국가의 공휴일이라서 정부와의 공식일정은 없다. 그런데 공항에 내리자마자 바로 프랑스대사가 연락을 해왔다. 유럽연합 대표자격으로 자기 관저에 그 나라의 웬만한 법률가들을 다 모아 놓았고 기자도 두 사람이 기다리고 있으니 빨리 와서 만나달라는 요청이었다. 공항 귀빈실에서 잠시 숨 돌릴 틈도 없이 곧바로 참석해야 하는 일정이 나도 모르는 사이에 갑자기 생긴 것이다.

528

길은 잘 정리되어 있고 높은 곳에 있는 프랑스 대사관저에서 보이는 바다풍
광이 참 아름답다. 급한 대로 국제형사재판소에 관한 일반적 브리핑을 하고 질
의응답을 했다. 그들의 관심은 초보적이지만 진지하다. 나는 국제형사재판소
세일즈맨으로서 때와 장소를 가리지 않고 적극적으로 이 같은 기회를 포착하
여 설명하는 것이 기본적 의무라고 여기고 있으므로 같은 말을 골백번 하더라
도 성의를 다했다. 그리고 바로 호주대사가 베푸는 만찬장으로 갔는데 그곳에
서도 만찬 전에 회원국 대사들에게만 잠깐 브리핑을 하는 시간을 따로 만들어
놓았다. 동일한 내용의 반복이지만 나는 다시금 정력적으로 말하고 답했다.

만찬에는 그 지역의 대사들, 캄보디아, 인도네시아, 싱가포르, 네팔, 한
국, 말레이시아 외에 서구 대사들도 초청되어 지대한 관심을 보인다. 먹는 것
이 문제가 아니라 국제형사재판소에 대한 설명에 시간을 다 소비했다. 호주대
사의 만찬은 새로운 생각을 하게 만들었다. 지금까지 어디를 가든 유럽연합대
사를 접촉하여 현지정보를 얻고 의견교환을 했는데 지역에 따라서는 호주나
뉴질랜드대사의 도움을 받는 것이 더 효과적인 경우도 있겠다 싶었다. 젊은
호주대사의 예정에 없던 자발적인 만찬 초청이 그런 생각을 하게 만들었다.

공항에 도착하여 만찬을 마칠 때까지 여러 일정을 소화하고 늦은 밤이 되
어서야 호텔로 가서 체크인을 했다. 시내에서 다소 떨어진 7성 호텔이라는
명성에 걸맞게 참 웅장하고 널찍한 데다가 금으로 도배한 곳이 많다. 한참 경
기가 좋을 때에는 한국에서 겨울에 단체로 골프여행을 와서 이 호텔에 묵었다
고 하는데 바빠서 골프장이 어딘지 보지도 못했다. 골프 치는 경우에도 더우
니까 아침 6시경 티업해서 오전 중에 마쳐야 한다고 한다. 김 대사가 보낸 과
일바구니도 일정상 먹을 시간이 없어서 하나도 손을 못 대고 나중에 한국대사
관 직원들에게 나누어 주었다. 생전 처음 방문한 브루나이에서의 첫 밤은 이
렇게 도착 순간부터 숨 가쁘게 지나갔다.

3월 12일 토요일에는 오전 10시부터 이 나라 외교부와 법무부 고위직들이
모인 자리에서 국제형사재판소에 관한 요약설명을 하고 질의응답을 했다. 법
무부에 근무한다는 왕의 둘째 따님이 임석하기를 기다려서 무슬림 성직자가
기도한 다음 내 설명이 시작되었다. 한 시간 남짓에 걸친 모든 행사가 끝난

다음에도 같은 성직자가 기도를 하였다. 일반적인 질의응답 후 오전 중임에
도 불구하고 간단한 자기네 전통 간식을 내는데 나는 먹지 않은 채 헤드테이
블에서 공주와 대화를 시도했다.

11시 반경 행사가 종료되었고 왕의 동생으로서 제 1외무장관인 모하메드
볼키아(Mohamed Bolkiah, 1947년생) 공과 회담하러 외무부로 이동했다. 아
주 넓고 시원하게 잘 지어진 건물로서 왕궁의 일부인 듯한데 조금 기다리니
키가 작고 머리가 희끗한 신사가 나타났다. 이분은 영국에서 교육을 받았지
만 자기네 말인 말레이어로 이야기한다. 따라서 제 2외무장관(중국계 林族生)
이 배석하여 일일이 영어로 통역한다. 볼키아의 목소리는 아주 작고 음색이
갈라진 듯한 이상한 발성이어서 영어로 말했더라도 알아듣기 어려웠을 것 같
다. 나중에 김대식 대사에게 들으니 왕족들이 모두 사촌과 결혼하므로 유전
적 문제점이 있는데, 음성이 이상한 것도 그런 영향이라고 한다.

공항에 출영했던 외무부 사무차관이 갑자기 오찬에 초대한다는 전갈이 왔
단다. 이들은 일정을 미리 상의하고 사전에 정하기보다는 즉흥적으로 최후
순간에 통보하는 경우가 많았다. 내게 배치한 귀빈용 벤츠차를 타고 강가의
경치 좋은 중식당으로 갔다. 김 대사는 물론 외교부 직원 등 8명이 자기네 전
통이 담뿍 깃든 중국음식을 즐겼다. 오찬을 즐기는 중 바라보니 강 건너에는
이 나라에서 유명한 수상가옥촌이 보인다. 시내는 전반적으로 깨끗하고 잘
지어진 건물들이 즐비한데 특히 모스크들이 웅장하고 규모가 크다.

오찬 후 이 나라의 법무장관(Datin Seri Paduka Hajah Hayati binti Poksdsp
Haji Mohd Salleh)을 만나러 그녀의 집무실로 이동했다. 최초의 여성각료이고
여성 최고법률직이라고 한다. 상당히 태도가 융통성이 있으면서 온화한 분이
다. 동석한 내 비서실장이 앞으로도 사무적 연락을 할 실무자를 소개받고 명
함을 준다. 오후 4시에는 이 나라 대법원장(Dato Seri Paduka Haji Kifrawi bin
Dato Paduka Haji Kifli)을 예방했다. 직전에 법무장관을 하다가 대법원장으로
취임했다고 한다. 1995년 로마회의에 이 나라 대표로 참석하던 중 법무장관
으로 발령받아 중도에 귀국하는 바람에 끝까지 관여하지는 못했으나 로마규
정에 관한 대강의 지식은 있는 것 같다. 그런데 이분도 문제의 말레이시아의

검찰총장으로부터 전염된 논리, 즉 왕의 면책 등 헌법적 문제점을 앵무새처럼 되뇌고 있어서 실망스러웠다.

저녁에는 김대식 대사의 관저에서 부부동반하여 대사관 식구들과 우리 일행 3인이 만찬을 같이 했다. 루스비스가 있으므로 우리끼리 한국어로만 말하기 미안하고 일정상 피곤하기도 해서 9시 좀 지나자 호텔로 돌아왔다.

3월 13일 일요일 이번 여정의 마지막 날 아침 10시 김대식 대사 내외가 다른 직원들과 함께 호텔로 나를 데리러 왔다. 원래 골프를 치자는 제안을 내가 완곡하게 거절했더니 시내를 보여준다고 일부러 오신 것이다. 이 나라 외교부에서 배치한 차와 운전사 그리고 이 나라 외교부 직원이 따라왔다.

조각배를 타고 강 건너편 동남아에서 가장 큰 수상가옥이 밀집한 곳으로 이동했다. 수상가옥이 빈민들의 밀집주거지가 아니라 거대한 마을로서 학교와 경찰서와 우체국 등 기타 정부기관이 들어서 있고, 부자들도 제2의 집으로 수상가옥을 한 채씩 보유하고 있다고 한다.

수질관리를 잘하므로 강물도 깨끗하다. 배를 접안하고 계단을 통하여 어느 수상가옥에 들어가 보니 정갈하게 관리되어 있고, LG 등 한국제품이 설치되어 있을 뿐만 아니라 차와 주전부리까지 마음대로 맛보게 준비해 놓았다. 나를 처음부터 안내하고 따라다니는 외교부 직원도 수상가옥 출신으로 옛날을 자랑스럽게 회고한다. 수상가옥 다음에는 영국 총독이 살던 집을 구경하러 갔다. 현재 보존상태는 별 것 없으나 엘리자베스 2세가 방문한 것을 우려먹고 있다.

가는 곳마다 방명록에 서명할 것을 요구받는다. 영국 총독이 살던 집에서는 영어로 설명되어 있는 역사의 현장을 관람하였으며 "이 나라 국민의 영원한 번영을 기원한다"고 썼다.

그다음에는 왕의 기념품이나 선물 등 기록관을 겸한 박물관을 방문했다. 왕의 군대놀이 모습이나 다른 나라에서 받은 선물들이 진열되어 있는데, 우리나라의 김대중 그리고 노태우 대통령이 보낸 선물이 진열되어 있어서 눈에 띄었다. 이곳에서도 서명해야 했으므로 "번영과 행복을 기원한다"고 썼다. 그다음에는 이 나라에서 가장 큰 무슬림 사원을 방문했다. 12시 35분이 기도 시간이므로 그전에 방문하여야 사진이라도 찍을 수 있다.

광탑(minaret)이 4개인 거대한 무슬림 사원인데, 1992년 한국의 경남기업이 건설했다고 해서 듣기에 좋았다. 어마어마한 규모인데 여성은 사원에서 대여하는 기다란 외투를 걸쳐야 했다. 남성이 기도하는 공간에 들어서니 가운데 걸려있는 거대한 샹들리에는 물론 바닥에 깐 카펫, 벽을 구성하는 이탈리아 대리석 등 돈이 많이 들어간 인상을 지울 수 없다. 한꺼번에 5천 명을 수용할 수 있다고 한다. 올라가는 계단 옆에 5개의 분수가 있는데 이는 하루에 5번 기도해야 하는 점을 상징한다고 한다.

대영제국의 특명전권대사 출신인 새 비서실장

2011년 3월 말로 그만둔다는 루스비스 판데어란 비서실장의 후임을 구하는 일이 신경을 쓰게 한다. 나와 함께 2년간 루스비스는 공과가 많은 세월을 보냈다. 적극적이고 영리하고 야무지게 일을 처리하지만 너무 계산적이고 말과 행동이 조금 지나치게 빠르다. 그리하여 옳은 말을 하고서도 남의 감정을 상하게 하는 일이 더러 있었다. 2009년 3월 소장이 된 후 나의 첫 아시아 출장여행을 수행하면서 출장목적에 어긋나지 않게 잘 보좌하기에 비서실장으로 채용한 사람이다.

그녀는 첫 과제로 에릭 위티의 사임으로 공석이 된 대외업무 담당관을 선발하는 과정에서 묻지도 않은 채 같은 아시아인이라고 몽골의 유엔대표부에 근무하는 외교관 갈(Gal) 군을 선임했다. 가끔 이런 큰 실수도 했지만 금년 초 사의를 표할 때까지 약 2년간 호흡이 비교적 잘 맞게 일을 했다. 나로서는 네덜란드와 유럽의회에서 국회의원을 여러 번 역임했고 정당의 당수까지 지낸 데다 아직도 네덜란드에서 어느 인기배우 이상으로 저명한 인사를 비서실장으로 두고 보좌받게 된 느낌이 남달랐다. 또한 그녀가 높은 지명도와 고위직을 누린 사람임에도 불구하고 낮은 직급에 조금도 구애 없이 생전 듣도 보도 못한 나라에서 온 아시아인의 비서실장으로 당당히 근무하는 태도가 좋게 보였다. 나의 직원에 대한 관용과 신뢰 외에 확실한 임무부여 및 아이디어를 내고 앞으로 치고 나가면서 결단하는 루스비스의 리더십과, 매사를 꼼꼼하고 신중하게 처리하는 히라드 압타히의 상호보완적 황금콤비가 이상적으로 기능을 발휘했다.

물론 그녀도 내가 소장이 될 것 같다는 관측에 맞추어 미리 한국을 연구하고 나의 배경을 조사한 모양이지만, 워낙 모르는 나라에서 온 짐작이 안 가는 상사를 모시고 어떻게 근무할 것인지 근심과 호기심이 교차했던 것 같다. 그러나 우리는 다행히 열심히 일하면서 호흡이 잘 맞았고 그녀는 내가 원하는 만큼 시원시원하게 일을 잘 처리했으며, 예민한 경우에는 자기가 욕먹는 악역도 다소 감당했다. 브라질의 스타이너 재판관과 불가리아의 트렌다필로바 재판관은 내게 직접 찾아와서 그녀의 임명을 항의하기도 했다. 그러나 비서실장은 소장의 오른팔이므로 공채과정을 안 거치고 뽑아도 무방하도록 인사규정이 되어 있고, 내가 일하는 데 필요한 긴밀한 협조자를 구하는 것이니 그들의 항의는 얼토당토않은 투정인 것이다. 소장이 자기의 비서실장을 뽑는데 다른 재판관과 상의해야 한다는 법이 없다.

국제형사재판소에서 근무하다가 신설된 '헤이그 법혁신연구소'(The Hague Institute of Innovation of Law: HiiL)의 책임자로 간 삼 물러(Sam Muller)는 대학시절에 동창인 그녀를 한 번도 이기지 못했다고 회고한다. 나의 비서실장으로 근무한 지 몇 달 만에 만 44세의 고령에 임신하여 딸을 낳고 산전·산후 휴가로 약 6개월 이상을 소비하는 통에 지장이 막대했다. 내 비서실은 작은 규모여서 바쁘기 한량없는 사무실이기 때문이다. 이제 그 루스비스가 그만둔다고 한다.

한편 그녀는 솔선하여 자기 후임자를 구하는 노력을 열심히 경주하고 있다. 다만 비밀을 지키고 싶었으나 공식절차는 취해야 할 것이므로 그녀가 사표를 제출한 순간 그 즉시 소문이 나버렸다. 이 소문은 온 시내에 다 퍼져서 헤이그에 현직으로 근무하는 각국 대사들이 내 비서실장을 하겠다고 대단히 많이 지원했다. 내부에서도 희망하는 사람이 여럿 있었다. 피해자신탁기금의 제2인자인 미국인 크리스틴 칼라(Christine Kalla)도 그중의 하나였다. 그녀는 발탁이 안 되자 나를 국제노동기구(ILO)에 고소했으나 패소했다.

이런 상황에서 심사숙고하는 도중 영연방기구의 법률고문인 아크바르 칸(Akbar Khan)이 지난번 네덜란드주재 영국대사가 60세도 안 되었는데 현재 명예퇴직을 해서 쉬고 있으니 고려해 보라고 추천한다. 이 인물은 옥스퍼드 대학 법과 출신인 린 파커(Lyn Parker)라는 점잖은 영국 신사인데, 그가 헤이그에 영국대사로 근무하는 동안 국경일 리셉션에서 가끔 조우했을 뿐 별로 깊은 접촉은 없었다. 다만 그의 재임 시 주로 회원국 대표로 구성된 신청사 건축설계 감독위원장(Chairman of Oversight Committee)을 맡아서 말썽 많은 설계공모, 건축가 선정 임무를 원만히 수행하였던 경력을 알고 있을 따름이다.

네덜란드 여성을 추천하던 루스비스도 나중에는 적극적으로 린 파커를 추천했다. 나로서도 경험 많고 나이 지긋한 대영제국의 특명전권대사를 내 비서실장으로 채용하여 일을 맡긴다는 사실은 많은 사람들에게 굉장히 강력하고도 효과적인 메시지를 전할 것 같고, 특히 말썽 많은 재판관들을 제어하는 데 효과적이지 않을까 싶었다. 2월 11일 오후 그를 런던에서 헤이그로 불러서 내가 인터뷰를 하고, 나중에 비서실장으로 채용되면 그의 부하가 될 히라드, 데이비드와 전임 루스비스도 참석하여 자유롭게 동료 간 대화를 하면서 그의 인품, 능력, 태도를 다각도로 가늠해 보도록 했다. 전원일치의 긍정적 평가에 터 잡아 내심 이 사람을 채용하고자 거의 결심했다.

에티오피아로 떠나는 12일 전화로 런던의 린 파커에게 채용결정을 통보했더니 자기는 아내 및 두 딸들과 함께 매우 행복하고 감사하다고 말했다. 앞으로 1년 남짓 남은 소장의 임기 동안 일단 큰 모험을 하는 것이지만 나도 이제 약간은 배짱이 생겼다.

저녁 6시 반 비행기로 싱가포르를 경유해서 3월 14일 아침 5시 반에 암스테르담 스키폴 국제공항에 도착했다. 나는 집에서 바로 재판소로 출근하여 시차도 무시한 채 하루 종일 밀린 일을 처리하느라고 정신이 없었다. 마침 새 비서실장으로 일할 전 영국대사 린 파커가 1주일 견습 목적으로 도착했다. 내가 그를 재판관들에게 소개했다. 이메일로 동료들에게 알렸으나 이런 대어를 후임 비서실장으로 뽑은 것에 대하여 재판관들이 충격을 금치 못하는 분위기이다. 앞서 정치인 출신 여성을 비서실장으로 기용한 것도 그런 대로 효과를 보았고 우리 둘이는 호흡이 잘 맞아서 일을 잘 처리해 왔다. 이제 그녀가 사임하고 한국 출신의 소장이 대영제국의 특명전권대사를 새 비서실장으로 기용하는 파격은 모든 동료와 직원들의 일반적 발상을 초월하는 충격요법인데, 앞으로 나와 호흡이 잘 맞기를 바랄 뿐이다.

　3월의 셋째 주를 린 파커 비서실장과 함께 참으로 바쁘게 지냈다. 16일 수요일 및 17일 목요일에는 원래부터 국제형사재판소 소송 규칙의 개정논의를 하고자 전원재판관회의가 예정되어 있었다. 그러나 이 일정이 카울 부소장에 대한 고소문제를 다루는 전원재판관회의로 변질되어 혹시라도 내가 증인으로 출석해야 할지 모르는 상황이라 내 대신에 디아라 부소장이 사회를 보았다. 전원재판관회의 첫날 회의 도중 불려들어 가 내가 사회를 볼 수 없는 법률적 이유를 설명하자 금방 납득했다. 그러나 재판관들은 꼬박 이틀간 징계문제를 처리할 절차를 논의하고 결정하느라고 아까운 시간을 허비했다. 이 문제의 처리를 둘러싸고 재판관의 견해가 대립되면서 그렇지 않아도 힘든 재판소의 분위기가 점점 험악해져 가는 것 같아서 걱정이다. 고소당한 독일인 부소장도 성품이 온유한 분은 아니어서 더욱 그러하다.

유엔개발계획 총재 접견

3월 16일 저녁에는 이탈리아 통일 150주년 기념으로 초청된 3인 성악가들의 음악회와 헝가리 독립 163주년 기념 전통음악회가 개최되었다. 모두 중요한 당사국인데 어느 한 곳만 선택하여 참석하면 안 될 것 같아서 무리하지만 아내와 함께 양쪽을 모두 커버했다.

　우선 이탈리아 리셉션의 경우 소프라노, 테너와 바리톤이 이탈리아의 명곡들을 한 마디씩 열창하는데 그 목소리의 폭발력과 아름다움은 아주 압도적이었다. 헝가리의 경우는 중년 여성 2명이 나와서 헝가리 전통악기를 연주하면서 약 3백 년 전의 각종 민속음악을 입심 좋게 엮어가는 공연을 한 시간가량 보여주었다. 이날의 헝가리 공연은 이런 특별한 경우가 아니면 접할 수 없는 전통적이고도 귀한 연주회여서 그런 대로 값어치가 있었다.

3월 17일에는 몇 해 전에 청와대 만찬에서 만난 전 뉴질랜드 총리였던 헬렌 클라크 유엔개발계획(UNDP) 총재가 나를 예방했다. 나는 서울대 법대 교수로서 한국-뉴질랜드 비즈니스 평의회(Korea-New Zealand Business Council)의 멤버를 오래 역임했는데, 그 자격으로 부임하는 역대 대사와 방한하는 역대 뉴질랜드 총리를 만나곤 했다. 국제기구 수장은 대개 어느 나라 또는 어느 지역 사람이 그 자리를 차지하는지 묵시적이고도 관행적인 불문율이 있는데 유엔개발계획은 전통적으로 서구의 백인 중에서 임명하므로 그녀가 자리를 따낸 것 같다. 그녀의 예방이 보도자료에 커버되었다.

저녁에는 아일랜드의 성 패트릭의 날(St. Patrick's Day) 리셉션에 늦게 참석했다. 이 나라의 리셉션은 내가 회원인 바세나르(Wassenaar)의 골프장 바로 앞에 있는 아담한 대사관저에서 열리는데, 늘 소박하지만 단정하고 깔끔하다. 리셉션장에서 검사가 마침 내게 꼭 달라붙어 당사국총회가 주도하는 지배구조연구그룹 창설에 대하여 반대하는 방향으로 공동보조를 취하자고 강조한다. 이런 그룹이 만들어지면 재판소가 그들의 간섭으로 힘들어지므로 일리가 있는 말이지만, 평소 워낙 신뢰와 인심을 잃어서 아무도 그의 말을 잘 듣지 아니하는 데 문제가 있다. 연구그룹의 소집책인 네덜란드의 키다리 페터 로먼(Peter Lohman) 대사가 옆에서 흘끔흘끔 보면서 의미 있는 눈길을 보낸다.

3월 18일 금요일 새벽에 출발하여 하이델베르크대학에서 개최된 풀브라이터(Fulbrighter, 풀브라이트 장학금 수령자)들의 테드(TED) 학술토론회에 기조연설자로 참석했다. 하이델베르크에 도착하니 이 행사의 준비책임자인 미국인 에릭 하워드(Eric Howard)가 역에서 마중한다. 내 기조연설은 24개국에서 약 50명의 수준 높은 각계 전공자들이 참석하여 경청하였고 질문도 많이 했다. 용어를 신중하게 선택하여 열심히 말하고 답변한 다음 당일로 돌아왔다.

3월 19일 토요일 고려대 정서용 교수가 제네바에 회의참석차 가는 길에 은사인 나를 만나고 간다고 해서 점심을 사주기로 했다. 가끔 멀리 있는 은사를 안 잊고 찾아주는 제자들이 있어 고마운데 정 교수가 그런 사람 중의 하나이다. 정 군은 물론 나의 동남아 순방 준비에 애쓴 고마움의 표시로 이자형 참사관 내외와 이성훈 군을 헤이그 항구의 생선집으로 아울러 초대했다.

점심 후 바로 골프클럽에서 외교관들을 위한 골프레슨을 마치고 돌아오자마자, 바로 디아라 부소장의 만찬초대에 갈 준비를 해야 한다. 그녀는 원래 3월 11일이 우리의 취임 2주년이므로 이를 기념하는 만찬을 계획했으나 내가 출장 중이어서 1주일을 연기한 것이다. 다른 부소장 카울에 대한 징계절차가 진행 중이므로 오해를 피하기 위하여 그를 제외하고 우리 내외와 자기 재판부 재판장인 브루노 코트(Bruno Cotte) 내외를 같이 초대한 것이다. 참으로 감사하고 생각이 깊다. 우리는 꽤 늦게까지 재판소 내외의 문제점을 걱정하다가 헤어졌다.

희망을 연주하는 바이올린

3월 20일 이번 주말 동안 신기하게도 해가 눈부시게 쬐는 이례적 헤이그 날씨였다. 이스라엘대사 해리 크네이-탈(Harry Kney-Tal)이 우리 부부를 3월 24일 목요일 마스트리히트(Maastricht)에서 열리는 '아마티 테파프 콘서트 2011'(Amati TEFAF Concert 2011)에 초대했다. 나는 그렇지 않아도 이번 토요일에는 그곳에 가서 아내랑 하룻밤 묵으면서 유명한 연례 골동품전시회라고 할 수 있는 유럽미술전(The European Fine Art Fair: TEFAF)을 구경하려고 예약했는데, 이와는 별도로 이틀 전에 마침 콘서트 초청이 온 것이다. 테파프 전시는 알고 아마티(Amati)는 잘 모르지만 가급적이면 주재국 대사들이 초청하는 곳에는 참석한다는 나의 원칙에 따라 수락한 것이다.

사실 이스라엘은 회원국도 아닌데 난데없이 초청장을 보내왔다. 초청을 수락했으니 240km 떨어진 마스트리히트에 가서 목요일 오후와 밤의 일정을 소화해야 한다. 마침 목요일 오전에 바삐 일을 처리하고 나니 그런 대로 시간이 생겨서 차편으로 오후 2시 반에 테파프 현장에 도착했다. 우리는 안내원의 영접을 받아 전시장 내의 특별라운지로 안내되었다. 이스라엘의 사업가로서 행사를 후원한 분들이 약 10여 명이 와 있다.

여러 대사들과 중요한 국제기구의 수장들을 모두 초대한 줄 알았는데, 막상 도착해 보니 이스라엘대사의 정식 초청을 받은 사람은 우리 부부와 필립 키르쉬 전 소장 부부뿐이었다. 아주 특별한 대접인 셈이다. 라운지에서는 우선 테파프의 계획과 준비에 참여했다는 판에이켈런(van Eekelen) 네덜란드 전 국방차관 부부와 인사했고, 이스라엘에서 직접 전용기로 날아왔다는 사업가 부부를 만났다. 그들은 몇 해 전에 현대중공업의 새 선박 진수식에 초대받아 현대조선소에 가서 일주일 동안 칙사대접을 받고 온 얘기를 한다. 우리 세 부부는 4시부터 두 팀으로 나누어 설명이 곁들인 안내관람을 1시간가량 즐겼다. 그리고는 이른 만찬을 위하여 시내 중심가에 있는 5성 호텔로 이동했다.

그리고 보니 이스라엘대사가 만찬에 초대한 사람도 우리 부부와 키르쉬 부부뿐이다. 도중에 호텔의 주인인 동시에 이 지역의 이스라엘 명예영사를 하는 브누아 웨슬리(Benoit Wesly)를 소개받았다. 이분은 갖은 박해 속에서도 이곳에서만 200년 이상 된 유대인연합의 지도자로서 명맥을 이어왔다고 한다. 만찬 후 삼삼오오 걸어서 3분 거리에 있는 프레이트호프극장(Theater aan het Vrijthof)에 도착했다. 원래 이 건물은 림부르흐(Limburg) 지역을 끝까지 네덜란드의 일부로 남도록 지켜준 장군의 저택이었는데 공연장이 되었다고 한다.

아직도 해가 길어서 밝은 중에 걷다보니 이곳은 몇 해 전에 아내와 함께 거닐어 보던 중심가라서 생각이 난다. 첨탑교회와 시청이 있는 넓은 중심가 프레이트호프(Vrijthof) 광장의 건너편 쪽에 연주장이 있다. 네덜란드의 북부와는 분위기가 많이 다른 것을 금세 느낄 수 있다. 북부는 엄격한 칼뱅주의와 함께 평등, 겸손, 소박, 금욕을 원칙으로 살아가므로 음식이건, 옷차림이건, 집치장이건 간에 소박과 투명 그 자체이다. 교회건물도 아무 벽화나 색유리 한 장 없이 십자가만 달랑 모신 곳이 많다. 그러나 천주교 일색인 네덜란드 남부에서는 마스트리히트가 중심도시인데, 벨기에나 프랑스의 영향으로 성당건축이 화려하고 음식도 다양하게 잘해먹으면서 인생을 즐기고, 옷차림도 뽐내어 입는단다. 북부사람들은 이를 업신여기면서 남부사람을 비하한다고 하나 나 같은 외국인의 입장에서는 남부인들이 제대로 사는 것 같다.

연주장에 입장하여 연주 전 리셉션에 참석했다. 이스라엘대사는 나를 그 지역의 중요인사 및 행사의 주최자들에게 연신 소개한다. 우선 테파프의 회장인 벤 얀선스(Ben Janssens)와 인사했다. 그리고 시청에서 문화담당으로 교향악단 지원을 담당하는 자크 콩스통(Jacques Constongs)도 만났다. 이날의 하이라이트는 홀로코스트(Holocaust)에 연관된 슬픈 역사가 있는 바이올린들을 찾아내서 전시한 것이다. 이 특별한 바이올린들을 '희망의 바이올린'(Violins of Hope)이라고 명명하고 다윗의 별(The Star of David)을 부여했는데, 어떤 바이올린은 19세기에 만들어진 귀한 것도 있다고 한다. 나치는 유대인을 박해하고 학살하면서도 집단수용소에서조차 매일 악기를 연주하게 강요하곤 했다고 한다. 이렇게 사용되었던 바이올린을 천신만고 끝에 몇 개 찾아서 그 악기로 아마티 챔버 오케스트라(Amati Chamber Orchestra)와 함께 연주하는 특별공연을 마련한 것이다.

이들은 음악과 미술이 희망과 평화의 메신저로서 중요한 역할을 하며 다른 문화 간에 가교역할을 한다는 믿음으로, 어렵게 찾아낸 바이올린의 슬픈 역사와 음악을 미술품 전시와 연결하여 연주를 기획했다고 한다. 참 출중한 아이디어이다. 연주회에 앞서 인사한 암논 바인슈타인(Amnon Weinstein)이라는 이스라엘의 유명한 바이올린 제작자가 15년 동안 끈질기게 24군데의 나치 집단수용소와 유대인 집단거주지에서 홀로코스트와 연관된 슬픈 역사가 있는 바이올린들을 18개나 찾아내 수리하고 복원했는데, 이날의 연주와 전시를 위하여 엘알(El Al) 항공편으로 실어 온 것이다. 이러한 바이올린으로 연주하는 수석연주자 질 샤론(Gil Sharon), 리자 페르슈트만(Liza Ferschtman)의 환상적 연주, 디미트리 페르슈트만(Dimitri Ferschtman) 및 힐렐 조리(Hillel Zori)의 첼로 연주가 기가 막히다. 멘델스존, 블로흐, 슐호프, 브루흐, 쇼스타코비치 등을 연주했는데 주로 슬픈 가락이고 종교적 분위기가 물씬한 곡들이었다.

이날의 연주회에 참석한 청중들은 거의 모두 유대인들이므로 그들의 감회가 어떠했으리라는 것은 짐작하기 어렵지 않다. 나로서도 연주회에 앞서 설명을 듣고 아주 가슴이 뭉클했다. 공연 후 다시 음료와 간식을 제공하면서 연주한 악기와 찾아낸 악기들을 공연장 입구에 전시하고 설명한다. 한 사람의 집념이 유대인들의 억울하고 슬픈 역사를 음악적 측면에서 독특하게 조명한 것이 이채롭다. 이 같은 끈질긴 정신이 유대인을 어디서나 무시할 수 없도록 만드는 힘이리라.

이스라엘대사는 1944년 루마니아에서 태어났는데 친가는 홀로코스트에서 전멸하고 외가는 이모 한 분만 살아남았다가 간신히 이스라엘로 이민해온 입지전적 인물이다. 그는 1차, 2차 세계대전을 전후한 서유럽 역사에 정통하다. 뿐만 아니라 아시아 역사도 아주 정확하게 이해한다. 예를 들면 한국분단의 원인, 6·25전쟁 발발 시 유엔안보리의 역할, 지상군 파견의 표결과정, 한국의 경제발전, 북한의 실상 등에 정통하여 인상이 깊었다. 박사과정에서 나름대로 깊이 연구한 결과이다. 외교가의 리셉션에서 가끔 만나지만 그는 살해위협 때문에 늘 네덜란드 정부가 붙여준 경호원 두 명이 따라다닌다. 그럼에도 불구하고 나를 두 차례나 예방했는데, 인상 좋게 덕담을 건네고 한국인들이 유대인의 우수성을 잘 알고 있다고 추켜세우곤 했다.

아무튼 그의 특별한 호의로 감동적인 연주회를 즐겼고 또 다른 측면에서 슬픈 유대인의 역사를 알게 되었다. 다시 보기 어려운 특별한 의미의 음악연주로서 오랫동안 기억에 남을 것 같다. 연주회가 10시 반에 끝났고 밤 12시 40분경 헤이그 집에 무사히 돌아왔다.

유로 통합화폐를 탄생시킨 마스트리히트에서

우리는 오래전에 아내가 예약한 대로 3월 26일 토요일 오전에 또다시 테파프 관람차 기차로 위트레흐트를 경유하여 마스트리히트에 정오경 도착했다. 마스트리히트는 남부 네덜란드의 중심도시이고 유럽의 통합화폐인 유로(Euro)를 탄생시킨 역사적 도시이다. 이번에는 상당히 계획적으로 구경했다. 점심 후에도 보석전시는 물론 각종 가구도 보고 그림도 즐겼다. 네덜란드의 3, 4세기 전 황금기의 회화가 역시 사람을 많이 끄는 것 같다. 동양의 예술품으로는 중국, 일본 그리고 이따금씩 티베트, 인도, 태국 등의 회화, 도자기, 불상 등이 전시되어 있다.

이곳에서 시내의 교회와 오래된 건물들을 구경하다가 50분짜리 유람선을 타고 마스(Maas) 강을 오르내리는 관광을 했다. 선상에서 딸아이가 알려준 보네판텐박물관(Bonnefanten Museum)을 지나치고 그 옆에 새로 지은 주정부 청사들을 구경했다. 건축양식이 현대식으로 독특한데 이곳에서 역사적인 '마스트리히트 조약'이 체결되어 유로라는 통합화폐가 탄생한 것이다. 강을 타고 더 내려가니 성 피터르스베르흐(St. Pietersberg)라는 곳에 다다르고, 여기서 잠깐 사람을 내려주면서 다음 배에 다시 탈 수도 있게 배려한다. 이곳에서 내리면 아마 동굴이 있어서 볼 만한가 보다.

온 나라가 아주 평평한 네덜란드에서 이곳에는 약 6, 70미터 높이의 산이 있다는 것이 전체 분위기를 바꾸어준다. 다시 프레이트호프로 돌아와서 그저께 만찬을 했던 데를론호텔(Derlon Hotel)을 찾아보고 그 부근에 있는 성당을 구경했다. 들어가서 양초를 사서 기도하고 미사에 잠깐 참석했다. 광장의 북쪽에 3개의 첨탑이 있는 교회를 가보니 마침 그들 나름의 제복을 입은 남녀가 관악기를 불고 북을 치면서 성당으로 진입한다. 항상 그렇게 미사를 드리는지 특별한 행사를 위하여 악대가 나선 것인지 알 길이 없다.

다시 돌아 내려와서 광장 뒤에 있는 도미니칸 성당으로 갔다. 아주 오래된 성당인데 신도가 없어지자 이를 서점으로 바꾸어 영업을 한다. 교회 천장은 벽화가 모두 퇴락한 상태에서 전혀 개보수하지 않고 서점으로 만들어서 손님

독특한 현대적 건축미를 자랑하는 마스트리히트 소재 림뷔르흐 주정부의 신청사.
이곳에서 역사적인 '마스트리히트 조약'이 체결되어 유로라는 통합화폐가 탄생했다.

을 끌고 있는데, 안에는 'Coffee Lover'라는 카페가 있다. 바로 딸이 말한 커피집이다. 다리가 아파서 잠시 쉬기도 할 겸 이곳에서 카푸치노와 머핀을 사서 점심으로 요기하고 길을 나섰다.

교회가 신도가 없어 유치원으로 바뀌는가 하면 서점과 카페로 새단장하여 명맥을 이어가는 경우는 처음 본다. 한국에서는 교회가 번성하고 오히려 서점이 문을 닫는데. 하기는 헤이그에서도 집 앞에 있는 교회가 신도가 없자 건축업자가 이를 사서 허물고 아파트를 지어 분양 중인 것을 보았다. 오후 일찍 기차로 귀로에 올랐다.

3월 28일 유럽의회에서 의원대표단이 '국제형사재판소의 친구들'(Friends of the ICC)의 자격으로 예방했다. 내가 유럽의회에서 연설한 것도 그들이 주선한 것이다. 중심인물은 독일의 바바라 로흐빌러(Barbara Lochbihler) 의원이다. 2018년 10월 뉘른베르크 아카데미가 주최한 로마규정 채택 20주년 기념세미나에서 발표하면서 반갑게 재회하기도 했다.

4월 5일 회원국인 벨기에의 스테판 드 클레르크(Stefaan de Clerck) 법무장관이 예방하였다. 이 나라는 여러 정당이 연립정부를 구성하지 못하여 2년을 과도정부가 통치하고 있는데도 나라가 잘 돌아가고 경제가 발전하고 있으니 참 신기한 일이다. 물어보고 싶지만 참을 수밖에.

소장실 루스비스 비서실장 송별 만찬 (2011. 4).

4월 6일에는 국제형사재판소를 떠나는 비서실장 루스비스와 소장실 직원들과 함께 불러 그녀의 송별 만찬을 열어주었다.

4월 14일 세계미래포럼(World Foresight Forum: WFF)에서 연설을 했다. 국제형사재판소 소장에게는 이 같은 연설 요청이 참 많은데 이 포럼은 헤이그 시청이 지원하고 다보스(Davos)에서 열리는 세계경제포럼(World Economic Forum: WEF)보다 크게 발전시킬 계획이라고 특별연설을 부탁하기에 수락하였다. 나는 어떻게 국제형사재판소가 세계 평화, 정의 및 안정에 기여할 것인지와 앞으로의 도전에 관해 연설했다. 유럽 각국의 전·현직 장관들이 엄청나게 많이 참석한 대형회의였다.

아름다운 스위스의 예술과 기술

국제형사재판소 소장의 책임이 무겁고 예민하고 힘든 것이어서 늘 아무 생각 없이 쉴 수 있는 틈을 찾아보지만 그렇게 쉽지 아니하다. 그런데 이번 부활절에는 주말(4월 23~24일)에다가 금요일과 월요일을 포함하여 연이어 쉴 수 있게 되었기에 오래전에 알린 대로 스위스 취리히의 옛 친구인 가브리엘라 허스(Gabriela Hirth)를 방문하기로 했다. 남편과 함께 한국에서 7년간 스와로브스키(Swarovski) 지사장으로 거주하면서 높은 안목으로 많은 한국의 상류층 부인들에게 고급 유럽문화와 생활양식을 많이 전파한 절친한 친구이다.

마침 휴가기간 내내 날씨가 너무 좋아서 아주 유쾌한 휴가를 보낼 수 있었다. 22일 취리히공항에 내리니 그녀가 마중 나왔다. 3년 전에 우리가 시칠리아에 갔다가 귀로에 밀라노에 묵었을 때 그녀가 찾아와서 같이 오페라도 보고 루가노(Lugano)의 아름다운 도시를 방문하면서 그 지방의 고유한 음식과 음료를 즐긴 것이 엊그제 같은데 이제 다시 재회한 것이다.

가브리엘라는 취리히 근교의 마을에 5백 년이 되었다는 집을 사서 산다. 옛날에 마구간이었던 건물을 잘 고쳐서 3세대가 분할하여 사는데, 그녀가 가운데 부분에 살면서 여러 주차장 공간을 확보하고 있다. 마침 그녀의 둘째 아들인 필립이 집에 있어서 함께 반갑게 만났다. 그는 나보다 키가 큰 26세의 청년이다. 막 제네바의 유엔에서 무급 인턴프로그램을 마치고 돌아와서 직장을 구하고 있는 중이라고 한다. 그는 확실히 아버지의 남자다운 훈육이 절실하게 필요한 청년임을 금방 알아볼 수 있었다.

쉬지 않고 말을 하는 가브리엘라의 운전으로 시내를 잠시 둘러보았다. 그리고 도착하자마자 독일 국경을 넘어서 발트후트(Waldshut)라는 작은 독일 마을 등을 둘러보고 바이스부르스트(Weisswurst. 소시지)와 포도주를 먹었다. 독일과 스위스의 국경을 넘나들면서 라인강 상류의 주변에 펼쳐진 고도 라우펜부르크(Laufenburg)의 아름다움을 만끽했다. 이 도시는 800년 전에 창설된 도시로서 라인강을 가로지르는 다리의 한가운데를 국경으로 삼아 독일과 스위스로 양분되어 있다. 흐르는 강의 가장자리를 따라 걸으면서 그동안 막혔던 얘기를 쉼 없이 했다.

23일에는 그녀가 11시 반에 데리러 올 때까지 우리 내외는 이른 아침 취리히 시내를 다시금 걸어 다녔다. 취리히의 수백 년 된 작은 골목길들이 인상적인데 집에 따라서는 자기네의 가업이 무엇인지 알아볼 수 있도록 직업의 귀천을 불문하고 문장이나 장식을 문 앞에 걸어놓기도 해서 신기했다. 장인정신이 투철하다고나 할까. 한국이라면 누가 자기네 조상이 백정이나 뱃사공을 했다고 자랑스럽게 금칠을 한 문장을 걸어놓겠는가.

1950년대까지만 해도 풍족하지 못했던 나라가 이제는 참으로 잘도 산다. 어찌 이들이 이룩한 부를 남의 나라 돈을 유치해서 비밀보장을 해주기 때문에 잘살게 되었다고 단순하게 말할 것인가. 이들의 칼이나 시계 또는 초콜릿 한 가지만 보아도 아주 다양하고도 스위스의 특색을 살리면서 세계 최고의 경지에 도달할 때까지 노력하여 제품의 개선을 이룬 결과가 아닌가. 대개 독일계의 도시가 그렇듯이 이곳도 기차 정거장을 중심으로 변화가가 형성되어 있는데 호수가 있으므로 배를 타고 이동하면서 도시의 미를 감상할 수 있는 이점이 있다.

보통 독일계 도시는 중심가에 시청과 이를 지지하는 교회가 마주보고 있으면서 그 중간의 광장이 시장터로 발전되고, 외적의 침입을 방비하는 성벽이나 망루가 추가되는 것이 전형적 구성이다. 취리히도 비슷하지만 이곳에는 유럽에서 가장 큰 첨탑 벽시계가 걸려 있는 성 페터(St. Peter) 교회 외에 그로스뮌스터(Grossmünster) 및 프라우뮌스터(Fraumünster) 성당이 건립되어 있다. 그로스뮌스터는 츠빙글리(Zwingli)가 종교개혁을 시작한 유서 깊은 곳이어서 종교인들에게는 여러 가지의 감회를 줄 것 같다.

가브리엘라와 함께 깨끗하고 잘 정돈된 기차를 타고 약 40분 후에 루체른(Lucerne)에 도착했다. 내리자마자 'KKL 루체른'(Culture and Convention Center Lucerne)이라는 현대적 건물이 나를 압도한다. 이 작은 도시도 루체른 페스티벌의 본고장이고 세계적인 공연장 등 문화시설이 활발하게 운영되고 있으며 사시사철 관광객들이 많아 시끌벅적하다. 깨끗한 항구에서 슈탄슈타드(Stansstad)를 왕복하는 배를 타고 두어 시간 아름다운 피어발트슈테터

(Vierwaldstättersee) 호수의 이곳저곳을 돌아보았다.

사람들이 내리고 타는 작은 기항지 중에 뷔르겐스톡(Bürgenstock)을 지난다. 이곳에서는 내리자마자 푸니쿨라를 타고 아주 경사가 급한 암벽을 지나 산 정상으로 올라가도록 되어 있다. 영화배우 소피아 로렌이 이곳 정상에서 결혼해서 유명해진 곳이라고 한다. 어느 벽촌이든지 모두 고르게 잘살고 있다. 아내는 나중에 다시 와서 이 아름다운 곳을 감상할 뿐만 아니라 이곳에서 인터라켄(Interlaken)을 거쳐 유럽의 최고봉인 융프라우를 정복하고 싶은 희망을 나타낸다. 루체른에서 아름다운 기차를 타고 몽트뢰(Montreux)까지 가는 길을 따라서 그처럼 여행할 수도 있다. 그러자면 아무쪼록 우리가 건강하게 오래 살아야지.

호수에서 배를 타면서 본 루체른은 생각보다 훨씬 아름답다. 시내에서 호수를 가로지르는 나무다리도 특이하다. 이는 1408년경 시내 방어를 위하여 건설했다고 한다. 다리의 이름은 밀을 도정하고 남는 겨를 뜻하는 슈프로이어(Spreuer)라고 하는데, 이곳이 옛날에는 '밀겨'를 버릴 수 있는 유일한 곳이어서 그런 이름이 붙었다고 한다. 1990년대 말 누가 불을 질러서 다리의 일부가 탔는데 이때에 일정한 간격으로 당시의 생활상을 그려서 다리에 걸어놓은 100여 개의 그림 중 일부가 불에 타서 없어지거나 그을린 채 걸려 있어서 마음을 안타깝게 한다. 더구나 주로 중국인과 일부 한국인 관광객들이 이 귀중한 목조다리 문화재의 곳곳에 잉크로 자기이름을 낙서해 놓은 야만행위에는 화가 치민다.

그러나 중세도시답게 사방에 방어용 요새와 오래된 교회가 그대로 남아서 우리를 즐겁게 한다. 우선 14세기에 요새로 건설된 성 페터 교회의 이름을 딴 샤펠(Chapel) 다리, 예수회 교회(Jesuit Church), 프란시스코 교회(Franciscan Church), 호프 교회(Hof Church)가 위용을 자랑하고 있다. 요새로 지은 건물인 워터타워(Water Tower), 무제그벽(Musegg Wall), 워터스파이크(Water Spike) 등이 볼 만하다. 가장 유명한 것은 죽어가는 사자의 기념탑(빈사의 사자상)이다. 시내에는 이곳의 특산음식 등 참으로 즐길 거리가 많다. 보스턴의 클램차우더와 같은 음식을 이 지방의 와인을 섞어 끓인 수프가 특이했다.

참 편안하고 아름다운 곳이어서 다시 방문하고 싶게 만든다.

24일 부활절 주일에는 샤프하우젠(Schaffhausen)을 방문하잔다. 이곳은 스위스의 유명한 시계산지 중의 하나라고 한다. 우리는 여행 중 쇼핑하는 사람들이 아니므로 별로 흥미가 없으나 잠자코 따라가기로 했다. 어제나 오늘 어디를 같이 드라이브해도 넓은 밭에 노란 유채꽃이 활짝 피어 마치 제주도의 봄을 연상시킨다.

가브리엘라는 이 도시를 찾아가는 길에 노이하우젠(Neuhausen)을 지나 이 지역에서 가장 관광객이 많이 찾아오는 라인폭포로 안내한다. 유럽에서는 가장 큰 폭포라는데, 독일 라인강의 일부이지만 관광객에게 돈을 버는 것은 스위스라고 한다. 우리는 배(Felsenfahrt)를 타고 송어를 양식하는 맑은 호수를 가로질러 라우펜성(Schloss Laufen)을 통하여 산 위로 올라갔다. 산 위에는 그런 대로 옛날 부자의 성채인 뵈르트성(Schlössli Wörth)을 고쳐서 아주 특색 있게 사설박물관처럼 전시를 잘해 놓았다. 들어가 보니 오래된 초상화의 눈이 움직이기도 하고 그들이 옛날에 쓰던 식탁이 회전하기도 한다. 고하(古下) 기념관을 이처럼 특이하게 꾸밀 수 있었으면 좋겠다.

부근의 교회도 방문했는데 청교도적 입장 때문에 장식이나 색채가 없이 밋밋하고 겨우 예배만 볼 수 있게 되어 있어 천주교 성당의 아름다운 예술적 장식과 아주 대조된다. 칼뱅이나 츠빙글리의 종교개혁이 천주교의 호화사치 및 부패에 대한 반작용으로 일어났다고는 해도 이것은 너무 반대로 극단적인 것 같다.

라인폭포를 떠나 샤프하우젠으로 이동했다. 귀족들이 정착하여 기독교화된 다음에는 강력한 요새화된 길드 타운을 조직하여 중세를 넘기고는 근세에 와서는 산업이 발달하여 많은 부를 축적한 곳이다. 상업적이고 산업적인 동시에 종교적이어서 수녀들의 엄격한 생활을 엿볼 수 있는 성 아그네스(St. Agnes) 수녀원 건물도 무척 인상 깊다.

알러하일리겐 박물관(Museum zu Allerheiligen. All Saints Museum)은 역사, 고고학, 문화, 산업, 자연사, 종교화 이외에도 각종 회화와 생활용구 등의 사회적, 역사적 전시 그리고 과학기술의 발전이 시대순으로 생생하게 전시되어 있고 그중 3층의 크로이츠잘(Kreuzsaal)은 가장 소중한 부분임을 그냥 알 수 있다. 수도원을 개조한 이 박물관을 겨우 폐막 30분 전에 들어가서 주마간산으로 구경한 것이 유감이다. 그럼에도 불구하고 참 예술적이기도 하고 기술을 숭상하기도 하는 스위스 사람들의 중세와 근대에 이룩한 업적에 감탄을 금할 수 없었다.

그곳의 호텔 식당에서 마침 제철인 굵은 흰색 아스파라거스를 즐겼다. 그리고도 아직 해가 남아서 시내를 여유 있게 거닐면서 아름답고 특색 있는 거리와 건물들을 천천히 감상했다. 이곳의 가장 높은 곳은 무노트(Munot) 성이다. 1500년대에 시작하여 25년 걸려 지었다는 교회 겸 망루첨탑으로서 아주 가파른 계단을 많이 올라가면서 보니 주변 좌우에는 포도묘목들이 줄지어 심어져 있었다. 라인강을 따라 편안하게 조성된 강변로를 한가하게 거닐면서 오랜만에 국제형사재판소의 힘들고 까다로운 짐에서 벗어날 수 있었다.

돌아오는 길에는 가브리엘라 동네 근처인 에글리사우(Eglisau) 마을의 조그마한 식당에서 라인강에서 잡은 송어와 스위스에만 있다는 '에글리'(Egli)라는 생선을 이곳에서 생산하는 와인과 함께 먹었다. 스위스에서 먹은 식사 중 가장 맛있고 입에 맞는 것 같았다.

25일은 떠날 날이다. 가브리엘라는 잘 나가던 남편을 사별한 후 십수 년간 아마도 어렵고 서럽게 살아왔을 것이다. 그녀가 서울에서 가깝게 지낸 모 재벌집 자녀들의 얘기를 많이 하지만 오늘날 그 재벌이 없어져버린 것을 보면 돈은 없더라도 깨끗하게 원칙에 따라 절도 있게 사는 우리와 같은 사람과의 교유(交遊)가 오래 간다는 것을 알았으면 좋겠다.

아일랜드 대통령의 국제형사재판소 공식방문

아일랜드 대통령 메리 매컬리스(Mary McAleese) 부부가 5월 2일 국제형사재판소를 공식방문했다. 한 나라의 대통령이 재판소를 방문하는 것은 그리 빈번한 일은 아니므로 나는 아일랜드의 메리 웰런(Mary Whelan) 대사와 함께 대통령의 방문준비를 미리 협의한 바 있다. 내가 부득불 귀국을 연기하는 수밖에 없었다. 대통령 방문준비를 협의하는 과정에서 그런 사정을 잘 아는 아일랜드대사는 자기네 대통령이 5월 2일 월요일 오전에 방문하여 일정을 다 마치도록 만들고 대통령 접견 후 내가 오후에 바로 한국으로 떠날 수 있도록 배려했다.

드디어 월요일 오전 9시에 대통령 일행이 재판소에 당도하였다. 매컬리스 대통령은 아동가족부장관 프랜시스 피츠제럴드(Francis Fitzgerald)를 대동하고 나와 마주 앉아서 30분간 회담했다. 나는 새로 온 내 비서실장 린 파커(전 주 네덜란드 영국대사) 및 대외담당보좌관 마티아스 등 3인을 대동하고 대통령을 상대하여 회담하였다. 대통령은 법률가로서 이미 국제형사재판소를 잘 파악하고 있었다. 따라서 별로 큰 현안은 없었다. 남편이 나중에 사석에서 말하는 것을 보니 대통령은 큰딸 엠마(Emma)를 낳은 후 아들과 딸 쌍둥이를 출산하여 양육한 형사변호사인데, 영국의 분쟁지역인 북아일랜드 출신으로 아일랜드의 대통령이 된 유일한 사람이다. 큰딸 엠마가 우리 상고부의 재판연구관인 바버라 로시(Barbara Roche)와 고교동창이고 한마을 친구라고 한다. 대통령도 바버라가 태어난 지 2주 후부터 보아서 잘 안다고 했다.

이어서 내가 회담한 옆방에서 차 한 잔 마시는 수준의 간소한 리셉션을 베풀었는데 7인의 재판관이 참석했고, 국제형사재판소에 근무하는 아일랜드 국적의 직원들이 전부 도열하여 반가운 해후를 하였다. 우리는 이들과 함께 소탈하게 어울리면서 이 여성 대통령이 귀중하고 즐거운 시간을 보내는 것을 기쁘게 볼 수 있었다. 치과의사인 남편은 몇 년 전 한국을 방문했을 때 제주도가 인상 깊었다는 말을 하기도 했다. 그들은 재판소에 2시간가량 머물다가 암스테르담의 오찬 모임으로 향발하였다. 그녀는 재선되어 두 번의 임기, 도

국제형사재판소를 공식방문한 아일랜드 대통령 메리 매컬리스와 함께 (2011. 5).

합 14년간 아일랜드의 대통령을 하는 중 금년이 마지막 해라고 한다.

아일랜드는 메리 로빈슨(Mary Robinson) 이래 계속 여성을 대통령으로 선출하는 것 같다. 그녀의 네덜란드 공식방문 일정 중 첫 방문지가 국제형사재판소라고 함은 여러 가지 상징적 의미가 함축되어 있다. 국가원수가 자기 나라의 인권 및 어린이와 부녀자 보호가 얼마나 중요한지를 잘 안다는 의미를 전달하고 자기네 정책의 중심이 인권에 있음을 만방에 표시하는 아주 적절한 제스처인 것이다. 우리의 회담은 아주 잘 진행되었고, 린과 마티아스도 만족을 표시한다. 사실 각국의 정상이 네덜란드를 방문할 때 시간을 내어 국제형사재판소를 방문하는 것은 일정상 쉬운 일이 아니다. 그래서 접견한 국가원수 한 분, 한 분에게 감사한 마음을 진정으로 표시하였다.

The Elders의 담대한 꿈

5월 10일 아침에는 '디엘더스'(The Elders)가 재판소를 예방했다. 이 그룹 의
장인 데즈먼드 투투(Desmond Tutu) 남아공 대주교 외에 마르티 아티사리
(Martti Ahtisaari) 전 핀란드 대통령, 코피 아난 전 유엔사무총장, 엘라 바트
(Ela Bhatt) 인도 인권운동 지도자, 라크다르 브라히미(Lakhdar Brahimi) 알제
리 전 외무장관, 그로 브룬틀란트(Gro Brundtland) 전 노르웨이 총리, 페르난
도 카르도주(Fernando Cardoso) 전 브라질 대통령, 지미 카터 전 미국 대통령,
메리 로빈슨 전 아일랜드 대통령 등이 방문했다. 그들은 자기네 조직의 사무
처장에 해당하는 마벌 판오라녀(Mabel van Oranje)와 앤드루 휘틀리(Andrew
Whitley) 외에 10명의 자문단원을 대동했다. 리처드 브랜슨 경(Sir Richard
Branson) 버진아틀란틱항공 회장, 레이 체임버스(Ray Chambers) WHO 대
사, 피터 가브리엘(Peter Gabriel) 작곡가, 새넌 세지위크-데이비스(Shannon
Sedgwick-Davis) 브릿지웨이재단 이사장, 진 울왕(Jean Oelwang) 버진유나이
트 이사장, 팸 오미디아(Pam Omidyar) 이베이 설립자의 부인, 랜디 뉴컴
(Randy Newcomb) 휴머니티유나이티드 이사장, 제프 스콜(Jeff Skoll) 스콜재
단 이사장, 샐리 오스버그(Sally Osberg) 스콜재단 초대 이사장, 캐시 부시킨
캘빈(Kathy Bushkin Calvin) 유엔재단 이사장, 마리커 판샤이크(Marieke van
Schaik) 네덜란드 우편복권 관리인 등이 같이 방문했다.

　나는 할아버지 추모식 때문에 한국에 다녀온 바로 뒤인지라 시차도 극복되
지 아니한 상태에서 대외관계 담당팀이 준비해준 자료도 읽어보지 못한 채 디
엘더스그룹을 맞이하러 회의장에 들어갔다. 우선 예정대로 옆방에서 단체사
진을 찍은 후 테이블에 좌정했다. 내가 급히 만들라고 지시한 파워포인트 내
용을 잠깐 보고는 그냥 평소 실력으로 국제형사재판소 현황을 브리핑할 수밖
에 없었다. 우리 측에서는 나와 디아라 부소장, 카울 부소장 외에 린 비서실
장, 히라드 비서실 차장, 마티아스 대외담당보좌관, 소장 특별보좌관인 필립
등이 참석했다. 원래 부소장들은 참석시킬 계획이 없었으나 카울이 요구해서
그 청을 들어주었다.

전직 정부 수반들의 클럽 The Elders 회원 접견 (2011. 5). 왼쪽부터 카르도주, 브라히미, 로빈슨, 나, 투투, 카터, 브룬틀란트, 아티사리, 바트, 아난.

    우선 정부수반을 지낸 이들 국제 원로인사들이 오늘 아침에 왕실을 방문한 직후 우리 재판소만을 들러서 관심을 표해준 것이 감사하기도 하고 엄청난 격려가 되었다. 원래 이 그룹은 기업인인 리처드 브랜슨과 음악인인 피터 가브리엘이 우연히 만나서 점차 상호의존적인 지구촌에서 헌신적이고도 독립적인 존경받는 소수인사들로 조그마한 그룹을 구성하여 세계적 문제를 해결하고 인류의 고통을 완화하는 데에 도움을 줄 수 없겠는가 하는 단순한 생각에서 출발한 것이라고 한다. 그들은 이런 아이디어를 가지고 넬슨 만델라를 만나 그의 지지를 받고 부인 그라사 마셀(Graça Machel) 및 투투 대주교의 도움으로 2007년 7월 그의 89회 생신날에 이 그룹을 발족한 것이다.

    만델라가 말한 이 그룹의 사명을 보자.

    "우리 원로들은 공개적으로나 막후에서 일하면서 자유롭고 담대하게 말할 수 있습니다. 원로들은 도움이 가장 필요한 사람들에게 다가갈 것입니다. 두려움이 있는 곳에는 용기를 북돋고, 갈등이 있는 곳에는 합의를 이끌어내고, 절망이 있는 곳에는 희망을 불어넣을 것입니다(*The Elders can speak freely and boldly, working both publicly and behind the scenes. They will reach out to those who most need their help. They will support courage where there is fear, foster agreement where there is conflict and inspire hope where there is despair*)."

552

마르티 아티사리 전 핀란드 대통령(1937년생)은 유엔과 핀란드 외무부에 근무한 후 대통령(1994~2000)으로 당선되었다. 2008년 노벨평화상을 받았고, 현재 위기관리운동(Crisis Management Initiative: CMI)의 대표이다. 가나의 코피 아난(1938~2018) 전 유엔 사무총장(1997~2006)은 스웨덴 부인 나네(Nane)와 3자녀가 있다. 그는 가나대학 총장인 동시에 컬럼비아대학의 글로벌펠로(Global Fellow), 그리고 싱가포르국립대 리콴유공공정책대학원의 리카싱 교수(Li Ka Shing Professor)를 역임했다.

엘라 바트(1933년생)는 평생을 인도사회에서 가장 가난하고 탄압받는 여성 근로자들의 개발에 헌신해온 온건한 혁명가이다. 인도의회 의원, 록펠러재단 이사, 인도국가계획위원 등을 역임했으나 평생을 간디의 정신을 토대로 여성문제에 일생을 바친 분이다. 그녀는 백만 명 정도의 회원을 가진 노조라고 할 수 있는 자영여성협회(Self-Employed Women's Association: SEWA)를 조직하여 미소금융을 운영하고, 여성의 지위향상을 위하여 헌신한 분이다.

라크다르 브라히미(1934년생)는 학생시절 독립운동에 참가했고, 독립 후에는 이집트 및 영국주재 알제리대사를 역임했으며 외무장관(1989~1993)을 지냈다. 그는 주로 유엔 사무총장의 특별대표로서 레바논, 아프가니스탄, 이라크 등의 평화를 위하여 많이 노력했고, 그가 작성한 〈브라히미 보고서〉는 유엔 평화유지군의 문제점을 날카롭게 지적하고 개선을 촉구한 것으로 유명하다.

그로 브룬틀란트(1939년생)는 하버드에서 공중보건학 석사를 취득했고, 의사로서 봉사한 후에는 20년간 공직생활 중 1981년 41세에 최초의 노르웨이 여성총리가 되어 10년간 통치했다. 그녀는 지속가능한 성장을 내세워 브룬틀란트위원회(Brundtland Commission, 세계환경 및 개발위원회)를 이끌었다. WHO의 사무총장(1998~2003)을 역임했고 현재는 기후변화에 관한 유엔사무총장의 특별대표이다.

브라질 전 대통령(1995~2002) 페르난도 카르도주(1931년생)는 1982년 상원의원으로 정치에 입문하여 외무장관을 역임했다. 사회학 박사로서 상파울로대학 사회학 교수였고, 사별한 부인은 인류학 박사인데 3자녀가 있다. 2004년

상파울로에 창설된 카르도주연구소(Instituto Fernando Henrique Cardoso)를 중심으로 경제발전과 민주주의에 관한 연구와 강의를 하고 있다.

미국 제39대 대통령(1977~1981) 지미 카터(1924년생)는 세계 평화와 분쟁 해결을 위한 많은 업적으로 노벨평화상을 수상했고, 카터센터를 운영하고 있다. 내가 6·25전쟁의 피해자라고 하자 그 부분에 관한 질문을 따로 하기도 했다.

아일랜드의 첫 여성 대통령(1990~1997) 메리 로빈슨(1944년생)은 법학교수로 시작했으나 법을 통한 사회변혁을 꾸준히 시도하고 유엔 인권최고대표를 역임하는 등 인권을 위하여 헌신하고 있다. 부모가 의사여서 풍족하게 성장했고 더블린 트리니티칼리지와 하버드 로스쿨에서 공부했으며 킹스 인 더블린(King's Inn Dublin) 소속이다. 남편과 함께 트리니티칼리지에서 아일랜드 유럽법연구소(Irish Center for European Law at Trinity College)를 운영하고 있고 국제법률가협회(International Commission of Jurists: ICJ)의 대표이다. 그리고 메리 로빈슨 기후정의재단(The Mary Robinson Foundation - Climate Justice)을 운영한다.

디엘더스 의장인 데즈먼드 투투 대주교(1931년, 남아공 트란스발 출생)는 가끔 농담을 던져서 분위기를 부드럽게 하는 재주가 있다. 1984년 흑백 차별정책에 항거하는 노력으로 이미 노벨평화상을 받았고, 만델라 시절 '진실화해위원회'(Truth and Reconciliation Commission)를 이끌어 남아공의 흑백 차별정책의 후유증을 잘 치유했다는 평가를 받고 있다.

결석한 그라사 마셸은 부녀자와 어린이의 권리를 위하여 일생을 바친 국제적으로 유명한 분이다. 1994년 모잠비크에서 지역개발재단(Foundation for Community Development)을 조직하여 전쟁 후의 모잠비크를 재건하는 데 힘썼다. 그녀는 그 나라의 문화교육장관으로서 어린이의 취학률을 크게 끌어올린 업적도 있어서 많은 수상을 했다. 모나헹 재판관의 친구이다. 넬슨 만델라의 현재 부인(미망인)이라고 한다.

이 모임의 총무격인 마벌 판오라녀는 특이한 분이다. 베아트릭스 여왕의 둘째아들 프리소(Friso)와 결혼하여 왕족이 된 여성이다. 그런데 이 결혼을 앞두고 본인은 강력하게 부인하지만 범죄조직의 일원인 남자와 동거한 전력이 드러났다고 한다. 따라서 온 나라가 시끄러웠고 결국 그녀와 여왕의 둘째 아들은 결혼을 허가받는 대신에 왕위계승권을 포기했다고 한다.

디엘더스 회원들은 1506호실 회의탁자에 나의 팀과 마주본 채 착석하고 수행한 자문그룹은 뒤편 의자에 따로 떨어져 앉았다. 나의 브리핑에 대한 질문은 상당히 많았고 코피 아난 전 유엔 사무총장은 케냐 사태에 관하여 따로 미팅을 갖기도 했다. 나와의 미팅은 12시에 끝났지만 바로 뒤에 검사가 미팅하는 바람에 다시 1시간이 걸렸고 나는 기다렸다가 문밖에까지 나가 그들이 네덜란드 왕실이 제공한 버스로 떠날 때 이들에게 손을 흔들어 전송했다. 카터, 로빈슨, 아티사리, 브룬틀란트는 북한과 서울을 거쳐 이곳으로 바로 왔기 때문에 그들에게 남북관계를 따로 물어보고 싶었으나 시간이 없었다. 나중에 따로 들은 애기이지만 처음 카터를 따라간 노르웨이 전 총리가 북한의 푸대접을 불평했다고 한다.

다만 모두 80세가 넘었거나 그러한 고령임에도 불구하고 아주 건강하고 예리한 직관적인 질문들이 나에게는 깊은 인상을 남겼다. 나도 이러한 지도자들의 인품과 경륜에서 한 수 배우는 행운을 얻은 것 같다.

오후에는 점심시간도 없이 바빠서 쩔쩔매는 중에 유병화 국제법률경영대학원대학(TLBU) 총장이 인솔한 대학생 그룹이 연이어 도착했다. 해마다 방문하는 단골손님들인데 금년에도 역시 이 대학에 등록된 동남아 학생들이 약 30여 명가량 왔다. 해가 갈수록 그들은 점차 더 세련되고 국제법에 더 관심을 표시하는 것 같다. 내가 즉흥으로 약 30분간 현황 소개를 했다.

그사이에 같이 근무하는 이성훈 군과 김상우 군이 스승의 날이라고 잊지 않고 직접 쓴 카드를 건네면서, 내가 이성훈 군을 통하여 주문했던 레이저 프린터를 자기네가 선물로 증정하겠단다. 객지에 외롭게 살면서 서로 의지하는 아름다움이란 이런 것인가. 김상우 군은 내가 경찰대학에 출강하면서 가르친 제자이기는 하지만, 이성훈 군은 아무 인연이 없는데도 선생님이라고 따르면서 해마다 마음 씀씀이가 고맙다.

옛날에 경찰대학에 약 20년간 출강하여 민사소송법을 가르친 일이 있다. 주위에서 바쁜 중에 왜 수원에 있는 경찰대학에까지 가서 강의를 하느냐고 묻는 사람도 있었다. 그러나 나는 국가의 법 집행기관 중 제1선에서 국민과 직접 매일 접촉하는 경찰을 잘 가르치는 일은 아주 중요한 의미가 있다고 하면서 국제형사재판관으로 당선되어 헤이그로 옮길 때까지 계속 가르쳤다.

옥스퍼드대학에서의 연설

5월 12일 마티아스 대외담당보좌관을 대동하고 급히 런던을 거쳐 옥스퍼드에 왔다. 2차 세계대전 직후 하버드 법대를 졸업하고 27세의 나이로 뉘른베르크 전범재판의 검사가 되어 활약한 벤저민 페렌츠(헝가리계 미국 유대인)가 90세가 넘은 나이에도 불구하고 아주 건강한 모습으로 국제형사재판소 및 기타 국제형사법정에 나타나신다. 그러나 키가 너무 작은 데다가 연로하여 아들 도널드가 항상 모시고 다닌다. 이제 아들이 옥스퍼드대학에 전쟁범죄연구소를 설립하고 그 개소식에 나를 초청하여 기념사를 하라는 것이다.

히스로(Heathrow) 공항에서 옥스퍼드로 이동하기 위해 공항택시를 예약했더니 아주 정확하게 약속을 잘 지킨다. 이 택시로 편히 옥스퍼드에 당도하여 브래스노스칼리지(Brasenose College)에 여장을 풀고 시간에 맞추어 강연장으로 갔다. 내가 기조연설을 하는데 카울 부소장 내외도 있고 윌리엄 샤바스(William Shabas) 교수도 있었다. 전야 만찬은 옥스퍼드 트리니티칼리지의 수백 년 된 식당에서 고풍스러운 분위기와 좋은 음식 및 와인을 곁들여 즐겼다.

마티아스는 하루 더 이곳에서 쉬면서 밀린 연설문을 초안하겠다고 했으나 나는 다음 날 아침 일찍 일어나자마자 뉴욕행 비행기를 탈 일이 걱정이었다. 다행히 전날 데려다준 운전사가 제시간에 와서 일찌감치 공항에 데려다 주었다. 내가 새벽에 출발하려는 눈치를 알고 마티아스가 이른 아침인데도 내 가방을 끌어다가 택시에 실어주면서 전송한다. 서양에서는 접하기 쉽지 아니한

옥스퍼드대학 전쟁범죄연구소 개소식의 기조연설 (2011. 5). 직접 겪은 6·25전쟁 경험담을 담은 나의 연설에 카울 부소장, 샤바스 교수 등 참석자들의 공감대가 컸다.

광경이었다. 아마 그는 가정교육이 제대로 된 사람이겠지.

　서울에서 한 시간 먼저 도착하는 아내와 케네디공항에서 만나서 같이 뉴욕 시내로 들어가기로 했는데 우리 비행기가 한 시간 이상 연발한다고 방송하지 않는가. 연락이 될는지 모르지만 아내의 전화에 문자메시지와 음성메시지를 남겨서 그냥 먼저 호텔로 들어가라고 했다. 다행히도 이 교신이 성공하여 아내가 뉴욕에 도착하자마자 호텔로 택시를 타고 들어간 것이 확인되어 다소 안심했다. 나는 연착된 상태에서 공항에서 택시를 잡아타고 아내와 랑데부에 성공했다.

국제형사재판소의 아버지, 건강하소서!

5월 14일 케네디공항에서 2007년에 처음 업무를 개시한 캐리비안항공을 타고 카리브해 남쪽 섬인 트리니다드토바고의 수도 포트오브스페인(Port-of-Spain)으로 날아갔다.

트리니다드토바고가 우리와 협력하여 카리콤지역(Carribbean Community, 14개국으로 구성된 카리브공동체)의 국제형사재판소에 관한 지역회의를 개최한다는 것인데, 이 정부가 당사국총회 의장인 크리스티안 베나베저 대사와 함께 나를 초청한 것이다. 마티아스를 대동하고 이 나라 수도의 공항에 밤 10시 반경 도착하니 외무부에서 출영한 의전장과 경호원 외에 한국의 권용규 대사도 허성호 3등서기관과 함께 출영했다. 밤이 늦어서 서둘러 정부가 예약해준 호텔에 투숙했다.

다음 날이 일요일이어서 하루를 푹 쉬면서 관광하기로 권용규 대사와 합의했다. 더구나 그다음 출장국인 콜롬비아의 이틀간의 일정이 살인적이어서 이곳에서 좀 쉬어야만 감당할 것 같다. 일요일 느긋하게 늦게 일어나서 점심 후 허성호 서기관의 안내로 이 나라의 국조인 선홍색 아이비스(Ibis)라는 새를 관찰하는 투어에 참가했다. 조류관찰 일정 이전에 정부가 내준 차로 아내와 함께 수도의 시가지를 구경했다. 경호원이 따라붙는 바람에 자유가 많이 제한되었지만 퀸즈파크 사바나(Queen's Park Savannah)가 시원하게 도심의 숨통을 틔워 주고 있으며, 중국이 지어주었다는 철제건물인 예술의 전당이 눈에 뜨인다.

그러나 전반적으로는 1780년 이래 영국의 식민지로서 법원 건물과 성공회 건물들이 눈에 뜨이지만 영국을 서투르게 흉내 냈다는 인상이다. 도심에 세워진 몇 개의 성당들이 서로 역사와 위용을 뽐내고 있고 기후가 좋아서인지 시내 높은 언덕에 올라 내려다보는 수도는 녹색이 많고 아름다운 모습이다.

조류관찰 프로그램은 수도 남쪽 카로니(Caroni) 공원에서 여러 명이 보트를 타고 출발한다. 오후 4시부터 내륙 수로를 따라 이동하면서 운항사 겸 안

국제거래 하듯 트리니다드토바고와 베네수엘라를 밤낮으로 오가는 선홍색 아이비스의 군무.

내원의 설명과 지적에 따라 습지와 밀림 속의 새들과 갖가지 동식물도 관찰하였다. 나는 심지어 나뭇가지 위에 올라앉은 뱀도 발견했다. 민물과 해수가 교차하는지 작은 게와 고동 그리고 달팽이들이 수로 주변 갯벌에 많이 기어다닌다. 이것들은 아마도 새나 다른 동물의 먹이가 되겠지.

약 2시간의 모터보트 유람 중 이따금 엔진을 끄고 조용히 기다리면 아름다운 붉은색 아이비스가 떼 지어 날아간다. 베네수엘라에서 하루 종일 사냥하고 놀다가 저녁이 되면 바다를 건너 날아와 이곳의 수로를 따라 형성된 밀림 지역에서 밤을 보낸다고 한다. 이 지역에서는 새들도 국제거래와 통상을 하는가 보다. 보트를 타고 다니는 양편에는 뿌리를 물속에 박고 자라는 맹그로브라는 열대나무가 무성하다. 해가 질 때까지 상당히 많은 아이비스를 볼 수 있었는데, 허 서기관은 우리가 매우 운 좋은 경우라고 했다.

저녁에는 대사관저에서 권 대사 내외와 우리 부부 및 마티아스 모두 5인이 한국식 만찬을 했다. 아주 작은 개구리 소리가 무척 요란하다. 헤이그의 이 자형 참사관이 잘 아는 사이라고 소개를 잘했기도 했겠으나 권용규 대사 내외는 참 인상이 좋고 은근하다. 만찬은 그 전날 원양어업을 하는 한국인이 보내준 싱싱한 참치회로 시작했다.

카리콤이 트리니다드토바고에서 주최한 국제형사재판소 세미나는 이 나라 정부가 심혈을 기울여 조직한 회의다. 이 세미나에서 나는 참석한 카리콤 회

트리니다드토바고에서 만난 아서 로빈슨 전 대통령 (2011. 5).

내가 아서 로빈슨 전 대통령을 국제형사재판소의 아버지로 치켜세우자
이곳에서의 내 발언을 현지 신문들이 대서특필했다 (2011. 5).

원국 대표들에게 국제형사재판소의 기능과 역할에 대해 연설하고 로마규정 비준 절차와 관련해서도 설명했다. 월요일에는 아침부터 내가 회의에 참석하는 동안 아내는 권 대사 부인이 안내하여 잠깐 구경하기로 하고 권 대사는 우리 회의에 오전 중 참석했다가 겸임국 출장을 떠난다고 한다. 호텔 내 회의장에 도착하니 이 나라 외무장관이 먼저 와있고 베나베저는 토바고섬에서 도착이 다소 늦었다. 내가 의례적인 개회사를 먼저 하고 늦게 도착한 그도 비슷하게 짧은 인사말을 했는데, 이 나라 외무장관은 자기 나라가 주최한 회의여서인지 길게 개회사를 하는데 정확하게 역사를 짚어가는 것이 인상적이었다.

1989년 냉전 종식 후 유엔총회에서 국제형사재판소 창설을 제의함으로써 수십 년간 동면상태에 있던 논의를 부활시킨 이 나라의 전 대통령 아서 로빈슨이 세미나에 참석해 감개가 무량했다. 내가 연설에서 그를 '국제형사재판소의 아버지'라고 치켜세웠더니 곧 현지 신문에서 대서특필했다. 본인이 휠체어를 타고 미리 와서 앉아 있어서 인사를 드렸다.

로빈슨 전 대통령이 회의장에서 자기의 철학과 회고를 담아 즉석연설한 장면은 참으로 인상적이었다. 점심은 그와 내가 한 테이블에 나란히 앉아서 먹기로 사전에 약속했는데 80대 중반의 건강이 허용하지 않는지 그가 그냥 귀가하여 점심약속은 불발이었다. 나이를 감안하더라도 똑똑한 정신력에 비해 신체적으로 불편한 것이 이상해 병환 중인지 물었더니, 어느 분이 옆에서 말하기를 1990년 이슬람 군대가 쿠데타를 일으킨 '6일 천하' 기간에 총리로서 충격을 많이 받은 후유증 때문일 것이라고 귀띔한다. 로빈슨 전 대통령은 내가 2003년 네덜란드에서 재판관 취임식을 할 때 현직 대통령으로 참석했고, 그가 기증한 금박의 기념패는 재판소 건물 15층에 걸려 있다. 국제형사재판소 대법정은 그의 이름을 따서 '로빈슨 룸'(Robinson Room)이라고 불린다. '국제형사재판소의 아버지여! 더욱 건강하소서.'

우리의 일정이 빡빡해서 이 첫날 회의의 오후에 두 번째 연설을 마치자마자, 다시 공항으로 가서 콜롬비아를 향해서 떠나야 한다. 마티아스는 그동안 이를 위한 준비에 바빠서 내 연설문을 제대로 준비하지 못했기 때문에 현지에서 그때그때 간신히 맞추어 대준다. 콜롬비아에서도 수차례 연설을 할 예정

인데 준비가 없으니 걱정이다. 전날 카로니 공원의 조류관찰에도 불참하고
한국 대사관저 만찬에만 겨우 참석했다.

콜롬비아 형집행협정 서명식의 기막힌 해프닝

오후 5시 40분 코파(Copa) 항공을 타고 약 3시간 후 파나마를 경유하여 보고
타에 도착하니 거의 밤 11시가 되었는데 이 나라의 의전팀과 경호원 외에 추
종연 대사와 헤이그주재 콜롬비아대사관의 대사대리인 훌리안 게레로(Julian
Guerrero)가 출영했다. 너무 늦었는데 미안하다.

투숙한 호텔은 중심지에서는 다소 떨어져 있으나 개점한 지 1년도 안 되었
다고 한다. 체크인을 하는데 호텔 직원이 아마도 백인인 마티아스 대외담당
보좌관이 보스이고 유색인인 나는 수행원인 줄 알았는지 그에게는 10층의 큰
방을 주고 나는 6층의 작은 방을 배정한다. 마티아스가 이를 지적하는 통에
서로 방을 바꾸었다. 어처구니없는 일이지만 나로서는 큰 경험이다. 더구나
앞으로 새 영국인 비서실장과 함께 여행하는 경우에는 더욱 그러한 일이 발생
할 가능성이 높지 않을까.

콜롬비아의 체재 및 면담일정은 주로 훌리안이 자기네 외무부와 협의하여
짠 것 같은데 참으로 무리하기 짝이 없다. 하루에 장관들과의 면담을 7~8개
씩 연이틀을 꼼짝 못하게 살인적인 일정을 잡아 놓았다. 보통 도착 즉시 먼저
유럽연합이나 네덜란드의 현지 대사가 자리를 마련하면 거기서 필요한 정보
를 교환하고 특별한 현지정보를 받는 등 준비를 하곤 했는데, 이 사람이 자기
마음대로 일정을 잡는 바람에 이런 모임마저 가질 수 없게 되어 버렸다.

몹시 피곤한 상태여서 8시 조찬 전까지는 안 일어나고자 했는데 아침 6시
경부터 현지 언론사의 인터뷰 전화가 불이 나게 울려댄다. 멋모르고 딸의 전
화가 아닌가 하여 침대 속에서 첫 전화를 받았더니 라디오 인터뷰 기자인 듯
하다. 5분간이라는 인터뷰가 35분이 되었고, 피곤한 상태에서 무엇이라고
대답했는지도 모르겠고 아침부터 짜증나고 불쾌하기까지 하다. 그다음에도

계속 전화가 오는 것을 일체 안 받고 약 20분을 버텼더니 마침내 호텔보이가 방문을 두드리면서 중요한 정보가 있으니 전화를 꼭 받으라고 강요하는 것이 아닌가. 세상에 이렇게 무례하고도 지나친 경우가 있나.

다른 한편 호텔 프런트 직원도 내 방으로 전화하면서 많은 전화가 계속 걸려오는데 안 받으면 어떻게 하느냐고 불평한다. 세상에 이렇게 서투른 호텔은 처음 본다. 보통 호텔에서는 투숙객을 보호하기 위하여 방 번호와 성명을 본인 동의 없이는 정확하게 말해주지도 않고 전화연결도 안 시켜주는 것이 일반적 관례인데, 일류호텔이 기자를 위한 심부름을 하면서 귀빈 투숙객을 괴롭히는 희한한 경우가 발생한 것이다. 나를 데리러 온 게레로 대사대리에게 말하니 그도 놀라면서 하는 대답이 걸작이다. 아마 기자가 호텔직원을 매수했을 것 같다는 것이다. 이 나라 엘리트 외교관이라는 사람의 이 같은 반응이 나를 또 한 번 놀라게 했다.

아무튼 내가 호텔 프런트 직원에게 "소장님과는 현재 통화할 수 없습니다"라고 점잖게 대답하고 끊으면 될 것을 이른 아침부터 나의 잠을 방해하면서까지 내게 전화를 받으라고 하는 것은 무례하다고 응수했다. 나의 영어를 제대로 알아들었는지 모르겠다.

한편 이 나라에서는 국제형사재판소장의 방문이 무척 관심을 끄는구나 싶어서 조심하기로 했다. 가는 곳마다 기자가 구름같이 몰려서 사진을 찍어대고 인터뷰를 요청한다. 대개의 기자들은 별 준비도 없이 사진 한 컷을 찍으면 그냥 달아난다.

대통령이 서명한 협정문안의 불일치

첫날 대법원장을 예방했다. 사법부 수장을 방문하는데 게레로 대사대리 등 관계없는 외무부 직원들이 따라붙어서 면담에 참석하는 것은 부적절한 일이어서 이를 암시했으나, 못 알아들었는지 막무가내로 따라붙는다. 사법권 독립의 개념이 없는 것이 아닌가 하는 생각도 들었다. 대법원장은 24명의 대법관을 모두 법복을 입혀서 대회의실에 소집하고는 나를 소개하였다. 나의 국제형사재판소 현황 소개에 이어 한두 대법관이 질문도 했지만 무난하게 넘긴 첫 회담이었다.

그런데 이 나라의 언론들은 내가 도착하기도 전부터 내가 콜롬비아의 사법
제도와 정의 및 평화를 위한 각종 프로그램의 운영을 평가하고자 방문하는 것
이라고 가짜뉴스를 이미 내보낸 뒤였다. 그래서 후안 마누엘 산토스(Juan
Manuel Santos) 대통령과 형집행협정(국제형사재판소가 선고한 형을 회원국이
자기 나라에서 집행하겠다는 내용의 약속)을 서명하고, 안데스대학에서 공개강
연을 하는 두 가지 목적으로 방문했노라고 가는 곳마다 강조해야 했다. 이 협
정을 조인하면 콜롬비아는 7번째 협정국이 된다.

헌법재판소장은 프랑스에서 공부한 사람으로 게레로 대사대리가 제일 좋
아하는 은사라고 한다. 이곳에는 여성 1인을 포함한 9인 재판관이 전원 출석
하여 나를 맞이하였고 여러 가지 공통관심사를 토의하였다. 나중에 알고 보
니 내가 서명한 형집행협정도 이곳에서 그 합법성을 검토한다고 하니, 내가
면담 시 협정의 취지와 내용을 설명해주기를 참 잘했다고 생각되었다.

그리고는 나의 방문의 하이라이트라고 할 수 있는 대통령과의 회담을 위하
여 대통령궁으로 갔다. 가보니 조금 전에 만난 대법원장과 헌법재판소장 및
여러 각료는 물론 기자들이 이미 방을 꽉 채우고 있다. 이미 만난 사법부 수
장들은 올 필요가 없는데 왜 왔는지 의아했다. 나는 대통령과 단독회담을 하
면서 우선 엊그제의 수해로 사망한 분들의 유가족이나 이재민들을 위로하는
말로 회담을 시작했다. 그리고 우리 재판소의 현황을 간략하게 브리핑하고
서로 의견교환을 했다. 별실로 이동하여 모든 참석자와 기자들이 보는 앞에
서 산토스 대통령과 나는 서로 형집행협정의 영어본과 스페인어본을 서명하
고 교환한 다음에 악수를 했다. 그리고 기자들 앞에서 내가 먼저 그리고 초청
한 나라의 대통령이 그다음에 준비된 회견문을 낭독하였다. 기자들의 질문은
생략하기로 했다.

바로 오찬장으로 이동하여 콜롬비아의 거의 전 각료(외무장관은 해외출장으
로 여성 외무차관이 대통령 바로 옆자리에 배석)와 사법부, 입법부의 고위직들과
대면하여 자리를 잡았다. 오찬 중에는 6·25전쟁 때 콜롬비아의 한국파병에
대한 감사인사를 강조해서 전달하면서 이 같은 전쟁범죄가 재발하지 않도록

콜롬비아 마누엘 산토스 대통령과 협정문 교환 (2011. 5).

국제형사재판소가 출범했다고도 했다. 우리의 추종연 대사는 아직 신임장을 제정하지 아니한 시점이라 오찬에 초청되지 아니한 듯싶다.

오찬을 마치고 다음 일정을 위하여 이동했다. 아내는 따로 아침부터 젊은 외교관 두 사람이 안내하는 대로 시내구경에 나섰다. 오던 비도 그치고 날이 좋은 데다가 상당히 언덕이 많고 산으로 둘러싸인 시내의 가장 높은 곳을 푸니쿨라를 타고 올라가는 등 박물관과 시내관광을 잘한 것 같다. 나중에 돌아와서는 안내해준 두 사람을 아주 칭찬하였다.

나는 하루 종일 초청국에서 잡은 빡빡한 일정에 따라 분주하게 이동하면서 쉴 새 없이 정부 고위관료들을 만났다. 그런데 차로 이동하던 도중에 마티아스가 동승한 게레로에게 항의한다. 들어보니 서명한 협정원본을 헤이그 본부의 법률고문 히라드에게 송부하여 그가 이를 꼼꼼히 대조검토한 결과 영어본에 없는 표현이 스페인어본에 들어있다는 것이다. 특히 그동안 콜롬비아 측이 보여준 진지함이나 전문성 없는 협상태도 때문에 협정문 타결에 아주 고심한 히라드가 보니 기가 막힐 노릇이었다. 마티아스가 게레로에게 점잖게 문제를 제기하는데 그는 이를 모르고 있는 눈치이다.

더욱 한심한 것은 저희들이 한 짓의 심각성을 모르는 듯한 태도이다. 결국 이 나라 외무관리들은 자기네 대통령과 나를 속인 셈이 되었다. 나도 자기네 대통령도 모르는 문서를 서명한 꼴이 되었다. 여러 말이 하루 종일 오고간 끝에 우리가 원하는 대로 원상회복하기로 합의했지만, 아마 이를 실현하는 방법과 과정에서 질질 끌지 않을까. 얼렁뚱땅 넘어가면 절대 안 되고 눈을 부릅뜬 채 따지고 검토하여야겠다. 그들이 범한 참으로 중대한 외교적 결례를 향후 어떻게 마무리 지을지 그들의 태도가 궁금하다.

지금 이 나라에는 한국 자동차가 도로를 덮고 있는데, 한국에서 조립하여 수송비와 35% 관세를 부담해도 현지 경쟁력이 있다고 한다. 따라서 자유무역협정을 발효시키면 한국의 수입자동차가 현지에 있는 르노, 스즈키 및 쉐보레 조립공장의 생산차와 경쟁하는 것은 아주 쉬운 일이므로 다른 자동차회사들이 주로 자유무역협정을 반대한다고 한다. 한국은 이 나라에서 구리, 니켈, 유연탄 등 원자재를 사올 수 있으므로 상호간 유리한 거래가 될 수 있다고 본다. 나는 나의 황당한 경험을 우리 추종연 대사에게 전하면서 자유무역협정을 위한 협상 시에 조심할 것을 누차 당부했다.

하루 종일 면담해 보니 이곳에서는 영어를 하는 관리나 책임자가 아무도 없었다. 스페인어가 영어 못지않은 국제어라는 인식이 깊이 박혀있기 때문이라고 한다. 바쁜 면담일정 중에 갑자기 약 30분 정도 여유가 생겨서 보테로 컬렉션(Botero Collection)을 재미있게 감상했다. 바쁜 일정에 시달리다보니 막간에 잠깐 보여주는 국면의 전환이 그런 대로 피로를 풀게 하는 것 같다. 뚱뚱하게 그린 여체가 저절로 웃음을 자아낸다.

첫날 저녁은 헤이그주재 콜롬비아대사관의 대사대리인 게레로가 만찬을 우리 내외에게 베푼다고 한다. 처음에 헤이그에서 그의 만찬 초청을 받았을 때 우리 참모들이 부정적 반응을 보냈더니 번개같이 답을 하면서 이미 초청장을 다 내보내서 취소가 불가능하다고 둘러댔다. 반면에 초청된 게스트 리스트를 달라고 하자 일체 대답이 없었다. 막상 만찬 참석자들의 면면을 보니 전·현직 장관이나 대사들이었지만 그중에서 데소토(de Soto)는 전임 네덜란드주재 대사로서 대사로 오기 전에 외무장관을 여러 해 역임했다고 한다. 그런데 그 자리에서 게레로가 자기의 사위라고 하지 않는가. 생각을 과거로 돌이켜보니 이 사람이 대사로 근무 시 헤이그의 화학무기금지기구(OPCW)에 취직시킨 자기 딸이 게레로의 구애 끝에 결혼한 것 같다. 또 한 분은 피해자신탁기금의 이사 중의 1인인 에두아르도 피사로(Eduardo Pizarro)인데, 사람 좋은 그가 반갑게 인사를 하여 만찬 분위기를 즐겁게 해주었다.

로스안데스대학에서의 강연

18일에는 다른 호텔로 이동하여 8시부터 영국대사 존 듀(John Dew)가 소집한 24개국 외교관들에게 국제형사재판소 현황을 설명하고 질의에 응답했다. 광범위하게 여러 질문이 나왔고 예산이나 다른 운영상의 어려움을 들어 나를 격려하는 대사도 있었다. 그들에게 국제형사재판소를 환기시키고 관심을 제고시킨 것은 상당한 효과가 있었다. 그리고는 30분 이상 이동하여 로스안데스대학(Universidad de Los Andes) 법대를 방문했다. 학장은 최근에 하버드 법대에서 덩컨 케네디(Duncan Kennedy) 교수와 데이비드 케네디(David Kennedy) 교수의 지도하에 박사학위를 취득한 여성이고, 한두 명의 소장 교수들이 나의 강연에 이은 간단한 코멘트와 발표를 한다고 한다. 강당에 약 300명의 학생과 비정부기구 그리고 각종 교수, 외교관, 일반인들이 들어찼는데 나의 전쟁경험을 섞은 강연은 동시통역의 편의를 위하여 똑똑한 발음으로 천천히 전달했다. 아내를 안내하던 외교관 한 명이 이곳에 와서 내 강연을 듣고는 눈물이 났다고 한다.

일정이 촉박하여 대학의 강연장 무대 뒤에서 학장 등과 함께 30분간 샌드위치로 점심을 하고는 부리나케 이동하여 유엔개발계획(UNDP) 건물에서 유엔 관련기구 직원과의 회의 및 비정부기구와의 회의 등을 연달아 가졌다. 이곳의 유엔직원들은 별로 많은 수가 참석하지 아니하였으나 비정부기구는 회의장소를 메웠고 온갖 질문과 어려운 입장을 호소하는 격정적 토로가 많았다. 이 나라의 비정부기구는 서유럽의 비정부기구보다 활동여건이 열악하고 종종 자신들이 살해되는 경우도 없지 아니하므로 내가 당신들은 비정부기구기도 하지만 피해자이기도 하다고 운을 떼면서 격려했다.

콜롬비아 로스안데스대학 강연 (2011. 5).

장관들의 경쟁적 면담 신청

이곳 일정을 마치니 해가 뉘엿뉘엿 넘어가는데도 감찰장관(Procuraduria)을 만나야만 한단다. 부통령의 만찬을 취소하고 저녁 먹을 시간에 잡힌 면담일정이었다. 갑자기 권력이 센 이 사람이 나를 만나야 된다고 외무부를 협박하여 억지로 잡은 일정인 듯했다. 공무원이 가장 무서워하는 막강한 실세기관으로서 공무원의 문제점을 파헤쳐서 징계하면 그 결정은 국사원(Conseil d'État)에 상소가 된다고 한다. 이 기구는 비리혐의가 있는 공무원을 당장 직위에서 물러나게 하는 권한이 있으므로 모두 무서워하고 이 사람이 나와의 면담을 신청하면 이유 불문하고 들어주어야 한다는 것이 그들의 입장인 듯했다. 보고타 시장도 부패혐의가 있어 직위해제를 시켜놓았고 얼마 후 다시 선거한다고 한다. 얼마나 무서우면 부통령의 만찬일정을 취소하고 모두 저녁 먹을 시간에 나와의 면담일정을 잡았겠는가.

공통된 문제점은 장관들이 만나면 악수 후 사진 찍고 자리에 마주 앉으면 할 말이 없다는 것이다. 내무 겸 법무장관은 현 산토스 대통령과 대항하여 대통령에 입후보했다가 낙선한 후 각료제의가 오자 이를 수락한 인물인데, 진지하기보다는 기회포착과 두뇌회전이 빠른 사람 같은 인상이다.

568

이 나라에서는 웬일인지 자기네 대통령보다도 국민들이 더 예민하게 관심이 있는 국제형사재판소장과 사진을 한 장 찍어두는 것이 필요하다고 생각하여 경쟁적으로 거의 모든 장관이 면담을 신청한 것 같기도 하다. 언론보도를 보아도 신문이나 TV에 내가 대통령이나 각료들보다 더 크게 자주 나오는 것을 보면 콜롬비아에서는 국제형사재판소 소장이 무척 무섭고도 중요한 존재인가 보다.

설사 그런 생각을 했더라도 나를 만나서 사진 찍고 대좌한 뒤에는 자기부처의 현황이라도 브리핑을 해주어야 면담의 목적에 부응하는 것 아닌가. 아무 준비도 없이 피곤하고 바쁜 사람을 붙잡아놓고 헛소리를 하는 장관들의 모습은 가련하다고나 할까. 이 일련의 면담과정에서 자기부처의 현황을 준비하여 파워포인트로 브리핑해준 곳은 어제 면담한 검찰총장 비비안 모랄레스(Viviane Morales) 한 사람뿐이다. 그녀는 대통령의 지명으로 상원에서 4개월 전에 선출된 여성인데 비싼 보석으로 온몸을 둘러싼 것이 특이했다.

저녁시간에 감찰장관을 만나고 오니 어둑어둑한데 게레로는 그때부터 이 나라에서 가장 유명한 금박물관을 구경하러 가자고 한다. 박물관 직원들을 퇴근하지 못하게 붙들어놓고 나를 위하여 학예관의 안내로 설명하게 준비시킨 것이었다. 볼 것은 많지만 하루 종일 시달린 사람을 늦게 박물관으로 끌고 돌아다니면서 설명을 듣게 하는 것도 예의에 어긋난다.

지친 몸으로 8시경 호텔에 귀환하니 이 나라에서 가장 영향력이 있다는 신문사(El Tiempo) 기자가 인터뷰를 위하여 기다리고 있다. 이 신문그룹은 현 산토스 대통령의 가족 소유였다가 얼마 전에 매각되었다고 한다. 다행히 영어가 유창한 이 젊은 기자는 별로 까다롭지 아니한 질문을 몇 가지 한 다음 생각보다 일찍 인터뷰를 끝냈다. 이처럼 길디긴 하루를 마치고 나니 밤 9시였다. 아내가 저녁을 안 들고 기다리고 있어서 마티아스와 함께 셋이 9층에 있는 호텔 클럽라운지에 가서 늦은 저녁을 먹었다. 내일 아침에도 6시 반에 출발해야 한다.

19일 이른 아침 공항에는 추종연 대사가 배웅하러 나오고, 콜롬비아 외무부 의전팀이 나왔다. 의전관은 호주에서 의전을 전문으로 공부해서 대학을 졸업한 희귀한 존재여서 외무부에 특채되었다고 한다. 9월에 대통령이 한국 방문 시 수행하기를 희망한다. 자기와 같은 순수한 보고타 출신들은 아주 귀한데, 추종연 대사의 스페인어는 스페인의 스페인어 같으며 아내를 안내한 젊은 남성 외교관의 언어는 짙은 캐리비안의 악센트가 섞인 스페인어라고 한다.

금년에는 여행복이 많아 동남아에 이어 남미까지 다녀왔다. 공통적으로 느낀 점은 그 나라 사람들의 태도나 수준은 대체로 1인당국민소득과 비례한다는 인상이 든다는 것이다. 콜롬비아의 경우에 문서를 변조하는 작태, 나에게 상의도 없이 면담일정을 잡았다가 말았다가 하는 태도, 경호원이나 운전사들의 건성인 태도, 각 부처 장관들의 엉성한 준비나 접객태도 등 모든 것이 참으로 그들의 국민소득 수준과 비례한다고 믿는다.

이는 내가 방문한 국가들을 흉보는 뜻이 아니고 이들의 문제점을 반면교사로 삼아 한국은 어떠한지 돌아보자는 의도일 뿐이다.

20일 아침 일찍 헤이그에 도착하니 마티아스는 몰골이 죽을상인데도 사무실로 직행했고 나는 옷만 갈아입고 출근했다. 밀린 이메일이 수백 통이고 배포할 보도자료 25개가 기다리고 있다. 또한 예산안 준비와 관련하여 아르비아 행정처장의 엉성한 사무처리가 계속 속을 썩인다.

내주에 코트디부아르 사태에 관하여 수사개시 허가신청을 한다고 하여, 소장단에서 이를 제2 예심재판부(Pre-trial chamber II)에 회부하는 결정을 했다. 항상 말이 많고 장황한 트렌다필로바 재판관이 가뜩이나 일이 많은 자기네 심판부에 회부하여 심리가 늦어지면 이것은 전적으로 내 책임이라는 비밀메모를 보내왔다. 사건처리가 늦어지면 일 많은 자기부에 회부한 소장 잘못이므로 소장만 비난의 대상이 되고 자신은 비난을 회피할 수 있다고 생각하는 듯하다. 언제는 사건을 자기네 심판부에 배정해주지 않는다고 불평하더니 이제는 너무 자주 배정한다고 비난한다. 소장단은 순번에 따라 기계적으로 사건을 배당할 뿐임을 누구보다도 잘 아는 재판관이 이런 비난을 하곤 한다.

국제형사재판소 소장 집무실에서 (2011. 5).

5월 21일 토요일 김상우 가족과 이성훈 군을 항구에 있는 음식점으로 불러 김상우 이임파티를 해주었다. 김 군이 2달 후면 레바논으로 떠난다니 다소 서운하다. 그러나 P-4로서 기관장 자리이고 외교관 대접을 받는다니 자기가 하기에 따라서는 잘 풀릴 것도 같다. 점심 후 성훈 군이 와서 새 레이저 프린터를 설치해 주었다. 일요일 하루는 카타르 출장을 위한 여행준비를 해야 할 것 같아 방문 중인 한승수 전 총리의 골프초청을 포기했다. 5월 23일에는 카타르 도하(Doha)로 간다.

아랍세계에 국제형사재판소를 선보인 카타르 도하 세미나

카타르 세미나에 대비하기 위하여 보좌진이 잔뜩 만들어준 서류들을 일요일 하루 종일 집에서 검토했다. 처음으로 아랍세계에 국제형사재판소가 선을 보이는 것이므로 그 중요성에 비추어 집중해서 보았다. 화요일 도하 세미나에서는 카타르의 국왕(Emir)과 내가 공동으로 국제형사재판소에 관한 아랍지역 세미나를 개막하면 할 일은 사실상 없다. 다만 모처럼의 이 기회를 이용하여 될 수 있는 대로 많은 아랍국가의 대표들을 만나서 로마규정에 가입하도록 권유하는 양자회담을 개최하려는 계획인데, 의도대로 될지는 두고 보아야 한다. 그리고 이 나라의 대표적 대학에서 국제형사정의에 관한 공개강연을 하는 것은 아주 효과적일 것 같아서 수락하기로 했다.

월요일 아침에 잠시 출근했다가 린과 히라드를 데리고 공항으로 함께 나갔다. 사우디아라비아의 담맘(Dammam)을 경유하여 도하에는 밤 9시 반에 도착했다. 비행기 문이 열리자 흰옷에 머리에 띠를 두른 카타르 정부 의전관리들이 우리를 맞이한다. 우리를 특별차량으로 귀빈실로 안내하여 잠시 기다리게 하고는 입국수속을 해왔다. 귀빈실이 몹시 화려하다. 높은 천장에 큰 샹들리에를 달았고 기본적으로 모두 금색을 칠한 데다가 벽과 바닥에는 대리석을 붙이고 거기에 각종 아랍문양을 금색, 갈색, 흑색, 청색 등 여러 색으로 도장하거나 새겨 넣어서 몹시 화려하고 아름답게 보인다. 보통의 아랍 양탄자의 문양 같기도 하고 우리나라의 당초문 같기도 한데 훌륭한 상감(象嵌) 기술로 잘 새겨 넣었다.

호텔은 건물의 가운데가 비어있고 복도에 나와 밑을 내려다보면 호텔로비가 보이는데 벽에는 모두 푸른색을 칠하였다. 이들은 넘쳐나는 에너지 수입으로 지나친 낭비와 환경훼손을 하고 있다는 인상이다. 방에 놓인 TV도 한국제품이어서 반가웠고, 내 방과 부속실에서 요트를 정박시킨 마리나가 한눈에 들어온다. 내일 아침에 개막식에서 개식사를 잘해야 하므로 자기 전에 다시 한 번 틈을 내서 연습했다.

다음 날 아침을 먹으러 식당에 내려가니 헤이그에서 쉽게 먹을 수 없는 각종 과일이 풍부하게 진열되어 있어서 상당히 모순적인 기분이 들었다. 식당에서 당사국총회 의장인 베나베저, 비서실장 린, 법률고문 히라드와 함께 조찬을 하면서 예산 등 여러 당면문제를 논의했다. 10시에 도착하는 카타르 국왕을 영접하기 위하여 약간의 예행연습을 거쳐 나와 베나베저, 부검사 파투 벤수다, 행정처장 아르비아 등이 도열했는데 10시 정각에 키가 나보다 크고 건장한 국왕이 자동차에서 내린다. 내가 인사하고 나머지 간부직원들을 소개했다.

도하에서 열린 아랍지역 세미나 (2011. 5). 아랍 국가의 대표들에게 국제형사재판소를
처음으로 선보이는 자리로 카타르 국왕과 함께 공동 개막하였다.

　개막식 단상에는 그와 나 그리고 카타르 법무장관 알-마리 (Al-Marri) 가 좌
정했다. 국왕의 연설은 아랍말로 했는데 아주 짧았다. 내 차례에는 영어로
약 15분간 기본적 요점과 함께 왜 국제형사재판소에 가입해야 하는지를 중심
으로 천천히 똑똑한 발음으로 연설했다. 개막식은 나와 국왕의 연설로 끝이
났는데, 국왕은 내게 이 나라의 방문이 처음이냐는 등 부드럽게 질문을 하기
에 나는 옛날에 바레인 등을 방문했던 일을 상기시키면서 조심스럽게 친근감
을 보였다. 나중에 만난 한국대사에 의하면 국왕은 몹시 까다로워서 아무하
고나 옆에 앉지도 않는데, 나는 매우 운이 좋다는 취지의 말을 했다.

　이날 오찬 중에 동석한 법무장관의 말을 들으면 국왕이 이 회의를 굉장히 중
요하게 생각하며 회의가 잘 진행됨에 만족을 표시하면서 왜 자기 나라는 로마
규정에 서명도 안 했는가를 물었다고 한다. 그는 이제라도 걸프협력회의 (Gulf
Cooperation Council) 6개국이 로마규정 비준에 관하여 행동을 통일하자고 한
합의를 재검토하라고 지시하기까지 했단다. 조만간 걸프국가들은 레바논에
모여 그동안의 입장을 전진적으로 재검토할 것으로 보인다. 상당히 고무적인
사태발전이다.

　다만 카타르 사람들이 회의를 조직하고 운영하는 모습이 아주 혼란스럽고
역량이 아직 미흡해 보인다. 사람만 많이 배치되었을 뿐 우왕좌왕한다. 개막

식을 마치고 나오니 장시정 대사가 인사를 한다. 서울대 법대의 고 백충현 교수 밑에서 국제법 석사를 했단다. 내가 이 나라를 방문하기 전에 방문한다는 통보조차 못하고 왔는데도, 은근하고 빈틈이 없다. 목요일 만찬을 관저에서 하자고 한다. 일본대사 몬지(Monji)도 인사한다.

그런데 카타르 법무장관이 갑자기 오찬에 초대한다. 가보니 레바논 법무장관이 오후 연설 후 바로 귀국해야 하므로 부랴부랴 마련했다고 한다. 이 자리에는 오만, 바레인, 아랍에미리트, 레바논, 팔레스타인 등의 법무장관이 오찬에 참석했다. 나는 그들에게 서울에서 6월 말에 개최되는 세계검사회의 및 검찰총장회의에 참석하라고 열심히 권했고, 국제형사재판소의 인턴십 및 방문법조인프로그램(visiting professional programs)을 소개하면서 많은 응모를 당부했다. 현장 분위기로는 아랍 국가들이 튀니지의 재스민 혁명과 이 회의로 인하여 건설적인 충격을 받아 오랜 잠에서 깨어날 것 같은 인상이 들었다.

나는 개식사를 했으므로 임무를 완성한 것이지만 체면상 회의석상에 앉아 있었다. 다만 오후에는 회의장에 거의 참석자가 없어서 보기에 딱했다. 한국의 회의 모습과 비슷하다. 저녁에는 버스로 민속촌으로 이동하여 만찬을 한다고 한다. 나더러는 7시 10분까지 나와 기다리면 따로 벤츠차량으로 모신다고 한다. 그러나 막상 제시간에 내려오니 버스나 특별승용차가 준비가 안 되어 8시까지 기다려야 했다. 공식만찬인데도 시간관념이 이런 정도이다.

민속촌에 당도하자 카타르 법무장관이 부근의 모스크를 친히 구경시켜준다고 해서 한참 밤길을 걸어서 따라갔다. 그가 몸소 안내하는 것이 자기로서는 예의와 정성을 다한다는 표시이다. 한참 골목을 지나서 올라가니 브루나이에서 본 것만큼 크지는 아니한 모스크가 나오는데 내부의 샹들리에가 멋지고 안팎으로 벽의 문양과 색채가 약간 이란식 내지 우즈베키스탄이나 카자흐스탄식 냄새가 난다. 나중에 히라드는 아마 수니(Sunni) 이슬람식일 것이라고 한다. 아담하고 근사하다.

모든 아랍인들이 흰색의 기다란 가운을 입고 검정 띠로 그 흰 가운을 머리에 고정시키는 줄 알았더니 이렇게 옷을 입는 것은 걸프지역 사람들만의 공통의상이고 그중에서도 오만은 좀 다르다고 한다. 오만 사람들은 인도인들처럼 터번을 쓰거나 아프리카인들처럼 두건을 쓰기 때문에 금방 구별이 된다고 한다. 오만은 현재 작은 나라이나 18세기에는 아프리카 쪽으로는 탄자니아의 잔지바르와 케냐의 무사카를 점령하고 동쪽으로는 파키스탄의 일부를 정복한 제국이었기 때문에, 언어는 아랍어 외에 스와힐리어와 우르두어도 쓴다고 한다. 또한 머리에 띠를 둘러도 흰 천으로 머리를 싼 것은 다소 공식적인 것이고, 붉은색과 흰색이 교차하는 헝겊으로 머리를 두른 것은 비교적 약식의 의미가 있다고 한다.

만찬 테이블에는 카타르 법무장관과 내가 주인과 주빈으로서 마주 보면서 가운데 앉고, 나의 양쪽에 바레인과 아랍에미리트의 법무장관이, 카타르 법무장관 좌우에는 팔레스타인대사와 우리 행정처장 아르비아가 앉는 등 그런대로 좌석정리가 되어 있었다.

5월 25일 아침에는 일부러 늦게 일어나서 9시 회의일정에 맞추어 내려가 보니 세미나에 참석한 사람들도 현저하게 적고 내 비서진은 보이지 않는다. 브루나이의 여성 법무장관이 나를 반기는데, 서울의 검사회의에 참석한다고 한다. 양자회담을 주선해야 할 비서실장 린이 주로 내년도 예산문제에 더 신경을 쓰는 통에 양자회담이 잘 성사가 안 된다. 겨우 아랍연맹(League of Arab States) 법률고문 및 브루나이 법무장관과의 회담을 가졌다. 튀니지 대표와 만나서는 국내 절차를 완결하고 비준문서를 유엔에 기탁하는 중이라는 기쁜 소식을 들었다.

오늘 아침에 호텔에서 배달한 영자신문(*Gulf Times*)을 보니 1면에는 우리 세미나 개최를 톱기사로 뽑고 몇 페이지 뒤에 나와 국왕이 악수하는 사진을 실으면서 로마규정은 누구에게도 특혜나 면책특권 없이 무차별적으로 적용된다고 했다고 나의 개식사 한 구절을 헤드라인으로 뽑았다. 그러나 아랍어 신문들은 기사를 비교적 정확하고 충실하게 보도하고 사진만 해도 나와 국왕의 사진을 함께 게재하면서 상세한 보도를 했다.

중간 휴게시간에 아랍연맹 법률고문인 카드라(Khadra) 대사를 위시하여 국제형사재판소에서 인턴으로 일했던 무니르(Munir), 그리고 젊은 이집트 여성을 비서실 팀과 함께 만났다. 아랍연맹과 협력하는 합의서를 교환하고 앞으로도 카타르에서 한 것 같은 지역회의를 계속하자고 합의했다.

오후 3시에 만나기로 한 쿠웨이트 대표는 늦게 나타나서는 필요 없는 장광설을 늘어놓고 가는데, 국방부 소속으로 일하는 교수라고 한다. 어제 저녁 내 옆에 앉아 만찬을 같이 한 바레인 법무장관도 여러 가지 건으로 나에게 이메일을 보낼 것처럼 말했으니 어떤 접촉이 오는지 두고 볼 일이다. 아마 아무런 접촉도 안 할 것이다. 아랍에미리트 법무장관은 자기네도 국제형사재판소를 많이 연구하여 알 것은 다 아는데 아마 가입은 어려울 것이라고 아예 단념을 시킨다. 이런 솔직함이 차라리 편하다. 이날 오후에는 회의에 안 들어가고 밖에서 양자회담을 많이 하고자 노력했으나 여의치 않았다. 마지막 폐회하는 장면에 들어가서 체면상 앉아 있으니 아르비아 행정처장이 비준을 권유하는 연설을 하고, 카타르 법무장관 알-마리(Al-Marri)가 다소 진전된 결론을 내면서 폐막했다.

회의의 중요성에 비추어 국왕이 직접 참석하여 연설한 일은 고무적이나, 실질 내용면에서는 무슨 뚜렷한 성과를 얻었는지 다소 허전하다. 작별하면서 국왕은 자기가 음식점에 이미 예약을 다 했으니 밤에 시내구경을 하고, 그 음식점에 가서 저녁을 먹으라고 한다. 낮에는 더워서 시내를 돌아다닐 수 없으니 구경은 밤에 하는 것이라고 한다.

호텔 내에 경호원과 의전관들이 나를 위하여 상주하고 있어 항상 감시당하고 있고, 호텔 매니저도 나를 알아보고 인사하는 데다가 참석자들은 모두 사진을 같이 찍자고 쇄도하는 통에 움직일 수가 없다. 린을 먼저 귀임시킨 다음 히라드와 함께 구시가지에 있는 시장(souq)을 구경하러 외출했다. 그런데 이 절차가 아주 복잡하다. 안내하는 의전관은 나를 위하여 호텔에서 항상 대기하지만 경호원이 오는 데 1시간이 걸린다고 해서 그러면 시내구경을 포기한다고 했더니, 나의 태도에 당황하여 우물쭈물 벤츠 차에 나와 히라드를 태우고 여러 대의 차량이 수행해서 시내로 나갔다.

시장의 요리조리 뚫린 저자거리를 걸어다녀 보니 튀니지나 요르단에서 구경하는 것과 다르지 않다. 덥고 힘들고 배가 고파서 지나가는 길에 보이는 '이스파한'(Isfahan)이라는 음식점에 들어갔다. 이름으로 보아 이란 음식점인데 원래 이란인 히라드가 있으니 마침 잘되었다. 그가 전화로 확인해 보니 이 집이 이 나라에서 가장 유명하고 카타르 왕이 자주 오는 고급음식점이라고 한다. 안의 치장이 울긋불긋 너무 요란한데 히라드의 이란어 통역과 조언에 따라 음식을 잘 선택하였고, 필리핀 여성들의 서브로 배불리 먹었다. 떠들썩하다보니 음식점 주인이 신문과 TV를 통하여 내 얼굴을 알아보고는 방명록에 서명해달라고 한다. 이 집과 건물은 왕의 소유인데 이 사람에게 세를 주었다고 한다. 믿기지 않는 말이었으나 왕이 오면 사용한다는 호화찬란한 별실을 보니 그럴 수도 있겠다는 생각이 들었다.

26일 아침에는 서아프리카의 이슬람국가인 모리타니아(Mauritania) 대사가 바람을 맞혀서 허탕 쳤고, 브루나이 법무장관과 그 보좌관이 약속대로 나왔는데 비준에 대한 설명을 열심히 했어도 별로 당기는 맛이 없다. 서울 회의에 간다고 하니 거기서 보거나 아니면 그 후 영연방 법무장관회의가 열리는 시드니에서 만나자고 하고 헤어졌다.

아침을 먹고는 이 나라의 가장 유명하다는 카타르대학(Qatar University)에 강연하러 갔다. 호텔에서 한참 떨어져 있는데 캠퍼스가 허허벌판에 광대하게 자리를 잡았다. 남녀 구별하여 지은 캠퍼스가 하도 크다 보니 안내하는 도중 법대 학장이 길을 잘못 들어 차가 못가는 관계로 조금 걸어야 하는 경우가 생겼는데, 내려서 걸으면서 오늘 40도의 기온이 어제의 43도보다 시원하다니 기가 막히다.

이 나라 젊은이들의 대학 진학률이 낮아 법대는 4년 과정을 모두 합하여 학생이 약 300명 정도 되고, 교수는 18명이라고 한다. 교수들은 대개 레바논, 요르단 등 타지에서 온 사람들이고 그 대학 출신 하나가 버클리에서 박사학위를 한 다음 처음으로 취직했다고 한다. 지금 학기말 시험 중이라서 학생들이 많이 안 올 것이라고 경고하더니 정말 약 50여 명 정도 모였다. 청중에는 학생이 아닌 사람도 있었고 나의 강연 이후 질문도 많았다. 고맙게도 장시정 대사가 강연에 참석했다.

강연 후 차린 다과로 점심을 간단히 때우고 히라드와 나는 주최국이 짠 예정대로 바로 이슬람예술박물관(Museum of Islamic Art: MIA)으로 직행했다.

이슬람문명의 정수를 모은
이슬람예술박물관. 박물관장이
전시품 도록을 기증했다 (2011. 5).

안내원이 나와서 부근인 터키, 이란, 시리아, 이집트, 이라크 등 여러 나라에서 출토된 300년 내지 1천 년 이상 된 전시물, 즉 코란 인쇄물, 도자기, 민속의 생활용품, 금붙이 장식, 카펫, 무기 등 여러 가지 찬란한 물건들을 안내해주어 인상이 깊었다. 시간이 급하고 피곤하기는 하나 좀 정신을 차리고 이 지방 문명의 정수를 보고자 하는데, 박물관 사진사가 하도 밀착하여 사진을 찍어대기에 집중이 안 되어 유감이었다. 처음 접하는 이슬람 예술품들인데 참 정교하고도 화려하다. 건물은 중국계 미국 건축가 페이(I. M. Pei)가 지었다는데 한편에서는 마침 네덜란드의 황금시대 300년간의 회화 등을 암스테르담 국립박물관에서 대여해서 전시하고 있었다. 나의 신분을 아는지라 약 30분 안내설명을 하고는 방명록에 서명하란다. 서명 후에는 크고 무거운 전시품 도록을 기증받았다.

한낮의 더위가 40도를 유지하기도 하고 피곤하기도 하여 호텔에 들어가서 좀 쉬었다. 그런데 리비아의 반(反) 카다피 측 인사들이 면담요청을 했다고 전갈이 왔지만, 아무 사전 요청이 없는 무리한 면담신청이어서 방문을 걸어 잠그고 드러누웠다. 사실 호텔에서는 12시에 체크아웃을 해야 하지만 지배인이 저녁 8시까지 그 시간을 연장시켜주어서 안심하고 쉬었다. 이제는 장 대사의 관저에 가서 만찬을 하고 공항으로 나가는 일만 남았다.

경호원과 의전팀에게 저녁에는 한국대사관 차로 이동하겠다고 했더니 자기네 규칙상 안 된다고 고집해서 그들의 귀빈용 차량으로 대사관저에 갔다.

만찬은 장시정 대사, 여운기 공사, 나 그리고 히라드 4인이 정갈하게 차린 한식을 즐겼다. 그리고는 공항의 귀빈실로 안내되어 기다리니 일체의 수속을 대행하여 해왔다. 장 대사에게 이곳의 운전사 월급이 얼마인가 물으니 약 1천 달러 정도 받는다고 한다. 1인당 국민소득이 세계에서 수위를 다투는 나라에서 임금이 어찌하여 그처럼 싼가를 물으니 일체의 학비, 의료비 등이 무료이고 대학을 졸업하기만 하면 모두 집을 한 채씩 준다는 대답이었다.

세계 전직 외무장관들의 모임, AMF

6월에는 아스펜장관포럼(Aspen Ministers Forum: AMF)이 헤이그를 방문한다고 한다. 이는 매들린 올브라이트(Madeleine K. Albright) 전 미 국무장관이 주도하여 만든 전직 외무장관들의 모임이다. 현 헤이그 시장인 요지아스 판 아르천이 네덜란드 외무장관을 역임했기 때문에 회원으로서 적극적으로 금년 회의를 이곳으로 유치한 듯하다. 하루 전날인 6월 10일 점심 때 헤이그 시내 '기사의 전당'에서 헤이그세계정의연구소(The Hague Institute for Global Justice)를 개설한다고 하여 참석했는데, 아스펜포럼 간부 중 몇 분은 이 새 연구소의 이사 또는 고문으로 취임했다고 한다.

이 모임에는 여왕의 동생 마르흐리트(Margriet) 공주도 참석했지만, 올브라이트가 각광을 받고 현지 언론에도 올브라이트를 중심으로 보도되었다. 미국대사 페이 하르톡(Fay Hartog)이 베푼 리셉션에서 나는 두 번이나 그녀에게 소개되었으나 간단히 형식적 악수만 했을 뿐이다. 아무튼 우리 참모들이 준비해준 질문과 대답을 주말에 집에서 열심히 검토한 후 토요일 저녁에 이 그룹이 준비했다는 토론모임에 초대된 대로 평화궁의 토론장으로 갔다. 국제사법재판소(ICJ) 소장 오와다, 나 그리고 구유고전범재판소(ICTY) 부소장 권오곤 재판관(소장은 불참) 등 3인이 초대되었다.

우선 그 자리에서 만찬을 하는데 첫 코스의 버섯수프를 다 먹었을 무렵 같은 식탁의 바로 내 옆에 앉은 올브라이트 전 국무장관이 단상으로 올라가더니 이날의 토론자 3인 중 오와다 소장과 권오곤 재판관을 장황하게 소개하고는, 나에 대한 소개는 빠뜨린 채 자리로 돌아온다. 이것은 순전히 그녀의 실수임이 나중에 밝혀졌지만 약간 노망기가 있는 것 같기도 하다. 아무튼 나는 각각 다른 시간에 모두 따로 토론하는 줄 알고 참석했는데, 나를 포함하여 3인을 단상에 앉혀 놓고는 레이던대학 니코 슈레이버(Nico Schrijver) 교수가 시장 대신 사회를 하면서 우리에게 국제 정의에 관한 질문을 던진다.

1시간 남짓 질의응답을 했는데 질문은 전혀 나의 예상문제와 빗나갔고, 국제형사재판소를 모르는 이 귀빈들에게 이를 알릴 기회마저도 거의 없었다. 무슨 토론이 주제도 없이 이렇게 산만하게 진행되는지 이해가 안 되었다. 별로 초점이 없는 얘기를 하다가 참치스테이크 한 점과 디저트를 먹고 9시 반에 끝났다.

헤드 테이블인 나의 식탁에는 올브라이트 외에 러시아의 이고르 이바노프(Igor Ivanov) 전 외무장관, 스웨덴의 얀 엘리아손(Jan Eliasson) 유엔 사무차장, 오와다 소장, 권오곤 재판관 등이 같이 앉았다. 올브라이트는 소개를 빠뜨렸다고 내게 여러 번 사과했다. 큰 실수를 한 뒤라서 그런지 갑자기 친절하게 대하면서 김정일과 만난 뒷얘기, 한국이 민주화와 경제발전을 동시에 달성한 사례에 대한 칭찬 등 말을 많이 했고, 나중에는 워싱턴에 오면 자기를 꼭 찾아오라고도 권한다. 그 전날 리셉션에서 나를 만나 반가워하던 스페인 전 외무장관 아나 팔라시오(Ana Palacio) 등은 말만 앞세우고 막상 이 회의에 불참했다. 독일의 요슈카 피셔(Joschka Fischer) 전 외무장관은 전화기로 문자 보내는 일에만 열중할 뿐 전혀 듣지도 아니한다. 모두 전직 외무장관을 역임한 분들의 모임이었지만 상당히 실망스러운 인상이었다.

지난번 디엘더스(The Elders)와 세계미래포럼(World Foresight Forum: WFF) 그리고 이번에 아스펜포럼(AMF)을 보고 공통적으로 느끼는 점이 한 가지 있다. 물론 회원 한 분, 한 분이 경륜과 경험을 지닌 세계적 지도자로서 국내외 여론을 주도하면서 필요한 때에는 세계평화와 정의 그리고 안보 및 경제발전에 관해 지속적으로 입장을 표명함으로써 인류사회에 공헌한다. 그러나 퇴임 후에는 전직을 이용하여 로비스트 역할을 하거나 보수가 많은 자문회사의 고문이 되거나 또는 일정한 단체를 만들어서 정부가 발주하는 프로젝트를 얻기도 하고 이권 있는 기회를 포착하기도 한다. 방송에 한 번 출연하는데 거액을 받기도 하고, 단체를 앞세워 자기네의 명성이나 이해관계를 강화하기도 한다. 국제사회에는 이런 전직 그룹이 많이 있다. 이렇게 되면 이러한 단체들의 방문 및 초청이 국제형사재판소의 홍보보다도 그들의 명성이나 이해관계 유지에 더 도움을 줄 뿐이므로 이들을 맞이하기 위하여 준비해야 하는 우리는 다소 피곤한 경우가 많다.

그럼에도 불구하고 우리는 아직 신생기관이므로 널리 알려야 할 필요에서 잠자코 이러한 그룹의 방문이나 초청 요청을 수락한다. 수많은 대학이나 전문기관이 소장을 초청하는 경우에도 내가 귀찮아하지 않고 가급적 이를 수락하는 이유는 아무쪼록 국제형사재판소의 존재를 널리 알리고자 하는 충정에서다. 내가 국제형사재판소라는 종교를 전파하는 개척목사의 역할을 자임하여 그러한 기회를 열어놓고 최대한 활용해야만 재판소의 대외관계에도 좋을 것이기 때문이다.

국제형사재판소 소장 첫 임기, 업적 정리

2011년 6월 14일, 한참 벼르던 비공식 재판관회의가 소집되었다. 풀포드와 실비아 페르난데스(Silvia Fernández) 재판관만 결석하고 나머지는 참석하였다. 이 회의는 새로 비서실장이 된 린 파커의 첫 참석이었다. 전원재판관회의를 개최하기만 하면 늘 재판관들이 초창기에 불가피하게 겪어야 하는 모든 불편과 시행착오가 전적으로 소장의 탓인 듯 공격하고, 또 아주 부당하게 비서실장인 루스비스를 공개 비난했기 때문에 소장실 팀은 이를 방어하는 데 골몰해왔다. 특히 히라드가 많이 염려하면서 항상 논리적 대비책을 말씀자료에 포함시켜주곤 했다. 그런데 이번 전원재판관회의는 전과 달리 비교적 건설적인 방향으로 진행되었고, 오후 7시경 순조롭게 마쳤다. 아마 매력적 공격의 대상이었던 루스비스 대신, 묵중한 린이 새 비서실장으로 부임했기 때문이기도 하리라.

6월 22일 상고심은 2011년 정월에 프랑스와 우리 검사의 합동작전으로 체포압송한 콩고민주공화국(DRC) 반군지도자 칼릭스테 음바루시마나(Callixte Mbarushimana)의 임시석방 결정에 대한 상고사건에 관하여 상고심재판관 전원합의를 개최했다. 내가 재판장이므로 미리 안건을 정리하고 토론방향을 제시하면서 이를 효율적으로 이끌었다. 이 피의자의 경우에는 특히 검사의 증거가 부실하고 수사와 송무수행이 수준 이하이어서 소장이 전년도 11월 하순 당사국총회와 예산심의를 위하여 뉴욕에 체재하는 동안 담당 예심재판부가 혐의를 확정하지 않고 석방하기로 결정한 것에 대한 상고사건이었다.

6월 23일 네덜란드 외무장관 로젠탈이 국제형사재판소 담당대사 요스트 안드리선(Joost Andriessen) 및 예룬 분더(Jeroen Boender) 비서와 함께 재판소를 예방하였다. 평소에 내가 아주 노골적으로 네덜란드는 주재국임에도 불구하고 자기네 나라에 애써 유치한 국제형사재판소를 한 번도 방문한 장관급 이상의 인사가 없다고 불평을 한 일이 있다. 특히 전에 판아르천 헤이그 시장이 예방했을 때 직접 그 말을 했더니 자기네 정부에 전언을 했나 보다. 또한 이 나라 대법원장을 만났을 때에도 같은 불평을 했더니 깜짝 놀란다.

얼마 후 이 나라의 안보 및 법무장관 이보 옵스텔턴(Ivo Opstelten)도 재판소를 방문함으로써 인사를 모두 때우는 것 같았다. 옵스텔턴은 대체로 젊은 40대가 총리 이하 각료를 하므로 내각의 비중을 높이기 위해 일부러 골라 임명한 최연장자이다. 내가 옆구리를 찌르기 전까지는 10년 동안 한 번도 재판소를 방문한 정부 고위인사가 없으니 이런 네덜란드 정부의 태도를 어떻게 보아야 할까. 나는 린 비서실장과 마티아스 대외담당보좌관과 함께 그들을 영접하여 임대청사 연장사용 문제, '리뷰 컨퍼런스' 준비 문제, 로마규정을 개정하여 테러범죄를 포함시키는 문제 등 당면 현안을 토의하고 법정을 구경시켜 주었다.

이때 한 가지 민감한 문제에 대해 논의했는데, 주로 후진국 출신 국제형사재판소 직원들이 네덜란드의 어린 고아를 입양하여 미성년자인 고아의 보호자라고 해서 나중에 네덜란드에 눌러앉을 구실을 마련하는 법률회피 행위에 대응하는 문제였다. 입양된 어린이가 네덜란드 시민권을 취득한 뒤 양부모의

학대를 고발함으로써 이런 문제가 드러나서 부모가 체포되는 사태로 발전하자 행정처장과 소장실 필립 암바흐가 네덜란드 정부와 협상내용을 담은 공한 ⟨公翰⟩을 교환하여 해결하기로 했다. 그리고 사건의 증인 등으로 소환되어 네덜란드에 입국한 자들의 엄격한 체류조건을 명백하게 하기 위하여 구체적 협상을 하는 등 상호 유익한 여러 문제를 다루었다.

임기가 절반 이상 지나가자 작년부터 비서실장 루스비스를 비롯하여 주변 사람들이 내가 국제형사재판소장으로서 남긴 3년간 업적⟨legacy⟩을 정리해둘 것을 권고했다. 지난주 금요일 네덜란드의 경영학 교수 얍 판마위연⟨Jaap van Muijen⟩과 2시간의 경영관리 교육시간을 가졌을 때 그도 역시 업적정리 문제를 제기했다. 이분이 나에게 최고경영자로서의 지식과 덕목을 가르치게 된 것은 루스비스가 적극적으로 주장하여 작년 초에 시작하게 된 것인데, 그동안 내가 하도 바빠서 정기적 모임을 갖기 어려웠다가 이날 모처럼 두 시간을 함께 하였다. 7월 1일이 그의 마지막 수업시간이므로 그때 업적정리에 관한 얘기로 마무리하기로 합의해두었다.

우선 나의 3년 임기 중 처음 2년간은 루스비스를 비서실장으로 계속 기용했고, 2011년 3월 하순부터는 전 영국대사 린 파커⟨Lyn Parker, 1952년생⟩를 파격적으로 비서실장으로 임명했다. 앞으로 남은 임기 동안에는 그와 함께 재판소의 운영을 이끌어가야 한다.

내가 국제형사재판소 소장으로 당선된 2009년 3월 10일부터 2011년까지 2년 남짓 해온 일을 6가지로 정리했다.

1. 아시아 지역 및 기타 지역의 회원국 수 배가

아시아·태평양 지역이 국제형사재판소 회원국 수가 가장 적은 것을 방치할 수 없었기 때문에 2009년 소장으로 당선되자마자 동남아시아 그리고 네팔, 라오스, 방글라데시 등을 방문했다.

다른 한편 내가 별도로 물밑에서 꾸준히 진행한 회원국 배가의 노력은 그동안 아시아 지역에서 조금씩 성과가 있어서 2010년 방글라데시, 2011년에는 필리핀과 몰디브가 가입했다. 체코공화국, 몰도바 등 동유럽 국가들도 비준하고, 아프리카의 세이셸(Seychelles)과 카리브해 지역의 그레나다가 합류했다. 또한 튀니지가 비준해서 마그레브 지역에서 첫 테이프를 끊었다. 이제는 아시아와 동유럽 지역이 총 18개국씩 동수의 회원국을 가지게 되었으므로 지역별 재판관의 수가 다시 3인씩 배정될 것으로 본다.

2. 생명의 위험 무릅쓰고 아프리카 피해자 마을 방문

국제형사재판소 소장으로서 역사상 유일하게 관할 범죄가 일어난 아프리카 나라와 지역을 방문했으며, 피해자는 물론 현장사무소 직원들을 위로했다. 아프리카는 회원국 수가 가장 많은 반면, 잘못된 지식이나 과잉 기대에 터 잡아 국제형사재판소를 비난하는 일이 비일비재해 참 다루기 어렵고 신경을 써야 하는 지역이다.

아프리카의 상당수 지도자들이 국제형사재판소가 오로지 아프리카의 지도자만을 단죄하는 것이 식민지 시대의 편견에 터 잡은 이중적 태도요 선택적 정의라고 맹비난하고 있으므로 이 같은 오해를 불식시킬 필요도 있었다. 비행기 연결과 호텔의 어려움, 인터넷의 어려움, 전염병 만연, 치안 부재, 유엔에서 빌린 낡은 비행기와 헬리콥터의 추락 위험, 반군의 저격 위험, 음식과 숙박시설의 비위생성에도 불구하고 생명의 위협을 무릅쓴 채 방문을 강행했다. 내 경호원과 현지 직원들이 위험하다면서 반대함을 무릅쓰고 콩고민주공화국, 우간다 등 분쟁지역을 방문했다. 현지 정부 고위층과의 면담은 물론 관계지역의 주민들에게 올바르게 국제형사재판소를 알리고, 피해자를 위로하며 전쟁에 피폐해진 어린이들과 학생들을 격려하는 등 나의 진심을 담아 희망을 전하기 위한 출장이었다.

2009년 6월에는 국제형사재판소를 지지하는 남아공, 탄자니아, 보츠와나, 레소토 등 남부 아프리카 지역을 방문했다. 국제형사재판소가 수단의 현직 대통령에게 구속영장을 발부한 것과 관련해 서구의 앞잡이라느니, 이중잣대로 처벌한다느니 하는 비난이 아프리카에서 거세게 일어날 때다. 비교적 우호적인 남아공에서 이에 관해 논쟁하고 나니 좀더 논리적으로 잘 대응할 필요를 느꼈다.

2009년 말 콩고민주공화국의 부니아에 있는 우리 현장사무소에서 힘들게 유숙(留宿)하면서 첫 피고인인 토마스 루방가의 고향이나 다름없는 밀림 속의 마을 파타키(Fataki)를 방문하였다. 엄청난 적대적 분위기속에서 루방가가 법정에서 당당하게 변론하는 모습을 담은 재판절차를 보여주는 비디오를 상영하며 3시간 이상 재판절차를 설명하고 국제형사재판소의 목적을 잘 이해시켜 마침내 적대적인 마을 군중들의 기립박수를 받기도 했다.

2010년 6월 '리뷰 컨퍼런스'를 참석하고자 캄팔라에 간 김에 다시 한 번 북부 우간다의 굴루에서 묵으면서 반군들에게 처참하게 유린당한 루도키 마을을 방문했다. 재활 및 자립에 노력하는 소년병 출신의 10대 아이들을 격려하기도 하고 손발과 귀, 코 및 입술을 잘린 피해자들에게 의수족을 달아주기도 했다. 언제 반군들이 들이닥쳐 죽일지 모른다는 공포 속에 사는 마을사람들을 달래는 일이 어려웠다. 나를 환영한다고 나와서 노래하는 여고생들에게 희망을 불어넣어주는 일도 결코 쉽지 않았다. 외국 기자들의 르포가 해당국가나 마을의 어려움을 잘 전하고 있다.

3. '리뷰 컨퍼런스'의 성공적 결실

2010년은 국제형사재판소가 탄생한 지 7년째 되는 해다. 로마규정은 7년마다 회고와 전망을 하는 '리뷰 컨퍼런스'를 개최하도록 규정하고 있다. 하필이면 전쟁범죄가 발생한 우간다가 이 회의를 개최하겠다고 한 게 마뜩하지 않았으나 5월 31일부터 6월 12일까지 우간다에서 열린 '리뷰 컨퍼런스'는 성황리에 마무리됐다. 이 회의에서는 침략범죄의 정의 등을 결말짓는 중요한 진전이 있었고, 그동안 국제형사재판소가 이룬 업적에 대한 정리와 반성을 하면서 로마규정 비준 확대(universality), 회원국 협력(State cooperation) 그리고 회원국의 국내 사법기관역량 강화(complementarity)의 3대 원칙의 추진에 합의했다. 따라서 소장인 나로서는 이 세 가지 원칙을 당사국들에게 이해시켜야 하고 이 원칙들의 실현에 주력하는 것이 앞으로 소장의 중요한 임무임을 명심하게 되었다.

4. 국제형사재판소의 지배구조원칙 채택

검찰과 재판부에게 지원서비스를 제공하는 행정처(Registry)의 위상과 역할 및 책임이 조직도에서 이상한 위치에 놓여서 첫 해부터 행정처장이 검사와 사이가 극히 나빠지고 소장의 말도 잘 안 듣는 결과를 초래하고 말았다. 유엔 산하의 임시형사법원들의 행정처장은 유엔 사무총장의 임명을 받으므로 재판관들과 동격으로 생각하나, 로마규정 제43조 2항에 따르면 재판관들에 의하여 선임되는 행정처장은 소장의 권한에 복종해야 한다. 이 문제에 대하여 검사는 항상 내 편을 들었지만 당사국들은 흥미진진하게 관찰하고 있을 뿐 기관 간의 협조에 진전이 없었다.

나는 보좌관 데이비드 콜러에게 임무를 부여하여 소장실과 재판소 내 3기관(재판부, 검찰부 및 행정처) 간의 올바른 지배구조를 확립하는 데 필요한 조직지배구조 문서(Corporate Governance Statement)를 작성하게 한 다음 이를 최고월례 업무조정회의(Coordination Council: 소장이 검사와 행정처장을 불러 매월 재판소 업무를 조율하는 회의)의 승인을 얻어 실시했다. 거기에다가 이 문서의 실효성을 확보하기 위하여 별도로 관리통제시스템(Management Control System: MCS)을 도입, 시행하도록 지시했다.

5. 비정부기구 및 지역기구와의 협력 강화

나는 세계적 비정부기구인 CICC, PGA, 국제 인권감시기구(Human Rights Watch), 국제앰네스티 등과도 좋은 관계를 유지해 그들을 이용하거나 그들의 도움을 받아 국제형사재판소의 위상을 강화하고자 노력했다. 또한 유엔, 유럽연합(EU), 미주기구(OAS), 전 프랑스 식민지국가들의 연합(프랑코포니, La Francophonie), 영연방(The Commonwealth), 아랍리그, 남미 5개국의 통상연합인 메르코수르(MERCOSUR), 아시아・아프리카 법률자문기구(African-Asian Legal Consultative Organization: AALCO)와의 관계 강화에도 힘을 쏟아 업무협조협정(MOU)을 체결하여 협조를 강화해왔다.

껄끄럽던 아프리카연합과도 그들의 건물 내에서 국제형사재판소 관련 회의를 공동으로 주최하는 등 조금씩 관계를 개선하고 있다. 이 기구의 책임자들은 한결같이 나의 리더십이나 국제형사재판소에 관한 철학에 전적으로 동의하고 밀어주어서 임기 내내 큰 힘이 되었다.

6. 회원국 및 주재국과의 유대 강화

국제형사재판소 회원국들은 여러 가지로 재판소에 수시로 간섭하고, 부탁하고, 문의하는 등 재판소의 시간을 많이 뺏고 있다. 거의 매일 소장실 직원은 그들이 만든 각종 실무그룹(working groups)에 출석하여 답변하거나 그들을 도와야 한다. 초창기에 이에 관하여 명확하게 엄격한 선을 그었다.

그러나 이들과의 관계를 소홀하게 할 수는 없는 노릇이다. 나는 평소에 헤이그에서 열린 회원국들의 각종 행사에 빠짐없이 참석했다. 주재국 네덜란드의 각종 행사에도 헤이그에 있는 한 빠짐없이 참석하여 관계를 개척하고 협력을 모색하여 여러 가지 성과를 얻었다. 국제형사재판소를 담당하는 국가와 외교관들의 마음을 얻으려 노력했고 어려울 때 도움도 많이 받았다.

새로운 비서실장의 공과

린 파커가 내 비서실장으로 일을 시작한 지 3개월이 넘었다. 대영제국대사로서 사람을 부리고 위에서 큰 소리만 치다가 국제형사재판소장 비서실장으로 내 지시를 받아 손수 많은 일을 하게 된 그가 어떻게 처신할지 궁금했다. 나는 감정을 보이지 않고 그의 자존심과 판단을 존중하려고 노력하면서 유심히 관찰하고 있었다. 그는 지금껏 이런저런 시행착오를 겪었다. 옥스퍼드대학 법과 출신으로 대영제국의 엘리트인 그의 처지에선 잘 알지도 못하는 아시아 국가에서 온 사람 밑에서 비서실장 노릇을 하는 게 내키지 않았을 수도 있다. 또한 60세 전에 영국 외무부를 퇴직해 국제형사재판소로 옮겨왔으므로, 얼마간 마음을 가다듬는 과정이 필요했을 것이다.

역시 처음에는 비서실장으로 취직한 것이 마음에 안 내키기라도 했는지 내게 와서 정기적으로 보고하는 일도 서툴렀다. 매일 아침 정기적 보고도 게을리 하고 여러 가지 중요사항의 보고를 빼먹는 것 같기도 했다. 그 외에도 세 가지가 특히 내 눈에 보였다. 그가 온 지 얼마 안 되어 아프리카연합 구내에서 국제형사재판소에 관한 회의를 하자는 나의 제안이 그런 대로 추진되어 실무자 간의 논의를 필요로 하게 되었고 이에 린이 아디스아바바에 조율차 출장하게 되었다. 이 최초의 출장과 관련하여 그는 내게 상의하거나 출장신청 없이 내가 회의하는 도중 빠져 나가 공항으로 직행했다. 내가 그의 비서 네자 (Nezha)에게 어떻게 소장이 모르는 비서실장의 출장이 있을 수 있는가 다그치는 바람에 공항에서 이 소식을 들은 린이 사과하는 전화를 했다.

5월 카타르 출장은 나로서는 새 비서실장을 대동한 첫 해외출장이었다. 나는 국제형사재판소를 비난하거나 싸늘하게 대하던 아랍국가에서 처음 열리는 걸프지역 회의의 중요성을 인식하면서 카타르 출장을 아랍 국가들과의 양자회담의 기회로 최대한 활용하고자 하였다. 그러나 린은 카타르 도하에서조차 고집 센 아르비아 행정처장을 붙들고 내년 예산의 통일적 편성과 제출을 위해 설득하느라 시간을 다 보내고 내가 원하는 양자회담 주선에는 거의 신경을 안 썼다. 그래서 나는 소기의 목적을 달성하지 못했고, 린은 일에 대한 우선순위를 보스와 상의하지 않았거나 직속상관의 의도를 잘못 파악한 셈이 되었다. 따라서 카타르에서 린의 일처리는 내게 두 번째로 실수한 것이 된다.

그리고 5월말 경 행정처장이 유엔총회 의장에게 리비아 사태 처리에 필요한 자금조달을 위해 유엔 회원국들의 자발적 기부를 요청하는 서한을 나와 상의 없이 발송한 것을 알게 되었다. 나는 다음 주례회동에서 이 문제를 거론하여 행정처장의 월권을 단단히 책임 추궁하고자 벼르고 있었다. 그런데 린을 보좌하는 필립의 태도를 보니 이것은 린이 행정처장과 사전에 상의하고도 내게 보고하지 아니하여 생긴 일이었다. 만일 내가 행정처장을 닦달하면 바로 린과 협의했음을 변명하면서 되받아칠 것으로 판단되었다. 이것은 노련한 외교관인 린이 또 한 번 크게 실수한 것이고, 변명의 여지가 없는 문제였다.

이 세 번의 실수를 두고 나는 여러 모로 깊이 생각했다. 사람이란 모두 장단점이 있어서 어느 한 면에서 실수하는 대신 다른 면에서는 크게 도움을 주는 경우도 있으므로 이를 균형에 맞게 전반적으로 종합 검토하여 사람을 적재

소르본대학에서 코넬대학 법대 동문들과 함께 (2011. 7).

적소에 배치하여 잘 부리는 일은 리더십의 중요한 일부라고 생각했다. 나는 똑똑한 린이 나름대로 자기 실수를 인식했다고 판단했다. 반면 재판소 내에서 재판부와 검찰부 및 행정처 등 3개 기관의 오랜 갈등에 대한 그의 대처방식과 회원국을 대하는 그의 부드럽고 협조적인 태도는 그런 대로 큰 장점이었다. 말썽 많은 재판관들과의 관계개선에도 상당한 성과를 거두었으니 종합적 대차대조표를 점검하면 비서실장을 잘 구한 셈이고, 특히 내가 많은 일의 부담을 영어가 모국어인 그에게 위임할 수 있어서 편리했다.

이제 그를 데리고 다시 머나먼 호주로 출장을 가기로 한 것이다. 사실 우리 내외는 7월 8일 기차로 파리에 가서 1박하면서 코넬 법대의 동창과 하계 프로그램 참가학생을 상대로 국제형사재판소에 관한 강연을 한 뒤 9일 서울로 귀국하면 27일까지 서울에서 여름휴가를 보낼 예정이었다. 그런데 휴가기간 중 세 가지 공무출장이 한꺼번에 생겨서 모처럼 계획한 고국에서의 여름휴가를 다 잡아먹는 일이 생겼다.

그 첫 번째가 호주 출장이었다. 그에 앞서 파리 소르본대학(Université de la Sorbonne)에서는 코넬 법대 동문들에게 국제형사재판소에 관한 강연을 성공적으로 마쳤다. 유서 깊은 소르본대학에서 잭 바르셀로(Jack Barceló III) 등 코넬 법대 교수들은 물론 소르본의 교수들의 참석하에 약 200명의 젊은 청중에게 열의를 다하여 강연했다. 아내가 처음 참석해서 내 강연을 들었다. 그리고 몇몇 한국학생들과 서울에서 온 고려대 박기갑 교수도 참석하였는데,

질문도 많았고 좋은 평을 받았다. 특히 코넬에서 법학석사(LL. M.)를 취득한 파리의 비비엥(Vivien) 변호사 내외, 소르본의 저명한 국제법 교수 즈느비에브(Geneviève) 등을 알게 되어 수확이 컸다.

호주에서 체결된 국제형사재판소와 영연방의 협력각서 서명식

일정상 7월 10일 일요일 아침 인천에 도착하여 일단 집에 가서 잠깐 쉬고 그 날 다시 서울에서 당일 저녁 연결편으로 호주로 향했다. 11일 이른 아침 시드니공항에 도착하니 런던에서 미리 날아온 린이 귀빈실에서 기다리고 있었고 호주연방 법무부의 직원들이 출영하여 입국수속과 화물처리를 신속히 하고 바로 호텔로 안내했다. 참 효율적으로 잘한다.

이 회의는 영연방 52개국 법무장관들이 정례적으로 모여서 토론하는 곳인데, 어찌 보면 직접 관계도 없는 국제형사재판소 소장을 초대하여 참석시킬 이유가 없다. 그러나 영연방 사무국의 수석법률자문관인 아크바르 칸이 노력하여 성사된 것이다. 그는 린이 주 네덜란드 영국대사를 할 때 그의 밑에서 대사관 법률 담당관을 하면서 인간적으로 믿고 가까워진 관계이다. 나는 매일 영연방회의에 옵서버로 참석하였다. 특히 주최자인 호주 법무장관 로버트 맥클리랜드(Robert McClelland)가 오찬과 만찬에 초대했고 짧은 양자회담도 가지는 등 적극적으로 국제형사재판소를 도와주는 태도를 보였다.

하이라이트는 셋째 날 오찬 후 샤르마(Kamalesh Sharma) 영연방 사무총장과 내가 전체 영연방의 법무장관들이 참석한 자리에서 국제형사재판소와 영연방의 협력각서 서명식을 한 것이다. 아마 이것은 회원국이 아닌 영연방 법무장관 회의에 참석한 대표들에게 강력한 비준동기를 부여했을 것으로 본다. 남의 회의에 치고 들어가서 우리의 장사판을 벌인 셈이다. 조금 있으니 필립 암바흐가 헤이그에서 이를 축하하는 이메일과 함께 서명식의 동영상을 보내주었다.

이번에는 카타르 출장 시와는 달리 린이 열심히 태평양 섬나라들과 기타 아프리카와 아시아의 비회원국 대표를 열심히 접촉하여 양자회담을 마련했다. 그리고 두 가지 현지 매체와의 인터뷰도 주선했다. 하나는 *Australian Financial Review*라는 신문과의 인터뷰인데 공항에서 그다음 날 신문을 보니 아주 잘 취급했다. 인터뷰한 알렉스 박셀(Alex Boxsell)이란 젊은 기자는 부인이 한국인이고 세 살짜리 아들이 있다며 사진을 보여주기도 했다.

또 하나는 *The Australian*이라는 대표적 신문인데, 그 신문의 동영상 매체와 인터뷰를 했다. 이 기사는 금방 세계적으로 수신 가능하니 헤이그에서도 다들 보았을 것이다. 7월 11, 12, 13일 사흘 동안 린은 부지런히 뛰어서 많은 양자회담을 성사시켜서 내 마음이 흡족하다. 아마도 카타르에서 불성실했던 것을 보충이라도 하려는 의도였을까. 그는 시드니가 생전 처음이지만 열심히 보좌했다.

우선 영국의 법무장관 대신 참석한 맥널리 경(Lord McNally)과의 면담은 여러 가지로 영국의 책임 있는 법률귀족의 언행을 잘 볼 수 있는 귀한 기회였다. 그는 원래 노동당이었으나 당적을 민주자유당으로 바꾸어 계속 귀족원의 일원으로 남아있는데 데이비드 캐머런(David Cameron) 내각의 사법담당 국무장관의 직책을 맡은 분이다. 나는 그와의 면담 시는 물론 호주언론 두 곳과의 인터뷰 시에도 특히 충분한 논리를 가지고 명확한 답을 했으므로 옆에서 배석하면서 듣고 있던 린에게도 이 정도면 자기가 보스로 모셔도 창피하지 않을 정도의 인물이 된다는 강력한 인상을 주었다고 생각한다.

또 다른 일정은 린의 권고로 이루어진 마이클 커비(Michael Kirby, 1939년생) 호주 대법관(1996~2009)과의 면담이다. 그는 유엔 사무총장의 특별대표로서 국제적 경험이 많으며 국제형사정의의 중요성을 잘 아는 분인데 화끈한 성격인 듯하다. 특히 2013년 유엔인권이사회의 임명을 받아 북한의 인권유린에 관한 보고서를 2014년 유엔에 제출하여 더욱 유명해졌다. '기억에는 한계가 있으니 소장처럼 중요한 일을 하는 사람은 부지런히 기록을 해두어야 한다'며 그가 신신당부한 말이 인상적이었다. 나는 그를 2016년에 다시 만나 '북한 인권문제를 위한 현인회의'의 멤버로서 같이 활동을 한 일이 있었다.

그다음에 뉴사우스웨일스(New South Wales) 주지사인 마리 바시어(Marie Bashir)의 초청으로 잘 보존된 주지사 건물에서 리셉션을 하는데 잠시 들러서 인사를 나누었다. 이곳에서 호주의 대법원장과도 인사를 나누고 호주의 여성 인권위원장의 강연도 들었다.

14일 이른 아침 내가 먼저 공항으로 나가서 귀국 비행기를 타는 바람에 린을 못 만났으나 호주에서의 성과는 괄목할 만하다고 판단된다. 다만 우리가 얼마나 후속조치를 꼼꼼하고도 신속하게 취하느냐에 따라서 가시적 성과를 올릴지가 좌우될 것 같다. 호주에서 외교에 바쁜 동안에도 계속 상고된 사건들과 관련해서 검토해야 할 메모가 자꾸 날아왔다. 국제형사재판소의 시트릭스시스템(Citrix system) 암호를 몰라서 가지고 다니는 컴퓨터는 무겁기만 하지 소용이 없었고 매번 스마트폰을 통하여 이메일을 열어보고 간단히 답하곤 했다.

말레이시아의 아시아·아프리카 법률자문회의

주말을 집에서 쉬고 월요일 오후에 말레이시아로 출장을 갔다. 해외에서 제대로 흉내 내지 못하는 한식은 냉면이므로 우리 부부는 한국에 올 때마다 변함없는 냉면 맛을 즐겼으나 음식값이 그동안 너무 올랐다.

공교롭게도 서울에서 휴가기간 중 다녀와야 하는 세 곳의 공무출장 중 제일 먼저 호주는 지난주 4일간 다녀왔고, 이제는 두 번째로 말레이시아 푸트라자야에서 아시아·아프리카 법률자문기구(AALCO)가 모처럼 국제형사재판소를 다루는 회의를 한다고 해서 기조연설차 7월 18일 참석했다.

그 전 주일에 시드니의 영연방 법무장관 회의에서 이미 로마규정 비준의 챔피언인 말레이시아의 법무장관 나즈리를 만나서 왜 절차가 지연되는지를 알아본 바 있고, 또한 비준반대파 선봉인 문제의 검찰총장과도 다시 한 번 잘 달래는 접촉을 한 바 있다. 그런데 이번 회의는 바로 그 검찰총장의 주최로 개최된다고 한다. 푸트라자야는 한국의 과천과 마찬가지로 너무 번잡해지는 수도 쿠알라룸푸르의 분산을 위하여 정부관청을 모두 옮긴 신시가지이다. 수도와 비행장의 중간에 위치한 곳이다. 이번 출장에는 데이비드 콜러가 나를

아시아·아프리카 법률자문회의 (2011. 7).

수행했고 검찰부에서는 로드 라스탄(Rod Rastan)이 참가하여 법률가들의 상세한 질문에 대답을 잘했다.

내가 30여 년 전에 참여했을 때 아시아·아프리카 법률자문회의는 대부분의 아시아, 아프리카 국가들이 대표를 보내는 대규모 국제회의였으나, 이제는 참석국가가 13개국의 소규모로 줄어들어 다소 맥이 빠졌다. 그러나 참석국가들이 대부분 로마규정의 비회원국이므로 성의 있는 자세로 임할 필요가 있을 것 같았다. 투숙한 푸트라자야의 메리어트호텔은 막 개점했는데 우거진 숲속에 웅장하게 자리 잡아 마치 브루나이의 7성 호텔과 비슷하다. 기조연설만 하고 호텔로 귀환했는데 경호원이 호텔 별실에서 자면서 24시간 밀착경호를 하므로 꼼짝 못하고 호텔 방에만 머물러 있었다.

저녁 8시 인공 호숫가의 식당에서 검찰총장이 주최한 대표단을 위한 만찬에 참석했다. 날씨는 후텁지근하고 불쾌한데 주최자인 검찰총장이 온건한 태도로 나를 대했고 그의 비준 반대입장도 다소 누그러진 인상을 받았다. 자기는 보르네오의 사바(Saba) 출신으로 어머니가 중국인이라면서 동양의 공통적인 윤리와 가족관계 및 전통을 강조한다. 난데없이 다소 새삼스럽다. 그러나 밤늦게 떠나는 비행기를 타러 중간에 일어나지 않을 수 없어서 좀 미안했다.

중간에 아리핀 대사와 통화했는데 곧 법무장관이 뉴욕에 가서 비준서를 기탁한다고 한다. 말레이시아의 경우 역시 나즈리 장관을 믿고 상대하는 수밖에 없다. 그는 시드니에서 나를 만나자마자 랑카위 회담(Langkawi Dialog)에 참석차 말레이시아를 방문하겠다는 알-바시르 수단 대통령의 입국을 허용하고자 총리 이하 각료들이 애매한 말을 하는데, 자기가 나서서 똑 부러지게 그의 방문을 반대하는 성명을 발표함으로써 아주 어색하고도 곤란한 입장에 처했고, 수단에서는 자기를 기피인물(persona non grata)로 선언했다고 말한다. 나는 그의 결연한 태도 표명에 감사한 다음 비준을 서둘러줄 것을 다시 요청했다. 말레이시아는 동남아 국가 중에서도 안정되어 있고 범죄율이 낮으며 영어가 통하고 외국인에 대한 편견이 비교적 없어서 마음 놓고 방문할 수 있는 나라이다.

서울에서 휴가 중 7월 21일 국가인권위원회의 요청으로 사무실 강당에서 약 100여 명의 직원과 외부인사가 모인 가운데 국제형사재판소와 인권에 관하여 강연했다. 젊고 의식이 있는 분들이라서 그런지 이해정도가 높았으며 질문의 수준이 초점에 맞는 것이었다. 아마 우리나라에서 인권에 관한 관심과 수준이 가장 높은 청중이 아닌가 생각되었다.

광대한 고비사막에서 깨어나는 몽골인들

런던주재 몽골대사인 동시에 국제형사재판소의 피해자신탁기금의 이사로 오래 봉사하는 알탕게렐(Altangerel) 대사가 몽골방문 의사를 타진하기에 긍정적 대답을 해두었더니 몽골의 대법원장이 금방 초청장을 보내왔다. 이것이 본국 휴가 중 세 번째 출장이다. 나라에 따라서는 말을 해놓고 행동이 안 따르는 경우가 적지 않으나 몽골은 말한 바를 지켰다. 사실 몽골은 이미 회원국이고 현안이 없으므로 재판소장이 예산을 소비하면서 헤이그에서부터 그곳을 일부러 방문할 의미는 없다. 그러나 마침 내가 한국에서 휴가 중에 몽골을 방문하는 경우에는 여비와 시간이 적게 들기도 하고 아시아 출신 소장이 아시아 회원국을 방문하는 것도 의미가 있으므로 수락했다.

그런데 몽골여행이 아주 인기가 있어 여름철에는 호텔이나 비행기 좌석이 전혀 없다. 결국 출국 편을 대한항공에 부탁하고, 귀국 편을 몽골 측에 부탁하여 항공편을 확보하였다. 양 독점항공사의 횡포도 대단하고 출발이나 도착이 불편한 시간대에 맞추어져 있다. 호텔도 방예약이 불가능한 것을 몽골측이 억지로 확보하였다고 한다.

7월 27일 드디어 우리 내외가 저녁 5시 40분에 인천을 출발하는 대한항공을 탔더니 연발한다. 몽골비행장에 바람이 심해서 뜰 수가 없다나. 나는 마중 나온다고 한 사람들에게 미안하기 짝이 없었다. 도착하고 보니 대법원 의전관은 자정이 넘었는데도 공항에서 기다리고 있었다.

우선 대법원에서 이 나라 판사 447명 모두의 임명, 보직, 훈련 등 중요 권한을 장악한 간바야르 난자드(Ganbayar Nanzad) 몽골 법원평의회 사무총장과 통역으로 돌고르수렌 남질(Dolgorsuren Namjil) 대법원장실 대외담당 국장이 출영했다. 이 여성은 대법원의 유일한 영어통역자인데, 언론인 남편과 3명의 자녀를 둔 40대 부인이다. 또한 인상 좋은 정일 대사 내외가 출영했다.

7월 28일 아침에는 우선 초청자인 대법원장 조리그(Zorig)를 예방하였다. 일반적 분위기는 업무토론보다는 나를 잘 대접하고 구경시키려는 것 같다. 그러나 내가 만나자마자 비준이 전부가 아니고 회원국의 의무나 권고사항을 들고 나오니 준비가 안 된 대법원장이 이해가 잘 안 되는 것 같다. 더구나 통역자의 영어에 한계가 있어 면책특권협정 비준, 형집행협정, 증인보호협정 등의 기술적 세부사항의 설명을 얼마나 잘 통역을 했는지는 알 수 없다.

엘베그도르지(Elbegdorj)는 작년에 대통령이 된 정치인이다. 1964년생이고 마침 하버드 케네디스쿨에서 공공정책학 석사학위(MPP) 학위를 받아선지 영어가 능숙하다. 나는 그를 내 아들과 동창이라고 하면서 내가 하버드 법대의 교수를 여러 해 역임한 이력과 함께 동질성을 강조했다. 대통령의 법률자문이라는 여성 바야르체체그 지그미다시(Bayartsetseg Jigmiddash)가 자기도 2007년 하버드 법학석사(LL. M.)라고 한다. 약 30여 분간의 회담이었지만 내가 상호쟁점인 면책특권협정, 형집행협정, 증인보호협정, 국내 이행입법을 모두 제기하자 그가 시원시원하게 답변해서 마음에 들었다. 물론 얼마나 진지하게 이를 실현할지는 별개의 문제이긴 하다.

이 나라도 대통령은 선거에서 이긴 야당인사이고 국무총리는 대선에서 진 여당인사인데 내년쯤 선거를 다시 해서 완전하게 정권을 장악하기를 희망하고 있다고 한다. 그리고 그는 대통령이 되기 직전에 한국을 방문한 일이 있다고 한다. 이 중요한 두 개의 공식회담이 끝나자 나는 귀빈에게 오찬을 베푸는 영빈관으로 안내되었다. 전통식으로 지은 건물인데 우리 내외와 대법원장 그리고 간바야르 외에 새롭게 여성 대법관이 한 분 참석했다. 대법원장은 내게 훈장과 여러 가지 선물을 준다. 그리고는 진수성찬의 음식을 들게 하면서 전통음악, 기예 연주 등을 선보인다.

두 줄밖에 없는 현악기 마두금(馬頭琴; horse head fiddle)이 여러 다양한 음을 내는 것이 신기한데 전통복장을 입은 음악가가 이를 연주한다. 그리고 성대에서 울려 나오는 고음으로 부르는 여성의 음악(throat singing)을 들었다. 이는 광대한 초원에서 서로 소리로 연락할 필요 때문에 발달된 성악의 형태라고 한다. 그들의 의상이 다채롭다. 그리고 한 여성이 나와서 몸을 지렁이처럼 원형으로 꺾으면서 여러 가지 기예를 보여주는데 다소 볼썽사납기도 하다. 몸을 마음대로 꺾는 교예사인데 이를 'Contortionist'라고 한다. 아무튼 최고의 음식과 전통공연 중 샤먼댄스(shaman dance), 차탄댄스(tsaatan dance) 등의 맛을 보았다.

오찬 후에는 고비사막을 방문하고자 몽골의 국내선 비행기에 올랐다. 대법원장은 우리 일행을 잘 모시기 위해 이미 대법관 1인을 우리 비행기의 행선지인 달란자드가드(Dalanzadgad)에 파견했다. 구르반 사이칸(Gurvan Saikhan) 공항에 내려보니 바트부얀 바트-에르덴(Batbuyan Bat-Erdene) 형사담당 대법관과 현지 지방법원장인 엔크투르 소놈도브친(Enkhtur Sonomdovchin), 그리고 독립한 수사담당 우두머리 등이 출영했다. 점심이 늦어져서 저녁 생각이 없지만 의례적으로 드는 시늉을 했다. 역시 음식은 양고기 중심의 기름지고 채소가 부족한 식단이어서인지 사람들이 모두 크지 않은 키에 살이 찐 편이고, 배가 불룩 나왔다는 인상이다.

이른 저녁 후에 일제 랜드크루저(Land Cruiser)에 올라탔다. 우리 내외와 영어 하는 대법원 직원 그리고 운전사가 1호차에 타고 다른 차에는 대법관, 지방법원장, 기타 사람들이 비좁게 타고 선도차량으로 기세 좋게 앞서 나아 갔다. 고비사막이라는데 순전히 모래만 있는 것이 아니라 짧고 거친 풀이 고르게 난 평원이라는 것이 더 어울리는 말이다. 비포장도로라도 제대로 건설되어 있는 것이 아니고 아예 길이 없는 상태에서 모래밭이건 풀밭이건 자갈밭이건 무조건 80km 이상으로 달리니 엉덩이가 들썩거려서 간이 떨어질 듯하다. 길이 아예 없으니 도로표지판이 있을 리 없다.

처음에는 신기한 느낌으로 광대한 평원의 풍경을 감상하느라고 바빴다. 끝도 없는 평원의 저쪽에 보이는 수평선은 어디서 끝날까? 반대편에는 늘 산이 연속으로 병풍을 친 것처럼 따라오는데 얼마나 높고 물은 흐르는 산인지 궁금했다. 해가 지기 전에는 구름조각들이 햇빛을 받아 땅에 그림자를 만들어주는 것이 호수나 평원이나 오아시스가 있는 듯한 착각을 하게 만들었다.

만일 가는 도중 차가 고장나거나, 기름이 떨어지거나, 길을 잃으면 꼼짝없이 오도 가도 못하는 형편이 되겠다 싶어 말은 안 하지만 슬슬 불안해지기 시작한다. 아니나 다를까 저녁 후 약 한 시간이면 도달한다는 목표지점이 안 나오고 결국 날은 깜깜한데 길을 잃어버리고 말았다.

자기들끼리 GPS를 사용하여 방향을 알아보라고 수군대는데 원체 광활한 평원이라서 그런지 작동하지 않는 것 같다. 그들이 목표한 호텔에 연락했지만 우리 위치를 특정해 말해줄 수 없기 때문에 스스로 알아서 찾아가는 수밖에 없었다. 여러 곳의 게르(Ger)를 찾아가서 자는 사람을 깨워 묻고 또 묻는데 이런 짓을 여러 번 반복해서 자정이 넘은 시간에 목표한 대로 남부 고비지역에 있는 드리카멜로지(Three Camel Lodge)에 겨우 도착했다.

둥그렇게 지은 전통집 게르가 밀집해 있으면서 숙박영업을 하는데, 우리 부부에게 배정된 게르는 중심 게르가 침실이고, 여기에 붙여서 지은 조금 작은 게르가 세면대와 화장실이었다. 샤워를 하려면 공동시설이 있는 다른 곳으로 이동해야 한다. 하늘이 맑고 별이 찬란하게 낮게 떠서 아주 신비한 감마저 준다. 어린 시절 할머니 무릎을 베고 누워서 별을 세던 아련한 기억이 떠오른다.

너무 늦게 도착해서 불편한 잠자리에 불과 몇 시간 못 잤지만, 아내와 나는 생전 처음 이색적인 경험을 했다. 그다음 날 일찍부터 우리에게 보여주려고 계획한 전통행사와 말의 경주는 포기하고 자기들끼리 다른 관광으로 대체한 듯싶다. 아침에 일어나서 우리 게르의 주위를 걸으니 많은 다른 게르가 밀집해서 지어져 있는데, 이것이 모두 전통적 호텔방이라고 하였다. 외국인이 가족단위로 많이 찾아와서 모험을 즐기는 것 같다.

아침식사를 하는 식당 게르에 가니 주스와 차와 고기, 치즈, 밀가루 떡, 계란 오믈렛 등이 전부이다. 밖을 돌아보니 조그마한 땅에 물 호스를 묻고 채소를 심은 조그마한 비닐온실도 보이고, 가라오케와 바와 도서실을 겸한 다목적 룸과 별도의 주방도 보인다. 근처에는 돌탑을 쌓아 소원을 비는 장소도 있다. 이 드리카멜로지는 몽골에서 가장 알려진 좋은 곳으로서 미국에 이민 간 몽골사람이 운영한다는데 영업이 잘되는지 더 확장공사를 하고 있다.

게르 외에 호텔 공용시설은 기와집 모양으로 지었는데 이것이 한옥과 영락없이 닮았다. 기와에 넣은 문양만 낙타나 다른 짐승을 나타낼 뿐 꼭 한옥이다. 상쾌한 아침인데 벌써 원근으로 염소, 낙타, 양이나 말 떼를 몰고 풀을 찾아 이동하는 무리가 수평선의 점처럼 보이다가 금방 큰 무리가 되어 우리 앞에 등장하기도 하고 주변에 있던 다른 한 무리의 목축 떼가 순식간에 사라지기도 한다.

우선 공룡의 알과 뼈를 발견한 곳에 게르를 짓고 이를 전시하는 박물관이 있어서 잠시 구경하고 쉬었다. 어디에나 스스로 만든 장식품이나 토산품을 판다. 또한 사막지대인데도 흙이 무너져서 큰 계곡 내지 낭떠러지를 형성한 지형을 보여주기도 한다. 또 낙타가 모여 있는 곳으로 우리를 안내해서 낙타를 한번 타보도록 권하기도 했으나 나는 모험을 하지 않았다. 냄새가 진동하는데 이곳에는 등에 혹이 둘이 있는 쌍봉낙타가 특색이다. 이런 인적이 드문 곳에서도 아기들이 태어나서 엄마의 품에서 자라고 있다. 저런 어린이들은 어떻게 문명의 혜택을 받고 나중에 무엇이 될까.

몽골 고비사막의 드리카멜로지 게르 앞에서 (2011. 7).

　지방법원장이 어느 게르에 들어가 앉아서 돈을 주면서 노래를 해보라고 하니까 한국 어린이와 마찬가지로 노래를 한다. 별 볼 것이 없는데 해가 중천에 뜨고 오정이 되자 나무그늘 하나 없는 모래언덕에 자리를 펴더니 점심식사를 준비하는 것이 아닌가. 식사요리를 하고자 현지법원에서 여직원 한 분이 차출되어 따라왔다. 미리 준비한 미제 병 속의 각종 식초에 절인 시큼한 장아찌와 오이 등을 반찬으로 내놓고 큰 냄비에 양을 토막 쳐 이미 삶아온 것을 가스 화로에 다시 덥힌다. 한참 후에 종이접시에 양고기를 건져놓고 서로 집어먹으면서 점심을 때웠다. 고비사막의 모래언덕에서 뜨거운 햇볕을 받으면서 몽골의 법관들과 함께 양고기 살점을 먹던 추억은 다시는 가능할 것 같지 아니하다.

　고비사막이 모두 순 모래로만 구성되어 있지는 아니하고 여름동안에는 아주 짧은 풀이 나서 짐승의 먹이가 되지만 겨울에는 사정이 달라질 것이다. 그러면서 봄에는 항상 한국에 황사를 날려 보내는 원천지가 이곳이라는 생각이 드니 신비하게만 보았던 고비사막에 대한 인상도 바뀌게 된다. 귀로에는 길을 잃지 아니하고 제대로 돌아와서 말의 경주를 보러 갔다. 자기네 전통의상을 입고 말을 달리거나 경주를 구경하러온 사람들이 많아서 그자체가 구경거리이다. 그러나 경주관람을 포기하자 갑자기 할 일이 없어졌다.

더운데 지방법원장실로 모두 들어가서 몇 시간을 보내다가 저녁 6시 에즈니스(Eznis) 항공으로 울란바토르에 돌아왔다. 퇴근시간 정체가 대단해서 경찰이 소리를 내며 길을 열어도 시간이 지체되어 8시 반에 약속한 정 대사의 만찬이 9시 반으로 연기되었다. 얼른 샤워를 하고 음식점 모네(Monet)에 갔다. 이 나라도 빈부의 차이가 너무 커서 이 같은 고층건물의 고급식당은 만원이라는 것이다. 음식은 아주 수준이 높은 데다가 정 대사 내외분의 환대도 역시 융숭하고 따뜻했다. 8월 21일 이명박 대통령의 국빈방문을 앞두고 바쁠 텐데 시간을 내어 친절하게 대해준다.

30일에는 한국으로 돌아가는 일정이다. 체크아웃하러 내려가자 같은 호텔에 묵은 인도 대통령에만 정신이 팔렸던 호텔 지배인이라는 독일인이 그때야 나를 알아보고 인사한다. 몽골 대법원의 환송팀은 아침에 시간이 있다 보니 여성 대법관으로 하여금 나를 자기네 국영 백화점으로 데리고 가서 몽골 특산 민속품을 사게 만들고 캐시미어 공장으로 안내한다.

캐시미어 공장은 고급이고 비싸지만 품질은 좋다. 영어 하는 대법원 여직원과 그저께 오찬을 같이 한 여성 대법관이 대법원의 대표로 송별차 나와서 따라다닌다. 그러다보니 필요 없지만 체면상 이것저것 좀 사주었다. 공항 귀빈실에 들어서자 대법원이 그동안 찍은 사진들을 모아 큰 앨범을 만들어 가지고 왔다. 그러나 이미 수하물이 포화상태라 정 대사가 외교행낭으로 차후에 헤이그로 보내주겠다고 해서 맡기고 왔다.

몽골항공은 정시에 이륙하고 정시에 도착했다. 몽골에서나 비행기 내에서나 한 가지 느낀 것은 한국어를 배워서 제대로 말하는 몽골인이 도처에 있다는 것이다. 3, 4년 전에 세계 제일의 유연탄광을 발견하고 거대한 구리광산을 캐내면서 돈이 들어오자 이들의 태도가 많이 달라졌고, 한국, 중국, 러시아, 미국, 일본 등을 상대로 술수를 부리고자 하는 의도가 보인다고 한다. 아직은 한국에 의존하는 바가 많고 자기 나라에서 바깥세상으로 나가려면 인천을 거치는 것이 가장 싸고 편안하므로 항공편의 연결이 한국을 무시할 수 없게 만들고 있다고도 했다. 부패가 만연하지만 민주주의를 실시하고자 노력한다고 한다.

모잠비크, 남아프리카개발공동체 법률가협회 총회 연설

세 번의 출장 때문에 한국에서 보낸 모처럼의 여름휴가를 제대로 쉬지도 못하고, 8월 1일 헤이그로 귀임했는데 하루 쉬고 또 출장이다. 이번에는 아프리카의 모잠비크(Mozambique)이다.

파리에서 남아공까지 밤 비행기로 10시간 정도 걸리는 거리인데 처음으로 에어프랑스(Air France)의 에어버스 380을 탑승했다. 4일 아침 남아프리카 지역의 허브인 조하네스버그공항을 경유하여 모잠비크 수도 마푸투에는 오후 3시경에 도착했다.

소장실 직원이 모두들 휴가를 가고 보니 나를 수행할 사람은 8월 15일에 그만두는 임시직인 캐나다 법률가 다냐 샤이켈(Danya Chaikel)이 유일했다. 그녀는 미리부터 흥분하여 야단이고 우쭐하기까지 하다. 임시직이 소장을 수행하여 해외출장을 가다니! 그녀는 하루 먼저 떠났고, 나는 직행하므로 여정이 달랐지만 마푸투의 호텔에서 합류하였다. 이번에 여행하는 목적은 남아프리카개발공동체(Southern African Development Community: SADC)의 법률가협회가 연례총회를 하는데 나에게 국제형사재판소 안건을 토론할 때에 맞추어 기조연설을 부탁하는 초청이 온 것이다. 마푸투에 도착하자 이 나라 코헤이아(Gilberto Correia) 변호사협회장이 비행기 동체 앞까지 와서 기다린다. 자기 거주지는 소팔라(Sofala) 주의 수도이며 이 나라 제2의 도시인 베이라(Beira)이지만 본회의를 위하여 비행기 타고 와서 수도인 마푸투에 체재한다고 한다. 나를 위하여 벤츠자동차와 경호원을 배치해 놓았다.

모잠비크는 지도에서 보듯이 2,500km의 인도양 해변을 끼고 있어서 참으로 천연조건이 으뜸이다. 부리나케 옷을 갈아입고 다냐와 함께 이곳 주재 유럽연합 대표인 아일랜드 말린(Paul Malin) 대사의 사무실로 달려갔다. 아주 좋은 인상의 사람인데 몇 가지 귀한 정보를 주었다.

그리고는 바로 호텔카르도주(Hotel Cardoso)에서 7시에 이곳 변호사협회가 주최한 환영 리셉션에 갔다. 비교적 높고 시내와 바다가 잘 보이는 호텔의 정원에서 신나는 아프리카 음악을 배경으로 음식과 음료를 들면서 인사를 교환했다. 날이 청명하고 온화하여 겨울이라는 것을 실감하기 어려웠고 금방 어두워졌으나 횃불 속에 풍부한 음료와 자주 제공하는 카나페를 들면서 저녁을 대신하고 그냥 잠자리에 들었다. 마침 다냐 외에 아프리카 여성법률가 캠페인을 위하여 온 행정처 직원 샘 쇼아마네시(Sam Shoamanesh)도 있어서 반가웠다.

5일 아침 이 나라의 국제컨벤션센터에서 열린 개회식에 참석했다. 이 건물은 나무가 잘 가꾸어지고 풍광이 좋은 곳에 자리 잡고 있는데 아주 시설이 좋다. 개회식에서는 대통령, 법무장관, 코헤이아 모잠비크 변협회장, 포요-들루아티(Thoba Poyo-Dlwati) 남아프리카개발공동체 변호사협회장 등이 연설을 하므로 나는 연설을 안 하지만 단상에 이들과 함께 좌정하여 주빈 대우를 받았다.

개막식 후 별실에서 게부자(Armando Emilio Guebuza) 대통령과 잠시 의례적 회담을 하고는 그가 떠난 다음 법무장관과 바로 약속한 면담에 들어갔다. 대통령은 정규교육을 안 받은 분이라는데 로마규정 비준을 먼 장래의 일이라는 듯이 말한다. 같은 장소에서 만난 레비(Maria Benvida Levy) 법무장관은 로마규정 비준에 따르는 4가지 장애요인을 들먹이면서도 물론 극복하지 못할 것은 아니나 헌법 개정의 국민투표 결과를 보아야 한다고 애매한 소리를 한다. 그녀가 말하는 장애요인이란 헌법에서 '범죄인 인도금지, 사면금지, 면책금지'(no extradition, no amnesty, no immunity)를 규정하고 있는 점, 그리고 사형이나 종신형이 없이 최대한 25년형만 있는 점 등을 운운한다.

나는 이 나라와 함께 포르투갈어권(Lusophone Group)에 속하는 포르투갈, 브라질, 카보베르데(Cabo Verde)는 물론 칠레, 아일랜드 등 동일한 문제점을 헌법개정 없이도 극복하고 비준한 국가들의 예를 들어 신속한 결정을 촉구했다. 유심히 보니 자기가 국제형사재판소 재판관이 되고 싶은 개인 욕심은 있어 보여서 이를 바짝 파고들었다. 나중에 들으니 그녀는 원래 판사이고 사법연수원 교수인데 대통령의 임명을 받았다고 한다.

그다음에는 가미투(Hermenegildo Maria Cepeda Gamito) 헌법재판소장을 예방하였다. 이분은 본업이 은행가인데 부정으로 물러난 전임자에 이어 얼마 전에 임명되었다고 한다. 내가 비준문제를 꺼내자 아주 선선하게 동의하고 한 몫을 하겠다고 약속한다. 너무 말이 시원시원하여 의심이 갈 지경이다. 그 외에도 마캄부(Veronica Macambo) 국회의장의 면담요청으로 국회를 방문했다. 자기 법률참모들을 모두 배석시키고 출입기자들도 있는 자리에서 공개면담을 한 셈이 되었다. 이 여성도 법무장관과 거의 같은 장애요인을 들먹이면서도 비준절차를 촉진하겠다고 한다. 배석한 법률참모 중에는 아침 개회식 때 초대 변협회장으로서 많은 고생을 했다고 표창받은 카이오(Caiou) 변호사가 있어서 반가웠다.

그런데 국회의장은 간단한 선물을 주고는 자기네 출입기자들과 회견을 시키는 것이 아닌가. 예정에 없던 회견이 길어지면서 그다음 일정, 즉 샘 쇼아마네시가 주관하는 아프리카 여성법률가의 국제형사재판소 등록을 장려하는 모임에서 소장이 한마디 하는 일정에 10분 늦고 말았다. 생각보다 참석한 여성법률가의 수가 약 60명이라서 적은 것 같았으나 나로서는 열정적으로 호소하는 연설을 했다. 나중에 담당직원인 샘은 자기가 주관하여 치른 같은 행사 중에서 가장 호응이 강하고 반응이 좋았다고 싱글벙글한다.

이렇게 꽉 짜인 일정으로 뛰어다녔는데 점심시간에 호텔로 와서 인터뷰하기로 한 STV라는 민간방송은 저녁시간으로 변경하여 호텔 별실에서 약 한 시간 동안 회견을 했다. 방영은 8월 14일에 한다고 한다. 그 외에도 이런저런 기회에 짧게 또는 길게 TV, 신문 및 라디오 회견을 부지런히 했으므로 아마 관심 있게 보도되었을 것이다. 이 나라 언어인 포르투갈어로 된 신문 *Noticias* 와 *Domingo*를 사서 보니 나의 사진과 행사에 대한 기사가 여러 편 게재되었다. 이 나라에서는 조야를 막론하고 국제형사재판소장의 방문이 큰 관심을 끌어서 도착 전에 내가 방문예정이라는 기사부터 나갔다고 하는데 공항에서는 물론 가는 곳마다 사진을 찍어대는 기자들이 많았다. STV와의 회견을 마치고 나니 거의 저녁 7시가 되었다.

처음으로 샘과 다냐가 찾아낸 이 도시의 유명한 생선요리점을 택시로 찾아갔다. 운전사와 경호원들을 미리 귀가시킨 후인지라 내 옆방에서 자는 나의 경호원이 흥정해서 잡아준 덕택에 편리하게 왕복을 이용할 수 있었다. 인기

만점인 식당이라는데 사람이 없었다. 그러나 우리가 저녁을 마치고 나오려는 8시 반경이 되자 손님들이 끊임없이 들어와서 만원이다. 이들은 늦게 저녁을 먹는 라틴의 전통을 지키는 것 같다. 내가 이 비용을 모두 부담하자 샘이 고집을 하면서 분담하자고 한다. 이 식당뿐만 아니라 호텔에서 점심을 시켜먹을 때에도 항상 내가 비용을 모두 부담하고 젊은이들을 격려하는 말을 해주는 것에 샘과 다냐가 감동하고 놀란 모양이다.

그들은 오캄포 검사나 아르비아 행정처장의 독선적이고 공포와 의심에 터 잡은 리더십에 익숙했다가 내가 믿고 맡기면서 칭찬과 격려를 자주 해주는 태도를 보고 나를 새로 발견했다고 했다. 특히 샘이 그러했다. 그는 이란의 팔레비 왕조가 전복되자 캐나다로 이민 가서 자리 잡은 젊은 이란 법률가인데, 똑똑하고 자기 일을 잘하려고 노력하는 인상이 들었다. 다냐는 내 사무실에서 섭외업무를 담당했으므로 이미 조금은 알고 있었는데 내가 관대하고 젊은이들을 격려하는 보스라는 것을 더 잘 알게 되었고, 나의 통솔 스타일을 좋아하게 되었다고 진심으로 고백한다. 8월 5일은 정말 바쁜 날이었는데 이들과 저녁을 먹으면서 다소 긴장과 피로를 풀었다.

6일에는 아침에 국제형사재판소를 다루는 전체회의에서 다소 길지만 정열적인 연설로 남부 아프리카의 법률가들에게 호소했다. 더구나 아주 비판적으로 제기된 많은 질문들도 잘 선방하였다. 모잠비크 변호사협회의 배려로 시내의 자연사박물관에 가서 이 지역의 동물, 식물, 바닷물고기, 기타 특이한 박제전시물을 보았다. 시내의 포르투갈 요새, 철도역(영화 〈Black Diamond〉를 찍은 곳), 새로 독특하게 지은 천주교회, 구스타브 에펠(Gustav Eiffel)이 설계한 철제하우스 등을 보고, 특유의 목각과 그림 및 문양을 프린트한 천을 파는 시장으로 가서 한가로이 걸으면서 구경했다. 거리의 이름에 하나도 빠짐없이 공산국가 수반의 이름을 붙였다. 심지어 김일성 거리도 있다. 이 나라는 내전을 극복하고 1975년에 독립한 이후 공산당식 국가운영을 포기한 것이 경제발전을 위하여 가장 잘한 일 같았다.

저녁에는 축하만찬에 참석하고자 시청건물 앞에 넓게 친 특별텐트로 갔다.

모잠비크에서 열린 남아프리카 변호사협회 총회 (2011. 8).

어디를 가나 나를 알아보고 응분의 대우를 하고자 배려하는 것이 고맙다. 상석에 나와 함께 법무장관, 남아프리카개발공동체 변협회장, 모잠비크 변협회장 등이 좌정했다. 그리고 남아공의 지명을 받은 국제형사재판소 재판관 후보라는 몰로토(Thokwane Moloto) 변호사도 만났다.

이 만찬은 금년에 졸업해서 법률가가 된 128명의 새내기 중 40명을 초청해서 자격증을 주는 의식을 겸했다. 이들에게 법률가로서 개업할 수 있는 개업허가증을 일일이 수여하는 의식인데 나더러 증서를 수여하라는 것이 아닌가.

물론 법무장관 및 다른 두 명의 변협회장과 나누어서 수여했지만 한없이 뜻깊은 경우였고, 진실로 특별한 대우를 해준 것이다. 학생들은 검은 가운을 입고 나로부터 수료증명서를 받는 것을 무한한 영광으로 생각했다. 나중에 이들 모두와 기념촬영을 했다. 음식은 아주 좋고 풍부했으나 이 나라에서는 밤 9시 이후에 만찬을 하므로 7시에 참석한 우리를 앉혀놓고 여러 명이 연설한 다음 이를 영어와 불어로 통역하니 시간이 많이 걸렸다.

그런데 아프리카 전통음악을 연주하는 악단과 현대재즈 등을 연주하는 악단이 교대로 신나는 음악을 연주하자 만찬 전인데 남아프리카개발공동체 변협회장부터 모두 나가서 엉덩이를 흔들면서 춤을 추기 시작하는 것이 아닌가. 배도 안 고픈지 모르겠다. 아프리카인들이 모두 모여 박자, 스텝을 갖추어 춤을 추는 것은 아주 장관이었다. 초청된 무희가 나를 끌어내고자 했으나 끝끝내 사양했다.

시종일관 홍이 절로 나는 행사인데, 도중에 나와 사진을 찍자는 사람이 그렇게 많을 줄 몰랐다. 첫날부터 아무 곳에서나 사진찍자고 들이대는데 거절하기는 좀 어려워서 피곤하더라도 모두 응해주었더니 좋아한다. 뷔페식 만찬인데 나에게는 웨이터가 음식을 자기마음대로 떠다주었다. 주로 이름 모르는 생선요리인데 남아공의 샤르도네(Chardonnay) 백포도주와 잘 어울려서 즐겁게 먹었다. 법무장관이 자리를 뜨기에 나도 10시 반쯤 호텔로 왔다. 다음 날 조하네스버그공항으로 돌아오니 이미 집에 온 듯한 기분이 든다. 8일 아침 10시 반경 암스테르담에 도착했다. 바로 사무실로 출근하여 밀린 업무를 처리했다. 이번 여행에 수행한 다냐는 상세한 보고서를 따로 제출하였다.

8월 9일 상고부의 5인 재판관의 합의 직후 은세레코 우간다 재판관이 내 방으로 따라온다. 언제나 나를 생각해주는 고마운 친구이자 동료이다. 슬그머니 전하는 말은 일본 출신 오자키 구니코(Ozaki Kuniko) 재판관이 다음 소장에 당선되기 위하여 맹렬하게 운동을 한다고 귀띔한다. 일본 재판관은 자기 제자인 모나헹 보츠와나 재판관에게 자기가 소장 출마 시 부소장으로 동일티켓을 구성하자고 제안했다고 한다. 그러나 모나헹은 만일 감비아 출신의 벤수다가 차기 검사로 당선되는 경우에는 지역 안배상 곤란하므로 확답을 보류했다고 했다. 정치적 센스가 없어도 유분수지 한국인이 소장을 마친 다음 지역 안배상 다시 아시아 지역의 일본인이 소장으로 선출될 가능성이 없다는 것을 판단 못하는 여인이다.

이 말을 들은 내가 반대로 은세레코 재판관에게 며칠 전 영국의 풀포드 재판관이 트렌다필로바 불가리아 재판관과 모나헹을 오찬에 초청하여 한 사람은 소장에, 다른 한 사람은 부소장에 출마하라고 권고했다는 정보를 주었다. 그런데 그 자리에서는 두 사람 모두 우물쭈물 확답을 안 했다고 한다. 은세레코 재판관은 곧 퇴임하는 영국 재판관이 무슨 이유로 이 같은 공작을 하는지 이해하기 어렵다는 반응을 보인다. 그러면서 자기가 보기에는 내가 가장 강력한 후보이므로 재출마할 것을 권고한다. 나는 그동안 격무에 너무 시달려서 연임할 생각을 전혀 안 하고 있었으므로 즉답을 피하고 생각해본다고 했

606

다. 재선의 욕심은 없는 데다가 업무가 너무 막중하고 과중하므로 사태의 추이를 좀더 관망할 필요가 있었다.

네덜란드 여왕의 왕궁 오찬

나는 헤이그주재 이스라엘대사의 호의를 두 번 입게 되었다. 우선 3월 23일 그가 우리 내외를 마스트리히트의 유럽미술품전시회(TEFAF) 만찬과 감동적인 음악회에 초청한 것을 잘 기억하고 있다. 그런데 8월에 이임하는 그가 네덜란드 여왕이 주재하는 환송오찬에 나를 그의 가까운 친구자격으로 초청했다. 여왕은 4년 이상 네덜란드에서 근무한 대사를 왕궁으로 초대하여 이임오찬을 베푸는 관례를 지키고 있다. 그보다 짧게 근무한 대사는 간단한 커피타임을 마련해준다고 한다.

모잠비크에서 8일 아침 돌아오자마자 여왕의 오찬이 나의 신경을 쓰이게 했다. 누가 오는지도 모르는데 12시 20분까지 하우스텐보스(Huis ten Bosch) 궁으로 오라는 것이다. 근처의 울창한 숲속에 아주 잘 관리된 궁이 전면에 보이는데 왕실 직원들이 나와서 정중하게 영접한다. 막상 가보니 모두 약 10명 정도를 초청했는데 이스라엘대사 크네이-탈(Kney-Tal) 내외를 제외하면 내가 아는 분으로서는 전 외무장관이던 베르나르드 봇트(Bernard Bot)와 바세나르 시장 정도이고, 다른 유대인 사업가인 듯한 참석자들은 모르는 손님이다.

왕궁 건물에 들어서자마자 안내를 받아 방명록에 서명했다. 그리고 문을 열어 주어서 그다음 방으로 들어가니 주인공과 여왕을 제외한 모든 참석자가 이미 둘러선 채 이야기를 나누고 있었다. 궁전 건물은 잘 관리해서 깨끗하고 단정한데 중국실이 인상적이다. 청나라의 모티브를 채택하여 청색 비단으로 벽을 바르고 의자를 씌우는 등 아주 잘 꾸몄다. 조금 있으니 크네이-탈 대사 내외가 8명의 중무장 모터케이드의 선도로 도착하는 것이 2층에서 창을 통하여 보인다. 이스라엘대사는 항상 주재국의 특별한 경호를 받는다고 한다. 음

헤이그 숲 속에 위치한 하우스텐보스(Huis ten Bosch) 궁전.
워낙 작고 검소해서 궁전이라는 사실을 알아차리기 어렵다.

료를 드는 동안 식사테이블의 좌석배치를 통보받았다.

잠시 기다리자 여왕이 성장(盛裝)을 하고 나타났다. 올백머리에 오동색 구두와 핸드백으로 장식하고 들어서자마자 자기가 적어온 글을 낭독한다. 이스라엘대사는 즉흥으로 답사를 길게 했다. 주로 여왕이 말씀하고 우리가 듣는 편이었다. 봇트 전 장관에 의하면 여왕과 자기는 1937년생 동갑이고 레이던 대학 법학과의 동기 동창이라고 한다. 연회장에 들어가니 주인공인 대사가 여왕의 오른편에 앉고 의전상 지위가 가장 높은 내가 여왕의 왼편에 좌정하는 것으로 되어 있다. 내 왼쪽 옆에는 봇트 전 장관이 앉았다.

따라서 여왕이 주로 오른편의 주빈인 이스라엘대사와 얘기하느라고 왼편에 있는 나와는 거의 말할 기회가 없었는데 마침 봇트 전 외무장관과 많은 얘기를 나눌 수 있어서 다행이었다. 여왕이 잠깐 우리의 새 건축부지에 관하여 물어보는데 봇트가 가로채서 최근의 소문에 의하면 현재 빌딩에 우리가 그대로 눌러 앉을 수도 있다는 듯이 말을 한다. 나는 봇트가 언급하는 이 소문에 충격을 받았으나 표현과 태도의 균형을 지키면서 대답을 조심하였다. 봇트 전 외무장관은 내가 모든 외교행사에 빠짐없이 얼굴을 비치면서 힘써 사교하고 적극적으로 참석하는 것에 대하여 높은 점수를 주는 말을 한다. 그 점도 네덜란드 외교부 사람들 간에는 널리 소문난 모양이다.

음식은 메추리 고기를 전채로 내고, 대구요리를 주식으로 제공했다. 모두 요리를 잘했고 특히 커피가 독하고 맛이 좋았다. 결국 여왕의 오찬은 12시부터 2시까지 계속되었다. 여왕은 그 큰 궁궐에서 혼자 살고 황태자는 바세나르, 그리고 다른 자녀와 형제들은 모두 헤이그 시내에서 따로 산다고 한다.

9월 9일 새로 부임한 잠비아의 레와니카(Inonge Mbikusita Lewanika) 여성 대사를 접견하였다. 접견 후에는 중국 신화사가 약속한 대로 나를 인터뷰하러 왔다. 9월 21일에는 당일치기로 제네바의 유엔인권이사회에 참석하여 연설하고 돌아왔다.

9월 29일 프랑스의 정의 및 자유장관(법무장관으로서 옥새를 간수한다)이 예방했다. 안보리 상임이사국의 각료가 처음으로 방문한 것이다. 미셸 메르시에(Michel Mercier) 장관은 국제형사재판소의 코트 재판관과 함께 리옹 출신에 학교동창이라서 나를 만난 다음에 둘이서 오찬을 위하여 별도의 일정을 가졌다. 그러나 이제 니콜라 사르코지(Nicolas Sarkozy)가 대통령 선거에 패하여 이분도 야인이 되었다.

2011년 10월 2일 일요일 인도대사관에서 자기네 문화센터 개소식에 참석하라는 초청장이 왔다. 가보니 스헤베닝언(Scheveningen) 항구의 허름한 교회건물을 사서 문화센터로 탈바꿈시켰다. '간디'의 이름을 붙여 개소하면서 80세가 된 카란 싱(Karan Singh)이라는 국회의원을 초빙하여 테이프커팅을 했다. 그는 잠무카슈미르(Jammu and Kashmir) 왕국의 왕세자였으나 인도에 합병되면서 인도의 장관 자리를 여러 개 연임하였고 지금은 국민의회파 국회의원이라고 한다.

10월 4일 아침에 방글라데시의 국방대학원 소속 육군준장을 단장으로 하여 스리랑카, 인도, 나이지리아, 요르단 등 몇 나라의 장교집단이 방문했다. 내가 약 5분간 환영의 말을 하고 프란치스카 에켈만스(Franziska Eckelmans) 재판연구관이 재판부의 현황을 설명하고 다른 분이 검찰부와 행정처를 소개하기로 되어 있다. 단장이 방글라데시의 국방대학원 기념패와 소매 없는 조끼(NDC) 한 착을 내게 증정한다. 이럴 때마다 우리는 답례품으로 줄 것이 없어서 곤란한 경우가 있다.

여름휴가 전부터 일본의 오자키 재판관이 시작한 차기소장 선거운동이 다소 주춤하고 업무량이 좀 줄어들자 나도 조용히 나를 돌아보는 순간이 생겼다. 3년을 했으니 물러나기로 속으로 마음먹으면서 그저 묵묵히 참모들과 열심히 업무를 처리할 뿐이다. 같은 아시아 출신이고 나이도 한참 연하인 일본 재판관이 나에게 사전통보도 없이 치고 나와서 설치리라고는 전혀 예상하지 못했다. 일본사람답지도 아니하고 동료 간의 기본예의도 없어 보인다. 더구나 얼마 전 영국의 *The Financial Times*에 그녀의 법복사진과 함께 일본이 대대로 법관자격이 없는 인물을 국제형사재판소 재판관으로 내보내 당선시키고 있음을 신랄하게 비난하는 기사가 실린 일이 있었다.

그녀는 비서실장 린을 불러다가 혹시 내부에서 재판관 중 누가 그 신문에 찔렀나를 의심하며 자기의 선거운동을 파괴하고자 꾸민 일이라는 둥 엉뚱한 소리를 늘어놓았다고 한다. 나를 염두에 둔 발언임을 쉽게 짐작할 수 있다. 그 신문기사가 자기 외에 공연히 쿠에니에히아 가나 재판관과 우샤스카 라트비아 재판관의 이해관계 충돌(contamination)을 비난한 부분까지 거론하면서 여러 말을 하더라고 한다. 작고한 일본의 사이가 재판관이 절로 떠올랐다. 그는 생전에 점잖았고 분수를 알았으며 누구에게나 다정했다.

이날 저녁에는 독일연방 통일 21주년 기념 리셉션에 참석했다. 일찍 갔는데도 관저에 사람이 꼭 차 있다. 독일 외무장관 베스터벨레[Guido Westerwelle, 독일 자유민주당(FDP)]와 인사했고, 네덜란드 외무장관 로젠탈과도 악수했다. 독일 외무장관은 관저의 계단에 올라서서 제법 연설을 잘하고 사람들을 웃긴다. 네덜란드 외무장관도 독일어를 참 잘한다. 마침 아내의 친구인 인도네시아 대니(Danny)의 남편인 악셀(Axel)도 만났다. 그가 독일과 네덜란드의 비즈니스를 아우르는 독화(獨·和) 상공회의소 대표라서 초청받은 것 같다. 각국의 리셉션을 다녀보면 국력의 차이는 물론 현지 대사의 준비와 성의를 실감할

제 24회 로아시아(LAW ASIA) 서울총회에 참석한 대한변협 간부들 (2011. 10.)

수 있다.

최고월례 업무조정회의가 끝난 후에 검사가 내 방에 따라와서 한국사태, 즉 천안함 폭침과 연평도 포격이 전쟁범죄를 구성하지 않는다는 취지로 종결하고자 하는데, 발표문안이나 시점을 상의하고자 한다고 한다. 나는 우선 발표시기를 좀 늦추도록 부탁했다. 특히 내주에 이명박 대통령이 워싱턴을 국빈 방문하는 시점은 부적절하다는 것이 나의 판단이었기 때문이다. 검사는 일방적으로 전쟁범죄가 안 된다고 발표하면 북한과 좌익들이 총출동하여 온갖 선전과 난동을 부릴 테니 그 대신 침략범죄에는 해당하나, 아직 재판권 행사에는 시기상조임을 언급하겠다고 내게 통보했다.

나는 사태의 파장을 짐작하여 새로 부임한 이기철 대사에게 전화로 귀띔했다. 그는 검사의 질문에 아직 한국이 답변서를 제출하지도 않았는데 사건을 종결하려는 의도를 모르겠다고 불평하면서 본부와 상의해본다고 하였다.

세계은행 초청 워싱턴 기조연설

2011년 11월 11일 우리 부부는 암스테르담공항에서 워싱턴행 비행기를 기다리고 있었다. 세계은행(World Bank)의 초청으로 기조연설을 하기로 되어 있기 때문이다. 세계은행 같은 거대한 개발원조기구는 수십 년 동안 많은 개도국에 원조를 주었으나 한국의 경우 외에는 모두 실패했다고 평가할 수밖에 없다. 원조자금은 정부 내의 부패, 조직범죄 또는 나쁜 지배구조로 인하여 제대로 집행되지 않고 새는 경우가 비일비재했다. 세계은행은 윤리 및 법률문제 담당 부총재를 설치하여 이에 대처하지만 근본적 해결책이 못 된다는 것을 알고 있다.

아내와 함께 덜레스공항에 내려 세계은행의 마르코 니콜리(Marco Nicoli)라는 직원의 영접을 받아 만다린오리엔탈호텔에 투숙했다. 이분은 원래 로마에서 법학교수를 하다가 세계은행에 취직한 지 9년이 된다고 하는데, 부인이 외교관으로서 로마에 주재하므로 혼자 워싱턴에 살고 있고, 아이들은 뉴욕에서 공부하는 관계로 주말마다 뉴욕에 가는 편이라고 한다. 세상에 이렇게 분산된 기러기 가족은 우리 한국가정뿐이 아니구나.

금요일에 미리 도착하였으므로 우리 내외는 주말동안 친구와 함께 한숨 돌렸다. 11월 12일 토요일에는 죽마고우 이병봉 박사가 부인과 함께 차를 가지고 호텔로 왔다. 그로부터 재미있게 여러 가지 얘기를 들으면서 남부 메릴랜드를 휘젓고 다녔다. 주로 체서피크만(Chesapeake Bay)을 중심으로 바다, 그리고 산과 강을 구경하면서 좋은 날씨와 아직 한창인 단풍을 만끽했다. 결국 강과 바다가 만나는 솔로몬 제도(Solomon Islands)에 가서 유명한 미국의 3대 게 중의 하나인 체서피크만에서 잡히는 게를 먹으러 식당에 들어갔다. 오염으로 이 지역의 유명한 게의 숫자가 줄어든다고 하나 우리는 게살을 발라서 만든 큰 떡 동구리 같은 요리를 즐겼다.

그리고는 이병봉 박사의 둘째딸 이윤영 변호사의 별장으로 갔다. 처음 만났는데 꼭 그녀는 할머니를 빼어 닮았다. 하버드 법대를 졸업하고 워싱턴의 가장 유명한 로펌(Wilmer Cutler & Pickering)의 파트너로서 잘 나가는 법률가이다. 이 사무실은 보스턴의 로펌(Hale and Dorr)과 합병하여 아주 커졌는데 행정관리담당 파트너로서 신망이 있는 것 같다. 남편 매튜(Matthew)도 하버드 법대를 나온 아일랜드계인데 법무부 다닐 때 월급이 적어서 차라리 아이를 기르고자 전업남편으로 집에 들어앉고 아내가 벌어서 풍족하게 산다고 한다. 남편은 아주 만족하게 아이와 가사를 돌본다는데 그의 부모가 어찌 생각할지 이병봉 박사 내외는 걱정된단다. 전업남편이 있는 가정은 처음 보았다.

그녀의 별장은 바로 강가에 인접한 꽤 큰 터인데, 주말에 고등학교 다니는 딸과 함께 쉬고 간다고 한다. 마침 그날 딸 윤영 내외가 아버지의 73회 생일이라고 커다란 사진첩을 선물한다. 한참 떠들고 옛날이야기를 하면서 귀로에 추천받은 식당을 발견하였기에 그곳에서 간단한 한식으로 그의 생일을 축하했다.

13일 일요일 아침에는 또 다른 죽마고우 이영묵 내외가 그 유명한 셰넌도어 국립공원(Shenandoah National Park)으로 차를 몰았다. 두 부인들은 뒷자리에서 할 얘기가 많은지 끊임없이 속삭인다. 산꼭대기의 공원으로 무리 없이 잘 올라가면서 해발 2천 미터가 넘는 중간의 전망대에서 사진도 찍는 등 시간에 쫓기지 않으면서 여유 있게 거대하고 아름다운 경치를 만끽했다. 공원입장이 무료라고 그냥 통과하여 조그마한 상점에 도착하니 햄버거를 판다. 상점에서는 간단한 음료와 함께 햄버거를 사서 야외 피크닉처럼 밖에서 점심요기를 했다. 어제와 오늘 나는 나의 가장 오래된 죽마고우 두 사람의 환대로 워싱턴의 주말을 잘 보냈다.

호텔로 세계은행의 조인강 이사가 데리러 왔다. 젊고 인상이 좋은데 우리를 초대한 음식점으로 가서 그분의 부인, 제자인 이종철 검사(손병두 전 서강대 총장의 사위), 우리 내외와 내 수행원인 카렌 등 6인이 식사했다. 조 이사는 초면이지만 아주 신사답고 점잖으면서도 예의바르고 인상이 좋다. 재무부에 들어가서 청와대 비서관을 역임하고 금융감독위원회에서 진동수 군을 위원장으로 모셨고, 이제 세계은행 대리이사로 파견되었다는데 이번 임기가 마지막이라고 한다. 오랜만에 본 이종철 검사는 하나뿐인 딸이 케네디센터에서 하는 한빛예술단 공연을 보게 되어 있는데 이를 취소하고 나를 만나러 왔다고 한다. 반갑게 여러 가지 얘기를 했는데 그다음 날에도 그가 정성스럽게 안내해주었다. 이 검사의 딸 이영은(Julia) 양은 2019년 장학금을 받아 프린스턴대학에 진학했고 가장 영예스러운 대통령 장학생으로 선정되었다는 기쁜 소식을 들었다.

11월 14일 월요일 카렌과 함께 세계은행을 방문했다. 나를 방문했던 법률고문을 앞세워 세계은행의 수석부총재 겸 법률고문(Senior Vice President and Group General Counsel)인 프랑스 출신 안-마리 르루아(Anne-Marie Leroy), 국제금융공사(IFC) 부총재 겸 법률고문(Vice President and General Counsel)인 레이첼 로빈스(Rachel Robbins), 국제투자보증기구(MIGA) 이사 겸 법률고문(Director and General Counsel)인 아나-미타 베탕쿠르(Ana-Mita Betancourt), 그리고 국제투자분쟁해결본부(ICSID) 사무총장인 캐나다 출신 멕 킨니어(Meg Kinnear)를 만났다.

세계은행은 11월 14일로 시작되는 한 주간을 '법, 정의와 개발 주간'(Law, Justice and Development Week)으로 선포하고 '개발을 위한 법의 혁신과 권한 부여'(Legal Innovation and Empowerment for Development)라는 표제 하에 대규모 세미나를 프레스톤(Preston) 강당에서 개최하였다. 세계은행의 전무인 인도네시아 전 재무장관이 긴 연설을 하고, 르루아가 친절하게 소개한 다음 내가 기조연설자로서 등단했다. 800여 명의 청중으로 장내가 꽉 찼고 열기가 가득했다. 나는 전혀 다른 두 개념인 정의(justice)와 개발(development)이 어떻게 기능적으로나 개념적으로 서로 연관되는지를 명확하게 설명하면서 정의 요소가 결합되어야 개발원조가 훨씬 더 시너지 효과를 낼 수 있다는 점을 누누이 강조했다.

약 1년 전 세계은행의 부총재인 세네갈 출신 하산 시스(Hassane Cisse)가 방문했을 때부터 나는 세계은행의 각종 개발원조 프로그램을 유엔의 법치프로그램(Rule of Law Program), 인권프로그램(Human Rights Program) 및 민주주의프로그램(Democracy Program)과 연계해야 된다는 아이디어를 강조했다. 구체적으로는 새로운 국제형사정의가 그러한 법치프로그램 및 인권프로그램과 민주주의 프로그램을 관통하는 주된 내용이 되어야 한다고 주장하면서 국제형사정의의 주류화(mainstreaming)를 역설했다. 그렇게 하면 세계은행의 원조가 각국의 국가운영에 필요한 기본적인 능력배양(national capacity building)에 적절하게 사용될 것이고, 특히 새로 떠오르는 국제형사정의시스템(international criminal justice system)의 핵심인 국제형사재판소가 국내 사법시스템의 역량을 강화하고 훈련된 국내 사법기관이 개발프로그램의 공정한 수행을 담보하는 주된 버팀목이 될 것이기 때문이다. 나는 그렇게 되면 국제형사재판소는 새로운 고객층을 창출하는 것이 되니 좋은 기회를 맞이하게 된다고 판단했다. 예컨대 세계은행의 개발원조가 주어지기 전에 전쟁을 막 끝낸 수원국(受援國)에 국제형사정의팀이 가장 먼저 들어가서 전쟁범죄자를 처단하면서 법의 지배의 기초적 틀을 어느 정도 마련한 다음에 원조자금이 투입되어야 개발과정에서의 자금유용을 막고 법절차에 따라 개발계획이 더 효율적으로 수행될 수 있는 것이다. 지금까지는 개발원조와 국제형사정의는 아무런 관계가 없이 각각 따로 수행되어 왔기 때문에 법적 기초를 다지기 전에 급히 투입한 자금이 옆으로 새는 등 소기의 원조성과를 거두지 못한 것이다. 따라서 개발원조 프로그램에는 형사정의계획이 필수불가결한 일부로 포함되어야만 한다고 강조했다.

이렇게 한다면 형사정의를 대표하는 국제형사재판소와 개발협력의 대표기관인 세계은행이 서로 협력할 수 있는 공통의 장이 있음을 역설했다. 더구나 나의 6·25전쟁 체험을 집어넣어 이를 경험적으로 강조하자 이날 하루 종일 내 연설이 화제가 되었다고 한다. 연설문을 달라는 요청이 많았고 마침 보스턴에서부터 내려와 참석한 윌리엄 알포드(William Alford) 하버드 법대 교수의 찬사는 도를 넘었다. 그리고 임기를 마치면 하버드로 돌아와서 다시 교수를 하라고 제의한다. 참으로 감사하지만 그때쯤에는 내가 무엇을 할 수 있고 또 가르칠 수 있을까는 천천히 생각해볼 문제이다.

그리고는 세계은행 지하식당에서 이들 4인의 임원들과 직전 총재 제임스 울펀슨(James Wolfensohn) 등과 함께 오찬을 했다. 간단한 식사 중에도 울펀슨은 상당히 유머가 있고 말을 잘하는데, 보스로서는 무서운 독재자였다고 한다. 호주인으로 시드니의 로펌에서 소장 변호사로 시작한 분이란다. 이제

자기 헤지펀드의 운영은 자식에게 맡기고 자기는 베이징, 아프리카, 미국, 시드니에서 교수를 하고 싶다고 한다. 오후 3시에 이영묵의 소개로 〈미주 한국일보〉 이종국 편집부국장과 호텔에서 기자회견을 했다.

저녁에는 조지 워싱턴 법대에 초청되어 국제형사재판소가 당면한 3대 도전을 말하고 교수 몇 분과 저녁을 먹었다. 6시 10분 전에 도착하니 여성 부학장인 카라마니안(Karamanian) 교수가 영접한다. 1958년에 일본에서 미군인 아버지한테서 태어났는데, 부친은 한국전에도 B-29 폭격기를 몰고 참전했다고 한다. 추수감사절마다 한국을 가는데 이번에도 간다고 한다.

나의 오랜 친구 마이클 영(Michael Young) 교수가 학장을 한 공로로 그의 이름이 헌정된 대회의실에서 리셉션 겸 연설을 하는데 나의 연설을 들으러 온 참석자의 수가 예년의 두 배가 넘어 주최 측이 어쩔 줄을 모른다. 이곳에서 반갑게도 시애틀에서 옮긴 도널드 클라크(Donald Clarke) 교수와 알포드 교수를 만났으며 영 교수의 소식을 들었다. 그는 유타대학 총장 재임 시 부인과 이혼하고 이제 막 시애틀의 워싱턴대학 총장으로 부임했다고 한다.

아무튼 15분가량 연설하고 각종 질문에 대답했다. 그리고는 길 건너 이탈리아 식당으로 만찬을 하러 갔다. 그곳에서 비로소 7월 1일자로 부임한 새 학장을 만났다. 원래 이 모임은 국제사법재판소(ICJ)의 재판관을 하던 토마스 버겐설(Thomas Buergenthal)의 사회로 진행될 예정이었으나 그가 고열로 아파서 못나왔다. 홀로코스트를 살아남은 80세가 넘은 고령인데 건강하게 장수하기를 바란다.

11월 15일 화요일 저녁 6시 출발인데, 오전에 휴머니티유나이티드재단(Humanity United)의 피터 룬들릿(Peter Rundlet) 부사장과 한 시간 이상 호텔에서 면담했다. 이 재단은 이베이(eBay)를 경영하는 거부 피에르 오미디아(Pierre Omidyar)의 부인 팸 오미디아(Pam Omidyar, 프랑스 이란 계통의 미국인)가 출연하여 설립했다. 우선 국제형사재판소를 알리고 로마규정 비준, 보충성 원리 등을 위해 국제형사재판소연합(CICC)이나 PGA(Parliamentarians for Global Action)와 긴밀하게 일하는 점을 강조하면서 그들 비정부기구에게 재정지원을 하라고 촉구했다. 그리고는 이영묵 군과 함께 북경반점으로 가서 우리끼리 점심을 먹고 오후에는 귀임하는 비행기에 몸을 실었다.

11월 16일 새벽, 헤이그에 도착하자마자 영국의 헨리 벨링엄(Henry Bellingham, Junior Minister for UN, ICC and Africa)을 접견했다. 점잖은 정치인인데 역시 국제형사재판소의 예산을 삭감하려는 논리를 편다. 이날따라 구유고전범재판소(ICTY)가 주최한 컨퍼런스(Global Legacy Conference)가 있어서 결론 부분에만 참석했다가 교황사절(Nuncio)의 이임파티에 얼굴을 내밀었고, 드벅(de Buck) 벨기에대사가 국제형사재판소를 위해서 베푼 리셉션에도 참석했다. 결국 안토니오 카세세(Antonio Cassese) 추모식에는 못 가고 말았다. 권오곤 재판관이 추모식 말미의 결론을 잘 이끌어서 성대하게 종료했다고 한다. 대신 보낸 디아라 부소장도 참석자가 많고 성황이었다고 보고해왔다.

11월 17일 우크라이나의 코스트얀틴 그리슈첸코(Kostyantyn Gryshchenko) 외무장관이 자기 나라 국가원수를 수행하여 한국에서 개최된 세계핵안보 정상회의에 참석하였다가 귀로에 나를 예방했다. 그는 몇 달 전 방문하겠다고 스스로 연락해 놓고도 그날의 기상이 나빠 방문하지 못한 일이 있다. 이번에 한국에서 회의를 마치고 귀국하는 길에 자기 나라 대통령과 떨어져서 곧바로 헤이그로 직행하여 나를 예방하는 것은 특별한 호의로 해석된다. 물론 한국에 대한 인상이 좋다고 칭찬을 잔뜩 한다. 나는 빨리 로마규정에 가입하라고 독려했다. 뉴욕에 근무하여서 그런지 영어가 매끄러운데 손자들과 놀아주는 것이 기쁨이라는 말도 한다. 나도 손자 생각이 잠깐 났다.

애국가를 부르는 칠레 외무차관

오후 3시에는 칠레의 외무차관인 페르난도 슈미트(Fernando Schmidt Ariztía)가 네덜란드주재 칠레대사인 후안 안토니오 마르타비트(Juan Antonio

Martabit Scaff)를 대동하고 나를 예방했다. 나는 린 비서실장, 마티아스 대외 담당보좌관과 함께 이들을 접견했다. 물론 양국 국기를 세운 배경으로 사진을 찍고, 그로 하여금 방명록에 서명하게 한 다음 서로 대좌했다. 그는 1506호 접견실로 들어오면서부터 한국어로 인사를 건넨다. 그가 최근까지 한국대사를 역임해서 아직도 몇 마디 한국어를 할 줄 아는 것이다. 착석하자마자 그는 자기가 한국을 사랑하고 아직도 잊지 않고 있다는 표현으로 벌떡 일어나서 갑자기 한국의 애국가를 부르는 것이 아닌가!

생각해 보라. 국제형사재판소를 방문한 귀빈이 공식회담에서 내가 한국인임을 알고 갑자기 애국가를 부르는 모습을! 고맙기도 하고 약간 우습기도 하며 당황하기도 했으나 또 하나의 진기한 기록을 창조했다고 해야 할 것 같다.

그는 최근의 한국 역사, 즉 박정희 대통령부터 전두환, 노태우, 김대중, 노무현 등 대통령을 거치면서 우리가 민주주의를 쟁취하기 위하여 걸어온 발걸음은 칠레의 고난과 비슷하다고 하면서 내년의 선거결과를 물어보기도 했다. 성북동에 살면서 김수환 추기경과 자주 어울린 듯하고 박근혜 의원도 잘 안다고 한다. 나를 칠레로 초청하길래 한국에 현재 칠레와인이 너무 많이 수입되어 와인홍수가 날 것 같은데 만일 내가 그때까지 와인에 익사하지 않으면 칠레방문을 고려해 보겠다고 했더니 박장대소한다. 그러면서 이는 아주 성공적인 최초의 자유무역협정(FTA)의 결과라고 하면서 엊그제 여당 단독으로 통과시킨 한미 자유무역협정을 지지한다. 그러면서 아무리 정치적 게임이라고 한들 자기네들이 여당일 때 열심히 추진하여 성사시킨 한미 자유무역협정을 입장이 바뀌었다고 죽어라하고 반대하는 현재의 야당은 이해할 수 없다고 일침을 가한다. 미남에 시원스러운 인품이다.

말리 대통령 면담

11월 25일 금요일 마침 네덜란드를 방문하고 있는 아마두 투마니 투레 (Amadou Toumani Touré) 말리 대통령과 만남을 확정지었다. 리비아의 원조

618

를 많이 받는 말리로서는 아프리카 다른 나라의 비난을 무릅쓰고 재판소를 방문하기가 곤란하다고 해서 내가 그의 호텔로 가서 만나기로 합의한 것이다.

비서실장 린을 대동하고 말리 출신 디아라 부소장과 함께 약속된 호텔로 5시 약속시간에 맞추어 도착했다. 시끄러운 로비에서 기다리는데 아무리 기다려도 대통령은 오지 않는다. 디아라는 너무 시간을 낭비했으니 그만 돌아가라고 하면서 자기가 대통령을 만나면 항의 겸 헛걸음한 것을 통보하겠다고 한다. 그런데 린이 따로 네덜란드 측 경호원에게 살짝 물어보니 대통령은 여왕과 함께 왕실 마구간(Royal Stable)을 구경하고 있는데 아마 6시 반경에나 도착하리라는 정보를 얻었다. 이미 많이 기다렸으니 더 기다려서라도 만나고 가는 것이 옳다는 판단이 섰다. 디아라 부소장은 기다리고 있는 자기네 교포를 많이 아는지 쉴 새 없이 인사를 교환하고 있다. 결국 대통령이 6시 20분경 호텔에 도착했다.

전통복장과 두건을 쓴 채 나타나서 로비에 잠깐 앉아 회담했다. 사진사도 통역도 없고 그 나라 외무장관과 브뤼셀주재 대사가 배석했다. 나는 협조에 감사하고 그동안 매년 열심히 보내준 망고를 잘 먹었다고 인사한 다음, 형집행협정에 서명하기로 합의하고 회담을 끝냈다. 내년 1월 디아라 부소장이 자기 나라에 머무는 동안 나를 대신해서 이 협정에 서명하도록 합의했다. 한 마디로 매사가 엉망진창이고 후진국의 수준을 드러내는 딱한 경우였다. 그러나 1시간을 기다린 보람은 있었고 나는 그가 내년 6월 하야할 때까지 건강을 빌었다(이분은 2012년 3월 투아레그족 병사들의 쿠데타로 실각하는 비운을 겪는다). 디아라는 창피하고 미안해서 어쩔 줄 모르는데 정작 당사자들은 아무 판단이나 감정이 없는 듯했다.

11월 26일 토요일 헤이그주재 서울대 동문의 송년회 날이다. 김철수(자연대 해양학과 81학번) 동문의 수고로 시청 옆 중국음식점 밍(明)에서 화기애애하게 진행했다. 사람이 적으니 결국 이기항 씨 내외(이준 기념관장), 정인석 박사 내외, 유정하 서울가든 사장, 권오곤 재판관 내외, 우리 내외, 김철수 동문 내외가 모여서 유 사장의 안면과 교섭으로 미리 특별히 주문한 중국음식을 즐겼다.

70세 생일을 맞은 은세레코 우간다 재판관의 자택에서 생일파티 (2011. 11).
왼쪽부터 코트, 디아라, 쿠룰라, 나, 은세레코 부부, 세부틴데 재판관.

한국의 연분담금 체납문제 해결

다음 날에는 가까운 우간다 출신 동료 은세레코 재판관이 70회 생일이라서 그의 초대로 집 근처의 음식점으로 갔다. 주인공 내외, 우리 내외 외에는 디아라 부소장, 코트 재판관 그리고 그의 제자인 시에라리온특별재판소(Sierra Leone Special Court)의 줄리아 세부틴데(Julia Sebutinde, 얼마 후 ICJ 재판관으로 당선) 재판관이 참석했다. 저녁을 즐긴 다음 그의 집으로 가서 케이크와 차를 마셨다. 핀란드에서 돌아온 쿠룰라 재판관이 때맞추어 합류하는 바람에 더욱 분위기가 좋아졌다. 한가한 일요일 밤이었다.

11월 28일 월요일 출근하자마자 작심하고 김황식 총리에게 전화를 걸었다. 중요한 신설 국제기구의 소장으로 당선되어 일하고 있는데, 한국이 2011년치 국제형사재판소 분담금을 체납하여 소장인 내가 아주 창피하고 입장이 곤란하게 되었기 때문이다. 최고액 체납국인 스페인이 이번 주에 밀린 140만 유로를 완납하고 나면 한국이 최고액 체납국으로 전락하고 만다. 그런데 이것이 공교롭게도 내달 11일부터 뉴욕에서 열리는 당사국총회에 보고되어 공개망신을 당하고 의결권이 정지되는 수모를 감수하게 되어 있다. 이기철 대사와 이자형 참사관이 외교부 본부에 촉구해도 돈이 없다고 하고 관심을 안 보이는 듯하여 김 총리에게 연락하여 부탁한 것이다.

이런 예산관리의 허점이 얼마나 국제활동에 지장을 주는지 알기나 하는지 모르겠다. 국제기구의 회원으로 가입하면 여러 권리의무 중 분담금 납부의무는 매우 중요하다. 국회에서 예산을 통과시킬 때에는 국제기구 분담금을 총체적으로 한 번에 승인하는데 외교부가 집행하는 과정에서 미리 몫을 지어 납부하지 아니하고 중간에 이런저런 용도로 써버리고는 연말에 가면 돈이 없다며 체납하기가 일쑤여서 동일한 불합리가 매년 반복되고 있다고 한다.

유엔의 각종 분담금도 많은 적체가 있다고 하는데 이제 국제형사재판소 분담금마저 체납하고 버틸 것인가. 소장을 배출한 나라답지 않게 행동하지 말고 동냥을 못 주어도 쪽박이나 깨지 않았으면 좋겠다. 결국 합리적이고 절차를 존중하는 김 총리가 고맙게 대통령과 상의하여 분담금을 완납해 주었다고 들었다.

12월 1일 바쁜 하루 일과를 보냈다. 유럽법률자문관모임(COJUR-ICC)에 가서 연설하고 돌아왔다. 이 모임은 매년 이맘때쯤이면 소집되고 그때마다 내가 연설했다. 이번에도 네덜란드 외무부 회의실에서 열린 회의에 린 비서실장 및 마티아스 대외담당보좌관과 함께 갔다. 약 17분 동안 연설했는데, 예상외로 질문이 없어서 금방 돌아왔고 바쁜 중에 시간을 절약했다.

오후에는 린이 주도하고 비용을 내서 연말 드링크 파티를 개최했다. 마침 오후 나른한 때인 데다가 입이 심심한 때여서 많은 사람이 모였고, 참석한 재판관들도 좋아했다. 그 후에 루마니아의 국경일 행사에 아내랑 둘이 참석했다. 파비안(Calin and Mihaela Fabian) 대사 부부는 곧 한국으로 전근된다고 한다. 루마니아는 지난 6년간 한국주재 대사를 공석으로 두었다가, 이제 내년 엑스포에 참가하고자 대사를 보낸다고 한다. 90 노모가 루마니아에 계신데 한국 발령에 부부가 쇼크를 받았지만 우리가 잘 설명하여 진정이 된 듯하다. 그런데 가난한 대사관은 티가 난다. 대사관 건물 속에 정식 회화 한 점 없이 싸구려 사진으로 벽을 도배한 것이나, 리셉션 음식이라고 치즈만 제공하는 것이 안 되었다. 물가 비싼 한국에 가서 어찌 감당할는지.

다음에는 스페인의 리셉션 및 재즈연주에 참석했다. 네덜란드의 전통 중에는 매년 12월 5일 얼굴을 까맣게 칠한 검둥이 피터(black Peter)와 신터클라스(Sinterklaas)가 스페인에서 배를 타고 헤이그 외곽의 스헤베닝언 해안에 도착함에 맞추어 성대한 놀이를 계획하여 남녀노소가 즐기는 풍속이 있다. 이는 우리가 보통 아는 기독교의 성탄절과 다를 뿐만 아니라 산타클로스가 오는 나라가 스페인이 아니고 터키라든가 핀란드라는 이설도 있어서 흥미를 끈다. 이에 대해 스페인대사관은 자기네의 주장을 지키기 위해 매년 이맘때쯤 행사를 하는데 금년에는 딜리헨티아(Diligentia) 극장에서 스페인의 유명한 피아니스트, 기타리스트, 바이올리니스트를 초청하여 재즈와 명곡을 섞어가면서 연주했다.

그런데 내게 내부정보를 잘 전해주는 운전사 렉스(Lex)가 놀라운 소식을 전한다. 케냐에서 데려와서 보호 중인 증인이 안가에서 요리하다가 우리 경호원에게 끓는 기름을 끼얹어서 큰 화상을 입혔다는 것이다. 내일 당장 직원의 사기 차원에서 전화라도 걸어 위로를 해야겠다. 그런데 행정처장은 내게 이를 숨겨왔던 것이다.

12월 2일 출근하자마자 우선 홍콩성시대학(City University of Hong Kong)에서 가르치는 왕차오(Wang Chao. 王超) 교수가 면담하러 왔다기에 인턴인 베이징 칭화대학 출신 마이클 리우(Michael Liu. 劉毅强) 군을 합석시켰다. 왕교수는 안식년을 얻어 예일 로스쿨에서 9개월을 지나다가 국제상설중재재판소(PCA)에서 잠시 일하는 중 귀국에 앞서 나를 찾았다는 것이다. 전에 나의 인턴으로 근무하던 캐서린 클라우슨(Katheryn Clausen)도 예일 로스쿨을 졸업하고 같은 곳에서 같이 일한다고 하면서 그녀의 안부를 전한다. 아무튼 나는 역대 인턴이 약 20명 정도 되는데 이들의 소재를 파악하여 항상 연락을 유지하고 있고 1년에 한두 번 점심을 사주기도 한다. 내 인턴인 마이클 리우는 청두(成都) 출신으로서 그곳에서 외국어고등학교를 졸업한 탓에 영어를 악센트가 별로 없이 유창하게 잘한다. 중국도 외국어고등학교를 설립하여 엘리트 교육을 하나보다. 한국의 외고는 모두 서울대 들어갈 입시학교 노릇만 하니 학생이 외국어에 출중하기는 어려울 듯하다

이들이 돌아간 다음 바로 모로코 출신의 네덜란드 국적 경비원 바드르

(Badr)에게 전화를 해서 위로했다. 렉스가 귀띔해 준 화상피해를 입은 경호원이다. 아들과 동갑으로 군대에서 단련된 몸과 기술을 가지고 그동안 우리 경호원으로 충실하게 일했는데 심한 화상을 입었다. 같은 모로코인인 비서 네자(Nezha)에게 위로차 꽃과 초콜릿을 위문카드와 함께 보내도록 조치했다. 나중에 내가 없는 동안 고맙다는 전화가 왔었다고 한다.

원래 북아프리카에서는 베르베르족(Berber) 유목민이 늘 이동하면서 살아왔던 원주민인데, 유럽에 진출했던 아랍인들이 강성해진 스페인의 공격으로 축출되자 북아프리카로 건너와서 원주민을 지배하고 나라를 세웠으니 마그레브(Magreb) 지역이 모두 그렇다는 것이다. 성이 벤(ben)으로 시작되는 것은 '~의 아들'(the son of), 즉 다른 중동지역에서 쓰는 빈(bin)과 같다고 한다. 벤(Ben)으로 시작되는 이름을 보면 대개 모로코에 정착한 아랍인임을 알 수 있다고 한다. 차기 검사 파투 벤수다(Fatou Bensouda)가 그 예이다. 남편은 모로코인으로 사업하여 부자가 되었고, 파투는 르완다학살재판소(ICTR)에서 P5로 근무하다가 본국의 법무장관을 역임한 다음 우리 재판소의 부검사로 온 것이다. 그런데 이번에 드디어 검사로 선출되었으니 고속출세라고 할까.

이날은 내가 카울과 디아라 두 부소장을 오찬에 초대했다. 지난 2년 동안 카울을 고발한 사건이 결국 좋은 방향으로 종결되었기에 소장단의 분위기 쇄신을 위하여 한턱내기로 한 것이다. 그동안 디아라와 쿠룰라는 카울의 혐의를 벗기기 위하여 많은 노력을 했음에도 불구하고 카울은 제대로 고맙다는 말 한 마디도 안하고 자기가 원래 결백하니까 사필귀정이라고 주장하는 바람에 도와준 동료의 원성을 사고 있었다. 나에게도 자기를 충분히 안 도와주어 섭섭하다는 입장이었다. 오찬을 대접하면서 디아라와 쿠룰라에게 내가 대신 감사를 표했다. 카울은 내가 내는 비싼 오찬을 먹고서야 디아라에게 감사의 표시를 한다. 그러나 그는 지난 2년간 이 사건으로 인하여 동료재판관 간의 우의가 손상되고 소장실 직원들이 엄청나게 고생한 것을 모르는지 인정을 안 하는지 그 점에 대해서는 말이 없다.

12월 5일 금년 마지막으로 재판관 회의를 소집했더니 아니나 다를까 우샤스카 재판관이 다음 소장에 출마할 사람은 이틀 내에 자기에게 등록하라고 엉뚱하게 또 난리를 시작한다. 트렌다필로바 재판관은 난데없이 예산회계위원회의 보고서를 들고 나와 행정처가 처리를 게을리 한 건들을 모두 마치 내 잘못인 듯 비난을 퍼붓는다. 오디오 베니토 재판관도 끼어들어 자기가 사악하고 무능한 행정처장 선발에 원죄가 있음에도 나를 비난한다. 다음 소장 선거일이 다가올수록 나를 비난하여 흠집을 내면 자기네에게 유리하리라고 판단한 듯하다.

또 한 번 영문도 모른 채 기습을 당한 셈이다. 일언거사(一言居士)인 스타이너, 오디오 베니토, 트렌다필로바 재판관 등이 말꼬리를 잡거나 흠집을 내는가 하면, 오자키, 모나헹, 판덴바인게르트 재판관 등은 안 해도 좋을 발언으로 맞장구치기 십상이다. 오늘은 영국의 풀포드 재판관이 끼어들지 않았지만 이들 4인방의 무책임한 발언이 재판관회의의 뒷맛을 씁쓸하게 만든다.

국민훈장 무궁화장 수상

12월 9일 세계인권선언기념 행사의 일부로 정부가 주기로 한 국민훈장 무궁화장 수여식에 참석하기 위해 서울에 들렀다. 원래 과거에는 이런 최고훈장은 대통령이 직접 청와대에서 수여하고 오찬을 베풀었다. 주무관청인 국가인권위원회가 그렇게 하라고 아무리 청와대에 상신해도 대통령은 물론 비서실장과 수석비서관들도 인권에는 관심조차 없다고 한다. 정치나 경제 문제는 한마디 더 하나 안 하나 이해관계로 움직이지만 인권의 중요성에 관해서는 한마디 하면 당장 대통령 이미지를 국제적으로 개선하는 효과도 있는데 그런 계산조차도 못할 뿐만 아니라 본인이나 참모들이 인권에 대한 인식이 전무하다. 이와 같이 할 거면 훈장을 현지 공관으로 전수해 대신 수여하도록 함이 마땅하다.

한국은 경제성장만 내세우고 인권, 법치, 민주 등 인류의 보편적 가치를 등한시하면서 무식함이나 거만함을 계속 보이다가는 언젠가는 국제사회에서 크게 한번 망신당할 날이 있을 것 같아 조마조마하다. 인류의 보편적 가치인 인권에 대해 대통령은 물론 정부의 고위관료가 하나같이 인식이 없으니 국제

국민훈장 무궁화장 수여식에 참석한 제자들과 함께 (2011.12.9).

사회의 책임 있는 일원으로서 존경받는 나라로 국격이 격상되기는 요원한 것
같다.

뉴욕의 당사국총회에서 맞이한 만 70세 생일

12월 12일 제 10회 국제형사재판소 당사국총회가 뉴욕에서 개막됐다. 이언
카마 보츠와나 대통령의 연설이 아주 강력하고 인상 깊었다. 나비 필레이 유
엔인권 최고대표는 시리아 사태를 국제형사재판소에 회부하라고 유엔안보리
에 촉구했다. 개막된 지 사흘이 지났는데도 새로 선출할 6명 재판관 중 3명만
당선됐다. 재판관 선거가 미뤄지는 바람에 12월 19일까지도 예산심의가 난
항을 거듭했다.

　12월 21일은 내 70회 생일이다. 70회 생일에 객지에서 숨죽이며 예산안 심
의 결과를 기다리는 내 모습을 보면서 여러 생각이 들었다. 그런데 이날 당사
국총회 말미에 의장인 티나 인텔만(Tiina Intelmann, 에스토니아대사 출신)이
오늘이 내 생일이라고 공표하는 게 아닌가. 당사국 대표들이 열나게 하던 토
론을 멈추고 박수로 축하해줘 감격스러웠다. 회의를 마치자 수많은 대사들이
생일을 축하한다면서 악수를 청한다. 미국 대표단과 각종 비정부기구 대표들

이 추가로 3년간 나와 함께 일하기를 원한다고 반복해 말했다.

어느덧 만 70세가 됐다. 내가 과연 앞으로 얼마나 더 살까. 아버님은 일흔이 갓 넘으셔서 걸리신 심각한 뇌졸중으로 4년 반을 식물인간으로 계시다가 돌아가셨으니 나도 그처럼 얼마 못 살고 갈 것인지, 아니면 어머니는 90세까지 사셨으니 나도 그만큼 살 가능성이 있는지 알 수 없다. 회고해 보면 올곧은 환경에서 태어나 돈이나 가정사에 복잡하게 얽매이지 아니한 채 살았다. 판검사, 변호사, 관료가 될 수도 있었지만 교수로 부임한 후 학문적 업적의 성취에만 전력을 기울였고 나름대로 상당한 업적을 인정받았다. 넉넉한 가정에서 돈 걱정하지 않고 살아온 것은 부모님의 근검절약 덕택이고, 육아나 가정의 대소사에 깊이 관여할 필요 없이 학문활동에만 전념한 것은 아내의 덕택이다. 아이들도 잘 자라주어서 고마울 따름이다.

나는 법학교수로서 전혀 권력 주변을 기웃거리지 않고 원칙 있는 삶을 영위하면서 학문적·도덕적·인간적 자세를 바로 하는 데 힘썼다. 인류평화와 정의의 실현에 자그마하게나마 기여하면서 분에 넘치는 영광을 차지했으므로 살아오면서 도움을 주신 많은 분들에게 감사한 마음이 그득할 뿐이다.

* * *

소장을 재출마할 것인가

2012년 1월 1일 일요일 새해 첫날(신정) 차례를 올리고 10시경 곽윤직 교수께 잠깐 세배를 다녀왔다. 잠시 곽 교수님 댁에 세배드리러 가서 내가 집에 없는 동안 내 집에 다녀간 세배객들도 꽤 있다. 해가 가도 잊지 않고 와주니 감사할 따름이다. 곽 교수님은 2018년 2월 22일 별세하셨는데, 한국 민법학의 거목으로 불리신 학자다. 이처럼 1월 1, 2, 3일은 세배손님을 위하여 집을 열어 놓는다. 수많은 제자들과 건강을 묻고 회포를 푼다. 이같이 아름다운 사제간의 인연도 흔하지는 아니할 것이다. 참으로 고마운 제자들이다.

1월 16일 오랜만에 국제형사재판소에 출근하여 새해인사를 교환하였다. 나는 재선 불출마 쪽으로 마음을 정리하고 있는데 문제가 많은 재판관들이 저마다 소장으로 출마한다고 열을 올리니 뜻있는 다른 동료들이 보다 못해 재판소 전체의 이익을 위하여 나에게 재출마를 자꾸 강권한다. 작년 12월 뉴욕에서 만난 미 국무부의 해럴드 고, 국제형사재판소연합(CICC) 대표 빌 페이스 등 외부인사들조차 모두 나의 재선 필요성을 공개적으로 강조하였다. 헤이그에 있는 상당수의 대사들도 강하게 압력을 가한다. 모두 신생 재판소의 계속성(*institutional continuity*)을 내세우면서 출마를 권유한다. 재선 출마를 권하는 분들 중에는 객관적 정세분석 결과를 놓고 권하는 분도 많지만 자기네 국익에 어느 것이 더 부합하느냐를 따져보고 나서 권하는 경우도 많다.

그들의 압력이 점점 거세지는데 아내는 건강을 이유로 반대한다. 하도 아내가 걱정하니 건강에 대한 생각을 자주 하게 된다. 결국 출마해야 하는 것이 어쩔 수 없는 운명적 선택인가. 마침 영국 일간지 *The Guardian*에 게재된 글을 우연히 보았다. 이는 주로 말기환자를 중심으로 하는 어록이어서 다소 초점이 빗나가는 듯하지만, 호스피스(*hospice*) 간호사인 영국의 웨어(Ware) 여

사는 자신의 블로그에 말기환자들의 교훈을 소개했다.

"인생은 선택. 그리고 이 인생은 당신의 것. 의식적이고 현명하며 정직하게 당신의 인생을 선택하십시오. 행복을 선택하십시오."
Life is a choice. It is YOUR life. Choose consciously, choose wisely, Choose honestly. Choose happiness.

나는 평생 대학에서 열심히 일하였고, 일을 통하여 남의 모범이 됨으로써 살아가는 인생의 의미를 찾아온 경우라고 생각하기 때문에 참으로 공감한다. 다음은 참고로 그녀가 정리한 말기 환자들의 다섯 가지 후회.

1. 뜻대로 한 번 살아 봤었다면 …
임종을 앞둔 환자들은 평생 내 뜻대로 살아보지 못한 것에 대해 가장 후회를 많이 했다. 다른 사람들의 시선이나 기대에 맞추는 '가짜 삶'을 사느라, 정작 사람들은 자신이 하고 싶은 것을 누리며 사는 '진짜 삶'에 대한 용기를 내지 못했다는 것이다.

맞는 말이다. 특히 체면을 중시하는 한국사회에서 많은 사람들이 그러할 것이다. 나도 그러한 자유를 완벽하게 누리면서 살아본 적은 없고 언제나 옷차림에서부터 언행에 이르기까지 모범을 보여야만 했다. 특히 학생들은 교수를 따라하는 성향이 강하므로 교실에서는 더욱 말을 분별 있고 온건하게 해야 했다. 국제형사재판소에서도 재판관은 판결로만 답하는 것이고 언행은 고도의 윤리기준에 맞게 해야 하므로 몸가짐이 항상 어렵기만 하다. 더구나 국제법관으로서 객지생활은 고달파도 누구에게 하소연할 수도 없다.

2. 좀 적당히 하면서 살 것을 …
이 같은 후회는 대부분의 남성 말기환자들 입에서 나왔다. 돈벌이에 매달려 직장에 파묻혀 사는 동안 자식의 어린 시절, 부인과의 따뜻한 가정생활을 놓친 것을 후회했다.

교수로 일생을 살아온 나는 돈을 벌기 위하여 죽도록 일하기보다는 하나의 학자로서 식민지 시대를 완전히 극복하는 법학계의 귀감이 되기 위하여 자식의 어린 시절, 그리고 아내와의 따뜻한 가정생활을 많이 희생했다고 생각한다. 날마다 불철주야 공부한 적은 없지만 그래도 언제나 책을 옆에 끼고 학자로서의 품위와 업적에 신경쓰는 바람에 가정을 더 자상하게 돌볼 마음의 여유가 없었다고나 할까. 아내는 내가 책상에 붙어 앉아 열심히 읽고 쓰는 모습을 보고도 "당신은 내 친정아버지가 한창 공부하실 때의 반도 못 미친다"고 하면서 나를 독려한 일도 있다. 다행히 두 아이는 잘 자라서 내게는 든든한 힘이 되어 고맙지만, 나는 그들이 어렸을 때 곰상스럽게 같이 잘 놀아준 자상한 아버지는 아니었다.

아내와 같은 좋은 사람을 만난 것은 나의 행운이다. 젊었을 때에는 아내에게 충분한 용돈이나 생활비를 준 일도 없고 겨우 그때그때 국면을 헤쳐 나갔던 것 같다. 특히 귀국 초기 및 결혼 초기에는 부모님과 함께 살면서 우리 나름대로 조심스럽게 어려운 시기를 넘겼다. 우리가 나이를 먹고 단독주택이 생기고 어느 정도 나름대로 자리를 잡으면서부터는 모든 가사운영이 아내에게 지워졌는데 나는 재정적 지원을 넉넉히 하지 못했고 아내에 대한 고마움도 충분히 표현하지 못했다.

3. 기분에 좀 솔직하게 살았다면, 화내고 싶을 땐 화도 내고 …
다른 사람들과 '평화로운 관계'를 맺으려고 사람들은 얼마나 자신들의 감정을 숨기고 살아가는가. 말기환자들은 평생 자신의 솔직한 감정을 표출해 보지 못하고 살아온 것을 후회했고, 심지어는 분노의 감정을 너무 숨기고 살아 '병'으로까지 이어진 것으로 보였다.

나는 외교관도 아니고 젊은 사람을 대하는 직업이라서 가장 직선적으로 말하고 특히 가정에서 화를 내는 경우도 많이 있었다. 그러나 화낸 다음에 뒷감당하는 것이 쉬운 일은 아니어서 될 수 있는 대로 수양과 인내로 화를 아예 안 내고 살고자 노력했지만 꼭 마음대로 되는 것은 아니었다. 국제형사재판소의 경우에도 100여 개 국적자들이 모여서 부딪히다 보니 소통부재로 오해하고 화내는 경우도 많지만 나는 무한대의 아시아적 인내심으로 이를 감당하면서 항상 표정을 관리해야 했다. 오히려 언어장벽이 있어서 화난 것을 즉각 표현할 수 없음이 도움을 주었다고나 할까.

4. 친구들과 좀더 가깝게 지낼 걸 …

사람들은 자신들이 삶을 마감하기 고작 몇 주 전에야 '오랜 친구'들의 소중함을 깨닫곤 했다. 친구들이 보고 싶어 수소문해 보기도 하지만, 정작 그때쯤엔 자신의 수중에 친구들의 연락처조차 없다는 점을 깨닫고 좌절했다.

나는 제자들을 이끌어주기 위하여 필요한 역할을 성실히 다해온 사람이긴 하나 친구는 가려 사귀었다. 친구의 중요성은 아무리 강조해도 모자라지만 몇 사람이 정기적으로 만나서 서로 안부하고 지낸다.

5. 내 행복을 위해 더 도전해볼 걸 …

마지막으로 임종 직전의 사람들이 후회하는 것 중 하나는 놀랍게도 자신의 삶을 보다 행복하게 만들기 위해 평생 노력해 보지 못했다는 점이었다. 사람들은 현실에 안주하느라 좀더 모험적이고, 변화 있는 삶을 살지 못한 점을 아쉬워했다. 다른 사람들처럼 평범하게 사는 '척'하느라고, 삶의 활력소를 찾으려는 노력을 기울이지 못한 점을 후회하는 환자가 많았다.

나도 평범한 사람이라 모험을 한 일이 없고 특히 무녀독남인 입장에서 가정의 분위기상 무리하기도 어려웠다. 그러나 가족들의 협조와 이해로 무난한 삶을 이어왔다고 할 수 있다.

헤이그에 온 지 9년째 접어드는데 이번 겨울의 강추위는 처음 경험한다.

네덜란드에서는 운하가 조금만 얼면 스케이트 타는 열풍이 부는데, 그중에서 가장 유명한 것은 전국의 운하가 얼면 프리슬란드(Friesland)에 수천 명이 모여서 네덜란드의 11개 도시를 경유하여 200km를 달리는 스케이트 대회를 개최한다. 그런데 1997년 이를 마지막으로 개최한 이래 금년 2월에는 충분히 추워서 다시 대회를 할 수 있다는 가능성으로 나라가 흥분하고 있는데, 얼음이 15cm 이상 얼지 않아서 안 된다는 것이 전문가들의 판단이다.

난데없이 스케이트 열풍이 불었지만 실망이 클 것 같다. 가끔 17세기 네덜란드의 생활상을 그린 피터 브뤼헐(Pieter Bruegel) 등의 그림에 묘사된 스케이트 타는 모습을 보면서 그때마다 이처럼 온화한 나라에서 어떻게 스케이트를 탔을까 궁금했었는데 답이 나왔다고 하겠다. 자전거타기, 스케이트타기 및 축구가 네덜란드의 3대 국민스포츠가 아닌가. 철없이 일찍 순이 나와 꽃이 피려던 수선화, 스노드롭, 크로커스 등이 모두 얼어 죽었을 것이다.

시드니의 여름, 국제형사재판소 창립 10주년 기념행사

우리 내외는 국제형사재판소 창설 10주년을 기념하기 위하여 2월 10일 오후 시드니에 일주일간 출장하는 여정에 올랐다.

내리자마자 우선 굉장히 많은 아시아인들이 눈에 들어온다. 다음 날, 일요일이지만 마티아스 대외담당보좌관과 함께 ABC 라디오의 법률전문 프로그램에 출연하여 반시간 이상 인터뷰를 했다. 저녁에는 유명한 《버자이너 모놀로그》(The Vagina Monologue)를 쓴 뉴욕의 희곡작가 이브 엔슬러(Eve Ensler)의 강연을 들으러 시드니시어터컴퍼니(Sydney Theatre Company)가 소유한 극장으로 갔다. 그녀는 젠더 정의(gender justice)에 관한 아주 강력한 메시지를 강연에서 전달했다. 마티아스는 엔슬러의 책을 사서 서명받는 동안에 자신의 세르비아어 선생님이 그녀의 친한 친구임을 알고 기뻐했다.

월요일에는 아침 7시 반에 이 나라의 대표적 TV인 ABC의 아침 인기프로그램(TV News Breakfast)에 잠깐 출연했다. 그러나 방송진행자가 준비도 없이 구체적 사건에 관해 집요하게 질문하는 통에 준비한 자료를 충분하게 활용하지 못했고 대신 기회를 잡아 국제형사재판소의 업적을 간단히 전달했다. 최고심 재판장인 나에게 계류 중인 사건의 전망을 물어보면 내가 할 수 있는 답이 도대체 무엇이란 말인가.

저녁에는 퀜틴 브라이스(Quentin Bryce) 총독이 주최하는 리셉션에 참석하기 위하여 애드미럴티 하우스(Admiralty House)로 이동했다. 잘 가꾼 저택은 물론 정원에서 바라보는 바다 저쪽 시드니의 스카이라인은 그야말로 절경이었다. 퀸즈랜드대학(University of Queensland)에서 법률공부를 했다는 총독은 아름답고 기품이 있는 여성이었다. 한국에 호감을 표하는 등 능란하다. 그녀도 모교에서 교수를 한 것이 못내 자랑스러운가 보다.

총리의 천거로 영국여왕이 임기제로 임명한다는데 첫 여성 총독으로서 아주 격조 높고 의전을 잘 지키는 훌륭한 인물 같았다. 더구나 그녀의 우리 대표단에 대한 환영연설은 잘 정리된 정확하고도 인상 깊은 한 점의 걸작품이었다. 나도 많은 공적 연설을 하므로 항상 연습하고 개선하고자 노력하는데 그녀는 배울 만한 모범을 보여주었다. 내일부터 개최되는 국제형사재판소 10주년을 기념하는 첫 국제회의에 참석하고자 방문한 각국 대표단과 우리 대표단을 환영해준 리셉션이었다.

아침 일찍 호텔에서 모두 뉴사우스웨일스대학(The University of New South Wales)으로 이동했다. 교외에 위치한 대학인데 학생이 5만 명이나 되는 큰 대학이다. 연도에 굵직하게 잘 자란 태산목, 야자수, 플라타너스 등이 많고 이곳의 토종 수종인 유칼립투스는 아주 적었다.

회의장에 도착하여 작년에 만난 필리핀, 말레이시아 대표 등을 반갑게 재회하고 많은 새로운 대표들과 인사했다. 아침에 국제형사재판소 창설 10주년 회의 개막연설을 한 뒤 저녁에는 이 학교의 오랜 전통이고 설립자 이름을 따서 시작한 월리스 찰스 워스 기념강연(Wallace Charles Wurth Memorial Lecture)을 해야 하므로 나에게는 신경이 쓰이는 하루가 되었다.

우선 개막연설은 전달기법에 신경을 써가면서 해냈다. 그리고 검사 당선자인 파투 벤수다의 연설을 처음으로 유심히 들었다. 그리고 다른 분들, 즉 월리엄 샤바스 교수, 빌 페이스 국제형사재판소연합 대표 등의 말도 유심히 들었는데 그들은 전달에 크게 신경을 안 쓰는 것 같다. 개막연설을 성공적으로 마치자마자 마티아스와 함께 저녁에 할 기념강좌의 원고를 다듬었다. 비서실장 린이 영어를 고쳐서 보냈는지라 같이 검토한 결과 다소 길지만 내용이 좋다는 결론을 내렸다.

이 기념강좌는 1964년에 당시 총리인 로버트 멘지스(Robert Menzies)의 첫 강연을 시작으로 지금까지 계속되어온 호주 최고의 권위라고 한다. 달라이 라마(Dalai Lama), 노암 촘스키(Noam Chomsky), 게리 애덤스(Gerry Adams) 등 세계적 지도자들이 강연했다고 한다. 나는 약 50분간 국제형사재판소의 장래는 처벌보다는 억지(deterrence) 또는 예방(prevention)에 있음을 강조하는 내용의 연설을 했다. 원래 540명이 착석하는 규모의 대회의실인데 800명 이상 신청해서 많은 사람을 돌려보낼 수밖에 없었다는데 과거에 이런 일이 없었다고 한다.

우선 이 대학의 총장 데이비드 곤스키(David Gonski), 부총장 프레드 힐머(Fred Hilmer) 교수 그리고 법대학장인 데이비드 딕슨(David Dixon) 등이 총출동하여 나를 소개하고는 연단의 자기 자리에 앉아서 내 강연을 주의 깊게 들었다. 하루 종일 피곤했지만 긴 강연이 끝난 후 이들 모두가 두고두고 강연 솜씨와 내용의 탁월함을 말하면서 최근에 자기네 학교를 가장 빛낸 강연이었다는 말을 들었다. 특히 항상 우리 판결에 비판적인 국제형사법 권위자인 윌리엄 샤바스 교수도 학문적 정리와 이론적 깊이가 있어서 들을 만했다고 일부러 찾아왔다.

15일은 이 대학 행사의 둘째 날이다. 전날 국제형사재판소 10주년 기념행사의 첫 테이프를 끊었으니 소장으로서 계속 하루 종일 행사장에 앉아 있어야 했다. 점심에는 시드니대학 법대의 오찬 초청이 있어서 그에 응했다. 널찍한 빅토리아공원 앞에 자리 잡은 큰 대학이다. 친절하게도 뉴사우스웨일스대학의 앤드루 번스(Andrew Byrnes) 교수가 운전을 해주어 편하게 이동했다. 비교적 젊은 부교수인데 부인이 시드니대학(University of Sydney)의 법학교수란다. 아들 하나를 둔 다복한 가정인 듯하다.

시드니대학 법대 질리언 트릭스(Gillian Triggs) 학장은 활발하고 능란한 국제법 교수이다. 자기가 몇 해 전에 발표한 논문의 별쇄본을 준다. 동료교수 9명을 오찬에 초청하여 나와 간담회를 가졌다. 그중에서 핀들리(Findlay) 교수가 가장 경험 있고 국제형사재판소를 잘 아는 것 같은데 떠날 때 자기 저서를 주었다. 오찬을 곁들여 아주 기분 좋고 가벼운 터치로 의견교환을 한 다음 다시 원래의 회의장인 뉴사우스웨일스대학으로 돌아왔다. 이곳에서 국제형사재판소연합 대표인 빌 페이스, 마닐라주재 국제형사재판소연합 아시아 연락책 에벌린 세라노, 크리스티안 베나베저 전 당사국총회 의장 등과 양자회담을 가졌다. 공통점은 이들이 모두 재판관들의 내부사정을 너무 속속들이 알고 있다는 것이 놀랍다. 다가올 소장 선거에 관심을 보이면서 내가 당선되기를 기대하는 눈치가 아주 강하다.

이들과 연속회담을 하는 바람에 6년 만에 만난 네로니 슬레이드 전 재판관의 발표를 못 들었으나 그는 현재 태평양섬나라포럼(Pacific Islands Forum)의 사무총장으로서 피지(Fiji)의 수바(Suva)에 산다고 한다. 그가 국제형사재판소에서 3년 근무한 후 재선에서 낙선한 이래 아직도 서운한 감정이 남아 있어서 태평양 섬나라 8개국의 로마규정 비준을 서둘러 도와줄 것 같지 아니한 인상이다. 호주 외무부의 선임외교관인 리처드 로우에게도 슬레이드가 우리의 동지가 아닐 수도 있다는 경고사인을 보냈다. 슬레이드는 2003년 재판관으로 당선되어 같이 일하는 동안 야심이 많아서 소장, 부소장 선거에 매번 출마하기도 하고, 동료들을 목적을 가지고 대하는 등 여러 가지 포석을 했었다.

2006년 재판관 재선에 출마하여 패배했을 때 그가 물러나야 하는 시점이 언제인가에 대한 논의가 있었다. 그와 같은 예심부 재판관은 로마규정에 이렇다 할 규정이 없으므로 사건취급 도중이라도 임기가 만료되면 즉각 퇴임하는 것으로 전원재판관회의에서 법해석을 한 결과, 서운하게도 2006년 3월 10일 임기만료로 바로 퇴임하였다. 헤이그와는 절연한다는 마음으로 떠난 후 6년간 아무 연락도 없다가 이제 그를 다시 만난 것이다.

이번 국제형사재판소 10주년 기념행사는 이 대학의 법대, 사회대, 인권연구소 등이 공동 주최하고 여러 기관의 재정적 협조를 얻어 성공적으로 완수되였다. 행사책임자인 루이즈 샤펠(Louise Chappell)이라는 젊은 여성교수는 무리 없이 전체 회의진행과 시간관리를 잘했다.

김진수 시드니 총영사가 관저 만찬에 마티아스 대외담당보좌관도 함께 초청한다. 현지의 한국공관에 폐를 끼치기 원치 아니하나 윤응서 영사가 데리러 온 차편으로 관저에 갔다. 이곳은 관저도 크고 좋지만 잘 가꾸어진 잔디와 수목은 물론 로즈베이(Rose Bay) 항구가 보이는 바다풍경이 절경이다. 관저에서 만찬 도중에 캔버라의 조태용 대사와도 통화했다. 이 전화통화의 기회에 참고로 왜 내가 새로 임명된 호주 여성법무장관의 11시 면담요청을 거부했는가를 설명했다. 그녀가 나와 우리 부검사에게 같이 캔버라로 오라고 통보하는 것이 의전에 어긋나기도 하고, 월요일 아침에 현지 TV와 라디오 인터뷰 때문에 시간을 맞출 수가 없기도 했음을 설명했다.

이틀간의 창립 기념행사를 마친 다음에 16일에는 호주와 뉴질랜드 외무부의 공동주관으로 남태평양 섬나라들을 초청하여 로마규정 가입을 권고하는 태평양 라운드테이블을 하루 종일 개최하였다. 장소도 호주 외무부의 시드니 사무실에서 아침 9시부터 시작했는데 리처드 로우와 페니 라이딩스(Penny Ridings)라는 양국 선임외교관의 사회로 충실한 회의를 했다. 부검사 벤수다와 그녀의 보좌관 안토니아(Antonia), 행정처장 아르비아, 그리고 내가 마티아스와 함께 참석했다. 섬나라 16개국 중 8개국이 아직도 가입하지 않았다. 모두 법무장관이 참석했고 미크로네시아(Micronesia) 연방만 외무장관이 참석했다.

태평양의 인구 몇만 명도 안 되는 나라가 무슨 필요가 있어서 국제형사재판소에 가입해야 하는지 잘 설득하고 토론할 필요가 있었다. 일단 관건은 태평양섬나라포럼의 사무총장에게 있어 보였다. 대개 정보부재와 오해, 능력부재 및 동기결핍이 공통이유이다. 이들을 조만간 모두 가입시키면 당사국총회는 세계 국가의 3분의 2를 차지하게 되므로 그 자체가 상당한 세력이 된다. 2019년 남태평양 섬나라 중 키리바시(Kiribati)가 가입했다고 한다.

회의를 마친 후에는 호주 외무부의 주최로 시드니 항구의 오페라하우스 앞 전망 좋은 음식점에서 만찬을 즐겼다. 주최자 리처드 로우는 멜버른대학에서 법학박사를 취득한 캐리 맥두걸(Carrie MaDougall) 보좌관과 함께 참석했다.

호텔에서 휴식을 취한 후 10시간을 날아서 홍콩에 도착했다. 비행기(CX 271편)을 타고 다시 12시간을 비행한 끝에 암스테르담에 도착했다. 일주일 만에 아파트에 귀환하니 그래도 내 집이라 긴장이 풀린다.

제7장

2012~2013

위기 속의 용기와 신념

국제형사재판소장의 두 번째 임기 Ⅰ

국제형사재판소 소장에 다시 선출되다

예민한 시기에 한 주일을 출장 중이었으니 사무실이 조용했을 리가 있나. 2월 20일 출근하고 보니 우선 카울 부소장이 나를 다음 소장 선거에서 자기의 적수로 보고 심하게 비방을 하면서 부정적 캠페인을 했다는 소식이 들어왔다. 디아라 부소장이 이를 잘 막아주었다니 감사하다.

이번 소장 선거에는 5인이나 출마하여 부끄러운 난립이 되었다. 아무리 생각해도 자신에게 투표한 한 표밖에 못 얻을 것 같은 재판관들이 더욱 큰소리를 치면서 선거공약을 적은 문서를 돌리는 등 분위기가 과열되었다. 아주 창피하고 걱정스럽다. 지금까지 어느 재판관이 소장을 하겠다고 설쳐대거나 심지어 공약문서를 돌린 적은 없었다. 외부에서는 국제형사재판소가 판사의 집단인가, 정치인의 집단인가를 조롱하는 말도 들려온다.

나는 끝까지 대응하지 아니한 채 조용히 평상심을 유지하며 소장의 남은 일정을 분주하게 소화하고 있었다. 그랬더니 일부 재판관은 도대체 내가 출마하는 것인지 아닌지를 의심하면서 혼란스러운 표정이다. 아내는 나의 건강을 염려하여 재출마에 강력하게 반대한다. 나도 미련이 있는 것은 전혀 아니다. 그런데 출마자의 면면을 보니 행정적 센스나 관리능력이 전혀 없는 동시에 법조윤리나 인간관계에서도 문제가 많고 동료들의 지지가 전혀 없는 분들이 나섰다. 재판소의 업무가 얼마나 어렵고 복잡한지도 모르고 100개 국적의 직원들을 개별적으로 잘 다룰 준비와 경륜도 없으면서 자기 잘난 맛에 출마하는 꼴이 이 중요한 신설기관의 장래를 위태롭게 할 것 같다.

소장실 직원들은 내가 다시 출마하면 당선은 문제없고 내가 소장을 연임하지 않으면 자기들의 사기에 영향이 크다고 여러 번 출마를 간청한다. 사려 깊은 비서실장 린도 강력하게 출마를 권하면서 자기들이 내 선거운동에 단단히 한몫을 하겠다고 한다. 린, 히라드, 데이비드 등 소장실의 전 직원이 자기들끼리 회동을 거듭하며 자진해서 공약을 만들고 질의응답을 준비하고 나섰다. 억지로 시켜서는 아무도 안 할 어려운 일인데 내가 부탁하기도 전에 자기들이 성큼 나서니 이 어찌 고맙지 아니한가. 아마도 지난 3년간 직원들에게 인심은 안 잃었나 보다.

외부의 많은 당사국들과 비정부기구 대표들도 나의 연임이 필요하다고 알게 모르게 말을 하고 다닌다고 한다. 양식 있는 동료 재판관들은 원체 다른 출마자 중 찍을 만한 사람이 없는 관계로 내게 지지표를 보낼 것도 같다.

2년간 모든 동료들의 시간을 낭비하게 만들었고, 동료들 간의 관계를 험악하게 만든 징계과정을 겨우 벗어난 독일의 카울 부소장은 자숙함이 마땅할 텐데 착각과 환상에 사로잡혀 미친 듯이 선거운동을 하고 있다. 일본의 오자키재판관은 법학공부도 안 하고 법학학위도 없는데 출마한다니 당선이라도 되면 국제적 웃음거리가 될 것이다. 다만 말 많고 이중적인 불가리아의 트렌다필로바 재판관에게 과연 몇 분이 투표할지가 관건이 될 것 같다. 나는 아내의 반대도 있고 나도 어렵고 바쁜 업무에서 놓여나고 싶어 재선출마를 끝까지 망설였는데 소장실 직원들이 강하게 권하는 바람에 마지막 순간에야 결심을 굳혔다.

2012년 3월 11일 소장 선거에서는 두 번째 라운드에서 재석 17명 중 12표를 받아 압승하였다. 우리나라 언론들은 나의 재선기사를 즉각 보도했다. 나의 두 번째 임기에는 아프리카 보츠와나 출신의 산지 모나헹과 이탈리아 출신의 쿠노 타르푸서가 부소장으로 당선되어 새로운 소장단을 구성하였다. 모나헹은 건강상 다소 문제가 있지만 내가 설득하면 말귀를 곧 알아들으므로 문제가 없으나 타르푸서는 무례하기 짝이 없고 자기 마음대로 한다.

소장 당선을 첫 번째 홍역이라고 한다면, 새로운 소장단이 3월 13일 단행한 재판관들의 심판부 재배치 결정에 대해 오자키, 판덴바인게르트, 카울 등 3명의 재판관이 항의하는 바람에 한 주 동안 곤욕을 치른 것을 두 번째 홍역이라고 하겠다. 요컨대 재판관들이 선호하는 심급이나 심판부가 뚜렷하고 서로 경쟁

국제형사재판소장 2차 임기의 소장단. 나의 왼쪽에 산지 모나헹, 오른쪽에 쿠노 타르푸서.

이 심하므로 모두를 만족시킬 수는 없기 때문에 원칙에 입각한 결정을 할 수밖에 없다. 그러나 법관이 사건을 선별하여 맡고 개인적 이해관계를 내세워 소속 재판부와 심급을 제멋대로 선택하도록 허용한다면 재판소를 운영할 수 없을 뿐만 아니라 그들은 기본적인 법관의 자세부터 문제가 있는 것이 아닌가.

매 3년마다 재판관의 소속 심판부를 재구성하기 때문에 소장은 당선되자마자 이 골치 아픈 문제를 즉각 해결해야 하고, 그런 경우에는 이전에 맡았던 사건과의 이해관계 충돌가능성이 최소화되도록 재판관을 배치해야 하는데 이 과정에서 희망을 받아보면 모두 상고심으로 가겠다고 난리를 피운다.

소장단 의견대로 재판관들을 재배치하고 나서 일부 재판관들의 항의를 참고 버티던 나는 3월 17일 이틀 예정으로 한국행 비행기에 올랐다. 월요일 저녁에 나를 다음 유니세프한국위원회 회장으로 추대한다는데, 본인이 출석도 안 하는 것은 무례한 것 같아 억지로 잠시 한국을 다녀오기로 한 것이다.

19일 오후에 개최된 유니세프한국위원회 총회는 가장 많은 이사와 대의원들이 참석하여 회의실이 만원인 가운데 전 국무총리 현승종 회장의 사회로 내가 만장일치로 차기 회장에 추대되었다. 그러나 앞으로 당분간 내가 없으니 박동은 부회장과 류종수 사무총장 체제로 이끌어가야 하겠지. 신임 이사진을 구성하는 일이 남았지만 젊은이와 여성으로 대폭 바꿀 필요가 있음에는 모두가 공감한다. 일부 미리 추천된 새 이사 후보들을 보니 믿음직한 인상이다.

3월 20일 화요일 딸이 준비한 아침식사를 들고는 바로 공항으로 나왔다. 정시에 암스테르담에 도착했다. 다음 날 출근하여 재선된 신임소장으로서 직원들과 반갑게 인사를 나누었다. 재판소 정문에서 보안검색을 담당하는 경호원들이 모두 나를 얼싸안고 진심으로 축하해준다. 요새는 이곳 헤이그도 일기가 아주 좋고 봄기운이 완연하다. 소장은 1회에 한하여 연임하게 되어 있으므로 이제부터는 나도 누구의 눈치를 볼 필요 없이 페이스를 다소 늦추고 느긋하게 업무를 수행할 것이다. 2015년 3월 10일 임기만료로 12년 근무를 마치고 귀국할 때까지 남길 업적을 구상 중이다.

이번에 재선되면서 과거 3년 전에 한 것과 마찬가지로 우선 두 부소장을 고급음식점에 초대하여 축하했고, 한 달쯤 후에는 각 심급의 장(division president) 으로 당선된 동료들을 초대하여 축하오찬을 베풀었다. 또한 하워드 모리슨 (Howard Morrison) 영국 재판관, 쿠룰라 핀란드 재판관 등 다른 몇 동료들도 오찬에 초대하여 의사소통의 범위를 넓히고 친교를 도모하고자 하였다. 나는 각 재판관들을 한 차례씩 고급음식점으로 초청하여 오찬 또는 만찬을 베풀었지만 재판관들은 아무도 반례(返禮)를 한 일도 없고 고맙다고 인사하는 사람도 적었다. 재판소에는 단 한 푼의 접대비나 품위유지비도 없으므로 사비로 초대했는데도 공금으로 접대받은 줄 안다.

권오곤 재판관이 서울에 잠깐 외손녀와 상면하러 다녀왔는데 돌아오자마자 장인이 돌아가셨다고 부고가 와서 다시 부부가 총총 귀국했다. 일주일 동안 장례를 치르고 왔기에 위로차 저녁을 낸다고 하면서 이기철 대사 내외와 아들을 함께 초대하여 5월 15일 고급음식점에서 대접했다. 권 재판관의 장인인 신창동 전 서울민사지법 원장은 사법대학원 시절 나에게 민사실무를 가르친 은사이다. 명복을 빈다.

642

이곳의 일본대사관은 후쿠시마 등 동부 일본을 때린 지진과 쓰나미로 인하여 거의 2만 명에 가까운 사람들이 죽거나 행방불명되는 피해를 입은 사태를 추모하기 위하여 24일 토요일 오후 4시에 기념식을 한다고 한다. 한일 간의 특수관계도 있고 마침 오자키 일본 재판관도 출마한(비록 한 표밖에 못 얻었지만) 소장선거 직후인 미묘한 시점이라 잠자코 참석한다고 했다.

동부인하여 가보니 네덜란드 외무장관이 참석하여 추모사를 하고 일본을 돕는 갖가지 행사를 개최한 암스테르담 시장, 헤이그 시장, 암스텔벤 시장 등 귀빈과 상당수 대사들이 참석했다. 물론 서구 강대국 대사는 모두 불참했지만 아시아, 아프리카, 중남미 등 일부가 참석했고, 나와 같은 몇 국제기구의 수장과 한국의 이기철 대사의 부인이 참석했다. 주재국의 참석자 면면을 보면 과연 이들이 일본을 어떻게 대접하는가를 알 수 있다.

이 행사에서는 참으로 배울 것이 많았다는 느낌을 지울 수 없었다. 우선 한 시간짜리 프로그램이 기막히게 알차다. 브람스의 음악에서 선택한 곡을 하프시코드와 바이올린의 앙상블로 전주와 4번의 간주를 했다. 즉, 전주 음악 후 묵념했고, 그다음 첫 번째 간주가 있었고, 바로 고에즈카 다카시(肥塚隆) 일본대사의 간략한 연설 직후 두 번째 간주가 흐르고, 네덜란드 우리 로젠탈(Uri Rosenthal) 외무장관의 연설 후에 세 번째 간주가 나오는 등 참으로 엄숙하고 장중한 세리머니였다. 그리고는 참사를 기억하자는 기념패를 제막한 후 네 번째 간주를 했다. 그다음에는 일본을 돕기 위하여 큰 공로를 세운 네덜란드 적십자사 총재에게 일본어 감사장을 수여했다.

그리고는 어떻게 피해를 입었고 어떻게 복구의 땀을 흘리고 있는지 영문제작 동영상을 보여주면서 감정을 넣어 설명하는 순서가 있었다. 행사 중 발표를 통하여 네덜란드의 명문구단 아약스(Ajax)와 일본의 시미즈(Shimiz)가 암스테르담 구장에서 자선축구를 했는데 해당 시장들의 합심노력을 통한 주선으로 3만 8천 명의 관람객이 약 8백만 유로의 기금을 모금하여 전달했다는 사실을 알았다. 한국이 피해를 입었다면 그처럼 발 벗고 나서서 도와주었겠는가. 국격을 높여야 하기도 하지만 평소에 잘 교류해두어야 한다.

마지막으로 일본에서 초청된 연주자들이 피해지역의 지방문화제에서 전통적으로 하는 북치기 공연을 신나게 펼쳤다. 일본 리쿠젠타카타(Rikuzentakata) 지역의 타나바타바야시(Tanabatabayashi) 공연이라는데 커다란 북 3개를 설치하고는 5명의 고수가 2교대로 힘차게 북을 치는데 대금 같은 악기로 뒤에서 2명이 반주를 했다. 한참 듣다보니 단조로운 느낌도 들지만 고수가 바지를 입었으되 가슴을 모두 드러낸 채 북을 치는 것이 신기했다. 행사 후 음료와 스시가 제공되었는데 이 역시 맛깔스럽고 아름답다. 오자키 재판관도 잠시 만나서 악수하고 헤어졌다.

1시간 동안의 행사가 아주 완전무결하고 장중하게 거행되었다. 너무 인상 깊어서 찬사 외에는 말이 안 나올 정도이다. 이들은 매사에 알차고 차분하여 빈틈이 없다. 일본을 다시 인식하는 좋은 기회였다. 얼마 전 헤이그에서 열린 우리나라의 6·25 참전 60주년 행사와 비교해보면 너무 대조가 된다. 우리 정부는 참전용사나 그 가족의 일부를 한국에 초청하여 경제발전을 자랑하는 위주의 계획이어서 참전국 내에서는 막상 특별한 행사가 없었는데, 오히려 통일교 재단이 나서서 리틀엔젤스 무용단을 데리고 참전국을 순회하며 공연했다.

일본은 네덜란드와 통상 400년, 국교 150년인데 정부는 국교 50주년을 어떤 행사를 가지고 현지에서 기념하였는지 기억조차 안 난다. 태권도 시범단이 순회한 것 외에는 다른 뚜렷한 문화행사 등은 예산타령을 하면서 넘어가버린 것이 아닌가 싶다.

3월 27일 하우스텐보스(Huis ten Bosch) 궁전에서 가진 베아트릭스 여왕 주최의 오찬은 마침 네덜란드에 4년 반을 체재하다가 귀국하는 폴란드의 스탄치크(Stańczyk) 대사 부부를 위한 행사였는데, 대사 내외가 우리 내외를 가장 부르고 싶은 친구라고 하여 특별히 왕실 송별 오찬에 초청했다. 작년에 해리 크네이-탈 이스라엘대사가 이임 시 나를 여왕의 오찬에 초대하였던 일이 있어 나는 두 번째 여왕과의 오찬이지만 아내는 처음이라 다소 흥분한 듯했다. 막상 가보니 폴란드대사는 오직 세 부부만 초청했다. 우리 내외 외에 비즈니스 관계로 폴란드에 살아서 폴란드 말도 할 줄 아는 네덜란드 사업가 등을 불렀다. 이스라엘대사가 초청할 사람이 많아서 남자들만 초청한 것과 대조된다.

우리는 수개월 전에 여왕의 둘째 아들 프리소(Friso) 왕자가 스위스에서 스키를 타다가 눈더미에 머리를 맞고 파묻혔다가 구조되는 바람에 아직도 인사불성인 상태로 있는 것에 대하여 위로의 말씀을 드려야 하는지 판단하기 어려웠다. 엄마의 정은 마찬가지인지라 스위스에 있는 아들의 병실을 지키느라고 상당수의 일정을 취소했던 여왕이 아들을 영국의 전문병원으로 보내고 다시 공식일정에 들어갔기에 우리의 오찬은 예정대로 진행된 것이었다. 여왕은 미리 준비한 송별사를 낭독했고 폴란드대사는 훈장과 선물을 손에 든 채 즉석 영어로 상당히 긴 답사를 했다.

여왕이 남편이 없으므로 외무부에서 파견된 왕실의 의전 최고책임자 (Grand master)가 남자 호스트 노릇을 하고, 식탁에 초대손님의 좌석이 배정되었다. 나는 간간이 2차 세계대전 중 아른험에서 폴란드군을 포함한 연합군이 독일군에 의하여 궤멸된 전투와 내가 그 65주년 기념식에 가서 연설한 것 그리고 유명한 영화 〈머나먼 다리〉(A Bridge Too Far) 등에 관하여 여왕과 이야기를 나누었다. 이런 여왕이 있으면 상당히 많은 정치적 쟁점이 사전에 큰 말썽 없이 넘어갈 수 있어서 헌정상의 위기가 예방될 수 있을 것도 같다. 언제 보아도 아주 격식에 맞게 의전이 진행된다.

왕실에서의 오찬 후에는 3월 말로 그만두는 인턴들의 합동 송별다과회를 가졌고, 저녁에는 내가 소장실 직원 17명을 해변 식당으로 초청하여 봄철 만찬을 베풀었다. 직원들이 좋아하므로 1년에 두 번 정도 소장직을 마칠 때까지 계속할 예정이다. 그들은 감사의 표시로 나중에 근처의 꽃집에서 예쁜 꽃다발을 보내왔다.

헤이그의 야심찬 평화와 정의 프로젝트로 워싱턴 방문

소장선거를 성공적으로 치른 지 얼마 되지도 않았는데, 그전부터 헤이그시로부터 제안이 왔던 미국 동부 출장계획이 본격적으로 논의되었다. 원래 헤이그가 세계의 법률수도이고 국제적 평화와 정의의 중심이라는 것을 미국의 각계각층에 홍보차 가자는 제안이다. 요지아스 판아르천 헤이그 시장이 나의 재선을 축하하면서 동참을 권하니 막상 거절하기도 어렵다.

이것은 '헤이그 평화와 정의 프로젝트'(Hague Project for Peace and Justice)라는 네덜란드 외교부의 자금지원과 헤이그 시정부의 야심찬 계획의 일부이다. 3월 27일 뉴욕으로 같이 떠나지 못하고 네덜란드 여왕과의 오찬 후 그다음 날 혼자 워싱턴으로 직행하여 28일 오후 3시에 도착하였다.

내가 없는 동안에 케냐 사건의 재판준비를 위한 합의부를 구성해야 하는데, 웬일인지 모두 케냐 사건을 담당하기를 꺼린다. 나이지리아의 에보에-오수지(Chile Eboe-Osuji) 재판관을 새로 재판장으로 임명하고, 설득 끝에 일본의 오자키 재판관을 배치한 상태에서 세 번째 재판관을 배치하지 못한 채 워싱턴으로 왔기 때문에 다소 꺼림칙하다. 그러나 나의 부재중에 타르푸서 부소장이 벨기에의 판덴바인게르트 재판관을 설득하여 재판부의 구성을 마치고 나를 대행하는 제1부소장 모나행의 서명을 받아 이 결정을 공표했다.

29일에는 뉴욕에서 기차로 내려오는 다른 그룹을 기다려 워싱턴의 유니온역에서 합류한 다음 바로 미국 연방하원으로 향했다. 미시건의 빌 하우젱가(Bill Huizenga) 의원과 루이지애나의 스티브 스컬리스(Steve Scalise) 의원이 참석했다. 일단 헤이그를 알리는 2분짜리 영상을 상영하고 시장이 한마디 한 다음에 부시 행정부의 최고위 법률고문이었던 존 벨린저(John B. Bellinger III)가 사회를 보고 토론에 들어갔다. 하우젱가 의원이 국제형사재판소의 절차는 어떻게 개시되는지를 묻는다. 나는 이 기회에 간단히 보충성 원리(*complementarity*)와 검사활동의 사법적 통제(*judicial control of prosecutor's activities*)를 중심으로 답변했다. 그런데 이 두 분의 하원의원은 투표하러 본회의장에 들어가야 한다고 내 말이 끝나자마자 일어섰다.

그러다가 하우쟁가 의원이 내게 다시 오더니 내일 한국에 간다고 하는 것이 아닌가. 신임 성 김 주한 미국대사의 알선으로 미 의회 안보담당 의원들이 방한한다는 것이다. 그들이 떠난 뒤에는 남아있던 의원 보좌관들의 질문을 받아 넘기고는 연방대법원으로 이동했다. 보스턴 출신 스티븐 브라이어(Stephen Breyer, 1937년생)와 캘리포니아 출신 앤서니 케네디(Anthony Kennedy, 1936년생) 대법관을 만났다. 모두 나보다 연장으로 유머감각도 뛰어나고 건강도 좋아 보이는데 마침 온 나라의 관심을 끄는 의료보험법의 강제가입조항이 위헌인지를 3일에 걸쳐 변론한 직후라서인지 온통 관심이 그리로 쏠려 있다.

브라이어 대법관은 헤이그 방문 시 만났었고 케네디 대법관은 매년 중국에 간다고 한다. 만나 보니 미국 연방대법관들도 사건을 다루면서 기계적으로 문리해석만 하지는 않고 구체적 타당성을 고려하여 필요한 만큼 목적론적, 합리적 해석을 하는 인문사회적 소양이 튼튼한 것 같으나 몹시 자존심이 강하고 거만한 인상을 준다.

저녁 5시에는 미국국제법학회(American Society of International Law: ASIL)의 패널에 참석해서 15분 정도 연설하고 질의응답을 했다. 권위 있는 이 학회의 제105차 연례회의의 대주제는 '국제법에서 조화와 불협화음'(Harmony and Dissonance in International Law)이고, 내 패널의 주제는 '헤이그에서의 복잡성에 당면하여: 각 국제법원들의 견해'(Confronting Complexity in The Hague: The View from the Courts and Tribunals)였다. 먼저 헤이그 시장이 인사한 다음 헤이그세계정의연구소(The Hague Institute for Global Justice)의 책임자인 판헤뉘흐턴(Willem van Genugten) 교수가 사회를 보았는데 나 외에 페테르 톰카 국제사법재판소장, 테오도르 메론 구유고전범재판소 소장 그리고 국제상설중재재판소의 사무총장 대행인 브룩스 데일리(Brooks Daly)가 참석했다. 마침 서울대 법대 이근관 교수도 법학전문대학원생 3인과 함께 참석하여 반갑게 만났다. 호텔 지하 1층에 커다란 방이 꽉 차도록 회원이 많이 참석해서 성황을 이루었다.

저녁에는 미국주재 네덜란드대사 르네 존스-보스가 관저에서 주최하는 54명

워싱턴 방문 (2012. 3). 왼쪽부터 5번째가 나, 6번째가 톰카 국제사법재판소장,
7번째가 판아르천 헤이그 시장.

의 귀빈을 위한 만찬에 참석했다. 이 나라는 선견지명이 있었는지 1946년에
이 웅대한 건물을 사서 관저로 만들었다고 하는데, 3백 년 전의 네덜란드 그림
과 함께 건물과 장식이 근사해서 매우 인상적이었다. 나에게 만찬 후 한마디
하라고 해서 가벼운 터치로 국제형사재판소와 헤이그의 생활에 관하여 간단
히 말했다.

네덜란드대사는 60대 초반의 키가 크고 호리호리한 여성으로 러시아학
(學)을 전공한 분이다. 지난 2월 헤이그에서 자기네 공관장 회의 때 인사한
바 있어 구면이다. 영국 서섹스대학(University of Sussex)에서 유학했을 때
남편을 만났는데 그녀는 금년 6월말 헤이그로 귀임하여 프랑스대사로 전근
하는 크로넨베르흐(Ed Kronenberg)의 후임으로 외교부 사무차관에 취임할
예정이다.

30일에는 이른 아침부터 브루킹스연구소에 가서 일반대중을 상대로 패널토
론을 했는데, 이곳에서 전에 나의 인턴을 하던 한국계 제니퍼 전을 만나서 반
가웠다. 오찬 후 다시 브루킹스연구소로 돌아와서 헤이그 시장과 둘이서

*Foreign Policy*라는 권위 있는 주간지의 데이비드 보스코(David Bosco) 기자와 인터뷰했다. 시장은 먼저 하고 떠나고 나는 좀 길게 앉아서 이 사람과 국제형사재판소에 관한 인터뷰를 했다. 기자는 하버드 법대 우등졸업생인데 우리 재판소에 대해 정말 자세히도 안다. 전문가가 되려면 저만큼의 철저함은 구비해야겠지. 그는 나중에 직접 저술한 책(*Rough Justice*)을 내게 보냈다. 철저한 성격만큼 깊이 있음은 물론이고 나와 인터뷰한 내용도 많이 포함되어 있다.

하루를 호텔에서 쉬다가 전원이 모두 4월 1일 귀임했다. 시장은 아주 만족한 표정으로 다음에는 러시아 방문계획을 이미 발설하고 있었다. 집에 와서 잠깐 자고는 대사관을 방문하여 재외국민 국회의원 선거에 참여했다.

키프로스의 해변에서 부활절 휴가

4월 2일 출근하니 아니나 다를까 부소장 산지 모나헹이 내게 와서 벨기에 여성재판관의 소란을 보고한다. 예상했던 바이고 달리 방법이 없으니 시간이 지나면 가라앉겠지. 하루만 더 지나면 모처럼 키프로스에 부활절 휴가를 간다. 원래 두 번째 소장직을 연임하지 아니하고 마지막 재판관 임기 3년간을 주말여행이나 다닐 계획으로 아내와 나는 2012년 1월에 이미 키프로스 여행을 조기 예약해 두었다. 그러나 막상 두 번째 소장직에 선출되고 나서는 염치불구하고 소장직 3년 만에 처음으로 휴가를 가겠다고 신청했다.

재판관들의 소속 재판부 재배치로 인한 불평불만을 감당하고 또 새로운 소장단 멤버들과 앞으로 할 일을 계획하여 착수할 것을 지시한 다음, 부활절 휴가를 떠났다. 4월 7일부터 9일까지인데, 그리스정교 부활절은 2012년의 경우 기독교보다 한 주일이 늦는다고 한다. 키프로스행 비행기는 만원이다. 저녁에 도착하면 밤 9시에 곧 만찬식당으로 갈 것이므로 기내식을 먹지 말라고 해서 굶고 약 30분 늦게 공항에 도착했다. 곧바로 피키스 전 국제형사재판소 재판관 내외의 안내로 그리스어로 쓰여 있어 우리는 이름도 모르는 생선 전문 식당으로 직행했다. 유명한 식당인데 손님이 없는 이유는 그날 밤 키프로스

팀과 스페인의 레알마드리드(Real Madrid) 팀이 마드리드에서 유럽축구연맹 챔피언스리그 준결승 진출을 위하여 맞붙는다는 빅매치 때문이라고 한다. 결국 키프로스 팀이 5 대 2로 졌지만 아주 만족한다고 한다. 우리는 피키스 전 재판관 덕분에 이곳에서 지중해산이라는 빙어 같은 작은 생선튀김과 이름 모를 붉은 생선요리를 이 나라 술인 지바니아(Zivania) 와 함께 만끽했다.

나보다 세 살 많은 피키스 전 재판관과 그 부인 메리의 건강한 모습이 나를 안심시켰다. 메리는 아마도 담배를 끊어서인 듯하고, 피키스는 2009년 임기를 마친 후 귀국해서는 아침밥상 물리고 나갈 곳이 없는 환경에 다소 적응상의 어려움을 겪었으나 이제는 책 한 권을 탈고했고, 막 다른 책 한 권을 집필하고자 한다는 등 퇴임 후의 일정에 익숙해졌기 때문인 듯하다. 그래도 여전히 담배가 골초이고 위스키를 마신다. 이곳 사람들은 점심을 오후 1시 이후에 먹고 더운 오후에는 잠시 시에스타를 취하다가 저녁에 일어나서 활동하고 저녁식사는 대개 밤 9시경에 먹는다. 따라서 피키스 내외와 생선만찬을 하고 나서 호텔에 오니 이미 자정이었다.

도착 다음 날인 4월 5일은 근무일이므로 11시 반 피키스 재판관의 안내로 대법원을 비공식 방문했다. 새로 지어서 막 입주한 대법원 건물은 참으로 특이하다. 대법관은 모두 13인, 법정도 대소규모의 13개가 마련되어 있고 특히 환기와 음향이 좋아 마이크가 필요 없다고 한다. 대법원장의 방은 아주 수수한데 채광이 잘되고 있다. 피키스의 후임 대법원장 페트로스 아르테미스 (Petros Artemis) 는 유머감각이 뛰어난 분이다. 그가 역대 대법관과 대법원장의 초상을 연필로 스케치하여 벽에 걸어놓았는데 아주 근사하다.

구관에서 베푼 리셉션에는 한 사람의 대법관만 치과 약속 때문에 불참하고 여성 대법관 한 분을 포함하여 모든 대법관들이 환영했다. 물론 피키스의 덕택이겠지만 그들의 후의와 배려에 감사한다. 나는 국제형사재판소의 현황과 과제에 관하여 간단히 즉석 브리핑을 하고 그들의 질문을 받았다. 피키스는 내가 간단히 브리핑을 하고 온갖 질문에 요령 있게 대답하는 것을 보고 대만족이었다. 리셉션 이후에는 대법원장의 주최로 오찬을 대접받았다.

3시 반경에 호텔에 오니 아내는 메리가 따로 시내관광을 시켜주어 나름대로 구경하고 돌아왔다. 우리는 피키스 자택에서 밤 9시에 하는 만찬에 대비하여 오후에 시에스타를 취했다. 피키스의 집에서 대법원장 내외, 점심에 불참했던 대법관 내외, 그리고 전에 피키스의 재판연구관을 지낸 사람(현 옴부즈맨 대표) 등과 함께 메리가 준비한 만찬을 즐겼다.

집은 메리의 제부가 설계하여 지었다는데 작은 땅에 뺑뺑 돌아가면서 건물을 짓고 가운데 작은 내정을 녹색으로 가꾸었다. 좋은 주거지역에 잘 지은 아담한 집인데 내 마음에도 꼭 들었다. 여러 가지 화제를 가지고 담소하였는데 항상 대법원장의 유머가 발군이다. 대법원장과 피키스 전 재판관은 현재 터키 점령지역인 파마구스타(Famagusta)에서 초임법관으로 일하다가 1974년에 같이 쫓겨난 피난민이라는 공통점이 있어서인지 아주 친하다고 한다. 대법원장의 차는 신형 벤츠이고 그 부인이 입은 옷이 아주 명품이다. 수년간 아주 절약하고 아끼면서 골고루 잘살고 옷차림에 신경을 안 쓰는 네덜란드에 살다가 보니 한국에서와 같이 옷을 잘 입고 명품을 걸치는 사람이 신기해 보이는데, 이 나라에도 한국과 같이 치장하는 분위기가 있는 것 같다.

피키스 내외는 돈을 모르는 사람이지만 높은 수준의 법조윤리를 엄격하게 지키는 사람이라 일체의 다른 부탁이나 과외로 돈이 생기는 일에는 관여하지 아니한다고 한다. 이런 인물은 존경은 받되 법관 이외에는 융통성도 없어서 다른 관리직에는 쓸모가 없는 경우가 대부분이지만, 이곳의 일간신문에는 내년 대통령 선거후보 중의 한 사람으로 피키스의 이름도 거명된다고 한다. 그가 해변을 같이 걸으면서 신문사에 편지를 써서 이를 부인할까 묻기에 언론의 확대보도를 원치 않으면 그저 잠자코 있으라고 충고했다.

6일 피키스 내외는 우리를 자기 부모와 자기가 태어난 라르나카(Larnaca)시로 안내하여 생가를 소개하고 그곳에 살게 한 89세의 장모를 뵈었다. 집은 아주 크고 높은 천장에 옛날식 격조를 갖추었다. 일손이 부족한 만큼 건물이나 정원의 관리는 깔끔하지 못했다. 이 나라도 경제수준이 우리나라만큼 되므로 수많은 필리핀 도우미들이 진출해 있는데, 헤이그에서 데리고 있던 필리핀 여성이 따라와서 아직도 피키스 집에 입주하여 가사를 돕고 있고, 장모님께도 필리핀 도우미를 붙여드렸는데 그녀에게 지급하는 월 320유로의 임금은 동생이 지급한다고 한다. 한국의 급료보다 무척 싸다.

라르나카 도심을 지나서 해변으로 나갔다. 해변은 이 나라의 물질적 부를 상징하는 듯 요트들의 선착장 및 마리나가 있고 마치 니스(Nice)나 칸(Cannes)의 해변처럼 산책도로를 개설하고 그에 따라 각종 건축물이나 아파트 등이 들어서고 있다. 이곳의 건물들은 대개 흰색이다. 날씨는 더없이 맑으나 점점 더워지고 있다. 해변은 흰 모래가 아니어서 유감이었으나 진흙벌도 아니다. 원래 피키스는 수영을 하자고 했는데 우리가 준비 없음을 이유로 거절했다. 그 대신 상쾌하고도 기분 좋은 산책을 했다.

오후에는 너무 더워서 호텔에 와서 낮잠을 자고 밤 8시경 피키스 자택에서 위스키를 한 잔씩 한 후에 근처에 있는 케밥집으로 저녁을 먹으러 갔다. 조니워커 12년을 내놓고 얼마나 자랑하는지 나중에 헤이그에 오면 적어도 21년짜리 위스키를 한 병 선물해야겠다. 아내가 요청해서 아들과 딸의 결혼사진을 보니 아들은 전에 만나본 바와 같이 키가 아주 크고 미남인데 키프로스 여성과 결혼해서 아기 둘을 낳은 다음에 이혼하는 통에 두 어린 손자가 할머니 차지가 되었다. 사진을 보니 첫 며느리도 아름다운 여성인데 이혼했고, 두 번째로 결혼한 슬로바키아 여성은 더욱 모델 같은 미녀이다. 아들은 형사법을 전문으로 하는 변호사이고 부인은 무슨 해외금융회사에 다닌다는데 이제 아이를 가져볼 생각을 한다고 한다.

메리는 고등학교만 졸업하고 바클레이스은행(Barclays Bank)에 다니다가 피키스를 만나 아홉 살의 나이차를 극복하고 결혼했다고 한다. 남편을 존경하고 은행에 근무해서 그런지 그곳에서 영어와 계산을 배워서 가정관리에 빵점인 남편을 두고도 살림을 잘 꾸려간다고 할 수 있다. 잠시 후 포장을 치고 영업하는 케밥집에 당도했다. 조지아, 그것도 러시아의 점령으로 비극을 겪은 오세티아에서 피난 온 여성이 서브한다. 케밥은 고기를 꼬챙이에 끼워서 숯불에 직접 굽다보니 탄 부분이 있어서 먹기에 부담스럽다. 그러나 이 사람들의 식사법은 이처럼 구운 고기를 아무렇게나 썬 채소를 곁들여 먹는 것인가보다.

7일은 나의 선택으로 산으로 가기로 했다. 가기 전에 국립박물관을 방문하여 미리 예약한 안내원의 설명을 들으면서 한 시간 남짓 그들의 고대문명을 감상했다. 가장 오래되기도 했고 여러 강대국의 침략을 받기도 한 역사가 한 눈에 들어온다. 그러나 둘러보면 그리스와 마찬가지로 문명의 자취가 모두 파괴되어서일까? 그 오랜 세월 동안 남은 유적이 얼마 없어서 막상 눈앞에 보이지 아니하는 것이 거대하고 풍부한 로마 유적의 감상과 대조된다. 박물관에 조금씩 진열된 것을 보면 자랑스러운 과거를 가진 나라 같은데 막상 현장을 방문하면 눈에 보이는 것은 아무것도 없어서 안타깝다.

박물관을 경유하여 그들이 자랑하는 트루도스 국립공원(Troodos National Forest Park)으로 메리가 차를 몰았다. 니코시아에서 서쪽으로 한 시간 남짓 운전했는데 아직도 산의 정상에는 눈이 쌓여 있었다. 정상의 좋은 부분에는 영국의 군사기지가 자리하고 있고 부근에 정부기관이 피서용 방갈로를 운영하고 있다. 피키스가 9년 전까지 대법원장 시절 아이들과 자주 왔던 방갈로도 보여주고, 산세와 수목 그리고 놀이터와 음식점 등을 보고 걸으면서 즐긴 하루였다. 이곳에 왕복하는 고속도로 주변의 동네나 가옥은 모두 이곳에서 생산되는 석회암으로 지어서 부드러운 계란색인데 한결같이 깨끗하고 정리 정돈이 잘되어 있다. 완만한 들에는 푸른색의 밀이 한창이고 귤이 누렇게 익어서 주렁주렁 달려있어도 따는 사람이 하나도 없다. 올리브 나무도 흔하게 자란다.

4월 8일 하루 아내와 둘이 걸어서 구시가지, 터키 점령지역, 시장, 음식점 등을 유유자적할 수 있었다. 음식을 시키면 많은 분량이 제공되고 결국 남아서 버리게 되는 습관은 좀 고쳐야 할 것 같다. 일요일이라서 그런지 모든 필리핀 도우미들이 번화가의 일정한 곳에 모여서 정보를 교환하고 집단으로 외출을 즐기는 것을 목격했다.

필리핀은 1950년대에는 아시아 최선진국으로 우리에게 경제원조를 주고 서울 시내에 건물을 지어주기도 했던 나라인데, 지도자를 잘못 만나서 1천만 명이나 되는 전 세계 해외가정부들이 보내는 송금으로 국가경제를 지탱한다고 한다. 아마 1970년대에 열사의 중동에서 일하던 한국의 건설근로자들이 저렇게 애를 썼겠지. 필리핀 가정부 외에도 남아시아, 소아시아 등지에서 많은 허드레 일꾼들이 몰려든다고 한다. 그리고 러시아인들이 많이 진출해 있는데 이들은 불법으로 번 돈을 이 나라에 가지고 와서 돈세탁을 하거나 몰래 묻어두는 것이 아닌가 하는 의심을 지울 수 없다.

우리가 묵는 힐튼호텔에 마침 그리스의 총리 루카스 파파데모스(Lucas Papademos)가 묵는 바람에 경호원들과 많은 조우를 했다. 아직 서비스 면에서는 시간을 꼭 지킨다는 관념이 적고 호텔의 체크인이나 체크아웃과 같은 간단한 서비스도 실수가 많다. 아침 일찍 공항으로 나와서 부활절 월요일 점심 때에 귀임했다. 매일 30도의 청명한 키프로스에서 갑자기 10도 미만의 비바람이 치는 헤이그로 돌아왔다.

서울에서의 임무들:
여수 엑스포와 고하(古下) 할아버지 추모식

5월 3일 한국에 6일간 다녀온다. 해마다 이때면 고하(古下) 할아버지 추모식이 있으므로 이를 중심으로 기념사업회 이사진 오찬 대접, 사법연수원 운영위, 유니세프한국위원회 업무 등을 묶어서 귀국한다. 금년도 마찬가지이다. 5월 4일 서울에 도착하자마자 바로 서울클럽으로 향했다. 유니세프한국위원회에 지난 18년간 봉사하신 이사진의 퇴임을 환송하고 새로 취임하신 분들을 환영하는 환영송 만찬을 베풀었다. 90세가 넘으신 현승종, 박승복 두 분을 포함하여 약 30명 정도 참석하셨다.

어린이날 아침 일찍 박동은 부회장 및 이현우 홍보부장과 함께 여수로 날아갔다. 원래 우리가 힘써 유치한 2012 여수엑스포(Yeosu Expo) 조직위원회(위원장 강동석)가 유니세프한국위원회에게 당초 약속한 5천만 원보다 많은 4억 원이 넘는 기부를 한다고 해서 예의상 회장인 내가 참석하기로 했다. 사연인즉 어린이날을 맞아 조직위가 박람회 장소를 무료개방하면서 마지막 리허설을 하기로 했는데, 내부에서 다소나마 입장료를 받자는 의견이 대두되어 3천 원짜리 입장료를 15만 장 인쇄한 것이 모두 매진되어 그 수입 전액을 우리에게 기부한다는 것으로 정말 4억 원이 넘는 기부금을 수령하였다. 아침 8시 반에 관계자와 만나기로 하고 행사장 정문 앞에서 기다리면서 보니 관람 대기자가 끝도 없이 정문에 도열해 있는 것이 아닌가.

우선 네덜란드 정부의 요청으로 나를 비롯하여 네덜란드에 살면서 성공한 여러 명의 한국인을 인터뷰한 비디오를 만들어 상시 운영한다는 네덜란드관을 찾으니 미완성이라 닫혀 있었다. 일본관, 태평양관 등을 보았으나 한국관이 가장 잘되었다. 마치 대형아이맥스(IMAX) 영화관 같은 설치에 한국의 웅장한 힘과 미와 희망찬 장래를 과시하는 시청각 상영주제가 인상 깊었다. 물론 엑스포의 주제가 해양생태 보존이므로 주제관도 잘되어 있고 'Big O' 등 한국의 전자기술을 마음껏 이용한 레이저빔 쇼 장소, 그리고 거대한 파이프 오르간 탑 등 한 번 볼 만하다.

강동석 위원장을 만나 기부금 전달식을 했다. 여기에는 어린이들이 참석하여 의미를 더하였다. 강동석 위원장은 인천공항공사 사장을 거쳐 이곳으로 옮긴 후 그야말로 전심전력 이 거대한 행사를 위하여 불철주야 진두지휘한 분이다. 나도 크고 작은 행사를 주관해 보아서 이해가 되지만 이러한 행사의 책임자란 잘하면 내 탓 못하면 네 탓으로 비난을 뒤집어쓸 수가 있는데, 조금도 굽힘이 없이 자기의 계획과 보조대로 이끌어간다. 마침 유명한 소리꾼 장사익 유니세프 친선대사가 강진에서의 김영랑 추모공연을 끝내고 합류하여 더욱 의미가 돋보였다.

오후에 유엔관(유엔산하 10개 국제기관이 참여)을 보고자 했으나, 여의치 못하여 비행기 탈 때까지 할 일이 없었다. 마침 장사익 유니세프 친선대사가 모시고 온 순천의 새마을금고 최상순 이사장의 안내로 순천만을 방문했다. 세계적으로도 잘 보존된 습지여서 람사르협약에도 가입되었고, 찾는 분도 많으며 특히 흑두루미가 시베리아에서 날아와서 월동(越冬)한다고 한다. 뭍과 바다가 어우러지는 땅에서 갈대가 아주 잘 자라고 조그마한 게와 망둥이가 썰물이라서 그런지 몸을 드러내놓고 관객을 경계하고 있다. 서울에 돌아와서 가족에게 여수엑스포와 순천만 그리고 낙안읍성, 선운사와 송광사를 묶어서 며칠간 이 지역을 여행하면 좋으리라고 권고했다.

월요일 이승웅 전 삼성물산 회장이 운영하는 '청년미래 네트워크'라는 비정부기구의 초청으로 조찬모임에서 국제형사재판소에 관한 기초적인 연설을 했다. 30여 명의 전직들과 학생들이 경청하는데 고 김용환 변호사와 김문환 총장 등 반가운 얼굴도 보였다.

오찬 후 사법연수원 운영위를 약 2시간 동안 주재하고 바로 돌아왔다. 저녁 7시에는 방한 중인 나의 오랜 폴란드 친구 크라코프스키(J. Krakowski) 초대 주한 폴란드대사 내외를 위하여 한식 만찬을 낸다고 했기 때문이다. 대사는 한국을 좋아하고 음식도 잘 먹고 한국어도 필요한 말은 모두 기억하는 것 같다. 우리가 몇 해 전에 크라쿠프(Kraków)에 가서 만났을 때에는 부인이 젊은 은행원이었는데, 이제는 82개 지점을 거느린 지방은행의 간부로서 보수도 많고 지위도 높은 중년 부인이 되어 있었다. 그의 친구인 박태호 교수는 통상교섭본부장이 되어 너무 바빠서 만나기 어렵고 또 한 친구인 임지현 교수는 외국에 체재 중이어서 결국 한국친구들을 만날 사람이 없는데 마침 우리가 잠깐 귀국한 사이에 저녁을 대접하게 되었다. 만나서 지난번 신세도 갚은 것 같고 즐거운 재회를 만끽했다.

고하(古下)기념사업회 이사진을 힐튼호텔 중국관에 모셔서 연사 진덕규 이화여대 명예교수와 함께 소찬을 대접했다. 권이혁 선생은 올해 구순이신데 투병중이시어서 내일 고하 추모식에는 못 나오신다고 한다. 결국 김창식 이사장을 모시고 식을 진행할 수밖에 없겠다.

고하(古下) 할아버지 추모식을 거행하는데 비가 온다는 일기예보 때문에 걱정하면서 잠을 설쳤다. 기념사업회 김종윤 사무국장의 의견에 따라 비에 대비하여 텐트를 더 설치하고 의자도 더 배열하고 보니 훨씬 품위가 있고 손님들께 덜 미안한 감이 든다. 점심에 나누어드린 도시락도 넉넉한 의자에 앉아 편안히 드실 수 있게 되었고, 햇볕이 따가운 것을 막아주기도 하여 호평을 들었다. 손님들도 참 많이 오셨다.

오신 손님들께는 좋은 날씨에 잠시 추모의 시간을 내시면 절반은 피크닉하는 기분으로 식사하시면서 오랜만에 친구를 만나 담소할 수도 있으니 과히 나쁜 경우는 아닌 듯하다. 나로서도 고등학교 친구, 대학교 친구, 다방면에서 활동하는 여러 제자들, 사회인연으로 알게 된 분들이 많이 오시는데 참으로 감사하다. 특히 박규찬 박사는 서울대 법대 대학원 과정에 들어와서 제자가 된 분인데 은행의 상당히 높은 간부임에도 불구하고 추모식 날이면 하루 휴가를 내고 현장에 와서 도와준다. 이번에도 한국계 영국인 인턴 방 모 군도 데리고 와서 크게 도와주었다.

박훈 교수는 해마다 참석함은 물론 자기 제자들을 여러 명 데리고 와서 행사장의 일손을 덜어준다. 매년 너무 감사하기 짝이 없다. 최성재 군도 마찬가지로 매년 변함없이 자기직원들과 함께 참석하여 긴요한 역할을 수행한다. 최 군은 미국 유학 후에는 내가 소장으로 있는 국제형사재판소에 인턴으로 취직하여 6개월간 참으로 많이 배우고 즐기고 떠난 제자이다. 이번에도 일찌감치 참석하여 아주 크게 한몫을 해주었다. 아무튼 금년의 추모행사도 성황리에 마쳤다.

이상중 변호사 중심의 동심회 그룹이 금년에도 우리 내외를 청담동 음식점으로 초청하여 만찬을 베풀었다. 내가 교수라는 직업을 선택한 이후 가장 행복한 순간은 졸업 후에도 가끔 잊지 않고 연락하는 제자들과 만나는 일이다. 물론 나도 제자들의 앞길을 개척하는 데에 도움이 되도록 그동안 많이 노력하여 결혼주례, 인생상담, 취직, 외국유학 지도, 국제진출 상담, 기타 여러 가지로 뒷바라지를 하고 있고, 그들이 성공하면 같이 기뻐하고 그들이 불운하면 같이 슬퍼하면서 대책을 강구하는 일을 해왔다. 나를 잊지 않고 연락하는 몇 그룹의 제자들이 있어서 행복하다.

네덜란드 루스벨트 재단이 주최한 자유상 시상식

2012년 5월 12일 아침 8시 네덜란드 제일란트(Zeeland) 주의 미델부르흐(Middelburg) 시에서 개최되는 루스벨트재단의 '4개의 자유상'(Four Freedoms Awards) 행사에 참석하러 갔다. 전에 기차로 이 도시를 방문하였을 때 아담하고 아름다우며 부자 냄새가 난다는 인상이었지만, 이번에는 차로 고속도로를 달려 1시간 반 만에 도착했다. 도시 중심에 있는 행사장인 뉴처치(New Church)에 도착하니 제일란트 주지사(Queen's Commissioner)의 직원이 나를 따로 안내한다. 알고 보니 루스벨트 가문(家門)이 1850년대에 이곳에서 미국으로 이민하여 두 명의 대통령을 배출한 것이다. 그래서 루스벨트 재단과 아카데미가 이곳에 있는 이유를 알 수 있겠다. 또한 이 도시는 1600년 네덜란드의 동인도회사를 발족할 만큼 일찍부터 국제통상의 중심지였다.

참석자들의 면면을 보니 국제기구 수장으로서는 내가 유일하게 참석했고, 수상자의 나라를 대표하는 몇 명의 대사들이 참석했을 뿐 모두 네덜란드의 내로라하는 실세 정치인들이 참석했다. 최후로 베아트릭스 여왕이 왕림했다. 리셉션에서 만나보니 몇 명의 루스벨트 자손들도 미국에서 날아왔다. 이름으로 짐작해보니 나보다 키가 큰 프랭클린 루스벨트 주니어는 아마 프랭클린 루스벨트 대통령(FDR)의 장손일 것 같고, 행사에서 주된 역할을 하는 애나 엘리너(Anna Eleanor Roosevelt)는 아마 손녀일 것 같다. 그리고 증손자 니콜라스(Nicholas)는 현재 뉴올리언스 시장의 보좌관이라고 한다. 엘리너 루스벨트 대통령 부인의 회고록에 의하면 이들 가문에서 배출한 두 대통령인 시어도어(Theodore)와 프랭클린(Franklin)의 후손들의 사이가 꼭 원만하지만은 않은 것 같아 프랭클린의 자손일색인 이들에게 조심스럽게 내가 시어도어 루스벨트 대통령의 손녀인 수전 루스벨트 웰드(Susan Roosevelt Weld)를 하버드에서 만나서 잘 안다고 했더니 반색하면서 그때부터 대화가 계속 자연스럽게 이어졌다.

2012년 5월 12일 자유의 상 시상식에서는 5인에게 메달이 주어졌는데 종합메달을 받은 전 브라질 대통령 룰라(Luiz Inácio Lula da Silva, 1945년생)는 암 투병중이어서 참석하지 못하는 대신 영상을 통해 감명 깊은 수상소감을 보내왔다. 그리고 표현의 자유상은 알자지라 네트워크가, 종교의 자유상은 이스탄불에 주재하는 그리스정교의 대주교 바돌로뮤 1세(His All Holiness Bartholomew I, Archbishop of Constantinople, New Rome and Ecumenical Patriach, 1940년생), 공포로부터의 자유상은 이라크의 부총리 후세인 알-샤리스타니(Hussain al-Shahristani, 1942년생), 결핍으로부터의 자유상은 인도의 자그마한 할머니 엘라 바트(Ela Bhatt, 1933년생)가 받고 수상소감을 말했다. 중간에 합창단 노래가 삽입되었고 마지막에 〈공화국 찬가〉(The Battle Hymn of the Republic)를 노래하면서 식의 대미를 장식하였다.

수상소감 중에는 이라크 부총리의 말이 가슴에 와 닿았다. 그는 런던에서 화학공학으로 박사학위를 받은 뒤 귀국하여 사담 후세인을 만났을 때 당장 핵무기를 개발하라는 지시를 받았다. 이러한 지시를 거절한 대가는 11년간 교도소에 독거 수용된 것이었다. 사담이 처형된 뒤 현재 부총리로 취임하였는데 건강은 좋아 보인다.

1982년부터 그동안 수여한 메달리스트를 보니 세계의 유명인사는 모두 받은 듯한 인상인데 사실 이들은 자기가 이미 받은 각종 영예에 추가하여 이 메달을 더 받을 필요가 없는 분들인 것 같았다. 내가 지난해에 접견한 디엘더스의 회원인 전직 대통령들, 만델라, 코피 아난, 스페인의 왕 등 왜 이들에게 추가로 메달이 주어졌는지 언뜻 이해가 안 되고, 국제적 영예의 독점현상마저 느끼게 한다. 오찬장으로 이동하여 보니 헤이그 시장 내외, 알자지라의 영업이사, 암스테르담의 정부복권 담당 책임자인 판아컨(van Aken) 등이 같은 식탁에 둘러앉았다. 원래 예의상 여왕이 자리를 뜨기 전에는 모두 떠날 수가 없는 법인데 그리스정교 대주교가 비행기 일정을 핑계로 먼저 자리를 뜨는 희한한 광경을 보았다.

2시간 동안 거행한 메달 수여식은 참으로 정중하게 잘 이루어졌다. 또 역시 우리나라의 현실과 비교하면서 부러운 생각이 났다. 우리는 언제나 저렇게 질서와 예의가 넘쳐흐르게 식을 준비하고 거행해 볼 수가 있을까. 참석한다고 해놓고는 말도 없이 안 나타나는 인사들, 나타나서 주인공과 간단히 눈도장만 찍고 미리 가버리는 사람들, 참석한 식의 의미를 생각해 보기보다는 이리저리 돌아다니고 떠들면서 자기사교에 열중하는 사람들…. 결국 수준의 문제이고 세련미의 문제이다. 이날은 만난 사람도 많고 배운 것도 많았다.

일요일인데도 피해자학(victimology)에 관한 국제회의가 열리는데 기조연설을 약속하였으므로 4시에 맞추어 회의장으로 들어섰다. 얼마나 중요한 회

800년 된 기사의 전당에서 열린 피해자학 국제회의 연설 (2012. 5).

의기에 네덜란드인들이 애지중지하는 800년 된 기사의 전당에서 개최하는
가. 이곳에서 개막한다고 하니 회의가 아주 중요하거나 네덜란드인들의 계산
이 있을 것 같다. 나 외에 시장, 법무장관 등이 축하연설을 하게 되어 있는데
모두 부책임자를 보내고 불출석했다. 나는 다가오는 11월에 여왕을 모시고
국제형사재판소 창립 10주년 기념식을 할 장소이므로 일부러 참석하여 유심
히 내부시설을 살펴보았다.

5월 23일 일본의 고에즈카 대사 내외가 이임하는 멕시코의 호르헤 로모나
코(Jorge Lomonaco) 대사 부부의 환송만찬을 자기네 관저에서 베풀면서 우리
를 초대했다. 오랜만에 오와다 재판관 부부(천황의 처부모)도 만난 유쾌한 저
녁이었다. 일본대사 부부는 매사를 무리 없이 잘 마련한다. 그렇지 않아도
스스로 주최한 자기네의 환송 리셉션에 초대한 날은 우리가 서울에 있던 때라
결석한 것이 못내 미안했는데 잘되었다.

유럽 대법원장들의 방문

5월 24일 유럽연합 회원국의 대법원장 회의가 열렸는데, 네덜란드 대법원장 코르스텐스 내외가 우리 부부를 환영만찬에 초청했다. 50여 명의 대법원장 및 관계자가 참석하는 대형만찬인데, 1700년대 후반에 지어진 학세 클럽(Haagsche Club)에서 개최하였다. 헤드테이블에는 호스트 부부 외에 우리 부부, 국제사법재판소의 페테르 톰카 소장 부부, 판아르천 헤이그 시장 부부, 옵스텔턴 법무 및 내무장관 부부, 그리고 프랑스대사 피에르 메나(Pierre Ménat)가 착석했다.

내 옆에 앉은 옵스텔턴은 국제형사재판소로 나를 예방한 일이 있어 구면이다. 가정법원 판사인 부인에 의하면 그들은 딸이 셋인데 한국 고아를 넷째로 입양하여 이제 33세라고 한다. 따라서 한국에 가본 일이 두어 번 있다고 한다. 장관은 28세에 어느 조그마한 도시의 시장으로 당선되어 언론의 주목을 받았고 위트레흐트 시장을 거쳐 로테르담 시장을 몇 차례 역임한 다음 현 정부의 장관으로 취임했다고 한다. 대개 40대의 각료로 구성된 정부에서 무게중심을 잡아주는 어른 역할을 하고 있다고 한다.

5월 25일 이들 중 일부 유럽국가 대법원장들이 국제형사재판소를 방문했다. 결과적으로 자기 나라의 최고법원을 관장하고 사법부를 영도하는 대법원장들인지라 같은 법원인 국제형사재판소에 대하여 관심이 많을 것이라고 생각하고, 이분들에게 우리가 아주 잘하고 있음을 보여주고 싶어서 담당 비서실 직원들에게 특별한 준비를 부탁했다. 대법원장들은 자연히 자기네 법원과 우리를 비교하려고 할 것이기 때문에 신경이 쓰였다. 처음으로 파워포인트를 만들고 동영상을 붙여 넣는 등 빈틈없는 준비로 브리핑과 질의응답은 참으로 잘 진행되었다.

그러나 이들이 도착할 때까지 일부 재판관들이 말썽을 일으켰다. 하루 전에 난데없이 독일의 카울과 불가리아의 트렌다필로바가 연명하여 이메일을 돌리면서 왜 방문하는 대법원장들과 국적이 같은 재판관 4인만 촉박하게 초청하였는가, 그리고 이들을 약 15분간 커피타임에 서로 만나게 하는 것은 말

유럽 주요국 대법원장 접견 (2012. 5).

이 안 된다고 하면서 재판관을 모두 초청하라는 것이다. 만일 소장단의 결정이 마음에 안 들면 사안의 경위를 알아보고 항의하거나 아니면 나를 찾아와서 문의하고 시정을 요구할 수도 있을 텐데 난데없이 전혀 경위를 모르는 상태에서 왜곡성의 선동적 이메일을 재판관 전원에게 돌리는 못된 버릇이 퇴임한 영국의 풀포드 재판관의 선례에서 비롯되었다.

이러한 비판적 이메일이 돌면 전후 사실관계를 모른 채 꼭 습관적으로 부화뇌동하는 동료가 있다. 그들의 항의를 수용하여 재판관 전원을 초청함으로써 불을 껐다고 생각했다. 그런데 난데없이 같은 소장단의 일원인 타르푸서 부소장이 자기는 이들이 방문한다는 것을 들어본 일도 없다고 나를 욕하고 비서실장 린과 대외담당보좌관 마티아스를 싸잡아 비난하는 이메일을 돌렸다. 그는 왜 임기만료 후 연장근무하는 재판관들은 초청에서 제외했느냐고 새로운 문제를 제기했다. 소장단의 합의로 결정하는 체제에서 부소장인 자기는 모른다고 하면 제 얼굴에 침을 뱉는 격이 아닌지, 그리고 외부 사람들이 소장단 모두를 싸잡아 비난할지언정 같은 소장단의 일원인 자기는 잘했고 소장만 잘못했다고 구분하여 생각하는지 참 어린아이 같은 행동을 한다.

인간적으로나 기본예의로 보나 타르푸서 부소장은 마치 한배를 탄 소장단의 일원이 아닌 듯 늘 부적절한 행태를 보인다. 자기가 일심동체인 소장단의 일원인데 전혀 가짜정보를 가지고 나를 비난한다. 우선 이들의 방문은 별도의 재판소 의전담당자가 주선한 것이어서 내 비서실장과 대외담당보좌관은 관여한 바가 없는데도 억울하게 비난받았고, 애초에 대법원장들의 희망은 부인들도 많이 수행하므로 재판관들을 만나 법률담론을 하기보다는 소장의 기본적 브리핑만 듣기를 원한다고 명백히 말했다. 국적이 같은 재판관과의 만남조차도 오히려 우리가 호의로 제안한 것이지 대법원장들은 우리 재판관을 만나는 데 전혀 관심이 없었다.

공연한 트집은 타르푸서 부소장이 잡았으나 임기연장 재판관들을 제외한 것은 원래 카울과 트렌다필로바 재판관이 작성하여 내게 보낸 이메일 수신처에 그대로 회신으로 돌려 답변했기 때문에 그리된 것이니 임기연장 재판관들을 제외한 잘못은 자기네 이메일 리스트에서 이들을 처음부터 배제한 카울과 트렌다필로바에게 있지 소장실이 고의로 제외한 것은 아니었다.

이런 치기 어린 공격에 일일이 대응하다 보면 문제가 확대되고 정작 중요한 재판소 운영업무를 할 수 없으므로, 나는 일체 무대응하기로 비서실장과 합의하였다. 쓸데없는 일로 홍역을 치렀으나 브리핑은 성공적이었고 대법원장들은 만족한 마음으로 떠났다.

국제변호사협회로부터 법의 지배상 수상

5월 30일은 아침부터 바쁜 날이다. 10시에는 국제변호사협회(International Bar Association: IBA)의 회원인 각국의 변호사협회장들 60명이 재판소를 방문했다. 며칠 전에 소장실 직원들이 유럽연합 회원국 대법원장들을 위하여 만든 파워포인트를 그대로 사용하여 약 30분간 브리핑했다. 발표를 잘했고 질문에 성의껏 대답했는데 앞줄에 앉은 스웨덴의 한스 코렐(Hans Corell)이 따로 장황하게 질문하는 통에 대한변협 신영무 회장, 국제이사 손도일 변호사가 같이 앉아 있는데도 내가 알아보지 못했다.

이들을 보내고 나서 1시에 다시 국제변호사협회 본회의 개막식에 축사하러 갔다. 법무차관 프레드 테이펜(Fred Teeven)과 반가운 악수를 하고는 식을 시작했다. 주최국 네덜란드의 변호사협회 회장인 키다리 얀 로르바흐(Jan

Loorbach)가 한마디 하고 테이펜 다음에 내가 축사했다. 그다음에 협회 부회장인 영국의 마이클 레이놀즈〔Michael Reynolds, 앨런 앤 오버리(Allen & Overy)의 브뤼셀주재 변호사〕가 국제변호사협회 회장인 일본의 가와무라(Kawamura) 변호사가 도착 전이어서 그를 대신하여 '법의 지배상'(*Rule of Law Award*)을 내게 수여했다. 나는 다시 단상에 올라가서 수상소감을 말했다. 이 짧은 연설도 그들에게는 강하게 전달되었던 것 같다.

'법의 지배상' 수상 후 점심도 거른 채 사무실로 돌아와서 검사 기피신청 사건의 주심 재판관으로서 재판연구관이 작성해온 실무의견을 검토하느라고 시간이 많이 걸렸다. 언론을 상대로 한 검사발언이 어느 정도라야 그의 불편부당성을 저해하고 피고인 무죄추정 원칙이나 피고인 권리보호를 침해하는 것이 되어 정당한 기피사유가 되는지 판단하기 어려운 문제이다.

저녁에는 네덜란드 변호사협회 창립 60주년을 기념하여 평화궁에서 개최되는 만찬에 턱시도를 입고 참석했다. 국제사법재판소에서는 페테르 톰카 소장이 불참이라 베르나르도 세풀베다(Bernardo Sepulveda) 멕시코 출신 부소장을, 그리고 구유고전범재판소에서는 소장 대신에 네덜란드 출신 재판관인 알폰스 오리(Alphons Orie)를 초청했다.

날씨가 좋아서 평화궁 정원에서 잠시 드링크를 하고 안으로 들어가서 헤드테이블에 앉았다. 호스트인 네덜란드 변호사협회장 얀 로르바흐 외에 나, 법무장관 옵스텔턴, 대법원장 코르스텐스, 감사원장 사스키아 스타위벨링(Saskia Stuiveling, 김황식 총리를 잘 안다고 함), 가와무라 국제변호사협회 회장, 젊은 네덜란드 소설가 예시카 드라흘러(Jessica Drachler) 등이 착석했다. 네덜란드 법무장관과 대법원장은 유럽연합 대법원장 만찬에서 만난 바 있으므로 재회를 참으로 반가워했다. 3인조 유행가 악단도 불러 흥을 돋우는데 평화궁의 음향효과가 나빠서 들리지 않는다. 그들은 젊은 소설가를 불러서 그녀가 지은 〈나의 길〉(*My Way*)이라는 단편을 낭독하게 하였다. 분위기는 무르익고 좋았으나 너무 늦어서 귀가하니 12시였다.

2012년 6월로 들어서자 참으로 일정이 벅차게 잡힌다. 방문자도 많고 안건

말리사태 회부차 방문한 정부 대표단 (2012. 6).

도 다양하게 발생한다. 물론 내년도 예산이 가장 큰 문제이다. 오늘은 아침에 콩고민주공화국의 어느 마을 사람들이 보내온 재판소에 관한 9개의 질문에 답을 하는 비디오를 촬영했다. 오후에는 바로 상고부에 제출된 최초의 검사기피 신청을 내 주관으로 합의하는 회의가 예정되어 있었다. 다행히 한 시간 이내에 합의를 순조롭게 마치고 전원일치로 기각결론을 내리기로 했다.

퇴근 무렵 볼리비아대사가 전화로 자기네 대통령 에보 모랄레스(Evo Morales)가 내주 화요일 이른 아침 재판소를 방문하겠다고 통보한다. 이번의 볼리비아 대통령 방문도 시간이 없으므로 나와 검사만 만나자는 것이 저들의 분명한 의사인데 재판관들이 또 무슨 소리를 안 할지 모르겠다.

리비아에 억류된 직원 4명을 구하라!

국제형사재판소 직원을 억류하고 언론플레이 하는 리비아

6월 7일 퇴근 무렵 리비아사건의 피의자 사이프 알이슬람 카다피(Saif al-Islam Gaddafi. 무아마르 카다피의 아들)를 접견하라고 재판소가 파견한 국제형사재판소 선임 변호인 등 4명의 직원이 리비아 당국에 의하여 억류되었다는 소식이 들어왔다. 3월 2일에도 국제형사재판소팀이 리비아를 방문해 카다피를 접견하고 왔는데 그때는 아무 문제가 없더니 이게 무슨 마른하늘에 날벼락 같은 소식인가.

사이프 알이슬람은 카다피 통치에 반대하는 세력을 대량 학살한 혐의 등으로 2011년 '아랍의 봄' 때 체포·기소돼 리비아 법정에서 사형선고를 받고 6년간 복역하다 2017년 6월 9일 풀려났다. 국제형사재판소는 전쟁범죄 등의 혐의를 적용해 영장을 발부하고 그를 기소하면서 신병을 인도할 것을 요청했으나, 리비아는 이를 거부한 바 있다.

첫 소식은 리비아 외무차관 모하메드 압둘 아지즈(Mohamed Abdul Aziz)가 6월 7일 오후 행정처장 아르비아에게 전화와 팩스로 보냄으로써 알게 되었다. 억류된 4명은 '피고를 위한 공익변호사실'(Office of Public Counsel for the Defense: OPCD) 소속 피고변호인인 호주인 멜린다 테일러(Melinda Taylor), 변호인 지원과(Counsel Support Section)의 스페인인 에스테반 페랄타(Esteban Peralta) 과장, 행정처의 알렉산더 코다코프(Alexander Khodakov, 전 네덜란드 주재 러시아대사) 및 레바논인 통역 엘렌 아사프(Hélène Assaf) 등이다.

행정처장 아르비아는 나의 결재도 받지 않고 제 마음대로 아무 준비 없이 직원을 보내더니 드디어 큰 탈이 나고 말았다. 전혀 현지로부터의 자세한 소식을 알 수 없는 가운데 다만 에스테반이 휴대전화 4대 중 1대를 용케도 감추어 가지고 있다가 친한 동료 질베르 비티(Gilbert Bitti)와 문자메시지를 주고받고 있었는데 이에 의하면 현지의 사정과 대우가 그다지 좋지 못하다고 했다. 그러나 이런 통신방법은 위험하기도 했지만 그나마 얼마 후 불가능해지고 말았다.

그런데 행정처장은 이 사태발생을 나에게 간단히 사무적으로 보고하고는 이날 한 달로 예정된 휴가를 가버렸고, 비서실장 린은 1주일 전에 세계 10대 명소라는 산토리니로 휴가를 갔다. 결국 나와 행정처 차장인 세네갈인 디디에 프레이라가 주도적으로 사태 수습에 임했다. 디디에는 아주 차분하고 이성적인 사람이므로 일단 믿을 만하고 안심이 된다.

나는 즉시 리비아 과도정부 수반인 무스타파 압둘 잘릴(Mustafa Abdul Jalil) 대통령과 통화를 시도했다. 6월 7일 오후 7시 조금 지나서였다. 그가 영어를 한 마디도 못하므로 모로코인 비서 네자(Nezha)를 순차통역으로 끼고 세르비아인 연설기록관 페타르에게 대화를 기록하게 하면서 약 1시간 45분 통화했다. 그는 우리 직원들은 그날 밤으로 신문을 마치고 트리폴리로 이동되었다가 72시간 내에 석방될 것임을 강조했다. 그러면서 그들은 여권만을 압수당하였을 뿐 행동의 자유가 있고 호텔에 각자 투숙하고 있으며, 문제가 있는 것은 호주 여성 변호사뿐이라고 했다. 나는 페타르에게 언론에게 줄 보도자료, 내부직원들과 당사국에 보내는 요약보고, 구속된 직원의 가족들을 위로하고 경과의 개요를 담은 통지문을 작성하도록 긴급지시 했다.

6월 9일 토요일부터 리비아 측은 언론플레이를 시작했다. 즉, 호주 출신 멜린다 테일러가 도피중인 카다피의 오른팔인 이스마일로부터 받은 기밀문서를 속옷 속에 감추었다가 카다피에게 전달하는 과정에서 발각되었다는 둥, 카다피에게 서명하라고 건넨 펜 속에 카메라 및 녹음기를 감추고 있었다는 둥의 내용이 언론에 보도됐다.

리비아의 언론플레이에 일방적으로 당하면서도 나는 객관적 사실만을 토대로 한 보도자료를 일부러 온건하게 작성해 발표하도록 했다. 리비아가 체면손상 없이 물러서도록 배려한 것이다. 관계국인 영국, 프랑스, 러시아, 스페인, 네덜란드, 유럽연합, 미국 등에 즉각 도움을 요청하고 긴밀한 연락을 취했다. 국제형사재판소에서 구성한 위기대책위원회의 거의 모든 멤버들은 강경론 일변도였다. 당장 소장이 리비아로 날아가 담판을 지어야 한다는 것이다. 나는 협상에서 리비아의 양보와 후퇴를 받아내려면 온건한 접근이 좋겠다고 판단했다.

어려운 국제협상의 국면에서는 조금 참고 감정을 억제하면서 끈기 있게 달라붙는 태도와 경험이 필요한데, 아직 그런 것이 구비되지 못한 우리 젊은 직원들의 태도와 중간보스들의 감정적 강경론이 우려된다. 그들의 열정은 높이 사고 싶으나 평소에 궂은일을 해결하는 경험을 해본 일이 없어서 내가 자리를 지키고 중심을 잡아 주지 않았더라면 초기부터 궁지로 몰릴 뻔했다.

이날 저녁에 있던 두 건의 일정을 소화하고 바로 사무실로 복귀했다. BBC는 물론 알자지라 등이 기사를 보도하기 시작한다.

6월 10일 일요일 모처럼 화창하게 해가 비친다. 아침에 잠깐 쉰 후 사무실에 출근했다. 위기대책위원회의 토론결과와 정보보고를 보니 아무 준비나 경험이 없고 무슨 일을 어떤 순서로 처리해야 할 줄 몰라 우왕좌왕하고 있는 느낌이 완연했다. 무슨 일이든지 정확한 사실정보가 있어야 이를 토대로 대책을 세울 텐데 입수한 정보가 상충되거나 언론의 짐작보도에 기댄 것이었다. 트리폴리 중앙정부 측과 진탄(Zintan)에 할거(割據)하는 부족의 지방민병대 간에 서로 통신과 통제가 안 되고 경쟁이 심하여 도대체 누가 협상상대인지 알기 어려웠다. 첫날 내가 통화한 대통령도 아무런 실권이 없어서 우리 변호인 팀을 구속한 진탄지역 민병대에게 중앙정부의 대통령인 그의 지시가 먹혀들지 않을 뿐 아니라, 내게 전화를 거는 리비아 정부 인사들마다 자기만이 실권자이니 오직 자기와만 통화하고 다른 사람과는 연락하지 말 것을 경쟁적으로 부탁했다.

6월 11일 월요일 아침에 일찍 출근했는데 오전에 자국민이 구속된 4개국(러시아, 호주, 스페인, 레바논)의 대사가 방문하였기에 그들과 장시간 정보와 의견교환을 했다. 별 뾰족한 당장의 대책이 있을 수 없으므로 자기네가 할 수 있는 모든 노력을 다방면으로 기울이겠다고 하면서 상호 위로의 말로 회의를 끝냈다.

오후에는 G6(일본, 영국, 독일, 프랑스, 이탈리아, 캐나다)의 대사들이 내년도 예산에 대한 제로명목성장(Zero Nominal Growth) 상한을 설정하고자 일개 부대를 이끌고 나를 방문했다. 언어 때문이겠지만 주로 영국대사 폴 아크라이트(Paul Arkwright)가 설명하고 다른 대사들은 이하동문(以下同文)이라는 식으로 거들었다. 나는 이 회의의 목적이 서로 대립하는 것이 아니고 상호간에 받아들일 만한 해결책을 마련하는 것이므로 계속 토론을 진행하자고 좋은 말로 회합을 마쳤다.

위기대책위원회는 전날 리비아로 파견한 마르크 뒤비송(Marc Dubuisson) 팀에게 큰 기대를 걸면서 그의 현지보고를 듣고 대책을 숙의하기로 했다. 그는 합리적이고 유능한 벨기에 사람인데 행정처장이 아주 싫어하면서 배제하여 별로 빛을 못보고 있는 사람이다. 그사이에 나는 4명의 억류직원의 가족들에게 각각 전화를 걸어 위로의 말을 전했다.

볼리비아 대통령의 두 번째 방문

6월 12일 아침 일찍부터 볼리비아 대통령 에보 모랄레스와 외무장관 및 네덜란드주재 대사를 접견했다. 국가원수인데도 아주 단출한 규모의 수행원을 이끌고 왔다. 아이마(Ayma) 인디안 부족 출신의 코코넛 농장 일꾼으로서 노조를 조직하여 정치에 투신한 입지전적 인물이다. 내가 만나본 남미국가의 대통령들은 서구에서 이민간 백인의 후손이었는데, 이분만 토박이 인디언 출신이다. 2006년 1월에 당선되었고 그해 11월 재판소를 방문한 이후 두 번째 방문이다. 지난번에는 토지개혁에 관하여 일장연설을 했다고 하더니 이번에는 국유화를 통한 경제발전을 길게 강조한다. 마지막에 가서야 사법개혁을 강조하며 국제형사재판소의 경험과 지식을 전수해달라고 한다. 순차통역으로 많은 얘기를 나누었는데 대통령은 언변이 좋다. 벌써 일주일째 리비아에서는 희소식이 들려오지 않는다.

유엔안보리의 협조 촉구

다각도의 국제협력을 얻어낸다는 차원에서 유엔안보리의 도움을 얻고자 시도했다. 억류된 사람들이 국제법상의 면책과 특전을 누리는 국제기구의 직원들이므로 즉각 석방을 요구한다는 취지로 공식서한을 만들어 유엔법률국에 보냈다. 유엔 법률고문 패트리시아 오브라이언이 바로 내게 전화를 걸면서 국제기구 직원 모두에게 면책조항이 적용되는 것이 법률적으로 어려우므로,

유엔총회 결의문 제 1970호를 근거로 안보리가 리비아를 국제형사재판소에게 회부하면 리비아는 국제형사재판소와 완벽하게 협력해야 할 의무가 있으니 즉각 석방을 요구한다고 쓰라고 권고한다. 재판연구관에게 스터디를 시켜보아도 그녀의 입장이 대체로 옳다. 유엔 법률고문과의 협의를 거쳐 그들의 견해에 입각한 내 서한을 안보리에 송부하였다.

리비아 현지의 뒤비송 팀이 관계국 대사 4인과 함께 국제조약에서 인정하는 영사접견(consular visit)을 위하여 트리폴리에서 진탄지역으로 이동했다고 했다. 그러나 진탄에 도착하기 15km 앞에서 지역민병대들이 더 이상 갈 수 없다는 통보를 하면서 그들을 막아서는 바람에 발이 묶였다. 진탄지역 민병대는 자기네 지역의 청년 약 300여 명의 희생으로 리비아 혁명이 성공한 것이니 방문하는 대사들을 인질로 잡고라도 중앙정부로부터 수억 달러의 보로금(報勞金)을 챙겨야 되겠다는 협박도 했다고 한다.

3시간 남짓 논란 끝에 뒤비송 팀은 결국 진탄에 진입했고, 그곳의 민병대와 감시카메라, 기타 많은 사람이 지켜보는 가운데 최초로 4인의 구속자를 약 10여 분간 만날 수 있었다고 한다. 우선 그들은 정신적으로나 육체적으로 양호한 상태에 있는 듯했고 가져간 약은 잘 전달되었으며, 처우는 나쁘지 않은 듯했다고 한다. 피의자와 변호인 간의 비밀보장이 되는 접견권(privileged visit)은 인정이 안 되었고, 이를 항의하니 이번 방문은 정식 영사접견(consular visit)이 아니라고 부인하더란다. 교도소가 아니라 게스트하우스라고 주장하면서 나중에 그들이 보여준 구금시설은 중앙에 복도가 있는 구조의 건물 한 편에 두 여성의 침대가 놓여있는 한 방이 있고, 다른 편에 두 남성의 침대가 놓여있는 방이 있었으며, 중무장한 감시군인이 중간 복도를 왔다 갔다 하면서 동초(動哨) 역할을 하더란다.

이 미팅에 관한 보고를 토대로 가족들에게 억류된 4인의 상태를 구체적으로 전할 수 있었다. 뒤비송 팀이 트리폴리로 귀환하자 우리는 경호안전팀을 증파했다. 이어서 리비아 측이 문제를 일으킨 것으로 지목한 멜린다 테일러가 요구한 변호인인 재판소직원 안드레아스 오쉬(Andreas O'Shea)를 보냈다. 그는 천신만고 끝에 16일 멜린다를 접견했는데, 당일에 트리폴리로 돌아오기로 했던 일정을 바꾸어 진탄에 유숙하면서 그녀와 계속 만날 것이라는 소식만 들어왔다. 이 소식이 도대체 무엇을 의미하는지는 해석하기 어렵지만 좋은 징조라고 해야 할지 모르겠다.

호주 외무장관의 비외교적 처신

6월 18일 또다시 새로운 한 주가 시작되었다. 직원 4명이 리비아에 억류된 지 벌써 10일이 넘어간다. 호주의 신임 외무장관 밥 카(Bob Carr) 상원의원이 나와 통화하자고 한다. 별도로 나와 통화하자던 스페인 외무장관(José Manuel Garcia-Margallo y Marfil)은 소식도 없다. 마침 프랑스 대사관저에서 공식만찬을 하는 도중에 내게 러시아 외교부 차관이 전화를 걸어 길게 통화함으로써 만찬의 분위기를 깼다. 자기 국민이 억류되어 있는 국가가 넷인데 각 대사나 외무장관들의 태도가 매우 대조적이다.

우선 혼자 이리저리 뛰면서 마침 이스탄불을 방문 중인 호주의 카 외무장관이 만사를 제치고 리비아 트리폴리로 날아가서 압두라힘 엘 케이브 (Abdurrahim El Keib) 총리와 법무장관 및 압둘아지즈 외무차관 등 정부요인을 만나고는 자신의 국내 정치 목적으로 기자회견을 열어 온갖 세부사항을 털어놓는다. 나에게 전화를 자꾸만 걸어대면서 별로 영양가 없는 이야기를 장황하게 늘어놓으니 이런 그의 비외교적 행태가 과연 석방에 도움이 되는 것인지 잘 모르겠다. 그는 재판소장인 내가 한 줄의 사과문만 발표하면 석방한다는 것이 리비아 정부의 태도라고 주장하면서 전화로 사과할 것을 졸라댄다. 전혀 외교관의 총수답지 않게 직선적이고 저돌적이며 함부로 말이 앞서 네덜란드주재 닐 뮬즈(Neil Mules) 호주대사조차 우려를 나타낸다.

리비아의 비밀 로드맵과 우리의 온건 대응

신임 아일랜드주재 네덜란드대사 크리스 브레이드펠트(Chris Breedveld)를 위한 리셉션에서 만난 러시아대사 콜로드킨은 우리가 좀더 강경한 태도를 표명하지 않는 것에 불만을 나타냈다. 스페인대사는 남의 일처럼 강 건너 불을 보듯 하나 이것은 우리 대변인실의 소니아 로블라라는 스페인 여성과 친해서 그녀로부터 자세한 속사정을 잘 듣고 있기 때문이라고 여겨진다. 새로 부임한 레바논대사는 별 도움이 안 되는 말만 한다. 하도 여러 대사들이 물어대는 바람에 대답도 귀찮고 비밀이 샐 우려도 있어서 리셉션장에서 바로 다시 사무실로 돌아가서 위기대책위원회의 회의결과를 기다렸다.

이 위원회는 디디에가 위원장이고 각 부서에서 한 명씩 참여하는데, 각 분야 중견 간부들인 소니아, 파디(Fadi, 아랍어를 하는 대변인), 케이타(Keita), 질베르(Gilbert), 마티아스, 린, 시릴(Cyril) 등이 매일 수고한다. 현지에 가 있는 뒤비송이 열심히 접촉하고 소식을 전해주면 이를 토대로 위원회가 토론하는데 항상 케이타와 질베르 비티는 불어로 판을 깨는 강경론자였다.

밤 9시가 넘어서 린과 마티아스가 내게 오더니 비밀리에 리비아의 새로운 제안을 전달한다. 이 제안은 현지의 뒤비송을 통하여 우리에게 전달된 것이다. 언론에서는 이를 이른바 로드맵이라고 했다. 그들은 우리가 동의하면 리비아의 검찰총장이 수사결과 보고서와 협상지침을 가지고 목요일 아침 우리를 만나러 헤이그로 오겠다는 것이다. 그들의 요구는 첫째 우리 측의 사과와, 둘째 잘못한 직원을 내부적으로 처벌한다는 보장을 해달라는 것이었다. 소장인 내가 결단해야 할 시점에 이른 것 같았다.

딜레마는 두 가지였다. 억류된 이들이 무슨 잘못을 저지른 것을 인정하는 듯한 말을 하면 그들이 권리로서 가지는 무죄추정의 원칙이 침해되는 데다가 후일 이들이 돌아서서 재판소나 나를 고소할 가능성이 있는 것이고, 둘째 사과하는 문제는 확실한 잘못이 있으면 백 번이라도 사과하겠으나 도대체 이들이 무슨 잘못을 했는지는 리비아의 일방적 발표밖에 없는데 이를 근거로 사과한다는 것은 말이 안 되고, 잘 나가던 국제형사재판소의 이미지에 손상이 가는 문제이므로 신중하게 검토할 필요가 있어 보였다.

아무튼 나는 린과 마티아스에게 인내와 온건론의 고수를 지시하였다. 우리에게 협상의 지렛대가 아무것도 없으며, 거절했을 때의 부담을 생각해보면 리비아 정부가 적진(敵陣)인 헤이그의 우리 사무실에까지 찾아와서 협상하겠다는 의사를 표할 때 이를 받는 것이 옳다고 판단했기 때문이다. 언제까지 구금될지 모르는 상황에서 우리 재판소의 체면을 위해 호주 여성 변호사에게 갓난아기를 떼어놓고 장기간의 구금을 견디라는 것은 인도적으로도 무리였다. 리비아의 협상제의가 과연 정부의 결정인지 어느 한 정파나 세력의 제스처인지 모르는 상황에서 참으로 힘든 결정이었다.

국제형사재판소에 나타난 리비아 협상 대표단

그동안 리비아 당국과 접촉한 경험으로는 과도정부의 수반인 무스타파 압둘 잘릴(Mustafa Abdul Jalil)이 약속한 것도 금방 진탄의 지방민병대에 의해서 부인되거나 다투어지는 경우가 비일비재했다. 따라서 나와 협상하기 위하여 찾아온다는 검찰총장 일행도 과연 정확한 수권을 받아오는지, 설사 협상이 성공했다고 하더라도 합의사항이 과연 지켜질지는 큰 의문이었다. 마침내 5인의 대표단 명단이 우리에게 통보되었지만 그들의 배경을 알아낼 방법이 없었다.

나는 의전담당 책임자에게 우리의 관용차를 보내고 공항영접을 극진히 잘하라고 신신당부했다. 네덜란드 정부도 우리와 보조를 맞추어 공항의전에 신경을 쓰겠다고 한다. 숙소는 쿠어하우스호텔이고 21일 밤 10시경 도착한다고 한다. 린과 마티아스는 협상대표인 나에게 말씀자료를 만들어 주었다. 그리고 '누가 협상테이블에 나와 함께 임할 것인가, 재판소에서 맞이하는 의전은 어떻게 할 것인가, 협상 후 내가 그들을 만찬에 초대하는 것이 적절한가' 등을 논의했다. 나는 말씀자료를 검토한 다음에 깊은 상념에 빠져서 일생일대의 대협상에서 어떤 태도와 전략으로 임할 것인지 고심했다. 나 외에 행정처장, 디디에, 뒤비송, 린이 협상단으로 나서고 대변인 파디는 아랍어를 하는 법률가로서 순차통역을 담당하기로 했다.

드디어 협상의 날이 밝았다. 그들은 6월 22일 오전 10시 정시에 우리 재판소에 도착했다. 대표단은 압델아지즈 알-하사디(Abdelaziz al-Hassadi) 검찰총장(AG)을 수석대표로, 압델파타호 밀라드 이브라힘(Abdelfatah Milad Ibrahim) 검사, 밀라드 압델나비 알-데칼리(Milad Abdelnabi al-Dekali) 검찰청 조정관, 알리 왈리 알리(Ali Wali Ali) 검찰청 대변인, 그리고 알리 보우세드라(Ali Bousedra) 법률고문으로 구성되었다.

수석대표 알-하사디는 50대 중반의 나이로 30년간 판사를 역임했다는데, 알리 보우세드라와는 데르나(Derna)라는 작은 마을의 동향 출신으로 대학동창이라고 한다. 보우세드라는 1979년 리비아를 망명하였다가 혁명 후 귀국했는데 그동안 런던에 체류하면서 박사학위를 받고 영미 및 중동국가에 로펌을 세워 실무를 한다고 한다. 유일하게 영어를 하는데 웃고 말대답을 제대로 한다. 엘 케이브 총리와는 고객과 변호사의 관계로 만나서 잘 알게 되었다고 한다. 턱수염을 기른 이브라힘은 트리폴리의 검사인데 우리 직원을 조사한 진탄의 검사와 아주 가깝다고 한다. 알-데칼리는 검찰총장 사무실에서 구속자 문제의 조정관인데 말없이 앉아 있으나 문제의 진탄 지역민병대 실력자와 직통이라는 소문이다. 한국에 7년간 대사로 근무했다는 헤이그 주재 리비아 대사가 수행했는데 한국말을 몇 마디 하는 바람에 긴장 속에서도 반가웠다. 김대중 대통령으로부터 받은 시계도 손목에 차고 있었고, 김우중 대우 회장을 좋게 기억했다.

오전에는 내가 처음 개막의 말을 하고 검찰총장의 요구사항을 들었다. 그는 조사결과를 설명하면서 예상대로 사과와 처벌을 요구했다. 이들은 우리가 직원들을 카다피의 변호인이라는 핑계로 기밀문서를 전달하게 하면서 그의 권토중래(捲土重來)를 도와주는 것이 아닌가 하는 의심이 강했다. 또한 그들이 체포하고자 지명수배한 자들을 재판소가 증인으로 채택한 후 증인보호 조치를 내리면 이들이 영원히 국제법상 면책특권을 갖는 것으로 오해했다.

설왕설래 끝에 나는 잘못한 일이 있으면 당장 사과하겠으나 당신네의 조사결과 외에 우리도 조사해야 하는데 신문조서도 안 가지고 왔으니 우선 조서를 모두 보내줄 것을 요구하면서 우리가 필요한 조사를 하고 잘못이 발견되면 응분의 사과와 처벌을 하겠다고 약속했다. 그러한 내용의 문안은 우리가 영어 및 아랍어로 준비하도록 합의하였다.

유감 표명과 사과

오전 회의를 마치자 금요일에는 기도해야 하므로 오후 회의는 3시 대신 5시에 속개하자고 하여 동의했다. 그동안 린, 마티아스, 시릴, 파디, 디디에 그리고 나는 계속 문안작성과 사과문 표현에 갖은 지혜를 동원하였다. 국제형사재판소의 체면이 손상되지 않는 범위 내에서 간단하게 사과할 방법이 없을까. 사과 표현의 정도와 관련하여 3단계의 문안을 작성하여 첫 번째 초안을 거부하는 경우에 제의할 다음 단계의 문안을 준비했다.

오후 회의에서 우리가 작성한 문안 중 사과의 수위가 가장 낮은 표현을 그들에게 던졌다. 한참을 훑어보더니 몇 개의 지엽적 문구에 집착하면서 결국 '사과'(apologies)라는 문구를 전혀 쓰지 않고 '유감'(regret) 운운하는 것으로 통과되어 속으로 안심하였다. 몇 가지 기술적 표현을 두고 논란이 전개되다가 가까스로 타결했다. 다만 저녁 7시 넘어서 마지막 문단에서 억류자의 즉각적 석방을 요구하는 것 때문에 시간을 끌었다. 그들은 '즉각적'(immediate)을 삭제하자고 밀어붙이고 나는 못한다고 버텼다.

그들의 이유는 이런 표현을 쓰면 자기네가 국제형사재판소의 압력에 굴복해서 석방하는 듯한 인상을 자기국민에게 줄 염려가 있다는 것이다. 그렇지 않아도 이 협상팀 4인을 반역자라고 자기네 언론이 2주일 이상 떠들었다는 것이었다. 그러나 나는 완강하게 버텼다. 그들은 결국 언성을 높여 아랍어로 한참 떠들다가 자리를 박차고 나가겠다며 불같이 화를 냈다. 나는 그들이 더 이상 후퇴할 길이 없음을 직감하고 억류된 직원 4명이 직접 가족과 당장 통화하게 해주면 "즉각적"이라는 문구 삭제에 합의하겠다고 타협안을 냈다.

그들은 나의 제안을 수락하면서 즉각 진탄에서 온 자를 포함하여 모두 휴대전화기를 꺼내 열심히 전화를 걸어댔다. 연락이 여의치 못하자 내일 토요일에는 전화를 통하게 해주겠다고 약속해서 하루 종일의 협상을 긴장 속에서 마무리했다.

가족과의 통화 시도

주말 내내 리비아 측으로부터 아무 소식이 없고 가족과 통화하게 해준다는 약속도 지켜지지 않았다. 예상한 대로이다. 비서실장 린도 주말에 자기 친구 딸의 결혼식에 바이올린을 연주하기로 한 약속이 있어서 영국으로 갔는데 일요일에 돌아온다는 것이 월요일로 미루어지면서 내게 전화를 걸었다.

나는 일단 국제형사재판소 직원에게 보낼 메시지 제 2신의 초안을 지시하였다.

리비아 사태는 계속 안개 속이다. 지난 22일 리비아 대표가 우리와의 합의문을 가지고 돌아갔으니 무슨 통보가 있어야 하는데 리비아주재 네덜란드대사관은 물론 트리폴리 정부도 일체 연락이 안 되고 우리가 이미 신청한 비자발급까지 일체 중지한 채 대꾸가 없다. 참 답답하고도 믿기 어려운 인간들이다. 그러나 협상 때 그들의 태도를 면밀하게 살펴보니 이제 그들도 4인을 무한정 잡아놓기보다는 석방하여 돌려보내고 매듭을 짓고 싶다는 생각이 있어보였다. 나만의 착각일까. 다만 그들의 행동이나 의사결정이 항상 느리고 예측 불가능하므로 참고 기다려야만 한다.

스페인 직원 에스테반이 그리스에 있는 부인과 직접 통화했다는 그나마 숨통 터지는 뉴스를 비서실장 린이 이메일로 전해주었다. 나는 하도 행사와 연설일정이 많아서 린에게 리비아 건의 사소한 문제들을 맡겨 챙기게 했는데 나중에 뉴스를 보니 다른 이들도 가족과 통화한 것이 확인되어 답답한 중에 그나마 위안이 된다. 날마다 울부짖는 가족들의 태도에서 조금 해방되지 않을까 싶다.

폭주하는 행사일정

6월 27일 아침 호주 뉴사우스웨일스대학의 루이즈 샤펠(Louise Chappell) 교수가 예방했다. 그녀는 지난 2월 호주가 국제형사재판소 10주년 기념행사로 주최한 학술회의를 주관하고 나를 초청한 장본인이다. 법을 공부하지 아니한 젊은 학자로서 상당히 열심인 데다가 인간성도 좋은 것 같다. 그녀의 연구계획의 일부로 인터뷰에 응해준 셈이었다. 그녀가 떠나자마자 영국 외무부의 국제기구국장 커스티 헤이스(Kirsty Hayes)가 예방했다. 이 기회에 린과 나는 예산에 관한 이야기를 많이 해주고, 재판소에 관한 필요한 많은 지식을 입력시켰다.

그리고는 바로 차로 바세나르에 있는 베네수엘라 대사관저에 도착했다. 이

관저는 아주 큰 대지에 지어진 오래된 역사적 건물인데 16세기의 채색유리 (stained glass) 와 벽난로 위에 그려 붙인 17세기의 종교화 등이 무게를 더하는 아주 대단한 건물이다. 하이파 아이사미 마다흐(Haifa Aissami Maddah) 대사는 이름으로 보아 아랍에서 이민 간 사람 같은데 영어를 못해서 남성직원을 항상 대동하고 다니더니 그동안 영어도 많이 늘었다. 그녀는 한 달포 전 찾아와서 나를 여성대사 클럽에 초대하여 오찬연설을 해달라고 했다. 가보니 여성대사 20여 명 중 18명이 출석했다. 처음 보는 대사도 있었다. 관저의 그릇은 최고급이고 음식도 쇠고기에서부터 각종 와인 및 과일 등 모두 그녀가 지난 11월 고국방문 시 가지고 온 것이라고 한다. 나는 연설하고 질문에 대답하느라고 바빴다. 이런 자리는 까다로운 경우이므로 무척 조심했는데 연설은 대성공이었다.

사무실로 돌아오자마자 오후 3시 반 유럽의회 의원단 4인을 접견했다. 이들은 자유민주당(Liberal Democrats) 으로서 방문 전에 나의 전 비서실장 루스 비스와도 만났다고 한다. 그들에게 재판소 현황을 브리핑하고 질의응답을 하였다. 이 기회에 우리 예산의 부족과 유럽연합의 인턴십 프로그램의 재정지원 중단 등을 소재로 강력한 호소를 했다. 이들이 떠나자마자 곧바로 돌아오는 7월 1일 국제형사재판소 10주년에 즈음한 소장의 담화를 녹화하는 일정이 기다리고 있다. 그런데 하루에 접견 일정이 너무 많다보니 마티아스 대외담당보좌관이 미처 말씀자료나 연설문안을 준비하지 못하고 허덕거린다. 그는 리비아 비상사태 때문에 이미 여러 날 밤늦게까지 고생하고 있었으므로 무어라고 말하기도 어렵다. 문안이 되는 대로 한 번 연습도 없이 바로 녹화장으로 들어갔다.

집에 돌아와서 옷을 갈아입고 이미 약속한 대로 다니엘 은세레코 재판관 내외와 새로 국제사법재판소(ICJ) 재판관으로 당선된 우간다의 줄리아 세부틴데를 집 근처의 식당으로 초대하여 새로운 직책을 갖게 된 것을 축하했다. 줄리아는 은세레코의 제자인데 시에라리온특별재판소의 재판관으로 근무하다가 국제사법재판소의 재판관으로 지난겨울 선출되었고, 은세레코는 국제형사재판소에서 재판관의 임기가 종료되었는데 내가 유엔사무총장과 협의하여 레바논임시재판소의 재판관으로 근무하게 새로운 직장을 구해준 것이다. 줄리아는 1980년대에 한국주재 대사를 역임한 시에라리온의 압둘 코로마〈Abdul Koroma〉 재판관을 물리치고 당선되었다.

리비아 국방장관의 태도

6월 28일은 오전 소장단을 비공식으로 소집하여 각종 비상현안을 허심탄회하게 논의하고자 계획했더니 두 부소장이 모두 아프다고 말도 없이 결근이다. 이날도 리비아에 관한 특별한 소식이 없다. 뒤비송을 보냈지만 이제 도착했을 것이고 다음 날은 금요일이니 저들의 주말 휴일이다. 린이 미국의 순회대사 스티브 랩〈Stephen Rapp〉과 리비아주재 네덜란드대사의 보고를 종합해서 소식을 보내왔다. 이 두 대사는 전날 리비아 국방장관과 회담한 사람이다. 아마도 리비아 정부 내에서 법무부 측과의 교통정리는 대략 된 듯한데 이번에는 진탄 출신의 국방장관이 문제인 듯하다. 아직 조사가 미진하다는 말을 전하더란다. 조사 때문에 석방이 늦어지면 7월 7일의 리비아 선거와 연결되어 구금된 우리 직원들이 정치적 쟁점으로 될 수 있고 그러면 아주 복잡해질 우려가 있어서 걱정이다.

그리고 국방장관에 의하면 진탄의 민병대가 자기들이 구속하여 붙잡고 있는 사이프 알이슬람 카다피를 중앙정부에 쉽게 넘기지 않을 의향이 간파되더라고 한다. 다만 이 두 사람의 일치된 보고는 국방장관의 태도가 아주 친절하고 편안한 것이었다고 한다. 나로서는 국방장관의 이러한 언급을 어떻게 대처해야 할지 고민이다. 이제 뒤비송으로부터 현지 확인을 받아보고 다시 대책회의를 해야 하는 것 아닌가 모르겠다.

억류된 직원 인수자로 소장이 직접 리비아에 오라

달이 바뀌어 7월 1일 일요일이다. 어째 폭풍전야의 정적 같다고 생각하면서 집에서 대기하는데 리비아 측이 직원들을 풀어줄지 모른다는 첫 보고가 들어왔다. 리비아 측과 협상하거나 접촉하면서 한두 번 속은 것이 아니어서 이런 정보가 거짓이거나 금방 바뀔 수도 있기 때문에 마음을 놓을 수가 없다.

이 비상사태 속에서도 한 달간 휴가를 다녀온 이탈리아 여성인 행정처장이 신병인수차 자기가 가겠다고 자진해서 나섰다. 남들이 만든 밥상에 숟가락 한 개 더 얹어서 자기생색을 내겠다는 계산으로 고집이 세다. 리비아는 여성은 안 된다고 보기 좋게 한 방 먹였다. 소장의 방문이 석방조건은 아니지만 오는 것이 좋을 것이라는 다소 협박성의 의사전달처럼 들렸다.

린과 나는 다음 날 새벽에 리비아로 들어갈 예정으로 그날 밤 잠을 안 자고 각종 준비를 진행하였다. 7월 2일 새벽 3시에 린과 함께 출발하여 로마를 거쳐 리비아로 들어갔다. 로마공항에 오전 9시 반경 내려보니 로마주재 호주대사 데이비드 리치(David Ritchie)와 이탈리아 외무부 위기관리 담당국장 클라우디오 타푸리(Claudio Taffuri)가 기다리고 있었다. 평소에 까다로운 이탈리아 정부가 자기네의 공군기를 내게 제공한다고 했다.

로마의 피우미치오(Fiumicio) 공항에서 군용공항인 치암피노(Ciampino) 공항으로 이동하여 보니 과연 이탈리아 공군의 16인승 제트기가 기다리고 있지 아니한가! 대통령 전용비행기라고 한다. 탑승하고 보니 더욱 놀란 것은 내부가 전부 금으로 치장되어 있고 각종 디자인이 몹시 예술적인 데다가 장식자재가 비싼 고급이었다.

약 2시간을 날아가서 트리폴리의 군용공항에 도착하였다. 이미 기자들이 카메라를 들고 많이 모여 있었다. 공항에서는 리비아의 외무차관 압둘 아지즈가 나와서 영접한다. 그리고 관련국의 대사와 직원들이 도열해 있었다. 나는 간단한 인사 후 선두에서 경호를 받으면서 그들이 제공한 벤츠 600에 외무차관과 함께 탑승했다.

연도에 보니 바다가 보이고 시내는 그런 대로 보기 좋으나 교통질서는 엉망이어서 경호가 없이는 헤쳐 나가기 어려웠다. 누런색의 척박하고 메마른 토양은 정리가 안 돼 있고, 군데군데 전투의 흔적으로 불탄 탱크나 파괴된 미사일 발사대가 널려 있었다. 2시간 남짓 동승하는 동안 외무차관과 나는 많은 얘기를 나누었다. 인간의 정서는 동서양을 막론하고 비슷하다는 점을 강조하면서 재주껏 그의 마음을 어루만지고 속내를 파악하기에 힘썼다.

드디어 진탄 시내의 국방부 건물 구내에 도착하니 그 지역 유지와 민병대

수뇌들이 대기하여 서 있는 것이 아닌가. 리비아 전통복장을 한 사람, 군복을 입고 턱수염을 길게 기른 사람, 총을 들고 왔다 갔다 하는 사람, 약 20여 명의 인물들이 무장한 채 도열하여 나를 맞이한다. 기계적 악수에 그치지 않고 그들의 독특한 체취에도 불구하고 한 명씩 껴안기도 하고 특별한 칭찬의 말을 한마디씩 던져주면서 개별적 환심을 사기에 노력했다. 그들은 국제형사재판소가 미리 내통해서 카다피를 탈출시키고 혁명정부를 전복시키고자 획책한다는 의심을 강하게 표현했기 때문에 그렇지 않다는 의사표시로 그들을 안심시키고자 노력했다.

단기필마로 적진에 들어가는 장수의 심정

헤이그에 온 리비아 중앙정부의 검찰총장과 협상을 완전하게 타결한 줄 알았는데 우리 직원을 억류하고 있는 진탄 민병대측이 받아들일 수 있게 다시 확인해야 한단다. 각국 대사들, 전 세계 미디어, 국제형사재판소 직원들 그리고 약 200여 명의 민병대 무장군인들이 보는 앞에서 군부대 내 넓은 회관의 높은 무대에 민병대장과 내가 마주 앉았다. 이곳에서 보니 우리 팀은 나를 수행한 린 외에 이미 파견된 뒤비송과 서너 명의 경호원과 통역뿐이었고, 각국 대사들이 참석한 외에는 모두 진탄지역의 군대와 주민들이 각국 기자들과 함께 커다란 공회당을 꽉 메우고 있는 것이 아닌가. 단기필마(單騎匹馬)로 적진에 들어가는 장수의 심정이라고나 할까.

　나는 나이 70이 넘어서 만난 이 큰 시련을 꼭 극복하리라고 다짐하면서 무표정한 얼굴로 회의장의 높은 단상에 앉았다. 군복을 입고 턱수염을 기른 작은 체구의 민병대 사령관이 무엇이라고 길게 말한다. 자기네 직원이 통역을 하지만 이 말이 내 귀에 들어올 리 없다.

　나의 발언 차례가 왔다. 사실 비행기 타고 오는 동안 린과 나는 사과문안에 관하여 얼마나 고심했는지 모른다. 준비된 문안 외에 내가 자발적으로 한두 마디 혁명을 위하여 목숨을 바친 이 지역 출신 수백 명 젊은이의 넋을 위로한다는 취지의 말을 즉석에서 건넸다. 앞줄에 앉은 각국 대사들이 크게 머리를 끄덕인다. 나는 4·19 학생의거 참가자로서 수십 년 전 그 당시의 상황이 주마등처럼 머릿속을 스쳐갔다. 그리고 준비된 문안을 정확한 통역을 위하여 천천히 읽어 내려갔다. 나중에 내 참모 중 아랍어를 하는 직원이 통역은 비교적 정확하게 잘되었다고 확인했다. 진탄인들은 무표정이었지만 청중 속에 앉아 있던 그 지역 출신 국방장관의 표정이 나쁘지 않았다.

구금된 직원을 안아주다

오후 4시가 되자 총을 든 채 군복을 입고 턱수염을 기른 자가 내게 오더니 점심을 먼저 먹고 억류된 자들을 면회할 것인가, 아니면 이들을 면회하고 오찬을 할 것인가를 물어왔다. 점심이 무슨 문제인가. 나는 새벽 3시에 헤이그를 떠나면서 아침을 먹은 둥 마는 둥 했을 뿐만 아니라 오후 4시까지도 물 한 모금 마시지 않았지만 배가 고픈 줄도 몰랐다. 물론 억류된 직원들을 먼저 만나겠다고 했다.

그제야 나는 이들이 오늘 직원들을 석방할지도 모른다는 희망을 갖기 시작했다. 내가 이 군인을 따라 직원들이 구속된 곳으로 이동하자 린을 비롯한 우리 직원들, 대사들, 기자들, 현지인들이 서로 다투어 법석을 하면서 내 뒤를 바짝 따라왔다. 건물 내에서 미로 같은 복도를 요리조리 약 10분을 걸은 후 연결된 다른 빌딩의 어느 지점에 이르자 이 장교가 집총하면서 "송상현 소장 이외에는 아무도 이 지점을 넘어서 따라올 수 없다"고 매서운 음성으로 소리친다. 모두들 움찔하고 정지한 순간 나는 어느 방으로 안내되었다.

언뜻 나도 같이 구속될지도 모른다는 생각이 머리를 스쳤다. 린도 순간 같은 생각을 했는지 내 팔을 잡아당기면서 혼자 못 가게 했다. 그러나 내가 뿌리쳤다. 나는 살 만큼 살았으니 무슨 위해가 닥치더라도 감당할 각오와 준비가 되어 있었다. 아마 고하(古下) 할아버지가 혹독한 일제 강점기에 이러한 각오로 늘 준비된 삶을 살지 않으셨을까.

이 방은 아마도 어느 군 고위간부의 방인지 집기가 좋고 에어컨이 시원하게 가동되었다. 불려나온 4명의 우리 직원들은 이 큰 방의 한구석에 어리둥절한 표정으로 서 있었다. 그들을 모두 기다란 밀가루 포대 같은 것으로 뒤집어씌워 데리고 나왔으므로 처음에는 누구인지 알아보기 어려웠다. 나는 심장이 뛰는 동시에 이런 경우에 무슨 말을 할지 말문이 막혔으나, "자네들이 심리적으로 기죽지 않고 모두 건강한 모습으로 보여서 참 기쁘다"고 결연하게 한마디 입을 떼었다. 그리고 한 명씩 천천히 껴안아 주었다.

흰 내리닫이 옷을 입은 스페인 직원 에스테반이 가장 먼저 눈에 들어온다. 그 꼴을 보고 "너는 그리스정교나 영국성공회의 주교가 되기로 결심했느냐"고 순간적으로 농을 던졌다. 그 바람에 분위기가 누그러진 것 같았다. 호주의 멜린다 테일러 변호사와 그녀의 통역인 레바논 여성 엘렌 아사프는 아랍여성들처럼 검은 베일을 얼굴 전체에 뒤집어쓰고 구석에 서 있었다. 나는 "너희 둘은 리비아의 국적을 취득하기로 결심했느냐"고 다시 농을 던지고 안아주었다. 전직 러시아대사인 알렉산더 코다코프는 비교적 덤덤했다. 그에게 정기적으로 약을 복용해야 하는데 괜찮았냐고 묻자 괜찮다고 하면서 억류된 초기에 일부러 좀 엄살을 떨었다고 했다. 약 15분의 간단한 면회가 진행된 다음에 이 군복 입은 자는 내게 오찬장으로 가자고 했다.

내가 4명의 직원을 쳐다보면서 한참이나 발걸음을 떼지 아니하자 마침내 이 투박한 민병대 장교는 이들 4인도 나와 함께 오찬장으로 가서 같이 식사하자고 제안했다. 이것은 그 긴박한 상황에서 참 고무적인 제스처인데 직원들이 이미 점심을 먹었다고 눈치 없이 사양한다. 나는 국제형사재판소는 일이 많아서 하루에 네댓 번 먹어야 한다고 강변하면서 그들을 오찬장으로 끌고 나왔다. 문을 나서는 순간 기자들이 덤벼 아수라장이 되었는데 기자들의 초점은 카다피에게 비밀문서를 전해주었다고 보도된 호주 여성변호사에게 집중되었다.

오찬장에 들어서니 식탁에 민병대 장교 같은 사람들 약 20여 명이 이미 앉아 있었는데 나는 직원들을 나와 가까운 자리에 앉게 했다. 식탁은 그들의 기준으로는 참으로 상다리가 휘어지는 성찬이었다. 사막이라 귀하디귀한 채소를 잘게 썰어 만든 샐러드가 놓여있고, 이름 모를 생선이 숯검정이 묻은 채로 구워져 올라왔고, 통닭 한 마리, 그리고 이름 모를 곡류 음식과 각종 빵이 올리브기름과 함께 놓여있다.

내가 포크를 들자 다른 사람들도 먹기 시작하는데 영 입맛이 당기지 아니한다. 그러나 귀로에 식사가 어찌 될지 모르므로 억지로 먹는 시늉을 하면서 통닭의 다리 한 개와 생선을 꽁지 쪽으로 잘라서 얼른 우겨넣었다.

드디어 이곳 출신의 국방장관이라는 사람이 오찬 후 나타나서 사과와 조사약속을 받았으니 돌아가도 좋다고 선언한다. 그러나 나는 우리 직원 4명에게 별도로 리비아 정부가 나중에 또 무슨 허황된 말을 지어낼지 모르니 떠나기 전에 다시 한 번 각자 구금됐던 방으로 가서 작은 종이부스러기 한 장이라도 남기지 말고 직접 자기 손으로 방을 깨끗이 정리하고 나올 것을 당부하였다.

오후 6시경 드디어 이들이 짐 보따리를 들고 나타났다. 내 차가 경호차와 함께 가장 앞에 서서 리드했다. 아! 드디어 소장이 직접 리비아 진탄에까지 와서 억류된 직원들을 데리고 헤이그로 돌아가는구나. 긴장되고 걱정된 하루가 지나고 빈손으로 돌아가는 것은 아니구나. 진탄에서 트리폴리로 가는 귀로에 다시 외무차관과 동승했다. 그는 계속 자기네는 국제형사재판소를 존중한다면서 앞으로 같이 잘 협력하자고 한다.

귀로에 외무차관이 계속 전화를 걸고 받는데 이 나라 총리인 엘 케이브 등 수많은 정부요인들이 나를 꼭 만나야 한다고 우겨댄단다. 할 수 없이 달리는 차에서 타협한 결과 우리 일행은 트리폴리 군용비행장으로 직행하고, 나는 다른 이들은 제외하고 오직 총리만 만나기로 합의했다. 차가 시속 200km로 달리는데 무섭기까지 하다.

오후 8시 총리 사무실에 당도하니 키가 크고 풍채가 좋은 총리가 나를 맞이한다. 약 15분간 형식적인 얘기만 하다가 기념사진을 찍은 다음 바로 군용공항에 합류했다. 결국 사진촬영이 만나자는 의도의 전부인 것 같았다.

리비아가 억류한 직원을 석방시켜 귀임하다

군용공항에서 리비아 주재 관계국 대사들을 작별하고 이탈리아 대통령 전용기에 올랐다. 16인승인데 우리 일행 모두가 탈 수 있었다. 구금되었던 4인 모두가 건강해서 다행이었다. 비행기가 이륙하자마자 안도감 속에서 여성을 중심으로 이야기가 많이 쏟아졌고 러시아대사였던 코다코프가 트리폴리주재

자기네 대사로부터 몰래 선물받은 레미 마르탱 XO 코냑 한 병을 개봉했다. 기내에 어설프게 차린 뷔페음식을 안주 삼아 코냑 한 병을 모두 비웠다.

두 시간 이상을 날아서 밤 11시경 로마의 군용비행장에 내렸다. 로마공항에서 기다리던 언론사 카메라 앞에서 내가 이탈리아 정부에 깊이 감사한다는 성명을 발표하고 다시 비행기에 올랐다. 네덜란드를 향해 가는 동안 각자 상념에 잠기면서 점점 말수가 적어졌다. 암스테르담공항에 기자가 많이 기다린다는 정보가 있어 기수를 로테르담공항으로 돌려서 도착한 시간이 화요일 새벽 1시 반이었다.

공항에는 우선 각국의 대사(레바논만 아무도 출영하지 않았음), 국제형사재판소 행정처장을 비롯한 우리 직원이 약 20여 명, 의사와 심리상담사, 그리고 가족들이 기다리고 있었다. 지옥에서 생환한 듯 얼마나 감격스러운 순간이겠는가. 참으로 긴 여정이었다. 이제 문제의 호주 변호사는 한 달간 떼어놓았던 갓난 아들에게 마음 놓고 젖을 먹일 수 있겠지. 한시가 급하게 만나고 싶은 가족의 심정을 배려하여 귀가하기 전에 공항 내에 특별히 방을 4개 빌려서 그들이 개별적으로 가족을 면담하게 해주었더니 이들이 무려 오전 3시가 되어서야 방에서 나왔다. 그동안 그 많은 사람들은 나를 포함하여 꼼짝없이 공항에 서서 기다리는 수밖에 없었다. 오전 3시에 미리 수배한 차로 모두 태워 보내고 린과 내가 집으로 오니 오전 4시였다.

7월 3일 약 두 시간 취침 후 일찍 출근하니 아무도 안 나왔다. 린은 아주 뻗었고 소장실 직원들은 나에게 감사와 칭송의 말을 계속한다. 나는 귀환의 내역과 경위를 간단히 적어서 전 직원들에게 이메일로 돌릴 것을 지시했다. 그리고 좀더 경과를 자세히 요약하여 전체 회원국에게 서한을 발송하도록 지시했다. 이 단계에서 느낀 것은 우선 부소장들이 내게 얼마나 고생했는가 묻거나 기타 빈말이라도 칭찬하는 일이 전혀 없는 것이다. 경과를 이메일로 통지받은 18명 재판관들 중 5인만이 긍정적 반응을 보이면서 짧게 수고했다고 회답했을 뿐이었다.

그리고 한 사나흘 쉬고 나면 억류되었던 4인 직원들도 직접 또는 그 가족이 따로 감사의 뜻을 표하고 그동안 심려를 끼쳐서 미안하다는 인사를 전 직원에게 하지 않을까 기대했으나 묵묵부답이었고, 나는 그 후로 그들이 어디서 무엇을 하는지도 모른다. 후일 내가 귀국하여 유니세프한국위원회장으로 임무를 수행하는 중 제네바에서 만난 유니세프 본부의 스페인 출신 간부는 리비아에서 풀려난 에스테반의 4촌 형님인데 그 집안에서는 나를 영웅으로 대우한다고 한다. 사흘이 지나자 억류의 초점인 호주 변호사가 근처 뫼벤픽호텔(Mövenpick Hotel)에서 기자회견을 했는데 기자들은 그녀의 발언 중 카다피는 결코 리비아에서는 공정한 재판을 받을 수 없다고 한 부분만 기사제목으로 뽑았다. 왜 이런 말을 해서 쓸데없이 리비아의 분노를 자초하고 앞으로의 관계를 어렵게 만드는가. 디디에에게 이를 점잖게 나무라도록 부탁했다.

리비아 억류사태에 관여한 인물들

이제 초기의 흥분도 가라앉고 여름 휴가철로 들어가므로 이 사건에서 배운 교훈이 무엇이고 어떻게 앞으로 대처할 것인가를 깊이 분석해야 한다고 생각했다. 참고로 위기를 해결하기 위하여 접촉한 리비아 인사들의 면면을 기록해두자. 과도정부(National Transitional Council) 수반은 무스타파 압둘 잘릴, 국방장관은 진탄 출신인 오사마 알-주와일리(Osama al-Juwaili), 외무차관은 모하메드 압둘 아지즈인데 지금은 외무장관이 되었다고 한다. 리비아 외무부 비자담당자는 모우라 마이아에(Moura Maiae), 검찰총장은 압델아지즈 알-하사디(Abdelaziz al-Hassadi)와 압둘 파타 압델 살람(Abdoul Fata Abdel Salaam) 보좌관, 사건담당 검사는 샤반 알-후바이시(Shabaan al-Hubaishi), 국제형사재판소 담당은 아흐메드 알-게하니(Ahmed al-Gehani) 교수, 총리의 비서실장은 이드리스 트라이나(Idris Traina), 헤이그주재 공관의 책임자는 아흐메드 타불리(Ahmed Tabuli), 진탄 출신 과도정부의 멤버는 술리만 포르티아 알도 자할(Suliman Fortia Aldo Jahal)이다.

다른 한편 우리에게 도움을 준 서방인사들은 유엔 사무총장 특별대표(SRSG) 이언 마틴(Ian Martin), 트리폴리주재 유럽연합 사무소의 피터 졸도스(Peter Zsoldos) 대사, 국제적십자사(ICRC)의 로랑 소지(Laurent Saugy),

미국대사 크리스 스티븐스(Chris Stevens, 얼마 후 피살), 이탈리아대사 주세페 부치노 그리말디(Giuseppe Buccino Grimaldi), 로마주재 호주대사 데이비드 리치, 러시아대사관 참사관 막시모프(Maximov) 등이다.

헤이그에서 도움을 준 인사들은 레바논대사관의 라미 아드완(Rami Adwan) 1등서기관, 러시아대사관의 소피아 세렌코바(Sofia Serenkova) 2등서기관, 미국대사관의 존 김 법률자문관, 영국대사관의 호세인 칸바르(Hossein Kanbar) 법률자문관, 호주대사관의 캐리 스콧-케미스(Cary Scott-Kemmis) 법률자문관, 스페인의 하비에르 발라우레(Javier Vallaure) 대사, 프랑스의 피에르 메나(Pierre Ménat) 대사 등이다.

회원국 사이에서 높아진 국제형사재판소의 위상

7월 9일 새로 부임한 폴란드대사 미하엘 베코비츠(Michael Węckowicz)가 예방했다. 얌전하고 단정하게 생긴 신사풍인데 영어가 상당히 모자란다. 그러나 이분은 지난 주 러시아대사관과 합동으로 자기네 대사관저에서 주최한 시베리아 출신 젊은 피아니스트 에두아르드 쿤스(Eduard Kunz)의 연주회에서 이미 인사한 바 있다. 공연 당시 앞줄에 앉았던 우리 내외는 이 연주자가 어려운 라흐마니노프도 잘 치고 아주 힘차고 강력하게 연주하는 데에 매료되었다. 차이콥스키 콩쿠르에서 떨어진 다음에 더 유명해져서 아주 바쁜 연주생활을 한다고 한다. 신임대사는 그에 관한 얘기를 반복한다.

오후에는 영국의 외무장관 윌리엄 헤이그가 빈넨호프(Binnenhof)에서 개최하는 공개강연에 초대되었다. 귀빈실에서 인사를 교환할 때 네덜란드주재 영국대사와 리비아주재 영국대사가 모두 정보를 주고 도와주어서 신속한 석방이 이루어졌음을 언급하면서 감사인사를 전했다. 영국 외무장관은 영국이 세계 263곳에 대사관과 영사관을 가지고 신속하게 정보교환을 하고 있음을 자랑스럽게 말한다. 옆에 서 있는 네덜란드의 외무장관 우리 로젠탈(Uri Rosenthal)에게도 감사의 말씀을 드렸다.

영국이 국제형사재판소 소장을 대하는 태도가 아주 달라졌다. 귀빈들이 강연장으로 이동하는 동안 영국 외무장관은 나를 넌지시 붙들더니 네덜란드 외무장관과 함께 3인만의 사진을 찍었다. 자기네 나름대로 언론전략이 있는 것 같다. 영국 외무장관의 강연을 들어보니 아주 해박하고 강력한 국제형사재판소 지지로 일관된 연설을 하면서 '피해자신탁기금'에 작년에 이어 50만 파운드를 기부한다고 발표하여 극적 효과를 노린다. 떠날 때에도 나하고만 악수하고 퇴장했다.

이를 보고 국제사법재판소를 비롯한 다른 국제재판소 소장 및 재판관들이 노골적으로 시기하는 말들이 여기저기서 폭발한다. 그러나 신생 국제형사재판소의 입장에서는 기분 좋은 날이다. 사실 2003년 초 처음 이곳에 도착하여 보니 특히 정초에 여왕을 알현하는 신년하례식에서 다른 재판소와 비교하여 현저하게 외교서열이 말미였다. 그러나 이제는 완전히 다르다. 유엔과 함께 태어난 국제사법재판소의 다음에 서면서 국제형사재판소는 서열상으로도 높은 대우를 받게 되었다.

7월 12일 하루 동안 각종 유럽연합 관계자를 만나러 브뤼셀에 가야 한다. 당일치기는 너무 무리이고 소장의 위신에 걸맞지 않다고 생각되어, 비서실장 린과 함께 하루 먼저 재판소의 자동차로 이동했다. 다음 날은 8시부터 유럽의회 부의장 오트마르 카라스(Othmar Karas, 오스트리아)가 주최하는 조찬모임에서 여러 명의 의원들에게 국제형사재판소의 어려운 사정과 특히 인턴십 프로그램 지원중단을 철회하라고 호소하였다. 사회하기로 약속한 슐츠(Johan Martin Schultz) 의장이 갑자기 유고여서 부의장이 주최한 모임에서 나는 연설하고 대답하느라 전혀 조찬을 못했다. 곧 9시 반 피에르 비몽(Pierre Vimont)이라는 대외담당서비스(European External Action Service: EEAS) 부책임자를 만나 회담했다. 점심까지는 잠시 시간이 있어 호텔에 와서 잠깐 이메일을 처리하고는 오찬 토론에 참석했다. 이는 유럽의회 내의 '국제형사재판소의 친구들'(The Friends of the ICC)의 대표격인 독일의 바바라 로호빌러 의원의 사회로 각종 비정부기구와 의원의 보좌관들에게 연설하고 질의응답을 했다.

국제형사재판소 창설 10주년 기념 재판소기 게양식 (2012. 7).
나를 비롯한 우리 재판소 재판관들과 이기철 대사를 비롯한 외교사절들.
이즈음, 국제형사재판소의 위상이 완전히 달라졌음을 체감했다.

　다시 1시 반에 이곳을 떠나 유럽연합 개발담당 집행위원인 안드리스 피에
발그스(Andris Piebalgs, 라트비아 출신)와 전반적 재판소 예산사정을 토론하
고 당면한 문제점을 오래 논의하였다. 그는 아주 똑똑하고 문제의 핵심을 빨
리 파악하는 사람이었다.

　거의 3시가 되어 우리는 재판소를 향하여 일로매진 달렸다. 5시에도 도착
하지 못할 것 같았는데 교통혼잡이 없고 시속 150km로 달리는 통에 4시 반
경 돌아왔다. 마침 방문 중인 사법연수원생 30명을 마지막에 맞이하여 여러
가지 격려를 하고 기념촬영을 해줄 수 있었다. 국제형사재판소는 이제 그 존
재와 위상이 확고해져서 방문객이 쇄도한다. 몇 년 전까지만 해도 1년에 5천
명 정도 방문했는데 이제는 3만 5천 명을 상회하므로 두 달 전에 방문을 신청
하면 이미 늦는다고 한다.

제자들이 마련한 재선 축하모임

7월 19일 오늘 드디어 한국에 3주간 쉬러 간다. 그것도 2년마다 한 번씩 돌아오는 고국방문 휴가를 받아 재판소 비용으로 내외가 편하게 귀국하는 것이다. 재판소장을 하는 동안 휴식을 취하는 것은 사치에 불과했는데 이번에는 편안한 휴식이다. 헤이그에 와서 근무한 지난 10년간 3주일의 여름휴가를 찾아먹는 첫 번째 경우이다. 물론 나의 부재중에 무슨 돌발사건이 생길지는 아무도 모르지만 이제 두 번째 소장의 임기를 시작한 마당에 오히려 느긋하다. 두 부소장이 무슨 일을 벌이지 않을까 염려되기도 하지만 지난번 부소장처럼 적극적, 독단적으로 일을 저지를 것 같지는 않다.

7월 27일 김황식 총리의 초대로 김성환 외교부장관, 김용담 전 대법관(규제개혁위원장) 부부를 포함하여 의미있는 만찬을 가졌다. 나는 이 자리에서 리비아 인질해결 전말을 보고하면서 인턴채용 비용의 기부를 부탁했다.

이중기 교수 그룹이 소집한 제자 만찬에 가보니 가장 많은 31명의 제자가 참석했다. 사실 이중기 교수는 뉴욕에서 1년간 방문학자 생활을 한 후 귀국한 지가 아직 한 달도 안 된다고 했는데 많은 졸업생들에게 연락의 수고를 한 것이다. 이 모임에서는 주로 내가 리비아 인질해결의 전말을 말하느라고 화제가 내 중심으로 이어졌다. 리비아 사건을 들은 황철규 안산지청장이 곧 최근에 편집국장이 된 제자 최영훈 군에게 알려서 〈동아일보〉에서 인터뷰 요청이 왔다. 전지성 기자와 전화로 인터뷰한 것이 사진과 함께 보도되었다.

귀임할 무렵 정상조 학장이 주재한 나의 재선 축하모임이 열렸다. 호문혁, 최병조, 김건식, 조홍식 등 제자교수들이 부부동반 참석했다. 돌이켜보면 정상조 학장은 꾸준하게 그리고 조용하게 지식재산권 전공으로 일로매진하여 이제는 한국의 최고권위자가 되었을 뿐 아니라 내가 역임했던 서울대 법대 학장으로 선임되었으니, 나는 참 좋은 제자들의 복을 많이 받은 사람 같다.

비엔나 음악 산책

8월 중순 귀임해 보니 아직 여름휴가 기분이 연장되어 재판소가 한산했다. 우리 부부는 돌아오는 긴 주말에 비엔나에 가기로 예약을 해두었다. 8월 20일 월요일이 아랍의 라마단이 끝나는 축제날인 이드 알 피트르(Eid al-Fitr)로서 재판소의 공휴일이다. 우리는 8월 17일 자정 무렵이 되어서야 비엔나의 호텔에 투숙했다. 날씨가 청명했지만 역시 34도의 더위를 이기긴 쉽지 않았다. 오기 전에 이미 2회의 콘서트 표를 샀는데, 첫 번째 공연장소를 찾느라고 시간을 많이 허비하였다. 옛 고등학교건물 속 강당 같은 장소에 약 300석이 들어찼는데 우리는 가장 앞줄에 앉았다. 10인의 연주자들이 모차르트와 슈트라우스를 중심으로 하이든 등을 포함하여 그야말로 환상적 연주를 했다. 이들은 오직 사람들의 귀를 즐겁게 하는 데 익숙한 곡만을 뽑아서 되풀이 연주를 전문으로 하는 사람들이 아닌가 하는 생각이 들었다. 나이든 수석 바이올린주자의 리드가 인상적이었고 조금씩 선을 보인 아리아와 발레공연이 색다르게 어필했다.

그다음 날도 이른바 모차르트 하우스에서 4인 실내악단이 모차르트를 중심으로 긴 곡들을 연주했는데 이것은 수준이 어제만 못하였다. 일반적으로 비엔나는 모차르트와 요한 슈트라우스를 중심으로 왈츠곡을 전문적으로 연주하는 음악도시 같다. 하룻밤에도 이 같은 수많은 실내악단이 연주를 한다고 하니 그야말로 대단한 음악도시이다.

이날의 연주장소는 모차르트가 불과 6주일간 머물렀던 곳인데도 불구하고 모차르트 하우스라는 이름을 선점하면서 가장 오래된 연주장소라고 선전한다. 합스부르크 왕조의 전성기에 많은 음악가나 예술가들이 후원자를 찾아 잘사는 비엔나를 방문 또는 거주했는데 재빨리 이 사실을 테마로 삼아 기획과 홍보를 잘하는 것 같다. 아직도 비엔나는 모차르트와 함께 음악이 넘쳐나는 곳임에 틀림없다.

구스타프 클림트(Gustav Klimt) 탄생 150주년을 기념하는 특별전을 벨베데레(Belvedere) 궁에서 보았다. 그의 부모, 형제자매 그리고 자녀들 외에 평생 친구인 화가 쉴레(Schiele)까지 포함하여 아주 거창한 특별전시회가 열려서 전시회에 흠뻑 취했다. 특히 클림트의 〈연인〉이라는 최고가의 작품도 전시중이었다. 오스트리아에서는 화가로서 오스카 코코슈카(Oskar Kokoschka)도 빼놓을 수 없고 어디에 가나 건축가로서는 오토 바그너(Otto Wagner)를 꼭 언급한다. 오후에는 도나우 운하(Donau Canal)에 가서 섬을 반 바퀴 도는 유람선을 탔다. 참 무미건조하고 볼 것 없는 선유(船遊)였으나 어느 한 지점에서 계단식 운하를 물을 채우면서 지나가는 수리(水利) 기술의 현장을 보여주었다.

마지막 날에는 호프부르크(Hofburg) 궁전에서 시간을 보냈다. 이는 베르사유 궁전의 오스트리아판이라고 할 수 있는 웅장하고 아름다운 비엔나 시내 속의 작은 타운이다. 궁내의 샤츠카머(Schatzkammer)에 들어가서 합스부르크 왕조의 온갖 왕관과 보석 및 의관들이 전시된 것을 볼 때까지만 해도 별로 관심을 안 보이던 아내가 거대하고 정교한 궁궐의 살림전시, 특히 프란츠 요제프(Franz Josef)의 사촌이자 부인인 엘리자베스〔일명 시시(Sisi)〕의 일생을 다룬 전시와 일상생활을 보여주는 전시에는 깊은 관심을 보였다. 다양하고 휘황찬란한 그릇, 은기, 금도금한 생활도구, 마이센과 세브르 등의 도자기, 대연회 진열식탁 등 모든 전시품이 입을 다물지 못하게 만든다. 합스부르크 왕가의 영화가 이렇게 호화로울 줄 몰랐다.

모처럼 3주간의 휴가를 보내고 돌아온 나도 너무 길게 휴가를 쓴 것이 아닌가 하여 다소 미안했는데 대부분의 직원들은 훨씬 더 긴 휴가기간을 즐기고 돌아와서는 곧바로 다음 휴가계획을 얘기했다. 지난 8월 말로 나를 잘 보좌하던 재판연구관 데이비드 콜러가 뉴욕에서 의학실습을 받는 약혼녀에게 가느라고 사표를 냈다. 큰 구멍이 뚫린 마음이다. 같은 날 호주 출신의 실력 있는 레베카 영(Rebecca Young)이 소장실의 법률고문 자리에서 떠났다. 탁월한 두 명의 인재를 잃은 셈이다. 그리고 호주에서 엘리엇(Elliot) 군이 인턴으로 새로 왔다고 인사차 들렀다. 이를 계기로 내가 처음에 인턴을 누구부터 채용했는지 2004년 9월부터 지난 10년간의 기록을 폴커의 도움을 얻어 복구했다.

9월 9일 일요일에는 KLM 오픈의 4라운드 결승을 보러 기차편으로 힐베르섬 골프클럽에 내외가 같이 갔다. 마지막 라운드에서는 3라운드 동안 1등을 유지하던 스코틀랜드의 그레이엄 스톰(Graeme Storm)을 꺾고 스웨덴의 페테르 한손(Peter Hanson)이 우승했다. 골프란 인생과 같다고 누가 그랬던가. 관전하면서 보니 스톰은 매번 파를 하고 한 타를 줄이지 못할 때마다 매우 실망하는 모습이 역력했다. 스웨덴의 한손은 아기가 응급실로 실려 가는 비상사태에서도 부인의 말대로 욕심내지 않고 평정을 유지하면서 경기한 것이 우승을 가져온 것 같다.

프랑코포니와 업무협정 체결

9월 28일 파리에 하루 출장갈 일이 생겼다. 아침에 아내와 법률고문인 히라드를 대동하고 탈리스(Thalys) 기차로 파리에 도착했다. 그리고 바로 프랑코포니(L'Organisation Internationale de la Francophonie: OIF)를 찾아 국제형사재판소와의 업무협정에 조인하였다. 문안은 히라드가 오랫동안 협상을 통하여 준비했는데 나와 프랑코포니(OIF)의 사무총장인 전 세네갈 대통령 압두 디우프(Abdou Diouf)가 함께 참모들의 배석하에 서명식을 갖고 준비된 성명서를 읽었다. 나도 문안을 불어로 낭독했다.

디우프는 국제형사정의 시스템에 대한 확고한 이해와 지지가 있는 것 같다. 짧은 면담 동안 과연 대통령다운 면모를 보여주는데, 이론이 정연하고 신념이 굳은 듯 내게 깊은 인상을 주었다. 앞으로도 믿을 만한 국제적 지지자일 것 같다. 영어가 부족하여 통역이 보좌하는데 의견을 개진함에 거침이 없다. 나는 그의 보좌진이 배석한 가운데 기분 좋은 맞장구를 쳤다. 소싯적에 총리를 거쳐 대통령이 되었단다. 대통령시절 한국을 방문하여 전두환 대통령과 회담한 기억을 정확하게 회상하면서 한국을 칭찬한다. 노련한 외교관이기도 하다.

저녁에는 *Time*지에 소개된 퐁피두센터 꼭대기에 있는 식당 르조르주(Le Georges)에서 히라드와 함께 저녁식사를 했다. 음식은 아주 맛있고, 모델을 하기 직전의 젊고 예쁜 여성들이 서빙을 하는데 그들이 입은 첨단의상과 함께

파리 소재 프랑코포니(OIF)와 국제형사재판소의 업무협정을 체결했다.
OIF의 사무총장 압두 디우프 전 세네갈 대통령과 함께한 서명식 (2012. 9).

분위기를 돋운다. 이곳에서 보이는 야경이 좋은데 아시아 관광객이 주된 고객인 듯한 인상이다.

　다음 날 아침에는 마침 파리와 베르사유 구간을 달리는 연례 마라톤이 에펠탑 앞의 마르스광장(Champ de Mars)에서 출발하였는데 이 희귀한 광경을 구경하는 행운을 누렸다. 많은 사람이 모여든 광장에서 이미 분위기가 아침부터 고조되고 있었다. 요란한 음악과 스피커를 통한 격려의 말 속에 10시부터 조금씩 출발을 시켜 11시가 넘어서야 약 2만 명 이상의 참가자가 모두 다 출발했다. 질서정연하고 즐거운 표정인데, 이른 아침 쌀쌀한 날씨에 대비하여 입고 나왔던 각종 운동복이나 플라스틱 덮개를 달리기 직전 모두 벗어서 부근의 길에 버리는 것이 아닌가. 이것을 집시나 노숙자들이 한 차례 걷어가고 나면 청소차가 본격적으로 말끔하게 치우는 것이었다. 날씨도 화창하고 이색적인 구경을 했다.

외국에서 마련한 국제형사재판소 창립 10주년 기념행사

뉘른베르크의 국제형사재판소 창립 10주년 기념행사

금년이 국제형사재판소 창립 10주년이라고 해서 전 세계적으로 많은 행사가 열리고 나를 개막연설이나 기조연설의 연사로 초청하는 경우가 적지 않다. 그러나 꼭 필요한 경우가 아니면 거절하거나 다른 재판관을 대신 보내곤 했다. 그런데 2차 세계대전 후 전범을 재판하여 처단한 뉘른베르크재판소 현장에서 독일 측이 주최하는 회의(Through the Lens of Nuremberg Conference)가 열렸다. 원래 이곳에는 아내와 같이 참석하고 주말을 쉬고 돌아올 작정이었다. 그러나 '국제형사재판소와 국가의 협력'(state's cooperation with ICC) 문제의 중심(fatal point)으로서 국제형사재판소를 많이 지원하는 노르웨이대사 람베르그 크루트네스(Ramberg Krutnes)가 약 2주일 전에 초청장을 보내면서 자기네 행사에 나의 연설을 부탁하는 것이 아닌가? 별수 없이 우리를 열정적으로 지원해온 그녀와 그녀의 국가를 존중하는 뜻으로 참석한다고 약속하고 보니 뉘른베르크 일정을 1박으로 줄이고 다음 날 바로 돌아와야 하게 되었다. 1박 후 귀임하는 여행이라 필립 암바흐 특별보좌관 및 폴커 연구관을 대동하고 이른 아침 비행기로 날아갔다.

숙소에 체크인을 하자마자 히틀러가 수십만의 군중을 모아놓고 선동연설을 하던 높은 연단시설(tribune)을 가보고, 문서보관소 옆에 그가 붉은 벽돌로 건축했던 대형 원형극장도 방문했다. 마치 네로가 사자를 몰아넣어 죄인과 결투시키던 로마의 콜로세움을 연상시키는 구조이다.

오후에 개막하는 기념행사는 뉘른베르크 상급법원 재판소장, 시장, 새로 임명된 외교부 수석법률고문 마르틴 나이(Martin Ney), 전 법무장관 등이 축사를 하고는 바로 나의 기조연설을 들었다. 첫날 저녁에는 호텔에서 만찬을 베풀고 당시 전범재판의 검사였던 벤저민 페렌츠 검사(92세)를 표창하는 행사를 카울 재판관의 주도로 개최했다. 나의 소득은 새로 취임한 독일 외무부 수석법률고문 나이(Ney)를 붙잡고 국제형사재판소의 사법운영과 예산문제에 대하여 솔직한 의견을 교환한 것이다. 그는 나와 전적으로 동감이지만 아르비아 행정처장을 불신하는 점만은 분명히 했다. 같이 참석한 티나 인텔만은 최초의 당사국총회 상근의장인데 역할이 불분명하고 당사국들이 자기 말을 잘 안 듣는 점 때문에 고민하면서 내년부터는 그녀의 후임자를 아프리카에서 찾아보겠다고 한다.

노르웨이가 마련한 국제형사재판소 창립 10주년 기념행사

다음 날에는 폴커와 함께 헤이그 사무실로 직행하여 밀린 결재를 하고, 노르웨이가 행사를 거행하는 시청 건너편 극장으로 아내와 같이 갔다. 국제형사재판소 담당 네덜란드대사 노라 스테하우어(Nora Stehouwer) 등 대사 10여명이 참석하고 우리 재판관들이 4명, 그리고는 직원이 약 260명쯤 참석했다. 행사제목이 '이상한 뉴스'(Strange News)여서 특이하게 생각했으나 전쟁의 참상을 보여주는 커다란 동영상 화면을 배경으로 한때 소년병이었던 우간다 청년이 홀로 나와 독백으로 연기를 주도한다.

그 남자의 옆에는 '뉴 유러피언 앙상블'(New European Ensemble) 단원 14명이 앉아서 분위기에 맞는 연주를 한다. 비디오 영상, 1인 독백극 및 음악 연주가 실로 기가 막히게 어우러져서 아주 강력한 메시지를 전달한다. 전쟁이란, 그리고 인간의 기본적 생존과 존엄이란 무엇인가를 소년병의 고백을 통하여 깊이 생각하게 하는 참으로 가슴 아프고도 인상 깊은 한 편의 종합드라마였다. 기술적으로 어떻게 음악연주와 비디오와 개인연기가 그처럼 효과적으로 어우러지는지 작곡가와 연출가의 두뇌에 감탄했다. 우간다 청년의 모놀로그는 기르던 염소 몇 마리를 반군에게 뺏기고 소년병으로 납치되어 훈련받으면서 복창하는 세뇌적 대사 등으로 시작된다. 약 40분간의 연주와 연기인데 참으로 감동적이었다.

더구나 이 악단 14명의 젊은 음악가들은 유럽의 각각 다른 악단에 속하지만 2008년부터 한 악단에서 한 명씩 참여하여 인권 등 동일목적을 위하여 협연한다는데, 이번의 공연도 지난 주말에 잠깐 맞추어보고 연주했다는 것이다. 나중에 작곡가, 연출가, 지휘자 등을 만나보니 젊은이들이 뜻을 같이하면서 음악으로 좋은 세상을 만드는 데 공헌하고 싶다고 한다. 우간다와 콩고의 전쟁현장도 방문하여 많은 피해자들을 만나보기도 했다고 해서 내가 2년 전 목숨을 걸고 현장을 방문했던 일이 떠올랐다.

공연 후 노르웨이대사가 인사말씀을 하고 내가 한마디 하게 되었다. 페타르가 작성하고 내가 검토한 연설문은 청중의 감정에 호소할 수 있을 만큼 깔끔하게 작성되었다. 역시 해체된 구 유고연방 출신으로서 온갖 풍상을 겪은 가난한 청년 페타르는 유능한 사람이다. 간단한 연습 끝에 천천히 국제형사재판소 창립 10주년의 의미를 살리고 직원들의 노고를 치하하며 우리의 공통된 임무와 목표를 상기시키면서 두루 고마운 마음을 전하고 새로운 각오를 다짐하자고 했다. 반면에 검사의 연설은 전혀 초점이 없이 케네디 대통령 등 무려 3인의 말을 길게 인용하면서 검사의 업적과 업무를 장황하게 늘어놓아서 큰 대조가 되었다. 아마 나와 검사의 연설을 처음 들어보는 대사들이 많았는데 그들은 모두 나중에 내게 감동적 연설이었다고 칭찬했다. 반면에 스리랑카대사는 아주 불쾌한 태도로 검사가 연설내용 중 스리랑카 소년병의 문제를 부정확하게 언급했다고 불평을 잔뜩 늘어놓았다.

룩셈부르크가 마련한 국제형사재판소 창립 10주년 기념행사

10월 9일 일본대사 고에즈카 다카시(肥塚隆)가 이임한다고 암스테르담의 오쿠라호텔을 경영하는 네덜란드인들이 송별 오찬 리셉션을 호텔 회장 한스 에이네남(Hans Eenennam, former marshal of the court of the Queen)의 집에서 개최했다. 일본의 국력과 고에즈카 부부의 적극적 활동 때문에 인색한 네덜란드인들이 개인집에서 송별 리셉션을 해줄 만큼 광범위한 친교를 맺은 것 같다.

저녁에는 대만의 쌍십절 행사에 일부러 참석했다. 외교관계가 없어 외로운데 마침 새로 온 대사 제임스 리(James Lee)는 젊고 똑똑한 사람인 것 같다. 나의 일정이 빡빡하여 염치불구하고 마티아스와 나는 대만국경일 리셉션에서 서서 간단히 저녁을 때웠다. 저녁을 그렇게 급히 해결하고 바로 룩셈부르크를 향하여 빌럼이 차를 몰았다.

3년 전 내가 막 소장이 되어서 5월 초에 룩셈부르크를 방문할 때에는 유니

세프한국위원회 회장 자격이었는데, 이번에는 그 나라가 주최하는 국제형사
재판소 10주년 기념행사에 공식방문을 하는 것이다. 출발시간이 오후 6시 40
분이었는데 룩셈부르크에 도착하니 밤 10시 반이었다.

다음 날 아침 10시 반 외교부 의전장의 안내와 경찰의 경호를 받으면서 외
교부에 당도하니 3년 전에 만난 동일한 부총리 겸 외교장관인 장 아셀보른
(Jean Asselborn)이 나를 맞이한다. 나는 창립 10주년에 관하여 덕담을 한 다
음에는 예산삭감 문제를 중심으로 강하게 호소했다. 그는 전적으로 동의했
다. 작은 나라이므로 걸어서 다음 일정인 앙리 대공(Grand Duke Henri I)을 알
현하러 왕궁으로 갔다. 마침 날씨가 좋아서 참 다행이다. 일단의 관광객들이
거리에서 기웃거린다. 왕궁 앞에 한글로 '면세점'이라고 쓴 간판도 보인다.

왕궁에는 입장하는 동안 걸어 들어가는 기다란 통로의 단계에 따라 안내하
는 의전관이 다른 사람으로 바뀐다. 아마 외교부 의전장이 안내하다가 대공
실의 시종의전장이 인수하는 모양 같다. 대공께서 나를 공식석상에 서서 맞
이하는 것이 아니라 반갑다고 격의 없이 뛰어내려오는 바람에 하마터면 그가
누군지 못 알아볼 뻔했다. 매우 친절한 분이다.

그분은 30분 내내 어떻게 성공적으로 리비아에 구속된 직원 4명을 석방하
여 데리고 귀임했는지 자상하게 묻는다. 그와의 대화를 마치고 다시 부총리
겸 외무장관이 초청하는 오찬장인 수백 년 된 식당으로 안내되었다. 그곳에
동석한 외교부의 담당직원과 법무부의 대표에게 상당히 솔직하게 속내를 털
어놓았다. 이번 예산투쟁에서 우리를 지지하겠다고 한다. 고마웠다.

오찬 후 바로 이 나라의 유일한 대학교(Université du Luxembourg)로 이동
하였다. 나의 강연이 재판소 창립 기념행사의 중심이다. 아주 작은 나라이므
로 대학도 작지만 청중이 약 100명 정도 들어찼다. 이 나라에서는 굉장히 많
은 수라고 했다. 학생뿐만 아니라 교수들, 비정부기구 그리고 이 나라에 본
부가 있는 유럽사법재판소(European Court of Justice)의 재판관들도 동석하여
경청하였다. 질문은 굉장히 다양하고도 진지했다. 끝나고 보니 한국 여학생
하나가 인사하면서 사인을 받아갔다. 자기는 공무원인 부모를 따라왔고 이곳
에 3인의 한국학생이 있다고 한다. 어느 곳이나 한국인이 없는 곳은 없다. 오

후 4시경 다시 차를 몰고 헤이그로 돌아왔다.

　내가 소장이 된 뒤 1년에 봄, 가을로 소장실 직원에게 만찬을 베푸는 시기가 왔다. 10월 11일 어제 시작한 인턴까지 모두 내가 초청한 만찬에 참석하여 약 20명이 한때를 즐겼다. 이번에도 항구 부근의 이탈리아 식당에서 모였는데 맛도 있고 분위기도 좋았다. 비서 소피가 음식점 선택 등 비교적 준비를 잘해서 즐겁게 저녁을 먹고 덕담을 건넸다. 처음으로 소피의 남편도 만났는데 스페인 바스크 사람이라고 한다.

베니스가 주최한 국제형사재판소 창립 10주년 기념행사

베니스에서 개최되는 국제형사재판소 10주년 회의에 참석차 10월 18일 부부 동반으로 베니스로 날아갔다. 이 회의는 베니스의 변호사협회와 기자협회가 공동주최하는 모임이다. 베니스는 근 40년 만에 다시 방문하는 곳이라서 옛 기억이 별로 없고 처음 오는 것 같다. 날씨가 좋은데 도착하는 날은 호텔유럽 (Hotel Europa)에서 만찬을 즐겼다.

　다음 날 회의는 나의 연설이 끝나면 오찬을 하고 회의를 종료한다. 회의장은 산로코 대회당(La Scuola Grande di San Rocco)인데 이곳은 베니스가 한참 부귀영화를 누리던 16세기에 지어진 6대 길드(*guild*) 중 가장 잘 보존된 건물이라고 한다. 내부는 유명한 틴토레토(Jacopo Tintoretto)가 구악의 장면을 그린 벽화로 가득 찬 장중한 건물이다. 나는 이탈리아 청중에게 언어장벽이 있으므로 천천히 말하여 통역이 잘되도록 배려함으로써 될 수 있는 대로 많이 알아듣게 하였다. 영어가 모국어인 미국변호사협회(ABA)의 마이클 그레코 (Michael Greco) 회장과 우리 검찰부 직원인 사라(Sara, 이탈리아계 미국인)가 내게 '송 소장은 연설 한 가지만으로도 국제형사재판소를 가장 잘 대변하는 대표자의 자격이 있다'고 촌평했다.

　도착한 금요일과 회의장에서 연설한 토요일은 제외하고, 일요일 아침에야 외출하여 산마르코(San Marco) 광장 등 몇 곳을 둘러보았다. 철이 지났지만 관광객은 전 시가를 뒤덮어서 발걸음을 제대로 떼어놓지 못할 정도였다. 특히 중국과 일본의 단체관광객이 많이 보인다. 우선 날치기나 소매치기가 없다니 크게 안심된다. 어디를 가나 카메오(Cameo)와 무라노(Murano) 유리제품이 판을 친다. 그런데 미술, 음악, 건축, 장식 등 모든 면에서 세계를 압도하던 그들이 왜 어느 순간에 2류 국가로 떨어졌을까.

로마에서의 국제형사재판소 창립 10주년 기념식

아마도 2012년 마지막 국제형사재판소 10주년 기념행사일 듯한 로마에서의 행사에 참여하기 위하여 아내와 함께 비행기로 2시간을 날아왔다. 로마의 호텔위치가 시내 중심지 한가운데여서 우리 부부는 주말 내내 관광버스를 타고 돌아다니며 옛날 로마여행의 추억을 기억해내기도 하였다.

12월 10일 월요일은 아침부터 초청자인 이탈리아 의회지도자들을 만나는 약속이 있다. 9시 전에 하원건물 앞에 오면 PGA의 새 의장인 뉴질랜드의 로버트슨(Robertson) 의원과 함께 의전절차에 따라 의회지도자들을 면담하게 되어 있다. 장중하고도 사람을 압도하는 수백 년 된 아름다운 건물 내부를 한참 지나 하원의장의 접견실에서 기다렸다.

전에 잠시 외무장관을 역임한 지안프랑코 피니(Gianfranco Fini) 하원의장과 상원의 부의장인 엠마 보니노(Emma Bonino), 그리고 법무장관인 파올라 세베리노(Paola Severino)가 나를 영접한다. 인사를 교환하고 사진을 찍는 등 만나는 의식이 잘 진행되었다. 면담시간이 15분이라서 이때가 아니면 이탈리아정부가 비행기를 보내주는 등 리비아 인질을 석방하는 교섭과정에서 도와준 성의에 대한 감사의 말을 할 기회가 없다는 생각이 문득 들었다. 얼른 기회를 잡아 감사인사를 마치고 본회의장으로 내려가니 67개국에서 300여 명의 국회의원들이 PGA 회의에 참석하였다. 나도 하원의장 등과 함께 무대중앙에 앉아 있다가 나의 개막연설에서 감사의 말을 전하고 하루 종일 회의토론과 경과를 지켜보았다.

토론 자체는 아주 진지하게 진행되었는데 간간이 반(反)미 내지 반(反)서유럽의 생각을 가진 스리랑카 법무장관 등이 아프리카만 타깃으로 삼았다는 등 아주 고약한 비판을 했다. 항상 듣던 비난이지만 이를 반박할 시간이 없어서 유감이었다. 오찬은 중요인사만 따로 준비한 모양인데 연락이 제대로 안

이탈리아 의회에서 연설 (2012. 12). 리비아에 억류되었던 국제형사재판소 직원들을
석방하는 과정에서 이탈리아가 제공한 도움에 대해 감사 인사를 전했다.

되었는지 명단에 있는 분 중 겨우 대여섯 명만 참석하고 자리가 많이 비자 관
계없는 다른 사람으로 급히 자리를 채우느라 야단법석이었다.

사실 이 기회에 몇 나라를 따로 면담하여 가입을 촉구할 계획이었으나 커
다란 건물 속에서 누가 어디에 있는지를 파악하기가 쉽지 않았다. 저녁에는
고생한 봉사자 몇 분에게 상을 주고 거창한 만찬을 주최하는 것으로 일정표에
인쇄되어 있었다. 시상식장인 하원의 도서관에 모든 수상자와 참석자가 착석
하고 있는데 개식시간보다 40분 정도 늦게 이탈리아 주최자들이 들어온다.
상원의장과 부의장, 내무장관 칸첼리에리(Annamaria Cancellieri) 등이 입장
하여 내 바로 옆에 앉았다. 예정을 넘겨 9시가 지나서야 혼란과 무질서 속에
시상식이 끝났다. 아내와 마티아스를 데리고 나와 부근의 이탈리아 식당에서
11시경 저녁을 사주었다.

국제형사재판소와 유엔안보리의 관계를 점검하는 공개토론

갑자기 과테말라의 발의로 10월 17일 안보리에서 최초로 국제형사재판소와 유엔안보리와의 관계를 점검하는 최초의 공개토론에 초청을 받았다. 국제형사재판소 탄생 후 10년 만에 이런 회의가 열렸으나 만시지탄에도 불구하고 도움이 되는 모임이고 초청이었다. 이런 제의가 왔을 때 참모들은 오히려 법원인 우리가 불필요하게 안보리의 정치토론에 휩쓸리지 않을까 염려하여 참석을 만류하는 모습이었다. 그러나 나는 노력하기에 따라서는 이런 경우를 재판소 홍보를 위한 황금의 기회로 반전시킬 수 있다고 생각하여 적극적으로 준비하여 참석했다.

안보리에 참석하기 전에 반기문 사무총장을 만나 리비아 사태 때 도와준 것을 감사하는 인사를 하고 안보리 회의장에 들어갔다. 반 총장의 서두인사에 이어 내가 연설했다. 우선 연설벽두에 '강남스타일'을 이용하여 조크를 했더니 반 총장 등 강남스타일이 무엇인지 모르는 소수의 나이 드신 대표만 제외하고는 모든 안보리 참석대사들이 박장대소를 했다. 내 연설은 유엔 웹캐스트로 전 세계에 중계되었다.

'강남스타일'은 이 무렵 가수 싸이가 선풍적 국제적 인기몰이를 한 곡인데 나는 이미 소장실 직원으로부터 '강남'이나 '오빠'가 무엇인지 등 반복적 질문을 받은 바 있어 그 노래의 인기를 이미 잘 알고 있었다. 안보리 연설에서 이를 소재로 한 조크를 생각한 끝에 15분의 발언시간 제한이 있는 줄 알지만 할 말이 하도 많아서 내 연설을 강남스타일처럼 몰고 나가도 아마 15분 내에 마치지는 못할 것 같다고 했더니 나이 지긋한 안보리 대표만 알아듣지 못하였을 뿐 수전 라이스(Susan Rice) 미국 대표 등 대부분의 안보리 대표와 방청객 모두 폭소를 터뜨린 것이다. 애당초 이를 몰랐던 반 총장이 나중에 김원수 대사의 설명을 듣고는 그다음 날 마침 뉴욕에 와있던 가수 싸이를 유엔으로 데려다가 접견하면서 찍은 사진이 CNN에도 방영되고 반 총장의 입에서 자기보다 더 유명한 한국인이 싸이라는 언급이 나왔던 것이다.

안보리 외에 유엔총회에서도 나의 발언 이후 무려 55개국이 발언을 신청하여 우리를 지지했는데 한국만은 발언을 안 했다. 다음 날 안보리 비상임이사국 선거가 있으므로 자중한다는 뜻에서 발언을 안 하기로 했다는 어이없는 해명만 들었다. 말이 안 되는 이유인 것이 아시아의 한 자리를 놓고 부탄 및 캄보디아와 대결하는 한국이 낙선할 가능성이 거의 없는 데다가, 서구에서는 호주, 룩셈부르크, 핀란드가 출마해서 경쟁하는데도 선거결과와 관계없이 모두 출석하여 강력한 지지발언을 한 것과 너무 대조가 된다.

소장을 배출한 나라의 대사는 발언을 안 하는데 심지어 회원국이 아닌 미국도 국제형사재판소를 강력하게 지지해주어 수전 라이스에게 고마운 마음이 들었다. 아무튼 나는 우리 입장에서 할 말을 모두 다하고 안보리의 미온적 태도와 비협조를 강력히 지적하면서 재판소의 입장을 분명하게 전달했다. 물론 티나 인텔만과 크리스티안 베나베저가 나의 발언 이후 전임 당사국총회 의장들 모두의 뜻을 모아 지지발언을 했으나 나의 발언이 단연 화제의 초점이었고 모든 언론과 비정부기구 등이 호의적으로 보도하였다.

뉴욕에서 겪은 100년 만의 강한 태풍

다시 유엔총회에서 연설하기 위하여 뉴욕으로 향발했다. 매년 이맘때면 정기 행사이다. 아내와 함께 10월 26일 오후 공항으로 나갔다. 예정보다 1시간 먼저 뉴욕에 도착하니 최용훈 검사가 대표부의 필리핀 운전사 리토를 데리고 공항에 출영했다. 처음으로 인터컨티넨탈호텔에 예약해준 대로 투숙했다. 1920년대에 그들이 번 돈으로 식민지시대의 스타일을 모방하여 잘 지은 건물이 뉴욕에 많이 있는데 그중 하나이다. 저녁을 안 먹은 채 그냥 잠을 자고자 했는데 한명재 대사 부인이 막내딸을 데리고 뉴저지에서 밤 10시경 예방했다.

마침 강한 태풍인 샌디(Sandy)가 동부해안을 강타할 예정이라는 일기예보가 계속 나온다. 태풍이 피해를 많이 입힐 것 같아 뉴욕, 뉴저지와 코네티컷의 주지사 및 시장들이 매시간 방송에 나와서 구체적 대비를 역설하는 것이 돋보인다. 저녁에는 아내의 이종사촌이 남편 및 두 자녀와 함께 와서 저녁을 먹기로 했다. 필라델피아에 사는 그들이 우리를 만나러 미리 뉴욕에 와서 묵으면서 대기하고 있었다. 나는 그녀가 소녀시절에 잠깐 만나보고 수십 년 만에 처음 보는 것이다. 처음 만난 남편은 잘 생기고 똑똑한 남자인데 필라델피아에 있는 큰 건축사무소 파트너로서 행복하게 살고 있는 듯하다. 참 마음에 들고 호감이 가는 전문인이다. 처 이종사촌에 의하면 그의 오빠 존(John)은 심장외과 의사로서 워싱턴에서 사는데 부자인 장인의 자선재단 사업 일부를 물려받아 아주 성공적이고도 바쁜 생활을 하고 있다고 한다. 그녀의 남동생 진(Jean)은 치과의사로서 북부 플로리다에 부모가 사시는 근방에서 잘산다고 한다. 참 부러운 가족이다. 그들이 예약한 '프린트'(Print)라는 식당에서 만찬을 즐기면서 국제형사재판소의 일에 관하여 질문을 많이 받았다.

어제 리토를 보내면서 월요일 아침에 만나자고 하고는 우리 내외가 주말 하루를 한가하게 쉬면서도 태풍이 온다는 경고에 은근히 걱정이 되었다. 아직 우리 연락사무소의 직원에게도 연락조차 못했다. 나중에 비서실장 린이 제대로 도착하여 같은 호텔에 체크인하여 다행이다.

밤새 100년 만에 가장 강한 태풍 샌디가 몰아쳐서 10월 29일 월요일 아침에는 일체의 상점과 도로와 지상 지하의 교통편을 폐쇄한다는 것이 아닌가. 우선 유엔이 폐쇄되고 보니 나의 월요일 일정이 모두 취소되고 갑자기 강제휴가를 갖게 되었다. 사전에 준비해온 많은 미팅들이 취소되고 일정이 뒤죽박죽이다. 오랜 미국 친구 로이 헌트와 안부전화를 하고 플로리다주 나폴리(Napoli)에 사시는 아내의 큰 이모부와도 통화했다.

아침에는 엄중한 경고예보에 비하여 비도 안 오고 바람도 강하지 아니하여 부부가 시내에 나가서 5번가와 호텔 근처를 걸어 다니면서 구경했다. 차는 현저하게 줄었는데 거리에 돌아다니는 사람은 생각보다 많았다. 그러나 항상 24시간 연다는 맥도널드나 스타벅스 등은 물론 부근의 웬만한 식당이 모두 문을 닫아서 아내가 물과 샌드위치 및 머핀을 비상식량으로 사왔다. 또한 지난 금요일에 우리를 방문할 때 한명재 대사 부인이 가져온 떡이 갑자기 긴급구호식량이 되어 호텔방에서 이것으로 아침을 때우기도 했다. 이 같은 최고로 위험한 태풍사태를 공무출장 중 객지에서 맞아 꼼짝없이 호텔방에 사실상 감금되는 사태는 난생 처음이지만, 비상사태에 대처하는 각 주정부와 호텔 측의 태도를 아주 잘 관찰할 기회가 있었다. 과연 선진국답다.

우선 마이클 블룸버그(Michael Bloomberg) 뉴욕시장이 TV에 계속 출연하여 안전수칙과 행동요령을 직접 주지시키고 뉴욕, 뉴저지 및 코네티컷 주지사들이 모두 출연하여 자기네들이 주민을 위하여 무엇을 준비하여 서비스할 수 있는지를 반복적으로 홍보하고 주민의 주저 없는 연락과 구호요청을 바란다고 할 때 저절로 믿음이 갔다. 한국의 현실에서는 상상하기 어려운 비상 대처방법이었다. 시민들도 상당한 인내심으로 자제하는 모습이었다.

이번에 투숙한 호텔은 우선 다소 높은 지대인 미드타운(midtown)에 위치하고 있고 부근에 음식점 등이 많아 식사에 큰 불편이 없는 데다가 맨해튼의 39가 이하의 다른 지역과는 달리 전기가 그대로 공급되어 일상생활에 불편이 없었다. 특히 강조할 점은 호텔 측이 매 시간마다 상황변화를 상세히 보고하면서 투숙객들에게 무엇을 할 것인가를 계속 알려주어 참으로 안심되었다. 고급호텔의 비상시 대처요령과 손님들을 안심시키는 공지는 단연 돋보이는 일품이었다.

마침 미국인들이 성대하게 잔치를 벌이는 할로윈 파티를 위하여 많은 장식과 준비를 했으나 비상사태에 임하여 이를 그대로 실시할 수가 없게 되자 호텔 측은 투숙객들을 아래층의 큰 홀로 안내하여 무료함을 달래도록 프로그램을 마련하기도 했다. 어린이들을 위한 놀이방을 마련하기도 하고, 데리고 온 애완동물의 집합소를 만들어주기도 한다. 그래도 사정이 점차 악화되어 결국 호텔에서도 더운 물을 공급하지 못하는 지경에까지 이르렀다. 저녁에는 린을 초청하여 부근의 이탈리아 식당에서 만찬을 하고 헤어졌다. 그도 장모가 편찮으시고 집안일에 골몰하다가 이제 시간이 나서 다소 소홀했던 재판소 일을 따라잡고 전념할 수 있게 되었다고 좋아한다.

태풍 샌디의 공격은 가혹했다. 뉴욕 시내의 모든 지하철 정거장과 터널에 물이 꽉 차고 많은 주택과 차가 물속에 잠기는가 하면 강풍에 쓰러진 거목이 집이나 차를 덮쳐 피해가 막심하다. 그리고 컨 에디슨(Con Edison) 발전소의 변전시설이 폭발하여 39번가 이하의 맨해튼 최남단까지 모두 정전이라고 한다.

10일 이상 걸려야 복구가 가능하다고 하니 전기가 없어 깜깜한 데다가 전기로 공급되는 수돗물이 안 나오고, 엘리베이터의 운행중단으로 고층아파트를 걸어서 오르내리는가 하면, 동력이 없으니 주유소에서 기름을 넣을 수가 없어 자동차를 움직이지도 못한다. 일체의 대중교통 수단이 정지되어 이동이 불가능했다. 약 100명의 사람이 넘어지는 나무에 치여 죽기도 하고 익사하기도 했다고 한다.

지독한 태풍인데 맨해튼 한가운데에서는 비가 오다 말다 하고 바람도 큰 빌딩에 가려서 세게 부는 것을 못 느끼지만 뉴욕, 뉴저지 및 코네티컷 해변은 피해가 막심하다. 호텔방에서 꼼짝없이 TV의 태풍피해 방송만 시청하고 있는데 오후에 내 전임 재판연구관 데이비드 콜러가 약혼녀 사라(Sara)와 함께 호텔로 인사차 예방해서 린과 함께 접견하고 보냈다. 행복하고 어울리는 커플이다.

드디어 사흘을 기다려 11월 1일 유엔총회를 속개한다는 연락이 와서 반가운 마음으로 유엔으로 나가 보았다. 외출나간 아내는 한참 만에 다행히 연락이 되어 유엔 총회장으로 왔으나 뉴저지 이모님은 집이 침수되고 교통편이 없어 못 오셨다. 정오에 내 차례가 와서 20분간 연설을 잘 마쳤다. 유엔총회 의장이 오전에 국제사법재판소장의 보고를 받은 후 그에 따른 몇 회원국의 찬조 발언을 중간에 끊고 정오에 내게 연설의 기회를 준 것이다.

지난번에는 아무도 참석을 안 하더니 이번에도 한국 유엔대표부에서는 대사가 부재중인데 대표부의 유기준 참사관, 최용훈 검사, 성웅규 법률자문관 등 항상 나와 접촉이 있던 외교관이 방청하고 당사국총회 의장도 내 연설을 직접 들었다. 유엔은 다자외교의 핵심 공간이므로 국제법 주간(International Law Week)에 한국 주도의 부가행사를 조직하든가, 유력한 회원국 인사들을 같이 초청하여 내 연설을 들을 기회를 제공한다든가, 뉴욕에 많이 사는 우리 교포나 법률가들을 초청하여 나의 강연부탁을 한다든가 하는 계획을 추진하면 좋을 것 같다.

유엔총회에서는 나의 연설이 끝나자마자 자연적으로 박수가 크게 터져 나

UN 안보리 연설 (2012. 10). 말굽 모양의 좌석 배치에서 가장 끝에 앉아 연설하는 나.

왔다. 연설하고 나오니 대표부 직원은 없고 우리 직원들이 모두 내 얼굴만 쳐다본다. 로만을 시켜 급히 예약한 식당에서 우리 부부 외에 린, 카렌, 로만과 함께 점심을 했다. 로만은 항상 내가 내는 점심을 얻어먹으면서 이것이 내 개인의 지출임을 모르고 막연히 재판소의 판공비로 사주는 줄 알고 있어서 실소를 금치 못했다.

크리스티안 베나베저 리히텐슈타인대사가 주관하는 대사들의 조찬모임(*ambassadorial breakfast*)이 11월 2일 아침 그의 사무실에서 열렸다. 사무실이 넘치도록 많은 대사들이 법률자문관을 대동하고 참석했다. 물론 한국은 불참이다. 내가 그들이 궁금하게 생각하는 다섯 가지 논점에 대하여 설명하고 질문에 답변했다. 토론의 마지막에는 유엔안보리 회원국 모두를 나의 이름으로 헤이그의 우리 재판소로 초청하자는 기막힌 제안이 나왔다. 혹시 국제형사재판소에만 초청하면 비회원국인 러시아와 중국 등이 반대구실을 찾을지 모르니 헤이그의 다른 국제기구와 공동으로 초청하기로 하고 실무책임을 유엔주재 네덜란드대사에게 맡겼다.

그 후에는 새로 임명된 유엔 사무차장(전 스웨덴 외무장관) 얀 엘리아손(Jan Eliasson)을 만나서 일반적인 협조를 요청했다. 이분은 국제형사재판소에 관심이 많고 수단에 관한 중재경험도 있어 알-바시르 대통령과의 내면적 접촉의 일부도 살짝 공개하였다. 첫 만남이 잘되었다. 이 모임을 마지막으로 일행 모두가 일찌감치 공항으로 나와서 귀임했다.

베아트릭스 여왕을 모신 헤이그 레지덴티 교향악단 연주회

도착한 날 저녁에는 안톤 필립스 홀(Anton Phillips Hall)에서 개최되는 헤이그 레지덴티 관현악단(Hague Residentie Orkest)의 연주회에 초청을 받았다. 참석하시는 베아트릭스 여왕을 영접하기 위하여 우리 부부가 일찍 도착하여 대기했다. 나는 이 연주회가 각국 외교사절들도 초청한 의례적 행사인 줄 알았더니, 이는 악단의 책임자와 후원자 회장이 많이 숙고한 끝에 이 행사의 특별

손님으로 우리 내외만 초청한 것이었다. 왜 우리 내외만 특별히 초청했는지 알 수 없으나 평소에 내가 이 나라의 국내외적 중요행사에 빠짐없이 참석하고 네덜란드 사람들에게 항상 도움되는 조언을 해주는 평소의 외교적 노력이 주효한 것으로 판단한다.

연주회장 2층 첫 줄에 여왕 옆에 앉아서 교향악단의 연주와 합창을 피곤을 잊고 즐겼다. 헤이그 시장이 내 옆에서 자상한 해설을 해준다. 연주 후의 리셉션에서 여러 사람을 만났고 여왕이 떠나면서 일일이 악수하는 중에 나와 악수할 때에는 "Mr. Song, Good night"이라고 하고 떠났다. 우리도 내일이 결혼기념일이어서 쿠어하우스호텔에 밤 11시에 투숙하여 푹 잤다.

우리가 결혼기념일을 축하할 겨를도 없이 바쁘고도 피곤하다. 하루 종일 비가 부슬부슬 내리기에 아주 푹 쉬면서 밀린 신문을 모두 읽어 치웠다. 저녁에는 그냥 이날을 넘기기가 서운하여 우리끼리 양식당에 가서 기념식사를 하고 귀가했다. 바쁜 나머지 예년과는 달리 아내에게 꽃다발도 선물하지 못했다.

11월 11일은 일요일이지만 마티아스를 대동하고 프랑크푸르트에 출장갔다. 오래전 '테드(TED)×풀브라이트'에서 연설하기로 약속했기 때문이다. 국제형사재판소의 실질적 내용에 관한 지식의 전달이 아니라 젊은 청중에게 영감을 줄 수 있는 15분짜리 연설을 해달라는 것이다. 프랑크푸르트의 건축박물관에서 아마추어인 전 풀브라이트 장학생들이 모여 자원봉사로 각 분야 사람들의 강연을 비디오로 녹화하는 것이다. 우선 각 분야의 재주 있는 젊은 사람들을 만나는 것이 좋았고, 내가 누구인지를 알자 그들도 상응한 반응을 보이기 시작했다. 그다음 날 연설에서는 참석한 청중을 완전히 울리고 웃기는 명연설을 했다고 칭찬을 많이 들었다. 풀브라이트 동문회에 이 연설문을 돌리기로 했다.

헤이그에서 열린 국제형사재판소 창립 10주년 기념행사

2012년 11월 14일이 국제형사재판소 창립 10주년 기념행사일이라서 13일 오후에 마지막 예행연습을 하고자 관계자 모두가 헤이그 시내 기사(騎士)의 전당(Ridderzaal)에 모였다. 나는 행사의 주역으로서 인텔만 당사국총회 의장과 함께 여왕 및 다른 국가원수를 모셔야 하므로 특히 연습을 많이 했다. 이 행사장소는 여왕이 매년 9월 황금마차를 타고 정기국회를 개원하고자 도착하는 곳이다. 화재규정이 엄하여 한 번에 550명 이상 수용하지 아니한다. 이번에도 우샤스카 재판관이 배우자 초청을 주장했지만 같은 이유로 채택되지 아니하였다. 비가 안 온다니 무엇보다 도움이 될 것 같다. 저녁에는 시장이 헤이그 시청에서 전야제를 개최했다. 은은한 조명 속에 음악과 현대무용 공연 등 마음먹고 행사를 준비한 것 같다. 나는 이곳에서도 연설해야 했으므로 음식을 먹지 못하고 헤이그 시장인 판아르천 다음으로 연단에 올라가서 최근에 태풍 샌디 때문에 뉴욕에서 고생하고 돌아온 사람으로서 앞으로는 전혀 네덜란드의 나쁜 기후를 탓하지 않겠다고 농담으로 시작하여 청중을 웃겼다.

드디어 11월 14일 10주년 국제형사재판소 창립 축하행사의 날이 밝았다. 약간 싸늘하지만 비가 안 와서 천만다행이다. 여왕 외에 세네갈의 신임대통령 마키 살(Macky Sall)이 참석한단다. 반기문 유엔 사무총장 대신 수석법률고문인 패트리시아 오브라이언이 와서 비디오 메시지를 전달했다. 회원국과 비회원국의 대표들이 자리 잡은 곳을 보니 각국의 각료들도 상당수 참석했다. 내가 그동안 각국 외무장·차관이나 법무장·차관들을 접견한 경우가 많아 상당수의 얼굴을 알아볼 수 있었다. 이제 막 출범한 네덜란드 신정부의 프란스 팀머만스(Frans Timmermans) 신임 외무장관이 인사한다. 나중에 축사하는 것을 보니 이집트에서 한 시간 전에 도착했다는 분이 원고도 없는 즉석연설인데도 너무 잘한다. 비서실장 린에 의하면 그는 7개 국어를 무리 없이 구사하는 천재라고 한다.

예행연습을 할 때 의전장이 알려준 것 중 특이한 것은 여왕에게 누구든지 뒤태를 보이면 실례이므로 첫 줄에 앉으신 여왕에게 뒤태를 안 보이도록 연단

헤이그 기사의 전당에서 열린 국제형사재판소 창립 10주년 축하 행사 (2012. 11).
위 사진은 왼쪽부터 인텔만 당사국총회 의장, 마키 살 세네갈 대통령, 베아트릭스 여왕,
프란스 팀머만스 네덜란드 외무장관, 나. 아래 왼쪽은 판아르천 헤이그 시장,
타르푸서 부소장, 나, 인텔만 당사국총회 의장, 베아트릭스 여왕.
아래 오른쪽은 행사에 등장한 어린이를 환영하는 장면

으로 올라가는 계단을 측면으로 재배치하였다고 한다. 또한 여왕 옆자리가 비면 그 옆에 앉은 사람이 바로 그리로 이동함으로써 언제나 여왕의 양옆이 채워져야 한다고 한다. 그런데 첫줄의 자리배치를 보면 여왕 왼쪽 옆에 신임 외무장관이 앉고 그의 옆에 내가 앉았는데 외무장관이 연설하러 올라가고 보니 그 자리가 비어서 내가 한 자리 오른쪽으로 잠시 이동해서 여왕의 바로 옆에 앉아야 하는 일이 생겼다. 드디어 내 차례가 왔다. 나는 열심히 연습한 연설실력으로 청중을 사로잡았다. 우리가 마중하여 모신 여왕의 임석으로 10시 반에 시작한 식은 12시에 성공적으로 종료되었다. 귀빈실에서 여왕을 모시고 간단한 리셉션을 가졌다.

여왕이 떠나자마자 나는 점심도 거른 채 세네갈 대통령을 내 집무실에서 접견하고자 급히 돌아왔다. 세네갈 대통령 일행이 내 연설 서두에서 그를 존경하는 대통령 각하라고 특히 따로 지칭하지 않았다고 불평하더라고 검사가 귀띔을 해준다. 그리고 세네갈 대통령을 접견하는 자리에서 식전에 잠시 전쟁의 참사를 보여주는 시청각 동영상 장면이 모두 아프리카 일변도라는 불평을 대통령이 나에게 직접 제기했다. 그러나 이는 주최국인 네덜란드의 책임이라고 응수하고는 나는 처음 보는 대통령에게 단도직입으로 몇 개의 조약의 비준과 협정의 체결을 촉구하여 그의 확답을 얻었다. 2012년 4월에 80세가 훨씬 넘은 압둘라예 와데(Abdoulaye Wade) 전 대통령을 누르고 당선된 이분은 정력적이고 업무파악이 잘된 사람 같았다.

오후에는 제11차 당사국총회가 90여 개 회원국의 참석하에 개회되었다. 인텔만 당사국총회 의장이 작년에 서투른 사회를 보다가 호되게 곤란을 당한 뒤로는 이번에는 비교적 매끄럽게 회의를 진행해서 다행이다. 다만 오후 내내 차석검사 선거가 여러 차례를 공전하면서 당선자를 못 낸다. 나오다가 세계포럼(World Forum) 건물 문간에 전시해놓은 국제형사재판소 10주년 기념 사진전시를 잠깐 볼 기회가 있었다. 아무래도 소장인 나의 모습이 가장 자주 등장하지만 사진전은 기획이나 배치가 참 잘되었다. 이제 당사국총회가 종료했으니 이 전시물을 시청으로 옮겨서 12월 5일까지 전시한다고 한다. 전시물을 옮긴 후 곧바로 시청으로 갔다. 국제형사재판소 10주년 사진전을 구경하

헤이그 시청사에서 열린 국제형사재판소 10주년 사진전 (2012. 12).

고 아내와 내가 필요한 사진을 이것저것 찍었다. 그러는 도중에 지나가는 구경꾼들이 나를 네덜란드의 TV에서 보았다고 알은체하면서 같이 사진을 찍자고 해서 응해주었다.

그날 저녁에는 사펠베르흐 식당에 전·현직 재판관들이 부부동반으로 참석하여 각자 자기부담으로 즐거운 저녁 한때를 즐겼다. 아쿠아 쿠에니에히아 부부, 아니타 우샤스카 부부, 로베르트 프레머 부부, 실비아 페르난데스 부부, 크리스틴 판덴바인게르트 부부, 쿠노 타르푸서, 모린 클라크(Maureen Clark), 앤서니 카모나(Anthony Carmona), 에르키 쿠룰라, 한스-페터 카울, 파투마타 디아라, 그리고 우리 부부였다. 기념식에 참석한 재판관 중 칼 허드슨-필립스(Karl Hudson-Phillips)와 클로드 조르다는 아쉽게도 불참이었다. 키르쉬 전 소장은 아무 연락이 없다.

외교현장에서 본 한국외교의 현주소

11월 17일 주말에 난데없이 한국대사가 전화를 걸어 급한 소리를 한다. 이번 총회에서 검사가 한국사태에 관한 중간보고를 총회에 제출하고자 하는데 전부 북한편향으로 작성했으니 이를 시정해달라는 것이다. 한국 외교장관에게 보고했더니 요컨대 나의 도움을 얻어 불리한 부분을 삭제할 것이며, 안 되면 한국은 로마규정을 탈퇴한다고 전하라고 지시했단다. 퍽 무모하고 비외교적 언급이다.

비유컨대 대법원장에게 부탁하여 검찰총장이 작성한 수사 중간보고서를 수정하라는 지시가 아닌가. 또한 금방 조약탈퇴 운운하는 장관의 발언은 사려 깊지 못했다. 더구나 한번 비준한 조약을 탈퇴하는 것이 얼마나 국제사회에서 망신스럽고도 혹독한 대가를 치르는 일인지 짐작도 못 하나 보다. 최고 지위에 있는 사람은 속이 썩고 화가 나도 느긋하게 평정을 보이면서 차분한 태도로 지시하고 대책을 강구하는 것이 원칙이다.

예컨대 대사가 힘들어 하면서 신경질을 내고 안달하면서 초조함을 보이면 직원들은 상사보다 몇 배의 무리를 거듭해서 결국 일을 키워 그르치게 되므로 상사의 평정유지는 관료조직의 리더십의 기본이거늘, 장관이 너무 지나치게 나서면 안 된다. 말보다 행동이 더 어렵겠으나 이것은 기본이다. 나는 우선 백전노장인 내 비서실장 린에게 이 문제에 관하여 협상이 가능하도록 잘 도와달라고 전화로 긴급지시했다. 주말인 데다가 당사국총회의 무리한 일정강행으로 아무도 한국의 얘기를 들어줄 사람이 없는 것이다.

오후 늦게야 바쁜 비서실장에게서 전화가 왔다. 교섭을 해서 어떤 진전이 있었다기보다는 참고 끈질기게 처리해야 하고 탈퇴 운운하는 이야기가 검찰부에 부정적 분위기를 끼치는 것 같으니, 그런 쓸데없는 말은 삼가는 것이 좋겠다면서 검사의 오른팔인 모초초코가 핵심인물임을 알려주었다.

오후에 한국대사가 찾아와서 문서를 내놓고 설명한다. 장관이 나에게 부탁하여 해결하라고 했으니 다음 날 아침에 검사에게 전화를 걸어서 해결해달라고 한다. 천안함 폭침과 연평도 포격사건을 검사가 다룬 지 2년이 지났는데 이제 검사가 중간보고를 내면서 북한이 혐의가 없다는 기조로 몰고 가는데, 이것이 알려지면 한국에서는 난리가 나고, 대통령선거에도 영향을 주는 것은 물론 너무 억울하다는 것이다. 물론 그러하다. 나는 유심히 듣다가 전략상 해서는 안 될 말과 행동을 몇 가지 지적했다. 내가 처리할 입장에 있는 일은 아니나 대사가 전화를 걸어도 검사가 받지도 않으니 다음 날 아침 내가 검사에게 전화를 걸어서 상의해보기로 했다.

11월 19일 월요일 아침 당사국총회에 가기 전에 사무실로 출근하여 검사에게 전화했다. 그녀는 융통성이 있어 보여서 다행인데 검찰 실무진의 태도가 부정적이거나 불투명하다. 마침 우리 대사도 검사와 9시에 회의장에서 만나기로 합의가 되었단다. 오전 회의장에 들어오는 검사는 우리 대사를 만나서 한국부분의 보고서는 이번 발표에서 제외하기로 했다고 선선히 말해준다. 참 다행이다 싶었고 우리 대사에게 문자메시지를 보내 격려해주었다.

그러나 이번 일을 돌이켜 보면 한국 외교의 현장에서 반성할 점이 있다. 사람의 심리와 인간관계는 국제관계에서도 다른 것이 없이 오랜 기간 성실하고 꾸준하게 상대방의 마음을 얻어야지 필요한 때에만 급속하게 즉흥적으로 현장박치기하는 것은 무리일 뿐인데, 우리나라에서는 그런 사람을 용기 있고 독일 병정같이 일을 잘하는 사람으로 보는 경향마저 있다.

오전 내내 총회장에서 보충성 원리에 관한 회의를 하는데, 유엔개발계획(UNDP)의 책임자인 전 뉴질랜드 총리 헬렌 클라크가 기조연설을 했고 토론에 들어갔다. 마지막에 내가 폐막연설을 하고는 덴마크 대사관저에 오찬을 하러 갔다. 저녁에는 헬렌 클라크를 주빈으로 한 뉴질랜드대사관의 만찬에 참석하였다.

2012년 당사국총회는 예산 등 모든 안건이 사전조율을 잘한 탓인지 순조롭게 넘어가고 있다. 이기철 대사가 불철주야 애쓴 덕택에 한국관련 예비조사 보고서도 우리가 원하는 방향으로 일단락되었다. 따라서 11월 20일에는 사무실에 머물러 내 재판연구관을 공개채용하는 작업에 참여하기로 했다. 현명하고 부지런한 히라드와 항상 성실한 폴커가 빈틈없이 준비하여 심사위원인 쿠에니에히아, 폴커, 히라드 및 내가 최종 선발주자 3인을 한 명씩 인터뷰했다. 하나같이 마음에 꼭 드는 사람이 없어서 걱정이다.

나는 기회가 있을 때마다 한국의 젊은이들이 좀더 많이 국제감각을 갖고 국제사회에 진출할 것을 강조하지만, 자기 나라에서 잘나가는 사람은 외국으로 눈을 돌릴 필요를 느끼지 못하는 것 같다. 국제기구에서 일하는 사람들을 관찰해 보면 몇 가지 부류가 있는 것 같다. 주로 후진국 외교관이 귀국을 거부하려는 명분으로 국제기구에 취직하고자 하는 경우가 간혹 있다. 이 경우 국제기구에 취직하는 것은 그들에게는 특전이다. 평소 국내에서 따돌림 당한 사람을 적당한 기회가 있을 때 국제기구로 시집보내는 경우도 있다. 초대 행정처장을 선임할 무렵 내가 우리 외교부에 후보추천을 의뢰했더니 조직생활에 힘겨워하던 외교관을 축출 차원에서 추천한 것 같았다.

그 외에도 젊은이들이 국제기구로 진출하는 이유는 다양하다. 우선 국제결혼에서 태어난 자녀, 외교관 자녀로 주로 외국교육을 받은 사람들은 아무래도 본국에서 정착하기보다 국제기구나 국제기업에 취업하는 것을 선호할 수 있다. 이런 경우 자기만 열심히 하면 주류가 아니라서 차별받는 등의 불평 없이 승진도 하고 명성을 올릴 수도 있다. 그다음에는 나같이 중간에 뛰어든 새로운 참여자들이다. 국제사회에도 전문분야별로 일정한 세력권이 형성되어 그들끼리 서로 맴돌고 있을 뿐 새로운 피가 합류하기는 쉽지 않다. 또한 새로 진입한 사람이 성공하는 것도 역시 쉽지는 않다. 그러나 특히 선거를 통해서 뽑는 자리는 부임 후에 자기의 전문성을 잘 살리고 인간관계의 개발에 노력하면 성공할 가능성이 있다.

그런데 나의 재판연구관을 뽑는 과정을 보니 우선 지원자의 풀이 거의 동일하고 새롭게 눈에 띄는 지원자가 없어서 실망이다. 그 밥에 그 나물이다. 실제 3인의 최종후보자를 면담한 결과도 마찬가지이다. 우리 재판소는 반듯한 정규직의 채용이 왜 이처럼 힘들어질까.

슬로바키아의 가스파로비치 대통령 면담

저녁에는 피곤하기 짝이 없지만 국빈방문을 한 슬로바키아의 대통령 이반 가스파로비치(Ivan Gašparovič) 내외를 수행한 음악가가 베아트릭스 여왕을 위하여 연주하는 피아노와 소프라노의 공연을 보러 갔다. 장소가 개관한 지 얼마 안 된 라우만자동차박물관(Louwman Museum)이어서 안 가본 아내가 호기심을 보인다. 네덜란드에서 토요타자동차 20만 대 이상 팔아서 거부가 된 라우만(Louwman)이 최근에 지었다. 물론 값비싼 빈티지(vintage) 자동차 모음이 주류이나 옛날의 약방, 타자기, 인쇄소 등 20세기 초의 현대문물을 다양하게 전시했다. 천장이 높고 방들이 큰데 안락한 의자를 갖춘 공연장과 옆에 붙은 도서관, 식당과 주방 등 편리한 여러 가지 부대시설이 있다.

슬로바키아의 66세 된 남성 피아니스트인 마리안 라프산스키(Marián Lapšanský)의 연주는 걸출했고, 아름다운 소프라노(Andrea Vizvári)의 노래도 좋았다. 공연 후 옆방으로 이동하니 떡 벌어진 뷔페만찬을 차렸는데, 여왕이 자기 여동생 마르흐리트 공주 및 대통령 내외와 식탁에 앉아 뷔페를 드시고 있는 것이 아닌가. 나는 여왕이 이처럼 공개된 장소에서 뷔페식사를 드시는 것을 본 일이 없어 다소 놀랐다. 우리도 간단히 음식을 먹었으나 그 많은 남은 음식을 어떻게 처리할지 궁금하다. 나는 대통령과 간단한 대화를 나누었다. 그와 나는 동갑이고 대학에서 법학을 공부한 후 그는 형사소송법을, 나는 민사소송법을 가르친 일이 있다. 다만 영어를 못 해서 통역을 거치는 것이 제약이었다.

당사국총회 이후 바로 티나 인텔만 의장의 주선으로 에스토니아 공관에서 연찬회(retreat)를 가졌다. 나만 비서실장 린의 사전준비로 알맹이 있는 발언을 했을 뿐 검사나 행정처장 등은 준비가 없는 발언이라 큰 도움이 안 되었다. 엊그제 당선된 66세의 제임스 스튜어트(James Stuart) 부검사를 처음으로 만나 점심을 대접했다.

린과 나는 사무실에 돌아와서 룩셈부르크 신임대사를 접견하였다. 그동안 비서실장으로서 수고가 많은데 린이 일요일에 회갑을 맞는다고 한다. 미리 준비한 한국 필통이 다소 소홀한 듯하여 거기에다가 삼성 갤럭시 S3를 사서 선물로 주었다.

11월 말이다. 아침에 나에게 특별히 이임인사를 하러 온 독일대사 하인츠-페터 베어(Heinz-Peter Behr)를 접견했는데 점심시간에 자기네 관저에서 개최한 송별파티에서 그들 내외를 다시 작별했다. 법률가는 아니나 나에게 따뜻하고도 존경스러운 마음을 표하던 중진 외교관인데 연방대통령 요아힘 가우크(Joachim Gauck)의 의전담당으로 영전되어 가는 것이다. 대통령을 모시고 내년에 재판소를 방문할지 모른다고 귀띔한다. 이제 국제형사재판소 10주년 각종 기념행사도 거의 끝나고 당사국총회도 무사히 종료되어서인지 다소 덜 바쁜 단계에 접어들었다. 저녁에는 오랜만에 아내가 속한 모임(*Walking group*)의 부부가 매월 만나는 시내의 파블로브 바(Pavlov Bar)로 가서 멤버와 함께 맥주를 한잔 했다. 모처럼 마음이 홀가분하다.

드디어 한 해가 다 가고 2012년도 달력이 한 장만 달랑 남았다. 아침에 일찍 골프장 내의 프로숍에 가니 주문한 대로 새 골프채를 내 이름을 새겨 넣은 골프백에 담아서 준다. 한국보다 이런 물건들이 매우 싸다. 소비자의 허영심을 부추겨 비싸게 판매하는 허튼 상술이 안 통하는 나라다. 지난번 잘 아는 구유고전범재판소의 알폰스 오리(Alphons Orie) 네덜란드 재판관이 새로 골프를 시작하면서 골프채 한 세트, 가방 및 공 한 다스를 총 250유로를 주고 샀다고 자랑하면서도 혹시 쓸데없이 비싸게 산 것이 아닌가 염려하는 것을 보고 놀란 바 있다. 네덜란드인들의 근검질박(勤儉質朴)한 모습을 보는 것 같다. 내일 아침에라도 새 채를 가지고 가서 시타를 해보아야겠다.

12월 4일 월요일에는 내가 데이비드 콜러의 후임으로 채용한 스위스 출신 브루노 젠더(Bruno Zehnder) 재판연구관을 불러서 근무시작 전에 필요한 기본적 얘기를 하고 마침 상고부가 주최하는 연말 오찬에 그를 초대하였다. 이는 상고재판부 부장인 쿠룰라가 발의하여 국제사법재판소(ICJ)가 있는 평화궁 구내식당(Le Juge)에서 즐거운 한때를 보낸 송년오찬이었다.

말레이시아가 비준서를 기탁하지 못한 이유

이날 아침에는 지난해 내가 방문해서 만났던 말레이시아의 나즈리 법무장관과 문제의 파타일 검찰총장을 접견했다. 수많은 외국 고위관리의 접견 중 내가 이들을 중요하게 생각한 것은 나의 말레이시아 의회연설 이후 내각에서 로마규정 가입을 만장일치로 결정했는데도 아직 비준서 기탁을 미루고 있는 이유를 그 주역들이 온다니 한번 물어봐야 할 것 같아서였다. 그동안 여러 번 만난 지지자 나즈리 법무장관과 끈적끈적하게 우물거리는 검찰총장 파타일 및 야당 국회의원 3인 등 일행을 접견하여 내가 먼저 공세를 폈다. 역시 듣던 대로이나 영리한 법무장관 나즈리는 안 오려는 그를 설득하여 직접 답변하도록 만들었고, 검찰총장은 비준서 기탁 전에 국내입법을 정비해야 하는데 이 작업이 아직 완결되지 아니했음을 말했다. 변명처럼 들렸지만 나는 현재 세계 대세가 새로운 국제형사정의 시스템에 거는 기대가 크고 영국의 법률전통을 잘 이어받은 말레이시아가 곧 동참하여 지도적 역할을 해주기를 기대한다고 했다. 그리고는 그가 또다시 구체적 문제점을 지적했다. 나는 그의 반대 이유가 많이 줄었다고 농담하면서 그동안 국제정세의 변화에 둔감한 그를 교육시키느라고 많은 시간을 할애하였다. 아직도 미국의 반대를 거론하고 국제형사재판소와 안보리와의 불명확한 관계를 지적하면서 왕의 면책특권에 관한 문제점을 반복하길래 일본과 다른 왕국의 선례를 참고하라고 응수했다.

12월 5일도 외교행사가 많은 날이다. 일본 및 태국 왕의 생신축하 리셉션에 잠시 들렀다가 이라크대사가 자기 관저에서 모처럼 내는 만찬에 참석했다. 전화(戰禍)에 시달리는 나라의 대표가 업무와 무관하게 초대한 사람은 우리 내외뿐이고 나머지는 모두 아랍이나 이라크와 관계가 있는 손님들이다. 이곳에서 2년 만에 인도네시아주재 네덜란드대사로서 자카르타에서 만났던 판담(Nikolaos van Dam) 대사를 만났다. 시리아의 바트(Baat) 당에 관한 연구로 박사학위를 받고 외교관이 된 분인데 이제는 정년퇴임하였다.

이라크 대사관저는 아주 넓고 호화로웠다. 반미적 성향이 다소 있으면서도 미국을 부러워하는 이중적 태도를 보이는 대사인데 미국이 로마규정을 비준하면 자기 나라도 비준하겠다는 엉뚱한 억지농담도 한다. 우리는 대사와 그 부인 모두와 가깝게 지내고 있는데 대사는 기업을 하다가 교수를 하는 동안 제자인 부인을 만났다는 것으로 들었다.

그다음 날도 외교적 행사가 여러 개 겹치는 바쁜 날이다. 해가 가기 전에 행사를 마치려는 경우와 연말에 예산이 남아 본국에서 출장 오는 사람들을 맞이하는 경우 등 두 가지가 있는 것 같다. 대통령을 예방할 때 요구되는 복잡한 의전절차 없이도 국제형사재판소장을 면담할 수 있는 데다가 소장이 국가원수급이니 본국에 보고하기도 좋으므로 찾아오겠다는 고위관리가 항상 넘쳐난다.

아랍에미레이트연합(UAE)의 국경일 행사에 잠시 들러 인사하고는 '헤이그 법혁신연구소'(The Hague Institute of Innovation of Law: HiiL)의 삼 물러 (Sam Muller)가 고급음식점에서 주최하는 튀니지의 법무장관 환영만찬에 참석하였다. 다음 날 정식으로 나를 예방한다고 한다.

12월 7일 금요일 오찬에 참석하기 위하여 노르데인더 왕궁 앞에 있는 국정자문회의(Council of State; Raad)를 방문했다. 원로들이 모이는 국정자문회의가 주최하는 왕세손녀 아말리아(Amalia)의 9세 생일을 기념하는 해병대 군악대의 연주가 점심시간에 있었다. 기본적으로 고딕식 스타일이지만 네덜란드 건물의 전형적 모습대로 거의 장식이 없는 고건물에서 왕세손녀의 생신을 기념하는 연주를 하는 것이다. 베아트릭스 여왕이 돌아가시거나 양위를 하면 왕세자인 빌럼-알렉산더(Willem-Alexander)가 승계한다. 이분이 돌아가거나 양위하면 그의 딸인 아말리아에게 왕위가 승계된다. 매년 그녀의 생일에는 이 같은 축하행사를 하는데 공휴일이 아니면 정작 본인은 학교공부 때문에 참석을 못 한다고 한다. 이날도 그녀의 모습은 없었으나 그녀와 나이가 같은 초등학교 학생들이 수십 명 부모나 선생님의 인솔로 참석하였다. 다양한 피부색과 배경의 어린이들이 모두 모였는데 중국 어린이 두 명이 용기를 내어 다가오더니 중국인이냐고 네덜란드어로 물었다. 내가 한국인이라고 대답하자마자 도망치다시피 자기자리로 돌아갔다. 이를 본 영국대사 폴 아크라이트(Paul Arkwright)와 헤이그시의 문화담당 부시장 드용(de Jong)이 박장대소를 한다.

초청손님을 보니 나 이외에는 외교단장, 영국, 스웨덴, 아일랜드 그리고 동유럽과 아랍의 이름 모르는 대사 등 10명 이내의 대사만이 초청되었고 다른 이들은 국정자문회의의 멤버들과 해병대 관계자인 듯하다. 참석자 규모가 조촐했다. 평소에 나에게 친하게 구는 얀 도너(Jan Donner)가 국정자문위원회 부의장 자격으로 연설하고 내게 설명해준다. 연주 후 샌드위치로 점심을 할 때에도 내 옆에 서서 예의를 다하여 고마웠다.

스페인 변호사협회가 국제형사재판소에게 주는 상

로마에 다녀온 이틀 뒤 13일 나는 국제형사재판소를 대표하여 상을 받으러 바로 마드리드로 가야 했다. 아내는 제사준비 등으로 먼저 귀국했으므로 나 혼자 스페인어를 잘하는 페타르를 데리고 마드리드에 도착했다. 스페인 변호사협회장이 직접 공항에 차를 가지고 출영했다. 마침 비행기가 정시에 도착하여 호텔에 여장을 풀고 6시에 개회한다는 행사장으로 바로 안내되었다. 시내에 있는 은행(Caixa)의 강당을 빌려 변호사협회 총회를 개최하는 것 같다. 이들의 의전이 신중하고 정중하다. 회의장에는 커다란 스크린이 설치되어 있고 변협회장은 물론 대법원장, 헌재소장 등이 모두 참석한 가운데 4명의 수상자만 단상에 앉았다.

먼저 50세쯤 되어 보이는 여기자를 표창하였다. 그녀는 위험을 무릅쓰고 중국의 낙후된 인권실태를 예리하게 고발한 공로였다. 다음으로는 지난번 유네스코 총재를 역임한 페데리코 자라고사(Federico Zaragossa)가 받았고, 내가 세 번째로 수상하고 답례연설을 했다. 나 개인이 아니라 국제형사재판소에게 수여하는 상이므로 배경화면에는 법복을 입은 내 모습도 잠시 비쳤지만 주로 소년병의 참상과 피고 루방가 재판광경이 부각되었다. 네 번째로는 지난 9월 남편을 잃은 젊은 여성이 수상했는데 이민국의 제지로 오갈 데가 없어진 어린이를 보호하는 인권운동가였다.

스페인 변협은 우리가 지난번 리비아 인질사태에서 감금된 스페인 직원을 풀어낸 것에 대한 공로를 인정한 것 같은데, 같은 법조인이라서 그런지 나에 대한 태도나 예우는 아주 극진했다. 후일 스페인 변협에서 잘 만든 DVD 동영상과 사진 몇 컷이 담긴 CD를 내게 보내주었다. 비교할 것은 아니지만 얼마 전 이탈리아 행사보다 훨씬 질서가 있고 정시에 시작하였다.

귀임한 날 비가 세차게 내리는데 밤에 네덜란드에서 가장 유명한 사진작가인 아네트 보탈리우스(Anet Botalius)의 스튜디오로 가서 여성 권리신장에 헌신하는 지도자의 자격으로 사진을 찍었다. 역시 전문가의 촬영이 달랐다. 주말이 되자 네덜란드주재 상지사(商支社) 망년회를 한다고 하여 권오곤 재판관 및 이기철 대사와 함께 예년과 마찬가지로 A4호텔에서 개최된 만찬에 참석하여 즐거운 한때를 가졌다. 뽑기를 통해서 선물도 받았다. 다음 날 귀국을 위하여 일찍 마치고 권 재판관이 태워다준 덕택에 편히 귀가했다.

연말연초 서울 휴가

모처럼 장기간의 겨울휴가를 택하여 2013년 1월 13일에 귀임할 때까지 서울 집에서 잘 쉬고 돌아갈 생각에 기분이 좋았다. 그러나 사실심의 피고 은구졸로(Ngujolo) 무죄판결에 따른 석방조치 및 그의 망명신청에 대한 상고심 재판부의 대응 등으로 아무도 없는 재판소가 난데없이 바빠지고, 특히 폴커가 휴일도 없이 애를 썼다. 상고심 재판관들이 이미 본국에 휴가를 간 뒤인데 5인 재판관 중 특히 트렌다필로바 재판관의 고집과 잔소리로 일이 매끄럽게 되지 아니한다. 귀국 후에도 날마다 전화로 폴커 연구관과 현안에 대응하면서 그때그때 해결책을 찾아갔다. 이해관계 충돌 때문에 회피한 재판관을 대신해서 임시로 상고심 재판관으로 배치된 트렌다필로바는 다른 4인의 상고심 재판관들의 견해에 반대하길래 그러면 소수의견을 작성하라고 했더니 그것은 못 한다고 한다. 말 많고 고집 센 동료 때문에 연말의 성탄휴가를 모두 망쳤다.

2012년 12월 18일은 오후에 9개월 된 새 사무총장을 해임하는 결의안을 통과시키고자 오후 3시에 유니세프한국위원회 이사회가 회의실에서 열렸다. 사무총장은 유니세프한국위원회의 큰 후원자 김 모 회장으로부터 2천만 원을 꾸었다는 사실을 자백하면서도 그것이 가장 심각한 윤리규정의 위반임을 인식하지 못하고 있었다. 사실관계는 다툼이 없고 간단했다. 직원이 외부에서 돈을 꾸어다 대면서까지 직장을 위하여 헌신한다는 경우란 일반적으로 생각하기 어려운데, 꾸어달라고 요구한 돈을 유니세프한국위원회의 계좌가 아니라 모르는 제3자의 계좌로 송금해달라고 하여 꾼 사실을 숨겼으나, 나중에 그쪽에서 영수증을 요구하는 바람에 탄로 난 것이다. 마땅히 해임할 일이지만 젊은이의 경력에 오점이 남지 않도록 배려한다는 뜻에서 자진사퇴를 권고하자는 쪽으로 의견일치를 보았다. 그다음 주일 내가 본인을 불러 통보하였는데 연말까지 계속 출근한다고 한다. 20여 명의 이사 중 출석한 15인 전원이 만장일치로 해임을 찬성하였다는 이사회의 토론내용을 간단히 설명하면서 인연이 아닌 모양이니 직무를 중지하고 12월 말로 사표를 제출해달라고 요구하고 나는 그 자리를 떠났다.

* * *

2013년 신정 차례를 모신 후에는 해마다 잊지 않고 찾아주시는 세배손님과 얘기를 나누었다. 우리가 4강 외교에만 매달리기보다 자유무역협정 체결 이후 더욱 중요해진 유럽연합을 추가하여 5강 외교를 해야 할 필요성과 주제별 다자외교의 중요성 등이 화제에 올랐다. 3일에는 춥고 눈이 쌓였는데도 동심회 그룹이 부부동반으로 모두 세배를 왔다. 30년이 넘은 신년만찬인데 일손이 없지만 아내가 이번에도 준비하였다. 이러한 제자와의 끈끈한 인연이 나의 기쁨의 원천이고 내가 국제적으로 활동하면서 버티는 힘을 제공한다.

1월 9일 애제자 중의 한 사람인 김난도 서울대 교수와 함께 점심을 들었다. 한국의 지성으로 비상(飛翔)하는 그의 애환을 듣고 나름대로 충고를 해주었다. 우선 외부에서 들리는 비판에 과도하게 신경 쓰지 말라고 당부했다. 아직 우리나라의 비판수준과 윤리가 후진적인 경우가 많으므로 무신경, 무대응이 최선이라고 조언했다.

정치적 섭외를 거절하는 것도 어렵지만 언론이나 기타 사회단체에서 유혹하는 것도 거절하기 어렵다고 그가 토로했다. 물론 그럴 것이다. 나도 30여 년간 모교에서 교수로 재직하는 동안 여러 가지 외부유혹이 있었음을 말해주면서 맡은 분야의 공부를 게을리하면서 전공 밖 활동에 뛰어들 경우 단기간 반짝하는 약장수 노릇을 하다가 사라지게 될 수도 있다고 충고했다. 따라서 지금 그가 중국 소비자에 관한 연구를 하는 것은 전공분야에서도 학문적 입지를 공고하게 다지는 것이므로 꼭 필요한 일임을 강조했다.

김 교수가 쓴 책 《아프니까 청춘이다》가 베스트셀러가 되었는데, 이탈리아에서 그 책의 출간계약을 맺고 귀국했다고 했다. 어디 가서 전공 외의 일을 하더라도 전공분야에서 독보적 실력을 쌓아놓아야 학자로서의 입지가 견고해지고 전공 외의 일에서도 인정받을 수 있다고 반복적으로 강조했다. 그가 《천 번을 흔들려야 어른이 된다》는 제목의 책을 새로 내놓았는데, 내가 읽어보기에는 이 책이 더 밀도 있게 쓰인 것 같다. 그가 기자들에게 내가 그의 멘토라고

서초동 자택에서 동심회 제자들 세배 (2019. 1). 우측부터 김수형, 최태현, 김용덕, 이상중, 양인석, 안영률, 이재환, 나, 조인호, 박영렬.

소개한다고 들었다. 부디 우리나라의 큰 지성으로 우뚝 서기를 바란다. 충분히 그렇게 되고도 남을 인재다.

2013년 평창동계스페셜올림픽

1월 13일 일요일에는 부부가 같이 헤이그로 귀임했다. 16일로 예정된 베아트릭스 여왕을 모신 신년하례회에 참석하여야 하기 때문이다. 날씨가 이곳답지 않게 춥다. 도시가 눈 속에서 움츠리고 있다. 헤이그에 와있는 한국 판사와 외교관 등 제자들이 신년인사차 방문했다. 1월 19일에는 우리 재판소 직원 이성훈 군의 세배를 받고 점심을 대접했으며, 이어서 친척인 김형석 군 내외가 준호와 지우를 데리고 세배를 왔다. 나와 가까운 제자 김현 박사가 재야법조계의 수장인 대한변호사협회장으로 당선되어 할 말은 하면서도 어려운 환경에서 맡겨진 임무를 잘 수행하고 있어서 든든하고 자랑스럽다.

한국주재 네덜란드대사 파울 멩크펠트(Paul Menkveld)의 예방을 받았다.

그는 아주 인상이 좋은 분인데 비즈니스를 하다가 경비행기 조종면허를 가진 부인과 함께 서울에 부임하여 근무하고 있으며 2014년 여름까지 한국에 근무한다고 한다. 원래 네덜란드 아른험 출신인데 집은 나와 같이 포르부르흐 (Voorburg)에 있다고 한다.

한국에서 개최하는 2013 평창동계스페셜올림픽에 참석하는 기회에 그곳에 참석하는 다른 정상들과 양자회담을 성사시키고자 노력하고 있다. 특히 말라위 대통령 조이스 반다(Joyce Banda), 그리고 미얀마의 야당지도자 아웅산 수지(Aung San Suu Kyi)와 면담약속을 하고자 마티아스 대외담당보좌관이 애를 쓰고 있다.

1월 25일에는 러시아대사 로만 콜로드킨의 초청으로 프랑스식 식당에서 오찬을 같이 했다. 그는 지난주 온 가족이 일주일간 한국을 방문했다고 한다. 러시아의 해운회사가 대우 옥포조선소에 발주하여 완성한 선박의 진수식에 초청받아 서울, 부산, 경주, 거제 등을 잘 구경하고 좋은 인상으로 돌아왔다는 것이다. 마침 그 선박은 러시아의 유명한 해양법학자인 대사의 부친 아나톨리 콜로드킨(Anatoly Kolodkin)의 이름을 따서 명명되었다고 찍어온 사진을 보여준다. 그리고는 그와 5월에 상트페테르부르크를 방문할 계획에 대하여 논의했다.

평창동계스페셜올림픽 조직위원회(위원장 나경원)의 초청을 받아 1월 28일 월요일에 서울에 도착했다. 오만주재 대사를 역임한 조성환 전 대사가 공항 출영송 의전의 총책임자인데 매우 노련했다. 비행기에서 내리자마자 의전차량 한 대와 자원봉사자를 배치하였다.

1월 29일 11시 반 자원봉사자와 함께 평창으로 들어가서 3시 반 리셉션에 참석 후 용평 돔으로 이동하여 개막식에 참석했다. 한참 각 나라의 선수입장을 구경하다가 이명박 대통령 내외분을 만나러 귀빈실로 이동했다. 특히 이곳에서는 아웅산 수지 여사가 참석하는 통에 국회의원들이 그녀와 사진을 찍는다고 줄을 서서 난리를 피운다. 나는 아웅산 수지와 만나 약 20분간 국제형사재판소를 간단히 설명했다. 그녀의 연락처를 보좌관으로부터 받고 사진을 찍었다. 그녀가 보좌관에게 지시할 때 들어보니 ICC(국제형사재판소)를 ICJ

(국제사법재판소)와 혼동하고 있었다. 그녀는 미얀마에는 사법부란 거의 존재하지 않고 지금부터 재건해야 하므로 우리 재판소가 도와주면 좋겠다는 말만 강조했다. 아무튼 교신할 수 있는 연결점만 마련한 셈이다.

그녀를 잘 살펴보니 국제적으로 유명인사임은 틀림없는데 대체로 아주 실망스러운 인상이다. 그녀는 결국 일개 야당 국회의원에 불과하고 정부의 책임 있는 당국자로서 정책을 결정하고 집행할 지위에 있지 아니하므로 나는 그녀를 따로 만나 로마규정에 관한 교육을 시킬 것을 포기하고 뒤에 편지를 보내기로 마음먹었다. 다음 날 다시 조우했을 때에는 국제형사재판소 재판관할권이 4가지 범죄에만 미친다고 했더니 범죄의 정의가 명확한지, 특히 침략범죄의 정의가 무엇인지를 물었다. 나는 조약에 상세하고 명확한 정의가 있어 개념상의 혼동은 없으며 침략범죄는 2010년 강대국들이 참가한 가운데 만장일치로 그 개념을 정립하였다고 설명했다.

이명박 대통령을 만나는 자리에서 김연아 선수에게 유니세프 친선대사로 수고를 해주어 고맙다는 인사말을 건넸다. 아무도 먼저 발언을 하지 않아 조용한 리셉션에서 이명박 대통령은 내게 가장 먼저 "이 행사에 참석하고자 헤이그에서 일부러 왔느냐"고 말을 걸면서 침묵을 깼다. 간단한 리셉션 후에 대통령과 함께 돔으로 입장하였다. 대통령의 개회선언 후에 개막공연을 관람하고 호텔로 돌아왔다. 마침 스페셜올림픽의 브레인이고 법률자문역인 하버드법대의 알포드 교수를 만나 호텔에서 늦은 저녁을 같이 들면서 그동안의 하버드 소식을 들었다. 그는 나에게 2015년 물러나면 하버드로 돌아와서 국제형사법을 가르치라고 초청한다.

1월 30일 아침 7시에 김황식 총리가 주최하는 중요인사의 조찬이 있었다. 아웅산 수지는 불참이고 스페셜올림픽의 위원장인 케네디 대통령의 생질 티모시 슈라이버(Timothy Shriver), 불가리아 전 대통령 페타르 스토야노프(Petar Stoyanov), 코카콜라 사장 무타르 켄트(Muhtar Kent), 두산그룹 박용만 회장 등이 합석했다. 조이스 반다 말라위 대통령 내외가 늦게 왔다.

이 기회에 반다 대통령과 오찬 후 만나기로 합의하고 그녀의 비서실장에게도 통보했다. 그러나 이들과 한 약속을 믿을 수 없어 신경을 곤두세우고 여러

평창스페셜올림픽 행사장에서 만난 미얀마의 아웅산 수지 여사와 조이스 반다 말라위 대통령.
짧은 대화에서도 국제형사재판소에 대한 인식에 큰 차이가 있음을 실감할 수 있었다 (2013. 1).

번 확인을 거듭하였다. 조찬석상에서 그녀가 수단 대통령 알-바시르가 자기 나라에 오면 체포하겠다고 공개적으로 언급한 것에 감사를 표했더니, 나에게 미소를 띠고 눈을 흘기면서 당신이 무슨 말을 하는지 알아듣는다고 했다. 남편인 리처드 반다(Richard Banda)에게는 과거 그가 대법원장일 때에 스와질란드에서 같이 근무한 모나행 부소장을 매개로 말을 붙였다. 그는 아주 반가워하면서 부인이 대통령이 된 후에는 자기는 일체의 법률실무나 다른 직장을 안 갖고 있다고 한다. 아무튼 그녀의 약속을 받고는 조금 안심이 되어 조찬 후 다른 핵심행사인 세계개발정상회담(Global Development Summit)에 참석했다.

나경원 위원장의 개식사 후 김황식 총리가 영어로 환영사를 했다. 아웅산 수지는 기조연설을 하고 가버렸다. 오늘 하루의 세미나는 나원찬 대사의 따님인 나승연, 그리고 중국 양광커뮤니케이션 대표인 양란이 공동사회를 능숙한 영어로 진행했다. 오전에 2개 패널이 잘 진행되었다. 그리고는 그랜드볼룸에서 전 참가자가 모여서 공식 오찬을 가졌다. 나는 이곳에서 약 15분간 오찬연설을 했다. 연설문을 달라는 요청이 많았고 오찬 후에도 여러 사람이 쫓아와서 명함을 교환했다. 옥에 티는 오찬장의 상석을 달라고 떼를 쓰던 국회의원들이 정작 오찬에는 모두 불참하는 바람에 그들의 자리는 볼썽사납게 비어 있었다.

오찬 후 반다 대통령과 약 30분간 단독회담을 갖고 의견교환을 했다. 다시

한 번 그녀의 국제형사재판소 지지에 감사를 표하고 아프리카 정상회담에서 국제형사재판소에 관한 논의나 아프리카 법원에 관한 논의가 있었는가를 묻자, 그녀는 자기가 참석한 동안에는 그러한 논의가 일체 없었다고 한다. 그리고 정상회담에는 알-바시르 수단 대통령도 참석하여 그와 어색하게 조우했다고 한다. 그러면서 자기가 그러한 공개성명을 하였을 때에는 아프리카에서 모든 회원국이 일치단결하여 국제형사재판소를 지지하는 줄 알았는데, 이번 정상회담에서 보니 많은 국가의 정상들이 왜 이중잣대를 갖고 아프리카만 표적으로 삼는지를 문제삼아 국제형사재판소에 대한 비난이 거세다는 것을 알았다고 한다.

나는 사건현황을 설명한 후 3건의 아프리카 국가의 자체 회부와 2건의 안보리 회부 등 국제형사재판소가 일부러 표적을 삼은 일이 없고 이런 오해와 비난은 모두 잘못된 것으로서 아프리카연합에 연락사무소 설치를 허용해주면 단시간에 이 같은 잘못된 정보를 바로잡을 수 있으니 도와달라고 했다. 그녀는 연락사무소 설치에 관하여 확고한 언질은 안 주었으나 내 말이 옳다고 동의하였다. 이 같은 나의 말도 처음 듣는 것이라고 하면서 아프리카의 몇 국가의 사태가 그런 경위를 거쳐 회부된 것조차 모르고 있어서 나는 속으로 아주 놀랐다.

나경원 위원장이 베푸는 만찬에서는 정몽준 전 의원 내외, 변호사인 셰리 블레어(Cherie Blair) 전 영국총리 부인, 리히텐슈타인 노라 공주(Princess Nora of Lichtenstein), 얀 맥루카스(Jan McLucas) 호주 상원의원 등을 만났다. 노라는 내가 수년 전에 브뤼셀에서 오찬을 같이한 브뤼셀주재 리히텐슈타인 대사인 니콜라우스 리히텐슈타인(Prince Nikolaus of Lichtenstein)의 누이인데 스페인 남편과 함께 마드리드에 산다고 한다. 셰리 블레어는 오늘 아침 귀빈들이 모인 조찬모임에서 국제형사재판소의 중요성을 강조해주어 고마웠다. 호주 케언스 출신 노동당 여성 상원의원은 나를 만나서 일생일대의 영광이라고 했다. 나는 호주 출신 변호사를 포함하여 우리 직원 4명을 억류한 리비아 사태의 해결과정에서 밥 카(Bob Carr) 외무장관과 통화를 많이 했다고 감사를 표했다.

컬럼비아대학의 세계리더포럼에서 강연

뉴욕에 갈 일이 또 생겼다. 2년 전부터 논의했던 필라델피아 방문이 성사되었는데, 이에 겸하여 뉴욕의 컬럼비아대학에서 강연 후, 오후에 국제형사재판소의 뉴욕 당사국사무국(New York Bureau)에서 경과보고를 한 다음, 뉴욕대학에서 하우저 글로벌 스칼러 프로그램(Hauser Global Scholars Program) 20주년 기념만찬에 참석한 후 다시 헤이그로 돌아오는 일정으로 준비하였다. 빡빡한 일정인지라 그 전 주말에 뉴욕에 도착해서 쉬고 월요일부터 일정을 소화하면 도움이 된다. 마침 미국 동북부를 강타한 폭풍설의 영향으로 하루 미루어 토요일에 겨우 출발했으나 비행이 순조롭고 케네디공항도 눈을 치워서 정시에 도착했다.

2013년 2월 10일에는 일찍 카렌 연락사무소장을 대동하고 기차편으로 필라델피아로 갔다. 2년 전부터 이곳의 인권변호사인 에니드 아들러(Enid Adler)가 주선한 프로그램을 소화하기 위해서다. 10시에 역에 내리니 그녀와 자원봉사로 고위방문객을 위해 봉사한다는 네덜란드계 미국인 크리스티안 모르싱크(Christiaan Morssink)가 마중 나와서 하루 종일 안내원 노릇을 해주었다. 당장 수년 전에 새로 지었다는 국립헌법센터(National Constitution Center)로 데리고 갔다. 헌법의 제정역사와 과정을 보여주는 거대한 박물관이었다. 다음에는 미국에서 가장 오래되었다는 필라델피아 변호사협회의 초대로 간단한 점심과 함께 약 20명의 변호사와 판사 및 한국관계자들이 모여 국제형사재판소를 중심으로 의견을 교환하였다.

다음에는 동부 펜실베이니아 연방지방법원을 방문하여 연방판사 신시아 루피(Cynthia Rufe)의 널찍하고도 편리한 사무실을 구경한 다음, 1시간 동안 유죄인정답변(*guilty plea*) 절차 등 그녀가 재판정에서 사건을 다루는 방법을 보면서 50년 전에 배운 형사소송법상의 피고 인권보호 절차를 현장에서 복습하는 듯한 시간을 가졌다. 그녀는 경험 많고 당당한 판사였다.

이 도시를 방문한 주목적은 이곳의 변협과 대학이 공동주관하는 행사에서 국제형사재판소에 관해 연설하는 것이다. 펜실베이니아 법대에 도착하여 피츠(Fitts) 학장을 약 30분 만난 뒤 행사장으로 가보니 상당히 큰 계단식 강의실인데 청중이 약 200여 명 온 것 같다. 국제형사재판소 검찰부에서 초기에 근무했던 윌리엄 버크 화이트(William Burk-White) 교수가 사회를 하는 가운데 약 20분간 연설했다. 다양한 질문이 나왔고 토론이 그런 대로 활발했다.

2월 12일 아침 뉴욕으로 귀환하여 컬럼비아대학으로 직행했다. '국제형사재판소를 위한 미국 비정부기구 연합'(American NGO Coalition for the International Criminal Court: AMICC)의 존 워시번(John Washburn) 대표 등의 마중을 받으면서 이 대학의 이탈리아관(Casa Italiana)에 들어섰다. 이 대학의 총장을 10년째 맡고 있는 리 볼린저(Lee Bollinger)가 친히 참석하여 나를 청중에게 소개하고 나의 강연을 끝까지 경청하면서 사회를 보는 등 최대한 예우했다. 청중은 200여 명 되는데 거물들이 많이 참석했다. 연방판사들, 비정부기구 대표들, 교수들, 변호사들, 해럴드 고와 같은 거물, 유엔의 법률자문관들, 기자 등 모두 수준 높은 사람들이다.

자연히 케냐 정·부통령에 대한 재판에 관하여 질문이 많았다. 나의 강연 및 질의응답은 많은 블로그에서 호의적 방향으로 기사화되었다. 그런데 갑자기 사건을 담당한 국제형사재판소의 일본 오자키 재판관은 이를 보고 이메일로 나를 비판하였다. 담당재판관이 있는데 케냐 재판이라는 구체적 사건에 관하여 재판소장이 공개 발언하는 것은 부당하다는 취지였다. 그러나 나도 이런 미묘한 문제에 대하여 항상 계산하여 발언하므로 그녀가 구체적으로 트집 잡지는 못했다.

이 강연은 세계리더포럼(World Leaders Forum)이라는 컬럼비아대학의 최고 권위 있는 프로그램에서 이루어진 귀한 기회였을 뿐만 아니라 격조도 높게 진행되었다. 과거의 연사들도 거의 모두 뉴욕을 방문하는 현직 국가원수들이었는데, 나의 순서 바로 앞에는 아마디네자드(Mahmoud Ahmadinejad) 이란 대통령이 연사였다고 한다. 다만 그의 연설 후 사회자인 볼린저 총장이 시비를 걸었다는데 이것이 너무 심했다는 비난으로 이어졌다고 들었다.

만족스럽게 강연을 마치고 오후 4시 반에 뉴욕 당사국사무국에 가서 당사

컬럼비아대학 세계리더포럼에서
강연을 마친 후 이 대학의 리 볼린저
총장과의 환담 (2013. 2).

국총회 의장인 티나 인텔만의 사회하에 그동안의 재판소 업무현황을 브리핑
했다. 한국대표부에서도 유기준 참사관과 최용훈 검사가 참석했다.

　이 보고를 급히 마친 다음 6시에 뉴욕대에서 초청한 하우저 만찬에 참석했다.
뉴욕대 법대는 나에게 교수 석좌(碩座, *professorial chair*)를 만들어준 대학이고
하우저 글로벌 스칼러 프로그램을 시작할 때 기획부터 깊이 관여한 나로서는
그 방문에 큰 개인적 애착과 의미를 부여하고 싶었다. 사람이 많이 초대되었는
데 중국 사람이 대부분이다. 나는 옛날 동료로서 이제 나이가 많은 리처드 스튜
어트(Richard Stewart), 제롬 코헨, 노먼 도슨(Norman Dorsen), 프랭크 업햄
(Frank Upham), 짐 제이콥스, 호세 알바레즈(José Alvarez) 교수 및 리처드 러
베즈(Richard Revesz) 학장과 인사를 나누고, 하우저 부부(Rita and Gus Hauser)
에게도 인사했다. 메론(Meron) 구유고전범재판소 소장이 보이기에 물어보니
2013년도 하우저 학자 선발위원장으로서 이곳에 초대되었다는 것이다.

시각장애인으로서 산둥(山東)의 작은 마을을 탈출하여 베이징의 미국대사관에 숨었다가 힐러리 클린턴 국무장관의 교섭으로 무사히 미국에 온 첸 광쳉(Chen Guangcheng)이 중국의 인권탄압에 맞선 영웅처럼 하이라이트를 받는 만찬장이었다. 그러나 기약 없는 그의 미국 체재에 들어가는 엄청난 비용과 두 내외의 오해를 사는 행동에 걱정하는 사람도 많이 있었다. 뉴욕대 법대 사람들과 만찬을 통해 재회하고는 바로 밤 10시 50분발 비행기로 귀임했다.

"송상현 소장에게는 재판 못 받겠다"

2월 13일 아침에 도착하니 나 없는 사이에 소장대행인 모나헹 부소장이 신경질을 내서 직원들이 걱정하고 있다기에 쉬지도 못한 채 사무실로 직행했다. 재판관으로 선임되었으나 건강 등 이 핑계, 저 핑계로 부임을 안 하는 문제의 필리핀 미리암 데펜소르(Miriam Defensor Santiago) 상원의원에 관한 것이었다. 나는 즉각 언제 부임할 수 있는지 알아보는 전화통화를 했다. 그녀는 건강이 나쁘지만 대통령 선거에 출마할 야심도 있으므로 여러 가지 이해관계를 따지느라 부임을 미루고 있었다. 확실히 건강, 국제형사재판소 재판관으로서의 사명감, 윤리의식, 개인적 능력과 관심 등 모든 면에서 당사국총회에서 잘못 선출한 재판관의 좋은 예라고 본다. 결국 그녀는 개인적 야심 때문에 국제형사재판소를 아주 곤경에 빠뜨리다가 취임도 못한 채 사망하고 말았다.

2013년 2월 20일, 15세 미만 남녀 아동을 소년병으로 이용하는 등의 전범 혐의로 기소된 콩고민주공화국 군벌 토마스 루방가의 변호인단이 난데없이 나에 대한 기피신청을 공개적으로 제출했다. 루방가를 변호하던 프랑스인 변호사 카트린 마비유(Catherine Mabille)가 소송전략의 하나로 기피신청을 한 것이다. 어린 소년소녀들을 납치하여 군사훈련을 시킨 다음 전투에 투입하는 행위(child soldiering)는 아프리카와 아시아, 중남미 등에서 공공연히 행해지는 전쟁범죄 내지 반인륜 범죄다. 루방가는 콩고애국자연합(UPC)을 결성해

무장투쟁을 벌인 반정부군 최고사령관으로서 2005년에 체포됐으며 2002~2003년 15세 이하 소년병을 유인·납치해 전투에 투입한 혐의 등에 대해 재판을 받아왔다. 루방가가 9세 아동까지 성노예와 전투병으로 이용했다는 것이 검사 측 주장이다.

이와 같은 사건의 재판은 납치인지 여부와 소년소녀의 연령을 판별해내는 어려움이 있다. 생활환경이 너무 열악하여 납치가 아니라 자발적으로 따라가는 경우가 많고, 어린이 누구도 출생신고 등 신분을 증명할 수 있는 자료가 없기 때문이다. 히라드 등을 중심으로 대책을 논의하면서 보니 재판관들이 모두 이 같은 기피신청에 깊은 불쾌감을 나타낸다.

기피신청서에는 국제형사재판소 소장인 내가 각종 연설에서 루방가를 유죄가 확정된 사람처럼 다루는 듯한 편견이 보인다는 것과 루방가 재판 도중 뉴욕의 유니세프 본부가 재판부에 소년병에 관한 전문가 의견을 유엔 비밀문서로서 제출했는데, 내가 명목적이나마 유니세프 한국위원회장을 맡고 있어 이해관계가 충돌된다는 것이었다. 결국 지난번 에보에-오수지(Eboe-Osuji) 재판관에 대한 기피신청의 경우처럼 전원재판관회의로 넘겨 최종판단을 받아야 하니 동료들의 마음속을 누가 알 것인가. 일단 반론을 작성하는 것은 폴커에게 부탁하기로 합의했다. 어려울 때마다 항상 고마운 사람이다.

이날 오후 국제형사재판소 전원재판관회의가 루방가 변호인단의 기피신청을 심의했다. 당사자인 나는 심의에서 배제됐다. 모나헹 부소장이 사회를 보면서 각 재판관의 의견을 듣고 표결하는 절차다. 헤이그에 부임하지 아니한 재판관의 경우 이 안건을 위하여 비싼 항공료를 들여 모셔오는 것도 번거로워서 통신수단을 연결하여 회의에 참가하게 배려하였다. 도미니카공화국의 올가 에레라-카르부치아(Olga Herrera-Carbucia) 재판관의 경우가 그러했다.

모처럼 재판관들은 서로에게 경의를 표하면서 마음껏 토론했으며, 어떤 재판관은 법률연구를 많이 해와 깊이 있는 이론을 펴기도 했다고 한다. 내가 루방가에게 편견을 가졌다는 변호인단의 첫 번째 주장은 전원일치로 기각됐고, 유니세프와 관련된 두 번째 주장은 우샤스카 재판관이 소수의견을 냈으나 나머지 재판관들은 일치하여 내 입장을 지지했다고 한다. 유니세프한국위원회 회장직을 그대로 유지하는 게 향후 재판에서 불공정할 수 있는지 스스로 검토해봐야 하겠다.

이처럼 중요한 전원재판관회의가 열리는 동안 당사국총회의 부회장인 스위스대사 마르쿠스 뵈를린(Markus Börlin)이 재판소 전 직원을 위하여 오후 3시 반에 구내식당에서 위로파티를 열었다. 내가 소장으로서 파티 서두에 직원들의 노고를 위로하는 연설을 했고 모두들 유쾌한 한때를 가진 것 같다.

행정처장 선거에서 낙선한 비서실장

기피신청 외에도 금년에 새로운 행정처장을 선거하는 일정 때문에 몹시 바쁘다. 10명이 최종 후보자로 선정되었으므로 재판관들이 모두 모여 나의 사회와 질문으로 이틀간 꼬박 이들을 한 사람씩 인터뷰했다. 3월 5일 5인, 그리고 3월 7일 5인을 아침 9시부터 저녁 6시까지 1인당 90분씩 7개의 동일한 질문을 하고 답변을 들었다. 18인 재판관 중에 필리핀과 트리니다드토바고 재판관이 결석이므로 총 16인의 재판관이 고생을 많이 했다. 회의를 주관하는 나는 자리를 비우기도 어렵고 움직일 수가 없어서 고통스러웠다.

그러나 가만 보니 싸움은 내 비서실장인 린 파커와 현재 레바논임시재판소 행정처장인 네덜란드인 헤르만 폰헤벌(Herman von Hebel) 간의 대결로 좁혀졌다. 그동안 나는 주로 모리슨, 모나헹, 페르난데스, 판덴바인게르트, 쿠룰라 재판관 등과 상의하면서 린의 지지를 부탁했다. 대체로 린의 우세로 점쳐졌으나 첫날의 인터뷰를 끝내고 보니 분위기가 트렌다필로바, 카울, 우샤스카, 에보에-오수지 등의 바람잡이로 판덴바인게르트까지 약속을 깨고 저편으로 넘어갔다.

이날 오전 캐나다인 부검사 제임스 스튜어트의 취임식이 있어 외교사절의 참석하에 내가 행사를 집전했다. 그 후 간단한 리셉션에서 참석한 대사들에게 감사인사를 하고 돌아왔다. 오후에 1차 투표를 개봉하니 린은 5표, 폰헤벌은 7표가 나왔다. 린의 패배를 직감했다. 최종결과는 린 6표, 폰헤벌 9표로 쉽게 결말이 났다. 사후에 부질없는 일이지만 린을 지지했던 재판관들은 모두 허탈한 심정을 토로했다. 특히 모리슨은 자기에게 긍정적으로 반응한 프레머와 에보에-오수지 및 판덴바인게르트를 심하게 비판하면서 분개했다.

린도 여간 충격을 받은 게 아니다. 점잖게 자기 자신을 통제했지만 얼마나 속이 쓰리고 놀랐겠는가. 나도 할 말을 잃었다. 선거에 져본 사람만이 그 심정을 안다. 사실 린은 내 비서실장으로 계속하기에는 너무 훌륭한 인물이다. 그가 당선하여 자리를 옮기면 나는 좋은 후임을 구하는 데 많은 시간을 다시 허비해야 하겠지만 진심으로 그의 앞길을 터주고 싶었다.

그러나 린이 나의 비서실장으로 일한 지난 2년간 까다로운 재판관들을 상대하면서 자기를 잘 안 도와준다고 속으로 두고 보자는 생각을 한 재판관도 있었겠다. 재판연구관 배치문제로 불평이 많던 일본 여성재판관이 대표적 예가 아닌가 싶다. 그리고 트렌다필로바 재판관을 비롯한 1년 전 소장선거에서 내게 패한 네댓 명의 동료들이 아직도 반감을 유지하고 있는 동시에 만일 린이 당선되는 경우 나의 영향력이 너무 커진다고 우려한 나머지 반대전선을 편 것으로 볼 수도 있다.

나는 단순히 린이 무능하기 짝이 없는 현재 아르비아 행정처장의 실패를 복구하여 재판소를 정상궤도에 올려놓을 수 있는 가장 적당한 인물로 객관적으로 판단하여 지지했을 뿐이었다. 그러나 그의 패배를 다시 생각해 보면 나는 2년 후 소장과 재판관직을 내놓고 귀국할 때까지 린의 보좌를 계속 편하게 받을 것이고 누가 행정처장 후임으로 오더라도 현재의 이탈리아 여성보다는 낫겠지 싶어서 그런 대로 자위하고 있다.

제2 사실심 심판부는 그동안 병합심리하던 카탕가 및 은구졸로 사건을 분리하여 은구졸로에게 무죄를 선고하고는 나머지 피고인에 대한 유죄선고를 위하여 범죄혐의사실을 원래의 기소장과 다르게 수정하겠다는 취지로 형사소송규칙 제55조의 해석문제에 대하여 상고를 허가한 건이 있었다. 이 문제에 대한 상고를 신속하게 해결하기 위하여 내가 재판장을 자원하여 심의하다가 합의에 부쳤다. 원체 기술적으로 어려운 문제여서 모든 재판관들이 고심한 흔적이 역력하나 토론이 활발하게 이루어지지 아니한다. 상고심의 토론과 합의과정이 점차로 활기를 잃고 연구관이 준비해준 말씀자료를 토대로 자기할 말만 하고 입을 다무는 경향이 강해져서 걱정이다.

3월 21일 새로 취임한 부검사 제임스 스튜어트를 고급식당으로 초청해서 비서실장 린과 함께 오찬을 했다. 그를 환영하는 나의 개인적 호의인데 이 기회에 많은 이야기를 나누었다.

로랑 파비위스 프랑스 외무장관과 인사

필립 암바흐를 데리고 프랑스대사관으로 달려가야 했다. 원래 오후 4시 반에 프랑스대사관이 새로 이사 간 건물의 개관을 위하여 참석한 프랑스 외무장관 로랑 파비위스(Laurent Fabius)를 만나기 위해서이다. 피에르 메나 프랑스대사는 원래 외무장관의 요청으로 국제형사재판소 소장과 20분간 단독회담을 하기로 주선했다고 알려왔다. 장관이 우리 재판소에 개인적 관심이 있기 때문이다. 그런데 불과 몇 시간 전에 단독면담 일정은 취소되었고 악수 겸 인사만 하기로 변경되었다고 통보한다. 국제사법재판소(ICJ)의 행정처장이 이런 나의 특별일정을 알아내어 끈질기게 방해했기 때문에 그렇게 되었다고 한다.

외무장관이 5시경 나타나 악수를 청한다. 내가 불어로 지지에 대한 감사인사를 하자 대사가 씩 웃으면서 영어로 해도 된다고 했다. 외무장관의 준비된 개관연설은 비교적 길었는데 역사, 예술, 유머 등을 섞어서 여유 있게 말을 참 잘한다. 더욱 감탄할 일은 답사를 하는 네덜란드 외무장관 프란스 팀머만스는 원고도 없이 조크를 적절히 섞어가면서 능란하게 불어로 연설을 하는 것이 아닌가! 2012년 11월 국제형사재판소 10주년 기념식에서 그가 원고 없이 유창한 영어로 개식사를 해서 탄성을 자아낸 일이 있다. 두 외무장관의 격조 높고 유창한 즉석연설에 깊은 인상을 받았다.

프랑스 외무장관은 37세에 미테랑(François Mitterrand) 대통령에 의하여 총리로 임명되었다. 이제 30년 후 다시 올랑드(François Hollande) 대통령의 사회당이 정권을 잡자 외무장관으로 기용된 것을 보면 마치 미국에서 클린턴 대통령이 쓴 사람을 오바마 대통령이 다시 기용함을 연상시킨다. 물론 미국처럼 회전문인사(*revolving door system*)는 아니지만 이제 67세의 나이에 외무장관이 되어 중후하고 여유 있는 모습은 보기 좋으나 출신에서부터 귀티 나는 사람은 아닌 것 같다. 다만 공부를 잘해서 좋은 학교를 졸업한 것이 그의 출세의 배경이 된 것 같다.

저녁에는 아내와 함께 헤이그영화제의 일부로 첫 상영되는 〈법원〉(*The Court*)이라는 영화를 보러 갔다. 극장에 도착하니 나를 알아보고 알은체하는 우리 직원과 외교관들이 있었다. 아마 미리 예약해서 자기네끼리 보기로 약속한 듯하다. 독일 외교관이 두 명의 영화감독을 내게 소개한다. 영화는 약 1시간 반 동안 상영되었고 약 30분간 토론일정이 추가되었다. 루방가 사건의 시작에서 최후진술까지 우리 검사의 활동을 담은 영화인데 오캄포 검사 1인을 성인화(聖人化)하는 기록물이라고 할 만했다. 영화에는 담당재판부가 이례적으로 성명서를 발표할 정도로 문제가 많은 검사의 리비아 방문을 비롯하여 여러 가지 논란이 많은 부분이 포함되었다.

우리 검사를 잘 모르던 아내는 영화를 보면서 그의 충동적인 데다가 경솔한 행동과 부족한 영어실력에 오히려 충격을 받은 것 같았다. 공판절차에서 최후진술도 자기가 안 하고 난데없이 뉘른베르크 재판 당시의 검사였던 벤저민 페렌츠를 동원한 것이 이상하긴 하나 그나마 검찰 측의 진술의 격이 좀 높아졌다고 할까, 그 외에는 일반적으로 좀 창피하다는 느낌을 피력한다.

원래 이 영화가 상영되는지도 몰랐는데 아내의 친구 한 분이 내가 영화에 나온다고 알려주어 미리 예약했던 것이다. 영화에서는 마지막에 당사국총회에서 후임 검사의 선출과 관련하여 단상에 좌정한 나의 모습이 한동안 나왔는데 무슨 대사를 하는 것은 없었고 부검사의 당선소감 피력으로 끝났다. 자기가 재임 중 그러한 영화를 직접 촬영하면 아무런 비판도 없이 모두 잘한 것으로 왜곡되는 기록을 남길 수밖에 없다. 이런 경우를 'hagiography'(칭송일색의 전기)라고 한다던가. 아무튼 국제형사재판소는 설립한 지 10년이 안 되어 성인(聖人)을 배출한 셈이 되었다.

아테네 기행, 인류문명의 시원을 생각하다

2013년 3월 28일 목요일 그리스 여행에 나서는 날이다. 오래 고심하던 '형사소송규칙 55'에 관한 상고심 판결도 선고했고, 다른 급한 행정적 사무도 처리하고 대외적 활동과 연설에 관한 지침도 시달하고 나서, 아주 가벼운 마음으로 하루 휴가를 냈다. 이날도 아침 일찍 출근하여 이메일을 모두 검토하여 답을 지시하고 나의 서명이 필요한 서류를 모두 처리한 다음 집에 와서 택시를 탔다. 비서에게 공과 사를 엄격히 구별하도록 평소에 내가 훈련시킨 대로 그녀는 택시를 예약하고 요금을 내가 지불하게끔 주선하길래 잘한다고 격려했다. 자그마한 일에 구애되어 나중에 두고두고 말을 들을 필요가 없다.

헤이그에서 영하의 날씨가 오래 계속되어 진저리를 치다가 모처럼 20도 이상의 따뜻한 남쪽나라를 찾아가는 소득이 있었다. 또한 키프로스 출신 피키스 재판관이 무슨 말만 하면 그 단어의 어원이 모두 그리스에서 왔다고 하는 바람에 여러 해 동안 나의 문화사적 호기심을 자극한 것도 사실이다. 이곳에 주재 외교관으로 근무했던 비서실장 린 파커가 그랑드 브르타뉴(Grande Bretagne)라는 역사와 전통을 자랑하는 이 나라 최고의 호텔이 소장님의 여행에 걸맞다고 주장해서 비서가 예약했던 호텔을 그리로 바꾸었다. 가보니 과연 아테네 최고의 위치를 점한 가장 유서 깊은 특급호텔인데, 호텔 앞의 신타그마광장(Syntagma Square)은 모든 시내의 교통 및 상거래나 정치의 중심이다. 위치가 그만큼 편리하여 결과적으로 쓸데없는 간접비용이 절약되었다.

비행기에서 내려다보이는 그리스의 풍광은 푸르름은 적고 모두 하얀 돌집으로 뒤덮인 인상이다. 모두 대리석인가. 호텔에 미리 부탁한 택시가 기다리고 있었다. 약 40분쯤 걸린다는데 좁은 길을 구불구불 돌아가는 것이 미리 예약한 호텔택시가 아니었더라면 꼼짝없이 속인다고 따질 뻔했다. 결국 호텔에서 좀 떨어진 길에 차를 세우더니 자기가 내 가방을 끌면서 따라오라고 한다. 호텔의 뒷문으로 들어가서 냄새나는 쓰레기 더미를 지나 호텔 로비로 안내되었다. 방을 6층에 배정받고 방에 딸린 베란다로 나가보니 의사당 앞에서 한창 데모를 하는 통에 호텔 정문을 닫고 뒷문으로 안내한 것을 알았다.

29일 바로 국회의사당 앞에 있는 이 호텔 8층 옥상에서 아침식사를 들면서 보는 파르테논 신전을 비롯한 아테네 시내의 전경은 기가 막히다. 버스를 타고 아크로폴리스(upper town이라는 뜻) 입구에 내렸다. 이곳은 해발 약 150미터 고도에 1만 2천 평 면적의 천연요새인데 아테네문명, 아니 인류문명의 발상지 내지는 요람으로 여기는 곳이다. 로마문명보다도 훨씬 앞선 그리스문명의 발상지를 상징하는 아크로폴리스! 과연 서양문명의 원조가 모두 이곳에 있구나. 우리는 서울대 중앙도서관 앞의 자그마한 공간을 아크로폴리스라고 부르면서 허구한 날 학생데모로 점철된 장소를 연상하다가 이제 진짜 아크로폴리스에 온 것이다.

이곳에서 저만큼 돌산 위에 웅자(雄姿)를 틀고 있는 파르테논 신전까지 입장료를 내고 등반할 수도 있다. 우리는 올라오는 길에 헤로데스 아티쿠스 오데온 극장(Odeon of Herodes Atticus)을 잠깐 보았다. 로마 출신의 그리스 후원자인 아티쿠스가 부인 아니아 레길라(Annia Regilla)를 위해 기원전 161년에 완공한 노천극장이란다. 이런 극장은 다른 곳에서도 본 바와 같이 아주 로마식이다. 올라가는 길 바로 앞에 있기에 잠시 구경하고 아크로폴리스의 정식 입구인 블레의 문(Beulé Gate)에 이르러서는 등반을 단념하고 부근의 낮은 바위에 올라가서 시내 전경도 보고 파르테논 신전 건물을 올려다보면서 멀리서 사진을 찍었다.

아크로폴리스 중심에는 역시 페리클레스(Pericles) 시대에 도리스식(Doric Style)으로 건설한 파르테논 신전이 걸출하다. 다만 아테나(Athena)의 동상이 콘스탄티노플로 옮겨졌다가 파괴된 것을 비롯하여 파란 많은 역사와 함께 그 운명도 기구하였으나, 대부분 원형이 남아서 복구작업이 한창이다. 바위 전망대에서 보면 파르테논 앞에 아테나 니케 신전(Temple of Athena Nike)이 보이고, 왼편에 신전의 입구문인 프로필레아(Propylaea)가 있다. 그 위로 가면 에렉테이온(Erectheion)에 이르는데 이는 아테나, 포세이돈, 케크롭스 등의 사당이라고나 할까. 돌아오는 길에 디오니소스 극장(Theater of Dionysos)을 잠시 들러보았다.

인류문명의 발상지를 보면서 5천 년 이상의 서양역사를 나름대로 꿰맞추어

보느라고 잠시 상념에 젖었다. 5천 년 전 청동기시대부터 전설적 신화는 물론 고대의 일이건만 지금도 인구에 회자되는 트로이전쟁 때 아킬레스의 분노, 페르시아의 패전소식을 전하고 죽은 마라톤(Marathon) 전령의 전설, 페리클레스와 민주주의의 발상, 알렉산더대왕의 정복 등 기억이 두서없이 떠오른다. 그러나 호메로스(Homeros)의 작품에서 알게 된 기원전 1600년경부터 약 5백 년간의 미케네(Mycenae) 문명은 배웠으나 트로이 함락 이후 약 4백 년간의 아테네의 암흑기는 잘 알려져 있지 아니한 채 기원전 8세기경 도시국가의 발전으로부터 그리스 역사는 다시 이어진다. 그리하여 기원전 5세기경 도시국가 중 두 번의 페르시아 전쟁을 이겨내고 번영하던 아테네가 펠로폰네소스전쟁에서 스파르타에 패하여 독재와 혼란을 경험하다가 알렉산더대왕에 의하여 정복당한다. 알렉산더대왕은 후일 칭기즈칸이 세계를 정복하기 전까지는 가장 넓은 영토를 확보한 군주이건만 그의 죽음으로 그의 시대는 짧게 막을 내린다.

몇 해 전 시라쿠사(Siracusa), 키프로스 등을 여행하면서 헬레니즘 후에 로마가 이들을 정복한 역사를 흥미롭게 관찰한 적이 있는데 로마도 기원전 2세기부터 알렉산더대왕의 제국이 발전시킨 헬레니즘문화에 관심을 가지면서 그리스를 손아귀에 넣고 만다. 그것은 기원전 31년에 악티움에서 아우구스투스가 안토니우스와 클레오파트라를 무찌른 전쟁이 계기가 되었을 것이다.

그러나 로마인들의 정치적, 종교적 관용으로 헬레니즘문화는 그대로 번영하였고, 로마의 하드리아누스황제는 아테네를 3번이나 방문하여 지금도 아테네 시내에는 하드리아누스의 문(Hadrian's Gate)이 남아 있다. 외부침략으로 로마의 영향력이 약해지자 콘스탄티누스황제가 330년 옛 그리스의 식민지였던 보스포루스(Bosporus)지역의 비잔티움을 제국의 수도로 삼아 '신로마'(New Rome)라고 했으나 곧 황제의 이름을 따서 콘스탄티노플로 개명되었다. 395년 테오도시우스 1세가 그의 두 아들 중 아르카디우스(Arcadius)는 동쪽지역을, 호노리우스(Honorius)는 서쪽을 승계하여 동·서로마제국이 되었는데 콘스탄티노플은 동로마제국의 수도가 되었다. 이때부터 이른바 '비잔틴 그리스'가 시작되었다. 1453년 콘스탄티노플이 오토만(Ottomans) 제국에 의하여 함락될 때까지 천 년 이상의 기간 동안 로마제국은 많은 문화적 유적을 그리스와 터키에도 남겨 놓았다.

3월 31일은 기독교의 부활주일이다. 아침에 단축마라톤으로 23km를 뛰는 행사가 호텔 앞 대로를 막고 음악을 크게 틀어놓은 채 진행되는 통에 새벽부터 잠을 설쳤다. 작년 9월 파리에서 2만여 명이 참가한 베르사유 왕복 연례마라톤을 현장에서 잘 구경했기 때문에 그때의 인연이 회상되었다. 이곳의 마라톤을 보니 비록 하프마라톤이긴 하나 마라톤 주행도로에 따로 선을 그어 지적 장애인과 신체 장애인들도 보호자와 함께 달릴 수 있도록 배려하고 있었다. 상당히 많은 장애인들이 열심히 뛰는 모습이 나의 마음을 훈훈하게 만들었다. 장애인을 대우하는 것을 보니 그리스는 후진국이 아니군.

국립고고인류학박물관의 진열품들은 로마시대 이전의 장묘문화에 집중하여 제작된 유품이 주류를 이루었다. 주로 풍부한 대리석을 마치 살아있는 듯이 조각하여 죽은 자와 유족이 이별하는 장면을 양각으로 새겨놓은 석관이나 무덤의 장묘석(葬墓石)들이 끝없이 전시되어 있다. 물론 이곳에서 제우스(Jupiter)와 아프로디테(Venus)의 입상 조각을 보았고, 부자 개인의 수집품 특별전시에서 금으로 만든 미케네 왕의 아들 얼굴(Agamemnon)이나 각종 금 장식을 구경하면서 수천 년 전에 금을 채취하고 연금하는 기술이 오늘과 다름없이 발달된 것에 감탄했다.

귀임하자마자 구내식당에서 개최된 아르비아 행정처장의 환송연에 참석하여 한마디 했다. 재판관은 나를 포함 모두 4인이 참석했고 상당수의 직원들이 참석한 가운데 내가 제일 먼저 연설했고, 여러 연사를 거쳐 그녀가 마지막 연설을 하기 전에 린 비서실장과 함께 빠져나가 리셉션 참석차 노르데인더 왕궁으로 갔다.

주말에는 마침 암스테르담에 회의차 온 최철 변호사가 나를 보러 온다기에 이성훈 군과 함께 새로 지은 42층 펜트하우스에서 만찬을 하면서 장시간 밤이 어둡도록 유쾌한 이야기를 나누었다. 말이 그렇지 피곤하고 바쁜 여정 중에서 50km 이상 떨어진 이곳에 옛 은사를 뵈러 온다는 것은 쉬운 일이 아니다. 다정한 최 변호사에게 고마운 마음이 가득하다.

한국인 국제기구 수장들이 한국어로 현안을 논의하다

4월 8일 반기문 총장이 마드리드에서 우여곡절이 많은 일정을 마치고 헤이그에 밤늦게 도착했다. 그는 원래 도착하면 저녁에는 이기철 대사가 베푸는 사사로운 관저만찬을 갖고 우리 내외와 한국어로 현안문제를 대화하면서 누적된 피로를 풀고자 오래전부터 계획하였다. 그러나 월요일로 예정된 국제사법재판소(ICJ) 재판관들과의 만찬이 반 총장의 일정 변경으로 불가능하게 되자 이들이 우리가 계획했던 사사로운 일요일 만찬일정을 빼앗아 자기네의 만찬으로 대체해버리는 어이없는 일이 일어났다. 6·25전쟁 참전용사의 아들이라고 하여 우리 정부로부터 늘 특별대접을 받아온 국제사법재판소 행정처장의 장난인 것을 알아챘다. 그들 재판관들의 강요로 성사된 일요일 만찬에서 그들이 시종일관 국제형사재판소의 위협을 느낀다고 우리를 맹비난한 것을 반 총장과 법률고문 패트리시아로부터 듣고 배경설명을 하면서 내가 그동안 의연히 대처해온 입장을 설명했다.

인간의 본성 중 경쟁심과 시기심이 있지만, 세계 최고의 재판관이라는 사람들이 유엔 사무총장을 모신 만찬에서 처음부터 끝까지 유엔 소속도 아닌 국제형사재판소 욕만 하는 광경을 상상해 보라. 만찬 내내 성품 좋은 반 총장도 이들의 지속적인 비난에 불편한 마음으로 묵묵히 듣기만 했는데 패트리시아가 야무지게 반박했다고 한다.

얼마 후 모든 임시국제재판소가 폐쇄되면 총원 120명의 소규모 국제사법재판소와 직원이 천 명이 넘게 되는 국제형사재판소만 헤이그에 영구적으로 남게 되고, 독일 함부르크에 있는 직원 50명 미만의 국제해양재판소(ITLOS)를 포함한다고 하더라도 국제형사재판소는 단연 세계 최대의 영구상설재판소가 된다. 크고 강한 입장에 있는 대인은 원래 대범한 법이니 그동안 내가 융통성 있고 대범하게 대처해온 경위를 반기문 총장에게 설명했다.

그리고 아프리카지역의 유엔평화유지군 사령관 등 유엔 직원이 우리의 구속영장 발부로 체포대상인 수단의 알-바시르 대통령으로부터 훈장을 받은 경우, 알-바시르가 회원국인 차드를 방문할 때 공항영접을 나간 차드주재 유엔

대표 등의 경우를 계기로 유엔이 강경하면서도 분명하고 합리적인 '불필요한 접촉에 관한 지침'(guide on non-essential contacts)을 4월 3일 채택하여 공표한 것을 치하했다. 그리고 국제형사재판소 피고인의 신분으로 새로 선거에서 당선된 케냐의 케냐타(Kenyatta) 대통령을 유엔 사무총장이 어떻게 대해야 하는지 설명했다. 그리고 반 총장이 아프리카연합이나 아랍연맹(Arab League)을 접촉하는 경우 우리의 의사를 전달하여 우리와의 관계 개선에 힘써줄 것을 요구하였더니 흔쾌히 수락한다. 또한 수년 전에 콩고의 현장사무소에 고용된 현지인(그 나라 경찰관)이 우리가 보호해야 할 검찰 측 증인을 성폭행했다는 소문이 퍼져서 이에 대한 객관적 조사를 유엔의 감찰기관(OIOS)에 부탁할 수 있는지 검토해보아 달라고 부탁했다. 아무튼 이 개별회담에서 현안문제를 한국말로 논의한 후 그와 함께 차를 타고 4시 반에 예정된 헤이그의 다른 재판소장들과 회담하는 평화궁으로 이동했다.

유엔법률고문인 패트리시아가 사회를 보면서 나에게 먼저 발언기회를 준다. 준비된 나는 제한된 시간을 초과하면서도 할 말을 다했다. 이런 경우에는 먼저 발언기회를 가진 사람이 유리하다. 반 총장은 국제형사정의에 대한 자기의 신념을 재확인하고 내주 유엔총회에서 언급할 간단한 보고자료를 얻고자 나를 만난 것이 목적이므로 다른 소장이 발언을 다 못했더라도 상관없는 일이었다. 다만 우리에게 전적으로 협조적이었던 패트리시아가 5년 근무 후 이제 제네바주재 아일랜드대사로 이동하게 되므로 어떤 후임이 올 것인지 궁금하다. 그는 그동안 참으로 신생 국제형사재판소의 발전에 큰 도움을 준 외교관이다.

이 회담을 하는 동안 회의실에 걸려있는 국제사법재판소장들의 초상화를 보니 크기와 자세가 각각이고 초상화를 그릴 수 없는 무슬림 판사들은 사진으로 대치하였다. 복도 안팎으로는 대리석 받침대에 올려진 소장들의 흉상이 진열된 곳도 있었다. 나는 국제형사재판소도 점차 역사와 기록보존에 대한 기준을 수립할 필요가 있으므로 담당에게 기본 틀을 짜서 보고하라고 이미 지시한 바 있다. 현재 일정한 크기의 법복을 입은 재판관, 검사, 행정처장, 부검사 및 부행정처장의 사진만 임차한 건물 내부에 일렬로 걸려있는데, 국제사법재판소나 다른 기관을 참조하여 기본원칙을 정하고자 하였다. 다만 국제사법재판소처럼 재판관들이 보통 중임, 3연임하는 곳과는 달리 9년 단임인 국제형사재판소의 경우에는 곧 재판관들의 초상으로 벽이 꽉 차게 되므로 크기를 제한할 필요가 있어 보인다. 이 문제는 재판소가 신청사로 이사하는 경우에 종합검토가 필요하다고 본다.

워싱턴의 화려한 벚꽃에 대한 느낌

마티아스 대외담당보좌관을 데리고 워싱턴에서 개최하는 미주기구(OAS) 회의에 참석했다. 4월 12일 아침에는 워싱턴에 간 김에 세계은행을 방문하여 법률담당 부총재인 안-마리 르루아(Anne-Marie Leroy)와 이탈리아인 직원 마르코(Marco)를 만나 다시 형사정의와 지속가능한 성장의 관계를 재론했다. '국제형사정의 없이는 지속가능발전도 없다'는 나의 지론을 편 것이다. 국제형사재판소 시스템은 모든 회원국의 국내 사법시스템이 정상적으로 가동한다는 전제하에 구축되었으므로, 만일 어느 국내 시스템이 취약하거나 문제가 있는 경우에는 세계은행과 같은 국제원조기관의 지원을 받아서라도 국내 사법시스템의 역량을 충분히 강화해야 한다는 것이 나의 소견이었기 때문이다.

간단한 점심 후에 미주기구 건물로 걸어갔다. 중남미와 카리브해 제국의 대표들에게 국제형사재판소의 현황을 브리핑하고 협조를 구하는 것도 인식 확산의 새 장을 여는 것이어서 준비된 자세로 참석했다. 마침 뉴욕에서 인텔만 당사국총회 의장도 참석했다. 회원국의 전원 출석은 아니었으나 미주기구 사무총장인 인술자(José Miguel Insulza) 전 칠레 외무장관, 이 모임을 사회하러 일부러 뉴욕에서 내려온 유엔주재 콜롬비아대사 안드레스 곤잘레스 디아즈(Andrés González Díaz) 등이 반색을 하였고, 미국 대표가 강한 협조의사를 나타내는 연설을 했다.

토요일 아침, 아내와 함께 타이들 베이슨(Tidal Basin) 호숫가를 거닐면서 만개한 벚꽃 속에서 가벼운 마음으로 사진을 찍고, 생전 처음 6·25전쟁 기념공원을 걸어서 방문했으며, 마틴 루터 킹의 석조기념물을 처음으로 참배했

미주기구(OAS)의 인술자 사무총장 면담 (2013. 4).

다. 개인적으로 고하(古下) 할아버지의 기념사업 때문에 이런 기념물에 대한 관심이 많은데, 넓은 대지에 터 잡은 킹 목사의 거대하고 우람한 석상기념물은 그의 어록과 함께 참 인상적이었다.

6·25전쟁 기념공원에는 눈향나무를 깔아 잔잔한 분위기를 조성하면서 수많은 이름 없는 미국 및 유엔 병사들이 들어보지도 못한 나라와 만나보지도 못한 국민들을 위하여 목숨을 바친 희생의 역사를 생생하게 표현하고 있다. 작으나마 바쳐진 꽃들이 이들의 넋을 달래는데 서울상대 17회 동창회가 매주 자그마한 화환을 바쳐 이를 계속 기념하는 것이 인상 깊었고, 내가 갔을 때에는 이미 159번째 주일이라는 표시가 있었다. 나중에 워싱턴에 사는 동창에게서 들은 이야기이지만 나와 동기생인 서울상대 출신 몇 분이 화환봉정 작업을 계속하고 있다고 한다. 얼마 전부터는 나와 동기인 경기고 55회가 이 헌화작업을 이어받아 계속하고 있다. 나도 다른 동기동창들과 함께 자그마한 화환을 바친 일이 있다.

벚꽃 퍼레이드 시간에 맞추어 컨스티튜션 애비뉴(Constitution Avenue)에 자리를 잡고 앉아서 다양한 행진을 구경했다. 한국인의 역사에서는 크게 환영받지 못하는 태프트 대통령과 가쓰라(桂太郞) 총리가 워싱턴에서 일찍부터 시작한 벚꽃외교의 결과이다. 그러나 도쿄시장이 보낸 몇천 그루의 벚나무를 미국의 수도 한복판에 심어서 매년 일본을 기념하는 아이디어는 참으로 기발

워싱턴 시내의 6·25전쟁 기념공원 헌화 (2013. 4).
이곳에서 전사자들의 넋을 달래고자 나의 동기생인
경기고 55회가 작지만 아름다운 꽃을 계속해서
헌화하고 있다.

하다고 생각한다. 그나마 금년에는 봄이 늦은 까닭에 우리가 다소 늦게 도착했음에도 불구하고 한창 절정인 벚꽃을 구경하는 행운을 만끽했다.

국제형사재판소 신청사를 짓는 동안 5개 동이 늘어선 사이 공간을 이용하여 5대륙의 전형적인 정원을 만들어보자는 아이디어가 논의된 적이 있었다. 아시아 정원의 경우에는 네덜란드의 기후를 고려하면 결국 한국이나 일본 등 다소 추운 동북아시아의 초목으로 가꾸어야 한다. 이 기회를 이용하여 일본은 벚나무를 이식하자는 구체적 제안을 강력하게 펼친 반면, 우리 정부는 경회루와 안압지 사진을 보내면서 실현가능성이 없고 모호한 아이디어를 냈다. 나는 국제형사재판소의 신청사에 벚꽃정원이 들어서는 것을 속으로 받아들이기 어려웠다.

나는 재판소 안팎으로 속사정을 말할 수 있는 사람을 접촉하여 은밀하게 이 문제에 대한 조사연구를 시켰다. 어느 유럽연합 국가의 외교관이 '사쿠라'(벚꽃)가 과거 일본 군국주의의 공식심벌로 채택되었을 뿐만 아니라 지금도 동일한 뿌리와 흔적을 찾을 수 있다고 하면서 벚꽃심기에 부정적 의견을 피력하였다. 나는 이러한 논거를 한동안 비밀에 부쳤다가 청사건설감독위원회의 정례회의에 상정하여 극적으로 부결시킨 일이 생각났다.

우리는 죽마고우 이영묵 군의 자동차 편으로 타이들 베이슨 호수보다 더 벚꽃이 화려하다는 근교의 켄우드(Kenwood)라는 동네로 안내되었다. 아직 떨어지지 아니한 벚꽃이 한 동네를 뒤덮고 있고 이를 많은 구경꾼들이 즐기고 있었다. 오후 6시에 워싱턴 교외 음식점에서 서울대 총동창회 이사회를 마치고 난 동문들에게 국제형사재판소에 관한 강연을 했다. 약 30여 명이 오셨는데 아주 진지하고 질문이 다양하게 많았다. 강연에 참석한 고등학교 동창인 김광이, 임문빈 그리고 나중에 이병국 박사 내외가 강연 후 이영묵 군의 집으로 이동하여 뒤풀이까지 한 셈이다. 〈중앙일보〉 미주판이 나의 강연을 기사화하였다.

호텔로 돌아와서 좀 쉬다가 인척인 존 리(John Rhee) 박사와 부인 바버라를 40년 만에 만나 워싱턴 시내에서 가장 오래된 식당이라는 올드 에빗 그릴(Old Ebbitt Grill)에서 점심을 대접하면서 막혔던 이야기보따리를 풀었다. 존이 유명한 미국 의사의 사위가 되었고, 본인은 심장수술전문가로 성공하였다니 자랑스럽다. 그는 마음씨 좋은 미국 아저씨 같은 인상을 준다. 하나뿐인 그의 딸 엘리자베스는 이제 대학생이라고 한다.

4월 16일 귀임하자마자 태국 상원 부의장을 비롯한 의원단과 보좌관 등 20명 이상의 일행이 아침에 재판소를 방문했다. 내가 접견하면서 일단 재판소 개요를 브리핑하고 질문에 답했다. 상원 부의장은 갑자기 못 오게 되고 상원 외교위원장인 피쿨케우 크라이리크시(Pikulkeaw Krairiksh)가 수석대표 역할을 했다. 그녀는 1955년생인데 지역 선출의원으로서 스위스 및 미국 펜실베이니아에서 공부한 분이다. 여러 의원들이 각종 질문을 해서 활기찬 토론이 이루어졌다. 린 비서실장도 배석하여 많은 질문에 답하는 것을 거들었다. 이번 방문단은 모두 어느 정도 영어로 의사소통이 되는 분들이어서 실효성 있는 회합이 되었다.

국제형사재판소 신청사 기공식

4월 17일 오후 4시에 재판소 신청사 기공식이 거행되었다. 우리에 양도된 군사기지 알렉산더 카제르너(Alexander Kazerne)의 병영건물을 모두 철거하고 지면을 고르면서 토양오염을 제거하는 등 오랫동안 상당한 작업이 진행되었는데 드디어 오늘이 기공식이다. 궂은 날씨에도 텐트를 친 행사장에 회원국 대사 등 손님이 참 많이 오셨다. 건설감독위원회 의장인 이탈리아 벨렐리

국제형사재판소 신청사 기공식 (2013. 4). 왼쪽부터 판아르천 헤이그 시장, 마르쿠스 뵈를린 당사국총회 부의장, 나, 네덜란드 르네 존스-보스 외무차관.

(Bellelli)가 사회하면서 당사국총회 부의장인 마르쿠스 뵈를린 스위스 대사의 축사에 이어 내가 한마디 하고 판아르천 헤이그 시장과 네덜란드 외무부 사무차관인 르네 존스-보스가 축사를 했다.

연설 후 안전모와 흰색 우비를 착용하고 헤이그 시장, 외무부 차관, 당사국총회 부의장인 스위스 대사와 함께 내가 삽으로 흙을 파서 던졌다. 바람이 심하여 금방 입 속에 모래가 가득해지는 것을 보니 신축건물은 해변의 소금성분 때문에 유지비용이 더 들 것이므로 장기적 예산대책을 세워야겠다는 생각이 들었다. 건물모양으로 만들어온 케이크를 내가 커팅하고 음료와 카나페로 간단히 요기하면서 5시 반까지 많은 축하를 받았다. 비록 나는 임기만료로 귀국하게 되므로 신축청사에서 근무하는 일은 없겠으나, 국제형사재판소의 성공을 비는 마음은 한결 같다.

이 기공식 행사의 주관을 끝으로 아마도 나의 소장으로서의 역사에 남을 임무는 모두 완수한 것이 아닌가 싶다. 두 차례에 걸쳐 6년간 소장을 하면서 14개국의 로마규정 신규가입, 두 번이나 아프리카 피해자마을 방문, '리뷰 컨퍼런스'의 성공적 결실, 지역기구들과의 업무협조협정 체결, 상당수의 회원국과 증인보호협정 및 형집행협정 체결, 전 세계적으로 거행된 10주년 기념식 참석, 신청사 기공식 및 완공, 6인의 재판관과 검사 및 부검사 그리고 행정처장의 취임선서 집전 등 특정시기에 소장을 맡지 않았다면 역사의 기록에 남지 못하거나 이뤄내지 못할 가시적 업적을 남기는 행운을 누렸다고 하겠다.

4월 17일 새로 당선된 행정처장 헤르만 폰헤벌(Herman von Hebel)이 찾아 왔다. 만나보니 영리하고 말이 많은 편인데 어디까지 믿어야 될지는 모르나 내 귀에 쏙 들어오는 말만 한다. 한 시간 동안 이런저런 이야기를 한 다음 소장실 직원들을 소개시키고는 헤어졌다. 아무래도 전임자보다는 낫겠지.

4월 18일 오전에는 새 행정처장의 취임식을 집전했다. 나는 식후의 리셉션에서 국제형사재판소 행사에 참석해준 많은 대사들에게 고마움을 전했다. 오후에는 처음으로 러시아 국영TV와 신문이 찾아와 인터뷰했다. 서양기자들과 달리 미리 제출한 질문에 거의 그대로 따라가면서 질문해서 대답하기가 비교적 쉬웠다. 처음으로 국제형사재판소를 종합적으로 러시아 시청자에게 소개하는 것 같아 정성을 다했고, 그들 중의 한 사람은 이 인터뷰가 5월 중순에 상트페테르부르크 국제법률포럼(St. Petersburg International Legal Forum: SPBILF)에 대비한 전초적 홍보의 준비라고 귀띔한다. 물론 자기네 신문에도 게재되지만 회의장에 선전자료로 뿌려질 것 같다는 말도 했다. 기자들에게서는 몹시 경직된 태도를 느낄 수 있었으나 러시아와 같은 통제사회에서 일하는 기자들이 이 같은 기획을 미리 한다는 것에 대해서는 많은 점수를 주고 싶었다. 영어를 말하는 젊은 기자의 실력도 괜찮아 보였다.

마르쿠스 뵈를린 스위스대사가 호의로 자기 관저에서 베푼 리셉션에서 당사국총회가 처음으로 선출한 재판관 지명 후보자를 평가하기 위한 자문위원회(Advisory Committee for Nomination of Judges: ACN) 위원들을 만났다. 각국이 재판관 후보를 지명하면 자문위원들이 후보들의 자질 등을 미리 짚어본다는 취지이다. 그곳에서 자문위원의 한 분으로 선임된 키르쉬 전 소장도 오랜만에 만났다. 19일 그를 비서실장과 함께 고급식당으로 초대하여 개인적으로 오찬을 베풀었다. 임무교대를 한 전임·후임 소장으로서 서로 할 말이 참 많았으나 그의 조언을 듣느라고 짧은 점심시간이 다 지나갔다. 또한 내가 어디까지나 전임자의 업적과 좋은 점을 홍보해주는 것이 결국 나에게도 플러스가 된다고 판단하여 언제나 그의 활동을 지지해 주었다.

4월 20일 아침에는 나의 재판연구관 브루노 젠더(Bruno Zehnder)가 특이한 보고를 한다. 지금까지는 사건이 상고되면 우선 상고심 재판관회의에서 그 사건의 재판장 겸 주심판사를 정하여 그의 책임하에 처리하도록 하는 것이 관례였다. 재판장의 감독하에 일단 법률팀이 사전조사와 리서치한 것을 토대로 종합메모를 작성하여 재판관들에게 회람시키고 미리 합의한 일시에 각자의 검토결과를 가지고 만나서 질의응답과 합의과정을 거친다. 합의 시에 표명된 모든 의견을 수렴한 결정문 초안을 다시 재판관에게 회람하여 또 한 번 의견을 구하고, 가급적 전원일치의 의견을 내도록 유도하는데 이에 실패하면 소수의견을 작성하도록 하는 수밖에 없게 된다.

이러한 검토와 협의과정이 대부분 내부 이메일로 진행되는데 오늘 아침 7시 반에 트렌다필로바 불가리아 재판관이 내 재판연구관 브루노에게 전화를 걸어 결정문 초안을 회람할 때, 수신인인 내 이름 앞에 소장이라는 칭호를 붙이지 말라고 장황하고 엄하게 경고하더란다. 사건처리에는 동일한 재판관인데 유독 나만 소장이라고 부르는 것은 안 된다는 것이다. 전원재판관회의를 할 때마다 나를 비난하는 4인방 중의 1인이 되어 끊임없이 못살게 했던 동료답다. 작년 소장 재선에서 가장 유력한 후보자라고 자타가 공인하던 그녀가 내게 처참하게 패배한 뒤에는 태도가 바뀌었는데도 그렇다.

나는 동유럽 회원국 출신들이 혹독한 스탈린시대를 살아남기 위하여 불가피하게 위선적이면서 이중적 태도를 형성했다고 이해하면서 오히려 측은하게 생각하는 편이다. 같은 맥락에서 라트비아의 우샤스카 재판관과 새로 온 체코의 프레머 재판관도 대동소이하다.

750

네덜란드 신왕 즉위식에 빛난 한복차림

4월 30일이 '여왕의 날'로 휴일이어서 내가 직접 공항에 데려다 주려고 일부러 아내의 서울행 표를 이날로 맞춰 미리 샀는데, 연초에 갑자기 여왕이 양위를 선언하면서 4월 30일 신왕의 즉위식(The Solemn Investiture)을 한다고 발표했다. 이에 관하여 네덜란드 외교부에서 온 공문을 보니 나는 직책상 즉위식에 하루 종일 참석해야 한다는 것이 아닌가. 그리하여 4월 30일 아내가 공항에 가도록 택시에 태워 보내고, 나는 한복으로 차려입은 채 아침 9시 반에 집을 떠나 네덜란드 외교부에 도착했다.

외교부에서 5대의 버스에 나누어 탄 채 암스테르담으로 향했다. 버스 안에서 나누어준 오렌지색 봉투는 간단한 점심이었다. 작은 바게트빵에다가 치즈 한 조각 넣은 샌드위치 두 개와 오렌지주스 한 병, 물 한 병, 바나나 한 개, 민트사탕 한 통이 담겨 있었다. 버스는 암스테르담의 항구에 붙여 지은 멋진 현대식 여객터미널에 우리를 내려놓고 긴 커피타임을 갖게 한 다음, 오후 1시 좀 지나자 다시 버스로 행사장인 암스테르담 왕궁 옆 신교회(Nieuwe Kerk)로 이동했다.

매년 여왕께서 신년하례를 하는 왕궁의 옆 교회인데, 들어가 보니 600년이 넘는 건물로서 금으로 도색되어 있고 장중한 후기 고딕식으로 천장이 높디높은 건물이다. 겉으로는 모르겠더니 윌리엄 영국 왕세손이 결혼식을 한 영국 교회 또는 다른 어느 나라의 대표적 교회와 견주어도 손색이 없이 규모가 크고 장엄하다. 이 조그마한 나라 네덜란드가 언제 이처럼 있어야 할 것은 다 갖추었으면서도 그 하나하나를 세계적 규모와 디자인으로 건축하여 잘 보존했을까. 이 교회만 해도 그들의 황금기(*golden age*) 300년의 결과이겠지. 애정이 가지는 아니하나 존경의 마음이 어쩔 수 없이 드는 나라이다.

나는 외교 의전서열이 국제사법재판소장과 외교단장 다음으로 3번이므로 그 순서에 따라 천천히 왕궁에서 교회까지 깔린 남색 카펫 위를 걸어서 식장으로 이동했다. 왕가가 국민의 사랑을 받는 관계로 많은 사람들이 오렌지색 옷을 입고 나와 열렬한 환영의 표시를 한다. 외교단이 걸어가는 카펫의 양편에는 이 나라 왕실의 무관들이 제복을 차려입고 도열하여 칼을 쳐든 모습으로 우리에게 예를 표한다. 참석자들이 훈장 또는 약장을 패용하고 있는 것이 이채롭다. 한국대표인 서상기 의원도 한국 훈장을 달고 있다.

신왕 빌럼-알렉산더(Willem-Alexander)의 즉위식은 여러 가지로 특이했다. 우선 좌석배치를 보면 교회의 가운데 중앙공간에는 하원의원 150명과 상원의원 75명 그리고 각 지방정부의 우두머리들, 그리고 네덜란드 식민지인 아루바(Aruba), 퀴라소(Curaçao), 신트마르턴(Sint Maarten)의 대표들이 착석했다. 바닥보다 조금 높은 앞 연단에는 모두 금으로 찬란하게 장식된 단상에 역시 금으로 칠한 두 개의 옥좌가 놓여있고 옥좌와 단하의 국회의원 좌석 사이에는 이 행사 전체를 주관하는 상원의장 드그라프(G. J. de Graaf) 등 관계자들의 자리가 배치되어 있다. 그리고 단상의 옥좌의 좌측에 양위한 베아트릭스 여왕과 신왕의 세 공주 및 형제자매 등 왕족들이, 우측에 마크 뤼터 총리를 비롯한 각료들과 얀 도너(Jan Donner) 국정자문회의 부의장(의장은 왕임)을 비롯한 국정자문회의 멤버가 착석했다.

각국에서 참석한 왕족 및 사절은 베아트릭스 여왕 등 왕족의 자리 앞 단하에 마련된 좌석, 그러니까 단상의 옥좌로부터 비스듬하게 대각선으로 보이는 좌측 코너에 한국을 포함하여 22개국에서 파견된 각국 사절과 국제적 인물인 코피 아난, 자크 로게(Jacques Rogge) 국제올림픽 위원장, 유럽연합 수뇌부인 헤르만 판 롬파위(Herman van Rompuy)와 호세 마누엘 바호주(José Manuel Barroso) 등이 좌정했다. 그곳에는 18개 왕국의 왕자들인 영국 찰스 황태자와 커밀라(Camilla), 일본 왕세자 나루히토(Naruhito)와 마사코(Masako), 태국, 브루나이, 사우디, 요르단, 스칸디나비아 제국의 왕족이 갖가지 의상을 뽐내면서 착석했다. 왕국이 아닌 나라는 한국 외에 아르헨티나, 터키, 독일, 캐나다 등이 각각 나름대로의 역사적 이유 때문에 사절을 파견했다.

왕족들의 옆에 마련된 외교단의 자리에 착석했으나 공교롭게도 중간기둥의 바로 뒤여서 TV 카메라를 직접 받을 수 없게 되었다. 그러나 내 앞에 설치된 카메라를 통하여 나의 한복 입은 얼굴이 여러 번 TV에 보였다고 한다. 나중에 각종 국제기구의 운전사들 그리고 우리 경호원들은 모두 한복 차림의 나를 TV에서 자주 보았다고 자랑스럽게 말하였다. 나중에는 내가 사는 아파트의 주민들, 심지어는 자주 가는 음식점의 웨이터들이나 1년에 한두 번 갈까 말까한 중국인 이발사까지도 나를 보았다고 말했다. 많은 사람들이 두고두고 나를 그날 TV에서 보았다는 말을 전해주었다. 이제 이 나라에서 나를 모르는 사람이 없다시피 하니 늘 행동과 옷차림을 더욱 조심해야 할 것 같다.

이날 오전에 왕궁에서 거행된 베아트릭스 여왕의 양위식은 필요한 최소인원의 참석하에 여왕이 먼저, 그리고 왕세자가 그다음으로 양위문서에 서명하는 것으로 간단히 끝났는데 TV를 통하여 보여주었다. 이 같은 양위식과 즉위식은 1814년의 헌법에 따라 수도인 암스테르담에서 1815년 윌리엄 1세(William Ⅰ)가 즉위한 이래 오랜 관례라고 한다.

즉위식의 절차 또한 특이하다. 전체의식의 사회를 상원의장이 맡고 신왕이 민의의 대변자인 국회의원들 앞에서 연설 및 선서를 한 후 각 국회의원과 지방정부 관계자들로부터 개별적 충성서약을 받는 절차가 있다. 입헌군주국으로서 국민의 대표자들 앞에서 왕이 선서하는 동시에 그들의 충성선서를 받는 왕정과 대의민주주의가 혼합된 형태의 즉위식이었다. 상·하 양원 합동회의 및 지방의회 등 민의의 대변자가 소집된 전체회의에서 즉위식을 한 것이다.

왕과 왕비의 입장에 따라 들어온 왕실의 의전관(ushers)들이 즉위식이 거행되는 동안 신왕 부처의 뒤에 부동자세로 배석하여 서있다. 왕의 의상은 왕실의 공식제복이었고, 왕비 막시마(Maxima)는 이날 하루 여러 벌 갈아입었지만 즉위식에는 짙은 남색의 롱드레스를 입고 나타났다. 아르헨티나의 군사독재 정부에서 농림부 장관을 역임한 분의 따님이라서 왕세자와의 결혼에 반대가 있었으나 친정부모의 결혼식 불참 등 몇 가지 조건하에 어렵게 결혼한 이래 10여 년 동안 마음고생이 없지도 않았을 텐데, 드디어 이 나라의 왕비가 된 것이다. 딸만 셋을 낳아서 큰따님인 아말리아가 신왕에 이어 대통을 이으면 120여 년 만에 왕을 맞이한 네덜란드가 다시 여왕시대로 돌아가게 된다.

중간에 배치한 연주나 합창은 하나하나가 참으로 장중하게 의식에 걸맞은 것 같았다. 특히 왕의 연설 후 바흐의 마그니피카트 제11곡(No. 11 Sicut

Locutus Est from the Magnificat, BWV 243) 합창, 그리고 왕실행진 전후에 연주된 헨델 및 차이콥스키 음악은 아주 적절하면서도 강렬한 인상을 주었다. 신왕의 연설은 짧았으나 특히 자기 어머니가 33년간 여왕으로서 기여한 공로를 언급할 때에는 그의 가슴이 뭉클하기도 했을 것이고, 퇴임하는 여왕의 눈에 물기가 보이기도 했다. 왕의 즉위연설은 네덜란드어와 영어 이외에 불어, 독일어, 스페인어로 번역되어 미리 배포되었다.

즉위한 신왕의 면전에서 국민의 대표들이 사회자의 개별호명에 따라 왕국헌장(The Charter for the Kingdom)과 헌법에 대한 충성서약의 대답을 하는데, 이들의 태도가 조금씩 달랐다. 신에 대한 언급을 빼고 그냥 충성서약의 답을 하는 비기독교인측(이 경우에는 "This I declare and affirm!"이라고 답함)과 여전히 하느님을 포함하여 서약하는 그룹(이 경우에는 "So help me God!" 문구를 추가함)으로 양분되는 것 같다. 즉위식은 결국 왕과 국민 간의 상호 충성맹세라고나 할까. 왕정에 반대하는 사람도 식에 불참하거나 공연한 이의를 하거나 서약을 거부하는 자가 없어서 공연히 소동을 피우는 우리나라의 정치현실과 비교되었다.

교회 내의 자리가 부족하여 아내가 초청되지 못한 것이 나로서는 유감이나 국제재판소들의 경우에도 소장만 초청되었을 뿐이었다. 미리 참석자를 확인하여 초청장과 패용할 카드를 교부했기 때문에 요란한 검색 없이 모든 입장절차가 매끄럽게 처리되었다.

4시경 참석자들을 위한 리셉션이 교회 옆 왕궁에서 열렸다. 신년하례식 때문에 1년에 한 번은 가본 곳이라 눈에 익다. 나는 이곳에서 신왕과 인사를 나누었다. 많은 사람들이 신왕과 왕비에게 인사를 나누고자 했으므로 나는 이 기회에 이곳에 모인 이 나라의 유력자와 대사들에게 국제형사재판소를 홍보하면서 도와달라고 하기에 분주했다. 내각에서 가장 영향력이 강력한 최연장자 각료인 이보 옵스텔턴, 전 헤이그 시장인 빔 데이트만(Wim Deetman), 프란스 팀머만스 외무장관, 얀 도너 국정자문회의 부의장, 르네 존스-보스 외무부 사무차관, 판아르천 헤이그 시장 이외에 몇 유력한 당사국 대사 등을 붙잡고 국제형사재판소의 현황을 열심히 홍보하였다. 이를 본 많은 사람들은 나를 자타가 공인하는 국제형사재판소 전도사이고 화신(化身)이라고 하면서 미소를 보낸다. 귀가하니 오후 9시가 넘었다.

중국 선전 들러 한국행

5월 3일 중국의 남부 선전(深圳)으로 날아갔다. 오래 전부터 베이징대의 선전대학원캠퍼스 국제법학원(School of Transnational Law)에서 한 학기동안 국제형사법을 가르치는 전 미국 변협회장 마이클 그레코(Michael Greco)가 나를 초청하는 계획이 이루어진 것이다. 선전은 원래 아주 작은 어촌이었으나 경제개발특구로 지정되어 현재 1,400만 인구가 살고 있고 각지에서 많은 사람들이 모여서 광둥성(廣東省)에서 유일하게 광둥어 대신 만다린을 말해야만 의사소통이 되는 곳이라고 한다.

공업도시의 삭막함이 첫인상이었으나 점차 차를 몰아 시내 깊숙이 들어가자 좋은 남방기후에 수목이 울창하게 자란 지역이 나온다. 중국 정부는 베이징의 베이징대와 칭화대 그리고 하얼빈공대(Harbin Institute of Technology)의 3개 명문대학에게 그들의 분교를 이곳에 설치하도록 허용하였다고 한다. 베이징대 법대의 분교인 국제법학원에 도착하니 엄청나게 천장이 높고 개방적인 거대한 빌딩이 우거진 숲속에 자리 잡고 있었다. 베이징대는 이곳에 8개의 대학원을 설치하여 거대한 규모로 운영하는데 법대는 공간이 부족하여 새 건물을 짓고 있다고 한다.

강연에 앞서 이른 저녁을 먹기 위하여 구내식당으로 갔다. 하도 넓고 커서 입이 딱 벌어지는 규모의 식당인데, 그런 곳이 3개가 있다고 한다. 만찬에 참석한 교수들은 모두 미국 법대교수로서 일정한 계약기간 동안 가르치러 온 분들이었다. 그런데 2년 반 전에 채용되어 국제사법을 가르친다는 한국인 강상중 교수가 고려대를 마치고 컬럼비아대학에서 법학박사를 받은 다음 이곳에 부임했는데 부인은 서울에서 직장을 다니므로 혼자 기거한다고 한다.

그런데 나의 첫 인상으로는 중국인들이 아무리 미국과 패권경쟁을 해도 결국 알게 모르게 미국 주도의 법제도와 운영을 모방하고 이에 종속될 수밖에 없다는 것이다. 강연차 강당으로 옮겨보니 그레코 변호사가 문제를 제기하고 찬반토론을 할 수 있게 준비시킨 모양인데 주제는 "정의 없이는 평화도 없다"(no peace without justice)이다. 비가 많이 내리는데도 약 200명의 학생과 교수와 방문자가 꽉 들어찼다. 준비한 학생들은 약 20명이 편을 갈라 자기주장을 펴는데 학생들이 영어도 잘하고 논리도 정연하다. 학생은 내몽골 출신 한 명 이외에는 모두 각지에서 온 한족(漢族)이었다. 그들은 국제형사재판소장을 직접 만나서 이야기하고 토론할 수 있다는 사실에 흥분한 것 같다.

열심히 강연했는데 통역이 없이도 잘 알아듣는 것 같았다. 열정적인 젊은 이들과 고무적인 지성적 대화를 했다고 하겠다. 이상에 불타는 젊은이들이 이 정도는 되어야지. 질문이 끝이 없는데 마지막에 사진을 찍고 작별했다.

귀국한 다음 날 점심 후에는 고려대 국제학부 리더십센터의 초청으로 학생들에게 영어로 국제형사재판소가 어떻게 세상을 바꾸고 있는지에 대해 강연했다. 마치 내가 강연했던 컬럼비아대학의 세계리더포럼(World Leaders Forum)을 흉내 낸 인상이다. 제자인 정서용 담당교수가 준비를 잘했고 큰 강의실이 꽉 차게 많이 온 학생들의 관심이 뜨거웠다. 영어질문도 초점 있게 잘하고 수준이 높아진 것 같다. 마침 사촌동생 이종호의 외동딸 이란이도 강연 후 만나서 반가웠다. 강연에 앞서 고려대 법대에 들러 제자들과 몇 분 교수들을 만나 환담한 뒤 강연했다.

5월 7일은 세끼 모두 외식을 해야 하는 날이다. 우선 조찬은 정상조 서울대 법대 학장의 초청으로 조홍식 부학장과 함께하게 되었다. 내가 사랑하는 제자 두 분이 학문적으로 성장하면서 모교의 중요한 보직을 맡아 애쓰는 모습이 아주 흐뭇하다. 그들은 내 임무의 국제적 중요성에 비추어 내가 2년 후 귀국할 때를 대비하여 기념될 만한 일을 기획하고자 한다. 조 교수는 나에게 회고록을 메모해두었다가 귀국 후 출간할 것을 권하면서 이를 경험 많은 김난도 교수와 상의하겠다고 한다. 자체 기념사업은 자금이 모아지고 가족과 함께 이를 헌신적으로 추진하는 주체가 있어야 한다. 또한 관계기관에 기부하는 경우에는 기부자의 이름을 붙인 건물이나 프로그램 등이 영속적으로 유지관리되리라는 신뢰와 소장한 자료의 유용한 활용이 계속될 것인지가 관건인데, 우리나라에서는 아직 확고하게 장담하기 어려운 면이 있다. 그런 점은 나의 국제형사재판소 자료를 서울대 법대에 기부하거나, 아니면 예컨대 내가 살고 있는 서초동 자택을 자료관으로 개조하는 경우에도 마찬가지가 아닌가 싶다.

점심에는 한국주재 네덜란드대사 파울 멩크펠트가 오찬에 초청했다. 우리 부부, 김영원 전 네덜란드주재 한국대사 부부 및 네덜란드주재 대사를 하다가 새로 부임한 한국주재 루마니아대사 파비안(Calin Fabian) 부부를 초청한 것이다. 이 같은 인연도 흔치 않은데 유럽을 공통화제로 삼아 유쾌한 한때를 보냈다. 저녁은 홍석조 유니세프한국위원회 부회장이 이양희, 박인국 이사와 함께 나를 초청했다. 우리는 이 모임을 유니세프한국위원회 인사추천위원회로 만들어 사무총장 인선과 한국위원회의 장래를 논의하는 기회로 삼았다.

상트페테르부르크의 아첨하는 지식인들

5월 13~16일에는 러시아 상트페테르부르크를 방문했다. 로만 콜로드킨 러시아대사가 방문을 타진했고, 세계의 법률수도라는 점을 선전하고자 하는 헤이그시의 이해와도 맞아떨어졌다. 콜로드킨 대사는 관료적이고 폐쇄적인 러시아 법조인사회를 개방하고 국제화시키는 데 내가 가서 크게 한몫을 해주기를 기대하고 출장을 강력히 권고한 것이다. 나로서도 시간사정만 허락하면 국제형사재판소 선전의 좋은 기회가 되기도 하므로 적극적이었으나, 하도 러시아 측의 준비나 태도가 불성실하여 중도에 포기할 생각이었다.

모든 것이 그 나라의 수준을 말하는 것인데 러시아는 멀어도 한참 멀었다. 우선 전 세계 법조인사를 모두 초청하여 연례토론을 주도한다는 야심적인 이른바 '상트페테르부르크 국제법률포럼'이 이번이 세 번째라는데도 그동안 축적된 경험활용이나 정보공유가 전혀 안 되고, 이메일에 대한 답장도 거의 없어서 답답한 나머지 헤이그시장이 전화를 걸었을 때 안 가겠다고까지 말했다. 우여곡절 끝에 겨우 성사가 되어 헤이그시에서는 시장 대신 아스트리드 (Astrid)라는 국제담당 책임자와 잉그리드 드비어(Ingrid de Beer)가 참석하고, 국제사법재판소(ICJ)의 톰카 소장, 구유고전범재판소(ICTY)의 메론 소장과 나 등 3개 국제재판소장, 그리고 헤이그세계정의연구소의 윌리엄스 소장, 국제상설중재재판소(PCA) 사무총장, 그리고 헤이그 국제사법회의(Hague Conference Private International Law: HCCH) 사무총장 등 대부대가 13일 오후 상트페테르부르크에 도착했다.

네덜란드 외무부는 헤이그시청과 협의하여 3대 국제재판소장이 함께 러시아를 방문하는 희귀한 계획을 성사시킨 것이다. 마중 나온 네덜란드 총영사와 모스크바에서 날아온 네덜란드대사 켈러(Keller)가 우리를 귀빈실로 안내한다. 행사를 총괄한다는 러시아 법무부에서는 예우차 내게 벤츠차를 한 대 배치하고 경호원 1인과 안내하는 여직원 1인을 붙여주었다. 모이카(Moika)에 있는 켐핀스키호텔(Kempinski Hotel)에 여장을 풀었다.

날씨도 좋고 네덜란드 외교관들의 보살핌도 극진해서 따라간 마티아스 대외담당보좌관도 좋아한다. 그의 러시아어 실력이 요긴하였다. 저녁에는 일행이 근처 번화가에 있는 보드카박물관으로 안내되어 시음한 다음 그곳의 식당에서 전통만찬을 즐겼다. 한국인 같은 관광객도 보였다. 10여 년 전 방문 시에 비추어 도시가 많이 서구화 내지 자본주의화된 인상이라고나 할까.

다음 날 아침에는 화창한 날씨에 이곳 주재 네덜란드 총영사가 우리를 근처의 겨울궁전과 그리고 제너럴스태프빌딩(General Staff Building)이 있는 궁전광장으로 안내하여 걸어다니며 높이 세워진 원주(圓柱)와 에르미타주(Hermitage) 박물관 등 광장을 둘러싼 각종 역사적 건물에 대하여 간단히 설명했다.

사실 아시아의 극동지방에서부터 유럽의 동쪽 끝까지 걸쳐 있는 방대한 러시아를 한마디로 표현할 수는 없지만 상트페테르부르크는 가장 러시아 냄새가 덜 나고 유럽의 냄새가 진한 도시라고나 할까. 표트르 대제가 유럽의 선진국인 프랑스와 이탈리아의 건축가들을 초청하여 슬라브 냄새를 극복한 근대적인 새 수도를 만들어달라고 명령하여 1703년 탄생한 도시이기 때문이다.

네바(Neva) 강은 중요한 무역수로였으므로 스웨덴의 침입을 막기 위한 요새가 강변을 따라 건설되었는데, 일반적으로 습지대인 이 지역에 운하를 파서 물을 빼고 새 도시를 건설하는 야심찬 계획을 진행하면서 암스테르담과 베니스를 합친 것 같은 아름다운 도시로 건설했다는 것이다.

이 도시는 차르 황제 정부의 수도로서 위용을 자랑할 수 있었지만 그 정치적 운명은 기구하여 이름만도 상트페테르부르크, 페트로그라드, 레닌그라드를 거쳐 1991년에 다시 원 지명으로 복귀하였다. 6·25전쟁을 경험한 나로서는 2차 세계대전 때 나치의 침공을 900일 동안 저항하여 이겨낸 이들의 역사가 두드러져 보였다. 앤더슨(M. T. Anderson)이 쓴 《죽은 자들의 도시를 위한 교향곡》(*Symphony for the City of the Dead*, 2018)을 읽으면 쇼스타코비치와 레닌그라드전투에 관한 묘사가 가슴을 울린다. 그러나 이제 서서히 자본주의 물결이 스며들면서 시가의 중심부는 폰탄카(Fontanka)강, 네브스키대로(Nevsky Prospect) 그리고 네바강 사이의 이른바 황금삼각지대가 가장 비싼 중심지로 개발되고 있었다. 유난히 광채가 나는 성 아이삭 성당(St. Isaac's Cathedral)을 중심으로 시가의 중심지가 발전하고 있다는데 지척에 있는 그 거대한 사원에 들어가 볼 틈이 없어서 유감이었다.

이 교회뿐 아니라 모이카에서 다리 건너편에 양파모양의 돔이 호기로운 '피의 구세주 성당'(Church of the Saviour on Spilled Blood)도 일정상 문간에서만 들여다보았을 뿐이다. 알렉산드르 2세가 암살된 자리에 세운 교회다. 또한 5월부터 10월까지는 네바강 위의 모든 교량을 새벽 2시에서 5시까지 들어올리는 광경을 연출한다고 한다.

5월 14일 아침에 러시아의 헌법재판소를 방문하였다. 현재의 노련한 국제담당자가 적절한 영어설명과 함께 건물 내 곳곳으로 안내한다. 내부는 18세기의 웅장하고 화려한 건축과 장식미를 자랑한다. 법원건물이 이처럼 유서깊고 화려해도 괜찮은가. 어느 커다란 회의실로 안내되어 착석하니 소장 발레리 조르킨(Valery Zorkin)이 행정처장인 여성과 함께 우리를 환대하면서 개황을 설명한다. 현실적 사법권 독립은 달성되지 않았겠지만 건물만은 잘 단장되어 있고 서양사회의 어디에 내보여도 손색이 없는 수준이다. 특히 헌재 속

법원 건물을 세계적 수준으로 단장한 러시아 헌법재판소를 예방한 헤이그주재 국제기구 대표들 (2013. 5).

에 자그마한 교회가 있는 것이 특이한데 몹시 화려하다. 정교(政敎) 분리 이전의 유산인가.

오후에 우선 첫 공식일정으로 국립 상트페테르부르크대학(St. Petersburg University) 법대를 방문하였다. 마중 나온 총장은 친절하나 이 대학 법대가 배출한 유명한 동문을 소개하기에 여념이 없다. 건물입구 복도에 훌륭한 동문들의 사진과 함께 업적을 간단히 적은 기록이 긴 병풍 모양으로 나열되어 있는데 그는 특히 푸틴 대통령의 사진 앞에서 장황하게 설명한다. 이것도 점차 독재화되어가는 푸틴 체제하에서 미리 아첨하는 지식인의 나약함인가.

들어보니 이 나라에서는 이 대학을 졸업하지 못한 사람은 각계각층의 요직에 진출하는 것이 거의 불가능하다고 한다. 극심한 학력편중의 좋은 예이다. 러시아의 경우에는 오로지 이 대학뿐이라고 한다. 푸틴은 이 대학에서 법학을 전공한 뒤 조교로서 얼마간 있다가 정부로 진출했고, 드미트리 메드베데프(Dmitry Medvedev) 총리는 이 대학 법대를 마치고 부교수로서 민법과 로마법을 여러 해 가르치다가 정계로 투신했는데, 엄격했지만 학생들에게 인기가 많은 교수였다고 한다. 이 대학의 교수들과 우리 일행이 선 채로 몇 마디 나누는데 자기는 공용 휴대전화 이외에 푸틴과 직통하는 별도의 휴대전화를 가지고 있다고 자랑하는 교수들도 있었다. 얼빠진 지식인은 만국공통인가 보다.

토론을 위하여 마련된 커다란 대학강당에 들어가 보니 가운데 좌석에 연사 등과 주최 측 약 100명 정도 둘러앉고, 나머지 사람들은 뒷자리에 착석하여 필요하면 커다란 스크린을 통하여 볼 수 있도록 했다. 사회는 이 나라 법학계 의 대부라고 하는 무신(Valery Musin) 민법 교수가 담당했다. 내가 보기에는 명성과는 달리 예습을 안 했고 준비도 없음은 물론 토론주제를 잘 파악하고 있는 것 같지 아니하였다. 국내에서도 교수가 조금만 명성을 얻으면 초청하 는 곳이 많아져서 학문연구에 도움이 안 되는 사람들과 자꾸 어울리게 되고 자기공부를 할 시간이 없다. 그러다 보면 본인은 못 느끼지만 자기분야의 실 력은 줄고 체면과 비중으로 그때그때 장면을 호도(糊塗)할 뿐 토론에 실질적 기여가 없다. 한국에도 정치교수를 비롯해서 이런 교수들이 참 많은데, 내가 서울대에 재직하는 동안 속으로 가장 경멸하던 부류들이다.

나는 많은 질문과 활발한 토론을 기대하면서 열정적으로 국제형사재판소 에 관한 연설을 했다. 그러나 학생들은 국제투자와 거래, 회사법, 국제상사 중재 또는 지적재산권 등 돈이 될 전공들에 관하여서는 관심이 많고, 질문이 있었으나 국제형사재판소에 관해서는 단 한 개의 질문도 하지 않았다. 지금 까지 다른 나라에서는 경험하지 못하던 이례적인 반응이다. 비록 이 분야를 전공하지 아니하더라도 지적 호기심이나 젊은이가 갖는 이상에 터 잡아 질문 이 있음 직한데 전혀 없다.

내가 교수로서 유신시대를 겪으면서 학생들이 말썽이 생기지 아니할 비정 치적 전공분야로 몰리던 과거가 회상되었다. 정치에 민감한 헌법이나 형사법 등을 전공하다가 독재정권의 비위를 건드리는 말을 하여 고생하거나 아니면 어용교수로서 독재정권의 앞잡이가 되느니, 차라리 민상사법이나 국제법을 전공하여 그와 같은 말썽을 원천적으로 피하자는 풍조가 있었던 기억이 되살 아났다. 점점 조여 오는 푸틴의 독재체제에 걸려들기보다는 빠른 경제발전의 과정에서 돈이 벌리는 분야를 선택하는 것이 그들의 심리인 듯하다.

각 유엔 공용어 권역별로 국제형사재판소 모의재판을 진행하다가 최종결승은 헤이그에 와서 우승을 다투게 되는데, 러시아어로 진행하는 모의재판의 수준이 가장 떨어지는 것도 불가사의한 일이 아니다. 질문하는 동양학생이 하나 있어서 기특하게 생각했더니 한국에서 고려대를 졸업하고 이 대학에서 박사학위를 하고 있다는 이제구 군이었다. 반갑고 신통했다. 이곳까지 유학 왔다니 이런 분들이 장차 세계에 골고루 진출하여 한국의 국제화를 이끌어갈 인재가 아니겠는가.

상트페테르부르크 국제법률포럼

5월 15일 호텔에서 아침식사를 마치고 떠날 준비차 로비에 나와 보니 그저께 만난 어린 여학생 안내원 외에 짙은 화장과 성장을 한 중년 여성안내원이 추 가 배치되었다. 법무부 소속 공무원이라는데 영어를 한 마디도 못하면서 따 라다닌다. 나의 일정을 미리 알아서 다음 회의의 시간과 장소를 파악한 다음 운전사와 경호원에게 미리 이를 알려주어야 하고 다음 일정의 주제와 참석자 를 파악하여 나를 안내해야 하는데, 자기들끼리 낄낄거리고 잡담만 하다가 내가 일정을 마치고 나와서 찾으면 한참 후에 어디서 나타나 그때부터 내가 시키는 대로 물어보고 다니니 매 고비마다 무척 기다리게 만든다. 위에서 시 키지 않으면 절대 움직이지 않는 공산당 체제가 뼛속까지 밴 젊은이들이다. 상당히 개방되고 자본주의적 물결이 파급된 것 같았는데 젊은 세대의 의식구 조가 이처럼 변화가 없으면 이 아름답고 큰 나라가 제대로 발전하기는 어려울 것 같다는 생각이 들어서 안타까웠다.

　이날은 정식으로 러시아가 야심차게 준비한 상트페테르부르크 국제법률포 럼이 메드베데프 총리의 임석하에 개막되었다. 문화의 중심지인 이 도시의 유명한 공연장 중의 하나인 마린스키 극장(Mariinsky Theater)을 구 건물 옆에 새로 낙성하여 그곳에서 개회식을 한다. 일주일 전에 이곳 출신인 푸틴 대통 령이 개관식 테이프를 커팅한 곳인데 과연 으리으리한 초현대식 공연장이다. 대략 67개국에서 2,500여 명이 참석했다고 한다. 미리 아침부터 참석자들을

러시아가 자랑하는 초현대식 마린스키 극장에서 개막한 상트페테르부르크 국제법률포럼 (2013. 5).
이 포럼은 물리적 발전에 비해 운영상의 발전이 부진한 러시아 사회의 한 단면을 보는 듯했다.

실어 날라 착석하게 했기 때문에 12시에 총리가 와서 개막연설을 할 때까지 할 일 없이 기다렸다.

이 동안에 한국에서 참석한 국민수 법무차관 및 그를 수행한 황우진 검사 등과 반가운 해후를 했다. 그리고 내게 배정된 앞자리에서 다른 러시아의 귀빈들 및 다른 나라에서 온 법무장관 등 수석대표들과 간단히 인사를 나누었다. 단상에는 러시아 총리 외에 네덜란드 옵스텔턴 법무장관, 국제사법재판소 톰카 소장, 러시아 헌재 발레리 조르킨 소장, 카자흐스탄의 법무장관, 러시아의 교수 등 개막식 연설자들이 좌정한 가운데 연설을 경청했다. 내용은 알맹이가 없이 지루한 공산당식 연설들이었다. 개막식 후 저녁때까지 일정이 없어서 마티아스 대외담당보좌관과 함께 호텔로 돌아왔다가 카자흐스탄 법무장관과의 예정된 면담을 위하여 그가 묵은 호텔로 찾아갔다.

통역을 통하여 로마규정에 가입할 것을 권유했더니 아직 국제형사재판소의 역사가 짧아서 좀더 관망할 필요가 있다고 한다. 거절의 이유를 알아낸 것으로 위안을 삼아야 할까. 저녁에는 러시아가 자랑하는 문화행사에 참석해야 한다. 우리에게는 선택의 여지가 있었는데 아침에 개막식을 한 신관에서 러시아 발레를 구경하거나, 아니면 구관에서 푸시킨의 작품에 차이콥스키가 곡을 붙인 오페라 〈예브게니 오네긴〉(Eugene Onegin)을 관람하는 것이었다. 우리는 물론 오네긴을 선택하였고 그 바람에 유명한 마린스키 극장의 신·구관을 모두 구경했음은 물론 장장 4시간 동안 오페라를 즐겼다.

다음 날 아침 일찍 상트페테르부르크 국제법률포럼의 회의장의 입구 안쪽의 넓은 로비에서 '평화와 정의의 국제도시 헤이그'라는 제목으로 홍보행사를 했다. 동영상 화면을 비추면서 네덜란드 법무장관 옵스텔턴이 연설을 하고 국제기구 책임자들이 간단히 보조연설을 하여 헤이그시의 홍보행사는 효과적으로 마친 것 같다. 그런데 아침 일찍 이 행사가 끝난 다음에는 도대체 내가 어디로 가서 무슨 행사에 참석해야 하는지 정해진 것도 없고 아는 사람도 없다. 내게 전속된 두 명의 안내원은 거추장스럽기만 하지 쓸모가 없다.

결국 동시에 열리는 오전의 각종 분과회의 라운드테이블에는 전혀 들어가 보지도 못하고 거대한 건물의 내부를 한참 찾고 걸어서 예정된 기자회견

상트페테르부르크에서 헤이그가 '정의와 평화의 국제도시'임을 선언한 홍보행사 (2013. 5).

(Media Scrum) 장소에 천신만고 끝에 도착하였다. 그러나 기자들도 모이지 않았고 주관하는 사람도 없어서 황량하고 무질서하기 짝이 없었다. 헤이그시에서 나온 언론담당자가 화가 나서 이 부분을 취소하고자 했으나 나와 우리 일행은 잠자코 그곳에 온 몇 기자들의 질문을 받았다. 기자도 몇 명 안 되는 데다가 언어장벽도 있고 말도 안 되는 질문을 하는 등 수준이 매우 떨어지지만 성의껏 대답했다. 다만 몇 달 전에 헤이그에 와서 인터뷰한 러시아의 매체가 우리의 인터뷰를 모아서 제작한 8페이지의 타블로이드판 선전기사를 공항에서부터 전체 회의장은 물론 분과토론 장소 등 온갖 곳에 뿌려서 익히 선전은 되어 있는 상황이었다.

오후의 한 회의에 참석하여 갑자기 사회를 하게 되었다. '국제범죄관할권'(International Crime: National and International Jurisdiction)이라는 주제를 중심으로 토론하는 분과그룹인데, 5일 전에야 사회를 해달라고 부탁하더니 당일에는 시간과 장소를 알려주지도 아니하고 누가 패널에 참석하는지 아는 사람도 없는 상태에서 간신히 장소를 찾아갔다. 전체 토론시간은 얼마인지, 1인당 몇 분씩 발표할 수 있는지 모르는 답답한 상태에서 나는 일단 사회자로서 발표자들에게 10분씩 발언기회를 주었다. 그러나 이들 러시아인 패널리스트들은 이것이 기회다 싶었는지 자기네 할 말을 20분이 넘어도 계속하고 절대로 협조하지 않는다. 토론문화에 대한 이해가 없고 오로지 공산체제에서 장광설로 선전하는 데에 익숙한 자들이 일방적으로 떠들어대는 것인데, 사회자가 통제할 수도 없다. 콜로드킨 대사도 청중 속에 앉아서 듣고 있는데 화를 낼 수도 없고 예정시간을 한 시간 이상 초과한 채 간신히 발표를 마쳤다. 참으로 황당한 경험이었다.

회의를 마치고 일행이 공항으로 내달렸다. 공항 귀빈실에서 오랜 시간 기다리는 동안에도 책임을 맡은 네덜란드 관계자들은 꼼꼼하고 정확해서 인상적이었다. 상트페테르부르크공항은 엄청나게 큰 데다가 곳곳을 파헤쳐서 공사 중인 곳이 많고 귀빈실은 비행기 타는 곳이나 입출국 수속을 하는 곳에서 차로 약 15분가량 이동해야 될 만큼 멀리 떨어져 있다. 10여 년 전 정태익 동문이 모스크바주재 한국대사를 할 때 방문한 경우보다 물리적 발전은 현저하나 소프트웨어 면에서는 멀었다는 인상을 가지고 귀임했다.

국제인권연맹에서의 기조연설과 터키 정부 접촉

5월 21일은 한국에서 돌아온 아내와 함께 이스탄불에 가는 날이다. 100년 전에 창립된 국제인권연맹(Fédération Internationale des Droits de L'Homme: FIDH)이 3년마다 한 번씩 개최하는 총회에 나를 기조연설자로서 초청한 것이다. 국제인권연맹은 유서 깊은 세계적 인권단체이다. 공항에 도착하니 기온이 20도 이상이고 청명한 날씨가 반겨 무엇보다도 기분이 상쾌하다. 주최자 측이 우리 부부와 수행한 비서실장 린을 정부가 배정한 경호원과 함께 골든 혼(Golden Horn) 지역의 호텔에 투숙하게 했다.

이스탄불! 그리스, 로마, 비잔틴 그리고 오토만 정복자들이 수천 년간 뺏고 뺏기면서 건설하고 파괴하고 미화한 이 거대한 역사적 도시에 온 것이다. 1453년 23세의 메흐메트 2세(Mehmet II)의 침공으로 망할 때까지 천 년 이상 동로마제국의 수도 '콘스탄티노플'이라고 불렸던 이스탄불은 아시아와 유럽을 잇는 가교도시로서 방문자의 마음을 설레게 하는 독특한 분위기가 있다. 1923년 터키가 수도를 앙카라로 옮길 때까지 오토만제국의 수도였다.

터키 정부가 제공한 차로 우선 시내의 꼬불꼬불한 골목 속에 있는 국제형사재판소연합(CICC)의 터키지부에 도착했다. 정치적, 경제적으로 어려운 환경에서도 국제형사재판소를 위하여 열심히 일하는 현지 비정부기구 사람들을 격려했다. 사실 이 단체가 우리의 강력한 지지자이기도 하고, 마침 대표인 빌 페이스(Bill Pace)가 온다고 해서 터키 방문목적과 무관하지만 일부러 성의를 표한 것이다. 내가 항상 그들의 행사에 참석하여 격려의 말을 하고 개인적으로 마음을 써주는 것을 모두들 고마워하는 것 같다. 사실 국제형사재판소와 같은 신생기관을 다져놓는 데에는 관련 비정부기구의 지원과 평가가 절대적이므로 나는 처음부터 이들에게 잘 대해주었다. 이러한 전략은 그대로 맞아떨어져서 무슨 이슈에 봉착하더라도 비정부기구들이 먼저 나서서 나를 지지하고 재판소를 보호한다.

점심 후에는 근처에 있는 빌기대학(Bilgi University)으로 강연차 이동했다. 내 사진이 들어간 포스터를 만들어 광고해서인지 많은 학생들이 모여들었다. 국제형사재판소에 관한 연설 후 나의 6·25전쟁 경험과 터키의 파병을 언급하며 고마움을 표시하자 청중의 반응이 특별히 달아올랐다. 한국에 대한 호의가 물씬 표현되었다. 어느 학생은 기차를 하루 종일 타고 내 연설을 들으러 왔는데, 과연 연설이 좋아서 실망하지 않았다는 말도 했다. 부친이 대한항공 조종사로 근 10년 동안 근무한 덕택에 한국을 방문하여 즐겼다는 여학생도 있었다. 교수들도 반응이 뜨거웠고 질문도 많았다. 표현하기는 어려우나 이들에게서 한국을 형제의 국가로 대하는 은근하고도 따뜻한 분위기가 느껴졌다. 후일 국제인권연맹의 새 회장인 이란인 카림 라히지(Abdol Karim Lahidji)와 그의 전임자인 튀니지인 수하이르 벨하센(Souhayr Belhassen)이 공동으로 서명한 감사편지를 받았다. 지금까지 받은 감사편지 중 가장 구구절절하게 심심한 사의와 애정을 담은 편지였다.

아침 9시에 국제인권연맹 총회가 개최되는 세말 레싯 레이(Cemal Reşit Rey) 콘서트홀이라는 큰 공연장으로 일찍 이동했다. 단상에 내 자리가 바로 터키의 부총리 옆에 나란히 마련되어 앉았는데 내가 5번째 연설자였다. 그런데 개회사를 담당한 터키의 베시르 아탈레이(Beşir Atalay) 부총리는 한 시간이나 늦게 도착하였다. 이것은 이 나라 고위층이 자기의 무게를 잡는 방법 중의 하나라고 귀띔하니 기가 막힐 뿐이다.

개막식 후 바로 이 부총리와 따로 면담이 약속되어 있으니 화를 낼 수도 없었다. 다만 나의 연설은 약 600명의 세계 각지에서 온 청중에게 가장 강하게 어필하였고, 특히 주최 측의 감사인사를 많이 받았다. 7개 국어로 통역이 되는 상황을 미리 파악하고 정확한 통역을 위하여 연설문안을 동시통역사에게 하루 전에 주었고 연설 시에는 천천히 또박또박 말했다. 유창하게 말을 잘한다고 빨리 해보았자 동시통역이 엉망으로 되어 청중이 못 알아들으면 아무 소용이 없기 때문이다. 우리 재판소의 벤수다 검사는 초청도 안 된 회의에 갑자기 나타나서 당황한 주최 측이 부랴부랴 마지막 연사로 모시고 보니 내용 없는 연설로 청중을 지루하게 만드는 수준이어서 딱했다.

오찬은 개막장소의 옆 건물에 있는 커다란 회의장에서 뷔페형식으로 준비되었다. 나는 부총리와 함께 헤드테이블에서 웨이터가 가져다준 음식을 먹으면서 그에게 터키의 로마규정 가입을 촉구하였다. 공개된 장소이다 보니 우리 두 사람 외에 벤수다 검사, 국제형사재판소연합(CICC) 대표인 빌 페이스, 터키 비정부기구 대표 등이 같은 식탁에서 점심을 들면서 우리들의 대담내용을 듣고 있었다. 아탈레이 부총리는 최근 몇 년간 정부 내에서 국제형사재판소에 관한 논의가 없어서 자연히 잊고 있었는데 자기가 에르도안(Recep Tayyip Erdoğan) 총리와 이야기를 해보겠다고 했다. 응대하는 태도가 선선하기에 미심쩍어서 100년 전의 아르메니안대학살이나 키프로스점령 또는 군부의 반대 등이 잠재적 지연의 이유가 될 수도 있다고 생각하는지를 묻자 이를 부인한다. 나는 총리와의 면담결과를 알아보기 위하여 편지를 쓰겠다고까지 밀어붙였다. 같은 장소에서 대기하던 터키 비정부기구들에게 부총리와의 회담내용을 설명해 주면서 뒷일을 부탁했다.

한편 점심시간에 막간을 이용하여 오찬식당에서 국제형사재판소연합이 로마규정 15주년을 기념하는 간단한 촛불파티를 열었는데, 모두들 촛불을 들고 둘러서 있는 자리에서 내가 간단히 축하의 말을 했다. 부총리는 나와의 회담 이후 곧 자리를 떴으나, 내가 부총리 면담 및 기념축사 등을 한 것이 결과적으로는 고생하는 이 기구 종사자들을 격려하는 괜찮은 아이디어였다는 평가를 받았다.

거대한 역사적 도시, 이스탄불!

5월 24일 아침, 일단 옮긴 호텔에서 소피아 모스크 앞까지 걸어가서 버스를 타고 시가지를 일별한 다음 제한된 체재기간 내에 방문할 수 있는 장소를 선택하기로 했다. 버스가 데려다 준 상업의 중심지라는 탁심스퀘어에 가보니 산만하고 깔끔하게 정돈된 거리는 아니어서 구시가에 있는 호텔로 옮긴 우리의 결정이 옳았다고 생각했다.

이날은 국제인권연맹 대회가 오후 5시에 폐막하는 날이다. 폐식사를 한다는 터키 대통령 압둘라 귈(Abdullah Gül)을 사전에 면담하고자 노력하였으나 여의치 못했다. 그래서 오후에 버스를 타고 돌아다니는데 국제인권연맹 직원인 카보니(Carboni)에게서 전화가 왔다. 대통령이 이번에는 정시에 도착한다고 하는데(누가 믿겠나) 폐막식에 참석할 것인가를 묻기에 따로 면담가능성이 없으니 불참하겠다고 했다.

시내에서 귀빠진 곳인 돌마바체(Dolmabahçe) 궁전에 먼저 들러서 거대한 규모의 궁전과 엄청난 샹들리에를 매단 중앙 홀을 중심으로 능숙한 안내원의 설명을 들으면서 구경했다. 톱카피(Topkapi) 궁전 대신에 1853년에 새로 지어 이사간 거대한 궁전이라고 한다. 주변에 오래된 유적과 볼거리가 워낙 많은 곳이라서 이 궁전은 상대적으로 관람자들에게 큰 인상을 주지 못하지만, 그 역사와 규모, 모자이크 타일과 벽화 등에 비추어 19세기에 건설된 이 나라의 손꼽을 문화재이다.

호텔에서 구시가의 중앙을 관통하는 대로를 걸어서 톱카피 궁전과 소피아 모스크가 있는 쪽으로 일찍 나섰다. 엊그제 이미 인기 있는 관광장소들은 입장권을 사는 데만도 시간이 많이 걸리는 것을 보았으므로 일단 유스티아누스 황제가 건설했다는 대규모의 지하집수 궁전(cistern) 예레바탄을 관광했다. 9시에 맞추어 기다렸다가 입구에서 표를 사고자 하니 직원은 잔돈도 없고 영어 안내문도 다 떨어졌다고 남의 일처럼 시큰둥하게 말한다. 사무실 안에 직원들이 무수히 많은데 막상 일하는 사람이 없다.

지하집수 궁전은 지하에 판 동굴 속에 많은 기둥을 줄맞추어 세우고 수로와 저수장소를 건설하여 멀리서 끌어온 물을 잡아두었다가 비상시에 시민의 식수로 쓰도록 한 로마시대의 지하저수지라고나 할까. 초입의 물속에는 어두운데도 금붕어가 헤엄치고 있고, 어둠을 헤치고 넓디넓은 저수시설을 얼마간 걸어 들어가니 메두사(Medusa, 그리스신화에 나오는 3자매 괴물의 하나)의 머리를 기초받침으로 삼아 건설된 원주기둥도 있었다. 이 거대한 공사는 로마인들의 토목기술과 건설규모와 재난대비의 지혜를 짐작케 한다.

다음으로는 얼른 톱카피 궁전의 표를 사서 약 30분 후에 입장하였다. 박물관이 된 궁전의 이모저모를 구경했고, 1909년에 폐지된 하렘(Harem)을 보는 입장권까지 사가지고 들어가 보았다. 이 거대한 궁전은 콘스탄티노플을 함락한 메흐메트 2세가 옛 비잔틴의 아크로폴리스에 착공한 후 그의 후계자들이 계속 확장해간 건물이다. 압둘메지드 1세(Abdulmejid I)가 1853년에 보스포루스 해변에 돌마바체궁을 지어 이사할 때까지 한때는 3천 명이 한꺼번에 이 왕궁에 사는 등 영화를 누렸다.

이 왕궁은 5개의 부문으로 구성되어 있다. 제1궁정에서는 제과시설, 시종들의 의료시설, 동전제조시설 등 서비스 지원시설이 모여 있고, 제2궁정에는 국정회의(Divan) 내정, 왕실평의회 등 공무시설이 있는데, 평의회 사무실 옆에는 모스크, 기록실, 왕실주방, 마구간 및 내탕금 관리의 탁지부(度支部)가 있다. 제3궁정에는 시종들의 훈련시설이 있는데 엄격하게 출입이 통제되었다고 한다. 제4궁정은 술탄 및 왕족의 거주공간으로서 내정과 함께 여러 전각들이 배치되어 있다. 이곳에는 왕자들의 할례식이 거행된 장소도 있다.

제2궁정에서 하렘을 들어갈 수 있는데 하렘에는 방이 300여 개 있으나 공개된 곳은 20개라고 한다. 그 옛날 12~3세 된 여아를 술탄의 첩으로 삼고자 납치 또는 매수하여 이곳에 가두고 글, 자수, 취사, 무용, 음악 및 궁중예절을 훈련시켰다고 한다. 이 중 영리하거나 미모가 탁월한 여인은 술탄의 승은

(承恩)을 입어 아들을 출산하면 팔자 고친다는 이야기는 우리나라의 궁중여인들의 경우나 진배없다. 이 첩들을 감독하는 흑인 내시들의 내정도 있었다. 술탄의 왕자들은 왕궁내정에서 운동하거나, 말 타고 달리는 훈련을 받고 여러 가지 공부를 하다가 사춘기에 이르면 첩들을 상대하게 해주지만 첩이 임신하면 그 즉시 익사시켰다고 한다. 설명을 들으니까 그렇지, 하렘을 무슨 진기한 규방비사가 일어나는 곳으로 여겼던 사람들은 텅 빈 각종 방을 두리번거리다 보면 다소 실망할 것도 같다.

그러나 아름답게 가공된 대리석, 이즈닉(Iznik) 타일, 구리로 된 작은 굴뚝, 자그마한 대리석 분수, 벽화 등 때로는 거대하게 압도하고 때로는 아기자기한 궁궐의 매력에 푹 빠지면 시간 가는 줄 모른다. 정원도 바로 바다로 둘러싸인 데다가 무성한 소나무 등이 잘 다듬어진 아름다운 경치가 일품이다. 관광경찰이 있어서인지 소매치기가 없고 택시도 바가지가 없다고 한다.

5월 26일은 귀임일이어서 미리 체크아웃을 하고 톱카피 궁전 바로 옆에 있는 소피아 모스크를 방문하였다. 후세 사가나 작가들이 이 교회를 보고 내가 천당에 있는지 지상에 있는지 알 수 없다는 둥 찬미의 기록을 많이 남겼지만, 이 모스크는 로마의 유스티니아누스 황제가 서기 532년 건설한 성전이다. 사실 이 터는 지세가 각박한 자리인지 원래 콘스탄티누스 대제가 건설한 교회 자리인데 404년 불에 타 없어졌고, 테오도시우스 2세가 415년에 같은 자리에 세운 교회가 약 1세기 후 또다시 니카(Nika) 폭동으로 파괴되자 세 번째로 세운 교회이다. 유스티니아누스 황제가 수학자인 이시도루스(Isidorus)에게 건축을 맡겨 짓고 5년 후 성대한 준공식을 거행한 가장 오래되고 유서 깊은 성전이다. 이 교회는 콘스탄티노플이 망할 때까지 그리스정교의 최고 중심교회였다. 메흐메트 2세는 이스탄불을 함락한 후 이 교회에 광탑(*minaret*)을 추가로 세워 이슬람의 모스크로 전환시켰다.

이 교회는 직사각형의 거대하고 웅장한 건물로서 돌아가면서 각 면마다 나르텍스(*narthex*: 교회의 현관부분)가 있고 4개의 굵은 기둥이 받친 중앙의 돔은 실로 높고 장엄하다. 1500여 년 전 기독교도들이 세운 이 교회의 벽에 설치된 각종 기독교 모자이크 예술작품들은 모두 수백 년 동안 이슬람교도에 의하여

소피아 모스크 내부. 이곳에는 그리스, 로마, 터키 등의 종교들이
오랜 세월 동안 영향을 주고받은 흔적들이 남아 있다.

백색 횟가루로 덧씌워져서 그 존재를 몰랐다가 1932년부터 발견되어 이를 일
부 복원했다고 한다. 벽을 긁어내니 옛날에 그려진 기독교 성화, 또는 모자
이크로 기독교의 역사를 표현한 작품도 발견되었다. 세상 어디에 그리스, 로
마, 터키 등의 각 종교가 한 곳에서 이처럼 오랜 세월을 두고 서로 영향을 주
면서 문화적으로 교착되어 있단 말인가.

　다음으로는 걸어서 반대편에 있는 블루 모스크(The Blue Mosk：Sultan
Ahmed Camii)에 입장하였다. 이는 술탄 아흐메드 1세(Sultan Ahmed I)의 명
령으로 1600년대 초에 건설된 가장 중요한 모스크이다. 이 사원은 히포드롬
(Hippodrome)과 비잔틴 왕궁 터에 걸쳐서 자리 잡고 있는데, 경내에 들어서
면 사원의 표면과 거대한 중앙돔 및 이에 맞춘 30개의 작은 돔들의 위용이 대
단하다. 또한 이 사원은 6개의 광탑이 있는 유일한 곳이다. 하루에 다섯 번
이어지는 기도시간을 피해서 입장하니 4개의 기둥이 받치고 있는 넓고 우람
한 중앙돔이 위용을 자랑한다. 기독교교회와는 달리 정교한 벽화나 장식은

국제형사재판소를 방문한 독일 요아힘 가우크(Joachim Gauck) 대통령 접견 (2013. 5).

없지만 대리석 조각과 기도실 벽의 아랫부분 타일은 이 사원의 영광을 더해준다. 이 타일은 페르시아인과 터키인 도공들의 작품으로서 카네이션, 백합, 튤립, 장미 또는 삼나무 등을 소재로 아름답게 제작되었다.

다리가 아파 바로 옆의 오벨리스크 광장의 의자에서 쉬었다. 이 오벨리스크는 4세기경 이집트에서 이곳으로 운반되었는데, 상부 3분의 1만 남은 채 테오도시우스 1세가 현재의 자리에 세웠다고 한다.

우리는 걸어서 그랜드 바자르(Grand Bazaar)로 갔다. 간단한 시장이려니 하고 갔더니 15세기에 세워진 거대한 시장은 4천 개가 넘는 상점과 5백 개의 가판대와 18개의 분수 및 큰 모스크로 구성된 어마어마한 곳이다. 깨끗하고 화려하고 다양하다. 동대문시장은 비교가 안 될 규모이고 우리도 결국 길을 잃어 헤매기도 하였다. 금은세공, 가죽제품과 자기네 문양이 화려한 의류가 대부분이다. 저녁비행기는 시간상 문제가 없겠지만, 초행인 이곳의 시스템을 모르니까 일찍 공항으로 나갔다. 강렬한 이스탄불의 인상이 그대로 뇌리에 남았다.

아일랜드 코크에서 열린 데이비드 콜러 재판연구관의 결혼식에서 (2013. 6).

5월 31일 주말에는 내가 재판소장으로 당선된 후에도 소장의 특별보좌관을 계속하다가 상고심으로 전직하여 나의 재판연구관으로 근무하던 데이비드 콜러의 결혼식에 참석차 부부가 아일랜드의 코크(Cork)까지 직행으로 날아갔다. 데이비드는 뉴욕대를 마친 후 초창기부터 재판소에 합류하여 '국제형사재판소의 산 역사'라는 말을 듣는 유능한 청년이다. 근무를 마치고 밤 8시 비행기로 가서 새로 지은 호텔(River Lee Hotel)에 여장을 풀었다.

오후 2시에 호텔 근처 코크대학(University College Cork) 안에 있는 호난교회(Honan Chapel)에서 거행된 결혼식에 참석했다. 양가에서 약 150여 명이 모였는데 데이비드의 모친과 그녀의 오빠인 아일랜드 상원의원 부부, 신랑의 남동생 케빈(Kevin), 여동생 등을 만났다. 신부 사라 헤이스(Sara Hayes)의 부모에게 인사했다. 재판소의 전·현직 친구 동료들이 세계 각지로부터 아주 많이 참석하여 나를 기쁘게 만들었다. 역시 신랑이 평소에 인심을 안 잃고 많은 좋은 친구를 사귄 결과이리라.

결혼식 자체는 허례허식 없이 잘 이루어졌고 신랑의 최고보스인 소장 내외가 참석하여 특히 고마워한다. 날씨도 좋았다. 결혼식 후에는 준비된 버스를 타고 약 50분 거리에 있는 옆 도시의 산중호텔로 이동해서 피로연을 했다. 음식도 좋고 분위기도 화기애애하여 직원들과 많은 이야기를 나누었다. 저녁에 그들은 그곳에서 밤새도록 춤추고 놀 예정인지라 나는 택시를 타고 호텔로 돌아왔다. 그다음 날 일행 중 네자(Nezha)만 남겨두고 나머지 직원은 모두 한 비행기를 타고 헤이그로 귀임했다.

손자와 함께한 암스테르담 운하의 뱃놀이

모처럼 외손자와 딸 내외가 7월 20일경 여름방학 중 헤이그를 방문한다고 해서 나는 며칠간의 휴가를 냈다. 며칠 전 총괄비서 캐럴린 디블(Carolyn Dibble)이 내가 법에 보장된 휴가기간을 사용하지 않아서 금년에 60 거래일 이상이 적체되어 있는데 이를 금년에 사용하지 않으면 내년에는 모두 없어진다고 경고했다. 지난주 10일 전원재판관회의에서 중요한 안건을 처리하였기에 일단 안심하고 이제 좀 며칠 휴가를 갖고 손자와 놀겠다고 선언했다.

손꼽아 기다리던 딸네 식구가 여름휴가를 보내러 네덜란드로 왔다. 서울은 마침 장마에 더위가 기승을 부리는데 피서를 잘 왔다고 해야 하겠다. 일단 집 근처의 호텔에 주말에 투숙했는데 사위는 업무상 일로 서울에 다녀와야 된다고 하면서 돌아갔다. 사위가 잠시 돌아가자 바로 딸 모자는 좁으나마 우리 아파트로 옮겨 같이 생활했다. 손자를 더 잘 보고 같이 놀 수 있는 귀한 기회이다. 헤이그에 있는 동안 동네의 어린이 체육관(gym)에 등록하였더니 스스럼 없이 다양한 인종의 또래들과 잘 어울리면서 운동에 참가한다. 아내는 손자 돌보기에 흥분하여 끼니마다 새로운 음식을 하여 나이에 비하여 많이 먹는 손자에게 바치고 있다. 이곳저곳 모녀간에 손자를 데리고 구경도 하고 즐거운 한때를 보내는 동안 나는 재판소의 일에 매여 합류를 못하였다.

드디어 나도 7월 16일부터 4일간 휴가를 내고 손자를 따라다니기로 했다. 딸이 몇 해 전에 와서 대개 둘러본 곳은 사위에게 보여줄 필요가 있는 곳이 아니면 생략하고 다른 곳들을 방문했다. 헤이그에 있는 동안 가장 큰 나들이는 모두들 브뤼셀에 기차로 가서 중앙역 앞 호텔에 1박하면서 시내 중심광장과 오줌싸개 소년 등을 구경한 것이다. 딸은 현역 교수이므로 방학 중에 쓸 논문도 있고, 할 일도 많아 우리집에서 쉬면서도 틈만 있으면 계속 컴퓨터 책상 앞에 앉아있다.

한국에서 돌아온 사위가 1박한 암스테르담의 하얏트호텔로 우리가 합류하여 함께 하루를 즐겼다. 암스테르담에서 이들에게 보여주고 먹여줄 나름대로의 계획이 있었으나 손자가 호텔방 너머로 운하에서의 배타기를 본 다음부터 이를 고집하는 바람에 모든 계획은 없던 것으로 하고, 손자의 주장에 따라 배를 빌려 타는 암스테르담의 선착장을 찾아갔다. 알루미늄으로 만든 작은 동력선인데 우리 가족끼리 빌려 타고 시내 근처 운하를 여러 시간 운전하고 다니면서 운하에서 바라보는 색다른 암스테르담의 광경을 만끽했다. 우리는 정기적으로 운항하는 관광객용 크루즈만 알았지 가족끼리 배를 단독으로 빌려 스스로 운행하고 다니는 것은 다섯 살짜리 손자의 고집으로 처음 알았는데 아주 즐긴 하루였다. 헤이그에서는 식당 사펠베르흐(Savelberg)를 예약하여 모처럼 좋은 날씨에 음식점 정원에 앉아 정원 끝에 있는 운하를 지나가는 배를 한가히 바라보면서 그들의 체류의 마지막 날을 잘 보냈다.

꿈만 같은 손자와의 2주일이 금방 지나갔다. 아직 다섯 살이 안 되었는데도 자기의 의사표현이 분명하고 우리말이나 영어로 느낌을 잘 대답하는 데 놀랐다. 손자가 원하는 것이 있으면 어멈이나 아범이 윽박지르거나 무시하지 아니하고 인내심을 가지고 조리 있게 잘 설명하여 가급적 본인이 최종 의사결정을 하도록 유도하는 것이 대견하였다.

케냐 사건의 현지 재판 여부

역시 말썽꾸러기인 나이지리아 출신 재판관 에보에-오수지가 지난주의 전원재판관회의의 결론은 모두 절차상 하자로 인하여 무효이니 전원재판관회의를 재소집해야 한다는 이메일을 내가 휴가를 시작하기 직전에 돌렸다. 지난주 전원재판관회의는 케냐의 부통령 윌리엄 루토(William Ruto)와 언론인 상

(Sang)을 재판하는 '케냐 사건 1'의 경우 첫 공판기일인 9월 10일 나이로비 현지에서 이른바 현지 재판(in situ trial)으로 개시하자는 담당재판부의 의견을 심의하기 위하여 소집되었다. 근본문제는 지난 3월 직선에 의하여 당선된 케냐의 정·부통령이 모두 우리 재판소의 피고이므로 일단 재판이 시작되면 그들은 헤이그에 와서 날마다 공판에 출석해야 하는데, 과연 정부운영을 내팽개친 채 매 기일마다 재판출석이 가능하겠는가.

이 문제를 해결하기 위하여 비디오컨퍼런스 방식을 채택하여 진행하자는 등 여러 가지 실무적 방안이 검토되는 중에 공판개시의 첫 주일만이라도 케냐 현지에서 피고인의 모두진술(opening statement, 冒頭陳述)을 들어주는 것이 어떤가 하는 의견도 아울러 제시된 바 있다. 만일 '케냐 사건 1'의 경우 첫 기일을 나이로비에서 개최하는 것으로 결정되면 11월 12일 시작되는 케냐 대통령 케냐타(Kenyatta)를 재판하는 '케냐 사건 2'의 경우도 동일하게 현지에서 열리게 될 것이므로 이 문제는 전 세계의 지대한 관심사였다. 물론 장기간의 재판일정 모두가 피고인들의 편의를 위해서 나이로비에서 열릴 수는 없지만, 최소한 첫 한 주일만이라도 재판을 현지에서 진행해 보자는 취지였다.

'케냐 사건 1'의 재판장인 에보에-오수지는 그동안 현지 재판을 위하여 개별재판관을 붙잡고 로비하는가 하면 자료를 만들어 돌리는 등 적극적 활동을 했다. 그러나 그가 왜 그러는지 이해하는 동료는 그리 많지 않았고 오히려 지나쳐서 반감을 사는 것 같기도 하다. 나는 매사가 제대로 준비되어 있으면 현장재판도 해볼 만한 것으로 지지할 생각도 있었으나 재판소의 총책임자로서 속으로는 걱정이 태산 같았다. 솔직히 행정처의 현지 재판에 관한 부실한 타당성 조사에다가 경험도 없이 나대는 재판장 에보에-오수지의 사려 깊지 못한 태도를 보건대 수십 명의 국제형사재판소 직원을 이끌고 단 5일간 첫 개정 시 피고인의 진술을 듣자고 그야말로 적진으로 이동하는 것은 비용문제도 있고 신변안전은 물론 적대적인 정부 통제하의 언론조작과 공격, 도청 등 실로 많은 난제가 있다. 현지의 부족한 전력공급도 문제이다.

하루 종일 이 한 주제를 가지고 찬반토론을 했는데, 재석 3분의 2인 10표의 찬성에 1표가 부족하여 부결되었다. 그러나 두 번째 안건인 형사소송규칙 제

100조의 개정안은 별 토론 없이 통과되었다. 아주 홀가분한 마음으로 멕시코 대사관의 리셉션에 갔더니 에보에-오수지 재판관은 물론 일본, 아르헨티나의 재판관들이 참석했다. 중요한 결정이 일단락되어 휴가를 내고자 했더니 다음 날 에보에-오수지가 회의를 다시 해야 한다고 이메일을 돌린 것이다. 이의제기의 꼬투리는 전날 저녁 6시 반에야 검찰부에서 소장단에 제출한 현지재판을 반대하는 준비서면을 내가 즉각 재판관들에게 참고로 송부한 것이다.

에보에-오수지는 검사의 일방적 서면주장이 다른 당사자나 피해자들의 의견을 들을 기회도 없이 재판관 회의에 자료로 제출되었고, 정식절차를 통하여 제출하지 아니하고 이메일을 통하여 담당재판부가 아니라 소장에게 제출했으니 그 하자가 중대하다는 것이다. 이러한 주장은 얼핏 보기에 법논리에 맞는 주장 같으나 어불성설이다. 정식 재판절차라면 반대 당사자나 피해자의 반론할 기회를 박탈한 채 진행하는 것이 중대한 절차위반이 될 수 있다. 그러나 전원 재판관회의는 사법행정적 결정을 심의하는 것이므로 정식 재판절차와는 다르고, 따라서 담당재판부가 아니라 회의를 주재하는 소장에게 이메일을 통하여 서면으로 의견표명을 하는 경우 형사과의 접수 및 송달과정이 생략되었다고 하여 위법이라고 하기 어렵다. 설사 위법이더라도 이러한 위법이 전원재판관회의 결과에 아무 영향을 미치지 않았다고 할 것이니 다시 회의를 하자는 것은 억지 내지 방해에 불과하다고 보겠다.

애당초 전원재판관회의 개회 벽두에 에보에-오수지가 바로 이 절차적 문제점을 제기하기에 내가 이 시점에서 이 문제를 어떻게 처리하면 좋겠는지 되묻자, 그는 별 도리 없지만 기록에 남기기 위하여 이의를 제기한다고 넘어간 다음, 하루 회의의 거의 대부분을 현지공판 개최의 타당성을 말하고 질문에 대답하는 등 그 입장에서는 여한 없이 발언했음에도 불구하고 결과가 자기가 원하는 대로 되지 않자, 그다음 날 회의 재소집을 들고 나온 것이다. 그런다고 해서 결론이 달라질 것 같지는 아니한데 하도 막무가내여서 이메일로 재판관들의 의견을 수렴하여 보았다. 과연 대다수가 다시 회의를 소집할 필요나 재론할 필요는 없다는 의견을 제시했다.

그리하여 내가 그런 취지를 공식적으로 선언하고 보도자료를 내는 한편,

전원재판관회의의 결정을 공표하려고 하자, 이번에는 결정문의 이유가 불충분하니 다시 써야 한다는 둥, 자기가 소수의견을 첨부하겠다는 둥 계속 행패를 부리고 있다. 휴가 후 돌아오니 보도자료는 겨우 내보냈으나 결정문의 내용을 둘러싸고 시비가 붙어 이러지도 저러지도 못하고 있었다. 나의 부재중 소장대행인 모나헹이 깔끔하게 처리할 것으로 기대했었는데 어찌할 줄 모르다가 휴가에서 돌아온 나에게 모두 미루었다.

7월 22일 내가 주재한 최고월례업무조정회의(Coordination Council)도 화기애애한 분위기 속에서 잘 넘어갔다. 그동안 사사건건 사고뭉치였던 문제의 오캄포 검사와 무능하고 말썽 많은 행정처장이 드디어 퇴임하고 새로 부임한 후임자들과는 재판소의 최고의사결정 회의가 원만하게 잘 진행되어 한시름 덜었다. 인간의 성품이나 일 처리하는 스타일 등 여러 면에서 부족한 후보를 검사로 선출하면 모두가 최장 9년을 두고 고생하는 것이다.

우선 나와 자주 접촉해야 하는 신임 행정처장 폰헤벌이 제시하는 큰 그림을 들어보니 제대로 방향을 잡은 것 같아 나로서도 밀어줄 생각이다. 모든 행정조직은 인사관리와 예산회계가 중심인데, 새 사람은 행정처 조직의 대폭개편을 통해서 조직의 단순화 및 활성화를 시도한다는 내 평소의 생각과 맞아떨어지는 방향이다. 오늘은 곧 제출할 예산안을 인준했는데 검찰부와 행정처가 도합 천만 유로 이상의 증액을 요구하는 것이라서 과연 당사국이 무엇이라고 할 것인지 논리적으로 대비를 잘해야 할 것 같다.

검찰부가 오캄포 검사의 독선적 운영으로 사기가 떨어지고 좋은 사람이 떠나는 바람에 역량을 강화해야 할 필요가 있기는 한데, 이를 핑계로 행정처와 조직이 이중으로 되거나 많은 승진자리를 만드는 것은 방지해야 한다. 그리고 새로 선출된 벤수다 검사는 1년이 지났어도 여행만 다니고 무엇을 하는지 알 수 없는데, 직원회의에서 사건에 관한 모든 보고는 자기에게 하지 말고 부검사에게 하라고 했단다. 검찰의 독립성 때문에 관여할 문제는 아니지만 국제형사재판소 전체의 명성에 영향을 주는 것은 마찬가지이므로 나로서도 늘 관심과 걱정을 갖게 된다. 나의 검사에 대한 바람은 그만 여행을 다니고, 오로지 수사와 공소유지에 좀더 일로매진하라는 것이다. 엄격한 잣대를 들이대자면 거의 대부분의 사건이 증거불충분으로 무죄가 날 가능성이 높은 상황인데, 이러한 심각성을 알기나 하는 것인지. 개별적으로 나에게 와서 하소연하는 검찰부 직원들의 말을 들어보면 그들의 사기가 아직도 바닥이라서 여러 가지 특단의 대책이 필요한 것 같다.

한자동맹의 가장 큰 도시, 베르겐

이제 소장의 임기와 재판관의 임기가 점차 후반부로 넘어가고 있으므로 시간이 나는 대로 주말여행을 해보기로 했다. 지난 주말(8월 2일) 노르웨이의 베르겐(Bergen)을 방문했다. 이곳은 올라브 키레(Olav Kyrre) 왕이 1070년 창설한 후 19세기까지 스칸디나비아의 최대도시였고, 오슬로로 천도하기까지 노르웨이의 수도였다. 그런데 왜 베르겐이 그처럼 수 세기 동안 크고 부유하고 심지어 한동안 이 나라의 수도였는지 의문이 있었으나, 이곳이 한자동맹의 가장 중요한 도시로서 부를 축적한 것을 알고는 저절로 고개를 끄덕였다.

13세기부터 독일 상인들을 중심으로 북해와 발틱해를 무대로 전성기에는 서쪽으로는 런던, 동쪽으로는 라트비아의 리가(Riga)를 아울러 독일의 뤼베크, 함부르크, 브레멘, 벨기에의 브루게(Brugge) 등이 한자동맹의 구성도시였다. 그중에서도 1360년부터 베르겐이 한자동맹의 가장 큰 사무소를 유지했던 것은 상사분쟁을 가장 신속하게 해결했기 때문이라고 한다.

평생 해상법 연구자인 나로서는 한자동맹의 최대도시인 베르겐 방문에 남다른 감회가 있다. 영국 케임브리지대학에서 해상법을 공부하면서 도서관의 희귀서적 중 18세기까지의 해법을 집대성한 학자 파르드쉬(Pardessus)의 원전을 보고 몹시 흥분했던 기억이 있다. 이제 해상법 발전의 견인차 역할을 했던 한자동맹의 중심지에 와서 바로 그 당시의 발자취를 직접 보는 것이 아직도 흥분을 일으키게 한다.

당시 베르겐에서 해상교역의 중심구역은 지금의 브뤼게(Brygge, 부두라는 의미)라는 바닷가인데 이곳에는 모두 목조로 지은 당시의 붉은 건물들이 줄지어 서 있어 유네스코 세계문화유산으로 지정되어 있다. 물론 여러 차례 화마로 소실되기도 하였지만, 12세기부터 상업의 중심사무소로서 보존되어 있다. 한자동맹박물관(Hanseatic Museum and Schøtstuene)에 입장하여 그 당시의 생활상과 기록을 면밀하게 관찰하였다. 그 외에도 베르겐은 유명한 작곡가 에드바르드 그리그(Edvard Grieg)의 고향이고, 올레 불(Ole Bull)이나 하랄드 세베루드(Harald Sæverud) 등 유명한 음악가의 고장이어서 시내에 그들의 기념관이나 동상 등이 건립되어 있다.

어시장은 이 도시의 모든 것이 시작하는 가장 번화한 시발점이다. 온갖 생선노점상이 그곳에서 관광객을 유혹한다. 이들은 1927년부터 그곳에서 매일 생선, 캐비아, 과일과 채소 등을 팔고 손님이 요구하면 생선을 그 자리에서 구워주기도 한다. 모든 관광객을 위한 편의시설이 집결되어 있는 곳이므로 날마다 어시장 지역을 통과하지 않을 수 없으나 언제 걸어도 활기 있고 기분이 좋다. 이렇게 생선을 팔고 요리해 주는 관계로 부근의 중국요리점이 잘 안될 것 같은 생각이 들었다.

호텔에서 어시장과 반대쪽으로 걸어가니 베르겐후스 요새(Bergenhus Fortress)에 다다랐다. 독일 출신으로 에릭 로젠크란츠(Erik Rosenkrantz)라는 이 지역의 통치자가 1560년에 건립했다고 한다. 땅이 거무레한 돌로 구성된 지형이라서인지 석조건물들이 검은 돌로 세워져서 미적 감각은 떨어진다. 다만 구시가지 전역이 일정한 크기로 자른 조약돌로 포장되어 있는 것은 타의 추종을 불허한다. 우리는 일제 강점기에 만든 염천교 부근의 조약돌 포장길을 모두 없애버렸으니 할 말이 없다. 호텔 옆에는 이 도시의 고고학적 발굴품을 전시한 브뤼겐스박물관(Bryggens Museum)이 있다. 한자동맹박물관과 함께 꼭 봐야 할 곳이다.

우리는 도착한 다음 날 4시간짜리 피오르드 크루즈를 탔다. 배가 지나가는 길을 따라 늘 푸른 나무로 들어찬 주변의 산에 아름답게 배치된 빨간지붕의 가옥들이 참 아름답다. 우리나라 다도해를 연상시키는 수많은 작고 큰 섬들이 점멸하고 있는데 금문교와 같은 스타일로 건설한 연륙교들이 참 잘 어울린다. 막상 피오르드를 지나가면서 배 옆에 바짝 보이는 바위산의 절벽들이 바로 내 앞으로 넘어질듯 박진감 있지는 않았다. 그런 면에서는 우리나라의 동해나 남해 심지어는 거제의 해금강보다 못하다. 그러나 바위절벽에서는 가느다란 폭포수가 길거나 짧게 흘러내린다.

어디를 가나 바다는 깨끗하게 보존되어 있다. 더 아름다운 피오르드도 있다고 하나 이 정도로 구경했으면 됐다고 본다. 마지막 날은 푸니쿨라를 타고 해발 320m의 플뢰엔(Fløyen) 산에 올라 아름다운 베르겐 인근의 조망을 즐겼다. 1247~1261년 건립된 하콘의 홀(Hakon's Hall)이라는 왕의 저택은 매우 인상적이었다.

제자들의 헤이그 방문 및 한국 일정(박근혜 대통령 예방)

8월 8일은 이슬람의 금식기간 라마단이 끝나는 이드 알 피트르(Eid al-Fitr) 축제일이어서 국제형사재판소는 공휴일이다. 금년 초 이런 일정을 말했더니 제자 그룹인 동심회는 이날에 맞추어 헤이그를 방문하겠다고 했다. 사실 이 그룹이 온다는 계획은 여러 해 동안 반복적으로 논의되었는데 금년에는 꼭 오겠다고 하면서 이재환 변호사가 주동이 되어 여행사와 계약했다고 한다. 결국 모든 회원이 다 올 수가 없어서 박영렬 부부, 이재환 부부, 김수형 부부 외에 최태현, 조인호 교수만 참여했고, 다른 동기 중에서 김용섭 부부, 박종술 부부 외에 한강현 군 등 13인이 동참했다.

실로 연초세배 시 만날 때마다 이 여행계획을 논의하던 것이 드디어 금년에 결실을 보았다. 사랑하는 제자들이 부부 동반하여 이처럼 먼 곳에 근무하는 옛 스승을 찾아오다니! 그들은 같은 회원인 남관표 헝가리주재 대사를 격려차 방문한 다음 역시 법대 출신 문하영 체코주재 대사에게 들렀다가 8월 7일 암스테르담에 와서 1박 하고, 오늘 버스로 헤이그로 이동한 것이다.

일찍 서둘렀는지 오전 10시 반인데 이미 마두로담(Madurodam)을 다 보았으니 재판소로 향한다고 전화가 왔다. 이날이 공휴일이지만 나는 미리 비서 소피에게 지시하여 커피 등 음료와 과자를 1506호실에 배달하고 경호원들에게 친절한 안내를 부탁하는 등 준비를 했다. 우리 내외는 이성훈 군의 도움을 받아 재판소에서 일행을 맞았다. 바로 1506호실로 안내하여 약 30분간 재판소의 현황에 대하여 브리핑했다. 그다음에는 법정으로 안내하여 자세하게 설명했다. 약 1시간 동안 재판소에 머무르다가 자기네 버스로 내가 오찬에 초대한 쿠어하우스(Kurhaus)로 이동했다. 한국 방문객들은 보통 근사한 큰 건물에서 오찬을 즐기고 헤이그 외곽의 스헤베닝언(Scheveningen) 해변을 잠시 거닐면서 사진을 찍으면 매우 만족해한다. 재판소에서는 물론 해변에서도 사진을 많이 찍었다. 남는 것은 사진밖에 없다면서.

이들은 자기들끼리 오후 일정을 짜서 이준기념관을 구경하고 빈넨호프(Binnenhof)와 기사의 전당을 들렀다고 한다. 저녁 6시 반에는 이기철 대사가 관저에서 만찬을 베풀었다. 이기철 대사를 포함하여 전원이 같은 대학 출신으로서 처음부터 분위기는 잘 맞고 화기애애하였다.

박종술 변호사로부터 팬엔터테인먼트를 경영하면서 〈겨울소나타〉, 〈해를 품은 달〉 등 좋은 작품을 많이 제작하는 동안 알게 된 연예계 비화를 흥미롭게 듣기도 하였다. 또한 매사를 완벽하고 철저하게 하려는 이 대사 내외분의 준비와 마음씨가 참 고맙다. 부인이 갖은 솜씨를 발휘해서 아주 맛있게 준비한 만찬을 즐기는 가운데 이 자리에 내가 수년 전 로더미어 자작 미망인으로부터 기증받은 36년 묵은 치프틴(Chieftain)이라는 위스키를 내놓았다. 원래 위스키 연도를 가지고 장난하는 상술에 한국인들이 놀아난다고 하면서 블렌디드(blended)가 아니고 한 병 모두가 36년산인 싱글몰트(single malt) 위스키를 맛보라고 받은 이 병의 존재는 내가 여러 번 말해서 익히 알고 있는데 드디어 이번에 모든 사람들이 맛을 음미하였다. 다만 술을 못하는 분들이 많아서 결국 주로 나와 박영렬, 김수형, 이재환, 최태현 등이 병을 비웠다. 법률가인 제자들이 유럽의 대도시에 출장 왔다가 단체로 찾아준 일은 처음이다.

제자들의 방문 이후 한국에 잠시 귀국하여 여러 분들을 예방하였다. 8월 20일 오후 2시 반 박근혜 대통령과 약 30분간 면담했다. 강정식 신임 국제법률국장의 안내로 대통령과 사진촬영 후 30분 정도 마주 앉아 대담했다. 주철기 외교안보수석, 김형진 외교비서관, 김행 대변인 등 7, 8명이 배석했다.

국제형사재판소에 관한 창립취지, 활동, 한국의 협조, 북한사건의 종결가능성 등에 관하여 설명하면서, 인류보편적 가치에 대한 국제적 논의에 좀더 적극적으로 참여할 필요가 있음을 건의했는데, 박 대통령이 공감했는지 배석한 주철기 외교안보수석, 김형진 외교비서관에게 그대로 지시하였다. 놀라운 것은 대통령이 국회의원이던 2년 전 한국과 네덜란드의 수교 50주년 특사로 네덜란드를 방문했을 때 조찬모임에서 나눈 인권과 법치를 줄거리로 한 당시의 논의내용을 다 기억하는 것이 아닌가. 내년 3월 헤이그에서 개최되는 핵안보 정상회의에서 다시 만나자는 말씀으로 전별하였다.

윤병세 외무장관을 예방할 때에는 국제법률국의 강정식 국장 및 과장들이 배석하여 약 40분 동안 이런저런 얘기를 나누면서 다자외교의 중요성을 강조하고 국제형사재판소 분담금의 조기납부를 요청하였다. 22일 오후에는 KBS 1TV에서 약 5분간 인터뷰를 녹화했다. 여의도 방송국을 방문하여 그날 밤 11시 30분에 방송되는 〈뉴스라인〉이라는 프로그램에 남녀 앵커와 대담형식으로 재판소에 관한 인터뷰를 했다.

23일 금요일에는 황교안 법무장관을 예방했다. 김주현 검찰국장, 이선욱 과장 그리고 이지형 검사가 배석했는데, 국제형사재판소에 계류 중인 북한문제에 관하여 논의하였다. 장관은 대단히 점잖고 신중한 분이었다. 저녁에는 손자의 생일을 축하하고자 방배동 음식집에서 저녁을 먹었다. 수년래에 처음으로 모처럼 우리 식구가 다 모여서 흡족하다.

반기문 총장과의 헤이그 회담과 왕궁 만찬

귀임하자마자, 8월 27일 헤이그에 온 반기문 유엔 사무총장의 면담과 노르데인더(Nordeinde) 왕궁에서 새로 등극한 빌럼-알렉산더 왕과 만찬하는 일정이 나를 바쁘게 만들었다. 왕의 만찬에 앞서 오후 7시에 반 총장을 약 30분간 만나 우선 국제형사재판소가 9월 10일에 루토 케냐 부통령, 그리고 11월 12일에 케냐타 케냐 대통령의 재판을 예정대로 개시할 것임을 알렸다. 그러면서 반 총장이 이 같은 피고인들을 어떻게 대해야 하는지 간단히 설명해 주었다.

2013년 4월 3일 유엔 법률고문실에서 이와 관련된 '불필요한 접촉에 관한 지침'(Guide for Non-Essential Contact)을 만들어 전 세계에 통보한 바 있으나 막상 구체적 경우가 발생하면 현실적으로 어떻게 행동해야 하는지는 혼란이 있었다. 반 총장도 역시 케냐타가 대통령에 당선되자 축하전화를 걸어놓고는 이것이 혹시 자기들이 선포한 지침에 어긋나는지 나에게 물어 확인한 일도 있었다. 나는 그에게 국제형사재판소가 구속영장을 발부한 수단의 알-바시르 대통령과 케냐의 대통령과 부통령을 대함에 있어 다른 점이 있음을 강조하였다. 알-바시르는 국제형사재판소의 구속영장을 피해 다니고 있는, 정의로부터의 도망자이므로 이런 자는 절대 접촉하면 안 되지만, 케냐의 대통령과 부통령의 경우에는 그들이 비록 국제형사재판소의 피고이지만 현재까지 구속영장을 발부한 일이 없고 그들은 재판절차를 준수하고 있으며 무죄추정의 원칙이 적용되는 자들이므로 이들은 평소와 다름없이 대해도 좋다는 설명을 드렸다. 그가 나의 명쾌한 설명에 감사하다면서 활짝 웃었다. 그다음으로는 '국제기구 간 인력교류에 관한 합의'(Inter-Agency Mobility Accord)에서 우리 재판소를 제외한 부당한 조치를 번복하라는 요청을 하면서 이를 김원수 대사와 상의하겠다고 하고 왕의 만찬장으로 황급히 이동했다.

원래 유엔과 국제형사재판소 간에 합의가 되어 2005년부터 2011년까지 총 65명의 직원이 유엔에서 재판소로 오거나 우리 직원이 유엔으로 원만하게 이동(transfer)했다. 합의의 효력이 만료되어 2012년부터 우리 재판소를 이러한 합의규범에서 제외해버렸는데 이를 부활하자는 논의다. 지금 수많은 직원을 강제로 내보내야 하는 유엔 산하 구유고전범재판소(ICTY), 르완다학살재판소(ICTR) 등 임시재판소의 입장에서는 이 합의를 되살려 상당수의 직원을 우리에게 보내면 무리하게 해고할 필요도 없고 유엔의 인건비 부담도 줄어들므로 사실 당분간 유엔이 국제형사재판소보다 더 덕을 보게 되는 점을 지적하면서 시정을 요구한 것이다.

강철왕 카네기가 지었다는 평화궁 100주년이라고 하여 이를 축하하는 왕의 만찬장에는 모두 23명이 초대된 것 같다. 왕과 왕비, 4개월 전까지 여왕이었던 베아트릭스 외에 반기문 총장 부부, 그리고는 마크 뤼터(Mark Rutte) 총리, 프란스 팀머만스 외무장관, 여성 국방장관 헤니스, 헤이그 시장, 카네기재단 대표 베르나르드 봇트(전 외무장관), 휴고 시블레스(Hugo Siblesz) 국제상설중재재판소(PCA) 사무총장, 얀 도너 국정자문회의 부의장 등이 자리를 함께하였다. 왕이 정좌하자 그의 오른편에 반 총장, 왼편에 나, 나의 왼편에 베아트릭스, 베아트릭스의 왼편에 봇트 등의 순으로 착석했다. 음식과 음료가 화려하거나 거창하지 아니하나 정성을 다한 느낌이다.

자연히 화제 중 국제형사재판소와 곧 개시되는 케냐 사건의 재판에 관한 문제가 질의응답의 대상이 되었다. 나는 왕의 모자 사이에 끼어서 이 박식하고 지적 호기심이 많은 두 분의 말상대를 하느라고 신경이 많이 쓰였다. 동시에 건너편에 앉은 총리와 국방장관의 질문에 대답하기도 바빴다. 아무튼 이들에게 국제형사재판소의 현황을 많이 알리고 그들의 관심과 협조를 촉구하는 것이 나의 임무이므로 성의껏 설명을 마다하지 않았다. 이 유익한 만찬은 10시경 끝났다.

28일은 평화궁 100주년 행사에서 거의 하루 종일 시간을 다 보냈다. 라이베리아 출신으로 노벨평화상을 받은 여성 리마 그보위(Leymah Gbowee)도 만나고, 카네기의 손자 및 증손들도 인사했다. 전에 나를 만난 적이 있다는 사람들이 다시 인사하기에 이를 받느라고 바빴다. 저녁에는 헤이그 시에서 주최하는 행사에 참석했다가 안톤 필립스 홀(Anton Phillips Hall)로 이동하여 헤이그 오케스트라 연주를 감상하고 일정을 마쳤다. 30일에는 세계 각지에서 온 블로거들과 오전에 만나 잠시 회견한 후 그 나머지 세부사항은 대변인 파디(Fadi)에게 미루고 돌아왔다.

내년 예산을 미리 심의하는 예산회계위원회(CBF)가 9월 9일 월요일부터 열흘간 열렸다. 내가 개회사를 하고 프랑스 출신 핑켈스탱(Finkelstein) 위원장에게 회의의 바통을 공식적으로 넘겼다. 금년에는 검찰부와 행정처가

1, 100만 유로의 증액을 신청했지만 큰 저항에 부딪히지 않고 예산회계위원회는 통과할 것 같다. 다만 11월 하순 당사국총회의 반응이 문제인데 이 위원회에서 승인되면 대체로 그대로 통과되므로 그런 대로 조심스럽게 낙관해도 되지 않을까.

지난 2년간은 검사와 행정처장의 무능 때문에 큰 회원국들이 부정적이고 적대적 태도로 재판소를 몰아쳤으나 이제는 나의 노력으로 그러한 분위기가 상당히 우호적으로 반전되었다. 무엇보다도 새로 부임한 행정처장이 협조적인 데다가 새 검사는 아직도 문제가 많지만 노력하는 모습이어서 그들을 많이 칭찬하고 격려해 주었다. 그동안의 노력으로 재판소와 회원국 간에 상당한 신뢰가 회복되고 있는 것 같다.

9월 10일 당일치기로 마티아스 대외담당보좌관을 대동하고 일찍 비행기로 제네바에 다녀오기로 했다. 유엔인권이사회의 개회기간 중 유럽연합이 부가 행사를 마련하고 나를 기조연설자로 초청하여 로마규정 채택 15주년을 회고하고 장래의 도전이 무엇인지 논의하였다. 유엔주재 유럽연합대사 자피아(Mariangela Zappia)가 개막 인사를 하고 유엔 최고인권대표 나비 필레이가 뼈 있는 연설을 한 다음 내가 기조연설을 하고 질의응답을 했다. 질문은 주로 회원국 협력(cooperation), 로마규정 비준확대(universality)와 회원국의 국내 사법기관 역량강화(complementarity)에 집중하여 논의되었다. 케냐 재판으로 시끄러운데도 아프리카 대표는 보이지 않는다. 그나마 대여섯 명 앉아있는 아프리카인들은 유럽에 살면서 국제형사재판소를 지지하는 케냐의 비정부기구 인사들이었다.

제네바에 오니 헤이그에서 근무하던 회원국 대사들을 만나서 반가웠다. 국제형사재판소를 위하여 열성적으로 활동해준 호샤이트(Jean-Marc Hoscheit) 룩셈부르크대사를 반갑게 재회했고, 무엇보다도 전혀 연락을 안 했는데도 한국의 제네바 대표부 최석영 대사가 조 서기관과 함께 시종일관 참석하면서 발언까지 해주었다. 인상도 좋은 외교관인데 나를 만나보고 싶었다고 하면서 다음번에는 만찬 등을 모시겠다고 제의하는 친절을 보였다. 그는 다자외교의 필요성을 절감하면서도 우리의 역량이 취약함과 윗분들의 무관심을 걱정하는 듯했다. 아주 훌륭한 한국 고위외교관을 새로 만나서 큰 소득이었다.

정·부통령이 국제형사재판소에 기소된 케냐

9월 9일 월요일부터 전 세계의 이목을 집중하면서 시작된 케냐의 루토 부통령에 대한 재판이 시작되어 재판소 건물이 기자와 피고의 수행원들로 꽉 찼다. 루토는 2007년 대통령 선거 후 발생한 대규모 폭력사태에 연루된 혐의를 받은 피고인이다. 종족 간의 전투도 있었지만 무고한 양민 1,100명이 살해된 사태이다.

아프리카 국가들을 중심으로 국제형사재판소를 매도하고 비난하는 언론플레이가 강화되고 각종 투서가 나에게 배달되는 등 매우 신경이 많이 쓰이는 시점이다. 아프리카의 집권자들은 대부분 장기독재자로서 언제라도 자기가 국제형사재판소에 회부될 가능성이 염려되기 때문이다. 우선 예정된 대로 루토 피고에게 유리하게 사실상 궐석재판을 허용한 하급심 결정의 상고를 심의하고자 오전에 상고심 재판관회의를 소집했더니 이미 전날 저녁에 탄자니아와 르완다가, 이날 아침에는 부룬디, 우간다, 에리트레아가 우호적 의견서 (*amicus curiae*: 계류 중인 사건의 문제점에 대하여 제3자가 제출하는 의견서) 제출 허가신청을 했다.

나는 상고 본안에 대한 심의에 앞서 이 같은 5개국의 신청을 허가할 것인지 공론에 부쳤다. 나와 쿠룰라, 쿠에니에히아 재판관은 무방하다고 찬의를 표하고 모나헹은 처음에 반대를 하다가 슬그머니 찬성으로 돌아서고, 우샤스카 재판관은 마치 이 세상에 원칙에 충실한 법관은 자기 하나뿐인 듯 강하게 반대한다. 결국 4 대 1의 의견으로 이를 허가하기로 했다.

의견서 제출이 상고심 심리를 다소 지연시킬 뿐 별로 결론에 큰 영향을 주지는 않겠지만, 일단 아프리카 국가들의 의견을 들어보는 것도 무방할 것 같았다. 정치적으로 무슨 짓이라도 하고자 하는 아프리카의 분노를 다소 달래고, 그들에게도 자기네가 곤경에 처한 옆 나라를 위해 무엇을 좀 했다는 명분을 주는 것도 나쁘지 않을 것 같았다. 이런 정치적 고려를 공개적으로 전혀 언급하지는 않았으나 그런 대로 4 대 1로 허가결정을 하게 되어 다행이다.

그다음으로 본안의 쟁점인 궐석재판의 가부에 대한 본격적 논의를 하는 대신 동료들의 예비적 반응을 요청했더니 우샤스카가 왜 급하게 날짜를 잡아 이처럼 몰아치느냐고 시비를 건다. 본안에 관하여 분위기를 보니 우샤스카와 쿠룰라는 엄격하게 피고는 시종일관 공판에 출석해야 한다는 의견인 듯싶고, 두 아프리카 재판관은 잘 알 수 없으나 어느 정도 입장이 나와 비슷한 것 같았다. 이 두 분을 잘 설득하여 적어도 3 대 2 결론을 내야 할 것 같다.

우샤스카는 내가 연구관 앞에서 오늘같이 언성을 높이면 자기는 다음부터 상고심의 합의에 불참하겠다고 위협한다. 사건의 심의와 관련하여 내부적으로는 이처럼 늘 심술 피우는 동료가 있고 밖에서는 아프리카 각국이 모두 케냐를 위하여 한 가지씩 정치적 쇼를 하므로 참으로 조심스럽다. 그러나 우리는 법원의 재판관이므로 사실상 사법절차에 따른 진행 이외에는 다른 대응책이 있을 수 없다.

아프리카의 주변 나라들은 케냐 정·부통령의 중요한 임무에 비추어 현지재판이나 궐석재판보다 케냐가 새 헌법에 의하여 사법부를 새로 구성했으니 국제형사재판소에 계속 중인 절차를 케냐 국내법원으로 이송하라고 요구한다. 이들은 우리의 재판절차를 예의주시하면서 트집 잡을 틈새만 쳐다보고 있을 것이다.

반기문 총장이 저녁 6시 반경 전화했다. 유엔주재 케냐대사 마차리아 카마우(Macharia Kamau)와 장시간 회동한 끝에 그가 제시한 5개 항목을 나에게 전달한다는 것이다. 사실 케냐 측의 움직임에 앞서 이미 아프리카연합에서 나에게 두 차례나 서한을 보낸 바 있다. 모두 아프리카연합의 여성의장인 주마(Nkosazana Zuma)와 집행위원회 의장인 에티오피아 총리가 공동서명한 2013년 7월 8일자 편지가 그달 29일에 도착하였고, 이에 대하여 나는 2013년 8월 6일에 답신을 보냈으며, 다시 그들이 보낸 2013년 9월 10일자 서한에 대하여는 구체적으로 내가 재판장을 맡은 계류 중의 상고사건을 언급하고 있으므로 소장단 중에서 상고심에 속하지 아니한 제2부소장으로 하여금 답을 하도록 조치했다.

그런데 이 같은 아프리카연합의 노력에 더하여 케냐대사가 요구한 5개 항목을 반 총장이 나에게 전화로 전달한다는 것이다. 나는 비서실장 린과 대외담당보좌관 마티아스를 배석시키고 약 20분간 통화했다. 그들의 요구는 첫째 케냐는 회원국이므로 좀더 융통성 있게 사건을 취급할 것, 둘째 자기네 정·부통령이 동시에 공판에 출석하는 일이 없도록 해줄 것, 셋째 공판일정의 개시일 및 종결일 외에는 궐석재판으로 진행해 줄 것, 넷째 절차를 신속하게 진행할 것, 다섯째 모든 절차가 판사실에서 진행되도록 할 것 등 5개이다. 나는 대부분 담당재판부의 전권사항이므로 내가 말할 여지가 별로 없고 다만 동시출석을 할 필요가 없도록 이미 담당재판부가 배려한 것 같다고 대답했다.

예산회계위원회(CBF)의 예산심의가 길어지면서 전 직원들이 거기에 매달려 재판소의 통상업무가 돌아가지 않는다. 아프리카연합과 케냐의 항의서한 및 아프리카의 전방위 공격이 계속되고 있는데 마음같이 신속하게 대응하지 못하여 염려된다. 오늘 중으로 부소장 모나헹이 출장하기 전에 현안인 모든 편지에 답장을 하고자 했으나, 부소장 타르푸서가 말도 없이 사라져서 틀렸다. 나는 고국에 2주간 돌아간 모나헹과는 이미 조율을 끝냈으므로 타르푸서가 출근하자마자 소장단 회의를 해서 현안을 처리하고자 했다. 그런데 몰래 이탈리아로 사라졌던 그는 아침에 그곳에서 출발하는 비행기에 문제가 있어서 오후에나 돌아온다. 새로 임명된 행정처장은 벌써 수차례 보고했지만 항상 잘 준비하여 회의에 임하고 숨김없이 모든 문제를 상의한다.

9월 14일 황철규 대전고검 차장이 모스크바에서 개최된 세계검사회의 집행위원회에 참석하고 브뤼셀로 와서 유럽연합과 업무협의 후 귀국 전에 내게 들렀다. 제자가 객지에서 고군분투하는 나를 위하여 바쁜 일정에도 불구하고 일부러 찾아와주니 고맙기 짝이 없다. 현재 황 검사는 세계검사협회장으로 당선되어 국위를 선양하고 있다.

국제무대에서 활동하면서 느낀 점은 한국이 경제발전과 민주주의를 동시에 달성한 유일한 나라라는 점, 그리고 최근에 민주선거를 통하여 최초로 여성을 대통령으로 뽑았다는 점 등은 참으로 국제사회에서 자랑스럽게 말할 수 있는 포인트이다. 우리나라가 이렇게 성숙해졌으면 이제는 글로벌 스탠더드이기도 하고 인류사회가 보편적으로 공유하는 가치인 인권, 법치, 정의, 평화, 민주주의, 지속가능한 발전, 좋은 지배구조, 기후변화 대응, 환경개선 등에 관한 세계적 논의와 동향에 적극적으로 참여하고 생각을 같이하는 나라들(like-minded group)과 함께 국제사회의 발전방향을 제시하고 이를 이끌어나가는 데 앞장서야 한국의 국격이 높아지고 존경받는 나라가 될 수 있다.

별 의미 없이 우쭐한 생각에 경제발전을 자랑하다가도 도움을 요청받으면 회피하는 일은 이제 그만 반복해야 한다. 한국에 잠깐 들러보니, 한국의 매체들은 너무 '먹방', 여행 프로그램이나 노래경연의 프로그램이 압도하고 뉴스의 보도도 정치적, 사회적 갈등을 중점적으로 부각시키는 경우가 많아 마음이 답답하였다. 왜 바깥세상에서는 인류의 보편적 가치에 대한 논의와 추구가 왕성한데 한국에서는 이러한 논의가 전혀 안 들리는가.

15일은 KLM 오픈의 결승날이다. 매년 하는 대로 KLM에서 입장권을 2장 보내와서 아내와 가보기로 했다. 그런데 중간에 거래은행인 ABN AMRO의 우리 재판소담당 다니엘 포트(Daniel Poot) 이사가 자기네의 손님으로 초청장을 보낸다고 하면서 또 2장을 보내와 치과개업의 정인석 박사께 드리고 같이 가기로 했다. 권오곤 재판관도 초청을 받았으므로 그의 자동차 운전에 두 쌍의 부부가 암스테르담 북쪽 잔드포르트(Zaandfort)라는 곳에 있는 골프클럽(Kennemer)으로 이동했다.

흥미진진하게도 경기는 네덜란드 선수 라위턴(Joost Luiten)과 스페인의 노장 히메네즈(Miguel Ángel Jiménez)가 맞붙어 손에 땀을 쥐게 하더니 결국 연장전까지 가서 네덜란드 선수가 10년 만에 선수권을 차지했다. 구경하는 네덜란드 사람들의 기쁨이 요란했다. 질서 있게 관객을 통제하는 주최 측이나 구경에 임하여 예의를 지키는 관중의 수준은 실로 우리가 한동안 따라갈 수가 없는 것 같다. 날씨도 좋아서 경기를 무사히 마칠 수 있었다.

저녁에는 신임 라제시 프라사드(Rajesh Prasad) 인도대사를 위한 만찬에 참석했다. 이 만찬은 수년 전에 키프로스계 지인 타술라(Tasoula) 집의 만찬에서 만났던 인도인 퇴직의사가 자기 집에서 우리 부부와 유네스코 지역책임자인 헝가리 출신 나지(András Szöllősi-Nagy) 부부를 같이 초청하여 베푼 것이다. 부자동네인 바세나르 초입의 좋은 집에서 의사부부가 깔끔하게 준비하여 잘 마련한 만찬이었는데 화제가 풍성하여 밤 12시까지 잘 놀다가 왔다. 주인은 펀자브인(Punjabi) 차다(Chadha)이고 부인은 현재 파키스탄인 신디 사람(Sindi)이라고 하니 아예 인도에서 좋은 교육을 받고 잘살기는 틀린 부부여서 일찌감치 외국으로 나와서 성공하였고, 1남 1녀와 4명의 손자를 둔 행복한 가족이다. 외국에 정착하고 보니 아들은 라트비아 여성과 결혼하여 블론드 머리색의 손자녀를 낳았고, 딸은 인도 남성을 만나 인도의 정체성을 지켜간다고 했다.

9월 16일은 욤 키푸르(Yom Kippur, 유대교의 속죄일)여서 휴일인데 예산회계위원회의 예산심의 때문에 린, 히라드, 필립, 엠마 등이 모두 출근했고 나도 9시 지나서 출근했다. 9월 17일은 프린세스다흐(Prinsjesdag)라고 아내는 친구들과 함께 이를 구경간다고 한다. 해마다 이날이면 왕이 황금마차를 타고 시내를 가로질러 의사당에 도착한 다음 정기국회 개원식에서 연설하는 전통이 있다. 이것이 커다란 구경거리가 되어 많은 사람이 길거리로 몰려나와 왕을 찬양하기도 한다. 아내는 오스트리아 상무관 슈미트(Schmidt) 내외가 차린 점심을 먹으면서 좋은 위치에 있는 그의 사무실에서 감상할 수 있다고 좋아한다.

8시에는 안톤 필립스 홀로 이동하여 오늘 프린세스다흐 축하 음악연주회에 참석하였다. 왕의 국회 개막연설이 있은 다음에는 국회는 예산심의에 들어가고 그날 저녁에는 시장이 외교단을 위하여 이를 축하하는 행사를 개최하는데 그것이 이 음악회이다. 금년에는 베토벤의 에그몬트(Egmont) 백작을 주제로 잡아 네덜란드가 독립투쟁을 통하여 쟁취한 역사적 단면을 부각시키는 것이었다. 헤이그 레지덴티 관현악단(Hague Residentie Orkest)의 연주는 항상 탁월하고 듣기에 기분 좋다. 베토벤의 〈에그몬트 서곡〉(*Egmont Overture Op.*

84) 은 괴테가 1787년에 지은 작품을 토대로 곡을 이어 붙인 것이다. 전주곡에 이어 소프라노, 남자 내레이터, 그리고 심포니 오케스트라가 연이어 연주하는 9개의 곡으로 구성되어 있는데 이날 저녁에는 그대로 완전하게 연주하였다. 1810년에 초연한 이래 많은 사랑을 받아온 작품인데 오늘의 레퍼토리가 바로 이것이어서 깊은 감동을 주었다.

로더미어 자작 미망인이 찰스 영국 황태자의 65세 생일만찬과 콘서트에 초대했다. 나는 그날이 당사국총회 개막 다음 날이라서 참석을 주저했더니 영국인 비서실장 린이 첫날 개막연설을 한 뒤이니 무방할 것 같다고 하면서 참석을 권한다. 황태자는 자신의 생일 축하만찬에 로더미어 자작 미망인이 도와주고 있는 필하모니 오케스트라에게만 연주를 허락했고, 만찬 준비위원으로 그녀를 위촉한 것을 보니 사실상 매우 친한 듯하다.

저녁에는 그동안 골프클리닉을 매월 같이 했던 테레사 베이르스마(Teresa Weersma)의 요청을 받아들여 '드 비테클럽'(Sociëteit de Witte)에 가서 연설하기로 했다. 나도 이 클럽의 회원으로서 가끔 출입하지만 이번의 초청은 클럽 내에 존재하는 여러 개의 활동조직 중 그녀가 관여하는 다문화테이블(Multi-cultural Table)에서 국제형사재판소에 관한 간단한 연설을 했다. 7시에 약 20분간 연설한 다음 8시까지 질문에 대하여 성의껏 대답했다.

아드리아해(海)의 보석, 두브로브니크

아내와 둘이서 모처럼 크로아티아의 명소 두브로브니크(Dubrovnik)를 방문하기로 하고 9월 20일 아침 일찍 길을 나섰다. 크로아티아는 역사적으로 베니스왕국, 오토만, 헝가리, 합스부르크, 프랑스, 독일 등의 지배를 받았다. 유고슬라비아를 이끌던 요시프 브로즈 티토(Josip Broz Tito)가 1980년 사망한 후 정치적 불안정기를 거쳐 1990년 새 헌법을 제정하고 독립했다. 그러나 크로아티아에서 소수민족인 세르비아인(Serbs)들이 자신들에 대한 헌법상 대우가 충분히 고려되지 않은 데 불만을 품었다. 세르비아인들이 다수인 유고연방 군대와 몬테네그로 군대가 크로아티아를 포격해 1만 명 이상이 죽고 수십만 명이 이 나라를 떠났다.

이 같은 내부상처가 완치되지 아니한 상태에서 2010년에 사민당을 이끌고 선거에서 승리한 이보 요시포비치(Ivo Josipović)가 대통령에 취임했다. 그는 나와 함께 2003년 재판관 선거에 같이 출마했다가 낙선했는데 전화위복이 되었다. 그는 국제형법을 가르친 법학교수인 동시에 유명한 작곡가로서 만인의 존경을 받고 '유럽의 신사'로 불리는 나의 친구이다.

우리의 여행계획을 엿들은 헤이그주재 크로아티아대사 코라치(Korać)가 공항에서 호텔까지 왕복으로 우리를 마중하겠다고 제의했다. 두브로브니크공항에 내리니 과연 영어를 잘하는 젊은 부시장 젤리코 라구주(Željko Raguž)가 기사와 함께 마중 나왔다. 푸른 하늘 아래 찬란한 태양을 받으며 그의 설명을 들으면서 기분 좋게 시내로 들어왔다. 그는 자그레브(Zagreb)에서 대학을 다닌 기간을 제외하고는 이곳 출신으로서 여기에 산다고 한다.

도시의 인구는 약 4만 명이고 전체 크로아티아 인구는 4백만 명이 조금 넘는다고 한다. 유고연방이 와해되면서 전쟁을 경험했던 1991년 말의 기억이 아직도 아프게 배어있는 것 같아 안타깝고, 서로 싸운 옆 나라의 얘기를 하기도 어렵다. 나중에 시내를 관광하면서 보니 여기저기 전쟁으로 파괴된 모습을 전시하는 곳도 여러 군데 있었다.

온 시내가 돌산 비탈에 계단식으로 자리 잡고 있는데 특히 구시가는 바다에 면한 가장 낮은 지점에 건설되어 있어서 산중턱 윗길에서도 전경이 아담하게 다가온다. 예약한 호텔은 구시가를 둘러싼 성곽의 바로 바깥지점에 다소 높은 위치에 자리 잡고 있어서 조용하고 쾌적한 데다가 푸른 바다와 요새, 절벽 그리고 구시가를 둘러싼 성벽 등 이곳에서 보아야 할 모든 경치와 유적이 집대성되어 바로 눈앞에 파노라마처럼 펼쳐 있다. 성벽의 정문을 통하여 바로 구시가지로 걸어 들어갔다.

스트라둔(Stradun) 거리는 자그마한 구시가를 관통하는 아름다운 길이다. 현지에서 풍부하게 생산되는 화강석이나 대리석을 네모반듯하게 다듬어서 성벽이나 요새를 쌓아 올리고 그리고도 남아서 전 시내의 길바닥도 깔고 길가

아드리아해의 보석 같은 도시 두브로브니크. 짙푸른 남색 바다와 빨간 기와를 얹은 석조건축물의
조화가 아름답지만, 유고연방 와해 과정에서 겪은 전쟁의 상흔이 곳곳에 남아 있다.

의 모든 건물들도 돌을 써서 바로크식으로 얌전하게 장식을 한 것이 찬탄을
자아내기에 족하다. 모두 희거나 베이지색의 석조건축물에 빨간 기와지붕은
어디에서 보더라도 아름다운 콤비로서 강력한 인상을 준다. 거기다가 아드리
아해의 짙푸른 남색을 더하여 과연 이 도시의 아름다움은 명불허전(名不虛
傳)임을 깨닫게 한다.

마티아스 대외담당보좌관의 부인이 이 나라 출신이라서 음식과 와인 등에
관한 몇 가지 유용한 정보를 이메일로 보내왔다. 그런데 그가 이 지방의 고유
한 음식이라고 추천한 것을 이미 우리가 제대로 선택하여 시식한 뒤였다. 예
컨대 문어샐러드, 먹물리소토, 생선(sardine) 튀김이 그것이다. 해산물이 워
낙 풍부하여 각종 생선을 내내 즐겼다. 점심 겸 저녁을 먹고 어둠이 깃드는
가운데 커피를 즐기면서 야경을 보는 것도 얼마만인가.

이 아름다운 도시는 1300년 전에 그리스의 에피다우로스(Epidauros)에서
피난 온 사람들이 건설하여 1918년까지 라구사(Ragusa) 왕국이었다. 14세기
베니스 왕국의 지배에서 벗어나면서 베니스와 경쟁하는 해상강국이 되어 이

집트, 시리아, 시칠리아, 스페인, 프랑스, 터키 등과 교류하면서 부를 축적했다. 그러나 1667년의 대지진과 동방항로의 개척으로 쇠퇴하다가 나폴레옹의 지배도 받은 일이 있다. 유고연방의 해체과정에서 1991년 유고연방 군대에 의한 포격으로 엄청난 파괴와 살육에 직면했으나 1992년부터 열심히 복구하여 관광중심지가 되었다고 한다.

9월 21일은 배를 타고 근처의 섬을 유람하기로 했다. 아침에 다른 이들과 함께 우리 호텔에서 만나 라파드(Lapad) 해변으로 안내되었다. 10시에 동력선이 우리 일행 12명만을 태우고 근처의 섬 3개, 즉 로푸드(Lopud), 시판(Sipan), 콜로체프(Kolocep)를 방문하고 돌아오는 일정이다. 맑고 깨끗한 푸른 바다를 헤쳐 나가면서 약 1시간 후에 로푸드 섬에 도착했다.

이곳에서 1시에 출발하여 그다음 섬인 시판으로 갔다. 이곳에서는 어느 시골집으로 안내되어 현지가족이 만든 점심을 먹었다. 치즈와 햄을 전채로 낸 후, 주식은 닭이나 생선 중 선택이고 와인은 무제한이다. 초라한 주인집의 앞을 비닐로 달아내어 식당을 차리고 스테인리스 수저에 플라스틱 물컵을 던지는 수준인데도 좋다고들 야단이다. 노인이 아코디언을 구성지게 연주하니 그에 따라 노래를 부르는 관광객 할머니도 있다. 이 섬은 이전의 섬과는 달리 차가 없으므로 골프 카트로 물건을 운반한다. 인구가 500명이라는 섬에 교회가 40개가 있단다.

마지막 섬인 콜로체프에 가서 차 한 잔을 마시고 기다리다가 6시경 귀환했다. 굵게 자란 소나무를 중심으로 뒤로는 산과 교회 그리고 구시가 성곽이고 앞으로는 바다에 바로 면한 절경의 자리에 개점한 야외식당(Revelin Club)에서 저녁을 했다. 이곳에서 마티아스 대외담당보좌관이 추천한 그 지역 어느 섬에서 생산되는 흰 포도주 즐라흐티나(Žlahtina)를 주문했다. 맛이 강하고 향기가 있으면서도 붙임성이 있는 와인으로서 처음 맛보는 것이다.

22일에는 시내의 성벽을 올라가 일주하고 대표적 교회와 궁의 전시를 관람했다. 관광의 백미는 옛날 번성했던 이 나라를 500년 이상 보호해준 시내 성벽을 올라가서 한 바퀴 걸어서 도는 것이다. 걸으면서 눈 아래로 보이는 성안의 오래된 집이나 교회를 구경하기도 하고 성 밖의 바다와 섬, 그리고 건너편

절벽과 그곳에 교묘하게 붙어있는 큰 해송들의 비틀어진 모양, 주변의 푸르디푸른 바다 위에 떠있는 수많은 배와 카약선 등이 무한한 매력의 덩어리이다. 인간적 규모로 아기자기하게 축소하여 건설한 만리장성이라고 하면 과장일까. 두꺼운 성벽 위를 걸을 수 있도록 통로가 연결되어 있으나 만리장성처럼 수레가 다니거나 대포를 이동하기에는 너무 좁다. 한 시간 남짓 걸으면 시내 성벽을 모두 한 바퀴 둘러볼 수 있다. 기후가 좋고 비가 적어서 홍수와 배수관리에 신경을 쓸 필요가 없으므로 석축을 수직으로 두껍게 쌓아 올린 것도 특징이다.

그다음에는 14세기에 건설된 프란체스코회 수도원(Franciscan Monastery)과 박물관에 들러 그들의 성화와 여러 가지 진열품을 본 후 지금도 운영되는 유럽의 3번째로 오래된 약국을 흥미 있게 구경했다. 시내 반대편에 있는 14세기의 도미니코 수도원(Dominican Monastery)에 가서 그들의 성화, 보석, 장식품 등을 구경했다. 이곳은 건물 자체가 이 나라 14세기 건축물의 대표이고 15, 16세기 이 나라 최고의 화가들의 작품을 많이 전시한 귀한 수집품들을 가지고 있다. 그리고 15세기에 고딕-르네상스식으로 지은 렉터궁(Rector's Palace)에 들어갔더니 가구를 채워 꾸며놓은 방, 바로크회화, 여러 가지 역사적 전시품들이 흥미를 끌었다. 여름축제 시에는 음악공연장으로도 사용된다고 한다.

우리는 성 블라이세(St. Blaise) 교회를 보았는데 아마도 이 지역이 낳은 유일한 성인인지 어디를 가나 이분의 입상을 세운 건축물이 여럿 있었다. 그리고 예수회가 세운 성 이그나티우스(St. Ignatius) 성당에도 가보았다. 이 모든 교회건물들은 1667년의 대지진에 모두 파괴되었고 1700년대 후에 복원한 것들이다. 교회 내부의 장식이나 그림 또는 색채 유리가 요란하지 아니하다.

며칠 이곳에 묵으면서 받은 공통된 인상은 어디를 가나 도로가 깨끗하고 특히 바다를 아주 청정하게 보존하는 것이 인상 깊었다.

페레스 이스라엘 대통령을 만나다

네덜란드에 귀임한 후 피곤한 일요일인데 오후에는 두 행사에 참석해야 한다. 첫째는 아내가 국제여성클럽(International Women's Club)에 참여하다가 알게 된 네덜란드의 할머니 코르넬리 판하르스마 뷔마(Cornélie van Haersma Buma)가 초청한 행사에 참석하는 것이다. 그녀는 헤이그에 거주한 지 50주년이 되었다고 이를 축하하기 위하여 시내의 교회를 빌려 음악연주회를 개최한다는 것이다. 별스러운 명목의 음악회이지만 노르데인더 왕궁 근처의 아담한 교회를 빌려 사람을 초청했는데, 약 80명 정도 참석한 것 같다. 대법관을 하다가 2010년에 70세 정년으로 물러난 오스카 드사보르닌 로만(Oscar de Savornin Lohman)을 소개받아 그와 몇 마디 얘기를 나누었다. 코르넬리 할머니는 네덜란드 해안의 변방인 프리슬란트(Friesland) 출신이다. 이 지역은 네덜란드어와 다른 언어와 문법이 있으며 네덜란드어가 고전적 독일어에 가깝다면 이 지역의 말은 영어에 가깝다고 한다. 촌사람이라 헤이그 등 대도시에 진출하면 차별을 받거나 놀림감이 되기도 한다고 한다. 이분의 남동생의 아들인 시브란트 판하르스마 뷔마(Sybrand van Haersma Buma)는 레이우바르던(Leeuwarden) 지역의 하원의원으로서 기독민주당(CDA)이라는 야당의 당수라고 한다. 이 젊은이가 참석하여 나를 전에 만난 일이 있다고 반갑게 인사하기에 잠시 국제형사재판소에 관한 기본적인 설명을 하면서 도와달라고 했다.

　이 음악회는 여성피아니스트, 오보에와 첼로 그리고 테레민(theremin) 연주자 각 1인 등 4인이 연주했다. 처음 보는 테레민은 현을 만지지 않아도 아름다운 선율이 흘러나오는 기이한 악기였다. 연주가가 악기 앞에 서 있고 똑바로 선 안테나와 직각으로 구부러진 안테나 등 두 개밖에 안 보이는데 연주자 토르발 이에르겐센(Thorwald Jørgensen)은 열 손가락으로 두 안테나 부근에 갖은 모양을 만들면서 갖다대는 척하면 아름다운 소리가 나는 것이다. 이는 1928년에 러시아의 레온 테레민(Leon Theremin)이 발명한 신체적 접촉이 없이 소리를 내는 전자악기로서 록밴드나 영화의 배경음악을 연주할 때 점차 이용되는 신기한 악기라고 한다.

우리는 첫째 줄에 자리를 배정받았으나 연주회가 끝나기도 전에 암스테르담에 갈 일이 있어서 중간에 빠져나가야 하므로 미리 양해를 구하고 맨 뒷줄에 앉았다가 빠져나왔는데, 할머니가 따라나오면서 거듭 사의를 표했다. 평소에 네덜란드인들의 검소한 복장을 칭찬했는데 오늘 참석자들은 노인들이지만 아주 성장을 하고 나타나서 인상적이다.

3시 45분에 살짝 나와서 암스테르담의 포르투갈 유대교회당(Portuguese Synagogue)으로 향했다. 이곳은 이즈노가(the Esnoga) 또는 스노허(Snoge)라고도 하는데, 스페인과 포르투갈에서 쫓겨나서 암스테르담에 정착한 유대인들(Sephardic Jews)이 17세기에 지은 건물이다. 이즈노가는 라딘(Ladin) 말로 유대사원(*synagogue*)이라는 뜻이란다. 15세기에 스페인에서 축출된 유대인이 포르투갈 등에 흩어졌다가 당시 가장 자유로운 암스테르담으로 와서 정착하면서 네덜란드와 전쟁을 한 스페인과 구별하기 위하여 자신을 '포르투갈 유대인'이라고 칭했다. 결과적으로 암스테르담의 유대인 교민사회는 네덜란드의 황금시대 300년 동안 유럽에서 가장 크고 돈이 많았던 그룹이라는 것을 현존한 교회건물이 웅변하고 있다.

시간에 넉넉하게 암스테르담 한복판의 장소에 도착하니 건물은 별 장식 없이 천장은 나무로 씌우고 바닥은 모래로 채운 유대교 교회인데 350년 되었다고 한다. 약 10여 나라의 대사가 보이고 네덜란드 거주 유대인들이 자리를 잡았다.

이스라엘 건국 65주년 기념식을 마침 네덜란드를 방문한 시몬 페레스(Shimon Peres, 1923~2016) 대통령을 모시고 거행하는데 우리를 초대한 것이다. 행사의 핵심은 90세가 넘은 페레스 대통령을 전문사회자가 인터뷰하는 식으로 진행되었다. 사회 보는 여성은 아마 유대인일 것이고 CIDI(Centre for Information and Documentation of Israel) 소속인 듯한데 노련한 대통령은 날카로운 질문에도 잘 받아넘긴다.

그는 원래 폴란드 출생으로 이스라엘 건국 시부터 줄곧 정부의 각종 직책에 임명되어 외무장관 등 여러 각료를 경유한 후 총리를 역임하고 라빈, 아라

파트와 함께 노벨평화상을 수상한 다음, 2007년 7년 임기의 대통령으로 선출된 사람이다. 유대인들의 분위기를 보니 절체절명의 안보문제를 안고 있는 나라여서 그런지 정신적 무장을 통한 국민의 일체감을 조성하는 강한 국민의식(national psyche)이 있어 보였다.

간신히 전화통화를 마치고 집에 가서 턱시도로 갈아입고 왕궁으로 달렸다. 이스라엘의 페레스 대통령을 주빈으로 하여 왕이 주최하는 만찬에 참석해야 한다. 오늘 하루에 네덜란드 왕을 두 번 뵙는 행운을 가졌고, 근래에 들어 8월에 한 번을 포함하여 왕의 만찬에 두 번 참석하는 기회가 주어졌다. 약 80명가량의 귀빈이 만찬장으로 안내되었다. 나는 헤드테이블에서 하원의장인 여성의 옆에 앉고, 내 왼쪽 옆에는 이스라엘주재 네덜란드대사가 착석했다. 이 모임에서 나는 상·하원 의장(모두 여성)과 정당대표들을 만나서 그들의 재판소 방문 제의를 환영하는 말을 했고, 그들도 어느 중요행사에나 항상 참석하는 동양인 얼굴을 낯설게 생각하다가 막상 이야기해 보니 괜찮다는 생각이 들었는지 여러 가지로 말을 붙인다. 내가 소장이 된 지 4년이 지났는데 새삼스럽다는 생각이 절로 든다. 암스테르담 시장 판데어란(Eberhard van der Laan)과는 일주일 전 서울을 방문한 이야기, 서울의 좋은 인상, 베이징의 오염과 물 부족 등 광범위하게 대화를 했더니 아주 좋아하고 나를 암스테르담으로 초청하겠다고 한다.

행사장에 발을 들여놓자마자 이스라엘 참모진이 오더니 페레스 대통령이 나를 잘 안다고 하면서 나와 단둘이 따로 시간을 갖고 싶어 통보를 한다. 내가 남들과 함께 줄서서 입장하면서 그와 의례적 인사를 나눌 때에도 페레스 대통령은 여러 사람이 나에 대한 얘기를 많이 해주어 자기가 나를 잘 안다고 하는 것 같았다. 나에 대하여 많이 들어서 잘 알고 있고 인류를 위하여 중요한 일을 한다고 칭송해 마지않는다. 나는 단도직입으로 언제 이스라엘이 로마규정을 비준하여 회원국이 될까를 질문했다. 옆에 있는 사람들은 크게 웃었지만 그는 대답하지 않았다.

궁전 내의 식당은 적당하게 위엄 있고 호화로웠다. 메뉴도 3가지로 아주 맛이 있었고 분위기도 좋았다.

케냐 사건, "우리는 법대로 가는 수밖에 없다"

지난 9월 10일 드디어 케냐의 루토 부통령에 관한 첫 공판이 헤이그에서 시작되었다. 나이지리아 출신 에보에-오수지 재판장의 성숙하지 못한 행태나 재판부를 구성하는 3명의 재판관 간의 불화를 고려하면 걱정도 되었지만 부통령인 피고도 출석하였고 재판이 그런 대로 진행되었다니 안심이다. 그런데 금년 3월 선거로 당선된 정·부통령이 모두 공교롭게도 국제형사재판소의 피고가 되고 보니 이들은 온갖 정치적 술수를 써서 재판소를 비난하고 재판절차상으로도 무리한 요구를 계속한다. 또한 아프리카 나라들을 선동하고 동원하여 이제는 집단의 힘으로 달려든다.

케냐 사태가 국제형사재판소에 계류된 경위는 코피 아난 전 유엔 사무총장이 2013년 9월 9일 〈인터내셔널 헤럴드 트리뷴〉(International Herald Tribune) 신문에 기고한 글에서 명쾌하게 밝혀져 있다. 원래 케냐 사태는 2007년 말 치러진 대통령 선거에서 부족 간의 대립으로 1,100명 이상의 무고한 민간인이 살해되고, 60만 명이 집을 잃고 피난 또는 강제 추방되는 비극에서 시작된 것이다. 2008년 코피 아난은 아프리카연합이 만든 저명인사 패널(The African Union Panel of Eminent African Personalities)의 의장으로 임명되어 내전으로 치닫고 있는 이 위기를 조정을 통하여 종식시키는 합의를 했다. 합의에는 폭력을 종결하고, 범죄혐의자를 처벌하며, 헌정질서와 선거제도를 개혁하는 내용을 담았다. 그리고 선거 후의 폭력을 조사하는 와키위원회(Waki Committee)를 창설하기로 합의했다.

조사결과는 폭력이 자발적이 아니라 어떤 지역에서는 정치인과 기업인이 관여한 계획적이고 조직적이었는데 이것은 정치인들이 오랫동안 케냐의 종족적 분열을 악용하여 왔으므로 그리 놀랄 일은 아니었다. 이 같은 악순환을 단절하기 위하여 와키위원회는 케냐가 이 사태의 책임자를 처단하고자 특별검사와 특별법정을 창설하라고 제안하였다. 또한 이 위원회는 굳어진 정치적 이해관계상 정의를 실현하기 위하여 케냐가 아무 행동을 취하지 않는 경우에는 이를 국제형사재판소에 회부하도록 권고하였다. 당시 케냐의 대통령, 총리 및 의회는 모두 이에 동의하였다.

와키위원회는 사태에 책임 있는 고위직 명단을 코피 아난에게 직접 전해 주었다. 위원회의 예상은 적중했다. 사태를 스스로 해결하기 위하여 케냐에 특별법원을 설치하기로 합의하고서도 이 제안은 정파적 충돌로 인하여 두 번이나 케냐 의회에서 부결되었다. 이 같은 정의에 대한 약속이 파기된 배경하에서 2009년 7월 코피 아난은 위원회의 권고에 따라 밀봉된 봉투를 국제형사재판소 검사에게 건네주었다. 케냐 국내에서는 정치적 이유로 아무것도 하지 못하는 상황에서 검사는 예심부의 허가를 얻어 수사를 개시하기로 결정했다. 당시 케냐 정부와 국민은 물론 국제사회가 이 결정을 열광적으로 환영하였고 모든 사람들의 축복과 지원을 받으며 수사하는 도중 코피 아난이 넘겨준 이른바 '오캄포 6'(Ocampo six) 라는 혐의자 중 대통령 케냐타, 부통령 루토, 그리고 지역언론인 조슈아 상(Joshua Sang)의 3인이 최종적으로 피고로 확정되었는데 이제 먼저 부통령의 재판이 시작된 것이다.

그러자 케냐 정부는 국제형사재판소가 케냐의 주권을 침해했다고 적극적으로 공격하는 캠페인을 널리 진행하였다. 당선된 정·부통령도 외부권력의 간섭이라고 비난했다. 그러나 기록을 보면 명확하고 아무 의문이 없다. 피해자와 생존자들에 대한 정의를 실현하지 못한 케냐 정부 자신의 실패가 최후의 보루인 국제형사재판소에 사태를 회부하는 길을 연 것이다. 따라서 이 재판은 일부 아프리카 국가가 공격하는 것처럼 부당하게 아프리카를 타깃으로 케냐를 억지로 국제형사재판소 사법절차의 대상으로 삼은 것이 전혀 아니다. 이는 케냐 국민이 그처럼 원했던 지속가능한 평화를 향한 첫걸음이고 국가지도자라고 해서 법 위에 군림하는 것이 아니라는 것을 보여준 것뿐이다.

물론 국제형사재판소 재판만이 케냐의 부당면책(impunity) 위기를 해결하는 종합대책도 아니다. 케냐 정부는 오히려 2007~2008년에 일어난 폭력사태에 대한 수사를 더 계속하여 아무도 법 위에 존재하지 못한다는 인식을 명확하게 심어줌으로써 케냐 엘리트들이 폭력으로 자기의 정치적 목적을 달성하려는 수십 년간의 작태를 스스로 종식시키는 것이 더 좋았을 것이다. 2013년의 선거에서는 심각한 충돌을 회피할 수 있었으나 케냐 위기는 코피 아난이 합의

해 준 개혁이 중단된 상황에서 언제나 재발할 수 있다. 그리고 현재처럼 부당면책 상황이 계속되면 미래세대의 피해자들이 생길 수 있다. 케냐타와 루토는 국제형사재판소에 전적으로 협조할 것을 약속하고 있으나 케냐타가 지배하는 의회는 거꾸로 로마규정의 탈퇴를 권고하였다. 그러나 탈퇴는 현재사건에 아무 영향을 줄 수 없고 다만 이런 정치적 움직임은 피해자에 대한 모욕일 뿐만 아니라 2005년 로마규정 비준의 용기를 저버리는 것이다.

우선 2013년 7월에는 아프리카연합 집행위원장의 자격으로 에티오피아 외무장관이 아프리카연합의 디아라 법률보좌관과 함께 나에게 항의 겸 요구서한을 전달하러 방문했다. 다른 한편 케냐 의회가 조약탈퇴를 의결한 것을 신호탄으로 유엔의 케냐대사 카마우(Kamau)는 그대로, 헤이그의 케냐대사 무치리(Rose Makena Muchiri)는 또한 그녀대로 중구난방의 요구사항을 남발하고, 덩달아서 우간다, 르완다, 나이지리아, 에리트레아, 부룬디, 차드 등이 재판소를 세차게 공격했다. 결국 자기네는 한편으로 아프리카연합의 특별정상총회를 소집하여 집단탈퇴를 결의하겠다고 위협하면서 다른 한편 재판절차에서 많은 절차적 융통성을 요구하는 것이다. 특히 에티오피아 총리의 '인종사냥'이라는 비난이 가장 내 가슴을 후벼 파고들었다.

그동안 정치적으로는 인텔만 당사국총회 의장과 벤수다 검사가 가능한 대로 아프리카 정상들을 만나 진정시키는 노력을 한 후 조심스러운 낙관론을 가지고 파키소와 함께 귀임했다. 그런데 법을 모르거나 아예 무시하려고 드는 이들을 상대로 재판절차의 세부사항을 설명하는 것은 더욱 어려운 것이다.

애당초 요구한 현지 재판(in situ trial)이 전원 재판관회의에서 부결되자 그들은 화상회의로 출석에 갈음하게 해달라고 조르더니 이제는 아예 궐석재판을 허용해 달라고 신청했다. 루토의 경우 1심 재판부는 이런 신청을 받아 피고인의 불출석을 거의 모든 경우에 허가하는 파격적 결정을 내렸는데, 이것이 검사에 의하여 내게 상고되어 있다. 하급심은 로마규정 제63조 1항에는 명확하게 피고인의 출석의무를 규정하고 있음에도 불구하고 부통령이라는 중요 직책수행을 이유로 사실상 거의 모든 공판절차로부터 결석해도 좋은 것으로 해석하는 결정을 내린 것이다.

아무래도 상고심은 결석을 더 제한적으로 허용하도록 사실심에게 주문하는 결정을 할 것 같은데, 과연 사실심이 얼마나 조심스럽게 그때그때 결석을 허가할는지 모르겠다. 이 문제에 관하여 좀 제한적인 상고심 결정이 내려가면 그다음 단계로는 화상회의 출석신청에 대한 결정을 우리 상고심이 내려야 할 것이다. 그럴 때까지는 상당한 시간이 걸릴 텐데 그동안 전 세계적으로 얼마나 떠들고 선동을 하면서 돌아다닐지 걱정이다.

벌써 10월 첫날이다. 이날은 케냐 사태에 관한 진전된 정보를 받아 대책을 지시하고 나서는 꼭 참석해야 할 두 가지 행사가 있었다. 우선 오후에 왕립극장을 빌려서 하는 네덜란드 대법원 175주년 기념행사에 참석해야 한다. 대법원장 코르스텐스 부부와 사이가 좋은 것 이외에도 같은 법조계의 의미 있는 행사에는 아무리 바쁘고 심란해도 참석하여 축하해 줄 필요가 있다. 그런데 의전상 다른 점이 눈에 뜨인다. 첫째는 새로 등극한 신왕 빌럼-알렉산더가 참석했다. 그리고 백수십 명의 대사 중에서는 신임 영국대사 제프리 아담스 경(Sir Jeffrey Adams)과 프랑스의 피에르 메나 대사만이 초청되었다. 그 외에 국제기구의 대표로서는 물론 나 이외에도 국제사법재판소의 톰카 소장과 레바논재판소 소장이 보였다.

구유고전범재판소의 메론 소장은 마침 다시 출마하는 소장 선거일이어서 불출석이었다. 80대 중반인데 소장을 연임하겠다고 또 출마하였다. 의전을 보니 왕을 영접하는 줄을 세우는데 국제사법재판소(ICJ)와 국제형사재판소(ICC)를 제일 앞에 내세우고 상·하 양원 의장 및 법무장관 등 네덜란드 정부 고위관료들이 그다음에 서서 왕을 맞이했다. 행사는 2시간 동안 6개의 연설을 하는 것으로 구성되어 있다. 영국의 신설 대법원의 조나단 만스(Lord Jonathan Mance) 대법관, 전직 유럽사법재판소 네덜란드 출신 소장 등 3인이 연설을 하고 막간에 7인 실내악단이 베토벤을 깔끔하게 연주하였다. 후반부 3인의 연설은 대법원 내부인사(Advocat General, Prosecutore General 등)의 연설과 재판과정을 보여주는 교육용 동영상을 상영하면서 출연한 5명의 대학생의 견해를 듣는 것을 마지막으로 행사를 마쳤다. 이곳에서 여러 전·현직 원로법조인들을 만나는 즐거움이 있었다.

행사에 참석하는 도중 권오곤 재판관이 구유고전범재판소 소장에 출마하여 선거를 치렀으나 결국 메론에게 패배했다는 소식을 문자로 보내주었다. 저녁에는 왕의 만찬에 참석차 막 퇴근하려는데 뉴욕으로부터 김원수 대사의 전화를 받았다. 케냐 여성외무장관 아미나 모하메드(Amina Mohammed)가 반기문 총장과 장시간 회담한 내용을 내게 전해주는 것이었다. 결국 케냐타 대통령의 재판을 아주 중요시하면서 그가 직접 출석하는 대신 비디오를 통한 공판을 고집하는 것으로 드러났는데, 10월 9일에 나이로비에서 외무장관들이 모여 준비회의를 하고 11일 아프리카 정상회담을 할 예정이지만 국제형사재판소가 자기네 요구를 수락한다는 표시를 해주면 정상회의를 연기할 수도 있다고 시사하더란다.

나는 애당초 법을 공부한 외무장관이라는 분이 법원의 재판을 정치적 협상의 대상으로 삼는 발상을 받아들이기 어려운 데다가 도대체 어디까지가 외교전략이고 어디까지가 협상자료이고 어디까지가 진실인지 알 수 없었다. 또한 나는 그녀를 만난 일도 없는데 김원수 대사에게 나를 잘 안다고 강조했다는 것이 이상하다. 더구나 법률가로서 로마규정 제정에도 참여했다는 인사가 법률적으로 말이 안 되는 갖가지 주장을 한다. 같은 아프리카 출신 국제형사재판소 검사도 인정했다시피 이들의 말을 어느 정도 믿을 수 있는지가 항상 문제이다.

한국 국경일 리셉션

10월 3일은 한국 국경일 리셉션이다. 최고월례업무조정회의를 원활하게 마치고 아내와 함께 크라운플라자(Crowne Plaza) 호텔로 갔다. 작년에 한 번 거르고 마련한 행사인데 파티 전체가 훨씬 짜임새가 있어 보인다. 한복 입은 이기철 대사가 영접라인에서 꼼짝 못하고 손님을 맞이하므로 내가 나서서 참석한 이 나라 고위층과 일일이 악수하면서 감사하다는 인사를 하여 예의를 갖추면서도 분위기를 살리는 데 한몫했다. 어제 왕의 만찬을 같이 한 상원의장, 외무부 사무차관 르네 존스-보스(Renée Jones-Bos), 다른 친한 몇 대사에게도 와 주어 고맙다고 인사했다. 우리나라의 국경일 리셉션에 지금껏 한 번도 의전담당이나 아시아 지역담당자 이상의 네덜란드 정부 고위인사가 참석하는 것을 본 일이 없는데, 상징적으로 서열이 높은 상원의장이 왕림하고 외교부의 실권을 가진 최고 직업 외교관인 사무차관이 참석한 것은 높이 평가할 만한 일이다. 한복을 입고 온 한국 부인들도 여러 분 있어서 분위기가 곱다. 참전용사도 모두 오셨고 건강한 듯하다. 이기철 대사가 즉흥 연설을 했는데 유머감각이 넘치게 아주 잘했다.

선거는 해본 사람만이 당락의 기분을 안다. 구유고전범재판소 소장에 출마해 권오곤 재판관이 낙선한 것을 위로해야겠는데 쇠뿔은 단김에 빼랬다고 이날 저녁에 두 부부가 도나티 식당에서 만나기로 했다. 애당초 불가능한 게임에 뛰어들었으니 여러 가지 손해가 없을 수 없다. 다만 국제형사재판소에서 나를 지지했고 권 재판관과도 사이가 좋았던 모리슨(Howard Morrison) 영국 재판관이 그를 배신한 것이 같은 재판부에 배치된 동료로서 날마다 얼굴보기가 힘들 수는 있겠다. 몇 마디 위로의 말을 건네고 그의 이야기를 들어주고는 귀가했다.

개천절이라서 한국은 공휴일이지만 영향력 있는 두 비정부기구의 대표가 재판소를 방문하는 통에 바쁘게 보냈다. 수년 전에 생긴 비정부기구(Justice Rapid Response: JRR)의 안드라스 바모스-골드먼(Andras Vamos-Goldman) 의장이 한스 베버(Hans Weber)의 부인인 샹탈 주베르(Chantal Joubert) 등과 함께 찾아와서 자기네의 업적을 말하면서 재판소와 보다 긴밀한 관계 설정을 논의했다.

바로 그다음에는 지난 5월 새로 당선된 국제인권연맹(FIDH)의 카림 라히지(Karim Lahidji) 의장이 몬세라트 카르보니 헤이그 연락소장과 함께 예방했다. 그는 5월 하순 이스탄불의 총회에서 이미 인사한 일이 있는데 이제 의장으로 당선되어 정식 인사를 온 것이다. 나보다 한 살 위로서 절차법 교수를 했다는데 이란에서 팔레비가 전복되고도 몇 년간 고생하면서 버티다가 1983년 파리로 망명한 채 살고 있다고 한다. 마침 히라드의 부친과 친구로서 비슷한 시기에 이란을 탈출했다고 한다. 비정부기구들은 대개 높은 이상을 가진 젊은 활동가들의 모임이어서 잘 끌어들이면 국제형사재판소에 큰 힘이 되므로 항상 잘 대접해야 한다.

그다음으로는 유엔 사무차장인 얀 엘리아손(Jan Eliasson)과 약 30분간 통화를 했다. 린과 마티아스가 배석했는데 새로운 정보는 없으나 입장의 일치를 확인하고 끊었다.

독일 국경일 음악회와 러시아 음악회

부지런히 독일 대사관저(Huis Schuylenburch)에서 열린 통일리셉션에 갔다. 늘 그렇듯이 큰 나라이고 보니 어제 뉴욕에서 귀국한 네덜란드 외무장관 프란스 팀머만스와 헤이그 시장도 참석했다. 신임 프란츠 요제프 크렘프(Franz Josef Kremp) 독일대사는 동성애자인 듯 옆에 선 남자를 자기의 파트너라고 소개한다. 대사의 바로 옆에 서서 손님을 맞는 브란덴부르크 주의 총리 디트마르 보이드케(Dietmar Woidke)와 인사했다. 오랜만에 카울 재판관도 만났는데 같이 온 딸이 곧 결혼한다고 한다. 소장 선거에서 나에게 진 후 얼굴도 안 보려고 하더니 조금 풀린 듯하다.

곧바로 러시아의 음악연주회 갈라콘서트(Russian Gift)로 직행했다. 지난 일요일 코르넬리(Cornélie)가 음악회를 개최했던 팔레이스(Paleiskerk) 교회이다. 가보니 네덜란드와 러시아의 오랜 교류관계를 기념하기 위하여 러시아의 문화부와 네덜란드주재 러시아대사관이 주최하는 어린이들의 연주음악회이다. 이날 저녁에 각자의 악기로 연주한 어린이들은 천성적으로 음악적 재능을 타고난 하늘이 내린 음악신동이라고 아니할 수 없었다. 모두 상트페테르부르크 출신이거나 그곳의 유명한 음악학교에 다니거나 그곳의 세계적 경연에서 1등을 한 어린이들인데 10세의 여아에서부터 17세의 키 큰 남학생에 이르기까지 9명이 11개의 작품을 연주했다. 10세의 여아가 자기보다 두 배나 큰 하프를 완벽하게 장악하면서 아름다운 선율을 선사하는 등 시작이 좋았다. 이날 어린이들은 스크랴빈, 림스키-코르사코프, 야나체크, 생상스, 귄카, 차이콥스키, 드뷔시, 도플러 등 우리가 평소에 접하기 어려운 작곡가의 작품이나 아주 연주하기 어려운 곡들을 다루었다. 이를 자신 있게 연주해 내는 기교와 배짱은 참으로 믿기 어려운 한 편의 천상의 드라마였다.

하프 외에 11세와 14세의 남학생 피아니스트, 13세와 14세의 두 여학생 플루티스트, 씩씩한 13세의 남학생 바이올리니스트와 섬세한 14세의 여학생 바이올리니스트, 아코디언을 구성지게 켜대는 11세의 남자아이와 실로폰을 빠르게 치는 11세의 어린이, 그리고 키가 큰 17세의 비올론첼로(violoncello) 연주자 등 모두 정말 천의무봉(天衣無縫)의 신동 같았다. 특히 피아노를 치는 아르세니 문(Arseny Mun) 군은 한국계가 아닌가 생각이 들었다. 이처럼 어린 나이에도 모두 세계적 경연에서 우승한 경력 외에 이미 권위 있는 상트페테르부르크의 마린스키 극장에서 독주하거나 극장의 교향악단과 협연을 한 경력이 있다. 세상에 이런 횡재가 어디 있나. 우리 내외는 기대하지 않고 참석했다가 아주 흠뻑 음악에 빠지고 행복한 밤을 즐겼다.

제 8 장

2013~2015

인류의 희망을 찾아

국제형사재판소장의 두 번째 임기 Ⅱ

국제형사재판소 연찬회

케냐 재판을 둘러싸고 아프리카 국가들이 단결하여 로마규정을 탈퇴한다는 둥 사태가 시시각각 심각하게 돌아간다. 일요일에도 뉴욕으로부터 김원수 대사의 중요한 전화를 받았다. 아프리카 사태에 관하여 유엔이 나서서 반기문 총장은 물론 김원수 대사 등 모두가 로마규정 당사국보다 더 열심히 도와준다. 총장이 특사를 보내고, 당사국총회 의장인 인텔만도 아디스아바바를 방문하기로 반 총장과 내가 합의했다. 검사는 이미 아디스아바바에 가서 열심히 로비를 하고 있다고 한다. 탈퇴는 논의하지 않을 것이라는 둥 분위기는 조금씩 호전되는 것 같은 소식들이 들어오고 있으나 정치인인 아프리카의 수뇌들의 감정이 어디로 폭발할지 몰라 마음을 놓을 수가 없다.

10월 16일은 네덜란드 외무부 주최의 국제형사재판소 연찬회(*retreat*)를 한다고 약 50여 명의 회원국 대사와 기타 참석자들이 할렘 근처의 산드포르트(Sandpoort)에 있는 옛 성채로 초청되었다. 주최자는 얀 루카스 판호른(Jan Lucas van Hoorn) 국제형사재판소 주재 네덜란드대사이다. 나와 비서실장 린, 행정처장과 그의 보좌관 오스왈도(Oswaldo) 등 4명이 한 차로 이동했다. 내가 첫 번째로 기조연설을 하고 검사 벤수다와 새 행정처장인 폰헤벌이 발언했다. 주제는 아프리카연합과 국제형사재판소의 관계, 5년 후의 국제형사재판소의 모습 그리고 소통의 문제 등 3가지였다. 시의적절하게 주제를 잘 선택한 것 같다. 마침 케냐 정·부통령의 재판사건 때문에 온통 아프리카가 소란을 피우고 있으므로 내 예상으로는 주로 아프리카에 관한 토론으로 시간을 대부분 보낼 것 같았다.

아닌 게 아니라 대사들이 조금씩 조심스럽게 발언하더니 남아공 피터 구센 (Peter Goossen) 백인 대사가 아프리카가 공유하는 공포감을 전하면서 대화의 필요성을 강조한 발언이 서막이었다. 생각보다 많이 참석한 아프리카 대사들 중에 시에라리온대사가 첫 아프리카 발언자로서 일어나더니 시에라리온특별재판소(Special Tribunal for Sierra Leone)의 경험을 통하여 강력하게 국제형사재판소를 옹호하고 나섰다. 의외였는데 영어도 자유롭고 논리정연하게 발언했다. 그 후에는 새로 부임한 세네갈 여성대사가 목소리를 높여 대체로 국제형사재판소 지지발언을 했는데, 우간다의 백인대사 미리엄 블라크 (Mirjam Blaak Sow)는 요웨리 무세베니(Yoweri Kaguta Museveni) 대통령의 입장을 옹호하는 발언을 했다. 바다가 없는 우간다로서는 케냐의 몸바사 (Mombasa) 항구를 통해 무역을 하는 수밖에 없으니 도리 없이 케냐를 지지하지 않을 수 없는 것 같다.

국제형사재판소에 관한 동유럽지역회의

루마니아 외무부가 국제형사재판소에 관한 동유럽 지역회의를 소집하면서 나에게 기조연설을 부탁하여, 간단한 오찬 후 린에게 연찬회에 관한 후사를 부탁하고 루마니아 수도 부쿠레슈티로 출발했다. 아내와 대외담당보좌관 마티아스를 암스테르담공항에서 만나 타롬(Tarom) 항공으로 2시간 반 만에 도착했다. 이 나라 외무부의 차관인 보그단 아우레스쿠(Bogdan Aurescu) 교수가 영접을 나오고 한국대사관에서 이용일 공사가 마중해 주었다. 이 공사는 내가 1983년에 대학원에서 가르친 제자로서 몇 해 전에 태국 근무 시 만났는데 이곳에서 다시 만나니 반가웠다. 이 나라 외무차관은 3인 차관 중의 한 분인데 몇 해 전에 흑해의 영해분쟁과 관련하여 우크라이나를 국제사법재판소에 제소하여 승소함으로써 국민적 영웅이 되었다고 하는데 똑똑하고 인상이 좋다.

회의명은 '국제형사재판소의 성과와 도전'(International Conference on the

International Criminal Court: Achievements and Challenges Ahead in Memoriam Vespasian Pella) 이었다. 회의장으로 이동하기 전 9시에 이 나라 외무장관 티투스 코를라테안(Titus Corlatean) 을 30분간 만났다. 50세도 안 된 분인데 영어가 유창하고 현안에 대한 파악이 분명하며 매우 협조적이다.

그다음 부쿠레슈티대학으로 이동하여 플라비우스 안토니우 바이아스 (Flavius Antoniu Baias) 학장의 영접을 받았다. 국제법과 민법을 가르친다는 학장이 말하는 품을 보니 자부심이 대단한데 80명의 교수진과 3,500명의 법대 학생이 있다고 한다. 외무차관도 이 대학에서 석·박사 학생을 지도한다고 한다. 회의장으로 이동하니 대학 내 커다란 원형극장에 약 100명의 참가자가 흑해지역의 각국에서 와서 기다렸다. 특히 폴리티 전 국제형사재판소 재판관이 이탈리아를 대표하여 참석하여 아주 반가웠고 오전회의를 잘 마쳤다. 나와 외무차관 이외에 폴리티 전 재판관, 인텔만 의장, 다비드 가틴 (David Gattin) PGA 사무총장, 국제형사재판소연합의 키르스턴 메이르스하르트(Kirsten Meersschaert) 등이 발언했다. 당사국총회 인텔만 의장은 아디스아바바 등에 다녀온 후 아주 비관적인 분위기를 자꾸 퍼뜨려서 좀 곤란하다는 생각이 들었다.

회의운영 방식을 보니 다소 융통성이 있지만 지체되어 오전에 시작한 회의가 2시에 끝났다. 원래 오찬을 나에게 베풀 계획이었던 모양인데 시간이 부족하여 현장에서 간단히 샌드위치로 때웠다. 질의응답 시간에는 청중 중에 섞여있던 AFP 기자의 질문을 받았다. 여태껏 아프리카의 근거 없는 감정적 비난, 특히 케냐 정·부통령의 재판사건으로 첨예화한 대립문제에 관하여 평소에 국제형사재판소는 사법기관이라서 정치적 문제에 관한 질문에 답하기 곤란하다는 저자세를 견지했는데 나는 이번에는 마음먹고 케냐와 아프리카의 비난에 강한 반박을 했다.

즉, 왜 아프리카만 소추하는가 하는 비난에 대해서는 아프리카 8개국의 내전사태 중에 5개국(우간다, 콩고민주공화국, 중앙아프리카, 말리, 코트디부아르)은 자신들의 자발적 회부로, 2개국(수단, 리비아) 의 경우에는 유엔안보리의 회부로 사태가 재판소에 계속(係屬) 되었는데, 이를 국제형사재판소의 '편파적, 의도적, 선택적 인종사냥'이라고 비난하며 국제형사재판소를 서방 신식민주의의 도구라고 하는 것은 부당하다고 했다. 국제형사재판소가 의도적으로 아프리카만 표적으로 삼은 일이 없으므로 이는 참으로 유감스러운 비난이며, 케냐의 경우, 케냐 정부에 국내 특별재판소를 만들어서 2007년의 선거 후 학살문제를 스스로 다루도록 권유했으나 의회가 이를 두 번이나 부결하는 바람에 할 수 없이 국제형사재판소가 개입하게 된 사정을 강조하면서, 국제형사재판소 검사가 케냐 사태에 개입하기로 결정했을 때 당시 케냐 정부와 국민의 절대적 지지와 국제사회의 축복을 받았음을 상기시켰다. 내가 이러한 강한 정공법의 대답을 하자 전 세계 언론은 나의 이름과 루마니아 회의를 거론하면서 국제형사재판소가 지금까지 가장 강력한 반박을 했다고 널리 보도했다.

로마규정에서 집단 탈퇴하자는 선동을 진화하려는 의지

마침 반기문 총장도 대변인을 통해 아프리카 나라들이 로마규정을 탈퇴하지 말도록 호소하는 성명을 내보냈다. 오후에는 파스칼 헥토어(Pascal Hector) 독일 국제법률국 심의관, 랄루카 미가-베스텔리우(Raluca Miga-Besteliu) 국제법 원로 교수, 제라르 디브(Gérard Dive) 벨기에의 국제형사재판소 담당 외교관, 크리스티안 베어먼(Christian Behrmann) 국제형사재판소 담당 유럽연합 과장 등이 발언했다.

오후회의 발언에 앞서 독일 헥토어 대표와 그의 요청으로 간단한 회담을 가졌다. 아프리카의 세찬 비난과 탈퇴위협 속에 앞으로 국제형사재판소는 어떻게 대처할 것인가, 회원국이 어떻게 도와주면 좋은가 등을 묻는다. 나는 단호하게 당사국총회 의장의 비관주의를 떨쳐버리고 계속 아프리카 회원국들을 설득하는 수밖에 없고 내가 앞장서겠다고 다짐하면서, 도와줄 준비가 되어 있는 독일에게 확신을 주고자 노력했다. 그도 인텔만의 걱정 가득한 발언 때문에 아주 심약해졌는데 "송 소장의 굳건한 의지를 보니 국제형사재판소를 위하여 열심히 돕겠다"고 새삼 다짐했다.

이러한 회담 후 바로 루마니아 법무장관 로베르트-마리우스 카잔치우크 (Robert-Marius Cazanciuc)를 만나러 시내로 들어가야 했다. 이분도 젊은 사람으로서 여성보좌관 1명을 대동한 채 약 30분간 회담했다. 증인보호 협정, 형집행 협정 문제를 제기하고 협조를 당부했다. 현안 파악이 별로 안 되어 있고 경험이 없어 보이는 데다가 진실성이 있어 보이지 아니한다. 그와의 회담을 마지막으로 이 나라의 공식일정을 무사히 마쳤다.

이제는 옷을 편하게 갈아입고 임한택 대사가 관저에서 베푸는 만찬에 참석하여야 한다. 대사 부부와 이용일 공사 및 우리 부부와 마티아스 등 6인이 아주 맛있고 깔끔한 저녁식사를 하면서 즐겁게 이런저런 이야기를 했다. 임한택 대사는 고려대 법대 출신으로 유엔에 근무할 때 나의 재판관 선거를 돕기 위하여 지역을 담당하여 기여한 바도 있는 분이다. 내 장인이 총장일 때 그가 학생이었던 기억도 회상하면서 상호간 얘기가 잘 통하는 면이 있었고, 대사와 공사가 서로 의지하면서 사이좋게 지나는 듯해서 다행으로 생각했다.

18일 아침 10시에 루마니아 외교부의 여성외교관이 차를 가지고 왔다. 코트로체니(Cotroceni) 국립박물관을 안내하는 것이다. 이곳은 독재자 차우세스쿠가 영빈관으로 사용하다가 1991년 이후 트라이안 바세스쿠(Traian Băsescu) 대통령의 집무실인데, 건물의 다른 부분은 예약해야만 특별히 보여주는 옛 궁전이란다. 이 나라에는 수많은 궁전이 있으나 이 궁전도 중세풍의 석조건물인데 자랑거리 중의 하나이다. 기록상으로는 16세기에 지어졌으나 17세기 왈라키아(Wallachia) 왕국의 칸타쿠지노(Cantacuzino)에 의해 재건되었단다. 18세기 터키의 침입으로 파괴되었으나 19세기 말 호엔촐레른(Hohenzollern) 왕가에 의해 신고전 양식으로 일부 건물을 재건하여 왕궁으로 사용했다고 한다. 화려한 정원이나 궁의 전반적 인상은 프랑스풍을 풍기고 있다. 궁전 앞에 있는 흰색의 자그마한 교회에 들어가 보니 벽장식은 평범하나 정면 제단의 배경이 되는 벽은 정교한 종교작품이었다.

2시 반에 이용일 공사의 배려로 호텔 앞 국립미술박물관 주변의 구 시가지를 걸어서 탐사했다. 근처의 옛 영화를 자랑하는 건물, 교회, 음식점, 극장 등을 구경하고 3시 반에 맞추어 인민궁전(Casa Poporului)으로 이동했다. 이 건물은 독재자 차우세스쿠가 평양을 방문하였을 때 김일성의 주석궁을 보고 아이디어를 얻어 1984년 건설을 시작했으나 아직도 미완성인 채 현재 세계에서 미국 펜타곤 다음으로 큰 단일건물이라고 한다. 약 8만 평의 부지에 25개의 대형 홀과 1천 개의 사무실로 구성되었는데 지하 3층, 지상 11층이고, 3,500톤의 수정, 480개의 샹들리에, 20만 평방미터의 카펫, 70만 톤의 철과 동을 사용한 건물이다. 현재 상·하 양원, 헌법재판소 외에 각종 국제회의장으로 사용된다고 한다. 스피리 언덕에 우람하게 세워진 이 건물의 옥상에서 넓고 곧게 뻗은 대로를 보니 이 길의 끝 무렵에 아주 잘 보이는 자리에 삼성의 대형간판이 보인다.

이 수도의 인상은 전반적으로 길을 넓게 건설했고, 공원 등 녹지공간을 많이 확보하여 시원한 기분을 주는 데다가 고층건물이 없어서 쾌적한 인상이다. 이제 좀더 치밀한 계획하에 옛날의 영화를 복원하면 아주 값어치 있는 관광유적지가 되겠다.

이곳을 시찰하고 나니 시간이 아주 많이 지났는데 운전사가 우리를 헤라스트라우(Herastrau) 공원으로 급히 안내한다. 입장시간이 지났는데도 말을 잘 해서 우리가 약 30분 이상 걸어다니면서 그 속에 1936년 건설한 민속촌을 구경했다. 약 3,300평의 부지에 각 지방의 전통건축물 272채를 옮겨 보존하고 있다. 주변의 호수와 함께 잘 어울리고 특히 어린이들이 많이 구경온 것이 특이했다. 구경을 마치고 이용일 공사가 만찬예약을 한 '카사데보야르'(Casa de Boyar)라는 음식점이 분위기와 장식이 근사하고 음식도 좋아 즐거운 한때를 가졌다. 물론 시내에 들어오면서 1차 세계대전의 승리를 기념하여 파리의 개선문을 흉내 내어 지은 개선문이나 차우세스쿠를 전복한 혁명광장에 관한 설명을 들었다.

루마니아 국보 1호, 펠레슈성과 드라큘라성

이용일 공사가 차를 가지고 다음 날 9시 반에 호텔로 왔다. 주말에 근처의 지방명소 몇 군데를 안내한다는 것이다. 먼저 수도에서 125km 정도 떨어진 카르파티아산맥 남단의 해발 800미터에 있는 시나이아(Sinaia) 시내 펠레슈성(Peleş Castle)을 찾아갔다. 도로를 달리는 운전자들의 행태가 재미있다. 아주 좋은 차를 가진 사람에게 앞차가 1차선의 진로를 내준다. 그러나 자기네의 기준에 따라 자기보다 수준이 떨어지는 차를 모는 사람에게는 절대 양보안 하고 서로 과속으로 달리다가 사고가 나거나 도로 한복판에서 싸움이 벌어진다는데 바로 그러한 현장을 목격하기도 했다. 공중도덕과 사회심리의 후진성이 그대로 드러난다.

교외로 드라이브 나가는 기분도 좋은데 북쪽으로 이들이 경관을 자랑하는 카르파티아산맥(Carpathian Mountains)의 줄기를 따라가면서 아름다운 산천경개를 구경하는 즐거움이 특별했다. 목적지의 성채는 통일 루마니아의 초대 왕인 독일 출신 카롤 1세(Carol I)가 여름별장용으로 1873년부터 1883년까지 건축하였다. 유럽의 왕실은 대개 혈연으로 연결되어 있으므로 통일 루마니아의 왕을 초빙할 때 여러 유럽 국가의 왕을 접촉했던 모양이다. 영국왕실도 거절하고, 벨기에 왕은 터키가 침공하면 어떻게 할 것인가 걱정하면서 등극을 거절하자 결국 독일의 호엔촐레른가의 카롤 1세를 모셨다고 한다.

오래 지속하지는 못했지만 이 독일계의 왕가는 루마니아의 번영과 체제확립을 위하여 결과적으로 지대한 공헌을 했다고 한다. 이 왕은 1873년 독일, 프랑스, 이탈리아, 오스트리아 등 각국에서 초빙한 300여 명의 건축가를 동원하여 건평 1천 평의 부지에 180개의 방을 건설했다. 미련하게 크지는 않으나 지붕에는 첨탑이 건설되어 있고, 벽 외부는 미색의 석회암으로 마감했으며 내부는 대체로 호두나무와 흑단목 및 대리석을 손으로 조각하여 아름다움을 과시하면서 당대의 최신 과학기술을 접목하여 건설한 사치스럽고 편리한 호화궁전이었다. 19세기 말에 명예 홀의 천장 유리지붕을 자동으로 개폐하는 전동장치, 전기조명, 중앙온수난방시스템, 진공청소시스템, 전동승강기 등

왼쪽은 루마니아의 국보 1호 펠레슈성. 오른쪽은 자동 전동장치로 개폐할 수 있는 명예홀의 천장 유리지붕.

을 설치하여 호화로움에 편리함을 가미한 이들의 국보 1호라고 한다.

많은 돈을 들인 당대에 풍미하던 독일 르네상스풍 건물이지만 1883년 당시에 인류가 알고 있는 모든 건축양식과 과학기술을 다 동원한 다채로운 건물이다. 바로크, 로코코, 무어, 그리스, 로마풍이 잘 조화되어 안목 높은 엘리자베스 왕비의 실내장식과 함께 참 우아하다. 독일 바바리아의 노이슈반슈타인(Neuschwanstein)성이 월트 디즈니에 의하여 세상에 널리 알려져서 그렇지 만일 안 그랬더라면 바로 이 궁전을 추천하고 싶다. 차우세스쿠가 여름별장으로 사용했고 닉슨 대통령, 카다피, 아라파트 등이 숙박한 기록이 있다. 아름다운 산천 경치를 배경으로 무성한 나무숲, 골짜기에 흐르는 개울, 이와 평행하게 건설된 철도를 보면서 차가 힘겹게 산등성이를 넘어간다.

이동하면서도 이 경치와 문물을 놓치지 않으려고 세심하게 관찰하면서 문화중심지인 브라쇼브(Braşov)를 지나갔다. 이 지역은 13세기에 독일의 튜톤 기사들이 건설한 독일냄새가 물씬 나는 도시로서 몽골이나 오토만(터키)의 침입에 굳세게 저항한 곳이다. 다소 늦게 스키장에 딸린 식당에서 이들의 전통음식을 점심으로 먹은 후 높은 곳에서 기막힌 경치를 만끽하고는 루마니아에서 가장 유명한 드라큘라성으로 이동했다. 브라쇼브에서 서남쪽으로 30km 정도 떨어진 곳에 위치하는데 브란성(Bran Castle)이라고 한다.

이곳은 왈라키아 평원에서 브라쇼브로 이어지는 교역로를 지키고 관세를 징수하기 위하여 14세기에 상인들이 만든 성채라고 한다. 펠레슈성과는 비교가 안 될 정도로 검소하고 높은 언덕 위에 건설되었는데, 수많은 소설과 영화에서 드라큘라를 다루었기 때문에 유명해진 곳이다. 성경 다음으로 가장 많이 인쇄된 것이 드라큘라 이야기라고 한다.

14세기말 왈라키아의 블라드 1세(Vlad I)가 이 성채의 주인이 되었다가 그의 손자에게 넘어갔는데 이자가 드라큘라의 모델인 블라드 3세(Vlad the Impaler)이다. 그가 산 사람의 피를 빨아먹거나 수만 명의 산 사람을 창으로 찔러 전쟁터에 방패로 진열하였다는 등의 전설은 조금씩 내용을 바꾸어 가면서 오랜 세월 동안 수많은 소설, 영화, 연극 또는 전설의 주제가 되었다. 전체적 분위기가 음습하다는 점을 강조하지만 내가 느낀 바로는 꼭 그렇지도 않은 것 같다. 단체로 구경온 한국 관광객들도 만났다.

해가 서산으로 넘어가는 시점이라 오는 길은 새로 건설해서 막 개통했다는 약 50여km의 고속도로를 타고 돌아왔다. 그런 대로 고속도로도 건설했다니 다행인데 이 나라는 너무 부패가 심해서 유럽연합이 준 기본시설 근대화자금을 다 착복하고 이제 감시대상이 된 채 한 푼의 보조금도 못 받는 상태라고 한다. 돌아와서는 시내의 유명한 음식점 카룰 쿠 베레(Carul cu Bere)로 직행했다. 국립미술관 뒤편에 있는 오래되고 큰 음식점인데 손님이 북적거린다. 여러 가지 맥주가 있고 지방특색이 있는 춤을 추기도 하고 악기도 연주하면서 흥을 돋우는 곳이다. 돼지다리를 독일식 아이스바인처럼 찌고 구워낸 음식이 전통적인 것이라고 해서 이를 시켜 배부르게 즐겼다. 낙농제품을 빼면 음식의 간이나 향료의 취향이 우리와 비슷한 분위기여서 입에 당긴다.

다음 날은 아주 청명한데 아침에 아내와 둘이서 호텔 앞에 있는 국립음악당을 찾았다. 둥그런 지붕모양의 아주 큰 건물이다. '루마니아 아테네움'(Romanian Athenaeum)이라고 하는데 시민들의 자선기금으로 프랑스 건축가의 설계에 따라 1888년 건설했다. 중앙 홀에 루마니아의 역사를 그린 대형 프레스코가 인상적이다. 계단을 올라 보니 연주무대와 객석(약 800석)이 공중에 매달려있는 것 같은 기분이다. 장엄하고 화려하고 예술적이다. 정경화, 장한나, 장영주 등 한국이 낳은 천재 연주자들도 이곳에서 연주해 보기를 소원한단다. 우리나라 대사관이 마침 내주 화요일 이 나라 저명인사 700명을 이곳으로 초청하여 국경일 리셉션을 한다고 하니 우리 임한택 대사의 스케일과 배짱을 칭찬할 만하다.

외무부 차로 공항으로 이동했다. 전송 나온 의전장은 남편과 동갑내기 부부인데 모두 법률전공으로 맞벌이해서 그런 대로 살아가지만 부패와 심한 관료주의 때문에 희망이 없다고 한다. 그러나 우리는 물가가 싸고 볼 것 많으면서 조용한 이 나라가 마음에 들었다.

케냐 부통령 궐석재판 여부에 대한 상고심의 결정

25일 아침 9시 그동안 전 세계의 관심을 모았던 케냐 루토 부통령의 궐석재판 여부에 대한 상고심의 결정을 내가 직접 재판연구관들을 데리고 법정에 들어가서 선고했다. 방청석을 꽉 채운 사람들이 나의 선고를 직접 들었다. 루토가 기일에 결석한 채 재판을 진행할 수 있는지 여부는 얼마 후에 개시될 공동피고인 케냐타 대통령의 출석의무에 직접 영향을 주는 민감한 문제이다. 원래 11월 12일이 케냐타 대통령의 첫 공판기일인데 케냐 정부는 무슨 수를 써서라도 현직 대통령이 법정에 서는 모습을 안 보이려고 그동안 아프리카 국가 전부를 동원하여 전방위적으로 압력을 가하고 여러 가지 비상수단 내지 꼼수를 쓰는 바람에 아프리카연합과 국제형사재판소가 대충돌의 길로 다가가고 있는 모습이다.

나는 국제형사재판소는 기본적으로 법원이므로 재판이 정치적 흥정의 대상이 아니고 법대로 가는 수밖에 없다는 입장을 거듭 단호하게 천명하였다. 그러나 신생 국제형사재판소의 수장으로서 재판의 독립성과 불편부당성을 저해하지 않는 범위 내에서 가급적 이를 원만하게 해결하고 수많은 지지국가와의 협조를 강화하여 만일의 사태에 대비하는 일을 쉼 없이 배후에서 조용히 추진했다. 이러한 과정에서 반기문 유엔 사무총장과 김원수 대사의 막후노력이 감정적이고 정치적으로 나오는 아프리카 지도자들을 주저앉히는 데 효과가 있기에 무한히 감사하기도 했다. 이 같은 대충돌의 길로 가는 긴장상황 때문에 내가 재판장인 상고심이 어떤 판결을 내리는지가 그야말로 전 세계의 초미의 관심사였다.

쟁점은 오히려 간단한 것으로서 로마규정 제63조 1항이 단순명료하게 피고인의 재판 출석의무를 규정하고 있음에도 불구하고 재판부가 해석을 통하여 어느 정도 피고의 결석을 허용할 수 있는 재량권이 있는지 여부이다. 원심은 그가 부통령으로서 중요한 직무를 수행하므로 공판개시일, 종결일, 판결선고일, 피해자증인의 신문일 등의 경우에만 출석하면 되고 그 외의 경우에는 불출석해도 좋다는 판결을 내린 것이 상고된 것이다.

내가 심리하면서 곰곰 생각해보니 사실심 절차가 약 3년 정도 걸리는데 조약의 규정을 문리해석하여 현직대통령을 3년간 꼬박 헤이그에 있으면서 공판기일에 출석하도록 강제하는 것은 현실적으로 무리였다. 하지만 아직 재판도 시작하지 아니한 단계에서 결석이 원칙이고 출석이 예외인 듯 포괄적으로 불출석을 허용하는 결정을 한 하급심은 너무 심한 것 같아 재량권 남용으로 이끌어갔다. 그러나 5인 상고심 재판관의 의견은 3 대 2로 갈리고 말았다.

다만 재량권의 남용이라는 점과 부통령이라는 중책을 수행한다는 두 가지를 불출석 사유로 삼는 점이 부당하므로 이 판결을 뒤집어야 한다는 점에는 의견의 일치를 보았다. 왜냐하면 로마규정 제63조는 출석의무를 규정하고 있고, 제27조에는 국가원수라도 지위의 고하를 막론하고 재판상 특별취급을 하거나 면책을 인정하는 것을 전적으로 금지하기 때문이다. 그러나 2명의 소수의견 재판관은 제63조의 출석의무에 따른 예외를 전혀 인정할 수 없다는 이유로 판결을 뒤집자는 결론에는 찬동하지만, 다수 의견에 동의할 수 없다하여 별개의견을 냈다. 나는 더 이상 동료재판관을 설득할 생각을 포기하고 그대로 선고한 것이다.

반응은 피고도 기대 이하라고 불만이고 검사도 자기네 입장을 지지하지 않았다고 불만이고, 원심의 재판장인 에보에-오수지도 불만이었다. 그리고 이 판결은 앞으로 케냐타 대통령의 출석의무와 관련하여서도 사실상 기준이 되므로 케냐 정부도 불만이었다. 그들은 이미 재판부에 그의 재판을 임기만료 시까지 정지하자는 신청과 11월 12일 대통령 공판개시 일정을 연기하자는 신청을 금방 제출했다.

이 사건과 같이 정치적으로 민감한 사건이 상고되는 경우에는 모두들 주심이나 재판장 맡기를 회피하고는 소장에게 미루는 경향이 생겨나기 시작했다. 소장이 재판장을 해야 무게가 있다는 둥 외부의 공격을 막는 데 도움이 된다는 둥 말 같지 아니한 소리들을 많이 한다. 이 경우도 내가 먼저 자원해서 재판장을 맡았는데도, 심리과정에서는 모두들 여러 말을 하여 진통을 거듭한 케이스이다.

아프리카를 진정시키는 뉴욕에서의 외교활동

25일 오후에는 뉴욕행 비행기를 탔다. 작년에 허리케인 샌디 때문에 고생하다가 떠났는데, 1년 만에 다시 와보니 뉴욕은 아직도 태풍의 후유증을 완전 극복하지 못하여 악전고투하는 모습이 보인다. 그리고 일반적으로 물가가 올라서 음식값을 비롯한 여러 가지 지출이 크게 는다. 물론 찾아보면 합리적 가격의 상점도 발견되지만 음식값에 팁을 자기네 마음대로 기입하고는 추가 팁을 요구하는 것은 행패라고 해야 맞을 것 같다.

우선 아프리카 출신 당사국총회 부의장인 가나의 켄 칸다(Ken Kanda) 대사를 찾아갔다. 그는 노련한 외교관으로서 충분히 국제형사재판소의 입장을 이해하고 있었다. 그의 기조는 아프리카연합의 입장을 견지하면서도 대부분 부정확한 정보와 법의 무지로 인한 불필요한 충돌이 아닌가 하는 의문을 제기하는데 정확한 관찰이다. 다만 적극적으로 국제형사재판소를 위하여 다른 아프리카 나라를 설득할 용의는 없어 보인다.

오후에 유엔에서 평화유지군(DPKO)의 새로운 책임자 에르베 라드수(Hervé Ladsous)를 만나 도움을 요청했다. 유엔 평화유지군의 총책임자 자리는 역대로 프랑스인의 자리인지 또 다른 프랑스인이 부임했는데, 역시 호의적이고 도와줄 생각을 많이 하고 있다. 뉴욕 체재 첫날은 덜 바쁜 일정이어서 남은 시간에 연락사무소에서 다른 일을 처리하는데 그러면 그렇지, 재판소가 조용할 날이 있나? 드디어 우샤스카 재판관이 자기가 재판장이 되어 합의까지 마친 리비아 카다피 상고사건의 재판장을 맡지 못한다고 사임메모를 돌리면서, 상고심의 다른 동료재판관은 물론 심지어는 보좌하는 재판연구관들마저 비난하고 나섰다고 한다. 같은 심판부에서 날마다 얼굴을 보는 동료와 젊은 법조인재들을 그처럼 문서로 비난하면 도대체 어떻게 하겠다는 것인가. 동료들이 너무 자주 여행을 해서 합의기일을 잡기 어렵다는 둥, 자기는 소수의견을 내야 하므로 다른 사람이 잘 알아서 사건을 잘 처리하라는 둥 온갖 근거 없는 불평을 늘어놓는다.

다음 날은 아침에 칠레대사부터 방문하여 국제형사재판소에 대한 지지와 이해를 구했다. 내년부터 2년간 안보리의 이사국으로 당선되었기 때문이다. 나와 가까운 헤이그주재 후안 마르타비트 대사의 친구라고 하니 다행이다. 그다음 가장 중요한 미팅은 반기문 총장과의 회합이다. 이제 완전보수를 해서 유엔의 본 건물 38층으로 복귀한 반 총장을 11시부터 만났다. 나는 아프리카연합이 일으킨 모든 어려움에 대하여 헌신적으로 도와준 반 총장에게 진심으로 감사의 뜻을 표했다. 그리고 현재의 법적, 정치적 쟁점에 대하여 간단히 브리핑해서 그의 정확한 이해를 도왔다. 그리고 4가지 정도 구체적 사안을 제시하면서 협조를 부탁했다.

우선 유엔과 국제형사재판소 간에 인사교류를 허용하는 합의에 복귀하는 문제를 제기했다. 둘째 유엔의 컴퓨터센터에 국제형사재판소가 참여해서 여러 가지 정보와 혜택을 공유하자는 것이다. 셋째 중앙아프리카공화국의 치안이 나쁘므로 우리 직원을 유엔의 비누카(Binuca) 컴파운드에 주재하게 허용하라는 것이다. 넷째 로마규정 서명원본의 복사본을 한 부 만들어 보내달라는 요구를 했다. 우리도 자체건물에 입주하면 여러 가지 문서를 보관하고, 전시하는 등 할 일이 많기 때문에 준비하기 위해서다.

우리 연락사무소에서 간단히 샌드위치로 나와 직원 등 4인이 점심을 때우고 바로 신임 유엔주재 미국대사 사만다 파워(Samantha Power) 교수를 만나러 갔다. 일정이 바빠서 안 된다고 대답이 없다가 해럴드 고의 직접 수하인 법률자문관 마크(Mark)의 적극적 권유로 마지막에 면담이 성사되었다. 오랫동안 국제형사재판소의 지지자여서 우선 고마움을 표하였다. 젊고 활발한 여성으로서 쟁점 파악이 빠르고 무척 영리한 사람인데 남의 말에 앞질러가고 오캄포 검사와 친하다고 해서 기대감이 서서히 무너진다.

지금 한창 아프리카연합의 외무장관 5명과 약 20명의 수행원으로 구성된 아프리카연합 대표단이 온 뉴욕 시내를 휘젓고 다니면서 케냐 대통령의 형사 사건을 유엔안보리에서 연기 내지 중지하라는 요구를 가지고 안보리 15개국의 대표를 모두 만나고 다니는 중인데 나와의 면담 다음에는 그들이 미국대사를 찾아온다고 한다. 나와 사만다의 만남은 첫선을 본 것으로 족하다고 하겠다. 그다음에는 새로 부임한 차드의 대사를 만났는데 분명한 불어로 국제형사재판소를 지지한다고 한다. 속마음은 두고 보아야 하지만 우선 고맙다.

그리고는 전에 린 파스코(Lynn Pascoe)를 대체한 새로운 유엔 정치담당 책임자를 만났다. 무척 협조적이어서 감사했으나 전임자보다 한 급 떨어지는 능력자같이 보인다. 유엔본부의 간부직은 자리에 따라서는 어느 나라(주로 상임이사국)가 차지하는 것으로 전통이 서 있는 것 같다. 법률책임자는 서유럽 인사에게 돌아가는 자리이고, 평화유지군 책임자는 프랑스인, 정치담당 책임자는 미국인, 부총장은 대륙별 순환임명인 듯하다. 유엔의 전형적 자리 나누어먹기의 예이다. 아주 늦게 영국대사 마크 그랜트(Mark Lyall Grant)를 그의 요청으로 만났다. 그는 아프리카 대표단의 주장을 듣고 이를 나에게 전해주면서 나의 의견을 물었다.

비서실장 린이 배석했으므로 자세하게 의견교환을 할 수 있어 모두 만족했다. 그는 매우 걱정하는 태도이다. 이처럼 국제형사재판소에 정치적 위기가 험하게 다가오는데 소장으로서 걱정이 안 되느냐고 묻는 분이 많았다. 나는 단호한 어조로 전혀 걱정하지 않으며 회원국들의 협조로 이 위기를 잘 극복할 수 있다고 연신 강조했다. 내가 뾰족한 수가 있어서가 아니라 최고 보스가 군은 결심으로 난관을 돌파하려는 의지를 보여야만 부하들이나 주변의 지지자들이 따라오기 때문이다. 저녁에 미국 대표부에서 열린 법률자문관들을 위한 리셉션에 잠시 들렀다. 전에는 수전 라이스(Susan Rice)와 해럴드 고가 공동 주최하면서 화기애애한 분위기였으나 난데없이 국제사법재판소(ICJ)의 미국 재판관인 조앤 도너휴(Joan Donahue)와 해럴드 고의 차석인 메리(Mary)가 주인으로 손님을 영접하고 있다.

10월 30일 아침 일찍 크리스티안 베나베저가 주최하는 대사 조찬모임에서 연설했다. 사람이 엄청나게 많이 모여서 성황을 이루었고 그들이 모두 궁금해 하는 케냐 사태의 법률적 쟁점과 전망을 말해 주었다. 베나베저는 만난 김에 자기가 초안한 형사소송규칙 제134조의 개정문안을 보여준다. 내가 초안하여 선고한 상고심 판결을 복사한 듯한데 많이 다듬어야 하겠다. 법률가가 아니라서 한계가 있다. 다소 지나치게 국제형사재판소에 대한 소유권을 주장하면서 욕심을 부리는 인상을 주지만 뉴욕에 가면 이 사람만큼 확실한 우군도 없으니 잘 다독거리고 칭찬할 수밖에 없는 일이 아닌가. 린도 다소 유보적 태도를 취하면서 조심성 있게 접근한다.

조찬연설 후 바로 내년도 안보리 회원국이고 현재 유럽연합의 의장국인 리투아니아의 라이몬다 무르모카이테(Raimonda Murmokaitė) 여성대사를 면담했다. 그리고는 곧바로 28개국 유럽연합대사들이 모인 자리에 가서 다시 한 번 케냐 사태를 중심으로 브리핑했다. 사태의 본질을 모르다가 잘 이해했고 굉장히 고맙다는 호의적 반응이 있었다. 부지런히 '국제형사재판소의 친구들'(Friends of the ICC)에게도 케냐 사태를 중심으로 브리핑했다.

그리고는 새로 취임한 유엔 수석법률고문인 포르투갈의 미구엘 드 세르파 소아레스(Miguel de Serpa Soares)를 만났다. 이번에는 소아레스의 부하인 스티브 마티아스(Steve Matias)와 타마라(Tamara)가 배석한 상태에서 반기문 총장에게 요구했던 4가지 안건을 다시 한 번 전달하여 진전된 대답을 들었다. 그는 헤이그의 11월 당사국총회에 참석한단다.

그리고 유엔 사무차장 얀 엘리아손을 만나 그가 지난주 케냐타 대통령을 1시간 반 동안 만난 이야기를 들었다. 그의 격정 토로를 참고 들어주어야 했다고 한다. 이분은 스웨덴의 외무장관도 역임한 거물인데 말이 많고 법에 대한 지식이 그저 상식수준이라서 예방할 가치가 없지만, 반기문 총장의 2차 내각의 신규임명자들을 1차 순방해 두는 것이 필요한 것 같아서 한 바퀴 도는 것이다.

유엔총회 연설과 아프리카연합팀 제압

미국의 핼러윈 데이(Halloween Day, 萬聖節)에 나의 유엔총회 연설이 예정되어 있다. 오전에 국제사법재판소 톰카 소장의 연설 후 17개국이 코멘트 발언을 신청했으므로 이 발언이 모두 끝난 다음에 해야 하는 나의 연설은 정확히 이날 몇 시에 하게 될지 아무도 모른다. 아마도 점심 후 오후시간에 할 것으로 짐작하고 연락사무소로 출근했다.

　이날 총회와는 별도로 유엔안보리는 케냐 사건의 연기 문제를 중심으로 토의하는데, 헤이그에서는 나에게 온통 소란을 피우던 오자키, 에보에-오수지, 프레머 등 사건담당부의 세 재판관이 안보리가 한창 토론하는 중에 케냐타의 재판개시 일자를 11월 12일에서 내년 2월 5일로 연기하는 결정을 했다. 케냐 대통령의 공판출석 여부에 대한 문제도 좀더 생각해 볼 시간을 갖고 국제형사재판소와 아프리카연합 간에 당장의 충돌을 피하면서 11월 20일에 개최되는 당사국총회에서 합리적 방안을 모색할 수 있겠다.

　이 세 재판관들은 내가 연기의 당위성을 넌지시 비쳐도 개인의 이해관계에 따라 연기를 안 하려고 별별 궤변을 늘어놓고 나를 괴롭히더니 결국 스스로 연기하고 말았다. 케냐타의 변호인이 연기신청을 지난주에 제출했는데 전날 검사가 드디어 이 신청에 반대하지 않는다고 답변하는 통에 고집 부리던 재판관들도 당사자가 합의한 기일연기를 반대하고 무시할 수가 없었던 것이다. 재판관들이 결정한 것이 아니라 당사자 간에 기일연기를 합의하는 바람에 연기하지 않을 수 없게 된 것이다.

　나는 물론 전 세계의 모든 관계자들도 한숨 돌리는 순간이었다. 나의 유엔 총회 연설은 이 마지막 순간에 재판부가 내린 연기결정까지 포함하여 문안을 손질하였다. 그런데 안보리 토론에서 로마규정 제16조에 의한 연기 여부를 지켜보던 아프리카 나라들의 반응이 걸작이다. 그들은 우리 재판부가 스스로 재빨리 연기결정을 내린 시점을 보면 이것은 국제형사재판소가 거대한 음모를 꾸며서 이미 예정한 안보리 토론의 김을 빼고 아프리카연합의 등에 비수를 꽂는 비열한 수라고 주장하는 것이 아닌가. 어떻게 국제형사재판소가 재판일정을 사전에 짜고 엿장수 마음대로 남을 골탕 먹이는 방법으로 운영할 수 있단 말인가.

나의 연설이 오후에 가능할 것으로 생각하고 부근의 스페인 식당에 12시 30분 오찬을 8인분 예약하고 총회장으로 갈 생각이었다. 유엔의 관행은 오전 회의를 오후 1시에 마치고 모든 점심약속은 1시 15분으로 되어 있으나 내 딴에는 일찍 점심을 같이 먹고 대비하기로 한 것이다. 그리하여 우리 부부 외에 린, 카렌, 로만, 데이비드 콜러, 화숙 이모와 성웅규 변호사를 초청하였다.

그런데 12시경 흥미 없는 국제사법재판소의 질의응답이 예상보다 빨리 종료되고 나의 연설이 오찬 전에 이루어질 것 같으니 빨리 총회장으로 오라는 것이었다. 모든 분이 내가 연설하는 시간에 간신히 맞추어 임시로 마련한 총회장에 자리를 잡았다. 연설 직전에 들어가 보니 아직 국제사법재판소의 톰카, 세풀베다, 쿠브뢰르 등이 다른 회원국의 코멘트를 경청하고 있어서 반갑게 악수했다. 멕시코 외무장관을 역임한 세풀베다는 내게 '형'(brother)이라고 외치면서 악수했다.

나는 단상에 올라가서 몇 번 연습한 대로 차근차근 원고를 읽어갔다. 중간에 뉴욕을 방문한 헌재의 박한철 소장과 어제 한국에서 돌아온 오준 대사가 총회장 뒤편에서 잠시 나의 연설을 들었다고 한다. 연설문의 시작이 무미건조하여 아쉬운 마음에 내가 임기응변으로 마지막에 '핼러윈을 행복하게 보내세요'(A happy Halloween!) 했더니 만장이 웃음바다가 되면서 연설을 무난히 마칠 수 있었다. 23분에 걸쳐 국제형사재판소에 계속된 사건에 대한 간단한 보고를 했다. 특히 지금 에티오피아 외무장관을 단장으로 한 아프리카연합 팀이 15개 안보리 회원국을 다 만나서 로마규정 제16조에 의한 케냐타 사건의 연기를 주장하고 있으므로 이들을 염두에 두고 조심스럽게 우리의 메시지를 전하였다. 문제의 에티오피아 외무장관은 원래 의사인데 지난 7월에도 아프리카연합의 집행위원회의 의장 자격으로 나를 방문한 일이 있다. 그 당시 사실관계도 잘 모르고 법률적 쟁점에 대하여서도 준비 없이 나를 찾아왔던 대표단장이 현재 뉴욕 시내를 휘젓고 다닌다는 것이다.

마침 당사국총회 부의장인 가나의 칸다(Kanda) 대사를 예방하니 이 아프리카연합 사절단과 만나볼 것을 권유한다. 좋은 생각인 듯하여 내가 상고심 재판장임을 감안하여 구체적 사건에 대한 법률적 의견의 피력은 곤란하나 그 외에는 성의 있게 답변하겠으니 만나자고 했다. 나는 항상 아무리 곤란한 쟁점도 당사자끼리 만나서 풀자는 적극적 태도를 취해왔다. 그들은 케냐 사건에 관하여 구체적 답변을 못할 테면 안 만나겠다고 이를 거절했다. 그들은 내가 먼저 거절할 줄 알았고, 만일 내가 먼저 그들의 면담 제의를 거절하면 그것도 또 하나의 비난거리로 떠들어 댈 작정이었는데 이제 자기들이 수세에 몰리게 되었다. 나는 이 같은 신경전의 고비마다 그들을 궁지로 몰아넣는 감정적 발언은 후일을 위하여 일부러 자제했다.

나의 유엔총회 발언 후 무려 30개국이 저마다 발언했다. 미국의 적극적 발언에 감사했고, 중국의 소극적이지만 점잖은 발언에 안심했다. 특이한 것은 우방인 뉴질랜드 맥케이(McKay) 대사의 발언이 아프리카를 감싸고돌아 이상했고, 강한 비난을 예상했는데 나미비아의 발언이 참으로 점잖아서 뜻밖이었다. 연설 후 예약한 식당에 모여 8인이 아주 홀가분하고도 즐거운 오찬을 했다. 케냐 사건을 둘러싼 외교현장의 극심한 혼란, 긴장, 걱정 속에서 나의 뉴욕방문은 성공적으로 마친 셈이다.

총회 연설 이외에도 모든 관계자들을 만나 적극적으로 재판소 입장을 열심히 설명하여 이해시킨 성과가 있었다. 더구나 안보리의 토론결과도 아프리카 입장에서는 소득 없이 끝나고 말았다. 정부가 통제하는 케냐의 언론보도를 보니 아미나 모하메드(Amina Mohamed) 외무장관의 말을 인용하면서 안보리에서 아무 나라도 케냐 사건의 연기 주장에 반대하지 않았다고 헤드라인을 뽑았다. 아무도 반대하거나 찬성하지 않았는데 언론이 그처럼 말장난하면 쓸데없이 케냐나 아프리카인들의 기대수준만 높일 뿐 아무 성과가 없는데 뒷일을 어찌 감당하려고 하는지 모르겠다.

오후 늦게 제 발로 찾아온 호주대사 퀸란(Gary Quinlan)으로부터 1시간 이상 안보리의 토론과정을 상세히 브리핑받았다. 평소에 우군을 확실하게 관리하면 이러한 소득도 있는 법이다.

가장 중요한 임무인 유엔총회 연설을 어제 성공적으로 마쳐서 발을 쭉 뻗고 늦잠을 자고 싶었으나 국제형사재판소의 뉴욕 당사국사무소의 오전 9시 회의에 참석했다. 간단히 브리핑을 하고 나니 나를 지지하는 아르헨티나 대표 등의 발언도 있었으나 우간다와 남아공 대표가 어제 안보리 토론과 결부하여 국제형사재판소가 거대한 음모를 진행하고 있다고 비난한다. 나는 말 같지 않아서 대꾸하지 않았는데 비서실장 린이 이를 받아 점잖게 응수하고 마쳤다. 결국 아프리카 대륙이 사절단까지 파견하여 안보리를 공략한 의도가 완전히 실패로 돌아가자 분풀이를 내게 한 셈이다. 맷집도 좋아야 하니까 미소로 받아넘기고 입을 다문 것이다.

이날 비서실장 린을 보내고는 반기문 총장, 김원수 대사와 함께 막 귀임한 오준 대사가 주최하는 오찬에 참석했다. 이런저런 일화 겸 시국담을 한국말로 한참 하고 나니 긴장이 풀어지는 듯 아주 기분이 좋았다. 마침 데이비드 콜러 전 보좌관이 방문했기에 최용훈 검사 부인이 마음먹고 사서 보낸 한과를 나눠주면서 여러 가지 회포를 풀었다. 데이비드는 부부가 함께 있기 위하여 국제형사재판소를 사퇴하고 뉴욕의 어느 비정부기구로 취직했는데 그동안 노력하여 유엔의 정식직원이 되었다는 것이 아닌가. 참 잘되었다. 훌륭한 젊은이라서 잘되기를 바란다. 저녁에는 2주일 전 부쿠레슈티에서 만난 이탈리아 출신 마우로 폴리티 전 재판관 부부가 찾아왔다. 이들을 호텔의 식당으로 안내하여 저녁을 대접하면서 오랜만의 회포를 풀었다.

나이지리아를 확보하라

주말인데 오후에는 애제자 정병두 인천지검장의 예방을 받은 다음 일찍 공항으로 나가 헤이그에 귀임하니 일요일 새벽이었다. 일요일이라서 종일 잤다. 내일 다시 나이지리아로 떠나야 하기 때문이다. 공항에는 일요일 아침임에도 빌럼이 나와서 집에 데려다 주었다. 아프리카에 출장 가는 관계로 말라리아 약과 준비된 문서를 전달하기 위하여 운전사를 내보낸 것이다.

11월 4일 새벽 5시에 공항으로 나가서 마티아스와 함께 프랑크푸르트를 거쳐 나이지리아의 신수도 아부자(Abuja)로 날아갔다. 나와 함께 뉴욕을 다녀온 린이 마티아스와 임무교대한 것이다. 수행원들은 자기네들끼리 임무교대를 하는데 나는 줄곧 출장을 계속하자니 피곤하기가 이루 말할 수 없다. 독일로 가서 직행으로 갈아탔다. 유럽과 나이지리아 간에 시차가 없고 편안한 좌석이어서 주는 대로 먹고 기내에서 잔 덕택에 좀 피로가 풀렸다고나 할까.

아프리카를 상대로 하는 역학관계는 보통 가장 크고 영향력이 있는 남아공을 설득하여 내 편으로 만드는 것이 요체이다. 만일 이런 노력이 여의치 않으면 차선책으로 서아프리카의 맹주요 아프리카에서 인구가 제일 많은 나이지리아를 확보하여야 한다. 만델라 별세 후 남아공은 국제형사재판소를 대하는 태도가 표변하였으므로 나로서는 가능한 한 빨리 나이지리아를 우리 편으로 만들어야 했다. 그런데 마침 그 나라 대통령이 초청을 했으니 내가 어찌 내 한 몸을 돌보고자 안 갈 수 있겠는가.

이번 출장은 나이지리아 굿럭 조너선(Goodluck Jonathan) 대통령의 초청으로 현재 아프리카연합과 국제형사재판소 간에 케냐의 현직 대통령 재판사건 때문에 발생한 비난과 의견대립을 조정하고 서로의 의견을 허심탄회하게 털어놓는 기회를 갖자는 취지에 따른 것이다. 오후 4시가 지난 시각에 공항에 도착하니 우선 10일 전 선발대로 파견된 자체 경호원인 패트릭과 니콜라스가 보이고, 나이지리아 정부의 의전장과 경찰 경호책임자가 마중한다. 그리고 나의 방문에 앞서 네덜란드주재 나이지리아대사가 미리 귀국하였다가 나를 공항 귀빈실에서 영접한다. 이것이 국가원수에 대한 정식 의전이다.

그런데 따로 출발한 가나 재판관 쿠에니에히아가 거의 1시간이나 늦어서 내게 합류하는 바람에 귀빈실에서 무료하게 기다렸다. 호텔로 약 40분가량 걸려서 이동하는데 앞뒤에 사이렌과 경광등을 장착한 경찰차가 서고 6대의 차가 요란한 소리를 내면서 전속력으로 달린다. 신설 수도는 아직 도처에 건설공사 중이나 무척 넓게 도로를 건설하는 것이 인상적이다. 이 일대는 사바나지역의 평야이므로 울창한 밀림이나 크게 자란 나무는 없고 평평한 초원지대에 가끔 커다란 바위언덕이 나타나곤 한다. 남쪽의 대도시 라고스(Lagos)는 너무 밀집된 인구와 오염된 공기 그리고 극도의 혼잡으로 정신이 없다는데, 이곳은 공기도 맑고 널찍한 길이 시원스러움을 선사하고 있다.

정부청사 부근의 호텔에 배정된 방은 침실과 별도로 거실이 있어 우리끼리 모여서 회의도 할 수 있는 구조여서 좋았다. 나의 제의로 모두가 호텔 식당으로 저녁식사를 하러 같이 내려갔다. 그들 특유의 토속음식이 제법 차려져 있다. 우선 얌(Yam)으로 흰떡같이 만든 주식과 쓴 나물을 약간 국물 있게 요리한 음식이 앞에 놓여있다. 생선도 그 지역에서 잡히는 흰 살 생선인데 이름은 잘 모르지만, 다른 재료 및 양념과 함께 너무 범벅이 되어 이것이 생선인지조차 모르겠다. 쇠고기는 따로 구워서 썰어주는데 다소 질기다. 아무튼 가능한 한 그들의 현지음식을 익히고자 노력했다. 별로 입에 맞지는 아니하지만 대사에게 맛있다고 칭찬했다. 후식은 파파야와 망고 등 여러 가지 과일이 풍부하다.

숙박비와 식사비는 대통령궁에서 모두 부담한다고 해서인지 식사할 때마다 어디서 별안간 수많은 사람들이 나타나서 같이 먹고 사라지곤 한다. 결국 쿠에니에히아 재판관은 짐 가방이 도착하지 아니하여 현지의 은고지 우고(Ngoji Ugo) 교수와 함께 시내 옷가게를 둘러보고 다음 날 대통령 면담 시 입을 옷을 사는 등 사연이 많아서 행동통일을 못하였다. 경호원들은 나를 밀착방어하므로 거동이 제한되어 일찍 방으로 와서 잠을 청하고 말았다.

11월 5일 아침 이제 건기에 들어서서 혹서가 아니고 기온이 약 25도로 쾌적하고 하늘도 쾌청이다. 아침에 최종현 대사가 인사 와서 같이 식사했다. 점잖은 분이고 능력이 있는 분이라는 인상을 받았다. 이 나라의 불안정한 치안

여건상 모두 신수도의 외교단지 속에 아파트를 짓고 공관직원끼리 같이 사는데 비밀이나 프라이버시가 없지만 서로 의지가 된다고 한다.

오전 중에는 이 나라 대통령을 만나면 어떻게 회담을 진행할 것인가에 대하여 상념에 빠졌다. 그동안 국제형사재판소가 다루는 8개국의 사태가 모두 아프리카 국가임을 지적하면서 이를 서구 식민주의자들의 새로운 인종사냥이라고 비난하더니, 드디어 아프리카연합에서는 케냐 정·부통령의 재판을 기화로 로마규정에서 집단탈퇴하자는 주장이 대두되었다. 이는 이제 겨우 10년 된 국제형사재판소에게는 중대한 도전이요 위기인 것이다. 나는 즉각 뉴욕의 지지자들에게 SOS를 보내고 반기문 유엔 사무총장에게도 도움을 청했다. 반 총장은 열심히 아프리카 정상들에게 전화를 걸어 탈퇴를 만류하고 그때마다 결과를 알려주었다.

또 다른 지지자들은 나의 간곡한 부탁으로 미국의 중요한 거물기업인을 몇 사람 접촉하여 아프리카 나라들이 로마규정을 탈퇴하면 이는 '법의 지배'(Rule of Law)로부터 점점 멀어지는 뜻이므로 그런 경우에는 그런 나라에 투자하는 것을 재고하겠다는 으름장을 놓게 하여 아주 상큼한 효과를 거두었다. 대내외적으로 먹구름이 점차 우리를 향하여 몰려오는 것이 분명한 가운데 직원 일부가 다소 동요하는 것 같기도 하단다. 몇몇 회원국의 대사나 유엔본부 고위층이 걱정되지 않는가 하고 자꾸 물어왔다. 그때마다 나는 걱정하지 않는다고 단호한 어조로 답변하였고 평상심을 가지고 직원을 격려하면서 이들을 안심시키기에 바빴다. 냉전이 해소된 후 넬슨 만델라 대통령의 축복 속에 탄생한 국제형사재판소에게 정녕 위기는 오는가.

위기에서는 장수의 한마디와 일거수일투족이 큰 영향을 미치는 것이므로 나는 결연하지만 평온한 태도로 위기를 극복할 수 있다는 자신감을 누차 표명하였다. 아프리카대륙의 가장 큰 나라인 남아공의 제이콥 주마(Jacob Zuma) 대통령이 초심과는 달리 만델라가 별세하자마자 국제형사재판소를 비난하며 돌아서는 것을 보고 이제는 남아공 대신에 무엇보다도 인구와 경제력 면에서 아프리카의 맹주를 자처하는 나이지리아를 꼭 잡아야 한다는 판단을 하면서 이 나라를 방문한 것이다. 나는 데즈먼드 투투(Desmond Tutu) 대주교까지 못살게 구는 주마 대통령의 태도변화를 걱정스럽게 지켜본다.

오후 1시 30분에 면담이 예정되어 있는데, 12시 반에는 출발해야 한다고 한다. 대통령궁이 10분 거리인데 한 시간 전에 출발함이 이해가 안 되었으나 대통령궁의 출입통제소에 도착했을 때 그 이유를 깨달았다. 우리 일행이 당도하여 한 사람씩 컴퓨터에서 이미 신청한 신상자료에 따라 방문패찰을 발부받고자 기다리는데 담당자가 하는 말이 우리의 이름을 컴퓨터에서 발견할 수 없다는 것이다. 거의 30분 이상 맹랑하게 시간을 낭비한 후 어물어물 나는 '미스터 조지'(Mr. George)라는 이름의 패찰을, 쿠에니에히아 재판관은 '미시즈 조지'(Mrs. George)라는 패찰을 받았다. 갑자기 나는 조지가 되고 가나 출신 재판관은 나의 부인이 되어 버린 것이다. 좋게 해석하면 'Judge'라는 단어를 'George'로 잘못 들은 것으로 보겠으나 대통령궁 직원의 일처리 자세와 사무능력을 보니 참 아득하게 먼 나라라고 생각하지 아니할 수 없었다. 국가원수 간의 방문이므로 그동안 실무자끼리 얼마나 많은 교신과 통화를 했겠는가. 그런데 이런 정도이다.

나중에 이 말을 보츠와나의 모나헹 재판관에게 농담으로 전하면서 웃었더니, 그녀는 아마 돈을 10유로 정도 주었더라면 명단이 기적적으로 나타났을 것이라고 말한다.

나이지리아 대통령, "면책특권 인정하라"

넓게 자리 잡은 나이지리아판 청와대를 한참 걸어 들어가서 잘 단장된 접견실로 안내되었는데 약 10분 정도 기다리니 굿럭 조너선 대통령이 입장했다. 우리 편에는 쿠에니에히아 재판관과 마티아스뿐이므로 이 면담교섭에 처음부터 관여한 은고지 우고 교수를 우리 편에 앉게 했다. 나이지리아 편에는 법무장관, 비서실장, 외무차관, 의전장, 기타 10여 명이 착석했다.

전통의상과 모자를 쓴 채 착석한 대통령에게 먼저 내가 감사인사를 하고 국제형사재판소와 나이지리아 같은 중요한 회원국 간의 협조의 중요성을 강

굿럭 조너선 나이지리아 대통령 방문 (2013. 11).

조하면서 말문을 열자 그가 거침없이 받아서 긍정적으로 응대한다. 첫마디가 나이지리아는 남의 강요로 로마규정을 비준한 것이 아니므로 절대 로마규정에서 탈퇴하지 아니할 것이라고 강조한다. 그러나 그런 다음에 그는 역시 아프리카연합의 입장으로 돌아가서 대통령의 예외 없는 재판출석 문제보다 더 근본적으로 로마규정 제27조의 문제를 거론한다. 현직 대통령의 경우에는 재판절차를 임기 말까지 정지하고 면책특권을 인정해야 한다는 취지였다.

나는 이 문제는 당사국총회에 조문개정안을 제출하고 허심탄회하게 토론하여 좋은 결론에 도달할 수 있으면 좋겠다고 외교적으로 대답했다. 내가 국가원수의 면책특권 문제에 관한 의견을 표명할 입장이 아니기 때문이다. 그러나 국제형사재판소 관할범죄의 혐의를 받는 현직 대통령의 면책특권 박탈은 로마규정의 근본원칙 중 하나이다. 이를 건드리면 뉘른베르크원칙 이래 여태껏 인류의 지혜를 모아 합의에 도달한 국제형사법 체계의 근간이 무너지고 만다. 뿐만 아니라 회원국이 독자적으로 개정안을 발의한다고 되는 것이 아니고 그전에 재판소 내부에서 조약개정문안심사위 (Advisory Committee for Legal Texts: ACLT) 와 전원재판관회의를 경유해야 하는데 아프리카 법률가 중에는 이런 조약개정의 기본절차를 아는 사람도 없는지 당사국총회 10일 전에 불쑥 이런 개정안을 제출하는 것을 보면 대강 자기의 입장을 밝혀 충성심만 보이고 말겠다는 표시인지도 모르겠다.

아무튼 아프리카가 로마규정 체제에서 탈퇴하지 않는다면 나는 그것으로 충분하다. 다행히 대통령은 말이 통하는 사람 같고 평범하면서 인간미가 있어 보이는 사람이다. 내가 나이지리아의 유엔대표에게서 들은 표현을 써가면서 대통령은 '조정역'(Bridge builder)이고 '평화중재자'(Peace builder)이니 잘 부탁한다고 하고 웃으면서 약 1시간의 회담을 마쳤다. 그는 나의 이 표현에 아주 어깨를 으쓱하면서 좋아한다. 우리는 그날 밤으로 비행기를 타고 다음 날 아침에 귀임했다.

정창호 판사가 내 후임 재판관 후보로 지명되다

일요일인데도 주요회원국인 캐나다가 주최하는 현충일(Remembrance Day, 일명 Poppy Day) 행사에 참석하기 위하여 아내와 둘이 멀리 떨어진 헤이그 외곽의 공동묘지로 갔다. 2차 세계대전에 순직한 영연방 전몰장병을 추도하고, 이어서 같은 묘지 경내에서 네덜란드의 대독일 항쟁집단인 스테이컬 그룹(Stijkel Group)의 추모식도 함께 거행했다. 이 사건은 40여 명의 네덜란드인이 항독투쟁을 하는 중에 누구의 배반으로 모두 일망타진되어 처형되거나 장기복역을 한 것인데, 이 용감한 네덜란드인들의 순국을 기리는 것이다.

이메일을 보니 사법대학원 동기인 정지형 원장의 아들인 정창호 판사가 나의 후임으로 다음번 국제형사재판소 재판관 후보로 지명되었다고 한다. 민사판례연구회의 가족모임에서 어린 모습을 보던 소년이 얼마 전까지 오스트리아에서 법무협력관으로 근무하다가 현재 캄보디아 임시재판소의 재판관인데 드디어 국제형사재판소에 도전하는 것이다. 후배요 제자가 출마한다고 하니 그의 행운을 빈다.

카탕가 피고인의 재판을 맡아서 사실상 혼자 힘들게 이끌어온 프랑스의 브루노 코트(Bruno Cotte) 재판장이 소장단을 만나잔다. 불어 배석재판관인 디아라와 판덴바인게르트가 전혀 일을 안 한다는 것이다. 디아라는 이미 말리의 헌재 재판관이 되었다고 자기 나라의 대통령선거를 감시해야 한다며 자기 나라에 가 있다. 판덴바인게르트는 필요할 때마다 아프다는 핑계를 대고 결근하면서 뒤로 여행이나 다니는 사람이다. 가엾은 코트 재판장만 사건을 붙들고 씨름하고 있는데 그나마 폴커의 부인인 프랑스인 오드리(Audrey)를 구유고전범재판소에서 간신히 빌려다가 팀에 합류시킨 바람에 조금 낫다고 한다. 훌륭한 법조인인데 무책임한 두 재판관 때문에 고생하여 건강을 해칠 정도이다. 코트의 격정어린 토로를 참고 들어주었다.

그다음에는 칠레대사 마르타비트가 그룰락(GRULAC: 라틴아메리카와 카리브해 국가들의 연합) 대사들을 모두 음식점 레종브렐(Les Ombrelles)로 점심초대를 하고는, 나더러 금년도 당사국총회를 앞두고 재판소 돌아가는 형편에 대하여 연설을 하라고 한다. 그동안 공교롭게도 화학무기금지기구(OPCW) 회의에 모두 매달려서 우리 재판소 쪽에는 시간을 못낸 결과 무엇이 돌아가는지 파악하지 못했기 때문이다. 내 입장을 고려하여 다가오는 당사국총회에서 국제형사재판소를 지지할 테니 무조건 어떻게 하라고 구체적 지시만 하라는 것이다. 참으로 감사하지만 말이 새어나가는 상황에서 내가 무슨 말을 할 수 있을 것인가. 그런 대로 평소보다는 좀더 솔직하게 내부적 비화를 말하면서 간곡한 도움을 청했다. 칠레대사는 연설 후 나에게 온갖 찬사를 다하여 민망하였다. 참으로 어려운 상황에서 국제형사재판소와 각 회원국을 무리 없이 잘 이끌어간다느니, 인간적으로 신중하면서도 원칙을 지킨다느니, 소장으로서의 리더십과 카리스마가 있다느니, 언제나 대하기에 편하고 믿을 수 있고 친절하다느니 여러 말을 하면서 한국 대통령에 출마하면 좋겠다는 엉뚱한 소리도 했다. 대사들의 쟁점파악은 아주 미흡했지만 내가 내주의 당사국총회 분위기를 탐색하는 데 도움이 되는 회합이었다. 그들에게 그룰락이 단결하여 재판소를 일사불란하게 지지해달라고 부탁하고 자리를 떴다.

마린스키 발레와 디왈리 축제

저녁에는 오랫동안 기다리던 마린스키 발레를 보러 루센트 단스 극장에 아내와 같이 갔다. 나는 지난 5월 상트페테르부르크에서 진짜로 그들의 오페라와 발레를 관람했기 때문에 주로 아내를 보여주러 간 셈이다. 이 현대 발레공연은 인류의 보배이고 유산으로 남을 걸작이다. 어쩌면 오케스트라의 음악과 그렇게 자연스럽게 조화가 되면서 인간의 율동이 그러한 아름다움을 창조할 수 있는지 입이 다물어지지 않는다. 2시간 동안 한눈을 팔 수 없었다.

외교관 골프클리닉을 계속한 지가 이미 2년이 되었는데 이것은 오로지 테레사 베이르스마(Teresa Weersma)의 노력으로 가능한 것이었다. 그런데 그녀가 자기 집으로 점심을 초대하였다. 모두들 호기심을 가지고 우리 부부, 권오곤 재판관 부부, 구유고전범재판소 알폰스 오리(Alfons Orie) 재판관, 로절린 히긴스(Rosalyn Higgins) 전 국제사법재판소 소장이 바세나르 골프장 뒤에 있는 그녀의 집으로 갔다. 제대로 사는 네덜란드 부자의 집을 아마 처음 보는 것 같다. 본인은 영국인인데 네덜란드인 남편을 만나 딸 둘을 낳고 잘살다가 남편이 죽고 혼자 그 큰 집을 지니고 산다. 넓은 정원은 물론 집안에 걸린 그림이나 진열된 물건들이 하나같이 비싼 골동품이라서 모두들 놀랐다. 재산이 아직도 많다 보니 큰 저택의 유지관리에 돈을 쓰는 데다가 이 비싼 골프클럽의 회원이고 여행도 자주 하는 것 같다. 네덜란드 사람들은 잘살아도 내색을 안 해서 모르는데 이날 아주 전형적 예를 본 셈이다. 점심 후 모두들 같이 가서 벤 콜리어(Ben Collier) 프로에게 한 시간 레슨을 받고 헤어졌다.

저녁에는 인도의 힌두교도들이 최대의 명절로 삼는 디왈리(Diwali) 축제에 초대받았다. 2년 전에 교회를 구입하여 인도의 간디문화원으로 개조한 후 인도문화 전파를 위하여 그동안 많은 활동을 한 것 같다. 장소에 도착하니 귀빈실로 안내되어 새로 온 인도대사 프라사드 등 다른 귀빈들을 만나 담소하고 공연장으로 들어갔다. 우선 귀를 때리는 악기소리는 꼭 한국 사물놀이의 징과 비슷하다. 현지 인도인들이 마련한 각종 힌두 춤을 공연하였는데 의상의 색채가 화려하고 손가락이나 몸을 뒤트는 공연이 육감적이기까지 하다.

외교관 골프클리닉 (2011. 11).

　인도인들의 공연은 여러 가지 춤과 자기네 유명 남자가수의 노래로 구성되었는데 연출이 다소 엉성하고 어린이들이 춤을 추는 모습이 매우 애처롭게 보였다. 중간에 헤이그 외곽 스헤베닝언 지역의 합창단이 몇 가지의 쉽고 정겨운 합창을 선사하였다. 이들은 나이가 지긋한 이 지역출신 어부인 할머니와 할아버지들인데 그들의 합창과 기타와 밴조 및 아코디언 소리가 정겹다. 네덜란드는 한국처럼 주말에는 어디를 외출하지 않으면 큰일 나는 줄 아는 분위기가 아니고, 안정된 사회라서 조용하게 살므로 독서를 하거나 합창과 같은 취미를 살려 지역에 봉사하고 자아개발에 힘쓴다. 어디를 가나 그러한 합창단이나 자선활동 그룹, 아니면 지역사회에 기여하는 다양한 모임들이 활발하니 이 아니 부러운가.

긴장 속의 당사국총회와 국제외교의 비정한 현실

11월 20일 드디어 제12차 당사국총회 개막일이다. 일찍 아침부터 내 사무실에 모여서 한 가지 아주 급한 업무를 처리해야 했다. 어제 저녁에 늦게까지 소장실 참모들이 모여서 논의한 것은 타르푸서 부소장이 예심재판부의 수명법관으로서 구속영장 발부를 결정하고 소장단에게 구속할 자들의 외교적 면책특권을 박탈해 주도록 건의하였기 때문이다. 벰바 피고인의 재판과정에서 증인들이 계속 허위증언을 하는 것을 감시해보니 피고인 벰바가 대는 돈을 가지고 피고 변호인들이 증인을 매수, 위협, 교사하여 허위증언을 계속하는 것을 보다 못해 결단을 내린 것이다. 검사가 구속영장을 청구하였고 타르푸서가 수명법관으로서 비밀리에 구속영장을 발부하기로 결정했다. 절차상 이들이 피고 변호인이므로 소장단이 그들의 면책특권을 박탈하는 결정을 해주어야만 구속이 가능한 것이다. 검토 결과 면책특권이 무제한, 무조건적인 것이 아니라 제한적인 것이고 관련업무의 수행에 필요한 범위 내에서만 인정되는 것인데, 이 같은 로마규정 제70조의 사법방해죄를 저지른 자에게는 면책특권 박탈 여부의 문제가 일어나기 전에 바로 체포하여 구속할 수 있는 것으로 해석하였다.

이 문제를 매듭짓기 위하여 아침 8시에 소장실의 관계자들이 만나 오랜 토론 끝에 결론짓고, 바로 당사국총회가 열리는 월드포럼(World Forum)으로 달려갔다. 초청손님 중 압두 디우프(Abdou Diouf) 전 세네갈 대통령이 정각에 와서 무대에 착석하고 있는데 당사국총회 의장부터 아무도 안 나타나서 민망했다. 10시20분에 개회한 총회가 다행히 순조롭게 진행되어 12시 반에 오전회의가 종료되었다.

부리나케 프랑스대사가 주최한 점심 리셉션에 린을 데리고 가니 발을 디딜 틈도 없다. 구유고전범재판소 메론 소장이 나의 연설이 대부분 내용도 좋지만 전달도 아주 잘되었다고 한다. 나와 디우프를 위하여 헤드테이블에 자리를 만들어놓았다고 하는 것이 아닌가. 음식도 호화롭고 먹음직스러운데 어찌하랴. 이 모든 좋은 음식을 포기하고 급히 사무실로 돌아가야 한다. 면담신

제 12차 당사국총회 (2013. 11).

청을 한 납북자 가족모임의 간부들이 나를 만나야 한다고 강청했기 때문이다. 나를 만나기 전에 오늘 아침 이미 검찰부에 가서 6·25전쟁 시 북한이 수많은 민간인을 납치한 범죄를 반인도적 범죄의 상태범(狀態犯)으로 해석하여 고발했다는 것이다. 법적으로는 논란의 여지가 많지만 여러 가지로 애쓰는 김태훈 변호사를 격려하는 코멘트를 해주고 헤어졌다.

면담 중에 소장실 법무담당 직원으로 있는 나이지리아 출신 영국 변호사 오도 오구마(Odo Ogwuma)가 구속영장관계 결정서를 가져와서 서명했다. 일단 급한 내부 일을 처리하고 회의장으로 왔다가 아시아 비정부기구 관계자들에게 토요일 오후에 자기네 부가행사에 참석하여 연설하기로 약속했다.

오후에는 회의장에 들어가 단상에 앉아서 회원국의 연설을 들었다. 중간에 남아공의 신임 법무차관과 잠깐 면담하였는데 그에게 아프리카연합에 연락사무소 설치를 강하게 주장하고 헤어졌다.

당사국총회 개막연설.

　11월 23일 오전 재판관 선거에는 우루과이가 사퇴하여 트리니다드토바고의 단일후보 제프리 헨더슨(Geoffrey Henderson)이 3분의 2를 받아 쉽게 당선되었다. 우선 축하 이메일을 보냈다. 그리고 오후에는 피해자신탁기금 이사회 의장인 일본인 노구치가 예방했다. 평균적 예의는 차리는 사람 같고 오자키 재판관과는 차원이 다른 인물 같다. R과 L을 구별 못해서 그렇지 영어도 상당히 정확하게 한다.

　3시가 지나서는 국제형사재판소연합(CICC)의 아시아태평양지역 지부의 부가행사에 들어가서 연설했다. 호주대사 뮬즈(Neil Mules), 시드니에서 온 루이즈 샤펠(Louise Chappell) 교수, 뉴질랜드의 국제법률국장 페니 라이딩스(Penny Ridings), 유엔주재 필리핀대사, 기타 많은 사람들이 참석했다. 한국에서도 박철주 공사, 이정환 부장판사, 정창호 후보, 최태현 교수 등이 참석하여 참 고마웠다. 작년과 그 전해 뉴욕에 가서 유엔총회 연설을 할 때 한국대사 등 대표부에서 한 사람도 얼굴을 안 비친 것과 대조가 된다.

　집에 와서 좀 쉬다가 저녁 8시에 이탈리아대사가 초대한 만찬에 부부가 참석했다. 프란체스코 아차렐로(Francesco Azzarello) 대사는 시칠리아 출신으로 아주 따뜻한 인간미를 가진 사람 같다. 부인 올가(Olga)가 로마에서 의사로서 일하므로 헤이그에서 같이 살지는 못하는데 이번에는 마음먹고 20여 명의 여러 대사들을 초대한 중에 우리 부부를 주빈으로 초대하였다. 그가 인사말을 하는 바람에 식사 후 내가 일어서서 농담을 곁들여 감사의 답사를 했다. 메뉴는 참치를 여러 가지 채소 등과 함께 다져서 소시지처럼 둥글고 길게 말아서 구운 다음 썬 음식인데 참 맛이 있었다. 당사국총회 회기 중이어서 예민하고 긴장된 분위기인데 이 같은 넉넉한 만찬을 준비하여 초대된 여러 사람의 분위기를 누그러뜨려주는 이탈리아대사가 무척이나 감사하다.

11월 28일 긴장감 속에 시작된 제12차 당사국총회가 드디어 소란스럽고 걱정되던 8일간의 회의를 마치고 폐막했다. 나는 말을 조심하고 회의결과에 관하여 누가 물으면 대답할 표준적인 답변을 미리부터 준비시켜서 가지고 있었다. 소장실의 린, 히라드, 필립, 마티아스 등 간부들이 연일 회의장에 붙어살면서 최대한 노력하여 불리한 결과를 줄이기에 온갖 힘을 쏟았다. 이번 총회에서는 아프리카그룹이 케냐 사건을 계기로 단결하여 덤비면서 관계법령을 개정해서라도 자기네 국가원수의 재판출석을 막자는 데 온갖 힘을 기울였다. 문제는 이에 대응하여 국제형사재판소의 지지자들이 얼마나 앞장서서 막아줄 것인지가 관건이었다.

케냐는 전방위 공격을 다하여 자기네 국가원수에게 불리한 증거절차규칙을 개정하고자 노력했다. 내 생각에 분명하게 로마규정이라는 상위규범에 위반되는데도 무리하게 밀어붙이면서 하위규범인 규칙을 개정하는 협상을 했다. 특히 국제형사재판소 법률고문 히라드는 네덜란드의 토마스(Thomas), 뉴욕에서 온 루마니아의 크리스티나(Christina), 그리고 스위스 법률팀의 적극적 협조로 그나마 손해를 줄이고 재판소를 방어하고자 눈물겹게 고군분투하였다. 회원국들은 아프리카그룹에게 인심을 잃지 않으려고 아무도 적극적으로 재판소의 입장을 지지하는 발언을 하지 않고, 기껏해야 모호하게 아프리카와 대화가 필요하다고 말했다. 정치적 논의에 끼어들 수 없는 사법기관인 국제형사재판소를 정치적 황야에 방치한 셈이다. 이것이 철저하게 자기네 이해관계에 따라 움직이는 국제 외교무대의 현실이다.

이번 총회는 완전히 아프리카인들이 소리 지르고 뛰어다니는 그들의 천하가 되었다. 더구나 평소에 적극적 지지자였던 호주와 뉴질랜드가 아프리카의 비위를 맞추려고 보여준 태도표변은 참으로 정나미가 떨어진다. 내년에 국제사법재판소에 제임스 크로포드(James Crawford)를 후보로 출마시킬 호주, 내년에 유엔안보리 의석에 출마할 뉴질랜드가 아프리카의 표를 안 잃겠다는 속셈으로 낯간지러운 소리를 많이 하고 다닌 것이다. 자기네 국익에 어긋나면 야멸차게 돌아서는 것이 외교무대의 현실이라고는 하지만 참 해도 너무 했다. 결국 아무도 우리의 입장을 이해하면서 분명하고 적극적으로 발언해서 도와주는 나라가 없고, 심지어는 규칙개정안의 기술적 심의과정에서조차 의견을 말하지 않고 비겁하게 재판소에게 발언을 미루면서 재판소의 등 뒤로 숨는 회원국들의 작태는 실망을 금할 수 없게 만들었다. 비참한 기분이 들었다.

케냐 외무장관은 마지막에 내게 고맙다는 인사를 할 정도로 얻은 것이 많아서 기뻐했고 아프리카연합도 만족하여 잠잠하지만 아무도 기분이 좋을 리가 없다. 국제형사재판소는 이번 총회에서의 위기를 이렇게 넘겼지만 곧 개정규정의 해석적용을 둘러싸고 재판부가 홍역을 몇 번 치러야 할 것 같다. 국제사회 현실의 비정함이여! 의기양양해진 아프리카는 내년에도 계속 시끄러울 것 같다.

나는 예정된 인도네시아와 말레이시아 여행을 앞두고 당사국총회 마지막 날인 28일 그지없이 빡빡한 일정 속에서도 우샤스카 재판관의 채근으로 내가 재판장인 루토 상고사건에 대한 합의토론을 마쳤다. 총회를 마친 인텔만 의장이 아침에 내 방에 들러 비서실장 린과 함께 총회결과를 씁쓸하고 우울하게 종합평가하고 일어섰다. 아프리카의 요구를 모두 들어준 것에 대하여 최악을 피하긴 했으나 다른 지지국들의 태도변화로 인하여 더 강하게 막지 못한 점에 대하여 다른 참석자들도 모두들 축 처진 분위기였다. 사태 지휘의 총사령관인 나는 주로 듣고 별로 말을 하지 않았다.

영국 찰스 황태자 65회 생신만찬 참석

당사국총회 중에는 소장인 내가 자리를 지켜야 한다. 당사국총회는 말하자면 국제형사재판소판 유엔총회이고, 1년에 한 번만 개최되기 때문이다. 그럼에도 불구하고 저녁에 영국 찰스 황태자의 65회 생신만찬에 초대받았으니 부득이 안 갈 수가 없다. 오전에 출근하여 밀린 일을 처리하고 아내와 둘이서 런던행 비행기를 탔다. 사실 전날 식사도 제대로 못하고 밤늦게까지 일해서 피곤한데 오늘도 새벽부터 출근하여 급한 것부터 처리하고는 나머지 일을 타르푸서 부소장에게 맡겼다. 일단 비행기에 오르니 피곤과 함께 졸음이 온다. 오늘도 비행시간 등 여러 가지로 어중간하여 점심을 못 먹고 비행기를 탔기 때문이다.

아내는 롱 드레스를, 나는 턱시도를 호텔방에서 비로소 입어보았다. 파티복을 자주 입어볼 기회가 없었지만 그런 대로 폼이 나고 보기에 괜찮다. 저녁 6시에 맞추어 버킹엄 궁전으로 향했다. 날이 어두워졌는데 비가 안 와서 천만다행이다. 궁전의 입구에서 상당히 기술적이고도 엄격한 보안검색이 있어 입장시간을 지체하게 한다. 궁전에 들어가서 안내받아 아내의 손을 가볍게 잡고 천천히 걸으면서 위엄 있게 건물 안으로 들어갔다.

드높은 천장에 그린 화려한 벽화, 벽에 걸린 각종 회화, 푹신한 바닥의 카펫, 정교한 각종 코너장식이나 샹들리에 등이 사람을 압도하게 눈에 들어온다. 이미 가지고 간 입장권을 식탁좌석표로 바꾼 다음 천장이 높고 아주 커다란 방으로 안내되어 샴페인을 한 잔씩 들고 한동안 담소했다. 물론 서로 모르는 사람이 대부분이므로 인사하면서 화제를 이어갈 수밖에 없다. 내부가 대부분 상당히 강하게 황금색으로 칠해져 있는 데다가 벽에 걸린 많은 그림들은 종교적 그림이거나 왕실 조상의 행사를 그린 것이거나 영국의 역사적 사건을 나타낸 것들이다. 아마도 이 궁에 들어오지 않았더라면 그 존재마저 알기 어려운 귀한 그림들이겠지.

참석자 중에 동양인들이 대여섯 명 보이는데 중국인인 듯싶고 한국인은 우리밖에 없었던 것 같다. 백인을 제외하면 인도인이 가장 많은 것 같고 흑인은 거의 못 보았다. 손님 중에는 미국 연방대법관 케네디의 딸(*Investment banker*)과 사위, 아마존의 부사장, 몇 해 전에 지휘자 쿠르트 마주어(Kurt Masur)의 80세 기념연주에서 만난 피아노 수집전문의 알렉산더 콥스(Alexander Cobbs)와 대만인 부자(Bruno Wang), 망한 세르비아왕국의 황태자, 델프트에 산다는 네덜란드인 부부, 장애인골프재단 총재 심슨(Simpson) 내외 등과 담소했다. 근 2시간을 서서 얘기를 나누다가 평소에 연주장이나 무도장으로 사용하는 것 같은 크고도 천장이 높은 방으로 안내되었다.

들어가자마자 화려한 베르사유풍으로 그림을 그리고 디자인을 해서 잘라 만든 이색적인 프로그램을 나누어준다. 단순히 문자로 인쇄한 종이가 아니고 각종 색칠을 하고 예쁘게 디자인한 독특한 프로그램인 것이다. 버킹엄 궁전을 배경으로 그린 겉표지 속에 첫 장을 열면 '클래런스 하우스'(Clarence House)라는 제목하에 찰스 황태자의 인사말씀을 인쇄하고 그의 서명을 넣은 첫 장이 보인다. 이어서 뒷장에는 이언 스켈리(Ian Skelly)의 집필로 자세하게 오늘 연주할 작품의 구성과 내용을 설명하고 있다. 마침 금년이 바그너 탄생 200주년이고 황태자가 바그너의 팬이라고 하여 그의 작품을 골랐다던가. 연주 작품은 〈신들의 황혼〉(*Götterdämmerung, The twighlight of the Gods*)이라는 바그너의 마지막 오페라이다. '서곡: 지그프리트의 라인여행'(*Prologue: Siegfried's Rhine Journey*)을 시작으로 제2막은 '트리스탄과 이졸데의 사랑의 합창', 그리고 제3막은 '지그프리트의 장송곡'(*Siegfried's Funeral Music*)에 이어 '트리스탄과 이졸데의 서곡' 및 '사랑의 죽음'(*Liebestod*)으로 마치고는 공연의 나머지 부분은 황태자가 가장 좋아한다는 '뉘른베르크의 명가수'(*Die Meistersinger von Nürnberg*)를 공연했다. 3막의 '상의 노래'(*Prize Song*) 5중주 (*Quintet*) 그리고 '일어나라'(*Wach auf*) 합창으로 끝났다. 교향악단의 지휘자는 크리스토프 폰도흐나니(Christoph von Dohnányi)이고, 소프라노는 니나 슈템메(Nina Stemme), 테너는 로버트 딘 스미스(Robert Dean Smith), 메조소프라노는 안네 소피 폰 오터(Anne Sofie von Otter)와 애나 버포드(Anna Burford) 등이 절창을 보여주었다. 마침 출연예정이었던 소프라노 아만다 루크로프트(Amanda Roocroft)는 후두염으로 대신 아가 미콜라이(Aga Mikolaj)

가 출연한 사정도 설명되어 있었다.

프로그램을 자세히 보니 가장 큰 기부를 한 젊은 반드레발라 부부(Cyrus and Priya Vandrevala)의 사진과 그들의 인사말이 담겨있고, 기부자들의 명단이 실려 있다. 연주장에 자유로 앉고 보니 크고 화려한 방의 정면에 높게 파이프 오르간 31개가 설치되어 있다. 약 300명 정도 되는 손님인 것 같다. 100명이 넘는 필하모닉 오케스트라가 단상에서 바그너를 한 시간 남짓 연주했다. 파이프오르간 앞의 2층 발코니석에 합창단이 착석하고 주인공 가수들은 자기 차례가 되었을 때에만 나오는데 교향악단의 연주와 함께 잘 어울렸다.

8시 조금 전에 시작한 바그너 공연이 9시에 끝나고 나니 맨 앞줄에 앉아있던 찰스 황태자가 단상에 올라가서 간단한 감사의 연설을 했다. 프로그램에 인쇄된 대로 읽는 말씀이라서 별 특징이 없었다. 이 만찬은 그의 65회 생신축하이기도 하지만 그가 이 오케스트라의 후원자가 된 지 35주년을 기념하는 자리이기도 해서 좌석배정은 후원자금을 낸 순서대로 되었다. 황태자가 바그너 애호가라는 얘기를 나누면서 우리는 연주장에서 만찬장으로 안내되었는데 만찬장(picture gallery)은 새로 단장하여 많은 대소그림을 빽빽하게 건 곳이다. 31번 테이블에 배정되었다. 황태자가 29번에 앉았으므로 한 테이블 건너뛴 것이다.

모두 새로 단장을 해서인지 방은 물론 그림들도 화려함과 광채가 더 나는 것 같다. 각 식탁에 놓인 높고 큰 화병에는 밑에 큰 국화를 배경으로 깔고 여러 가지 키가 큰 생화를 꽂았다. 메뉴판을 보니 이것도 두꺼운 마분지를 잘 디자인하여 절단하고 오동색으로 칠한 다음 메뉴를 적어 넣었다. 바다 송어(sea trout)와 아보카도를 다져 채소와 오이 위에 놓고 딜 드레싱을 친 전채 후에는 사슴고기(medallion of highland)를 주니퍼베리(juniper berry) 소스에 졸인 다음 양배추, 감자 및 계절채소와 함께 나왔고 후식은 바닐라 마카롱(vanilla macaroon)인데 다소 수준 이하였다. 와인은 보통 보기도 힘든 샤토 무통 로쉴드(Château Mouton Rothschild, Aile d'Argent 2008; Château 2004)가 무제한으로 공급되었고, 헝가리와인 로열 토카이(Royal Tokaji Blue Label 5 Puttonyos 2008)가 서브되었다. 메뉴판도 귀가 시에 문간에서 일일이 나누어주었다.

식사 전 황태자가 입장한다고 하여 모두 기립했는데 많은 사람들이 그의 앞으로 가서 악수라도 하고자 쏠려서 나는 뒷줄에 서 있다가 눈만 마주치고 넘어갔다. 우리 식탁에는 로더미어 자작 미망인이 내 옆에 앉고 이런 저런 영국인들이 앉아서 담소했는데 그들은 오랜 후원자여서인지 이곳에 전에도 와 본 일이 있다고 한다. 음악연주의 프로그램도 독특하고 메뉴판도 독특하게 디자인했기에 한 장씩 들고 왔는데 이 모든 프로그램을 피아노 수집가인 콥스가 그렸다는 것이다. 그는 다방면에 재주가 있는 분인 것 같다. 그러나 사진을 일체 못 찍게 하여 유감이다.

이 행사는 음악을 좋아하는 사람들끼리 교향악단 한 개를 후원하는 성격의 것이어서 누구에게나 떳떳한 행사인데, 왕족이 낀 행사 중에 더러 이상한 말을 듣는 경우들도 있는 모양이다. 마침 2013년 11월 23일자 *The Financial Times* 1면에 논란 많은 JP 모건 체이스(JP Morgan Chase)의 제이미 다이먼(Jamie Dimon) 회장이 앤드류(Andrew, 엘리자베스 여왕의 차남) 왕자가 주최하는 버킹엄 왕궁 만찬에 코피 아난, 토니 블레어, 인도의 라탄 타타(Ratan Tata) 등과 함께 참석했다는 것이 비난조로 보도되었다. 그리고 보면 왕자를 끼고 이 같은 행사를 하는 경우가 꽤 있는 모양인데 신문은 왕실이 돈을 받고 정원을 빌려주거나 만찬을 주재하여 수입을 얻는 것으로 보도하고 있다. 이런 행사를 주관하는 데에는 반드시 중간에 이를 추진하고 조직하는 주동인물이 있는데 앤드류 왕자, 즉 요크 공(Duke of York)의 경우에는 데이비드 메이휴(David Mayhew)라고 이름이 밝혀졌다. 영국 왕실이 이처럼 수입을 챙기면 국민이 세금을 덜 내어도 된다는 주장도 있다. 세상에 순수하고 진정으로 서로 돕는 일이 어렵기도 하고 흔치 않은 것도 같다.

11월 22일 아침에 늦게 일어나서 아내와 함께 아침산보를 했다. 운전사 자바드(Javad)가 제시간에 와서 옥스퍼드를 향하여 출발했다. 넉넉하게 시간 전에 시내에 당도했는데 옥스퍼드 유니언(Oxford Union) 건물로 통하는 모든 길이 크리스마스 점등장치의 설치를 위하여 막혀서 한참 고생하다가 당도했다. 급히 사진 몇 장 찍고는 대학의 연설장으로 바로 갔다. 태국학생인 회장의 주선으로 이 건물의 작은 도서관에 약 150명 정도의 학생이 모였는데 질문은 대체로 원론적이고 이론적이어서 어렵지 아니하였고 케냐 재판에 예민한 학생이 없었다. 강연 후 떠날 무렵에 한국 여학생 2인이 인사한다. 하나는 존경하는 정종휴 교수의 딸이라고 한다. 예정대로 4시 15분에 떠났으나 고속도로에 사고가 나서 2시간 20분이 걸렸다. 출발 45분 전에 도착하여 비행기를 겨우 탔다.

사우디 대표단과의 만찬

다음 날은 아침부터 신입직원 교육프로그램에 가서 연설했다. 수강자가 28명이나 되는 가장 큰 모임이었는데 이것은 검찰부와 행정처가 역량강화를 위하여 새로 사람을 뽑았기 때문이다. 일정이 빡빡한데 가나의 법무차관 일행이 잠시 예방하겠다고 해서 15분간 접견했다. 모두 쿠에니에히아 재판관의 제자라고 하면서 대단히 그녀를 자랑스럽게 생각한다. 마치 나의 제자들이 나를 내세우는 것과 비슷하여 보기 좋았다.

그다음에는 브라질 대통령궁에서 온 인권담당국장 크리스티아나 프레이타스(Christiana Freitas)를 잠시 접견했다. 그리고 오랜만에 재판소 건물의 건설현장을 방문하였다. 다른 회원국 대표들과 함께 둘러보니 상당히 진척이 있었다. 간단한 샌드위치를 먹으면서 같이 참가한 박철주 공사에게 한국도 정원이나 기념물, 또는 그림 등 기증할 것을 건의해 보라고 했다.

저녁에는 사우디아라비아대사가 바세나르에 있는 중국음식점으로 만찬초대를 한다. 이번 12차 총회에 참석한 사우디 대표단을 주빈으로 저녁을 한다는 것이다. 그들은 리야드 고등법원장과 그의 일행 2명 등 3인이고 나머지 6인은 대사관의 직원들인 것 같다. 대사는 직업외교관이어서 영어와 매너가 능숙한데 다른 사람들은 여러 가지로 힘들다. 말이 안 통해서 의미가 없었다. 그들은 전통복장에 두건을 쓴 채 대사와 아랍어로 끊임없이 이야기를 한다. 이곳에 이들이 자주 오는지 음식이 많이 나왔는데 오렌지주스 아니면 다이어트콜라로 음료를 삼으면서 생선과 소고기와 채소를 먹었다.

이날의 만찬은 사우디아라비아를 이해하는 데 큰 도움이 된 모임이었으나 초청된 손님으로서는 처신하기가 힘들었던 경우였다. 대사는 처음으로 솔직하게 지난번 검사가 하도 국제형사재판소의 이미지를 망쳐서 자기네 중동지역에서 재판소의 평판이 나쁘다고 말한다. 나는 그의 솔직함에 용기를 얻어 왜 아프리카만 수사하는가의 비난부터 일체를 조리 있게 반박했더니 아주 놀란 표정으로 처음 알았다는 것이다. 그는 수단의 알-바시르 대통령이 하지(Haji)를 위해 메카에 오겠다고 했을 때 국제형사재판소가 그를 체포해서 헤이그로 인도하라는 구상서(note verbale)를 보내왔는데 이것은 무엇을 의미하는지를 물었고, 만일 사우디아라비아가 안 들으면 무슨 결과가 발생하는지 물었다. 좋은 질문이었다. 나는 열심히 설명하여 그의 이해를 도왔다. 나의 답변은 방문 중인 판사들에게도 통역이 된 것 같았다.

자카르타의 무질서와 무관심

하루를 바삐 지내다가 저녁에 독일 리셉션에 잠깐 들른 다음 마티아스를 대동하고 하루 먼저 인도네시아로 향발했다. 점심 때 바세나르에 있는 안경점에 가서 미리 맞춘 다초점 안경을 찾으면서 이번 여행 중에는 잦은 연설의 기회마다 안경을 바꿔 끼는 수고를 덜어볼 생각을 했다. 공항이동 중에 실험을 해보니 그런 대로 안경을 바꾸지 않고도 연설문을 지장 없이 읽을 수 있어서 기뻤다.

이번 여행도 헤이그시 정부가 헤이그를 '세계법률수도'(Legal Capital of the World) 또는 '평화와 정의의 국제도시'(International City of Peace and Justice)라고 주장하는 이미지를 전 세계에 알리기 위한 홍보계획의 일환으로, 이번에는 그들의 식민지였던 인도네시아를 행선지로 고른 것이다. 마티아스와 나는 이날 밤 다른 일행보다 하루 앞서 16시간의 비행 끝에 11월 30일 오후 6시 10분 자카르타에 도착했다.

이곳 주재 네덜란드대사관에서 정무담당 공사 니코(Nico)가 출영하여 바로 호텔로 직행했다. 길에 차가 많아서 35km 거리를 2시간이 넘게 걸려 도착했다. 네덜란드대사관 직원이 3시간도 걸리는데 우리는 운이 좋은 경우라고 하니 어안이 벙벙하다. 시내에 버스와 택시 외에는 일체 다른 대중교통 수단도 없으므로 별 방법이 없단다.

공항에서 호텔로 이동함에 2시간 이상 걸리는 통에 늦게 체크인 했으니 일요일 하루를 쉬어야 다음 주 월요일부터 빡빡한 일정을 소화할 수 있으므로 호텔에서 휴식을 취했다. 더구나 자카르타는 도시가 무질서하고 보행하는 외국인에게 위험하다는 인상을 주어 관광의욕도 생기지 아니하였다. 이번의 헤이그 대표단은 나를 단장으로 하여 국제사법재판소에서 작년에 당선된 인도의 대법관 달비에르 반다리(Dalveer Bhandari), 헤이그 국제사법회의(國際私法會議)의 사무총장인 스위스인 크리스토프 베르나스코니(Christophe Bernasconi), 그리고 국제상설중재재판소의 사무총장 대신 법률고문인 필리핀 출신 알로이시우스 얌손(Aloysius Llamzon) 등으로 대표단을 구성했다. 반다리 재판관은 부인과 함께 왔고, 헤이그 평화와 정의 프로젝트의 책임자인 잉그리드 드비어가 수행했는데 다른 대표단은 각자 다른 시간에 도착하므로 대사관에 여러 번 출영하게 하는 고통을 주었다.

일요일에는 김영선 대사와 유정현 공사참사관이 와서 호텔 내의 중국식당에서 오찬을 한 후 WTO 회의가 열리는 발리로 떠났다. 김 대사는 홍성좌 전 산업자원부 차관의 큰사위이므로 애제자 이호인 변호사와 동서간이다. 저녁에는 대사관저에서 네덜란드대사 티에이르트 드즈반(Tjeerd de Zwaan) 주최로 우리 대표단을 위한 조촐한 만찬을 대접받았다.

12월 2일 월요일 첫 일정으로 이 나라 대법원장 하타 알리(Muhammed Hatta Ali)를 예방했다. 이날부터는 두 명이 오토바이를 타고 경호 겸 교통을 통제하여 빠르게 길 안내를 한다. 대법원장 외에 여러 대법관이 우리를 맞이했다. 그러나 한 명도 영어를 하지 못하므로 통역 때문에 시간이 두 배로 걸렸다. 9시 45분에 시작하여 10시 반에 면담을 끝내고 11시까지는 외무장관을 만나러 가야 하는데 눈치 없는 대법원장이 길게 무슨 설명을 한다. 11시에 자기 말을 끝내고 선물을 준다는데 나는 그전에 안내를 받아 약속시간을 맞추기

인도네시아 대법원장 예방 (2013. 12).

위해 외무부로 부리나케 갔더니 마르티 나타레가와(Marty Natalegawa) 외무
장관이 네덜란드대사와 함께 기다리고 있는 것이 아닌가.

그는 마침 일정에 융통성이 있어서 우리의 입장을 이해하고 유연하게 잘
대해주었다. 약 50세 정도인데 인물도 준수하고 영어도 잘하고 태도도 능란
한 인재이다. 능숙하게 회담을 이끌어 무리 없이 결론을 맺고 끝냈다. 그러
나 그도 로마규정 비준을 위한 전권을 가진 각료는 아니므로 대답이 모호할
수밖에 없다. 급히 국회로 이동하여 12시에 법률담당 상임위원장인 시마부에
아(Pieter Zulkifli Simabuea) 의원을 만났다. 의회는 분위기도 좋고 로마규정
비준에 관하여 문제가 없음을 강조하면서 정부가 언제든지 비준안을 제출하
기만 하면 곧바로 심의하여 의결할 수 있는 분위기라고 한다.

다시 시내로 이동하여 13시 반부터 1시간 동안 국가인권위원회(Komnas
HAM) 위원장 라일라(Siti Noor Laila) 등 인권위원들을 회의실에서 면담했다.

이곳의 일정까지 마치고 2시 반에 늦은 오찬을 하기로 했으나 너무 길이 막
히고 시간이 없어서 간단히 샌드위치를 이동하는 차 안에서 먹었다. 다시 국
방부를 방문하니 유스기안토로(Purnomo Yusgiantoro) 국방장관이 면담직전

에 약속을 취소하는 통에 국장급 두 명을 만났는데 완전 동문서답이다. '우리는 사법제도를 개혁하여 우리 시스템으로도 잘할 수 있으므로 국제형사재판소에 굳이 가입할 이유가 없다'는 답을 한다. 인도네시아 정부대표단은 언어장벽 때문에 늘 힘들었으므로 스탠퍼드대학의 기계공학 박사인 국방장관에게 기대를 걸었는데 일부러 취소한 것 같다.

12월 3일 화요일 아침 1시간 이상 거리의 인도네시아대학(Universitas Indonesia)에 9시에 도착하여 헤이그를 위한 타운홀미팅(Town Hall Meeting)을 하고 대학 구내식당에서 점심을 먹었다. 이 대학도 몇 해 전에 독재자가 매일 데모하는 학생들을 밖으로 쫓아내기 위하여 옮겨버린 캠퍼스라고 한다. 후신(Siti Hajati Hoesin)을 비롯한 여러 명의 교수들이 찾아와서 많은 이야기를 나누었다. 국제법 분야에는 과거에 대사를 역임한 외교관도 교수진에 합류하고 있었다.

학교 중심을 관통하는 철도는 물론 넓은 대지에 자리 잡은 대학의 건물 속 구내식당만은 어느 열대관광지의 방갈로를 연상하게 지어서 아주 기분을 내면서 식사할 수 있게 분위기가 좋았다. 오후 3시에는 법무장관 아미르 시암수딘(Amir Syamsuddin)과의 면담을 위하여 급히 차를 되돌렸다. 법무장관은 무던한 사람 같은데 영어가 부족하므로 두 남성이 순차통역을 했지만 얼마나 정보가 전달되었는지 확신이 안 선다. 다만 그는 로마규정의 비준에 관하여 부정적이지는 아니한 듯해서 다행이다. 자기네가 의회에 제출할 초안도 마련해서 가지고 있다는 말을 하는데 보여주지 않는 것을 보면 거짓말일 수도 있겠으나 도무지 속내를 알 수가 없다.

저녁 6시 반부터 호텔 앞에 있는 네덜란드대사관(Erasmus Huis)에서 '국제인권의 날' 행사를 성대히 개최했다. 이 건물은 우선 요지에 크게 자리 잡고 있으면서 도서관은 물론 여러 가지 기능으로 쓸 수 있는 큰 강당이 있어 아주 매력적이다. 이곳에서 우선 헤이그를 위한 타운홀미팅을 한 다음, 대사의 개식사와 대법원에 도서전달식을 한 후에는 아세안인권헌장(ASEAN Charter on Human Rights)에 대해 와휴닝럼(Yuyun Wahyuningrum, 아세안인권 워킹그룹 고문)이 비판적인 주제발표를 하고, 이 나라의 정책연구소 소장(Indryaswati

인도네시아 비정부기구 미팅. 넓은 공간이 준비되었지만 참석자가 많지 않아 아쉬웠다 (2013. 12).

Saptaningrum)의 사회로 우리 대표단이 토론에 참여했다.

12월 4일 12시 반부터 전문가 분임토의를 주제별로 했다. 재판소팀은 호텔의 넓은 방을 빌렸지만 적은 수만 나타나서 실망 중에 그런 대로 마쳤다. 오후 3시에는 일행이 모두 대사관에 모여서 전체적인 종합보고를 했다.

종합적 판단을 해보면 인도네시아의 국가규모, 다양성, 잠재력 등을 생각하여 계속 접촉을 해야 할 것이지만 이들은 아직 전반적인 수준이나 인식이 한참 떨어진다고 할 수 있다. 우선 영어에서 막히니까 지식의 공유나 정보의 전달이 여의치 못하여 시간이 많이 걸리고, 공무원들의 의식구조가 국제화 내지 세계화와 거리가 멀어 국제동향의 빠른 변화를 감지하여 정책을 세우고 집행하는 일은 한참 멀었다고 하겠다.

조금만 더 깨어있고 실천력 있는 지도자가 있다면 개혁이 필요한 부분이 많이 눈에 뜨인다. 예컨대 한 공항에서 보안검사를 3번씩이나 하지만 어느 경우에도 철저히 하는 경우가 없이 사람만 많이 배치해 놓았을 뿐이다. 시내의 교통지옥은 말할 수 없지만 수도에 지하철이 없으니 뾰족한 대책이 없다. 시내에 혼자 돌아다니기가 힘든데, 오염된 공기, 제대로 건설되지 아니한 보도(步道), 치안상황 등이 그 이유라고 하겠다. 아직도 군부가 정부 각 분야에서 세력을 쥐고 있어서 군의 협조를 얻지 아니하면 정책이 시행되지 아니한다. 다만 대통령의 1회 중임만을 허용하는 헌법이 지켜지니 평화적 정권교체가 가능하고 그만큼 민주주의는 이룩되는 것이나 행정적 비효율이 심하다.

악명 높은 말레이시아 검찰총장과의 논전

21시 25분 말레이시아 수도 쿠알라룸푸르에 도착하여 하리 몰레나르(Harry Molenaar) 네덜란드대사의 영접을 받고 호텔에 투숙했다. 인도네시아에서 쿠알라룸푸르에 오니 천당에 온 듯 모든 것이 잘 정돈되었고 사람들이 열의가 있어 보였다. 네덜란드대사관은 2인이 근무하므로 매우 바쁘다고 한다.

이 나라 변호사협회의 간부로 늘 국제형사재판소를 위하여 도움을 주는 앤드루 쿠(Andrew Khoo) 변호사와 호텔에서 5일 조찬을 했다. 그는 늘 한결같고 균형된 정보전달을 하니 믿을 만하다. 아침 일찍 이동하여 9시 반 신도시 푸트라자야에 있는 대법원을 예방하여 대법원장 툰 아리핀(Tun Arifin bin Zakaria)과 다른 대법관 1인 및 행정처장과 면담했다. 그는 아주 기분 좋은 사람 같은 인상인데 면담 말미에 서로 선물을 교환하였다. 대법원 건물은 회교국가의 여러 유명한 건물의 디자인을 차용하여 웅장하게 지었다.

국회로 이동하여 새 법무장관 낸시 슈크리(Nancy Shukri)를 면담 후 국회 구내식당에서 그녀와 함께 오찬을 했다. 그녀는 나와 별도의 사적 면담도 했는데 인상이 좋은 엄마 같은 분이지만 자기의 현안업무에 관하여 아직 익숙하지 못한 인상이다. 정부와 의회는 비준에 아무 문제가 없다는 말을 되풀이한다. 그러면 검찰총장 한 사람이 이 나라의 전체 정책을 마음대로 좌지우지한다는 말인가. 장관이 업무를 모르니까 과도하게 문제의 검찰총장에게 의존하는 것 같다. 지난 3월의 선거에서 여당이 간신히 이겼는데 그 이유는 사바와 사라와크에서 몰표가 나와서 그렇게 되었으므로 보은을 한다는 뜻인지, 전문성이 없지만 그곳 출신의 여성을 법무장관에 임명한 것이라고 한다.

다시 푸트라자야로 이동하여 악명 높은 검찰총장 가니 파타일(Ghani Patail)과 2시간 이상 모든 대표단이 보는 앞에서 논전을 폈다. 우리 측은 현

말레이시아 현지 연구소가 주최한 세미나에서 연설 (2013. 12).

지 네덜란드대사까지 7인이, 그쪽은 총장 외에 간부 등 5인이 대좌하여 오랫동안 1 대 1로 논쟁한 것이다. 이 사람은 자기 나라의 바람직하지 못한 국내 입법을 모두 정리한 다음에야 로마규정에 가입하겠다고 주장하면서 예비검속법을 예로 들었다. 못마땅한 사람은 잡아다가 2년간 아무 혐의절차를 거침이 없이 구속할 수 있다니 민주국가에서는 있을 수 없는 법이긴 하다. 누가 말레이시아를 민주국가라고 했는가. 그는 이 법을 폐지한 다음 가입한다고 주장하지만 일개 검찰총장이 어떻게 국회를 움직여 이 정치적 법을 폐지한다는 말인가. 결국 이것은 핑계이고 비준하지 않겠다는 구실에 불과하다. 작년 12월에 헤이그 방문 시에는 6개월만 주면 독소조항이 있는 법률을 모두 정리하고 가벼운 마음으로 가입하겠다고 큰소리치더니 달성을 못해 미안하다는 것이다. 나중에 별도 사적 회담에서는 곧 헤이그를 방문하여 다른 탈출구를 마련할 듯이 이야기하니 두고 볼 수밖에 없다.

오후 5시 반 호텔로 귀환 후 몰레나르 대사의 주최로 약 40명의 손님과 그의 관저에서 만찬을 했다. 여기서 이제는 은퇴한 파리다 아리핀과 반가운 해후를 했고 우리끼리의 전의를 다졌다. 그녀는 헤이그주재 대사를 할 때에 알았는데 이제는 40년 외교관생활을 청산하고 은퇴하여 비정부기구에서 일한다고 한다.

12월 6일 호텔로 찾아온 말레이시아주재 한국대사관의 조병제 대사와 고상욱 1등서기관과 조찬을 가졌다. 그리고는 은행회관으로 이동하여 현지 연구소(Asian Strategy & Leadership Institute: ASLI)의 주선으로 전체회의 겸 타운홀미팅을 가진 다음 각 주제별 분과위원회를 개최하였다. 국제형사재판소 분과에도 많은 사람이 들어차서 내 연설 후 질문이 많이 나왔고 참석자들은 오히려 자기 나라의 미적거리는 태도를 비난한다. 12시 반부터 가진 오찬 후 나는 방에서 쉬었다.

잉그리드 드비어가 전화를 걸기에 그녀, 나, 일행 중 다른 2명 등 4인이 호텔 내 일본식당에서 저녁을 했다. 시간에 맞추어 밤 10시경 대사와 함께 공항에 도착했으나 기체고장으로 350명의 승객이 발이 묶였다. 망연자실한 채 공항에서 몇 시간을 낭비하다가 새벽 2시 반경 그들이 정해준 호텔에서 2시간가량 자는 둥 마는 둥 하고는 갖은 고생 끝에 예정보다 하루 늦게 12월 7일 토요일 저녁 6시 반에 암스테르담에 도착했다. 토요일 저녁에 도착하는 통에 결국 하루만 쉬고 출근하게 되었다.

상고심의 사건 처리 후 연말 귀국

일요일이라서 쉬고 싶으나 오후 4시 북유럽 4개국이 합동으로 크리스마스 연주회를 하는 곳에 참석했다. 물론 4개국의 대사들과 같이 맨 앞줄에 앉아서 그 지역의 대표적 음악가인 그리그와 시벨리우스는 물론 바흐, 베토벤, 헨델 등 여러 곡과 각국의 전통음악을 맛만 보여주는 방식으로 다양하게 선사하였다. 때로는 청중과 함께 노래하는 순서도 있었다. 성탄 때 그들이 추는 춤도 간단히 보여주어 아주 즐거웠다. 특히 마렌 할베리 라르센(Maren Hallberg Larsen)의 아코디언과 예르겐 딕메이스(Jørgen Dickmeiss)의 바이올린, 만돌린, 하모니카, 성악, 그리고 조하프(jaw harp, 입으로 연주하는 타악기)가 이색적이었다.

12월 9일 월요일 첫 출근하여 밀린 이메일을 정리하고 다행히 두 가지 상고 사건의 합의를 오전과 오후를 통하여 그런 대로 무난하게 진행했다. 오전에는 코트디부아르 전 대통령 로랑 그바그보(Laurent Gbagbo) 기소사건의 합의를 별 논란 없이 마쳤다. 오후에는 카탕가 사건의 증인으로 불려온 3인이 구속상태를 풀어달라는 상고를 했는데, 나와 의견이 같았던 모나헹이 트렌다필로바와 타르푸서 재판관에게 합류하여 그들이 다수의견이 되었다. 나는 증인의 인권을 중시하는 소수의견을 고집하며 강하게 반대토론을 했다. 이 사건의 증인으로 소환된 3인을 카탕가 재판부가 구속해 버린 채 지금까지 왔는데 그들은 본국인 콩고민주공화국으로 귀국하기 싫어 망명을 신청한 상태이긴 하나 상고심마저 이들의 상고에 대하여 관할권이 없다고 차버리면 증인들의 인권은 어디 가서 찾을 것인가. 나는 소수의견을 쓰기로 결심하고 브루노 젠더 연구관에게 나의 논거와 결론을 세밀하게 알렸다.

12월 10일은 하루 종일 회의 등 밀린 일을 처리하고는 저녁에는 베아트릭스 여왕의 의상여관장(衣裳女官長, Mistress of the Robes to H. M. The Queen) 직책을 30년 이상 해온 마르티너 판론-라부슈(Martine van Loon-Labouchere)의 암스테르담 집에 초대받았다. 박물관으로 개조하여 일반인에게 공개할 계획이라는데 엄청 크고 좋은 집이다. 천장이 아주 높고 각종 인물화가 걸려 있는데 서양사람은 자기네의 조상이고 동양여인의 얼굴은 모두 자기네가 부린 인도네시아 하녀들이라고 한다. 호스트인 마르티너는 첫 번째 결혼에서 아이 없이 15년을 살고 헤어졌고, 두 번째 결혼은 오늘날 재산을 많이 남긴 남자와 하여 15년 살다가 그가 죽었다고 한다. 두 번째 남편의 첫째 부인이 프랑스 여성으로서 프랑스와 제네바에 재산이 아직도 많이 있는데 암스테르담의 것과 함께 박물관으로 만들고 이를 운영하는 재단을 구성했으며 이 재단을 자기의 의붓딸이 관장하면서 미술상(art dealer)으로서 그림전시회를 한다는 것이다. 만찬에는 호스트의 여동생 부부가 참석했는데 그들은 여기저기 집과 아파트가 있으나 크리스마스 때에는 자기 집이나 제네바에 있는 집에서 약 17인 정도가 모인다고 한다.

베아트릭스 여왕이 자기를 불러 시종을 하라고 해서 지금까지 일했는데 이

제 신왕 빌럼-알렉산더가 등극하고 보니 왕과 비슷한 연령의 사람들로 교체하고자 하는 눈치가 보여 곧 은퇴하겠다고 한다. 집은 엄청난 부를 축적한 사람이 마음먹고 지은 굉장한 집인데 사람이 살지는 않는다고 한다. 그러나 벽에 칠한 페인트가 벗겨지고 칠이 일어난 곳들이 보이는데 이는 아무리 부자라도 관리상 손을 못 댄 탓이리라.

이번 겨울에는 예년보다 일찍 업무를 마감하고 12월 14일 아침에 귀국하였다. 특별한 생일은 아니지만 72회 생일을 맞이하여 감회가 없을 수 없다. 이번에도 이중기 교수의 한결같은 주선으로 애제자가 약 20여 명 대려도에 모여 생일을 축하해 주었다. 깊은 감사의 마음이 우러난다.

고국에 돌아오면 하루 정도 지나자마자 답답한 감정이 밀려온다. 바깥세상과는 담을 쌓은 느낌도 든다. 국내의 일반적 분위기가 주로 먹방이나 보고 남을 비판하면서 국제사회가 어떻게 빨리 돌아가는지 무관심한 채 넘어가는 것 같았기 때문이다. 국경을 넘어 한 발짝만 나가보면 새롭게 등장한 가치나 동향에 따라 세상이 급격하게 바뀌고 있는데, 인천공항에 도착하는 순간 우리는 바깥세상에서 무엇이 진행되고 무슨 일이 벌어지는지 알려고도 하지 않고 자기 욕심만을 채우는 정글 속에서 허우적거리는 모습을 본다.

국제사회는 급속히 지구촌으로 축소되면서 그 속에서 사는 사람이 지키고 아껴야 할 여러 가지 기준을 논하고 이를 발전시켜 더 나은 세상을 꾸미고자 온갖 노력을 기울이고 있다. 다른 선진국들은 이러한 소중한 가치기준을 더욱 발전시키기 위한 국제기구나 모임에 적극적으로 참여하여 국격을 높이고 이를 자기네 국내법 제정의 목표로 삼을 뿐만 아니라 정책방향의 우선순위에 두고 있다.

아직도 우리나라는 경제발전과 민주주의를 동시에 달성한 유일한 나라로서의 자부심에 안주하고 있고, 빠른 경제발전으로 경제강국이 되었음을 자랑하는 수준에서 한 발짝도 더 나아가지 못하고 있다. 열심히 노력해서 살 만큼 되었다는 것은 대단한 일이다. 하지만 왜 아직도 국제사회의 강력하고도 책임 있는 일원으로서 인류의 보편적 가치실현과 더 나은 미래를 추구하기 위하여 지혜와 힘을 합치는 과정에 좀더 적극적으로 참여하여 미래의 방향을 세우고 이를 같은 생각을 가진 나라들과 손잡고 계속 추진해 나가지 못하는가. 이래야만 한국의 품격이 국제사회에서 상승되고 입지가 강해지는 것을 왜 모르는가.

* * *

신년행사들

2014년 1월 13일은 러시아혁명 전에 사용하던 율리우스력(*Julian calendar*)에 의한 러시아 신정일이다. 예년과 같이 러시아대사 로만 콜로드킨이 구 러시아 신정(*Old Russian New Year*)에 초대했다. 러시아 대사관저에 가보니 대부분 러시아인들, 그리고 관련 있는 동유럽 인사들과 중요한 국제기구의 장들만을 소수 초대하였다. 약 1시간가량의 음악연주회가 열렸다. 서양사회에서 웬만한 행사를 하면 아름다운 선율이 중간에 끼는데 이번에도 예외가 아니었다. 이것이 문화적 수준이나 생활방식의 차이인가?

그런데 2인의 연주자 중 에두아르드 쿤스(Eduard Kunz)는 재작년에 이곳의 폴란드 대사관저에서 러시아와 합동으로 음악회를 개최했을 때 연주한 인상 깊은 젊은 피아니스트였다. 그때 아내와 나는 시베리아의 벽촌 옴스크(Omsk)에서 출생하여 영재를 위한 그네신특수학교(Gnessin Special School)를 졸업한 뒤 전 세계를 누비는 최고의 피아니스트가 된 이 젊은이가 혼신의 힘을 다하여 피아노를 연주하는 기량과 정열을 잊을 수 없었는데, 다시 만난 것이다. 다른 음악가 유리 메디아니크(Yuri Medianik)는 2살부터 천부적 재주가 나타나서 연주 못하는 악기가 없다는데, 그가 피아노협연 위해 들고 온 악기는 아코디언이 아니라 바얀(*bayan*)이었다. 아코디언보다 더 정교하나 소리는 더 남성적인 것 같았다.

이날 이 두 사람이 연주한 곡목도 스카를라티의 3개 소나타, 스트라빈스키의 이탈리아 모음곡(*Italian Suite*), 차이콥스키의 〈호두까기 인형〉 중에서 '꽃의 왈츠', 그리고 마지막으로 피아졸라의 탱고 3곡을 연주하였다. 이들의 빠른 손놀림과 땀을 뻘뻘 흘리면서 몰입하는 태도는 물론이고 연주 자체가 참으로 하늘이 내린 것 같았다. 더구나 두 사람이 영어를 그렇게 잘할 수가 없었다. 음악에 취하여 흠뻑 즐긴 밤이었다.

1월 14일은 네덜란드 외무부가 전 세계 공관장회의를 소집한 뒤 헤이그

시장이 대사들을 위하여 베푼 리셉션에 참석하였다. 이곳에서 상당수 네덜란드대사들을 만나 신년인사를 교환하였다. 특히 지난 12월 초 방문 시에 헌신적으로 도와준 인도네시아 주재 대사 티에이르트 드즈반과 말레이시아 주재 대사 하리 몰레나르, 그리고 지난해 5월 상트페테르부르크 방문 시에 도와준 론 켈러 대사, 그리고 2003년부터 3년간 주한대사를 하다가 현재 필립 드헤어 후임으로 일본주재 대사로 발령난 라딩크 판폴렌호번(Radinck J. van Vollenhoven)도 만나는 등 성과가 있었다. 그리고 베트남주재 대사 욥 셰퍼스(Joop Scheffers)도 만났으나 주한대사 파울 멩크펠트는 못 만나고 말았다.

15일은 왕실의 신년하례식에 참석하기 위하여 날씨가 다소 궂은데 아침부터 혼자 한복을 차려입었다. 8시 40분경 집을 출발하여 암스테르담으로 가는 도중 전화가 온다. 웬만하면 전화를 걸지 않을 텐데 비서실장의 전화이고 보니 아마 무슨 긴급한 사정이 생겼나보다.

아니나 다를까 모레 금요일에 떠나서 내주 월요일부터 시작하는 프랑코포니(L'Organisation Internationale de la Francophonie: OIF) 주최 국제형사재판소 회의를 취소한다는 연락을 캄보디아 법무장관으로부터 받았다는 것이다. 캄보디아정부가 입수한 첩보에 의하면 반정부세력은 이 회의를 표적으로 삼아 방해하고 소장인 나를 납치하고자 계획한다는 것이다. 필립이 선발대로 곧 떠날 참이었고, 캄보디아에서는 정창호 재판관이 나를 맞이할 준비를 다 마쳤는데, 마지막 순간에 ICC 소장의 신변안전을 보장하지 못한다는 이유로 취소하겠다는 것이다.

현재 캄보디아는 크메르 루주(Khmer Rouge)가 물러간 뒤 정부를 이어받은 훈 센(Hun Sen) 총리가 28년이나 집권하고 있으니 야당이나 국민이 가만히 있겠는가. 실제로는 야당의 반정부 투쟁이 문제인데 엉뚱하게 나의 안전에 이유를 대면서 취소한다. 프랑코포니를 설득하여 가까스로 성사시킨 회의를 캄보디아가 조속한 시일 내에 다시 개최할 가능성은 없다고 보아야 한다.

암스테르담 궁전에 도착하여 국제사법재판소 소장과 외교단장 다음으로 신왕을 알현했다. 빌럼-알렉산더 왕과 막시마 왕비 부부 그리고 외무장관 프란스 팀머만스 부부 등 4인이 서서 접견을 하는 것이 예년과 다르다. 다른 해에는 여왕의 여동생 부부가 참석했는데 아마도 왕이 된 조카에게 자유를 주기 위하여 이모 부부가 빠지면서 금년부터 바뀐 듯하다. 신왕의 첫 신년하례인데 왕의 메시지도 간단하고 외교단장의 답사도 없다. 아주 간략하게 파격적으로 진행된 신년하례식이다.

하례가 끝난 후 서로 자유 환담하는 시간에 전 여왕인 베아트릭스와 그녀의 여동생 마르흐리트 공주가 나와 잠시 환담을 나누었다. 금년에는 사람들이 많이 참석한 듯하여 이 기회에 많은 대사들과 신년인사를 교환했다. 그런데 리셉션이 보통 12시 조금 넘으면 왕이 퇴장하고 그 뒤를 이어 우리가 모두 떠나는데, 금년에는 거의 1시쯤 되어서야 마쳤다.

16일 나와 함께 처음으로 재판관에 당선된 트리니다드토바고 출신 칼 허드슨-필립스(Karl Hudson-Philips)가 별세했다는 소식이 들어왔다. 그는 나와 함께 2003년 당선되었으나 나이 70이 넘어서 신장을 한 개 제거하는 등 건강상 이유로 2007년 사임했다. 내가 소장이 된 후 벌써 현직에서 일본의 사이가 재판관이 작고했고, 이번에는 전직이지만 초대재판관이 별세한 경우가 된다. 그 외에 재판관의 부모가 돌아가신 경우가 여러 번 있었는데 매번 관례가 없어 혼자 내 방식으로 처리하곤 했다. 각국의 장례풍습이나 문화가 다르기 때문에 애경사에 관한 공통기준을 세우는 것도 어렵다.

23일은 부임한 지 얼마 안 되는 인도대사 프라사드가 오찬에 초대한다. 주빈이 아마르티아 센(Amartya Sen)이라는 노벨경제학상을 수상한 인도의 교수이다. 나이가 80세로서 젊어서는 역사학과 생태학으로 공부를 시작한 사람이라는데 나중에는 경제학, 특히 후생경제학 부문을 연구하여 노벨상을 받았다고 한다. 내 옆에 앉은 그분과 세계경제질서에 관한 많은 이야기를 나누었다. 다른 손님은 이 노학자와 학문적 연관을 맺고 있는 위트레흐트대학(Utrecht University)의 총장 및 기타 학자들이 대부분이고, 아마 나와 국제사법재판소의 인도 재판관 반다리(Bandari) 및 네덜란드 외교부 남아시아 담당관은 외교적 구색을 갖출 필요상 초청한 것 같았다. 센 교수는 하버드대학에도 적을 걸고 있는 학자였다. 돌아와서 폴란드 인턴인 아드리아나(Adriana)에게 감사편지를 초안하라고 했더니 그녀도 센 박사에 관하여 잘 알고 있었다.

31일 최고월례업무조정회의를 마치고 나오니 비서 소피와 네자가 새빨간 튤립 꽃다발을 만들어 내게 주면서 구정을 축하한다고 한다. 예상을 못했는데 설날에도 가족 없이 근무하는 소장을 어떻게 하면 기쁘게 할 수 있을까를 생각하다가 꽃다발을 준비했다고 하는 것이 아닌가. 그리고 두 비서는 이어서 말하기를 소장실 직원들은 날마다 즐겁고 보람 있게 일을 하면서 나의 관대하고 참고 믿어주는 리더십을 감사하게 생각하고 있다는 뜻을 전한다. 아! 내가 그런 대로 인심은 안 잃으면서 이끌고 있구나 하는 생각이 들었다. 참 고맙다.

오후에는 한국대사관의 법률협력관인 이정환 부장판사가 헤이그에 체류하는 이주헌, 정하경, 김은구 판사 내외(부인은 헌재소속 판사) 등 5인 판사들과 함께 사무실로 세배하러 왔다. 곧 귀국할 사람도 있는데 바쁜 중에도 인사를 챙기니 참 감사하다. 이날 저녁에는 객지에 혼자 있다고 이기철 대사 부부가 설날 저녁 관저로 초대했다. 권오곤 재판관 내외와 나 3인이 손님이고 대사 부인이 음식을 순 한식으로 아주 많이 차렸다. 부인은 참 음식을 잘할 뿐만 아니라 요리 자체를 즐기는 분이다.

2014년 2월 첫날인데 주말이다. 골프를 친 후 저녁에는 이성훈 군이 혼자 설날 쓸쓸할 것 같아 암스테르담에 있는 서울대 동문이 경영하는 음식점 칸(Khan)으로 가서 같이 설을 쇠어 주기로 했다. 마침 정기검사를 마친 내 차를 테스트할 겸 이 군을 데리고 운전하여 찾아갔다. 음식점도 깨끗하고 음식도 맛있고 깔끔해서 마음에 들었다.

못 말리는 형형색색의 재판관 행태

카탕가(Katanga)와 은구졸로(Ngujolo) 피고인을 다루는 프랑스어 재판부의 3인 재판관이 하도 의견충돌과 감정대립이 심하여 오랫동안 서로 말도 안 하는 지경에 이르렀다고 한다. 원래 피고인 2인의 병합사건인데 이를 분리하여 은구졸로에 관하여만 무죄판결을 내리고 카탕가의 경우는 지난해 11월에 선고한다는 사건이 지금까지 미루어지면서 내부적으로 상대방에 대한 손가락질만 격화되고 있었다. 이렇게 되면 이 사건이 언제 종결될지 예측하기 어렵고 지연되는 만큼 상소도 늦어지면서 나의 귀국일정도 언제가 될지 알 수 없게 된다. 그동안 주로 재판장인 프랑스의 코트와 벨기에의 판덴바인게르트 간의 대립이었는데 말리 출신 디아라 재판관은 전혀 일도 안 하고 양자 사이를 왔다 갔다 하다가 이제는 확고히 코트 편으로 붙어서 다수의견이 되었고, 판덴바인게르트만이 소수의견을 고집하고 있는 형편이라고 한다. 그런데 다수의견이 일방적으로 정한 선고기일을 둘러싼 의견대립과 재판장의 병환으로 이 날을 지키지 못하게 되자 남아공으로 강의 겸 휴가차 가겠다는 소수의견 재판관과 그녀의 여행 중 선고일자를 정하겠다는 다수의견 재판관 간의 알력이 표면화되어 소장에게 중재를 요청하게 되었다.

동일한 재판부에서 같은 사건을 4년간이나 함께 심리하면서 3인 재판관 간의 의견대립으로 말을 안 한다니 남이 들을까 창피하다. 그나마 내게 중재요청이라도 해서 해결하려는 태도가 가상하다고 할까. 이들 간의 마찰은 오래전부터 잘 알려진 사실이지만 2009년 11월에 공판을 개시한 사건을 지금까지 선고하지 못했다는 것은 무슨 이유로든지 정당화되지 아니한다. 이들의 호소를 들어보면 사실관계부터 서로 너무 다르다. 다수의견에 의하면 선고일자인 2월 7일을 17일로 연기하고 그동안 양쪽 의견을 맞추어서 사건을 끝내자는 것에 합의했다는데, 재판장인 코트가 너무 아파서 그의 건강상 17일 선고가 가능한지는 의문이다.

파리 자택에 요양하면서 내가 소장실에서 진행하는 중재회의에 전화로 끼어든 코트는 3월 6일을 제안한다. 그러면 무엇하러 처음부터 2월 17, 18일을 고집하여 난리를 부렸나? 2시간여 토론 끝에 결론은 코트의 건강이 하락한다는 조건하에 2월 17일로 선고기일을 연기하기로 합의하고, 그동안 누가, 무엇을, 언제 할 것인지 구체적 중간일정을 확실히 하도록 촉구했다. 만일 이날이 불가능하면 3월 6일로 하는 대안적 합의도 해두었다. 11시 반에 시작한 회의를 거의 2시까지 끌어가면서 나는 양쪽 주장을 정리하고 쟁점을 부각하여 간신히 결론을 내렸는데 어떻게 실천적 매듭이 지어질지 모르겠다.

중재회의를 소집해서 잘 관찰해 보니 프랑스 재판장 코트는 말이 길고 사소한 포인트에 얽매이면서 남을 믿고 위임하지도 못하는 경향이 드러났다. 이런 성격상의 경향은 우리 법관 등 우수한 사람들이 세부사항에는 강하나 멀리 길게 보지 못하기 때문에 나타나는 수가 있다. 따라서 코트 재판장은 그 재판부의 모든 사람들이 모시기 힘든 인품인 듯하다. 반면에 벨기에의 판덴바인게르트는 이기적이고 좋은 머리를 얌체같이 쓰는 경향이 있다. 실권이 어디에 있는지를 잘 알고 있으므로 나에게는 잘 대해 주는 편이지만 믿을 수 없고, 특히 금방 말을 퍼뜨리므로 그녀에게 속에 있는 말을 못하겠다.

간신히 중재해 놓은 재판부의 재판관들이 하룻밤 지나기가 무섭게 다시 이메일을 교환하면서 싸움을 시작한다. 판덴바인게르트가 완성된 다수의견을 2월 17일까지 자기에게 준다 해도 자기가 선고기일까지 700여 페이지가 되는 다수의견을 다 읽고 소수의견을 작성하는 것은 불가능하니 3월 6일 선고도 장담할 수 없다고 이메일을 돌렸다. 출근하자마자 이를 본 나는 맥이 빠졌다. 그 전날 소장단과의 연석회의에서는 다수의견을 검토하는 데에는 4~5일이면 충분하다고 하더니 이제는 더 많은 시일이 필요하다고 말을 바꾼 것이다. 그러므로 3월 6일 선고를 소장이 원한다면 자기도 합의해줄 수 있으나 그날 선고는 장담하기 어렵다고 떼를 쓴다. 나는 사건은 담당재판부가 독립적으로 해결할 문제이므로 소장은 옆에서 돕는다는 의도로 회의를 소집하여 중재한 것뿐이니 재판관 3인이 알아서 정하라고 딱 잘라 말했다. 이렇게 대강을 정하여 물리치고도 따로 비서실장을 보내서 재판관들의 자존심을 상하지 않도록 은밀하게 그 재판부가 원하는 살림을 챙겨주도록 지시했다.

오랜만에 전 비서실장 루스비스가 찾아왔다. 그녀답게 아침 일찍 재판소로

와서 아는 사람을 모두 만나면서 떠들고 다녔다. 내가 그녀를 초청하여 점심을 했다. 작년에 부친이 79세로 돌아가시고 자기네 가족은 슬로베니아의 수도 류블랴나(Ljubliana)에서 잘 지낸다고 한다. 진보적 유럽민주주의자(European Democrats) 모임의 부회장으로 3선되어 아직도 정치적 활약이 많은 것 같다. 그녀는 다가오는 총선에서 그녀의 당인 D66가 선전할 것으로 보고 그리하여 연립정권에 참여하게 되면 외무장관이나 법무장관을 달라고 주문했다고 한다. 만일 이것이 안 되면 슬로베니아의 전 대통령인 다닐로 튀르크(Danilo Türk, 1952~)가 후임 유엔 사무총장 후보로 운동하는 것을 도와서 만일 그가 선출되면 그를 따라 뉴욕으로 옮기는 계획을 가지고 있었다. 아무튼 내가 아는 사람이 잘되어야지.

그녀는 오후 5시에 미국의 정치인 하워드 딘(Howard Dean)을 데리고 다시 방문하겠다고 한다. 하워드 딘은 뉴욕 롱아일랜드의 부잣집 태생으로 의학을 전공했으나 버몬트(Vermont)의 주지사를 12년간 역임하고 현재는 워싱턴의 로비그룹에 속해 있다. 매주 월요일 밤에 모교인 예일대학에서 정치학 강좌 하나를 담당하고 있다고 한다. 이분은 몇 해 전에 대통령에 출마하고자 민주당 예비선거에서 선전하다가 낙마한 기억이 나는데 재정적으로는 보수적이고, 사회적 이슈에 대하여는 진보적인 미국 민주당의 거물정치인이다.

그가 착석하자 비서실장 린이 요령껏 국제형사재판소에 관한 브리핑을 해 주었고, 루스비스는 그를 데리고 법정 등을 구경시켜 주었다. 화제의 핵심을 빠르게 이해하고 질문이 예리하다. 만일 힐러리 클린턴이 2016년에 대통령이 된다면 로마규정의 비준을 위해 노력하겠다고 말한다. 일반적으로 미국인들이 보여주는 솔직하고 꾸밈없는 태도를 보이면서도 타고난 정치인으로서의 감각이 출중하다는 인상을 받았다.

다음 날 일요일 오후에 바세나르의 옛 시청건물에서 개최되는 아르헨티나의 젊은 20대 음악가 2인이 쇼팽을 연주하는 음악회에 참석했다. 상당한 수준급의 피아노 연주였다. 그러나 아르헨티나에서 탱고를 빼면 안 되지. 드디어 대사가 한 음악가에게 부탁하여 탱고를 멋들어지게 연주하니 분위기가 들뜨게 되어 말벡(Malbec) 와인과 함께 즐거운 오후를 보냈다.

네덜란드인으로서 미국과 프랑스 대사를 역임하고 국제상설중재재판소의 사무총장으로 있다가 이란-미국청구권재판소(Iran-US Claims Tribunal)의 사무총장으로 옮긴 크리스티안 크뢰너(Christiaan Kröner)가 부인 없이 혼자 있으니 위로 겸 점심을 산다고 하여 만나기로 한 날이다. 둘이 만나 부담 없이 이런저런 얘기를 하고 막 일어서려는데 브뤼셀에 주재하는 한국 특파원이 갑자기 전화를 걸어 북한인권 문제를 조사한 마이클 커비(Michael Kirby)의 보고서가 유엔에 제출되었는데, 어떻게 생각하느냐고 묻는다. 국제형사재판소로서는 유엔안보리의 회부가 없는 한 아무것도 할 수 없는 것을 알면서도 인권 위반은 아주 중대한 일이므로 우리 모두가 계속 관심을 가지고 노력할 문제라고 말하고 간신히 인터뷰를 마쳤다.

18일 아침 일찍 아비시트 총리 정부에서 외무장관을 하던 카싯 피로미아(Kasit Piromya)가 방문하여 태국의 로마규정 비준문제를 논의했다. 태국 대표로서는 처음으로 영어를 제대로 구사해 중요한 논의를 모두 완벽히 이해한 것 같았다. 이분도 태국에서 세미나를 조직하여 나를 초청한다고 약속하는데 같은 약속이 안 지켜진 예가 벌써 여러 번 있었다. 지금 방콕 시내가 여야대립으로 난장판인데도 추진한다고 하니 두고 볼 수밖에 없다.

저녁에는 포르투갈대사 조제 세라노(Jose Serrano)가 자기 관저에서 여왕의 의상여관장인 마르티너 판론 라부슈를 주빈으로 한 만찬을 베풀었다. 손님도 3쌍의 네덜란드 귀족을 비롯하여 노르웨이대사, 국제사법재판소의 세풀베다 부소장 등을 초청했는데 내가 만난 네덜란드 손님 중 가장 잘살고 국내외의 높은 자리를 역임한 사람들이다. 음식도 비프 웰링턴(*beef wellington*)을 기막히게 잘 구워냈고 와인도 참 걸맞다. 포르투갈대사는 평소에 나를 가장 위대한 국제형사재판소 소장이라고 하면서 치켜세우는 분이다.

이탈리아 트렌토대학 공개강연

마침 다음 주 월요일 트렌토대학(University of Trento)에서 공개강연을 할 일정이 있기에 아예 주말을 그곳에서 지내기로 하고 2월 21일 금요일 출발했다. 1시간 반 만에 밀라노 리나테(Milano Linate) 공항에 도착했다. 출구로 걸어 나오자마자 엄청나게 큰 사나이 2명이 신속히 내 양편에 다가서더니 자기네 경찰신분증을 보여주면서 이탈리아어로 무어라고 하는데 알아들을 수가 없다. 내 뒤에는 여성 1인이 바짝 다가서 있다. 이들은 정부가 보낸 경호원이었고 그들이 공항에서 트렌토까지 운전할 기사에게 나를 안내하기에 그의 이름을 확인한 다음 이내 안심하였다. 편안하게 차에 몸을 싣고 거리풍경을 보면서 가는데 금방 어두워지면서 마침 퇴근시간이라 차가 많이 막히고 만다. 2시간 반이 걸려 밤 9시에 호텔에 당도했다. 경찰에게 주말에 쉬라고 했더니 임무상 경호를 한단다. 조금 있자니 루이사 안토니올리(Luisa Antoniolli) 법학교수가 와서 인사하는데 영어에 악센트가 없다.

호텔에서 1박을 한 후 22일 토요일 일찍 타르푸서 재판관이 알려준 대로 기차로 그의 고향 볼자노(Bolzano)를 방문했다. 30분 만에 도착하는 근거리에 있는데 벌써 한두 정거장을 지나자마자 기차역 이름이 이탈리아어와 독일어의 두 가지로 나오기 시작한다. 트렌토에서 볼자노를 가는 동안 우선 그리 높지 아니한 산이 오랜만에 신기했다. 산에 둘러싸인 중간의 계곡에 도시가 발달되어 있으므로 틈새의 평지에는 많은 포도밭이 널려 있는데 산봉우리가 멀리 보이는 경우에는 중간에 푸른 초지가 펼쳐져 있어 아마도 여름에는 가축들이 풀을 뜯어먹을 것 같다. 산을 배경으로 푸른 초원과 빨간 지붕의 가옥들, 그리고 가축으로 어우러지는 풍경이 스위스나 오스트리아의 알프스 같다고 할 수 있는데 어딘지 약간 엉성한 느낌이다.

그러나 트렌토와 볼자노의 두 도시는 모두 돈 냄새가 물씬 나고 정돈된 모습으로 나에게 다가온다. 볼자노는 인구 10만의 자그마한 도시라 두어 시간 걸어 다니고 나니 볼 것이 없다. 고고학박물관에 가서 빙하시대에 그 지역에서 살았던 아이스맨 '우찌'(Iceman; Oetzi)를 구경하고 몇 교회와 박물관을 기웃거리다가 가장 좋다는 음식점에 가서 혼자 점심을 했다. 걸어 다니는 동안에 타르푸서의 아파트도 발견했다. 새로 지은 깨끗한 아파트의 위층에 산다. 일반적으로 시내에서 독일어를 하므로 의사소통이 되어 편했다.

트렌토는 전 도시가 교회 아니면 퇴락한 벽화가 그려진 옛날 집으로 꽉 차 있다. 16세기에 트렌토공의회(Council of Trento. 1545~1563)가 열린 곳이라서 그런지 천주교가 강하다고 한다. 일요일 아침에는 이곳의 성채에 걸어 올라가서 오전 한나절을 보내면서 소장품을 감상했다. 자그마한 도시이지만 관광객도 많고 학생 중심의 젊은 인구도 많다. 밤에 마우로 폴리티 전 재판관이 로마에서 외무부 조약국 심의관인 로지니(Rosini)를 데리고 도착했다. 호스트의 안내로 우리는 두레 모리(Dure Mori)라는 식당으로 가서 9시 반에 저녁을 먹었다.

24일에는 아침 일찍 대학의 박사과정에 몸담고 있다는 콜롬비아학생 마르티네스가 호텔로 와서 학생 뉴스레터에 게재할 인터뷰를 했다. 아침에 모두 대학으로 이동하여 폴리티 교수의 연구실에 짐을 놓고 강연장으로 들어갔다. 폴리티는 나와 함께 국제형사재판관에 당선되어 6년 임기를 받았으므로 몇 해 전에 퇴임한 후 미국인 부인과 함께 뉴욕에서 사는데 1년에 한 학기씩 이 대학에서 강의한다고 한다. 이분이 6년 임기의 재판관 퇴임 시 환송만찬에 못 오고 자기 사무실을 한 달 이상 잠가 놓아서 원성이 많았는데 내가 나중에 짐을 가지러 온 그를 잘 대접하여 보냈더니 항상 나에게 감사의 마음을 표시한다.

이 대학은 생긴 지 40년밖에 안된다는데 이미 이탈리아 1등 대학이라고 한다. 건물도 가구도 비품도 새것인데 학생들이 깨끗하게 사용하고 관리하는 듯하다. 한국 대학생들이 귀감으로 삼을 만하다. 사방에 나의 강연을 알리는 포스터가 여기저기 붙어 있다. 강연장은 큰 강당인데 청중이 약 300명 정도 들어찼다. 아마 주최 측은 월요일 아침에 나타날 청중의 수에 신경이 쓰였던 모양이고, 이미 강연한 벤수다 검사와 타르푸서 재판관의 다음에 초청된 국제형사재판소 연사가 얼마나 새로운 내용을 강의하겠는가를 걱정한 것 같다. 강연에 앞서 이탈리아 TV와 간단한 인터뷰를 했다.

45분간 열강을 하자 이들은 아주 만족하는 눈치였다. 학생들은 자연히 나의 강연과 전에 다른 국제형사재판소 인사가 했던 것을 비교하면서 열광적인 반응을 보여주었다. 전체적으로 신나는 학술적 토론을 가졌고 교수들도 기뻐했으며 학교도 대만족이다. 부근의 식당에 가서 늦은 점심을 먹는 동안 뉴욕에 출장 간 주세페 네지(Giuseppe Nesi) 학장이 전화를 걸어왔다. 내 강의에 꼭 참석해야 마땅한데 공교롭게 출장 중이어서 미안하다는 취지이다. 뉴욕에서 2003년 선거운동을 할 때부터 알고 지내는 사이이다. 아무튼 이 대학은 정돈되어 있고 모두 영어를 하며 교과과정도 다양하고 마음에 쏙 든다. 이탈리아 최고의 대학이라니 한국 대학과도 교류하면 좋겠다. 몰랐던 보석 같은 대학이다.

태평양 섬나라 포럼 참석

3월 6일부터 호주와 뉴질랜드가 오클랜드에서 태평양지역의 16개 섬나라 대표(The Pacific Islands Forum)들을 모아서 로마규정 가입에 관한 이틀간 회의를 공동으로 개최한다. 한참 숙고하다가 비록 거리가 멀지만 소장이 참석할 만한 회의라는 결론을 얻어 참석하기로 했다. 그러기 위하여 미리 2월 28일 주말을 이용하여 서울로 가서 집에서 하루 이틀 쉬다가 가기로 해서 다시 비행기를 탔다.

3월 1일 서울에 내려서 보니 귀국한 딸네 식구들이 있어 외손자를 반갑게 보았다. 3월 4일 밤 서울을 떠나서 5일 시드니를 경유, 오클랜드에 도착했다. 개정된 침략범죄의 비준 촉진을 위하여 리히텐슈타인의 베나베저 대사가 왔고 많은 낯익은 비정부기구 인사들과 특히 나의 후임으로 다음 재판관 자리를 이어갈 정창호 후보가 선거운동차 외교부 조약과 문지혜 서기관과 함께 도착했다. 수도 웰링턴에서 박용규 대사가 올라와서 우리와 행동을 같이한다. 10년 전 헤이그에서 만난 이래 늘 감사하게 생각하고 있는 고교후배인데 이곳에서도 성의껏 대하면서 정 후보를 위한 만찬을 베풀었고, 태평양 섬나라들을 설득하는 노력을 많이 기울였다. 회의에서 연설할 기회가 두 번, 기자회견이 두 번이나 예정되어 있어서 수행한 마티아스가 연설문 작성을 위하여 고생한다. 회의가 종료하면 하루 더 구경하고 귀임하겠다고 한다. 첫 방문이니 그러고도 싶을 것이다.

나도 오래 전에 이곳을 아내와 함께 방문했으나 별로 기억이 안 난다. 다만 도시가 활기 있고 한국음식점도 있으나 중국사람과 상점이 아주 많고 일본의 영향력도 큰 것 같다. 이 나라는 한국과 자유무역협정을 맺자고 조른다는데 우리가 줄 것이 없어서 미루고 있다고 한다. 6·25전쟁 때 파병하는 등 깊은 감사의 마음을 가진 나라이나 너무 목전의 이해관계에 따라 태도를 표변한다. 내가 10여 년 전 출마했을 때에도 끝끝내 호주와 함께 나를 안 찍어준 나라이다.

이번에 당사국총회에서 보여준 태도도 참 실망스럽다. 내년에 안보리 비상임이사국의 진출을 염두에 두고 아프리카의 표를 잃지 않기 위하여 국제형사재판소의 숭고한 이념을 후퇴시키고 아프리카 각국에게 아첨했던 모습은 참 잊을 수 없고 용서하기 어렵다.

나는 집에서 하루 쉬고 9일 일요일 귀임했다. 유니세프한국위원회의 신임 사무총장인 애제자 오종남 박사가 비엔나에서 열리는 사무총장 회의에 참석하러 가는 길에 내게 들렀다. 피곤할 텐데 여러 안건에 관하여 보고했고 의견을 서로 나누었다. 모처럼 방문인데 나도 공교롭게 일정이 많아서 마음은 있어도 더 잘 대접하지 못하여 미안했다.

반기문 총장과의 만찬

3월 18일 오후에는 윌리엄 샤바스 교수의 인솔하에 제네바에서 인권법, 국제인도법 등을 공부하는 학생들이 약 30명가량 재판소에 왔다. 이성훈 군과 프란치스카 재판연구관이 국제형사재판소에 대해 설명을 해주고 내가 마지막에 들어가서 교수와 학생들을 약 30분간 만났다. 그중에 박원순 시장의 딸이 있었다. 그녀는 지적 호기심도 많은 듯 여러 가지 질문을 했다. 그녀는 방문자 학생들이 한마디씩 쓴 감사카드와 그녀가 오사카에서 드로잉전시회를 한 소개팸플릿을 내게 주었다. 현재 국제법 공부에 맛을 들인 상태인 것 같다. 장래성이 있어 보이는 젊은 여성이다.

반기문 총장이 핵안보 정상회의에 참석차 이날 헤이그에 오면 같이 만날 일시를 조정하고 있는데, 이 회의에 참석하는 정상 중에서 일부가 국제형사재판소를 방문하겠다는 의사를 피력했다는 것이다. 제일 먼저 일본대사관에서 아베 총리가 일요일인 23일에 방문한다고 연락이 왔고, 구면인 나이지리아 굿럭 조너선 대통령과 면담을 주선한다고 나이지리아대사가 통보했다.

뉴욕의 반 총장 비서실의 메리 색(Mary Sack)과 내 비서실의 마티아스와 소피는 나와 반 총장의 회담일정을 조정하고 있었다. 이런 단순한 일정조정 업무가 혼선을 일으키고 있어서 옆에서 보기에 안타깝다. 반 총장을 모시는 한국인 팀이 전해주는 뉴욕의 요구사항과 우리가 직접 대화한 메리의 정보가 상이한 경우가 자주 있다. 우리 직원들의 인상은 반 총장을 보좌하는 한국인 팀과 그 외의 다른 직원들 사이에 내부소통 문제가 있어 보이는 경우가 있다고 한다.

헤이그를 방문하는 반기문 총장을 내가 조촐한 만찬에 초대하고 싶은데 마침 세계정상들과 수행원이 많이 온 데다가 레스토랑 위크여서 식당예약이 극히 어렵다. 네덜란드 최고의 사펠베르흐(Savelberg) 프랑스 식당을 예약하고, 그것도 반 총장 부부와 우리 부부만이 사용할 수 있는 별실을 확보하는 데에는 비서 소피의 역할이 컸다. 이기철 대사 내외도 인사차 도착하여 잠시 담소하다가 떠나고 우리 두 내외간에 별실에서 식사하면서 남에게 공개적으로 말할 수 없는 화제를 포함하여 광범위하게 대화를 나누었다. 하루저녁 격의 없이 표현의 자유를 만끽하였다고 하겠다. 그는 단신으로 러시아를 방문하여 푸틴을 만나 크림반도를 합병한 것을 경고하고 키예프에 들러서 임시정부 각료들을 만나고 온 직후인지라, 자연히 우크라이나 사태에 관하여 말이 많았다. 그리고 나이 어리고 경험 없는 현 우크라이나정부 각료들이 아직도 감정적이고 아무 전략이 없는 것을 안타까워하고 있었다.

헤이그 핵안보 정상회의

3월 24일 핵안보 정상회의의 첫날이다. 나도 아침 일찍부터 바쁘다. 9시에 호주의 신임 외무장관 줄리 비숍(Julie Bishop)이 닐 뮬즈 호주대사 등과 함께 방문했다. 2002년 당시 로마규정에 무관심하던 호주의 존 하워드(John Howard) 총리 및 알렉산더 다우너(Alexander Downer) 외무장관을 설득하여 비준하게 만든 장본인이다. 이 점에 대하여 크게 자부심을 느끼는 그녀와 아주 화기애애하고 원만한 회담을 마치고 나니, 아침시간에 나를 꼭 긴급하게 찾아오겠다고 떼를 써서 없는 시간을 쪼개준 우크라이나 외무장관이 방문을 취소하고 안 온다는 것이다. 너무 경험이 부족한 젊은 사람들이 우크라이나 과도정부를 이끌고 있는 것이 걱정되기도 한다.

노르데인더 왕궁에서 수행원을 배석시킨 가운데 반기문 총장과 공식회담을 예정대로 개최하여 11시 15분부터 여러 가지 상호관심사를 여유 있게 풀어나갔다. 윤여철 국장 외에 앤절라 케인(Angela Kane) 등 처음 본 여성보좌관 2인이 배석했다. 반 총장도 주말에 우리가 제기할 문제에 관하여 공부를 좀더 했는지 비서실장 린도 참석한 가운데 깊이 있는 대답이 나오고 시원시원한 반응을 보여서 참 좋았다. 회담을 마치고 바로 같은 왕궁건물 내의 박근혜 대통령을 위한 오찬장으로 들어갔다. 일렬로 왕과 함께 서서 손님을 맞는 박 대통령은 작년 8월에 만나고 다시 보는 것을 반가워했다.

11월에 방한하는 네덜란드의 빌럼-알렉산더 왕이 박 대통령 일행을 위하여 베푸는 오찬이라 이곳에 초대된 한국인들도 얼굴이 보였다. 우선 박지성 선수, 목발 짚은 휘스 히딩크(Guus Hiddink), 권오곤 재판관, 코트라 정철 관장, 삼성전자 이기호 상무, 예술계의 젊은 여성, 참전용사 등을 보았고, 네덜란드 부총리, 하원의장, 상원의장 등이 알은체를 했다. 왕과 막시마 왕비가 서로 마주보고 식탁의 중앙에 앉자 왕비 오른쪽 옆에는 내가 앉고 내 옆에는 하원의장, 왕비의 왼쪽에는 네덜란드 부총리가 앉았고, 왕의 오른편에 박 대통령, 그리고 그 옆에는 베아트릭스, 왕의 왼편에는 윤병세 외무장관, 상원의장 등의 순으로 좌정했다. 왕이 인사말을 한 다음 건배를 했다. 그의 인사말은 이미 한국어로 번역되어 손님들의 식탁 앞에 놓여 있다.

박 대통령은 한국어로 답사를 했고 그 번역문이 네덜란드인들 앞에 놓였다. 어느 젊은 한국 남성이 박 대통령 옆에 앉아 왕이나 베아트릭스 여왕 사이에서 통역을 하느라고 바빴다. 막시마 왕비는 한국 방문이 기대되는지 한국에 관한 이모저모를 내게 자세히 묻기도 했다. 그녀는 남편이 왕으로 즉위하고 나니 더 밝고 활발해졌다. 메뉴는 랍스터, 샐러드, 메추리 가슴살과 아스파라거스, 그리고 후식과 커피가 나왔다. 박 대통령이 메뉴종이 뒤에 메모하는 모습을 본 베아트릭스 여왕이 무엇을 그렇게 적느냐고 묻자 왕의 말씀이 워낙 들을 만한 것이 많아 메모한다고 대답했다. 아무튼 박 대통령은 시종 좋은 기분으로 먼저 퇴장했다.

윤병세 장관에게는 일본이 이번에 아베 총리를 통하여 50만 유로를 국제형사재판소에 기부한 사정을 설명하면서 우리도 조금 기부를 생각해 보라고 했다. 오찬 후 핵안보 정상회의 장소로 같이 이동하고자 우선 네덜란드 외교부의 집합장소로 갔다. 헤이그주재 국제기구의 수장으로는 나와 국제사법재판소의 톰카 소장, 유로폴(Europol)의 롭 웨인라이트(Rob Wainwright) 국장, 유로저스트의 미셸 코닌(Michèle Conin) 대표, 화학무기금지기구의 아흐메트 위췸취(Ahmet Üzümcü) 국장만 초대되었고, 행사준비에 관여한 도시의 시장들이 일부 각료 및 상·하원 의장들과 함께 초대되었다.

내가 알아보는 시장은 암스테르담의 판데어란(van der Laan) 시장과 바세나르 시장 정도였다. 각료로는 이보 옵스텔턴 법무장관, 제닌 헤니스-플라스해르트(Jeanine Hennis-Plasschaert) 국방장관 등인데 모두 같은 버스를 타고 행사장으로 이동했다. 경호를 철저히 하는 바람에 길이 대부분 봉쇄되고 탱크가 배치되었으며 경찰 외에 군인도 여러 곳에서 지키고 있었다. 우리가 늘 당사국총회를 개최하는 월드포럼 건물의 주행사장에 들어가 보니 장내에 설치된 계단식 의자를 모두 들어내고 56명의 정상이 둘러앉도록 동그랗게 좌석을 새로 배치했고, 대형스크린과 깃발을 사방에 걸어 분위기를 돋우었다.

방청석에는 첫줄 첫자리에 헤이그 시장이 앉고, 그다음으로는 국제사법재판소, 국제형사재판소, 하원의장, 화학무기금지기구 등이 앉았다. 우리의 뒷줄에는 각료들이 착석했는데, 마침 여성국방장관이 내 뒤에 앉기에 내가 그를 잘 보호해 주겠다고 하여 같이 웃었다. 일찌감치 방청석 내 자리에 앉아 있었는데 어제 암스테르담에서 만난 나이지리아 담당 네덜란드 의전관이 와서 나이지리아 대통령이 밖의 로비에 서 있으니 악수하러 가자고 했다. 내가 무슨 말을 하고자 했으나 마침 오바마 대통령이 들어오는 바람에 미팅은 악수로 끝나고 말았다. 왜 많은 정상들이 서성거리나 했더니 오바마가 들어오면 악수하고자 줄을 서 기회를 기다리고 있었던 것이다. 오바마는 양복을 아주 멋지게 입었고 소탈하고 격의 없고 거침없는 태도로 여러 정상과 악수하고 한마디씩 던진다. 나도 그와 악수했다. 그가 입장하여 착석하자 10분 이상 늦은 상태에서 식이 시작되었다.

불이 꺼지자 간단하고도 모던하게 네덜란드의 일상생활을 묘사하는 영상 상영과 함께 스크린에 나온 인물들이 실제로 나타나 바이올린을 연주하고, 노래를 부르고 춤을 추는 도입부가 끝나자, 네덜란드 총리 마크 뤼터가 개식사를 했다. 규칙상 직전회의 의장국인 한국의 박근혜 대통령에게 첫 발언기회를 주었다. 그녀는 또박또박 한국어로 준비된 담화를 읽어 내려갔다. 당황한 정상이나 방청인들이 헤드폰을 찾느라고 혼란이 일더니 이내 포기하고 아예 듣지 아니한다. 박 대통령은 침착하게 차근차근 잘 읽어갔고 내용에는 중요한 제안도 담겼으나 주의를 끌지 못한다. 이런 경우에는 역시 영어구사가 필요하다. 반기문 총장의 한마디가 있은 후에 개막식은 산회했다.

나는 헤이그 시장, 국제사법재판소의 톰카 소장, 유로폴과 유로저스트 및 화학무기금지기구 대표와 함께 걸어서 부근에 마련된 국제미디어센터로 이동했다. 나를 포함한 5인의 국제기구 대표가 헤이그 시장 임석하에 각자 자기 국제기구를 소개하고 헤이그가 정의와 평화의 도시라는 점을 강조하도록 요청받았다. 핵안보 정상회의는 별로 발표된 내용이 없었으나 네덜란드와 헤이그를 알리는 데에는 큰 도움이 되었을 것이다. 이러한 커다란 국제행사를 준비하는 데에는 헤이그와 네덜란드 정부는 거의 돈이 들지 아니하면서도 엄청난 선전효과를 얻었다고 하겠다.

우선 건물과 도로를 둘러싼 방호철책은 모두 영국이 올림픽 때 쓰던 것을

핵안보 정상회의에 앞서 헤이그 시장의 사회로 국제기구 수장들의 발표 (2014. 3).
왼쪽부터 유로저스트, 국제형사재판소, 국제사법재판소, 화학무기금지기구, 유로폴.

싸게 임차하여 사용하였다. 그리고 정상회의 공식사진 촬영팀을 네덜란드팀으로 한정하여 아무도 사진을 못 찍게 한 다음 나라별로 이를 2,500유로에 팔아서 수입을 챙기는가 하면, 낡고 우중충한 월드포럼 건물을 필요한 곳만 수리하는 대신 여러 색깔의 커다란 배너를 내리닫이로 걸쳐서 색감을 내고 낡은 곳을 가리는 등 그야말로 지독한 네덜란드인임을 다시 인식하게 했다. 이는 실속 없이 예산을 펑펑 써대는 한국정부의 국제행사 준비와 대비되었다. 심지어 핵안보 정상회의를 네덜란드의 어느 도시에서 개최하느냐를 공식입찰에 부쳐 헤이그와 마스트리히트가 끝까지 경합하다가 헤이그에 낙찰되었다고 하니 대단하다.

각자의 발언 이후 기자들과 질의응답을 했다. 질문이 주로 나에게 쏟아졌으나 나는 비서실장 린과 공보담당 소니아(Sonia)의 도움으로 선방하였다. 그 후에는 브라질, 인도네시아, 오스트리아 기자와의 개별회견을 마치고 보니 저녁 6시가 넘었다.

사무실에 들러서 알아보니 반 총장 부인과 아내는 하루 종일 즐겁고 유쾌하게 쾨이켄호프(Keukenhof) 공원 구경을 했다고 한다. 마침 날씨도 좋아서 참 다행이다. 박근혜 대통령이 헤이그 체재 중 감기몸살로 약간 미양(微恙) 하신 것만 제외하면 한국대표단도 별 탈 없이 임무를 잘 수행하고 독일로 떠났다.

관찰컨대 오바마와 네덜란드만 크게 덕을 보았을 뿐 알맹이 없는 정상회담이었다. 이번 회의 중 오바마는 '항상 앉아서 분석만 잘하는 사람'이고 국무장관 존 케리(John Kerry)는 '얻는 것이 없이 뛰어다니기만 하는 사람'이라는 평을 얻었다. 특히 우크라이나 사태가 핵안보 정상회의의 주된 초점이 되었는데, 오바마는 청산유수와 같은 말로 크림반도를 무리하게 집어삼킨 북극곰 러시아에게 경고하는 수준에서 그치고 말았기 때문이다.

21세기 대명천지에 19세기식 약육강식의 횡포가 저질러졌는데도 미국이 빈말로 대응하는 것을 보고 과거 소비에트체제에서 벗어난 동유럽권 국가들인 폴란드, 루마니아, 몰도바, 발틱 3국 등은 실망과 두려움을 감추지 못한다. 푸틴은 조지아의 일부를 집어삼킬 때 너무 거칠게 처리하여 세계의 비난을 받은 것을 귀감삼아 이번에는 면밀하고도 조용하게 미리 수립한 계획하에 신속하게 크림반도를 집어삼키면서 그에 앞서 국민투표까지 붙여 합법성을 갖추고자 하였다.

반기문 총장이 푸틴을 만나 여러 가지로 설득하면서 어떻게 세계의 모든 나라를 적으로 삼아 대처하겠느냐고 경고해도 '키신저 같은 소리만 하네'라고 응수하면서 경청하지 아니하였다고 한다.

때 이른 후임 소장 선거운동

벌써부터 근 1년이나 남은 다음 소장선거에 몇몇 재판관들이 철없이 움직이고 있어 걱정이 된다. 이 사람들은 법관이 아니라 정치인인가! 생각이 깊지 못한 모나헹 부소장이 난데없이 재판관들의 월급과 연금 인상문제를 들고 나와 이메일을 돌리면서 기선을 잡는다. 사실 재판관들의 월급이 2002년 책정된 다음 10년 이상 고정되어 있어서 인상요인과 명분은 충분하다. 다만 연금은 몇 해 전에 당사국총회의 결의로 삭감한 것이므로 정치적으로 더욱 민감한 문제이다. 나는 사실조사를 해서 나름대로 정확한 정보를 가지고 대비하고 있으나 재판관들은 면밀한 조사도 없이 한결같이 우리 재판관이 유엔 재판관인 국제사법재판소(ICJ)나 구유고전범재판소(ICTY)의 재판관보다 적게 받는다고 아우성이다.

그러나 재주는 곰이 넘고 돈은 중국사람이 챙기더라고 모나헹이 타르푸서와 연금문제의 기선을 누가 잡느냐를 가지고 다투면서 선수를 쳤지만, 재판관 약간 명으로 위원회를 구성하면서 에보에-오수지가 재빨리 회의 소집책을 자임하는 바람에 모나헹은 얻는 것이 전혀 없게 되었다. 아무튼 재판관들이 재판업무보다 다음 소장이 되기에 관심이 더 있으니 우려스럽다.

2014년 4월 9일 늦은 오후 거의 퇴근 무렵인데 트리니다드토바고의 앤서니 카모나(Anthony Carmona) 대통령이 갑자기 전화를 했다. 재판관 당선 직후 뉴욕에서 그를 만나보니 인간성이 좋고 경험이 많은 판사임을 알 수 있어서 처음부터 좋은 관계를 맺게 되었다. 소장재선 시에 그가 나를 지지하고 귀국한 뒤 내가 그를 상근재판관으로 임명하여 헤이그로 불렀는데, 그가 도착하기 전에 그 나라의 대통령으로 선출되어서 재판소에는 발을 들여 보지도 못하고 사임했다. 그리고는 지금껏 연락이 없어서 잘 지낼 것이라는 막연한 생각만 하고 있었는데 이제 전화를 한 것이다.

그는 아서 로빈슨(Arthur Robinson) 전 대통령이 서거했음을 알리고 가능하면 4월 26일에 거행되는 국장에 내가 참석하기를 희망했다. 나는 바로 홍보처장 소니아 로블라를 불러 애도성명을 작성하게 하고 나와 고인과의 관계를 회고해 주었다. 그리고 퇴근 후 비서실장 린이 완성된 성명서 문장의 승인을 요청했다. 빨리 검사에게 보여주고 당일 중으로 발표하라고 지시했다. 국제형사재판소 성명을 본 현지 TV가 전화로 아침 6시 프로그램에 생방송 회견을 요청하여 약 10분간 고인의 업적을 회고하는 인터뷰를 진행했다. 향년 87세로 별세한 고인은 총리였던 1989년 국제형사재판소 설치라는 인류의 꿈이 냉전시대 50년간 동면하고 있는 것을 유엔총회 연설을 통하여 다시 살려서 오늘날 국제형사재판소 창설의 결정적 계기를 만든 지도자였다. 마침 워싱턴에 출장 간 헨더슨 재판관과 통화하여 상세한 내용을 알려주었다. 재판소는 고인의 국장에 내가 참석해야 하는지를 곧 결정해야 한다. 헨더슨 재판관은 워싱턴에서 자기 나라로 가면 29일에 귀임하므로 나의 참석여부에 관계없이 국장에 참석하고 귀임한다고 한다.

4월 15일 아침 8시 전에 출근하여 조용한 시간에 생각을 정리하고자 했으나 요즈음은 머리가 잘 안 돌아가는 기분이다. 나는 이곳에서 11년간 70세가 넘도록 바쁘게 중책을 수행해왔다. 그동안 소장으로서 또는 재판관으로서 품격과 모범을 지키기 위하여 참고 노력했지만 나도 아내와 함께 그 흔한 여행이라도 다녀오겠다고 마음먹었다. 사무실에서 보면 가장 나이가 많은 나만 건강하고 꾸준할 뿐, 다른 젊은 직원들은 밤낮 아프다고 결근하거나 늦게 출근한다. 휴가도 자주 간다. 네덜란드는 서유럽 중에서 그래도 가장 열심히 일한다는 나라인데도 내가 보기에는 우리와 비교가 안 된다. 다만 우리나라는 노동시간이 세계 최장이면서도 사무실에서 업무와 무관한 자기 일을 하거나 비능률적으로 시간을 보내는 일이 많고 출퇴근 시간이 보스의 기분과 눈치에 좌우되지만, 저들은 자기 할 일이 무엇임을 파악하여 그것만 끝내면 곧장 귀가해 버린다.

아침 일찍 프랑스의 국제형사재판소 재판관 후보자 마르크 페랭 드 브리샹보(Marc Perrin de Brichambaut)가 찾아왔다. 프랑스의 엘리트코스를 거친 데다가 인물이 훤칠하고 영어를 잘하며 같은 말이라도 상대방이 듣기 좋게 할 줄 안다. 5월 19일, 20일 서울을 선거운동차 방문한다고 한다. 서유럽은 카울과 쿠룰라 재판관이 물러나는 두 자리를 놓고 현재 3인의 후보, 즉 독일, 프랑스 및 스웨덴이 경쟁하고 있다. 스웨덴 후보는 구유고전범재판소의 임시보충재판관(ad litem judge)을 잠시 했던 사람인데 국제형사재판소가 카탕가 판결을 선고한 날 저녁 이를 평석하는 모임에 가서 몹시 강하게 판결을 비난했다고 한다. 자기가 형사법의 전문가임을 보이기 위하여 무리하게 그러했는지는 모르나 예의상으로나 전략상으로나 그러면 안 되는 것이 기본이고 후일 자기의 한 마디, 한 마디가 부메랑이 되어 자기에게 불리하게 인용되는 경우

어떻게 할 것인가. 자질이 좀 부족한 것이 아닌가 모르겠다.

프랑스 후보를 보내고 바로 루방가 상고심 신문절차에 관한 협의를 했다. 생각보다 빨리 협의를 마쳤다. 그리고는 영국의 외교부 수석법률고문 이언 매클라우드(Iain MacLeod)를 접견했다. 최근의 아프리카 사태 등 당면문제에 관하여 의견을 묻기에 솔직하게 내 생각을 털어놓았다. 그러나 지난해 11월 당사국총회에서 아프리카가 벌떼같이 일어나 재판소를 비난하고 날뛸 때 일언반구도 안 하고 지금까지 침묵하는 회원국이 영국이다. 호주나 뉴질랜드처럼 갑자기 아프리카에 아첨하는 짓은 안 했지만 안보리 상임이사국인 회원국 중의 하나가 지금까지 입 다물고 있는 것은 큰 실망이다.

오후에는 예정에도 없던 소장단 회의를 모나헹 부소장 없이 소집하여 행정처 담당직원들로부터 피고인 벰바에 관한 법률구조가 어째서 아직도 계속되고 있는지를 보고받았다. 타르푸서 부소장이 일을 그처럼 만든 것이다. 우선 모나헹은 곧 임시 귀국한다는 핑계로 불참하면서도 히라드에게 따로 전화하여 화를 내고 야단을 했단다. 콩고민주공화국의 부통령을 역임한 피고 벰바는 큰 부자인데 재산을 모두 감추고 법률구조 프로그램에서 지금까지 2백만 유로를 꾸었지만 갚은 금액은 17만 유로에 불과하기 때문이다.

이에 성질이 급한 타르푸서는 벰바사건 담당재판관임에도 불구하고 직원들 앞에서 자기의 생각을 미리 다 털어놓고 여러 말을 했다. 이런 점도 법관으로서는 기본 자질의 부족이라고 생각한다. 다른 한편 나는 모나헹을 달래기 위해서 필요 없는 위로전화를 걸어 그녀의 마음을 풀어주고 타르푸서에게는 웃으면서 경고했다. 이런 때는 철없는 아이들을 다루는 유치원 원장이 된 기분이다.

법관의 인품이나 자질이 안 갖추어진 후보의 당선을 저지하는 방법은 없을까? 자질과 능력이 부족한 재판관의 선임을 막고자 회원국이 지명한 후보자를 미리 검증하여 평가하는 위원회가 설치되어 한두 번 운영해보았으나 아직 큰 효과가 없었다. 2020년 말에 있을 재판관 선거에 앞서 후보를 검증하는 위원으로 나를 비롯하여 9인을 뽑았다. 내가 선임되자 전 세계적으로 나에 대한 과잉기대가 형성되고 있어서 마음이 무겁다. 그러나 이번에도 코로나 사태로 인하여 비대면 화상회의인 이상 일을 제대로 잘하기는 틀렸다.

구유고전범재판소 소장인 미국인 테드 메론이 훈장을 받는 프랑스대사관을 방문했다. 몇몇 인물들이 모였는데 마침 헤이그 시장과 네덜란드 대법원장이 보이기에 반가운 인사를 했다. 프랑스의 후보를 또 한 번 만났다. 식은 피에르 메나 대사의 연설과 훈장수여 후 메론의 답사로 끝나고 리셉션을 했다. 동종기관 장의 직에 있는 동료가 수훈한다는데 축하해야 하므로 잠시 참석했지만 프랑스 정부가 그에게 훈장을 주는 것은 별로 이해되는 부분은 아니다. 소장의 동료재판관들이 소수라도 참석한 것을 보면 그런 대로 동료애와 기본 예의를 갖춘 듯이 보여서 다행이다.

제국의 후예, 스페인의 예술과 유적

내일부터 부활절 주일이 시작되므로 연휴이다. 우리 부부도 귀국할 날이 얼마 안 남았으므로 연휴 시 여행을 자주 하자는 쪽으로 의견이 모아져서 이번에는 스페인 마드리드를 방문하기로 했다. 변호인지원과 책임자인 스페인 출신의 에스테반에게 위치가 좋고 걸어 다니면서 구경하기 좋은 호텔을 물었더니 웨스틴팔레스호텔(The Westin Palace Hotel)이라고 한다. 값도 합리적이고 그야말로 위치가 프라도박물관 건너편에 있어 아주 편하다. 오후에 휴가를 내고 아내와 함께 약 2시간 후에 마드리드공항에 내렸다. 지난해에 6천만 명의 관광객이 다녀갔다는 가톨릭 대국에 발을 디딘 것이다.

우선 공항에서 호텔까지의 택시요금은 뉴욕처럼 정액제로 30유로에 미터기가 맞추어져 있다. 호텔은 100년이 넘은 웅장한 건물로서 아주 편리한 위치에 자리 잡고 있다. 아는 사람이 아무도 없고 내가 누구인지를 알아보는 사람도 없으므로 옷을 캐주얼로 갈아입고 편한 신발에 모자를 쓰고 돌아다니면서 익명성을 즐기기로 했다. 첫날은 오후 늦게 체크인 했어도 아직 해가 남아 프라도박물관 근처와 산 헤로니모(San Jerónimo el Real) 성당을 잠깐 구경하고는 어두워져서 돌아왔다. 부활절 준비인지 항상 그런지는 모르나 성당 내의 기본 인물상에 모두 옷을 입혀놓은 것이 특이했다.

　다음 날 부근 식당에서 잘 살펴보니 물에서부터 각종 소프트드링크에 이르기까지 모든 음료가격으로 1유로를 받는다. 우선 저렴하고 거스름돈 때문에 보내는 시간이 절약된다. 그리고는 시내 무개차 관광버스를 탔다. 이틀치에다가 65세 이상 할인을 받고 보니 요금이 저렴하다. 오래 전에 이곳을 다녀갔지만 기억에 남는 것이 없어 새로 구경하기로 했다.

　첫날 시내를 버스로 돌다가 관광객들이 가장 많이 모이는 푸에르타 델 솔(Puerta del Sol)에서 내려서 하몽전문점(Museo del Jamón)으로 들어갔다. 얇게 저민 유명한 이베리안 하몽(Iberian jamón) 한 접시와 내장탕을 시켜 점심으로 포식했으나 가격은 아주 싸다. 와글거리는 속에서 얼른 시켜서 서서 빨리 먹는 것이기는 하나 벅적거리는 분위기에 들뜨고 가격이 싸서 관광객의 호감을 살 만하다. 그리고는 저녁으로는 산 미구엘 시장(Mercado de San Miguel)에 가서 고기와 생선 그리고 음료를 시켜먹었다. 선택의 지혜가 필요한 시장통 속이다.

　스페인에 와서는 식당을 일부러 찾아다녔다. 우선 소보리노 데 보틴(Sobrino de Botin) 식당은 1725년부터 계속 영업한 세계 최고(最古) 식당으로 기네스북에 등재되어 있다니 이곳에 가서 구운 애저(cochinillo)를 안 먹을 수 없었다. 이 전통요리를 잘해서 지금까지 계속 영업을 할 수 있었다는 분석도 있다. 헤밍웨이의 소설 《태양은 또다시 떠오른다》(The Sun Also Rises) 등 수많은 문학작품에 등장하는 식당이란다. 종업원이 공손하고 값도 적당하고 분위기도 좋아서 역시 관광객의 호주머니를 열게 할 만하다.

　마지막 날에 들른 야르디(Lhardy)라는 전통음식점은 175년 된 고급집으로서 음식이 좋고 와인이 맛있다. 마드리드가 커서 지역별로 음식점이 각기 특색을 자랑하는데, 정작 호텔 부근 뒷길에 있는 먹자골목인 우에르타스(Huertas)에서는 먹어보지는 못한 채 다음 기회로 미루었다.

　이번 마드리드여행 중 4월 18일 성 금요일 저녁 7시부터 약 2시간 동안 예수수난을 재현하는 거리행진을 바로 호텔 앞에서 시작했다. 마침 좋은 일기에 수많은 신자들이 따르면서 십자가를 지고 가는 모습, 마리아가 꽃장식한 차 위에 서 있는 모습, 커다란 관을 운구하는 검은 색 옷을 입은 건장한 젊은 남녀가 상여를 좌우로 흔들면서 지나가는 모습, 성가대의 음악에 맞추어 행진하는 신도들의 모습, 검은색이나 보라색이나 붉은색의 원추형 벙거지를 쓴 채 행진하는 모습이 끝이 없었다. 한 시간쯤 호텔문 앞에서 구경하다가 음식점을 찾아 나섰다. 푸에르타델솔과 마요르광장(Plaza Mayor) 근방의 북적거리는 곳으로 걸어가 유서 깊은 식당을 찾곤 했다. 부활절 행진이 이 부근의 길을 지나가는 바람에 다시 한 번 근접한 거리에서 잘 볼 수 있었다.

시내에서는 호텔 앞의 프라도미술관에 가서 거창한 컬렉션을 만끽했다. 대체로 8가지 미술품 컬렉션으로 나누는데 물론 자기네 스페인 회화가 많지만 더 유명한 다른 유럽의 화가의 작품도 엄청나게 모았다. 그리고 브뤼헐(Bruegel), 루벤스, 렘브란트, 판 다이크 등 플랑드르 화가들의 작품이 많은 데에 새삼 놀랐다. 라파엘, 티치아노, 소로야, 틴토레토 등 이탈리아회화도 많은 데다가 대부분 이탈리아의 피렌체, 로마, 베니스의 영향을 듬뿍 받은 흔적이 역력하다. 특히 틴토레토의 작품은 베니스에 갔을 때 인상 깊게 관람한 기억이 있는데 그의 영향을 받은 작품이 많이 있다. 그 외에 프랑스와 독일(뒤러 등)의 회화와 조각, 장식미술 등 끝이 없다. 그러나 스페인 미술의 정수를 수집하여 전시하는 곳이니 역시 고야, 벨라스케스, 무리요, 엘 그레코 등 거장들의 작품을 흠뻑 감상했다. 참으로 인상 깊은 미술관에서 한나절을 즐겼다.

왕궁은 18세기 펠리페 5세(Felipe V)의 명령으로 건설하여 지금까지 중요한 국가행사에 이용한다고 한다. 2,800개의 방 중에서 50개만 공개한다는데도 한참 걸린다. 극도로 사치스러운 방과 수집품들이 많이 있지만, 안토니오 스트라디바리(Antonio Stradivari)가 제작한 5개의 바이올린, 비올라, 첼로 등이 이색적이다. 왕궁 앞의 교회는 위용을 자랑하지만 입장할 수 없어서 겉모습만 사진을 찍었다. 왕궁에서 걸어서 마요르광장의 아케이드를 보고, 호텔 근처로 와서 널찍한 부엔 레티로 공원(Parque del Buen Retiro)을 여러 시간 산책했다. 수종은 다양하지 아니하나 잘 자란 소나무와 마로니에로 뒤덮여 있는데 그 규모가 뉴욕의 센트럴파크를 연상시켰다. 종로나 강남 한복판에 이

만 한 크기의 공원이 있어 서울시의 허파구실을 할 수 없을까.

스페인은 현재 유럽연합에서 경제상황이 나쁘고 빚을 많이 져서 천덕꾸러기 취급을 받고 있고, 재판소 내에서는 놀기를 좋아하는 남유럽인들을 은근히 경멸하는 인상을 받을 때도 있다. 그러나 한국인으로서 스페인과 같은 관광대국을 보면 마음이 저절로 착잡해지기 마련이다. 전쟁의 파괴를 감안하더라도 우리는 무엇을 얼마나 가시적으로 내놓을 만한 것이 있는지 부끄럽다. 스페인만 해도 미국 대륙의 발견은 차치하고라도 수백 년간 세계를 지배한 강국이었고, 현재 곤경에 빠져있더라도 과거에 그들의 조상이 남긴 엄청난 유산을 관광자원으로 막대한 돈을 벌고 있다.

우리가 조선시대에 굶어죽고 초가집에서 가난한 삶을 이어갈 때 그들은 웅장한 석조교회와 아름다운 회화 및 조각을 창조하여 자손만대에 걸쳐 본전을 뽑고 있지 아니한가. 강대국의 착취만 당했던 우리는 저들의 부를 남을 착취하여 쌓은 것이라고 비판만 하거나 그냥 외면해 버릴 것인가. 우리의 마음속에는 서양문명을 충분히 이해도 못하면서 혹시나 북서부 유럽 중심의 주류적 우월성을 바탕으로 그에 편승하여 남부 유럽의 문화적 축적을 덩달아 과소평가한 일은 없는가. 스페인은 정말 대단한 나라이고 자신의 부끄러움에다가 남에 대한 경탄이 겹쳐서 혼란스러운 마음을 금할 수 없었다.

예수 부활의 날에 우리는 톨레도(Toledo) 관광길에 나섰다. 마침 날씨마저 쾌청하여 아주 기분이 좋았다. 톨레도 전 시내가 척박한 황갈색의 바위터 위에 건설된 도시라는 인상이다. 기원전부터 로마인들의 지배를 받았다는데 도시의 3면이 강으로 둘러싸여 자연요새가 되었고 강을 가로지르는 다리는 7백 년이 되는 것도 있다. 기가 막힌 것은 산등성이를 모두 걸어 올라가야만 옛 시가와 건물을 구경할 수 있는데 관광객의 편의를 위하여 기묘하게 에스컬레이터를 바위 위에 몇 겹으로 산 정상까지 설치하여 가동하고 있다. 보기에 낯설지도 않게 산등성이를 따라 자연스럽게 설치된 기계를 타고 올라가서 고도의 좁은 길목을 구경했다.

여러 군데를 보았으나 엘 그레코의 작품을 전시한 성 토마스 성당과 이 나라에서 두 번째로 크다는 대성당(가장 큰 것은 세비아에 있음)에 들어가 보니 어마어마한 내부장식, 파이프오르간, 채색유리, 샹들리에, 종교벽화 등이 입을 다물 수 없게 만든다. 그 시절에는 이 큰 성당의 건축자금이 모자라 지역부호들에게 자금을 대도록 하고 성당 가장자리 한 코너를 그들의 개인적 참배장소로 팔았다고 한다. 그래서 이 성당의 출입문은 7개나 된단다. 부활절 휴가를 이용한 마드리드여행이 매우 실속 있게 먹고 쉴 수 있어서 부부가 함께 모처럼 즐겼다고 하겠다.

헤이그에서는 50여 개국의 정상들이 참석한 핵안보 정상회의와 박근혜 대통령의 방문이 무사히 넘어갔다. 나는 공관직원들의 노고를 위로하기 위하여 만찬을 베풀었다. 내가 제공한 푸틴 대통령 명의를 넣어 한정품으로 만든 보드카와 함께 흥을 돋우었다. 지난번에 이곳 대사관이 업무수행평가에서 최우수상을 받았다고 해서 만찬을 베푼 이래 두 번째이다.

트리니다드 토바고 대통령 국장 참석

아침 일찍 떠나서 하루 종일 비행 끝에 트리니다드토바고에 도착해야 한다. 사실 내부적으로 여비예산도 부족한데 소장이 국장에 참석하는 것이 온당한 것인지 많이 논의한 결과 참석하는 것으로 결론이 난 것이다. 만델라의 장례에도 참석여부가 검토되었지만 그는 일반적으로 인류의 인권신장을 위한 큰 업적을 남겼으나 국제형사재판소 창설에 직접 기여한 일이 없으므로 안 가기로 했었다. 아무튼 아침 일찍 떠나 뉴욕으로 가서 카렌 모소티 뉴욕 연락사무소장과 합류하여 카리브해 섬나라로 향했다. 밤 10시가 넘어 열대의 나라에 도착하니 동료 제프리 헨더슨 재판관과 외무부 의전장이 영접했고, 호텔에 투숙한 다음 밀착경호를 베푼다.

일정이 변경되어 5월 1일 아침 9시 반에 시작한다는 로빈슨 대통령의 국장은 수도의 큰 공연장에서 개최되었는데 연도에는 많은 학생들이 국기를 들고 서 있었다. 입장하여 맨 앞줄에서 실내를 둘러보니 단상에 국기가 덮인 관이 놓여있고 성공회의 앤더슨(Anderson) 신부가 총집전을 하는데 다른 종교의 대표자들도 자기네 의상을 입고 단상에 나란히 앉아있다. 앞줄에는 고인의 친구로서 조사를 하는 전직들이 있고 부근의 섬나라에서 참석한 5개국의 국가원수들 외에 이 나라의 여성총리, 대법원장, 상·하원 의장들, 야당지도자 등이 입장했는데, 마지막으로 나의 친구인 카모나 대통령이 입장했다. 현지 언론과 TV는 나의 조사(弔辭)를 크게 보도했다.

12시 반에 장례식이 끝나자 호텔에서 쉬다가 카모나 대통령이 주최하는 오찬에 참석하러 시내 이탈리아 식당으로 갔다. 그는 다른 국가원수에게 인사를 하느라고 2시경에 왔으나 우리는 대통령 내외, 대법원장, 헨더슨 재판관 부부, 카렌과 함께 실로 오랜만의 회포를 풀었다. 그가 당선되었으나 갑자기 자기 나라의 대통령으로 선출되는 바람에 국제형사재판소에는 근무해 보지도 못하고 귀국했는데 이제 1년 남짓 만에 서로 만난 것이다. 그는 서글서글한 데다가 선량한 품성의 소유자인데 이제는 세련된 지도자로 변신되어 있었다. 영부인도 마라톤에 참가하는 등 역할이 많다고 한다. 내외가 한창 역동적이어서 큰 활약이 기대된다. 의전을 찾을 필요도 없고 중요안건을 협상하는 것도 아니므로 가까운 친구로서 마음껏 웃었다.

당일에 떠나는 것은 무리라서 하루 더 자고 2일 아침 일찍 출발하여 5시간 비행 후 뉴욕에 도착했다. 뉴욕에서는 연결편이 잘못되어 결국 이날 정오를 넘어 암스테르담에 도착했다. 바로 헤이그로 가서 밀린 결재를 한 다음 다시 공항으로 나와서 한국으로 출발했다.

짧은 한국 방문

2014년 어린이날이지만 KBS 1TV 〈한국 한국인〉 프로그램에 출연하기 위하여 유니세프한국위원회 자하관에서 1시간 반 정도 예비인터뷰를 했다. 그리고는 손자가 기다리는 농장으로 직행했다. 오랜만에 가보는데 잔디밭에서 손자와 한참 놀다가 귀가했다. 서로 바빠서 이것이 조손(祖孫) 간에 이번에 처음 보는 기회이고 간신히 그의 선물만 전달했다. 5월 7일 오후 스튜디오에서 정용실 아나운서와 약 50분간 대담했다. 5월 25일 일요일 아침 7시 10분부터 50분간 방영한다고 한다. 인터뷰가 끝나자 내 모습을 빚은 작은 토르소를 선물로 받았다.

저녁에는 롯데호텔에서 거행된 김연수 삼양사 창립자를 기리는 수당상(秀堂賞) 시상식에 참가한 후 배나무골 교대점으로 이동하여 오랜만에 민사소송법연구회 제자들의 사은회에 참석했다. 젊은 법조인들이 정기적으로 모여 소송법을 연구하고 매년 스승의 날에 나와 호문혁 교수에게 잊지 않고 만찬을 베풀면서 사제 간의 정을 다지는 아름다운 연구모임이다. 서울대 로스쿨 오정후 교수를 비롯하여 적잖은 젊은 판사, 변호사, 교수 등이 참석해서 반가웠다. 가까운 고교동문이었던 고 장휴동 군이 경영했던 음식점에 수년 만에 와보니 감회가 일었다.

원래 5월 9일 아침 8시에 개최한다는 유니세프한국위원회 이사회를 7시 반으로 당겨 안건을 의결한 뒤 대구로 가기 위하여 아침 일찍 집을 나섰다. 새벽부터 길에 드러누워 청와대를 상대로 데모하는 군중에 막혀 접근이 안 되었다. 걸어서 회의장에 가장 먼저 도착했다. 직제개편과 인사문제 등을 만장일치로 재의결하고는 나는 급히 회의장을 떠나 서울역으로 내달았다. 약 2시간 후 동대구역에 도착하자 경북대 인사들이 마중 나와서 학교로 직행했다. 경북대 청중은 만석인데 대구지검의 검사로 근무하는 애제자 윤석열, 신배식 군 등도 강연장에서 경청했다. 강연 자체는 잘 진행되었고, 합석한 배병일 영남대 교수 등 여러 교수들과 학교식당에서 뷔페식으로 간단히 점심을 때우고는 1시 8분 기차로 귀경했다. 4시부터 일산으로 이동하여 사법연수원 운영위원회를 약 2시간 동안 주재했다.

오늘 아내는 아침에 핀에어로, 나는 오후에 대한항공으로 귀임하여 암스테르담공항에서 서로 만나 같은 택시로 헤이그 집에 돌아왔다. 어제 열흘 만에 재판소에 출근하였는데, 5월 13일 새벽 또다시 베를린에서 우리나라 국가인권위원회가 주최하는 북한 인권문제 심포지엄에 축사하러 나섰다. 인권에 중점을 두고 연설하기로 마음먹었다. 내가 축사하러 간다고 하니 독일 측 준비위원들도 바짝 긴장하여 태도가 달라지더라고 했다. 참석한 라종일 박사와 홍성필 교수 그리고 현병철 위원장의 개회사를 대독할 윤남근 인권위원을 반갑게 만났다. 축사 후에는 변변한 작별인사도 못하고 귀임하여 미안했다. 그러나 현 위원장의 전화에 따르면 비록 그가 회의에 참석하지 못했지만 〈동아일보〉의 전면커버로 보도가 잘되어 국가인권위원회의 주가가 올랐다는 낭보를 전해왔다.

슬로베니아 브르도 회의

5월 14일 드디어 아내와 함께 슬로베니아 출장길에 올랐다. 이 나라 정부가 리히텐슈타인과 공동으로 로마규정 비준과 캄팔라 개정조약 비준을 촉구하는 국제회의를 열었다. 부총리 겸 외무장관 카를 에리야비치(Karl Erjavec. 1960년생)가 보낸 초청장에 긍정적 답신을 보낸 이유는 작년에도 그 아름다운 슬로베니아의 블레드(Bled) 섬에서 한다는 회의에 초청받고도 일정상 갈 수 없었기 때문이기도 하다.

직행비행기가 없어서 뮌헨을 경유해 4시간 만에 수도 류블랴나에 도착했다. 시내 중심가에 여장을 풀고 오후에 시내 류블랴나대학(University of Ljubljana)으로 가서 강연했다. 도시 자체가 아주 작고 호텔이 중심가에 위치해서 강을 건너 약 5분쯤 걸으니 대학이 나온다. 동유럽 학생들은 여간해서 질문하지 않는다는데 몇 명이 질문했고, 교수들이 환대해 주어 성공적으로 강연을 마쳤다. 이 나라 제일의 대학이라고 자부심이 대단하다. 저녁에는 전에 나의 비서실장을 하던 루스비스와 만나서 그녀가 추천하는 오래된 식당에서 우리 부부는 수행원 페타르와 함께 옛 얘기를 많이 나누었다. 정치적 야심이 많은 그녀는 나를 두 번째 아버지라고 부르면서 친근감을 보인다.

15일 아침에 우리 일행은 슬로베니아 정부가 제공하는 차량으로 회의장인 브르도(Brdo)까지 약 한 시간 걸려 이동했다. 날은 쾌청하지 않았으나 회의장에 당도하니 옛날 성채라고 하는데 시설이 멋지다. 전에 유고연방의 티토 원수가 거처하던 곳이라고 한다. 동유럽을 비롯한 각지에서 여러 나라의 대표들이 참석했다. 당사국총회 의장인 티나 인텔만이 참석했으니 사이가 나쁜 베나베저 전 의장은 부대표인 스테판 바리가(Stefan Barriga)를 대신 보내고 불참하였다.

나는 로마규정 비준의 중요성을 역설하는 기조연설을 했다. 첫 세션에 참석하니 마침 루스비스가 사회를 능숙하게 본다. 나는 이날 트리니다드토바고를 다녀온 여독으로 피로하기가 말할 수 없는데 아침부터 빡빡한 일정을 어찌 소화할지 걱정이었다. 그리 어렵지 아니하게 질의응답 등 나의 임무를 마쳤는데, 의외로 참석한 아제르바이잔 조약국장이 발언하기를 자기 나라에서 국내적 절차가 진행 중이라 내년 이맘때쯤이면 비준이 가능하다는 소식을 전한다. 좋은 회의시설에서 잘 준비된 회의가 원만하게 돌아가는 것 같다.

이런저런 정부대표자들과 면담을 부지런히 소화하고 외무장관이 주최하는 오찬에 참석했다. 외무장관은 여러 각료직을 이미 거친 경험 많은 정치인으로서 사람을 대하는 품이 차분하다. 오후에도 계속 사람을 만나는 중 이 나라의 전직 대통령이었던 다닐로 튀르크와 환담을 했다. 물론 다음번에는 동유럽지역의 차례이니 가능성은 있으나 불가리아 등 다른 나라에서도 움직임이 있고, 슬로베니아주재 미국대사가 본국에 이분은 부적절하다는 보고를 올린 일이 있어 가능성이 있는지는 알기 어렵다. 그러나 튀르크의 전반적인 인상은 점잖고, 영어가 완벽하고, 유엔을 잘 아는 경험자인 것 같은데, 특히 5대 상임이사국의 태도가 어떨지는 모르겠다. 이왕이면 내가 아는 분이 차기 총장이 되면 나쁠 것이 없을 것이다.

저녁 리셉션을 마치고 늦게 우리 부부는 다시 류블랴나의 호텔로 귀환했다. 내가 슬로베니아를 방문한다는 소식을 듣고 헤이그주재 크로아티아대사 베셀라 코라치(Vesela Korać)가 시간을 내어 자기 나라를 방문해주도록 요청했다. 이 대사는 레이던대학에서 공부하는 남편 마르코 코라치(Marko Korać)와 함께 행복하게 근무하면서 재판소 일에도 적극적으로 관여하므로 나와도 자주 만나는 편이다. 개인적으로 작년 휴가 중 두브로브니크를 방문할 때 그 도시에 연락하여 부시장이 공항 출영송을 하게 해준 외교관이다. 이번에도 자기네 돈을 하나도 안 들이고 슬로베니아를 방문하는 동안 하루 틈을 내어 수도 자그레브를 방문해달라는 재치 있는 제안을 한 것이다. 내가 나의 친구인 그 나라 대통령 이보 요시포비치(Ivo Josipović)를 만나자고 하자 그가 그때에는 미국을 방문하기 때문에 안 되고 그 대신 총리, 부총리 및 법무장관 을 만나도록 주선했다. 그런데 내가 방문하는 날 총리가 사임하는 통에 이 면 담은 불발되었다.

류블랴나에서 자그레브까지는 1시간이 걸리는 편한 운전길이라서 슬로베 니아 정부가 배치해 준 자동차를 계속 이용하여 크로아티아를 방문하기로 했 다. 연도에 잠시 이 나라의 산천을 구경할 기회가 있었다. 슬로베니아는 그야 말로 녹색의 나라로서 어디나 깨끗하고 아름답다. 스위스라고 해도 될 정도로 푸른 야산의 목장에 가축이 한가로이 풀을 뜯고 빨간 지붕의 농촌집들이 색깔 의 대조를 이루어 아름답다. 슬로베니아는 셍겐(Schengen) 지역이라 자유통 행이 가능하지만 크로아티아는 그렇지 못하여 국경검문이 고약하다고 한다. 그러나 사전지시에 따라 경호경찰차가 국경에 대기하고 있어서 아주 수월하 게 넘어갔다. 사이렌을 울려 길을 헤쳐 가는 바람에 다소 일찍 도착하였다.

관청가 앞에서 자그레브 시내를 둘러보니 류블랴나와는 비교가 안 되게 크 고 바쁜 도시이다. 외무부 건물에 들어서니 여성의전관이 나를 맞아 접견실 로 안내한다. 좋은 인상이 강렬하게 다가왔다. 방으로 들어선 부총리 겸 외 무장관인 60세의 여성 베스나 푸시치(Vesna Pusić)는 옷을 잘 차려 입었는데 진보적 생각을 가진 것이 루스비스를 연상시킨다. 국제형사재판소에 깊은 관 심을 표시하고 많은 애기를 나눈 후 두브로브니크로 떠난다고 일어났다. 그 리고 법무장관 오르사트 밀리니에니치(Orsat Miljenić)가 주최하는 오찬장으 로 향했다. 이곳에서 증인보호 협정과 형집행 협정 등 필요한 협정의 체결을 토의하는 등 상당한 결과를 가져온 귀중한 회담을 진행하였다. 이 장관은 젊 은데 화끈한 분인 것 같다.

오찬 후 약간 비가 내리는 중에도 자그레브대학(University of Zagreb)으로 가서 공개강연을 했다. 여기서는 다른 곳에서의 강연을 반복하기보다 그들이 잘 아는 구유고전범재판소(ICTY)와 국제형사재판소(ICC)가 사실상 어떻게 다른가를 중점적으로 강연했다. 유서 깊은 강당에 많은 학생과 법조인이 모여 교수들과 함께 경청을 한다. 질문도 상당히 있었다. 강연 후 아직 해가 남아 있어서 법무부 수행원과 경호원을 대동하고 시내를 둘러봤다.

구시가를 중심으로 푸니쿨라를 타고 산 정상에 올라가서 전체 시가지를 조망하기도 하고 좁디좁은 동네골목을 따라가면서 그들의 생활역사를 만끽하기도 했다. 역시 아름다운 수도이다. 6시경 시내를 출발하여 류블랴나로 7시경 귀환했다. 역시 코라치 대사의 센스 있는 주선으로 참 소득 있고, 즐거운 하루를 자그레브에서 보냈다.

주말이 되어 나를 계속 수행한 슬로베니아 외무부 의전관 안드레이도 쉬도록 하고 매일 운전해 준 운전사가 안내원을 겸하여 우리를 데리고 슬로베니아의 유명한 포스토이나(Postojna) 동굴을 구경하러 나섰다. 오전 이른 시간인데도 정부로부터 이 모든 시설을 임차하여 경영하는 마리안 바타젤리(Marjan Batagelj) 내외가 문전에서 우리를 영접한다. 22km나 되는 지하 석회암동굴을 우리 부부가 단독으로 기차를 타고 전문가의 설명을 들으면서 돌아보았다. 동굴에서 나와 보니 한국인 단체관광객이 많이 기다린다. 한국인 관광객이 두 번째로 많아 한국어 책자는 물론 한국어 음성안내까지 있다. 우리는 동굴 옆에 지어진 바위틈새 성채까지 들어가서 안내원과 함께 5백 년 전 무사들의 생활상을 직접 보고 들을 수 있었다.

그들이 자랑하는 고급식당 프로테우스(Proteus)의 오찬은 참으로 정성을 다하였고 맛이 좋았다. 프로테우스는 지하동굴에 서식하는 발 달린 지렁이 같은 동물로서 이곳의 상징이다. 동굴구경을 마치고 운전사의 호의로 해변으로 나아가서 피란(Piran), 포르토로즈(Portorož), 코페르(Koper) 등 이 나라의 해변도시들을 거닐면서 구경했다. 아름다운 소나무 숲을 넘어서니 푸른 바다가 펼쳐져서 기분이 좋았다. 어느 지점에 가니 오른쪽 바다 건너편으로 베니스라서 산마르코(San Marco) 광장의 첨탑이 보이고 왼쪽으로는 크로아티아 영토가 아름다운 자태를 뽐낸다. 수행한 경호원과 운전사 등이 기다려야 하므로 바로 류블랴나로 돌아왔다.

이리저리 다니면서 얘기를 나누어보니 슬로베니아는 아무런 산업기반이 없어서 결국 농업과 관광에 의존할 수밖에 없는 나라이다. 가장 큰 공장이라야 프랑스 자동차회사 르노가 세운 조립공장 하나뿐이란다. 해변도 오직 47km밖에 안되므로 해산물도 귀한 편이라고 한다. 그러나 이번에 방문한 두 나라는 모두 아름답고 장래성이 있어 보인다. 일요일 귀로에는 뮌헨 대신 프랑크푸르트를 거쳐서 돌아왔다.

5월 19일 국제형사재판소 역사상 처음으로 루방가 사건의 상고심 변론을 열었다. 사실 상고심은 구술변론을 열지 않는데 이번에는 예외적으로 공개변론 일정을 잡은 것이다. 상당히 많은 사람이 방청했다. 경험 없는 재판장이 실수할까 봐 내 마음이 아주 조마조마했는데 재판장 쿠룰라가 재판연구관들이 써준 각본대로 잘하는 것 같다. 콩고민주공화국에 있는 증인 2인을 화상 연결하여 피고와 검사 측이 각각 신문하고 재판부도 한두 가지 개입신문을 했다. 비교적 복잡한 사실관계나 쟁점이 없는 관계로 생각보다 일찍 마쳤다.

5월 20일 당사자에게 최후진술의 기회를 주었는데 피고 루방가는 아주 고급불어로 자기는 소년병의 문제점을 잘 알고 있었기 때문에 처음부터 이 점을 주의하여 국제법에 위반되지 않게 병력을 모집했다고 주장한다. 콩고민주공화국 정글 속의 반란군 지휘자가 국제법상의 소년병 금지조항을 익히 알아 이를 피하여 소년을 징집했다는 말을 얼마나 믿어야 될까. 형사재판을 본 일도 없는 외교관 출신 동료재판관들에게 이 변론이 큰 교육이 되었을 것이다.

5월 25일 일요일 아침 7시 10분부터 KBS 1TV의 〈한국 한국인〉 대담프로그램이 1시간 동안 방영되었다고 한다. 아들 외에 몇몇 제자들이 이메일로 좋은 반응을 보내왔다. 인터넷에서 다시보기로 아내와 함께 보니 아주 쉽게 잘된 것 같다. 전화를 해준 친지에 의하면 그 시간대에 방영된 프로그램 중 검색순위가 1위였다고도 했다.

헨더슨 재판관과 함께 먹은 점심을 사무실에 와서 토하고 여러 날 굶으면서 일을 줄였다. 트리니다드토바고에서 걸려온 감기가 몹시 심해지더니 드디어 여독과 피로가 한꺼번에 몰려온 것 같다. 그러나 오늘의 전원재판관회의는 사회를 안 볼 수가 없다. 타르푸서 부소장이 수명법관으로서 절차를 진행

한 것에 반발한 피고당사자 5인 중 3인이 그에 대한 기피신청을 한 것을 심의
해야 하기 때문이다. 생각보다 어렵지 아니하게 오후 1시에 전체심의가 끝나
고 기피신청을 만장일치로 기각했다. 타르푸서가 먼저 내게 와서 인사의 말
을 할 줄 알았는데 역시 얼굴도 안 보인다. 자기가 쓸데없는 잡음을 일으켜
모든 재판관의 시간을 잡아먹었는데도 말이다.

소장실의 자랑스러운 스태프들

오랫동안 여러 번 연기하는 등 우여곡절이 있었던 히라드의 저녁초대를 받고
주말이라 아내와 함께 그의 집을 방문했다. 히라드는 40대 초반의 이란 망명
인의 아들로서 국적은 캐나다이지만 프랑스에서 학교 다닐 때 이탈리아 출신
의 도나텔라(Donatella)를 만나 결혼하여 예쁜 두 딸을 낳고 잘살고 있다. 그
는 같은 아시아인이라고 나에게 호의를 보이고 공통점을 강조하면서 한국에
관한 소식에 정통한 편이다. 항상 아시아 축구에 관한 세밀한 정보는 그로부
터 얻는다. 그는 영어와 불어에 아주 능통한 귀한 존재로서 법률가로서의 자
질이 뛰어난 인재이다. 소장실의 비서실 차장이면서 법률팀의 책임자이다.
항상 근로윤리와 전통적 가치에 있어 반듯한 자세를 보이는 것이 유럽인의 느
슨한 근무자세와 대조하여 항상 돋보이는 사람이다. 망명 전에 건축설계사를
하던 80세의 부친이 후일 이란문명을 설명하는 커다란 화보책자를 내게 보내
어 호의를 표하기도 하였다. 그의 집에서 보여주는 앨범사진을 보니 그의 가
문이 이란에서 대대로 벼슬을 하면서 상당히 잘살았던 것 같고, 그는 이를 매
우 자랑으로 생각하면서 두 딸에게 주입시키는 편이었다.

히라드를 보면 누구나 어려서의 교육이 일생을 좌우하는 것 같다는 생각을
늘 하게 된다. 아무리 다른 환경에서 살고 타국에서 근무해도 그는 자기의 전
통과 예절과 윤리를 지키고자 분투하는 것이 마음에 든다. 저녁은 이탈리아
식으로 간단히 차렸지만 많은 얘기를 나누면서 우리 내외는 즐거운 시간을 가
졌다. 나도 건강이 회복되어 많이 먹은 것 같다.

소장실 풍경을 보면 영국인 대사 출신 비서실장 린 파커의 총지휘하에 이란인 히라드가 나이지리아 출신 오도 오구마 등과 함께 이끄는 법률팀이 있고, 핀란드의 마티아스가 세르비아의 페타르와 함께 이끌어가는 대외담당팀이 있다. 그리고 나의 특별보좌관인 독일인 필립 암바흐가 위로는 영국인 비서실장 린의 지시를 받고 아래로는 러시아 직원 알라 세르디우코바(Alla Serdyukova)를 감독하면서 예산행정팀을 구성하고 있다. 그리고 프랑스와 모로코 출신 여비서 2인이 있고 상근 운전사는 공동으로 이용하면서도 나는 공사를 엄격히 구분하여 공용차를 사용한다. 이것이 소장실 인력규모의 전부인데 아주 소수의 인원이 큰 조직의 정상에서 국제형사재판소를 차질 없이 이끌어가는 것이 신기하기만 하다. 적은 인원으로도 여태껏 깔끔하게 업무를 수행해 왔다.

내가 인복이 있는지는 모르지만 참모들이 한결같이 유능하고, 열심히 일하며 나름대로 사명감을 가지고 근무한다. 소수정예라고 아니할 수 없다. 나로서는 고맙기 짝이 없다. 항상 내가 어려운 지경에 빠지지 않도록 미리 법률적, 정치적으로 보호해 주고 사전에 필요한 자료를 잘 준비해 준다. 그리고 내가 올바른 판단을 할 수 있도록 여러 가지 선택의 폭을 넓혀준다.

지금껏 같이 일해 본 사람들 중에는 말을 안 듣거나 대책 없이 비판적이거나 이기적인 전문직 등의 경우가 많았는데, 소장실 스태프들은 존경심을 가지고 능률적으로 소장을 보좌하면서 최소한 자기들이 무엇을 어떻게 해야 하는지를 잘 알고 있다. 기본적으로 치사하게 눈속임 또는 반칙을 하거나 무리한 부탁을 하는 일이 상호간에 없고 엄격한 상하관계에서 오는 불필요한 긴장과 관료적 타성도 없으므로 자기가 할 일을 다 해놓고는 상사의 눈치를 볼 필요 없이 당당히 퇴근하고 휴가를 가며 연가를 자유로이 사용하면서 인생을 즐기고 있다. 자기들끼리 밖에서 가끔 사교적으로 만나는 일이 있지만 음주나 외출이 과도하지 아니하고 조직 내에서 패거리를 짓거나 쓸데없이 남의 말을 악의적으로 꾸며내는 일이 없어 보인다.

나는 소장실 스태프들을 항상 칭찬함으로써 포용적 리더십을 발휘할 뿐 매사에 미주알고주알 구체적인 지시를 삼가고 있다. 그리고 정기적으로 사비를 들여 다 같이 모이는 저녁식사를 대접하여 사기를 북돋아준다. 같은 재판소 내의 다른 부서는 분위기가 다르고 일이 잘 안 돌아가는 경우가 많이 있는 것을 안다. 행정처의 경우 여태껏 무능하고 부적격인 행정처장 때문에 지난 10년을 허송한 나머지 쌓인 적폐가 많으므로 한참 시간이 걸려 해결될 문제이다. 검찰부는 더욱 한심하다. 오캄포 검사의 독재 및 독선으로 좋은 인력이 거의 떠난 후 직원들의 사기와 능력이 떨어져서 걱정이다.

돌이켜보면 린 파커를 비서실장으로 기용한 것이 나로서는 묘책이었다. 바쁜 일정 속에서도 그가 재판관이나 직원이 일으키는 각종 문제를 미리 잘 파악하여 내게 불똥이 뛰는 일이 없도록 사전조율을 한다. 이 사람에 대한 수요가 하도 많은지라 내게 보고하는 것을 잊는 경우가 있으나 린도 자기 주제를 잘 파악하고 있어서 절대로 수위를 넘는 사람이 아니다.

아침 7시경 내가 출근하면 늘 법률자문역인 히라드가 제일 먼저 달려와서 그동안의 현안, 재판사무의 진전, 다른 기관의 업무처리 등 여러 가지 보고를 하면서 몇 가지 문제에 대하여서는 나의 구두결재를 청한다. 이런 과정이 끝나고 일일정보 보고를 읽어도 아직 9시가 안 되는 경우가 많다. 그다음으로 필립, 마티아스 등이 출근하면서 소장실 주변은 활기를 띤다. 린은 늘 9시 반경 유유히 출근한다. 그는 항상 저녁에 늦게까지 일한다.

주한 네덜란드대사 파울 멩크펠트 내외가 여름휴가차 귀국하여 6월 5일 우리에게 만찬을 냈다. 우리는 공통화제가 많아 아주 즐거운 시간을 가졌다. 그는 우선 네덜란드의 신왕 빌럼-알렉산더가 11월 서울을 국빈 방문하므로 이를 위하여 6개월 이상 연장근무하게 되어 기쁘다고 한다. 내년 초 귀국하면 약 1년간 테마별 순회대사를 하다가 퇴직한다고 한다. 대사는 아른험 출신인데 매우 점잖고 부인은 독일인인데 역시 훌륭하다. 우리는 연말에 귀국하면 만찬을 대접하겠다고 약속했다.

우리 부부는 6월 6일 근무 후 늦게 프랑스의 니스로 떠났다. 몇 해 전에 헤이그주재 프랑스대사관의 법률자문관으로 근무하다가 사임한 마뉘엘 에이나르(Manuel Eynard)가 고향인 니스의 신설 메디테라니안대학(Mediterranean

University) 교수로 취직했는데 그 대학이 주관하는 모의 유엔행사에 참석하여 약 150명의 젊은 참가자들에게 강연해 주고 수상자들에게 시상해 달라는 초청이 왔다. 처음에는 초청인이 너무 젊어서 우리 내부적으로 시원찮게 생각한 모양인데 내가 젊은이들에게 희망을 불어 넣어주고 국제형사재판소를 선전해야 한다고 강조한 결과 이곳으로 가서 주말을 보내게 되었다.

니스는 6년 전 아내 회갑여행으로 프랑스 남부해안 로크브륀-캅-마르탱 (Roquebrune-Cap-Martin)에 왔을 때 잠시 들렀을 뿐 사실상 처음이나 마찬가지이다. 우리는 택시를 타고 마티스박물관과 샤갈박물관을 보고 시내를 돌아다녔다. 오후에는 마뉘엘이 관광안내를 자청하길래 그를 데리고 이곳의 토속음식점 '라 프티 드 메종'(La Petite de Maison)에 갔는데 북적거리는 분위기에서 현지인의 안내를 잘 받은 탓에 특색 있고 맛있는 여러 음식을 만끽했다. 점심을 잘 먹고도 저녁에는 택시로 에즈(Éze)에 있는 유명한 음식점에 7시 반에 도착했다. 산상의 바위를 깎아 세운 일류 음식점이 여러 곳 영업하는데 우리는 샤토 에자(Château Eza)로 갔다. 우선 샴페인을 한잔하면서 산상에서 바다의 절경을 즐기다가 바다경치가 제일 잘 보이는 식당 구석자리에 안내되었다.

이곳에 도착한 다음에는 항상 국제형사재판소 소장이라는 것이 따라다니므로 조심했다. 음식과 서비스는 미쉐린 별 2개라고 해서 잔뜩 기대했으나 너무 기대치가 높아서였을까 기대한 만큼 굉장한 것 같지는 않았다. 그러나 기분을 내기 위하여 셰프의 테이스팅 메뉴(tasting menu)를 시키고는 프랑스 와인을 주문했다. 토요일 하루는 음식탐방으로 즐겁게 지나갔다.

6월 8일 일요일 오전에 모의 유엔회의장으로 갔다. 세계 각국에서 온 학생들인데 가상의 나라를 대표하여 총회 및 분과위원회의 여러 개 주제를 토의하고 결의하는 모습을 약 30분간 구경하고는 내가 강연에 나섰다. 나의 전쟁경험을 토대로 국제형사재판소의 역할과 장래에 대하여 열변을 토했다. 수많은 질문이 쏟아졌고 회의장은 열기로 가득 찼다. 한국의 여학생도 있었다. 많은 질문을 뒤로 하고 '라 레제르브'(La Réserve) 식당으로 가서 아주 격식 있는 오찬을 즐겼다. 이곳은 택시를 타고 장거리를 이동할 필요도 없이 항구를 지나 부촌 입구에 바다물이 철렁거리는 지점에 있는 식당이다. 아주 맛있고 정감

프랑스 니스 메디테라니안대학에서 열린 모의 유엔총회 강연 (2014. 6).

있는 음식점인데 서브하는 사람들도 친절하고 멋있다. 오후에는 선발된 수상자들에게 일일이 상을 주고 악수하면서 젊은이들을 격려했다. 그리고는 바로 귀임하는 비행기를 탔다. 아주 좋은 경치와 음식을 즐기면서 부담 없이 쉰 주말이었다.

성폭력 근절을 위한 런던 세계정상회의

6월 11일 근무 후 로테르담공항에서 우리 부부와 비서실장 린이 함께 런던으로 갔다. 이것은 영국 외무장관 윌리엄 헤이그와 앤젤리나 졸리가 공동주최하는 '전쟁 중 성폭력 근절을 위한 세계정상회의'(Global Summit to End Sexual Violence in Conflict)에 참가하기 위해서였다. 그 전날 헤이그주재 영국대사가 주최한 리셉션에서 보니 이는 검사가 주인공이지 나는 역할이 없어서 가고 싶지 않았으나, 마티아스 대외담당보좌관이 세쟈드(Chezard) 영국대사관 법률보좌관과 상의한 결과 다음 날 오후 패널에서 발언하게 되어 있다고 해서 비행기를 탄 것이다.

회의장은 조립식으로 지은 한국의 코엑스 같은 전시장인데, 바로 우리가 어제 내린 시티터미널 옆에 있다. 린과 함께 가보니 회의테마에 관하여서는 발언이나 토의의 내용이 좋은 대신, 기본적 서비스는 착오가 많고 수시로 바뀌어서 혼란스럽다.

한국에서는 다행히도 애제자 조태열 외교부 제2차관이 참석하여 아주 반가웠고 기뻤다. 한국은 경제발전만 내세웠지 이 같은 세상을 바꾸는 중요 테마별 국제회의에 적극적으로 참여하지도 아니하고 이를 추진하지도 않는데 유능한 제자인 조 차관이 참석하여 천만다행이었다. 국제사회를 바꾸는 보편적 화두를 중심으로 소집되는 국제회의에 우리 정부 대표가 열심히 참석하여 한국의 실력을 뽐내고 국격을 높이는 역할을 적극적으로 해야 하는데, 자기에게 성과나 생색이 돌아오는 일이 아니어서인지 지금까지 이 같은 테마중심의 다자외교의 중요성을 인식하는 외교관을 못 보았다. 그런데 영어를 잘하고 출중한 인재인 조태열 차관이 참석하였으니 내가 얼마나 기뻤겠는가.

전체회의에서 윌리엄 헤이그와 앤젤리나 졸리의 개회사를 듣고 몇 분 외무장관 등의 본론적 내용에 관한 연설을 경청한 후 오찬장으로 옮겨 여러 참석자와 명함을 교환했다. 오후에 내가 발언할 패널로 가서는 〈중앙일보〉 고정애 특파원과 인터뷰 약속을 해두었다.

6월 13일에는 세계정상회의 종료를 위한 전체회의에 참석했다. 이 자리에서는 미국 국무장관 존 케리가 기조연설자로서 오랜 시간을 할애했다. 그는 능란한 연설자였지만 다소 지루하고 관련 없는 주제를 다루다가 본론으로 돌아와서 연설을 마치고는 그대로 자리를 떴다. 요새 국제형사재판소와 관계가 소원해진 아프리카연합 의장인 주마를 접촉하고자 했으나 연설 후 곧 회의장을 떠나 만날 수 없었다. 우리 부부는 일정을 마친 후 근처에 있는 하드록카페 런던(Hard Rock Cafe London)에서 늦은 점심을 먹었다. 맥주잔을 기념으로 사서 돌아왔다. 저녁에는 랭커스터하우스(Lancaster House)에서 열린 수석대표들의 만찬에 참석했다. 이 기회에 윌리엄 헤이그 장관에게 회의의 성공을 축하하였다.

그리고 영화배우 앤젤리나 졸리에게 다가가서는 '당신은 왜 국제형사재판소 건물을 내 허락도 없이 몰래 출입하는가?' 하고 농담을 걸었다. 그녀는 인권문제에 관심이 있어 많은 국제적 구호활동을 펼쳤고, 오캄포 검사와 친분이 있어서 재판소 공판모습을 가끔 와서 보곤 했던 것이다. 그녀는 앞으로는 안 그러겠다고 웃으면서 능청을 떤다.

다음 날 영국 신문들은 그녀의 프로필을 매우 의심스럽고 악의적으로 보도하였다. 로스앤젤레스에서 태어나 가정적으로 불우하였고 인생을 극도로 부정적으로 보면서 마약 등 온갖 못된 짓을 다했으며 20세에 한 결혼도 얼마 가지 못하는 등 아주 불행한 인생을 살았는데, 26세에 파키스탄의 난민수용소를 방문하여 이 세상에는 자기보다 더 힘들고 비참하게 사는 사람들이 많이 있다는 사실을 인식하고 조금씩 생각이 변화되었다고 썼다. 그러나 역시 그녀를 남편을 훔치는 전문가라는 둥 나쁘게 묘사하면서 그녀의 진의를 의심하는 기사도 보았다. 그러나 그녀는 이제 전쟁피해자들의 구호와 국제형사정의를 앞장서 주장하는 배우로서 부동의 지위를 확보하고 있다.

랑카스터하우스는 새로 단장했는지 작년 11월 찰스 황태자 65세 생신 만찬 장소였던 버킹엄 궁전 못지않게 화려했다. 잘 가꾸어진 정원에서 칵테일을 즐기다 사진을 찍고는 식탁에 좌정하고 보니 오캄포 검사가 자기 수행원인 샘(Sam)을 데리고 와서 내 식탁에 앉는다. 샘이 초대받았을 리는 없고 그렇다면 예의에 어긋나는 것이다. 그런데 이곳에서 10여 년 전 뉴욕에서 나의 선거 때문에 접촉했던 아프가니스탄 법무차관 하심자이(Mohammad Qasim Hashimzai)가 옆에 앉아 있다가 알은체를 하는 것이 아닌가. 10년도 더 전에 만나고는 본 일이 없는 사람을 반갑게 해후했다.

런던도 이미 월드컵 분위기를 풍기는 것 같았다. 마침 전 우승팀 스페인과 주재국 네덜란드의 월드컵 1차전이 중계되었는데, 전 우승팀인 스페인은 무참하게 네덜란드팀에게 지고 말았다. 그대로 4년 전의 복수를 한 것 같다. 사람의 일이란 이처럼 한치 앞을 알 수 없는 것이다.

6월 14일 토요일 아침에 보니 왕궁 앞 더몰(The Mall)에 길 양편으로 커다란 영국기를 일정한 간격으로 게양했다. 엘리자베스 여왕의 생신을 축하하는 왕립의장대와 기병대의 열병 및 분열식이 버킹엄 궁전 앞에서 시작되어 더몰을 거쳐 근위기병대 교대식을 하는 곳(Horse Guards Parade)까지 행진하고 있다. 금년 열병분열식을 수행하는 부대는 네이메헌 부대(Nijmegen Company of Grenadier Guards)라고 하니 이것도 해마다 담당부대가 바뀌는가 보다.

왕족들은 그곳에서 여러 가지 준비된 묘기를 보고 다시 궁전으로 돌아와서는 잠시 발코니에 나와 구경꾼에게 손을 흔들고 들어갔다. 이 왕실의 야외 꽃수레행렬의 주인공인 여왕과 93세의 에딘버러 공(Duke of Edinburgh)도 건강해 보인다. 카밀라, 즉 콘월 공작부인(Duchess of Cornwall)과 그 며느리인 케임브리지 공작부인(Duchess of Cambridge)이 같은 마차를 타고 지나가고 나머지 근친왕족들이 각자 말을 타고 지나갔다. 1천 명 이상의 군인들이 열병분열식(*Trooping the Colour*)을 했는데 여왕의 생신 외에도 제1차 세계대전 발발 100주년, 노르망디 상륙 70주년을 함께 기념하는 장엄하고도 역사적인 행사였다. 여왕이 홀로 마차(Ascot Landau Carriage)를 타고 가는 전후에는 왕세손 부처, 해리 왕자, 찰스 황태자 부처, 웨섹스 공작부인 소피, 유제니 공주(Princess Eugenie), 요크 공작(Duke of York) 앤드루, 프린세스 로열(Princess Royal), 티머시 로렌스 경(Sir Timothy Laurence) 등이 마차나 말을 타고 위엄 있게 지나간다. 회면서 약간 옅은 청색이 도는 외투에 모자를 쓴 여왕이 기마 퍼레이드에서 근위대를 사열하였다.

세계의 많은 왕과 여왕 중에서 영국의 엘리자베스 여왕을 당할 만큼 우아하고 능숙하고 위엄 있는 분이 없을 것 같다. 물론 큰 재난으로 많은 인명피해가 난 현장에 달려가는 여왕은 아니어서 네덜란드의 서민적이고 소박한 친근감을 보이는 여왕과는 대조가 된다. 각국마다 왕조를 유지하는 이유나 목적이 조금씩 다른 데에서 상이한 이유를 찾아야 할 것 같다.

12시 52분에는 그린파크에서 41발의 예포를 쏘는 소리가 호텔방에서 들렸다. 1시에는 런던타워에서 62발의 예포가 터졌고 창공에 28대의 공군기가 13개 다른 편대를 구성하여 축하비행을 한다. 전체적으로는 200마리 이상의 말이 행진하고 400명 이상의 음악가와 고수가 근위대와 군악대에서 차출되었다고 한다.

열병식에 참가하는 군인은 기마부대(Household Cavalry), 기마포병부대(Royal Horse Artillery)와 보병부대(Foot Guards)에서 차출되어 각자 자기네 제복을 입고 참가하는데, 근위기병대(Horse Guards)는 1660년 왕정이 복고된 뒤부터 왕의 신변경호 책임을 맡았다고 한다. 그리고 이 같은 열병식은 찰스 2세 때에 시작되어 1748년부터 국왕의 생신행사로 정착했다고 한다.

저녁에는 도체스터호텔 지하에 있는 중국음식점에서 임성남 주영대사 부부, 우리 부부 그리고 조태열 차관 등 다섯 사람이 아주 즐겁고 의미 있는 저녁을 했다. 엘리자베스 테일러가 신혼여행을 와서 묵었다는 바람에 아직도 유명세를 타는 호텔인데 무도장이 영국에서 제일 커서 지금도 대형무도회는 이곳에서 열리는지 턱시도와 롱드레스로 정장한 선남선녀들이 바글거린다.

6월 15일 일요일에는 마침 그날 도착하는 박인국 대사와 오찬 약속이 되어 있다. 내가 묵는 호텔 28층에 미쉐린 2스타 식당(Galvin at Windows)에 12시 반에 예약하였는데, 박 대사가 공항에서 달려온 것이 1시경이었다. 마침 헤드셰프인 한국인 원주영 씨가 우리 부부와 특별히 인사하면서 서비스로 전채를 내주었고 식사가 끝난 후에는 우리에게 부엌을 공개하고 다른 셰프들을 소개했다. 원주영 씨는 유명한 셰프인 크리스 갈빈(Chris Galvin)이 같이 일하자고 해서 이 호텔 음식점에 합류해 벌써 8년간 일했다고 한다. 원래 일요일에 휴점이지만 이날이 '아버지의 날'이어서 특별히 문을 열었단다.

유엔총회에 연설하러 갈 때마다 박인국 대사의 신세를 졌고 수년간 잘 알게 되었는데, 그는 이제 한국고등교육재단의 사무총장으로 임명되어 전 세계를 활발하게 누비고 있다. 마침 내가 이분을 유니세프한국위원회의 이사로 모셔서 가끔 회의도 하고 긴한 상의도 하는 사이가 되어 감사하게 생각한다. 유럽에 온 김에 내가 영국에 오는 것을 알고 런던에서 서로 만나 참 반가운 한때를 보냈다.

헤이그의 클래식 축제, 호프페이베르 콘서트

노르웨이대사관에서 이색적인 초청장이 왔다. 해마다 열리는 헤이그의 클래식 축제(The Festival Classique)의 음악회 행사로서 호프페이베르 음악연주회(The Hofvijver concert)가 열리니 참석해 달라는 것이다. 이 콘서트는 적어도 과거 7년간 헤이그에서 비슷한 시기에 매년 동일 장소에서 개최되었다. 사실 이때에는 월드컵 열기 때문에 모두 초청을 수락할까 말까 하는 시기인데, 우리는 6월 20일 이 콘서트에 참석하기로 했다.

이 음악회는 헤이그 시내에서 가장 아름다운 호프페이베르에서 개최하는 것이 특징이다. 네덜란드가 자랑하는 아름다운 빈넨호프 건물의 뒤 자태와 그 앞의 호수가 잘 어울리는 장소에서 호수 위에 텐트를 쳐 공연장을 가설하고 네덜란드 미술의 역사를 테마로 하여 1시간 동안 격조 높은 음악을 선사하는 것이다. 마침 날씨도 아주 화창하여 더욱 분위기를 돋우고 연주 전후로 딸기, 치즈, 기타 간단한 음식이 제공되는데 7시 반에 임시로 설치한 좌석으로 안내되었다.

기본적으로는 헤이그 레지덴티 관현악단을 노르웨이 객원지휘자 에이빈드 굴베르그 옌센(Eivind Gullberg Jensen)이 지휘하고 코라 부르그라프(Cora Burggraaf)라는 메조소프라노가 시종일관 노래를 부르는데, 네덜란드가 자랑하는 수백 년 전의 예술적 주제에서 아이디어를 따서 3막으로 구성된 교향악, 성악, 연극, 발레 및 웃음을 주는 몇 가지 부소재를 엮어 아주 다채로운 공연을 보여주었다.

제1막은 렘브란트의 유명한 외과수술을 하는 그림을 묘사하고, 제2막은 페르메이르(Johannes Vermeer)의 그림 〈진주귀고리를 한 소녀〉에서 아이디어를 얻어 성악가의 의상을 비슷하게 입혔으며, 제3막은 파울루스 포터(Paulus Potter)의 음악과 그림에 맞추어 음악과 춤이 아우러지는 구성이다. 물론 1주일 후에 이 나라가 자랑하는 마우리츠하우스(Mauritshuis) 미술관의 재단장 개관을 기념하는 의미가 있긴 해도 음악, 미술, 발레 등 모든 분야에

헤이그 시내에서 가장 아름답다는 호프페이베르 왕궁 연못.

서 유서 깊고도 유머러스한 주제를 아름답게 직조(織造) 하여 격조 높은 연출을 해내니 감탄을 금할 수 없었다.

호수 위의 무대에서 교향악과 성악이 연주되는 동안 한 남성이 호수에 뛰어들어 사투를 하다가 음악이 끝나는 시점에 맞추어 무대로 올라와 나중에 페르메이르 복장으로 노래하는 여가수에게 꽃다발을 바치는 연출, 플라스틱으로 만든 노란 색깔의 병아리들이 물속에서 폭폭 튀어 올라 관중을 웃기는 모습, 발레댄서들이 아랍, 중국 또는 아프리카 등 자기네 고유한 의상을 차려입은 채 보트를 타고 연주장으로 도착하는 모습, 플라스틱 주머니에 바람을 불어넣어 커다란 젖소를 만들어 세우는 행위 등 부차적으로 웃음을 선사하는 재주 등이 첨가되어 예술적 미가 유지되면서도 기발하고 관중을 한없이 즐겁게 하였다. 예술성이 높아 감탄을 금하기 어려운 음악회를 한껏 즐겼다.

오랜만에 오전에 부부간에 골프라운딩을 한 후 오후에는 독일인 친구 도리트(Dorit) 가 초대한 저녁식사에 갔다. 그녀는 헤이그 외곽의 스헤베닝언 해변에서 계절적으로 운영하는 한 음식점을 통째로 빌려서 약 60여 명을 초대하였다. 남편의 60세 생일이라는 것이었다. 다국적기업 쉘에 다니므로 다소 여유가 있는지 친척들을 독일에서 부르고, 아내의 국제부인회 그룹을 초청했다. 2인 콤보밴드까지 불러서 음악이 곁들여지고 음료와 뷔페식 식사가 풍부하게 제공되었다. 손님들은 춤추는 사람, 해변으로 나가서 낙조를 보며 사진을 찍는 사람, 월드컵 중계방송을 시청하는 사람, 계속 마셔대는 사람 등 여러 가지였다. 해가 떨어지자 곧 폴란드로 떠나야 하는 오스트리아 출신 상무관 슈미트 부부와 함께 자리를 떴다.

6월 22일 일요일 폴커의 점심초대를 받아 그의 집에 갔다. 오랜만에 보니 남매가 귀엽게 잘 자랐다. 쥘(Jules)은 거의 10살이라는데 영어와 불어, 독어가 유창하고 어른스럽기까지 하다. 3세라는 딸 카미유(Carmille)도 온갖 참견을 다 하고 아주 활발하다. 다행히 아내가 사간 옷이 잘 맞아서 모두 좋아한다. 그들이 준비한 점심을 화창한 옥외에서 마음껏 즐겼다. 볼수록 정이 들고 도와주고 싶은 가족이다. 돌아와서 피곤하지만 한국이 알제리와 한판 붙는 월드컵을 보았는데 창피해서 내일 출근 후 할 말이 걱정될 정도였다.

재판소 초창기부터 나와 같이 재판관을 했고, 2009년에는 나의 제2부소장으로 당선되어 3년간 같이 일하던 독일재판관 카울이 건강상 이유로 7월 1일자로 사임하겠다고 통보했다. 정기 건강검진에서는 이상이 없다는 판정을 받았는데, 4월 초 워싱턴 미국국제법학회(American Society of International Law) 연례회의에 다녀오고 나서 다시 검진하니 암이 모두 퍼져서 손을 쓸 수 없다는 통보를 받았다고 직접 내게 와서 알려주고 베를린으로 돌아갔다. 워싱턴 출장도 내게 사정을 하기에 특별히 재판소의 공금으로 보냈는데 돌아와서는 무서운 결과를 통보한 것이다. 나는 일정한 간부진에게만 귀띔을 하고는 이 사실을 비밀에 부쳤는데, 사임서한을 보내왔기에 그가 구성원이었던 예심부의 2개 재판부를 어느 재판관으로 채울지가 고민이었다. 얼마 후 그는 독일 베를린 자택에서 세상을 떠났다.

유엔과 국제형사재판소 간의 관계점검을 위한 뉴욕회의

7월 7일부터 한국 대법원이 주최하는 '법치주의와 인권을 위한 국제사법 협력'을 주제로 한 국제회의에 기조연설자로서 초청을 받았다. 1주일 먼저 한국으로 향발했다. 아내가 내가 피로해 하고 음식을 토하기도 하는 것을 보고는 좀더 일찍 귀국하여 철저한 건강검진을 받아보아 아무 이상이 없다고 해야 뉴욕 및 남미 여행에 수행하지 그렇지 않으면 못 간다고 으름장을 놓은 까닭이다. 그래서 1주일간 연가를 낸 채 검진차 한국으로 향했다.

건강상 문제가 없다고 의학적 판정이 나서 7월 16일 헤이그에서 뉴욕으로 출장을 갔다. 17일 아침에 우리 연락사무소에 들러 시어머님상을 당하여 귀국한 카렌 대신에 로만을 대동하고 회의장으로 갔다. 오전에는 유엔건물 속의 한 장소를 빌려서 이탈리아 대표부 주최로 유엔과 국제형사재판소 간의 관계를 점검하는 오전회의를 개최하였다. 양 기관이 협력협정을 체결한 지 만 10년이 되었으므로 이를 점검하기도 하고, 또한 이날이 당사국총회가 몇 해 전에 의결한 대로 '국제정의의 날'(International Justice Day) 이므로 이를 기념하기도 하는 다목적의 회의인데, 유력한 회원국인 이탈리아가 회의를 준비하면서 내게 기조연설을 부탁하였기에 흔쾌히 승낙한 것이다. 나의 기조연설 다음에는 내 옆에 앉은 반기문 사무총장이 한 말씀 하고 다른 대사들이 토론에 적극 참여하여 성과 있는 오전 회의가 되었다.

오후에는 베나베저 대사가 주도하여 역시 캄팔라에서 개정한 로마규정(Kampala Amendment) 의 비준을 역설하는 토론회를 개최하였다. 사회를 하는 데이비드 톨버트(David Tolbert)와 사전에 각본을 맞춘 나는 이곳에서도 국제형사재판소의 현황을 보고하고 비준의 필요성을 강조하면서 여러 회원국들을 격려했다.

오전 및 오후로 이 회의에는 상당한 관심들이 있었는지 많은 나라 대표들이 모여들었다. 좌석에 앉은 채 오전, 오후로 발언하는 한국 참석자는 성웅규 박사 옆에 앉아서 회의를 따라가는 원호신 판사였다. 금년 3월에 부임했다는데 영어도 좋고 활발한 발언태도가 적극적이어서 속으로 기뻤다. 국제

유엔과 국제형사재판소와의 관계에 관한 세미나 (2014. 7).

회의에서 즉석에서 조리 있게 발언하는 한국 대표가 흔치 아니한데 원 판사는 배짱도 있고 의안을 정확하게 이해하면서 빼놓지 아니하고 발언하는 모습이 아주 든든했다.

저녁에는 오준 유엔대표부 대사가 나를 주빈으로 하되, 오늘 오전, 오후회의에 발언자로 참석한 각국 대사들을 모두 관저로 초청하여 성대한 만찬을 베풀었다. 그는 많이 생각하여 준비를 잘하기도 했지만 외교관으로서 유능한데다가 손님들을 요령 있고도 부드럽게 다루는 경험이 풍부한 호스트였다. 한국 외교관 중에 재주 있는 분이 많지만 오 대사는 참 큰 인재임에 틀림없다. 만찬장에서는 젊은 여성이 쇼팽의 알기 쉬운 곡들을 무리 없이 피아노로 흥겹게 연주했다. 그리고 세계경제포럼(World Economic Forum)의 제네바 사무소에 근무하는 젊은이와 인사했다. 음식, 분위기, 화제, 기타 여러 가지가 능란한 호스트의 말씀과 주빈인 나의 답변 등으로 분위기를 이끌어갔다. 오 대사는 국제형사재판소와 이를 이끌어가는 한국인 소장을 위하여 마음먹고 자리를 마련한 것이다.

18일에는 우연히도 오찬과 만찬이 모두 예정되어 있다. 아침 11시에 반기문 총장을 사무실로 예방하여 약 30분간 둘이 배석자 없이 한국말로 밀담을 나누었다. 내년에 내가 물러나는 얘기, 벤수다 검사의 실망스러운 면 등이 화제에 올랐다. 마침 전날 말레이시아 민간항공기를 격추한 러시아 또는 우크라이나 반군의 천인공노할 사태를 논의하고자 아침에 소집된 안보리에 참석했다가 내가 기다리는 38층으로 올라온 반 총장은, 30분간 면담 후에는 중동에서 벌어진 이스라엘과 하마스 간의 전쟁종식을 중재하기 위하여 그리 출발하겠다고 한다. 마침 반 총장의 앞에서 보조하는 젊은이를 보니 아들 친구 장욱진 군이었는데 듬직하고 그의 장래가 밝은 것 같은 인상을 받았다.

총장 면담 후 베나베저 대사가 자기 펜트하우스 관저에서 오준 대사를 주빈으로 하여 대법원 주최 서울국제회의에 다녀온 나이지리아, 칠레, 필리핀의 대사들과 나를 초청하여 오찬을 베풀었다. 모든 음식이 리히텐슈타인의 고유한 음식이라는데 특히 와인이 맛있었고 화제가 유연하게 흘러 분위기를 돋우었다. 오찬이 끝나고 성웅규 군의 안내로 유학 온 판검사 등 젊은 법조인들과 함께 부근의 호텔에서 맥주를 마시면서 이런저런 얘기를 많이 나누었다. 어떻게 하면 우수한 우리 법조인들이 국제적 진출을 할 수 있을까 토론도 하고 옛날 학창시절의 이야기도 하는 등 즐거운 한때를 가졌다. 원 판사가 애제자인 최민용 변호사 겸 화가와 결혼하였음을 그때 알았다.

저녁에는 유엔대표부의 한충희 차석대사의 초청으로 우리 부부와 최용훈 검사, 원호신 판사와 함께 만찬을 가졌다. 한 대사는 젊은 외교관 중에는 자기의 의제와 임무를 잘 정리하여 가지고 있는 준비되고도 체계적인 분이라는 인상이 들었고, 자기가 무슨 말을 하는지 알고 하는 분이다.

일요일 일찍 나서서 뉴욕 시내의 다운타운, 업타운, 브루클린 등을 하루종일 돌아보았다. 뉴욕에 자주 오지만 방문하는 곳이 한정되어 있으므로 처음으로 마음먹고 시가지를 모두 둘러본다는 뜻이다. 가장 인상 깊은 곳은 할렘지역이다. 수십 년 전에는 마약중독자들이 길에 넘쳐나고 낙서와 쓰레기로 더러웠으나, 이제는 깨끗해졌고 범죄율의 급격한 저하 등 주변이 많이 정화되었다. 최근의 루돌프 줄리아니, 마이클 블룸버그 등 시장들이 좋은 일을 많이 했다. 클린턴 전 대통령이 이곳에 사무실을 냈다는 것이 이상한 일이 아니다. 공기와 수질도 많이 개선되어 안심했다.

뉴욕에서의 꿀맛 같은 휴가가 계속된다. 보통 내가 뉴욕 체재계획을 미리 최용훈 검사 등 우리 대표부에 사전에 고지하는데 이번에는 남미방문 일정이 확정되지 아니했다는 핑계로 25일 출발예정을 알리지 못했다. 나는 아침마다 우리 연락사무소로 출근하여 이메일을 열어 업무를 처리하면서 기다렸다. 이 같은 휴가사치를 경험한 일이 없어 과연 내가 이렇게 한가한 시간을 보내도 되는지 의심이 들기도 했다. 원호신 판사가 부인 최민용 변호사와 아이들을 데리고 인사 왔다. 사실 부인은 내가 전부터 잘 아는 제자로서 변호사 업무를 오랜 기간 하다가 경북대 로스쿨에 교수로 취직된 지 여러 해 되었는데, 지난 5월 9일 경북대에 강연하러 갔다가 만났다. 최 교수는 원호신 군이 남편임을 말하면서 방학 때 뉴욕의 남편에게 합류한다고 했다. 취미로 그림을 그려서 여러 해 전에 내게도 한 점 선물한 것을 고이 간직하고 있는데, 가족을 만나 보니 참 행복한 부부인 것 같다. 반갑기 그지없었다.

수요일에는 유엔 대표부에 부임한 백지아 차석대사가 오찬을 르 페리고르에서 베풀었다. 이야기를 나누어보니 참 훌륭하고 야무진 외교관이라는 인상을 받았다. 여성외교관 중에 선두를 달리는 분으로서 지난해 10월 내가 유엔 총회에서 연설한 뒤 바로 등단하여 국제형사재판소를 지지하고 나를 칭찬하는 영어가 아주 능란해서 인상이 깊었던 분이다. 대통령도 여성이 당선되었으니 여성외교관도 활짝 폈으면 좋겠다.

목요일에는 주변에 도와주는 사람을 모두 알칼라라는 스페인 바스크식당으로 초청하여 오찬을 베풀었다. 우리 내외 주최로 최용훈 검사, 원호신 판사, 성웅규 군 부부, 로만 그리고 데이비드 콜러가 참석했다. 이날 인사하러 일부러 나온 성웅규 군의 부인을 처음 만났는데 조명디자인으로 상당히 알려진 전문가라고 한다. 아기들은 시부모가 보아주어 마음 편하게 직장을 다니면서 전공을 가꾸어 간다고 한다. 성웅규 군은 이번에 지도교수의 권유로 법학교수를 뽑는 시장(이른바 *meat market*)에 나가보기로 했다고 하기에 격려하면서 안 되더라도 실망하지 말라고 했다.

우리 유엔 대표부는 9월 박근혜 대통령의 유엔총회 방문을 대비하여 준비에 착수하였다. 휴가 갈 사람은 미리 7월 중에 다녀오고 모두 준비에 전념하라는 지시를 받았다고 한다. 그래서 원호신 판사나 최용훈 검사 그리고 성웅규 군이 모두 휴가를 2~3일씩 써야 되는데, 아마도 내가 뉴욕에 체류 중이어서 머뭇거린 것 같기도 하다. 미안하고 고마울 뿐이다.

이과수폭포의 감동, 자연은 위대하다

7월 25일 저녁 파라과이를 방문하기 위해 뉴욕 케네디공항을 떠났다. 3년 전 마누엘 산토스 대통령의 초청으로 콜롬비아를 방문한 이래 처음으로 남미 여러 나라를 방문하는 여정이다. 밤새 비행기가 날아서 26일 이른 아침에 상파울루를 경유하여 파라과이의 수도인 아순시온(Asunción)에 도착하니 아직 9시도 안 되었다. 이곳에는 2003년 나의 선거책임자였던 한명재 외교관이 처음으로 대사로 부임한 곳이어서 잠시 들렀다. 공항에는 한 대사와 이 영사(여성)가 마중 나와 시내로 들어가면서 내가 따로 예약한 시내의 호텔을 임의로 취소하고는 우리를 관저에 투숙시키는 것이 아닌가. 미안하지만 할 수 없이 한 대사의 관저 2층에 여장을 풀었다.

오라시오 카르테스(Horacio Cartes) 파라과이 대통령은 홍수피해가 큰 북부지방으로 떠나는 바람에 잠깐만 만나고, 그 대신 법무장관 셰일라 아베드(Sheila Abed)를 대사관에서 접견했다. 증인보호 협정과 형집행 협정을 체결할 필요성을 역설했다. 법무장관은 법률가이고 박사라는데 그에 걸맞게 국제형사재판소도 잘 알고 화제가 잘 맞았다. 그녀는 은세공을 한 넥타이핀을 내게 주었고, 나는 재판소 로고가 들어간 볼펜을 주었다. 이 나라에서 건진 것은 그녀와의 면담이 전부였다. 주말이라서 다른 일정을 더 요구하기도 무리였다.

간단한 점심 후 그 나라의 박물관에 들러 영접한 관장의 설명을 들은 다음 두 시간 이내에 관람을 끝내고 돌아왔다. 넓은 관저의 마당에 심은 열대나무와 기르는 짐승들을 보다가 대사 부인께서 차린 만찬을 들게 되었다. 사실 한 대사의 뉴저지 댁에 초대되어 진수성찬을 대접받은 기억이 아직도 생생하거늘 오늘 만찬을 보니 오밀조밀 조금씩 늘어놓은 갖가지 전통적 밑반찬이 수십 가지여서 그것만으로도 놀라웠다. 그런데 이것은 오히려 약과이고 하나씩 나오는 코스요리의 수를 27개까지 세어보고는 그다음에는 더 먹지도 세지도 못한 채 만찬이 종료되었다. 그야말로 배가 터질 것 같지만 예의상 맛을 보는 시늉이라도 해야 할 것 같아 잠자코 젓가락을 간단히 놀리고는 음식을 물리곤했다. 요리에 관하여 오래 기억에 남을 인상 깊은 경험을 했다.

얼마 전에는 이 나라 대통령을 초청하여 비슷하게 각종 요리를 대접한 모양인데 몇 달이 지난 지금에도 대통령이 한 대사 부인의 음식솜씨를 간간이 거론한다고 한다. 한 대사는 부임 7개월이라는데 벌써 대통령 등 이 나라 각료들을 만나서 양국관계에 현저한 공로를 세운 것 같다. 8월 하순에는 이 나라 대통령의 국빈방문이 결정되어 있어 한 대사가 서울로 일시 귀국을 할 예정이라고 한다. 관저만찬을 하면서 경찰대 출신의 김 영사(경감)를 소개받았는데 이분은 민첩하고 책임감이 아주 강한 우리나라의 모범적 경찰상의 화신인 분이었다.

다음 날 일찍 일어나서 아순시온공항에서 한 대사 및 김 영사와 함께 시우다드델에스테(Ciudad del Este) 공항으로 이동했다. 미리 보낸 대사관 차가 공항에서 기다리다가 우리 일행을 운전하여 브라질 쪽 현지 포스두이과수(Foz do Iguaçu)에 있는 호텔(Bourbon Hotel)에 투숙하도록 성의를 베풀었다. 한 대사도 이과수폭포 구경은 초행인데 우리 다음에 곧 국회부의장, 그 후에는 의장이 방문한다고 하여 시험 삼아 우리와 함께 미리 답사여행을 하는 셈이다. 김 영사가 운전하여 파라과이의 국경도시인 시우다드델에스테를 지나면서 이곳에서 마약을 포함한 온갖 문물거래가 이루어지므로 위험하기도 하고 돈이 잘 돌기도 하는 도시라고 설명하는데, 한국인 중에도 이곳에 진출하여 성공한 기업인이 있다고 한다. 가난한 파라과이 수준에서 보면 상당히 돈이 도는 것 같은 인상의 도시이다.

국경통제는 있으나 파라과이에서 브라질로 쉽게 넘어갔다. 대사관에서 보내놓은 국산 산타페는 성능이 좋아 비포장도로도 잘 달린다. 김 영사는 이과수폭포를 다섯 차례 방문한 바 있어 능숙하고 경험이 많다고 하니 그에게 모든 것을 맡길 수밖에 없다. 벌써 여장을 준비한 품이나 말하는 모양새가 능통하고 수완이 있는 사람임에 틀림없다. 지금이 비수기라서 사람이 적은 편이라고 하나 그래도 관광객은 적지 않다. 외교관이라는 신분과 김 영사의 기지로 대부분 긴 줄을 피하여 표를 사고 미니기차를 탄 뒤에 이과수폭포를 품고 있는 공원으로 들어갔다.

원래 이 폭포는 파라과이 경내에 있었는데 이 나라가 아르헨티나 및 브라질의 연합군과 영토전쟁에서 패하는 바람에 폭포를 모두 빼앗겨서 이제는 관광을 브라질과 아르헨티나에서 하게 된 것이다. 말로만 듣던 브라질의 이과수폭포를 막상 보니 우선 그 장엄한 물줄기와 규모에 입이 딱 벌어진다. 그리고 물줄기 주변에 오랜 세월에 걸쳐 조성된 기암괴석의 절벽이 병풍을 둘러친 듯하고 이와 조화를 이루는 수목자연의 경치는 폭포의 웅장함에 신비함을 더해주는 것 같다.

연도에 마련된 보행로를 따라가면서 사진을 찍게 만들어놓은 지점에서는 우리도 사진을 찍었다. 그런데 구절양장(九折羊腸)이라고나 할까. 거대한 폭포의 장관을 보고 나서 보행로를 걸어 올라가면 거대한 암석구조에 가려졌던 또 다른 폭포가 나타난다. 상류로 올라가면서 이처럼 7, 8차 끝도 없이 숨었다 나타나기를 계속하는 광대한 폭포를 감상하면서 일생 사용할 수 있는 감탄사를 다 쏟아낼 수밖에 없었다. 뿜어내는 물줄기 때문에 옷이 젖었지만 끝까지 올라가니 매점과 함께 엘리베이터가 있어 손쉽게 지상으로 올라왔다.

엘리너 루스벨트 여사가 이과수폭포를 보고 "나이아가라여, 미안하다"라고 했다던가. 다음 날 아르헨티나 쪽의 폭포는 더욱 장관이라고 하므로 그에 대한 기대와 함께 브라질 쪽에서 만찬을 하고 잠자리에 들었다.

김 영사의 경고로 물에 흠뻑 젖는 경우에 갈아입을 옷까지 챙겨들고 이과수폭포 아르헨티나 쪽을 관광하러 나섰다. 그는 브라질 쪽 폭포는 보는 폭포이고 아르헨티나 쪽은 생각하는 폭포라고 한다. 브라질 쪽은 물의 흐름과 폭포의 생성에 따라 굽이굽이 굴곡져서 한 폭포의 광경을 만끽하고 올라가면 살짝 감추어졌던 그다음 폭포가 나타나기를 여러 번 반복했으나, 아르헨티나 쪽의 폭포는 바위로 이루어진 섬을 가운데 두고 전 폭포의 광경이 한눈에 들어오게 확 퍼져있다고 하겠다.

위대한 자연이 주는 감동이 눈앞에 펼쳐진 이과수폭포. (2014. 7).

바위섬을 중심으로 양쪽으로 갈라진 계곡을 따라 엄청나게 쏟아지는 물줄기가 일견 장대한 인상을 준다. 양쪽 계곡을 서로 마주 보면서 꽉 차게 떨어지는 거대한 폭포가 천지를 진동하는 가운데 각종 크기의 다른 폭포가 때로는 2단이나 3단으로 물을 쏟아내기도 한다. 눈앞에 우뚝 선 섬을 가운데 두고 왼쪽의 물줄기를 따라 상류로 올라가기도 하고 오른쪽의 떨어지는 물줄기 속으로 배를 타고 들어갈 수도 있으며, 배로 건너 코앞에 있는 섬으로 건너가서 등반하면 섬 저쪽에 있는 '악마의 목구멍'이 보이기도 한다.

그런데 간밤에 난 큰 홍수로 인해 두 개의 다리가 유실되었고 우리가 건너가서 등반하고자 했던 눈앞에 있는 섬의 바위가 일부 무너져서 접근이 금지되었다. 우리는 바위를 타고 선착장까지 내려가서 오른쪽에 떨어지는 폭포수 속으로 진입하는 배를 탔다. 미리 구명복을 입고 카메라를 꼭 쥔 채 같이 요동치는 배에 올라 스릴을 만끽하면서 물폭탄 속에서도 사진을 찍기에 여념이 없었다. 폭포수 속으로 배가 진입했다 나오는 과정에서 나는 상하의를 모두 방수로 입어서인지 비교적 수해(水害)가 없었다. 보기 나름인데 일반적으로 눈앞에 확 펼쳐진 아르헨티나 폭포의 규모에 입이 딱 벌어지겠으나, 브라질의 폭포처럼 하나씩 점진적으로 자태를 공개하는 모습을 선호하는 사람도 있겠다 싶었다.

홍수로 접근금지 지역이 생겨서 관광시간이 전반적으로 단축되었으나, 그래도 해가 빨리 지고 곧 어두워졌다. 호텔에 가서 얼른 옷을 갈아입고 다시 아르헨티나 국경을 넘어 이과수 시내로 들어갔다. 김 영사가 최고라고 천거하는 아르헨티나 음식점(El Quincho del Tio Querido)에서 유명한 아사도(asado) 만찬을 했다. 소고기는 파라과이와는 달리 이상하게 맛이 있어서 기타 연주와 함께 만찬을 즐겼다.

브라질 상파울루 산책

한명재 대사의 빈틈없는 준비로 이틀간 폭포수를 만끽하고 일찍 상파울루로 이동했다. 스타이너 재판관이 연결해 준 운전사 다리오(Dario)가 딸 시모네(Simone)와 함께 공항에서 영접을 해서 무난히 호텔에 투숙했다. 늙수그레한 포르투갈 태생 아버지와 유치원생에게 영어를 가르친다는 약 30세의 딸이 영어는 서투르나 성품이 좋아 보여서 다행이다. 우리 호텔은 번화가에 위치하고 있어 편리한데, 첫날 저녁 헤어지면서 딸이 소개한 음식점(The View)에 가서 야경을 보면서 저녁을 먹었다. 내일부터 4일간은 공무를 잊고 완전한 휴식이다.

7월 30일 아침 9시 반 아버지와 딸이 차를 가지고 왔다. 그들은 직업적 관광 가이드가 아니지만 이 넓은 상파울루를 대체로 4등분하여 하루에 한 부분씩 보여준단다. 먼저 시내 중심가의 이비라푸에라(Ibirapuera) 공원으로 갔다. 뉴욕의 센트럴파크와 같이 이 도시의 허파노릇을 하는 공원으로서 아름답고 큰 기화요초가 많으며 호수가 있어 아주 적당하게 구색을 갖추었다. 한겨울이라는데 기온이 25도 정도 된다. 공원을 거닐면서 이 나라의 가장 대중적인 이페나무를 알았고 이 나무가 자색, 노랑, 흰색의 꽃을 피운다는 것도 알았다.

공원 속에는 현대미술관이 있는데 마침 이스라엘 출신의 화가 아브라함 팔라트니크(Abraham Palatnik)가 회화에 쓰이는 재료의 확대를 위하여 무척 노력하여 좋은 반응을 얻은 작품들의 전시회를 하고 있어 흥미롭게 보았다. 이 화가는 다양한 재료를 사용하여 회화를 재창조하고 그 저변을 크게 확대한 사람이다. 전시된 작품들은 새로운 아이디어와 새로운 재료를 기발하게 사용했어도 전반적으로 눈에 설지 아니하고 창의성을 칭찬해 줄 만하다. 공원 내에 있는 시립박물관에서는 마침 멕시코 등 중미의 여러 나라에서 가져다가 특별 전시를 하는 마야 및 그 지역의 고대문명의 출토품을 흥미 있게 관람했다. 우리 모두에게 시니어라고 무료입장이 허용된 것이 가상하다.

시내나 공원에는 다양한 동상, 기념조각, 건물 기타 구조물이 많이 있었는데 하나같이 그 설계나 시공의 뛰어남이 나의 눈을 사로잡았다. 사실 나는 1980년대부터 할아버지의 동상을 건립하는 일, 부모님이나 몇 은사의 흉상을 제작하여 드리는 일에 관여했기 때문에 한국 조각의 투박함이 불만이었는데 이들의 작품은 하나같이 눈에 들었다.

이날은 오전에 구경을 하다가 전통음식인 페이조아다(feijoada)를 전문으로 한다는 음식점으로 안내되었다. 이는 수백 년 전 브라질의 노예들이 먹던 음식이란다. 우리나라의 팥과 같은 검은색 콩과 간 국물을 베이스로 하고 거기에 소시지나 돼지고기 토막을 집어넣어 큰 냄비에 서브하는 꿀꿀이죽 같은 음식이다. 가난했던 우리나라에서도 닭 한 마리가 있으면 많은 채소를 넣고 물을 한 솥 가득 부어 국을 끓여서 나누어 먹던 시절이 생각났다. 이 집은 겨울철에는 각종 수프만을 요리하여 팔기도 한단다(Festival de Sopas). 우리는 매일 이들과 함께 구경 다니다 보니 점심에 이들의 전통음식을 같이 포식하고는 저녁식사를 생략함으로써 이들을 일찍 귀가하게 했다.

7월 31일은 시내 구시가지로 나갔다. '세 광장'(Praça da Se) 쪽으로 나가서 중심건물인 '세 성당'(Catedral da Se)의 웅자를 보고 부근에 있는 17세기의 카르모(Carmo) 교회를 구경했다. 주변에는 노숙자와 거지들이 널렸다. 그 부근은 1500년대부터 예수회 교회가 개척한 발자취가 남아있고, 이를 보존한 기념관인 파테우두콜레지우(Pateo do Colegio)가 있어 흥미 있게 보았다. 파테우는 1554년 예수회 형제인 조제 지 안시에타(José de Anchieta)와 마누엘 다 노브레가(Manuel da Nóbrega)가 설립한 상파울루시의 정확한 지점에 세워진 기념관이다. 북쪽으로 올라가니 상벤투(São Bento) 수도원이 있는데 옛 시청 건물 및 증권거래소와 함께 1세기 전의 영화를 말해준다. 리베르다지(Liberdade)는 약 50만 명 이상 일본인들의 밀집지역이다. 부지런하고 깨끗한 인상을 주어 본토인들의 호감을 사면서 이곳에 모여 산다고 한다.

영국의 빅벤과 웨스터민스터 사원을 모방하여 건설했다는 루즈(Luz) 기차역 등은 복원하지 않은 것도 문제이고 너무 어지러운 낙서와 빈민촌이 겁을 주는 인상이다. 그러나 공원이 많고 대체로 잘 정비되어 있다. 어린이공원 외에 독립공원을 가보니 페드로 1세(Pedro I)를 모신 거창한 석상기념관이 인상적이다. 그런가 하면 라틴아메리카 기념관도 남미의 여러 나라를 망라하여 민속품을 전시하면서 그 특징을 잘 대비할 수 있게 만들어놓았다. 또한 빌라보임(Vilaboim) 광장이나 오스카르 프레이리(Oscar Freire) 지역은 고급 동네이다.

이날 점심은 소고기를 각 부위별로 구워서 나오는 대규모 리오디지우(Riodizio) 식당으로 갔다. 25가지 부위의 고기를 꼬챙이에 꿴 다음 가우초 스타일로 구워서 돌아다니면서 서브한다. 채소가 60가지 이상 공급되고 다른 고기나 일부 생선도 구워서 같이 서브한다. 이것이 슈하스코(churrasco) 스타일 고기집이다. 가이드는 엄청나게 먹어댄다.

식후 북적대지만 아주 깨끗하게 관리된 공설시장(Mercado Municipal)을 방문했다. 건물 자체가 커다란 돔으로 덮여 있고 색깔 있는 유리창으로 장식되어 있다. 온갖 수산물, 과일, 고기, 채소, 건어물 등 각종 음식을 파는데 멋모르고 산 과일이 엄청나게 비싸다. 콜롬비아에서 수입된다는 피타야(pitaya)라는 과일은 kg당 99 브라질 레알이고, 빵나무 열매(breadfruit)라고 불리는 아테모이아(atemoia)라는 과일은 kg당 39 브라질 레알이란다. 100레알을 주고 두 개를 사가지고 호텔로 왔다. 아주 맛이 달고도 극히 부드러운데 생전 먹어본 과일이 아니어서 비교조차 할 수가 없다. 시장이 깨끗한 점, 음식의 분량이 엄청나게 많은 점, 생선과 과일의 다양함 등이 이 시장에 대한 인상을 오래 간직하게 하였다.

　월드컵경기장에 다녀왔다. 상당히 먼 외곽에 신축한 시설인데 월드컵이 끝난 지 3주일이 다 되도록 경기장은 아직도 공사 중이었다. 도대체 어떻게 이런 미완성의 시설에서 개회식과 폐회식을 치렀을까. 왜 미리 계획을 잘 세워 경기 전에 완성할 수 없었을까. 이 경우는 우리나라의 허둥대는 날림공사를 연상하게 하면서 어쩌면 그렇게도 닮았느냐는 탄성이 나올 뿐이다. 더구나 전반적으로 미완성인데 완성된 부분마저도 일부 무너지기도 하고 물이 새기도 해서 완공되기 전에 보수공사도 겸하여 하는 몰골이 참 안되었다. 규모의 방대함을 자랑하면 무엇할 것인가. 경제사회발전 단계가 비슷한 한국과 브라질 같은 나라들은 왜 급하게 허둥대면서 엄청난 낭비를 감수해야 하는가. 좀 더 착실하고 견고하게 계획하여 백년대계를 지향할 수는 없는 것인지.

　그다음 날에는 시내 북부에 있는 원래의 축구경기장 파카엠부(Pacaembu Stadium)를 구경하고 그곳에 있는 축구박물관에 들어가 보았다. 1930년부터 시작한 월드컵의 역사가 한눈에 들어오고 관람자가 현실적으로 참여할 수 있도록 여러 가지 장치와 시청각시설이 있다. 시원찮게 생각하여 억지로 따라나섰다가 구경을 잘했다. 축구를 모르거나 무관심한 사람도 이곳에 들어오면 저절로 흥분되게 만든다. 코코 밤부(Coco Bambu)라는 생선요리집에 가서 대구를 가볍게 전으로 만들어 튀긴 전채 몇 개를 먹고 모케카 트로피칼(moqueca tropical)이라는 생선잡탕을 주식으로 시켰다. 전채부터 그에 맞게 시켜서 후식까지 맛있게 먹었다. 아내는 이것보다는 고기구이가 더 맛있었다고 한다.

　하루는 삼성전자 법률담당으로 근무하는 고의중 변호사를 만났다. 그는 나의 제자이기도 하고 아버지 친구 고영완 의원의 손자이다. 원래 이용훈 대법원장이 고모부이고, 모친은 고하 할아버지의 정치적 동지이신 상산(常山) 김도연(金度演) 의원(초대 재무장관)의 따님이고, 외교관인 부친은 일찍 돌아가셨지만 자기가 포르투갈어를 하기 때문에 발령이 난 것 같다고 했다. 객지에서 옛날에 아버님과 절친했던 친구분의 손자를 만나다니 이것이 무슨 행운인가. '빛고을'이라는 한식집으로 가서 간단히 식사를 같이 한 후 그는 마이애미로 출장을 가기 때문에 공항으로 직행한다고 한다.

916

우루과이 호세 무히카 대통령

8월 2일 아침 일찍 상파울루에서 우루과이의 수도 몬테비데오(Montevideo)로 이동했다. 우루과이에는 주말에 도착하여 하루 먼저 도착한 필립 암바흐와 합류했다. 우루과이 외교부 의전차량의 안내로 필립과 함께 이곳저곳 시내의 작은 공원이나 광장을 둘러보았다.

몬테비데오 시내 앞에 길게 펼쳐진 수면이 바다가 아니라 강의 하구라는데, 물은 탁하고 반대쪽 끝이 보이지 아니한다. 저편은 부에노스아이레스라고 한다. 이곳은 우리나라보다 경제수준이 높지는 아니하나 분위기가 안정되어 있고 느슨한 데다가 생활의 질을 강조하는 삶이어서 북미의 부자들이 여생을 보내러 와서 정착한다고 한다. 저녁에는 음식점 프란시스(Francis)에서 고유음식을 맛볼 기회가 있었다. 이 식당은 저녁 8시 전에는 문을 열지 아니하나 비를 맞으면서 들어가 보니 손님이 이미 꽉 차있다. 음식은 주로 고기인데 아내는 자기가 먹어본 송아지 고기 중에 가장 맛이 좋았다고 한다.

8월 4일 아침 일찍부터 대법원을 방문했다. 마침 18차 이베로아메리카 사법정상회의(Ibero-American Judicial Summit)의 1차 준비위를 소집한 장소에 참석이 허용되어 연단에 대통령 호세 무히카(Jose Mujica), 대법원장 호르헤 라리우 로드리게스(Jorge Larrieux Rodriguez), 그리고 스페인에서 온 대표 등과 함께 앉았다가 마지막으로 연설했다. 못 알아들을까 봐 천천히 또렷하게 말했는데 이미 텍스트를 가진 경험 많은 분이 순차통역으로 이를 잘 전달했다. 커피타임에 잠깐 대법원장 및 대법관들과 면담했다. 그리고는 외무장관 루이스 알마그로(Luis Almagro)를 만나러 이동했다. 이분은 지난 6월 중순 런던에서 개최된 '전쟁 중 성폭력 근절을 위한 세계정상회의'에서 만나 인사를 나눈 구면이었다. 외무장관은 매우 인간적이고 따뜻한 분인데 우루과이를 소개하는 커다란 사진책을 선물로 준다. 나는 이 기회에 증인보호 협정과 형집행 협정을 체결하자는 과제를 던져놓았다.

가장 중요한 본 업무를 수행하기 위해 입법원으로 이동했다. 루벤 마르티네스 우엘모(Rubén Martínez Huelmo)라는 메르코수르(MERCOSUR, 브라질,

우루과이 호세 무히카 대통령과의 정상회담 (2014. 8). 30년 된 고물 소형차를 손수 운전하여 출퇴근한다는 대통령이 국제형사재판소에 대한 강력한 지지의사를 밝혔다.

아르헨티나, 우루과이, 파라과이, 베네수엘라 5개국의 남미공동시장)의 입법부 (Parlasur) 의장과 함께 많은 이들이 지켜보는 가운데 국제형사재판소와 메르코수르 간의 상호협력문서에 서명했다. 이 아이디어를 낸 필리포 미첼리니 (Filipo Michelini)라는 파를라수르(Parlasur, 메르코수르 의회) 의원을 만나 12월 초 모로코의 수도 라바트에서 열리는 PGA 회의에서 만나기로 했다. 그리고 이반 하말류(Ivan Ramalho)라는 메르코수르 최고대표를 그의 비서실장 히헤나(Gonzalo Rodríguez Gigena)과 함께 본부에서 면담했다. 이 같은 면담은 주로 내가 국제형사재판소에 관하여 그들에게 홍보하는 경우가 되므로, 성의를 다하여 설명한다. 우리 둘은 조금 전 서명한 업무협조 기본협약의 중요성에 동의했다.

그리고는 호세 무히카 대통령을 예방했다. 알마그로 외무장관이 배석했다. 집무책상을 가운데 두고 대통령과 나는 서로 근접해서 앉았다. 집무책상에는 신라금관의 모조품이 있고 한복을 입은 인형이 진열되어 있다. 80세가 다 된 노(老) 대통령은 엄청난 폭력을 극복하려는 세계적 꿈인 국제형사재판소의 중요성을 새삼 강조하면서 돌아오는 당사국총회에서 국제형사재판소를 위하여 열심히 지지하겠다고 한다. 여태껏 만나본 국가원수 중 가장 인상 깊은 분이다. 그는 부인과 둘이서 국화를 기르는 비닐하우스에서 살며 30년 된 고물 소형차를 손수 운전하여 출퇴근을 한단다.

삶의 기쁨을 느끼게 하는 리우데자네이루

저녁에 몬테비데오에서 비행기로 리우데자네이루로 이동하여 거의 자정에 코파카바나(Copacabana) 메리어트호텔에 투숙했다. 공항에 도착해 보니 몹시 늦은 시각인데도 외무부와 미주기구(OAS) 등이 출영했다. 미주기구가 나와 같은 귀빈이 입국하면 반드시 브라질 외무부에 알리게 되어 있다고 해서 공항에는 브라질 외무부 의전관이 브라질리아에서 출영한 것이다.

8월 5일 미주기구 주최 제41회 특별교육 프로그램인 '국제법상 분쟁해결'(Dispute Resolution in International Law)에서 1시간 강연에 1시간 질의응답을 하는 형식으로 이틀간 강연했다. 나는 국제형사법의 역사, 세계적 맥락에서 국제형사재판소의 역할, 로마규정의 구체적 내용, 절차 및 현재까지의 업적 등에 초점을 맞추었다. 남미대륙 각지에서 온 장래가 촉망되는 법률가와 학자 등에게 국제형사재판소를 교육하는 것이 목적이다. 질문도 활발하고 함께 사진도 찍어 주었다.

오후에는 우리 내외와 필립 세 사람이 브라질 외무부가 제공한 차량으로 시내를 둘러보았다. 결국 명승지인 코파카바나 해변, 이파네마(Ipanema) 해안, 브라질 예수상(Cristo Redentor), 팡지아수카르산(Pão de Açúcar), 마라카낭(Maracanã) 축구장, 식물원, 산타테레사(Santa Teresa) 지역 등을 모두 주마간산(走馬看山)으로나마 구경한 셈이다. 영어나 스페인어를 한 마디도 못하는 운전사와 스페인어를 잘하는 필립이 간신히 의사소통을 하여 때운 리우관광 성적표이다.

우리가 묵은 호텔의 18층 방 앞에 기가 막히게 넓고 아름답게 펼쳐진 해변이 눈을 사로잡으며 탄성을 지르게 한다. 고운 모래사장이 4~5km 가량 펼쳐진 말로만 듣던 코파카바나 해변! 새벽부터 조깅하는 사람, 해변의 모래를 이용하여 거의 예술적 작품을 제작하는 사람, 일광욕을 시작하는 성급한 사람 등 붐비면서도 삶의 기쁨(*joie de vivre*)을 느끼게 하는 곳이다. 아마 여름 카니발이 시작되면 더욱 삶의 열기가 뜨거우리라.

늦은 점심을 먹고 해변의 왼쪽 끝에 있는 팡지아수카르의 정상에 오르기로 했다. 해발 400m가 채 못 되는데도 케이블카를 타고 1차로 우르카(Morro da Urca) 언덕에 올라갔다. 이곳에서도 아름다운 해변과 시내에 여기저기 볼록볼록 올라온 바위산이 어우러져 리우의 자연적 아름다움을 일깨워준다. 한 번 더 케이블카를 타고 오르면 팡지아수카르인데 사방을 둘러보니 리우의 전 시내가 비로소 완전한 자태를 드러낸다. 과연 아름답다.

6일에도 이파네마 해안에 있는 강의장으로 가서 마지막 강의를 성의껏 하고는 미리 표를 구입할 때 일러준 대로 차를 타고 코즈미벨류(Cosme Velho) 정거장에 가서 브라질 예수상(Cristo Redentor)에 올라가기로 나섰다. 출발지점에서 빨간색 딸딸이 기차를 타고 바위 사이와 티주카(Tijuca) 국립공원 밀림 사이를 요리조리 지나 약 20분쯤 걸려서 700m 이상을 올라가니 장대한 38m의 팔 벌린 예수그리스도 입상의 압도적인 모습을 마주하게 된다. 비수기라고 하는데도 표 사고 기차 타는 시간 외에 정상에서 사진 찍는 시간이 2시간 이상 걸린 듯하다. 이날은 구름이나 안개가 없어서 아주 청명한 날씨 속에서 마음껏 사진을 찍고 아울러 서산에 지는 해의 모습까지 카메라에 담았다. 울창한 녹음, 굽이치는 해안과 시내에 여기저기 적당히 솟아올라 있는 바위산들과의 조화로 과연 리우는 세계 제일의 미항(美港)임에 틀림없다.

이날은 아내에게 이파네마 해안을 보여줄 겸 그쪽 해안에 있는 유명한 음식점 아줄 마리뉴(Azul Marinho)에서 생선요리를 들었다. 해변에 차린 식탁에서 파도치는 남국 해변의 야경을 즐긴 것은 덤이다.

8월 7일 아침에 리우의 미주기구 산하 미주사법위원회 전원회의(Inter-American Juridical Committee Plenary Meeting)에 참석하여 연설했다. 9시에 모인다는 회의는 9시 반에야 겨우 성원이 되었다. 위원들은 미주기구 총회에서 선거를 통하여 당선되면 일정한 임기를 봉사하는 것 같았다. 나는 특히 주

브라질 리우데자네이루. 팡지아수카르의 정상에서 내려다보면 세계 제일의
미항이 비로소 아름다운 자태를 완전하게 드러낸다.

앙 클레멘치 바에나 소아레스(João Clemente Baena Soares) 의장에게 2011년
미주기구와 국제형사재판소 간에 체결된 기본 협력협약에서 강조한 바와 같
이 국제적 법의 지배의 발전과 존중을 강조했다. 이런 맥락에서 여러 미주기
구 회원국은 아직도 국제형사재판소 직원의 특권과 면책협정을 체결하지 않
았음을 상기시키고 증인보호 협정과 형집행 협정을 체결해야 함을 강조하였
다. 이들이 들어있는 고색창연한 건물은 브라질의 수도가 브라질리아로 이사
하기 전에는 대통령의 집무실이 있었던 곳이라고 한다. 11명의 위원 중 미국
대표만 건강상 이유로 불참하고 모두들 호기심 가득한 태도로 나의 연설을 들
었다. 통역이 잘해주어서 의사소통은 잘되었다. 질문도 여러 가지로 활발했
고 국제형사재판소에 관한 관심이 아주 높은 듯했다.

　이날 오후에는 운전사가 이파네마 해안의 반대쪽에 있는 프레이타스
(Freitas) 호숫가를 운전하여 지나가면서 그 대조적 아름다움을 설명한다. 보
타포구(Botafogo) 지역은 시내 중심가로 들어가면서 지나쳤다. 중산층의 주
거지로서 극장이나 바 등이 많다고 한다. 그가 먼저 데려간 곳은 시내 중심지

에 있는 상벤투(São Bento) 수도원이었다. 17세기 초에 지은 식민시대의 기념물로서 일단 들어가면 도금한 바로크 양식의 건물이 웅자를 자랑한다. 수도원을 돌아 뒤로 나가면 우리가 좀 높은 곳에 위치하고 있으므로 시내가 한눈에 아름답게 들어온다. 지저분하고 위험한 골목을 누비면서 운전사가 데리고 간 곳은 셀라론 계단(Escadaria Selaron)이었다. 이곳은 칠레 출신 화가가 브라질 국민에게 헌정한다는 뜻으로 215개의 계단을 각종 색깔로 칠해서 모자이크를 만든 특이한 예술작품이다.

이곳을 지나 다소 어두워지는데도 12년이 걸려서 1976년에 완공했다는 대성당(Catedral Metropolitana)으로 갔다. 약 60m나 되는 높이의 열린 교회 건물인데 내부의 조각, 벽화, 기타 예술작품 외에 4면에 설치한 채색유리 창문은 규모가 크고 예술성이 뛰어난 것 같다. 축구의 성전이라고 할 수 있는 마라카낭 스타디움에서 높은 곳에 올라가 멀리 둘러보면서 경쟁클럽인 플라멩구(Flamengo), 바스쿠 다가마(Vasco da Gama), 플루미넨시(Fluminense), 보타포구(Botafogo) 등을 비교해 보았다. 마라카낭은 2014년 월드컵에 대비하여 9억 달러를 투입하여 개선하였다고 한다. 빈민촌인 파벨라(Favela) 투어는 사양했다.

8월 8일은 완전히 공무가 없는 날이어서 마음부터 푸근하다. 나는 일할거리가 많은 필립 암바흐를 두고 아내와 함께 한가한 시간을 많이 보낼 생각으로 리오의 식물원에 갔다. 식물원은 총면적이 137헥타르인데 그중 3분의 1 정도만 공개한다고 한다. 동 주앙 6세(Dom Joâo VI.)의 명령으로 1808년에 건설되었고 8천 종의 수종이 있다고 한다. 1992년에 유네스코 생물보존지역으로 지정되었다고 한다. 방문자센터가 유난히 눈에 띄어 물어보니 이는 1576년에 건설되어 1992년 복구한 리우 남부에서 가장 오래된 건물이라고 한다. 빵나무를 비롯하여 선인장 가든, 한 줄로 늘어선 고목야자수거리인 바르보자 호드리기스 길(Rua Barbosa Rodrigues), 고무나무거리, 망고나무거리, 대형의 수련과 여러 수중식물을 기르는 프레이 레안드루(Frei Leandro) 호수, 약초 집단재배장, 600여 종이 있다는 난초원 등이 인상적이다. 어디에나 약방감초는 일본 정원이다.

이 지역을 처음 발견했을 때 사방에 널려있었다는 브라질우드(*Brazil wood*), 카리브해에 옮겨 심었다는 야자수(*imperial palm*), 계피나무, 잭프루트(*jackfruit*)나무, 브라질너트(*Brazil nut*) 나무 등 한가하게 온갖 기화요초를 보면서 엄청나게 큰 식물원을 아주 많이 걸었다.

4일간 수박겉핥기식으로 카리오카(Carioca)의 삶을 구경하고는 밤비행기로 암스테르담으로 직행하여 귀임했다. 8월 9일 낮에 도착한 암스테르담은 한겨울이라는 리우나 상파울루보다 기온이 낮은 여름이었다. 필립 암바흐는 나를 처음 수행한 관계인지 영광으로 생각한다고 말했다.

일찍 출근하다가 의전부문에서 일하는 요린 비트캄(Jorin Witkam)을 만났다. 외교관 부친을 따라 어려서부터 여러 나라, 특히 일본에서 살아서 일본어도 잘한다는 네덜란드의 젊은 여성이다. 여름이지만 기온이 14도 정도에 비바람이 부는데도 소매 없는 상의를 입고 배낭을 맨 채 출근하고 있었다. '네덜란드 사람들은 어려서부터 차게 자라서 저런가'라고 생각하면서 엘리베이터를 타려고 기다리는데 그녀가 난데없이 다가와서 개인적 질문을 해도 괜찮냐고 묻는다. 아주 이례적인 경우이다.

그녀는 어떻게 내가 일에 대하여 정열적이면서도 언제나 밝고 긍정적 태도로 임하는지 의문이라면서 일에 전력을 다하는데 개인적으로 다른 취미나 흥밋거리는 없냐고 물었다. 나는 새로운 국제형사정의기구를 확립하는 초창기에 참여하는 영광과 행운을 가진 우리 모두는 항상 열심히 일하는 것이 마땅하다고 운을 떼었다. 법관의 언행은 남의 모범이 되어야 하므로 생활은 항상 몹시 조심스럽고 외롭고 힘들지만 보람을 느낀다고 했다. 그리고 나는 그러한 언행을 통하여 재판소 직원들에게 모범을 보이고자 한다고 대답했다. 일본 교육을 받은 이 아가씨가 한동안 입을 다물지 못한 모습이 기억에 남았다.

손자와 함께 파리 오페라 가르니에

비서 소피가 준비해 준 대로 8월 22일 오후 탈리스 기차를 타고 2시간 반 만에 파리로 가서 오페라좌 부근에 여장을 풀었다. 이날 저녁에는 딸이 학술발표 차 옥스퍼드에 가고 사위 부자를 초대하여 저녁을 함께했다. 오랜만에 보는 손자는 키가 훌쩍 커서 보기 좋은데 말도 잘하고 뜀박질도 잘하였다.

어린이와 여행을 한다는 것은 그만큼 행동반경이 제약되므로 우리 내외는 마침 다른 곳보다 새로 단장한 오페라 가르니에 내부를 구경하기 위하여 호텔을 나섰다. 이것을 보기로 한 것은 결국 참 잘한 결정이었다. 샤를 가르니에 (Charles Garnier)의 예술적 감각으로 탄생한 인류의 보배가 새 단장을 하고 선을 보인 것이다.

이 건물은 1861년 나폴레옹 3세의 명령으로 가르니에가 시작하여 1875년 제 3공화국 시절 준공한 네오바로크 양식이다. 그의 대담한 실험은 이후 모든 이탈리아 스타일 극장의 모범이 되었고, 장식적인 면뿐이 아니라 기능적인 면에서도 세계에서 가장 아름다운 건물로 여겨진다. 내부에 들어서서 로통드 데자보네(Rotonde des Abonnés)를 지나면 여사제 피티아 조각상(Le bassin de la Pythie)이 나온다. 높은 천장에 여러 색깔의 대리석으로 지은 본당이 화려하다. 여기서부터 양쪽으로 갈라지면서 꾸불꾸불 오묘하게 설계된 층계를 통하여 위로 올라가게 되어 있다. 이탈리아 스타일의 극장에 말굽모양의 프랑스식 강당배치는 대체로 다른 극장들과 비슷한 것 같다. 건축용 자재가 다양한데 8톤 무게에 340개의 전구가 달린 샹들리에가 일품이다.

가르니에의 지시에 따라 극장 장식화가 오귀스트 루베(Auguste Rubé, 1817 ~1899)와 필립 샤프롱(Philippe Chaperon, 1823~1906)이 무대커튼을 제작했고, 샤갈의 천장그림은 앙드레 말로 문화부 장관의 요청으로 1964년에 완성되었다고 한다. 긴 갤러리의 끝에 있는 살롱 드 글라시에(Salon de Glacier)는 조르주 클래랭(Georges Jules Victor Clairin, 1843~1919)이 천장에 그리스 신화의 주신과 여러 인물을 그렸다. 이곳에 드리워있는 자수커튼의 그림들이 재미있다. 전실(*avant foyer*)을 지나면 대연회장(*grand foyer*)이 장엄한 모습을

924

© Alexander Hoernigk

© Eric Pouhier

파리의 오페라 가르니에. 1875년 샤를 가르니에의 예술감각으로 탄생한 인류의 보배이다.
위는 건물의 전경. 아래는 본당.

뽐내는데 거울효과 때문인지 마치 베르사유궁전의 유명한 거울의 방을 연상
시킬 만큼 아름답다. 폴 보드리(Paul Baudry. 1828~1886)가 천장을 그렸는데
음악사에서 그 주제를 따서 그렸다고 한다. 정면의 악보대가 화려한 모습을
자랑한다. 이곳에는 가르니에의 흉상이 오페라 가르니에의 광경을 넘보게 설
치되어 있다. 도서관 겸 박물관에는 3세기 이상의 극장기록이 보관되어 있다
고 한다. 오케스트라실도 있고 나가는 길에는 4명의 작곡가 장 필리프 라모
(Jean Philipe Rameau), 장 바티스트 륄리(Jean Baptiste Lully), 크리스토프 빌
발트 글루크(Christoph Willibald Gluck), 게오르크 프리드리히 헨델(Georg
Friedrich Händel)의 흉상이 보인다.

24일은 일요일이라서 모든 상점이 문을 닫아 시내가 조용하다. 그러나 손
자의 6번째 생일이어서 스크리브호텔(Le Scribe Paris Opéra Hotel)에 예약한
점심에서 선물도 주고 촛불을 켠 채 노래도 부르는 등 생일파티를 해주었다.
밀라노에서 샀다는 재킷을 입고 나오니 더욱 폼이 난다. 이곳은 음식이 그런
대로 맛이 있었고 분위기도 좋았다. 손자의 점심생일파티가 잘되어서 다행이
다. 우리는 한가하게 오찬을 즐기고 파리 북역(Gare du Nord)에서 다시 헤이
그로 귀환했다.

8월 25일은 한스-페터 카울 재판관의 추모식을 거행하는 날이다. 몇 년 전
일본인 재판관 사이가 후미코의 추모식을 거행했듯이 오늘은 구내식당을 치
우고 손님을 초청하여 추모식을 하기로 내가 결정했다. 3시 반에 도착한 미망
인 엘리자베스와 큰딸 안토니아를 아내와 함께 내 집무실에서 맞이했다. 4시
에 의전장 훌러만(Hullerman)의 사회로 내가 먼저 조사를 하고 여러 명이 나름
대로 자기와의 관계를 더듬어 가면서 숙연한 추억의 말씀들을 했다. 마지막으
로 미망인이 답사를 했고, 고인의 발자취를 담은 사진영상이 프랭크 시나트라
의 노래〈마이웨이〉(My Way)를 배경음악으로 약 10분간 상영되고 5시경 추
모식이 끝났다. 개별적으로 조의를 표하고자 하는 사람들의 줄이 길어서 가족
과 함께 우리 부부가 서서 조객의 인사를 6시까지 받았다.

시간이 늦어서 암스테르담의 우루과이 리셉션에는 가지 못했고 비가 오는
속에 타헤르 파라하트(Taher Farahat) 이집트대사가 초대한 만찬에 참석하고

귀가했다. 회원국도 아니면서 왜 나를 초청하는가 보니 그동안 네덜란드 외무부의 의전장을 하다가 포르투갈주재 대사로 영전하는 키다리아저씨 호베르트 베일 더 프루(Govert Jan Bijl de Vroe)의 고별만찬에 그가 나를 초청한 것이다. 프루는 외교관 초임이 한국이고 큰아들을 아산병원에서 낳아서 한국에 대한 애정이 있는 분인데 언제 또 만날 날이 있겠지. 전임 사미(Samy) 이집트 대사에 비하여 파라하트 대사는 사교적인 부인과 함께 매우 세련된 사람 같다. 그들이 준비한 만찬은 전통적 이집트 음식인 데다가 메뉴도 역시 파피루스에 기재하는 등 세심한 데까지 신경을 많이 썼다. 처음으로 전통적 이집트 음식을 맛본 경우였다.

심심한 천국 네덜란드

8월의 마지막 토요일이다. 이번 주말 이틀을 아주 푹 쉼으로써 내주의 스위스와 남아공의 여행에 대비했다. 이 나라에 10년 이상 살다보니 항상 비바람이 심한데 신통하게도 비는 강우량의 70~80%가 밤에 오니 그나마 다행이다. 이날 아침에도 전날 저녁내 내리던 비가 그런 대로 그치고 땅은 젖은 상태이지만 동네행사를 위해서 구름은 한두 시간 후에 걷힐 것 같다.

그런데 아침부터 북소리가 나면서 온 동네가 시끄럽다. 이 나라는 마을마다 여름을 축제로 보내는 풍습이 있다. 네덜란드는 원체 평화롭고 안정된 사회여서 무슨 경천동지(驚天動地)할 뉴스가 발생하는 것도 아니고 그런 사태가 발생해도 이를 대하는 태도가 아주 차분하다.

얼마 전 말레이시아항공(MH17)이 러시아의 대공포로 추락하여 3백 명 이상의 승객이 몰사한 일이 있었다. 사망한 승객 중 190여 명이 네덜란드인이어서 온 나라가 침울한 기분에 빠져 거국적으로 조의를 표하였다. 저절로 4월에 일어난 우리나라의 세월호 참사와 비교가 되었다. 우리는 참사가 발생한 지 오랜 시간이 지나도 정치적으로나 사회적으로 사안을 깔끔하게 종결짓지 못한 채 아까운 시간을 낭비하면서 방황하고 있다. 그런데 네덜란드는 사고 며칠 후 로테르담에서 계획된 공연의 취소 여부를 두고 논란 끝에 이를 그대로 시행하기로 하였다. 만일 한국이라면 동네에서 오랜 관습으로 내려오는 축제마저도 시행할 엄두를 못 냈을 것이다.

인구가 많지 아니하므로 동네 쇼핑센터의 광장에 주민이 약 3백 명 정도 모인 것 같다. 노인이 대부분이지만 어린이들도 꽤 많다. 이곳의 젊은 부부는 평균 3명의 자녀를 낳아 기른다는데 꼬마들도 빠짐없이 각종 행사에 참여한다. 주말에 문을 닫는 상점 앞길에 좌판이나 가판대를 설치하고 온갖 중고 물건이나 취미 아이템, 이를테면 각종 관현악기, 책, 옷, 운동기구 등을 팔기도 한다. 곳곳에 형형색색의 고무풍선 장식은 기본이고, 적십자나 여러 구호단체도 참가하고 있다.

다른 해와 달리 금년에는 여기저기 4곳에 무대를 가설하고 각종 음악 및 춤 공연을 하루 종일 한다. 톰 존스의 노래를 열창하는 노년신사, 인도 춤을 추는 젊은이 한 쌍, 이란 춤을 추는 할머니, 동네사람들로 소박하게 구성된 관악합주단, 북을 두드리며 좁은 공간을 행진하는 팀 등 다양하다. 동네사람으로 구성된 악단의 구성원은 대개 나이가 지긋한 남녀들이다. 나름대로 자기네 제복을 맞추어 입고 나온 콤보밴드팀 등 매우 다양하게 각자 재주를 뽐내고 있다.

이런 중에 신나는 곳은 핫도그나 기타 간단한 먹거리를 파는 노점이다. 옆집에 폐가 되게 소리를 지르는 일이 엄격히 금지된 나라에서 이날만큼은 마음대로 노래 부르고 떠들어도 뭐라 말하는 사람이 없다. 다만 저녁 6시 전에 모두 철수하면 된다. 하루 종일 흥에 겨워 남녀노소 몸을 흔들고 감상을 해도 술 취해서 비틀거리거나 구경꾼을 훼방하는 거지, 깡패, 도둑은 없다. 모두 오랜만의 따사로운 햇볕을 쬐면서 각종 연주를 즐기고 늘어놓은 물건을 구경한다. 아이들은 텀블링 훈련과 놀이를 하고 탁구를 하며 트럼펫을 불어 보면서 신기해하기도 한다.

하루 종일 이런 행사를 구경하고 저녁에 집에 돌아가면 아마도 기복 없이 조용하고 평화롭기만 한 동네에서 오늘 일어난 일을 가지고 며칠간 식탁의 화제로 삼을 것이다. 한국 신문에서 주말마다 고속도로가 만원이어서 교통정체

네덜란드 헤이그 거리에서.

가 심하다는 기사를 보면서 두 나라가 너무 대비되어 보였다. 우리나라에서는 조금만 시간이 있으면 무조건 차를 몰고 밖으로 나가서 어디를 가거나 돌아다녀야만 직성이 풀리지만 이곳은 일상생활의 리듬에 기복이 없으므로 주말에는 밀린 일을 하거나 약속한 사교방문을 하거나 축구를 보거나 책을 읽는다. 항상 이런 대중행사를 마주치는 일이 많지만 미리 쓰레기를 담을 비닐주머니를 여기저기 설치하여 끝을 깨끗하게 처리한다. 그러나 그것보다 더 중요한 배려는 작고 큰 각종 행사에는 꼭 구급차와 이동식 화장실을 비치하는 용의주도함이다. 간단한 집수리 공사를 하는 일꾼들도 이동식 화장실과 건축 쓰레기를 담아갈 트럭 적재함을 먼저 공사장에 설치한다. 이런 긴급구호체계와 국민 인식이 다시 한 번 선진국임을 깨우쳐준다.

난데없이 스위스 정부에서 글리온(Glion)으로 연찬회(retreat)를 가잔다. 사실 지난해 초 스위스가 전문가그룹을 위촉하여 국제형사재판소의 사법절차를 효율화하는 연구를 한다고 하기에 우리와는 확연히 금을 그으면서 알아서 하라고 했다. 그런데 이제는 연구결과와 건의사항이 나왔으니 이를 놓고 광범위하게 관계자를 초대하여 토론하자고 한다. 아마도 지난 1년간 투자를 많이 하여 결과물이 나온 모양이다. 그 보고서의 건의사항에 따라서는 우리 입장과 상충하는 것도 있고 우리가 내부적으로 열심히 개혁작업을 하여 성취한 것을 모르고 반복하는 경우도 있겠지만 잠자코 초대에 응하기로 했다.

9월 3일 재판소에서 재판관 6인을 포함해서 10여 명이 스위스가 준비한 항공편으로 이동하여 제네바 위에 있는 몽트뢰(Montreux) 시의 외곽촌인 이곳에 여장을 풀었다.

도착하니 알프스가 눈앞의 호수 저편에 희끗희끗한 백발머리처럼 펼쳐져 있다. 나는 개회사만 하고는 개별토의에 참가하지 않았다. 외부참가자도 많기 때문이다. 이 스위스회의의 총책임자는 첫 비서실장이었던 발렌틴 젤베거 (Valentin Zellweger) 였다. 둘째 날 혼자 아침을 먹고 있는데 리히텐슈타인의 베나베저 대사가 다가와서 하는 말이 소장으로서 내가 얻은 경험과 지식과 네트워킹이 바로 상실되고 묻혀 버리면 아까우니 내가 퇴임하면 로마규정의 비준을 촉진하는 국제형사재판소 대사(ICC Ambassador on Universality) 로 임명하여 계속 봉사하게 해야 한다고 제의한다. 내가 첫 임기 때 더 많은 회원국의 확보를 우선순위로 주장했고 실제로 14개국을 새로 비준하게 만들었기 때문에 아마도 그런 성과를 바탕으로 그런 말을 하는 것 같았다.

아프리카의 국제형사재판소 비난을 잠재우다

오랫동안 마티아스 대외담당보좌관이 헤이그 시청 관계자와 논의하던 '헤이그 평화와 정의 프로젝트'(Hague Project for Peace and Justice) 의 일환으로 남아공을 9월 7일부터 방문한다. 전에 미국, 러시아, 인도네시아 등을 방문한 것도 이 프로그램의 재정보조로 실행한 것이다. 사전교섭 과정을 보면 남아공의 국제형사재판소에 대한 태도가 표변해서 제이콥 주마 대통령이나 다른 정부각료가 우리를 만나려고 하지 않고 최소한의 예의도 표시하지 아니하는 경우가 있었다고 한다.

이번에는 국제사법재판소의 톰카 소장이 못 간다고 하여 대신 소말리아의 압둘카위 아흐메드 유수프(Abdulqawi Ahmed Yusuf) 재판관, 나, 그리고 구유고전범재판소 메론 소장 대신 남아공 출신 바코네 몰로토(Bakone Moloto) 재판관, 국제상설중재재판소의 휴고 시블레스 사무총장, 헤이그 국제사법회의(國際私法會議)의 크리스토프 베르나스코니 사무총장 등 5인의 주역이 항상 단원으로 참여한다. 다만 이번에는 각 기관에서 수행원이 있어 한 명씩 따라왔다. 우선 시청에서 이 프로그램을 담당하는 외교관 잉그리드 드비어가 따라간다. 비행기에 타고 보니 우리의 프로그램과는 전혀 무관한 검사가 수행원과 함께 타고 있었다. 그녀는 원래 조하네스버그에서 개최되는 아프리카법률구조(African Legal Aid) 프로그램에 참가한다는 것이다. 아침에 비행기를 탔는데 지구를 종단하여 남아공까지 갔더니 밤 9시가 넘었다.

네덜란드대사관의 영접을 받아 프로테아호텔(Protea Hotel Parktonian)에 묵었다. 호텔방이 겉으로는 멀쩡해도 무엇인가 하나씩은 이빨이 빠진 느낌이다. 매사에 철저하게 호텔을 관리하지 못하니 항상 무엇인가 한 가지는 작동이 안 되어 피곤한 여행객의 신경을 긁는 일이 발생한다. 남아공은 '무지개국가'(Rainbow Nation, 다양한 인종과 문화를 가진 남아공을 일컫는 말)로서 아프리카에서는 선진국이고 얼마 전 월드컵도 개최했다는데 이런 수준이라면 그 당시 구경 온 사람들이 얼마나 불편했을까.

이 나라는 11개의 공용어가 있는데 영어와 아프리칸스어(Afrikaans) 외에 은데벨레어(Ndebele), 남소토어(South Sotho), 북소토어(North Sotho), 스와티어(Swati), 총가어(Tsonga) 츠와나어(Tswana), 벤다어(Venda), 코사어(Xhosa), 줄루어(Zulu)가 그것이다. 가장 중요한 부족은 줄루족과 코사족이라고 하는데 넬슨 만델라도 코사족이다.

9월 8일 아침 일행이 호텔에서 함께 아침식사를 하면서 네덜란드 대리대사 로베르트-얀 시헤르트(Robert-Jan Siegert)의 브리핑과 안보연구소 연구원의 상황설명을 청취했다. 전에 뉴욕의 남아공 대표부에 근무하던 법률고문 트믈리(Tmli)가 이곳의 대학교수가 되어 이 연구소에 관여하기 때문에 우리에게 따로 현황을 설명했다. 바로 수도 프리토리아로 가서 법무장관과 면담했다.

마이클 마수타(Michael Masutha) 장관은 거의 안 보일 정도로 시력이 좋지 않지만 아주 인상적이고 똑똑한 50대 초반의 법률가이다. 차관 존 제프리(John Jeffrey)는 국회의원으로서 얼마 전 나를 예방했던 사람인데 다른 고위간부와 함께 배석했다. 이 면담은 사전에 우리 검사와 함께 만나는 것으로 약속되어 그녀가 합석했다.

남아공 여행 중에 느낀 것이지만 검사가 합석하는 경우에는 상대가 정부 관료이건, 학생이건, 기자이건 항상 필요 이상으로 긴장해서 그 태도가 매우 도전적이거나 적대적이 되곤 했다. 청중들은 구체적 사건과 관련하여 검사의 잘못을 힐난하고자 하는 경향이 있으므로 자연히 고성을 지르거나 질의응답이 감정적으로 흐르면서 서로 비난하는 자리가 되고 만다. 나는 기자회견이나 학생에게 특강을 하는 경우에도 주로 국제형사재판소 탄생의 의미, 장래, 도전 등 장기적 안목의 비전을 제시함으로써 최고책임자다운 태도를 보여주고자 노력하는 편이다. 국제형사재판소에 관한 기본지식이 부족한 청중에게 기술적 세부사항에 관하여 얘기해 보았자 별 소득이 없기 때문이다.

우리의 첫 일정인 법무장관 면담의 경우 제프리 차관이 아프가니스탄 예비조사의 경우를 예로 들면서 수년간 국제형사재판소가 도대체 무엇을 했느냐고 하면서 이런 꾸물거림이 검사의 신뢰와 명성을 떨어뜨리는 것이라고 직격탄을 퍼부었다. 검사의 대답은 만족스럽지 못하고 분위기만 어색하게 되었다. 이것은 중요한 회원국의 책임 있는 관리가 직접적으로 퍼붓는 비난이므로 마땅히 신중하게 대답을 생각했어야 할 텐데 검사의 태도로 보아 별로 관심이 없어 보인다. 그녀는 여행만 다닐 뿐 기자회견에 대한 준비가 전혀 안 된 것 같아 한심하다.

오후에는 이 나라의 최고법원인 헌법재판소로 가서 모훙 모훙(Mogoeng Mogoeng) 소장을 예방했다. 그는 50대 초반의 뛰어난 법률가로서 동료재판관들의 호선이 아니라 다른 정치적 절차를 거쳐 별도로 임명되었다고 한다. 그와 나는 사법기관의 수장으로서 서로 할 얘기가 많은데 갑자기 약속도 사전 양해도 없이 검사가 들어서는 것이 아닌가. 모두 난감하였다. 모훙 모훙은 지난 7월 헤이그 방문 시 내가 성의껏 접견해 준 것을 고마워하면서 정성을 다하여 나를 모시고자 하였다. 면담 후 바로 헌재 사무실에서 공동기자회견을 하였다. 그런데 검사도 방청석에 앉아서 끝까지 듣고 있어서 불편한 감정이 생겼음은 어쩔 수 없었다. 우리 둘이 신중한 어휘를 구사하여 아무 탈 없이 기자회견을 마친 후 다음 날 신문을 보니 나의 부분은 아무 문제없이 기사가 잘 나간 것 같았다.

사실 초창기 재판관으로서 이 나라를 방문했을 때에는 국제형사재판소는 수단의 석유와 콩고민주공화국의 우라늄이 필요한 서유럽 백인식민세력의 앞잡이라는 공통된 비난이 있었다. 2009년 초 소장이 되어 재방문했을 때에는 아시아인이 소장인 것에 충격을 받은 나머지 한국인은 백인이라고 주장하는 정부관리도 있었다는데, 아시아 출신 소장으로서 나는 그 후 6년 동안 이러한 근거 없는 비난을 잠재우는 데 현저하게 기여하였다고 생각한다. 점차 세월이 흐르면서 국제형사재판소가 서유럽 식민세력의 앞잡이라는 초기의 비난은 이제는 아프리카만을 의도적으로 표적으로 삼는다는 비난으로 슬그머니 바뀐 것 같다. 그러나 이 같은 감정적이고도 사실무근인 비난은 나로서는 오히려 반박하기가 더 쉽다.

지난해 여름 아프리카연합을 대표하여 나를 찾아온 에티오피아의 총리와 외무장관은 면전에서 국제형사재판소가 서유럽 백인의 인종사냥 기관이라고까지 욕을 해댔다. 이처럼 기본적 예의나 합리성도 없는 자들이 8천만 인구를 가진 에티오피아를 통치한다니 그 나라 백성이 불쌍할 뿐이다.

나는 이러한 비난을 받을 때면 항상 1995년 로마회의 때 아프리카가 앞장서서 국제형사재판소의 설립을 주도한 점에 감사하고, 현재 거의 25％의 직원이 아프리카인이므로 재판소는 아프리카에 의존하는 바가 아주 크다고 강조했다. 아프리카의 특정국가나 개인을 표적으로 삼은 것이 아니라 아프리카에 널리 퍼진 부당면책(*impunity*)의 제거가 목적일 뿐이라고 역설하여 케이프타운대학의 수백 명 청중으로부터 뜨거운 박수까지도 받은 바 있다.

모홍 헌법재판소장 면담과 대학 강연들

결국 공동기자회견까지 무사히 마치고는 전통과 실력이 튼튼하게 갖추어진 명문 비트바테르스란드대학(University of the Witwatersrand)으로 이동했다. 우리 일행이 모두 방문했으나 역시 나의 연설을 중심으로 이 대학의 총장이라는 헌법재판소 부소장이 사회를 보고 다른 인사들이 3명 더 참석하여 전환기의 정의(transitional justice)에 관한 문제를 토의했다. 특히 '진실과 화해 절차'(Truth and Reconciliation Process)에 참여한 인사들의 경험담은 경청할 만했다.

강연 후 모홍 모홍 헌법재판소 소장이 주최하는 만찬에 참석하였다. 헌재 측에서는 9명의 재판관이 참석하였다. 만찬장소도 헌법재판소 내의 비공개 장소라는데 천장이 높고 아주 독특하게 설계된 데다가 여러 가지 장식이 잘 어울리는 인상 깊은 홀이었다. 만찬은 주인이 정말 마음먹고 신경을 많이 써 준비한 것 같았다. 8시에 만찬이 끝나자 헌재 구내의 커다란 방으로 옮겨 리셉션에 초대된 현지인사 및 주재외교관 그리고 학생들을 만나는 시간을 가졌다.

이곳에서 뜻하지 않게 전에 네덜란드에 근무했던 김영채 공사를 반갑게 해후했다. 김영채 공사의 연락으로 내일 제자 이윤 대사를 만나기로 하였다.

길고긴 하루의 일정을 소화하고 호텔로 돌아왔다. 하도 신변안전 문제에 관하여 겁을 주어 아내는 헌재의 만찬에 초대될 때 외에는 이날 하루를 꼬박 호텔방에만 있었다고 한다.

9월 9일 오전에 아프리카 법률구조 프로그램에 참석하여 기조연설을 하는 일정이 있다. 장소는 웨버 웬첼(Webber Wentzel)이라는 대형로펌의 자체건물인데 근사한 디자인과 공간구성이 특이하다. 영국의 로펌 링클레이터스(Linklaters)와 결연한 로펌이라 직원들이 많은 것 같은데 로펌의 강당으로 가서 기조연설을 하는 자리를 떴다. 이때 사회를 본 나비 필레이는 유엔인권최고대표의 자리를 요르단의 알자이드 왕자에게 넘기고 귀국한 지 1주일쯤 되었다고 한다. 원래 이곳이 검사가 초청받은 프로그램인데 사전조사 없이 짜임새나 운영이 엉성한 법률구조프로그램에 직원을 3명이나 데리고 참석

남아공 한국대사관 김영채 공사, 이윤 대사 부부와 함께 (2014. 9).

했지만 아무런 검사의 역할이 없다.

호텔로 예방한 이윤 대사 부부와 김영채 공사를 반갑게 만나 오찬하면서 그동안 밀린 회포를 풀었다. 오찬 후 급히 조하네스버그대학(University of Johannesburg)으로 가서 강연을 하고 기자회견을 했다. 그리고는 네덜란드대사관 직원들과 함께 밤에 케이프타운으로 출발했다. 자정이 넘어 테이블마운틴(Table Mountain) 밑에 있는 깨끗한 호텔에 여장을 풀었다.

9월 10일 오전 10시에 데즈먼드 투투 대주교와 함께 '정의와 화해 연구소'(Institute for Justice and Reconciliation)에서 조찬 겸 토론으로 일정이 시작되었다. 우리 일행은 각자 분야별로 팀을 나누어 오전 내내 이 연구소에서 분임토의를 계속했다. 대주교는 우리들과 농담하다가 사진을 찍어주고는 일찍 자리를 떴다. 나는 이분을 2003년 피해자신탁기금의 운영이사로 모시던 시절에 처음 인사한 이래 그 후에도 헤이그에서, 넬슨 만델라의 동상 제막식에서, 그리고 전직 국가원수들의 그룹인 디엘더스의 일원으로 소장을 예방했을 때 등 이미 수차 만난 바 있어 더욱 반가웠다. 이분은 피해자신탁기금 이사시절 프랑스 미테랑 대통령 때 환경부장관을 지낸 홀로코스트 생존자 시몬 베유(Simone Veil) 이사와 의견대립이 심하여 둘이 다툰 후에 다시는 헤이그를

남아공 대주교 데즈먼드 투투와 함께 (2014. 9).

방문하지 않겠다고 떠난 일이 있었다.

비정부기구 인사들과 함께 연구소에서 간단히 샌드위치로 점심을 때운 후 케이프타운에 있는 의회를 예방하였다. 이 나라는 대국이라 그런지, 역사가 그처럼 형성되어서인지 행정부는 신수도인 프리토리아에, 사법부의 최고봉인 헌법재판소는 조하네스버그에, 대법원은 블룸폰테인(Bloemfontein)에, 그리고 입법부는 케이프타운에 위치하고 있다. 행정능률 내지 국가에너지의 낭비가 어마어마할 것 같다. 1885년에 개회했다는 국회의사당 건물에 도착하니 앞에 만델라의 흉상이 건립되어 있어 사진촬영 장소로 안성맞춤이었다.

발레카 음베테(Baleka Mbete) 국회의장은 현지 언론에 무슨 부패연루 혐의가 보도되고 있는 인물인데, 관련 상임위의 의원 수 명을 배석시킨 채 우리와 만났다. 원래 회기는 1월에서 6월까지이고 나머지 기간에는 휴회인데, 이날은 무슨 의사일정이 있는지 의장이 급히 우리를 접견하고는 회의장으로 들어갔다. 사진도 찍고 선물도 받고 회의장도 들여다보는 등 약간의 시간을 보내고 명문 케이프타운대학(University of Cape Town)으로 차를 몰았다.

이미 약간 늦은 오후인데 광활한 대지에 웅장하게 지어진 대학의 여러 건물이 나를 압도한다. 나는 일생을 교수로서 가르친 사람이라 대학을 방문하면 유심히 관찰한다. 강당에 약 300여 명의 학생들이 모였는데 국제형사재판소의 중요성을 역설했고 질문도 많이 받았다. 사회를 보는 국제사법 교수인 톰 베넷(Tom Bennet)이 일정을 잘 관리하여 저녁 7시경 강연회를 종료했다.

케이프타운에서부터 둘러본 개척의 발자취

이로써 케이프타운의 일정이 끝났다. 일부 단원은 이날 밤 바로 헤이그로 돌아갔고, 우리는 다른 몇 분과 함께 이곳에서 이틀간 더 있기로 했다. 이곳에서 공부한 폴커 재판연구관이 유학시절 배웠던 페르난데스(Fernandez) 교수에게 부탁하여 가이드를 소개받았다. 그는 아침에 손수 타이핑한 관광계획을 가지고 일찍 호텔로 찾아왔다. 만나보니 루돌프 로드(Rudolf Rode)라는 키가 크고 흰 수염이 난 약 70세 정도의 사람인데 인상이 좋았다. 케이프타운은 1,000m 이상의 고지에 위치하는 도시로서 해안, 절벽, 포도밭, 산길이 교묘하게 얽힌 아름다운 도시이다. 남아공에서 가장 편견이 적고 관용적인 도시라고 한다. 서유럽인과의 첫 접촉은 1487년 포르투갈 선원인 바르톨로뮤 디아스(Bartolomeu Dias)가 코이코이족(Khoikhoi)이 사는 지역을 처음으로 순항하고는 그 이름을 희망봉(포르투갈어로 Cabo da Boa Esperança, 영어로 Cape of Good Hope)으로 명명한 것이다. 도시는 테이블마운틴의 북쪽에 주로 발달되어 있다.

우리 호텔에서도 이 산은 지척에 있으나 늘 구름과 안개에 가려져서 전경을 보기 어려움을 금세 깨달았다. 첫날은 호텔을 떠나 시내를 남서쪽으로 가로질러 캠프스 베이(Camps Bay)까지 단숨에 왔다. 이 지역은 산과 바다를 끼고 중상층 인구가 정착한 듯 집들이 깨끗하고 질서정연한 데다가 아름답다. 대서양을 따라 해변도로를 드라이브하는데 들쑥날쑥 수많은 만과 전망대와 서유럽인들의 진출과정에서 일어났던 사건의 발생장소가 심심찮게 우리를 맞이한다. 채프먼스 피크(Chapman's Peak)와 채프먼스 포인트(Chapman's Point) 사이의 아름다운 하우트 베이(Hout Bay) 지역에서 잠시 지체하면서 그 부근의 아름다운 풍광을 둘러보았다. 안내원은 언어와 역사지식이 풍부한 데다가 식물과 꽃에 관하여도 모르는 것이 없다. 교외로 나가니 지형이나 토질, 수목, 바위, 바다 등이 모두 특이하여 눈길을 끌 뿐 아니라 경관이 아주 빼어나다. 도로도 포장상태가 그런 대로 좋고 연도의 가옥들도 깨끗하다. 다시 대서양 해안을 따라 남행하니 정오경에 희망봉에 도착했다.

15세기 이래 서유럽의 해양 개척세력의 희생과 악전고투, 그리고 네덜란드 동인도회사의 착취사도 연상되는데, 중세에 얼마나 많은 포르투갈, 스페인, 네덜란드, 영국인들이 황금의 아시아를 찾아 항로개척에 공을 들였을까. 곳곳에 초기의 바르톨로뮤 디아스, 바스코 다가마(Vasco da Gama) 등의 유적이 남아있고, 후대에 와서 네덜란드와 영국의 경쟁으로 언어나 풍습이 어느 한 쪽으로 정착하거나 양자가 섞여버린 독특한 서양문화를 아프리카 토양에 접목하였다. 가이드도 3백 년 전에 정착한 백인 이민자의 후손이란다.

입장료를 내고 자연보존지역(Natural Reserve)인 광활한 공원에 들어왔다. 비수기인데도 많은 관광객들이 버스에 실려서 밀려오고 있다. 모두 지명과 경위도를 표시한 팻말 앞에서 사진찍기 때문에 인증샷의 순서를 기다려야 한다. 자연보존지역이라 천천히 걸으면서 야생식물과 동물들을 보니 열대의 커다란 맹수는 하나도 없지만 처음 보는 기화요초(fynbos)와 각종 야생동물들을 볼 수 있었다. 대표적인 식물 프로테아(protea)와 에리카(erica)는 꿀이 많아서 새(sunbird와 sugarbird)를 항상 유혹한다고 한다. 역시 프로테아 종류에 속하는 현지식물(king protea, sugarbush, tree pincushion, golden cone bush 등)이 무성하고, 들에는 펠라고리움(pelagorium), 프리지어, 데이지, 백합, 아이리스 등이 널리 분포되어 있다. 한가한 영양(antelope), 적대적인 개코원숭이 (baboon), 작은 바위너구리(rock hyrax), 줄무늬쥐(striped mice), 도마뱀, 거북 등과 여러 종류의 새 등이 주인노릇을 한다. 때가 되면 여러 종류의 고래를 볼 수 있다고 한다.

사진을 찍은 후 무리하지 않기 위하여 바위산에는 오르지 않기로 했으나 케이블카를 마다하고 가이드와 함께 걸어서 바로 등대 아래까지 도달했다. 가슴이 탁 트이는 원근의 바다광경이 360도로 전개되고 각종 야생화들이 자연미를 뽐낸다.

희망봉에서 천천히 한 시간 정도 더 내려가서 대서양과 인도양이 만나는 케이프 포인트(Cape Point)에 도달하였다. 대서양의 찬 벵겔라해류(Benguela Current)와 인도양의 더운 아굴라스해류(Agulhas Current)가 만나다보니 다양한 해양생물이 서식한다고 한다. 이 뾰족한 반도의 최남단은 서쪽에 희망봉, 중간에 케이프 매클리어(Cape Maclear), 그리고 동쪽에 케이프 포인트 등 3개의 산허리(岬)로 구성된 절벽인 것이다. 저 멀리 등대가 보이는 바위언덕 정상의 한 식당에서 점심을 같이 먹었다. 이름조차 'Two Oceans Restaurant'인데 손님이 바글거린다. 생굴도 팔고 생선요리가 주된 요리여서 모두 생선을 주문했다. 참으로 형용하기 어려운 흥분이 느껴진다.

수에즈운하가 건설되기 전에는 해로를 따라 동양으로 가기 위하여 유럽인들은 모두 이곳 아프리카 남단을 지나간 것인데 왕복과정에서 그들이 남긴 역사와 문화인류학적 흔적은 다른 곳에서는 보기 어려운 독특함이 있었다. 바스코 다가마 기념탑을 멀리 보면서 이 조그마한 반도의 인도양 해안을 거슬러 올라갔다. 한가롭게 점심을 즐긴 후에는 볼더스 비치(Boulders Beach)에 사는 펭귄을 보러 갔다.

나는 호주 멜버른에서 가르치던 1990년 남반구 겨울의 어느 저녁, 필립섬(Phillip Island)에서 펭귄을 처음 보았다. 이 귀하신 몸을 구경하는 일은 결코 쉬운 일이 아니어서 당시 밤에 추위를 무릅쓰고 담요를 뒤집어 쓴 채 여러 시간을 기다려서야 먼 바다로 사냥나갔다가 돌아오는 요정펭귄(fairy penguin) 떼를 만날 수 있었다. 이들은 바다에서 하루 종일 사냥한 후 밤에 관목이 수북하게 자란 해변의 보금자리로 돌아오는데, 몸속에 저장했던 물고기를 토해내서 기다리던 새끼들을 먹인다. 그리고 밤새 숲속에서 자고는 다음 날 또 사냥을 나간다.

남아공의 펭귄은 호주의 것보다 더 클 것도 없으나 바닷가 백사장이나 듬성듬성 있는 평평한 바윗돌에 주저앉아 대낮의 햇살을 아주 여유롭게 즐기면서 별로 활발하게 사냥하는 것 같지 아니하다. 주로 바닷가의 관목 숲이나 갈대밭 속에 숨어 쉬거나 알을 부화하는 부류가 대부분이다. 관광객의 이점은

남아공 헌법재판소 앞에 건립된
넬슨 만델라의 동상 앞에서(2014. 9)

아주 근거리에서 이들을 볼 수 있다는 것이다. 1982년 한 쌍을 들여다가 부화한 것이 지금은 2,200마리까지 번식했지만 근래에는 펭귄들의 수가 감소하여 부근에서 펭귄의 먹이가 되는 멸치 등의 어획을 금지하고 펭귄알 채취를 금지하는 등 보존에 신경을 쓴다고 한다. 다만 우는 소리가 아름답지 못하고 마치 당나귀 울음소리 같아서 '잭애스 펭귄'(*jackass penguin*)이라고 불린다.

우리는 다시 북쪽으로 사이먼스 타운(Simon's Town) 해군기지를 거쳐 피시후크(Fish Hoek)를 지나고 마우젠버그(Muizenberg)라는 도시까지 해안을 타고 올라가면서 그곳에서 폴스베이(False Bay)의 맛만 보고는 정북 방향으로 꺾어서 고속도로를 타고 케이프타운으로 돌아갔다. 따사로운 햇살 속에서 편안하게 운전하는 사람과 대화를 나누면서 구경을 다니다 보니 날이 조금씩 저물어 간다.

그래도 안내자는 유명한 커스텐보시(Kirstenbosch) 식물원을 안 볼 수 없다는 것이다. 이곳은 1895년 세실 로즈(Cecil Rhodes)가 테이블마운틴의 동쪽 경사지를 사들여 사후에 국가에 기증한 터란다. 참으로 광활하고 완만한 경사의 터에 이 나라에서 자라는 식물만으로 약 9천여 종의 기화요초를 모두 심어 놓았다. 우선 이 나라의 국화인 프로테아가 약 200여 종이 있다고 하면서 볼 때마다 지적한다. 그 외에도 백색의 칼라(calla)와 군자란은 지천이고 많은 수목과 꽃이 입을 다물 수 없게 한다.

지난번 리우데자네이루의 식물원도 백 년 전에 미리 계획하여 건설했듯이 남아공도 이미 백 년도 더 전에 식물원의 필요성을 알고 거대한 사업을 해낸 것이다. 슬슬 걸어 올라가니 여러 종의 열대성 수목 밑에 넓은 잔디광장이 나오는데 자주 야외공연을 위하여 사용된다고 한다. 과연 우리보다 문화적으로 선진국이구나! 탱글우드(Tanglewood)를 연상시키고 베를린의 야외연주장을 상기시켰다. 이곳을 거쳐 호텔로 오는 동안 1960년대 최초로 심장이식을 성공시켰던 크리스티안 바나드(Christiaan Barnard) 박사의 병원을 지나쳤다. 이식외과의 선구자로서 오래 기억될 것이다.

호텔 근처에 있는 테이블마운틴을 올라가려면 7시 50분에는 나서야 한단다. 가이드가 이미 입장권을 1장 더 샀으므로 마티아스를 데리고 가기로 했다. 전날 마티아스는 다른 일행과 함께 희망봉과 대서양 및 인도양의 해안을 드라이브하면서 구경했는데, 우리는 바다표범(sea seal)을 못 본 대신 그들은 식물원을 못 보았다. 마티아스는 오전에 일정이 없고 오후에 만델라가 27년간 감금되었던 로벤섬(Robben Island)에 가는 일정만 있으므로 우리를 따라 나섰다.

가이드가 날씨를 점쳐서 오늘 이른 시간이 맑을 것이라는 예상을 하고 표를 미리 구입한 덕택에 우리 일행은 가장 먼저 케이블카를 타고 대망의 테이블마운틴으로 올라갔다. 이는 1억 8천만 년 전 해류의 압력으로 해저가 융기되어 형성된 산이라는 게 가이드의 설명이다. 케이블카는 스위스제로서 오르내리는 동안 360도 회전하여 시내 전경을 잘 보여준다.

밑에서 볼 때 평평한 3km 거리의 정상인데 일단 등정하고 보니 아름다운 케이프타운 시내가 파노라마처럼 이쪽저쪽으로 다 보인다. 북쪽으로 대서양과 로벤섬이 보이고 남쪽으로는 12 제자의 절벽과 성난 바다가 눈에 들어온다. 역시 도시는 산이 있고 강이나 바다를 끼어야 지루하지 않고 아름다움과 신기함을 느낄 것 같다. 산에 올라 사방의 바다경치 원근을 감상하면서 이 산 자체의 오묘함을 느껴보니 이 도시는 리우데자네이루나 시드니에 못지않게 아름다움을 자랑할 만했다.

산 너머 하우트 베이나 캠프스 베이의 아름다운 집들, 도시민들에게 적당한 휴식공간을 주는 몇 개의 산등성이, 속을 확 트이게 하는 바다경치 등 참으로 아름답다. 바위이끼와 야생화들 그리고 이렇게 척박한 돌 틈새에서 사는 짐승과 새들이 귀엽게 다가온다. 바위틈에서 사는 바위너구리(*rock hyrax*)는 다른 곳에서도 본 다람쥐 같은 작은 동물인데 이놈이 코끼리의 먼 친척이라니 믿어지지 아니한다. 흰허리독수리(*black eagle*)는 못 보았으나 빨간 날개를 가진 새 찌르레기(*starling*), 바위황조롱이(*rock kestrel*) 등은 만났다. 이 산은 걸어서 등반하는 길도 마련되어 있어서 케이블카 밑으로 등산객들이 개미처럼 올라오는 것이 보인다. 저편의 사자머리(Lion's Head) 쪽으로도 주위에 좋은 주택과 상가가 형성되어 있다. 구름이 걷혔다가 다시 안개가 온 산을 감싸 안기도 하였지만 가장 맑은 날씨에 볼 것을 다 보았다.

하산하여 곧바로 약 60km 떨어진 부근의 포도농장으로 향했다. 얀 판리베이크(Jan van Riebeeck)가 포도나무를 심은 이래 1679년 시몬 판데르스텔(Simon van der Stel)이 본격적으로 포도양조를 했단다. 그러나 제대로 된 포도주를 생산하는 것은 얼마 후 프랑스에서 위그노(*Huguenot*)들이 이곳으로 이민 와서 기술을 전수하고 프란슈후크(Franschhoek)에서 자기들이 와인을 만들기 시작하면서 제대로 된 와인산업이 일어났다고 한다.

먼저 이 나라에서 가장 큰 포도재배업자들의 협동조합을 방문하여 산더미같이 쌓여 있는 엄청난 크기의 오크통들을 구경하였다. 팔(Paarl)이라는 도시를 가로지르는 버그(Berg) 강 양편의 완만한 구릉지가 모두 포도밭이다. 원래 이곳의 협동조합(Kooperatieve Wijnbouwers Vereniging: KWV) 와인셀러의 투어에 참가하고자 했으나 늦었다. 이 협동조합이 이 나라의 모든 와인산업을 지배한다고 한다. 그런데 마침 독일어를 하는 중년부인이 우리만을 특별히 데리고 다니면서 설명해 주고 나중에는 7가지 와인을 시음할 수 있었다. 이곳에 주재하는 한국대리인은 롯데칠성의 직원인 듯 강남에 연락처가 있었다.

많은 와이너리 중 대표적인 포도원인 모겐호프(Morgenhof)에 도착하여 양고기에 포도주 한 잔씩을 곁들여 햇살이 따사로운 포도밭에서 점심을 먹었다. 이 포도원은 유명한 스텔렌보슈(Stellenbosch) 지역에 속해 있다. 이 도시는 팔의 절반에도 못 미치게 작지만 이 나라에서 케이프타운 다음으로 오래된 도시란다. 1679년 판데어스텔(van der Stel) 지사가 에이스터(Eerste) 강변에 세워 자기이름을 딴 도시가 된 것이다.

가이드는 자신이 언어와 역사를 공부한 모교를 보여주고 싶어 했다. 스텔렌보슈대학은 이 나라 두 번째로 오래된 대학으로서 어쩌면 대학건물을 이처럼 깨끗하고 아름답게 유지하고 있는지 감탄이 절로 나왔다. 굉장히 규모가 크고 농학과 자연과학이 강한 인상인데 아주 마음에 든다. 건물배치나 중간의 잔디광장, 강 건너 체육시설, 자그마한 중심가에 아담하게 자리 잡은 가게들, 교수들이 산다는 근사한 집들, 모든 것이 환상의 나라에 온 기분이지 소란하고 북적거리는 대학촌에 온 기분이 나지 아니한다. 그는 우리를 구석구석 데리고 다니며 오랜 역사와 학풍을 자랑스럽게 설명한다. 다리가 아플 만하니 안내한 부근의 포도원 슈라이버(Schreiber)는 1600년대부터 아름답고 쓸모 있는 저택과 장원을 유지하고 있다고 한다.

이곳은 가장 잘 보존된 대학도시로서 느릅나무 그늘 아래 많은 역사적 건축학적 보배들이 아주 잘 보존되어 그 위용과 미를 자랑한다. 너무 부럽고 마음에 든다. 이것이 이른바 케이프 더치(Cape Dutch) 건축인가.

돌아오는 길에는 비행장 방향으로 돌아오는데 임시 벽으로 가렸을 뿐 찢어지게 가난한 빈민촌이 끝을 모른 채 도로 양편으로 전개되어 있어 충격을 받았다. 상파울루나 리우의 빈민촌 못지않게 가난하고, 위험한 지역이란다. 어린이들이 습하고 더러운 동네 잔디밭에서 뛰어 노는 것이 가슴 아프다. 호텔에서 일단 옷을 갈아입고는 잉그리드, 사진 찍는 타마라, 유수프 재판관, 마티아스 및 우리 내외가 항구 주변의 벨기에 식당에서 마지막 파티를 했다. 바로 공항에서 밤비행기를 타고 다음 날 헤이그로 돌아왔다. 빡빡하지만 유익하고 값있는 여행이었다.

세계헌법재판관회의 서울총회

한국헌법재판소에서 제3차 세계헌법재판관회의 총회(Congress of the World Conference on Constitutional Justice)를 서울에 유치하고는 나를 초청했다. 그런데 나로서는 7월 초 대법원이 주최한 국제법률심포지엄에 참석하여 기조연설을 한 바 있으므로 헌법재판소도 똑같이 대하고자 했다. 마지막 고국방문 휴가를 사용하여 9월 26일 부부가 같이 귀국하였다. 이번에 귀국하는 이유는 네덜란드 대법원장 코르스텐스가 임기를 마치기 전에 처음으로 한국을 방문한다고 하기에 우리가 동반 귀국하여 도와주겠다고 약속했기 때문이다. 한국 주재 네덜란드대사인 파울 멩크펠트가 토요일임에도 불구하고 대법원장 내외를 주빈으로 하고 우리 부부와 김영원 전 네덜란드대사 부부를 관저로 초대하였다.

9월 28일 일요일 아침 신라호텔에 가서 등록하고 이름표와 회의서류가 든 가방을 받았는데 최신 LG 태블릿 PC(G pad 10.1)가 들어 있었다. 많은 서유럽 대표들은 이 비싼 전자기기를 회의 중 사용하고 반환하라는 것으로 이해하고 있었다. 선물로 준 것이라고 하니 자기 나라 법상 50달러 이상의 선물을 받으면 신고해야 하는 헌재소장들은 아주 난감해 한다. 이강국 소장이 유치한 국제회의에 박한철 소장이 충분한 예산을 확보했다고 들었다.

주말이지만 세계헌법재판관회의는 이날 저녁 7시 반부터 신라호텔 영빈관 야외에서 많은 인사를 초청한 가운데 뷔페식 리셉션을 열었다. 최근 행안부 장관으로 영전한 제자 정종섭 교수가 인사해서 반가웠고, 대한변협 위철환 회장, 서울변협 나승렬 회장, 대법원 박병대 법원행정처장 등 반가운 분들을 만났다. 92개국에서 헌재소장이나 대법원장 등이 참석한 큰 규모의 국제회의 인데 잘 진행되고 있어 다행이었다. 29일 신라호텔에서 개최된 성대한 개막식에 박근혜 대통령이 참석하여 뜻 깊은 연설을 해서 참석자들에게 감명을 주었다. 대통령이 임석하니 김기춘 비서실장 등이 수행하는데 나는 제일 앞줄에 좌석이 배치되어 대통령과 잠시 악수하고 건강하시라는 안부를 전달했다. 박한철 소장, 베니스위원회(Venice Commission)의 지아니 부퀴치오(Gianni

Buquicchio) 의장, 히카르두 레완도우스키(Ricardo Lewandowski) 브라질 대법원장 그리고 반기문 유엔 사무총장의 비디오 메시지 등 모든 연설이 끝난 후 일행 모두가 기념촬영을 했다.

여러 연사가 연설하는 동안 배경으로 등장한 각종 IT 연출은 장관이었다. 아내는 아침부터 네덜란드 대법원장 부인을 데리고 한국가구박물관, 삼청각 오찬 및 이영희 한복 등 배우자 프로그램을 마치고 함께 인사동을 흥미 있게 방문하였다고 한다. 세빛섬의 만찬에서 만난 정홍원 총리는 내게 국위선양을 해주어 고맙다고 인사했다.

9월 30일은 회의 마지막 날이다. 네덜란드 대법원장은 이날 오후 2시부터 5시까지 한국 대법원장을 방문하고 대법원 전산센터를 둘러봤다고 한다. 고별만찬은 국립박물관에서 거창하게 진행되었다. 이곳에서 축사할 기회를 주어 약 15분간 단상에 올라가 연설했다. 모두들 자기네끼리 얘기하느라 떠들고 아무도 연설을 안 듣다가 내가 청중을 장악하면서 연설하자 박수가 터져나왔다. 헌법재판소에 근무하는 제자들은 청중을 조용히 제압하고 연설하는 내 솜씨를 아주 신기하게 생각했다. 안숙선 명창의 판소리 등 공연이 찬란하게 비추는 레이저 빔의 시각효과와 함께 요란한 밤으로 기억하게 만들었다.

10월 1일은 원래 네덜란드 대법원장 내외와 우리 부부가 같이 비무장지대(DMZ)에 가기로 했는데 웬일인지 우리는 갈 수 있고 그들은 안 되는 것으로 판명되어 그들은 매우 실망하였다. 아무튼 우리는 처음으로 이곳을 방문하였다. 안락한 버스에 타고 판문점 회의장에 가서 브리핑을 들었다. 젊은 사병 박극렬 군이 유창한 영어로 설명을 참 잘했는데 알고 보니 서울대 법학전문대학원 2학년 학생이어서 반가웠다. 가는 곳마다 그곳의 가장 높은 부대장이 나와서 나를 밀착수행하면서 설명한다. 그 대신 나는 그들 모두와 악수를 해야 하고 방명록에 서명하는 등 직책에 따른 통과의례를 수행했다.

사진을 찍고 나와 보니 북측 판문각에서도 관광객들이 우리를 쳐다보고 있다. 세계에서 유일한 분단지점을 방문한 외국인들은 아주 신기해 하면서 능숙한 브리핑에 만족하고 기념품점에 들어가서 많이들 사느라고 바빴다. 그다음에는 전방 1사단을 방문하여 사단장 장철수 소장의 안내를 받았다.

오후 5시경 신라호텔로 돌아오니 네덜란드 대법원장 내외는 이미 돌아와서 우리를 기다리고 있었다. 그들은 다른 투어도 포기하고 스스로 택시를 타고 인사동으로 가서 이틀 전에 물건을 샀던 집을 쉽게 찾아서 더 쇼핑했다고 했다. 그리고 남대문시장, 동대문시장도 구경했단다. 가는 곳마다 지리를 모르면 지나가는 학생이나 젊은이들에게 물었는데 모두들 영어를 잘하고 친절하게 길을 가르쳐주어 아주 호감을 갖게 되었다. 특히 용기 있게 지하철을 타고 돌아다니는 중에 내릴 정거장이 확실치 않아 젊은이에게 물었더니 자기 행선지로 가는 대신 같이 내려서 확실하게 이들을 데려다주고 갔다고 한다.

핀란드 대표단은 재래시장에서 물건을 사고 택시를 기다리는데 중국의 관광객이 대거 몰려와서 한 시간을 기다렸는데도 택시가 안 오더란다. 마침 어느 한국인이 자진해서 이들을 태워다 주었는데, 돈을 주려고 하자 한사코 마다하고 갔다는 것이다. 핀란드에서는 웬만한 곳에는 무서워서 감히 차를 타지도 못하는데 한국의 안전과 시민들의 친절에 인상이 깊었다는 것이다.

우리는 네덜란드 대법원장 내외에게 만찬을 베풀었다. 이미 부인들은 '차움'에 가서 마사지를 받은 관계라 아주 친숙해졌고, 우리가 설명하는 한국의 문화와 역사를 경청하였다. 이날 밤 자정에 떠나는 네덜란드항공으로 귀국하므로 신라호텔에 데려다주면서 밤 10시에 차를 배치하여 차질 없이 보내드리도록 부탁했다. 이번의 헌법잔치는 한국의 회의준비 자체가 빈틈없이 잘되어서 모두들 인상 깊고 만족한 기분으로 돌아갔을 것이다.

10월 2일은 아주 바쁜 날이다. 조찬모임으로 유니세프한국위원회 이사회를 소집했다. 그리고는 내가 12시부터 서울클럽에서 열린 서울국제포럼에서 오찬 겸 국제형사재판소에 대한 브리핑을 하였다. 파워포인트로 설명하고 내가 생각하는 국제사회의 빠른 변화에 대한 진단을 해드렸다.

그리고는 강연차 연세대로 차를 몰았다. 2시 40분에 부총장인 신현윤 교수의 안내로 정갑영 총장을 예방하여 사진을 찍고 3시에 강의실에 갔다. 김성태, 이미현, 함재학 교수 등 제자들을 반갑게 만났고, 학생들이 약 200명 참석했다. 영어로 국제형사재판소를 설명할 때에는 많은 외국인 학생이 들었다. 질문은 끝없이 이어졌고 그들과 사진을 찍어주고 친절하게 대답해 주니

연세대 법대 특강에 앞서 정갑영 총장을 예방. 법대 교수들과 함께 (2014.10).

호응이 좋았다.

이승웅 회장이 베푸는 만찬을 즐긴 후 집에 돌아오자마자 밤 10시 반에 헤이그와 전화로 상고심사건 한 개를 합의하였다. 긴 전화회의 시간을 각오했으나 1시간 반 만에 끝나서 곧 잘 수 있었다. 개천절부터 긴 연휴가 시작되어 꼼짝 안 하고 집에 있기로 했다. 3일에는 딸이 부산에서 올라오고 농장에 모두 가서 가을 한때를 즐겼다. 그리고 10월 5일 나만 먼저 헤이그로 귀임하였고, 아내는 12일에 돌아온다고 했다.

10월 6일 월요일 헤이그에 돌아오니 밀린 일이 많다. 물론 내가 없는 동안에는 주로 린 비서실장이 일정을 장악하여 최소한의 질서는 유지했다. 이제 보니 방문객 접견과 상고사건 처리가 주된 것이지만, 내일부터 예산회계위원회(CBF)가 시작되는데 오늘 나의 개식사를 듣겠다고 하여 일단 아침부터 연설로 하루 일과를 시작했다.

코넬대학 캠퍼스를 혼자 걷는 추억의 시간

10월 8일 아침 미국 코넬대학을 가느라고 필라델피아를 거쳐 이타카(Ithaca)로 들어갔다. 이 아이비리그 대학은 뉴욕 북부의 작은 시골마을에 있어 기상상태가 나쁘면 접근하기가 어려운 때도 있다. 나의 비행기는 왕복 모두 그런대로 지장이 없었다. 중국 톈진 출신으로 베이징대를 마치고 온 박사학위 후보자 6년차인 중국인 프랭크 장(Frank Zhang)의 픽업으로 공항에서 교내 스태틀러호텔(Statler Hotel)에 투숙했다. 코넬대학이 가진 세계 최고의 호텔 스쿨이 경영하는 호텔 7층에 아주 경치가 좋은 큰 방을 배정해 주었다.

학교는 졸업 후 여러 해 만에 왔는데, 우선 외관상 많이 들어선 빌딩들이 곱게 물든 가을단풍과 잘 어울렸다. 지금 계절이 가장 아름다움을 뽐내는 때라서 온 지역이 아름다움의 극치인 것 같다. 건물 하나하나를 정성들여 지어 시공상 완벽한 데다가 다른 주위의 건물과도 아주 좋은 조화를 이루어서 참 부러웠다. 원래 서울대가 관악으로 이전할 때 지형이 비슷하다고 하여 건물 배치 등을 코넬을 기준으로 삼아 흉내냈으나 현재 서울대 캠퍼스는 정부예산이나 민간모금이 되는 대로 경쟁적으로 지어서 전체적 공간이 다소 무질서하고 공간의 합리적 사용이나 관리가 잘되지 않는 인상이다.

10월 9일에는 원래 방문일정에는 없다가 나중에 추가된 대학프로그램에 연설하러 갔다. 마리오 에이나우디 국제연구센터(Mario Einaudi Center for International Studies)가 수년간 진행한 외교정책강연 프로그램(Foreign Policy Distinguished Speaker Series Program)의 공개강연이었다. 독일인으로서 레이던에 11년 살다 왔다는 하이커 미켈젠(Heike Michelsen)이 실무를 주선하고 대니얼 리(Daniel Lee) 교수가 주관하여, 약 200여 명 학생청중에게 국제형사재판소의 범죄예방가능성에 관하여 강연했다. 청중도 주의 깊게 듣고 질의도 활발하여 그런 대로 만족한 강연이었고, 대학신문에서 다음 날 3면에 사진과 함께 크게 보도하였다. 이 프로그램은 최고정책 결정자를 초청하여 그들의 비전이나 견해를 듣는 프로그램이라기보다 주로 대학교수들을 초청하여 학생들을 상대로 강연하는 것 같다. 그런 의미에서 연전에 내가 강연했던 컬럼

948

비아대학의 세계리더포럼과 구별된다.

10일에는 코넬대 법대의 클라크 이니셔티브(The Clarke Initiative for Law and Development in the Middle East and North Africa)가 주최한 중동의 평화와 관련하여 전환기 정의(transitional justice) 문제를 다루는 국제회의에서 기조연설을 했다. 그다음 날도 나의 기조연설을 중심으로 토론을 이어갔다고 한다. 학교의 재정이 넉넉해져서 많은 대학원생을 입학시키고 또 상당수의 학생에게 장학금을 준다니 참 다행이다. 나를 처음에 수행하던 터키 학생도 장학금을 받은 박사후보생이고, 나중에 공항에 데려다준 세련되고도 마음씨 따뜻한 포르투갈 박사후보생도 전액 장학금을 받고 한 달 전에 왔다고 한다. 내가 다닐 때 하도 어려워서 몇 푼이라도 장학금을 달라고 호소했다가 돈이 없다고 냉정하게 거절당한 옛날과 비교하면 아주 격세지감이 있다.

10월 11일 아침에 카렌을 먼저 보내고 일부러 이곳에 사는 지인들에게 연락하지 아니한 채 오전 내내 캠퍼스를 혼자 걸어다니면서 옛날을 추억하는 시간을 가졌다. 간단한 오찬 후 공항에 가서 필라델피아를 거쳐 그다음 날 아침 헤이그로 귀환하니 일요일 아침 해가 화창하였다.

이날은 아침에 다소 휴식을 취하다가 저녁에는 공항에서 맞이한 아내와 함께 아르메니아의 민속공연에 초대되어 갔다. 루센트 단스 극장에 가서 대사의 옆자리에 주빈으로 앉아 약 2시간에 걸쳐 박진감 있고 색깔이 화려하고 다소 특이한 공연을 재미있게 관람하였다. 터키 영향을 받은 듯도 한데 소비에트식의 무자비한 훈련을 이겨낸 듯한 인상을 주는 남녀 무용수들이 화려한 의상으로 재능을 마음껏 보여준 성공적 공연이었다. 대사에게 공연의 성공을 축하는 말과 아르메니아의 전통과 문화의 아름다움을 칭찬하고 자리를 떴다. 그녀는 국제형사재판소장 내외가 친히 관람하고는 아르메니아의 문화와 역사와 아름다운 전통을 마음껏 보여준 성공적 공연이라고 말했다고 부지런히 본국에 보고했단다.

10월 17일 오후에 2주일간 내년도 예산을 심의한 예산회계위원회의 결과 보고를 받고는 내가 답사를 했다. 이것이 나의 마지막 예산심의임을 말하면서 그동안 고마웠다는 인사를 전했다. 엊그제는 신임 뉴질랜드대사 재닛 로우(Janet Lowe, 중국계), 이란대사 알리레자 자항기리(Alireza Jahangiri), 스위스대사 우르스 브라이터(Urs Breiter) 등을 접견하고 많은 이야기를 나누면서 재판소의 당면한 도전에 지지를 호소했다. 이란대사는 국제형사재판소에 관한 지역회의를 주최하여 나를 초청한다는 약속을 했다. 왜 그런지 이란대사는 역대로 나를 개인적으로 매우 좋아한다. 회원국이 아닌 이란의 대사가 부임인사를 할 필요조차 없는 것이지만 그는 나를 예방했다.

10월 21일 은구졸로의 상고심 구술변론에 참여하였다. 아침 9시 반부터 법복을 입고 하루 종일 검사와 피고대리인, 그리고 두 그룹의 피해자 대리인들이 변론하고, 마지막으로 무죄를 받은 피고인 본인이 자신의 모국어인 링갈라어(Lingala)로 최후진술을 했다. 재판장인 모나헹은 같은 반투(Bantu) 계통의 언어라서 많은 단어를 알아들을 수 있었다고 한다. 생각보다 빨리 절차가 끝나서 4시부터는 유엔 출장준비에 바빴다. 이번에는 유난히 많은 연설원고를 준비해야 하는데 마티아스 혼자서 이를 감당해야 한다.

케냐 정부가 작성하여 뿌린 구상서(제목: '소장단과 검사에 의한 로마규정과 그 정신의 심각한 위반': Gross Violation of the Letter and Spirit of the Rome Statute by Presidency and Prosecutor)가 회람되고 있는데, 튀니지와 덴마크 대사가 이에 관하여 물어본다. 당사국총회에서 회원국들이 어떻게 대응하면 좋을지 아이디어를 살짝 주고는 얼른 집으로 돌아왔다.

950

한국법률가대회 기조연설

김재형 교수(현 대법관)의 부탁을 받아 승낙한 제 9회 한국법률가대회의 기조
연설을 위하여 10월 22일 저녁 한국행 비행기를 탔다. 기내에서 우연히 이날
자 〈동아일보〉 김정훈 사회부장의 기사를 보았다. 다음에 옮긴다.

[오늘과 내일 / 김정훈] 의외의 동아일보 기사. 2014년 10월 22일자.
"20일 아침 한 라디오 방송에서는 그날 아침신문에 보도된 주요 기사를 소개
하고 있었다. 마침 본보 A14면에 실린 권오곤 구유고전범재판소(ICTY) 부소
장의 '5·18 진압 주동자들을 국제재판소에 세울 수 있었다'는 기사가 소개됐
다. 본보 사회부 기자가 쓴 기사가 소개되니 반가웠는데 끝부분에 '이 기사가
〈동아일보〉에만 실려 있어 좀 의외라는 느낌입니다'라는 코멘트가 나왔다.

무슨 뜻에서 한 얘기인지 모르겠으나, 〈동아일보〉가 이 기사를 보도한 것
이 의외의 일인가? 고개가 절로 갸웃거려졌다. 권 부소장의 발언은 18일 대법
원 산하 연구기관인 사법정책연구원이 주최한 학술강연에서 한 얘기였고, 하
루 전날 강연자료도 배포되어 있었다. 기삿거리가 된다고 판단한 후배기자는
신문기자들이 다 쉬는 토요일에 일부러 권 부소장의 강연을 들으러 갔다.

권 부소장의 주장은 5·18 광주민주화운동을 무력으로 진압한 행위는 '반
인도적 범죄'로 국제형사재판소(ICC)에 세울 수 있는 범죄였다는 것이었다.
그만큼 국제형사법이 우리에게서 멀지 않은 곳에 있다는, 국제사회에서 법
에 의한 지배가 가까운 곳에 있다는 취지였다. 벌써 14년째 ICTY 재판관으
로 일하고 있는 권 부소장의 시각이 보도가치가 없는 것이었을까. 필자는 그
날 아침 〈동아일보〉를 빼고는 다른 어떤 신문도 이걸 보도하지 않았던 것이
의외로 느껴졌다.

권 부소장이 강연에서 지적한 것처럼 요즘 국제형사재판소의 핫이슈는 반
인도적 범죄를 저지른 국가원수들을 ICC 법정에 세우는 문제다. 북한의 김
정은 국방위원회 제 1위원장도 반인권 범죄로 기소대상 후보로 자주 거론되
고 있다.

올해 7월 6일 한국인으로서 국제재판관으로 활동하는 송상현 ICC 소장, 권 부소장, 정창호 크메르루주 유엔특별재판소 재판관 등 3명과 한자리에서 인터뷰를 할 기회가 있었다. 어렵게 모인 이 자리에서도 김정은 기소문제가 화제가 됐다.

이 자리에서 권 부소장은 김정은 기소는 여러 가지로 고려해야 할 문제가 있다고 지적했다. 일단 김정은을 ICC에 기소하게 되면 남북정상회담은 불가능해진다는 것이다. 한국이 ICC 협약국인 만큼 김정은은 체포해야 하는 대상이지 대화의 대상이 될 수 없기 때문이다.

2003년부터 ICC 재판관으로 일해 온 송 소장은 내년 초에, 권 부소장은 내년 여름에 임기를 마치고 귀국할 예정이다. 두 명이 잇따라 임기를 마치게 되면서 당장 우리로서는 이들의 뒤를 이어 누군가 국제재판소에 진출해야 한다는 숙제를 안게 됐다. 그러나 10여 년의 오랜 외국생활을 마치고 곧 한국에 돌아올 이들을 우리 정부가 또는 우리 사회가 어떻게 대우할 것인가의 문제도 중요하다.

일반법관 같았으면 대법관이나 헌법재판관이라는 최고법관의 자리에 오르든지, 아니면 중도에 변호사 개업을 해 돈을 벌 수 있는 기회가 있다. 하지만 국제재판관 경력은 변호사 개업으로 돈벌이를 할 수 있는 분야가 아니다.

한국을 대표해 국제사회에 기여했다는 큰 명예를 얻었다는 것으로 만족할 수 있겠지만, 국제사법 무대에서 이들이 10여 년 동안 일하며 체득한 경험은 하나도 버릴 게 없는 소중한 자산이기도 하다. 어떤 면에서는 이들이 경험한 세계는 사법분야라기보다 외교분야에 더 가깝다. 총성 없는 전쟁터인 국제정치 무대에서 한 톨이라도 국익을 챙기려면 우리가 어떻게 행동해야 하는지를 몸으로 배운 분들이다. 내년에 두 사람이 차례로 한국으로 돌아온다면 '종신직 대통령 고문' 쯤으로 모셔 그들의 지혜와 경륜을 국가재산으로 영구히 몰수하면 어떨까."

– 김정훈 사회부장 jnghn@donga.com

옛날 같으면 '유엔의 날'이라고 공휴일이었을 텐데 이날 아침에 한국법률가대회 장소인 성균관대에 갔다. 김준영 총장실에서 어제 크로아티아에서 돌아온 양승태 대법원장, 박한철 헌재소장, 황교안 법무장관, 김용담 한국법학원장, 배병일 한국법학교수회장, 신언호 법학전문대학원협의회장 등과 인사하고, 같이 회의장으로 갔다. 큰 강당에 사람이 없어 썰렁한 가운데 귀빈들은 자기 축사만 하고는 퇴장해 버리고 내가 허공에 메아리치듯 열정적으로 오래 준비한 강연을 했다. 겨우 나를 따르고 좋아하는 황덕남 변호사, 정종휴 교수, 김재원 교수 등 몇 분이 반갑게 인사하고 내 강연을 들었다.

이것이 한국 법조인의 의식과 수준인데 이런 행태는 앞으로도 오랜 세월 동안 고쳐질 것 같지 아니하다. 청중 없음을 걱정하는 김용담 준비위원장 등이 있는 자리에서 내가 일본 사이가 재판관의 고향 시코쿠 벽촌의 장례식에 갔을 때 경험한 질서정연하고 시종일관 2시간 이상 자리를 지키며 최대한 예의를 지키는 일본사람의 예의를 말하면서 한국의 수준을 같이 걱정하였다.

차라리 이 같은 대회를 하지말지 왜 돈과 시간을 들여서 개최해 놓고는 청중걱정을 해야 하는가. 나의 기조연설은 나로서도 마음먹고 문제가 많은 한국 법조계를 위하여 오래 준비하고 다듬은 30분 이상의 강연인데, 개인적으로 연락하면서 감동적이었다고 반응을 보인 몇 제자 외에 나중에 의례적 인사를 받은 것이 전부였다. 연설 후 별 인사를 나눌 여지도 없이 떠났다. 간신히 시간에 맞추어 대한항공을 타고 귀임하였다. 저녁 6시 반에 도착하여 헤이그 집에 왔다. 부리나케 짐을 싸고 다음 날 뉴욕으로 떠날 준비를 했다.

뉴욕에서 마지막 외교활동

10월 27일 나는 아침 일찍 크리스티안 베나베저 리히텐슈타인 대사가 주재하는 대사들의 정기적 조찬모임에 가서 연설을 했다. 뉴욕에 올 때마다 수년째 해온 연설인데 평소대로 많은 대사들이 출석하여 내 연설을 경청하면서 12월의 뉴욕 당사국총회에서 케냐가 난동을 부리면 어떻게 하느냐고 몹시 걱정하는 분도 있었다. 그러나 나는 무슨 확고하고 정확한 대책을 가지고 있다기보다도 오랜 경험을 통하여 한 나라가 총회에서 난동을 피워도 그것이 마음대로 굴러가지 않을 확률이 많고, 시간이 가면서 이래저래 흥분이 가라앉을 수도 있기 때문에 미리부터 걱정만 하는 것은 피하고 싶었다.

벌써 여러 달 동안 케냐는 자기 나라의 현직 대통령과 부통령이 국제형사재판소에 기소된 것의 부당성을 법적, 정치적으로 반박하기 위하여 온갖 방법을 다 써서 재판소를 강력히 비난하고 다가오는 당사국총회에서 이를 크게 문제 삼고자 작심했다. 법적으로는 그들의 논리가 약하니 정치적으로 국제형사재판소를 매장하고자 아프리카를 선동하여 온갖 주장과 비난을 퍼붓고 다닌다. 우리를 강력하게 지지하는 다른 당사국들은 케냐와 같은 영향력 있는 아프리카 나라와 적이 되지 않기 위하여 묵묵부답인 데다가 나의 입만 쳐다보는 형국이다. 그런데 케냐가 정조준하는 비난대상은 검사지만 으레 소장단까지 싸잡아서 표적으로 삼고 있다.

조찬행사 다음에는 곧 뉴질랜드 대표부에 가서 양자회담을 했다. 그들은 이번에 안보리 비상임이사국에 선출되어 아주 행복해 했다. 본국에서 온 법률담당 최고책임자인 페니 라이딩스와 대사관의 제2인자인 캐롤린 슈왈저(Carolyn Schwalger, 한국어를 함)를 만났다. 재판소가 아프리카연합의 횡포로 어려울 때인데도 불구하고 아프리카 앞에 가서 머리를 조아리면서 용비어천가를 부르는 뉴질랜드의 모습을 보고 국익이 걸리면 안면을 저렇게 아주 바꾸는 것도 가능하구나 하는 뼈저린 느낌을 받았다.

이번에 새로 안보리 비상임이사국으로 당선된 앙골라대사관을 찾아 이스마엘 마틴스(Ismael Abraão Gaspar Martins) 대사를 만났다. 매우 화통하게 대꾸를 하는 성격인 듯하다. 점심 후에는 이탈리아대사 세바스티아노 카르디(Sebastiano Cardi)를 그의 사무실로 방문했다. 이 자리에는 나의 오랜 재판관 동료인 마우로 폴리티 교수가 배석했다. 그들 둘이서는 예전에 같이 근무한 적도 있고 친한 듯하다. 그들의 요청으로 만났는데 일반적 국제형사재판소 지지다짐과 당사국총회에 대한 걱정을 같이 나누고 헤어졌다. 카르디 대사와는 지난 7월 17일 유엔과 국제형사재판소 간의 관계협정체결 10주년을 기념한 토론행사에서 처음 만났는데 똑똑한 인상이다.

이탈리아 다음으로 베네수엘라의 신임 대사를 만나러 사무실을 방문했다. 사무엘 몬카다(Samuel Moncada) 대사는 법을 공부한 일도 없는 사람인데 안보리 비상임이사국에 선임되었으니 앞으로 2년간 우리가 부탁할 처지가 된 것이다. 국제형사재판소는 물론 안보리의 운영에 생소한 대사인데 솔직하게 우리에게 물어보는 모습이 나쁘지는 않아 보였다. 바쁜 하루를 뛰어다니고는 저녁에는 늘 매년 하던 대로 베나베저가 자기 40층 펜트하우스에서 나의 고별만찬을 성대하게 주최했다. 비서실장 린도 참석하였다. 나도 일일이 각 참석국가를 거론하면서 감사의 뜻을 표하는 답사를 했다.

10월 28일 아침 8시부터 아시아·아프리카 법률자문기구 회의에 참석하여 약 2시간 동안 기조발제를 하였다. '국제법 실무자와의 대화'(*A Dialogue with International Law Practitioners*)라는 주제로 로이 리(Roy Lee, 대만 출신)가 사회를 보는데 용케도 국제사법재판소의 톰카 소장, 나 그리고 이번 국제사법재판소 재판관 선거에 출마한 케임브리지대학의 제임스 크로포드 교수 등 3인을 초청하였다. 톰카는 여러 말을 하는 중 요새는 국제형사재판소에만 관심이 있는데 이는 매우 잘못된 것이라고 하면서 우리를 견제하는 발언으로 시작한다. 같은 국제사법기관으로서 상대방을 서로 격려하고 칭찬해야 자기의 권위와 품격이 올라가는 것을 왜 모르실까. 크로포드 교수는 전에도 만난 일이 있지만 옆에 앉아서 관찰하니 숨이 가쁜 것이 건강이 안 좋은 것 같다. 이번에 양대 국제재판소에 출마한 사람들은 거의 다 이 모임에 와서 선거운동차 한마디 하고자 했다.

나는 이 긴 회의에서도 질문들을 선방하고는 유엔 수석법률고문 소아레스를 예방했다. 별로 현안이 없지만 그동안의 협조에 감사하고 거듭 지지를 부탁했다. 이분은 나와 반기문 총장과의 관계를 알아서인지 나에게 지나치게 살뜰하게 한다. 다른 날과 마찬가지로 우리 직원 등 4인이 연락사무소에서 샌드위치를 먹은 오후에는 리투아니아 공관으로 라이몬다 무르모카이테(Raimonda Murmokaitė) 대사를 만나러 갔다. 그녀는 8월 중순 안보리가 헤이그를 방문했을 때 평화궁에서 처음 만났는데 똑똑한 인상이고 말을 명확하게 했다. 역시 안보리에서 국제형사재판소를 지지해 줄 것을 당부했다. 4시부터는 뉴욕 당사국사무국회의에 가서 그들에게 보고했다.

이 회의를 마치고는 미국대표부가 주최하는 리셉션에 참석했다. 사만다 파워(Samantha Power) 대사는 에볼라가 창궐한 기니에 가고, 부대사 마크(Mark), 법률자문관 대행 메리 매클라우드(Mary Mcleod), 국제사법재판소의 미국 재판관 조앤 도너휴(Joan Donoghue) 등이 서서 손님을 맞는다. 잠시 후 내가 예약한 팜파노(Pampano)로 달려갔다. 플라시도 도밍고가 소유한 호텔 근처의 멕시코 식당인데, 식구들과 함께 저녁을 먹었다. 이날은 딸네 식구를 뉴욕에서 처음 만난 날이다. 손자는 아주 점잖은 신사다.

29일도 아침 9시부터 유럽연합 대사들에게 따로 브리핑하는 순서에 참석했다. 유럽연합은 재판소의 가장 강력한 지원자이므로 항상 감사의 말을 빼놓을 수 없다. 28개국 대표가 차질 없이 시간 내에 들어선다. 역시 선진국의 시간관념은 다르다. 나의 발표 외에 여러 가지 질문이 나와서 비서실장 린이 잘 감당해 냈다.

10월 말일 떠나는 당일에도 면담일정이 많다고 최 검사가 무척 놀란다. 아침 8시 반에 '국제형사재판소의 친구들'(Friends of the ICC)에 가서 간단히 연설하고 질문을 받았다. 그리고는 바로 리처드 로우(Richard Rowe)의 자리에 새로 임명된 호주 외교부 수석법률고문 카트리나 쿠퍼(Katrina Cooper)와 첫 상견례를 했다. 그녀에게는 국제형사재판소가 생각하는 재판관 선출의 기준이 무엇인지 속에 있는 이야기를 많이 해주었다. 그리고는 오준 대사 부부가 내는 오찬에 정창호, 박기갑, 최용훈, 원호신 등과 참석하였다. 감사하다.

오찬 후에도 나는 새로 안보리에 선출된 말레이시아의 후세인 하니프(Datuk Hussein Haniff) 대사를 만났다. 3년 전에 내각이 비준의결을 한 다음 검찰총장의 브레이크로 비준서 기탁을 못 하는 희한한 경우를 어떻게 설명할 것인가. 이 신임 대사는 난데없이 선출직 왕의 면책특권을 장애요인으로 제시하는데 나로서는 처음 듣는 핑곗거리이다.

고교생에게 첫 연설

오찬 후 퀸즈 프레시 메도우스(Queens Fresh Meadows)에 있는 학생 4,200명의 공립학교 프란시스 루이스(Francis Lewis) 고등학교를 방문하였다. 아내와 초중고 및 대학을 같이 나왔다는 박현주 박사가 난데없이 아내를 통하여 나의 연설을 요청한 것이다. 전 세계의 대학에서는 공개강연을 많이 했으나 고등학교에서 대중연설하는 것은 이례적이어서 많이 망설인 것이 사실이다. 또한 그렇지 않아도 이번에는 준비할 연설문이 많은데 보조인력도 없이 고생하는 마티아스의 처지를 생각해서도 별로 응할 마음이 없었다. 그러나 한국어를 제2외국어로 선택하여 공부하고 있거나 한국계 학생들이 아주 많다고 하니 자라나는 그들에게 K-Pop 외에도 한국인의 자존심을 세워줄 필요도 있을 것 같아 많이 생각하다가 결국 승낙하기로 했다. 우리 내부에서 린, 마티아스, 필립 등과 여러 번 상의하여 800명이나 참석하는 미국 어린이들에게 국제형사재판소를 알릴 필요가 있으니 수락하자는 결론을 낸 것이다.

감수성이 높은 아이들에게 필요한 영감 내지 인식을 주기 위하여 나의 개인적 회고담을 중심으로 강연해 달라는 요청이 와서 별도로 틈틈이 시간을 내어 폴란드 계통의 인턴인 아드리아나와 수 시간 동안 나의 어린 시절, 즉 일제말기의 감시, 6·25전쟁 경험, 군사독재시절, 미국 유학시절의 인종차별, 뉴욕 로펌의 노예생활 등을 회고하는 인터뷰를 해서 연설문 작성의 자료를 제공하였다. 이번 마지막 유엔연설을 잘하고자 모든 참모들이 그것에 집중하는 도중에 별도로 고교생을 위한 대중연설을 준비하는 데까지 많은 시간을 소비하였다. 학교 측에서도 긴장하였고 우선 학생들은 나의 이력을 모두 찾아보고 질문을 만들어서 미리 우리에게 23개 항목의 질문을 보냈다. 이 중에서 약 10개의 질문을 추려서 강연 후 답변하기로 합의하였다.

오후 2시에 학교에 도착하니 교장선생님과 직원들 그리고 학생들이 환영해 주었다. 우리는 손바닥만 한 교정으로 안내되어 JROTC에 참여하는 학생 5인의 목총 다루는 의장훈련을 관람하였다. 과연 전국대회 입상팀답게 익숙한 시범을 보여주어서 인상이 깊었다. 4,200명이 다니면서 3부제로 운영하는 공립학교이다 보니 건물도 크고 학생도 많으나 그런 대로 질서가 어느 정도 잡혀 있었다. 벽에는 온통 나를 환영하는 영어 및 한국어 환영포스터가 가득 붙어 있었다. 학생들이 그린 것이다. 물론 박현주 박사와 부군 권용구 씨(경기 57회, 미국 하나은행 사외이사), 아내의 친구 장혜영 씨, 그리고 이 근처에 산다는 친척 이강직 군 내외 등이 나왔고, 교육위원과 시의회의원 등이 참석하였다.

강당에는 다양한 인종의 학생들 800여 명이 자리를 메꾸었다. 이 학교는 이 지역에 사는 학생을 모두 받아야 되므로 학생 수가 많은데 중국인, 한국인, 스페인어를 쓰는 학생, 동유럽어를 쓰는 학생, 아랍어를 쓰는 학생 등이 아주 많이 뒤섞여 있다. 따라서 9개의 외국어반이 있어서 활동이 활발하다고 하는데 한국어반은 두 번째로 많다고 한다. 한국어를 가르치는 한국인 여성 선생님들도 인사했다. 아시아인이 많으면 좋은 학교로 간주되어 인기가 있다고 한다. 강연은 단상에 교장 외에 지역유지들이 착석한 상태에서 약 30분간 계속되었고 많은 박수 후에 학생이 청중석에서 질문을 했다.

가만히 보니 강연이 약 20분을 초과하자 학생들의 주의력이 떨어져서 조금씩 떠드는 소리가 들리기에 몇 마디 조크로 다시 청중을 끝까지 장악했다. 첫 질문에 내가 대답을 길게 하자 교장이 거기서 질문을 더 이상 받지 않고 중지하면서 강연회 종료를 선언한다. 학생들이 통학버스를 놓치지 않기 위해서라고 하나 교장의 순간적 기지인지도 모른다. 그리고는 못한 질문을 꼭 하고 싶은 학생과 귀빈들은 다시 교장실로 안내해서 계속하도록 했다. 한식 김밥 등 간단한 식음료를 준비한 상태에서 나는 학생들의 질문에 대답하느라고 먹고 마실 시간은 없었고, 더구나 모두 사진찍기를 원하므로 강당에서나 교장실에서나 사진촬영에 시간이 많이 소비되었다. 또 한국계 TV와 현지 〈중앙일보〉 기자들의 질문에도 응해야 하므로 아주 바빴다.

약 3시간을 보내고 퇴근 혼잡이 오기 전 퀸즈를 탈출하여 호텔로 돌아왔다. 딸네 가족이 모처럼 내 유엔연설을 듣고자 뉴욕을 방문했으므로 고급식당에서 저녁을 사주기로 했다. 어렵게 예약한 음식점(Daniel)에는 모두 정장을 하고 모였다. 손자는 나비넥타이와 재킷을 입었는데 인물이 훤칠해 보였다.

마지막 유엔총회 연설

10월 30일은 유엔총회 연설에 신경이 쓰이는데, 아침에 아프리카연합의 새 법률자문관인 교수를 델리게이트 라운지에서 최초로 면담했다. 전임자인 벤 키오코보다는 더 진지한 인상인데 서로 상견례 속에서 우리의 요구사항을 전달하고 헤어졌다. 그는 실무 수준의 직원임을 강조하고 보스를 만나서 정치적으로 타결하라고 하였다. 이날 유엔총회에서의 연설은 이번 출장의 가장 중요하고도 하이라이트인 부분이다. 연설문은 이날 아침까지도 다소 수정을 거쳤으나 나는 연습을 많이 했다. 국제사법재판소(ICJ)가 아침 10시에 연설하게 되어 있고 그에 따라 발언신청을 한 30여 나라가 모두 발언하고 나면 내 차례가 오는 것이므로 나의 연설시간을 확정하기 어려운 난점이 있다. 그런데 이날은 공교롭게도 어제 사망한 마이클 사타(Michael Sata) 잠비아 대통령의 추모순서를 먼저 갖기로 하는 바람에 이 행사에 대한 각국의 발언이 1시간 이상 걸렸다. 게다가 국제사법재판소 톰카 소장이 11시에 연설하면서 42분이 걸린다고 하는 게 아닌가. 확실한 것은 나의 손님들이 점심을 먼저 먹을 수 있다는 것이었다.

따라서 우리는 내가 초대한 손님들을 모두 부근의 식당으로 초대하였다. 우리 식구 5인, 딸의 시숙 식구 4인, 이모, 원호신 판사, 데이비드 콜러, 린 파커, 카렌, 로만 등 15인에게 오찬을 대접했다. 점심 후 딸의 시숙은 회사로 들어가고 나머지 일행은 오후 3시에 속개하는 총회에 들어가 보니 남은 발언 국가를 계산하면 아마 오후 4시에서 4시 반 사이에 나의 연설을 할 수 있다고 판단되었다. 유엔 의전팀의 호의로 외손자와 그의 사촌들은 지루함을 참고 이곳에 얌전히 앉아 나의 발언순서를 기다리기 위하여 점잖게 행동했다.

드디어 내가 4시 반에 단상에 올라갔다. 나는 마지막 연설이므로 나의 역량을 모두 동원하여 자리를 많이 메운 청중의 가슴에 파고들도록 전달에 신경 썼다. 약 27분간의 연설이 끝나자 유엔총회장에서 큰 박수가 쏟아졌다. 연설 후 개인적으로 찾아와서 참 감동적 연설이었다고 칭찬하고 간 대사들도 수없이 많다.

마지막 유엔총회 연설 (2014. 10).

특히 손자녀석이 내게 슬그머니 오더니 "할아버지가 연설을 참 잘하셨어요"라고 말하는 것이 아닌가. 처음에 그의 부모가 시킨 줄 알았는데 어린 아이가 자기생각을 그렇게 표현한 것이다. 내가 "너는 어떻게 할아버지가 잘한 것을 알아?" 하고 물었더니 자기에게 그런 생각이 들었다고 하였다. 넥타이에 양복정장을 입은 6세 아동이 어른스러운 코멘트를 하니 더욱 어른같이 보였다. 학교를 결석하고 찾아온 딸의 동서와 두 딸아이들에게도 너희들도 나처럼 그렇게 할 수 있다고 격려했는데 그들은 아이교육상 귀중한 경험을 했다고 사의를 표하고 돌아갔다.

연설을 마치고 나니 시간은 늦었지만 한숨 돌릴 수 있었다. 마지막 연사로서 케냐대사가 단상에 올라가 국제형사재판소에 대한 고약한 비난을 하는 것으로 이날의 일정이 끝났다. 근처에 예약한 그리스식당으로 가서 다시 우리 가족끼리만 저녁을 했다. 이것으로 뉴욕에서 딸네와는 작별했다.

미국대사의 만찬 초대

토요일 오전 10시 50분에 네덜란드에 도착하여 일주일간 밀린 *The Financial Times*를 읽으면서 참으로 많이 잤다. 11월 3일 월요일은 비서가 배려하여 공식일정을 넣지 않아서 아무 일정이 없다. 그러나 밀린 일이 많아 하루 종일 바빴다. 다음 날이 우리의 결혼 43주년 기념일이지만 미국대사의 만찬초청이 있어 이날 저녁을 나가서 먹었다. 미국대사 팀 브로아스(Tim Broas)가 주최한 만찬에 참석했다. 비회원국인 미국이 만찬에 초대하는 것도 이례적이고 6시에 오라는 것도 생소한데 가보니 자기 대사관의 직원 두 사람을 배석시켰고 정작 초청된 손님은 나, 구유고전범재판소의 메론 소장, 이란-미국청구권재판소의 벨기에인 소장, 국제사법재판소에서는 톰카 소장을 대신한 크리스 그린우드(Chris Greenwood, 싱가포르 출생 영국인) 재판관과 미국인 재판관인 조앤 도너휴 그리고 네덜란드 외무부의 법률자문관인 여성 등 6인이었다. 좀 특이한 초청이지만 워싱턴에서 35년간 개업변호사를 하다가 온 분이라 각 국제재판소장을 만나 무슨 일을 하는지 알고 싶다는 것이었다. 내 차례가 되기에 아프리카를 방문하여 피해자들과 만난 경험을 얘기하니 화제는 단연 국제형사재판소가 되고 만다. 커피까지 마셨지만 8시 반이 안 되었는데 자기는 미국 중간선거 결과를 보아야 하니 가라는 것이었다. 9시 전에 끝나서 집에 왔다. 오랫동안 공석이었던 미국대사 자리에 오바마 대통령이 워싱턴의 형사변호사를 발탁하여 보냈다는 대사인데, 매우 직접적이고 솔직하고 당돌한 사람이지만 호인처럼 보였다.

11월 5일 오전에는 소장실에서 우리끼리 대외문제에 관한 회의를 가졌다. 점심 후 새로 부임한 아일랜드의 존 니어리(John Neary) 대사의 예방을 받았는데 따뜻하고 세련된 사람 같다. 이날은 대외행사가 4개나 있다.

우선 4시에 코르스텐스의 뒤를 이어 새로 대법원장으로 취임하는 마르턴 페테리스(Maarten W. C. Feteris)의 취임식에 참석했다. 대법원 건물 3층의 대법정으로 안내받아 들어가니 국제재판소의 소장들을 초청했다. 단상에 9

인의 대법관과 검찰총장 및 행정처장이 앉았다. 부대법원장의 사회로 변협회장과 행정처장이 한마디씩 한 다음 주인공인 새 대법원장 페테리스가 취임사를 한다. 젊은 사람으로서 레이던대 법대를 마치고 음악공부도 해서 피아노를 잘 친다는데 2008년 대법관이 되기 전까지 22년간 프라이스워터하우스 쿠퍼스(Price waterhouse Coopers: PWC) 회계법인에서 조세법 담당으로 일했다고 한다. 세법전공자가 대법원장이 된 것도 처음이라고 한다. 취임사는 무미건조하고 평범하여 특별히 남는 인상이 없었다. 부인과 10대의 3자녀가 참석했다.

다음에는 루마니아와 폴란드가 공동 주최하는 소련으로부터의 독립 25주년을 기념하는 조각전을 스헤베닝언의 해변조각공원(Museum Beelden aan Zee)에서 한다기에 차를 몰았다. 주제는 '혁명 후 25년, 루마니아 조각의 변화'(Transformation: Romanian Sculpture, 25 years after the Revolution)였다. 도착하니 루마니아대사관 직원이 자기네 이레니 코마로스키(Ireny Comaroschi) 대사에게 인사를 시킨다. 연이어 폴란드대사에게도 인사했다. 이곳은 전에 와본 일이 있어 얀 테이우비서(Jan Teeuwisse) 관장이 알은체를 한다. 쓰러진 레닌 동상 외에도 기발한 젊은 조각가들의 작품이 많이 있는 것 같았다.

크라운플라자호텔에서 개최된 알제리 리셉션에도 참석했다. 알제리는 회원국이 아니지만 대사는 늘 내게 호감을 표시하는 백인아주머니인데, 금박을 한 짙은 남색 투피스를 단아하게 입고 서서 손님을 맞이한다. 지난주 뉴욕에서 내 연설 후 회원국도 아니면서 쓸데없이 국제형사재판소를 비난한 알제리의 소행을 생각하면 괘씸해서 불참하려다가 잠시 들러 인사한 것이다. 다가오는 당사국총회에서 케냐의 동향을 걱정하는 슬로베니아대사와 이야기를 잠시 나누다가 집에 들렀다.

카자흐스탄의 오페라단 공연, '아시아의 목소리 콘서트'

바로 아내와 함께 로테르담에서 개최되는 카자흐스탄의 아스타나 오페라단 (Astana Opera) 공연에 갔다. '아시아의 목소리 콘서트: 심포니 오케스트라, 합창단, 독주'라는 제목의 공연이다. 회원국도 아닌 카자흐스탄이 나에게 공연 전 간단한 연설을 해달라는 이례적인 부탁을 하기에 승낙한 것이다. 일찍 드둘런(De Doelen) 콘서트홀에 도착하고 보니 이곳은 옛날 태국의 전통공연을 할 때 와본 곳이다.

알제리나 카자흐스탄 같은 나라는 나의 장기투자 대상이었다. 무르자마디예바(Murzamadiyeva) 대사는 오페라 단장인 톨레겐 무하메드자노프(Tolegen Mukhamedzhanov)와 함께 기자회견을 하고 있었다. 카자흐스탄에서 온 기자들과 네덜란드의 현지기자들이 경청하고 있고, 한두 명의 대사가 보이는데 로테르담의 부시장 아드리안 피서(Adriaan Visser)가 들어온다. 이 사람은 아주 인물이 좋은 젊은이인데 D66 당원이라서 루스비스를 좋아한다. 기자회견 후에는 오페라 단장이 주요 인사에게 선물을 주었다.

공연장에서는 네덜란드 하원의원인 잉그리드 드칼루베(Ingrid de Caluwé. 자유민주당(VVD))를 만났다. 관객이 입장하자 대사가 한마디 했고 부시장과 오페라 감독이 1분 이내로 감사의 말을 하고 나서 나의 발언차례가 돌아왔다. 나는 음악이 세계평화와 화합에 미치는 긍정적 영향을 강조하고는 감사의 예를 표해서 큰 호응을 받았다. 공연은 8시 반이 넘어 시작되었다.

무대에는 남녀 40명씩 80명의 합창단이 파이프오르간 바로 밑에 자리 잡고 있고, 오케스트라는 약 100명 규모인데 연주자들은 대개 25~35세가량이라고 한다. 곡목에 따라서는 테너, 바리톤, 소프라노, 메조소프라노들이 나와서 열창을 하고 마지막에는 전통의상을 입은 남녀가 전통악기를 가지고 나와 합주하기도 했다. 중간 휴게시간을 전후로 전반부에는 푸치니, 베르디, 모차르트, 도니체티, 바그너, 구노 등 서양음악을, 그리고 후반부에는 차이콥스키, 무하메드자노프, 보로딘, 무소르그스키 등 러시아음악을 연주하였다.

그들의 연주는 활기차고 화음이 맞고 세계적 수준이다. 레퍼토리도 인기 있는 명곡을 골라 모든 사람들이 잘 아는 부분을 기막히게 연주함으로써 우선 청중을 사로잡는 기법이 대단했다. 고전음악 연주형태에서 약간 이탈하여 파격을 보이면서도 청중에게 어필하고, 자기네 전통음악을 접목하면서도 무리하게 아우르지 않고, 합창과 연주와 가수들의 열창이 한데 어우러져서 수준 높은 공연을 만끽할 수 있었다. 아마도 소련시대에 혹독하게 훈련시키는 전통과 방식에 따라 훈련받은 것이 아닌가 싶다.

이들이 익숙하게 청중과 호흡을 같이하고 앙코르 요청을 잘 처리하는 것으로 보아 아마도 세계 순회공연 경험이 아주 풍부한 것 같다. 다만 인종적으로 생김새는 몽골의 지배 때문인지 동양사람 얼굴인데 고유언어가 있으면서도 이름은 러시아식이며, 중앙아시아 한복판에 거대한 땅을 차지하고 있으면서도 무슬림 종교를 가지고 있다니 이렇게 다양하게 섞인 경우도 많을 것 같지는 않다.

카자흐스탄은 오래 전에 고 이인표 에스콰이아 회장의 기부사업으로 예전 수도 알마티에 어린이도서관을 지어준 일이 있고, 1930년대 땅과 재산을 뺏긴 한국 동포들이 스탈린의 강제이주 정책에 따라 이곳으로 이주하여 지금까지 우리 전통을 지키면서 사는 '까레이스키의 고장'이라서 개인적으로 짠한 마음을 가지고 있는 나라이다. 요새는 석유가 많이 나서 경제가 아주 발전하고 돈을 잘 쓴다고 한다.

이 오페라단은 알마티가 아니고 아스타나에서 왔는데 혹시 자기네끼리 지역감정이 있거나 종족이 다를 수 있으므로 잠자코 있었는데, 마침 내 뒤에 앉아 있던 화학무기금지기구(OPCW) 책임자인 터키 사람이 카자흐스탄도 여러 다른 종족이 섞여 말과 습속이 많이 다르므로 조심하라고 경고한다. 연주는 거의 자정까지 가서야 끝났고 청중의 열광 속에 행사는 성공적으로 종료되었다. 중간에 카자흐스탄의 중앙방송이 소감을 묻기도 하고, 저녁 내내 내가 그들의 스포트라이트를 받았기에 조심하고 앉아 있었다.

최후의 만찬들

11월 6일 오후에 우선 남아공의 신임대사 브루스 콜로아네(Bruce Koloane)가 법률담당관 타니사 나이두 레윈(Thanisa Naidu-Lewin)과 함께 부임 인사차 예방했다. 속으로 최근 남아공의 국제형사재판소에 대한 태도가 냉각됨은 물론 아프리카회원국과 동조하여 우리를 비난하기도 하므로 매우 조심하고 있었다. 그런데 나의 뉴욕 유엔총회 연설 후 대응하는 유엔주재 남아공대사의 발언은 아주 객관적이고 호의적이며 균형 잡힌 것이어서 다소 의외였다.

따라서 네덜란드주재 신임대사의 태도는 어떤 것인지 매우 궁금했다. 또 그의 전공이 법도 아니고 한번 스캔들에 걸려서 강등도 되었던 사람이므로 크게 기대하지도 않았다. 그런데 이 사람은 아프리카의 입장을 분명하고도 온건한 표현으로 잘 정리하여 체계적이고도 조리 있게 개진했다. 한 마디도 부정확하거나 오해한 부분이 없이 나로서도 무릎을 치면서 동의할 말만 약 30여 분 계속했다. 의외이기도 하고 감사하기도 했다. 인상적인 사람인데 골프를 좋아하는지 운동이야기를 많이 하면서 친분을 돋운다. 의외로 유익한 회담을 가졌다.

집에 와서 좀 쉬다가 폴란드대사관에 잠시 들러서 그들의 국제형사재판관 후보인 피오트르 호프만스키(Piotr Hofmanski)를 잠시 만나보았다. 그 나라 대법관이라는데 나이도 적당하고 항상 웃는 낯이어서 좋은 사람일 듯싶었다.

그리고는 아내와 함께 초청한 소장실 직원들과 저녁을 먹으러 갔다. 전 재판연구관 폴커 네를리히와 현 재판연구관 브루노 젠더를 포함하여 20여 명의 직원들을 대접하면서 그들의 헌신을 칭찬하고 노고를 위로하였다. 아마 나로서는 퇴임 전 마지막 회식 초청일 것 같다. 어느 만큼의 슬픈 감정도 나타났으나 회자정리(會者定離) 아닌가. 소장실 직원들은 지난 6년간 참으로 나를 잘 따르고 한결같이 열심히 일하고 협조해 주었다.

내가 책임을 맡았던 직책 중에서는 가장 행복하고 보람 있는 직장이었다. 나는 쓸데없이 세밀한 부분까지 참견하여 직원들의 사기를 떨어뜨리지 아니하고 항상 믿고 칭찬하면서 일할 맛이 나도록 분위기를 이끌어가는 데 주력했었다. 직원들은 이러한 나의 리더십을 좋아하면서 믿고 잘 따랐다. 이날도 모두들 즐거운 분위기에서 떠들고 즐겼다. 마지막에 비서실장 린이 대표로 감사의 뜻을 전하였고 나의 답사로 이날의 만찬이 끝났다.

11월 10일에는 이임하는 이기철 대사 내외를 송별만찬에 초대했다. 이 대사는 처음으로 대사직책을 받아 해외에 나왔으므로 그동안 정말 열심히 일했다. 네덜란드 교과서에 한국을 삽입하는 프로젝트는 물론 국제형사재판소 검사의 한반도 사태(천안함 폭침 및 연평도 포격)의 예비조사 종결이유의 시정 등 참으로 열심히 국익을 위하여 일하고 떠났다. 야무지게 양자관계나 다자관계를 해결했다. 나의 제자이지만 존경할 만하다. 그는 국경일 리셉션을 개최할 때마다 사전교섭을 통하여 국방장관이나 상·하원 의장을 참석시켜 파티의 격을 올려놓았다.

11월 11일 화요일에는 역시 이임하는 앙골라대사가 작년과 마찬가지로 쿠어하우스에서 좌석별로 배치하여 만찬을 제공했다. 산유국이어서 돈이 많은지 비용을 들여서 행사를 마음먹고 마련한 인상이다. 우리는 헤드테이블에서 호스트 내외와 호주대사, 러시아대사 등과 만찬 후 일찍 떠나 귀가했다.

차기소장 선거를 위한 전초전이 뜨겁다. 재판관의 기본을 갖추지 못한 타르푸서와 치기어린 에보에-오수지는 물론 순진한 모나행, 그리고 야무지고 똑똑한 페르난데스(Silvia Fernández)가 공개적으로 출사표를 던졌다. 그리고 일본 재판관 등이 출마를 고려중이라고 하니 우리 재판소는 정치인들의 집단인지 판사들의 법원인지 헷갈린다. 에보에-오수지도 권력의 맛을 알아서인지 출마를 고집하고 당선을 확신한다. 순진하거나 자기도취에 빠져 물정을 모른다고 봐야 한다. 타르푸서는 감정적이고 매사를 지나치게 단순화해서 성급한 결론을 내는 데다가 몹시 거만하고 밖에 나가서 우리 재판소와 모든 동료의 험담을 습관처럼 한다. 모나행은 건강도 좋은 편은 아니고 감당을 못하는데도 욕심이 앞서서 포기를 안 하려고 한다. 일단 나의 의견을 구했으나 가망이 없으니 출마를 단념하라고 했다간 몹시 섭섭해 할 것이므로 얼버무리고 말았다. 페르난데스는 작지만 매운 고추인데, 그런 대로 말이 통하여 나도 지지하지만 성격이 매몰차고 고집이 세서 두고 볼 일이다. 현재로는 그녀가 가장 표를 많이 확보하고 있는 것 같다.

마침내 권오곤 판사 내외를 만찬에 초대한 날이 왔다. 그들이 거금과 시간을 들여 아내의 홀인원 기념패를 마련해 가지고 와서 이를 증정했다. 그들이 가끔 간다는 스파이스(Spijs)라는 식당에 별실을 4인이 예약하고 내가 푸짐하게 저녁을 샀다. 기념패는 은도금한 화병에 아내의 기록을 각자한 아주 예쁜 기념품이다. 마음씀씀이가 감사하다. 허리띠를 풀고 떠들면서 와인도 두 병이나 비우고 생선과 사슴고기를 즐겼다. 내가 1983년 3월 남서울CC 17번 홀에서 홀인원을 했더니 교수가 공부는 안 하고 골프만 치고 다닌다는 말을 들으면 어쩌려고 그러느냐는 것이 당시 아내의 반응이었다. 물론 백번 옳은 말이지만 골프가 무엇인지 아이디어가 없는 사람이 나를 책망부터 하는 것이 그당시에는 매우 서운했었다. 그런데 자기가 홀인원을 하니까 어린이처럼 좋아한다.

11월 13일 목요일에는 평소에 늘 비관적인 당사국총회 의장 티나 인텔만이 이임 인사차 방문했기에 약 10명의 재판관을 급히 소집한 다음 서로 작별인사를 나누게 하였다. 이날은 베아트릭스 여왕의 의상여관장이던 마르티너(Martine)가 암스테르담 왕궁을 빌려 퇴임식을 한다기에 아내와 친하므로 잠깐 들러 작별을 고했다. 그리고 그곳에서 이동하여 바로 드비테 클럽에서 열리는 라트비아의 오페라 가수와 피아니스트의 공연을 들었다.

11월 14일 금요일에는 덴마크대사가 새로 당사국총회 의장으로 내정된 세네갈 법무장관 시디키 카바(Sidiki Kaba)를 환영할 목적으로 25개국 대사를 초청하여 오찬을 베풀었다. 오찬 후 나를 예방한 카바 장관은 여러 가지 질문에 동일한 답을 앵무새같이 반복하고는 떠났다. 영어가 모자란 것이 흠이고 복잡다단한 회원국들의 입장을 어떻게 조율하고 정리할지는 별로 생각이 없는 사람 같다. 다소 실망이다.

그러나 그가 와서 우선 당사국총회의 헤이그주재 부의장에 경합한 네덜란드의 얀 루카스 판호른(Jan Lucas van Hoorn)과 우루과이의 알바로 뫼징거(Álvaro Moerzinger) 간의 싸움을 해결했다. 외무차관 존스-보스를 만나 네덜란드 후보를 주저앉히고 여러 가지로 불만이지만 우루과이 뫼징거 대사로 단일화했다. 따라서 뉴욕의 부의장은 이탈리아의 카르디(Cardi) 대사가 될 것 같다.

저녁에는 마침 방문한 신각수 대사를 위하여 생선전문 음식점에서 이정환 부장판사와 함께 오랜만에 만나 저녁을 대접하고 귀가함으로써 우리는 한 주일 내내 밖에서 저녁 초대나 응대가 있었다는 기록을 만들었다. 겨울인데도 비가 오는 주말이지만 약속한 대로 초상화가인 마리커 보크(Marike Bok. 1943~)를 그녀의 아틀리에로 찾아갔다. 우선 한 시간 동안 법복을 입고 선 모습의 스케치를 했다. 영어가 안 되어 의사소통이 불편했으나 비서 소피가 통화하여 11월 28일 금요일 점심에 한 번 더 약속을 잡았다. 괜찮은 듯싶다.

17일은 엄청나게 바쁜 날이었다. 최고월례업무조정회의에 관한 사전브리핑을 받고는 바로 회원국의 협조에 관한 세미나에 가서 개막연설을 했다. 모두 아프리카의 사태회부 국가에서 온 조정관(coordinator)들인데 며칠간 회의할 것 같다. 그리고는 다시 재판소로 돌아와서 이 월례회의를 주재하여 1시간 반 만에 예산에 관한 재판부, 검찰 및 행정처의 통일된 입장, 그리고 케냐의 끊임없는 방해에 대한 우리의 공통된 입장 등을 정리하고는 예정보다 일찍회의를 마쳤다. 오후에는 대사들을 재판소로 초청해서 외교단 브리핑을 하느라고 한참 준비했는데 질문이 없어서 빨리 끝낼 수 있었다.

재판소가 신축건물로 이사가기 전에 새로운 로고를 만드는 작업이 영국과 미국 디자인회사를 고용하여 진행되고 있는바, 실무진이 선발한 최종단계의 3개 회사로부터 뉴욕과 런던을 연결해서 화상으로 설명을 듣고 질의응답을 했다. 나밖에 질문하는 사람이 없어 좀 민망했는데 그런 대로 잘 마쳤다.

네덜란드 하원의장 아누카 판밀텐뷔르흐(Anouchka van Miltenburg)의 초청
으로 공식방문한 조지아 국회의장을 위한 만찬에 참석하였다. 다른 4개의 주
요 국제기구 대표도 초청하여 주빈에게 소개하였다. 하원의장이 정치외교 경
험이 일천한 여성이지만 생각을 잘해서 이 같은 만찬기회를 만든 것 같아 감
사하게 생각한다. 40층 이상의 높은 빌딩 위에 있는 펜트하우스 식당에서 음
식을 잘 먹고 귀가하니 잇몸이 부어 하루 종일 열이 났던 몸이 다소 가라앉는
것 같다. 하원의장의 동반자 중에는 중년여성인 의원이 맞은편에 앉아있었는
데 이분이 바로 지난주 카자흐스탄의 로테르담 공연에서 만난 국회의원이다.
다시 알은체를 하면서 그때는 준비가 안 되어 자기는 연설요청을 거절했는데
나의 연설이 참 좋았다고 했다.

불가리아 소피아에서 증인보호협정 서명

소피아에서의 서명식

목요일 불가리아 공식방문에 앞서 처리할 일이 많다. 18일 오늘은 루방가 상
고심의 마지막 합의를 진행하였다. 주로 내가 먼저 의견을 말하면 모나헹과
트렌다필로바가 동조하거나 다른 의견을 내는데 우샤스카는 왜 앉아있는지
의심일 정도로 아무 말도 안하고 있다가 그냥 떠난다. 아마 이것으로 루방가
합의는 마지막인가 싶고, 드디어 쿠룰라 재판장은 12월 1일 선고하겠다고
발표했다. 나는 소년병의 모집, 징집, 적대행위 투입이 모두 별개의 범죄가
아니라 하나의 범죄라는 입장을 견지하여 그 점에 대하여 소수의견을 쓰기
로 했다.

그리고는 양정자 원장의 대한가정법률복지상담원 창립 15주년 기념식에
사용할 비디오메시지를 영상으로 찍었다. 직원들이 한글을 모르므로 텔레프
롬프터(teleprompter)의 조정을 새로 고용된 한국계 미국인 스칼릿(Scarlet
Kim, 김희수)에게 부탁하여 무리 없이 마쳤다.

저녁에는 오만의 리셉션에 들렀다가 항상 재판소를 가장 강력하게 지지하

는 벨기에의 빌리 드벅 대사를 만났다. 그가 3일간 국제형사재판소와의 협력 문제에 관한 세미나에 참석한 아프리카의 모든 연락책임자들을 위한 리셉션을 베풀었기에 고맙다는 뜻으로 그곳에도 잠시 얼굴을 보였다.

19일은 구유고전범재판소에 근무하는 한국계 캐나다여성 줄리아(Julia Lee, 이경민)가 찾아온다고 해서 다른 한국 여성직원인 스칼릿과 홍일영 씨를 불러 모두 점심을 사주고 헤어졌다. 이곳에서 근무하는 한국계 여성들은 모두 뛰어나고 예의바른 분들이어서 참으로 감사하다.

우리 검사일행과 동행하기 싫어 일부러 출발을 하루 연기했더니 검사가 일정을 바꾸어 나와 꼭 붙어 따라오기 때문에 우리 일행 모두가 20일 아침 일찍 직행인 불가리아 비행기(FB462)를 타고 약 3시간이 걸려 수도 소피아에 도착했다. 시차가 1시간이 있어 2시에 도착하였다. 그 나라 정부의 경호원과 의전팀이 우리 내외와 수행원 마티아스 대외담당보좌관을 공항에서 영접했다.

경찰의 요란한 경호를 받아 시내 중심가 한복판에 있는 호텔에 투숙하였다. 4층 방에서 잠시 내다보니 중심지 구시가의 전망이 좋다. 특히 한쪽 어깨 부분만 금색이 칠해져 있고 다른 부분은 모두 검정색으로 된 성 소피아(St. Sofia)의 높고 큰 동상이 정면으로 보이고 부근의 각종 고적과 공산당시대에 멀쩡하게 크게 지은 건물이 한눈에 들어온다. 이 커다란 건물의 절반은 호텔이고, 반대쪽의 절반은 대통령궁이란다.

여장을 풀고 우선 대통령궁으로 이 나라 3년차 대통령 로센 플레브넬리에프(Rosen Plevneliev. 1964년생)를 4시에 예방했다. 벤수다 검사와 트렌다필로바 재판관을 대동하였다. 대통령과의 회담 시에 우리를 초청한 소티르 차차로프(Sotir Tsatsarov) 검찰총장이 통역을 대동하고 배석하였다. 대통령은 잘 생기기도 했지만 박식하고 말도 청산유수다. 영어도 아주 잘하고 독일어도 완벽하다. 정권실세는 아니지만 완전한 명목상의 수반도 아니어서 상당한 정치적 영향력이 있다고 한다. 국제형사재판소에 대한 지지에 감사하자 자기는 항상 유럽연합이나 흑해지역에서 국제형사재판소의 전도사 노릇을 하겠다고 선선히 말한다. 다만 지난 1년여 사이에 5차례의 정권교체가 있었으므로 정부의 결정이 지지부진한 것도 많으나 잘하겠다고 다짐한다. 좋은 인상을 가지고

불가리아와 국제형사재판소의 증인보호협정 서명식 후 (2014. 11).
왼쪽부터 검사, 나, 불가리아의 총리, 법무장관, 검찰총장, 외무차관.

물러나오니 궁 밖에서 의장대가 매시간 거행하는 임무교대식을 볼 수 있었다.

바로 이어서 총리 보이코 보리소프(Boyko Borisov, 1959년생)를 만나러 갔다. 이분은 내무부에 들어가서 소방관, 경찰학교 교관 등을 하다가 퇴직 후 사설 경호회사를 차려서 요인의 경호를 전담하는 사업을 경영하여 돈도 좀 벌었단다. 조직범죄의 수괴를 체포하기도 하였고 국회의원이 되자 2006년 정당을 창당하여 정권을 잡게 되었다. 만나보니 2주일 전에 총리가 되었다는데 가라테 7단이라는 말처럼 몸집이 크고 우람하게 생겼다. 여러 가지 석연치 아니한 스캔들에 연루되어 있음에도 불구하고 통 큰 기부도 하고 어려운 사람에게 다가가는 태도로 인기가 있다는 평이다.

영어는 한 마디도 못하지만 법무장관 흐리스토 이바노프(Hristo Ivanov), 마침 외국 순방중인 다니엘 미토프(Daniel Mitov) 외무장관 대신 참석한 여성 외무차관, 차차로프 검찰총장 등을 배석시키고 마주 앉아 회담을 진행하였다. 법학에 대한 배경이 없으나 검찰총장과는 관계가 좋은 듯 검찰총장의 의견을 들어 신속하게 결정한다고 한다. 들어보고 그 자리에서 관계장관을 불러 일을 지시하고 언제까지 하라고 엄하게 다그친다는 것이다.

회담에서 어느 정도의 대화를 마친 후 총리 집무실 지하의 넓은 회의실로 내려가서 그동안 협상을 통하여 타결한 증인보호협정을 서명하였다. 잘 장식된 고풍의 넓은 사무실에서 총리일행과 관계각료가 지켜보는 가운데 법무장관과 검찰총장이 서명했다. 이것은 아주 중요한 수확이므로 크게 선전할 만한 일이나 비밀사항이어서 기자들을 따돌렸다. 인상 좋은 법무장관은 트렌다 필로바의 제자라고 하는데 발언권이 없는지 아무 말도 못하고 내내 배석만 한다. 이 나라의 두 명의 정부수뇌와의 회담을 성공적으로 마쳤다.

불가리아 검찰총장의 만찬과 네스티나르츠보

오늘 일정은 마쳤으나 검찰총장이 마음먹고 만찬을 낸다는 것이다. 경찰의 호위를 받아 30분가량 산속을 달려가니 드라갈레프치(Dragalevtsi) 광장의 옛 수도원을 개조한 보덴니차타(Vodenitzata) 식당이 나왔다. 별실에 가서 호스트 외에 3명의 부검찰총장인 보리슬라프 사라포프(Borislav Sarafov), 펜카 보그다노바(Penka Bogdanova), 마리아 시스코바(Maria Shishkova), 그리고 유로저스트(Eurojust)의 불가리아대표인 카멘 미호프(Kamen Mihov) 등 약 10인이 비로소 그 나라의 고유한 브랜디 라키아(Rakia)를 식전음료로 곁들여 만찬을 하는데 검찰총장이 한마디 만찬사를 한다. 나도 준비한 답사를 하고 잔을 들어 불가리아에 고마움을 표시하고 양자 간의 지지와 협력을 빌었다.

음식은 맨 먼저 큰 접시에 커다란 덩어리의 빵이 제공된다. 그들은 이 빵을 자랑스럽게 생각한다. 동시에 엄청난 양의 채소와 요구르트, 치즈(sirene), 얇게 썬 살라미(pastruma), 견과 및 올리브가 한 접시에 담겨 나왔다. 생오이, 토마토, 양상추, 조리한 붉은 피망고추, 당근 등과 요구르트는 아주 잘 어울려서 분량이 많은 듯했으나 금방 먹어치울 수 있었다. 오래전 한국에서 한 유제품회사가 불가리아인들이 장수하는 비결이라면서 '불가리스'라는 요구르트를 출시했는데, 과연 그 말이 맞는지 전채에 나온 요구르트의 양이 엄청나다. 1년 내내 아이란(ayran)이라는 요구르트를 즐겨 먹는단다. 포도주도 모두 맛과 질이 좋은 국내산으로 자랑이 만만치 않다. 기후나 토양여건이 좋은 데다가 로마시대부터 양조기술이 있었다니 질 좋은 포도주를 못 만드는 것이 이상할 것이다. 주식으로는 각종 소고기, 양고기 등을 다지고 양념해서 구운 뭉치고기(kyufteta)가 엄청난 분량으로 제공된다. 독한 브랜디, 포도주와 함께 이를 거의 다 먹었다.

주식을 먹고 나니 우리방의 넓은 통유리창 밖에 장작으로 피워놓은 모닥불이 보였다. 콘크리트로 덮은 마당 한가운데 지름이 2m 이상 되는 원형의 맨땅에다가 모닥불을 피운 것이다. 처음에는 기온이 차서 불을 피워놓은 줄 알았는데 전통의상을 입은 나이 많은 남자가 장작이 다 타고 남은 이글이글한 숯불덩이를 고무래로 골고루 이리저리 뒤적거려서 잔불덩이를 마당 한가운데에 평평하게 깔아놓은 것이었다. 전등을 모두 끄더니 이 늙수그레한 남자와 10대 소녀가 종교적 성화 한 편을 든 채 영을 받는다고 춤동작을 하면서 숯불주변을 왔다 갔다 한다. 그러더니 남자가 먼저 아직 꺼지지 않은 불 위를 맨발로 걸어 다닌다. 소녀와 번갈아 가면서 이런 묘기를 보여준다. 그리고는 주변에 있는 어린이나 십대 소녀를 안은 채 불 위를 걷기도 하고 불이 이글거리는 숯가지를 주워서 입에 대고 비비기도 한다. 신의 영을 받았으므로 아무렇지 않게 불 위를 걸을 수 있다는데, 네스티나르츠보(Nestinarstvo, *fire walking*) 라는 이 특이한 전통공연은 이곳에서만 볼 수 있다고 한다. 우리는 다시 방으로 들어와서 터키식의 바클라바(*baklava*) 같은 바니차(*banitsa*) 후식과 음료를 마시고 식당을 떠났다.

맛있는 전통음식과 공연도 즐기는 등 검찰총장의 정성스러운 대접을 받았다. 또한 문화적으로나 종교적으로나 동방정교의 대표적 국가로서 볼 것이 참 많은 나라였다.

전날 가장 중요한 두 가지 회담을 성공적으로 마쳤으므로 나는 다소 편안한 마음으로 21일 9시 반에 우리를 초청한 검찰총장 차차로프를 예방하였다. 총장은 그동안 우리의 모든 양자회담에 참석하여 그 전체의 경과와 우리의 입장을 알고 있으므로 별로 보탤 말이 없었다. 그래서 이는 검찰수뇌 간의 회동이니 벤수다 검사에게 주로 말을 하라고 했다. 그녀는 아파서 몸을 못 가누고 나오지도 않는 목소리로 국제형사재판소 검사의 임무를 설명하였다. 설명이 전문적으로 되고 어려워지자, 능숙한 통역이 있음에도 불구하고 총장 자신이 직접 영어로 말을 하기도 한다. 검사는 몸이 불편하여 검찰총장과의 회담만 마치고는 일찍 헤이그로 돌아갔다.

검찰총장은 외국에서 공부한 일이 없으나 중등과정 때 시내 영어학교를 다녀서 영어가 능통하다고 한다. 원래 판사였는데 최고사법평의회(Supreme Judicial Council)에서 2012년 12월에 총장으로 선출되었다고 한다. 그는 이 나라 정부의 정책결정과 추진을 총리와 긴밀히 상의하여 함께 밀어붙이는 실세라고 한다. 과연 그렇게 보이고 자신감이 넘친다.

그다음 방문처는 최고사법평의회이다. 이곳은 우두머리가 오늘 임기만료로 퇴임하였으므로 몇 분 위원들과 간담회를 가졌다. 위원장은 법무장관이 당연직이나 그 외에도 대법원장, 최고행정법원장, 검찰총장이 당연직 위원이고 의회에서 11명, 법원에서 6명, 검찰에서 4명 그리고 수사처에서 1명 등으로 평의회가 구성되어 있다. 그들은 사법부의 모든 수뇌를 선거로 뽑는 임무를 가지고 있다. 결국 그들에게는 국제형사재판소의 재판부 구성과 운영에 관해 설명하고는 오찬장으로 이동했다. 프리 오를리테(Pri Orlite)라는 높은 건물의 꼭대기 18층에 올라가니 검찰청에서 인턴으로 일하는 학생의 안내로 이미 아내가 와서 기다리고 있었다.

오찬 후에는 마지막으로 헌법재판소 소장인 디미타르 토쿠셰프(Dimitar Tokushev, 1946년생) 교수를 예방했다. 이 회담에도 검찰총장 차차로프가 배석하면서 자기은사라고 한다. 이 교수는 소피아대학에서 법제사를 강의하다가 임용된 분인데 임기가 다 되었다고 한다. 이로써 이 나라의 모든 공식일정을 성공적으로 마쳤다.

소피아의 교회들

호텔에 가서 조금 쉬었다가 경호원 및 수행원들을 대동하고 함께 시내관광을 나갔다. 4시에는 부근의 성 알렉산드르 넵스키(St. Alexander Nevsky) 대성당과 성 소피아 교회를 보러 나갔다. 대성당은 불가리아정교의 중심교회로서 가장 크고 볼 것이 많고, 불가리아 대주교(Patriarch of Bulgaria)가 여기에 거주한다. 건물은 네오비잔틴 양식의 대형건물로서 7천 명 이상 집회가 가능한 사원인데 터키의 지배로부터 불가리아의 해방을 지원한 러시아에 대한 감사의 표시로 1882년 착공하여 1912년 완성되었다고 한다. 사원 명칭은 당시 러시아 황제 알렉산더 2세가 존경하는 러시아의 성인 알렉산드르 넵스키에서 유래한 것이다.

불가리아 최대의 동방정교 교회이지만 그 당시의 전형적인 러시아식 교회이다. 여러 개의 돔이 있지만 중앙의 돔을 중심으로 서로 가로질러서 힘을 받게 하였다. 내부 5개의 복도와 3개의 제단의 모든 면벽과 천장은 러시아와 불가리아의 화가들이 그린 성화로 가득 차 있다. 그 외에도 이탈리아 대리석, 채색한 창문유리, 베니스 모자이크, 마노 또는 석고로 만든 기둥, 왕좌 등이 꽉 차있고, 오후 5시에 이상한 소리의 종이 울린다. 특히 성당 지하실(The Crypt)에 내려가니 4세기부터 19세기까지의 약 300점의 각종 성화와 종교유물을 전시하고 있는데 어느 곳에서도 보지 못한 값진 보물 같다. 특히 나무로 정교하게 조각한 십자가와 제단의 문짝은 아주 볼 만하다. 안내하는 할머니의 설명이 능숙한데 참으로 각지에서 수집한 각양각색의 아이콘들이 서로 뽐내고 있다.

다음으로는 불가리아정교의 가장 오래된 교회로서 이 도시의 심벌인 성 소피아 교회로 이동했다. 건물은 훈족과 고트족이 파괴한 이전의 사원 위에 565년 로마황제 유스티니아누스 1세의 도움으로 붉은 벽돌만으로 아주 단순하게 지었다. 터키가 지배할 당시에는 회교사원으로 사용되다가 1998년 개축하였다고 한다.

그리고 이 나라 수도의 이름이 15세기 경 이 교회의 이름에서 유래하였으므로 더욱 유명해졌는데, 그전에는 소피아를 스레데츠(Sredetz) 또는 세르디카(Serdica)라고 불렀다고 한다. 일체 붉은 벽돌로 지은 독특한 건물인데 지하를 팔수록 로마시대의 유적이 자꾸만 발견되어 교회지하에 이미 넓은 로마유적을 잘 보존하고 있어서 그 전시가 볼 만하다. 주로 무덤이 발견되고 있지만 옛날에는 장례문화 중심이고 그 시대의 특징을 가장 잘 나타내는 측면도 있으므로 아주 의미가 있다.

소피아는 로마시대에 이미 제국 동부지역의 중요 도시로서 2세기경 성 네델랴 교회(St. Nedelya Church)에 방어벽을 구축하였는가 하면 성 게오르기 교회(St. George Rotunda Church) 뒤편에서도 세르디카 유적을 발굴하는 등 로마시대의 상하수도, 무덤, 건물의 기초 등이 끊임없이 발견되고 있다.

16세기에 터키인들이 이를 모스크로 개조하여 기독교벽화를 파괴하고 광탑을 세웠으나 1818년 지진이 나서 모스크의 광탑이 무너지고 40년 후에는 이맘의 두 아들이 살해되자 터키인들은 이 교회를 방기했다고 한다. 그러다가 1878년 러시아의 구르코(Gurko) 장군이 소피아를 해방하자 이 교회에서 이들에게 감사하는 예배를 보기 위하여 다시 교회로 복구하였다고 하니 운명이 기구하다. 이 교회의 종루도 해방을 기념하고 이들에게 감사하기 위하여 이 당시에 세워졌다고 한다.

소피아의 문화담당 부시장이 나와서 특별히 나를 위하여 이 교회와 지하박물관을 안내했는데 영어가 유창하고 역사와 문화에 대한 자부심과 지식이 풍부하여 감탄했다. 사진을 같이 찍어 주었다. 수년 전 지진이 이 지역을 강타했을 때 로마시대의 벽돌구조는 벽에 금 간 것이 하나도 없었으나 최근에 개축한 부분은 금이 많이 갔다고 한다. 소피아는 지금 땅속을 파기만 하면 로마시대의 유적이 계속 발굴되고 있고, 특히 로마황제 중 아우렐리우스, 트로얀, 콘스탄틴 등이 이곳을 자기의 고향이라고 한 바 있으며, 얼마 전 거대한 로마의 노천극장이 발견되는 것으로 보아 앞으로 큰 발굴에 대비하여 종합적 개발계획을 수립하여 추진 중이라고 한다.

이날 만찬은 트렌다필로바 내외가 초청하여 조금 떨어진 조그라프스키호텔(Zografski Hotel)의 꼭대기에 있는 식당에서 전통적 불가리아음식으로 대접했다. 남편 에밀(Emil)은 여러 해 못 보았는데 건강한 듯하다. 부부 동반으로 마티아스를 포함하여 다섯 사람이 유럽음식 전채(前菜) 콘테스트에서 일등했다는 전통적 시프스카 샐러드(shipska salad)부터 시작하여 양고기를 자기네 전통방식으로 요리한 것을 먹고 후식도 전통음식을 먹었다. 비록 나에게 대항하여 소장 경선에서 패배했지만, 흔연히 만찬을 대접하는 것이 고맙다. 세월이 흘러 내년 3월이면 그녀나 내가 모두 재판소를 떠나므로 이것이 그녀와의 교환할 수 있는 마지막 기회일 것이다.

릴라수도원 방문

전날 새벽에 마티아스가 떠나고 우리 부부는 주말 하루 종일 검찰총장의 호의로 약 2시간 거리 산속에 있는 릴라(Rila) 수도원을 방문하기로 했다. 아침에 9시 반쯤 로비에 내려가니 검찰청 여직원 2명이 기다리고 있고, 동일한 경호원이 동일한 운전사와 함께 동일한 차를 가지고 기다린다. 모두들 간편하나 추위에 대비한 두꺼운 등산복으로 갈아입고 나왔다. 앞에는 날마다 경호해준 경찰차 외에 또 다른 경찰차 등 두 대가 선도하면서 사이렌을 울려대고 빠른 속도로 시내를 빠져나갔다. 지름길인지 중간에 좁은 산길을 거쳐 시내에서 고속도로를 잡는 동안 그런 대로 시간이 걸렸다. 주말인데도 고속도로에 차가 많은 편이다. 한국처럼 차가 미어지지는 아니하나 새로 건설되는 고속도로는 공사가 중단된 상태이고, 도로사정은 공산주의 시대와 똑같이 나쁘므로 서서히 가는 것이 좋을 텐데 경찰차가 앞서서 전속력으로 달린다.

2007년에 불가리아가 유럽연합에 가입하자 가장 먼저 도로를 서유럽의 수준으로 보수하고 교통표지판을 통일하여 교통안전을 확보할 수 있도록 막대한 보조금을 주었는데 부패한 정부관리들이 이를 모두 떼어먹거나 범죄조직이 이를 가로채는 바람에 지금까지 가시적인 성과가 없는 듯하다.

한참 산을 올라가더니 약 한 시간 반 만에 드디어 릴라수도원에 도착했다. 계곡을 따라 낸 좁은 길을 헤쳐가면서 보아도 일반적으로 산세가 울창한 숲과 잘 어울려서 기본적으로 아름답다. 낙엽이 모두 졌는데도 아름다우니 푸른 잎이 무성할 때에는 더욱 산의 아름다움을 뽐내리라.

길 연변에는 벌통을 놓아 양봉을 하는 곳이 여러 군데 보이고 흰 말이나 야생염소, 기타 짐승들이 한가로운데 졸졸 흐르는 계곡물을 따라 송어양식장이 들어서 있다. 띄엄띄엄 호텔이라고 붙은 여관방들이 손님을 기다리나 제철이 아니라 한가하다. 침엽수가 촘촘하게 자라고 있는 속에 가끔 백화목도 적당히 아우러진 광경을 감상하는 중에 갑자기 화려하게 색칠한 수도원 입구가 나타났다. 우리가 해발 1,100m 정도에 있다는데 수도원 뒤로 보이는 최고봉인 2,300m 정상에는 눈이 하얗게 쌓여있다. 수도원 건물과 배경의 산이 참 잘 어울려서 입구부터 아름답다.

그 지역 관할의 검사장 흐리스토 게오르기에프(Hristo Georgiev)와 수도원 운영책임자 및 박물관 안내원 등이 맞이한다. 하늘은 구름 한 점 없이 파랗게 맑아서 선글라스를 안 가져온 것이 후회되었다. 이 수도원은 슬라브지역에서 가장 오래되었고 현재에도 가동 중인 불가리아 최대의 종교시설이라고 한다. 수인사를 한 다음 10세기에 '릴라의 이반'(St. Ivan Rilski. St. John of Rila)이라는 은둔사제의 추종자들이 지었다는 수도원의 경내로 들어가니 마당에 크기가 모두 불규칙한 납작돌을 깔아 놓았다.

전체 수도원은 둥그런 요새처럼 생겼지만 목조로 원형건물을 따라 지어진 발코니가 있고, 내정 속에는 벽돌로 지은 오래된 그리스도 강탄(降誕) 교회 (Church of the Nativity)가 3개의 돔을 자랑하고 서 있다. 교회의 벽이나 아케이드의 표면에 밝은 색으로 종교적 순간들이나 유머러스한 광경을 그린 장식이 눈길을 끈다. 기본적으로 슬라브족의 문화적 냄새가 강한 가운데 오토만의 수세기에 걸친 지배로 기묘하게 절충된 분위기를 느낀다. 우선 교회로 안내되었다. 늙수그레한 아주머니 안내원은 능숙하게 교회 내의 벽화와 걸려있는 각종 성화의 기독교적 의미와 그림의 주인공들을 설명하느라고 바쁘다. 샹들리에 구조의 기다란 장식등이 천장에서부터 내려온 긴 줄에 걸려있고 한 군데도 남김없이 나무를 새기거나 그림을 그려 벽 등 모든 공간을 섬세하게 채웠다.

이 수도원은 10세기에 불가리아 성인인 '릴라의 이반'(Ivan of Rila) 사후에 설립되었고, 15세기 그의 유해가 이곳으로 이장되자 전 국민적 성지로 여겨진다. 이곳은 500년 동안 오토만(터키)의 지배하에서도 불가리아의 민족정신과 문화를 지켜온 그들의 정신적 고향이라고 한다. 19세기에 대대적으로 보수개축한 중세의 거대한 요새이기도 한데 안에는 교회, 도서관, 박물관, 수도사 숙소, 여행객 숙소, 우체국, 첨탑 등 다수의 유적을 품고 있다. 박물관에는 여러 가지 성경, 수사들의 소지품, 프린트 등 많은 수집품이 흥미를 끌지만 릴라 십자가상(Rila Cross)이 단연 압권이다. 이는 1790년에서 1802년 사이에 아주 작은 이중 목재판에 140개의 성경장면과 650명의 등장인물을 세밀하게 새겨 넣은 보배이다. 라파엘이라는 목각인은 이 작품을 만든 다음에 너무 시력을 소모하여 장님이 되었다고 한다. 22m의 연돌이 있는 부엌은 수리중이어서 못 보았으나 황소 한 마리를 그대로 삶을 수 있는 가마솥이 있다고 한다.

정면에 있는 제단의 오른편 옆에는 교회의 창설자로서 기적을 행한 사제의 손을 보관하는 궤가 수놓아 만든 천으로 덮여 있었다. 궤를 열고 그 손에 키스하면 소원이 모두 이루어진다는 전설이 있다고 하면서 한 번 해볼 용의가 있느냐고 물었다. 우리가 반응을 보이자 궤짝열쇠를 보관하는 사제를 연락하여 그분의 입회하에 유리 속에 보관된 손에 키스했다. 우리 부부의 덕택에 수행원들과 마침 그곳에 있던 관광객 몇 사람이 키스하는 행운을 가졌다.

교회 내부로 안내받은 후 별개의 건물로 가서 사제들이 거처하던 방을 보고 그들의 박물관을 구경했다. 그리고는 이곳의 책임자인 주교가 거처하는 공간으로 안내되어 그를 만났다. 안경을 쓰고 수염을 길게 기른 데다가 검정색 사제용 모자를 쓰고 검은 사제복을 입은 채 우리를 맞이한다. 그들이 수도원에서 독특하게 만들었다는 브랜디를 따라주면서 맛보기를 권한다. 서로 주거니 받거니 술을 마시면서 통역을 통하여 대화했다.

그는 구유고전범재판소의 검사였던 카를라 델폰테(Carla del Ponte)를 거명하며 재판이 일반적으로 공정하게 진행되었는지를 묻는다. 구유고전범재판소와 국제형사재판소를 혼동하고 있는데 구유고전범재판소의 재판경과나 결과에 불만이 있는 것을 알 수 있었다. 마케도니아와 가까운 이 나라의 특성상 그렇게 생각할 수 있겠구나 싶었다. 사진도 찍고 방명록에 서명도 했다.

나는 전에 오찬을 같이한 적이 있는 이스탄불주재 파팔 총대주교(Papal Partriach)와는 어떤 관계인지 단도직입적으로 물었다. 전에 만난 총대주교는 동로마제국 초기로부터 264대에 이르기까지 동방정교의 최고성직자로서 마치 가톨릭의 교황에 비견할 수 있다고 했는데, 이 사제의 의견은 자기네 교회의 성직자들은 모두 평등하고 그는 동료 중의 제 일인자일 뿐이라고 했다. 천주교는 엄격한 상명하복식 조직이어서 교황이 한마디 하면 무조건 복종해야 하지만, 자기네는 필요하면 회의를 소집하여 충분히 토론한 후 민주적으로 의사결정을 한다고 한다. 이 점이 11세기에 동방정교가 천주교에서 갈라진

불가리아인들의 정신적 고향인 릴라수도원에서 만난 주교의 거처에서 (2014. 11).

이유 중 한 가지라고도 했다. 그래서 동방정교는 그리스정교, 러시아정교, 불가리아정교 등 국가별 차이가 있는 것이 아닌가도 싶었다.

그와의 담소를 마친 후 매니저의 안내로 2층 발코니를 두루 돌아보았다. 모두 목조건물이어서 화기는 엄금이나 길게 방을 칸칸이 달아내서 번호를 붙여놓은 것은 여름에만 돈 내고 숙박할 수 있는 방이라고 한다. 목조계단을 내려와서 수도원 경내를 지나 뒤로 난 문을 통하여 나가니 호텔의 식당과 연결된다. 이미 우리를 위하여 음식과 술을 준비한 모양이다. 수행원들은 따로 먹도록 하고, 우리 내외만 검사장과 통역 등 4명이 별실에서 성대한 점심을 대접받았다. 푸짐한 샐러드에 말려서 튀긴 송어가 한 마리씩 나왔고 후식은 아이스크림이다. 이곳에서도 브랜디와 포도주를 곁들여서 즐겼다. 저녁에 신맹호 대사의 만찬이 기다리고 있기에 자연히 절제해야 했다. 서비스도 느리지만 검사장의 식사속도가 아주 느렸다. 2시에 시작한 오찬이 거의 4시에 끝났다.

이제는 부지런히 돌아갈 시간이 된 것 같다. 날씨가 살짝 추워지기도 하고 빨리 어두워질 것 같다. 역시 경찰의 빠른 안내로 120km 떨어진 호텔로 1시간 반 만에 돌아와서 약간 휴식을 취했다. 원래 플로브디프(Plovdiv)라는 이 나라 제2의 도시로 나를 안내할 계획이 있다가 이를 릴라수도원으로 바꾼 것 같다. 이 도시는 고대 트라키아인(Thracian)들이 건설한 도시인데 마케도니아의 필립 2세가 정복한 후 트라키아, 로마, 터키의 유적이 혼재하는 유네스코 지정문화재인데, 다음 기회를 약속하는 수밖에 없었다. 수도원에서 돌아오는 길에 보야나교회에 들러 유네스코유산인 벽화 등을 잠시 보자고 하고 싶었으나 우리 일행의 행차가 너무 거추장스럽고 그들이 갑자기 당황할 것 같아 그만두었다.

신맹호 대사가 모시러 왔는데 연일 새벽부터 우리 때문에 고생한 수행원 및 경호원 팀을 일찍 귀가하여 쉬라고 했더니 못 미더운지 대사에게 여러 번 다짐을 받고는 철수했다고 한다. 신 대사는 국제법률국장 재임 시 헤이그를 한 차례 다녀갔을 때 만나고 3년 만에 보는데 부임한 지 약 1년 반이라고 한다. 한국인 교포는 150명가량 사는데 북한에서 유학 와서 망명한 후 계속 이곳에 사는 분들은 이제 연세가 많아 돌아가신 분도 있다고 하고, 학생들은 수업료를 받기 시작하자 모두 떠나서 유학생은 없다고 한다. 한국식당은 2개가 있으나 비싸다고 한다. 저녁을 먹고 나서 일찍 호텔로 돌아왔다. 다음 날 출발이 일요일 새벽이기 때문이다. 새벽 5시 반에 약속한 대로 공항으로 나갔다. 3시간 만에 헤이그에 오니 내 집에 온 듯 푸근하다.

24일 유럽연합 회원국의 외교부 내 최고 법률전문가들이 모여서 주로 국제형사재판소 문제를 토의하는 그룹인 유럽법률자문관모임(COJUR-ICC)에서 연설을 했다. 질문도 더러 있었다. 나는 매년 연설을 했는데 금년에는 유럽연합 의장국이 이탈리아이고 그 의장이 전에 같이 재판관을 하던 마우로 폴리티 교수이다. 그는 이제 유엔인권위원으로 선출되어 자리를 옮긴다고 하니 나도 마지막 연설이고 그도 마지막이다.

비서실장 린이 62세 생일이라고 결근했으니 자기 가족들끼리 영국에서 축하하겠지. 린에게 그가 못내 보고 싶어 하던 데이비드 보스코(David Bosco)

기자의 *Rough Justice* 라는 책을 선물했다. 마침 행정처장 폰헤벌의 생일도 하루 이틀 상관이라서 그에게도 같은 책을 선물했다. 그는 자기일생에 이런 감사한 경우는 작년에 이어 처음 경험했고, 재판소장과 행정처장의 관계가 어디에서나 긴장되고 소원했던 것이 자기의 경험인데, 이처럼 원만한 관계를 유지해 주니 감사하다고 감격한 마음을 토로한다.

헤이그에서 참석한 행사들

튀니지대사관의 카르타고 전시회

오늘은 우선 튀니지대사관이 주최하는 카르타고 전시회에 참석하는 날이다. 수년 전 김경임 대사가 이곳에 주재할 때 우리 부부가 방문하여 아주 융숭한 대접을 받은 이후 이 나라에 대해 관심을 갖게 되었다. 더군다나 튀니지가 최근에 로마규정을 비준한 데다가 새로 부임한 베세르(Karim Ben Bécher) 대사가 점잖은 외교관이어서 항상 호감이 가는 사람인데 그 부인도 배우자 모임에서 활발하고 절도 있는 행동을 해서 아내가 좋아하는 사람이다.

튀니스에 가서 관광할 때 그곳 안내자가 한니발 장군을 꺾지 못한 로마군이 나중에 이 나라를 정복한 다음에 복수심에 불타서 튀니스의 카르타고 유적을 송두리째 파괴하여 남은 것이 없다고 말했는데, 무슨 전시회를 한다는 말인가 싶었다. 아무튼 비를 맞으면서 레이던에 있는 국립고고박물관(Dutch National Museum of Antiquities, Leiden)으로 갔다. 오래 기획한 전시회인지 튀니지 문화장관 무라드 사클리(Mourad Sakli) 일행이 와서 축사를 하고 박물관장 빔 베이란트(Wim Weijland)와 박물관의 수집 및 연구책임자인 피터 터르 쾨르스(Pieter ter Keurs)가 슬라이드를 배경으로 기념사를 했다. 그리고는 네덜란드 외무차관 존스-보스가 축사를 했다. 5개의 긴 불어연설 중간에는 튀니지 출신 오페라가수 요스라 제크리(Yosra Zekri. 1987년생) 그리고 소프라노 및 피아니스트 메흐디 트라벨시(Mehdi Trabelsi. 1972년생)가 공연을 했다.

카르타고는 기원전 814년에 창립된 후 로마가 정복하기 전에는 레바논에서 튀니지에 이르기까지 지중해 연안의 해운과 통상무역을 지배하던 강력한 도시국가였다. 로마와 카르타고 사이에서는 3회에 걸친 포에니전쟁(Punic Wars)이 있었음은 다 아는 사실이다. 이 전시회는 대영박물관에서 25점을 빌려오고 루브르박물관, 튀니스와 바르도(Bardo)의 국립박물관 및 네덜란드 각지의 박물관에서 상당수를 빌려다가 총 250점을 전시하였다는데 과연 볼 것이 많았다. 대영박물관에서 온 큐레이터는 고 한광호 회장과 함께 2003년 대영박물관에서 기획하는 탕카특별전에 관여하면서부터 나를 알고 있던 사람이다.

전시품은 레바논의 페니키아 시대의 카르타고에서부터 키프로스를 거쳐 튀니지에 이르기까지 지중해 연안을 따라 기원전 9세기에서부터 카르타고가 망한 기원전 146년까지 출토된 각종 장묘비석(stela), 남녀 대리석상, 모자이크, 석조 해시계, 각종 금과 보석장식품 등 주로 석제조각이 주류였는데 그리스의 영향은 거의 없고 강력한 로마의 영향을 받은 것이 많으며 기독교 영향을 받은 고고학적 유품도 있었다.

박물관에 도착하자 입구에서 나를 알아보는 박물관장을 만났다. 첫 그룹에 끼어 관람에 임하자 수집책임자 터르 쾨르스(ter Keurs)는 풍부한 지식으로 설명을 잘한다. 아무튼 이 지역의 고대문명의 위대함을 인식한 계기였다.

27일 오전 해운기업을 경영하다가 외교관이 된 파나마 신임대사 윌리스 델 바이에 벨라스코(Willys Delvalle Velasco, 해운기업인)와 그의 협력관 아르모니아 창 데 벨치에르(Armonia Chang de Belchieur)를 접견한 다음에는 오후에 참석할 행사가 3곳이 있다.

'카네기 바텔러 평화상'

오후 5시에 맞추어 평화궁에서 거행되는 '바텔러 평화상' 시상식에 참석했다. 수상자가 라크다르 브라히미 전 알제리 외무장관으로서 2년 전 전직 국가원수들의 클럽인 디엘더스 회원들과 함께 재판소를 방문하여 내가 접견한 일이 있었기 때문이다. 당시 지미 카터, 메리 로빈슨 등은 활발하게 질문도 했었으나 이분은 조용히 있다가 떠났다. 그에게 카네기재단의 대표인 전 네덜란드 외무장관 베르나르드 봇트(Bernard Bot)가 상(Carnegie Wateler Peace Prize)을 수여하는 것이다.

시상식은 일본, 중국, 네덜란드의 젊은 음악가들이 간단히 헨델의 오페라 한 부분을 연주하면서 시작하여 카네기재단 사무총장인 스테번 판호흐스트라턴(Steven van Hoogstraten)이 한마디 한 다음 주인공이 들어간 짧은 필름을 돌리고 다시 음악이 연주되었다. 그리고는 재단대표인 봇트가 시상하고 기념사를 했다. 다시 음악이 간단히 연주된 다음에 수상자인 브라히미가 수락연설을 길게 했다. 한 시간 남짓 거행된 이 시상식은 다시 음악연주로 끝을 맺었다.

평화상에 이름이 붙은 바텔러(J. G. D. Wateler)는 헤이그 출신의 은행가로서 1916년 11월 16일 1차 세계대전이 한창인 때 알프레드 노벨의 유언을 본따 평화상을 제정했다. 그리하여 '바텔러 평화상'은 1931년부터 수여되었으나, 이제는 '카네기 바텔러 평화상'으로 불린다. 이분은 1857년 암스테르담의 노동자집안에서 태어나 은행업으로 성공하고 1927년 사망하였다. 그는 프랑스의 영향을 받아 시를 짓기도 했고 빌헬미나 여왕을 찬미하였다. 2년에 한 차례씩 시상하는데 그동안 상당한 저명인사들이 수상했다. 이분의 생애와 행적이 알려진 바 없어서 현재 연구 및 조사를 토대로 2016년에 수상식을 할 때에는 책을 출간할 예정이라고 한다.

루마니아 국경일 리셉션

브라히미의 수상소감이 끝나자마자, 우리 부부는 루마니아 국경일 리셉션을 하는 호텔로 달려갔다. 6시 반경인데 크게 늦지는 아니하여 맨 앞줄의 자리로 안내되었다. 부임 이래 가장 정력적 활동을 하는 루마니아의 이레느 코마로시 대사가 이번에는 형식적인 리셉션만으로 행사를 꾸미지 아니하고 본격적으로 다양한 프로그램을 마련했다. 우선 한 시간 동안 루마니아 음악가들로 구성된 재즈밴드를 초청하여 루마니아의 전통이 강하게 깃든 재즈공연을 했다. 음악공연을 보니 이 나라도 음악에 대한 전통과 재주가 출중한 나라인 것 같다. 게오르게 두미트리우(George Dumitriu)의 기타, 가브리엘 바르발두(Gabriel Barbaldu)의 콘트라베이스를 기본으로 하고 알렉스 시무(Alex Simu)가 변형된 이름 모를 관악기 2가지를 불면서 능숙한 영어로 밴드를 이끌어 가는데 설명을 재치 있게 덧붙인다. 중간에 젊은 마리아나 프레다(Mariana Preda, 1994년생)가 팬플루트를 불며 합주한다. 이들은 기본적으로 고전적 재즈를 연주하였는데 중간에 마르타 흐리스테아(Marta Hristea)라는 여성가수가 루마니아의 민요를 독특한 창법으로 부른다. 인상적이고 특이하게 루마니아의 전통적 맛이 깊은 재즈를 감상하였다.

공연 후 의자를 치운 다음에는 그녀가 초청한 세계적 만화가 스테판 포파 포파스(Stefan Popa Popa's)가 즉석 초상화를 그려주는 순서로 넘어갔다. 나의 경우에는 사전에 사진을 두어 장 보냈더니 이를 토대로 미리 그린 나의 모습을 액자에 얌전하게 넣어 전시해 놓았다. 그리고 다음에는 네덜란드 상원의장 등 10여 명의 특징 있는 얼굴 모습들이 일렬로 전시되어 있다. 이 만화가는 나랑 동갑의 나이로, 인물 캐리커처를 가장 빨리 그리는 것으로 기네스북에 등재된 분이라고 한다. 내가 제일 먼저 대사로부터 그림을 증정받았는데 루마니아 TV가 얼른 와서 인터뷰를 청한다. 나는 우선 이 나라의 국경일을 축하하고, 만화가의 예술적 재주를 칭찬한 다음에 작품은 보물로 잘 간직하겠다는 취지의 적당한 인사말을 했다.

이쯤 했으면 이 행사장을 떠나도 실례는 안 되겠지 싶어 우리 부부는 다음 행사장인 독일 대사관저로 급히 이동했다. 사실 7시 반부터 콘서트를 한다고 했는데 우리가 도착하니 8시 15분이었다. 아마 좀 지연되었는지 우리가 도착하자 막 재즈연주를 시작했다. 오늘은 저녁도 굶고 재즈공연을 만끽하는 날인가 보다. 수잔 알트 콰르텟(Susanne Alt Quartet)을 초청하여 현대 재즈를 듣는 것이다. 독일대사 크렘프가 이 같은 분위기 좋은 행사를 마련했다. 독일출신 여성 색소폰주자인 알트는 밴드의 지휘자인데 네덜란드로 1996년에 이주하여 네덜란드 남자친구와 동거한다고 한다. 단 헤르버흐(Daan Herweg, 피아노), 파에드라 크반트(Phaedra Kwant, 베이스), 야미 페이트(Jamie Peet, 드럼) 3인은 네덜란드인이란다. 그녀의 입담과 역동적 태도로 이날 밤의 재즈공연은 아주 신나고도 성공적이었다. 대사가 마음에 있는 사람 소수만 초청하여 포도주와 맥주 및 피자 등 먹거리를 대접한다. 편한 기분으로 능숙하고도 재치 있는 공연을 즐겼다. 9시경 끝날 줄 알았던 공연이 10시 반에 끝났다. 그러나 요즈음 수일간은 아주 문화적 혜택을 톡톡히 입은 날들이었다.

주말인데 내년 초에 캄보디아로 파견되는 폴커 내외가 마지막으로 우리 부부를 저녁에 초대한 날이다. 아이를 둘씩이나 낳고 동거하다가 갑자기 결혼을 한다는 소문을 들은 것이 어제였다. 유엔 산하의 캄보디아재판소로 승진하여 떠나는데 정식 결혼한 사이가 아니면 혜택을 못 받는다고 하여 시청에 가서 서명하고 법적 부부가 되기로 결정했다는 것이다. 아내는 그런 소식도 모른 채 아들 쥘과 딸 카미유에게 맞을 만한 양복과 드레스를 사다 놓았다. 그리고 결혼소식을 듣고는 조그마한 결혼선물도 추가했다. 그날 그들의 집에 도착하자 과연 아이들이 훌쩍 커서 사이즈를 걱정했는데 꼭 맞아서 다행이었다. 분홍색 드레스를 본 딸아이는 이 옷을 당장 입고 패션쇼를 하면서 좋아서 어쩔 줄을 모르고 아들도 양복에 넥타이를 매니 어른스럽다. 부모의 결혼식에 입으면 적당할 예복을 사다준 셈이 되었다.

다음달 5일 시청에 가서 결혼을 한다는데 부모와 장모, 동생 부부가 온다고 한다. 우리도 초청했으나 모로코 출장 때문에 참석 못하여 미안했다. 그들과 마지막으로 많은 얘기를 나누면서 그들이 간단히 준비한 치즈 요리를 먹었다. 우리는 캄보디아나 한국에서 다시 만나자고 하고 작별했다.

모로코, PGA 회의

12월 2일은 모로코로 출장을 가는 날이다. 원래 PGA 회의참석은 4일부터이니 3일에 출발하고자 했는데 모로코출신 비서 네자가 하루 먼저 마라케시(Marrachesh)로 직행하여 구경부터 하라고 권한다. 그녀는 소장인 내가 자기 나라를 방문하는 경우이므로 자기의 위신을 세우기 위하여 자기가 아는 모로코 사람들에게 온갖 말을 다 했을 것이다. 다른 한편 그녀에게는 내심 크게 신경이 쓰이고 부담이 되기도 하였을 것이었다. 그녀는 열심히 나의 출장을 위한 준비를 해주었다. 그녀의 권고로 2일 직항으로 3시간 반이 걸려서 마라케시에 도착했다. 비행장에 내리니 경찰이 4인 한 조로 영접 겸 경호를 나왔다. 날씨가 좋고 기온이 알맞아서 아주 좋았다.

호텔은 그녀가 추천한 이 고장 최고의 사디궁(Es Saadi Palace)에 투숙하였다. 시원하게 조성한 숲속에 자리 잡은 어마어마하게 큰 호텔인데 손님이 없다. 주인인 프랑스계 여성 엘리자베스가 나와서 깍듯이 인사한다. 그녀는 내가 떠날 때에도 직접 배웅을 못해서 미안하다고 하면서 전화로 감사하다는 인사를 했다. 성공한 기업인은 무언가 다른 것 같기도 하다. 호텔은 그녀의 선대에 지어서 현재 그녀가 이어받아 경영하고 있는데, 곧 자식들이 물려받기를 희망하고 있다. 호텔은 아주 넓은 경내에 기화요초를 많이 심고 야외 풀장을 여러 개 갖춘 고급호텔인데, 모로코 특유의 모자이크장식 등이 이채롭고 전망 좋은 발코니가 딸린 커다란 방에 투숙했다.

일찍 도착했으므로 식당에서 점심을 먹고는 오후에 시내를 둘러보았다. 마라케시에서의 모든 일정은 네자가 이곳 호텔의 카지노에서 대외관계를 담당하는 그녀의 사촌 나디아 루타티(Nadia Loutati)에게 부탁하여 결정한 것 같다. 나디아를 통하여 자동차 대여와 가이드 구하는 문제 및 유명한 전통음식점에 가서 만찬하는 예약문제를 해결한 것을 알았다. 그러나 우리는 막상 나디아를 만나지도 못한 채 네자가 부탁한 선물을 그녀의 오빠 카말(Kamal)을 통하여 전달했다.

우리는 지난 8월 남미여행 시와 9월 초 남아공을 여행하는 동안 미리 소개받은 가이드가 모두 친절하고도 가격이 합리적이어서 아주 유용한 경험을 했다. 그런 좋은 경험 때문에 비서 네자를 믿고 동일한 교섭을 맡겼더니 그녀의 호의와는 달리 현지인들은 국제형사재판소장에게 바가지를 씌우기로 작정한 것 같았다. 처음에 마라케시에서 빌리는 차가 하루에 200유로, 가이드가 100유로라고 하기에 비싸다고 했더니 얼른 차종이 벤츠라서 그러니 이를 현대차로 바꾸면 반값이라고 둘러대는 것부터 이상했다. 차는 현대 싼타페인데 가이드가 다행히 교양도 있고 경험이 있는 나이 지긋한 남성이어서 그나마 안심되었다. 그런데 이날 저녁을 먹기 위하여 이곳의 전통적 음식점에 왕복하는 조건으로(기다리는 시간 포함) 또 60유로를 추가한다.

저녁에는 다르 야쿠트(Dar Yacoutts)라는 전통음식점으로 안내되었다. 경찰의 선도경호로 복잡한 교통을 헤치고 흙벽돌로 지은 옛집 사이사이의 좁은 골목길을 따라 들어가니 간판도 없는 모로코식 분홍갈색의 집이 나온다. 전통복장을 한 웨이터들이 곳곳에 서서 친절하게 안내한다. 처음에 옥상으로 안내되어 야경의 시내를 바라보다가 위층의 한 방으로 안내되어 음료대접을 받았다. 와인 한 잔을 마신 뒤 식당의 내 자리로 가서 착석했다. 다른 건물들과 같은 구조로 집을 사방으로 네모나게 돌려짓고 가운데 내정을 만들어 나무를 심고 물이 흐르는 분수를 설치한 구조이다. 실내의 목각이나 타일모자이크는 그 색깔이나 문양의 다양함이 놀랍다.

첫 코스는 갖가지로 조리한 9가지 채소접시가 한꺼번에 나온다. 이 중에서 가지와 호박요리가 가장 나았고 다른 것은 맛이 별로였다. 그다음에는 찜닭 한 마리가 커다란 접시에 담겨 뚜껑이 덮인 채 나왔다. 물론 반도 못 먹고 그 큰 닭고기접시를 물렸다. 그다음 주식으로는 쿠스쿠스에 양고기를 곁들인 음식이 나왔다. 채소와 닭고기로 이미 배가 부른데 쿠스쿠스와 양고기를 또 먹어야 했다. 쿠스쿠스는 사하라 이북인 이 지역 전부에서 필수불가결의 요리로서 1주일에 한 번 정도는 만들어 먹는다는데 지역마다 나라마다 요리법이 다르다고 한다. 그리고는 얇게 튀긴 밀가루과자에 달큰한 소스를 친 후식이 엄청나게 큰 접시에 담겨 나온다. 물론 커피는 독한 에스프레소이다. 식사와 함께 마신 모로코의 포도주도 나쁘지 아니하다. 우리는 과식한 상태로 경찰과 운전사가 기다리고 있으므로 서둘러 호텔로 돌아왔다.

이날 밤 자다가 새벽에 깨어보니 전기가 단전되어 칠흑같이 어두운 데다가 수돗물이 안 나오고 전화기의 충전이 안 되는 상황이 발생하였다. 성냥을 찾아 촛불을 켜서 위기를 모면했으나 잠을 설친 채 일어나버렸다.

마라케시의 둘째 날이다. 네자가 미완성의 현지 플랜을 짜주고는 뉴욕으로 떠나버렸으므로 아직도 헤이그에서는 비서 소피가 라바트(Rabat)에 사는 네자의 또 다른 사촌인 아이샤(Aicha)를 상대로 마라케시에서 라바트까지 이동하는 자동차비용에 관하여 협상하고 있었다. 마라케시에서 라바트로 가는 편도 항공료가 85유로인데 700유로를 달라고 하니 소피도 난감하여 내게 묻는 것이다. 헤이그에 있는 비서와 시시각각 라바트관광에 관한 협상조건을 문자메시지를 통하여 교환하여 결정하는 담판이 되었다. 결국 내가 아이샤 측의 요구를 무시하고 마라케시에서 나를 태우고 다닌 운전사와 직접 교섭하여 250유로에 카사블랑카는 들를 필요 없이 라바트까지 데려다 주기로 하고 길을 떠났다. 그동안 이를 취소하는 통보를 한 소피는 아이샤에게 여러 말을 들은 모양이다.

경찰의 경호를 받으면서 라바트로 가는 고속도로 중간 쯤에서 아이샤의 남편과 통화가 되었다. 그는 자기네 워싱턴대사관에 무관으로 4년간 근무하고 귀국하여 은퇴한 공군장교라고 반듯한 영어로 말한다. 내가 그들 가족의 만찬초청을 받아들였으나 차가 없다고 하니 차를 보낸다고 했다.

우리가 투숙한 호텔에서 그 차편으로 베주즈카(Bezouzka)에 있는 그 집에 1시간 남짓 걸려서 도착했다. 칠흑같이 캄캄한 밤에 그 집에 가보니 허허벌판에 넓게 터를 잡아 아주 크고도 근사하게 집을 지었다. 1년 전에 입주했다는데 아주 호화롭다. 아이샤는 영어를 못 하는 것 같고 마침 동석한 그들의 딸과 아들을 만났다. 딸은 터키 남자와 결혼하여 이즈미르 근처에서 호텔을 경영하는데 친정에 온 것이다. 오빠인 아들은 민간항공 조종사라는데 미혼이라고 한다. 음식은 역시 위스키가 몇 순배 돈 다음 다섯 명이 둘러앉아 익힌 채소요리와 닭요리를 순차로 먹은 다음 쿠스쿠스와 양고기를 들고 후식은 속이 채워진 과자 같은 것을 먹었다. 어제 마라케시에서 먹은 전통음식과 동일한 방식으로 서브하는데 후식만 약간 다른 것을 제공했다.

아이샤는 네자의 사촌이고 남편은 그녀의 삼촌이라니 결혼을 어떻게 이렇게 하는지 셈이 안 된다. 아이샤는 네자의 엄마 쪽 사촌이고 남편은 아버지 쪽 삼촌이라는데 그러면 아이들은 또한 네자의 사촌이 되는 것이 아닌가. 아이샤도 사촌이고 그녀의 아이들도 사촌이 된다는 뜻이다. 아랍지방에서 사촌 간의 결혼이 정석처럼 되어 있다고는 하나 참 이해가 안 된다. 아무튼 네자는 자기네 가족이나 친척이 잘사는 것을 내게 보여주고 싶어서 가정에 초대한 것이니 아이샤에게 고맙다고 인사를 많이 했다.

12월 4일은 PGA 회의 첫날이다. 따라서 나는 어제 같은 호텔에 투숙한 필립 암바흐와 함께 PGA의 마이아 트루히요(Maia Trujillo)가 주선한 차편으로 회의장인 국회의사당으로 가고, 그가 호텔에 교섭하여 주선한 차와 가이드를 따라 아내는 라바트 시내 구경을 나갔다. 모두 80유로 미만에 반나절 구경을 하고 끝냈다. 아내는 마라케시를 잘 구경하였으므로 라바트 구경은 한나절이면 된다고 하여 그 정도로 마치고는 호텔방에서 쉬었다. 나는 공무상 일정으로 결국 라바트 시내 구경을 전혀 못 했지만 이 나라의 의사당이 아주 시원하게 잘 지어진 것은 실컷 보았다. 높은 천장에다가 대리석으로 지은 건물인데 그들의 전통적인 모자이크와 기하학적 장식이 매우 인상적이었다.

상·하 양원을 모두 아우르는 건물이라 굉장히 큰데 안으로 들어가니 각국 대표들이 많이 착석하여 자리가 좁게 보인다. 각국 국회의원 중 한국의 유인태 의원이 이태호 대사와 함께 참석해서 반가웠다. 단상에는 이 나라의 상원의장 비아디야(Mohamed Cheikh Biadillah), 하원의장 알라미(Rachid Talbi El Alami)와 나, 그리고 PGA의장인 미라발(Minou Tavárez Mirabal) 도미니카공화국 여성 국회의원이 착석했다. 단하에는 벤키라네(Abdelilah Benkirane) 총리, 라미드(El Mostafa Ramid) 법무장관, 슈바니(Habib Choubani) 의회관계장관, 베납데사데크(Mohammed Benabdessadeq, 모로코 PGA의장) 의원, 아세르기(Mohamed Achergui) 헌재소장, 파르(Mustapha Fares) 대법원장, 야자미(Driss El Yazami) 인권위원장, 벤자쿠르(Abdelaziz Benzakour) 옴부즈맨 의장 등이 맨 앞줄에 앉아 있다.

그런데 개회 후 동시통역 시설이 전혀 말을 안 듣는다. 1시간 반을 허비하다가 별채에 있는 훨씬 허름한 방으로 옮겼다. 방이 작아서 몹시 불편했다. 분위기가 어수선함에도 불구하고 이곳에서 제일 먼저 기조연설을 한 나는 힘을 주어 로마규정의 비준을 역설하였다. 그다음에는 엘살바도르, 토고, 말레이시아, 이라크, 네팔 등 몇 나라가 영국의 마크 프리처드(Mark Pritchard) 의원의 사회로 첫 번째 패널을 구성하여 왜 비준을 못했는지 각자의 경험을 보고하는 세션을 가졌다.

그중에서는 말레이시아의 쿨라 세가란(Kula Segaran) 의원의 보고가 관심을 끌었다. 어떻게 내각에서 결정한 사항을 장관보다 한 계급 아래인 법집행 책임자 검찰총장이 3년 이상 쥐고 비준문서 예탁을 못하게 할 수 있는지 이해가 안 된다. 나는 일부러 새로 안보리에 2년간 자리를 차지한 비상임이사국 대표들에게 내각이 비준동의를 했음에도 불구하고 검찰총장이 비준서를 기탁하지 못하게 하는 말레이시아의 비준경과를 알려주었다.

오후에 이곳에서 3년 전 네팔에서 만난 국회의원 라메시 레칵(Ramesh Lekhak)을 만나서 다시 한 번 비준의 추진을 촉구했다. 그는 공산당이 퇴조하고 민주세력이 정치를 주도하므로 가능성이 높아졌다는 일반적 낙관론을 폈다. 그다음에는 나를 초청한 자메이카의 아날도 브라운(Arnaldo Brown) 외무담당 정무장관(Secretary of State, Ministry of Foreign Affairs)을 만나 비준촉진과 나의 내년 1월 방문을 확인했다. 저녁에는 국회의장의 초청으로 고급호텔(Villa des Ambassadors)을 빌려 만찬을 내면서 필레이 유엔인권최고대표에게 '민주주의의 수호자 상'(Defender of Democracy Award)을 주었다. 만찬장소를 찾아가는데 이 나라는 번지와 주소가 명확치 아니하여 현지 기사들도 혼란이 일어났다. 이곳 만찬도 마라케시에서 먹은 것과 동일한 음식을 동일한 방식으로 서브하였다.

뉴욕, 국제형사재판소 당사국총회

12월 5일 아침 일찍 카사블랑카공항을 거쳐 암스테르담으로 귀임했다. 오후 4시인데 내일 뉴욕을 가기 위하여 일찍 쉬었다. 처음으로 아내를 헤이그에 놓아두고 혼자 하루 쉬고는 뉴욕으로 향발했다.

12월 8일 뉴욕 호텔에서 아침에 일어나니 어쩨 몸이 좀 이상했다. 일어나서 행동을 하는 데는 지장이 없는 것 같은데 몸이 전반적으로 부은 것 같았다. 간신히 눈을 씻고 정신을 차려 옷을 입었다. 회의장에 가니 비서실장 린이 안약과 알레르기 약을 사가지고 와서 건네준다.

국제형사재판소의 제 13차 당사국총회가 열리는 첫날이었다. 개막 시부터 회의장소를 유엔 내의 너무 적은 방을 빌렸다고 당사국들의 불평이 나오기 시작하고 국제형사재판소연합(CICC)의 빌 페이스 대표는 내게 직접 이메일을 보내면서 반기문 총장에게 말하여 더 큰 방을 빌리도록 압력을 가해주도록 부탁하는 연락도 왔다. 소장이라는 의무감에서 나쁜 건강을 무릅쓰고 아침에 회의실에 입장하고 보니 단상에 내 자리는 물론 회장단이 착석하는 공간이 비좁고 한 나라에 두 명씩만 입장하도록 제한한 데다가 비정부기구는 못 들어오게 해버렸으니 불평이 터질 수밖에 없다. 오전에는 예정대로 총회의장으로 내정된 세네갈의 법무장관 시디키 카바를 선출하고 나의 개막연설을 들었다. 연설은 무리 없이 재판관 선택의 기준 등 강조점을 힘주어 말하면서 잘 마쳤다. 회의장의 전체분위기는 케냐가 무슨 훼방을 놓을지 두렵고 궁금한 모습이 역력했다. 이 상황에서 어느 나라도 우리 재판소를 도와 한마디 할 생각은 없이 눈치만 보면서 긴장감만 조성된 꼴이다.

오후에는 6인의 새로운 재판관을 선거하는 일정에 돌입했다. 선거를 막상 시작하고 보니 모두 민감한 모습을 보이면서 경쟁도 치열해지는 것 같다. 한참 만에 1차 투표결과를 발표하는데 한국의 정창호 후보만 당선되었을 뿐 아무도 당선자가 안 나왔다. 그 후로는 수차례 투표에서도 당선자가 나오지 못하고 시간을 낭비하면서 첫날이 저물었다. 한국은 적이 안심한 채 저녁에 오준 대사를 중심으로 '미스코리아'라는 음식점에 가서 10여 명의 선거요원들과 함께 축하저녁을 먹었다. 선거운동을 하느라 애쓴 젊은 외교관들이 소주 몇 잔 들어가니 노는 폼이 보통이 아니다. 정 후보의 당선은 본인의 상품성이 좋았지만 모두들 나의 음덕으로 되었다고 이구동성이다.

호텔에 와서 드러누웠더니 금세 잠이 들었다. 선거가 아무리 반복되어도 당선자가 안 나오고 공전을 거듭하여 1주일 동안 무려 22차 투표까지 가는 경과를 거쳐서 프랑스, 독일, 폴란드, 콩고민주공화국 그리고 마지막에 헝가리가 당선됨으로써 대단원의 막을 내렸다. 모두 남자들이었다. 그러나 당사국총회의 원래 의사일정은 뒤죽박죽이 되어 예산심의와 다른 심의사항이 결국

국제형사재판소 제 13차 당사국총회 (2014. 12).

소홀해지고 말았다. 그리고 케냐가 온갖 방해공작을 체계적으로 세웠던 모양인데, 우선 자기네 케냐타 대통령에 대한 사건을 우리 검사가 취하한데다가 금년에는 작년과 달리 아프리카의 다른 나라들도 꼭 케냐의 편만 드는 것은 아니어서 카마우(Kamau) 케냐대사의 유창한 영어와 그의 준비된 쇼가 상당히 빛을 잃었다고나 할까. 그는 나와는 개인적으로 관계가 나쁘지는 아니하므로 회의장에서 국제형사재판소를 야멸차게 비난하는 발언을 하면서도 나를 칭찬하고 농담까지 하면서 치켜세우기도 했다.

참석을 요청하는 회의가 많은데, 나의 마지막 기회이므로 가급적 받아주고자 노력한다. 그리하여 르완다학살재판소(ICTR) 창립 20주년 기념회의에 기조연설을 해주었다. 이 경우도 오후 1시 15분부터이므로 점심을 못 먹는 것은 분명하였다.

저녁에는 네덜란드 정부와 헤이그 시정부가 뉴욕에서 주최한 행사에 갔다. 밀레니엄호텔의 2층 방을 빌려서 18시에 행사를 개최했는데 꽉 찬 관중 앞에서 유엔주재 네덜란드대사 카렐 판오스테롬(Karel Jan Gustaaf van Oosterom)이 개회사를 했다. 위트레흐트대학(Utrecht University)에 다니는 그의 아들의 초청을 받아 내가 기념강연을 해주었는데 이것이 인연이 되어 항상 감사한다는 말도 하고, 내주 월요일 반기문 총장이 나를 위하여 베푸는 송별 오찬에 그를 초청해준 점도 감사하게 생각한다고 했다. 회의 자체는 전에 우리 재판소에서 방문학자(*visiting professional*)를 지낸 린다 카터(Linda Carter) 캘리포니아주의 태평양대학(University of Pacific) 교수가 사회를 보면서 내가 주제강연을 하고 패널리스트들에게 말을 시킨 다음 얼른 회의를 끝내고 리셉션으로 갔다.

결국 하루 종일 식사를 하지 못하고 굶은 셈이 되었다. 역시 양 발이 붓고 배가 나와 바지의 단추를 갑자기 잠글 수 없게 되는 등 이상징후가 계속되었다. 일찍 호텔로 귀환하여 12시간씩 드러누워 쉬는 것이 내가 할 수 있는 전부였다. 눈이 내리고 기온이 살짝 영하로 내려가서 두껍게 껴입은 뉴욕 거리의 군상들이 겨울임을 실감하게 한다. 자고 일어났더니 열은 없으나 눈이 부어서 얼굴모양이 말이 아니다. 코리아타운에서 산 전복죽과 김치로 조반을 들고 대표부의 차를 타고 당사국총회 회의장으로 향했다. 회원국의 협조(*states parties' cooperation*) 문제에 관한 회의를 한다고 하니 소장이 참석하여 들어보아야 한다. 우선 비서실장 린, 마티아스, 필립 등으로부터 보고를 받았다. 12시가 되자 미리 약속한 대로 린과 함께 구유고전범재판소의 메론(Theodor Meron) 소장을 만나러 유엔건물 동쪽 휴게실로 갔다.

80세가 넘은 소장이 여성비서실장 및 남성직원과 함께 우리를 마중한다. 그러나 안건은 당선된 지 3년이 넘도록 국제형사재판소에 오지 못하고 있는 구유고전범재판소의 하워드 모리슨 재판관을 어떻게 3월 1일부터 국제형사재판소에 데려오느냐의 기술적 문제인데, 약 10분 만에 타결했다. 그가 시원시원하게 응해주어 고맙기는 했으나 이 문제는 재판을 담당하는 합의부의 권오곤 재판장과 상의하여 알려준다고 답해야 맞는데 그냥 소장에게 전권이 있는 듯 선선히 동의해주면서 남에게 말하지 말라고 한다.

다음 일정으로 1시 15분부터 발제연설을 하기로 한 회의장으로 급히 갔다. '국제형사재판소 절차의 실효성을 제고함'(*Promoting Effectiveness of Proceedings of the International Criminal Court*)에 관한 회의였다. 독일, 영국, 스위스 및 크로아티아대사관이 공동주최하고 회원국의 대표급이 참석한 중량감 있는 자리라서 성의껏 발제를 했다. 그리고 3시부터 당사국총회는 일반토론을 한다고 하니 체면상 들어가서 앉아 있어야 한다. 교대할 부소장도 없어 꼬박 앉아 있어야 되는 형편이라 단상에 앉은 채 발언자의 사전 배포문건을 검토했다. 나의 공적을 인정하면서 고맙다는 말이 한 마디라도 포함되어 있는 발언문과 그렇지 아니한 것을 구분하는 작업을 했다. 그리고 대사나 회원국 대표들이 발언하는 중에 특히 나를 쳐다보면서 그동안 수고가 많았다는 등 감사의 뜻을 표하는 경우가 많다보니 그럴 때마다 눈이라도 맞추어 답례라도 해야 하므로 오후 내내 회의장에 앉아 있었다.

사전 배포된 발언문서를 토대로 하건대 국제형사재판소연합, 국제 정의와 평화를 위한 비정부기구(No Peace without Justice: NPWJ), 팔레스타인, 방글라데시, 필리핀, 세르비아, 중국, 루마니아, 뉴질랜드, 우루과이, 오스트리아, 아일랜드, 케냐, 일본, 영국, 과테말라, 페루, 슬로베니아, 남아공, 콩고민주공화국, 폴란드, 사모아, 코트디부아르, 호주, 대한민국, 핀란드 등이 문서로 나에게 고마움을 표시했다. 이들 국가 또는 비정부기구가 최소한의 예의를 갖추어 감사의 인사를 하니 아픈 중에도 기분이 아주 괜찮았다. 문서에는 없었는데 발언 도중 황급하게 나에 대한 감사발언을 추가한 경우는 제외하였다.

금요일은 일정이 가장 많은 날이다. 우선 오전에는 일찍부터 조찬모임 형식으로 아태지역 비정부기구들을 상대하는 연설을 했다. 그들은 준비가 부실하고, 대부분 활동 자체도 힘든 상황인 것 같다. 아시아 출신 소장이 강력하게 지원하는데도 왜 아시아지역은 이럴까? 이 모임 후에는 유엔주재 네덜란드 대표부로 이동하여 뉴욕대 학생들과의 원탁토론을 진행하였다. 이것도 네덜란드 정부와 헤이그 시정부가 기획한 헤이그 알리기 작업의 일환이다. 학생들은 대개 여학생들이었고, 한국계도 몇이 있었는데 상당히 날카로운 질문도 있었다.

주말인 토요일 오후에는 대표부가 준 차량이 있으므로 뉴저지에서 출발하여 바로 브루클린에서 브래들리 맥칼럼(Bradley McCallum)이 개최한 사진전시회(Portraits of Justice & Post Conflict)에 갔다. 중국의 유명한 반체제화가 아이 웨이웨이(Ai Weiwei)의 작품에 호기심도 있어서 가 보았다. 일요일 날씨는 청명한데 까닭을 모르게 몸이 붓고 눈곱이 끼는 등 컨디션이 정상이 아니다.

월요일도 일정이 폭주하는 날이라 아침 일찍 든든히 먹었다. 10시에 첫 일정으로 유엔에 들어가서 유엔과 국제형사재판소 간의 관계에 관하여 감사의 말씀을 전하는 등 내가 먼저 인사말을 한 뒤 유엔 수석법률고문 소아레스(Soares)가 답사를 하고 우리 둘은 같이 당사국총회 본회의장으로 이동했다. 지난주부터 재판관 선거를 시작해서 1주일이 지났는데도 마지막 한 자리를 놓고 스웨덴, 헝가리와 동티모르 3인 간에 결론이 안 난다. 헝가리가 불과 몇 표 더 받고 있지만 동티모르가 버티고 있다. 규칙에 따라 3등을 한 스웨덴이 떨어져나가고 둘이 남았는데 브라질의 장난으로 선거결과가 그만 교착되고 말았다.

반기문 총장의 송별 오찬

중간에 나와서 르완다학살재판소의 요엔센(Vagn Joensen) 소장의 요청으로 델리게이트 라운지(Delegates Lounge)에서 면담을 했다. 그는 특별한 안건이 없지만 자기나 나나 곧 임기를 마치므로 인사차 만나자고 했단다. 약 30분간 면담했다. 1시 15분부터 국제형사재판소와 유엔마약및범죄사무소(United Nations Office on Drugs and Crime: UNODC)의 공동주최로 '형집행에 관한 국제형사재판소와 유엔의 협력'(*The ICC and UN's Cooperation on the Enforcement of Sentences*)에 관한 회의를 헤이그주재 노르웨이대사 크루트네스(Krutnes)의 사회로 시작했다. 히라드를 대동하고 간 나는 제일 먼저 기조발제를 하고는 반기문 사무총장이 마련해 주는 송별 오찬에 참석하러 38층 그의 방 옆에 있는 별실로 이동했다. 1시 45분에야 오찬에 참석했다.

나는 송별 오찬에 비서실장 린을 대동하였다. 미국은 유엔대표부 차석대사 미셸 시손(Michele J. Sison)을, 프랑스는 알렉시 라메크(Alexis Lamek) 차석을 보냈다. 그 외에는 베나베저 리히텐슈타인대사, 판오스테롬 네덜란드대사, 오준 한국대사 등이 참석했다. 유엔에서는 반 총장 외에 그의 비서실장인 수사나 말코라(Susana Malcorra, 아르헨티나), 소아레스 법률고문, 김원수 대사 등 10명이 참석했다.

반 총장이 페루의 리마에서 열리는 기후변화회의에서 오늘 아침에 돌아오자마자 급히 초청한 경우여서 불가피하게 불참하는 경우가 있었겠다. 그러나 바쁜 중에 반 총장의 성의가 고맙다. 늦은 오찬이라 반 총장이 한마디 하자 나도 급히 짧게 한마디 감사를 표시했다. 점심은 방어 토막을 맛있게 구워냈다. 구미가 없음에도 불구하고 맛이 있어서 다 먹었다. 식사 도중 리히텐슈타인대사와 네덜란드대사가 나에 관한 감사와 칭찬을 한 마디씩 했다.

겨우 식사가 끝나자 안보리 이사국의 대표는 3시에 맞추어 자리를 떴고, 나머지는 약 20분간 더 이야기를 하다가 헤어졌다. 반 총장과의 별도회담에는 단둘이 한국어로 간단히 몇 마디하고 헤어졌다. 양자회담에서는 앞으로도 도와달라는 일반적 지지요청과 각국 정상들을 만날 때마다 로마규정 비준을 촉구해 달라는 부탁이 주였고, 아프리카 관계는 탈퇴하는 회원국은 없겠으나 아프리카법원이 생겼을 때 국제형사재판소와의 관계정립이 장기적 문제로 대두될 것 같다고 했다. 반 총장은 검사가 수단과 케냐 사건에서 보인 수사 및 입증행위를 매우 못마땅해 하는 반응을 한다. 사태의 본질을 옳게 보는 것 같다. 기념사진을 한 컷 찍은 후 장욱진 군을 통하여 선물을 주기에 가지고 와보니 남시욱 사장의 아들인 남정호 기자가 쓴 《반기문 전기》와 커플세트 찻잔이었다.

그리고는 린과 함께 영국대표부 사무실을 방문해 애널레이 남작(Baroness Anelay of St. Johns, 영국 외무 및 영연방 담당장관)을 만났다. 그녀는 별로 국제형사재판소에 관한 지식은 깊지 않았지만 일반적 지지의사는 강력하게 표시했다.

예정보다 하루 먼저 뉴욕을 떠나 18일 헤이그로 귀환하여 1박을 하고, 19일 바로 서울로 가니 20일 토요일이었다. 컨디션이 몹시 나빠, 21일 일요일에 내 73회 생일도 가족끼리 조용히 지내고, 22일 아침 바로 입원했다.

다만 이중기 교수를 중심으로 소집한 나의 생일축하 겸 제자만찬은 대려도에서 성대하게 이루어졌다. 예년처럼 그들은 미리 예쁜 난초화분을 집으로 보내주었고, 이 만찬이 귀국 후 공개적으로 내가 가진 유일한 모임이었다. 여러분이 전화로 오·만찬에 초청하였지만 모두 거절하고 병원 속으로 숨어 버렸다. 호텔에 투숙한 것처럼 아내와 함께 쉬자고 했다. 그러나 나 때문에 아내가 많은 약속을 지키지 못하게 되어 미안했다. 연말을 일주일 이상 넘기면서까지 병실에서 치료와 휴식으로 시간을 보냈다.

2014년 12월 22일부터 입원하여 해를 넘기는 통에 매년 받던 세배손님도 이번에는 거절하였다. 몇 사람은 헛걸음한 것 같아 미안하다. 병원 내에서 새해 떡국을 먹기는 난생 처음이다. 의사의 소견을 토대로 나는 1월 4일 몰타 출장을 취소하고 며칠 더 병원에서 요양하기로 했다. 일정을 바꾸어 1월 11일 헤이그로 돌아왔다.

* * *

2015년 신년 벽두부터 신임 과테말라대사와 파나마대사의 신임장을 받았다. 곧이어 제네바에 있는 유니세프본부에서 신임 제라르 보크네(Gérard Bocquenet) PFP(Private Fundraising and Partnership Division) 국장과 로렌스 피카르(Lawrence Picard)가 인사차 예방했다. 내가 유니세프한국위원회 회장이므로 아마 서로 선보는 탐색의 만남일 것 같다. 보크네는 유니세프 프랑스위원회에서 수년간 근무하다가 본부의 국장으로 영전하는 경우이고, 피카르는 유니세프한국위원회의 인사위원이다.

1월 14일 암스테르담에 있는 왕궁으로 이동하여 신왕 빌럼-알렉산더의 신년하례식에 참석했다. 궂은 날씨에도 우리 부부는 한복을 입고 궁전에 도착하였다. 아내는 신왕의 알현이 처음이지만 나는 두 번째다. 그는 아주 간단하고도 요령 있는 짧은 신년사를 하고는 외교단장의 답사는 생략한 채 여러 참석자와 말씀을 나누었다. 그의 모친 베아트릭스 여왕에 비하여 아주 파격적이고 자유롭다. 왕을 알현하니 미리 귀띔 받은 대로 그는 어제 로마규정을 비준한 팔레스타인이 중동문제에 어떤 영향을 미칠 것인지를 집중적으로 물었다. 이를 예상하고 다소 준비는 했지만 법률적 분석을 다 장황하게 풀어놓을 수도 없어서 대강 답변하고는 내 순번을 때웠다고나 할까.

화려한 유혹, 네덜란드 시민권

1월 15일 오전에는 얀 루카스 판호른(Jan Lucas van Hoorn) 국제형사재판소주재 네덜란드대사가 찾아왔다. 그는 2014년 12월 뉴욕에서 열린 당사국총회에서부터 나에게 네덜란드 시민권을 취득할 것을 계속 끈질기게 권유했었기에 아마도 이 건에 관한 것이려니 했다. 어제 왕궁하례식에서 만난 또 다른 국제형사재판소주재 네덜란드대사인 노라 스테하우어(Nora Stehouwer)도 판호른이 찾아가면 거절하지 말고 그의 제안을 받아들이라고 부탁했다. 이날 과연 판호른은 시민권 신청에 필요한 서류를 한 묶음 손수 가져와 전달하면서 꼭 신청하라고 한다. 그는 내가 지난 6년간 소장으로서 아주 어렵고 힘든 시기에 모든 도전과 난관을 잘 극복해서 국제형사재판소를 반석 위에 올려놓은 것을 네덜란드 정부는 깊이 감사한다고 하면서 그에 대한 감사의 표시로 시민권을 주기로 결정했다는 것이다. 이는 지난 백여 년 동안 그런 제안을 해본 일이 없는 주재국 정부로서는 대단한 호의라고 설명한다.

여권사본과 연금증명서를 첨부하여 제출하면 내일 오후에는 시민권을 줄 수 있다고 강조한다. 연금증명서는 독일 생명보험회사로부터 발급받아야 하므로 2, 3일은 걸릴 테니 놔두고 가면 알아서 처리하겠다고 대꾸했다. 물론 네덜란드에 영주할 생각은 없으나 왜 내가 영주하기를 바라느냐고 물어보았다. 그는 네덜란드 정부가 여러 해 동안 나의 언행과 일처리 방식 및 대인관계 그리고 어려운 문제를 해결하는 능력을 면밀히 관찰했다고 했다.

내가 많은 나라를 방문하면서 정부지도자, 야당, 종교지도자, 의회, 비정부기구, 법조계를 설득하고 유엔이나 기타지역의 국제기구에서도 그들과 관계를 꾸준히 개척해 가는 모습을 보고 네덜란드 정부는 무척 쓸모가 있다고 판단한 것 같다. 판호른은 내가 우선 외무부의 상근고문으로 5년 정도 근무하면서 그동안 습득한 경험과 지식을 네덜란드의 국익을 위하여 활용할 수 있기를 기대했다. 네덜란드인들이 무서운 사람들이라는 생각이 들었다.

수많은 국제기구가 있는 헤이그에서는 특히 후진국 출신 임직원들은 임기가 끝나도 본국으로 돌아가는 사람이 적고 별별 수단을 써서라도 네덜란드에 영주하고자 하는 광경을 자주 본다. 오랫동안 이러한 문제로 골치를 썩인 네덜란드 정부는 아무리 고위직을 지낸 국제기구의 임직원이라도 임기가 끝나면 바로 내쫓다시피 하는 것이 일관된 방침이다. 자기 나라에서 외무장관을 오래 하다가 국제사법재판소의 재판관으로 당선되어 나중에는 부소장까지 한 거물에게도 별 여유시간을 안 주고 빨리 떠나라고 통첩하니 화가 나서 자기가 스스로 송별파티를 앞당겨 주최하고 부랴부랴 떠난 경우도 며칠 전에 있었다. 나의 경우에는 확실히 파격적이고 예외적 취급임은 틀림없다.

나는 모든 관계서류를 버리고 귀국하였다. 다만 우리나라 정부가 네덜란드 정부의 반만큼이라도 나의 국제경험을 활용하고자 관심을 보였더라면 열심히 나라를 위하여 무보수로 무한대의 봉사를 했을 텐데, 자연히 비교가 되면서 짙은 아쉬움이 남았다. 문득 앞서 이 책에 인용한 〈동아일보〉 김정훈 사회부장이 쓴 2014년 10월 24일자 칼럼의 마지막 구절이 생각났다.

비서실장 린은 시민권을 얻어두는 것이 무방할 것이라는 의견이었다. 그러나 내 비서인 소피나 네자는 자기들 나름대로 다른 문제들을 요모조모 더 따져본 뒤에 결정하라고 충고한다. 나는 카린(Karin)이라는 네덜란드인 담당직원에게 우선 기초적 세금문제를 물어보았다. 네덜란드 정부가 호의로 시민권을 주면서 이곳에 살라고 하는데, 나는 하등 그럴 의사나 필요성이 없지만 면전에서 거절하기는 어려워서 결국 담당자를 불러다가 물어본 것이다.

석별의 정을 나누는 모임들

이날 저녁에는 테레사가 골프클리닉 멤버들을 초대하여 주최한 나의 송별연에 참석하였다. 우리와 권오곤 재판관 내외분, 알폰스 오리 재판관 외에 브로노보(Bronovo) 병원에 근무하는 이비인후과 의사 내외가 참석하였다. 음식과 포도주가 어우러져서 활기찬 토론과 함께 즐거운 한때를 가졌다. 테레사에게 고마운 감사편지를 보냈다. 이번 주말에는 집에서 쉬어야 했더니 김철수 동문이 애를 써서 소집한 서울대 동창회 신년모임에 참석했다. 이때 대부분의 참석자들이 나의 병색을 간파하고 걱정을 많이 해주었다.

2015년 1월 26일 뜻밖에 헤이그 법혁신연구소(HiiL)의 삼 물러(Sam Muller) 대표가 환송인사를 왔다. 평소에 나를 늘 영감의 원천인 '르네상스맨'이라고 하더니 나의 송별을 애석해하는 방문이어서 고마웠다. 그리고는 애제자 이정환 부장이 데리고 온 KBS TV 기자와 공공외교에 관한 인터뷰를 했다. 이때 겸하여 평소의 지론인 다자외교에 관한 의견도 피력하였다.

이 회견 후 급히 2층으로 내려가서 아프리카에서 가장 포악한 콩고 반군 게

릴라집단 LRA 부사령관인 도미니크 온구웬(Dominic Ongwen)을 체포하여 이곳까지 압송해 온 우리 직원들의 노고를 위로하는 샴페인 파티에 잠시 얼굴을 내밀었다. 몇 명을 안아주고 치하했다. 조지프 코니의 부사령관인 이자는 아프리카에서 아주 표독한 군인으로 소문이 난 사람이다. 그리고는 아내를 동반하여 인도의 국경일 리셉션에 잠시 얼굴을 보이고 집에 와서 쉬었다. 이번 주에는 나의 임기 말이라서 그런지 일정이 거의 없다.

1월 29일 금년 첫 최고월례업무조정회의를 소집하였다. 팔레스타인의 가입으로 중동 정세가 긴박해지고 있음을 느꼈기 때문이다. 특히 이스라엘은 반기문 총장에게 국가가 아닌 팔레스타인의 로마규정 비준은 무효이니 재고하라고 항의하고 있다. 이 문제 때문에 미국, 캐나다, 이스라엘 등의 반(反)국제형사재판소 태도에 불안해 하는 직원들도 있었다. 따라서 나는 우선 국제형사재판소에 대한 전반적인 경비체제를 강화하라는 지시를 내리고 정보보안에 더욱 신경을 써야 하는 점 등을 구체적으로 검사 및 행정처장과 토론하고 싶었다.

특히 이스라엘은 스파이전에서는 세계 첨단이므로 우리 직원을 포섭했거나 재판소 내에 도청장치를 이미 설치했을지도 모르므로 내색은 안 했지만 모두들 경계태세의 만전과 내부침투에 대비하자고 내가 강조하여 수뇌부의 방침은 쉽게 합의되었다.

주말에는 마지막으로 나의 초상화를 그리는 시간을 가졌다. 모두 4번 초상화가에게 가서 한 시간씩 꼼짝 못하고 선 채 법복 입은 실물크기의 초상화를 그렸는데 이번이 마지막이라 홀가분하다. 약 한 달 후에 완성될지 모르겠는데 내 모습의 묘사가 잘된 것 같아 만족스럽다. 나머지는 그녀가 미리 찍어놓은 사진을 가지고 잘 완성하겠지. 집에서 쉬다가 저녁에는 서울대 동문 정인석 박사가 초청한 송별만찬에 참석했다.

2015년 2월 첫째 주일도 일정이 대체로 단순하다. 동료인 헨더슨 재판관 부부가 우리를 임페로 로마노(Impero Romano)에 비서실장 린과 함께 초청했다. 새로 부임해서 잘 정착하고 있는 젊은 동료재판관 부부와 오랜만에 같이 오찬을 하면서 이런저런 이야기를 많이 했다. 오후에는 평화궁에서 열린 국제사법재판소의 멕시코의 세풀베다, 뉴질랜드의 켄 키이드 경(Sir Ken Keith) 및 러시아 재판관의 환송 리셉션에 들렀다. 네덜란드 정부가 통보한 출국일자가 촉박하자 떠나는 세 재판관이 각자 추렴하여 리셉션을 스스로 개최했다니 듣기에 좀 안 되었다. 저녁에는 새로 당선된 프랑스재판관 마르크 페랭 드 브리샹보(Marc Perrin de Brichambaut)에게 만찬을 대접하는 날이다. 만찬 약속장소인 칼라스(Calla's)로 갔는데 시간이 지나도 그가 안 오는 것이 아닌가. 비서의 연락실수이고 화가 나지만 어쩔 것인가.

운전사 렉스(Lex)가 오늘의 진눈깨비 상태를 보고는 아침에 자발적으로 차를 보내주어 가볍게 출근할 수 있었다. 아침 9시에 어제 바람맞은 프랑스재판관이 예방했다. 어제 저녁의 이야기를 하면서 서로 웃어넘겼다. 우리는 다시 3월 6일로 만찬날짜를 잡았다.

그가 간 다음 독일대사관에 들러서 돌아가신 독일의 리하르트 폰 바이츠제커(Richard von Weizsäcker) 전 대통령의 조문록에 서명하고 왔다. 이분은 독일이 2차 세계대전 때 잘못한 모든 점을 인정하고 피해자에게 최대한 배상해야 한다는 양심의 소리를 처음으로 외친 분이다. 내가 도착하자 독일대사가 황급히 사무실에서 뛰어내려와 맞이하면서 감사함을 표시한다. 그리고 내가 서명을 다 마칠 때까지 뒤에 서 있었다. 정중한 예절이다.

소장단이 회피신청을 심의하는 회의가 있었다. 타르푸서 부소장은 신청을 기각해야 한다고 강력하게 주장하였고, 모나헹 부소장은 언제나처럼 뚜렷하지 못한 태도로 우왕좌왕했다. 나는 생각이 이미 정리되어 있으나 보스가 먼저 말해 버리면 다른 사람이 의견을 개진하기 어려워지거나 의견대립으로 결론에 이르지 못하므로 두 부소장에게 실컷 발언을 시키고 내가 의견차를 거중조정해서 무리 없이 결론을 내고자 하였다. 이때 두 부소장의 자존심을 한껏 부양시킨 다음 나의 생각 쪽으로 살살 유도하고 설득하였다.

오늘도 조정을 통하여 실무팀이 원하는 바대로 결론을 유도했더니 히라드, 스칼릿 등 실무자들이 '로마규정을 개정해서라도 우리 소장님이 한 번 더 연임하시게 해야 내부에서 대립되는 의견을 원하는 방향으로 조정할 수 있겠다'

고 해서 한참 웃었다.

저녁에는 닐 뮬즈 호주대사의 만찬에 우리 부부가 참석하였다. 이날 프랑스재판관의 당선 축하모임에는 못 갔고, 비서실장에게 대신 참석하여 불참을 사과하라고 했다. 만찬 도중 프랑스대사가 특히 나의 6년간 업적을 한참동안 높이 치하하더라는 말을 나중에 보고받았다. 호주대사 만찬은 새로 국제사법재판소(ICJ) 재판관으로 당선된 호주 출신 케임브리지대학 교수 제임스 크로포드를 축하하는 자리였다. 그의 형제자매와 자손들이 모두 한자리에 모여서 장관이었다. 크로포드는 7남매의 장남인데 홍콩에 사는 동생 하나만 내일 도착한다고 하고 나머지 대부대가 대사관저를 점령하였다. 외부인은 우리 부부 외에 페테르 톰카, 테드 메론, 존 두가드(John Dugard), 필립 쿠브뢰르뿐이었다.

그들은 호주 애들레이드(Adelaide) 출신인데 형제가 고루 잘사니까 함께 이곳에 형을 축하하러 올 수 있었을 것이다. 나같이 고단한 집안 출신은 부럽기 한량없는 경우이다. 내가 이 만찬초청을 선택한 이유는 옛날에 수학했던 케임브리지대학을 최근 40여 년 만에 방문했을 때 크로포드 교수를 반갑게 만났고 그는 나의 제자이기도 한 서울대 법대 이근관 교수 등 한국 제자의 우수성을 강조했기 때문이다. 구경거리는 70세에 가까운 크로포드가 6주 된 아들 시드니(Sydni)를 바구니에 담아 들고 참석한 것이다. 그는 아주 행복한 순간을 즐기고 있다.

2월 5일 일본의 오자키 구니코 재판관이 찾아와서 부소장에 출마하겠다고 통보한다. 심지어 공약을 작성해야겠으니 아이디어를 달라고도 해서 몇 가지 도움말을 정리해 주었다.

2월 6일에는 재판소에 근무하다가 유엔으로 전직하여 현재 로마에서 근무하는 김상우 군이 내가 임기를 마치고 떠난다고 하니까 일부러 휴가를 내서 나를 보러 찾아왔다. 자식들 이상으로 인사를 차리고 옛 인연을 이어가겠다는 갸륵한 뜻인 것 같다. 나는 김 군과 우리 직원인 이성훈 및 홍일영 그리고 곧 귀국하는 이정환 판사를 초대하여 저녁을 대접하면서 오랜만에 회포를 풀었다. 얼마 전에 아내가 곧 미국 국제통화기금(IMF)으로 가는 이성훈 군을 따로 만날 기회가 있어서 지난 7년간 국제형사재판소에서 근무하면서 가장 좋았던 것이 무엇이냐고 물으니 그는 서슴없이 나를 만나 지근거리에서 모시게 된 것이라고 대답했단다. 한국이나 다른 곳에서는 근처에 가기도 어려운 분을 거의 매일 모시게 되어 가장 보람 있었다는 뜻이란다.

부부간에 1주일 예정으로 2월 7일 귀국했다. 마침 업무량도 좀 소강상태이고 병원처방에 따라 투약을 한 지 한 달째 되므로 중간점검이 필요했기 때문이다.

2월 16일 이른 아침에 헤이그로 귀임했다. 몸이 아프다 보니까 여러 사람을 괴롭히거나 걱정을 끼치게 된다. 아내는 아주 가까운 거리이지만 생전 처음 날마다 아침에 자동차를 운전하여 나를 사무실에 데려다준다. 딸은 걱정이 많아 자꾸 물어보고 건강을 챙긴다. 아들은 걱정하면서도 말이 없다. 헤이그에 와서도 권 재판관 내외에게까지 걱정을 끼친 것 같다. 구정에 만찬초청을 거절했더니 부인이 국을 끓이고 반찬을 해서 보내주셨다.

2월 20일 아침에 마지막으로 업적 총정리 인터뷰(legacy interview)를 우리 재판소의 홍보처(PIDS)와 함께 내 방에서 약 1시간 동안 비올레타(Violetta)의 질문으로 진행하였다. 인터뷰 녹화본 한 부를 준다니 큰 기념물이 되겠다.

마지막 전원재판관회의

2월 25일 아침에 마지막 비공식 전원재판관회의를 사회했다. 주요 안건은 우샤스카 재판관이 작년 12월 2일 외부세미나에서 재판소와 소장단을 비난한 행위에 대한 대책이었다. 마지막 순간에 본인이 불출석하는 바람에 다소 김이 빠진 상태에서 나는 누구를 거명함이 없이 재판관의 비밀준수의무에 관한 윤리규정을 강조하면서 이를 잘 지켜줄 것을 당부하는 결론으로 봉합했다. 이런 사람이 국제형사재판소의 동료재판관이라니!

오후에는 어렵게 날을 정해서 우리 상고심 5인재판관 전원이 마지막 3개 상고사건의 합의를 하고자 모였다. 쿠룰라 재판장의 사건요약을 듣자마자 우샤스카 재판관이 자기는 이메일을 잘못 읽어 준비 없이 참석했다고 합의에 불응하면서 김을 뺀다. 그러면서 우리가 사건을 깨끗이 처리하고 떠날 필요 없이 뒤에 오는 새 팀에게 넘기자고 한다. 뻔뻔하고 무책임하다는 생각이 들었다. 토론하는 도중 나는 다음 재판부로 넘기자는 제의를 반대한다고 결연히 말했다.

우샤스카는 이런 나의 발언에 화가 나서 모든 연구관을 합의도중에 퇴실시킨 다음 나에게 큰 소리로 온갖 욕을 다 퍼붓고 항의했다. 서투른 영어를 알아듣기 어려웠으나 나는 웃고 대꾸를 안 했다. 다른 재판관들은 의외로 연기내지 다음 재판부에 미루는 것을 찬성하였는데 나중에 물어보니 우샤스카가하도 보기 싫어서 하루라도 빨리 손을 떼자는 취지였다고 해명했다.

저녁에 공식적으로는 처음으로 국제형사재판소주재 벨기에대사 드벅이관저에서 송별연을 베풀었다. 이분은 매년 예산철마다 찾아와 무엇을 도와주면 좋겠냐고 묻던 외교관이다. 브라메르츠 구유고전범재판소 검사, 오리구유고전범재판소 재판관 부부, 크뢰너 국제상설중재재판소(PCA) 사무총장 부부, 그린우드 국제사법재판소 재판관 등을 초청하여 함께 화기애애한분위기에서 만찬을 즐겼다. 벨기에의 중요한 화가 제임스 엔소르(James Ensor)의 일생을 그린 화집과 음악 CD를 선물로 주었다. 정중하고 분위기도좋았다.

2월 26일 아침에는 마지막 최고월례업무조정회의를 주재하였다. 벤수다검사 대신 참석한 제임스 스튜어트 부검사와 폰헤벌 행정처장이 모두 나의 업적을 높이 평가하면서 자기안건을 설명했다. 안건을 일사천리로 처리한 후나는 최후의 작별인사를 하고 헤어졌다. 그들이 칭찬의 인사말로 퍽 마음에와 닿는 표현을 해서 감사했다.

오늘은 *The Financial Times*의 라이오넬 바버(Lionel Barber) 대기자와 오찬겸 회견을 하는 날이다. 내가 처음에 회견장소로 제안했던 우리 구내식당을그가 반대해서 헤이그에서 가장 높은 42층 펜트하우스의 음식점에서 만났다.그는 처음부터 아주 노련하고 깔끔한 실력파 기자라는 인상을 주었다. 인터뷰하는 사람을 필요 없이 함정에 빠뜨리거나 까다로운 질문을 하지 않는다.

은구졸로 피고에 대한 상고심 심리 (2015. 2).
뒷줄 왼쪽부터 쿠룰라, 나, 모나헹, 타르푸서, 트렌다필로바 재판관.

대신 나의 개인배경은 물론 새로운 국제형사정의에 관하여 많은 공부와 사전
준비를 하고 온 기자정신이 철저한 사람 같다. 인터뷰 준비로서 내가 쓴 논문
과 연설을 모두 찾아 읽었다고 수행한 보조원이 귀띔한다.

그는 브뤼셀에 주재 시 사귄 친구이자 나의 전 비서실장인 루스비스에게
자세하게 물어보았는지 처음부터 나에게 존경과 찬사의 마음을 가지고 임하
는 것 같았다. 식사를 시켜놓고 먹으면서 질문이 시작되었으나 하나도 긴장
할 필요가 없었다. 약 2시간을 예정한 회견은 3시간이 넘도록 화기애애하게
진행되었고 3월 셋째 주에 전면기사가 나갈 것이라고 말했다.

2월 27일 오늘은 드디어 은구졸로 피고인에 관한 재판을 선고하는 날이다.
우리 상고심 재판관 다섯 명은 15분 전에 대기실에 모여 기다리는데 판결문
의 요약본만 무려 35쪽이다 보니 재판장 모나헹이 1시간 반 동안 낭독했다.
그러나 우리로서는 큰 본안사건을 하나 처리함으로써 무거운 짐을 덜게 되어
마음이 후련하다. 무죄선고를 받은 피고인은 즉각 공항으로 호송되어 본국인
콩고민주공화국행 비행기에 오를 것이다.

스타이너 브라질 재판관이 찾아와서 마지막 인사를 한다. 그동안 항상 나

를 공개적으로 사사건건 괴롭히더니 이제는 서운하단다. 모두 임무를 마치고 귀국하는데 자기만 뱀바사건을 미처 처리하지 못하여 장기 연장근무의 기록을 갈아치우고 있다. 아마 금년 말에나 돌아가겠지.

점심에는 새로 부임한 강종선 판사와 이제영 검사, 그리고 출장 온 박철주 심의관, 그리고 대사관의 윤연진 공사 등 4명이 각각 예방한다고 하기에 한꺼번에 초청하여 점심을 대접했다.

내가 요새 조퇴를 하는 동안 타르푸서 부소장이 3월 5일로 예정된 다음 소장 후보자들의 정견발표를 내가 사회하기로 했다고 불같이 화를 냈다는 것이다. 항상 이런 것을 수습해야 하는 린과 히라드는 우선 그를 달래고 나에게 즉각 전화로 보고하는 일방, 나의 대역 사회자를 물색하겠다고 건의했다. 몸도 아픈 내가 굳이 사회를 볼 필요가 없다면 오히려 이를 항의한 그에게 감사해야 할 것 같다. 결국 감기로 고생하지만 서열상 판덴바인게르트 벨기에 재판관이 사회를 승낙했다고 한다. 세상에 누가 그런 지루하고 감정에 가득 찬 회의를 하루 종일 주재하고 싶어 할 것인가.

잊을 수 없는 감사 표시

2015년 3월 3일, 국제형사재판소 소장실 직원들이 비밀리에 준비해 온 나에 대한 송별만찬이 있었다. 평소에 늘 미소로 부드럽게 대하고 칭찬과 격려를 아낌없이 해주면서 그들의 사기를 높여주었기에 그들은 내가 자기들을 깊이 신뢰하고 감사하는 줄 잘 안다. 배경이 천차만별이고 콧대 높은 직원들이 말을 잘 듣도록 만드는 힘은 참으면서 칭찬과 감사의 말을 하는 외에 더 좋은 것은 없다. 이것은 나의 통솔방법이요 리더십의 내용이다.

이제 떠난다고 하니 모두들 서운한 기분으로 모처럼 42층의 고급식당에서 각자 추렴해서 송별만찬을 성대하게 베풀어주었다. 우리 부부를 빼면 소장실 직원 15명 전원이 참석했다. 이날은 비가 오지 않아 헤이그 시내의 야경 불빛이 현란했다. 식사가 거의 끝날 무렵 비서실장 린 파커가 대표로 일어나 자기가 비록 대영제국의 대사였지만 나에게서 배운 교훈이 있다면서 '비범하고도 난국을 조용히 그리고 치밀하게 헤쳐나가는 소장님과 같은 리더십'을 일찍이 본 일이 없다고 했다.

나도 간단하게 답사한 후 우리 팀의 그동안의 수고를 한껏 감사하고 칭찬해 주었다. 놀랍게도 나 몰래 여러 가지 선물을 준비해 증정하는 것이 아닌가! 우선 그들 모두가 돌아가면서 쓴 나와의 헤어짐을 아쉬워하는 문구가 가득한 커다란 카드 한 장을 주면서 부피가 큰 선물을 곁들였다. 선물은 장식품 내지는 과일을 담아 탁자에 놓을 수 있는 커다란 쟁반이었다. 암스테르담의 지도를 구현한 철제였다. 참으로 아이디어가 기가 막히다.

이어서 대외관계 담당팀이 마련한 특별한 선물이 증정됐다. 그들은 재임기간 동안 각국 신문에 게재된 나와 관련된 기사와 사진을 선별적으로 골라 한권의 책으로 만들었다. 이것은 내가 정말 바라던 바인데, 어찌 알고 이들이 미리 만들어준 것이다. 내 임기 마지막 날 재임 중 모든 연설이 들어간 USB를 추가로 만들어주겠다고 하니 세상에 이런 고맙고 충성스러운 직원들이 또 있을까. 참으로 감격의 순간이었다.

물론 시간이 지나면 잊게 마련이지만 나의 12년 봉사에 대한 그들의 감사 표시는 참으로 잊을 수 없다. 나는 지금도 1년에 두 번 헤이그에 갈 일이 있다. 퇴관 후 보통사람이 되었지만 현지 대사관의 정성스러운 보살핌에 늘 감사한다. 그리고 소장실에서 같이 동고동락하던 직원들과의 인연이 계속되는 것이 자랑스럽다. 내가 헤이그를 방문할 때마다 나의 수석비서를 하던 프랑스인 소피 시어도어 부부가 매입하여 경영하는 바스크 스타일 식당 에치아 (Etxea, 구 Les Ombrelles)에서 모두 만나 저녁을 먹으면서 그동안의 소회를 풀곤 한다. 다만 슬로베니아로 이사한 초대 비서실장 루스비스, 영국으로 돌아간 비서실장 린은 항상 결석이어서 유감이다.

3월 4일은 아침 일찍부터 바쁘다. 호주의 외교부 수석법률고문인 카트리나 쿠퍼가 다시 예방했다. 그리고는 새로 당선된 프랑스 재판관, 콩고민주공화국의 앙투안 민두아(Antoine Mindua) 재판관, 그리고 정창호 재판관을 순차로 접견하고는 정 재판관에게 오찬을 대접했다.

오후에 모나행 재판장이 소집한 상고심 회의에 갔더니 우샤스카 재판관이 미리 준비한 각본대로 처음부터 나를 공격하기 시작했다. 내가 여러 해 전에 그녀의 출장요청을 결재하지 않은 것을 시작으로 구체적 경우를 나열하면서 공격한다. 그러나 그때 그녀의 공식 출장허가신청서는 터키에서 열리는 국제형법협회(International Association of Penal Law: AIDP)의 연례총회에 참석한다는 것이었는데 단순히 자기네의 연차총회일 뿐 그녀를 초청한 것도 아니었고 국제형사재판소에 관련되는 주제도 없었다. 그런데도 그런 무관한 회의에 참석하는 약 10일간을 공식출장으로 처리함으로써 1년에 40일이 보장되어 있는 휴가기간을 아끼고 출장에 따른 교통편의와 일당을 챙기고자 하는 것이다. 나는 그 출장이 국제형사재판소와 아무 관련이 없으니 개인휴가를 써서 가기를 권하면서 거절했던 것이다.

이 사건부터 언급하기 시작한 그녀는 내가 자기를 하도 못살게 굴어서 건강을 상했다는 취지로 말을 한다. 일체 대꾸를 안 하고 웃으며 들어주기만 했다. 나중에 상고심 연구관과 다른 직원을 위하여 주최한 송별파티에 들렀더니 동료들이 정상이 아닌 자가 하는 말이니 잊으라고 한다. 나는 이처럼 동료들의 부당한 요청을 단호히 거절할 때마다 마구 해대는 욕을 먹는 일에 익숙해져서 반응조차 표시하지 아니하였다.

난데없이 이메일 한 통이 후일(2018년) 소장으로 당선된 에보에-오수지 나이지리아 재판관으로부터 도착했다. 내가 전날 저녁 한국대사관이 주최한 송별리셉션에서 답사하는 중에 회고록을 쓰겠다고 했더니 참고하라고 보낸 것이다. 요약건대 3년 전 자기를 포함한 신임재판관 다섯 사람이 모여 자기의 주장대로 그중 4명이 내게 몰표를 주어 당선되었다고 생색내는 취지이다.

이날 저녁에는 새로 당선된 여섯 명 중 다섯 명의 재판관(필리핀재판관 불참)의 환영과 떠나는 다섯 명의 재판관(독일재판관은 수개월 전 사망)의 송별을 위한 만찬이 힐튼호텔에서 재판관들만 모여서 개최되었다. 각자 추렴하여 저녁을 같이한 전통을 답습하였다. 비교적 간단한 음식을 차려놓고 모나행 제1부소장의 사회와 인사말로 시작하여 내가 대표로 감사 표시를 한 다음 판덴바인게르트가 한마디 했다.

그런데 모두가 싫어하는 우샤스카 재판관이 갑자기 나와서 발언한다고 하여 모두 놀랐고 조마조마했다. 그녀는 서류를 정리하다가 발견했다는 2002년에 작성된 문서를 들고 나와 소장의 덕목을 서투른 영어로 나열한다. 그녀의 비정상적 행위를 아는 상고심의 쿠룰라와 트렌다필로바 재판관은 만일 그녀가 나나 재판소를 욕하기 시작하면 화장실에 가는 척했다가 귀가할 계획이었는데, 일반적인 소장의 덕목만 말하고 우물쭈물 자기자리로 들어갔으므로 다행이라고 했다. 암묵적으로 나는 그러한 덕목을 구비하지 못한 소장이었다는 비난인지는 모르지만 이상한 말을 이상한 순간에 떠들고 들어간 것이다.

원래 떠나는 재판관이 한 테이블에 한 사람씩 앉아 신임재판관들과 교류하라고 해서 나는 페르난데스 재판관, 판덴바인게르트 재판관 부부, 민두아 재판관 등과 같이 착석하였다. 옆 테이블에 앉았던 독일의 신임재판관 베르트람 슈미트(Bertram Schmitt)는 운이 없게도 우샤스카와 함께 앉아서 유익한 정보교환도 없이 손해만 보았다고 불평했다. 만찬은 조용하게 끝났고 감사패와 국제형사재판소 로고가 들어간 넥타이를 기념품으로 받아 귀가했다.

네덜란드 '기사대십자훈장'

3월 5일 소장선거에 출마한 후보들의 연설을 듣기 위한 전원재판관회의가 열렸다. 4명의 소장 후보와 2명의 부소장 후보가 공약문서를 지난주 금요일 내게 제출했다. 나는 선거관리인으로서 즉각 이를 재판관 전원에게 배포해 읽어보게 했다. 원래 국제형사재판소 소장단 선거는 로마 교황을 선출하듯 재판관 전원이 참석한 회의에서 자기의 견해를 간단히 표명하고 투표했는데, 이번에는 분위기가 과열됐다. 타르푸서 부소장(이탈리아)과 오자키 일본 재판관이 잘못 시작한 대로 공약문서를 돌리고 캠페인을 하는 방식의 정치적 선거로 변질됐다.

타르푸서가 나의 사회를 반대한 덕분에 재판관 중 가장 선임자인 판덴바인게르트가 하루 종일 이 모임의 사회를 보았다. 회의장에 배석한 비서실의 린과 히라드는 즉각 내게 결과를 알려준다. 에보에-오수지 나이지리아 재판관은 한 가지 문제를 공약으로 내세우면서 자기자랑으로 가득 찬 치기어린 발표를 길게 해서 일찍 외면당했고, 모나헹 보츠와나 재판관은 내 보좌관들로부터 아이디어를 많이 얻어갔음에도 불구하고 짜임새 없는 발표를 했다는 것이다. 타르푸서 부소장은 발표를 잘했지만 너무 일반적이어서 내용이 별로 없었고, 페르난데스 아르헨티나 재판관은 그런 대로 잘했다는 평이었다. 의외로 분위기는 조용하고 정중했고 현 소장단을 비판하는 일도 없이 마쳤다는 것이다.

나의 퇴임을 앞두고 네덜란드주재 최종현 대사가 아주 마음먹고 송별리셉션을 성대하게 개최해 주었다. 우선 장소를 헤이그에서 가장 유서 깊고 품위 있는 호텔데장드(Hotel des Indes)로 잡았다. 준비는 완벽했고 음식은 맛있고 풍부했으며 음료는 무제한 제공되었다. 천편일률적으로 각 외교사절과 주재국 정부 공무원만 초대하는 방식을 탈피해서 내가 몸바쳐온 국제형사재판소의 직위가 높은 재판관과 검사는 물론 운전사와 경호원 등 약 100여 명의 각급 직원을 골고루 초대했다. 참석한 직원들은 생전 처음 이 같은 리셉션을 참석해 보는 것이어서 황홀한 나머지 초대에 무한한 감사를 표한다.

나의 예상을 뛰어넘어 국제형사재판소와 관계되는 외교가의 리셉션에 전혀 얼굴을 내밀지 않던 미국대사 팀 브로아스(Tim Broas), 러시아, 터키, 카자흐스탄, 인도, 인도네시아, 이란, 이라크, 사우디아라비아, 이집트, 대만대표부 대사 등 큰 비회원국 대사들이 모두 참석하는 등 호응이 있었다. 오랫동안 공석이었다가 얼마 전에 부임한 미국대사는 법률가 출신이라서 그런지 나와 만날 때는 꼭 국제형사재판소에 관하여 아주 전문적인 질문을 계속하면서 친해졌으나 그의 참석은 예상 못했다. 헤이그 시장도 나의 대과 없는 퇴임을 축하해 주었다. 대개 네덜란드 정부에서 장관을 두어 번 지낸 후에야 지명되는 헤이그 시장 자리는 대단히 비중 있고 바쁜 자리인데다가 다른 나라와의 형평성 때문에 잘 참석하지 아니한다.

퇴임 환송 리셉션 연설(2015. 3). 헤이그 시내 호텔데장드.

　　이탈리아를 비롯하여 일본, 튀니지, 방글라데시, 멕시코 등 많은 회원국 대사들도 참석했다. 국제재판관 중에서는 페테르 톰카 소장, 수에한친 (Hanqin Xue, 薛捍勤) 재판관, 필립 쿠브뢰르 행정처장(이상 국제사법재판소), 카멀 에지어스(Carmel Agius), 알폰스 오리(Alphons Orie), 크리스토프 플뤼게(Christoph Flügge), 메흐메트 귀니(Mehmet Güney), 권오곤(이상 구유고전범재판소) 및 다니엘 은세레코(Daniel Nsereko) 레바논 법정 재판관 등이 왕림했다. 국제형사재판소에서는 우샤스카와 모리슨 재판관만 빼고는 신구 재판관 전원, 벤수다 검사 및 폰헤벌 행정처장이 참석하였다. 이것은 참으로 이례적인 경우였다. 네덜란드 정부에서는 국제형사재판소에 주재하는 두 대사 판호른과 스테하우어 그리고 의전장 룰프 판에이스(Roelof van Ees), 그리고 한국담당 데스크 등이 참석했다. 한국 교포들은 대학동문들만 동부인으로 모셨는데, 그들은 나중에 감사패를 만들어주었다.

　　다음 날 수많은 재판소 직원들이 내게 찾아와서 초청에 대한 감사를 표하면서 자기네가 지금까지 먹어본 음식 중에서 가장 맛있었을 뿐만 아니라 심지어 음식의 전시와 배열이 격조 높고 인상적이었다는 인사말을 했다. 나는 아픈 몰골로 손님을 맞고 안 나오는 목소리로 힘써 감사의 인사를 했는데, 연합뉴스에서 찍은 연설사진은 퍽 초췌한 모습이다.

리셉션장에서 헤이그 시장과 판호른 대사가 시민권을 줄 테니 아무쪼록 내가 네덜란드에서 영주하기를 희망한다고 강조하는 것이 특이했다. 비록 살의도는 없지만 호의에 대하여 감사의 뜻을 표했다. 분위기는 의례적인 외교 리셉션에 형식적으로 얼굴을 보이는 것이 아니라 정말 나를 좋아하고 떠남을 서운해 하는 사람들이 진정으로 와준 것인데 아주 성황을 이루어서 모든 사람들이 서로 놀랐다고 한다. 최종현 대사가 세심한 배려로 주최해 준 리셉션은 대성공이었고 한동안 시내에서 화제가 되었다.

아침 일찍 황교안 법무장관이 이성규, 이지형 검사 등 수행원과 최종현 대사 및 직원들과 함께 방문하여 일행을 접견하였다. 내가 그동안 법무부의 지원 및 협조에 감사를 표하였고, 이틀 전 대사관이 주최한 나의 송별연이 잘되었음을 주제로 최종현 대사에게 감사를 표했다.

영국대사 제프리 아담스 경(Sir Jeffrey Adams)이 관저에서 나를 위한 송별 오찬을 베풀었다. 관저를 몇 년 만에 들어가 보니 아주 잘 고쳤고 비싼 옛날 그림들에 대한 설명을 들었다. 린 비서실장과 자기네 법률담당 직원 2명, 벨기에대사, 멕시코대사, 일본대사 등이 참석하여 오붓한 분위기였다. 오찬 직후 '국제형사재판소의 친구들'(Friends of the ICC)을 소집하여 영국대사관 법률담당인 셰자드(Shezhard) 참사관의 사회로 소장시절을 회고하는 인터뷰를 했다. 궁금했는지 백 명 이상이 참석하여 큰 성황을 이루었다. 타르푸서와 모리슨 재판관 외에 상당수의 대사들이 시종 나의 답변을 경청하였다. 사회자는 나를 곤경에 빠뜨리는 질문을 하기보다는 소장 6년을 회고하면서 단계별로 나 자신의 정리에 도움이 되는 질문을 해주어서 자신 있게 답할 수 있었다. 영국인들은 의례적 인사말과 식사를 하는 사교모임으로 끝내는 것이 아니라 오찬 후 이 같은 지성적인 프로그램을 곁들이는 것이 인상적이었다.

저녁에는 핀란드대사관에서 개최하는 쿠룰라 재판관의 송별리셉션에 들렀다가 새로 도착한 페랭 드 브리샹보(Perrin de Brichambaut) 프랑스 재판관을 고급식당으로 초대하여 여러 이야기를 나누었다. 지난번 비서 소피의 실수로 바람맞힌 내가 사과를 겸해 저녁을 잘 대접해서 마음의 빚을 덜었다.

3월 9일 퇴임을 하루 앞두고 일정이 무척 많다. 아침 일찍 헤이그 시청에 파견되어 '헤이그 평화와 정의 프로젝트'(Hague Project for Peace and Justice) 를 담당하는 잉그리드 드비어가 예방했다. 그녀는 나의 계속적 협조를 간청 하면서 오는 9월 6일 베이징, 서울 및 동경을 방문하는 일정에 나의 합류를 요청했다. 흔쾌히 동의하면서 그러마고 했다.

낮에는 '레종브렐'(Les Ombrelles) 식당에서 주최된 중남미 및 캐리비안 지 역그룹인 그룰락(GRULAC) 대사들의 송별 오찬에 참석했다. 자기들끼리 잘 뭉 치는 것 같은데 이번에 의장이 된 멕시코대사 에두아르도 이바롤라(Eduardo Ibarrola-Nicolín)의 소집으로 18명 대사 중 15명이 참석하는 성황을 이루었다. 이제 막 부임해서 처음 만나는 대사들도 있었지만 분위기도 화기애애했고 기 탄없는 질의응답도 했다.

점심을 마치고 새로 당선된 당사국총회 의장인 세네갈의 시디키 카바 (Sidiki Kaba) 법무장관을 접견하러 부리나케 사무실로 돌아갔다. 그러나 3시 에 방문한다는 사람이 3시 반이 넘어도 안 나타나는 등 제멋대로다.

신임 재판관 선서식 예행연습 일정 다음에는 바로 구내식당에서 직원들이 베푼 소장 및 이임 재판관을 위한 송별리셉션에 참석했다. 물론 직원을 대표 하여 모하메드 엘 자이디(Mohamed El Zeidy)가 트렌다필로바 재판관의 이임 을 아쉬워하는 말을 했고, 앤서니 잭슨(Anthony Jackson)이 나와서 나머지 나 를 포함한 상고심 재판관 4명의 송별사를 유머러스하게 잘했다. 잠깐 동안 재판과정을 비추는 동영상을 관람하고는 모두 음료를 들고 석별의 정을 나누 었다. 그러나 나는 소장실 직원들과 사진 찍는 일정이 있어서 석별의 정을 충 분히 나누지도 못했다. 심지어는 내가 6시경 정문에서 차를 타고 마지막 떠 나는 모습까지 촬영했다.

드디어 임기 마지막 날인 3월 10일이다. 오전에 여러 사람이 작은 선물을 가지고 잠깐씩 나를 찾아보거나 이메일로 인사를 보내왔다. 오전 내내 이에 대한 답을 하느라 바빴다. 오후에는 법복을 입고 6인의 신임재판관 선서식을 집전했다. 마지막 공식업무다. 자체 건물을 갖게 된 다음부터는 국제형사재 판소의 법정에서 소장이 신임재판관의 선서를 집전하는 것으로 바뀌었다.

내가 집전한 국제형사재판소 신임재판관 취임선서식을 마치고 한국 재판관 3인이 함께 (2015. 3).

　선서식에 이어 국제형사재판소가 주최하는 소장 및 재판관의 송별 겸 새 재판관의 취임을 축하하는 리셉션이 구내식당에서 열렸다. 나는 잔뜩 쉰 목소리로나마 마지막 송별사를 했다. 상당수 직원이 눈물을 보였다.

　저녁에는 네덜란드의 베르트 쿤더르스(Bert Koenders) 외무장관이 주최한 송별만찬에 참석했다. 1564년 건설된 풍차를 개조한 식당에서 독일대사 등 주요 회원국의 대사 부부와 내가 모신 은세레코 재판관 부부가 참석했다. 그리고 판에이스(Roelof van Ees) 네덜란드 외무부 의전장 및 장관수행원 등 서너 사람 따라왔다. 외무장관은 팀머만스의 후임인데 반기문 총장의 코트디부아르담당 특별보고관으로서 그 나라에 가서 5년을 주재하다가 돌아온 외교관이었다. 사실 우리 부부는 그동안 수많은 회원국 대사와 지역그룹별로 베풀어준 송별 오찬이나 만찬에 모두 참석했기 때문에 사실 상당히 기진맥진한 상태로 참석했다. 그리하여 네덜란드 정부의 만찬을 끝으로 다른 나라 대사들이 초대하는 송별연은 모두 거절한 터였다.

　식탁에 좌정하자마자 외무장관이 일어나 네덜란드 왕이 수여하는 네덜란

네덜란드 정부가 수여한
기사대십자훈장 (2015. 3).

드 최고훈장인 기사대십자훈장(Ridder Grootkruis in de van Oranje-Nassau)을 대신 전달하는 것이 아닌가. 이것은 기대 밖의 놀라움 그 자체였다. 그런데 네덜란드 정부는 아무리 격식을 안 차린다고 해도 공식사진사 하나 없이 밋밋하게 훈장을 수여하고 마니 할 수 없이 아내의 스마트폰 카메라로 한두 컷을 찍은 것이 그나마 유일한 증명사진이다. 이 훈장의 수여는 내가 12년간 네덜란드에서 신설 국제형사재판소의 상고심 재판관 및 소장을 역임하면서 열심히 봉사한 결과를 인정받은 징표라고 할 수 있어서 지난 세월동안의 고생이 번개처럼 지나가면서도 고맙고도 뿌듯한 보람을 느꼈다.

서훈을 생각조차 못했기 때문에 준비 없이 감사의 말을 하면서 귀국 후에도 훈장을 영구히 잘 보관하겠다고 하자, 외무장관은 내게 네덜란드에 영주하기를 바란다는 말을 다시 직접화법으로 건넸다. 나는 이미 귀국을 결심했으므로 우물쭈물 그 자리를 모면했다. 정부가 최고훈장을 주고 외무장관이 직접 면전에서 네덜란드에 영주하기를 바란다는 말을 한 것은 만찬분위기로 보아 그동안 내가 아주 열심히 일했음을 인정하는 것으로 보아도 좋을 것 같았다.

비서실장 린을 불러 기사대십자훈장을 보여주면서 이런 경우 내가 왕과 외무장관에게 감사의 편지를 써야 하는지 후속 의전문제를 상의했다. 헤이그에서 영국대사를 4년 반이나 역임한 그도 놀라움을 표시하면서 자기재임 중 이 같은 최고훈장을 주는 경우를 본 일이 없어 모르겠고 훈장조차 본 일이 없다고 신기해 하면서 요리저리 만져보는 것이 아닌가. 그리고 국제형사재판소의 훌러만 의전장과 상의해 보겠다고 약속했다.

나는 네딜란드 정부의 이러한 반복된 영주 요구를 요령껏 거절하고 바로 귀국해 새로운 삶을 즐기고 있다.

환송만찬에 참석하고 귀국하다

임기가 끝난 첫날인 2015년 3월 11일 하루 종일 아무 부담 없이 헤이그 집에서 쉬니 참 좋다. 특히 모두들 서운해 하고 박수칠 때 떠나서 너무 감사하다. 이날 저녁에는 룩셈부르크의 피에르-루이 로렌츠(Pierre-Louis Lorenz) 대사의 송별 관저만찬에 참석했다. 역시 격조 있는 분위기 속에 국제형사재판소에 적극 협조하는 회원국의 대사답게 나의 업적을 치하한다. 내가 소장이 되자마자 가장 먼저 2009년 5월 1일 공식방문한 회원국이 룩셈부르크이다. 앙리 대공을 뵙고 리비아 사건 등 여러 가지 토론한 것이 기억에 남아있다. 대공비는 이 나라 유니세프 국가위원회의 명예회장이었다. 나는 유니세프한국위원회 회장 자격으로도 방문한 경우이었으므로 그녀와도 환담하였다. 첫 방문 후에도 한 번 더 방문하여 부총리 겸 외무장관인 아셀보른의 환대를 받은 일도 있었다. 이런 회고를 하면서 나는 만찬의 답사를 잘 마쳤다.

3월 13일 오전 운송회사 직원이 방문하여 이사화물을 견적하고 갔다. 조금씩 떠나야 하는 실감이 난다. 짐이 많지 않고 자동차를 국내반입하지 아니하므로 허용된 용적보다 훨씬 적은 분량이어서 별문제 없다고 시원스레 말을 하고 갔다. 저녁에는 항구의 한 식당에서 브라메르츠 구유고전범재판소 검사 주최로 권오곤 재판관과 송별만찬을 하는 중 새로 내 후임으로 소장에 당선된 실비아 페르난데스 재판관의 가족을 마주쳤다. 그녀는 호프만스키(Hoffmanski, 폴란드), 모리슨(Morrison, 영국), 판덴바인게르트(van den Wyngaert, 벨기에) 재판관을 상고심에 배치했다고 했다.

주말에 골프클리닉에 가서 점심을 했다. 날이 너무 을씨년스럽고 추워서 몸이 아픈 나는 실내에서 기다리다가 오리 재판관, 판에이스 의전장, 우르스 브라이터 스위스대사, 존 니어리 아일랜드대사, 브루스 콜로아네 남아공대사 및 테레사 등과 점심 겸 작별인사를 했다. 화제의 중심은 단연 1주일 후에 간행될 나의 *The Financial Times* 인터뷰였다. 왜냐하면 그들은 그 전 목요일자 신문에 기사의 예고편이 나간 것을 보았기 때문이었다.

새로운 한 주가 시작하자 송별연 일정이 계속 잡혀 있다. 3월 16일에는 점심과 저녁이 모두 환송 오·만찬이다. 나이지리아대사가 주동하여 환송만찬을 제의하기에 이미 일정이 꽉 차서 오찬밖에 안 된다고 했더니, 이날 헤이그의 국제프레스센터 식당에서 오찬을 베풀어주었다. 그녀의 주선으로 아프리카 국가의 대사들이 거의 대부분 참석한 송별 오찬에서 석별의 정을 나누었다. 사실 국제형사재판소 중심이라기보다 평소에 잘 대해준 나 개인에 대한 보답으로 회원국이 아닌 나라의 대사들이 더 많이 참석하여 한 마디씩 회고담도 하는 등 분위기가 좋았다.

특히 재판소를 적대시하여 온갖 비난을 하는 등 관계가 항상 껄끄러웠던 헤이그주재 케냐대사 로즈 무치리(Rose Muchiri)가 국제형사재판소 비난의 선봉이었던 유엔주재 케냐대사 카마우의 인사까지 대신하며 좋은 끝맺음의 말을 하기도 했다. 말미에는 나에게 아프리카 목각 등을 선물로 주기도 했다. 그들의 일 추진방식이 좀 즉흥적이고 거친 면은 있지만 역시 인정이 있는 모임이었다. 결국 나는 개별적으로 중요하거나 친한 회원국들의 개별 환송연을 받았을 뿐만 아니라 지역그룹의 환송연까지 받은 드문 경우가 되었다.

저녁에는 친절하게도 최종현 대사가 권오곤과 정창호 부부 및 대사관 공사 두 분 등을 모시고 한국 대사관저에서 만찬을 베풀었다. 며칠 전에 받은 기사대십자훈장을 패용한 채 최종현 대사와 사진을 찍었다. 아무래도 화제는 훈장과 나의 업적에 관한 것이고, 정 재판관에 대한 기대를 나타내는 발언이 있었다.

다음 날 저녁에는 국제사법재판소의 중국 재판관 수에한친(Xue Hanqin)이 쿠룰라 핀란드 재판관 내외와 함께 음식점에서 송별만찬에 초대해 주었다. 이분은 연전에 헤이그주재 중국대사를 하다가 국제사법재판소 재판관으로 당선되어 근무하고 있으나 평소에 내왕이 없었는데, 의외로 한국대사관이 주최한 나의 송별리셉션에 참석했다. 그리고 각별히 자기가 지은 책을 한 권 주면서 읽어보라고 하기도 하였고 오늘의 만찬을 주재한 것이다. 남편은 직장이 중국에 있어서 서로 떨어져 근무하는 형편이고 딸은 이제 대학을 마치고 베이징에서 취직을 하고 있으므로 평소에는 혼자 헤이그에서 지낸다고 한다.

판호른 대사가 알선한 송별 오찬에 참석하여 얼마 전까지 막시마 왕비의 비서였던 바히아 타지브(Bahia Tazib)와 그녀의 보좌관 얀 리엔더 로징(Jan Riender Rosing)이 합석했다. 그녀는 부친이 이란인, 모친이 네덜란드인이었는데 나에게 여러 가지 말을 하면서 금년 네덜란드의 안보리 진출을 위한 선거전략을 꼼꼼히 자문하였다. 나는 지역기구를 중심으로 지역의 일반적 온도를 측정해 보고 개별국가에 대한 차별화된 전략을 세워 접근하라고 권했다. 그녀는 국제형사재판소의 이란 출신 직원인 히라드 압타히에게서 나에 관한 좋은 말만 들어서인지 칭찬에 여념이 없었다. 요새 네덜란드 외교부가 하는 것을 보면 무척 나에게 경도되었다고 하겠다.

나라마다 베풀어주는 송별연에 계속 응하다 보니 피곤해서 하루는 쉬기로 했다. 대신 초상화가와 약속하여 찾아갔다. 초상화는 비교적 잘 그렸기에 사기로 결정하고 포장하여 한국으로 운송하도록 하였다.

20일 아침 경찰이 와서 아파트에 부착된 경보장치를 제거하면서 아파트 열쇠 2쌍을 반환해 주었다. 점심에는 루마니아의 코아마시 대사가 관저에서 베푸는 송별연에 참석하였다. 그녀는 우리에게 타조알에 각종 색깔을 넣어 왁스로 그린 정교한 부활절 달걀을 선물로 주었다. 부활절 달걀 그리기는 자기나라의 전통산업이라고 했다. 귀한 선물이다.

저녁에는 일본대사 쓰지가 관저에서 초청한 송별연에 참석하였다. 새로 내

FINANCIAL TIMES

LUNCH WITH THE FT

Lunch with the FT: Sang-Hyun Song

Lionel Barber MARCH 13 2015

Over prawns in The Hague, the outgoing president of the
International Criminal Court talks about growing up in Korea,
negotiating in Libya and the difficulties of bringing war crimes to
trial

On a sunny day, the view from the Penthouse
restaurant on the 42nd floor of The Hague Tower
stretches to the North Sea. But this is late February in
the Low Countries. The tower stands enveloped in
mist, a fitting metaphor for the International Criminal
Court, whose South Korean president, Sang-Hyun
Song, is joining me for lunch.

Established in 2002, after the genocide in Rwanda
and ethnic cleansing in former Yugoslavia, the ICC
has lofty ambitions: to end impunity by holding
countries and their leaders accountable under
international law for heinous crimes. The reality is
more prosaic: the court is a young, fragile institution in a Hobbesian world where might
usually trumps right.

There are many questions I wish to explore with Song. How can illiterate, traumatised
child soldiers from Africa be expected to testify against their former commanders in a
foreign court thousands of miles from home? Should we take the ICC seriously when
China, Russia and the US refuse to sign up? And how about the ICC's record over the
past 13 years, which shows the people put on trial (and the two convictions) have all
been black men?

Song, 73, is said to be super-smart but bland and sometimes ineffectual. After a long
career as a law professor in Seoul, he became one of the ICC's first judges and was
appointed president in 2009. Those who know him say his weakness derives from his
office — the ICC has a budget of more than €100m but no powers of arrest, no police
force, no intelligence gathering and must rely on the goodwill of member states; in fact,
they say, Song is courageous and generous, a philanthropist who co-founded a legal aid
centre for women in South Korea.

*The Financial Times*의 인터뷰 기사. 2015년 3월 15일자.

네덜란드주재 일본대사관이 주최한 송별만찬. 권오곤 재판관, 국제형사재판소
오자키 일본재판관, 쓰지 일본대사, 국제형사재판소 차기소장 페르난데스, 우리 부부,
오와다 국제사법재판소 재판관 내외가 참석했다 (2015. 3).

후임이 된 페르난데스 소장 부부, 오자키 부소장, 국제사법재판소의 오와다
재판관 부부 등이 화기애애하게 만찬을 즐겼다. 이제 일본의 송별만찬을 마
지막으로 그 이상의 송별만찬 제의는 정중히 사양하였다.

3월 21일은 귀국 날이다. 날씨도 화창하다. 큰 여행가방 4개를 포장하고
휴대가방까지 6개의 짐을 싣고 저녁 7시 15분경 공항으로 나갔다. 네덜란드
왕이 전용으로 쓰는 귀빈실을 특별히 내주었다. 최종현 대사, 윤연진 공사,
강종선 법무협력관, 그리고 권오곤, 정창호 재판관 및 운전사 렉스가 끝까지
환송해 주었다. 렉스는 기내에 들어와서 비행기 좌석에 앉은 우리 부부의 마
지막 모습을 사진 찍어 보내주었다. 고마운 분들이다.

이튿날 오후 3시 40분 인천공항에 도착했다. 고맙게도 이기철 전 대사가
출영해 주었다. 공항에 나오지 못한다던 딸 내외와 손자가 부산에서 올라와
귀빈실에서 기다리는 게 아닌가. 뜻밖의 기쁨이었다. 오후 5시경 집에 도착
하니 더 큰 기쁨이 기다리고 있었다. 딸의 가족들이 형형색색의 고무풍선과
'환영해요'(Welcome), '사랑해요'(I love you) 등의 문구를 적은 포스터와 현수
막을 집안 여기저기에 붙여놓고 우리를 환영해 주었다. 초등학생인 외손자의
작품일 터이다. 감동 그 자체다. 딸네는 집에서 이른 저녁을 먹고 다시 부산
으로 귀가했고 우리는 귀국의 첫밤을 기분 좋게 지냈다.

12년의 국제형사재판소 봉사를 뒤돌아보다

제2차 세계대전 이후 유엔이 이룩한 세계평화유지에 대한 지대한 공헌에도 불구하고, 국제형사재판소가 창설되기 전까지는 인류평화를 위협하는 범죄를 저질러 무고한 양민을 대량학살한 원흉이나 독재자 개인을 직접 처벌하여 피해자의 한을 풀어줄 적당한 방법이 없어서 항상 부족함을 느끼고 있었다. 그러한 간극을 메꾸는 새로운 메커니즘으로 탄생한 국제기구가 국제형사재판소이다. 이 재판소는 전쟁, 침략, 집단학살 및 반인도적 범죄 등 4가지 관할범죄를 저지른 독재자 개인을 단죄해 응보적 정의(*Retributive Justice*)를 구현하는 동시에 국제형사정의를 통한 세계평화(*World Peace through International Criminal Justice*)를 확보하는 기능을 수행한다. 나아가 국제형사재판소 산하의 피해자신탁기금(Trust Fund for Victims)은 피해자를 구조하고 자립을 지원하는 회복적 정의(*Restorative Justice*)와 치유적 정의(*Reparative Justice*)도 아울러 실현하고 있으므로 세월이 갈수록 유엔시스템에 필적할 만큼 성장해 인류의 평화와 안전을 위하여 그 사명을 다할 것으로 확신한다.

나는 로마규정의 성립 등 새로운 동향은 알고 있었으나 나와 직접적 관계가 없는 것으로 치부하고 있었다. 서울대를 정년퇴직하면 무엇을 할까 생각하면서 은퇴준비를 하다가 우여곡절 끝에 정부의 부름을 받고 신설 국제형사재판소 초대재판관 선거에 출마했다. 2003년 2월 초 나는 초대재판관으로 당선되어 3월 10일 선서 후 부임하였다. 네덜란드 헤이그에서 도합 12년간 봉사하는 행운을 누렸다. 유엔과는 전연 별도로 출발한 새로운 국제형사정의시스템의 구축에 참여해서 세계평화를 위한 국제형사재판소(International Criminal Court: ICC)의 창설이라는 인류의 염원을 달성하는 데 미력이나마 처음부터 기여한 것이다. 그러나 국제형사재판소의 출범이 전 세계 모든 사람의 축복을 받는 것만은 아니었다. 미국은 부시 대통령을 중심으로 국제형사재판소를 세차게 공격하면서 여러 방면으로 타격을 주고자 노력하였다. 그 외에도 유엔안보리 상임이사국인 중국과 러시아는 물론 인도 등 강대국이 유보 내지는 반대태도를 보인 것은 설립 초기 국제형사재판소의 앞날에 커다란 우려를 안겨주었다. 국제사회는 국제형사재판소의 탄생에 대하여 대체로 호의적이었지만, 강대국들의 태도 때문에 안심하기 어려운 상황이었다.

헤이그에 도착하자 우리는 필립 키르쉬(Philippe Kirsch) 캐나다 재판관을 초대소장으로 선출했다. 한편 나는 재판관 선거 당시 유일한 남성 최고득표자이므로 취임선서 및 축하 오찬 만찬 등에서 상응한 대접을 받았으나, 막상 소장선거 과정이나 초대 재판소의 내부 진용구성에서는 완전히 배제되었다. 나는 소장단의 결정으로 2004년 1월 4일부터 상고심 재판관으로 배치되어 12년간 다른 4명의 동료와 함께 상고사건의 재판업무에 집중하였다.

초대 재판관 18인은 그런 대로 처음에는 개인의 이해관계보다 새로 생긴 재판소의 앞날을 더 걱정하는 자세를 보여주었다고 하겠다. 아마 주로 외부의 위협이 그런 방향으로 끌어갔던 것 같다. 이 같은 바람직한 분위기는 국제형사재판소가 점차 법원으로서 정상궤도에 오르자 흐트러지면서 개인의 이해관계를 앞내세우는 재판관의 수가 증가하는 것 같았다.

재판부와 검찰부를 모두 행정 지원하는 행정처장의 선출은 재판소 운영의 성패를 좌우하는 중대사인데, 내가 재임하는 동안 재판관들이 선출한 두 명의 처장은 연속 실패작이어서 신설재판소의 기초다지기에 큰 지장을 주었다.

초대검사는 젊은 시절 아르헨티나의 군부독재 협력자를 용감하게 처단한 명성 때문에 쉽게 국제형사재판소 검사로 당선되었다. 그러나 점차 그는 형사법 실력과 경험이 아주 미숙함이 드러났고, 매스컴을 동원하여 자신을 홍보하는 데에만 전력을 기울이며, 대외적 쇼에 능하나 몹시 감정적이고 즉흥적이어서 많은 일을 그르치는 사람임이 드러났다. 그리고 검찰부를 극히 독재적, 독선적, 일방적 방식으로 운영하여 내부적으로 원성이 자자했다. 후임 검사도 실망스럽기는 마찬가지다. 수사 및 공소유지나 조직관리에는 관심이 없고 여행만 다니면서 모든 업무를 캐나다 출신 부검사 제임스 스튜어트(James Stuart)에게 맡겨버렸다. 무엇보다도 국제사건의 복잡성 및 정치적 민감성과 입증의 어려움에 대한 인식이 없는 사람들이었다. 앞으로 국제형사재판소의 성패는 어떤 검사와 어떤 재판관들을 당사국이 선출하는가에 달려 있다고 해도 과언이 아니다.

국제형사재판소는 다른 국제기구나 재판소와는 달리 좁은 헤이그 시내에서 123개 회원국의 대사와 외교관들을 날마다 상대해야 한다. 따라서 하루라도 이들의 요구와 문의가 없는 날이 없어서 재판소 자체의 시간과 노력이 엄청나게 낭비되고 있다. 회원국들은 더구나 당사국총회 내에 예산회계위원회(CBF)를 시작으로 각종 워킹그룹을 계속 만들면서 재판소에게 요구하는 것이 너무 많았다. 어떤 때는 소장실의 전 직원이 하루 종일 그들이 출석을 요구하는 회의에 매달려서 재판소 운영의 본 업무를 할 수 없기도 한다. 이 문제는 재판소와 당사국총회(ASP) 간의 원만한 관계를 위하여 앞으로도 꼭 집고 넘어가야 할 숙제이다.

외부의 정치적 바람이 강해지면 사법기관인 국제형사재판소는 이에 스스로 대응하기 어려우므로 이를 막아줄 기관은 당사국총회와 회원국들뿐이다. 사법기관이 스스로 정치적 바람에 대응할 방법이나 수단이 없기 때문이다. 예컨대 케냐의 현직 정·부통령이 피고가 되어 재판을 받는 것과 관련하여 케냐가 부리는 엄청난 방해와 정치적 술수에 대하여 막아주는 회원국은 하나도 없고, 오히려 소장인 내가 상고심 재판하랴, 정치적 바람을 막으랴 정신이 없었다. 고맙게도 반기문 총장과 유엔이 국제형사재판소 자신이나 어느 회원국보다 더 열심히 막아주니 경우가 한참 거꾸로 되었다.

대부분의 서유럽 그룹은 과거 식민지 시절의 업보가 있어 강하게 나서지 못하고, 그런 문제가 없는 유력한 회원국들은 안보리 비상임이사국 진출, 재판관 선출, 기타 중요한 선거에서 아프리카의 표를 잃지 않기 위하여 원칙이나 상식과 다른 이상한 소리를 하거나 입을 다물고 만다. 이것이 소장인 내가 직접 몸으로 부딪쳐 타개해야 하는 이유이고 국제사회의 현실이었다. 아프리카 회원국의 집단탈퇴 협박에 대응하여 나이지리아로 날아가서 대통령과 담판한 것도 그러한 이유 때문이었다. 국제형사재판소는 법원이므로 답답하더라도 법률적 입장만을 엄정한 태도로 고수하지 않을 수가 없는 것이다. 따라서 아프리카 국가들이 정치적 술수를 쓰는데도 대응을 못하고 재판으로만 대답할 뿐이다. 정치적 환경 속에서 운영되는 사법기관의 어려움이 여기에 있다.

이 기회에 유엔과 별도로 인류가 수십 년을 걸려 어렵게 성립시킨 로마규정 시스템을 한번 검토해 보자. 이는 간단히 말해서 평소에는 국가지도자들이 면책특권을 향유하더라도 그들이 집단학살 등 국제형사재판소 관할범죄를 저질렀거나 조장했거나 묵인한 경우에는 현역 여부와 관계없이 반드시 단죄되어야 한다는 뉘른베르크 원칙에 터 잡고 있는 시스템이다. 지도자가 권력을 잡거나 유지하기 위하여 무고한 사람을 죽이고도 벌을 안 받는다는 부당면책의 생각(impunity)은 도덕적으로 잘못된 것이고 정치적으로도 위험하다. 따라서 수십 년 동안 국제사회의 공동노력으로 집단학살 등 4가지 국제형사재판소 관할범죄만은 꼭 처벌하기 위해 새로운 국제적 형사정의시스템이 합의되었는데 그 정상에 국제형사재판소가 자리 잡고 있다.

국제형사재판소에서는 이같이 합의된 국제형사정의시스템의 최초,케이스로서 케냐의 현직 정·부통령에 대한 소추절차가 진행되고 있었다. 이들 양인의 혐의는 2007년 말 대통령 선거 후 일어난 민간인 1,100명 이상의 학살을 음모 또는 지시했다는 것이다. 케냐의 현 지도자들에 대한 국제형사재판의 의미는 혐의자들이 아무리 강력한 권력자라고 하더라도 중대한 인권위반은 반드시 처벌되어야 한다는 새롭게 진일보한 국제법 원리를 보여주는 것이다.

최근까지 진보적 사상가들은 특정국가가 자국민을 보호하지 못하는 경우 국제사회가 일정한 요건 하에서 민간인을 보호할 책임이 있다는 이론(responsibility to protect)과, 국제형사재판소 시스템이야말로 새로운 국제질서의 시작이라는 믿음과 같은 새로운 입장이 전통적인 독재자들의 입지를 아주 좁게 만들 것으로 생각하였다. 그러면서 그들은 주권국가의 내정 불간섭이라는 웨스트팔리아체제(1648)를 옹호하는 사람들을 오직 베이징이나 모스크바에서나 볼 수 있는 후진적인 나쁜 사람으로 치부하였다. 그런데 최근 이 진보적 생각이 저항을 받으면서 구식 웨스트팔리아체제의 주권절대사상이 조금씩 부활하고 있는 것이 아닌가 하는 의심이 들 때가 있다.

거기에는 아마도 3가지 이유가 있음직하다. 첫째는 테러와의 전쟁이고, 둘째는 서양에서 동양으로의 경제권력의 이동이며, 셋째는 새로운 반(反) 웨스트팔리아 이념에 내재하는 불일치 때문이다.

국제형사재판소 형사절차에 계류되어 있는 케냐타 대통령의 실추된 국제적 이미지는 2013년 9월 나이로비 쇼핑몰에서 발생한 소말리아 테러리스트의 공격에 대한 적절한 대응으로 상당히 개선되었다. 따라서 이 사람은 그리 무능하고 나쁜 대통령은 아닐 수도 있다는 인상을 주면서 나이로비공격은 케냐가 테러와의 전쟁에서 최전선 국가라는 사실을 성공적으로 부각시켰다. 서방지도자들은 분명 이처럼 취약한 국가의 효과적인 지도자를 재판에 회부하는 것이 바람직한 짓인가를 속으로 자문해 보았을 것이다. 한편 유엔안보리에서는 아프리카 국가들의 강력한 청원에도 불구하고 케냐타의 재판을 로마규정 제16조를 근거로 무기한 연기하려는 움직임이 부결되었다. 연기되었더라면 새로운 국제법 질서에 큰 타격을 주었을 것이다. 그러나 케냐타 재판이 제대로 진행된다고 하더라도 인류가 포악한 지도자들을 국제법정에서 단죄하는 문제가 테러에 대한 전쟁을 넘어서는 것인지는 계속 논의될 것 같다.

세계의 경제력이 아시아 쪽으로 점차 이동함에 따라 서구정부들은 점차 인권기록이 나쁜 아시아 지도자들을 상대하지 않을 수 없다. 중국은 가장 분명한 예이다. 그러나 이 문제는 세계에서 가장 큰 민주주의 국가라는 인도에서도 일어났다. 나렌드라 모디는 2002년 구자라트주의 대량학살에 연루되어 미국의 비자발급이 거부되었지만 총리가 되자마자 금방 러브콜을 받고 있는 것이다. 따라서 이러한 중대한 흠이 있는 지도자를 정상적으로 상대한다면 지금 발전하고 있는 국제형사재판소 중심의 국제형사정의체제에 내재적 불일치라는 큰 결점이 드러난다. 문제는 사람마다 정의의 보편성을 주장하지만 이는 대단히 선택적이라는 것이다. 아프리카 국가들은 국제형사재판소에 기소된 자는 오직 아프리카 사람뿐이라고 불평한다. 인권변호사들은 부시, 푸틴, 토니 블레어 등 강력한 지도자들이 전쟁범죄로 기소되지 아니함에 대하여 의문을 제기한다.

개도국들이 점점 경제적 힘을 얻게 되자 중국과 러시아처럼 주권절대사상 중심의 웨스트팔리아원칙으로 복귀하려는 움직임이 증가하고 있다. 인도와 같은 많은 개도국들은 식민주의의 아픈 기억이 있고 서방의 간섭에 대한 본능적 증오와 의문이 있다. 심지어 짐바브웨처럼 최악의 인권기록을 가진 나라마저 이에 동조하는 판이다. 따라서 인권유린자들이 점점 숨 쉴 공간이 넓어지는 것이 아닌가 하는 의구심이 있다. 따라서 인권을 심각하게 유린한 각국 지도자들을 좋든 싫든 간에 법원을 통하여 단죄한다는 아이디어는 대단히 바람직하고도 자랑스러운 개념이지만 이는 점차 현실테스트에서 시행착오를 경험하고 있는 것이다.

국제형사재판소가 대표하는 국제형사정의시스템으로부터 후퇴하는 배후에 가장 결정적 요인은 힘의 균형이 변화하는 데에 있다는 가설은 맞는가? 아니면 그보다도 더 자명하게 다른 곳의 사태를 무시하고 오직 아프리카만을 과녁으로 삼는 국제형사재판소의 형사정의의 선택적 적용이 더 문제인가? 사실 검사의 오판과 사건의 잘못된 선택으로 국제형사정의시스템의 출발에 심대한 타격을 주었다는 것이 내 솔직한 생각이다. 케냐의 경우에는 새로운 국제이념에 기반을 둔 국제형사재판소의 결정이 주권국가의 민주적 결정보다 앞서는 것인가? 케냐 사건은 국제형사정의시스템을 시험하고 있으며 여러 가지 정치적으로 길게 생각해 볼 문제점을 남기고 있다.

내가 서울대 법대 교수로서 정년이 얼마 안 남았을 때 갑자기 그리고 우연히 정부의 지명을 받아 신설된 국제형사재판소의 재판관으로 당선된 것은 나의 말년 인생을 코페르니쿠스적으로 전환시킨 대사건이었다. 개인적으로는 한국을 떠나 타국에서 장기간 봉사해야 한다는 국제근무의 일반적 어려움조차 처음에는 희미하게 다가왔을 뿐이었다. 그러나 시간이 갈수록 국제형사재판소 재판관의 임무가 내 생애에 부여된 마지막 소명이라는 생각이 들었다. 동시에 내가 한국동란 중 적치 3개월간 지하에 숨어있는 우리 식구의 식량을 구하러 날마다 홀로 고향인 서울 도봉구 창동을 걸어다니면서 본 미아리 고개 등 길가에 널브러져 부패해 가는 수많은 시체의 광경이 떠올랐다. 전쟁의 원인과 참혹한 결과에 대한 의문을 오랫동안 떨쳐버릴 수 없었던 소싯적의 기억이 되살아났기 때문이다.

전쟁, 침략, 집단학살, 반인도적 범죄 등 4대 평화교란 범죄의 수괴를 처벌하여 국제형사정의를 실현하는 인류 최초의 사법기관의 창립재판관

⟨*founding judge*⟩이 되었으니 마음가짐과 언행은 어떻게 하고 내 인생의 마지막 봉사를 어떻게 하면 좋을까. 생각할수록 사명감에 가슴이 뛰고 머리가 무거워지며 잠이 오지 않았다. 그러나 다른 한편으로는 무한한 호기심과 도전 의식이 되살아나기도 하고, 단조로운 국내 생활환경을 떠나서 변화를 맞이할 생각에 마음이 들뜨기도 했다. 국제형사재판소 재판관이라는 새 자리가 과연 나의 평범함에 감추어진 비범함의 싹을 틔워 새로운 인생을 개척하는 계기를 가져다 줄 것인가. 과연 내가 인류의 평화를 위해서 구체적으로 할 역할을 찾아 조그마한 기여라도 할 수 있을 것인가. 이같이 꼬리를 무는 상념들은 이성의 작용이라기보다 끊임없는 감정의 이입이라서 혼란스럽기까지 하였다.

정의를 통한 평화의 실현을 위하여 인류에게 봉사하는 내 인생의 마지막 기회를 놓칠 수 없었다. 아! 얼마나 감사한 기회인가. 이것은 분명 나에게는 새로운 도약의 순간이고 인생의 과정에서 중요한 변곡점이다. 이제 바람처럼 자유롭고 새처럼 가벼운 기쁨으로 내 멋대로의 삶을 혼자 꾸려갈 수 없게 되었다. 아마 새로운 차원의 세상이 열린 것이다. 우연이 운명이 되는 한 예인 것 같다. 내게 닥친 이 운명적 우연 속에서 나는 일생 준비하고 차곡차곡 쌓아 두었던 경험을 인류평화를 위하여 모두 바치겠다는 필연적인 생각을 했다. 기다리고 준비했더니 이런 기회가 온 것이기 때문이다. 이 도약의 지점에서 내 생애의 마지막 꽃을 찬란하게 피워보자. 어차피 또 하나의 삶의 문턱을 넘어야 할 때가 되었으니.

평소부터 튼실한 전문적 기초와 정리되고 준비된 실력으로 남을 리드하면서도 아주 겸손한 태도를 취하는 것이 항상 중요하다. 법관으로서 언행을 조심하여 재판의 독립과 성실성을 저해하지 않고 심지어는 쓸데없는 오해조차 일어나지 않도록 윤리적으로 엄격하게 자신을 관리해야 한다. 법관의 윤리적 자세에 관하여서는 아주 엄격한 영미법계의 태도와 상대적으로 완화된 대륙법계의 입장이 차이를 보이고 있으나 주로 영미에서 교육을 받은 나는 스스로 일상생활에서 공과 사를 구별하여 주변을 깨끗하게 정리하고, 웃음으로 대하되 말을 조심하고, 공무 외에 일체의 사교적 접촉을 삼가며, 심지어 골프를 치는 경우에도 아내가 합류하지 아니하면 혼자 치는 것을 고집했다. 나의 헤이그생활 12년은 이러한 도덕적 자기검열 때문에 외롭고 힘든 세월이었다.

"하루도 마음 편한 날이 없이 엄정한 재판관,
능란한 외교관, 현실적 국제정치가가 돼야 했다"

2009년 3월 70세가 거의 다 되어 국제형사재판소의 수장으로 선출됐을 때 하늘이 내게 주신 마지막 봉사의 기회로 여겨졌다. 내게 부여된 엄청난 소명에 대한 자각 때문에 전율했다. 모든 우연이 다 필연이 되는 것은 아닌데 우연이 운명을 이끌고 춤추는 여신이 나를 깨웠으니 마지막 인생의 불꽃을 태우리라. 나는 정말 있는 힘을 다하여 신명을 바쳐 봉사했다. 재판을 열심히 했다. 어느 경우에나 내 한 몸을 아끼지 아니했다. 소장으로서 엄정한 재판관, 능란한 외교관, 현실감각이 뛰어난 국제정치가가 되어야 하는 힘든 과업을 6년간 열심히 수행했다.

　물불을 가리지 아니한 채 유엔과 별도로 탄생한 신설조직의 기틀을 잡아갔다. 우선 이 중요한 신생기관을 어떠한 방향으로 끌고 갈 것인지와 관련된 궁극목표와 장기계획을 수립했고, 재판업무의 공정과 능률, 예산과 인사 및 조직 등 사법행정 사무의 투명한 관리와 조정 등 실로 엄청난 업무량에 압도되었다. 새로운 국제기구를 어떤 방향으로 이끌어가고 육성할 것인가는 간단한 문제가 아니다. 유엔과 같이 오래된 조직을 맡았을 때에는 이를 새삼스럽게 개혁한다는 일은 거의 불가능에 가깝다. 수십 년간 쌓여온 관례가 있고 오래 근무한 직원들의 타성과 저항이 있기 때문이다. 그러나 국제형사재판소는 불과 수년 전에 탄생하였고 새로 직장을 얻은 직원들의 결의와 분위기도 기존의 국제기구와는 다르게 새로웠다. 나는 소장으로서 어떻게 직원들의 열망에 부응하고 이 신생기구를 바람직한 방향으로 이끌어가면서 목표를 달성하여야 할 것인지 혼자 밤낮 많은 고민을 했다. 세계 각국을 공식방문하는 살인적 일

정도 소화해냈다. 과로로 건강을 몹시 상하기도 했다.

국제형사재판소에서 봉직하는 동안 단 하루도 마음 놓고 편하게 지낸 날이 없지만 몇몇 장면이 떠오른다. 초창기에는 새 기관의 골격을 세우는 내부규정을 제정하고 행정적 기틀을 마련하는 데 부지런히 참여하고 특히 전자법정 (e-courtroom)의 도입책임을 맡아 어려운 임무를 완수했다.

한 지붕 밑에 있는 재판부와 검찰부 및 이 두 부서를 지원하는 행정처 간의 관계, 역할 및 책임이 로마규정상 불분명하여 많은 비능률과 잡음이 있었으므로 나는 부서 간의 관계를 명확하게 하는 지배구조원칙(governance state-ment)을 선언하여 대외적으로 재판소를 대표하는 얼굴은 소장임을 분명히 하는 동시에 내부적으로 통솔의 원칙을 정립하였다.

소장으로서 국제형사재판소 신(新) 청사 건립을 계획해 회원국들과 긴밀하게 상의하면서 국제경쟁입찰 절차를 통한 설계와 시공을 거쳐 아름다운 건물을 완공했다. 해변에 자리 잡고 있으며 첨단기술로 건설한 쾌적한 청사는 헤이그의 명물이 될 것으로 자부한다.

아시아는 가장 넓고 인구가 많은 대륙이지만 국제형사재판소 설립을 위한 로마규정을 비준한 회원국 수가 가장 적어 아시아 각국은 물론 여러 나라를 방문해 가입을 설득하는 등 줄기차게 노력했다. 그 결과 새롭게 모두 14개국이 비준하여 새로운 회원국이 되었다. 잠시 동유럽지역보다 회원국 수가 적어 아시아지역에 배정된 국제형사재판소 재판관 수도 3인에서 2인으로 줄어든 때도 있었으나, 이제는 아시아지역에서 3인의 재판관을 선출하게 돼 한국, 일본 및 필리핀이 재판관을 배출하고 있다. 또한 회원국의 국내이행 입법촉진, 증인보호 협정과 형집행 협정의 체결, 그리고 국제형사정의에 대한 관심제고를 위하여 수많은 나라를 방문했다.

나는 소장으로서는 유일하게 생명의 위험을 무릅쓰고 아프리카의 분쟁지역을 두 차례 방문해 국제형사재판소 현장사무소 직원을 격려하고 많은 피해자 마을을 방문해 피해자들을 위로했다. 사지를 잃은 전쟁피해자를 위한 의수족제작소를 세우고 그들에게 이를 제공해 자활하도록 했다. 코, 귀, 입술을 잘린 피해자에게 성형수술을 해주었다. 또한 피해자에게 의료봉사 및 직

헤이그에 주재중인 판·검사 제자들과 함께 국제형사재판소장 임기 중에 건설한 신청사를 방문 (2017. 5).

국제형사재판소 신청사에 한국 정부가 기증한 신문고 제막식에 ICC 소장 및 부소장, 그리고 최종현 대사와 함께 참석 (왼쪽에서 네 번째가 정창호 재판관, 다섯 번째가 부소장, 여섯 번째부터 소장, 나, 아내, 최종현 대사) (2016. 4). 위아래 두 사진의 오른쪽 맨 끝이 제자 강종선 법무협력관(판사).

업훈련을 기본적으로 제공했으며, 소년병 출신 청소년에게 교육을 받게 하고 '미소금융'을 해줌으로써 생업의 기초를 마련해 주었다. 강간피해자의 트라우마극복을 돕고자 지속적 심리상담과 치료프로그램을 운영했다. 지역사회에 기반을 둔 어린이 교육프로그램을 보급했고, 의견차이를 극복하는 방법을 모르는 주민에게 평화교육을 시켰다. 평화교육은 대단히 인기 있는 프로그램 중의 하나였다.

매 7년마다 로마규정의 성과를 돌아보고 개선점을 밝혀내는 첫 번째 '리뷰 컨퍼런스'를 우간다 캄팔라에서 성공적으로 개최하여 재판소의 기본 틀과 방향을 잡았다.

국제형사재판소의 기초를 다지고자 유엔(UN), 유럽연합(EU), 미주기구(OAS), 영연방(The Commonwealth), 프랑코포니(La Francophonie), 아시아·아프리카 법률자문기구(AALCO), 메르코수르(MERCOSUR: 남미 5개국 공동시장) 등과 업무협조협정(MOU)을 체결하여 협력체제를 구축하고, 수많은 비정부기구는 물론 각 회원국과 주재국인 네덜란드와의 유대를 강화해 전 세계적 뿌리를 내리는 노력을 게을리하지 않았다.

각 정부와 비정부기구의 대표들과 가진 끊임없는 대화와 설득 및 교섭을 통해 그들에게서 배우고 그들과 인간적으로 가까워진 것은 나의 자산이요 행운이다. 개인적으로는 일본, 독일 및 트리니다드토바고의 재판관이 별세하여 이분들의 장례를 주관한 일은 물론, 국제형사재판소의 설립을 주창하신 트리니다드토바고의 아서 로빈슨 대통령 장례식에 참석하는 등 슬픔을 극복해야 하는 시기도 있었다.

네덜란드 정부는 내게 퇴임을 기념하여 최고훈장을 주면서 자기 나라에 영주할 것을 강력하게 권고했을 뿐만 아니라, 나의 공적을 국제기록으로 남기기도 하였다. 2015년 5월 8일 유엔총회에서 채택한 국제형사재판소에 관한 결의안(A/69/L61)을 심의하는데 68개국을 대표하여 발의한 유엔주재 네덜란드 대표부 판오스테롬 대사는 "송상현 소장은 국제형사재판소의 트레이드마크가 되었고, 진정한 국제정의의 챔피언"으로 기억될 것이라고 발언한 바 있다(President Song therby became a trademark of the Court, and let me pay tribute to him by saying that he will be remembered as a true champion of international justice). 당시 유엔총회에서 그 결의안에 포함된 이 발언을 들은 유엔 한국대표부 법률협력관 원호신 판사는 "듣는 저희로서도 정말 가슴 벅찬 찬사였습니다. 이제 남은 건 저희 청년 법률가와 외교관들의 몫이 아닌가 싶습니다. 부족하나마 국제형사재판소 관련 여러 현안에 대하여 관심을 가지고 주목하여 국위선양은 물론 국제형사재판소의 발전을 위해 노력해야겠다는 다짐을 해봅니다" 라는 편지를 보내왔다.

소장을 퇴임하고 돌아보니 과연 나는 하나의 세계를 넘어 더 높은 차원의 정신적 각성을 거쳤을까. 세상의 변화를 위한 내 꿈은 얼마나 실천되었을까 하는 생각이 계속 꼬리를 물어도 시원한 답은 없다. 하지만 적어도 국제형사재판소가 내 깨달음의 실험장이었음을 알아차렸다.

나는 국제형사재판소에서 12년 동안 봉사하면서 마음을 내려놓기 위한 노력을 했다. 우선 내 자신이 이 엄청난 책임을 맡게 된 상황에서 국제기구의 성격상 그리고 국제형사재판소의 조직구조상 나 혼자 독단할 수 없었기 때문이다. 국제기구는 언어, 사고방식, 문화적 배경 등이 다른 여러 나라 사람이 같이 근무하므로 혼자 자기의 입장을 고집하기 어렵다. 그리고 각국의 이해관계가 첨예하게 대립하는 경우도 있어서 늘 이를 잘 살펴야 할 필요도 있다.

특히 국제형사재판소는 사법기구인 데다가 소장 외에 재판부, 검찰부 및 행정처가 조직상으로 분리 독립을 유지하고 있으므로, 소장이 전체적으로 임의적 결정을 하기가 불가능하다. 보스가 되었다고 권위를 내세우고 싶은 마음이 있으면 이런 상황을 어떻게 대할 것인가. 모든 난관과 반대를 무릅쓰고 권력을 집중하여 일일이 간섭하는 경우를 생각할 수 있다. 사실 검찰부의 운영이 바로 그러한 모습이고 따라서 엄청난 비난과 내부부실을 초래하였다. 나는 욕심과 야심을 내려놓고 직원이나 보좌관들의 의견을 항상 우선적으로 듣고 그들을 격려하고 칭찬해 주면서 토론의 마지막 순간에 결정하는 방식을 택했다. 그 과정에서 때로는 화도 나고, 때로는 무시당하지 않나 하는 의심도 들고, 때로는 정상적 보고가 내가 따로 들은 경우보다 늦을 때 나를 우회하여 일을 처리하지 않나 하는 우려가 든 경우도 많았다.

그러면 이런 경우에 나는 어떤 태도를 취할 것인가. 속으로 열불이 나도 인내와 미소만이 결과적으로 일을 모두 성공으로 이끌었기 때문에 참는 수련을 많이 했다. 아시아인의 인내(Asian Patience)!

"내 마음의 영원한 등대"

국제형사재판소 소장의 임기를 한 차례 연임하고 2015년 3월 22일 12년 만에 영구귀국을 했을 때, 김건식, 정상조 두 전임 서울대 법대 학장이 주도하여 귀국환영의 뜻을 담아 여러 제자들이 쓴 나와의 관계에 관한 가벼운 에피소드를 모아서 나의 퇴임 및 귀국 기념문집을 출간하였다. 《내 마음의 영원한 등대: 잊지 못할 스승 송상현 선생》이 바로 그 책이다. 이러한 계획을 전해들은 나의 국제형사재판소장 보좌관들이 고맙게도 자기들도 한 편씩의 에피소드를 영어로 작성하여 제출함으로써 참여하였다. 여기에 2015년 3월 14일자 영국의 *The Financial Times*가 나를 전면으로 인터뷰한 기사를 부록으로 첨부하였고, 옛날사진들을 중간에 삽입하여 근사한 책이 탄생하였다. 이것도 역시 분에 넘치는 영광이요 기쁨이다.

제자들이 준비한 이 책은 널리 중지를 모으지 못한 채 조용히 원고청탁서만 띄웠는데도 100여 편의 옥고가 답지했다는 것이다. 감사한 일이다. 나의 귀국을 환영하는 제자들이 나와 관계된 사제간 일화를 모았다. 《내 마음의 영원한 등대》에 실린 고마우면서도 나에게는 과분한 제자들의 글 중 몇 대목을 소개한다.

여러 제자들이 나와의 관계에 대한 에피소드를
모아 출간해 준 귀국환영 기념문집.

귀국을 환영하는 문집을 발간하여 증정한 축하 만찬 모임 (2015. 5.).

김난도 서울대 교수 고백하자면 나의 법과대학 생활은 형편없는 지경이었다. 어릴 때부터 관심을 가지기는커녕 부모님과 학교의 강권으로 진학한 학과에서 배우게 된 법학이라는 학문은 딱딱하고 어렵기 그지없었다. 그때 길을 보여주신 분이 선생님이었다. 그때 내가 선생님을 찾아뵙지 않았다면 ···. 내 인생의 행운 중 하나가 4학년의 어느 날 송상현 선생님의 연구실 문을 두드린 것이었다. 그날 이후 나는 법조계라는 '가지 않은 길'을 뒤로 하고, 새로운 길로 기운차게 발걸음을 옮길 수 있었다.

이재환 변호사 올해는 교수님 사정으로 댁에 세배를 가지 못했다. 한 해의 시작은 항상 교수님댁에 언제 세배 갈지 약속을 정하는 것으로 시작했다. 매년 세배 가면 교수님과 사모님께 꾸벅 절 한 번 하고는 저녁에 진수성찬을 대접받았다. 특히 사모님이 준비해 주신 조롱이떡국과 보쌈김치는 다른 곳에서는 먹어볼 수 없는 진미였다. 이와 같은 염치없는 행사를 그것도 동부인해 30여 년간이나 했으니, 참 사모님에게는 눈치 없고 염치없는 제자들이다. 한때 내가 주장해 낮에 제자들만 세배하고 식사는 하지 않는 것으로 바뀌었는데, 그것도 한두 해 만에 사모님 음식에 중독된 자들이 반대해 원래대로 돌아가고 말았다. 교수님이 작은 나무들을 가려주시는 큰 나무의 기둥과 잎이라면, 사모님은 그 큰 나무를 지탱하시는 큰 뿌리 같은 분이다.

김현 전 대한변호사협회 회장 선생님은 지나간 길에 표지를 해두는 개척자다. 학회를 만들어 훌륭하게 키운 후 후학들에게 넘겨주고, 당신은 또 새로운 분야를 개척하려 달려 나가신다. 어려운 일이 있으면 선생님께 소중한 지혜를 얻곤 한다.

신희택 서울대 교수 선생님께서는 우리 나이가 환갑이 넘은 지금까지 우리에게 계속 신선한 충격과 자극을 주고 계시는 것 같아 경외스럽기도 하다. 선생님께서 환갑이 넘은 연세에 국제형사재판소 재판관직에 도전하시고, 또 그 후 10여 년간 헤이그에서 지내시면서 열정적으로 국제사회에 봉사하시는 모습을 보면서 항상 숙연하게 우리 자신의 삶의 자세에 대해 생각하게 된다.

심희기 연세대 교수 선생님의 인생을 내 나름대로 한마디로 형상화하면 글로벌라이제이션(세계화)과 로컬라이제이션(지역화)을 합성한 '글로컬라이제이션'이라는 단어가 적절할 것 같다. 국제적인 지식, 커리어, 경쟁력이 있으면서도 한국의 독특한 역사, 문화, 풍토를 거의 그대로 간직하시고 실천하시는 선생님의 모습을 보면서 생각해낸 단어가 바로 이것이다.

이상중 변호사 선생님의 제자사랑 뒤에는 후덕하고 어여쁘신 소녀 같은 사모님이 계시기 때문임을 제자들은 너무 잘 안다. 몇 년 전 자제분들이 선생님의 칠순잔치를 마련하고 제자들을 초대한 자리에서 사모님께서 평소 보이시던 조용한 모습에서 벗어나 멋진 대중연설을 하셨다. 그때 필자의 모임을 제자들 중 가장 열정적으로 선생님을 사랑하는 모임으로 소개하셨지만. 제자들이 드린 사랑은 선생님 부부로부터 받은 사랑에 훨씬 못 미친다. 선생님은 늘 등대처럼 내 마음에 빛을 비춰주시는 존재라고 말씀드리고 싶다.

이진성 전 헌법재판소 소장 대학시절부터 선생님의 훌륭한 인품과 넓은 식견을 쫓으려 애를 쓰고 있으나 그 1만분의 일에도 미치지 못하고 있으니 여러 가지로 모자란 후학이 선생님의 발자취를 따르기란 요원하다.

이철우 연세대 교수 송상현 교수님은 매우 직설적인 분이지만 과거사를 이야기하는 데에서는 상대적으로 조심스러운 것 같다. 이는 가족이 겪은 비극적 경험과 무관하지 않을 것이라 외람되이 추측해 본다. 조부께서 해방정국 최초의 정치적 암살에 희생된 것은 그 가족만큼이나 우리 민족에게 비극이었다. 고하(古下)의 신중하고 냉정한 태도는 작금의 정치적 공론장을 보면 볼수록 그 의미가 크게 다가온다. 송상현 교수님은 그러한 신중함을 다른 방식으로 구현한다. 폴리페서가 창궐하고 진영논리가 난무하는 시대에 어느 정치세력과도 유착하지 않고 어느 진영의 관점도 일방적으로 취하지 않는 냉정함으로 그 정신을 구현하신 것이다.

성낙인 전 서울대 총장 위대한 선각자는 시대를 앞서가기 때문에 그 길을 따르기가 결코 쉬운 일이 아니다. 또 그 길을 따르려 하다가는 오히려 낭패를 당하기 일쑤다. 그래도 그런 분이 있기에 우리들의 사표(師表)가 될 수 있다. 그런 분이 있기에 우리는 그런 분의 그림자만이라도 밟고 살 수 있게 됐다.

권오곤 전 구유고전범재판소(ICTY) 부소장 국제법의 수도인 네덜란드 헤이그에서 사제지간인 한국 출신의 재판관 두 명이 활동하는 것은 다른 나라 사람들의 눈에도 특별한 일이었을 것이다. 선생님의 사모님께서는 이런저런 일로 서울에 많이 다니셨고, 그 바람에 선생님께서 헤이그에 홀로 계신 시간이 많았다. 그럴 때 선생님께서 식사를 어떻게 하시는지 궁금해 여쭤보면 늘 다음의 네 가지 중에 하나라고 답변하셨다. "해 먹거나, 사 먹거나, 얻어먹거나 또는 안 먹거나!" 외로운 외국생활에서 선생님께서 헤이그에 계셔서 나로서는 얼마나 도움과 위안이 됐는지 모른다. 가끔 선생님과 나는 한식당이나 클럽하우스에서 만나 남들과는 터놓고 말할 수 없는 사정을 실컷 얘기하곤 했다. 그리고 헤어질 때마다 선생님께서는 "오늘 조선말을 실컷 했더니 속이 시원하다"는 말씀을 하시곤 했다.

신각수 전 주일대사 로마규정 당사국이 가장 적은 아시아지역 출신 재판관으로서 재판소장에 당선되신 것은 재판소 전체를 꿰뚫는 업무능력과 방대한 조직의 재판소를 본래 취지에 맞도록 이끄는 탁월한 리더십이 있었기 때문이다.

목영준 전 헌법재판관 삶의 진로를 정할 때, 유학 갈 때, 전공분야를 정할 때 항상 교수님을 찾았고, 교수님은 늘 옳은 방향으로 인도해 주셨다. 교수님이 가실 곳을 향해 가면 늘 옳은 방향이었고, 교수님이 생각하실 쪽으로 판단하면 늘 바른 길이었다.

김건식 서울대 교수 선생님은 서울법대의 쟁쟁한 은사들 중에서도 유난히 제자가 많은 분이다. 선생님은 단순히 학자로서 삶을 마치기에는 지도자적 품성을 너무도 풍성하게 타고난 분이다. 거꾸로 정치적 리더로 성공하기에는 학자적 성향이 너무 강한 분이기도 하다. 그런 점에서 국제형사재판소 소장 직은 선생님께 딱 들어맞는 자리였다고 생각한다. 간혹 선생님의 근황을 묻는 분들에게 나는 다소 건방진 표현이지만 "물고기가 물을 만났다"고 답하곤 했다. 당초 의심과 경계의 대상이던 국제형사재판소가 오늘의 위상을 누리게 된 것은 선생님의 뛰어난 역량과 헌신 덕분이라고 할 것이다.

2015년 5월 14일, 나의 귀국을 축하하면서 제자들의 글모음 출판기념 만찬을 프레스센터 19층 매화홀에서 가졌다. 우리 가족을 포함하여 120명이 참석한 가운데 착석 만찬이었다. 오랜만에 만나는 그리운 제자들과 반가운 해후를 하는 행복한 순간이었다. 조홍식 서울대 법대 교수의 사회로 약 2시간에 걸쳐 축사와 답사 및 건배사 등이 이어지고 몇 제자들이 나와서 옛날을 회고하며 분위기를 돋우었다. 〈동아일보〉 신나리 기자가 참석하여 취재하였고, 김현 대한변협회장, 나경원 국회 외무통일위원장 및 서울대 법대 이원우 학장의 꽃이 화사하게 장소를 빛내주었다. 나에게는 참으로 감격적인 순간이었다. 이날의 내 답사는 다음과 같다.

12년간의 타향살이를 마치고 지난달에 영구 귀국하였습니다. 무겁고 중요한 책임이었으나 대과 없이 완수하고 남이 박수칠 때 떠나게 되어 마음이 흐뭇합니다. 12년간 저는 국제형사재판소 상고심 재판관으로 배치되어 다양한 상고 사건을 심판하였고, 이 기간의 후반부 6년간은 상고심 재판관의 임무에 추가하여 국제형사재판소 소장으로서 이 신설 국제사법기구를 전 세계적으로 대표하였습니다.

이별에 앞서 직원들은 물론이고 수많은 회원국이나 지역그룹들까지도 환송오찬과 만찬을 주최하면서 진한 석별의 정을 나누었고, 네덜란드 정부로부터는 그 나라 최고훈장인 '기사대십자훈장'을 받기도 했습니다.

돌이켜보면 지난 12년이 저에게는 가장 영예롭고 보람 있는 인생의 마지막 봉사의 기회였습니다. 정의를 통한 인류의 평화와 안전의 확보에 작으나마 기여했다고 자평할 수 있겠습니다. 참으로 혼신의 힘을 다해서 밤낮과 휴일도 없이 12년을 뛰었습니다. 5대양 6대주를 누비면서 100명 이상의 국가원수들과 각종 정상회담을 했습니다.

그런데 12년 동안 단 하루도 잊은 적이 없고 나에게 큰 힘과 에너지의 원천이 된 것은 바로 나의 자랑스러운 제자인 여러분들의 존재입니다. 여러분들은 한국 내에서도 각자 자기분야에서 출중하게 자기의 소임을 다하는 분들입니다. 국제적으로 활동하는 나에게도 여러분들은 보배 같은 자산이고, 나의 자부심의 토대이며, 내가 모든 힘을 다하여 봉사하는 실천적 행동의 원동력이었고 자극제였습니다. 여러분들이 나를 늘 관심 있게 보고 있다는 외경심, 여러분들이 나를 성원하고 있다는 고마움과 든든함, 여러분들같이 세계 어디에 내어놓아도 손색이 없는 제자들이 나의 자부심과 자존심의 원천이라는 믿음이 뒷받침되어 신설기관 국제형사재판소를 오늘날 이만큼 키울 수 있게 되었습니다. 이 기회를 빌려 여러분에게 마음속에서 우러나오는 감사의 말씀을 전하고자 합니다. 늙은 스승이 여러분께 절을 드립니다.

상상해 보십시오. 헤이그에서 명성을 확고하게 쌓은 권오곤 재판관은 물론 주재하는 한국대사나 외교관 또는 법률담당관 그리고 자주 방문하는 장차관 등 행정부 고위간부나 다수의 국회의원들, 교수, 법조인 등을 제가 그곳의 주요 인사들에게 소개하면서 여러분들 제자그룹이 한국을 짊어지고 가는 지도자임을 자랑스럽게 강조하곤 했습니다. 헤이그에서는 한국인으로서 송 소장의 제자가 아닌 사람을 만나기는 불가능하다고 하면서 한국 법조인의 우수성을 강조하는 나의 주장을 그대로 받아들이는 것이 사실입니다.

이제 귀국하고 보니 모교의 전임 학장들인 김건식, 정상조 교수 등이 주축이 되어 이 같은 성대한 귀국환영 만찬과 아울러 뜻 깊은 책자의 출간까지 맡아 따뜻하게 품에 다시 안아주시니 참으로 우리 부부는 적절한 감사의 말씀을 찾기 어렵습니다.

이 기회에 제 자랑을 두 가지쯤 보고드리겠습니다. 모두 지난주에 보고받은 일입니다. 첫째는 제 후임 소장이 뜻밖에 장문의 이메일을 보내면서 축하한다고 했습니다. 2007년 2월 13일 선고된 국제형사재판소 상고심의 첫 사건으로 전쟁범죄 피해자의 형사절차 참가기준, 방식과 요건 등에 관련된 절차적 다툼에 관하여 5인의 상고심 재판관 중 저 혼자 피해자의 참가를 널리 허용하자는 소수의견을 고집한 적이 있습니다. 국제형사재판소 역사상 첫 소수의견이었습니다. 10여 년이 지난 후 며칠 전에 새로 구성된 상고심에서 재판관 전원일치의 찬성으로 저의 소수의견을 따라 판례를 변경하기로 했다는 것입니다.

둘째는 지난 금요일 유엔총회에서 국제형사재판소 관련보고와 관련의제에 관한 결의안이 상정되어 만장일치로 채택되었습니다. 그 결의안에서는 저의 업적을 간략히 부연하면서, 송 소장은 국제형사재판소의 트레이드마크요, 진정한 국제정의의 챔피언이라고 표현했답니다. 다른 한편 지난 연초에 영국의 *The Financial Times*의 주필 라이오넬 바버가 저를 인터뷰할 때 외교관 판매원(*diplomat salesman*)이라는 별명과 국제정의의 전도사(*international justice evangelist*)라는 별명을 지어준 일이 있었으니 이제 저는 국제적으로 4가지나 되는 별명의 주인공이 되었습니다.

저는 인생의 마지막 소임을 다했고 나이도 상당히 들었으므로 사람이 나아갈 때와 물러갈 때를 알아서 분수를 지켜야 한다는 생각입니다. 따라서 지난 50여 년간 쉬지 않고 달려왔으므로 앞으로는 완전실업자의 묘미를 즐기고자 합니다. 주위에서 평생 일만 한 사람은 막상 쉬라고 해도 휴식의 미학을 모르므로, 다시 기회를 찾아 두리번거리거나 자기 앞을 잘못 가리는 경우가 많다고 걱정을 해주기도 합니다. 그러나 저는 아침에 일찍 일어나서 출근하지 않아도 된다는 것만으로도 무한한 행복감을 느낍니다.

바흐의 무반주 첼로 조곡을 틀어놓고 그 감미로운 첼로의 저음이 감싸주는 아늑함을 즐기거나 요즈음의 계절에 딱 맞는 베토벤의 바이올린 소나타 5번 봄을 틀어놓고 바로 계절의 싱그러움을 감상하면서 글을 쓰고 정리도 하는 인생이 새로운 맛을 가져다줍니다.

여러분, 이처럼 바쁜 일정에도 불구하고 자리를 빛내주셔서 감사하고 모두 댁내 건강과 성취가 함께하시기를 빕니다.

2015. 5. 14.

1941	서울 도봉구 창동(옛 경기도 양주군 노해면 창동리)에서 부친 송영수와 모친 김현수의 무녀독남으로 출생
1959	경기고 졸업 및 서울대 법대 입학
1962	제 14회 고등고시 행정과 합격
1963	제 16회 고등고시 사법과 합격
1963	서울대 법대 졸업
1964	총무처 직무분류과 제 5계장
1964 ~ 1967	육군 법무관 복무
1966	서울대 사법대학원 법학석사
1968	미국 튤레인대학 법학석사(LL. M. 풀브라이트 장학생)
1969	영국 케임브리지대학 Diploma
1970	미국 코넬대학 법학박사
1970 ~ 1971	미국 뉴욕 Haight, Gardner, Poor & Havens 로펌 근무
1971	김명신과 결혼, 1남 1녀
1972	서울대 법대 조교수 임명
1974 ~ 1975	독일 함부르크대학 법대 훔볼트 방문연구원
1975 ~ 1984	한국 법과 사회 모임(Law and Society Group of Korea) 대표
1978 ~ 1979	미국 하버드대학 법대 ACLS 방문연구원
1986 ~ 1996	사단법인 한국지적소유권학회 회장
1988 ~ 1994	한국증권거래소 이사
1989	미국 플로리다대학 법대 방문교수
1990	호주 멜버른대학 법대와 뉴질랜드 빅토리아대학 법대 방문교수
1990 ~ 2004	민사판례연구회 회장
1990 ~ 1994	국제거래법학회 회장

1991	하버드대학 법대 방문교수
1992 ~ 1996	한국대학골프연맹회장
1994 ~ 2000	세계지적재산권기구(WIPO) 중재위원회 자문위원
1994 ~ 현재	조부이신 고하 송진우(古下 宋鎭禹) 선생 기념사업회 이사
1994	미국 코넬대학이 수여하는 최우수동문 표창 수상
1994 ~ 2003	미국 뉴욕대학 법대 석좌교수
	(Inge Rennert Distinguished Professor of Law)
1996 ~ 1998	서울대 법대 학장
1997	대한민국 국민훈장 모란장 수훈
1998	한국법률문화상 수상(대한변호사협회)
1998 ~ 2000	법무부 기업정리관련법률(회사정리법, 파산법 등)
	개정특별위원회 위원장
1999 ~ 2013	학교법인 대우학원 이사
1999 ~ 2009	한국백혈병어린이재단 이사장
1999 ~ 2005	사단법인 한국법학교수회 회장
1999 ~ 2001	유네스코한국위원회 제 23대 사회과학위원
1999 ~ 2010	하나은행 사외이사
1999 ~ 2003	세계자연보전연맹 한국위원회이사
1999 ~ 현재	법률구조법인 대한가정법률복지상담원 이사
2000 ~ 2016	아름다운재단 이사
2000 ~ 2003	서울대 21세기 세계 속의 한국법의 발전 교육연구단장
2001	하와이대학 법대 방문교수
2001 ~ 2005	국무총리 청소년보호위원회 위원
2001 ~ 2008	전자거래분쟁조정위원회 위원장
2001 ~ 2017	한빛문화재단 이사
2001 ~ 2003	한국디지털재산법학회 회장
2003	자랑스러운 경기인상
2003 ~ 2007	코넬대학 평의회 의원
2003 ~ 2006	국제형사재판소(ICC) 초대재판관 선임
2005 ~ 2006	사법개혁추진 대통령위원회 위원

2005 ~ 2007	산업자원부 무역위원회 위원장
2006	국제형사재판소 재판관 재선임
2006	자랑스러운 서울법대인 수상
2007 ~ 현재	서울대 법대 교수 정년퇴임 후 명예교수
2007 ~ 2017	사법연수원 운영위원장
2008	제 10회 서울대 총동창회 관악대상 영광부문 수상
2009	국제형사재판소 소장 선임
2009	제 5회 영산법률문화상 수상
2009	서울대 법대 심당 송상현홀 헌정식
2010 ~ 2015	대법원 대법관제청자문위원장
2011	대한민국 인권상 국민훈장 무궁화장 수훈
2012 ~ 현재	유니세프한국위원회 회장
2012	법의 지배상 (*Rule of Law Award*) 수상 (국제변호사협회)
2012	국제형사재판소 소장 재선임
2015	네덜란드 기사대십자훈장 (*Ridder Grootkruis in de van Oranje-Nassau*) 수훈
2015	국제형사재판소 소장 퇴임 후 귀국
2015 ~ 현재	The Hague Peace and Justice Project 위원
2015 ~ 현재	The International Nuremberg Principles Academy 자문위원
2015 ~ 현재	The Justice Leadership Group 회원
2015 ~ 현재	The Wildlife Justice Commission 회원
2015 ~ 현재	중국인민대학 법학원 발전자문위원
2015 ~ 2019	국가인권위원회 정책자문위원장
2016 ~ 현재	Parliamentarians for Global Action 자문위원
2016	영산외교인상 수상
2017 ~ 현재	국제인권옹호 한국연맹 이사
2018	자랑스러운 서울대인상 수상
2019 ~ 현재	국제형사재판소 재판관후보 심사위원

찾아보기(한국인)